ZHONGGUO SIXIANG LILUN NIANJIAN

中国思想理论年鉴

2012(总第六卷)

《中国思想理论年鉴》编辑部 编

主编：陈高桐

中共中央党校出版社

中国思想理论年鉴
2012（总第六卷）

主　　办：中共中央党校
编　　辑：《中国思想理论年鉴》编辑部
地　　址：北京市海淀区大有庄100号
邮　　编：100091
电　　话：（010）62805451
收款户名：《党政干部参考》杂志社
开户银行：建设银行北京中关村分行
帐　　号：2613000507

图书在版编目（CIP）数据

中国思想理论年鉴.2012／陈高桐主编.—北京：
中共中央党校出版社，2013.9
ISBN 978-7-5035-5191-8
Ⅰ.①中…Ⅱ.①陈…Ⅲ.①政治理论—中国—2012—年鉴
Ⅳ.①D60—53
中国版本图书馆CIP数据核字（2013）第222380号

中共中央党校出版社出版
社址：北京市海淀区大有庄100号
电话：（010）62806298（编辑室）
（010）62805451（发行部）
邮编：100091
网址：www.dxcbs.net

北京市凯鑫彩色印刷有限公司印刷装订
2013年9月第1版　2013年9月第1次印刷
889×1194毫米　16开　印张：65.5
字数：1585千字　定价：980元

思想理论建设是
党的根本建设

胡锦涛

出 版 说 明

建设中国特色社会主义波澜壮阔的历史进程靠科学理论指导，思想理论建设是中国共产党的根本建设。进入改革开放历史新时期，我们党领导全国人民开辟了中国特色社会主义道路，形成了中国特色社会主义理论体系。这是当代中国发展进步的根本保证。

马克思主义与当代中国实际相结合产生了一系列新成果。以胡锦涛同志为总书记的党中央创立了科学发展观等一系列重大战略思想，进一步丰富和发展了中国特色社会主义理论体系。这一理论体系正在指导中国取得新发展和新进步。

当今世界正在发生广泛而深刻的变化，当代中国也在发生广泛而深刻的变革，新的历史实践更加需要正确的思想理论领航。中共中央党校编辑《中国思想理论年鉴》，旨在记录全党全国思想理论发展的历史轨迹，展示其丰厚的内容和浓重的华彩，为党和中国社会的思想理论发展修志存史，为学习型政党和学习型社会建设提供学习和研究的集成性文献。

《中国思想理论年鉴（2012）》为继2007年出版创刊号后总第六卷。为方便阅读，特作如下说明。

1.《中国思想理论年鉴（2012）》的主要内容包括文献、理论和中国思想理论大事记。“文献”部分收录了2012年的二篇重要文献。“理论”部分按“总论”、“经济建设”、“政治建设”、“文化建设”、“社会建设”、“生态文明建设”、“党的建设”七大部分设立，各部分分设若干专题，专题之下收录相关文献，是我国部分著名专家学者2012年度围绕关于马克思主义中国化、时代化、大众化、党的重大战略思想、中国特色社会主义事业总体布局和党的建设等方面的问题所作的重要论述。“中国思想理论大事记”记述的起止时间是2012年1月1日至12月31日，以时间为序记述一年来中国思想理论界发生的具有较大影响的大事。编写大事记的目的主要是为了更加全面、系统地反映一年来中国思想理论领域的情况。

2.《中国思想理论年鉴（2012）》所选文章主要来源于2012年我国主要报纸、杂志公开发表的文章。在编辑过程中，对所收录文章基本保持原貌，但也根据需要对部分文章内容作了删节，对部分文章标题作了更改。文章结尾处的括号内标注的作者的职务、职称或单位，是作者发表文章时的职务、职称或单位，为了尊重历史，我们没有根据作者职务、职称或单位的变化作相应调整。同时，文章结尾处的括号内还标注了文章的出处。同类文章大体以发表时间的先后为序排列。

3.《中国思想理论年鉴（2012）》在部分专题以“延伸阅读”形式，收录了部分研究述评、综述和相关资料，以丰富年鉴内容，扩大读者阅读范围。

《中国思想理论年鉴》编辑部

2013年7月

目　录

第一部分　文献

第二部分　理论·总论

二、中国特色社会主义理论体系

三、科学发展观

四、学习贯彻十八大精神

第三部分 理论·经济建设

第四部分　理论·政治建设

第五部分　理论·文化建设

第八部分　理论·党的建设

第一部分

文献

坚定不移沿着中国特色社会主义道路前进 为全面建成小康社会而奋斗

——在中国共产党第十八次全国代表大会上的报告

（2012年11月8日）

胡锦涛

同志们：

现在，我代表第十七届中央委员会向大会作报告。

中国共产党第十八次全国代表大会，是在我国进入全面建成小康社会决定性阶段召开的一次十分重要的大会。大会的主题是：高举中国特色社会主义伟大旗帜，以邓小平理论、“三个代表”重要思想、科学发展观为指导，解放思想，改革开放，凝聚力量，攻坚克难，坚定不移沿着中国特色社会主义道路前进，为全面建成小康社会而奋斗。

此时此刻，我们有一个共同的感觉：经过九十多年的艰苦奋斗，我们党团结带领全国各族人民，把贫穷落后的旧中国变成日益走向繁荣富强的新中国，中华民族伟大复兴展现出光明前景。我们对党和人民创造的历史伟业倍加自豪，对党和人民确立的理想信念倍加坚定，对党肩负的历史责任倍加清醒。

当前，世情、国情、党情继续发生深刻变化，我们面临的发展机遇和风险挑战前所未有。全党一定要牢记人民信任和重托，更加奋发有为、兢兢业业地工作，继续推动科学发展、促进社会和谐，继续改善人民生活、增进人民福祉，完成时代赋予的光荣而艰巨的任务。

一、 过去五年的工作和十年的基本总结

十七大以来的五年，是我们在中国特色社会主义道路上奋勇前进的五年，是我们经

受住各种困难和风险考验、夺取全面建设小康社会新胜利的五年。

十七大对推进改革开放和社会主义现代化建设、实现全面建设小康社会宏伟目标作出全面部署。为贯彻十七大精神，中央先后召开七次全会，分别就深化行政管理体制改革、推进农村改革发展、加强和改进新形势下党的建设、制定“十二五”规划、推进文化改革发展等关系全局的重大问题作出决定和部署。五年来，我们胜利完成“十一五”规划，顺利实施“十二五”规划，各方面工作都取得新的重大成就。

经济平稳较快发展。综合国力大幅提升，二〇一一年国内生产总值达到四十七点三万亿元。财政收入大幅增加。农业综合生产能力提高，粮食连年增产。产业结构调整取得新进展，基础设施全面加强。城镇化水平明显提高，城乡区域发展协调性增强。创新型国家建设成效显著，载人航天、探月工程、载人深潜、超级计算机、高速铁路等实现重大突破。生态文明建设扎实展开，资源节约和环境保护全面推进。

改革开放取得重大进展。农村综合改革、集体林权制度改革、国有企业改革不断深化，非公有制经济健康发展。现代市场体系和宏观调控体系不断健全，财税、金融、价格、科技、教育、社会保障、医药卫生、事业单位等改革稳步推进。开放型经济达到新水平，进出口总额跃居世界第二位。

人民生活水平显著提高。改善民生力度不断加大，城乡就业持续扩大，居民收入较快增长，家庭财产稳定增加，衣食住行用条件明显改善，城乡最低生活保障标准和农村扶贫标准大幅提升，企业退休人员基本养老金持续提高。

民主法制建设迈出新步伐。政治体制改革继续推进。实行城乡按相同人口比例选举人大代表。基层民主不断发展。中国特色社会主义法律体系形成，社会主义法治国家建设成绩显著。爱国统一战线巩固壮大。行政体制改革深化，司法体制和工作机制改革取得新进展。

文化建设迈上新台阶。社会主义核心价值体系建设深入开展，文化体制改革全面推进，公共文化服务体系建设取得重大进展，文化产业快速发展，文化创作生产更加繁荣，人民精神文化生活更加丰富多彩。全民健身和竞技体育取得新成绩。

社会建设取得新进步。基本公共服务水平和均等化程度明显提高。教育事业迅速发展，城乡免费义务教育全面实现。社会保障体系建设成效显著，城乡基本养老保险制度全面建立，新型社会救助体系基本形成。全民医保基本实现，城乡基本医疗卫生制度初步建立。保障性住房建设加快推进。加强和创新社会管理，社会保持和谐稳定。

国防和军队建设开创新局面。中国特色军事变革取得重大成就，军队革命化现代化正规化建设协调推进、全面加强，军事斗争准备不断深化，履行新世纪新阶段历史使命能力显著增强，出色完成一系列急难险重任务。

港澳台工作进一步加强。香港、澳门保持繁荣稳定，同内地交流合作提高到新水平。推动两岸关系实现重大转折，实现两岸全面直接双向“三通”，签署实施两岸经济合作框架协议，形成两岸全方位交往格局，开创两岸关系和平发展新局面。

外交工作取得新成就。坚定维护国家利益和我国公民、法人在海外合法权益，加强同世界各国交流合作，推动全球治理机制变革，积极促进世界和平与发展，在国际事务中的代表性和话语权进一步增强，为改革发展争取了有利国际环境。

党的建设全面加强。党的执政能力建设和先进性建设继续推进，思想理论建设成效明显，学习实践科学发展观活动取得重要成果，党的建设改革创新迈出重要步伐。党内民主进一步扩大。干部队伍建设取得重要进展，人才工作开创新局面。创先争优活动和学习型党组织建设深入进行，基层党组织不断加强。党风廉政建设和反腐败斗争取得新成效。

同时，必须清醒看到，我们工作中还存在许多不足，前进道路上还有不少困难和问题。主要是：发展中不平衡、不协调、不可持续问题依然突出，科技创新能力不强，产业结构不合理，农业基础依然薄弱，资源环境约束加剧，制约科学发展的体制机制障碍较多，深化改革开放和转变经济发展方式任务艰巨；城乡区域发展差距和居民收入分配差距依然较大；社会矛盾明显增多，教育、就业、社会保障、医疗、住房、生态环境、食品药品安全、安全生产、社会治安、执法司法等关系群众切身利益的问题较多，部分群众生活比较困难；一些领域存在道德失范、诚信缺失现象；一些干部领导科学发展能力不强，一些基层党组织软弱涣散，少数党员干部理想信念动摇、宗旨意识淡薄，形式主义、官僚主义问题突出，奢侈浪费现象严重；一些领域消极腐败现象易发多发，反腐败斗争形势依然严峻。对这些困难和问题，我们必须高度重视，进一步认真加以解决。

过去五年的工作，是十六大以来全面建设小康社会十年实践的重要组成部分。

这十年，我们紧紧抓住和用好我国发展的重要战略机遇，战胜一系列重大挑战，奋力把中国特色社会主义推进到新的发展阶段。进入新世纪新阶段，国际局势风云变幻，综合国力竞争空前激烈，我们深化改革开放，加快发展步伐，以加入世界贸易组织为契机，变压力为动力，化挑战为机遇，坚定不移推进全面建设小康社会进程。前进过程中，我们战胜突如其来的非典疫情，认真总结我国发展实践，准确把握我国发展的阶段性特征，及时提出和全面贯彻科学发展观等重大战略思想，开拓了经济社会发展的广阔空间。二〇〇八年以后，国际金融危机使我国发展遭遇严重困难，我们科学判断、果断决策，采取一系列重大举措，在全球率先实现经济企稳回升，积累了有效应对外部经济风险冲击、保持经济平稳较快发展的重要经验。我们成功举办北京奥运会、残奥会和上海世博会，夺取抗击汶川特大地震等严重自然灾害和灾后恢复重建重大胜利，妥善处置一系列重大突发事件。在十分复杂的国内外形势下，党和人民经受住严峻考验，巩固和发展了改革开放和社会主义现代化建设大局，提高了我国国际地位，彰显了中国特色社会主义的巨大优越性和强大生命力，增强了中国人民和中华民族的自豪感和凝聚力。

十年来，我们取得一系列新的历史性成就，为全面建成小康社会打下了坚实基础。我国经济总量从世界第六位跃升到第二位，社会生产力、经济实力、科技实力迈上一个大台阶，人民生活水平、居民收入水平、社会保障水平迈上一个大台阶，综合国力、国际竞争力、国际影响力迈上一个大台阶，国家面貌发生新的历史性变化。人们公认，这是我国经济持续发展、民主不断健全、文化日益繁荣、社会保持稳定的时期，是着力保障和改善民生、人民得到实惠更多的时期。我们能取得这样的历史性成就，靠的是党的基本理论、基本路线、基本纲领、基本经验的正确指引，靠的是新中国成立以来特别是改革开放以来奠定的深厚基础，靠的是全党全国各族人民的团结奋斗。

在这里，我代表中共中央，向全国各族人民，向各民主党派、各人民团体和各界爱国人士，向香港特别行政区同胞、澳门特别行政区同胞和台湾同胞以及广大侨胞，向一切关心和支持中国现代化建设的各国朋友，表示衷心的感谢！

总结十年奋斗历程，最重要的就是我们坚持以马克思列宁主义、毛泽东思想、邓小平理论、“三个代表”重要思想为指导，勇于推进实践基础上的理论创新，围绕坚持和发展中国特色社会主义提出一系列紧密相连、相互贯通的新思想、新观点、新论断，形成和贯彻了科学发展观。科学发展观是马克思主义同当代中国实际和时代特征相结合的产物，是马克思主义关于发展的世界观和方法论的集中体现，对新形势下实现什么样的发展、怎样发展等重大问题作出了新的科学回答，把我们对中国特色社会主义规律的认识提高到新的水平，开辟了当代中国马克思主义发展新境界。科学发展观是中国特色社会主义理论体系最新成果，是中国共产党集体智慧的结晶，是指导党和国家全部工作的强大思想武器。科学发展观同马克思列宁主义、毛泽东思想、邓小平理论、“三个代表”重要思想一道，是党必须长期坚持的指导思想。

面向未来，深入贯彻落实科学发展观，对坚持和发展中国特色社会主义具有重大现实意义和深远历史意义，必须把科学发展观贯彻到我国现代化建设全过程、体现到党的建设各方面。全党必须更加自觉地把推动经济社会发展作为深入贯彻落实科学发展观的第一要义，牢牢扭住经济建设这个中心，坚持聚精会神搞建设、一心一意谋发展，着力把握发展规律、创新发展理念、破解发展难题，深入实施科教兴国战略、人才强国战略、可持续发展战略，加快形成符合科学发展要求的发展方式和体制机制，不断解放和发展社会生产力，不断实现科学发展、和谐发展、和平发展，为坚持和发展中国特色社会主义打下牢固基础。必须更加自觉地把以人为本作为深入贯彻落实科学发展观的核心立场，始终把实现好、维护好、发展好最广大人民根本利益作为党和国家一切工作的出发点和落脚点，尊重人民首创精神，保障人民各项权益，不断在实现发展成果由人民共享、促进人的全面发展上取得新成效。必须更加自觉地把全面协调可持续作为深入贯彻落实科学发展观的基本要求，全面落实经济建设、政治建设、文化建设、社会建设、生态文明建设五位一体总体布局，促进现代化建设各方面相协调，促进生产关系与生产力、上层建筑与经济基础相协调，不断开拓生产发展、生活富裕、生态良好的文明发展道路。必须更加自觉地把统筹兼顾作为深入贯彻落实科学发展观的根本方法，坚持一切从实际出发，正确认识和妥善处理中国特色社会主义事业中的重大关系，统筹改革发展稳定、内政外交国防、治党治国治军各方面工作，统筹城乡发展、区域发展、经济社会发展、人与自然和谐发展、国内发展和对外开放，统筹各方面利益关系，充分调动各方面积极性，努力形成全体人民各尽其能、各得其所而又和谐相处的局面。

解放思想、实事求是、与时俱进、求真务实，是科学发展观最鲜明的精神实质。实践发展永无止境，认识真理永无止境，理论创新永无止境。全党一定要勇于实践、勇于变革、勇于创新，把握时代发展要求，顺应人民共同愿望，不懈探索和把握中国特色社会主义规律，永葆党的生机活力，永葆国家发展动力，在党和人民创造性实践中奋力开拓中国特色社会主义更为广阔的发展前景。

二、夺取中国特色社会主义新胜利

回首近代以来中国波澜壮阔的历史，展望中华民族充满希望的未来，我们得出一个坚定的结论：全面建成小康社会，加快推进社会主义现代化，实现中华民族伟大复兴，必须坚定不移走中国特色社会主义道路。

道路关乎党的命脉，关乎国家前途、民族命运、人民幸福。在中国这样一个经济文化十分落后的国家探索民族复兴道路，是极为艰巨的任务。九十多年来，我们党紧紧依靠人民，把马克思主义基本原理同中国实际和时代特征结合起来，独立自主走自己的路，历经千辛万苦，付出各种代价，取得革命建设改革伟大胜利，开创和发展了中国特色社会主义，从根本上改变了中国人民和中华民族的前途命运。

以毛泽东同志为核心的党的第一代中央领导集体带领全党全国各族人民完成了新民主主义革命，进行了社会主义改造，确立了社会主义基本制度，成功实现了中国历史上最深刻最伟大的社会变革，为当代中国一切发展进步奠定了根本政治前提和制度基础。在探索过程中，虽然经历了严重曲折，但党在社会主义建设中取得的独创性理论成果和巨大成就，为新的历史时期开创中国特色社会主义提供了宝贵经验、理论准备、物质基础。

以邓小平同志为核心的党的第二代中央领导集体带领全党全国各族人民深刻总结我国社会主义建设正反两方面经验，借鉴世界社会主义历史经验，作出把党和国家工作中心转移到经济建设上来、实行改革开放的历史性决策，深刻揭示社会主义本质，确立社会主义初级阶段基本路线，明确提出走自己的路、建设中国特色社会主义，科学回答了建设中国特色社会主义的一系列基本问题，成功开创了中国特色社会主义。

以江泽民同志为核心的党的第三代中央领导集体带领全党全国各族人民坚持党的基本理论、基本路线，在国内外形势十分复杂、世界社会主义出现严重曲折的严峻考验面前捍卫了中国特色社会主义，依据新的实践确立了党的基本纲领、基本经验，确立了社会主义市场经济体制的改革目标和基本框架，确立了社会主义初级阶段的基本经济制度和分配制度，开创全面改革开放新局面，推进党的建设新的伟大工程，成功把中国特色社会主义推向二十一世纪。

新世纪新阶段，党中央抓住重要战略机遇期，在全面建设小康社会进程中推进实践创新、理论创新、制度创新，强调坚持以人为本、全面协调可持续发展，提出构建社会主义和谐社会、加快生态文明建设，形成中国特色社会主义事业总体布局，着力保障和改善民生，促进社会公平正义，推动建设和谐世界，推进党的执政能力建设和先进性建设，成功在新的历史起点上坚持和发展了中国特色社会主义。

在改革开放三十多年一以贯之的接力探索中，我们坚定不移高举中国特色社会主义伟大旗帜，既不走封闭僵化的老路、也不走改旗易帜的邪路。中国特色社会主义道路，中国特色社会主义理论体系，中国特色社会主义制度，是党和人民九十多年奋斗、创造、积累的根本成就，必须倍加珍惜、始终坚持、不断发展。

中国特色社会主义道路，就是在中国共产党领导下，立足基本国情，以经济建设为中心，坚持四项基本原则，坚持改革开放，解放和发展社会生产力，建设社会主义市场经济、社会主义民主政治、社会主义先进文化、社会主义和谐社会、社会主义生态文明，促进人的全面发展，逐步实现全体人民共同富裕，建设富强民主文明和谐的社会主义现代化国家。中国特色社会主义理论体系，就是包括邓小平理论、“三个代表”重要思想、科学发展观在内的科学理论体系，是对马克思列宁主义、毛泽东思想的坚持和发展。中国特色社会主义制度，就是人民代表大会制度的根本政治制度，中国共产党领导的多党合作和政治协商制度、民族区域自治制度以及基层群众自治制度等基本政治制度，中国特色社会主义法律体系，公有制为主体、多种所有制经济共同发展的基本经济制度，以及建立在这些制度基础上的经济体制、政治体制、文化体制、社会体制等各项具体制度。中国特色社会主义道路是实现途径，中国特色社会主义理论体系是行动指南，中国特色社会主义制度是根本保障，三者统一于中国特色社会主义伟大实践，这是党领导人民在建设社会主义长期实践中形成的最鲜明特色。

建设中国特色社会主义，总依据是社会主义初级阶段，总布局是五位一体，总任务是实现社会主义现代化和中华民族伟大复兴。中国特色社会主义，既坚持了科学社会主义基本原则，又根据时代条件赋予其鲜明的中国特色，以全新的视野深化了对共产党执政规律、社会主义建设规律、人类社会发展规律的认识，从理论和实践结合上系统回答了在中国这样人口多底子薄的东方大国建设什么样的社会主义、怎样建设社会主义这个根本问题，使我们国家快速发展起来，使我国人民生活水平快速提高起来。实践充分证明，中国特色社会主义是当代中国发展进步的根本方向，只有中国特色社会主义才能发展中国。

发展中国特色社会主义是一项长期的艰巨的历史任务，必须准备进行具有许多新的历史特点的伟大斗争。我们一定要毫不动摇坚持、与时俱进发展中国特色社会主义，不断丰富中国特色社会主义的实践特色、理论特色、民族特色、时代特色。

在新的历史条件下夺取中国特色社会主义新胜利，必须牢牢把握以下基本要求，并使之成为全党全国各族人民的共同信念。

——必须坚持人民主体地位。中国特色社会主义是亿万人民自己的事业。要发挥人民主人翁精神，坚持依法治国这个党领导人民治理国家的基本方略，最广泛地动员和组织人民依法管理国家事务和社会事务、管理经济和文化事业、积极投身社会主义现代化建设，更好保障人民权益，更好保障人民当家作主。

——必须坚持解放和发展社会生产力。解放和发展社会生产力是中国特色社会主义的根本任务。要坚持以经济建设为中心，以科学发展为主题，全面推进经济建设、政治建设、文化建设、社会建设、生态文明建设，实现以人为本、全面协调可持续的科学发展。

——必须坚持推进改革开放。改革开放是坚持和发展中国特色社会主义的必由之路。要始终把改革创新精神贯彻到治国理政各个环节，坚持社会主义市场经济的改革方向，坚持对外开放的基本国策，不断推进理论创新、制度创新、科技创新、文化创新以及其他各方面创新，不断推进我国社会主义制度自我完善和发展。

——必须坚持维护社会公平正义。公平正义是中国特色社会主义的内在要求。要在全体人民共同奋斗、经济社会发展的基础上，加紧建设对保障社会公平正义具有重大作用的制度，逐步建立以权利公平、机会公平、规则公平为主要内容的社会公平保障体系，努力营造公平的社会环境，保证人民平等参与、平等发展权利。

——必须坚持走共同富裕道路。共同富裕是中国特色社会主义的根本原则。要坚持社会主义基本经济制度和分配制度，调整国民收入分配格局，加大再分配调节力度，着力解决收入分配差距较大问题，使发展成果更多更公平惠及全体人民，朝着共同富裕方向稳步前进。

——必须坚持促进社会和谐。社会和谐是中国特色社会主义的本质属性。要把保障和改善民生放在更加突出的位置，加强和创新社会管理，正确处理改革发展稳定关系，团结一切可以团结的力量，最大限度增加和谐因素，增强社会创造活力，确保人民安居乐业、社会安定有序、国家长治久安。

——必须坚持和平发展。和平发展是中国特色社会主义的必然选择。要坚持开放的发展、合作的发展、共赢的发展，通过争取和平国际环境发展自己，又以自身发展维护和促进世界和平，扩大同各方利益汇合点，推动建设持久和平、共同繁荣的和谐世界。

——必须坚持党的领导。中国共产党是中国特色社会主义事业的领导核心。要坚持立党为公、执政为民，加强和改善党的领导，坚持党总揽全局、协调各方的领导核心作用，保持党的先进性和纯洁性，增强党的创造力、凝聚力、战斗力，提高党科学执政、民主执政、依法执政水平。

我们必须清醒认识到，我国仍处于并将长期处于社会主义初级阶段的基本国情没有变，人民日益增长的物质文化需要同落后的社会生产之间的矛盾这一社会主要矛盾没有变，我国是世界最大发展中国家的国际地位没有变。在任何情况下都要牢牢把握社会主义初级阶段这个最大国情，推进任何方面的改革发展都要牢牢立足社会主义初级阶段这个最大实际。党的基本路线是党和国家的生命线，必须坚持把以经济建设为中心同四项基本原则、改革开放这两个基本点统一于中国特色社会主义伟大实践，既不妄自菲薄，也不妄自尊大，扎扎实实夺取中国特色社会主义新胜利。

只要我们胸怀理想、坚定信念，不动摇、不懈怠、不折腾，顽强奋斗、艰苦奋斗、不懈奋斗，就一定能在中国共产党成立一百年时全面建成小康社会，就一定能在新中国成立一百年时建成富强民主文明和谐的社会主义现代化国家。全党要坚定这样的道路自信、理论自信、制度自信！

三、全面建成小康社会和全面深化改革开放的目标

综观国际国内大势，我国发展仍处于可以大有作为的重要战略机遇期。我们要准确判断重要战略机遇期内涵和条件的变化，全面把握机遇，沉着应对挑战，赢得主动，赢得优势，赢得未来，确保到二〇二〇年实现全面建成小康社会宏伟目标。

根据我国经济社会发展实际，要在十六大、十七大确立的全面建设小康社会目标的基础上努力实现新的要求。

——经济持续健康发展。转变经济发展方式取得重大进展，在发展平衡性、协调性、可持续性明显增强的基础上，实现国内生产总值和城乡居民人均收入比二〇一〇年翻一番。科技进步对经济增长的贡献率大幅上升，进入创新型国家行列。工业化基本实现，信息化水平大幅提升，城镇化质量明显提高，农业现代化和社会主义新农村建设成效显著，区域协调发展机制基本形成。对外开放水平进一步提高，国际竞争力明显增强。

——人民民主不断扩大。民主制度更加完善，民主形式更加丰富，人民积极性、主动性、创造性进一步发挥。依法治国基本方略全面落实，法治政府基本建成，司法公信力不断提高，人权得到切实尊重和保障。

——文化软实力显著增强。社会主义核心价值体系深入人心，公民文明素质和社会文明程度明显提高。文化产品更加丰富，公共文化服务体系基本建成，文化产业成为国民经济支柱性产业，中华文化走出去迈出更大步伐，社会主义文化强国建设基础更加坚实。

——人民生活水平全面提高。基本公共服务均等化总体实现。全民受教育程度和创新人才培养水平明显提高，进入人才强国和人力资源强国行列，教育现代化基本实现。就业更加充分。收入分配差距缩小，中等收入群体持续扩大，扶贫对象大幅减少。社会保障全民覆盖，人人享有基本医疗卫生服务，住房保障体系基本形成，社会和谐稳定。

——资源节约型、环境友好型社会建设取得重大进展。主体功能区布局基本形成，

资源循环利用体系初步建立。单位国内生产总值能源消耗和二氧化碳排放大幅下降，主要污染物排放总量显著减少。森林覆盖率提高，生态系统稳定性增强，人居环境明显改善。

全面建成小康社会，必须以更大的政治勇气和智慧，不失时机深化重要领域改革，坚决破除一切妨碍科学发展的思想观念和体制机制弊端，构建系统完备、科学规范、运行有效的制度体系，使各方面制度更加成熟更加定型。要加快完善社会主义市场经济体制，完善公有制为主体、多种所有制经济共同发展的基本经济制度，完善按劳分配为主体、多种分配方式并存的分配制度，更大程度更广范围发挥市场在资源配置中的基础性作用，完善宏观调控体系，完善开放型经济体系，推动经济更有效率、更加公平、更可持续发展。加快推进社会主义民主政治制度化、规范化、程序化，从各层次各领域扩大公民有序政治参与，实现国家各项工作法治化。加快完善文化管理体制和文化生产经营机制，基本建立现代文化市场体系，健全国有文化资产管理体制，形成有利于创新创造的文化发展环境。加快形成科学有效的社会管理体制，完善社会保障体系，健全基层公共服务和社会管理网络，建立确保社会既充满活力又和谐有序的体制机制。加快建立生态文明制度，健全国土空间开发、资源节约、生态环境保护的体制机制，推动形成人与自然和谐发展现代化建设新格局。

如期全面建成小康社会任务十分艰巨，全党同志一定要埋头苦干、顽强拼搏。国家要加大对农村和中西部地区扶持力度，支持这些地区加快改革开放、增强发展能力、改善人民生活。鼓励有条件的地方在现代化建设中继续走在前列，为全国改革发展作出更大贡献。

四、加快完善社会主义市场经济体制和加快转变经济发展方式

以经济建设为中心是兴国之要，发展仍是解决我国所有问题的关键。只有推动经济持续健康发展，才能筑牢国家繁荣富强、人民幸福安康、社会和谐稳定的物质基础。必须坚持发展是硬道理的战略思想，决不能有丝毫动摇。

在当代中国，坚持发展是硬道理的本质要求就是坚持科学发展。以科学发展为主题，以加快转变经济发展方式为主线，是关系我国发展全局的战略抉择。要适应国内外经济形势新变化，加快形成新的经济发展方式，把推动发展的立足点转到提高质量和效益上来，着力激发各类市场主体发展新活力，着力增强创新驱动发展新动力，着力构建现代产业发展新体系，着力培育开放型经济发展新优势，使经济发展更多依靠内需

特别是消费需求拉动，更多依靠现代服务业和战略性新兴产业带动，更多依靠科技进步、劳动者素质提高、管理创新驱动，更多依靠节约资源和循环经济推动，更多依靠城乡区域发展协调互动，不断增强长期发展后劲。

坚持走中国特色新型工业化、信息化、城镇化、农业现代化道路，推动信息化和工业化深度融合、工业化和城镇化良性互动、城镇化和农业现代化相互协调，促进工业化、信息化、城镇化、农业现代化同步发展。

（一）全面深化经济体制改革。深化改革是加快转变经济发展方式的关键。经济体制改革的核心问题是处理好政府和市场的关系，必须更加尊重市场规律，更好发挥政府作用。要毫不动摇巩固和发展公有制经济，推行公有制多种实现形式，深化国有企业改革，完善各类国有资产管理体制，推动国有资本更多投向关系国家安全和国民经济命脉的重要行业和关键领域，不断增强国有经济活力、控制力、影响力。毫不动摇鼓励、支持、引导非公有制经济发展，保证各种所有制经济依法平等使用生产要素、公平参与市场竞争、同等受到法律保护。健全现代市场体系，加强宏观调控目标和政策手段机制化建设。加快改革财税体制，健全中央和地方财力与事权相匹配的体制，完善促进基本公共服务均等化和主体功能区建设的公共财政体系，构建地方税体系，形成有利于结构优化、社会公平的税收制度。建立公共资源出让收益合理共享机制。深化金融体制改革，健全促进宏观经济稳定、支持实体经济发展的现代金融体系，加快发展多层次资本市场，稳步推进利率和汇率市场化改革，逐步实现人民币资本项目可兑换。加快发展民营金融机构。完善金融监管，推进金融创新，提高银行、证券、保险等行业竞争力，维护金融稳定。

（二）实施创新驱动发展战略。科技创新是提高社会生产力和综合国力的战略支撑，必须摆在国家发展全局的核心位置。要坚持走中国特色自主创新道路，以全球视野谋划和推动创新，提高原始创新、集成创新和引进消化吸收再创新能力，更加注重协同创新。深化科技体制改革，推动科技和经济紧密结合，加快建设国家创新体系，着力构建以企业为主体、市场为导向、产学研相结合的技术创新体系。完善知识创新体系，强化基础研究、前沿技术研究、社会公益技术研究，提高科学研究水平和成果转化能力，抢占科技发展战略制高点。实施国家科技重大专项，突破重大技术瓶颈。加快新技术新产品新工艺研发应用，加强技术集成和商业模式创新。完善科技创新评价标准、激励机制、转化机制。实施知识产权战略，加强知识产权保护。促进创新资源高效配置和综合集成，把全社会智慧和力量凝聚到创新发展上来。

（三）推进经济结构战略性调整。这是加快转变经济发展方式的主攻方向。必须以改善需求结构、优化产业结构、促进区域协调发展、推进城镇化为重点，着力解决制约经济持续健康发展的重大结构性问题。要牢牢把握扩大内需这一战略基点，加快建立扩大消费需求长效机制，释放居民消费潜力，保持投资合理增长，扩大国内市场规模。牢牢把握发展实体经济这一坚实基础，实行更加有利于实体经济发展的政策措施，强化需求导向，推动战略性新兴产业、先进制造业健康发展，加快传统产业转型升级，推动服务业特别是现代服务业发展壮大，合理布局建设基础设施和基础产业。建设下一代信息基础设施，发展现代信息技术产业体系，健全信息安全保障体系，推进信息网络技术广泛运用。提高大中型企业核心竞争力，支持小微企业特别是科技型小微企业发展。继续实施区域发展总体战略，充分发挥各地区比较优势，优先推进西部大开发，全面振兴东北地区等老工业基地，大力促进中部地区崛起，积极支持东部地区率先发展。采取对口支援等多种形式，加大对革命老区、民族地区、边疆地区、贫困地区扶持力度。科学规划城市群规模和布局，增强中小城市和小城镇产业发展、公共服务、吸纳就业、人口聚集功能。加快改革户籍制度，有序推进农业转移人口市民化，努力实现城镇基本公共服务常住人口全覆盖。

（四）推动城乡发展一体化。解决好农业农村农民问题是全党工作重中之重，城乡发展一体化是解决“三农”问题的根本途径。要加大统筹城乡发展力度，增强农村发展活力，逐步缩小城乡差距，促进城乡共同繁荣。坚持工业反哺农业、城市支持农村和多予少取放活方针，加大强农惠农富农政策力度，让广大农民平等参与现代化进程、共同分享现代化成果。加快发展现代农业，增强农业综合生产能力，确保国家粮食安全和重要农产品有效供给。坚持把国家基础设施建设和社会事业发展重点放在农村，深入推进新农村建设和扶贫开发，全面改善农村生产生活条件。着力促进农民增收，保持农民收入持续较快增长。坚持和完善农村基本经营制度，依法维护农民土地承包经营权、宅基地使用权、集体收益分配权，壮大集体经济实力，发展农民专业合作和股份合作，培育新型经营主体，发展多种形式规模经营，构建集约化、专业化、组织化、社会化相结合的新型农业经营体系。改革征地制度，提高农民在土地增值收益中的分配比例。加快完善城乡发展一体化体制机制，着力在城乡规划、基础设施、公共服务等方面推进一体化，促进城乡要素平等交换和公共资源均衡配置，形成以工促农、以城带乡、工农互惠、城乡一体的新型工农、城乡关系。

（五）全面提高开放型经济水平。适应经济全球化新形势，必须实行更加积极主动的开放战略，完善互利共赢、多元平衡、安全高效的开放型经济体系。要加快转变对外经济发展方式，推动开放朝着优化结构、拓展深度、提高效益方向转变。创新开放模式，促进沿海内陆沿边开放优势互补，形成引领国际经济合作和竞争的开放区域，培育带动区域发展的开放高地。坚持出口和进口并重，强化贸易政策和产业政策协调，形成以技术、品牌、质量、服务为核心的出口竞争优势，促进加工贸易转型升级，发展服务贸易，推动对外贸易平衡发展。提高利用外资综合优势和总体效益，推动引资、引技、引智有机结合。加快走出去步伐，增强企业国际化经营能力，培育一批世界水平的跨国公司。统筹双边、多边、区域次区域开放合作，加快实施自由贸易区战略，推动同周边国家互联互通。提高抵御国际经济风险能力。

我们一定要坚定信心，打胜全面深化经济体制改革和加快转变经济发展方式这场硬仗，把我国经济发展活力和竞争力提高到新的水平。

五、坚持走中国特色社会主义政治发展道路和推进政治体制改革

人民民主是我们党始终高扬的光辉旗帜。改革开放以来，我们总结发展社会主义民主正反两方面经验，强调人民民主是社会主义的生命，坚持国家一切权力属于人民，不断推进政治体制改革，社会主义民主政治建设取得重大进展，成功开辟和坚持了中国特色社会主义政治发展道路，为实现最广泛的人民民主确立了正确方向。

政治体制改革是我国全面改革的重要组成部分。必须继续积极稳妥推进政治体制改革，发展更加广泛、更加充分、更加健全的人民民主。必须坚持党的领导、人民当家作主、依法治国有机统一，以保证人民当家作主为根本，以增强党和国家活力、调动人民积极性为目标，扩大社会主义民主，加快建设社会主义法治国家，发展社会主义政治文明。要更加注重改进党的领导方式和执政方式，保证党领导人民有效治理国家；更加注重健全民主制度、丰富民主形式，保证人民依法实行民主选举、民主决策、民主管理、民主监督；更加注重发挥法治在国家治理和社会管理中的重要作用，维护国家法制统一、尊严、权威，保证人民依法享有广泛权利和自由。要把制度建设摆在突出位置，充分发挥我国社会主义政治制度优越性，积极借鉴人类政治文明有益成果，绝不照搬西方政治制度模式。

（一）支持和保证人民通过人民代表大会行使国家权力。人民代表大会制度是保证人民当家作主的根本政治制度。要善于使党的主张通过法定程序成为国家意志，支持人大及其常委会充分发挥国家权力机关作用，依法行使立法、监督、决定、任免等职权，加强立法工作组织协调，加强对“一府两院”的监督，加强对政府全口径预算决算的审查和监督。提高基层人大代表特别是一线工人、农民、知识分子代表比例，降低党

政领导干部代表比例。在人大设立代表联络机构，完善代表联系群众制度。健全国家权力机关组织制度，优化常委会、专委会组成人员知识和年龄结构，提高专职委员比例，增强依法履职能力。

（二）健全社会主义协商民主制度。社会主义协商民主是我国人民民主的重要形式。要完善协商民主制度和工作机制，推进协商民主广泛、多层、制度化发展。通过国家政权机关、政协组织、党派团体等渠道，就经济社会发展重大问题和涉及群众切身利益的实际问题广泛协商，广纳群言、广集民智，增进共识、增强合力。坚持和完善中国共产党领导的多党合作和政治协商制度，充分发挥人民政协作为协商民主重要渠道作用，围绕团结和民主两大主题，推进政治协商、民主监督、参政议政制度建设，更好协调关系、汇聚力量、建言献策、服务大局。加强同民主党派的政治协商。把政治协商纳入决策程序，坚持协商于决策之前和决策之中，增强民主协商实效性。深入进行专题协商、对口协商、界别协商、提案办理协商。积极开展基层民主协商。

（三）完善基层民主制度。在城乡社区治理、基层公共事务和公益事业中实行群众自我管理、自我服务、自我教育、自我监督，是人民依法直接行使民主权利的重要方式。要健全基层党组织领导充满活力的基层群众自治机制，以扩大有序参与、推进信息公开、加强议事协商、强化权力监督为重点，拓宽范围和途径，丰富内容和形式，保障人民享有更多更切实的民主权利。全心全意依靠工人阶级，健全以职工代表大会为基本形式的企事业单位民主管理制度，保障职工参与管理和监督的民主权利。发挥基层各类组织协同作用，实现政府管理和基层民主有机结合。

（四）全面推进依法治国。法治是治国理政的基本方式。要推进科学立法、严格执法、公正司法、全民守法，坚持法律面前人人平等，保证有法必依、执法必严、违法必究。完善中国特色社会主义法律体系，加强重点领域立法，拓展人民有序参与立法途径。推进依法行政，切实做到严格规范公正文明执法。进一步深化司法体制改革，坚持和完善中国特色社会主义同法制度，确保审判机关、检察机关依法独立公正行使审判权、检察权。深入开展法制宣传教育，弘扬社会主义法治精神，树立社会主义法治理念，增强全社会学法尊法守法用法意识。提高领导干部运用法治思维和法治方式深化改革、推动发展、化解矛盾、维护稳定能力。党领导人民制定宪法和法律，党必须在宪法和法律范围内活动。任何组织或者个人都不得有超越宪法和法律的特权，绝不允许以言代法、以权压法、徇私枉法。

（五）深化行政体制改革。行政体制改革是推动上层建筑适应经济基础的必然要求。要按照建立中国特色社会主义行政体制目标，深入推进政企分开、政资分开、政事分开、政社分开，建设职能科学、结构优化、廉洁高效、人民满意的服务型政府。深化行政审批制度改革，继续简政放权，推动政府职能向创造良好发展环境、提供优质公共服务、维护社会公平正义转变。稳步推进大部门制改革，健全部门职责体系。优化行政层级和行政区划设置，有条件的地方可探索省直接管理县（市）改革，深化乡镇行政体制改革。创新行政管理方式，提高政府公信力和执行力，推进政府绩效管理。严格控制机构编制，减少领导职数，降低行政成本。推进事业单位分类改革。完善体制改革协调机制，统筹规划和协调重大改革。

（六）健全权力运行制约和监督体系。坚持用制度管权管事管人，保障人民知情权、参与权、表达权、监督权，是权力正确运行的重要保证。要确保决策权、执行权、监督权既相互制约又相互协调，确保国家机关按照法定权限和程序行使权力。坚持科学决策、民主决策、依法决策，健全决策机制和程序，发挥思想库作用，建立健全决策问责和纠错制度。凡是涉及群众切身利益的决策都要充分听取群众意见，凡是损害群众利益的做法都要坚决防止和纠正。推进权力运行公开化、规范化，完善党务公开、政务公开、司法公开和各领域办事公开制度，健全质询、问责、经济责任审计、引咎辞职、罢免等制度，加强党内监督、民主监督、法律监督、舆论监督，让人民监督权力，让权力在阳光下运行。

（七）巩固和发展最广泛的爱国统一战线。统一战线是凝聚各方面力量，促进政党关系、民族关系、宗教关系、阶层关系、海内外同胞关系的和谐，夺取中国特色社会主义新胜利的重要法宝。要高举爱国主义、社会主义旗帜，巩固统一战线的思想政治基础，正确处理一致性和多样性的关系。坚持长期共存、互相监督、肝胆相照、荣辱与共的方针，加强同民主党派和无党派人士团结合作，促进思想上同心同德、目标上同心同向、行动上同心同行，加强党外代表人士队伍建设，选拔和推荐更多优秀党外人士担任各级国家机关领导职务。全面正确贯彻落实党的民族政策，坚持和完善民族区域自治制度，牢牢把握各民族共同团结奋斗、共同繁荣发展的主题，深入开展民族团结进步教育，加快民族地区发展，保障少数民族合法权益，巩固和发展平等团结互助和谐的社会主义民族关系，促进各民族和睦相处、和衷共济、和谐发展。全面贯彻党的宗教工作基本方针，发挥宗教界人士和信教群众在促进经济社会发展中的积极作用。鼓励和引导新的社会阶层人士为中国特色社会主义事业作出更大贡献。落实党的侨务政策，支持海外侨胞、归侨侨眷关心和参与祖国现代化建设与和平统一大业。

中国特色社会主义政治发展道路是团结亿万人民共同奋斗的正确道路。我们一定要坚定不移沿着这条道路前进，使我国社会主义民主政治展现出更加旺盛的生命力。

六、扎实推进社会主义文化强国建设

文化是民族的血脉，是人民的精神家园。全面建成小康社会，实现中华民族伟大复兴，必须推动社会主义文化大发展大繁荣，兴起社会主义文化建设新高潮，提高国家文化软实力，发挥文化引领风尚、教育人民、服务社会、推动发展的作用。

建设社会主义文化强国，必须走中国特色社会主义文化发展道路，坚持为人民服务、为社会主义服务的方向，坚持百花齐放、百家争鸣的方针，坚持贴近实际、贴近生活、贴近群众的原则，推动社会主义精神文明和物质文明全面发展，建设面向现代化、面向世界、面向未来的，民族的科学的大众的社会主义文化。

建设社会主义文化强国，关键是增强全民族文化创造活力。要深化文化体制改革，解放和发展文化生产力，发扬学术民主、艺术民主，为人民提供广阔文化舞台，让一切文化创造源泉充分涌流，开创全民族文化创造活力持续迸发、社会文化生活更加丰富多彩、人民基本文化权益得到更好保障、人民思想道德素质和科学文化素质全面提高、中华文化国际影响力不断增强的新局面。

（一）加强社会主义核心价值体系建设。社会主义核心价值体系是兴国之魂，决定着中国特色社会主义发展方向。要深入开展社会主义核心价值体系学习教育，用社会主义核心价值体系引领社会思潮、凝聚社会共识。推进马克思主义中国化时代化大众化，坚持不懈用中国特色社会主义理论体系武装全党、教育人民，深入实施马克思主义理论研究和建设工程，建设哲学社会科学创新体系，推动中国特色社会主义理论体系进教材进课堂进头脑。广泛开展理想信念教育，把广大人民团结凝聚在中国特色社会主义伟大旗帜之下。大力弘扬民族精神和时代精神，深入开展爱国主义、集体主义、社会主义教育，丰富人民精神世界，增强人民精神力量。倡导富强、民主、文明、和谐，倡导自由、平等、公正、法治，倡导爱国、敬业、诚信、友善，积极培育和践行社会主义核心价值观。牢牢掌握意识形态工作领导权和主导权，坚持正确导向，提高引导能力，壮大主流思想舆论。

（二）全面提高公民道德素质。这是社会主义道德建设的基本任务。要坚持依法治国和以德治国相结合，加强社会公德、职业道德、家庭美德、个人品德教育，弘扬中华传统美德，弘扬时代新风。推进公民道德建设工程，弘扬真善美、贬斥假恶丑，引导人们自觉履行法定义务、社会责任、家庭责任，营造劳动光荣、创造伟大的社会氛围，培育知荣辱、讲正气、作奉献、促和谐的良好风尚。深入开展道德领域突出问题专项教育和治理，加强政务诚信、商务诚信、社会诚信和司法公信建设。加强和改进思想政治工作，注重人文关怀和心理疏导，培育自尊自信、理性平和、积极向上的社会心态。深化群众性精神文明创建活动，广泛开展志愿服务，推动学雷锋活动、学习宣传道德模范常态化。

（三）丰富人民精神文化生活。让人民享有健康丰富的精神文化生活，是全面建成小康社会的重要内容。要坚持以人民为中心的创作导向，提高文化产品质量，为人民提供更好更多精神食粮。坚持面向基层、服务群众，加快推进重点文化惠民工程，加大对农村和欠发达地区文化建设的帮扶力度，继续推动公共文化服务设施向社会免费开放。建设优秀传统文化传承体系，弘扬中华优秀传统文化。推广和规范使用国家通用语言文字。繁荣发展少数民族文化事业。开展群众性文化活动，引导群众在文化建设中自我表现、自我教育、自我服务。开展全民阅读活动。加强和改进网络内容建设，唱响网上主旋律。加强网络社会管理，推进网络依法规范有序运行。开展“扫黄打非”，抵制低俗现象。普及科学知识，弘扬科学精神，提高全民科学素养。广泛开展全民健身运动，促进群众体育和竞技体育全面发展。

（四）增强文化整体实力和竞争力。文化实力和竞争力是国家富强、民族振兴的重要标志。要坚持把社会效益放在首位、社会效益和经济效益相统一，推动文化事业全面繁荣、文化产业快速发展。发展哲学社会科学、新闻出版、广播影视、文学艺术事业。加强重大公共文化工程和文化项目建设，完善公共文化服务体系，提高服务效能。促进文化和科技融合，发展新型文化业态，提高文化产业规模化、集约化、专业化水平。构建和发展现代传播体系，提高传播能力。增强国有公益性文化单位活力，完善经营性文化单位法人治理结构，繁荣文化市场。扩大文化领域对外开放，积极吸收借鉴国外优秀文化成果。营造有利于高素质文化人才大量涌现、健康成长的良好环境，造就一批名家大师和民族文化代表人物，表彰有杰出贡献的文化工作者。

我们一定要坚持社会主义先进文化前进方向，树立高度的文化自觉和文化自信，向着建设社会主义文化强国宏伟目标阔步前进。

七、在改善民生和创新管理中加强社会建设

加强社会建设，是社会和谐稳定的重要保证。必须从维护最广大人民根本利益的高度，加快健全基本公共服务体系，加强和创新社会管理，推动社会主义和谐社会建设。

加强社会建设，必须以保障和改善民生为重点。提高人民物质文化生活水平，是改

革开放和社会主义现代化建设的根本目的。要多谋民生之利，多解民生之忧，解决好人民最关心最直接最现实的利益问题，在学有所教、劳有所得、病有所医、老有所养、住有所居上持续取得新进展，努力让人民过上更好生活。

加强社会建设，必须加快推进社会体制改革。要围绕构建中国特色社会主义社会管理体系，加快形成党委领导、政府负责、社会协同、公众参与、法治保障的社会管理体制，加快形成政府主导、覆盖城乡、可持续的基本公共服务体系，加快形成政社分开、权责明确、依法自治的现代社会组织体制，加快形成源头治理、动态管理、应急处置相结合的社会管理机制。

（一）努力办好人民满意的教育。教育是民族振兴和社会进步的基石。要坚持教育优先发展，全面贯彻党的教育方针，坚持教育为社会主义现代化建设服务、为人民服务，把立德树人作为教育的根本任务，培养德智体美全面发展的社会主义建设者和接班人。全面实施素质教育，深化教育领域综合改革，着力提高教育质量，培养学生社会责任感、创新精神、实践能力。办好学前教育，均衡发展九年义务教育，基本普及高中阶段教育，加快发展现代职业教育，推动高等教育内涵式发展，积极发展继续教育，完善终身教育体系，建设学习型社会。大力促进教育公平，合理配置教育资源，重点向农村、边远、贫困、民族地区倾斜，支持特殊教育，提高家庭经济困难学生资助水平，积极推动农民工子女平等接受教育，让每个孩子都能成为有用之才。鼓励引导社会力量兴办教育。加强教师队伍建设，提高师德水平和业务能力，增强教师教书育人的荣誉感和责任感。

（二）推动实现更高质量的就业。就业是民生之本。要贯彻劳动者自主就业、市场调节就业、政府促进就业和鼓励创业的方针，实施就业优先战略和更加积极的就业政策。引导劳动者转变就业观念，鼓励多渠道多形式就业，促进创业带动就业，做好以高校毕业生为重点的青年就业工作和农村转移劳动力、城镇困难人员、退役军人就业工作。加强职业技能培训，提升劳动者就业创业能力，增强就业稳定性。健全人力资源市场，完善就业服务体系，增强失业保险对促进就业的作用。健全劳动标准体系和劳动关系协调机制，加强劳动保障监察和争议调解仲裁，构建和谐劳动关系。

（三）千方百计增加居民收入。实现发展成果由人民共享，必须深化收入分配制度改革，努力实现居民收入增长和经济发展同步、劳动报酬增长和劳动生产率提高同步，提高居民收入在国民收入分配中的比重，提高劳动报酬在初次分配中的比重。初次分配和再分配都要兼顾效率和公平，再分配更加注重公平。完善劳动、资本、技术、管理等要素按贡献参与分配的初次分配机制，加快健全以税收、社会保障、转移支付为主要手段的再分配调节机制。深化企业和机关事业单位工资制度改革，推行企业工资集体协商制度，保护劳动所得。多渠道增加居民财产性收入。规范收入分配秩序，保护合法收入，增加低收入者收入，调节过高收入，取缔非法收入。

（四）统筹推进城乡社会保障体系建设。社会保障是保障人民生活、调节社会分配的一项基本制度。要坚持全覆盖、保基本、多层次、可持续方针，以增强公平性、适应流动性、保证可持续性为重点，全面建成覆盖城乡居民的社会保障体系。改革和完善企业和机关事业单位社会保险制度，整合城乡居民基本养老保险和基本医疗保险制度，逐步做实养老保险个人账户，实现基础养老金全国统筹，建立兼顾各类人员的社会保障待遇确定机制和正常调整机制。扩大社会保障基金筹资渠道，建立社会保险基金投资运营制度，确保基金安全和保值增值。完善社会救助体系，健全社会福利制度，支持发展慈善事业，做好优抚安置工作。建立市场配置和政府保障相结合的住房制度，加强保障性住房建设和管理，满足困难家庭基本需求。坚持男女平等基本国策，保障妇女儿童合法权益。积极应对人口老龄化，大力发展老龄服务事业和产业。健全残疾人社会保障和服务体系，切实保障残疾人权益。健全社会保障经办管理体制，建立更加便民快捷的服务体系。

（五）提高人民健康水平。健康是促进人的全面发展的必然要求。要坚持为人民健康服务的方向，坚持预防为主、以农村为重点、中西医并重，按照保基本、强基层、建机制要求，重点推进医疗保障、医疗服务、公共卫生、药品供应、监管体制综合改革，完善国民健康政策，为群众提供安全有效方便价廉的公共卫生和基本医疗服务。健全全民医保体系，建立重特大疾病保障和救助机制，完善突发公共卫生事件应急和重大疾病防控机制。巩固基本药物制度。健全农村三级医疗卫生服务网络和城市社区卫生服务体系，深化公立医院改革，鼓励社会办医。扶持中医药和民族医药事业发展。提高医疗卫生队伍服务能力，加强医德医风建设。改革和完善食品药品安全监管体制机制。开展爱国卫生运动，促进人民身心健康。坚持计划生育的基本国策，提高出生人口素质，逐步完善政策，促进人口长期均衡发展。

（六）加强和创新社会管理。提高社会管理科学化水平，必须加强社会管理法律、体制机制、能力、人才队伍和信息化建设。改进政府提供公共服务方式，加强基层社会管理和服务体系建设，增强城乡社区服务功能，强化企事业单位、人民团体在社会管理和服务中的职责，引导社会组织健康有序发展，充分发挥群众参与社会管理的基础作用。完善和创新流动人口和特殊人群管理服务。正确处理人民内部矛盾，建立健全党和政府主导的维护群众权益机制，完善信访制度，完善人民调解、行政调解、司法调解联动的工作体系，畅通和规范群众诉求表达、利益协调、权益保障渠道。建立健全重大决策社会稳定风险评估机制。强化公共安全体系和企业安全生产基础建设，遏制重特大安全事故。加强和改进党对政法工作的领导，加强政法队伍建设，切实肩负起中国特色社会主义事业建设者、捍卫者的职责使命。深化平安建设，完善立体化社会治安防控体系，强化司法基本保障，依法防范和惩治违法犯罪活动，保障人民生命财产安全。完善国家安全战略和工作机制，高度警惕和坚决防范敌对势力的分裂、渗透、颠覆活动，确保国家安全。

全党全国人民行动起来，就一定能开创社会和谐人人有责、和谐社会人人共享的生动局面。

八、大力推进生态文明建设

建设生态文明，是关系人民福祉、关乎民族未来的长远大计。面对资源约束趋紧、环境污染严重、生态系统退化的严峻形势，必须树立尊重自然、顺应自然、保护自然的生态文明理念，把生态文明建设放在突出地位，融入经济建设、政治建设、文化建设、社会建设各方面和全过程，努力建设美丽中国，实现中华民族永续发展。

坚持节约资源和保护环境的基本国策，坚持节约优先、保护优先、自然恢复为主的方针，着力推进绿色发展、循环发展、低碳发展，形成节约资源和保护环境的空间格局、产业结构、生产方式、生活方式，从源头上扭转生态环境恶化趋势，为人民创造良好生产生活环境，为全球生态安全作出贡献。

（一）优化国土空间开发格局。国土是生态文明建设的空间载体，必须珍惜每一寸国土。要按照人口资源环境相均衡、经济社会生态效益相统一的原则，控制开发强度，调整空间结构，促进生产空间集约高效、生活空间宜居适度、生态空间山清水秀，给自然留下更多修复空间，给农业留下更多良田，给子孙后代留下天蓝、地绿、水净的美好家园。加快实施主体功能区战略，推动各地区严格按照主体功能定位发展，构建科学合理的城市化格局、农业发展格局、生态安全格局。提高海洋资源开发能力，发展海洋经济，保护海洋生态环境，坚决维护国家海洋权益，建设海洋强国。

（二）全面促进资源节约。节约资源是保护生态环境的根本之策。要节约集约利用资源，推动资源利用方式根本转变，加强全过程节约管理，大幅降低能源、水、土地消耗强度，提高利用效率和效益。推动能源生产和消费革命，控制能源消费总量，加强节能降耗，支持节能低碳产业和新能源、可再生能源发展，确保国家能源安全。加强水源地保护和用水总量管理，推进水循环利用，建设节水型社会。严守耕地保护红线，严格土地用途管制。加强矿产资源勘查、保护、合理开发。发展循环经济，促进生产、流通、消费过程的减量化、再利用、资源化。

（三）加大自然生态系统和环境保护力度。良好的生态环境是人和社会持续发展的根本基础。要实施重大生态修复工程，增强生态产品生产能力，推进荒漠化、石漠化、水土流失综合治理，扩大森林、湖泊、湿地面积，保护生物多样性。加快水利建设，增强城乡防洪抗旱排涝能力。加强防灾减灾体系建设，提高气象、地质、地震灾害防御能力。坚持预防为主、综合治理，以解决损害群众健康突出环境问题为重点，强化水、大气、土壤等污染防治。坚持共同但有区别的责任原则、公平原则、各自能力原则，同国际社会一道积极应对全球气候变化。

（四）加强生态文明制度建设。保护生态环境必须依靠制度。要把资源消耗、环境损害、生态效益纳入经济社会发展评价体系，建立体现生态文明要求的目标体系、考核办法、奖惩机制。建立国土空间开发保护制度，完善最严格的耕地保护制度、水资源管理制度、环境保护制度。深化资源性产品价格和税费改革，建立反映市场供求和资源稀缺程度、体现生态价值和代际补偿的资源有偿使用制度和生态补偿制度。积极开展节能量、碳排放权、排污权、水权交易试点。加强环境监管，健全生态环境保护责任追究制度和环境损害赔偿制度。加强生态文明宣传教育，增强全民节约意识、环保意识、生态意识，形成合理消费的社会风尚，营造爱护生态环境的良好风气。

我们一定要更加自觉地珍爱自然，更加积极地保护生态，努力走向社会主义生态文明新时代。

九、加快推进国防和军队现代化

建设与我国国际地位相称、与国家安全和发展利益相适应的巩固国防和强大军队，是我国现代化建设的战略任务。我国面临的生存安全问题和发展安全问题、传统安全威胁和非传统安全威胁相互交织，要求国防和军队现代化建设有一个大的发展。必须坚持以国家核心安全需求为导向，统筹经济建设和国防建设，按照国防和军队现代化建设“三步走”战略构想，加紧完成机械化和信息化建设双重历史任务，力争到二〇二〇年基本实现机械化，信息化建设取得重大进展。

国防和军队现代化建设，必须以毛泽东军事思想、邓小平新时期军队建设思想、江泽民国防和军队建设思想、党关于新形势下国防和军队建设思想为指导。要适应国家发展战略和安全战略新要求，着眼全面履行新世纪新阶段军队历史使命，贯彻新时期积极防御军事战略方针，与时俱进加强军事战略指导，高度关注海洋、太空、网络空间安全，积极运筹和平时期军事力量运用，不断拓展和深化军事斗争准备，提高以打赢信息化条件下局部战争能力为核心的完成多样化军事任务能力。

坚持以推动国防和军队建设科学发展为主题，以加快转变战斗力生成模式为主线，全面加强军队革命化现代化正规化建设。毫不动摇坚持党对军队的绝对领导，坚持不懈用中国特色社会主义理论体系武装全军，持续培育当代革命军人核心价值观，大力发展先进军事文化，永葆人民军队性质、本色、作风。坚定不移把信息化作为军队现代化建设发展方向，推动信息化建设加速发展。加强高新技术武器装备建设，加快全面建设现代后勤，培养大批高素质新型军事人才，深入开展信息化条件下军事训练，增强基于信息系统的体系作战能力。加大依法治军、从严治军力度，推动正规化建设向更高水平发展。

紧跟世界新军事革命加速发展的潮流，积极稳妥进行国防和军队改革，推动中国特色军事变革深入发展。坚持以创新发展军事理论为先导，着力提高国防科技工业自主创新能力，深入推进军队组织形态现代化，构建中国特色现代军事力量体系。

坚持走中国特色军民融合式发展路子，坚持富国和强军相统一，加强军民融合式发展战略规划、体制机制建设、法规建设。加快建设现代化武装警察力量。增强全民国防观念，提高国防动员和后备力量建设质量。巩固和发展军政军民团结。

中国奉行防御性的国防政策，加强国防建设的目的是维护国家主权、安全、领土完整，保障国家和平发展。中国军队始终是维护世界和平的坚定力量，将一如既往同各国加强军事合作、增进军事互信，参与地区和国际安全事务，在国际政治和安全领域发挥积极作用。

十、丰富“一国两制”实践和推进祖国统一

香港、澳门回归以来，走上了同祖国内地优势互补、共同发展的宽广道路，“一国两制”实践取得举世公认的成功。中央政府对香港、澳门实行的各项方针政策，根本宗旨是维护国家主权、安全、发展利益，保持香港、澳门长期繁荣稳定。全面准确贯彻“一国两制”、“港人治港”、“澳人治澳”、高度自治的方针，必须把坚持一国原则和尊重两制差异、维护中央权力和保障特别行政区高度自治权、发挥祖国内地坚强后盾作用和提高港澳自身竞争力有机结合起来，任何时候都不能偏废。

中央政府将严格依照基本法办事，完善与基本法实施相关的制度和机制，坚定支持特别行政区行政长官和政府依法施政，带领香港、澳门各界人士集中精力发展经济、切实有效改善民生、循序渐进推进民主、包容共济促进和谐，深化内地与香港、澳门经贸关系，推进各领域交流合作，促进香港同胞、澳门同胞在爱国爱港、爱国爱澳旗帜下的大团结，防范和遏制外部势力干预港澳事务。

我们坚信，香港同胞、澳门同胞不仅有智慧、有能力、有办法把特别行政区管理好、建设好，也一定能在国家事务中发挥积极作用，同全国各族人民一道共享做中国人的尊严和荣耀。

解决台湾问题、实现祖国完全统一，是不可阻挡的历史进程。和平统一最符合包括台湾同胞在内的中华民族的根本利益。实现和平统一首先要确保两岸关系和平发展。必须坚持"和平统一、一国两制"方针，坚持发展两岸关系、推进祖国和平统一进程的八项主张，全面贯彻两岸关系和平发展重要思想，巩固和深化两岸关系和平发展的政治、经济、文化、社会基础，为和平统一创造更充分的条件。

我们要始终坚持一个中国原则。大陆和台湾虽然尚未统一，但两岸同属一个中国的事实从未改变，国家领土和主权从未分割、也不容分割。两岸双方应恪守反对"台独"、坚持"九二共识"的共同立场，增进维护一个中国框架的共同认知，在此基础上求同存异。对台湾任何政党，只要不主张"台独"、认同一个中国，我们都愿意同他们交往、对话、合作。

我们要持续推进两岸交流合作。深化经济合作，厚植共同利益。扩大文化交流，增强民族认同。密切人民往来，融洽同胞感情。促进平等协商，加强制度建设。希望双方共同努力，探讨国家尚未统一特殊情况下的两岸政治关系，作出合情合理安排；商谈建立两岸军事安全互信机制，稳定台海局势；协商达成两岸和平协议，开创两岸关系和平发展新前景。

我们要努力促进两岸同胞团结奋斗。两岸同胞同属中华民族，是血脉相连的命运共同体，理应相互关爱信赖，共同推进两岸关系，共同享有发展成果。凡是有利于增进两岸同胞共同福祉的事情，我们都会尽最大努力做好。我们要切实保护台湾同胞权益，团结台湾同胞维护好、建设好中华民族共同家园。

我们坚决反对"台独"分裂图谋。中国人民绝不允许任何人任何势力以任何方式把台湾从祖国分割出去。"台独"分裂行径损害两岸同胞共同利益，必然走向彻底失败。

全体中华儿女携手努力，就一定能在同心实现中华民族伟大复兴进程中完成祖国统一大业。

十一、继续促进人类和平与发展的崇高事业

当今世界正在发生深刻复杂变化，和平与发展仍然是时代主题。世界多极化、经济全球化深入发展，文化多样化、社会信息化持续推进，科技革命孕育新突破，全球合作向多层次全方位拓展，新兴市场国家和发展中国家整体实力增强，国际力量对比朝着有利于维护世界和平方向发展，保持国际形势总体稳定具备更多有利条件。

同时，世界仍然很不安宁。国际金融危机影响深远，世界经济增长不稳定不确定因素增多，全球发展不平衡加剧，霸权主义、强权政治和新干涉主义有所上升，局部动荡频繁发生，粮食安全、能源资源安全、网络安全等全球性问题更加突出。

人类只有一个地球，各国共处一个世界。历史昭示我们，弱肉强食不是人类共存之道，穷兵黩武无法带来美好世界。要和平不要战争，要发展不要贫穷，要合作不要对抗，推动建设持久和平、共同繁荣的和谐世界，是各国人民共同愿望。

我们主张，在国际关系中弘扬平等互信、包容互鉴、合作共赢的精神，共同维护国际公平正义。平等互信，就是要遵循联合国宪章宗旨和原则，坚持国家不分大小、强弱、贫富一律平等，推动国际关系民主化，尊重主权，共享安全，维护世界和平稳定。包容互鉴，就是要尊重世界文明多样性、发展道路多样性，尊重和维护各国人民自主选择社会制度和发展道路的权利，相互借鉴，取长补短，推动人类文明进步。合作共赢，就是要倡导人类命运共同体意识，在追求本国利益时兼顾他国合理关切，在谋求本国发展中促进各国共同发展，建立更加平等均衡的新型全球发展伙伴关系，同舟共济，权责共担，增进人类共同利益。

中国将继续高举和平、发展、合作、共赢的旗帜，坚定不移致力于维护世界和平、促进共同发展。

中国将始终不渝走和平发展道路，坚定奉行独立自主的和平外交政策。我们坚决维护国家主权、安全、发展利益，决不会屈服于任何外来压力。我们根据事情本身的是非曲直决定自己的立场和政策，秉持公道，伸张正义。中国主张和平解决国际争端和热点问题，反对动辄诉诸武力或以武力相威胁，反对颠覆别国合法政权，反对一切形式的恐怖主义。中国反对各种形式的霸权主义和强权政治，不干涉别国内政，永远不称霸，永远不搞扩张。中国将坚持把中国人民利益同各国人民共同利益结合起来，以更加积极的姿态参与国际事务，发挥负责任大国作用，共同应对全球性挑战。

中国将始终不渝奉行互利共赢的开放战略，通过深化合作促进世界经济强劲、可持

续、平衡增长。中国致力于缩小南北差距，支持发展中国家增强自主发展能力。中国将加强同主要经济体宏观经济政策协调，通过协商妥善解决经贸摩擦。中国坚持权利和义务相平衡，积极参与全球经济治理，推动贸易和投资自由化便利化，反对各种形式的保护主义。

中国坚持在和平共处五项原则基础上全面发展同各国的友好合作。我们将改善和发展同发达国家关系，拓宽合作领域，妥善处理分歧，推动建立长期稳定健康发展的新型大国关系。我们将坚持与邻为善、以邻为伴，巩固睦邻友好，深化互利合作，努力使自身发展更好惠及周边国家。我们将加强同广大发展中国家的团结合作，共同维护发展中国家正当权益，支持扩大发展中国家在国际事务中的代表性和发言权，永远做发展中国家的可靠朋友和真诚伙伴。我们将积极参与多边事务，支持联合国、二十国集团、上海合作组织、金砖国家等发挥积极作用，推动国际秩序和国际体系朝着公正合理的方向发展。我们将扎实推进公共外交和人文交流，维护我国海外合法权益。我们将开展同各国政党和政治组织的友好往来，加强人大、政协、地方、民间团体的对外交流，夯实国家关系发展社会基础。

中国人民热爱和平、渴望发展，愿同各国人民一道为人类和平与发展的崇高事业而不懈努力。

十二、全面提高党的建设科学化水平

我们党担负着团结带领人民全面建成小康社会、推进社会主义现代化、实现中华民族伟大复兴的重任。党坚强有力，党同人民保持血肉联系，国家就繁荣稳定，人民就幸福安康。形势的发展、事业的开拓、人民的期待，都要求我们以改革创新精神全面推进党的建设新的伟大工程，全面提高党的建设科学化水平。

全党必须牢记，只有植根人民、造福人民，党才能始终立于不败之地；只有居安思危、勇于进取，党才能始终走在时代前列。新形势下，党面临的执政考验、改革开放考验、市场经济考验、外部环境考验是长期的、复杂的、严峻的，精神懈怠危险、能力不足危险、脱离群众危险、消极腐败危险更加尖锐地摆在全党面前。不断提高党的领导水平和执政水平、提高拒腐防变和抵御风险能力，是党巩固执政地位、实现执政使命必须解决好的重大课题。全党要增强紧迫感和责任感，牢牢把握加强党的执政能力建设、先进性和纯洁性建设这条主线，坚持解放思想、改革创新，坚持党要管党、从严治党，全面加强党的思想建设、组织建设、作风建设、反腐倡廉建设、制度建设，增强自我净化、自我完善、自我革新、自我提高能力，建设学习型、服务型、创新型的马克思主义执政党，确保党始终成为中国特色社会主义事业的坚强领导核心。

（一）坚定理想信念，坚守共产党人精神追求。对马克思主义的信仰，对社会主义和共产主义的信念，是共产党人的政治灵魂，是共产党人经受住任何考验的精神支柱。要抓好思想理论建设这个根本，学习马克思列宁主义、毛泽东思想、中国特色社会主义理论体系，深入学习实践科学发展观，推进学习型党组织建设，教育引导党员、干部矢志不渝为中国特色社会主义共同理想而奋斗。抓好党性教育这个核心，学习党的历史，深刻认识党的两个历史问题决议总结的经验教训，弘扬党的优良传统和作风，教育引导党员、干部牢固树立正确的世界观、权力观、事业观，坚定政治立场，明辨大是大非。抓好道德建设这个基础，教育引导党员、干部模范践行社会主义荣辱观，讲党性、重品行、作表率，做社会主义道德的示范者、诚信风尚的引领者、公平正义的维护者，以实际行动彰显共产党人的人格力量。

（二）坚持以人为本、执政为民，始终保持党同人民群众的血肉联系。为人民服务是党的根本宗旨，以人为本、执政为民是检验党一切执政活动的最高标准。任何时候都要把人民利益放在第一位，始终与人民心连心、同呼吸、共命运，始终依靠人民推动历史前进。围绕保持党的先进性和纯洁性，在全党深入开展以为民务实清廉为主要内容的党的群众路线教育实践活动，着力解决人民群众反映强烈的突出问题，提高做好新形势下群众工作的能力。完善党员干部直接联系群众制度。坚持问政于民、问需于民、问计于民，从人民伟大实践中汲取智慧和力量。坚持实干富民、实干兴邦，敢于开拓，勇于担当，多干让人民满意的好事实事。坚持艰苦奋斗、勤俭节约，下决心改进文风会风，着力整治慵懒散奢等不良风气，坚决克服形式主义、官僚主义，以优良党风凝聚党心民心、带动政风民风。支持工会、共青团、妇联等人民团体充分发挥桥梁纽带作用，更好反映群众呼声，维护群众合法权益。

（三）积极发展党内民主，增强党的创造活力。党内民主是党的生命。要坚持民主集中制，健全党内民主制度体系，以党内民主带动人民民主。保障党员主体地位，健全党员民主权利保障制度，开展批评和自我批评，营造党内民主平等的同志关系、民主讨论的政治氛围、民主监督的制度环境，落实党员知情权、参与权、选举权、监督权。完善党的代表大会制度，提高工人、农民代表比例，落实和完善党的代表大会代表任期制，试行乡镇党代会年会制，深化县（市、区）党代会常任制试点，实行党代会代表提案制。完善党内选举制度，规范差额提名、差额选举，形成充分体现选举人意志的程序和环境。强化全委会决策和监督作用，完善常委会议事规则和决策程序，完善地方党委讨论决定重大问题和任用重要干部票决制。扩大党内基层民主，完善党员定期评议基层党组织领导班子等制度，推行党员旁听基层党委会议、党代会代表列席同级党委有关会议等做法，增强党内生活原则性和透明度。

（四）深化干部人事制度改革，建设高素质执政骨干队伍。坚持和发展中国特色社会主义，关键在于建设一支政治坚定、能力过硬、作风优良、奋发有为的执政骨干队伍。要坚持党管干部原则，坚持五湖四海、任人唯贤，坚持德才兼备、以德为先，坚持注重实绩、群众公认，深化干部人事制度改革，使各方面优秀干部充分涌现、各尽其能、才尽其用。全面准确贯彻民主、公开、竞争、择优方针，扩大干部工作民主，提高民主质量，完善竞争性选拔干部方式，提高选人用人公信度，不让老实人吃亏，不让投机钻营者得利。完善干部考核评价机制，促进领导干部树立正确政绩观。健全干部管理体制，从严管理监督干部，加强党政正职、关键岗位干部培养选拔，完善公务员制度。优化领导班子配备和干部队伍结构，注重从基层一线培养选拔干部，拓宽社会优秀人才进入党政干部队伍渠道。推进国有企业和事业单位人事制度改革。加强和改进干部教育培训，提高干部素质和能力。加大培养选拔优秀年轻干部力度，重视培养选拔女干部和少数民族干部，鼓励年轻干部到基层和艰苦地区锻炼成长。全面做好离退休干部工作。

（五）坚持党管人才原则，把各方面优秀人才集聚到党和国家事业中来。广开进贤之路，广纳天下英才，是保证党和人民事业发展的根本之举。要尊重劳动、尊重知识、尊重人才、尊重创造，加快确立人才优先发展战略布局，造就规模宏大、素质优良的人才队伍，推动我国由人才大国迈向人才强国。统筹推进各类人才队伍建设，实施重大人才工程，加大创新创业人才培养支持力度，重视实用人才培养，引导人才向科研生产一线流动。充分开发利用国内国际人才资源，积极引进和用好海外人才。加快人才发展体制机制改革和政策创新，建立国家荣誉制度，形成激发人才创造活力、具有国际竞争力的人才制度优势，开创人人皆可成才、人人尽展其才的生动局面。

（六）创新基层党建工作，夯实党执政的组织基础。党的基层组织是团结带领群众贯彻党的理论和路线方针政策、落实党的任务的战斗堡垒。要落实党建工作责任制，强化农村、城市社区党组织建设，加大非公有制经济组织、社会组织党建工作力度，全面推进各领域基层党建工作，扩大党组织和党的工作覆盖面，充分发挥推动发展、服务群众、凝聚人心、促进和谐的作用，以党的基层组织建设带动其他各类基层组织建设。健全党的基层组织体系，加强基层党组织带头人队伍建设，加强城乡基层党建资源整合，建立稳定的经费保障制度。以服务群众、做群众工作为主要任务，加强基层服务型党组织建设。以增强党性、提高素质为重点，加强和改进党员队伍教育管理，健全党员立足岗位创先争优长效机制，推动广大党员发挥先锋模范作用。严格党内组织生活，健全党员党性定期分析、民主评议等制度。改进对流动党员的教育、管理、服务。提高发展党员质量，重视从青年工人、农民、知识分子中发展党员。健全党员能进能出机制，优化党员队伍结构。

（七）坚定不移反对腐败，永葆共产党人清正廉洁的政治本色。反对腐败、建设廉洁政治，是党一贯坚持的鲜明政治立场，是人民关注的重大政治问题。这个问题解决不好，就会对党造成致命伤害，甚至亡党亡国。反腐倡廉必须常抓不懈，拒腐防变必须警钟长鸣。要坚持中国特色反腐倡廉道路，坚持标本兼治、综合治理、惩防并举、注重预防方针，全面推进惩治和预防腐败体系建设，做到干部清正、政府清廉、政治清明。加强反腐倡廉教育和廉政文化建设。各级领导干部特别是高级干部必须自觉遵守廉政准则，严格执行领导干部重大事项报告制度，既严于律己，又加强对亲属和身边工作人员的教育和约束，决不允许搞特权。严格规范权力行使，加强对领导干部特别是主要领导干部行使权力的监督。深化重点领域和关键环节改革，健全反腐败法律制度，防控廉政风险，防止利益冲突，更加科学有效地防治腐败。加强反腐败国际合作。严格执行党风廉政建设责任制。健全纪检监察体制，完善派驻机构统一管理，更好发挥巡视制度监督作用。始终保持惩治腐败高压态势，坚决查处大案要案，着力解决发生在群众身边的腐败问题。不管涉及什么人，不论权力大小、职位高低，只要触犯党纪国法，都要严惩不贷。

（八）严明党的纪律，自觉维护党的集中统一。党的集中统一是党的力量所在，是实现经济社会发展、民族团结进步、国家长治久安的根本保证。党面临的形势越复杂，肩负的任务越艰巨，就越要加强党的纪律建设，越要维护党的集中统一。各级党组织和广大党员、干部特别是主要领导干部一定要自觉遵守党章，自觉按照党的组织原则和党内政治生活准则办事，任何人都不能凌驾于组织之上。要坚决维护中央权威，在思想上政治上行动上同党中央保持高度一致，坚决贯彻党的理论和路线方针政策，保证中央政令畅通，决不允许“上有政策、下有对策”，决不允许有令不行、有禁不止。加强监督检查，严肃党的纪律特别是政治纪律，对违反纪律的行为必须认真处理，切实做到纪律面前人人平等、遵守纪律没有特权、执行纪律没有例外，形成全党上下步调一致、奋发进取的强大力量。

同志们！在中国特色社会主义道路上实现中华民族伟大复兴，寄托着无数仁人志士、革命先烈的理想和夙愿。在长期艰苦卓绝的奋斗中，我们党紧紧依靠人民，付出了最大牺牲，书写了感天动地的壮丽史诗，不可逆转地结束了近代以后中国内忧外患、积贫积弱的悲惨命运，不可逆转地开启了中华民族不断发展壮大、走向伟大复兴的历史进军，使具有五千多年文明历史的中华民族以崭新的姿态屹立于世界民族之林。在新的征程上，我们的责任更大、担子更重，必须以更加坚定的信念、更加顽强的努力，继续实现推进现代化建设、完成祖国统一、维护世界和平与促进共同发展这三大历史任务。

面对人民的信任和重托，面对新的历史条件和考验，全党必须增强忧患意识，谦虚谨慎，戒骄戒躁，始终保持清醒头脑；必须增强创新意识，坚持真理，修正错误，始终保持奋发有为的精神状态；必须增强宗旨意识，相信群众，依靠群众，始终把人民放在心中最高位置；必须增强使命意识，求真务实，艰苦奋斗，始终保持共产党人的政治本色。

中国特色社会主义事业是面向未来的事业，需要一代又一代有志青年接续奋斗。全党都要关注青年、关心青年、关爱青年，倾听青年心声，鼓励青年成长，支持青年创业。广大青年要积极响应党的号召，树立正确的世界观、人生观、价值观，永远热爱我们伟大的祖国，永远热爱我们伟大的人民，永远热爱我们伟大的中华民族，在投身中国特色社会主义伟大事业中，让青春焕发出绚丽的光彩。

中国特色社会主义事业需要全体中华儿女万众一心、团结奋斗。团结就是大局，团结就是力量。全党同志要用坚强的党性保证团结，用共同的事业促进团结，自觉维护全党的团结统一，巩固全国各族人民大团结，加强海内外中华儿女大团结，促进中国人民同世界各国人民大团结。

让我们高举中国特色社会主义伟大旗帜，更加紧密地团结在党中央周围，为全面建成小康社会而奋斗，不断夺取中国特色社会主义新胜利，共同创造中国人民和中华民族更加幸福美好的未来！

（选自《中国共产党第十八次全国代表大会文件汇编》，《人民出版社》2012 年 11 月第 1 版）

紧紧围绕坚持和发展中国特色社会主义学习宣传贯彻党的十八大精神

（2012年11月17日）

习近平

党的十八大报告勾画了在新的历史条件下全面建成小康社会、加快推进社会主义现代化、夺取中国特色社会主义新胜利的宏伟蓝图，是我们党团结带领全国各族人民沿着中国特色社会主义道路继续前进、为全面建成小康社会而奋斗的政治宣言和行动纲领，为我们这一届中央领导集体的工作指明了方向。中央已经发出关于认真学习宣传贯彻党的十八大精神的通知，各级党委要按照通知要求，把学习宣传贯彻党的十八大精神引向深入。

党的十八大强调要高举中国特色社会主义伟大旗帜，强调中国特色社会主义是党和人民90多年奋斗、创造、积累的根本成就，必须倍加珍惜、始终坚持、不断发展，号召全党不懈探索和把握中国特色社会主义规律，永葆党的生机活力，永葆国家发展动力，奋力开拓中国特色社会主义更为广阔的发展前景。可以说，坚持和发展中国特色社会主义是贯穿党的十八大报告的一条主线。我们要紧紧抓住这条主线，把坚持和发展中国特色社会主义作为学习贯彻党的十八大精神的聚焦点、着力点、落脚点，只有这样，才能把党的十八大精神学得更加深入、领会得更加透彻、贯彻得更加自觉。

为什么我要强调这一点？这是因为，党和国家的长期实践充分证明，只有社会主义才能救中国，只有中国特色社会主义才能发展中国。只有高举中国特色社会主义伟大旗帜，我们才能团结带领全党全国各族人民，在中国共产党成立100年时全面建成小康社会，在新中国成立100年时建成富强民主文明和谐的社会主义现代化国家，赢得中国人民和中华民族更加幸福美好的未来。

紧紧围绕坚持和发展中国特色社会主义学习宣传贯彻党的十八大精神，我体会，应该从理论和实践的结合上把握好以下几个方面。

第一，深刻领会中国特色社会主义是党和人民长期实践取得的根本成就。中国特色社会主义是改革开放新时期开创的，也是建立在我们党长期奋斗基础上的，是由我们党的几代中央领导集体团结带领全党全国人民历经千辛万苦、付出各种代价、接力探索取得的。我们党紧紧依靠人民，从根本上改变了中国人民和中华民族的前途命运，不可逆转地结束了近代以后中国内忧外患、积贫积弱的悲惨命运，不可逆转地开启了中华民族不断发展壮大、走向伟大复兴的历史进军，使具有五千多年文明历史的中华民族以崭新的姿态屹立于世界民族之林。

我们要永远铭记党的三代中央领导集体和以胡锦涛同志为总书记的党中央为中国特色社会主义作出的历史性贡献。以毛泽东同志为核心的党的第一代中央领导集体，为新时期开创中国特色社会主义提供了宝贵经验、理论准备、物质基础。以邓小平同志为核心的党的第二代中央领导集体，成功开创了中国特色社会主义。以江泽民同志为核心的党的第三代中央领导集体，成功把中国特色社会主义推向二十一世纪。新世纪新阶段，以胡锦涛同志为总书记的党中央，成功在新的历史起点上坚持和发展了中国特色社会主义。可以看出，中国特色社会主义，承载着几代中国共产党人的理想和探索，寄托着无数仁人志士的夙愿和期盼，凝聚着亿万人民的奋斗和牺牲，是近代以来中国社会发展的必然选择，是发展中国、稳定中国的必由之路。

实践充分证明，中国特色社会主义是中国共产党和中国人民团结的旗帜、奋进的旗帜、胜利的旗帜。我们要全面建成小康社会、加快推进社会主义现代化、实现中华民族伟大复兴，必须始终高举中国特色社会主义伟大旗帜，坚定不移坚持和发展中国特色社会主义。党的十八大要求全党坚定对中国特色社会主义的道路自信、理论自信、制度自信，其根本原因就在这里。

第二，深刻领会中国特色社会主义是由道路、理论体系、制度三位一体构成的。党的十八大阐明了中国特色社会主义道路、中国特色社会主义理论体系、中国特色社会主义制度的科学内涵及其相互联系，强调：中国特色社会主义道路是实现途径，中国特色社会主义理论体系是行动指南，中国特色社会主义制度是根本保障，三者统一于中国特色社会主义伟大实践。这是中国特色社会主义的最鲜明特色。

这个概括告诉我们：中国特色社会主义是实践、理论、制度紧密结合的，既把成功的实践上升为理论，又以正确的理论指导新的实践，还把实践中已见成效的方针政策及时上升为党和国家的制度。所以，中国特色社会主义特就特在其道路、理论体系、制度上，特就特在其实现途径、行动指南、根本保障的内在联系上，特就特在这三者统一于中国特色社会主义伟大实践上。在当代中国，坚持和发展中国特色社会主义，就是真正坚持社会主义。

中国特色社会主义道路，是实现我国社会主义现代化的必由之路，是创造人民美好生活的必由之路。中国特色社会主义道路，既坚持以经济建设为中心，又全面推进经济建设、政治建设、文化建设、社会建设、生态文明建设以及其他各方面建设；既坚持四项基本原则，又坚持改革开放；既不断解放和发展社会生产力，又逐步实现全体人民共同富裕、促进人的全面发展。

中国特色社会主义理论体系，是马克思主义中国化最新成果，包括邓小平理论、"三个代表"重要思想、科学发展观，同马克思列宁主义、毛泽东思想是坚持、发展和继承、创新的关系。马克思列宁主义、毛泽东思想一定不能丢，丢了就丧失根本。同时，我们一定要以我国改革开放和现代化建设的实际问题、以我们正在做的事情为中心，着眼于马克思主义理论的运用，着眼于对实际问题的理论思考，着眼于新的实践和新的发展。在当代中国，坚持中国特色社会主义理论体系，就是真正坚持马克思主义。

中国特色社会主义制度，坚持把根本政治制度、基本政治制度同基本经济制度以及各方面体制机制等具体制度有机结合起来，坚持把国家层面民主制度同基层民主制度有机结合起来，坚持把党的领导、人民当家作主、依法治国有机结合起来，符合我国国情，集中体现了中国特色社会主义的特点和优势，是中国发展进步的根本制度保障。

应该看到，中国特色社会主义制度是特色鲜明、富有效率的，但还不是尽善尽美、成熟定型的。中国特色社会主义事业不断发展，中国特色社会主义制度也需要不断完善。邓小平同志 1992 年在视察南方重要谈话中指出："恐怕再有三十年的时间，我们才会在各方面形成一整套更加成熟、更加定型的制度。"党的十八大强调，要把制度建设摆在突出位置，充分发挥我国社会主义政治制度优越性。我们要坚持以实践基础上的理论创新推动制度创新，坚持和完善现有制度，从实际出发，及时制定一些新的制度，构建系统完备、科学规范、运行有效的制度体系，使各方面制度更加成熟更加定型，为夺取中国特色社会主义新胜利提供更加有效的制度保障。

第三，深刻领会建设中国特色社会主义的总依据、总布局、总任务。党的十八大强调，建设中国特色社会主义，总依据是社会主义初级阶段，总布局是五位一体，总任务是实现社会主义现代化和中华民族伟大复兴。这"三个总"的概括，高屋建瓴，提纲挈领，言简意赅。深刻领会和把握这个新概括，有助于我们深刻领会和把握中国特色社会主义的真谛和要义。

强调总依据，是因为社会主义初级阶段是当代中国的最大国情、最大实际。我们在任何情况下都要牢牢把握这个最大国情，推进任何方面的改革发展都要牢牢立足这个最大实际。不仅在经济建设中要始终立足初级阶段，而且在政治建设、文化建设、社会建设、生态文明建设中也要始终牢记初级阶段；不仅在经济总量低时要立足初级阶段，而且在经济总量提高后仍然要牢记初级阶段；不仅在谋划长远发展时要立足初级阶段，而且在日常工作中也要牢记初级阶段。党在社会主义初级阶段的基本路线是党和国家的生命线。我们在实践中要始终坚持“一个中心、两个基本点”不动摇，既不偏离“一个中心”，也不偏废“两个基本点”，把践行中国特色社会主义共同理想和坚定共产主义远大理想统一起来，坚决抵制抛弃社会主义的各种错误主张，自觉纠正超越阶段的错误观念和政策措施。只有这样，才能真正做到既不妄自菲薄、也不妄自尊大，扎扎实实夺取中国特色社会主义新胜利。

强调总布局，是因为中国特色社会主义是全面发展的社会主义。我们要牢牢抓好党执政兴国的第一要务，始终代表中国先进生产力的发展要求，坚持以经济建设为中心，在经济不断发展的基础上，协调推进政治建设、文化建设、社会建设、生态文明建设以及其他各方面建设。随着我国经济社会发展不断深入，生态文明建设地位和作用日益凸显。党的十八大把生态文明建设纳入中国特色社会主义事业总体布局，使生态文明建设的战略地位更加明确，有利于把生态文明建设融入经济建设、政治建设、文化建设、社会建设各方面和全过程。这是我们党对社会主义建设规律在实践和认识上不断深化的重要成果。我们要按照这个总布局，促进现代化建设各方面相协调，促进生产关系与生产力、上层建筑与经济基础相协调。

强调总任务，是因为我们党从成立那天起，就肩负着实现中华民族伟大复兴的历史使命。我们党领导人民进行革命建设改革，就是要让中国人民富裕起来，国家强盛起来，振兴伟大的中华民族。按照现代化建设“三步走”的战略部署，建设富强民主文明和谐的社会主义现代化国家，是我们党和国家在整个社会主义初级阶段的奋斗目标。我们党的庄严使命、改革开放的根本目的、我们国家的奋斗目标，都聚焦于这个总任务、归结于这个总任务。我们要紧紧扭住这个总任务，一代一代锲而不舍干下去。

我们党在不同历史时期，总是根据人民意愿和事业发展需要，提出富有感召力的奋斗目标，团结带领人民为之奋斗。党的十八大根据国内外形势新变化，顺应我国经济社会新发展和广大人民群众新期待，对全面建设小康社会目标进行了充实和完善，提出了更具明确政策导向、更加针对发展难题、更好顺应人民意愿的新要求。这些目标要求，与党的十六大提出的全面建设小康社会奋斗目标和党的十七大提出的实现全面建设小康社会奋斗目标新要求相衔接，也与中国特色社会主义事业总体布局相一致。全党全国要同心同德、埋头苦干，锐意创新、开拓进取，共同为实现党的十八大提出的全面建成小康社会和全面深化改革开放的目标而奋斗。

第四，深刻领会夺取中国特色社会主义新胜利的基本要求。党的十八大提出了在新的历史条件下夺取中国特色社会主义新胜利必须牢牢把握的基本要求。这些基本要求是根据党的基本理论、基本路线、基本纲领、基本经验，深刻总结60多年来我国社会主义建设特别是中国特色社会主义建设实践提出的，是最本质的东西，是体现共产党执政规律、社会主义建设规律、人类社会发展规律的东西，表明我们党对中国特色社会主义规律的认识达到了新水平。

党的十八大提出的基本要求，进一步回答了在新的历史征程上怎样才能夺取中国特色社会主义新胜利的基本问题。中国特色社会主义是亿万人民自己的事业，所以必须发挥人民主人翁精神，更好保证人民当家作主。解放和发展社会生产力是中国特色社会主义的根本任务，所以必须坚持以经济建设为中心，以科学发展为主题，实现以人为本、全面协调可持续的科学发展。改革开放是坚持和发展中国特色社会主义的必由之路，所以必须始终把改革创新精神贯彻到治国理政各个环节，不断推进我国社会主义制度自我完善和发展。公平正义是中国特色社会主义的内在要求，所以必须在全体人民共同奋斗、经济社会发展的基础上，加紧建设对保障社会公平正义具有重大作用的制度，逐步建立社会公平保障体系。共同富裕是中国特色社会主义的根本原则，所以必须使发展成果更多更公平惠及全体人民，朝着共同富裕方向稳步前进。社会和谐是中国特色社会主义的本质属性，所以必须团结一切可以团结的力量，最大限度增加和谐因素，增强社会创造活力，确保人民安居乐业、社会安定有序、国家长治久安。和平发展是中国特色社会主义的必然选择，所以必须坚持开放的发展、合作的发展、共赢的发展，扩大同各方利益汇合点，推动建设持久和平、共同繁荣的和谐世界。中国共产党是中国特色社会主义事业的领导核心，所以必须加强和改善党的领导，充分发挥党总揽全局、协调各方的领导核心作用。

党的十八大提出的基本要求，是对当前我国经济社会发展中存在的突出问题、改革攻坚和加快转变经济发展方式面临的难点问题、干部群众普遍关注的热点问题的积极回应，是对我国进入全面建成小康社会决定性阶段改革发展稳定、内政外交国防、治党治国治军的正确指引。这些基本要求，既涉及生产力和生产关系、又涉及经济基础和上层建筑，既涉及中国特色社会主义伟大事业、又涉及党的建设新的伟大工程，同时还涉及统筹国内国际两个大局。党的十八大对各项工作的谋划和部署都是遵循和体现这些基本要求的。抓住了这些基本要求，就能更好凝聚力量、攻坚克难，继续推动科学发展、促进社会和谐，继续改善人民生活、增进人民福祉，完成时代赋予的光荣而艰巨的任务。

第五，深刻领会确保党始终成为中国特色社会主义事业的坚强领导核心。党的十八大强调，我们党担负着团结带领人民全面建成小康社会、推进社会主义现代化、实现中华民族伟大复兴的重任。党坚强有力，党同人民保持血肉联系，国家就繁荣稳定，人民就幸福安康。形势的发展、事业的开拓、人民的期待，都要求我们以改革创新精神全面推进党的建设新的伟大工程，全面提高党的建设科学化水平。治国必先治党，治党务必从严。为此，党的十八大提出了新形势下全面提高党的建设科学化水平的总要求和各项任务。全党要深刻学习领会、逐条贯彻落实。

党的十八大提出的党的建设总要求，既是着眼于继承和弘扬我们党 90 多年来保持和发展马克思主义政党先进性的根本点提出来的，又是着眼于顺应和应对新形势下世情、国情、党情的新变化提出来的。这些年来，我们全面推进党的建设新的伟大工程，党的执政能力得到新的提高，党的先进性和纯洁性得到保持和发展，党的领导得到加强和改善。同时，与国内外形势发展变化相比，与党所承担的历史任务相比，党的领导水平和执政水平、党组织建设状况和党员干部素质、能力、作风都还有不小差距。特别是新形势下加强和改进党的建设面临"四大考验"、"四种危险"，落实党要管党、从严治党的任务比以往任何时候都更为繁重更为紧迫。全党要增强紧迫感和责任感，牢牢把握党的建设总要求，不断提高党的领导水平和执政水平、提高拒腐防变和抵御风险能力，使我们党在世界形势深刻变化的历史进程中始终走在时代前列，在应对国内外各种风险和考验的历史进程中始终成为全国人民的主心骨，在坚持和发展中国特色社会主义的历史进程中始终成为坚强领导核心。

坚定理想信念，坚守共产党人精神追求，始终是共产党人安身立命的根本。对马克思主义的信仰，对社会主义和共产主义的信念，是共产党人的政治灵魂，是共产党人经受住任何考验的精神支柱。形象地说，理想信念就是共产党人精神上的"钙"，没有理想信念，理想信念不坚定，精神上就会"缺钙"，就会得"软骨病"。现实生活中，一些党员、干部出这样那样的问题，说到底是信仰迷茫、精神迷失。全党要按照党的十八大部署，深入学习实践中国特色社会主义理论体系特别是科学发展观，讲党性、重品行、作表率，矢志不渝为实现中国特色社会主义共同理想而奋斗。

密切党群、干群关系，保持同人民群众的血肉联系，始终是我们党立于不败之地的根基。一个政党，一个政权，其前途和命运最终取决于人心向背。如果我们脱离群众、失去人民拥护和支持，最终也会走向失败。我们要适应新形势下群众工作新特点新要求，深入做好组织群众、宣传群众、教育群众、服务群众工作，虚心向群众学习，诚心接受群众监督，始终植根人民、造福人民，始终保持党同人民群众的血肉联系，始终与人民心连心、同呼吸、共命运。要从人民伟大实践中汲取智慧和力量，办好顺民意、解民忧、惠民生的实事，纠正损害群众利益的行为。党的十八大提出，要在全党深入开展以为民务实清廉为主要内容的党的群众路线教育实践活动。中央将对这项活动进行部署，各级党委要切实抓好落实，着力解决人民群众反映强烈的突出问题，保证活动取得实效。

反对腐败、建设廉洁政治，保持党的肌体健康，始终是我们党一贯坚持的鲜明政治立场。党风廉政建设，是广大干部群众始终关注的重大政治问题。“物必先腐，而后虫生。”近年来，一些国家因长期积累的矛盾导致民怨载道、社会动荡、政权垮台，其中贪污腐败就是一个很重要的原因。大量事实告诉我们，腐败问题越演越烈，最终必然会亡党亡国！我们要警醒啊！近年来我们党内发生的严重违纪违法案件，性质非常恶劣，政治影响极坏，令人触目惊心。各级党委要旗帜鲜明地反对腐败，更加科学有效地防治腐败，做到干部清正、政府清廉、政治清明，永葆共产党人清正廉洁的政治本色。各级领导干部特别是高级干部要自觉遵守廉政准则，既严于律己，又加强对亲属和身边工作人员的教育和约束，决不允许以权谋私，决不允许搞特权。对一切违反党纪国法的行为，都必须严惩不贷，决不能手软。

党的十八大强调指出，发展中国特色社会主义是一项长期的艰巨的历史任务，必须准备进行具有许多新的历史特点的伟大斗争。全党同志一定要以更加坚定的信念、更加顽强的努力，毫不动摇坚持、与时俱进发展中国特色社会主义，不断丰富中国特色社会主义的实践特色、理论特色、民族特色、时代特色，团结带领全国各族人民，努力实现全面建成小康社会各项目标任务，继续实现推进现代化建设、完成祖国统一、维护世界和平与促进共同发展这三大历史任务。这是我们这一代共产党人的历史重任，我们要为之付出全部智慧和力量。

（这是中共中央总书记习近平在十八届中共中央政治局第一次集体学习时的讲话。）

（选自《人民日报》2012年11月19日）

第二部分

理论·总论

论马克思主义的批判性与革命性

郝贵生

马克思主义区别于人类其他文化的最重要之点是马克思主义的批判性、革命性。

一、马克思主义批判性和革命性的依据

1. 辩证法的本性是批判的、革命的

马克思在《资本论》第一卷第二版跋中谈到他在《资本论》所运用的辩证方法时说："辩证法在对现存事物的肯定的理解中同时包含对现存事物的否定的理解，即对现存事物的必然灭亡的理解；辩证法对每一种既成的形式都是从不断的运动中，因而也是从它的暂时性方面去理解；辩证法不崇拜任何东西，按其本质来说，它是批判的革命的。"马克思主义的哲学基础就是唯物主义的辩证法。从这个意义上说，马克思主义的本性也是批判的，革命的。马克思主义全部学说就是在对事物肯定的理解中包含着对事物否定的理解，从事物的运动中、暂时性中去理解。

2. 马克思主义的哲学功能主要是"改变世界"

马克思在他著名的《关于费尔巴哈的提纲》最后一条中指出，哲学家们只是用不同的方式解释世界，而问题在于改变世界。由此揭示了马克思主义哲学与历史上所有哲学家的哲学功能观的根本区别。因为历史上的所有哲学家们不懂得实践的物质性、主体性、社会历史性。因此也不懂得哲学归根结底是为人民群众改造世界的物质实践活动服务的，他们只是停留在用各种不同的方式解释世界。马克思批判继承了旧唯物主义和唯心主义的实践观，揭示了实践的科学内涵，并以此建立和阐发系统的唯物史观理论。马克思主义全部学说也是建立在唯物史观基础上的，是建立在科学的实践观的基础上的。因此，马克思主义全部学说的功能也是"改变世界"。"改变世界"就意味着对世界的批判性、革命性。

3. 无产阶级一登上历史舞台，就是批判的、革命的阶级

无产阶级是资本主义历史时代的产物，它没有任何私有财产，它把自己的劳动力出卖给资本家，它与最先进的社会生产力和生产方式相联系，它所创造的全部剩余价值被资本家所占有。这种受剥削、受压迫的地位必然导致无产阶级对资本主义剥削制度的反抗斗争。无产阶级的阶级本性就是批判的、革命的。马克思主义学说是一定历史时代的产物，是无产阶级登上历史舞台的产物。因此这种学说一开始就始终是面向无产阶级的，是为无产阶级的解放提供理论依据和指导思想的。马克思早在《〈黑

格尔法哲学批判〉导言》中就指出："批判的武器当然不能代替武器的批判，物质力量只能用物质力量来摧毁；但是理论一经掌握群众，也会变成物质力量。""哲学把无产阶级当作自己的物质武器，同样，无产阶级也把哲学当作自己的精神武器"。马克思主义学说的无产阶级属性就决定了其批判性和革命性。

4. 马克思主义的发展史本身就是批判的、革命的历史

马克思主义从它诞生的那天起，就是以批判者、革命者的姿态开始了其理论活动及其发展史。无论在它诞生的那时开始批判封建文化、制度，批判资本主义文化、制度，批判形形色色空想的社会主义思潮，还是发展进程中对各种唯心主义思潮和各种"左"右倾机会主义、修正主义的批判，批判、否定、革命作为一条红线贯穿于马克思主义的全部发展史中。没有批判、没有否定、没有无产阶级的革命实践，就不可能有马克思主义的生命力，不可能有发展的马克思主义—列宁主义和毛泽东思想，不可能有社会主义事业一系列的伟大成就。

马克思主义的批判性与革命性意味着马克思主义与人类历史上曾起过巨大作用的封建文化和资本主义文化是根本对立的，但不意味着马克思主义文化对封建文化和资本主义文化的全盘否定和批判一切。封建文化和资本主义文化首先是阶级的产物，它是为封建地主阶级和资产阶级服务的。当这个阶级处在上升时期，这种文化对社会发展起积极的进步作用，但随着历史的发展深入，其消极反动作用就越来越突出。同时这种文化也是人类的产物，是那个时代人类取得的积极的优秀的成果。人类任何优秀的成果都是在前人成果基础上进一步发展取得的。封建文化和资本主义文化中的优秀成果也为马克思主义文化的形成发展提供了思想材料。从这个意义上说，马克思主义是批判地继承前人文化包括封建文化和资本主义文化的产物。但是在马克思主义发展进程中，确实存在着把马克思主义的批判性革命性片面理解或歪曲为否定一切、批判一切、抛弃一切的错误倾向。十月革命后，苏联共产党内某些人打着马克思主义批判性革命性的口号，否定资本主义社会的一切，包括资本主义社会中人类取得的自然科学成就和科技成果。这种"左"的做法曾经遭到列宁的痛斥。我们国家在改革开放前特别是"文革"期间，利用马克思主义的批判性革命性这一显著特性否定一切、打倒一切、抛弃一切的现象也严重存在。对中国传统文化的批判有这种现象，对西方文化的批判也有极端化的否定一切的错误倾向。如那个年代，把西方哲学、西方经济学课程称作"资产阶级哲学批判"、"资产阶级经济学批判"。其内容就是阐述其如何如何错误，如何如何与马克思主义对立。基本上或很少讲其合理内容及其对马克思主义学说产生的积极作用。这实际上是对马克思主义批判性和革命性的错误理解和极端化做法。这不仅起不到对封建文化和资本主义文化的真正批判，而且在一定意义上导致人们对马克思主义学说科学性的质疑，并助长封建文化和资本主义文化腐朽内容的泛滥。其对无产阶级和社会主义事业的危害性也是非常严重的。但是，借口这种错误倾向而否定马克思主义的批判性、革命性的本质特征也是错误的。历史的发展往往是一种倾向掩盖另一种倾向，改革开放以来，我们在纠正批判一切、否定一切的错误倾向的同时，却自觉不自觉地把马克思主义的批判性、革命性这一本质特征抛弃了，否定了。在强调马克思主义指导思想和重申用马克思主义的立场、观点、方法分析、认识和解决问题的今天，必须重申马克思主义的批判性和革命性的本质特征。

二、马克思主义批判性和革命性的重要指导意义

1. 马克思主义的批判性、革命性要求马克思主义理论的学习、研究、应用必须联系中国社会主义现代化的实践

马克思主义的批判性、革命性的品格实际上也是揭示马克思主义的实践性的品格。它要求马克思主义的学习、研究、应用必须紧密联系当代实践，特别是我们正在进行的社会主义现代化建设实践。我们当前正处在人类发展的一个特殊时期，一方面是社会生产力和科学技术的高度发展，给人类的物质生活带来巨大变化。全球化促使国家、民族、地区之间的经济、政治、文化交往越来越频繁。另一方面，科学技术的高度发展和人类物质生活欲望的过度膨胀导致人类面临着生态环境的日益恶化，国家、民族之间的矛盾冲突没有减弱。资本主义大国的帝国主义本性没有改变，他们对社会主义国家的和平演变和武力颠覆政策没有改变，对世界各国人民的经济剥削和政治欺凌政策没有改变。中国改革开放以来，在取得巨大经济成就的同时，住房、医疗、教育新的三座大山的形成，环境污染日益严重，尤其是贫富差距的拉大和社会公平、正义的破坏，人民群众做社会主人的权利遭到了严重的破坏，官场腐败和教育腐败也达到了新中国成立以来最严重的程度。同时，封建文化和资本主义文化咄咄逼人，疯狂向马克思主义和社会主义发动猖狂的进攻，马克思主义和社会主义事业在社会主义中国遇到了最强有力的挑战。面临着这样的国际和国内形势，中国的马克思主义理论要不要介入生活、干预社会？要不要运用马克思主义的立场、观点、方法给予科学的回答？要不要给予封建文化和资本主义文化的猖狂进攻给予强有力的回击？回答显然是肯定的。中央领导近几年也一再强调马克思主义的指导地位，强调自觉运用马克思主义的立场、观点、方法分析、认识和解决问题。这就要求我们这些专门从事马克思主义基本理论研究的学者们在自己学习、研究和指导他人学习、研究马克思主义的基本理论问题中，必须紧密联系中国当代大量的现实问题，站在马克思主义的立场上，运用马克思主义的实事求是观点、阶级观点、群众观点、矛盾观点、劳动价值论和剩余价值论观点、两个决裂和消灭私有制等基本观点给予科学的说明解释。从马克思主义的认识论关于认识和实践的关系讲，认识来源于实践，认识在实践中发展，认识为实践服务，认识在实践中得到检验。这是每一个马克思主义理论工作者再熟悉不过的观点了。但是从笔者对社会生活的观察及个人的亲身体会中，马克思主义理论的学习研究中，理论脱离实际的现象太严重了。许多科研成果、论文空对空，从概念到概念，停留于抽象的逻辑思辨，书本理论知识引用了一大堆，但一遇到社会现实问题，文章就卡壳了。或者回避社会现实问题不谈，或者轻描淡写，不疼不痒地简要提一下。个别成果中虽然也联系现实，但不是用马克思主义的立场、观点、方法分析问题，而是不自觉地用儒家文化和西方文化解释之。许多文章书本知识逻辑演绎的内容多，对社会问题、现象归纳、概括、分析、综合的内容少。特别是尖锐的社会矛盾以及与权力者的观点、认识、结论不一致或者冲突时，不敢涉及，不愿涉及，特别不愿意用马克思主义的基本观点如阶级观点、群众观点、唯物主义观点、矛盾观点、劳动价值论和剩余价值论等基本观点分析认识之，只捡领导者喜欢听的写。一些刊物在论文能否发表的标准问题上，往往把那些对社会现实问题有独立判断、见解鲜明、解剖深刻的论文枪毙掉，或者是把某些深刻分析的见解、推理淡化或删掉后方能发表。个别刊物喜欢发表质疑马克思主义基本原理的文章，

对于反驳的论文一律不发。同时许多论文晦涩难懂，许多哲学论文我们搞哲学专业的人都看不懂。由此笔者想到马克思早在1842年所写的《第179号“科伦日报”社论》中谈到当时德国的有些哲学家的理论研究状况和方法。马克思说:“哲学，尤其是德国的哲学，喜欢幽静孤寂、闭关自守并醉心于淡漠的自我直观；所有这些，一开始就使哲学同那种与它格格不入的报纸的一般性质—经常的战斗准备、对于急需报道的耸人听闻的当前问题的热情关心对立起来。从哲学的整个发展来看，它不是通俗易懂的，它那玄妙的自我深化在门外汉看来正像脱离现实的活动一样稀奇古怪；它被当做一个魔术师，若有其事地念着咒语，因为谁也不懂得他在念些什么。”看看我们今天的哲学和马克思主义的研究状况，同马克思这里所批判的德国当时的哲学状况是否相似呢？马克思在这篇文章中阐述了他对哲学的独特的理解，认为真正的哲学是时代精神的精华，哲学必须和自己时代的现实世界接触并相互作用。哲学必须浸进沙龙、神甫的家、报纸的编辑部和国王的接待室，浸进同时代人的灵魂，也就是浸进使他们激动的爱与憎的感情里。我们今天的马克思主义哲学和马克思主义基本理论的研究是否做到了呢？

对于号称以马列主义、毛泽东思想、邓小平理论、“三个代表”重要思想为指导思想，贯彻落实科学发展观的一些领导者来说，也同样是理论脱离实际。就拿最近这些年学习贯彻“三个代表”重要思想和科学发展观思想来说，“三个代表”重要思想特别强调代表先进文化，代表中国绝大多数人民群众的根本利益，强调立党为公，执政为民，强调与时俱进；科学发展观强调科学发展、以人为本、可持续发展、全面协调发展等。上面这些话经常挂在一些领导的嘴边，但却看不到或极少看到这些领导者运用上述思想具体分析认识本地区、本部门、本单位究竟存在哪些落后文化？哪些背离人民群众根本利益？背离立党为公、执政为民、与时俱进的现象和根源究竟是什么？哪些背离科学发展、以人为本、可持续发展、全面协调发展的现象和根源，以及究竟怎样解决这些问题？一些领导者的讲话大多千篇一律，空话连篇，有独立个性见解、深刻分析的讲话凤毛麟角。以教育界为例，一些大学领导天天学习贯彻科学发展观，但大学背离“以人为本”，背离科学发展的疯狂追求规模、数量、项目、研究生点的大跃进式的发展状况却愈演愈烈。我们理论界不会运用科学发展观揭露批判这种状况，教育部门的许多领导者也不会运用科学发展观揭露批判现实。这能够坚持马克思主义思想的指导吗？

2. 马克思主义的批判性、革命性要求马克思主义理论的学习、研究、应用必须具体分析解剖现实生活中的大量矛盾现象，做出真善美、假恶丑的独到、深刻的判断和分析

马克思主义理论的哲学基础就是唯物辩证法。辩证法的核心是对立统一规律，是马克思主义的矛盾学说。毛泽东同志在《矛盾论》中详细深刻阐述了马克思主义矛盾学说的基本观点，它强调矛盾是普遍的又是特殊的。坚持矛盾普遍性原理就是要自觉学会运用矛盾分析的方法分析、认识社会生活中的一切矛盾现象，特别是社会生活中的普遍性的社会重大矛盾。矛盾的特殊性原理要求学会具体问题具体分析，分析不同质的矛盾，分析不同过程、不同阶段的矛盾，分析主要矛盾和非主要矛盾，分析矛盾的主要方面和非主要方面，从对这些矛盾具体分析中找出解决矛盾问题的特殊的方法。毛泽东的这种矛盾分析法高度概括了马克思主义理论的最基本的分析方法，是对列宁的辩证法十六要素内容的丰富发展。马克思、恩格斯、列宁的一系列著作都贯彻体现了唯物辩证法的

这种基本方法。毛泽东也是运用这种方法的典型和楷模。他的《中国社会各阶级的分析》、《中国革命战争的战略问题》、《论持久战》、《论联合政府》、《在七届二中全会上的讲话》、《论十大关系》、《关于正确处理人民内部矛盾的问题》等著作都是他运用这种方法的代表作。也正是因为无产阶级革命领袖对唯物辩证法的娴熟运用，所以在他们的著作中非常鲜明地看到他们对当时社会生活中的大量人们模糊、混乱的问题做出真假、对错、善恶、美丑、肯定否定的分析和判断来。马克思主义的批判性革命性不是批判否定一切，而是要求在对事物作实事求是的辩证分析的基础上，批判否定错误、丑恶、荒谬的东西，促进事物的转化。

因此要体现马克思主义的批判性、革命性的品格，就必须在马克思主义的学习、研究、应用过程中自觉学会运用唯物辩证法特别是矛盾分析的基本方法，在对今天社会生活中的大量社会矛盾现象材料占有基础上做出实事求是的分析来。但是自觉运用矛盾分析法的论文和研究成果少之又少，回避尖锐的社会矛盾，不敢或不愿对社会矛盾做深入细致的解剖分析，只是停留在浅层次的肯定或否定上，不敢或不愿意对人们模糊、不清楚的现象站在马克思主义的立场、观点、方法进行深刻分析，做出对错、真假、善恶、美丑的判断来。例如，改革开放是从批判“两个凡是”，恢复党的实事求是的思想路线开始的，强调实践是检验真理的标准。既然对毛泽东和毛泽东的话不能搞“两个凡是”，要实践加以检验。同理，对改革开放以来的领导人及党的重大决议是否就可以搞新的“凡是”呢？是否就句句是真理呢？是否就不需要实践加以检验了？实际生活中我们看到，30 多年来，新的“两个凡是”到处都有，马克思主义的实事求是思想路线并没有完全或真正确立起来，形形色色唯心主义和形而上学思维方式更加猖獗。但从我们看到的马克思主义研究的成果中，却极少见到对这种唯心主义和形而上学思维方式的揭露、分析与批判。再如，中国农村改革的方向究竟是什么？1978 年树立的所谓小岗村土地承包方式证明了它虽然能够暂时解决农民的温饱问题，但不能解决农民的真正富裕问题。而始终坚持农村集体化道路的江苏省华西村和河南省南街村不仅解决了温饱，而且真正使农民富裕起来了，同时做到了物质文明精神文明双丰收。2010 年 6 月 30 日，新华社播发了一篇追记河北省晋州市吕家庄村原党支部书记高能权的新闻稿，讲述这位从 20 世纪 50 年代就担任村党支部书记直至 2009 年 1 月去世的 92 岁高龄的老党员 50 多年来最大的特点就是全心全意为人民服务，带领群众走集体化道路。1980 年全国大搞分田到户时，他仍坚持原有集体经济，使全村走上了共同富裕的道路。我们的马克思主义理论研究能否回避这一农村发展的根本方向和道路问题呢？笔者却很少看到运用马克思主义观点方法分析认识这种社会现象的文章。只是从《马克思主义研究》2008 年第 7 期上看到一篇河南大学关于河南省刘庄、南街村、竹林镇坚持走集体经济道路共同致富的研究报告。可惜这样的研究成果太少了。

3. 马克思主义的批判性、革命性要求马克思主义理论的学习、研究、应用必须转变为人民群众改造世界的物质力量

马克思主义与人类其他文化的重要区别之一，就是马克思主义不是以救世主的面目出现在人民群众面前，而是把这种理论交给群众，使之转变为改造世界的物质力量。马克思主义的批判性革命性不是单纯的马克思主义理论工作者和领导者的批判性和革命性，而是转变为人民群众的批判性和革命性。因此，努力促进和完成这种转化是马克思主义理论工作者学习、

研究、应用中责无旁贷的历史责任和任务。

第一，确立“为人民服务”的无产阶级世界观，把自己的立足点彻底转移到人民群众方面来。为什么要学习、研究和应用马克思主义理论，是每一个理论工作者自觉不自觉地必须回答的问题。必须正视的客观事实是，我们队伍中的一些人受社会思潮中功利化、浮躁化的严重影响，把马克思主义教学和研究单纯当作谋生的饭碗，当作获取个人名利地位的工具。为此，他们迎合权力，迎合时髦，甚至不惜弄虚作假争研究生点、争项目、争奖项。马克思主义的一个重要内容就是面向无产阶级和劳动者的，就是面向人民群众的。毛泽东提出的“为人民服务”思想也同样是对马克思主义理论工作者的基本要求。而上述问题的根本原因就是离开了人民群众的根本利益和无产阶级事业的根本需要。对于一个马克思主义理论工作者来说，努力解决为什么人的根本问题，是搞好马克思主义理论教学和研究的基本条件，否则不可能体现马克思主义的批判性革命性，不可能去揭露批判现实生活中的各种错误思潮、错误行为和腐败丑恶现象。

第二，把马克思主义理论通过多种途径、方式最大限度地为人民群众所掌握。毛泽东20世纪50、60年代曾经针对哲学研究严重脱离群众的状况说，让哲学从哲学家的书本和课堂上解放出来，使之成为群众手里的尖锐武器。当时全国各地曾经开展过大规模的群众学哲学运动。尽管其中有许多简单化、庸俗化的不良倾向，但方向和道路是正确的，也确实涌现出许多工农兵学哲学用哲学的标兵和楷模。在当今整个社会思想极其混乱的新的历史时期，更需要人民群众掌握马克思主义的立场、观点、方法。中国社会存在的一切问题，特别是反腐败问题的解决归根到底需要有一支正义的力量。正义的力量源泉永远蕴藏于群众之中。但人民群众的自发行为不能最终战胜邪恶和腐败现象，它必须有科学的理论指导。马列主义毛泽东思想就是人民群众战胜腐败现象的精神武器。那么如何让更多的人民群众自觉学习掌握马列主义和毛泽东思想，就成为马克思主义理论工作者需要下大工夫解决的问题。但是我们多年的哲学和马克思主义的研究，严重背离了马克思和毛泽东的论述，哲学和马克思主义研究重新变成书斋哲学和书斋马克思主义。

第三，自觉向工人、农民学习，向小人物和普通群众学习，把他们在实践中学习和运用马列主义毛泽东思想的经验体会提炼总结出来，使更多的人自觉运用马克思主义立场、观点、方法分析解决问题。无产阶级革命领袖人物在他们成长和从事无产阶级革命活动的实践中，特别注意向人民群众和普通的工人农民学习。毛泽东在这方面有许多精彩的论述。今天也同样需要各级领导者和马克思主义理论工作者自觉向群众学习，向普通的工人农民学习，在他们身上有我们民族最优秀的品格和精神。笔者从互联网上发现，许多普通群众和非专业理论工作者运用马克思主义毛泽东思想的立场、观点、方法分析解剖当代社会问题的能力和水平比许多领导者和专业理论工作者高许多。实践证明毛泽东的“群众是真正的英雄，而我们自己往往是幼稚可笑的”仍然是不可动摇的真理。

第四，改革大中学校马克思主义专业课和公共政治课的教学观念和教学模式，让学生真正理解和掌握马克思列宁主义、毛泽东思想的基本原理，并学会运用其分析和解决实际问题。在中学和大学包括研究生中开设马克思主义基本理论课程是完全必要的，但目前的这种教育观念完全受应试教育的影响，学生并不是为了真正掌握马克思主义基本知识并转化为自己的能力而学，而是为了拿分数，拿文凭。而教师的教学观念也只是为传授知识而已，把极其丰富的有血有肉的马克思主义基本理论变为干巴巴的孤零零的教条、概念，同时去迎合、迁就学生不正确的学习理念和要求。这种教学效果既达不到让学生记住和掌握马克思主义基础知识的目的，更达不到让学生自觉运用其分析解决实际问题能力的目的。整个教育的观念要转变，马克思主义理论学习和教育的观念更应该转变。没有按照马克思主义、毛泽东思想的教育理念和方法，就不可能搞好马克思主义理论专业课和公共政治课的教学改革，也不可能使马克思主义转变为当代青年学生改变自己和批判社会的物质力量。

第五，马克思主义学科研究与其他学科研究努力结成联盟。马克思生前曾经说过，自然科学要和社会科学结成联盟。同时，社会科学之间要结成联盟。中国目前的学科研究特别是社会科学学科之间基本上处于孤立、封闭、老死不相往来的状况，各个学科内部有一套相对独立的范畴体系，不借鉴不吸收其他学科的积极的优秀成果。马克思主义学科研究也有这种状况，不能够从其他学科的成果中提炼概括丰富马克思主义学说新的内容。而其他学科也不同程度上抵制马克思主义的指导和影响。其实，马克思主义作为我们党和国家的指导思想也应该是各个学科建设发展的指导思想。中国哲学研究、西方哲学研究、经济学研究、政治学研究、历史学研究、教育学研究、心理学研究、文学研究、社会学研究都离不开唯物史观的指导。但目前整个社会特别是学术界拒斥唯物史观和马克思主义的指导现象非常严重。历史唯心论思想严重地充斥于各个学科领域。这就给马克思主义学科研究人员提出了极其严肃的课题，如何与其他社会科学结成联盟？如何使其他学科人员真正接受马克思主义的指导？只有做到这一点，才能真正实现马克思主义的批判性革命性。

4. 马克思主义的批判性革命性要求在马克思主义理论的学习、研究和应用中必须批判来自“左”右两方面的错误思潮的干扰和破坏

马克思主义的批判性和革命性不仅是指对外部世界和外部思潮的批判和否定，也包括对自身的批判和否定。因为马克思主义本身也是发展的，发展在一定意义上就是不断地否定自己。马克思、恩格斯在自己的理论生涯中，就曾经否定过自己早期的某些不合时宜的或错误的认识。正如《共产党宣言》的序言所指出的，宣言中某些个别结论和具体策略需要修改和抛弃。毛泽东在中国革命实践中，把马克思列宁主义的普遍真理与中国革命和建设实践相结合，也在否定来自共产国际的某些错误指示，丰富和发展了马克思主义理论。改革开放以来，我们党结合新的历史条件和中国的具体国情，也突破了马克思主义书本上的某些结论，开辟了具有中国特色的社会主义道路。但马克思主义的批判性革命性不仅表现在上述方面，最重要的还表现在对来自内外部思潮的根本否定和修正马克思主义基本原理、精髓的各种机会主义思潮的批判。马克思、恩格斯在世时对拉萨尔和杜林等人的批判，列宁对第二国际伯恩施坦、考茨基和马赫主义等的批判，都极大地捍卫和发展了马克思主义学说。

我们今天坚持马克思主义也面临着单纯从书本出发的教条主义思维方法和根本否定马克思主义基本原理的极右的错误思潮的干扰。当前国内否定、歪曲马克思主义原理的各种各样的错误思潮极其严重。马克思主义的所有基本原理都遭到不同程度上的否定和歪曲。如物质统一性原理、哲学基本问题原理、矛盾的同一性与斗争性辩证统一的原理、阶级斗争原理、群众史观原理、实践观原理、劳动价值论原理、剩余价值论原理、消灭私有制原理、两个最彻底的决裂原理等或者被根本否定，或者被根本歪曲。有些人是打着马克思主义的旗号反马克

思主义，有些人公开把早已被马克思主义彻底批判的资产阶级人道主义的抽象人性论、人本性自私论拿出来反对马克思主义。当前思想战线上自由化思潮在哲学上鼓吹超阶级、超历史、超时代的所谓“普世价值”，取代马克思主义的阶级观点和“为人民服务”思想。在经济领域，鼓吹新自由主义，否定马克思主义的劳动价值论和剩余价值论，否定马克思主义关于消灭私有制的科学结论。在政治领域，鼓吹民主社会主义，用脱离所有制的超阶级民主理念取代马克思主义的民主观，用脱离公有制为基础的民主社会主义观取代马克思主义的公有制为经济基础的科学社会主义观。党的十七届四中全会通过的关于加强和改进党的建设的决定中谈到四个划清即：“自觉划清马克思主义同反马克思主义的界限，社会主义公有制为主体、多种所有制经济共同发展的基本经济制度同私有化和单一公有制的界限，中国特色社会主义民主同西方资本主义民主的界限，社会主义思想文化同封建主义、资本主义腐朽思想文化的界限”，强调要坚决抵制各种错误思想影响，始终保持立场坚定、头脑清醒。也就是正视和承认当前意识形态领域各种反马克思主义思潮的严重存在及对马克思主义的猖狂进攻。中央还特别要求全体党员“必须居安思危，增强忧患意识，常怀忧党之心，恪尽兴党之责”，“为党分忧，为国尽责，为民奉献”。我们作为专门从事马克思主义研究的专业理论工作者究竟应该如何尽到忧党，兴党之责呢？笔者认为，最重要的一点就是面临各种反马克思主义的错误思潮的进攻和封建文化、资本主义文化的泛滥，应该勇敢地站出来，运用马克思主义的立场、观点、方法，去揭露、批判之，去回击他们对马克思主义的进攻，捍卫马克思主义的纯洁性，而不应该袖手旁观、漠然置之，更不应该加入到这股诋毁马克思主义的错误思潮中。

在实际生活中，在马克思主义理论队伍中不得不正视的是，某些人把主要甚至是全部精力放在追求项目、追求奖励、追求研究生点，而不考虑或很少考虑如何真正提高自身的马克思主义的基本素养和水平，如何对形形色色的错误思潮进行回击和批判。或者把原则性的大是大非的争论当作纯粹的学术问题。还有些人满足于自己的教授、博导、行政或学术权力的既得利益和地位，不敢或不愿触动理论界争论的焦点和原则性问题，只追求权力者喜欢或四平八稳不冒任何风险的论文。个别人甚至加入到这股反马克思主义的潮流中去。马克思主义研究中确实存在某些观点的学术之争，但绝不是任何争论都是学术之争，有些争论就是坚持还是反对马克思主义之争。鲁迅青年时之所以弃医从文，是看到了中国人的麻木不仁状况。今天中国社会中面临着各种腐败丑恶现象和错误思潮的泛滥，麻木不仁的人仍然相当多，包括我们马克思主义理论队伍中。这种对待马克思主义的态度还有一点马克思主义的味道吗？

坚持马克思主义的指导思想，必须坚持马克思主义的批判性革命性的功能。马克思主义理论必须同当代中国的实际相结合，必须干预生活，触及生活，分析生活，临到触犯当权者也决不退缩。马克思主义必须批判形形色色的唯心主义、形而上学、自由主义、民主社会主义、普世价值及封建文化的各种直接或变相的错误思潮。马克思主义必须通过多种途径、方式、方法普及到以劳动者为主体的人民群众中，使之成为强大的改造世界的物质力量。马克思主义必须对来自内部的“左”右两方面的错误思潮给予严厉的批判。这是永葆中国共产党无产阶级本色、推进社会主义伟大事业成功的最重要的途径和条件之一。

（作者：天津师范大学马克思主义学院教授）

（选自《马克思主义研究》2012年第1期）

社会主义：一个总体性认识

胡乐明

1848年《共产党宣言》问世以来，科学社会主义已被人们做过各色各样的界说，并被一些民族和国家付诸实践。然而，已有的界说仍未消解人们的困惑，所有的实践也难以获得普遍的赞誉。"社会主义"依然是一个存在众多分歧的"共同话语"，科学地理解科学社会主义仍然是一项需要长期探索的重大课题。

一、总体性原则是科学社会主义的基本方法

卢卡奇认为，"总体范畴，整体对各个部分的全面的、决定性的统治地位，是马克思取自黑格尔并独创性地改造成为一门全新科学的基础方法的本质"。应该承认，尽管马克思没有系统而具体地论述其总体性思想，但是马克思主义理论的创立和发展与总体、全体、整体等范畴的改造和深化密不可分，总体性原则的确是马克思考察人类社会及其发展历史、构建科学社会主义理论的基本方法。

毫无疑问，马克思的总体性思想取自黑格尔哲学并对它进行了彻底的改造与深化。尽管在西方哲学史上黑格尔首次使用了总体性概念，统一了在近代哲学里分裂的思维和存在，但是在黑格尔那里，历史被归结为绝对精神的自我发展与自我生成，总体性不过是建立在唯心主义基础之上的纯粹的范畴演绎，是"以概念逻辑串起的绝对精神的神秘旅程"。在批判黑格尔哲学的同时，马克思逐渐发现了黑格尔哲学的总体观念的重要价值。1843年年底，马克思在《〈黑格尔法哲学批判〉导言》中便初步表达了人的社会特质和社会总体性的思想，认为人不是抽象的蛰居于世界之外的存在物，人就是人的世界，就是国家，就是社会；要实现人是人的最高本质，就必须进行全面的革命，"推翻那些使人成为受侮辱、被奴役、被遗弃和被蔑视的东西的一切关系"。在《1844年经济学哲学手稿》中，马克思通过对资产阶级政治经济学和产生异化劳动的私有制的批判，把以私有制为基础的资本主义社会称为"非社会"，即缺乏总体性的社会，认为扬弃了私有制的社会是"真正的社会"，"是人同自然界的完成了的本质的统一，是自然界的真正复活，是人的实现了的自然主义和自然界的实现了的人道主义"，是具有总体性的社会。在稍后写作的《关于费尔巴哈的提纲》中，马克思形成了关于人的社会特质的成熟见解：人的本质不是单个人所固有的抽象物，而是"一切社会关系的总和"。

1845年秋—1846年5月，马克思、恩格斯共同撰写了《德意志意识形态》。在这部著

作中，马克思的总体性思想得到了进一步的升华，生产力与生产关系以及经济基础与上层建筑的辩证关系得到了明确阐述，历史唯物主义和科学社会主义基本原理也首次得以系统阐发。在1847年撰写并发表的《哲学的贫困》中，马克思的总体性思想得到了更为完善的理论表现，指出人类社会是“一切关系在其中同时存在而又相互依存的有机体”。在马克思看来，生产方式的内在矛盾以及在这一矛盾基础上派生出来的各类矛盾都是社会有机体自身的构成要素，任何社会都是一个历史地生成和发展的总体。作为马克思总体性思想逐渐完善的成果，《资本论》考察了作为一个总体存在着的资本主义社会，指出任何总体都是作为自我扬弃、自我超越的过程而存在，资本主义的产生、发展、衰亡是一个自然的历史过程，既证明了唯物史观关于社会发展的一般规律，同时又阐明了资本主义生产方式区别于其他社会的独特本质和发展趋势，终结了资产阶级经济学家关于资本主义生产方式永恒存在的“神话”。此后，马克思通过历史学和人类学的研究，从“世界历史”的视角，总体性地考察了人类历史发展规律的同一性与不同时代、不同国家具体发展道路的多样性，丰富和完善了科学社会主义的基本原理。总之，总体性原则对于马克思主义理论体系的形成和发展有着关键性的意义，总体性观念也伴随马克思主义理论的形成和发展而逐步成熟，正是因为拥有科学的总体性观念及方法才使马克思完成了对于资本主义社会的分析批判，发现了人类走向未来社会的发展路径。

然而，在伯恩施坦和考茨基等第二国际庸俗马克思主义者那里，马克思的总体性思想被简单化为一种片面的“经济主义”，唯物史观被误读为机械的经济决定论，工人革命被看成是自然发生的社会进化。为了恢复马克思主义的本来面目，正确反思欧洲工人革命失败的教训，卢卡奇重新恢复了被第二国际庸俗马克思主义理论家们打入冷宫的总体范畴在马克思全部著作里一向占有的方法论的核心地位。卢卡奇认为，第一次世界大战之后西方发达资本主义国家的工人革命之所以陷入低潮，原因在于工人阶级被资本主义社会的物化现象和资产阶级实证主义思维方式所蒙蔽；通过马克思主义的总体性视角，可以认识到社会历史的总体性本质，唤醒无产阶级的主体意识和革命热情。在卢卡奇那里，总体性具有相互联系的两层含义。一是强调整体对于各个部分、各个环节的全面的、决定性的统治地位，彰显的是一种社会结构的总体性；二是强调社会历史的总体性，认为对于人类社会的正确认识只有“放到历史世界的具体的总体，放到具体的总的历史过程本身之中”才能成为可能。因此，正确的认识只能是总体性的认识，而总体性的认识不是主体对客体直接的反映，而是一个建立在实践基础之上的主体与客体互为中介的过程。在卢卡奇看来，资本主义社会的经济结构所决定的资产阶级的阶级地位使得资产阶级意识不到自身的物化存在状态，无产阶级的阶级观点则为看到社会的整体提供了有用的出发点，因此唯有无产阶级才能够摆脱商品拜物教意识和物化意识，才能达到一种总体性的阶级意识，实现总体性的革命，终结资本主义的总体的统治。

在《历史与阶级意识》之后，总体性构成了西方马克思主义的中心范畴。与卢卡奇同期的柯尔施认为，“马克思主义理论是一种把社会发展作为活的整体来理解和把握的理论；或者更确切地说，它是一种把社会革命作为活的整体来理解和实践的理论”。在强调历史总体性的同时，柯尔施更强调了革命的总体性。在他看来，包含艺术、宗教和哲学等表现形式的资产阶级社会的意识形态与国家、政治和法律构成了一个统一的总体，形成了适应于其经济基础的资产阶级社会的精神结构。葛兰西反对把历史发展简单归结为一种直线性的和单线性的决定论，主张建立一种取代经济因素单一主导论的总体革命学说。在他看来，随着自由竞争的资本主义转向福特主义的资本主义，资本主义社会的政治、经济与文化等各个方面越来越一体化，无产阶级要想取得革命的“霸权”，就必须在各个方面取得优势。也就是，无产阶级革命必须包括社会的一切方面，既有政治、经济，又有文化、意识形态以及社会关系等各个方面。此后，萨特以“总体化”、列斐伏尔以“总体的人”、马尔库塞以“单向度的人”分别从不同角度提供了关于马克思的总体性思想的新的解读。与人本主义马克思主义思潮不同，阿尔都塞提出了关于马克思总体性思想的结构主义阐释。在他那里，生产方式的整合作用、多元决定论是理解历史整体的关键。在他看来，历史唯物主义不是简单的经济决定论，历史发展也不是只受单一因素决定的演变过程，“归根到底由经济所起的决定作用在真实的历史当中恰恰是通过经济、政治、理论等交替起第一位的作用而实现”，只有从以生产方式为基础的多元决定论出发，才能解释历史整体的不平衡特征，才能在整体的不平衡发展当中找到发生作用的根本力量。

然而，随着福特主义的资本主义转向后福特主义的资本主义，一种反总体性、强调差异性的思维得以发生、发展，在阿多诺以“否定的辩证法”或“非同一性思维”开启了通向“后马克思主义”的大门之后，“向总体性开战”逐渐成为了众多后现代主义理论家们的共同喧嚣。在他们看来，总体性是建立在同一性原则基础之上的终极真理的代名词，即总体性是在人之外预设的一个完满的实体存在；由此造成了人的存在的自我分裂，人的创造性和主体性都被消解在这种抽象的总体性之中；必须以非同一性思维替代同一性思维，将人从一切桎梏之中解放出来，实现个体个性的张扬和个体自我价值的实现。他们认为，启蒙以来的现代总体性思想是极权主义和专制主义的思想根源，立足于人性至善虚假承诺的总体性的人类解放诉求导致了以暴力和强权实施的排他主义的政治实验。因此，他们极力标举差异、特殊、个体，排斥任何可以想象的总体性形式。在对总体性的一片讨伐声中，詹姆逊坚定地坚持和捍卫了马克思的总体性思想。詹姆逊明确指出，马克思“辩证法最重要的哲学功能就是它能够协调我们对之缺乏充分思考的历史的两副面孔或方面，即同时出现的，令人吃惊的变化和扩张，同时仍构成一些基本和持续的结构的运转”。在他看来，马克思早就看到了资本主义的二重性与内在矛盾，认为它同时进行着人类的解放与压抑、进步与倒退、财富与贫困的生产，它们之间相互作用、互为条件；从资本主义全球体系、大众媒介、广告宣传等众多现象可以看出，恰恰是差异在表面上的无所不在表明当代资本主义正在变得越来越趋向总体化。因此，必须采用马克思的总体性思维原则，把全球资本主义作为一个有机的整体历史地加以考察。

显然，在西方马克思主义那里，马克思的总体性思想并没有完全得到正确而充分的领会。尽管如此，卢卡奇等西方马克思主义学者的阐释对于我们准确把握马克思的总体性思想、科学地理解科学社会主义仍然具有重要的借鉴意义。总体性原则是马克思考察人类社会及其发展历史的基本方法，也是我们科学理解科学社会主义及其发展历史的基本方法。用总体性原则考察历史必须把历史过程理解为一个总体，正确处理历史具体事件与历史总体本质的关系，拒绝对于历史事件的断裂式“阅读”，才能科学把握人类历史发展的一般规律，理解资本主义的发生、发展、衰亡的历史趋势。用总体性原则考察社会必须把人类社会理解为一个总体，全面透视经济、政治、社会、文化等各个部分的相互作用、相互关系，拒绝对于社会现象的碎片化“阅读”，才能准确把握各种社会形态的内在矛盾及其演变趋势，理解社会形态演变更替的一般规律与具体道路。除了“时间”和“结构”的维度，用总体性原则考察人类社会及其发展历史还必须把握其“空间”的维度，将其置于“世界体系”和“世界历史”的视野之中加以分析，辩证把握总体化与个体化、世界性与民族性的关系，拒绝对于各国历史与现实的特殊主义“阅读”，才能正确把握人类社会发展规律的同一性与不同时代、不同国家具体发展道路的多样性，理解共产主义这一人类历史的共同未来。同样，运用总体性原则考察科学社会主义及其发展历史也必须坚持“时间”、“结构”、“空间”三个维度的有机统一，拒绝本本主义、经验主义、实用主义等各种错误态度，科学地坚持和发展科学社会主义。

二、社会主义是一个自然的历史过程

唯物史观认为，人类社会与万事万物一样，都有一个由低级向高级不断发展的历史进程。资本主义基本矛盾即生产的社会化同生产资料私人占有之间的矛盾的存在和激化，决定了资本主义必然灭亡和社会主义必然胜利，当资本主义生产关系无法容纳生产力发展的时候，它就会被更高形式的社会主义生产关系所替代。因此，社会主义替代资本主义是世界历史发展的客观趋势，是一个自然的历史过程。

资本主义是一个历史性的总体，一个历史地生成、发展、衰亡的总体。14世纪，随着生产力和商品生产的发展，西欧封建社会的某些城市出现了资本主义生产关系的雏形，产生了以意大利文艺复兴为标志的资产阶级文化的萌芽。15世纪末16世纪初，新大陆的发现和新航路的开辟为新兴资产阶级提供了新的空间，随之而来的所谓原始积累，用血和火的文字写下了资本主义发展史的第一页，有力地推动了封建社会的解体和资本主义生产关系的发展。16、17世纪，近代科学研究的数量和质量发生了革命性的变化，极大地改进了生产技术和生产效率。18世纪中叶始于英国的以机器大工业代替工场手工业的第一次产业革命，促进了社会生产力的迅速发展和生产社会化程度的广泛提高，为资本主义提供了相应的物质基础，同时也造就了无产阶级这一同资产阶级相对抗的阶级力量。随着资本主义的迅速发展，资本主义社会的内部矛盾也开始充分暴露出来，导致了1825年开始出现的周期性经济危机以及无产阶级反抗资产阶级的经济政治斗争，进而引发了资本主义全部社会关系的新的变化。随着19世纪末期以电气化为标志的第二次产业革命的发生，资本主义由自由竞争过渡到垄断阶段。20世纪50年代之后以电子计算机的应用和信息化为标志的第三次产业革命的发生以及经济全球化的深化，又为资本主义注入了新的活力。但是，资本主义生产方式越是发展，“社会的生产和资本主义占有的不相容性，也必然越加鲜明地表现出来”，新的生产形式的诸种因素作为资本主义社会的内在否定力量也必然愈益发展壮大。尽管资产阶级通过对生产关系从而对全部社会关系不断进行革命，可以获得一定的生存发展空间，但是资本主义内在矛盾的深化和危机终究会发展到在资本主义框架内无法调和的地步，从而导致一种新的社会形态取而代之。因此，资本主义作为一个总体从原来只是征兆的东西发展到具有充分意义，是一个自我扬弃、自我超越的自然历史过程。

显然，资本主义作为一种社会形态必然存在于人类历史，却未必存在于一切国家和民族的历史；资本主义的充分发展会为社会主义提供必要的物质基础，但并非每一个国家和民族都必须经历资本主义的充分发展方能进入社会主义社会。马克思曾经明确指出，如果有人“一定要把我关于西欧资本主义起源的历史概述彻底变成一般发展道路的历史哲学理论，一切民族，不管它们所处的历史环境如何，都注定要走这条道路”，那么，这“会给我过多的荣誉，同时也会给我过多的侮辱”。在马克思看来，生产力与生产关系之间并不是直接必然的决定关系。在一定条件下，生产关系和生产力可以跨越时间和空间而结合；一定的生产力的水平也并非必须在单一的社会形态内部方能实现，而可以借助交往和交往的不同形式来实现生产力水平的跨越式发展。因此，人类历史的发展进程是多线条、多样性的统一。“一切民族都将走向社会主义，这是不可避免的，但是一切民族的走法却不完全一样”。人类向未来共产主义社会的演进未必只有西欧资本主义发展一途，每个国家、每个民族都可以根据自己的国情和所处的历史环境条件选择自己的道路。在资本主义世界历史时代，处于资本主义以前的阶段的一切国家和资本主义尚未充分发展的国家，如果能够“和资本主义所统治的世界市场联系在一起”而占有资本主义制度所创造的一切积极成果，就可以不经过资本主义制度或者资本主义的充分发展而进入社会主义社会。在社会主义世界历史时代，处于资本主义以前的阶段的一切国家和资本主义尚未充分发展的国家，如果能够与社会主义世界市场相互联系、相互交往，显然可以不必经过资本主义制度或者资本主义的充分发展而进入社会主义社会。

资本主义是一个结构性的总体，一个政治、经济、社会、文化等各个方面相互依赖、相互作用的总体。唯物史观认为，“每一个历史时代主要的经济生产方式和交换方式以及必然由此产生的社会结构，是该时代政治的和精神的历史赖以确立的基础，并且只有从这一基础出发，这一历史才能得到说明”。也就是，“只有把社会关系归结于生产关系，把生产关系归结于生产力的水平，才能有可靠的根据把社会形态的发展看作自然历史过程”。作为一种社会形态，资本主义是人类社会生产力发展的产物，而且，发展社会劳动的生产力，是资本的历史任务和存在理由。但是，随着现代大工业和现代生产力的发展，资产阶级赖以生产和占有产品的基础本身也会从它的脚下被挖掉。因为资本主义生产方式与生俱来的基本矛盾“已经包含着现代的一切冲突的萌芽”，“资产阶级从它产生的时候起就有自己的对立物同它缠在一起”。随着社会生产力的发展，资本主义生产方式必然遭遇日益严重的同财富生产本身无关的限制，生产的社会化和生产资料资本主义私人占有之间必然产生日趋尖锐的矛盾，导致资本主义经济危机以及社会危机和文化危机频繁发作。这表明，“一方面，资本主义生产方式暴露出自己无能继续驾驭这种生产力。另一方面，这种生产力本身以日益增长的威力要求消除这种矛盾，要求摆脱它作为资本的那种属性，要求在事实上承认它作为社会生产力的那种性质”。也就是说，社会生产力的发展以及生产资料的集中和劳动的社会化，必然达到同它们的资本主义外壳不能相容的地步，达到同由法的设施和政治设施以及宗教的、哲学的和其他的观念形式所构成的全部上层建筑不能相容的地步，资本主义的丧钟必然敲响。因此，社会主义替代资本主义是人类社会生产力发展的必然要求。

但是，人类社会是众多因素交互作用的“交响曲”，而不是唯一经济力的“独奏”，物质生产是人类社会存在和发展的基础，却并非社会革命和历史发展唯一的决定因素。恩格斯曾经明确指出，“政治、法、哲学、宗教、文学、艺术等等的发展是以经济发展为基础的。但是，它们又都相互作用并对经济基础发生作用。并非只有经济状况才是原因，才是积极的，其余一切都不过是消极的结果”。作为一个结构性的总体，资本主义是由生产力、生产关系、法律制度、自然环境等等诸多要素构成的一个相互联系、彼此制约、具有复杂结构的整体，其中任何一个要素，都是这个整体的存在条件。虽然经济因素起着“归根到底”的决定作用，但是，上层建筑等其他因素也绝不是经济结构的简单反映，而是通过“交互作用”共同参与了资本主义的历史过程。也就是说，“经济的辩证法从不以纯粹的状态起作用”，“上层建筑等等领域在起了自己的作用以后从不恭恭敬敬地自动引退，也从不作为单纯的历史现象而自动消失，以便让主宰一切的经济沿着辩证法的康庄大道前进。无论在开始或在结尾，归根到底起决定作用的经济因素从来都不是单独起作用”。因此，资本主义替代封建主义及其被社会主义所替代的历史过程，并非社会生产力自发演进的消极结果。恰恰相反，“从世界历史来看，资产阶级工业革命，不是在资产阶级建立自己的国家以前，而是在这以后；资本主义的生产关系的大发展，也不是在上层建筑革命以前，而是在这以后。都是先把上层建筑改变了，生产关系搞好了，上了轨道了，才为生产力的大发展开辟了道路，为物质基础的增强准备了条件。当然，生产关系的革命，是生产力的一定发展所引起的。但是，生产力的大发展，总是在生产关系改变以后。”也就是，“首先制造舆论，夺取政权，然后解决所有制问题，再大大发展生产力，这是一般规律”。

资本主义是一个世界性的总体，一个在全球范围扩展、消亡的总体。资本主义生产方式开拓了世界市场，消灭了各个国家以往自然形成的闭关自守状态，使一切国家以及这些国家的每一个人的需要的满足都依赖于整个世界，使一切民族的各个方面相互往来、相互依赖，从而使历史向世界历史转变。在资本主义世界历史时代，资本关系的全球扩展“一方面要造成以全人类相互依赖为基础的普遍交往，以及进行这种交往的工具，另一方面要发展人的生产力，把物质生产变成对自然力的科学统治”。这样，社会生产力的普遍发展和与此相联系的世界交往的普遍发展必然为新的生产方式创造必要的物质基础和前提条件。同时，尽管资本关系的全球扩展会为资本主义延续生存时空并赋予资本主义外壳在一定限度内容纳社会生产力发展的制度弹性，但是也必然导致资本主义基本矛盾在全球范围不断扩展并日趋激化。伴随生产与经济的社会化、全球化程度的不断提高，资本也必然走向进一步的积聚和集中，生产资料和社会财富更大规模地向少数人和少数国家集中，导致资本主义的基本矛盾逐步扩展为生产的社会化和全球化与生产资料和生产要素的私人所有、集团所有的矛盾，使资本主义内在矛盾由单个国家的内部冲突演变为全球范围的广泛对立，从而导致资本主义生产方式在全球范围内的逐步衰亡。因此，资本主义世界历史时代的发展演变必然导致作为制度的社会主义的最初形态的形成和发展，最终导致社会主义制度在全球范围内的普遍胜利，从而开创社会主义世界历史时代。

显然，在资本主义世界历史时代，“无论是法国人、德国人或英国人都不能单独赢得消灭资本主义的光荣”，全面消灭资本主义从而使历史转向社会主义世界历史时代需要各国人民的共同努力。但是，“经济和政治发展的不平衡是资本主义的绝对规律”，内在矛盾激化程度的不平衡也是资本主义的绝对规律，无论是发达国家还是落后国家完全可以根据自己所处的历史环境选择是否进行社会主义革命，社会主义完全可能首先在少数甚至在单独一个资本主义国家获得胜利。对于发达资本主义国家而言，尽管它们身处资本主义世界体系的“中心”或“顶端”，可以通过“领土扩张”和资本输出为过剩的资本积累找到出路，通过残酷地剥削和掠夺落后国家来满足资本的逐利欲望，从而缓解国内日趋严重的各种矛盾，但是，由此它们也将深陷对于资本主义世界体系的积累链条的依赖之中，它们依赖“外在于自身”的东西解决资本过度积累危机的可能空间必将日益狭窄。这样，一旦资本主义世界体系的积累链条发生断裂，某些发达资本主义国家的内在矛盾必然空前激化，从而导致社会主义对资本主义的替代。对于落后资本主义国家而言，尽管资本主义及其矛盾尚未得到充分发展，但是由于它们身处资本主义世界体系的“外围”和“底端”，处于世界资本主义体系的薄弱环节，广泛的国家交往所引起的同发达资本主义国家的不平等交换、同发展中国家的激烈竞争，以及国内国外资本主义的双重剥削，足以导致某些落后的资本主义国家内在矛盾达到极端尖锐的程度，促使无产阶级革命爆发，实现社会主义对于资本主义的替代。

三、社会主义是一种过渡的社会形态

任何一种社会形态都是过去全部历史发展的必然结果，也是新旧社会形态之间的“中间体系”。作为一种过渡的社会形态，社会主义是一个自我发展、自我完善的历史性总体，是一个协调发展、全面进步的结构性总体，是一个和谐发展、全球扩展的世界性总体。社会主义的不断发展，必然导致人类历史步入共产主义世界历史时代。

社会主义是一个自我发展、自我完善的历史性总体。“所谓‘社会主义’不是一种一成不变的东西，而应当和其他社会制度一样，把它看成是经常变化和改革的社会”，与以往其他各种社会形态一样，社会主义也必然经历一个由低级到高级、由不成熟到比较成熟、由不完善到比较完善的发展过程。但是，与以往其他社会形态不同，社会主义替代资本主义不是一种新的剥削制度替代一种旧的剥削制度，社会主义的“经常变化和改革”不是为了被动地维护统治阶级的生存需要，而是为了主动地实现无产阶级和全人类的解放。社会主义不仅要消灭贫富分化，而且要消灭“三大差别”；不仅要消灭资本主义剥削，而且要消灭一切剥削；不仅要推翻和消灭资产阶级，而且要消灭一切阶级。因此，无产阶级夺取政权并确立了自己的政治统治之后，必须“宣布不断革命”，必须逐步消灭一切资本主义生产关系以及与其相适应的一切社会关系。同时，必须在大力发展社会生产力的基础上逐步发展和完善社会主义生产关系以及与其相适应的社会关系，逐步“给所有的人提供健康而有益的工作，给所有人提供充实的物质生活和闲暇时间，给所有的人提供真正的充分的自由”，根本解决人与人、人与社会、人与自然之间的矛盾，实现自然、社会和人的全面发展，从而逐步过渡到“一个更高级的、以每个人的全面而自由的发展为基本原则的社会形式”，即共产主义社会。

显然，社会主义的自我发展、自我完善与任何其他社会形态的演进一样，是一个自然的历史过程。正如不同的资本主义国家经历了不同的发展阶段和发展道路一样，不同的社会主义国家也会经历不同的发展阶段和发展道路。对于落后的社会主义国家而言，“正像不能一下子就把现有的生产力扩大到为实行财产公有所必要的程度一样”，不可能一下子就把私有制彻底废除，而“只能逐步改造现社会，只有创造了所必需的大量生产资料之后，才能废除私有制”，并建立与生产力发展水平相适应的生产资料所有制。至于实现整个社会对于一切生产资料的直接占有，则只有在实现它的实际条件已经具备的时候，才能成为可能。因此，落后的社会主义国家尤其是率先取得社会主义革命胜利的落后国家，必然会经历一个较不发达的社会主义的初级阶段。在这一阶段，在确保公有制经济主体地位的基础上，公有制经济与其他各种所有制经济将长期共同存在、共同发展。同时，由于资本主义世界市场和世界体系的存在以及社会生产力普遍发展的要求，处于初级阶段的社会主义国家还必须广泛地发展和利用商品生产和商品交换，用社会主义市场经济抗衡资本主义世界市场体系，充分地占有资本主义所创造的一切积极成果。经过漫长的社会主义的初级阶段之后，原本落后的社会主义国家方能进入较为发达的社会主义的高级阶段。在这一阶段，社会生产力将会获得高度发展，整个社会将会逐步直接占有一切生产资料，生产者将按照共同的合理的计划进行社会劳动，从而为阶级差别和阶级的消灭、为“自由人联合体”的实现创造必不可少的前提条件。

社会主义是一个协调发展、全面进步的结构性总体。实现社会主义替代资本主义的历史过程，必须终结资本主义的经济统治、政治统治和精神统治，因而必须进行全面而彻底的总体性革命。马克思指出：“彻底的革命、全人类的解放，不是乌托邦式的梦想，确切地说，部分的纯政治的革命，毫不触犯大厦支柱的革命，才是乌托邦式的梦想”。因此，无产阶级上升为统治阶级之后，必须利用自己的政治统治逐步地夺取资产阶级的全部资本，把一切生产资料集中在国家即组织成为统治阶级的无产阶级手里，确立社会主义牢固的经济基础，进行全面而彻底的社会革命，促进政治、经济、文化等各个领域的协调发展、全面进步。也就是，无产阶级首先必须打碎旧的国家机器，领导人民进行社会政治革命，建立新型的无产阶级国家政权，并且时刻预防随时随地都可能发生的政权的腐败变质，预防政权机关由社会的公仆蜕变为社会的主人。其次，无产阶级还必须进行全面的经济革命，建立以公有制为基础的社会主义经济制度，努力实现生产资料与劳动者的直接结合，逐步铲除两极分化赖以存在的经济基础，不断清除各种剥削产生的经济条件，全面实现经济民主和经济共享。此外，无产阶级还必须进行深刻的文化革命，确保无产阶级的“文化—意识形态领导权”，逐步使工人阶级“抛掉自己身上的一切陈旧的肮脏的东西”，使整个社会摆脱传统的落后的文化和思想意识。

当然，作为一个结构性的总体，社会主义的发展与进步归根到底取决于社会生产力的发展与进步。科学社会主义认为，生产力的巨大增长和高度发展是社会主义“绝对必需的实际前提”，如果没有生产力的这种增长和发展，不仅没有社会主义的发展和进步，反而“只会有贫穷、极端贫困的普遍化”，导致“重新开始争取必需品的斗争，全部陈腐污浊的东西又死灰复燃”。因此，“无产阶级取得国家政权以后，它的最主要最根本的需要就是增加产品数量，大大提高社会生产力”，为社会主义制度的最终胜利奠定牢固的物质基础。同时，只有社会生产力的普遍发展，以及“与此相联系的世界交往”的普遍发展，才能突破地域的局限和原始的封闭状态，才能为阶级的消灭提供必要的前提条件，才能为社会主义政治文明、精神文明和生态文明以及人的全面而自由的发展提供必要的物质基础。但是，处于初级阶段的社会主义国家如果为了发展社会生产力，任由资本主义因素和市场力量肆意泛滥，“为了眼前暂时的利益而忘记根本的大计，只图一时的成就而不顾后果，为了运动的现在而牺牲运动的未来”，必然动摇社会主义的经济基础，社会主义的政治文明、精神文明以及生态文明也都将成为空中楼阁。须知，尽管上层建筑由于其相对独立性、自主性可以暂时地偏离与经济基础相适应的轨道，但是上层建筑总是决定于经济基础，经济基础的发展最终将把上层建筑从偏离的方向拉回其“正常”的轨道。

社会主义是一个和谐发展、全球扩展的世界性总体。社会主义替代资本主义的历史过程，是资本主义在全球范围由扩展走向消亡的过程，也是社会主义在全球范围由萌芽走向扩展的过程，是历史由资本主义世界历史时代转向社会主义世界历史时代的过程。但是，与资本主义凭借坚船重炮摧毁“一切万里长城”而奔走于世界各地不同，社会主义的全球扩展是一个凭借自身优势而和谐发展的过程。社会主义制度作为吸收了人类历史上一切优秀成果的制度，具有资本主义无可比拟的竞争优势。如果率先实现了社会主义革命的国家能够充分发挥社会主义的竞争优势，无疑将通过“榜样”的示范效应吸引越来越多的国家和民族走向社会主义发展道路。不过，社会主义的全球扩展不是某些社会主义国家封闭发展、自我发展便能够自然完成的历史过程。相反，在资本主义世界历史时代，世界交往的普遍扩大往往会消灭“地域性的社会主义”，无产阶级只有在世界历史意义上才能存在。因此，为了无产阶级和全人类的解放事业，世界各国的无产阶级以及各种各样反对资本主义的社会主义流派和政党，必须联合起来对抗资本主义世界体系。只有这样，现实的社会主义国家的生存和发展才能得到越来越多的各国无产者和社会主义运动的支持，社会主义的全球扩展以及社会主义历史时代的到来才有现实的可能。随着社会主义世界历史时代的到来和世界社会主义的普遍发展，共产主义作为占统治地位的各民族“一下子”同时发生的行动才能成为可能，人类历史才能由此步入共产主义世界历史时代。

但是，世界历史从来不会一帆风顺、按部就班地向前发展，世界社会主义运动也不会像走在平坦的“涅瓦大街”上那样始终凯歌而行，社会主义的全面胜利是一个漫长而曲折的历史过程。社会主义的和谐发展与全球扩展绝不意味着社会主义与资本主义之间可以和谐相处。在资本主义世界历史时代，现实的社会主义国家必须积极主动地与世界市场联系起来，从而较快地充分占有资本主义所创造的一切优秀成果，由此它们也面临着被世界资本主义体系所“淹没”的挑战。如果社会主义国家不能正确认识和把握国际范围内社会主义与资本主义、无产阶级与资产阶级之间长期存在的两种社会形态、两条道路、两大力量的较量和斗争的演变趋势，无视资产阶级思想体系的渊源远比社会主义思想体系久远而且拥有更加全面更加强大的传播工具，忽视国内尚未清除的资产阶级存在和再生的经济、社会和思想、文化的土壤，盲目地融入资本主义世界体系，放松甚至放弃人类社会“社会主义化”的努力，必然使世界社会主义事业遭受重大挫折甚至出现“大幅度的跃退”。不过，即使如此，也绝不意味着社会主义的“终结”和世界历史发展趋势的“逆转”。历史走着“之”字形路，社会形态的演进更替往往充满反复，从一定意义上说，某种暂时的复辟也是难以完全避免的规律性现象。尽管世界社会主义的发展道路充满曲折，但是，“社会主义经历一个长过程发展后必然替代资本主义。这是一个社会历史发展不可逆转的总趋向”。

（作者：中国社会科学院马克思主义研究院原理部主任、教授、博士生导师）

（选自《马克思主义研究》2012 年第 6 期）

马克思主义中国化逻辑范式研究

李　萍　张冬利

研究马克思主义中国化逻辑范式，首先必须明确马克思主义中国化与中国化马克思主义的区别与联系。前者是马克思主义的基本原理同中国的具体实际相结合的过程，后者是马克思主义的基本原理同中国的具体实际相结合的理论成果。简言之：前者是过程，后者是结果。因此，马克思主义中国化这一过程的逻辑范式必须是动态的研究过程，任何想在范式建立之后便"一劳永逸"，不仅使范式与实践相脱节，而且不能有效的指导实践。

后现代科学哲学家库恩曾经在其《科学革命的结构》一书中明确指出过科学革命变更的过程,即科学革命必须经历"常规科学"、"反常"、"危机"和"科学革命"等4个阶段。可见，范式问题既是科学发展的模式，也是科学研究的模式。借鉴库恩的模式，马克思主义中国化按其逻辑可整合为一个范式，即马克思主义中国化的"基本出发点—范式转换—理论建构—发展趋势／目标定位",这个过程由4个阶段构成，形成一个完整的"过程逻辑范式"。这个过程逻辑范式，遵循着"逻辑起点—逻辑中介—逻辑终点"的理路，其中马克思主义中国化的基本出发点是以人为本，范式转换是将马克思主义与中国实际相结合，从而建构具有中国特色的社会主义理论体系，最终目标都是为了实现人类的解放。就分析的整个构架来说，马克思主义中国化逻辑范式包含着三大维度：理论维度、方法维度和价值维度。每个维度从不同层面体现着马克思主义中国化的逻辑进程，三者的内在有机统一，构成了马克思主义中国化范式的逻辑范式结构。

一、马克思主义中国化的理论逻辑范式：实践——理论——实践

马克思主义中国化一方面是运用马克思主义基本原理来解决中国革命、建设和改革的实践问题，另一方面是将中国革命、建设和改革的实践经验上升为中国化的马克思主义理论。简言之，"实践，认识，再实践，再认识"的过程，既是马克思主义中国化的基本经验，也是推进马克思主义中国化发展的一条成功路径。

（一）马克思主义中国化的研究起点与逻辑起点

正确把握马克思主义中国化逻辑范式，首先需要区分开马克思主义中国化的研究起点与逻辑起点。研究起点是我们开始认识某一事物的起点，由于不可能一开始就认识事物本质，只能从外在表现着手，所以研究起点应是事物内在矛盾的外在表现，通过它才能由表及里发

现事物的内在矛盾和本质，即第一条道路——从客观现象或感性的具体（包括研究起点）发现事物的本质及规律；逻辑起点则是研究对象中最简单、最一般的本质规定，其内涵贯穿于理论发展全过程，即第二条道路——从本质到现象、从抽象到具体的演绎过程，以逻辑起点为基础说明具体的、复杂的现象。二者的区别可以用图来表示：

感性的具体 $\xrightarrow{\text{研究起点}}$ 理性的抽象 $\xrightarrow{\text{逻辑起点}}$ 理性的具体

因此，有观点认为，马克思主义中国化在不同的发展阶段有着不同的逻辑起点。毛泽东时期主要是从马克思主义基本原理出发，探索马克思主义在中国实践的条件和形式；改革开放新时期，则主要从中国的国情和发展需要出发，探索马克思主义在当代中国的理论形态和实践道路。这混淆了研究起点与逻辑起点，他们所指的“逻辑起点”准确的说法应是“研究起点”。与此观点相类似，还有将马克思主义中国化的逻辑起点认为是社会主义初级阶段，以及“什么是社会主义、怎样建设社会主义”等，基本都是犯了类似的错误。实际上，初级阶段只是我们生活其中的客观环境，是中国特色社会主义的历史起点或研究起点，并不是最简单、最一般本质的规定，很难作为马克思主义中国化范式的逻辑起点。我们认为，马克思主义中国化的逻辑起点，可以也应该将“以人为本”作为逻辑起点。

（二）马克思主义中国化“思想体现现实”的“理论逻辑”

在“实践——理论——实践”这一公式中，前一个“实践”是指在马克思主义指导下的初步的实践活动，“理论”是指对马克思主义普遍原理指导下的实践活动经验进行概括而取得的新的理论认识，这里已经结合进了新的符合中国国情的内容。因此，马克思主义中国化首先就是要把马克思主义普遍原理同中国特殊国情相结合，这是解决中国革命问题的研究起点，其逻辑范式结构遵循这一历史发展过程。

可以说，从马克思主义传入中国伊始，中国的马克思主义者就开始了对中国国情的分析。在对马克思主义中国化认识的萌芽阶段，毛泽东在《中国社会各阶级分析》、《湖南农民运动考察报告》等著作中，就开始运用马克思主义理论来观察和认识中国社会的性质及阶级结构状况。1930年5月，毛泽东为反对当时中国工农红军中的教条主义思想而写出著名的《调查工作》（即后来的《反对本本主义》），从认识论高度第一次鲜明地提出“没有调查，就没有发言权”，“中国革命斗争的胜利要靠中国同志了解中国情况”等著名论断，这也标志着毛泽东思想的初步形成。在抗日战争和解放战争时期，毛泽东对中国国情的认识较以前更为深刻，1938年10月，在党的六届六中全会上，毛泽东代表党中央首次明确提出“马克思主义中国化”的概念，他说：“共产党员是国际主义的马克思主义者，但是马克思主义必须和我国的具体特点相结合并通过一定的民族形式才能实现。……成为伟大中华民族的一部分而和这个民族血肉相联的共产党员，离开中国特点来谈马克思主义，只是抽象的空洞的马克思主义。因此，使马克思主义在中国具体化，使之在其每一表现中带着必须有的中国的特性，即是说，按照中国的特点去应用它，成为全党亟待了解并亟须解决的问题。”《中国革命战争的战略问题》、《新民主主义论》、《实践论》、《矛盾论》、《论十大关系》等一系列著作，都是中国共产党人长期把马克思主义与国情相结合的研究成果升华为理论的结晶，也是马克思主义中国化“思想体现现实”这一理论逻辑的集中体现，立足于中国实际的毛泽东思想成为马克思主义中国化的第一次历史性飞跃。

"思想体现现实"的理论逻辑要求正确认识和把握国情，这不可能一次完成，也不可能一劳永逸。1979年3月，邓小平在《坚持四项基本原则》中指出："过去搞民主革命，要适合中国情况，走毛泽东同志开辟的农村包围城市的道路。现在搞建设，也要适合中国情况，走出一条中国式的现代化道路。"但"在一九五八年，我们犯了错误，搞大跃进，开始不尊重经济规律了，这就使生产下降了。以后经过三年的调整，发生了变化，又较好地发展起来。但接着又搞文化大革命，这是一场灾难，经济方面完全乱了。所以我们现在搞四个现代化，不得不进行几年的调整。"所以，邓小平始终认为把马克思列宁主义的基本原理同中国实际相结合，走自己的路，是我们吃了苦头总结出来的经验。他在新的实践基础上继承前人又突破陈规，抓住"什么是社会主义、怎样建设社会主义"这个根本问题，深刻地揭示了社会主义的本质，第一次比较系统地初步回答了中国社会主义的发展道路、发展阶段、根本任务、发展动力、外部条件、政治保证、战略步骤、党的领导和依靠力量以及祖国统一等一系列基本问题，并逐步形成建设中国特色社会主义的科学理论体系，实现了马克思主义同中国实际相结合的第二次飞跃。

"三个代表"重要思想和科学发展观，则进一步丰富和发展了中国特色社会主义理论体系，赋予了马克思主义理论以新的时代内涵和时代特色，是不断解决改革开放和现代化建设实践中出现的重大理论和实践问题的理论指南。因此，从马克思主义中国化的"理论逻辑"看，中国化马克思主义是不断发展的开放的理论体系，之所以这样说，在于这个理论体系所体现的"现实"是不断发展的而不是固定不变的，是开放的而不是自我封闭的。

（三）马克思主义中国化"现实趋向思想"的"实践逻辑"

理论反映实践并为实践服务这是不言而喻的，但马克思同时也认为，光是思想力求成为现实是不够的，现实本身也应当力求趋向思想。马克思指出："哲学家们只是用不同的方式解释世界，而问题在于改变世界。"这表明了马克思对待现存世界的两种根本态度：为现存世界辩护还是在理想维度观照下对现存世界进行革命性的改造。马克思主义实践性的品格决定了马克思主义中国化"现实趋向思想"的"实践逻辑"，即通过革命实践使事物的现实状态趋向理想状态。

马克思主义传入中国已有近百年的历史，是何种机缘巧合使得中国共产党和马克思主义结合在一起？一方面固然是由于马克思主义本身所具有的特殊的理论力量，但另一方面，更重要的是中国共产党特殊的理论自觉，而这种理论自觉是马克思主义中国化"现实趋向思想"、"实践逻辑"的必然要求。首先，中国共产党早期接受的马克思主义，很难说是对马克思主义理论作了系统研究之后才接受的，而是在当时内忧外患的严峻形势下受"十月革命"启发而接受了他们理解的马克思主义，并首先接受了阶级斗争、夺取政权等这样一些内容，正如马克思所言："理论在一个国家的实现程度，决定于理论满足这个国家的需要的程度"。以毛泽东思想为指导的中国新民主主义革命，正是解决了当时中国最重要最迫切的现实问题，实现了马克思主义中国化"实践逻辑"发展的第一次成功"实践"。

但阶级斗争等内容并不是马克思主义的核心和实质，对此我们付出过沉重的代价，但以"实践逻辑"为指向，必然会使我们沿着向马克思主义的道路前进。以邓小平为核心的党的第二代领导人逐步实现了从"以阶级斗争为纲"到以经济建设为中心、从封闭半封闭到改革开放、从计划经济到社会主义市场经济等一系列重大转变，使我国实现政治稳定、经济发展、民族团结、社会生产力、综合国力和人民生活都上了一个大台阶，走出了一条具有中国特色的社会主义新道路，这正是马克思主义中国化“实践逻辑”发展的第二次成功“实践”。“三个代表”重要思想和科学发展观的提出，是对中国特色的社会主义道路的丰富和发展，也是使中国的具体现实不断地趋向马克思主义的实践过程。综合来看，“实践——理论——实践”的不断循环，不断提升，推进着马克思主义中国化的不断发展。

二、马克思主义中国化的方法逻辑范式：个别——一般——个别

从马克思主义产生的源头来看，它是马克思和恩格斯主要研究西欧的情况从而得出的一般性的结论，这是一个由个别到一般的过程；当马克思主义用以指导各国各民族的实践时，就必须同各国各民族的具体实际相结合，即实现马克思主义的本土化或民族化，这又是一个从一般到个别的过程。所以从根本上说，马克思主义中国化问题，就是哲学的“普遍性”与“特殊性”问题。目前，我们建设中国特色社会主义，其中的“中国特色”是从中国的个性和特殊性角度讲的，“社会主义”则是从社会主义国家的共性和普遍性角度讲的。

关于事物“普遍性”与“特殊性”的辩证关系问题，毛泽东指出，每一个事物的内部不但包含了矛盾的普遍性，而且包含了矛盾的特殊性，二者相互联结与转化。以这种辩证思维来思考和运用马克思主义的，用公式表示，就是“个别——一般——个别”。

（一）方法逻辑范式在马克思主义中国化与中国马克思主义国际化有机统一中的体现

马克思主义中国化是与马克思主义的国际化不可分离的，因为中国的马克思主义只有自觉地把自身国际化（普适性），才能健康地生存和发展下去。但是长期以来，我国马克思主义理论研究领域存在着“马克思主义的中国化”和“中国马克思主义的国际化”相互分离、相互割裂的不良状态，即特殊性和普遍性的分离。

一方面，研究马克思主义中国化的学者已很重视如何把马克思主义的普遍真理与中国的具体国情紧密结合起来，但对于中国马克思主义理论研究的国际话语权和国际影响力关注则较少，中国化马克思主义的理论普遍性或学术“软实力”亟需加强，这是马克思主义本身所包含的普适性所决定的。另一方面，中国化马克思主义仍不断遭到误解和曲解，甚至被一些人当作“民族主义”或“排斥普遍规律的异端”等来加以批判和斥责，这是毫无根据的，也是不可取的。马克思曾一再强调马克思主义理论的运用要随时随地以当时的历史条件为转移，即要重视马克思主义理论的“特殊性”。所以，正确把握马克思主义中国化，必须正确认识和处理好普遍性与特殊性的关系，既要关注中国化马克思主义研究中的国际话语权和国际影响力的提高，又要把马克思主义所揭示事物一般规律的世界观方法论和一般原理与中国的“特殊条件”和“具体环境”结合起来。

（二）方法逻辑范式在马克思主义中国化与时代化有机统一中的体现

从中国的“特殊条件”和“具体环境”出发，就是研究中国国情的特殊性和中国发展的国际环境、时代背景和世界发展的趋势，这是马克思主义中国化的研究起点，也是马克思主义中国化方法逻辑范式中的第一个“个别”，同时也是马克思主义中国化理论逻辑范式中的第一个“现实”。从某种意义来说，马克思主义中国化就是马克思主义的时代化，就是把马克思主义与时代特征和时代任务相结合。马克思主义在时代化进程中不断中国化，在中国化的前

提下时代化，两者相互促进、互为前提。所以，党的十七届四中全会明确提出了紧密结合我国国情和时代特征大力推进马克思主义的中国化、时代化、大众化的重大命题，三者的有机统一是马克思主义的本质要求。

恩格斯曾指出："每一个时代的理论思维，从而我们时代的理论思维，都是一种历史的产物，它在不同的时代具有完全不同的形式，同时具有完全不同的内容。"马克思主义的与时俱进的理论品质要求我们要深入分析和把握现阶段中国国情，一切从中国的"个别"实际情况出发，及时研究新情况、解决新问题、总结新经验，借鉴世界各国包括资本主义国家创造的一切有益文明成果，用富有时代气息的鲜活语言，用适合当今社会的表达方式，不断创造马克思主义理论的新范畴和新论断（即"一般"），也只有用马克思主义与时俱进的"一般"，才能更好地指导我们的新实践，解决前进道路上的新的"个别"问题。所以，马克思主义中国化不断探索、不断发展、不断前进上升的动力正是通过"个别——一般——个别"的辩证运动来开辟自己前进的道路的。

三、马克思主义中国化的价值逻辑范式：群众——理论——群众

理论的生命力在于大众化，马克思主义理论只有被广大的人民群众所掌握才能焕发出巨大的力量。"批判的武器当然不能代替武器的批判，物质力量只能用物质力量来摧毁；但是理论一经掌握群众，也会变成物质力量。理论只要说服人，就能掌握群众；而理论只要彻底，就能说服人。所谓彻底，就是抓住事物的根本。但是，人的根本就是人本身。"马克思主义中国化的过程也必须是始终以人民群众的根本利益和长远利益为根本出发点和归宿点，实现马克思主义群众化和群众的马克思主义化的双向统一。

（一）话语表达方式的转换：马克思主义中国化价值逻辑范式实现的载体

马克思主义的中国化，必须首先通过语言层面的转换才能实现。这同库恩的"范式转换"有异曲同工之妙，尽管这是表层的，然而却是不可缺少的。马克思和恩格斯在创立自己理论的同时，始终注意向工人阶级和广大群众宣传和灌输自己的理论，同时，也非常注重理论宣传和灌输的方式，为了便于群众理解和接受，都强调理论的通俗易懂。马克思在《雇佣劳动与资本》中，曾明确阐述过写作的基本原则即通俗化："我们力求说得尽量简单和通俗，我们就当读者连最起码的政治经济学概念也没有。我们希望工人能明白我们的解说。"这方面的典范之一就是恩格斯将《反杜林论》这篇深奥的战斗檄文，以简明扼要的形式改写成一部宣传科学社会主义的普及读物——《社会主义从空想到科学的发展》，浅显易懂的语言使马克思主义更便于文化水平不高的工人接受和掌握。正如恩格斯自己实事求是的评价："这本小册子在法国很受欢迎。多数人懒得读像《资本论》那样的厚书，因为薄本小册子的作用快得多。"正是因为马克思恩格斯始终全力以赴地进行大众化写作和大众化宣传工作，才使马克思主义为更广泛的人民所接受，成为无产阶级最具有革命性的思想武器，成为指导人民改造社会实践的物质力量。

同样，马克思主义要为中国老百姓所掌握，也必须在形式上将马克思主义的话语表达方式转换成具有"中国老百姓所喜闻乐见的中国作风和中国气派"，诸如"实事求是"、"与时俱进"、"以人为本"等具有中国特色的语言，正是融合了中华文明与马克思主义的精华，因而能为更广大的中国人民群众所理解和掌握。群众是语言大师，只有了解掌握群众语言，善于运用群众语言，我们的理论宣传才会为群众所喜爱、

所接受。比如，自2003年以来，中宣部理论局组织编写的《理论热点面对面》系列已经成为理论大众化的一个品牌，该书以通俗易懂的表达、贴近群众的内容，架起了理论与群众、干部与百姓之间的桥梁。

（二）用理论服务群众：马克思主义中国化价值逻辑范式的核心

群众观点是马克思主义的基本观点，也是我们党的根本工作路线，其要旨是：一切为了群众、一切依靠群众，从群众中来、到群众中去，把党的正确主张变为群众的自觉行动，坚持尊重社会发展规律与尊重人民历史主体地位的一致性。群众路线是马克思主义基本原理和中国革命具体实践相结合的产物，马克思主义中国化的实践过程，归根结底是与人民群众相结合的实践过程，坚持群众路线和群众观点，是不断推进马克思主义中国化的根本保证。

坚持理论服务群众，就要坚持为崇高理想奋斗与为最广大人民谋利益的一致性。马克思认为，人们奋斗所争取的一切，都同他们的利益有关。“思想”一旦离开“利益”，就一定会使自己出丑。所以，马克思主义理论还应该关注人民群众的需求，回应人民群众的关切，解答人民群众的困惑。理论只有服务于群众的所思所虑所谋，才能更有吸引力感召力，群众只有认识到自己的利益所在，也才能更好把握好眼前利益与长远利益、个人利益与共同利益的关系。

坚持理论服务群众，就要坚持完成党的各项工作与实现人民利益的一致性。“人民拥护不拥护、人民赞成不赞成、人民高兴不高兴、人民答应不答应”是我们党各项工作的出发点和归宿，是否“代表最广大人民群众的根本利益”是我们党的立党之本和执政之基，也是对马克思主义群众史观的进一步提升，是中国人民选择中国共产党作为自己团结奋斗力量核心的原因所在，更加明确了让马克思主义掌握群众和让群众掌握马克思主义的目的性，这正是马克思主义中国化价值逻辑范式的核心。

（三）把理论交给群众：马克思主义中国化价值逻辑范式的归宿

没有革命的理论，就不会有革命的运动；没有科学的理论，也不会有科学的实践。中国化马克思主义理论通过话语表达方式的转换，将其思想理论创新成果传送给广大人民群众，使之成为建设中国特色社会主义的强大的思想武器。我们强调把马克思主义交给人民群众的同时，并不意味着把马克思主义庸俗化，而是真正把马克思主义根植于人民群众的社会实践，使中国化了的马克思主义理论成果成为人民群众自己的理论思维和理论素养。

把理论交给群众，即“从群众中来，到群众中去”群众路线的具体体现。1943年，毛泽东为中共中央写的《关于领导方法的若干问题》决定中指出：“在我党的一切实际工作中，凡属正确的领导，必须是从群众中来，到群众中去。这就是说，将群众的意见（分散的无系统的意见）集中起来（经过研究，化为集中的系统的意见），又到群众中去作宣传解释，化为群众的意见，使群众坚持下去，见之于行动，并在群众行动中考验这些意见是否正确。然后再从群众中集中起来，再到群众中坚持下去。如此无限循环，一次比一次地更正确、更生动、更丰富。这就是马克思主义的认识论。”这里，毛泽东生动地概括和论述了马克思主义中国化价值逻辑范式“两步走”和“无限循环”的基本程序，不仅体现了马克思主义群众化和群众的马克思主义化双向统一的过程，而且与马克思主义中国化的理论逻辑范式和方法逻辑范式有机统一了起来。

马克思主义中国化的历史和经验证明，群众路线执行得好不好，直接决定着我们的事业是否发展顺利。回首20年前，邓小平在南巡谈话中谈到农村改革时，深情地说："农村搞家庭联产承包，这个发明权是农民的。农村改革中的好多东西，都是基层创造出来，我们把它拿来加工提高作为全国的指导，制定了关于改革的方针政策。农村改革成功了，我们把农村改革的经验运用到城市，进行全面经济体制改革。"可见，中国选择改革开放，不是谁的发明，而是马克思主义中国化逻辑的必然选择。

今天，在进入到改革开放的关键时期，我们能否继续保持改革的共识，取决于对马克思主义本质的把握，这关系到中华民族的未来。通过以上关于马克思主义中国化逻辑范式三个维度的分析和研究，可以清晰地看到马克思主义中国化历史与逻辑的统一性，在历史层面，中国化马克思主义在不同的历史时期有着不同的具体形态，但在逻辑层面，中国化马克思主义的基本精神、理论特质、立场方法却又是一脉相承的。马克思主义中国化逻辑范式三个维度的有机统一恰恰体现了马克思主义中国化历史与逻辑的统一性，也正是这种统一，造就了中国化马克思主义的独特性和科学性，从而为建设中国特色社会主义伟大事业提供了理论保证。

（作者：李萍系中山大学党委副书记、教授、博士生导师）

（选自《思想教育研究》2012 年第 5 期）

马克思主义“三化”中的世界化形态诉求

李少斐

推进马克思主义中国化、大众化、时代化（下称“三化”）意味着要在现时代沿着马克思、恩格斯开辟的理论道路继续前进，为马克思主义理论发展注入新的内在动力。当前，在运用发展马克思主义，推进其“三化”过程中，某种程度上还缺乏保持马克思主义世界性学说形态的理论自觉，具体表现为理论现代性转换不够、理论原创性不足以及对已进入实践领域的全球性新问题的解释力不够有力等。为此，有必要进一步廓清马克思主义“三化”中的“世界化”形态诉求，揭示其作为世界化学说形态的理论发展路向所在。

一、“三化”中的马克思主义本质上仍然是具有宽广世界眼光和全人类性价值诉求的世界共享理论学说

马克思主义理论虽然产生于19世纪的欧洲，但“马克思的世界观远在德国和欧洲境界以外，在世界的一切文明语言中都找到了拥护者”，在各种不同民族文化中扎下了根，其原因在于它给人类提供了一种全新的科学世界观和方法论，它的视野、眼光是世界性的，它的使命是认识世界和改造世界，在其研究视线内不仅有英、法、德、俄等欧洲国家，也有美洲甚至中国、印度等东方国家，它的理论世界囊括整个人类历史和世界全局，它把促进“一切人的自由发展”、最终实现全人类的解放作为终极价值诉求。

后继的马克思主义者尽管都是在一定民族和国家里坚持发展马克思主义的，但无论从理论形态还是从实践样式看，都是通过各个国家的具体实践来实现马克思主义的普遍真理，都未受“地域性思维方式”的局限。160多年来，马克思主义由理论变为现实、由一国发展到多国，尽管“这些原理的应用，具体地说，在英国不同于法国，在法国不同于德国，在德国不同于俄国”。马克思主义已在不同的民族国家、不同的时代条件下获得了新的发展形态和理论创新成果，但就其理论和实践价值意义而言，它们并不仅仅是一国经验、仅仅是地域性知识，其理论和实践影响力更没有囿于某一个国家或某一个地区之内，而是继续秉承了马克思主义的国际性、开放性理论品格。换句话说，马克思主义成功运用于一个民族国家，无不是在“世界历史”语境中，在新的历史起点上全面结合时代特征和发展主题进行的，无不是在符合时代要求、体现时代水平的马克思主义新理论指导下进行的。

马克思主义的“世界化”形态诉求贯通于

各民族的革命、建设具体实践中，体现于社会主义融入“世界历史”的发展进程中。马克思、恩格斯从历史转变为“世界历史”的大趋势中，看到人类个体解放和共产主义诞生的必然性，马克思主义认为，随着人类自身活动范围的不断拓展，狭窄的民族历史必然让位于广阔的“世界历史”，整个世界将呈现出一体化发展趋势，历史向“世界历史”转变已成为现实。普遍交往使世界所有民族和国家的相互联系、相互作用不断加强，先进生产力在世界范围内得以传播和发展，而且目前这种相互联系、相互影响还在日益拓展和加深中。现代世界的这一基本特征不仅决定了每个民族不能处于孤立隔绝的状态，不能在自我封闭的历史环境中生存，都必须以各自的方式参与世界历史的发展，也决定了共产主义事业必然是超越国家界限而相互联系在一起的，换句话说，共产主义事业的民族性与世界性是辩证统一的，所以，融于“世界历史”大趋势的马克思主义“三化”是马克思主义世界化的逻辑必然，本身就是马克思主义更为深刻的世界化过程，内在地包含了马克思主义世界化形态诉求。这也就决定了我们不能不在积极把握和回应当代世界发展的主要矛盾、主题和潮流中，在推动“世界历史”发展中推动马克思主义“三化”。

从马克思主义在我国的具体实践看，一方面，当代中国马克思主义理论、实践，实质上也是马克思主义在全世界实践和发展的一个重要环节，它具有“面向世界、面向现代化、面向未来”的开放性品格，强烈表达着解放全人类和实现每个人自由全面发展的全人类性价值诉求。事实上，保持了经济高速增长、社会持续稳定的中国特色社会主义发展道路，不仅开创了无产阶级革命和全人类解放的新格局，而且正在探索出一条完全新型的具有世界性文明价值和进步意义的现代化发展道路，它的成功经验无疑可推广到世界范围内经受实践检验并成为人类文明的重要组成部分；另一方面，当代中国马克思主义不可能在自我封闭孤立的环境里发展，且不说昔日中国革命本身就是世界无产阶级革命的一部分，就是今天所面对的“中国问题”，实质上也是当代中国所面对的时代性问题、世界性问题，因为在一个已经全方位、宽领域对外开放，大步走向世界的当代中国，对于“中国问题”，也不能不放到世界历史与全球化的格局中来认识和解决。中国需要在积极参与全球化进程，应对世界性难题的过程中实现社会主义的价值追求，中国特色社会主义不可能“作为某种地域性的东西而存在”，而“只有作为‘世界历史性的’存在才有可能实现”。符合社会主义本质要求和广大人民群众根本利益的“中国模式”、“中国特色”，是立足于当代中国和世界创新实践的，不会也不可能妨碍它以更宽广的世界眼光拓展自己的世界视野，它不会成为地域性的共产主义理论，相反，它应该是国际化的中国马克思主义。

由此可见，推进当代马克思主义“三化”势必跳出局限于民族国家的狭隘研究视野，理论研究势必从全球视角和“世界尺度”来考察研究不同国家、不同民族的历史发展过程，发现其共同性和规律性，进一步揭示世界历史发展与人的全面自由发展、与社会主义(共产主义)事业发展的一致进程和趋势，科学把握世界历史的总的进程，从而建构21世纪马克思主义的“世界化”新形态。

二、“三化”中的马克思主义应该把有效解决已进入当代实践领域的重大问题作为理论发展路向

马克思主义是应时代需要而诞生的，是以时代性问题为对象的。任何理论体系都是时代精神的产物，当代马克思主义需要彰显时代精神，肩负时代使命、体现时代要求、反映时代

变化。历史在不断发展前进，人类对世界的认识永无止境，要保持马克思主义的世界性学说地位，就必须紧贴时代变迁的脉搏，倾听时代的呼声，关注时代主题的转换，勇立时代和历史的潮头，继往开来。当代马克思主义面临着全球化时代的挑战，仍然需要继续科学解答时代提出的重大课题，解决世界“往何处去”的问题，只有面向现实卓有成效地探索回答全球化时代的新情况、新问题，马克思主义才有可能获得创造性发展。

所以，推进马克思主义“三化”的主线和脉络应该就是对重大时代问题的解决，即解决客观条件已经具备的问题，回答已经进入实践视野的课题，在科学回答时代性问题的过程中，实现自身的“三化”。马克思和恩格斯在世时，就不断丰富发展他们的理论，并根据当时工人运动的进程和发展状况，不断作出新的判断和结论。当今的现实生活世界与马克思主义创立时的 19 世纪中叶相比已经发生了翻天覆地的变化，无论是人类的文明形态、人们的生存方式，还是社会思潮，几乎人类生活的每一领域都受到以信息技术、生物技术为核心的科技革命的广泛深刻影响。人类物质技术发展的无限光明前景，正在为新的未来社会的到来孕育新的物质技术基础，同时也为推动当代马克思主义进一步完整认知和揭示人类历史发展规律、人类思维规律、社会主义建设规律，形成新思想、新论断和新理论体系提供了新条件，从而也为我们开辟出更加符合和适应时代潮流和世界大势的新实践道路，展现出新的广阔前景。推进马克思主义“三化”，需要深刻总结当代世界发展新经验，概括全球化时代社会变革与发展的新规律，要对当前的国际和国内时代发展主题和时代发展的最新特征有全面深刻准确的把握，要科学判断和解释当代全球性生态危机、传统性安全和非传统性安全等问题，要对发展中国家在经济全球化进程中遭遇不公正待遇，在资源和资金等方面遭受剥削的问题做出有力反应，为人类的彻底解放与自由提供设计更优的方案，还要深入总结反思当代社会主义实践的经验教训，对其前途和命运做出更加令人信服的回答。有效解决这些问题可以说是发展当代马克思主义的理论路向所在。

三、“三化”中的马克思主义必须充分吸收、借鉴和利用人类优秀文明成果，始终将其作为世界化新形态培育的文化沃土

马克思主义不仅是革命学说，而且是“人类知识的总和”和人类文明发展的结晶，作为一种在广泛吸取和借鉴人类优秀文明成果基础上发展起来的思想体系，马克思主义从来都是同革命的实践和科学的发展一道前进的，并根据人类社会进步要求与形势发展需要改变自己的发展形态，不断进行自我建构和自我发展完善。

马克思主义认为每个时代、每个民族的优秀文明成果都可能具有能为全人类所传承的合理内核。马克思早就指出，在世界历史时代，各民族的精神产品将成为全人类公共的财产，自然也可以为马克思主义所借鉴。列宁曾深刻地指出了这一点：马克思主义同“宗派主义”毫无相似之处，它绝不是离开世界文明发展大道而产生的一种故步自封、僵化不变的学说。马克思、恩格斯不仅直到生命的晚年还在始终注意跟踪研究资本主义社会的发展变化，以及这些变化对无产阶级革命斗争及未来社会可能产生的影响，而且他们还密切关注现代科学技术发展和自然科学领域所取得的每一个突破性成果，并把这些成果当作推进马克思主义进一步发展的重要条件。

从理论上看，马克思主义承接、融汇人类优秀文明发展新成果应该是没有国别、民族和时代界限的，正如列宁所说：“只有了解人类创造的一切财富以丰富自己的头脑，才能成为共产主义者。”从事实上看，马克思主义创立之后的各个发展阶段，它每一个划时代理论成果无不从各门具体科学、包括自然科学中汲取营养，丰富自己，没有也不可能离开过人类文化、文明的发展大道，不可能割断马克思主义文化精神与其它文化精神的内在关联，如，科学发展观就在它的理论体系中吸纳了现代西方思潮和中国传统文化中具有普遍意义的合理思想元素，可见，马克思主义对其它各个学派中一切有价值甚至是点滴的合理思想从不采取宗派主义的态度，相反，它总是认真继承和汲取。

必须保持马克思主义海纳百川的宽广胸怀，加大当代马克思主义与当代其他文化思想理论的对话交流甚至交锋的力度，通过必要的思想斗争，让当代马克思主义继续站在人类思想理论的前沿和高峰。马克思主义的发展始终伴随着对各种错误思潮的斗争，应对各种非马克思主义和反马克思主义的诘难和挑战，贯穿马克思主义发展全过程，马克思主义经过与青年黑格尔派、蒲鲁东主义、巴枯宁主义、拉萨尔主义、杜林主义、伯恩施坦修正主义等理论流派的论战和斗争，才变得“愈加巩固、愈加坚强、愈加生气勃勃”，可谓“在其生命的途程中每走一步都得经过战斗”。马克思主义正是通过与各种理论的交锋斗争才获得了大发展。目前，全球化开放所带来的世界范围内的思想文化大交融、大活跃、大碰撞无疑为当代马克思主义获取源源不断思想资料来源，提供了难得的历史机遇条件。我们要珍惜利用这一机遇，始终把人类优秀文明成果作为自己理论发展的文化沃土，让当代马克思主义的“三化”始终立足于新的人类优秀文明成果基础之上，在保持民族特色的同时，永葆当代马克思主义的世界化形态。

（作者：天津社会科学院马克思主义研究所副教授、法学博士）

（选自《理论视野》2012 年第 11 期）

延伸阅读

马克思主义基本原理学科研究报告（2006—2011）

张雷声　龙晓菲　邓春芝

马克思主义基本原理学科是马克思主义理论一级学科所属的一个二级学科。马克思主义理论一级学科自2005年年底设立以来，马克思主义基本原理学科在学术研究、学科建设和“马克思主义基本原理概论”课程研究等方面都取得了较为丰厚的成果。本研究报告主要是对马克思主义基本原理学科在2006—2011年间所取得的主要成果作出梳理和概括。

一、马克思主义基本原理学科的学术研究

在马克思主义基本原理学科的发展中，理论界非常重视对马克思主义基本原理的学术研究。这里，主要从马克思主义基本原理的内涵和主要特征、马克思主义基本原理的主要内容、马克思主义基本原理的整体性研究三个方面，对2006—2011年间的相关学术研究成果作出梳理和概括。

1. 马克思主义基本原理的内涵

什么是马克思主义基本原理，这是马克思主义基本原理学科建设的起点问题。理论界关于这一问题的研究主要有：

第一，马克思主义基本原理是三个组成部分“一以贯之”的整体。不同于传统地将马克思主义理论机械地划分为马克思主义哲学、马克思主义政治经济学和科学社会主义三个部分，作为“马克思主义的基本原理”应该是指“三个组成部分”之间“一以贯之”的理论和逻辑。从整体性的角度看，马克思主义基本原理应该是马克思主义这三个组成部分中的“一以贯之”的理论，是能够反映马克思主义精神实质的理论，是能够反映马克思主义整体性的理论；同时，它也必须能够反映马克思主义创立的根本立场和根本原则，即无产阶级人民大众的立场、理论联系实际的原则，必须能够反映马克思主义开放性和创造性的特征。

第二，马克思主义基本原理是马克思主义的立场、观点和方法。区别于特定条件下的个别论断和观点，“马克思主义基本原理基本上可以理解为马克思主义的立场、观点和方法（及其理论表述）”，并且应该是经过实践检验的“马克思主义立场观点方法最基本、最直接、最集中的体现”。其中，基本立场、基本方法具有基础的根本的意义，基本观点是在基本立场的基础上运用基本方法得出的，当然，基本立场、基本方法本身也包含有一些基本理论和基本观点，是通过这些基本理论和基本观点体现的。

第三，从马克思主义的本质出发理解马克思主义基本原理。比较典型的有“世界观方法论体系”说、“普遍规律”说、“无产阶级革命”

说和“人的解放”说等。有的学者认为，马克思主义基本原理就是“关于无产阶级和人类解放的科学，简称人民群众解放的科学。这一学科的研究对象就是‘无产阶级和人类解放’，简称人民群众解放的科学”。类似的观点还有，“马克思主义就是人类解放的科学，或者更简明地说是‘人的解放学’”。

2. 马克思主义基本原理的主要内容

在马克思主义基本原理内容的概括上，理论界的分析主要表现在以下几个方面。

首先，马克思主义基本原理是包含多层次的理论体系。马克思主义基本原理是由不同层次的基本原理构成的一个有机整体，大体上可分为三个相互联系的层次：一是辩证唯物主义和历史唯物主义的观点和方法；二是辩证唯物主义和历史唯物主义的观点和方法在人类社会发展的普遍实践中的运用而形成的基本原理；三是第一层次的基本原理与第二层次的基本原理在人类社会发展的不同阶段如资本主义社会、社会主义社会的实践中运用而形成的基本原理。其中，世界观、方法论是马克思主义基本原理的最核心的内容、最根本的理论特征。第二、第三两个层次基本原理的存在又是第一层次基本原理进一步运用的结果，这表明世界观、方法论只有和实践结合才有意义。有的学者从理论体系上把马克思主义基本原理分为“导论”、“第一部分 世界的发展规律及人的实践”、“第二部分 人类社会发展与人类解放的规律”、“第三部分 无产阶级实现自身解放和全人类解放的历史使命”。

其次，马克思主义基本原理是由不同观点构成的理论体系。毫无疑问，马克思主义基本原理是从马克思主义经典作家的理论观点中提炼出的经过实践检验的真理性认识，关键在于，马克思主义基本原理的内容究竟有哪些？有的学者将马克思主义基本原理概括为14个方面：“1. 关于客观物质世界相互联系、相互作用和运动发展的原理；2. 人类社会形态由低级向高级演进和发展规律的原理；3. 关于时代本质和发展阶段的原理；4. 生产力和生产关系、经济基础和上层建筑辩证统一的原理；5. 阶级、阶级斗争和阶级分析的原理；6. 无产阶级革命和无产阶级专政的理论；7. 关于人民群众是历史的创造者的原理；8. 剩余价值学说和资本主义社会基本矛盾与主要矛盾的理论；9. 社会主义历史必然性和工人阶级历史使命的学说；10. 科学社会主义本质特征和发展规律的学说；11. 社会主义革命（包括改革）和建设规律的理论；12. 关于无产阶级政党学说和共产党建设的理论；13. 人的全面发展和共产主义的原理；14. 马克思主义在意识形态领域指导地位的原理等。”还有学者认为，“解放全人类的价值追求、唯物主义的历史观和实践观是构成马克思主义基本原理的三个要义”，“无产阶级的革命实践”是连接这三个要义的轴心。

第三，马克思主义基本原理是包含一系列立场、观点和方法的理论体系。这是理论界大多学者持有的观点，只不过对立场、观点和方法的具体所指有不同的阐述，对基本方法的概括主要集中在“实事求是”、“与时俱进”、“解放思想”、“群众观点”等方面。具体说来，有的学者认为，马克思主义的基本立场是唯物主义、无产阶级、劳动群众的立场。基本观点有：“世界统一于物质、世界是以辩证的方式存在的、人的认识是一种能动反映的观点、生产劳动的观点，或更进一步抽象为社会实践的观点、群众史观、社会进步论和人类解放论”；基本方法是“一切从实际出发、解放思想、实事求是、与时俱进的方法，辩证分析方法，在实践中发现、检验、坚持和发展真理的方法，历史唯物主义的方法，从群众中来、到群众中去的方法”。还有学者认为，马克思主义的基本观点有辩证唯物主义和历史唯物主义、劳动价值论、资本主义必然灭亡共产主义必然胜利理论、人类解放和全面发展理论。而基本原理的逻辑展开体现着马克思主义的基本立场和方法："实事求是、具体问题具体分析、与时俱进、解放思想、实践标准、生产力标准、群众观点、理论联系实际，等等。"另外，围绕"人本立场"、"实践观点"和"辩证方法"三个层次，又可以分别将马克思主义基本原理分为，主要阐释马克思主义关于人的解放的基本原理；主要阐释实践唯物主义的世界观；主要阐释马克思主义认识世界和改造世界的基本方法论原则。

除了以上三种主要的看法外，还有学者从马克思主义基本原理理论体系的存在形态角度，把马克思主义基本原理分为"原生形态"和"次生形态"。"原生形态"是指"成熟的马克思和恩格斯思想的文本形态。""次生形态"是指"马克思主义研究者从这种文本中提炼、概括和表述出来的理论内容，这就是马克思主义研究者们撰写的各种版本的马克思主义基本原理著作、教材。"

3. 马克思主义基本原理整体性的研究

从整体上把握马克思主义基本原理，是马克思主义基本原理学科存在和发展的基础。这几年，理论界对马克思主义基本原理的整体性问题给予了高度的关注和深入的研究。综观学术文献，学者们的研究主要集中在什么是马克思主义基本原理整体性、为什么要坚持马克思主义基本原理整体性等方面。

第一，什么是马克思主义基本原理整体性。理论界普遍认同从整体性视角出发理解马克思主义基本原理是一个关乎马克思主义本质和发展的重大问题。整体性既是马克思主义基本原理的特征之一，还是构建马克思主义基本原理科学体系的原则之一。有的学者认为，区别于马克思主义哲学、马克思主义政治经济学和科学社会主义分门别类的基本原理的研究，马克思主义基本原理"为人类提供了整体性的共产主义社会理想"，马克思主义哲学、政治经济学和科学社会主义都是围绕共产主义这一社会理想共同构成的马克思主义基本原理的整体，马克思主义基本原理围绕自然、社会和思维三个研究对象贯穿在对共产主义社会理想的整体性研究中。有的学者认为，可以把马克思主义基本原理的整体性理解为方法的整体性、逻辑的整体性、内在整体与外在整体的统一即历史的整体性三个方面的交织交融。马克思主义基本原理的整体性也可以通过世界观、方法论的统一及其运用得到充分体现。也有学者强调从"研究对象上"、"逻辑范畴上"、"根本属性上"和"学科结构上"四个方面解读马克思主义基本原理的整体性。还有学者提出，马克思主义基本原理的整体性包括研究方法的整体性、理论内容的整体性、逻辑结构的整体性、历史发展的整体性。

第二，坚持马克思主义基本原理整体性的意义。从整体性角度把握马克思主义基本原理是科学理解马克思主义的关键。同时，"对整体性问题的理解和认识，也是全面准确把握马克思主义理论体系、进一步认识和掌握马克思主义基本原理的前提。"加强马克思主义基本原理整体性研究的意义在于，"首先是马克思主义本身历史方面和逻辑方面的严整性的需要；其二，只有做这方面的研究，才能够说明马克思主义三个主要组成部分各个原理之间的相互联系、相互贯通；其三，是反对肢解马克思主义的根本要求；其四，也是马克思主义理论学科建设的内在要求。"

二、马克思主义基本原理学科建设的研究进展

2006—2011年间，马克思主义基本原理学科不断开展学术活动，加强理论探讨，力求在

学科建设的各个环节，寻求有效地加强学科建设的可行之路。据有关资料显示，理论界对该学科的研究进展主要反映在学科的研究范围及特征、学科队伍建设的思路、人才培养的目标、学科的学术活动等方面。

1. 马克思主义基本原理学科的研究范围及特征

国务院学位委员会2005年12月23日下发的《关于调整增设马克思主义理论一级学科及所属二级学科的通知》(64号文件)，在附件二《马克思主义理论一级学科及所属二级学科简介》中，明确地把马克思主义基本原理学科的研究范围规定为五个方面：马克思主义经典著作和基本原理；马克思主义基本范畴及科学体系；马克思主义基本原理的形成和发展；马克思主义与当代社会思潮；马克思主义理论教育规律和方法。国务院学位委员会设立的“马克思主义理论一级学科建设和人才培养方案研究”项目课题组，结合马克思主义理论学科建设的实际，明确将马克思主义基本原理学科界定为“是对马克思主义科学内涵、精神实质和内在逻辑联系进行整体性、综合性研究的科学。”在理论界，学者们根据国务院学位委员会64号文件的要求，对马克思主义基本原理学科的研究范围作了如下阐释。第一,研究范围的“三层面论”。认为马克思主义基本原理学科在马克思主义理论学科中的基础性地位，决定其可分为三个层面，即对马克思主义经典著作、基本原理及其形成和发展、科学理论体系的研究，对马克思主义与当代社会思潮的研究，对马克思主义理论教育规律及其方法的研究。第二，研究范围的“两点论”。认为马克思主义基本原理学科，一是对经典作家提出的基本原理进行梳理和深入研究；二是对当代的发展进行梳理和深入研究。第三，研究范围的“五要素论”加“三个相对于”，即在明确学科研究范围和学科含义的基础上把握学科内涵。学科的研究范围是文献依据研究、理论体系研究、现实价值研究、思潮比较研究、理论教育研究，这五个方面的整体的矛盾运动构成了一个完整的、立体的马克思主义基本原理的学科领域。由此将马克思主义基本原理学科的含义归纳为：马克思主义基本原理相对于马克思主义经典作家的“具体言论”而言；相对于马克思主义科学体系中的“具体学科”而言；相对于各国的“具体实际”而言，是按照马克思主义的立场、观点和方法所揭示出的普遍的客观规律的理论表述所形成的基本范畴和基本理论的科学体系。正是在注重该学科研究范围的系统性、整体性的研究基础上，有的学者提出，系统地把握马克思主义基本原理的理论体系、学科体系和教学体系的区别，就形成了整体性、基础性和实践性的学科特征。还有学者直接从马克思主义基本原理学科的内在要求出发，将其特征概括为整体性和综合性、贯通性和逻辑性、实践性和创新性三个方面。

2. 马克思主义基本原理学科队伍建设的思路

理论界主要从教师素质、学科队伍建设的制度规定、学科队伍组成三个方面提出了加强学科队伍建设的基本思路。

提高教师素质是学科队伍建设的基本内容。对教师进行专业化建设的看法，说明了提高教师素质的要求和方向。马克思主义基本原理学科的教师要以马克思主义理论为专业，就必须从整体上加强对马克思主义理论的研究；马克思主义基本原理学科的教师要成为该学科的能手、行家，就必须提高科研创新素养，提升理论水平；马克思主义基本原理学科的教师要有精深的专业和广博的知识，就必须增强科学人文素养，实现“求真”、“求善”、“求美”的统一。此外，教师还必须注重人格力量和道德风范素质的提升，因为崇高的敬业精神、高尚的人格魅力、良好的师德风范也是教师应该具备的基本德行。

制度化管理是学科队伍建设的必备环节。制度化管理是利用制度的外在约束性，管理教师准入、培养、发展的全过程，为教师素质的提升提供制度性保障。其关键在于提高制度管理的科学化、专业化和规范化水平。为此，必须科学介入，规范进入规则，以整体性的方式介入到马克思主义基本原理学科建设中；必须合理定位，即在马克思主义理论一级学科中准确定位，在马克思主义理论体系、学科体系和教学体系中准确定位；必须综合创新，关键是要发扬理论联系实际的马克思主义学风，形成新的学科建设方式；必须规范建制，加强制度建设。有的学者则以中国人民大学马克思主义理论教师队伍建设为例，强调指出队伍建设必须把好入口关、培养关和测评关。

学科队伍的组成是检验学科队伍建设质量高低的一项有效标准。首先，学科队伍不能简单地等同于教师队伍，普通教师虽是基础的大多数，但学科建设更需要大师级人物的指引和带动，特别是学科带头人队伍和导师队伍。前者是学科建设的主要依靠力量，是学科建设的关键，起着核心作用；后者则是学科建设的基本队伍，其质量是衡量学科点整体水平的一个基本指标。其次，制定合理的建设规划，明确高层次拔尖人才、学科带头人和学术骨干、中青年教师等学术梯队的适当比例，这是推动学科发展的重要方面。

3．马克思主义基本原理学科人才培养的目标

在人才培养目标上，国务院学位委员会对不同层次的研究生提出了不同的要求。在硕士生的培养上，要求“具有马克思主义信仰和社会主义信念，德智体美全面发展，具有较好的马克思主义理论素养，较扎实的专业基础知识和较宽的知识面，具有正确的理论方向和良好的学风。比较熟练地掌握一门外国语言，能阅读本专业的外文资料和有一定的写作能力，成为本专业的科学研究、高等教育和党政实际工作部门的专门人才”；在博士生的培养上则要求“具有坚定的马克思主义信仰和社会主义信念，德智体美全面发展，熟悉马克思主义经典著作，有比较深厚的马克思主义理论功底和专业基础知识，能够较好地运用马克思主义立场、观点和方法研究和分析现实社会问题，具有一定的创新能力。至少掌握一门外国语言，能够熟练地阅读本专业的外文资料，具有较强的写作能力和进行国际学术交流的能力，成为本专业的科学研究、高等教育和党政实际工作部门的专门骨干人才”。据此，规定该学科的课程设置是：马克思主义原著选读；马克思主义基本原理专题研究；马克思主义基本范畴及科学体系研究；马克思主义发展史；马克思主义理论前沿。有的学者将之进一步系统化、具体化和规范化为，以强化素质为内容，以提高能力为目标，以规范培养为保证。其中，主要应该着力提高的能力有：文献考据和文本诠释的能力、理论思维和逻辑表达能力、调查研究和解决现实问题的能力、比较鉴别和理论斗争的能力、理论宣传和理论教育的能力。还有学者将人才培养的目标概括为：专业宽、基础厚、能力强，即要有宽而广的跨学科、跨专业的知识面；要有坚实的马克思主义理论基础知识、厚实的马克思主义理论功底；要有能运用马克思主义基本原理分析新的实践的能力、从新的实践中阐发理论的能力、进行理论创新的能力以及能够在社会舞台上宣传并实践马克思主义理论的能力。

此外，为了培养出符合这一学科整体性特点的，真正能为学科发展作出贡献的专门人才，学者们呼吁：有必要迅速改变研究生

的生源来自各个不同理论学科的状况，在马克思主义理论一级学科的层次上培养本科生，拓宽学生在马克思主义理论学科所属的各个二级学科上的知识面，为培养合格的硕士生和博士生奠定基础。

4. 马克思主义基本原理学科的学术活动

以研究机构的形式，发挥学术带头人的引领作用；以学术论坛的形式，碰撞学科建设的思想火花，这是该学科近几年发展的特点。其中“全国高校马克思主义理论学科研究会”的作用尤为突出。

为保障研究会的质量、规模和影响，研究会从成立机构、举办论坛和创办辑刊等方面进行了两年的筹备工作。2006 年 3 月 26 日成立了“马克思主义理论学科论坛”，2006 年 6 月 22 日在中国人民大学召开了第一次研讨会，至研究会正式成立，共举办了 5 次主题明确、有针对性的全国高校范围的论坛。目前该学科论坛已举办了 11 次。与此同时，在高等教育出版社社政出版事业部和《思想理论教育导刊》的大力支持下，“马克思主义理论学科论坛”本着“高学术品位、高学术层次、高学术水平”的原则，出版了 2 辑不定期的以书代刊的学术集刊《思想理论教育研究》。研究会于 2008 年 6 月在复旦大学正式成立，并正式将《思想理论教育研究》更名为《马克思主义理论学科研究》，作为研究会会刊。目前已出版到第 7 辑。编撰《马克思主义理论学科研究》的目的就在于：以研究和探索马克思主义理论学科发展的新问题、新情况为主题，以发表这一学科高水平、高层次、高品位的学术研究成果为目标，以推进这一学科的全面、协调、可持续发展为宗旨。研究会作为全国高校从事马克思主义理论学科建设的研究者和思想政治理论课教师的一个学术研究团体，它的成立已成为进一步推进高校学科建设和发展的一个重要契机。

与此同时，各类论坛也开始活跃于理论界。主要有全国马克思主义理论学科建设与发展论坛、高校马克思主义学院院长论坛、马克思主义理论学科建设高层论坛、全国马克思主义理论学科博导论坛、全国马克思主义理论学科博士生论坛等。其中以马克思主义基本原理学科建设为主题的论坛达多次。

三、“马克思主义基本原理概论”课程教学的研究进展

“马克思主义基本原理概论”（以下简称“原理”）课程教学是马克思主义基本原理学科建设的重要内容，是使马克思主义基本原理进学生头脑的现实途径。几年来，理论界对该课程教学的研究主要集中在教材建设、体系转化、教学理念、教学模式、教学评价体系等方面。

1. 教材建设

《马克思主义基本原理概论》（以下简称《原理》）是中央马克思主义理论研究和建设工程的首批教材之一，它集全国专家之力，在内容上大胆突破，在结构上大胆创新，呈现出独特的特点，但也存在着在教学实践中需不断发展创新的问题。

第一，教材内容的突破和创新。《原理》教材的建设始终以“与时俱进地发展理论”和“凸显马克思主义整体性”为基本立足点。2007 年《原理》教材正式出版，在内容上实现了两个突破：一是在突出马克思主义三个组成部分的同时，开辟出阐述马克思主义整体性的新视野；二是采取了狭义和广义两种方式理解马克思主义。2008、2009 年的修订版与时俱进地将最新的理论成果反映到教材中，2009 年修订版更是从马克思主义基本原理的层面深入阐释了经济社会发展进程中的重大问题，如宗教问题、2008 年全球性金融危机问题。

第二，与以往同类教材相比具有新特点。《原理》教材的新特点主要有两个：一是从马克

思主义理论内在联系和发展的角度，将之归纳为主题鲜明、主线突出；立论严谨、内容精练；实事求是、理论联系实际；史论结合、深入浅出。二是从教材编写的角度，突出了"四个结合"，即对马克思主义发展进程的介绍与理论观点阐述的有机结合、对马克思主义经典原著的阐发同对中国化马克思主义理论成果论述的有机结合、对历史经验的总结和对现实问题分析的有机结合、正文的逻辑展开与每章后思考提示的有机结合。

第三，教材建设中的困境。有的学者认为，教材建设中存在着三大矛盾，即教材结构的整体性与教师知识结构的局部性的矛盾、教材性质的抽象性与现实生活的丰富性的矛盾、教材内容的复杂性与课时安排的紧凑性的矛盾；有的学者认为，还存在着教材的统一编写方式与授课对象的层次性之间的矛盾。教材建设中矛盾的存在直接影响着"原理"课程的教学效果。

2．体系转化

"教材体系—教学体系—学生认知体系和信仰体系"三者的转化过程，是"原理"课程完成向教育对象阐释贯穿马克思主义科学体系中的基本理论、基本观点、基本方法的教学目标的关键环节。教学必须紧紧依托教材，它是确定教学基本内容的依据，是教学内容科学性的保障。有的学者认为，教材的普遍性与学生思想的具体性之间的矛盾、教材的相对稳定性与时代发展性之间的矛盾、教学特点与教材特点差异性之间的矛盾，决定了不能千篇一律地对待教材，必须实现转化。那么，怎样才能有效地实现转化？转化过程中需要注意什么？这些问题成为理论界关注的重点。

在"原理"课程教学的体系转化问题上，有的学者提出在转化过程中必须把握"四个要素"，做到"三个着眼于"。"四个要素"即学生思维实际和接受实际、现实发展中最突出的重大问题、教学的环节和方式方法、理论界关于问题研究的成果。"三个着眼于"即着眼于世界观、方法论的教学，着眼于世界观方法论与社会实践相结合的教学，着眼于马克思主义基本原理发展的教学。有的学者提出要遵循"六项基本原则"，即思想政治教育目标第一位、教学内容源于教材并适度高于教材、在突出教学重点的基础上体现难点与兼顾一般相结合、理论联系实际、遵循教材与灵活发挥相结合、课堂讲授与辅助活动相结合。也有学者提出要遵循"三大逻辑"的原则：理论逻辑、认知逻辑与生活逻辑。

有不少学者具体地考察了"原理"课程教学的体系转化问题。有的学者认为实现教材体系向教学体系转化有重塑教学内容、转换表达方式、探索教学互动、调动技术手段四个关键环节。有的学者认为实现转化的关键是要充分把握学生对"原理"课程的认知特点，在课堂教学中实现对学生的"心理牵引"，以激发学生的学习兴趣和学习热情。也有学者强调了实现这一转化的基本步骤，即由把握课程的教学目的和要求到通过案例教学实现从思辨式的宏大叙事向形象性的经验叙述转变，再到实现理论语言向大众化语言的转变。还有学者认为，可把教材各章的重点看作课程的教学体系，教学体系应当体现教材体系但又应该有别于教材体系，在教学过程中，可以而且应当对教材中的内容进行适当的归纳合并或展开。

通过"原理"课程的教学实践，有些学者强调实现体系转化的重点是把握"四要"、攻克"四个注意"。"四要"即：一要充分体现教材体系和教学体系的内在统一性；二要在坚持课程体系的基础上，突出教学重点，处理好丰富的教学内容与有限的教学课时之间的矛盾；三要重塑教学内容，科学地处理教材编写与课堂教学考虑的不同侧重点；四要在教学中寻求适当的教学切入点，处理好教材的相对稳定性与时代发展性的矛盾。“四个注意”即注意教学理念上的偏差；注意教师业务素质总体不高的现实情况；注意教学过程中教学体系同教材体系、学生和现实问题结合上的偏差；注意教材要求的统一性与教学组织形式的多样性矛盾的存在。

3. 教学理念

这几年，理论界在探讨中普遍认识到“原理”课程的教学，必须树立起学科意识、整体性意识、研究意识和现实意识。

第一，树立学科意识。有学者提出，学科建设是课程建设的学科支撑和学理基础，课程建设是学科建设的教学实践基础，依托学科支撑是增强教学说服力和保持教学活力的关键；要促进教学实效的持续推进，必须把教学提高到学科建设的高度，使课程体系和教学内容体现学科建设的成果。

第二，树立整体性意识。整体性是马克思主义的本质属性之一，它内含于马克思主义的基本观点、基本原理之中，内含于马克思主义的三大组成部分及其逻辑联系之中，内含于马克思主义创立和发展的始终。从整体上把握马克思主义是马克思主义的本义。“原理”课程的教学树立整体性意识，就是用一种“整体解读法”来指导马克思主义理论的教学和科研。

第三，树立研究意识。有的学者认为，“原理”课程教学内容抽象性、系统性的特点要求教育者、教育机构必须重视学术研究，以学术研究推进课程教学的改革。还有学者强调，必须要以探讨的态度去回答重大的理论问题、现实的热点难点问题，不能将“结论”强加于人，必须坚持以教师为主导、学生为主体，采取师生互动的多种形式，共同探讨、研究、回答和解决时代、社会、人生所提出的难点、热点问题。

第四，树立理论与现实结合的意识。马克思主义基本原理是在实践中形成的，它是面向现实并指导实践的重要理论。“原理”课程教学的基本原则和基本要求就是理论联系实际。而理论联系的实际可以分为不同的层次，即理论要联系理论的实际、理论要回答实践中的重大社会问题、理论要在自己的实际工作中加以具体地运用、理论要联系学生的实际。

4. 教学模式

如何进行教学是“原理”课程教学的关键点和难点，也是近几年理论界讨论的热点。讨论中提出的教学模式有实践教学模式、“主体性发展”教学模式、讨论式教学模式、创新思维教学模式、专题式教学模式、研究性教学模式等。总体来看，各种教学模式突出的重点大致如下：

第一，明确学生在教学中的主体性。有的学者认为，教育要取得实效，就必须以学生为教学主体，把培育、促进学生主体性发展作为教学的核心任务和目标。既要注意文理生对“原理”课程教学内容掌握的差异性，适当采取差异性教学，也要适当采用案例教学法，启发大学生对相关原理的认知和对科学知识的系统掌握，提高他们分析、解决问题的能力，还可以根据教学需要实行“情景创设法”，进行模拟式教学，使学生获得亲身体验，从而在各种价值观念的相互碰撞、排斥和融合中，在多元化信息社会的各种道德冲突中，提升自我道德判断、自我道德选择和自我教育的能力。

第二，把握教学重点，注重理论的内在关联。综观文献资料，学者们对该课程教学中特别需要注意的主要问题提出了三个方面。一是针对“原理”课程的特点，教学中必须注重理论体系的基础性、系统性、整体性，即注重理论内在的联系。有的学者提出的“概念辨析”教学法，不仅从方法上实现了对单一教学方法的突破，而且从内容上强调提高学生对马克思主义理论的系统性、科学性认识，实现“智力教育”与“品德教育”两目标的统一。二是马克思主义理论体系与教材体系、教学体系的内在一致性，要求教学中明确理论与经典文本的联系，注重经典文本的运用，帮助学生认清马克思主义具有的内在思想性，自觉培养对理论的兴趣，提高学习热情。三是要求在坚持教材内容逻辑体系的基础上，对教学内容的把握必须有重点意识、问题意识，合理地安排教学的整个过程。专题式教学就是一个例证。

第三，强调教学过程的实践性。实践性不仅包括大学生走出课堂去感受现实的内容，而且也包括让现实问题走进课堂的内容。一方面，大学生可以通过课外的实践感知，将抽象、平面的理论教育转化为具体、立体的实践体验，以深化对理论的认知、理解，实现对理论的运用和检验；另一方面，大学生可以通过对经典原著的学习，全面地理解理论知识，从而展开对理论前沿、社会热点等大学生感兴趣的问题的讨论。学者们对教学过程实践性的特点作了开放性、互动性的概括。

第四，提倡教学方式走向现代性。教学方式现代性表现为多种教学媒介的综合运用。在当今社会已进入信息化时代的情况下，“原理”课程的教学必须改变过去“一本教材、一支粉笔、一块黑板”的状况，充分利用现代社会提供的各种条件，优化教学资源和环境，借助社会力量与现代科技成果和手段，实现多层次、全方位的教学,以提高教学实效。这是丰富教学形式、活化教学内容、提高教学实效的前提和保障。

5. 教学评价体系

教学评价是依据课程教学目标，对教学过程的条件、内容、方法、效果的质和量的价值判断。如有的学者所述，它包括诊断性评价、形成性评价和总结性评价三部分。针对当前“原理”课程教学评价的现实，有的学者认为，该课程教学效果评价中存在着评价目标不够明确、评价主体比较单一、评价方法相对简单、评价体系缺乏科学性、评价结果缺乏权威性等问题。

如何建立一个理想的科学的评价体系，是理论界不断探索的问题。研究资料表明，基本呈现两个路向，即一个路向是从宏观上建构评价体系，另一个路向是针对现有的课程考核方法提出种种改良措施。在第一个路向上，有的学者认为，要构建科学的教学效果评价体系必须明确合理的评价目标，建立科学的评价原则，形成长效的评价体制，构建多元的评价主体系统，采用灵活多样的评价方法。也就是与高校思想政治理论教育目标一致，遵循导向性原则、整体性原则和实效性原则，形成包括周期性的教学效果评价体制、长期性的监管体制、教学效果评价信息的收集、传输、处理和反馈体制为一体的评价体制，构建包括评价的管理主体、教育主体、学习主体、用人主体在内的多元评价主体系统。在第二个路向上，有的学者提出，课程考核采取试卷考试和撰写论文相结合的方式，这既考查了学生对专业基础理论知识的学习掌握情况，又考查了学生理论理解的深度和运用的情况。有的学者提出，通过改革现有的考核方法，设计和建立能够体现课程性质和特点的综合考核评价体系。为此，首先要转变教学理念，考核目标从以知识点识记为主转向以理解、应用、分析、综合、评价等为主；其次要遵循纲本结合原则、难易适度原则、同步性原则、导向性原则来确定考核的内容和范围；最后要采取灵活多样的形式实施考核，真正建立一种能够将学生平时表现和期末考试有效结合的综合考核评价体系。

（作者单位：中国人民大学马克思主义学院）

（选自《思想理论教育导刊》2012 年第 6 期）

坚持党的基本路线一百年不动摇

——重温邓小平南方谈话

朱佳木

20年前，邓小平在国内国际政治风波严峻考验的重大历史关头，以88岁高龄，前往南方视察并发表重要谈话（以下简称南方谈话）。这篇谈话全面总结了改革开放14年的经验教训，完整阐述了党的十一届三中全会以来的路线、方针、政策，深刻回答了长期困扰和束缚人们思想的许多重大认识问题，系统提出了对整个社会主义现代化建设具有现实和长远指导意义的重要思想，为推动我国改革开放和社会主义现代化建设进入新阶段作出了重大贡献。它是坚持党在社会主义初级阶段基本路线、创新中国特色社会主义理论的又一个宣言书，是中华人民共和国史特别是改革开放史中一份十分重要的马克思主义的历史性文献，也是邓小平理论的集大成之作。它的前瞻性和真理性已为20年来我国经济的持续高速增长、综合国力的不断增强，以及国际形势的深刻变化和资本主义世界经济的一再危机所充分验证。常言道：温故而知新。在南方谈话发表20周年之际，把它拿出来，结合20年的实践重新通读几遍，再次领会其中的精神实质和深刻内涵，不仅是对它的最好纪念，而且有助于我们正确认识和解决当前面临的各种复杂问题，继续把中国特色社会主义事业推向前进。

南方谈话开宗明义指出：“要坚持党的十一届三中全会以来的路线、方针、政策，关键是坚持‘一个中心、两个基本点’。不坚持社会主义，不改革开放，不发展经济，不改善人民生活，只能是死路一条。基本路线要管一百年，动摇不得。”谈话通篇既强调要抓住时机、加快发展，又要求讲求效益、稳步协调地发展；既强调改革开放胆子要大一些，又阐释改革开放必须坚持四项基本原则的道理。这就清楚地告诉我们，坚持“一个中心、两个基本点”的基本路线一百年不动摇，是南方谈话的核心思想。我们重温南方谈话，就应当紧紧抓住它的核心思想，深刻领会和继续贯彻党“一个中心、两个基本点”的基本路线，全面理解和准确阐释“不坚持社会主义，不改革开放，不发展经济，不改善人民生活，只能是死路一条”的道理，切实做到坚持党的“基本路线一百年不动摇”。

南方谈话总共只有8000多字，但内容却十分丰富。它围绕“基本路线一百年不动摇”这个核心思想展开，对涉及党和国家发展的一系列重要关系问题进行了全面的辩证的分析。这些分析，自始至终贯穿着解放思想、实事求是的精神，体现着马克思主义的立场、观点和方法，直到今天对我们仍然有着重要的启示作用和指导意义。我们重温南方谈话，就要把这些分析作为研读重点，切实做到弄懂弄通。

第一，关于不要怕资本主义的东西多了与必须坚持社会主义道路的关系。

改革开放和坚持四项基本原则是党的基本路线中两个不可或缺的统一体，前者是强国之路，是我们党、我们国家发展进步的活力源泉；后者是立国之本，是我们党、我们国家生存发展的政治基石，都关系到国家的兴衰成败。但改革开放以来，总有人自觉不自觉地要把这两个基本点割裂甚至对立起来，只讲其中的一个，而无视和否定另一个。被他们常常用作依据的是，邓小平在南方谈话中提出了所谓的“不问姓社姓资”。其实，只要认真看一下南方谈话的原文就会知道，邓小平讲的是：“改革开放迈不开步子，不敢闯，说来说去就是怕资本主义的东西多了，走了资本主义道路。要害是姓‘资’还是姓‘社’的问题。”这里不但没有说“不问姓‘社’姓‘资’”，相反，就在这句话之后紧接着说：“特区姓‘社’不姓‘资’。从深圳的情况看，公有制是主体。”可见，所谓的“不问姓社姓资”，完全是对南方谈话的曲解。自从改革开放以来，邓小平反复提醒我们要坚持社会主义道路、社会主义方向、社会主义原则，绝不能搞资本主义。他指出：“我们搞四个现代化，是搞社会主义的四个现代化，不是搞别的现代化。”“在改革中坚持社会主义方向，这是一个很重要的问题。”“我们大陆坚持社会主义，不走资本主义的邪路。”“一个公有制占主体，一个共同富裕，这是我们所必须坚持的社会主义的根本原则。”就在南方谈话中，他强调：“在整个改革开放的过程中，必须始终注意坚持四项基本原则。”他还说过：“如果不坚持这四项基本原则，纠正极左就会变成‘纠正’马列主义，‘纠正’社会主义。”这说明，邓小平所说的“要害是姓‘资’还是姓‘社’”，并非“不问姓‘社’姓‘资’”，而是要弄清楚什么是资本主义、什么是社会主义，找到正确判断社会主义的标准。在他看来，判断是否是社会主义的主要标准是，看公有制是否占主体，社会有没有两极分化；只要公有制占主体，走共同富裕的道路，就是社会主义。因此，他所说的不要怕资本主义的东西多了、走了资本主义道路，是有前提的，这个前提就是坚持社会主义的方向和原则。而且，即使在这个前提下，也要是有利于发展社会主义社会的生产力、有利于增强社会主义国家的综合国力、有利于提高人民生活水平的步骤，才能大胆试、大胆闯，并不是有的人所解释的那种无前提的“不怕”、无条件的“大胆”。

第二，关于多搞一些“三资”企业与做强做大国有大中型企业的关系。

南方谈话在谈到不要怕资本主义的东西多了时，特别提出：“多搞点‘三资’企业，不要怕。”为什么不要怕呢？邓小平解释说：“只要我们头脑清醒，就不怕。我们有优势，有国营大中型企业，有乡镇企业，更重要的是政权在我们手里。”他还以深圳为例，指出：“从深圳的情况看，公有制是主体，外商投资只占四分之一。”因此，他指出：“‘三资’企业受到我国整个政治、经济条件的制约，是社会主义经济的有益补充，归根到底是有利于社会主义的。”从这些论述中不难看出，邓小平之所以认为，多搞一些“三资”企业不是发展资本主义而是社会主义经济的有益补充，除了讲到我国社会主义政权对“三资”企业的制约外，还讲到公有制，特别是我国国有大中型企业对“三资”企业在经济上的制约。我国的国有大中型企业不同于资本主义的国有企业，《中华人民共和国宪法》第7条规定：“国有经济是社会主义全民所有制经济，是国民经济中的主导力量。”有了这样的国有经济，国民经济的命脉就可以控制在社会主义国家政权的手中，人民民主专政就有了坚实的经济基础，社会主义市场经济就有了强大的主力军，我国参与国际竞争就有了基本力量，“三资”企业唯利是图的消极作用就会被限制在可控的范围，而它有利于我国增加税收、安排就业、扩大海外市场、吸收国际上先进技术和管理经验等有益作用就会得到尽可能充分发挥。根据邓小平的这一分析，党中央后来陆续提出：“公有制是我国社会主义经济制度的基础，非公有制经济是我国社会主义市场经济的重要组成部分。”要“进一步深化对公有制为主体、多种所有制经济共同发展这一基本经济制度含义的认识，在实践中不断完善这一制度”。“毫不动摇地巩固和发展公有制经济，毫不动摇地鼓励、支持、引导非公有制经济发展。”“深化国有企业公司制股份制改革，健全现代企业制度，优化国有经济布局和结构，增强国有经济活力、控制力、影响力。”这些论述进一步深化了对包括国有大中型企业在内的公有制经济与包括“三资”企业在内的非公有制经济之间关系的认识，为我国国民经济近20年的飞速发展提供了重要的理论支撑，同时也为今后国有经济、集体经济、私有经济、个体经济以及外资企业等多种经济成分的共同发展，奠定了坚实的理论基础。

第三，关于社会主义也有市场与资本主义也有计划的关系。

计划与市场的关系问题，是经济学特别是马克思主义经济学的一对重要范畴。过去很长时间里，人们往往把它们与所有制联系在一起，认为市场经济只能建立在资本主义私有制基础之上，而社会主义公有制只能实行计划经济。我们党早在20世纪50年代，就对这种认识有所突破，提出过“三个为主、三个为辅”的设想，不过由于种种原因，一直未能实行。改革开放后，我们党逐步摆脱了过去那种传统观念，陆续提出以计划经济为主、市场调节为辅，有计划的商品经济，计划经济与市场调节相结合等经济运行体制。但这些提法都未能从根本上解除把计划经济和市场经济看作属于社会基本经济制度范畴的思想束缚。直到邓小平在南方谈话中指出：“计划多一点还是市场多一点，不是社会主义与资本主义的本质区别。计划经济不等于社会主义，资本主义也有计划；市场经济不等于资本主义，社会主义也有市场。计划和市场都是经济手段。”这才使人们在计划与市场关系问题的认识上有了新的重大突破。根据这一论断，党的十四大把社会主义市场经济体制作为经济体制改革的目标。在这种经济体制中，固然让市场对资源配置起基础性作用，充分发挥市场对各种经济信号反应比较灵敏的优点，促进生产和需求的及时协调；但同时也强调这种作用的发挥一定要置于国家宏观调控的前提之下，运用经济政策、经济法规、计划指导和必要的行政管理，限制市场的弱点和消极方面，引导市场健康发展。可见，这种经济体制并不排斥计划，而是把市场和计划都当成经济手段。江泽民在十四大报告中指出：“在建立社会主义市场经济体制的过程中，计划与市场两种手段相结合的范围、程度和形式，在不同时期、不同领域和不同地区可以有所不同。”他还说：“国家计划是宏观调控的重要手段之一。建立社会主义市场经济体制，是要改革过去那种计划经济模式，但不是不要计划，就是西方市场经济国家也都很重视计划的作用。我们是社会主义国家，更有必要和可能正确运用必要的计划手段。”胡锦涛也指出，要“发挥国家发展规划、计划、产业政策在宏观调控中的导向作用”。这些论述充分体现了南方谈话中关于计划与市场辩证关系思想的精髓，对我们继续认识和处理好这对关系具有重要的指导意义。近些年，随着资本主义经济危机的深入，许多西方国家的民众和进步人士开始反思资本主义，一些西方政要和经济学家也开始质疑新自由主义，强调国家的作用，主张对市场和金融业加强监管。这从反面说明，社会主义市场经济把市场对资源配置的基础性作用置于国家宏观调控的前提之下，把国家计划作为宏观调控的重要手段之一，是完全符合商品经济条件下经济运行规律的，是计划与市场关系的最佳处理模式。

第四，关于让一部分人先富裕起来与共同富裕的关系。

让一部分地区一部分人收入先多一些，生活先好起来，是邓小平在党的十一届三中全会上针对过去长期存在的平均主义现象提出的一个大政策。改革开放30多年来，人们的积极性、创造性之所以得到充分发挥，创造财富的源泉之所以得到充分涌流，与实行这个大政策有着直接而密切的关系。然而，邓小平在提出这个大政策的同时就指出，提倡一部分人先富起来的目的，是“使整个国民经济不断地波浪式地向前发展，使全国各族人民都能比较快地富裕起来”。他在南方谈话中也说：“共同富裕的构想是这样提出的：一部分地区有条件先发展起来，一部分地区发展慢点，先发展起来的地区带动后发展的地区，最终达到共同富裕。如果富的愈来愈富，穷的愈来愈穷，两极分化就会产生。”他还具体设想了今后先富带动后富的办法，即“先富起来的地区多交点利税”；并提出了突出解决这个问题的时间应当在20世纪末“达到小康水平的时候”。他把共同富裕进一步提高到社会主义本质特征之一的高度，指出：“社会主义的本质，是解放生产力，发展生产力，消灭剥削，消除两极分化，最终达到共同富裕”；并说，“走社会主义道路，就是要逐步实现共同富裕。”在南方谈话之后，他把共富问题又与分配问题联系起来论述，反复强调这个问题的重要性。他指出：“中国发展到一定的程度后，一定要考虑分配问题……不同地区总会有一定的差距。这种差距太小不行，太大也不行。如果仅仅是少数人富有，那就会落到资本主义去了……我们的政策应该是既不能鼓励懒汉，又不能造成打‘内仗’。”“十二亿人口怎样实现富裕，富裕起来以后财富怎样分配，这都是大问题……我们讲要防止两极分化，实际上两极分化自然出现。”“过去我们讲先发展起来。现在看，发展起来以后的问题不比不发展时少。”近20年来城乡差别、区域差别、人群收入差别的逐步扩大，充分说明邓小平这些论述是富有远见的，是完全正确的。为了解决这个问题，以胡锦涛为总书记的党中央提出了构建社会主义和谐社会的历史性任务；要求初次分配和再分配时都要处理好效率和公平的关系，再分配时更要注重公平；决定提高居民收入在国民收入分配中的比重、劳动报酬在初次分配中的比重和低收入者的收入，并采取不断提高扶贫标准和最低工资标准的措施。所有这些，都是为了落实共同富裕的目标，已经和正在扭转收入分配差距不断扩大的趋势。

第五，关于聚精会神抓经济建设与坚持两手抓的关系。

自从党的十一届三中全会确立把党的工作重心转移到经济建设上来和实行改革开放总方针之后，邓小平就反复提醒全党，要注意两手抓。早在1980年他就指出：“我们要建设的社会主义国家，不但要有高度的物质文明，而且要有高度的精神文明。”以后他又提出，要两手抓，一手抓建设，一手抓法制；一手抓改革开放，一手抓打击各种犯罪、抓惩治腐败、抓反对资产阶级自由化，而且两手都要硬。为什么要两手抓两手硬呢？用他的话说：“离开了经济建设这个中心，就有丧失物质基础的危险。”“但风气如果坏下去，经济搞成功又有什么意义会在另一方面变质，反过来影响整个经济变质。”然而，在实际工作中，物质文明这一手一直比较硬，而精神文明这一手往往比较软。对此，他多次提出批评。1985年，他在党的全国代表会议上说："社会主义精神文明建设，很早就提出了。中央、地方和军队都做了不少工作，特别是群众中涌现了一大批先进人物，影响很好。不过就全国来看，至今效果还不够理想。主要是全党没有认真重视。"1989年政治风波过后，他在接见首都戒严部队军以上干部时又说："今天回头来看，出现了明显的不足，一手比较硬，一手比较软。一硬一软不相称"。在南方谈话中，他用很大篇幅再次强调了两手抓的方针。他说："开放以后，一些腐朽的东西也跟着进来了，中国的一些地方也出现了丑恶的现象，如吸毒、嫖娼、经济犯罪等。要注意很好地抓，坚决取缔和打击，决不能任其发展。新中国成立以后，只花了三年时间，这些东西就一扫而光。吸鸦片烟、吃白面，世界上谁能消灭得了？国民党办不到，资本主义办不到。事实证明，共产党能够消灭丑恶的东西。""只要我们的生产力发展，保持一定的经济增长速度，坚持两手抓，社会主义精神文明建设就可以搞上去。"可见，抓住机遇、加快发展、发展是硬道理、改革开放胆子要大一些、看准了的要大胆试大胆闯，这些是南方谈话的精神；坚持物质文明建设和精神文明建设两手抓、反对腐败、反对资产阶级自由化、反对社会丑恶现象，这些同样是南方谈话的精神。那种仅仅把发展理解为经济发展的观念，或者仅仅把物质文明发展当成硬道理而忽视甚至认为可以牺牲精神文明的观念，都是违背南方谈话精神的，都不是邓小平理论。

第六，关于不搞争论与反对资产阶级自由化的关系。

邓小平在南方谈话中有一个重要观点，就是不搞争论。但不搞争论指的是什么呢？有人说，邓小平说的不搞争论，就是在意识形态问题上不要争论，在搞社会主义还是搞资本主义的问题上不要争论。果真如此吗？只要认真看看南方谈话原文就清楚了。在南方谈话中，邓小平提出不搞争论，是在讲到证券、股市这些东西究竟好不好，有没有危险，是不是资本主义独有的东西，社会主义能不能用，允许看，但要坚决地试这些话之后。他说："不搞争论，是我的一个发明。""对改革开放，一开始就有不同意见，这是正常的。""我们推行三中全会以来的路线、方针、政策，不搞强迫，不搞运动，愿意干就干，干多少是多少，这样慢慢就跟上来了。""不争论，是为了争取时间干。一争论就复杂了，把时间都争掉了，什么也干不成。不争论，大胆地试，大胆地闯。农村改革是如此，城市改革也应如此。"从这些话中不难看出，邓小平所说的不搞争论，是针对改革开放中一些具体举措而言的，目的在于争取时间，以免事情还没办，先争论不休，结果丧失时机。这个方针对不对呢？完全对。因为它符合人的认识规律，符合马克思主义"实践第一"的观点，符合我们在工作中的经验。但从这些话中能否找出在意识形态问题、在走社会主义还是走资本主义道路问题上也不争论的意思呢？完全找不出，连影子都没有。相反，从南方谈话中却可以看到很多关于改革开放必须坚持四项基本原则和反对资产阶级自由化、反对和平演变的论述。比如说："在整个改革开放的过程中，必须始终注意坚持四项基本原则。十二届六中全会我提出反对资产阶级自由化还要搞二十年，现在看起来还不止二十年。资产阶级自由化泛滥，后果极其严重。特区搞建设，花了十几年时间才有这个样子，垮起来可是一夜之间啊。"再如说："帝国主义搞和平演变，把希望寄托在我们以后的几代人身上。"什么叫资产阶级自由化？按照邓小平的解释，资产阶级自由化就是"崇拜西方资本主义国家的'民主'、'自由'，否定社会主义”；“就是要把我们中国现行的政策引导到走资本主义道路”。什么叫和平演变？邓小平也有一个解释，就是西方政治家所说的“打一场无硝烟的世界大战”，“所谓没有硝烟，就是要社会主义国家和平演变”。这说明，资产阶级自由化也好，帝国主义的和平演变也罢，无非妄图从内外两方面来击社会主义的中国，把中国引导到资本主义道路上去。邓小平一再强调：对资产阶级自由化“不能让步。这个斗争将贯穿在实现四化的整个过程中，不仅本世纪内要进行，下个世纪还要继续进行”。他说：“要搞四个现代化，要实行开放政策，就不能搞资产阶级自由化。自由化的思想前几年有，现在也有，不仅社会上有，我们共产党内也有。自由化思潮一发展，我们的事业就会被冲乱。”他对一些人见到错误观点充耳不闻、听之任之的态度提出尖锐批评，说严重的问题在于对于不正确的观点、错误的思潮，甚至对于一些明目张胆地反对党的领导、反对社会主义的观点，“在报刊上以及党内生活中，都很少有人挺身而出进行严肃的思想斗争。”可见，他说的不搞争论不是指在意识形态问题上、改革开放方向问题上不争论。在这些问题上，他不仅主张要坚决斗争，而且直接用过“争论”这个词。在八九风波后，他说：“某些人所谓的改革，应该换个名字，叫作自由化，即资本主义化。他们‘改革’的中心是资本主义化。我们讲的改革与他们不同，这个问题还要继续争论的。”当然，这里说的争论，与“文化大革命”中的大批判根本不同，是要摆事实、讲道理、以理服人的。但无论如何，不是“不争论”、不“交火”、高挂“免战牌”。江泽民说：“如果面对错误的思想政治观点，不闻不问，不批评，不斗争，听任他们去搞乱人们的思想，搞乱我们的意识形态，那是极其危险的，势必危害整个国家和社会的安定团结。”胡锦涛也说：“对错误的思想言论绝不能听之任之，对腐朽没落的思想文化绝不能任其泛滥。”可见，那种把南方谈话关于在改革开放具体举措问题上不搞争论的主张当作意识形态问题上“不争论”的方针，是对邓小平理论的误读，也是违背党中央一贯指示精神的。

第七，关于坚持党的基本路线与培养接班人的关系。

“正确的政治路线要靠正确的组织路线来保证”，这是我党的一条重要经验，也是党的建设的一个基本观点。邓小平在南方谈话中重申了这个观点，并且旗帜鲜明地提出：“中国的事情能不能办好，社会主义和改革开放能不能坚持，经济能不能快一点发展起来，国家能不能长治久安，从一定意义上说，关键在人。”“中国要出问题，还是出在共产党内部。”因此，“关键是我们共产党内部要搞好，不出事”。他的这一论断，不仅是从共产党实行民主集中制体制的实际出发而作出的，也是从苏东剧变和中国改革开放后两任总书记在“反对资产阶级自由化的问题上栽跟头”的教训中总结出来的。苏联作为一个成立70多年的社会主义大国，苏联共产党作为一个拥有80多年历史和1000多万党员的工人阶级政党，为什么会在一夜之间解体和下台？原因可以说出很多，但不可否认的是，苏共中央特别是主要领导人出问题，是其中最为关键的原因。根据《哥达纲领批判》的分析和社会主义运动的经验，社会主义是一种由资本主义向共产主义过渡形式的社会。因此，这个社会必然会始终存在向共产主义前进的力量和退回到资本主义的力量。前者力量大，社会主义制度就稳固；后者力量大，社会主义制度就可能被颠覆。在这两种力量较量中起决定作用的，只能是执政的共产党，特别是它的中央。邓小平在八九风波过后不久就说过：“中国问题的关键在于共产党要有一个好的政治局，特别是好的政治局常委会。只要这个环节不发生问题，中国就稳如泰山。""如果中央自己乱了阵脚，那就难说了。这是最关键的问题。"正是从这个认识出发，他在南方谈话中提出："要注意培养人，要按照'革命化、年轻化、知识化、专业化'的标准，选拔德才兼备的人进班子。"同时"要把我们的军队教育好，把我们的专政机构教育好，把共产党员教育好，把人民和青年教育好"。他告诫我们："党的基本路线要管一百年，要长治久安，就要靠这一条。真正关系到大局的是这个事。""十一届三中全会确立的这条中国的发展路线，是否能够坚持得住，要靠大家努力，特别是要教育后代。"他的这些论述，抓住了无产阶级政党和社会主义国家立于不败之地的根本，对于我们党经受住长期执政、市场经济和对外开放的考验，对于我们国家不改变颜色，都具有至关重要的意义。邓小平等老一代革命家相继辞世后，我们党之所以仍然能够带领人民从容应对一个又一个关系我国主权和安全的国际突发事件，战胜一个又一个政治和经济领域出现的风险，原因固然有很多，但关键原因就在于，党中央的领导权始终牢牢掌握在马克思主义者手里。只要有了这一条，加上把党员、人民、青年教育好，今后无论有什么样的风浪、风浪有多大，我们党都会带领人民不断把中国特色社会主义事业推向前进。

第八，关于社会主义道路的长期性、曲折性和社会主义代替资本主义的历史总趋势的关系。

南方谈话有一个十分鲜明的特点，就是通篇既对社会主义道路的长期性、曲折性保持清醒，又对这条道路的最后胜利充满自信；不仅强调社会主义国家遭遇挫折是难以完全避免的规律性现象，而且强调社会主义经过曲折必然代替资本主义是人类社会由低级向高级发展的根本规律。邓小平说："我们搞社会主义才几十年，还处在初级阶段。巩固和发展社会主义制度，还需要一个很长的历史阶段，需要我们几代人、十几代人，甚至几十代人坚持不懈地努力奋斗，决不能掉以轻心。"为什么需要这么长时间？除了我国人口多、底子薄、经济起点低、相对资源少，以及"搞社会主义才几十年，还处在初级阶段"等特殊原因外，他在这里还提到一个带有普遍性的原因，那就是"刚刚掌握政权的新兴阶级，一般来说，总是弱于敌对阶级的力量"。他这里所说的敌对阶级，不仅限于国内，而是把它放在整个国际大背景下来看的。当年列宁在分析无产阶级推翻资产阶级之后很长时期内依然比资产阶级弱一些的原因时就说过："因为资产阶级有很广泛的国际联系"，"在于国际资本的力量"，"在于它的各种国际联系牢固有力"。邓小平也说，我们平息八九风波之后，巴黎七国首脑会议"决定制裁中国，他们使用经济手段，也使用政治手段，如高级官员不接触"，"建国以后，我们处于被孤立、被封锁、被制裁的地位有几十年之久。"正是从这个事实出发，邓小平与那种"社会主义速胜论"的观点不同。他认为，社会主义要"经历一个长过程"，要经过"几代人、十几代人，甚至几十代人坚持不懈地努力奋斗"，而且"道路是曲折的"，"某种暂时复辟也是难以完全避免的"。但另一方面，他与那种"共产主义渺茫论"的观点也不同。首先，他认为正因为敌对阶级的力量在一段时间里比较强大，所以必须"依靠无产阶级专政保卫社会主义制度"。他指出："马克思说过，阶级斗争学说不是他的发明，真正的发明是关于无产阶级专政的理论。""运用人民民主专政的力量，巩固人民的政权，是正义的事情，没有什么输理的地方。"同时，他主张对西方国家的制裁、威胁不能示弱。他说："你越怕，越示弱，人家劲头就越大。并不因为你软了人家就对你好一些，反倒是你软了人家看不起你。"其次，他认为："一些国家出现严重曲折，社会主义好像被削弱了，但人民经受锻炼，从中吸收教训，将促使社会主义向着更加健康的方向发展。”再次，他认为：“封建社会代替奴隶社会，资本主义代替封建主义，社会主义经历一个长过程发展后必然代替资本主义。这是社会历史发展不可逆转的总趋势”。在谈话临近结尾时，他充满信心地指出：“马克思主义是打不倒的”，“因为马克思主义的真理颠扑不破”，“我坚信，世界上赞成马克思主义的人会多起来的，因为马克思主义是科学”，“不要认为马克思主义就消失了，没用了，失败了。哪有这回事！”读了这些话，让人不禁想起当年苏联解体之后，一些西方资产阶级学者欣喜若狂，马上断言“历史终结了”，“资本主义最终胜利了”。但曾几何时，社会主义中国的经济总量由世界第7位上升到第2位，而资本主义世界的金融危机却一再爆发，并且不断蔓延、日益加深；人们对资本主义制度的质疑声越来越大，而马克思、恩格斯的著作却在资本主义国家不断再版，成为热销书。所有这些，难道不正是对邓小平上述科学预言的最好注脚吗？

南方谈话发表至今，国际形势发生了广泛而深刻的变化，当代中国也发生了广泛而深刻的变革。20年来，以江泽民为核心的党的第三代中央领导集体和以胡锦涛为总书记的党中央，高举中国特色社会主义的伟大旗帜，面对新的实践，与时俱进，不断创新，在以邓小平为核心的党的第二代中央领导集体探索和回答什么是社会主义、怎样建设社会主义等重大理论和实际问题的基础上，又探索和回答了建设什么样的党、怎样建设党，实现什么样的发展、怎样发展等重大问题，相继提出了“三个代表”重要思想和科学发展观，进一步丰富了党的基本理论、基本路线、基本纲领、基本经验。特别是党的十七大以来，党中央对南方谈话的精神在继承的同时又有了许多新的发展。例如，提出坚持发展是硬道理的本质要求就是坚持科学发展；把文化繁荣发展作为坚持发展是硬道理的重要内容；更加注重以人为本，更加注重全面协调可持续发展，更加注重统筹兼顾；坚持稳中求进，保持经济平稳较快发展；把扩大内需的重点更多地放在保障和改善民生上来，等等。我们纪念南方谈话发表20周年，也应当在重温南方谈话的同时，深刻领会和认真贯彻党中央从新的实际出发而提出的一系列新方针、制定的一系列新政策、作出的一系列新决策。本文以为，这同样是对邓小平南方谈话的最好纪念。

（作者：中国社会科学院副院长兼当代中国研究所所长）

（选自《毛泽东邓小平理论研究》2012年第3期）

坚定中国特色社会主义的道路自信、理论自信、制度自信

包心鉴

党的十八大是在我国进入全面建设小康社会决定性阶段召开的一次十分重要的大会。胡锦涛在党的十八大上，高举中国特色社会主义伟大旗帜，站在新的历史起点和时代高度上，深刻阐述了中国特色社会主义的一系列重大理论与实际问题，为加快全面建成小康社会、实现中华民族伟大复兴进一步指明了方向。党的十八大报告是一篇马克思主义中国化的重要文献，是进一步开创中国特色社会主义新局面的政治宣言和行动纲领。在系统论述中国特色社会主义道路、中国特色社会主义理论体系、中国特色社会主义制度的科学内涵和本质特征的基础上，党的十八大报告强调，我们一定要毫不动摇坚持、与时俱进发展中国特色社会主义，要坚定中国特色社会主义的道路自信、理论自信、制度自信。这是党的十八大精神的核心与灵魂，是贯彻落实党的十八大提出的各项任务的重中之重和根本保证。

一、坚定道路自信：深刻认识和自觉把握中国特色社会主义道路的内涵与实质

民族的复兴和人民美好生活的实现，关键在于道路的正确选择。中国人曾经面临着走什么样道路的痛苦选择：要么照搬英、美模式，走资本扩张的西方现代化道路；要么照搬苏联模式，走高度集权的东方现代化道路；要么与资本主义世界完全对立，走自我封闭的所谓现代化道路。如此种种探索、试验，最终无不归于失败，唯有中国共产党带领全国各族人民在实践中探索出的中国特色社会主义道路，才使中国真正走上了富强民主文明和谐的现代化征途。实践充分证明，中国特色社会主义道路，是实现社会主义现代化的必由之路，是创造人民美好生活的必由之路。改革开放30多年来，我国社会主义现代化建设之所以取得举世瞩目的成就，人民生活水平之所以不断提升，关键就在于我们党高举中国特色社会主义伟大旗帜，既不走封闭僵化的老路，也不走改旗易帜的邪路，而是在人民群众伟大实践中不断开创中国特色社会主义的新路。正如党的十八大报告深刻指出的："道路关乎党的命脉，关乎国家前途、民族命运、人民幸福。"在新的历史征途中，我们一定要进一步坚定道路自信，坚持和发展中国特色社会主义道路不动摇。

（一）坚定道路自信，就要进一步认识和把握中国特色社会主义道路的根本方向

道路的拓展，首先有一个方向选择的问题。方向正确，坦途一片；方向扭曲，荆棘丛生。中国特色社会主义道路的选择，是以重新恢复

和确立党的实事求是思想路线为前提和起点的。这种恢复和确立，不是对历史的简单重复，而是具有鲜明的时代色彩和创新特色，即将解放思想同实事求是融为一体，创造性地校准了从中国实际出发实现马克思主义基本原理同中国实际相结合这一根本方向。

20世纪50年代，我们党在实践中逐渐发现苏联模式的弊端。为此，毛泽东明确提出，搞社会主义不一定全照搬苏联那套公式，不能教条主义地学习苏联经验。在这一正确思想指导下，我们党对社会主义建设道路进行了初步探索，形成了正确的指导方针。可惜这一探索未能长期坚持下去，20世纪50年代后期即开始出现严重失误，以致逐步形成严重背离社会主义本质的“左”的理论和“左”的路线，最终导致“文化大革命”的发生。这一挫折的产生有多方面原因，其中一个根本原因，是没有选择好马克思主义基本原理同中国实际相结合的逻辑起点和根本方向。由此产生的关于社会主义的理念期待和现实状况之间的强烈反差，导致了脱离具体现实条件来加快社会主义进程的路线和政策的产生，甚至使人们在什么是社会主义、怎样建设社会主义这一根本问题上陷入了困惑。

总结历史教训，邓小平提出一个重要思想：要重新恢复党的实事求是思想路线，因为要解决好走什么样现代化道路的问题，首先必须解放思想，打破僵化观念的束缚和固定模式的羁绊，一切从实际出发，根据中国的实际建设社会主义。

正是由于突破了一切僵化观念和固定模式的束缚，坚持把实践作为结合的逻辑起点，我们党对世界格局新变化作出了正确判断，得出了和平与发展是当今时代主题的科学结论；对我国社会主义所处历史方位作出了正确判断，得出了我国还处于并将长期处于社会主义初级阶段的科学结论。这两个正确判断、两个科学结论，成为选择中国特色社会主义道路的两大理论基石。实践表明，中国特色社会主义道路之所以完全正确，之所以充满活力，之所以能够引领中国发展进步，关键就在于一切从实际出发，既坚持了科学社会主义的基本原则，又根据和平与发展的时代主题和处于社会主义初级阶段的实际，赋予其鲜明的时代特征和中国特色。

（二）坚定道路自信，就要进一步认识和把握中国特色社会主义道路的主题和目标

在对中国道路的思考与探索中，邓小平提出了中国式的现代化的重大思想。他在改革开放初期就明确指出：“过去搞民主革命，要适合中国情况，走毛泽东同志开辟的农村包围城市的道路。现在搞建设，也要适合中国情况，走出一条中国式的现代化道路。”中国式的现代化，既是中国特色社会主义道路的主题，又是中国特色社会主义道路的目标。

在中国式的现代化的整体架构和发展过程中，全面建设小康社会是一个具有特殊意义的发展阶段。

经过邓小平反复思考并通过党中央领导集体反复论证，“三步走”发展战略得以形成，中国式的现代化的宏伟蓝图得以展示，中华民族走向伟大复兴的雄心壮志得以体现。2002年11月召开的党的十六大，在实事求是地分析我国小康水平现状的基础上，明确提出了一个重大战略目标，这就是在本世纪头20年，集中力量，全面建设惠及十几亿人口的更高水平的小康社会。全面建设小康社会，是对邓小平“三步走”战略的丰富和发展，把中国式的现代化的特有内涵和实现步骤进一步科学化和具体化了。2007年10月召开的党的十七大，深入分析了

我国现代化建设面临的新形势，明确提出了今后5年是全面建设小康社会的关键时期，进一步揭示了全面建设小康社会在中华民族走向伟大复兴过程中的历史方位和重大意义。

党的十八大报告在深入总结过去5年全面建设小康社会的成就与经验、深入分析当前国际国内大势的基础上，明确提出了确保到2020年实现全面建成小康社会的宏伟目标。从全面建设到全面建成，一字之改，不仅深刻表达了我们党在坚持中国特色社会主义道路方面的坚定与自信，而且深刻反映了中国特色社会主义道路在实践中不断拓展的程度与深度。全面建成小康社会的奋斗目标，赋予了中国特色社会主义道路更加深刻的内涵和更加艰巨的任务。

（三）坚定道路自信，就要进一步认识和把握中国特色社会主义道路的科学内涵

党的十八大报告明确指出："中国特色社会主义道路，就是在中国共产党领导下，立足基本国情，以经济建设为中心，坚持四项基本原则，坚持改革开放，解放和发展社会生产力，建设社会主义市场经济、社会主义民主政治、社会主义先进文化、社会主义和谐社会、社会主义生态文明，促进人的全面发展，逐步实现全体人民共同富裕，建设富强民主文明和谐的社会主义现代化国家。"中国特色社会主义道路包括：中国特色社会主义经济建设道路，就是在坚持社会主义条件下发展市场经济，不断解放和发展生产力，其科学内涵和基本特征是，坚持公有制为主体，多种所有制经济共同发展；中国特色社会主义政治建设道路，就是在坚持中国共产党领导下更好地保障和发展人民民主权利，其科学内涵和基本特征是，坚持共产党领导、人民当家做主、依法治国的有机统一；中国特色社会主义文化建设道路，就是在坚持马克思主义指导的前提下发展社会主义先进文化，其科学内涵和基本特征是，发展面向现代化、面向世界、面向未来，民族的科学的大众的社会主义文化；中国特色社会主义社会建设道路，就是在坚持以人为本这一本质和核心的基础上实现社会和谐发展，其科学内涵和基本特征是，坚持民主法治、公平正义、诚信友爱、充满活力、安定有序、人与自然和谐相处；中国特色社会主义生态建设道路，就是在尊重自然、顺应自然、保护自然的理念指导下建设社会主义生态文明，其科学内涵和基本特征是，着力建设资源节约型和环境友好型社会，努力建设美丽中国，实现中华民族永续发展。总之，中国特色社会主义道路，是关于中国社会全面变革和全面发展的道路，是经济、政治、文化、社会、生态全面推进和有机统一的道路。中国特色社会主义经济、政治、文化、社会、生态五大方面建设相互协调、整体推进，使中国特色社会主义道路越走越宽广。

二、坚定理论自信：深刻认识和自觉把握中国特色社会主义理论体系的逻辑与特点

在马克思主义面临严峻挑战的新的历史条件下，中国共产党人高举中国特色社会主义伟大旗帜，以巨大的理论勇气和创新精神，在改革开放实践中逐步创立了中国特色社会主义理论体系，为在新的历史条件下坚持和发展马克思主义作出了历史性的巨大贡献。党的十八大报告进一步强调："中国特色社会主义理论体系，就是包括邓小平理论、'三个代表'重要思想、科学发展观在内的科学理论体系，是对马克思列宁主义、毛泽东思想的坚持和发展。"这一论断，进一步界定了中国特色社会主义理论体系的科学内涵和内在逻辑。理论与实践表明，坚定中国特色社会主义的理论自信，必须进一步深刻认识与把握中国特色社会主义理论体系

与改革开放之间的关系、与毛泽东思想之间的关系以及这一理论体系组成部分之间的关系。

第一，中国特色社会主义理论体系，立足当代中国改革开放的实践，创造性地回答了什么是社会主义、怎样建设社会主义等重大理论问题。

早在改革开放之初，邓小平就尖锐地指出："多年来，存在一个对马克思主义、社会主义的理解问题……世界形势日新月异，特别是现代科学技术发展很快。现在的一年抵得上过去古老社会几十年、上百年甚至更长的时间。不以新的思想、观点去继承、发展马克思主义，不是真正的马克思主义者。"正是由于摒弃了从"本本"出发来理解和坚持社会主义的思想方法和思维定式，着眼于时代变化和现实国情来理解和坚持社会主义，我们党才在改革开放实践中逐步形成了关于中国特色社会主义的新理念、新论断、新思想，不断探索和回答了什么是社会主义、怎样建设社会主义，建设什么样的党、怎样建设党，实现什么样的发展、怎样发展等重大理论和实际问题，不断深化了对共产党执政规律、社会主义建设规律和人类社会发展规律的认识。正是在这样一种理论与实践相统一的历史进程中，我们党创立并不断完善了中国特色社会主义理论体系。以邓小平为核心的党的第二代中央领导集体，在发动、领导和推进改革开放的过程中，明确提出并不懈探索什么是社会主义、怎样建设社会主义这一根本问题，同时明确提出执政党应该是一个什么样的党的重大课题，实施党的建设新的伟大工程，形成了紧密结合中国实际坚持和发展马克思主义的邓小平理论。以江泽民为核心的党的第三代中央领导集体，紧密结合进入21世纪世界格局的新变化和中国特色社会主义面临的新问题，在进一步探索和回答什么是社会主义、怎样建设社会主义这一根本问题的过程中，创造性地提出和回答了建设什么样的党、怎样建设党的重大课题，形成了"三个代表"重要思想。党的十六大以来，以胡锦涛为总书记的党中央，在进一步推进改革开放和经济社会发展实践中形成了科学发展观。科学发展观在邓小平理论和"三个代表"重要思想的基础上，不仅进一步探索和回答了什么是社会主义、怎样建设社会主义，建设什么样的党、怎样建设党等重大课题，而且创造性地提出和回答了实现什么样的发展、怎样发展的重大课题。三大重大课题、三大基本规律、三大理论成果，相互联系，融为一体，共同构成马克思主义中国化新飞跃的伟大成果——中国特色社会主义理论体系。

第二，中国特色社会主义理论体系，既继承了毛泽东思想又超越了毛泽东思想，把马克思主义中国化推向一个新的发展阶段。

马克思主义中国化，是随着时代的变化和实践的发展而阶段式向前推进的过程。马克思主义中国化的两次历史性飞跃，鲜明地体现了马克思主义中国化的本质与规律。第一次历史性飞跃，主要是在帝国主义战争和无产阶级革命深入发展的时代条件下进行的。这次飞跃，解决的是在半殖民地半封建的中国进行什么样的革命、怎样进行革命这一根本问题，成功开辟了一条中国特色新民主主义革命道路，初步探索了社会主义建设道路。这次历史性飞跃，形成了毛泽东思想这一伟大成果。第二次历史性飞跃，是在世界格局发生重大变化，和平与发展的时代主题日渐形成并深入发展的时代条件下进行的。这次飞跃，解决的是在社会主义初级阶段的中国建设什么样的社会主义、怎样建设社会主义，建设什么样的党、怎样建设党，实现什么样的发展、怎样发展等重大理论和实际问题，成功开辟了一条中国特色社会主义建设道路。这次历史性飞跃，形成了中国特色社会主义理论体系。由两次历史性飞跃相互之间的逻辑关系，不难得出这样的结论：毛泽东思想为中国特色社会主义道路的开拓和理论体系的形成奠定了思想理论基础。中国特色社会主义理论体系，是在改革开放新时期形成并不断丰富和完善的，把马克思主义中国化推向了一个新的发展阶段。

第三，中国特色社会主义理论体系，随着实践的变化而不断丰富和完善，其发展是一个与时俱进的理论创新过程。

邓小平理论、“三个代表”重要思想和科学发展观，既一脉相承，又与时俱进，形成了关于中国特色社会主义比较完整的思想理论。这就是理论创新和发展的普遍性。而在不同的时代条件下，这三大阶段性成果在同一主题下又具有不尽相同的历史地位，呈现出不尽相同的理论特色和时代价值。这就是理论创新和发展的特殊性。我们既要深刻认识和把握理论创新和发展的普遍性，又要深刻认识和把握理论创新和发展的特殊性。因为只有准确地把握各个发展阶段理论成果的特殊性，才能更深刻地理解中国特色社会主义理论体系的科学内涵和时代价值。

邓小平理论，是中国特色社会主义理论体系基础性、架构性组成部分。这主要表现在：奠定了中国特色社会主义发展的理论基石，即创造性地提出了和平与发展时代主题论和社会主义初级阶段论；揭示了中国特色社会主义发展的基本规律，即明确提出了社会主义本质论、社会主义发展战略论、社会主义改革动力论、社会主义市场经济论、社会主义民主法制论、社会主义精神文明论等一系列带有规律性的基本理论；确立了中国特色社会主义发展的科学方法，主要包括把一切从实际出发作为实现马克思主义基本原理同中国实际相结合的逻辑起点，把解放思想与实事求是有机统一起来作为中国特色社会主义的重要法宝，把人民满意、人民答应、人民放心作为制定一切路线方针政策的根本出发点和根本标准。邓小平理论的丰富内涵和创造性贡献，对于中国特色社会主义理论体系的形成、完善和拓展，具有根本性、长远性的奠基作用与支撑作用。

“三个代表”重要思想，是中国特色社会主义理论体系开创性组成部分。这主要表现在：密切适应经济全球化、政治多极化、文化多元化、科技信息化的发展潮流，密切适应国内经济、政治、文化体制改革深入推进的发展趋势，把始终代表先进生产力的发展要求、始终代表先进文化的前进方向、始终代表最广大人民的根本利益作为党的先进性和中国特色社会主义生命力的根本体现，作为加强党的建设和推进经济社会发展的根本出发点，从而进一步拓宽了中国特色社会主义的世界视野，启发和引导人们在更加适应共产党执政规律、社会主义建设规律和人类社会发展规律的基础上进一步推进中国特色社会主义伟大事业。

科学发展观，是中国特色社会主义理论体系最新成果，在丰富与完善中国特色社会主义理论体系方面作出了重大贡献。科学发展观的理论创新意义突出表现在：既积极借鉴了当今世界各国科学的发展理念，顺应了时代发展潮流，又一切从中国实际出发，对中国特色社会主义发展规律作出了进一步科学揭示；既继承了马克思列宁主义、毛泽东思想关于发展的基本理论和邓小平理论、“三个代表”重要思想关于发展的基本思想，又结合新的时代特点和实践要求，进一步揭示了我国现代化发展的本质核心、价值目标和基本要求，进一步回答了为谁发展、靠谁发展、怎样发展等重大问题。科学发展观，是马克思主义同当代中国实际和时代特征相结合的产物，是马克思主义关于发展的世界观和方法论的集中体现，对新形势下实现什么样的发展、怎样发展等重大问题作出了新的科学回答，把我们对中国特色社会主义规律的认识提高到新的水平，开辟了当代中国马克思主义发展新境界，把马克思主义中国化进一步推向前进。

三、坚定制度自信：深刻认识和自觉把握中国特色社会主义制度的本质与规律

社会制度是社会发展的根本支撑。在社会主义面临严峻挑战和艰巨考验的复杂形势下，中国特色社会主义制度破茧而出、迎风傲立，在短短30多年的改革与发展中实现了逐步定型和自我完善，在剧烈的国际竞争和全球化大潮中显示了内在生命力和优越性，愈益成为令世界瞩目的充满生机与活力的先进社会制度。中国特色社会主义制度之所以能够成功，之所以具有巨大的优越性和推动力，根本原因在于这一社会制度本身蕴含着具有普遍意义的内在规律。

首先，坚持科学社会主义基本原则与一切从中国实际出发的有机统一。中国特色社会主义制度，是从中国实际出发对科学社会主义基本原则的最本质的坚持。科学社会主义基本原则有许多条，其中最重要的是两个方面：一是解放生产力，发展生产力；二是消除两极分化，实现共同富裕。正是在这两个最基本的方面，中国特色社会主义制度深刻地实现了理论与实践的结合、原则与现实的统一。其一，以解放生产力和发展生产力为基本出发点和根本任务。解放生产力，发展生产力，既是社会主义的本质，又是社会主义的根本任务，更是社会主义制度优越性的首要体现。正是在解放生产力和发展生产力这一基本点上，中国特色社会主义制度体现和实践了科学社会主义基本原则的基本要求。其二，以消除两极分化和实现共同富裕为根本价值目标。在不断解放和发展生产力的基础上逐步消灭剥削、消除两极分化，最终达到共同富裕，既是社会主义的价值目标，又是社会主义的本质要求，更是社会主义制度的价值所在。中国特色社会主义制度以实现全体社会成员共同富裕为奋斗目标，深刻体现了科学社会主义基本原则的基本要求。科学社会主义基本原则是管长期的，具有普遍性；我国社会主义发展是分阶段的，具有特殊性。正是通过中国特色社会主义制度，我们党实现了坚持与实践科学社会主义基本原则的长期性与阶段性的有机统一、普遍性与特殊性的有机统一。

其次，坚持人民当家做主的制度本质与具有丰富内涵的制度特色的有机统一。人民民主是社会主义的本质，是中国共产党人始终高扬的光辉旗帜，更是党紧紧依靠人民在改革开放中创立中国特色社会主义制度的根本出发点和根本支撑。没有民主就没有中国特色社会主义，就没有中国特色社会主义现代化和中华民族伟大复兴。

人民当家做主作为中国特色社会主义制度的本质，包括以下科学内涵：其一，人民作为国家和社会主人的地位和权利的真正实现，为中国特色社会主义制度的形成奠定了根本基础；其二，广大人民积极性、主动性、创造性的充分发挥，是中国特色社会主义制度不断完善的主体依靠力量；其三，人民群众根本利益的维护与实现，是中国特色社会主义制度建设与发展的根本价值取向；其四，人民受惠不受惠、高兴不高兴、满意不满意，是衡量制度优劣的根本标准，是促进中国特色社会主义制度不断走向完善的根本动力。以上四点，在我国新时期改革开放进程中得到了比较完整的体现。

中国特色社会主义制度的本质是人民当家做主。这不是一句空话，而是通过与之相适应的一系列基本制度和具体制度来体现和实现的。党的十八大报告指出："中国特色社会主义制度，就是人民代表大会制度的根本政治制度，中国共产党领导的多党合作和政治协商制度、民族区域自治制度以及基层群众自治制度等基本政治制度，中国特色社会主义法律体系，公有制为主体、多种所有制经济共同发展的基本经济制度，以及建立在这些制度基础上的经济体制、政治体制、文化体制、社会体制等各项具体制度。"中国特色社会主义制度的丰富内涵，深刻体现了选举民主、协商民主、直接民主、经济民主以及党内民主等制度本质及其发展要求。坚定不移发展人民民主，切实保证广大人民民主权利的实现，是坚持与发展中国特色社会主义制度的本质要求和根本保证。

再次，坚持基本制度和基本要素的不变性与革除体制和制度弊端的可变性的有机统一。社会主义制度是一种不变与变辩证统一的过程。不变，是指决定社会主义本质与性质的基本制度不能变，决定社会主义前进方向和发展前途的基本要素不能变，否则，改变了基本制度，丢掉了基本要素，社会主义就失去了存在与发展的合理性，就有可能陷入困境甚至走向失败；变，是指在基本制度和基本要素不变的基础上，必须适应时代的新变化、实践的新发展和人民的新期待，不失时机地革除那些陈旧的体制和制度，改变那些落后的观念和做法，在变革之中求发展，在变革之中更好地坚持社会主义基本制度和基本要素。这种不变与变的辩证统一，是社会主义的内在要求，也是社会主义的活力所在。改革是社会主义制度的自我完善与发展，改革是为了更好地坚持和发展社会主义制度，改革的过程就是社会主义不变与变辩证统一的过程。中国特色社会主义制度，鲜明地体现了社会主义这种内在逻辑。

一方面，我们党明确指出，改革不是对原有制度和体制细枝末节的修补，而是一种革命性变革，是第二次革命；另一方面，我们党又明确强调，社会主义基本制度不可动摇，社会主义基本原则不能改变。正是这样不变与变有机统一的改革观，指引着人们在改革开放实践中逐步探索和形成了中国特色社会主义经济、政治、文化和社会制度。总之，我们党领导和推进改革开放的一个突出贡献在于，既坚持社会主义制度中最基本的方面不动摇，又对制约社会主义制度优越性的制度与体制弊端大刀阔斧地进行改革，同时大胆吸收和充分借鉴世界发达国家社会制度中的优秀成分，在对外开放中有力地促进了社会制度的完善与发展。中国特色社会主义制度之所以能够充满活力，之所以能够与时俱进，之所以能够在日趋激烈的国际竞争中愈益显示出强大竞争力，根本原因就在这里。

最后，坚持社会差距的客观性与实现社会公正的必然性的有机统一。在消灭剥削和社会差别的基础上实现社会公平与公正，是社会主义制度的鲜明特征和价值追求。然而，如何正确理解和实现社会主义制度的这种公平公正性，又是社会主义发展史上长期未能解决好的一个重大难题。或者照搬书本上的理论原则，单从美好愿望出发，企图在短时间内消灭社会差距，实现完全平等，最终陷入绝对平均主义和空想社会主义误区；或者无视社会差距的拉大和收入分配的不公，容忍非正常收入扩张，从而陷入两极分化陷阱。这两种倾向相互排斥，却殊途同归，最终都严重阻滞乃至破坏了社会生产力，严重制约了社会主义制度优越性的发挥。

正是在努力克服和有效预防以上两种倾向

的过程中，中国特色社会主义制度得以形成并逐步走向完善。改革开放实践使广大人民逐步认识到：社会主义的本质要求是实现社会公平与公正，然而我国还处在社会主义初级阶段，社会公平与公正的实现不是一蹴而就的，而是一个长期奋斗的过程。无视社会公平与公正，容忍社会差距不断拉大，不是真正的社会主义；不承认社会差距的客观存在，企图在短时间内实现完全公平与公正，那也不是真正的社会主义。中国特色社会主义制度，从社会主义初级阶段的社会实际出发，既顾及社会差距的客观性与现实性，把追求效率、提高效率放在重要位置，又顾及社会公平与公正的必然性和目标性，坚定不移地在发展中实现效率与公平的统一、差距与公正的统一。实践充分表明，坚持这种辩证统一，既是中国特色社会主义制度产生的现实依据，又是中国特色社会主义制度必须致力于完成的现实任务。

胡锦涛在党的十八大报告中深刻指出："中国特色社会主义道路，中国特色社会主义理论体系，中国特色社会主义制度，是党和人民九十多年奋斗、创造、积累的根本成就，必须倍加珍惜、始终坚持、不断发展。"只要我们进一步坚定道路自信、理论自信、制度自信，毫不动摇地坚持、与时俱进地发展中国特色社会主义，就一定能更好地造福于全国各族人民，顺利实现中华民族伟大复兴的目标！

（作者：山东大学博士研究生导师、中国科学社会主义学会副会长）

（选自《学习论坛》2012年第12期）

在新起点上坚持和发展中国特色社会主义

中国社会科学院中国特色社会主义理论体系研究中心

党的十八大强调高举中国特色社会主义伟大旗帜，号召全党不懈探索和把握中国特色社会主义规律，奋力开拓中国特色社会主义更为广阔的发展前景。实践充分证明，中国特色社会主义是当代中国发展进步的根本方向，只有中国特色社会主义才能发展中国。深入学习和贯彻落实党的十八大精神，要求我们深入把握在新的历史起点上坚持和发展中国特色社会主义的重大意义、主要任务和基本要求。

坚持中国特色社会主义旗帜、道路、理论体系、制度的有机统一

经过改革开放30多年理论和实践探索，我们党对中国特色社会主义科学内涵的认识不断深化，对中国特色社会主义规律的把握日益深刻。党的十八大报告明确提出，在改革开放30多年一以贯之的接力探索中，我们坚定不移高举中国特色社会主义伟大旗帜，既不走封闭僵化的老路、也不走改旗易帜的邪路。中国特色社会主义道路，中国特色社会主义理论体系，中国特色社会主义制度，是党和人民90多年奋斗、创造、积累的根本成就，必须倍加珍惜、始终坚持、不断发展。

在新的历史起点上坚持和发展中国特色社会主义，必须坚持"旗帜、道路、理论体系、制度"的有机统一，深入把握四者的丰富内涵及内在联系。"旗帜、道路、理论体系、制度"是紧密相联、相互依存、不可分割的统一体。一方面，旗帜是管总的，规定了道路、理论体系、制度的性质和方向，并通过它们来体现和发挥引领作用；旗帜是全党全国人民的共同信仰、共同理想、共同目标的集中表达，中国特色社会主义伟大旗帜是当代中国发展进步的旗帜，是全党全国各族人民团结奋斗的旗帜。另一方面，道路、理论体系、制度是旗帜的支撑和载体：道路是实现途径，理论体系是行动指南，制度是根本保障。中国特色社会主义道路是实现社会主义现代化和创造人民美好生活的必由之路，中国特色社会主义理论体系是指导全党全国各族人民沿着中国特色社会主义道路实现中华民族伟大复兴的科学理论，中国特色社会主义制度是当代中国发展进步的根本制度保障。举什么旗、走什么路、以什么样的理论为指导、建设什么样的制度，构成了中国特色社会主义的主要内容，共同统一于中国特色社会主义伟大实践。

不断丰富中国特色社会主义的实践特色、理论特色、民族特色、时代特色

党的十八大报告指出，我们一定要毫不动

摇坚持、与时俱进发展中国特色社会主义，不断丰富中国特色社会主义的实践特色、理论特色、民族特色、时代特色。这四个特色相辅相成、紧密相连，既阐明了中国特色社会主义的基本特征，又指明了坚持和发展中国特色社会主义的根本途径。

不断丰富中国特色社会主义的实践特色，是坚持马克思主义实践观的必然要求，是一切从实际出发，积极解决改革发展中的问题的必然要求。实践的观点是马克思主义首要的基本观点。马克思主义认为，理论源于实践、指导实践，并接受实践的检验。改革开放和社会主义现代化建设的伟大实践为中国特色社会主义奠定了深厚的实践基础，并赋予其鲜明的实践品格。不断丰富中国特色社会主义的实践特色，就是要从丰富多彩的实践中、从人民群众的伟大创造中汲取营养，同时结合新的实践，在回答和解决实际问题中推动实践基础上的理论创新，始终保持中国特色社会主义的生机和活力。

不断丰富中国特色社会主义的理论特色，是坚持马克思主义科学性的必然要求，是进一步深化对中国特色社会主义规律认识的必然要求。伟大的实践孕育科学的理论，科学的理论又有力地指导伟大的实践。随着中国特色社会主义实践的不断发展，我们党的理论创新步伐不断加快。30多年来，我们党先后形成了邓小平理论、“三个代表”重要思想、科学发展观。不断丰富中国特色社会主义的理论特色，就是要继续丰富和发展中国特色社会主义理论体系，进一步深化对共产党执政规律、社会主义建设规律、人类社会发展规律的认识。

不断丰富中国特色社会主义的民族特色，是坚持马克思主义普遍性和特殊性相统一的必然要求，是深入推进马克思主义中国化的必然要求。马克思主义认为，社会主义在内容上是国际的，在实践形式上则是民族的，每个国家和民族实现社会主义的具体途径是千差万别的。改革开放以来，我们坚持中国特色社会主义道路，最根本的就是从自己的历史传统和现实国情出发，从我国所处的发展阶段出发，从本民族的实际特点和需要出发，独立自主地进行创造性实践，成功走出一条既不同于西方模式又不同于苏联模式的“中国道路”，赋予中国特色社会主义鲜明的民族特色。不断丰富中国特色社会主义的民族特色，就是要深入推进马克思主义中国化，将科学社会主义基本原则与民族特点、民族需要、民族精神、民族传统、民族风格有机结合，熔铸到实现中华民族伟大复兴的事业中。

不断丰富中国特色社会主义的时代特色，是坚持马克思主义与时俱进理论品格的必然要求，是中国特色社会主义始终保持生机活力的必然要求。马克思、恩格斯曾经说过，一切划时代的体系的真正的内容都是由于产生这些体系的那个时期的需要而形成起来的。时代在变化，实践在前进，对不断发展变化的时代和实践作出科学准确的判断和分析，使理论符合实际并指导新的实践，是时代赋予当代中国马克思主义的使命和责任。新世纪新阶段，我们党站在时代发展前列，把握时代发展脉搏和主题，认真研究和回答时代课题，形成了一系列重大战略思想和举措，强调坚持以人为本、全面协调可持续发展，提出构建社会主义和谐社会、加快生态文明建设，形成中国特色社会主义事业总体布局，着力保障和改善民生，促进社会公平正义，推动建设和谐世界，推进党的执政能力建设和先进性建设。不断丰富中国特色社会主义的时代特色，就是要继续坚持解放思想、实事求是、与时俱进、求真务实，紧跟时代步伐，不断赋予中国特色社会主义鲜活的时代内容。

大力推进中国特色社会主义实践创新、理论创新、制度创新

在新的历史起点上坚持和发展中国特色社会主义，最根本的就是高举中国特色社会主义伟大旗帜，按照党的十八大提出的建设中国特色社会主义的总依据、总布局、总任务和八项基本要求，坚持和拓展中国特色社会主义道路，坚持和丰富中国特色社会主义理论体系，坚持和完善中国特色社会主义制度，不断坚定道路自信、理论自信、制度自信，不断推进中国特色社会主义实践创新、理论创新、制度创新。

坚持和拓展中国特色社会主义道路，不断推进实践创新。始终坚持党的基本路线不动摇，既不走封闭僵化的老路，也不走改旗易帜的邪路，毫不动摇走党和人民在长期实践中开辟的正确道路。应根据实践发展的要求，不断开拓中国特色社会主义各领域、各方面的具体发展道路，如中国特色自主创新道路、新型工业化道路、农业现代化道路，中国特色社会主义政治发展道路、文化发展道路、社会发展道路、生态文明建设道路，中国特色社会主义和平发展道路等。这些具体道路都需要我们在新的实践中继续探索和发展，从而从整体上不断丰富和发展中国特色社会主义道路的内涵。

坚持和丰富中国特色社会主义理论体系，不断推进理论创新。中国特色社会主义理论体系是改革开放历史新时期我们党形成的理论创新成果，是当代中国的马克思主义。中国特色社会主义理论体系是不断发展的开放的理论体系，具有与时俱进的理论品格。这就要求我们根据实践发展的新要求、新经验，深入研究中国特色社会主义的思想路线、发展道路、发展阶段、发展战略、根本任务、发展动力、依靠力量、国际战略、领导力量和根本目的等重大问题，不断拓展和完善中国特色社会主义经济建设、政治建设、文化建设、社会建设、生态文明建设的总体布局，深入研究并科学回答经济社会发展中的一系列重大理论和实际问题，及时总结党领导人民创造的新鲜经验，不断作出新的理论概括，永葆科学理论的旺盛生命力。科学发展观是中国特色社会主义理论体系最新成果，深入贯彻落实科学发展观，对坚持和发展中国特色社会主义具有重大现实意义和深远历史意义。

坚持和完善中国特色社会主义制度，不断推动制度创新。中国特色社会主义制度是当代中国发展进步的根本制度保障，集中体现了中国特色社会主义的特点和优势，必须毫不动摇地坚持。我们决不盲目照搬西方的经济和政治制度，也决不僵化固守不适应发展要求的一些具体制度，而是在坚持中国特色社会主义制度的前提下，以解放思想为重要法宝，以改革开放为强大动力，不断促进社会主义制度的自我完善和发展。应根据新形势新任务对制度建设提出的新要求，深化经济体制、政治体制、文化体制、社会体制以及其他各方面体制改革，不断在制度建设和创新方面迈出新步伐，积极构建系统完备、科学规范、运行有效的制度体系，促进生产关系与生产力、上层建筑与经济基础相协调，不断丰富中国特色社会主义制度的内涵，不断增强中国特色社会主义的制度优势。

（执笔：姜辉）

（选自《人民日报》2012 年 12 月 14 日）

中国特色社会主义建设实践的发展趋向

韩庆祥　张 健

中国特色社会主义正处在发展的路途中。那么，它在今后发展过程中需要解决的根本问题是什么？发展趋向是什么？中国共产党人在其中的责任与使命是什么？人民群众有什么新期待？在中国特色社会主义进一步发展的进程中，中国共产党人的重要责任和使命，是要进一步补充、丰富和完善中国特色社会主义道路和中国特色社会主义理论体系，是通过实践创新来真正深入贯彻落实中国特色社会主义建设所取得的理论成果；人民群众的新期待，就是由理论创新进一步走向实践创新，真正把中国特色社会主义理论体系的最新成果切实付诸实践行动。要言之，就是更加注重执政为民方面的实践创新。基于这种实践创新，中国特色社会主义进一步发展的趋向就是：调整结构→改革体制→转变方式→建构秩序。

一、整体结构的战略性调整

所谓“调整结构”，指的是整体结构的战略性调整,既包括权力结构调整,也包括经济结构、政治结构、文化结构和社会结构的调整。结构调整影响着中国特色社会主义的发展趋向。

改革开放 30 多年使我国取得巨大成就，但同时也存在大量问题。改革，包括政治体制改革取得许多成果，但今天却遇到了“难啃的硬骨头”;起初推行的改革，问题明晰，目标明确，标准具体，动力很足，而当今我们改革的动力显得不足，缺乏“顶层设计”；当今我国的社会结构发生了很大变化，但人们对社会结构的变化缺乏全面深入的认识、分析和理解；中国共产党人提出了许多先进理念，但在实践中却阻力重重。由此，在对改革开放进行清理总结中，下述一些根本问题就呈现在我们面前：中国存在的问题究竟是什么性质的问题，是怎样产生的？体制改革、包括政治体制改革的深层障碍究竟在哪里，应从哪里寻求改革、尤其是政治体制改革的切实有效的突破口？怎样全面深入解释并积极主动推动我国社会结构的转型？中国共产党人提出的先进理念为什么在实践层面遇到了“肠梗阻”？弄清这些问题，有利于回答中国特色社会主义建设“向何处去”的问题。

任何国家都有自己的问题，我们需要追问的是属于中国特有、普遍存在、根深蒂固、影响中国长远发展命运的根本性问题。人们常常认为，中国存在的问题是体制性问题，即是由体制产生的。这在一定意义上是正确的。但进一步追问就会看到：体制是由结构决定的，归根到底，许多问题是由结构产生的，是结构性问题，即是由传统的“社会层级结构”及其蕴涵的权力结构和权力运作方式产生的。所谓社会层级结构，本意是指在传统政治国家领域中依据权力至上与权力大小而形成的权力级别阶梯和权力层级结构，后被延伸为在经济、社会和文化领域根据人和人之间之权力大小、地位高低、身份有别而建立的层级关系结构。这种传统的社会层级结构之核心是权力层级结构。这种权力结构具体体现为：以权力为本且政治权力较大，经济权力、社会权力较小，因而总体上属于"金字塔式"的权力层级结构。这种传统的社会层级结构注重的是权力层级以及地位层级、身份层级和关系层级。考察一个社会，最基本的方法论，是从"结构—体制—文化"三维入手。马克思考察、理解社会的一个根本视角是社会结构。在马克思看来，资本主义社会的运作体制和机制是由资本主义的社会结构决定的。就是说，有什么样的社会结构，往往会有什么样的社会运作体制，有什么样的社会运作体制，往往会有什么样的文化。中国尤其如此。从根本上说，中国民众的文化取向中有一种"官本位"，这种"官本位"与政府一元主导体制有关，而说到底，这种体制与政治权力至上而经济权力和社会权力较小的"金字塔型"的权力结构有关。由此，结构问题不解决，体制和文化问题也解决不了。

改革开放初期，我们十分注重文化观念变革；后来，进一步深入体制层面，进行体制改革。当今我们的改革主要是在体制层面进行的，如经济体制、政治体制、文化体制和社会管理体制的改革。应当说这是一种进步。然而，目前的问题是：体制改革已出现难以深入下去的迹象；社会中存在的许多问题通过体制改革依然未能解决。这究竟为什么？我们认为，其根本原因在于人们未能认识到中国传统"社会层级结构"这一比体制更为深层、更为根本的问题，也未能自觉主动地推进结构性调整。实际上，当今中国存在的许多问题、包括体制问题的世俗基础和根源，主要是中国传统社会形成并作为残余遗留下来的权力至上、自上而下的、逐级管制的传统"社会层级结构"及其权力运作方式。由此，当今中国应把体制改革进一步引申到结构调整（一定意义上也可称之为结构改革）上来。

基于上述分析，所谓结构调整（改革）具有两个层面的内容：一是权力结构；二是经济结构、政治结构、文化结构和社会结构。就权力结构来说，就是从市场经济、公民社会、公共服务型政府三方面同步进行调整，并按照相互制约、相互协调、相辅相成的目标要求进行调整；经济体制改革的目标是建立社会主义市场经济体制，市场经济主要解决财富问题，市场经济体制建设，既为公民社会培育和公共服务型政府建设提出适合自身发展的要求，也为培育公民社会和建设公共服务型政府提供物质基础；社会建设的目标是培育成熟的公民社会，公民社会主要解决公民的民主参与问题，培育公民社会，既向市场经济体制建设和公共服务型政府建设提出有利于自身发展的要求，避免权力霸权和资本霸权，也为市场经济体制建设和公共服务型政府建设提供健全的人格基础；政府自身改革的目标是建立公共服务型政府，公共服务型政府主要解决如何公正运用公共权力为市场经济体制建设和公民社会培育提供公共服务的问题，建设公共服务型政府，既向市场经济体制建设和公民社会建设提出有利于自身发展的要求，也为市场经济体制建设和公民社会建设提供良好的政治环境。显然，在今天，仅单方面进行经济体制改革、政治体制改革、文化体制改革和社会管理体制改革等体制性改革是不够的，应将体制改革进一步深入到结构性改革，既要改造传统的社会层级结构及其权力运作体制，又要从市场经济、公民社会和公共服务型政府三维制约、互相协调、相辅相成的视野来推进结构性改革。结构性改革不进行，单方面的改革难以深入，也难以取得实效。就经济结构、政治结构、文化结构和社会结构的调整而言，经济结构调整主要包括经济增长的要素结构、产业结构、投资结构、分配结构的调整；政治结构调整主要包括权力结构的调整；文化结构调整主要指调整好主旋律与多样化的关系结构；社会结构调整主要指对政府组织与社会组织之关系结构的调整。

二、推进政府行政体制改革

中国共产党人一贯倡导执政为民，问题的关键是执政为民的体制保障、尤其是政府行政体制保障不到位。为此，必须推进政府行政体制改革。

当今理论界围绕“政府与民众的关系”开出了一些大同小异的有价值的“药方”，但都没有抓住问题的根本——体制背后的社会结构。前有所述，马克思的唯物史观运用“结构方法”分析社会历史对我们有启示意义。按照马克思的社会结构理论，社会结构是由经济、政治和文化等因素构成的，社会结构状况影响着社会发展和人的发展状况，其中经济因素起最终决定作用。这反映的主要是近代欧洲的社会结构状况。受此启发，要从根本上真正解决政府行政体制改革问题，就需要为大家提供一种哲学分析框架：从体制走向社会结构。中国传统的社会结构与近代西欧的社会结构不同，如前所述，中国历史形成并遗留下来的传统社会结构是社会层级结构。这种社会层级结构使我国传统政府行政体制具有下述特征，就是政府主导、权力至上、自上而下、逐级管制。这种体制有其存在的历史必然性与合理性，政府不仅在推动我国经济社会发展中具有“火车头”的带动作用，而且如果决策正确，可举全国之力办大事，还可控制社会矛盾，所以不能完全否定，在我国现有条件下，它依然要发挥重要作用。辩证地看，这种体制也有一定历史局限性，它注重政府的主导作用而人民群众的主体作用未充分发挥出来；它注重权力而非能力；它自上而下有余而民众表达权益不足；它重行政权力管制而轻公共服务。

应根据我国社会结构变化的新趋势，着重在市场经济、公民社会、公共服务型政府相互制约、相互作用的框架内，逐步推进政府行政体制改革。其完整思路及逻辑是：（1）通过推进领域分开，解决政府的定位问题。在什么位谋什么政。要通过“政企分开”、“政社分开”，来避免政府的越位、缺位、错位。（2）解决政府应干什么的问题，这就要转变政府职能。应在政府与市场经济、公民社会的互动关系中确定政府职能，由管制型政府逐渐转向公共服务型政府，政府为市场提供公平竞争环境并加强市场监管，为社会提供公共服务并加强社会管理，为自身配置和调节公共资源（产品）制定规则并教育群众。（3）解决政府自身怎样干的问题，这就要创新管理方式。就是由行政审批和行政命令走向依法行政、靠制度行政和凭能力行政。（4）因社会结构的变化，公民参与日趋增强，所以还要解决在政府与公民的关系中政府怎样干的问题，这就要鼓励公民参与。就是扩大公民有序政治参与，政府与民众协商合作共同管理国家事务和社会事务，民众通过社会组织等渠道向政府合理合法表达诉求，参与监督。（5）解决如何保证政府顺利有效履行职责的问题，就是要加强行政问责，健全决策失误纠错机制和责任追究制度。政府责任是弥补制度缺位的最好良方。显然，这种行政体制既注重政府主导与民众参与相结合、政府权力管制与政府凭能力为民众提供公共服务相结合、自上而下与自下而上相结合，又注重政府与经济、社会的相互协调、相互推动。

三、加快经济发展方式转变

加快经济发展方式转变是当今中国经济社会进一步升级发展的必然要求。改革开放初期，由于必须解决物质财富积累、物质生活水平提高的问题，所以不少地方主要通过“物”的路径来拉动经济增长：消耗自然资源；开办一些高投入、高消耗、高污染的生产性企业；注重物质资本投资；依靠廉价的劳动力“成本”。历史地看，这种路径功不可没，为我国今后经济社会升级发展提供了较为雄厚的“物质积累”和“物质基础”。但这种路径使我们面临两方面困局。在国内方面，从经济的角度可概括为“四高四低”：投入高产出低；产值高科技低；排放高循环低；代价高效益低。在国际方面，我国在世界产业分工链条化新格局中处于不利地位：当今世界产业分为研发、制造和营销三大链条，世界经济发展呈现如下趋势，即“去工业化主导工业化”、“金融经济主导”、“美元杠杆性和霸权化”，在上述三大趋势中，我们大多数现有路径都不占优势甚至处于绝对劣势。这就意味着，这种路径已经使我们的发展空间越来越小，付出的代价越来越大。由此，我们要利用全球都在进行产业调整的机遇，主动“加快”经济发展方式的根本转变，由“以增长促发展”走向“在转变中谋发展”。

从实践来看，转变经济发展方式具有很大难度。1995 年“九五”规划就提出转变我国经济增长方式的问题，但在今天，传统的经济增长方式依然没有从根本上转变过来。由此，党的十七届五中全会明确提出加快经济发展方式转变的“五大论断”：“十二五”时期是加快转变经济发展方式的攻坚期；制定“十二五”规划，必须以加快转变经济发展方式为主线；加快转变经济发展方式是我国经济社会领域的一场深刻变革；必须把加快转变经济发展方式贯穿经济社会发展全过程和各领域；要在转变中谋发展。转变经济发展方式艰难的根本原因，在于从总体上我国还缺乏自主创新能力；而缺乏自主创新能力的深层原因，从哲学来看，就是我国传统社会总体上属于权力社会，而不是能力社会。权力社会过于注重对人的控制，使人们愿意做官，抑制人的自主创新能力的充分发挥；而能力社会注重解放人，鼓励人们学习知识、发明科学技术，有利于使民众各尽其能、社会焕发活力。

我国经济社会发展不平衡，因而转变经济发展方式要从分类推进：欠发达地区可把着力点放在符合科学发展要求的项目选择上；发达地区可把着力点放在结构调整和产业升级上，核心是发展产业聚集区；国家应在战略层面把着力点放在提高自主创新能力、建设创新型国家上来，由物质驱动走向创新驱动。从哲学上分析经济发展方式的根本转变，本质上就是提高人的自主创新能力。过去我们用 3 0 多年发展的高速度换来了较大的世界发展空间，今后我国应主要通过提高自主创新能力来抢占世界发展的制高点。

从哲学角度讲，提高自主创新能力的基本思路是，依据“力量转移”理论，由权力社会逐渐转向能力社会，大力加强能力建设。从过去看，中西方社会拉开差距的一个根本原因，是西方社会相对注重能力、尤其创新能力，而中国传统社会结构中相对注重权力，马克思称之为“行政权力支配社会”。对中西文化了如指掌的严复、陈独秀、李大钊指出：中国之所以贫弱，西方之所以富强，主要原因之一是中国重天命，而西方重人力，西方知道万事全靠人力做成。从今天来看，国家之间的竞争在根本上是创新能力人才的竞争；从社会力量转移趋势来看，具有影响力的未来学家托夫勒认为，有三大力量操纵着社会生活和人的生活——暴力、财富和知识，影响当今世界发展的力量正在向知识和创新能力转移。

加强能力建设，可以采取以下基本路径：一是确立“和而不同、能力本位”的文化价值导向。从哲学上讲，文化主要包括价值取向、思维方式和人格类型，它既解决整个社会朝什么方向导向和努力问题，又解决文化认同和文化竞争力问题。马克思曾经指出，如果从观念上来考察，那么一定的意识形态的解体足以使整个时代覆灭。如果说过去的战争可以打败一个民族,那么当今的文化可以征服人心。由此看，文化软实力与硬实力同等重要。“和而不同”是在对待当今人和人的关系问题上需要倡导的价值取向，“能力本位”是在对待当今中国发展进程中人和做事的关系问题上需要确立的价值取向。二是树立“提高自主创新能力、建设创新型国家”的核心发展战略，用这一战略支撑其它国家战略。德国哲学家黑格尔曾指出，一个民族若有一些仰望星空的人，这个民族就有希望,一个民族只关心脚下的事情,注定没有未来。对这里的“星空”予以引申，就是民族发展战略。只有从国家战略层面对提高自主创新能力予以高度重视，这个国家的未来才有希望。三是选择“使人能够充分发展其能力”的制度安排。主要在用人制度和分配制度里把“能力尤其创新能力及其贡献”设计进去。最后是要营造“凭能绩立足”的琢磨事的工作环境，引导人们由捉摸人走向琢磨事，由注重权力逐渐走向在正确行使权力前提下更加注重能力。这是一种大世界观、战略观和文化观。尽管实现这些是艰难的，但对中国发展来说是具有根本性和战略性的。

四、良性改革和发展新秩序

所谓秩序，指的是人们遵循一定的事物发展规律，制定公正的做事规则和制度，形成合理的结构，并且通过一定的组织自觉主动实现这样的规则、制度与结构，以使人们各司其职、各尽其能、各得其所、和谐相处，从而形成一种使人和社会得到全面发展、协调发展、持续发展的良性运转状态。“遵循规律”、“公正的规则和制度”、“合理结构”、“组织管理”、“各司其职、各尽其能、各得其所、和谐相处”和“协调发展”，是理解秩序概念的核心要素。这里，我们着重谈论中国改革、发展的秩序。因为新时期最鲜明的特点是改革开放，新时期最显著的成就是快速发展，而且中国特色社会主义的主题是发展。

经过 30 多年的改革和发展，我国呈现出良好发展态势，但要形成一种良性的改革和发展新秩序还有很长的路要走。形成一种良性的改革和发展新秩序，是中国特色社会主义建设的一种根本趋向。

要形成改革新秩序。这就是要在注重研究人类社会历史发展的一般规律、社会主义发展规律、党的执政规律和当代中国发展规律的前提下，基于公正的理念、规则和制度，有组织地、整体有序地推进各项改革：（1）首先在经济领域，使经济体制改革先行，建立社会主义市场经济体制，并且强调提高自主创新能力，使民众各尽其能、各得其所，聚精会神搞建设，一心一意谋发展，共同为创造社会财富做贡献，以解决社会活力（解放和发展生产力，解决好财富与效率问题）问题，使民众富裕起来且从中受益，进而为政治体制改革以及其他改革提供物质基础和群众基础。当今，要注重对不合理的经济结构进行战略性调整。（2）然后在文化领域进行文化体制改革，形成一种既解放思想又凝聚人心的共同思想基础与文化环境，形成价值取向上的“一和多”的合理关系结构，用解放思想以解决思想僵化问题，用共同价值观来凝聚人心以解决思想分化问题，进而力求为我国经济体制和政治体制改革提供团结奋斗的共同思想基础。（3）接着在社会领域进行社会管理体制改革，注重公民社会建设，加强公民意识教育，特别要注重民主参与和民众素质的统一，注重社会管理与公共服务的统一，注重形成一种政府与公民的良好关系结构，力求为我国政治体制建设提供人格基础。（4）当市场力量、文化力量和社会力量三者逐渐强大并形成合力的时候，我们就具有了改革传统政治体制的基础、动力和态势，也就会从外部逐步推动政治体制改革；而当我们的经济建设、文化建设和社会建设为政治体制改革提供强有力的物质基础、思想基础和人格基础的时候，我们就具备了政治体制改革的基础；在这种情况下，我们的政府便不断觉悟，主动地逐步进行自我改革以达到自我完善，即更加有力地推进以权力结构调整和健全权力运行机制为核心内容的政治体制改革；在这种自我改革和自我完善中，我们的政府注重制度建设，转变职能，提高自己的执政能力，完善执政方式和领导方式，保持先进性，进而去领导好经济、文化和社会建设；并且在政治体制改革中，我们的政府靠控制与解放两手，来领导经济、文化和社会领域的改革，而对自身，它既防范改革中出现的风险，也注重自身的思想解放。

要形成发展新秩序。这里有一个前提，即对民众的需求进行理性分析，且针对民众的需求，确定我国实践发展变化的新要求和人民群众的新期待。当今我国民众的“生存性需求”即温饱问题已基本解决，今后面临的是更高层次的“发展性需求”。

“发展性需求”是一种多样化需求，涉及经济、政治、文化、社会（狭义）等各个领域。“发展性需求”的多样化，要求当下社会的供给不能再是前一阶段的“生产性”模式，而应转向新的“分配性”模式；相应地，当前我国实践发展变化的新要求与人民群众的新期待也就体现为：从“生产性努力”转向“分配性急需”。在这里，“分配性急需”具有两个内容：一是物质层面的生产成果的分配；二是政治、社会和精神层面的资源分配。由此我们必须进一步解决两个相关的分配问题：如何在分配性问题中保证效率，以确保分配的可持续性；如何使“蛋糕”分得满意、秩序建得合理和规则定得公正，确保分配的正义性和道德性。前者是公平问题，后者是正义问题。这就对我们党在分配问题上基于公平正义的理念而建立一种合理的分配结构，提出了新的更高要求。

“发展性需求”是一种高层次需求，关涉到人的政治性、社会性、精神性内容。“发展性需求”的高层次化，要求当下社会的供给不能再停留于前一阶段的“基础性”层面，而应转向新的“发展性”层次；相应地，当前我国实践发展变化的新要求与人民群众的新期待也就体现为：从“基础性急需”转向“发展性急需”。这里，“发展性急需”指的是当前中国发展具有特殊的境遇：一方面，人民群众日益增长的物质文化需要与落后的社会生产的矛盾依然是当今我国社会的主要矛盾；另一方面，人民群众的自主性以及政治参与、社会参与诉求日益觉醒与增强。前者意味着，中国经济发展的“蛋糕”依然需要进一步做大，“生产决定消费”的运行逻辑依然是国内市场的主要方面，金钱的价值、商品的使用价值依然是国内人群消费的关注点，即现代性是主要方面；后者却意味着，“人民主体”的逻辑不可避免地出场。这就要求我们必须进一步解决这样的问题：一是如何依靠人民群众的创新能力充分发挥来把“蛋糕”做得更大？二是如何鼓励与引导民众有序的社会参与和政治参与并为民众提供良好的公共服务？这就对我们党积极自觉地建立好执政为民的体制，提出了新的更高要求。

“发展性需求”还是一种共时性需求，同时指向人本身发展的不同方面。“发展性需求”的共时性要求当下社会的供给不能再是前一阶段的“历时性积累”性质，而应转换为新的“共时性提升”之内涵；相应地，当前我国实践发展变化的新要求与人民群众的新期待也就体现为：从“摆脱经济增长历时性落后”转向“破解经济、政治、社会和文化发展共时性挤压”。后者指的是：中国自身特殊的市场化模式具有内在紧张性，有效解决实现“权力经济 = 权利经济”的问题需要社会综合配套改革，而其能否跟进和跟进多少，对中国发展形成内在压力；中国现有发展模式的局限性带来了诸多问题，发展中的“弱产权、低端口”体制性约束，使中国发展面临潜在风险。上述两个方面集中指向这样的问题，即我们的发展可持续性较弱，发展潜力不足，发展还需要外部制度的整体配套。如何转换我们的发展模式？如何创设可持续发展的机制？这就对我们党最终实现科学发展提出了新的更高要求。中国共产党基于上述“发展性需求”，进而对当代中国发展新秩序进行理性建构并积极实践，直接关乎到中国特色社会主义建设的成败。

（作者：韩庆祥系中共中央党校马克思主义理论教研部教授）

（节录自《中国特色社会主义建设实践的内在逻辑与发展趋向》，原载《中国社会科学》2012 年第 3 期）

在国际比较中解读中国道路

张维为

中国以西方不认可的道路迅速崛起，给世界带来了相当的震撼。

中国发展成就举世瞩目。改革开放以来中国经济高速增长30多年，是迄今为止世界上持续时间最长的高速增长，从2000年到2010年，中国超过西方七国中的6个国家，经济总量跃居世界第二。如果以脱贫人数为指标，中国过去30多年所取得的成就超过了世界上所有发展中国家的总和，世界上70%的脱贫是在中国实现的。如果以经济增长幅度为指标，中国的成就超过所有转型经济国家的总和，过去30多年中国经济扩大了约18倍，而转型经济国家总体上为1倍左右。如果以赶超发达国家为参照，中国已经形成了人口至少3亿（约等于美国的人口）的“发达板块”，这个板块在硬件和软件的许多方面可以和发达国家竞争。

中国成为世界经济发展的重要引擎，中国的国际地位和影响力显著提升。德国国际问题专家说：“中国在国际事务上扮演着十分重要的角色。没有北京的参与，任何全球性问题都是无法解决的。”美国学者认为：“全球化让世界变小，中国让西方——其价值观、原则和标准——变小。”

中国的发展超出唱衰中国的西方预言家的想象。北京政治风波、苏联解体、邓小平逝世、非典肆虐、中国加入世界贸易组织、国际金融危机等，都是西方预测中国崩溃的时间节点。然而冷战后20多年，中国非但没有乱，反而综合国力与日俱增，“中国崩溃论”在事实面前崩溃了。曾提出“历史终结论”的美国学者福山主动修正自己的看法：“‘中国模式’的有效性证明，西方自由民主并非人类历史进化的终点。人类思想宝库要为中国传统留有一席之地。”

与历史上其他大国的崛起一样，中国如此迅速的发展也伴随着社会利益调整带来的各种问题和阵痛，但中国发展的实践证明，中国有能力应对和处理崛起中的各种棘手问题。中国成功的关键是已经探索出了一条适合本国国情的发展道路，它为中华民族的伟大复兴开辟了广阔的前景。解读中国道路需要抓住4个重点，即思想、改革、开放、政党 ，具体说 ，就是中国所确立的“实事求是”的思想路线，中国经济改革与政治改革之间的互动关系，中国独立自主的对外开放战略，以民族复兴为己任的中国共产党。

“实事求是”的思想路线

思想就是力量，科学的思想在照亮人们精神世界的同时，也改造着人们生活的物质世界。

从1978年年底开始，中国正式把邓小平提出的“解放思想、实事求是”确立为指导各项工作的思想路线，中国因此也摆脱了东西方各种教条主义的束缚，开始了改革开放的伟大进程。

“实事求是”的理念使中国人经历了一个从相信“文革”时的乌托邦到相信理性和实践精神的转折。某种意义上，中国提倡的“实事求是”与欧洲启蒙运动提倡的“理性至上”有共通之处：双方都摆脱了僵化的意识形态束缚，突出了人的理性精神，并且都推动了各自划时代的工业革命。但两者也有很大的不同：“实事求是”是中国古老文化传统与现代文明互动的产物，它摆脱了西方理性主义包含的惟我独尊等历史局限。西方的理性主义在创造了伟大工业文明的同时，也带来了欧洲中心主义、殖民主义等恶果。中国的实践表明，与西方理性主义指导下的西方崛起不一样，“实事求是”指导下的中国崛起，没有给世界带来战争，而是带来了持续的和平和大量的发展机遇。

“实事求是”提醒国人不要相信东西方的任何教条，而是要客观地观察和研究所有的事物和问题，并从中得出自己的结论。比如，西方这么多年在世界各地不遗余力推动所谓“民主化”，看一看其实际效果，人们就不能不质疑：为什么移植了西方民主的国家和地区，不是崩溃就是解体，不是经济发展、政治稳定、社会进步，而是经济滑坡、社会分裂、持续动乱、贪腐更甚？为什么整个非西方世界都找不到一个通过“民主化”而变成现代化强国的例子？为什么“民主”的西方国家今天一个接一个陷入了严重的金融危机、债务危机乃至政治危机？

“实事求是”要求我们一切从实际出发，走自己的路。中国人通过比较各国发展道路发现：在发展中国家实现现代化方面，苏联集权模式没有成功，西方民主模式也没有成功，因而决定借鉴人类文明创造的一切优秀成果，改革束缚中国发展的一切制度和做法，逐步摸索出了一条中国特色的发展道路。这条道路并非完美无缺，但在消除贫困、提高人民生活水平、实现现代化方面，确实取得了其他道路难以比拟的成就。在“实事求是”思想的指导下，中国坚持一切从实际出发，不搞本本主义，推动大胆而又审慎的体制改革和创新，避免了照搬西方模式的政治浪漫主义和经济浪漫主义，为中国今天的崛起奠定了坚实的基础。

经济改革与政治改革的良性互动

中国稳健改革模式取得了成功。纵观世界社会主义国家过去的变革，归纳起来大致有三种模式。第一种是“保守改革模式”，即政治体制完全不动，只对经济体制进行有限的改革。第二种是“激进改革模式”，如苏联和东欧，对政治体制和经济体制都进行激烈的变革。第三种是“稳健改革模式”，即中国模式，其特点是以经济体制改革为主轴，辅之以包括政治体制改革在内的全面改革，形成各项改革之间的良性互动。而政治改革的重点，是为经济改革和民生改善铺平道路。这三种模式中，中国模式无疑是最成功的。中国模式并非十全十美，但利远大于弊：中国避免了大的动乱，经济飞速发展，社会充满活力，人民生活水平空前提高。相比之下，“保守改革模式”的结果是经济和社会均缺乏活力。“激进改革模式”则代价巨大，甚至是灾难性的。苏联以政治改革为主轴，用经济改革来辅助政治改革，后果是国家迅速解体，经济全面崩溃，人民生活水平大幅下降，人均寿命一度降到60岁以下。东欧国家的经济也都经历了10多年的衰退，现在又陷入金融危机的困境。

中国的迅速崛起离不开政治改革。这些改革的内容包括：彻底终止了以阶级斗争为纲的方针，使人民可以追求正常的物质利益和精神文化生活；为历次政治运动扩大化的受害者平反，使他们的知识和才干得以发挥；废除了政社合一的人民公社制度，进行了村民自治为代表的多种基层民主试验；废除了领导干部终身制，建立了国家公务员制度；改革了社会管理体制，大规模城乡人口流动增强了社会经济活力；转变政府职能，大规模削减了各种行政审批；政府重大决策均进行广泛民主咨询，人民政治参与的渠道和形式逐步扩大和丰富；建立了基本适应社会主义市场经济的行政管理体制等。

中国改革某种意义上是一个不断解决政企不分、政经不分的经济改革与政治改革互动的过程。有些人认为，中国经济改革进步很大，但政治改革滞后，所以造成了今天的很多问题。其实，只要对中国政治略有常识的人都知道，在中国的特定环境下，走出旧的"政治挂帅体制"和"计划经济体制"的过程只能是一个政治变革的过程，因为旧体制的特点是政企不分、政经不分（如企业是党政企三权合一，农村是政社合一的人民公社体制）。从这个角度看，中国确实把许多政治改革的措施寓于经济改革之中，围绕发展经济、改善民生来推进。例如，废除人民公社是一场涉及中国大多数人切身利益的政治改革，但它的出发点是调动农民发展生产和改善生活的积极性，这种高度务实的政治改革给人民带来了巨大利益，同时也为中国农村引入了新的政治制度安排。同样，在国企改革、银行改革、土地制度改革等方面都包含了许多政治改革的内容。这种经济改革与政治改革的良性互动展现了一种政治智慧，它化解了单向度推进政治改革可能带来的巨大政治风险，防止了西方在许多国家推动的空对空的政治改革，避免了许多国家因激进政改而造成的政治动荡乃至国家解体。中国的改革使中国模式可以与任何一个采用西方模式的非西方国家竞争而胜出。下一步的改革当然不是像戈尔巴乔夫那样否定自己的制度，而是首先要自信地肯定中国成功的政治制度因素，然后在这个基础上集思广益，不断改进和完善政治制度，最终真正实现对西方模式的超越。

独立自主的对外开放战略

中国从1979年开始实行对外开放，现在已经形成了"全方位、多层次、宽领域"的开放大格局。这种"全方位"的开放，意味着既对发达国家开放，也对发展中国家开放。这种"多层次"的开放，意味着中国各地区根据自身的实际情况，通过经济特区、经济开发区、沿海开放城市等不同程度的开放形式，形成整个国家的对外开放。这种"宽领域"的开放，意味着中国不仅在经济领域开放，也在社会、科技、卫生、体育、文化、教育等各个领域推行对外开放。

历史经验证明，中国如果闭关自守，就会走向封闭落后；如果对外开放，就可以焕发活力。中国近300年落后于西方的一个重要原因就是闭关自守。在总结历史教训的基础上，中国坚定不移地推行了开放政策。从历史传统看，中国自秦汉一直到明代郑和下西洋都是相当开放的。开放、互动、交流极大地丰富了中华文明，也向世界传播了中华文明。另外，与其他文化相比，中国文化具有一种超强的学习传统。中国人相信"三人行必有我师"，相信"寸有所长，尺有所短"，相信"他山之石，可以攻玉"。全面的对外开放已经激活了中华文明的各种要素，促使中国成为世界上进步最快、活力最大的国家。

中国在对外开放中坚持独立自主。某种意义上，中国的对外开放是走了一步险棋，毕竟世界上很多国家在开放的过程中完全失去了自我，结果政治和经济命脉都被西方掌控，甚至成为西方政治和经济势力的附庸，而中国坚持独立自主，有选择地借鉴别人的经验，有选择地适应外部世界，同时也积极推动国际秩序的渐进改革。中国既学习别人之长，也汲取别人的教训，从而迅速壮大了自己，推动了中国方方面面的进步。在虚心学习别人长处的同时，对外开放也使我们更准确地了解了外部世界，特别是西方制度本身存在的大量问题，使我们获得了一种更为清醒的政治自信和文化自觉，使我们认识到中国可以为人类发展和全球治理作出更大的贡献。

中国善于用自己的眼光来进行判断和取舍。比方说，在金融改革方面，中国学习了很多西方的经验，但继续保持了国家对主要银行的控股，中国在开放资本市场问题上采取了谨慎的态度，结果是中国成功地进行了国有银行体制的改革，同时避免了金融海啸的浩劫。中国把加入世贸组织的进程变成了一个大规模的学习、适应和创新的过程，使中国的经济和贸易规模很快上了一个新的台阶。相比之下，西方固步自封，以为自己的一切都代表了历史的终点，结果骄傲使人落后，特别是美国，连续8年国运直线下降，并陷入了二战以来最严重的金融危机。欧洲多数国家也面临体制僵化、严重缺乏活力等难题。许多发展中国家也不具备学习和创新能力，只知道跟着西方话语走，结果导致各种政治经济社会危机不断。

以民族复兴为己任的中国共产党

中国共产党是领导中国现代化事业的中流砥柱。过去30多年，中国经历了人类历史上最波澜壮阔的现代化进程。在这个进程中，基本没有出现严重的社会对立与动荡，这在人类历史上绝无仅有。历史上，西方主要大国崛起的历程几乎就是一部社会剧烈动荡乃至战争的历史。中国共产党以带领中国人民实现民族复兴为己任，制定并执行了到本世纪中期把中国建设成现代化国家的宏伟战略。中国共产党与西方政党的最大差别在于西方政党是代表不同利益集团进行相互竞争的政党，而中国共产党本质上是代表人民整体利益，追求民族复兴的政党。如果中国共产党也像西方政党那样，不是代表人民的整体利益，而是只代表部分人利益的话，它将会被人民所抛弃。

中国具有“民心向背”和“选贤任能”的理念和传统。中国执政党的历史传承从来都不是西方意义上的竞选政治，而更多是历史上长期存在的统一的儒家执政集团。这种传承源于中国人口众多、地域辽阔、国家统一的特点，源于中国长期历史演变过程中所形成的“民心向背”和“选贤任能”的理念和传统。这种历史传承体现了中华民族治理一个超大型国家的政治智慧，这种理念和传统使得中国可以在自己历史的大部分时间内明显领先于同时期的西方国家，并构成了中国今天超越西方模式的重要政治资源。法国汉学家西里尔·加瓦里曾这样说过：“中国两千多年来，被单一政党领导”，以前中国的领导层是通过选拔产生的“文人儒臣”，现在是通过选拔产生中共领导层。中国在政治改革的探索中已经把“选拔”和某种形式的“选举”结合起来。这个模式还在完善之中，但已可以和仅依赖选举的西方政治模式竞争。在过去30多年中，中国在整个体制内推行了以政绩合法性为基础的“选贤任能”制度，大致形成了能够致力于民族长远利益并领导民族复兴的政治精英团队。从总体上看，中国把扶贫、发展、环保等指标列为官员晋升的关键标准，这是中国共产党领导中华民族复兴取得成功的重要保证。

基于“民心向背”和“选贤任能”传统之上的中国共产党，展现了西方政治体制难以企及的政策长期稳定性。中国一个接一个五年发展规划的顺利制定和执行，体现了西方模式难以比拟的民主决策质量。中国历史中形成的中央威望和政府权威被用来推动现代化事业，用来组织落实各种改革措施，用来对改革中出现的各种矛盾进行协调，这使中国较好地处理了改革、发展和稳定三者的关系，使国家在稳定的前提下，大力推动改革和发展，迅速提高了综合国力和人民生活水平。相比之下，采用西方模式国家面临的最大问题就是诺贝尔经济学奖得主缪尔达尔所说的“软政府”问题。“软政府”的特点是政府被各种既得利益绑架，政客们没完没了扯皮，政府的决策能力和执行能力都非常弱，最终导致国家现代化事业举步维艰，人民生活水平鲜有改善，赶超发达国家更成了难以想象的事情。

西方许多有识之士越来越意识到中国政治制度的相对优势。美国政治学者加德尔斯比较了美国加利福尼亚州财政破产与中国模式成功后这样写道：“大家都可以看到美国加利福尼亚州直接民主的极端例子——公众的支配力量，已经证明是毁灭性的”。“加州的管治失灵，只不过是美国整体政治问题暴露出的一角。在中国，当企业家的能量被自由市场解放出来时，统治者保持着极大的政治治理能力。他们借助新儒家政府强有力的手，以社会和谐和长远发展的名义，调节着发展所释出的利益。”美国学者福山也不得不承认：中国体制“最重要的优点就是能够迅速作出众多复杂的决定，并有效加以执行”。

中国道路成功具有国际意义

中国道路超越了“苏联模式”的弊端。中国道路不同于冷战结束前苏联的发展道路。必须承认，“苏联模式”作为人类历史上首次开创的一种国家制度和经济运行模式，曾创造过苏联经济奇迹，对上个世纪30年代资本主义反危机起过重大的借鉴作用。中国建国初期曾一度沿袭过“苏联模式”，推行高度集中的计划经济体制，取得了巨大成就，但中国在进行社会主义建设艰辛实践中，也清醒认识到“苏联模式”的弊端，积极探索中国特色社会主义道路，果断作出了改革开放的伟大抉择。社会主义市场经济体制的确立，成为中国道路最终突破并超越“苏联模式”的重要标志。

中国道路打破了对西方发展道路的迷思。万物并育而不相害，道并行而不悖。几百年来，西方把自己的制度和道路置于至高无上的地位，认为世界上只有一条现代化道路，那就是西方的现代化道路，舍此别无他途。然而，中国道路的成功表明，独立自主地选择符合本国国情的发展道路可以走得通，而且比盲目追随西方道路走得更好，能够以较小的代价实现现代化。面对国际金融危机，中国经济逆势增长，一枝独秀，充分证明了中国道路的正确性和巨大潜力。

中国道路在全球特别是对发展中国家具有借鉴意义。中国自己探索出来的发展道路已经深刻地改变了中国，并将影响整个世界未来的走向。中国道路的成功丰富和拓展了世界政治和国家发展模式，具有巨大的国际意义。中国的实践证明，经过30多年的改革开放，中国不仅解决了本国的发展道路问题，而且也为全世界树立了一个具有一定借鉴意义的榜样。对发展中国家来讲，中国道路意味着在“西化”和“被孤立”之间还存在着其他选择。美国前国务卿基辛格说：“中国已为世界作出了巨大贡献，中国发展模式无论对中国还是世界其他国家都具有重要意义。”

（作者：复旦大学特聘教授）

（选自《求是》2012年第21期）

延伸阅读

中国道路

——中国共产党的思想历程

中共中央文献研究室

《党的文献》编者按：本文主要是从中国共产党思想理论发展史的角度来阐释中国道路的。全文分为五个部分，分别是："选择"，讲我们党的成立和为什么选择马克思主义为指导思想，这是中国道路的开端；"奠基"，讲毛泽东思想开启马克思主义中国化进程，奠定中国道路的理论基础；"开辟"，讲邓小平同志领导改革开放，创立邓小平理论，开创中国特色社会主义道路；"突破"，讲江泽民同志提出"三个代表"重要思想，确立社会主义市场经济体制，实现党的理论与实践的重大突破；"发展"，讲以胡锦涛同志为总书记的党中央提出科学发展观，全面建设小康社会，推进中国特色社会主义事业新发展。通过这五个部分，希望把我们正在走的中国特色社会主义道路的来龙去脉讲清楚，把马克思列宁主义、毛泽东思想与中国特色社会主义理论体系的继承发展关系讲消楚，把这条道路的内涵和实质讲消楚，把我们为什么要坚持和发展这条道路的道理讲消楚，以帮助人们深刻理解中国特色社会主义道路、理论体系和制度，坚定理想信念。

思想就是力量。科学的思想在照亮人们精神世界的同时，也改造着人们生活的物质世界。90 多年来，中国共产党的思想历程孕育了马克思主义中国化的道路，孕育了中国革命、建设、改革的道路，孕育了今天正蓬勃发展着的中国特色社会主义道路。这是一条通向中华民族伟大复兴之路。

这条道路是怎样走过来的呢？回顾一下中国共产党的思想历程，就能对中国道路有更深刻的认识和理解。

选择

毛泽东同志，中国共产党第一代中央领导集体的核心。在他诞辰 100 周年时，出版了八卷本的《毛泽东文集》，开卷篇是 1921 年元旦期间他在新民学会的两次发言。

穿越时空隧道，这篇文献为我们还原了这样的场景：

1921 年新年的长沙，一个大雪纷飞的日子。十几个年轻的知识分子，来到潮宗街文化书社，召开新民学会长沙学员新年大会。会议是在一个并不起眼的小房子里召开的，但讨论的话题却是改造中国与世界的方法和目的。

28 岁的毛泽东在会上作了两次发言。他说：我赞成用俄国式的革命道路。他比较了社会民主主义、无政府主义等方法，认为“激烈方法的共产主义，即所谓劳农主义，用阶级专政的方法，是可以预计效果的，故最宜采用”。

毛泽东同志只是那个年代中国先进知识分子的一个代表。在当时的北京、上海、广州等地，一批先进的知识分子不约而同地走到了马克思主义的旗帜下，认定只有马克思主义、社会主义能够救中国。他们为什么会做出这样的选择呢？毛泽东同志道出了其中的缘由：“我看俄国式的革命，是无可如何的山穷水尽诸路皆走不通了的一个变计，并不是有更好的方法弃而不采，单要采这个恐怖的方法。”“山穷水尽诸路皆走不通”，毛泽东同志用形象的10个字，概括了近代以来仁人志士探索民族复兴之路的苦涩历程。

1840年鸦片战争以后，中国日益沦为一个半殖民地半封建国家，民族危亡，民不聊生。救国寻路，民族复兴，就成为近代中国的基本政治主题。中国的各种政治力量为此进行了不懈探索，做过各种尝试。

洋务派搞“中学为体，西学为用”，其中引进西方的先进技术当然值得称道，但试图在不变更大清王朝封建皇权的前提下走强国之路，结果只能是失败。康有为、梁启超为代表的民族资产阶级改良派登上政治舞台，试图“跪着造反”，在中国建立君主立宪式的资本主义，结果同样是失败。孙中山领导的辛亥革命，推翻了2000多年的封建帝制，拉开了中国民主革命的序幕。但由于中国民族资产阶级自身的软弱、妥协和对帝国主义、封建主义的依赖性，不能和不敢充分发动和依靠广大人民群众，中国仍然在黑暗中徘徊。

就在中国先进的知识分子在黑暗中苦苦求索时，1917年，俄国取得了十月革命的胜利，建立了劳动人民当家作主的劳农政府，第一次把社会主义从理论学说变成了活生生的现实。它像一缕新世纪的曙光，照亮了暗夜中国的前程。

于是，在李大钊、陈独秀等人的影响下，走俄国革命的道路成为中国一批先进青年最终的选择。

有人认为，当时选择马克思主义的革命手段是不可取的，甚至认为它对中国的现代化起了破坏和延误作用，似乎不发生革命，中国的现代化会更早些到来。这种看法完全忽略了当时的历史条件。事实上，选择革命，并不是他们的本性对革命有什么特别的喜爱，根本原因在于那个时期的中国民族矛盾和社会矛盾实在太尖锐了，中华民族已处于生死存亡的关头，而中国传统社会已经失去了自我更新的能力，其他的路都试过了，结果统统失败了，都走不通。1961年，毛泽东同志曾对来访的英国元帅蒙哥马利说：“革命不是想干不想干的问题，我最初就没有想过干革命的问题，我那时是小学教员。”

历史常常是这样，在看似山穷水尽时为人们展现出一线生机。91年前那个夏天的晚上，毛泽东、何叔衡、董必武、陈潭秋、王尽美、邓恩铭、李达、李汉俊等13个年轻人，在上海秘密成立了中国共产党。

新的革命实践、民族复兴道路的新探索由此开始。

也就是从这个时候起，马克思成为了先进的中国人最感兴趣的外国人。他的理论成为了中国人民追求民族独立和人民解放，追求国家繁荣富强和人民富裕幸福的旗帜。在中国道路的每一段历程上，人们都可以看到这面飘扬的旗帜。

1936年，毛泽东同志同斯诺谈话时曾说：“我一旦接受了马克思主义是对历史的正确解释以后，我对马克思主义的信仰就没有动摇过。”

1992年，在世界社会主义运动遭受挫折

陷入低谷时，邓小平同志说：“不要认为马克思主义就消失了，没用了，失败了。哪有这回事！”“我坚信，世界上赞成马克思主义的人会多起来的，因为马克思主义是科学。”

进入新世纪，江泽民同志和胡锦涛同志反复强调：马克思主义一定不能丢，丢了就丧失了根本。

探讨中国道路，离不开马克思主义。中国人只是在找到了马克思主义以后，才有了一个正确的目标和方向。中华民族复兴的新道路也是从这里起步的。有了马克思主义，中国共产党奋斗的动力和方法也就找到了。中国道路如果说是一幅蓝图的话，马克思主义就是描绘这个蓝图的一个底本。马克思主义是认识、理解和开启中国道路的一把钥匙。

奠基

中国人就这样选择了马克思主义。然而，信仰不等于实践，实践也不等于成功。当中国共产党人拿着这个理论武器去改造中国社会的时候，却发现如何运用它与此前选择它一样艰难。

中国共产党面对的是一个半殖民地半封建的落后农业大国，农民占人口的绝大多数，分散的小农经济、小生产广泛存在，又遭受着帝国主义侵略和压迫。中国的条件与马克思、恩格斯、列宁所分析的西方资本主义国家进行无产阶级革命的条件有着巨大的差别。

最初，年轻的中国共产党基本照搬马克思主义学说和俄国革命的经验，把主要力量放在了城市，发动城市工人罢工。但是，1923 年的“二七”惨案，使工人运动陷入了低潮。

中国共产党转而与国民党合作，建立工人阶级和民主力量的联合战线，掀起了国民大革命的风暴。然而，蒋介石、汪精卫集团背叛革命，大批共产党人被杀害，如火如荼的大革命失败了。

中国共产党人终于认识到了“枪杆子”的重要，开始武装夺取政权的尝试。但当时党内的一些领导人继续推行以“城市中心论”为特征的“左”倾冒险主义。各路起义军在攻打大城市的过程中接连失败。

第一个发现必须根据马克思主义基本原理创造出指导中国革命实践新理论的，是毛泽东同志。

秋收起义攻打长沙失败后，毛泽东同志把工农部队带上了井冈山，开始在农村创建根据地。然而，在四周都是白色政权的包围下，这条道路能走得通吗？

为了回答和解决严酷环境中一个又一个的紧迫问题，毛泽东同志写下了《井冈山的斗争》、《中国的红色政权为什么能够存在？》、《星星之火，可以燎原》，此后又写了《中国革命战争的战略问题》等一系列著作。中国共产党人逐步明确了实行工农武装割据，农村包围城市，最后夺取全国政权这样一条中国革命的道路。

这是一个伟大创造。不论是从国际共运的理论看，还是从实践来看都是史无前例的。共产国际的一切文献，在讲到无产阶级政党领导夺取政权时，都是同工人运动联系在一起的。从当时已有的实践来看，国际上第一个无产阶级政权巴黎公社是以巴黎为中心，通过城市起义取得的，俄国十月革命的胜利也首先是从城市工人和士兵的武装起义开始的。

创造新的理论不容易，让人们接受新的理论更需要时间，需要过程，需要实践的检验。共产国际领导人当时就认为，中国革命就要像俄国十月革命那样，在城市里组织工人暴动，武装夺取政权。他们觉得中国共产党跑到山沟沟里去搞武装割据，站不住脚，是注定要失败的。受共产国际的这种影响，当时党内有许多人认为，搞工农武装割据，走农村包围城市的道路最后是走不通的。

在各种因素的影响下，年轻的中国共产党再次犯了“左”倾教条主义错误，在与国民党军队的正面对抗中遭到严重失败，丢失了几乎所有的根据地，并被迫进行二万五千里长征。这次失败的教训是惨痛的，中国共产党人由此也重新认识到了毛泽东同志和他的理论的正确。

延安时期，毛泽东同志系统总结了中国革命的经验，写出了《〈共产党人〉发刊词》、《新民主主义论》、《论联合政府》等著作，对中国革命的性质、目的、步骤、领导阶级、依靠力量等重大问题进行了分析，创立了新民主主义革命理论。

新民主主义革命理论，使得毛泽东同志开辟的农村包围城市武装夺取政权的革命道路更加成熟、清晰、可行。正是依靠这一理论，毛泽东同志和他的战友们建立起了一个用马克思列宁主义革命理论和革命风格武装起来的无产阶级政党、一个在党的绝对领导下为人民解放事业英勇奋战的人民军队、一个团结全民族绝大多数人共同奋斗的统一战线，并依靠这“三大法宝”，最终夺取了新民主主义革命的胜利，推翻了压在中国人民头上的“三座大山”，实现了近代以来几代中国人梦寐以求的民族独立和人民解放。

理论引领着实践，实践又推动理论创新。马克思主义为我们指明了前进的方向，而对马克思主义的灵活运用和创新发展则为我们开辟了一条到达理想彼岸的独特道路。坚持与发展，在毛泽东同志的身上得到了生动的体现。

毛泽东同志多次说过，《共产党宣言》他反复地读，读了至少上百遍。每一次读都有新的体会，新的收获。他从长期的实践中深切地体会到，中国革命必须要有马克思列宁主义作指导，但同时又必须坚决反对本本主义，反对照抄照搬。中国共产党通过长期的革命斗争，特别是在艰难曲折中的砥砺奋进，证明了一个颠扑不破的真理，也成为全党的共识。这就是：一方面必须坚持以马克思主义为指导思想，这一点毫不动摇；同时，又必须把马克思主义中国化，把马克思列宁主义和中国的实际相结合，这样才能真正发挥它的指导作用。

新民主主义革命时期，毛泽东同志写下了大量的著作，但他对《反对本本主义》这篇4000多字的文章却情有独钟。

《反对本本主义》是毛泽东同志1930年5月在江西寻乌写的一篇文章。原来题目叫《调查工作》。这一诞生在枪炮声中的文章，战争中一度散佚。毛泽东同志非常喜欢这篇文章，一直像想念自己的孩子一样，想念和寻找着她。他后来曾说：“我对自己的文章有些也并不喜欢，这篇我是喜欢的。”

在文章开头毛泽东同志提出一个重要命题：“没有调查，没有发言权。”他认为：不论是对马克思列宁主义，对国际指示和苏联经验，对上级领导机关的指示，都不能够“一味盲目执行”，中国革命必须从中国的实情出发，“中国革命斗争的胜利要靠中国同志了解中国情况”。

以这篇著作的基本理念为基础，毛泽东同志在延安整风运动中提出了实事求是的思想方法。实事求是，是中国的一个历史典故。毛泽东同志赋予了它新的内涵。实事求是，就是不迷信任何教条，一切从实际出发，理论联系实际。也就是说，要把马克思主义普遍原理与中国的具体实践结合起来。这一思想方法提出后，在党内取得共识，成为中国共产党人摆脱教条、解放思想的最根本的思想方法。此后中国共产党人的一切理论创新都源于这一思想方法。它至今仍是中国共产党思想路线的核心内容，也是理解中国道路最关键的一个概念。

1945年，中国共产党第七次全国代表大会坚定地举起了毛泽东思想的旗帜，大会通过的《中国共产党党章》，第一次写入了这样的内容："中国共产党，以马克思列宁主义的理论与中国革命的实践之统一的思想——毛泽东思想，作为自己一切工作的指针。"

马克思主义与中国实际相结合，党的七大就这样概括了中国共产党人20多年的心路、心得，概括了毛泽东思想的灵魂。也正是沿着这样的思路，在夺取全国政权后我们党开始领导建设一个新的国家。毛泽东同志豪迈地说："中国的命运一经操在人民自己的手里，中国就将如太阳升起在东方那样，以自己的辉煌的光焰普照大地，迅速地荡涤反动政府留下来的污泥浊水，治好战争的创伤，建设起一个崭新的强盛的名副其实的人民共和国。"

新中国成立后，以毛泽东同志为核心的党中央带领全国人民，在迅速医治战争创伤，恢复国民经济的基础上，不失时机地提出了过渡时期的总路线，成功地进行社会主义改造，创造性地完成了由新民主主义到社会主义的历史转变，使中国这个占世界人口1/4的东方大国进入了社会主义社会，实现了中国历史上最深刻、最伟大的社会变革。新民主主义革命的胜利，社会主义基本制度的建立，为当代中国一切发展进步奠定了根本的政治前提和制度基础。

这里所说的"奠基"，主要包括三个方面：一是奠定了制度基础，如人民代表大会制度，共产党领导的多党合作和政治协商制度，民族区域自治制度等；二是奠定了物质基础，初步建立起一个独立的比较完整的工业体系和国民经济体系，特别是在国防尖端科技方面取得了突破性进展；三是确定马克思主义作为我们党和国家的根本指导思想，继续推进马克思主义中国化的道路。第三点尤为重要。毛泽东思想中的实事求是、群众路线、独立自主的活的灵魂，已经深深地溶入到中华民族的血液之中，成为了中国人想问题、办事情的基本准则和方法。

正如毛泽东同志在革命胜利前所预言的，建设的道路更长，更艰苦。为了找到一条中国式的社会主义建设道路，以毛泽东同志为核心的第一代中央领导集体作了大量艰辛的探索。这一探索取得了很多重要理论成果，积累了宝贵经验。《论十大关系》、《关于正确处理人民内部矛盾的问题》等等，至今仍让人感受到那一代共产党人独立自主的创造才华。然而，后来这一探索却出现严重错误。特别是在"以阶级斗争为纲"和"无产阶级专政下继续革命"这些错误理论指导下发生的"文化大革命"，更使中国社会陷入了严重的内乱，经济社会发展遭受重大挫折。

开辟

1978年，中国道路迎来了一个新的起点。

这一年中国共产党召开十一届三中全会，果断停止使用"以阶级斗争为纲"的口号，全党全国工作的重心转移到经济建设上来。这次会议留下的最重要的历史文献，是邓小平同志在为这个会议作准备的工作会议上的讲话，题为《解放思想，实事求是，团结一致向前看》。他指出："首先是解放思想。""一个党，一个国家，一个民族，如果一切从本本出发，思想僵化，迷信盛行，那它就不能前进，它的生机就停止了，就要亡党亡国。"

这篇著名的讲话，后来被誉为是开辟新时期新道路、开创建设有中国特色社会主义新理论的宣言书。就是从这时起，中国开启了以改革开放为鲜明标志的伟大历程。

今天再来看这篇文献，它最重要的作用是恢复了党的实事求是的思想路线，解放了人们的思想，促使人们大胆地思考问题，大胆地进行改革尝试。

在当时的中国，最需要重新思考和探索的是什么呢？就是什么是社会主义，怎样建设社会主义。

根据马克思的描述，社会主义是个美好的社会，是比资本主义更高级的社会发展阶段。但是，中国的社会主义在实践中搞了二十几年，人民生活还是很贫困。这就说明我们过去的做法是有缺陷的。这首先是对什么是社会主义的认识有偏差，同时在怎样搞社会主义的方法上也有不对头的地方。

翻开《邓小平文选》，在他改革开放初期的谈话中，我们不断看到这样的话：

“社会主义如果老是穷的，它就站不住。”

“社会主义总要比资本主义优越。社会主义国家应该使经济发展得比较快，人民生活逐渐好起来，国家也就相应地更加强盛一些。”

“经济长期处于停滞状态总不能叫社会主义。人民生活长期停止在很低的水平总不能叫社会主义。”

“社会主义是一个很好的名词，但是如果搞不好，不能正确理解，不能采取正确的政策，那就体现不出社会主义的本质。”

邓小平同志认为，我们要搞的是真正体现社会主义本质、比资本主义有优越性的社会主义。他还认为，马克思主义为我们奠定了理论基础和前进方向，但并没有对怎样搞社会主义提供现成的具体答案。真正的马克思主义者应该根据现在的实际，从时代条件和国情出发，探索社会主义建设的具体道路。照搬书本和别国的经验从来是不能成功的，革命和建设都要走自己的路。

1982 年，在中国共产党第十二次全国代表大会的开幕词中，邓小平同志对这个问题有了成熟的想法和清楚的表达：“把马克思主义的普遍真理同我国的具体实际结合起来，走自己的道路，建设有中国特色的社会主义，这就是我们总结长期历史经验得出的基本结论。”

“建设有中国特色的社会主义”，中国道路从此有了一个自信而响亮的名字。

沿着这样一条道路我们首先应该做些什么呢？当时的中国最具体、最严峻的实际，如果用一个字来表达，就是“穷”，也就是经济不发达，生产力落后。因此，邓小平同志的思考首先从这里破题。

翻阅 1980 年 4 至 5 月间邓小平同志的多次谈话，围绕的是同一个主题：社会主义首先要发展生产力。后来，这些谈话就以这句话为标题集纳为一篇文章，收入《邓小平文选》。

社会主义首先要发展生产力。理论上的答案是如此简单、清楚，但现实中却为此费尽周折，走过不短的弯路。为了发展生产力，我们尝试过各种办法，政治运动的办法，“大跃进”的办法，“抓革命、促生产”的办法，都不行。鉴于深刻的历史教训，邓小平同志另辟蹊径，大胆地推进改革开放。改革开放是逼出来的一条路，是没有别的办法之后的选择。正如邓小平同志在当时大声疾呼的那样：“如果现在再不实行改革，我们的现代化事业和社会主义事业就会被葬送。”

新的实践总能带来新的认识，新的惊喜。

十一届三中全会后，中国首先在农村进行了经济体制改革，实行“家庭联产承包责任制”，允许农民有更多的经营管理权，农民的生产积极性大大提高，有的农村一年翻了身，有的两年翻身，迅速摆脱贫困状态。

在农村改革取得突破的同时，按照邓小平同志的设计，对外开放和经济特区建设也“杀出一条血路”，在利用境外资金和技术加快经济建设方面取得了重大成就。

在一些地方，个体、私营经济和乡镇企业的出现，使僵硬的计划经济体制打开了一个缺口，原有的国营企业也开始放权让利，进行承包经营等多方面的改革。

一系列改革开放的实践，使 20 世纪 80 年代初期的中国呈现出蓬勃的生机。改革开放试验的成功，加深了中国共产党人对中国道路，对在中国怎样建设社会主义问题的认识。

1985年，邓小平同志发表了这样的谈话：《改革是中国发展生产力的必由之路》。也是在这一年，在党的全国代表会议上，邓小平同志信心满怀地指出："改革促进了生产力的发展，引起了经济生活、社会生活、工作方式和精神状态的一系列深刻变化，改革是社会主义制度的自我完善。在一定的范围内也发生了某种程度的革命性变革。这是一件大事，表明我们已经开始找到了一条建设有中国特色的社会主义的路子。"

我们找到了一条路子。但正当我们加快改革步伐，朝着现代化的目标迈进时，中国道路却受到了来自另一方面的干扰和冲击。

改革开放之初，社会上出现了空前的思想活跃局面。但在纠正"左"的错误倾向时，也出现了右的倾向。社会上极少数人片面夸大党在历史上的失误，散布种种怀疑或否定社会主义制度、否定人民民主专政、否定党的领导、否定马列主义毛泽东思想的言论。邓小平同志认为必须对这种思潮进行反击，否则，人们没有统一的理想、信念，中国社会就可能再次陷入混乱。

为了保证我们的目标和步骤不受干扰和冲击，1979年3月30日，邓小平同志在党的理论工作务虚会上提出了必须坚持的四项基本原则。即：要在中国实现四个现代化，必须坚持社会主义道路，坚持无产阶级专政，坚持共产党的领导，坚持马列主义、毛泽东思想。

此后，邓小平同志反复论述和强调坚持四项基本原则，反对资产阶级自由化的道理。特别是在东欧剧变和苏联解体后，他多次谈到：四项基本原则，我们绝不会放弃。没有这"四个坚持"，特别是党的领导，什么事情也搞不好，会出问题。出问题就不是小问题。如果走东欧这条路，中国就完了。

1987年，中国共产党第十三次全国代表大会根据邓小平同志的思想，提出并阐述了社会主义初级阶段的理论，指出在这一历史阶段，为了摆脱贫穷和落后，必须把发展生产力作为全部工作的中心。在这次代表大会上，邓小平的理论和他领导开辟的道路被高度概括为三句话：以经济建设为中心，坚持四项基本原则，坚持改革开放。后来，我们进一步把它简称为"一个中心，两个基本点"。这一内容被写入《中华人民共和国宪法》和《中国共产党章程》，成为中国共产党和中国人民在社会主义初级阶段必须长期坚持的基本路线。这也成为了中国道路最基本的内涵。

邓小平同志留给后人的最后一篇重要文献，是1992年他视察南方的谈话。

20世纪80年代末90年代初，苏联解体、东欧剧变，社会主义运动陷入空前的低谷。中国道路的发展来到了一个十字路口。中国将向何处去？中国的改革还要不要继续？

1992年1月18日至2月21日，邓小平同志先后视察武昌、深圳、珠海、上海等地，集中发表了他对一些重大问题的看法。他指出："中国只要不搞社会主义，不搞改革开放、发展经济，不逐步地改善人民生活，走任何一条路，都是死路。"

在南方谈话中，邓小平同志对社会主义的本质进行了集中概括："社会主义的本质，是解放生产力，发展生产力，消灭剥削，消除两极分化，最终达到共同富裕。"围绕这一本质，他为改革开放实践划定了一个尺度、方向和标准，即：判断一项政策是不是社会主义的，应该主要看是否有利于发展社会主义社会的生产力，是否有利于增强社会主义国家的综合国力，是否有利于提高人民的生活水平。由此出发，邓小平同志对长期困扰和束缚人们思想的一系列重大的认识问题进行了回答，进而极大地解放了人们的思想，推动了中国改革的进程。

南方谈话是对改革开放10多年历史经验的总结，也是邓小平理论发展成果的集中体现。在历史的关口处，邓小平同志以他的胆识、睿智和远见、阅历，对什么是社会主义，怎样建设社会主义这一历史性课题作出了明确而深刻的回答，大大深化了人们对中国特色社会主义道路的认识。全党和全国人民更加清楚地看到，只有沿着中国特色社会主义道路走下去，国家民族才有希望，才有前途，别的道路都是死路。

南方谈话，包括邓小平同志的其他著作，始终贯穿着一条主线，就是解放思想、实事求是，既坚持马克思主义，又发展马克思主义。邓小平同志关于社会主义初级阶段的理论，关于社会主义本质的概括，关于社会主义也可以搞市场经济的思想，关于“三个有利于”的标准，都是根据马克思主义基本原理，同时又结合中国的实际而提出来的，丰富和发展了马克思主义，开辟了马克思主义中国化的新境界。因此，以邓小平同志为核心的党的第二代中央领导集体开辟中国特色社会主义道路的过程，也是一个不断推进马克思主义中国化的进程。

邓小平同志的理论和著作深刻地影响了当代中国的历史进程。但他从不迷信自己的著作，从不把自己的理论当作不变的教条。1981年，他在英文版《邓小平副主席文集》的序言中曾这样写道：“如果有一天这些讲话失去重新阅读的价值，那就证明社会已经飞快地前进了，那有什么不好呢？”

的确，社会在飞快地发展。20世纪的最后10年，世界正发生着剧烈而深刻的变化。经济全球化，政治格局多极化，以信息网络技术为主要标志的新科技革命迅猛发展，使得整个世界充满了变数。世界潮流浩浩荡荡，顺之者昌，逆之者亡。如何顺时应变成为中国共产党和中国人民需要考虑的重大问题。

突破

在邓小平理论的指导下，以江泽民同志为核心的第三代中央领导集体更加大胆地进行实践探索和理论创新，不断发展的中国道路又出现了新的风景。

当第三代中央领导集体走上政治舞台时，中国的改革开放已经走过了10多年的历程，但经济体制改革依然没有一个明确的目标。如何处理计划与市场的关系，成为中国特色社会主义道路上必须逾越的关卡。

1992年，在中国共产党第十四次全国代表大会上，江泽民同志提出了建立社会主义市场经济体制的改革目标：“我国经济体制改革确定什么样的目标模式，是关系整个社会主义现代化建设全局的一个重大问题。”“实践的发展和认识的深化，要求我们明确提出，我国经济体制改革的目标是建立社会主义市场经济体制，以利于进一步解放和发展生产力。”

党的十四大报告对中国道路来说具有里程碑式的意义。它突破了这条道路上最主要的障碍，使这条道路变得更加宽阔、更加畅通。

利用市场配置资源发展经济，是世界经济发展的一条重要经验。但由于市场经济是随着资本主义社会化大生产的发展而发展起来的，从东方到西方，在很长的历史时期内，市场经济都被视为资本主义特有的东西，而计划经济则被看成是社会主义的基本特征，计划经济和市场经济被当成区别社会主义和资本主义的一个标志。在联合国的统计分类中，也一度把实行中央计划经济的国家等同于社会主义国家，而把市场经济国家等同于资本主义国家。

从计划经济转到市场经济，是一场革命性的变革。而把“社会主义”与“市场经济”结合在一起，更是前无古人的全新事物，超越了传统的社会主义经济模式，也突破了西方传统政治经济学理论。由此，这一经济体制也成为了中国道路一个最鲜明的特色。

什么是社会主义市场经济？江泽民同志在党的十四大报告中对此作了明确阐述："社会主义市场经济体制是同社会主义基本制度结合在一起的。""我们要建立的社会主义市场经济体制，就是要使市场在社会主义国家宏观调控下对资源配置起基础性作用，使经济活动遵循价值规律的要求，适应供求关系的变化。"

有人曾向江泽民同志提出，你们搞市场经济，为什么还要在前面加上"社会主义"？他们认为这几个字多余。江泽民同志的回答是，"社会主义"这几个字不能没有，这并非多余，并非画蛇添足，恰恰相反，这是画龙点睛。所谓点睛就是点明市场经济的性质。江泽民同志的话非常明确，我们搞市场经济绝不是搞资本主义，必须坚持社会主义方向。

社会主义加市场经济，两种优势的叠加、碰撞、融合，释放出了巨大的能量，推动着中国的快速发展。

党的十四大以后，国有企业按照建立社会主义市场经济体制的要求，逐步建立起现代企业制度，生产效率大大提高。个体、私营、合作、股份制等各种所有制经济也如雨后春笋般快速发展。但是，新的问题又产生了。在建立社会主义市场经济体制的过程中，公有制经济开始出现不同的形式，应该怎样看待？非公有制经济快速发展、比重增加，对它们的发展应该持什么态度？

对这些问题的回答，涉及到对社会主义初级阶段基本经济制度的重新认识，和对中国道路在经济建设上新的设计。

1997 年，江泽民同志在党的十五大报告中集中地回答了这些问题：

"公有制为主体、多种所有制经济共同发展，是我国社会主义初级阶段的一项基本经济制度。"

"公有制实现形式可以而且应当多样化。一切反映社会化生产规律的经营方式和组织形式都可以大胆利用。"

"股份制是现代企业的一种资本组织形式，有利于所有权和经营权的分离，有利于提高企业和资本的运作效率，资本主义可以用，社会主义也可以用。"

"非公有制经济是我国社会主义市场经济的重要组成部分。"

党的十五大报告是中国道路上又一个里程碑式的文献。把公有制为主体、多种所有制经济共同发展，确定为我国社会主义初级阶段的一项基本经济制度，丰富了社会主义经济体制的内涵，加深了我们对怎样搞社会主义的认识，是马克思主义基本原理在当代中国的坚持、运用和发展。

社会主义市场经济体制和社会主义初级阶段基本经济制度的确立，扫除了中国发展道路上的体制机制障碍。

党中央根据实践的发展，及时提出一系列具有深远意义的战略举措：可持续发展战略、科教兴国战略、西部大开发战略、加入 WTO 等等，这些为后来中国持续快速健康的发展奠定了坚实基础。同时，在政治文明、精神文明、民族、宗教、统一战线、军队建设、祖国统一、外交等方面，都提出并实施了许多重大举措，有力地推动着中国特色社会主义事业不断取得新的进展。

中国在大踏步地追赶世界的潮流。而此时，中国道路的引领者中国共产党又遇到新的情况，自身建设面临新的问题。

从《江泽民文选》中我们看到，关于党的建设方面的著述占了很大的比重。这一时期，党中央几乎每年都要研究党的建设问题，每年都要针对党内存在的突出问题，提出切实有力的解决举措，全面推进党的建设新的伟大工程。

然而在世纪之交，一些前所未有的重大挑战，集中地、突出地摆在了我们党面前。

放眼全球，国际形势风云变幻，经济、政治、文化、科技等各个方面发生了深刻变化，世界正在经历着历史性转折。人类社会的发展一日千里。我们党如果不与时俱进，跟不上时代潮流，就会落伍。

回望国内，随着社会主义市场经济的深入发展，我国社会生活正在发生广泛而深刻的变化，社会经济成分、组织形式、就业方式、利益关系和分配方式等多样化不断发展。党的领导方式和执政方式面临巨大挑战。

审视自身，中国共产党的历史方位发生重大变化，已经从领导人民为夺取政权而奋斗的党，成为领导人民掌握全国政权并长期执政的党；从受到外部封锁和实行计划经济条件下领导国家建设的党，成为对外开放和发展社会主义市场经济条件下领导国家建设的党。党所处的地位和环境、党所肩负的历史任务、党的自身状况，都发生了新的重大变化。

世情、国情、党情的这些新变化，是对我们党长期执政的严峻考验。怎样才能保持党的先进性，巩固党的执政地位，提高党的执政能力呢？紧迫感、危机感、责任感、使命感油然而生。我们党的理论认识在这种情况下有了新的飞跃。

2000年2月，江泽民同志在广东省考察工作时发表重要讲话，提出了“三个代表”重要思想。

江泽民同志指出：“时代在发展，形势在变化，我们党要不断巩固自己的执政地位，必须紧跟世界发展进步的潮流，始终代表中国先进生产力的发展要求、先进文化的前进方向和最广大人民群众的根本利益，坚决解决党内存在的突出问题。提出坚持‘三个代表’的要求，其出发点和着眼点就在这里。”

“三个代表”的基本理念，这三句话，是如此的简明，又是如此的熟悉，集中概括了中国共产党的性质、宗旨，揭示了中国共产党的立党之本、执政之基、力量之源。它同时充满新意，具有强烈的时代感。以此为根据，中国共产党实现了自身建设的理论创新。

对“三个代表”重要思想进行深入阐释，在中国道路上留下深刻印迹的一篇重要文献，是江泽民同志在庆祝中国共产党成立80周年大会上的讲话。

这篇讲话，已经过去了10多年，但翻开这篇文献，人们仍然能够感受到中国共产党人与时俱进的品格和理论创新的勇气：我们党要始终成为中国工人阶级先锋队，同时成为中国人民和中华民族的先锋队；我们是最低纲领与最高纲领的统一论者；最大多数人的利益是最要紧和最具有决定性的因素；促进人的全面发展；绝不允许形成既得利益集团；我国新的社会阶层中的广大人员，也是有中国特色社会主义事业的建设者；不能简单地把有没有财产、有多少财产当作判断人们政治上先进与落后的标准，等等。

一系列的新思想、新观点，既坚持了马克思主义的基本原理，又说出了老祖宗没有说过的新话，根据新的形势进一步明确了党的性质、宗旨、目标和动力。这些新思想、新观点付诸实践，增强了党的阶级基础，扩大了党的群众基础和社会影响力。在世界上一些长期执政的大党老党因不适应形势变化纷纷下台时，中国共产党及其引领的中国道路以崭新的面貌进入了新世纪。

“三个代表”重要思想反映了当代世界和中国的发展变化对党和国家工作的新要求，成为以江泽民同志为核心的第三代中央领导集体全部理论创新的象征和灵魂。

2002年，中国共产党迎来了新世纪的第一次代表大会——党的十六大。这次大会，把“三个代表”重要思想同马克思列宁主义、毛泽东思想、邓小平理论一道确立为我们党必须长期坚持的指导思想。江泽民同志在大会上的报告中，进一步阐明了贯彻“三个代表”重要思想的根本要求，强调关键在坚持与时俱进，核心在坚持党的先进性，本质在坚持执政为民。报告深刻地分析了我们党和国家面临的新形势新任务，科学地作出了新世纪头20年是我国一个重要战略机遇期的重大判断，提出了全面建设小康社会的奋斗目标。经济更加发展，民主更加健全，科教更加进步，文化更加繁荣，社会更加和谐，人民生活更加殷实。这是一个推进社会全面发展和人的全面发展的目标，充分体现了实践“三个代表”重要思想的要求。

面向新世纪新阶段，有了科学理论的指导和宏伟蓝图的激励，全党和全国人民更加满怀信心地把中国特色社会主义事业全面推向前进。

发展

与时俱进的中国共产党，在第十六次全国代表大会上实现了领导集体的平稳过渡和顺利交接。胡锦涛同志当选为中共中央总书记。

在中国即将开始全面建设小康社会新的征程时，人们希望看到中共新一届中央领导集体的执政风格和中国道路的走向。在讨论党的十六大报告稿时，胡锦涛同志清楚地表明了自己的态度：“中国共产党要走的道路，就是邓小平同志开辟的、以江泽民同志为核心的党中央坚持并发展了的中国特色社会主义道路。”

2002年12月5日，胡锦涛同志和新的中央书记处全体成员来到了西柏坡。53年前中共中央就是从这里出发进北京，开始执掌全国政权的。在这里，胡锦涛同志引述了毛泽东同志的一段名言：“中国的革命是伟大的，但革命以后的路程更长，工作更伟大，更艰苦。”

果然，新的考验很快就到来了。2003年年初，一场非典型性肺炎在毫无预兆的情况下肆虐成灾。这是一种新发现的传染病，传染性强，没有特别有效的预防治疗办法，加上中国人口多、流动性大，一些地方和部门在应对突发公共卫生事件上准备不足，疫情很快蔓延到中国大部分省区市，广东、北京等地的疫情尤为严重。

4月，在“非典”疫情最严峻的时刻，胡锦涛同志来到广东考察。一面是改革开放以来经济的快速发展，一面是“非典”疫情难以控制给人民群众生命带来严重威胁，而我们的很多措施还跟不上，一些方面还落后于经济的发展。

我们要的是什么样的发展？怎样才能实现人民满意的发展？

在听取广东省委、省政府汇报后，胡锦涛同志感慨地说：“新世纪新阶段，包括广东在内的东部地区正处在一个新的发展起点上，面临着新机遇、新挑战、新任务。我们要认清形势，进一步增强加快发展、率先发展、协调发展的历史责任感和使命感。”“坚持全面的发展观。”

这是“发展观”一词第一次出现在党的最高领导人的讲话中。

一个新的词汇，可能成为一个核心的概念，一个核心概念则可能导致一场理论创新。

2003年7月28日，全国防治“非典”工作会议在北京召开。在这次会议上，胡锦涛同志对发展观的问题进行了阐述：“我们讲发展是党执政兴国的第一要务，这里的发展绝不只是指经济增长，而是要坚持以经济建设为中心，在经济发展的基础上实现社会全面发展。我们要更好地坚持全面发展、协调发展、可持续发展的发展观。”

全面发展、协调发展、可持续发展。一个新的发展观的雏形，就这样呈现在了全党和全国人民面前。

2003年，在党的十六届三中全会上，党中央将这一发展观正式命名为科学发展观。这次会议通过的决议，将坚持以人为本，树立全面、协调、可持续的发展观确立为改革和建设的重要指导方针和原则。从这时起，"以人为本"成为了中国道路上的又一个关键概念。

科学发展观提出"以人为本"的核心理念，强调发展为了人民，发展依靠人民，发展成果由人民共享，科学地回答了"靠谁发展、为谁发展"的问题，是人民群众是历史创造者的唯物史观和中国共产党为人民服务的根本宗旨的生动集中的体现。

科学发展观的提出是抗击"非典"带来的启示，但"非典"毕竟是偶然因素，主要的还是我们国家经过20多年改革开放，经济社会发展到了一个关口，遇到了许多新的矛盾和问题，呈现出新的阶段性特征。如我国经济发展的规模很大、速度很快，但自主创新能力还不强；人民生活得到普遍提高，但收入分配差距拉大的趋势还没有根本扭转；民主法制建设与扩大人民民主和经济社会发展的要求还不完全适应；社会结构、社会组织形式、社会利益格局都发生了深刻变化，但社会管理和建设还跟不上，等等。这些问题和矛盾如果得不到及时解决，不仅全面建设小康社会的目标难以实现，我国经济社会的发展也难以为继。科学发展观就是为解决这些问题提出来的一个总思路，总的答案。

实践给我们提出了新的问题，在马克思主义的指导下对实践的思考和总结，又为我们提供了解决问题的新的视角和方法。以人为本、科学发展的理念开启了中国道路上新一轮的理论和实践创新。

由于我国的社会发展与经济发展不协调，社会建设一直是我们发展道路上的短板。在贯彻科学发展观的过程中，社会建设首先获得重大突破。党的十六届四中全会首次将社会建设纳入我国现代化建设的总体布局，由"三位一体"成为经济、政治、文化、社会建设"四位一体"，进而提出建设社会主义和谐社会的战略任务。此后，和谐成为了中国道路上新的悦人的旋律。

"和为贵"、"和而不同"是中国传统的思维方式和行为准则。它要求承认矛盾和差异，最大限度地协调各种矛盾，使社会保持发展活力同时稳定有序。科学发展观在处理当今社会复杂矛盾与问题时从这里找到了灵感和智慧。

党的十六届六中全会对社会主义和谐社会建设作了部署，社会和谐升华为中国特色社会主义的本质属性。对于我们将要构建的社会主义和谐社会，胡锦涛同志用简短朴实的语言进行了描述："要使全体人民学有所教、劳有所得、病有所医、老有所养、住有所居。"这一描述使得社会主义社会更加亲切，更加现实。

对内坚持科学发展、和谐发展，对外坚持和平发展，两个方面密切联系、有机统一。沿着这一思路，胡锦涛同志把和谐的理念带给了世界。他在联合国成立60周年首脑会议上向世界宣示：我们应该尊重各国自主选择社会制度和发展道路的权利，推动各国根据本国国情实现振兴和发展；应该以平等开放的精神，维护文明的多样性，加强不同文明的对话和交流，协力构建各种文明兼容并蓄的和谐世界。

科学发展，和谐发展，和平发展。科学发展观提出以来，其内容在实践基础上不断丰富，它的一些关键词汇，比如：以人为本，加快转变经济发展方式，建设社会主义新农村，建设创新型国家，建设社会主义核心价值体系，构建社会主义和谐社会，建设生态文明，推动建设和谐世界，等等，正在日益成为影响中国人的思维方式、中国的决策以至中国道路未来走向的重大战略思想。

2007年，中国共产党第十七次全国代表大会召开。在党的十七大报告中，胡锦涛同志用4句话40个字，对科学发展观进行了高度概括："科学发展观，第一要义是发展，核心是以人为本，基本要求是全面协调可持续，根本方法是统筹兼顾。"

这几句话，内涵深刻，简洁明了，但却来之不易，弥足珍贵。学习十六大以来党的重要文献可以看到，胡锦涛同志围绕科学发展观发表了一系列重要论述，从各个方面深刻阐述了科学发展观的历史地位、时代背景、科学内涵、精神实质和根本要求。

科学发展观，是立足社会主义初级阶段基本国情，总结我国发展实践，借鉴国外发展经验，适应新的发展要求提出来的。它是对党的三代中央领导集体关于发展的重要思想的继承和发展，是马克思主义关于发展的世界观和方法论的集中体现，是同马克思列宁主义、毛泽东思想、邓小平理论和"三个代表"重要思想既一脉相承又与时俱进的科学理论，是我国经济社会发展的重要指导方针，是发展中国特色社会主义必须坚持和贯彻的重大战略思想。

科学发展观的提出，使中国的发展道路更加明确了。也就是在这个时候，世界上开始了关于中国道路的讨论。这看起来是巧合，其实有着内在的逻辑。实践上的辉煌成就，理念上的独特魅力，必然使中国的发展道路引起世界的关注。

科学发展观，为我们在新的历史起点上发展中国特色社会主义指明了方向。为了深入贯彻落实科学发展观，党的十七大对社会主义建设事业进行了全面部署，提出了实现全面建设小康社会奋斗目标的新要求。

党的十七大以后，科学发展观进一步转化为全党的自觉行动。在深入学习实践科学发展观活动中，党和国家各个领域的工作逐渐形成有利于科学发展的体制机制。党的十七届四中全会专题研究部署加强和改进新形势下党的建设工作，全面推进党的建设新的伟大工程，着力提高我们党领导科学发展、促进社会和谐的能力。

这一时期，来自国际国内经济政治以及自然界的严峻困难和挑战接连不断，特别是汶川特大地震和国际金融危机。这些困难和挑战，既考验着我们党领导科学发展的能力，也推动着科学发展观理论不断发展完善，加深了我们对经济社会发展规律的认识。这一进程的显著成果，是提出和实施加快转变经济发展方式的战略思想和举措。党中央提出："以加快转变经济发展方式为主线是推动科学发展的必由之路。"2010年，党的十七届五中全会把这一要求进一步具体化到"十二五"规划建议中。

科学发展的理念已经深入人心，走科学发展的道路已经成为全党的共识。

持续的开拓、积累和创新，使中国共产党对"什么是马克思主义，怎样对待马克思主义"、"什么是社会主义，怎样建设社会主义"、"建设什么样的党，怎样建设党"、"实现什么样的发展，怎样发展"等重大问题的认识越来越清楚，从而为中国道路奠定了坚实的理论基础。通过科学发展观这个马克思主义中国化新的理论成果，中国人民对自己追求的目标、遵循的原则、思想的方法，以及对中国未来的发展前景更加明晰，更加充满信心。

随着这条道路的不断开拓和发展，作为领路人的中国共产党，愈加感到道路问题的重要性，更加重视对自己走的这条道路的总结和概括。胡锦涛同志说："道路问题是关系党的事业兴衰成败第一位的问题，道路就是党的生命，道路就是党的事业的命脉。我们党领导的革命、建设、改革事业都经历了寻找正确道路的艰难过程。”

在党的十七大报告中，胡锦涛同志用“三个永远铭记”，让人们记住了几代中国共产党人为开拓这条道路作出的贡献。同时，对中国特色社会主义道路作出了完整的概括：“中国特色社会主义道路，就是在中国共产党领导下，立足基本国情，以经济建设为中心，坚持四项基本原则，坚持改革开放，解放和发展社会生产力，巩固和完善社会主义制度，建设社会主义市场经济、社会主义民主政治、社会主义先进文化、社会主义和谐社会，建设富强民主文明和谐的社会主义现代化国家。”

在纪念党的十一届三中全会召开30周年大会的讲话中，胡锦涛同志系统阐述了改革开放“十个结合”的基本经验。这是我们党在中国特色社会主义道路探索过程中形成的极为宝贵的财富。

在庆祝中国共产党成立90周年大会的讲话中，胡锦涛同志对我们党的奋斗历程进行了回顾和总结，把我们党90年的成就概括为开辟了中国特色社会主义道路、形成了中国特色社会主义理论体系、确立了中国特色社会主义制度，并深刻阐释了中国特色社会主义道路、理论体系和制度的丰富内涵。

历尽天华成此景，人间万事出艰辛。

回顾中国共产党90多年的历史，梳理党的重要文献，学习胡锦涛同志的重要讲话，展现在我们面前的中国道路十分清楚。这条道路，它的开端是马克思主义的传播和中国共产党的成立；它的指向是一个现代化的社会主义国家；它的实践基础是中国革命、建设、改革的历程；它的丰富内涵是马克思主义中国化两次历史性飞跃的理论成果——毛泽东思想和中国特色社会主义理论体系；它的思想灵魂是解放思想、实事求是、与时俱进。

从上海到井冈山，从井冈山到延安，从延安到西柏坡、到北京，从北京走向世界。不懈的探索和追寻，无数的鲜血和汗水，光荣与梦想，责任与担当，一路奋斗，一路畅想，中国共产党人肩扛使命，立足实践，把马克思主义与中国实际相结合，开拓出了中华民族伟大复兴的道路。

这条道路在不同的时段有着不同的风景和不同的内涵。

在这条道路上，人们看到了马克思主义的力量，看到了领路的中国共产党人的志向和逻辑。

沿着这条道路，中华民族已经实现了民族独立和人民解放，中国人民的生活已经达到了小康。再过9年，中国共产党成立100年时，惠及十几亿人口的更高水平的全面小康社会将在中国建成。再过37年，新中国成立100年时，将基本实现现代化，建成富强民主文明和谐的社会主义现代化国家。

我们已经成功地走出了一条道路。90多年的历史告诉我们：这条道路来之不易，今后的路还很长，也不会平坦。但只要我们始终高举中国特色社会主义伟大旗帜，坚持把马克思主义与中国实际相结合，坚定不移地沿着中国特色社会主义道路走下去，就一定能够实现我们的奋斗目标。

（选自《党的文献》2012年第4期）

科学发展观：一个新的指导思想

石仲泉

党的十八大的一个伟大成就，是明确宣布科学发展观为指导党和国家全部工作的强大思想武器，同马克思列宁主义、毛泽东思想、邓小平理论、“三个代表”重要思想一道，是中国共产党必须长期坚持的根本指导思想。这是对科学发展观的理论地位和历史作用的一个新的认定，也是对这个中国化马克思主义理论最新成果的重要提升。

一

科学发展观是在2003年10月召开的党的十六届三中全会上正式提出的，并在党的十七大上作为我国经济社会发展的重要指导方针和发展中国特色社会主义必须坚持和贯彻的重大战略思想写入了党章。党的十八大之所以将科学发展观提升为党的新的指导思想，首先是由其重大的理论创新性决定的。

科学发展观，在我们党深刻总结我国长期以来经济建设的经验教训的基础上，充分吸收人类现代文明进步最新成果，站在历史和时代的高度，把坚持以人为本和经济社会全面、协调、可持续发展统一起来，进一步明确了新世纪新阶段我国社会主义发展的一系列重大问题，不仅有重大的政治意义，还有重大的理论意义。它对中国特色社会主义理论乃至马克思主义的科学社会主义理论作了很大的丰富和发展，是最近10年来最大的理论创新。

第一，科学发展观对中国共产党关于社会主义的发展理论有重大发展。社会主义的根本任务，用最简捷的语言来表示，就是发展。建设中国特色社会主义的主题，一言以蔽之，也是发展二字。新中国成立后，中国共产党为中国社会主义的发展呕心沥血，历尽艰辛，直至十一届三中全会以后，才探索出建设中国特色社会主义的正确道路，形成了关于经济社会发展的科学理论。坚持以人为本的科学发展观，不仅坚持和拓展了“发展是硬道理”和“发展是党执政兴国的第一要务”的思想，而且将中国特色社会主义的正确发展方向、全面建设小康社会的和谐发展道路和中国共产党执政的科学发展理念贯通起来，进一步回答了什么是发展、为什么发展和怎样发展的重大问题，赋予党的发展理论以新的时代内涵和实践要求，深化了对社会主义发展规律的认识，是中国化的马克思主义发展理论的新形态。

第二，科学发展观对马克思主义关于人自身的发展理论有重大发展。马克思有一句名言：

人的本质，是一切社会关系的总和。《共产党宣言》有一个著名论断：在未来社会，每个人的自由发展是一切人的自由发展的条件。进入新世纪以来，中国共产党重申《共产党宣言》的观点，并将所追求的未来共产主义社会关于人的理想和现阶段关于人的发展目标作了区分，提出目前努力实现“人的全面发展”，作为将来实现“每个人的自由而全面的发展”的前提。科学发展观“以人为本”，就是以最广大人民的最大利益为根本。在当代中国，这个人就是以工人、农民、知识分子等劳动者为主体、包括其他社会各阶层最广大的人民群众。这里的人既指群体，也不排斥群体中的个体。这正是科学发展观提出后得到社会和学界热烈拥护和高度评价的一个重要原因。“以人为本”的科学发展观，既体现了马克思主义的基本观点，又进一步明确了人的发展和社会发展的关系、每个人的发展和一切人的发展的关系、人民群众的根本利益和各方面群众的具体利益的关系，是对马克思主义关于人的发展理论，从而也是中国共产党关于人的发展理论的重要创新。

第三，科学发展观对长期存在的以社会为本的发展观有重大发展。所谓社会发展，主要指社会经济、政治、文化的发展。人的发展则指人的知识、能力、素质等的发展。这两者既是统一的，又是相矛盾的，是对立的统一。一方面，社会的发展为人的发展提供环境和条件；另一方面，人是社会的细胞，社会是人的社会，没有人的发展就没有社会的发展。根据上述马克思的观点，人的发展比社会的发展更具根本性，因为人的发展是社会发展的终极目的，人的发展状况决定着社会发展状况。但是，从人类历史发展的实际过程来看，社会的发展在许多方面、在某种程度上又是以牺牲人的发展来实现的。这不仅在剥削阶级占统治地位的社会是很明显的，就是在我们所处的社会主义社会初级阶段，在相当长时期也很难不以社会发展为本。这是由于我国经济社会发展十分落后，为了社会进步和国家富强，不得不作出的选择。但是，随着社会进入科技飞快发展的时代，随着我国经济体制转型和经济增长方式转变，人才的作用、知识的力量空前提高，人的发展在社会发展中的作用日益凸显。科学发展观将“以人为本”作为第一语宣示，使人耳目一新。它既实现了由以社会为本的发展观到以人为本的发展观的巨大转变，也实现了马克思主义发展理论的新飞跃。

第四，科学发展观对马克思主义执政党建设理论有重大发展。科学发展观强调以人为本，实现经济社会的全面、协调、可持续发展，进一步丰富了党的执政理念，更加明确地体现了中国共产党立党为公、执政为民的本质。它以实现人的全面发展为目标，把最广大人民的根本利益作为党和国家一切工作的出发点和落脚点，从实现好、维护好、发展好最广大人民的根本利益出发来谋发展、促发展，做到发展为了人民、发展依靠人民、发展成果由人民共享。这既反映了中国共产党对中国特色社会主义发展规律的新思考，也反映了对执政规律、执政能力、执政方略、执政方式的新认识。因此，这是对马克思主义执政党建设理论的重大发展。

二

党的十八大将科学发展观作为新的指导思想，还由于它具有独特的实践优特性。提出科学发展观的10年，也是践行科学发展观的10年。从实践层面看，科学发展观至少有这样四大特点：

一是科学内涵更具明确性。科学发展观的内涵很明确。它的“第一要义是发展，核心是以人为本，基本要求是全面协调可持续，根本方法是统筹兼顾。”各要素的功能定位很明确。作为第一要义的“发展”，是为发展中国特色社会主义打下坚实基础；作为核心的“以人为本”，是突出党的一切奋斗和工作都是为了造福人民；作为基本要求的“全面协调可持续”，是使人民在良好的自然生态环境和人文社会环境中生产、工作和生活，实现经济社会永续发展；作为根本方法的“统筹兼顾”，是为了正确认识和妥善处理中国特色社会主义事业中的重大关系。一言以蔽之，科学发展观强调的是发展的科学性。只要把握“科学”二字，就把握了它的本质和精髓。

二是思想要素更具实在性。上述四大要素，除以人为本具有一定的抽象性，一经解读，也很明白，且为大多数人达成共识以外，其他三要素都具有质朴的实在性，可谓一目了然，不会产生歧义。这四大要素都是针对实际工作存在的问题或要防止的偏向而提出的，因而有很强的实际针对性。比如，讲“第一要义是发展”，就是针对那种否定“以经济建设为中心”的观点而强调的。科学发展观，是以经济建设为中心的科学发展观。发展首先要牢牢地抓好经济发展。尽管我国已成为世界第二大经济体，但是经济发展的实力还很脆弱，经济发展指数中的科技含量还需要大幅度提高，人均 GDP 指标还与发达国家差一大截。在当前国际综合国力竞争日益激烈的形势下，特别是在周边局势还不太平的国际环境下，坚持以经济建设为中心，继续大力解放和发展生产力，对于国家安全和人民福祉具有特别重要的战略意义。科学发展观就是用来科学指导发展这个主题的，离开了发展主题就没有意义。因此，它的实在性和针对性是长期起作用的。

三是宣传解读更具普及性。科学发展观的内涵和要素都很明确和实在，不那么抽象和虚泛，因此，它提出 10 年来，对其有异议者不多，其认知度比较高，受众面比较广，普及层更大，连山村老妪都懂得要科学发展、持续发展、和谐发展，可谓深入人心。这既说明科学发展观是马克思主义中国化、时代化、大众化的很突出的理论成果，也说明它的提升具有广泛的群众基础。

四是贯彻执行更具操作性。科学发展观既是理论体系，也有实施的明确规范。为了深入贯彻落实科学发展观，在提出时就强调了四大基本要求。即一是必须坚持党的基本路线，在任何时候都决不动摇；二是积极构建社会主义和谐社会，努力形成全体人民各尽其能、各得其所而又和谐相处的局面，为发展提供良好社会环境；三是继续深化改革开放，为发展中国特色社会主义提供强大动力和体制保障；四是切实加强和改进党的建设，为科学发展提供可靠的政治和组织保障。这样的明确规定，不仅有利于全面把握科学发展观的精神实质，而且有利于把科学发展观贯彻落实到经济社会发展各个方面。科学发展观提出 10 年来，一直在讲“深入贯彻落实”。10 年的实践证明，它提出的各项要求具有较强的操作性，不仅对于尊重人民主体地位、保障人民各项权益等方面，而且对于转变发展方式、提高发展质量和效益、坚持各项事业的全面协调可持续发展等，都起了更为显著的作用。

10 年来，中国特色社会主义各项事业，在总体上得到又好又快的发展，不能不说，与对它的“深入贯彻落实”有密切关系。它的上述优良特性是将其提升为指导思想，以便长期坚持的重要原因。十八大报告指出：必须把科学发展观贯彻到我国现代化建设全过程、体现到党的建设各方面。全党必须更加自觉地把推动经济社会发展作为深入贯彻落实科学发展观的第一要义，更加自觉地把以人为本作为深入贯彻落实科学发展观的核心立场，更加自觉地把全面协调可持续作为深入贯彻落实科学发展观的基本要求，更加自觉地把统筹兼顾作为深入贯彻落实科学发展观的根本方法。

三

科学发展观提升为党的指导思想，还有历史的客观需要。从中国化的马克思主义理论一个又一个地提升为党的指导思想的历史看，这个需要是十分明显的。

关于毛泽东思想。在上个世纪40年代初毛泽东同志的《新民主主义论》发表后，就有专家学者撰文认为中国“有了自己的马克思主义”，开始提出“毛泽东同志的思想”、“毛泽东的理论和策略的体系”等概念。整风运动开展后，全党首先是党的高级干部，通过对历史问题的深入讨论，总结正反两方面的经验教训，认识到毛泽东同志不仅在革命实践上是党的正确路线的代表，而且在理论上对马列主义有创造性的发展，是中国化的马克思主义的集中体现，中国革命要取得胜利必须高举毛泽东思想伟大旗帜。因此，党的七大正式确立毛泽东思想为党的指导思想。

关于邓小平理论。党的十一届三中全会开始全方位的拨乱反正，努力推进在思想路线上从“两个凡是”到实事求是的转变、在政治路线上从以阶级斗争为纲到以经济建设为中心的转变、在经济发展方针上从僵化半僵化、封闭半封闭到全面改革开放的转变，国家的发展进入了一个新的历史时期。邓小平同志在1982年党的十二大将新的路线和方针政策昭告为“走自己的路，建设有中国特色的社会主义”。党的十三大宣布：中国共产党开始找到一条建设有中国特色的社会主义道路，还初步建构了“建设有中国特色的社会主义理论”的大体轮廓。1992年邓小平的南方谈话，又为我国的经济体制改革实现从计划经济到社会主义市场经济的转变指出了明确方向，使中国特色社会主义事业的进步发展进入了“快车道”。党的十四大首次提出“邓小平同志建设有中国特色的社会主义理论”这一称谓，并指出这个理论“是引导我国社会主义事业不断前进的指针”。经过对改革开放和现代化建设近20年实践经验的总结，党的十五大对邓小平建设有中国特色的社会主义理论作了进一步提升，不仅正式使用邓小平理论这个更加鲜明简洁的科学概念，而且高度评价邓小平理论是马克思主义在中国发展的新阶段。这样，邓小平理论成为党的行动指南反映了全党全国人民的共同心愿。

关于“三个代表”重要思想。在历史进入新千年的新世纪之际，面对世情、国情和党情发生的重大变化，如何跟上时代步伐，建设一个什么样的执政党和怎样建设执政党的问题日显突出。“三个代表”重要思想作为一个由治党及至治国的理论回应了历史的需要。这就是从作为中国先进生产力发展要求的代表来说，中国共产党执政必须具有更加强大的物质基础；从作为中国先进文化前进方向的代表来说，中国共产党执政必须具有更加强大的精神基础；从作为中国最广大人民根本利益的代表来说，中国共产党执政必须具有更加强大的群众基础。只有这样，社会主义中国才能在激烈的国际竞争中更加发展壮大，中国共产党才能始终成为带领中国人民建设中国特色社会主义的领导核心。这既是“三个代表”重要思想提出的历史背景，也是党的十六大也将其确立为新的指导思想的基本考量。

再来看科学发展观。在新世纪新阶段，面对经济全球化的新机遇新挑战，一方面需要科学判断国际形势和世界发展趋势，认真汲取世界各国发展的经验教训，进一步把中国的发展放到世界的大局中来思考；另一方面也需要深刻总结长期以来我国经济社会发展的实践经验以及我国进入新世纪以来经济社会发展出现的阶段性特征。这样，顺应时代潮流和国情需要便提出了科学发展观。10年的实践证明，科学发展观推进了中国特色社会主义事业又好又快地进步发展。党的十七大在概括中国特色社会主义理论体系时，包括了邓小平理论、“三个代表”重要思想和作为战略思想的科学发展观。这三个理论的关系，可以从两个维度来把握。从横向看，它们是根据不同历史发展阶段的需要而提出的，是总结那个阶段实践经验的理论创新成果；“三个代表”重要思想和科学发展观都是与时俱进对邓小平理论的继承和发展，具有递进性。从纵向看，由于邓小平理论是中国特色社会主义理论体系的本源理论，“三个代表”重要思想作为由治党及至治国的理论，主要是回答了建设一个什么样的执政党和怎样建设执政党的一系列重大问题，相对于邓小平理论来说，更多地侧重于党的领导和党的建设问题。科学发展观由于是马克思主义关于发展的世界观和方法论的集中体现，赋予马克思主义关于发展的理论以新的时代内涵和实践要求，对新形势下实现什么样的发展、怎样发展等重大问题作出了新的科学回答，把对中国特色社会主义规律的认识提高到新的水平，开辟了当代中国马克思主义发展新境界。它对于邓小平理论，更多的是丰富了经济社会发展的理论。这样，“三个代表”重要思想和科学发展观对于邓小平理论都具有纵深性。“三个代表”重要思想已经在10年前提升为党的指导思想了，党的十八大将科学发展观提升为指导思想乃势所必至。这是党的指导思想发展的历史逻辑所使然。

（作者：中共中央党史研究室原副主任）

（选自《前线》2012年第12期）

科学发展的世界观和方法论

——马克思主义中国化的新境界

郭祥才

科学发展观作为马克思主义关于发展的世界观和方法论的集中体现，其思想内涵是丰富而深邃的，涵盖了发展本体论、发展矛盾论、发展实践论和发展方法论等发展哲学问题。深刻领悟其理论真谛，对于实现科学发展常态化具有重大意义。

一

作为马克思主义关于发展的世界观和方法论的集中体现，科学发展观首先立足于当代发展实践，坚持和弘扬了马克思主义的发展本体论，进一步揭示了发展世界的存在状况和演进规律。科学发展观不仅仅把人看成是发展的本体，同样把自然、社会都看成是发展的本体。“自然界是包括人类在内的一切生物的摇篮，是人类赖以生存和发展的基本条件。保护自然就是保护人类，建设自然就是造福人类。”正是基于对自然本体的认知，科学发展观提出，要牢固树立人与自然和谐的观念，建设反映这种和谐的环境友好型社会；也正是基于对社会本体的认知，科学发展观提出，要构建反映自然、人、社会相统一的和谐社会。胡锦涛同志不仅充分肯定了马克思关于自然、人、社会和谐关系的论述，而且认为，这种“既强调了社会关系的变革，也强调了人与自然关系的变革，深刻体现了马克思主义关于发展的世界观和方法论”。科学发展观的论述中，以人为本、全面协调可持续、环境友好型社会、和谐社会最根本、最集中反映的就是“人与人、人与社会、人与自然整体和谐”。科学发展观在本体意涵上，最重要的贡献就在于突出人的核心地位。必须走出“以人为本”的单一本体论误区。科学发展观在本体论上绝不是单一“人本”论，而是“人本”核心论，它强调要在发展实践中正确处理好自然、人、社会之间的关系，要充分发挥人的主体地位和主导作用，充分体现了重点论与两点论的统一。科学发展观既是对马克思主义发展本体论的丰富和发展，也是对当代世界发展实践的深刻总结。当代发展问题的凸现说到底就是发展本体问题的凸现，所反映出来的发展矛盾、发展困境、发展危机无不涉及对发展本体的认识，都需要从自然、人、社会的相互关系上来加以解决。科学发展深刻揭示出，发展本体的历史发展是一个整体性的系统演进过程。人在本体系统演进过程中不仅具有主体地位和主导作用，而且对象化程度越高，人的主体地位和主导作用就越大，对象化运动越是向高级演进，对象化的速度、节奏就越快，人的需要就越高、越全面，对自然的利用就越高，自然的人工化就越强，社会组织程度就越高，这就越加需要考虑全面协调可持续发展，使发展本体系统演进从必然王国不断走向自由王国。

二

科学发展观作为发展的世界观和方法论，其科学性不仅在于坚持了唯物主义的发展本体论，还在于坚持了发展的辩证法。在发展本体论上，科学发展观就把发展本体看成是有机的整体，主张发展本体的系统演进，同时又突出了人在发展本体系统演进中的核心地位和主导作用，把发展本体的历史演进看成是人与自然、人与社会、社会与自然之间的全方位的、多层面的，由低级向高级的矛盾运动过程。科学发展观不仅坚持了唯物辩证法的全面发展观，而且深刻地揭示了发展过程中的诸多矛盾关系，形成了发展辩证法的系统理念。

——均衡与非均衡的矛盾：发展的协调性规律。在科学发展观看来，全面发展不等于笼统发展，而是强调要正确把握和处理好系统发展的各种矛盾关系。首先就是要正确把握和处理好均衡与非均衡的矛盾关系。均衡指的是发展的共性、一致性和无差异性，非均衡指的是发展的个性、不一致性和差异性。发展中的均衡与非均衡矛盾，从根本上说，就是根源于发展的系统性。均衡和非均衡虽然都反映了发展所应有的特定属性和要求，但不能成为独立的发展方式，否则就会片面化和极端化。在发展过程中既不能太均衡，也不能太不均衡，均衡与非均衡必须保持一个合理的比例关系，均衡到什么程度，非均衡到什么程度，这个结合点就是协调。协调发展是根源于复杂系统的均衡与非均衡的矛盾，是标志均衡与非均衡相统一的一种发展状态和过程，发展的均衡与非均衡矛盾运动的实质就在于协调发展。在科学发展观看来，协调发展本位是发展，是整体性的发展，是有重点、有轴心的发展，是着眼于可持续的发展。

——发展与再发展的矛盾：发展的可持续规律。科学发展观的科学内涵有着内在的逻辑性，人本核心论所突出的是发展的主体性，而全面协调可持续发展作为三个基本点或基本要素，所强调的是发展的整体性、发展在空间结构上的协调性和在时序进程上的持续性。科学发展观不是简单地吸纳国际社会的可持续发展理念，而是将它融合到科学发展观的科学内涵之中，从而实现发展观的全面提升。发展不仅具有系统性，还具有过程性，发展是过程的集合体，发展的过程性是发展与再发展矛盾产生的内在根据。发展与再发展是相互规定的，现实的发展可以规定未来的再发展，而未来的再发展作为现实发展的必然趋势，也要规定着现实的发展；发展与再发展更是相互作用的，既要以现实的发展去展示未来的再发展，又要以未来再发展的目标和要求来“扬弃”现实的发展，高于现实发展形态的未来再发展，必须建立在现实发展基础之上，通过量的不断积累，发展形态的逐步提升，才能进入更高形态的再发展阶段；同样当现实发展对再发展有了充分的展示，又必须以更高形态的再发展来积极地“扬弃”现实低级形态的发展，这样才能使发展不仅不至于中断，而且伴随着发展形态的转型升级而得到更好的发展。这种发展与再发展矛盾运动的实质就是可持续发展。可持续发展是根源于发展与再发展的矛盾，是标志发展与再发展相统一的一种状态和过程。可持续发展最重要的特性就在于持效性、优质性、协调性和公平性。

——进步与代价的矛盾：发展的最佳化规律。科学发展观虽然没有将“又好又快”纳入其内涵之中，但却明确认为，“又好又快发展是全面落实科学发展观的本质要求”。“又好又快”固然存在着好与快的矛盾关系,但更是一个“有机统一的整体”，它是科学发展所追求的统一目标，是科学发展最佳化的根本标志，也就是说，科学发展观倡导“又好又快”，其思想真谛就是要以最小的代价取得最大的进步。发展问题之所以要处理好进步与代价之间的矛盾关系，原因就在于发展是有条件的，马克思主义辩证发展观或科学发展观最注重的就是发展的条件性。发展进程中的进步与代价是相辅相成的，一方面代价能够为进步提供动力支持，甚至开辟道路；另一方面进步能够“扬弃”代价、补偿代价。进步与代价相辅相成，但并不是完全对等的。对人们来讲，最理想的就是以最小的代价取得最大的进步。也就是说，进步与代价矛盾运动的实质就是要以最小的代价取得最大的进步。而要达到这样的目的必须做到，在实践之前要对代价进行科学的预测，实践之中要对代价进行有效的控制，实践之后要对代价进行积极的补偿。“又好又快”作为贯彻落实科学发展观的本质要求，就是要求我们必须重视当代发展实践高风险、高代价的特征,进一步解放思想，转变观念，要敢于发展、敢于改革、敢于创新，进一步建立和健全代价的预测机制、控制机制和补偿机制，把敢于付出代价与善于付出代价辩证地统一起来，以最小的代价而获得最大的进步，实现发展的最佳化。

——效率与公平的矛盾：发展的正义性规律。科学发展观所反映的不仅仅是发展的效率问题，而且还反映发展的公平问题，主张效率与公平相统一的正义性发展。在发展观的视野里，效率是指主体进行对象化活动而形成文明进步的功能性标志，效率所反映的是发展过程中的主体与客体的关系，是主体在一定历史时期为推动发展发挥自主性、积极性、创造性，掌控和配置发展资源，运用发展手段，获取文明进步的集中体现。发展既反映着主体与客体的关系，也反映着主体与主体的关系。公平是指不同的主体在统一的发展进程中，特别是对所取得的文明进步成果享有一视同仁的平等权益。在发展过程中之所以会产生效率与公平的矛盾，最根本的原因就在于发展的利益性。效率与公平的矛盾运动是互为前提、互为动力和互为约束的。效率与公平是统一发展过程所表现出来的反映主体与客体、主体与主体相互关系的两种现象，没有离开公平的效率，也没有离开效率的公平；人们创造效率的对象化活动是公平关系得以确立和演进的源泉，而效率的提高及其所取得的文明成果，必然从物质上确保公平需求的实现，效率对公平的推动作用，不仅能够促进公平需求的实现，还能够促进公平关系以及公平理念的变革和提升；人们创造效率的主动性、积极性以及对发展资源的配置利用都不是自发的，而是靠激发的，公平的利益关系或制度、体制和机制必将更有效地配置发展资源，更好地调动人们创造效率的主动性和积极性，这就是公平对效率的促进作用。公平和效率也是相互制约的，低下的效率会制约公平，同样不合理的公平关系也必然制约效率的创造。既然发展存在着效率与公平的矛盾关系，那么，发展的正义性就不仅仅是效率的问题，或公平的问题，而应该是效率与公平的辩证统一。这种辩证统一必须遵循历史进步的原则、差异适度的原则、双向互利的原则和包容共生的原则。

三

科学发展观不仅坚持了发展的唯物主义路线，充分体现了发展的辩证法，而且高度突出了发展的实践性。科学发展观是对“发展实践”

的深刻总结，“是指导发展的科学思想”。科学发展观重在贯彻和落实，胡锦涛同志反复强调，要“增强贯彻落实科学发展观的自觉性和决定性”，而在对发展实践的要求中，最突出的就是“又好又快”的问题，胡锦涛同志明确指出，“又好又快发展是贯彻落实科学发展观的本质要求”。“又好又快”作为发展实践的目的和要求，既是面向世界更是着眼于中国还属于后发现代化国家的历史方位而确立的。对于后发现代化或发展中国家来说,要实现“又好又快”地发展，极为重要的就是要发挥后发优势，并积极地选择能够发挥后发优势的“跨越发展”的实践方式。“又好又快”是马克思主义跨越发展观中国化、实践化的集中体现，也是科学发展实践论的集中体现。“跨越发展”既不是局限于低形态的加快或加速发展，也不是越过低形态的跳跃发展，而是高形态与低形态的一体化发展，其本质就在于高形态与低形态的双向互动。这就决定了必须根据当下人类文明形态转型的程度和后发国家自己所处的历史方位，按照跨度合理化的原则来确定跨越发展的具体路子，即要选择反映现代性与后现代性相统一的新型现代化之路。对我国来说，这种跨越发展至少要包括如下几个方面：一是走新型工业化道路，实现生产力的跨越发展；二是发挥制度优势，实现生产力跨越与制度跨越的双向互动；三是以人为本,实现主客体的双重跨越;四是统筹兼顾，实现从局部跨越到整体跨越。

四

科学发展观是马克思主义关于发展的世界观和方法论的集中体现。从科学发展观的内涵来看，以人为本和全面协调可持续发展的理念不仅具有发展的世界观功能，还有发展的方法论功能。为了进一步强化科学发展观的方法论功能，科学发展观还把统筹兼顾上升到科学发展的根本方法加以规定，这既是对我国社会主义建设经验的深刻总结，对我们党的工作方针、方法的继承和弘扬，更是体现了重大理论创新的现实要求。统筹兼顾作为科学发展观的根本方法，首先是由科学发展观的系统性所规定的。科学发展观不是单向度的，而是多维度的，是发展观的集合体。它把以人为本的发展观、全面的发展观、协调的发展观和可持续的发展观结合为有机整体，形成统一的发展观，并以此来统领所有发展实践，所以，统筹兼顾作为根本方法，就是科学发展观的内在要求和题中应有之义。从科学发展观的构成要素及其实现机制来看，无论是坚持以发展为第一要义，还是遵循以人为本、全面协调可持续发展，在具体实践过程中都必须处理好统筹兼顾的问题。统筹兼顾，固然有其总揽全局、全面规划、兼顾各方、综合平衡之义，但作为科学发展观的根本方法，其所体现的发展辩证法和辩证思维方式，有更深刻的思想内涵。它体现了整体与局部的统一、普遍与特殊的统一、重点与一般的统一、宏观与微观的统一、近期与长远的统一、一元与多元的统一。统筹兼顾的表现形态也是多方面的，如以主客体为坐标系的统筹兼顾，以时空为坐标系的统筹兼顾，以文明业态为坐标系的统筹兼顾，以利益关系为坐标系的统筹兼顾，以制度体制为坐标系的统筹兼顾，以战略决策为坐标系的统筹兼顾。当然这些也是相对的，在实际过程中是经常融合在一起的。

（作者：中共浙江省委党校哲学教研部主任、教授）

（选自《中共中央党校学报》2012 年第 5 期）

强化贯彻落实科学发展观的制度保障

江西省中国特色社会主义理论体系研究中心

制度带有根本性、全局性、稳定性和长期性。胡锦涛同志在省部级主要领导干部专题研讨班开班式上的重要讲话中指出："深入贯彻落实科学发展观仍然是一项长期艰巨的任务，面临着一系列极具挑战性的矛盾和困难。我们必须以更加坚定的决心、更加有力的举措、更加完善的制度来贯彻落实科学发展观，真正把科学发展观转化为推动经济社会又好又快发展的强大力量。"这一重要论断表明，深入贯彻落实科学发展观，真正把科学发展观转化为推动经济社会又好又快发展的强大力量，制度建设至关重要。

制度建设是深入贯彻落实科学发展观的根本保障

经过60多年的艰辛探索，我们已形成了一整套由根本制度、基本制度、具体制度以及中国特色社会主义法律体系组成的相互衔接、相互联系的中国特色社会主义制度。这一制度是推动中国特色社会主义事业前进的重要力量，是深入贯彻落实科学发展观的根本保障。

制度建设是保障科学发展观充分发挥作用的重要条件。制度是在特定的社会活动领域围绕一定目标形成的具有普遍意义、相对稳定和正式的社会规范体系，它确定实践活动的范围和限度及方式和流程。科学发展观是指导中国特色社会主义现代化建设的科学理论，深入贯彻落实科学发展观就是要将科学发展观转化为实践并取得成效，推动我国经济社会科学发展。因此，只有不断加强制度建设，充分发挥制度保障作用，才能使科学发展观真正统领、指导我国经济社会发展。

制度建设是巩固科学发展观一系列理论与实践成果的重要保障。深入贯彻落实科学发展观既是一个由理论到实践，再由实践上升为新的理论的理论创新过程，也是一个以人为本，不断调整经济社会结构和利益格局，不断发展生产力，实现全面、协调、可持续发展的实践过程，其理论创新成果只有通过一系列的制度才能得以巩固、完善；其实践成果同样必须通过相关制度，例如民主政治制度、收入分配制度、社会保障制度等载体才能落到实处，实现发展成果全民共享。

深化制度建设须把握好几个关键环节

党的十六大以来，我们党不断深化改革，完善制度体系，完善与生产力发展要求相适应的经济、政治、文化和社会制度以及体制和机制，制度建设取得了巨大成就。但随着国内外形势的深刻变化，中国特色社会主义制度在实践中还面临一系列困难和挑战。比如，中国特色社会主义制度已经确立，但具体的制度形式和各方面的体制机制还存在一些问题，发展中不平衡、不协调、不可持续问题仍然突出，制约科学发展的体制机制障碍仍然存在，某些制度上的缺失、制度体系不完备、制度运行机制不健全不规范现象仍然存在。因此，制度建设仍然任重道远，在发挥已有制度优势的基础上，进一步创新完善现有制度、体制和机制，仍然是深入贯彻落实科学发展观的重要任务。

遵循规律，搞好制度设计。制度建设是人的社会性实践活动，体现人的意志和价值追求，并受制于社会现实条件。只有遵循制度建设的客观规律，制度才会有生命力，才能发挥应有作用。因此，坚持和完善中国特色社会主义制度，不断加强制度建设，应加强理论研究、搞好制度设计，依据现实条件和制度建设规律完善制度，使制度更好地体现社会发展的要求和人民的意志，使中国特色社会主义制度始终保持旺盛活力和生命力。

深化改革，完善制度体系。中国特色社会主义制度应在深化改革开放中完善和发展。一方面需要不断加强对制度的整体战略谋划，统筹全局；另一方面需要改革严重制约科学发展的体制机制，着力解决发展中不平衡、不协调、不可持续的突出问题，推动具体制度的完善与成熟。当前我国体制改革进入攻坚阶段，改革涉及面宽，触及深层次问题，难度更大。这就要求增强改革的协调配套，找准深化改革的突破口，明确深化改革的重点，不失时机地推进重要领域和关键环节的改革。只有不同层面、不同类型的制度各司其职、有机协调，才能真正实现中国特色社会主义制度的自我完善和发展。

狠抓落实，强化制度执行。制度的生命力在于执行。狠抓落实，强化制度执行，应通过形式多样的宣传教育，使人们领会制度精神、熟知制度内容，不断增强制度意识，牢固树立严格按制度办事的观念，养成自觉执行制度的习惯；坚持有制必依、执制必严、违制必究，坚决制止随意变通、恶意规避、有意破坏制度的行为，维护制度的权威性；加大制度执行监督力度，建立健全制度执行的监督机制，建立健全制度执行问责机制，把制度执行情况纳入党风廉政建设责任制等，保证制度得到贯彻执行。

（执笔：冯霞、祝黄河）

（选自《人民日报》2012 年 11 月 6 日）

延伸阅读

十七大以来科学发展观研究新进展综述

韩振峰

2003年10月，党的十六届三中全会第一次明确提出了“科学发展观”的概念。之后，以胡锦涛为总书记的党中央，紧密结合我国改革开放和社会主义现代化建设新的实际，对科学发展观作出过一系列重要论述，使科学发展观的理论不断丰富和完善。

2007年10月召开的党的十七大对科学发展观的科学内涵、基本内容和精神实质等作出了科学概括。十七大以来，我国学术理论界的专家学者也对科学发展观的一系列理论问题进行了多学科、多角度、多方位的研究，并取得了大量很有影响的研究成果。本文拟围绕科学发展观提出的重要意义、科学发展观的基本内涵、科学发展观的理论体系、科学发展观的历史地位等几个问题，对党的十七大以来学术理论界的研究成果进行梳理和评析，以期把科学发展观的研究进一步引向深入。

一、关于科学发展观提出的重要意义

科学发展观是中国特色社会主义理论体系的一个重要组成部分，是对党的三代中央领导集体关于发展的重要思想的继承和发展，是马克思主义关于发展的世界观和方法论的集中体现。科学发展观的提出，不仅具有重要的理论和现实意义，而且还具有深远的历史意义。

学者们首先从理论与实践有机结合的高度探讨了科学发展观提出的理论意义和现实意义。有学者指出，科学发展观是辩证唯物主义的发展观，是对辩证唯物主义关于联系、发展和矛盾动力等基本观点的科学运用；科学发展观又是历史唯物主义的发展观，它强调的以人为本、全面协调可持续等都是建立在历史唯物主义基础之上的。以人为本充分体现了历史唯物主义关于人民群众是历史的主体的基本观点，体现了社会主义发展动力与发展目的的统一，体现了无产阶级政党群众观点和群众路线的本质要求。科学发展观是中国共产党对发展理论的新概括和新发展，它准确地揭示了我国经济社会发展规律、社会主义现代化建设规律和中国共产党的执政规律，是我国经济社会发展的重要指导方针。还有的学者指出，科学发展观是马克思主义关于发展的世界观和方法论的集中体现，它紧密结合中国特色社会主义的伟大实践，吸收人类文明进步成果，用一系列新思想、新观点、新论断，深化了对社会主义发展规律的认识，指明了实现经济社会又好又快发展的科学道路，这对于全面建设小康社会、不断开创中国特色社会主义道路具有重大的理论意义和实践价值。

科学发展观的提出，不仅具有重要的理论价值，而且还具有重要的现实指导意义。有学者指出，科学发展观不仅以其系统的理论形态，继承、概括和向前推进了马克思主义的发展观和历代中国共产党人的发展理论、发展思想，因而形成马克思主义发展观的当代新形态，而且以发展为主题，构成了涵盖哲学、政治学、经济学、科学社会主义等丰富内容的综合性的思想体系，表现为当代中国马克思主义的新的理论形态，是指导中国发展的长期性和整体性的指导思想。第一，它凸显并丰富了发展这一主题，实现了马克思主义理论主题、中国特色社会主义实践主题同全人类的时代主题的高度统一，在更广阔的范围、更深刻的内涵上提出和解决发展问题，拓宽了马克思主义理论发展的时代空间；第二，它依据中国社会主义社会发展从温饱阶段跨入全面建设小康社会新阶段对发展的新的更高的要求，明确提出以人为本的发展价值理念和全面、协调、可持续的发展原则，把促进人的全面发展作为社会主义的本质要求，完整地勾画出了当代中国马克思主义的新发展观的基本框架，把马克思主义中国化的历史进程推向了一个新阶段；第三，它不仅更新了发展的观念，提升了发展的境界，而且进一步完善了发展的思路与战略，以什么是发展、为什么发展、依靠谁发展、怎样促进发展、如何评价发展等系统的理论观点，进一步完善了中国特色社会主义学说的认识。科学发展观的创立必将对马克思主义在新时代、在世界范围内新的与时俱进产生重大的影响。

除了研究科学发展观的理论和现实意义外，有的学者还探讨了科学发展观提出的世界意义。有学者指出，科学发展是人类社会发展的必然选择。随着实践的不断发展，科学发展观的世界意义日益彰显。在全球视域下，科学发展观丰富和发展了人类关于发展的理论。实践科学发展观，有利于维护世界的长期和平，有利于推动世界的共同发展，有利于实现全人类世世代代的永续发展和科学发展。还有学者指出，科学发展观的提出具有宽广的世界眼光，它是把中国的发展问题放在全球大背景中进行思考所得出的重大理论成果。科学发展观实现了对传统发展观的历史超越，不仅顺应了当今世界的发展潮流，而且对解决发展中国家面临的许多重大问题，具有广泛的世界意义。与此同时，科学发展观也开启了科学社会主义的新视野，不仅有力地指导了中国社会主义的改革和发展，也有助于推动人类经济社会事业的发展进步。

二、关于科学发展观的基本内涵

关于科学发展观的基本内涵和精神实质，党的十七大报告作过明确概括，即：科学发展观，第一要义是发展，核心是以人为本，基本要求是全面协调可持续，根本方法是统筹兼顾。但是，科学发展观的基本内涵和主要内容并不是一成不变的，而是不断丰富和发展的。学术理论界从不同的角度，对科学发展观的基本内涵、主要内容和基本要求等作了分析和阐述，提出了许多新的见解和思路。

有学者从方法论的角度为我们全面认识和理解科学发展观提供了一种全新的思路，提出：从本质属性来说，科学发展观是一种新的战略思想；从内容属性来说，科学发展观是一种新的思想体系；从方法属性来说，科学发展观是一种新的思想方法；从理论属性来说，科学发展观是一种新的重要思想；从现实属性来说，科学发展观是一种新的发展模式；从外延属性来说，科学发展观是一种新的理论形态；从关系属性来说，科学发展观是一种新的科学理论；从社会属性来说，科学发展观是一种新的价值观念；从政治属性来说，科学发展观是一种新的执政理念；从作用属性来说，科学发展观是一种新的指导方针。

关于科学发展观的基本内涵和主要内容，有的学者将其概括为十个“基本点”：(1) 科学发展观的理论基础是马克思列宁主义、毛泽东思想、邓小平理论和“三个代表”重要思想；(2) 科学发展观的现实依据是当代中国基本国情和阶段性特征；(3) 科学发展观的时代背景是当今和平与发展的时代主题和复杂多变的国际形势；(4) 科学发展观的历史地位是马克思主义中国化的最新成果，是中国特色社会主义理论体系的重要组成部分，是我国经济社会发展的重要指导方针，是发展中国特色社会主义必须坚持和贯彻的重大战略思想；(5) 科学发展观的理论主题是“什么是中国特色社会主义，怎样发展中国特色社会主义”；(6) 科学发展观的第一要义是发展；(7) 科学发展观的核心是以人为本；(8) 科学发展观的基本要求是全面协调可持续；(9) 科学发展观的根本方法是统筹兼顾；(10) 科学发展观的落实途径是始终坚持“一个中心、两个基本点”的基本路线，积极构建社会主义和谐社会，继续深化改革开放，切实加强和改进党的建设。

也有的学者把科学发展观的基本内涵概括为几个方面的综合发展，认为科学发展观是一个完整的思想体系，内容极其丰富，涉及内政外交国防、改革发展稳定、治党治国治军，涉及经济建设、政治建设、文化建设、社会建设和党的建设等诸多方面。科学发展观的基本内涵可用这么几句话来概括：即经济发展、人本发展、全面发展、协调发展、可持续发展、和平发展、和谐发展。

还有的学者重点强调了“发展”与“科学发展”在科学发展观中的核心地位，指出：科学发展观通过对发展目的——以人为本，对发展要求——全面协调可持续，对发展方法——统筹兼顾的科学界定，特别突出了科学发展的新思维、新理念。科学发展观的基本内核是发展，着眼点是科学发展。发展和科学发展如同两大支柱，共同撑起了科学发展观，构成了科学发展观的基本内涵。

值得注意的是，还有的学者强调对科学发展观的基本内涵要从广义和狭义两个角度进行理解。广义的科学发展观是指十六大以来我们党的所有理论创新成果，其标准表述是“科学发展观等重大战略思想”。狭义的科学发展观主要是指以人为本、全面协调可持续发展的发展观。我们通常讲的科学发展观，第一要义是发展，核心是以人为本，基本要求是全面协调可持续，根本方法是统筹兼顾，这四句话是对狭义科学发展观的科学内涵、精神实质、根本要求的集中概括。同时，狭义的科学发展观又构成了广义科学发展观的核心内容。因此，在理解科学发展观的科学内涵时，不能只讲狭义科学发展观，这样会给人一种印象，似乎科学发展观只是解决了发展的世界观和方法论问题，而应将广义和狭义科学发展观结合起来理解，广义科学发展观比狭义科学发展观有更为广泛的内容，它解决的是新世纪新阶段中国特色社会主义事业如何进一步发展的问题。

三、关于科学发展观的理论体系

从科学发展观这个概念提出以后，经过多年的丰富和完善，科学发展观已经形成了一个由一系列相互联系的基本观点所构成的科学理论体系。中宣部组织编写的《科学发展观学习读本》指出，科学发展观涵盖自然科学、人文科学、社会科学广泛领域，涉及改革发展稳定、内政外交国防、治党治国治军各个方面，贯通中国特色社会主义伟大事业和党的建设新的伟大工程，以丰富的思想内涵和严密的内在逻辑构成了一个系统的科学理论，同时也是在实践中不断发展的开放的科学理论。

有的学者指出，以胡锦涛为总书记的党中

央，经过多年的实践探索和理论创新，紧密结合我国改革开放和社会主义现代化建设的实际，紧紧围绕“发展”特别是“中国特色社会主义发展”这一时代课题，深刻揭示并回答了“什么是发展？为什么发展？为谁而发展？发展什么？靠什么发展？怎么样发展？”这六大基本问题，并围绕对这六大基本问题的回答，初步形成了一个由一系列相互联系的基本观点构成的科学理论体系。

关于科学发展观的理论体系的具体内容，有的学者将其概括为十五个方面：(1) 发展道路，即在中国共产党领导下，立足基本国情，以经济建设为中心，坚持四项基本原则，坚持改革开放，解放和发展社会生产力，巩固和完善社会主义制度，建设社会主义市场经济、社会主义民主政治、社会主义先进文化、社会主义和谐社会，建设富强民主文明和谐的社会主义现代化国家；(2) 发展特征，即我国在社会主义初级阶段基本国情基础上所呈现的一系列新的阶段性特征；(3) 发展主题，即发展是当代中国的主题，是解决中国一切问题的“总钥匙”；(4) 发展目的，即以人为本；(5) 发展要求，即全面、协调、可持续；(6) 发展方法，即统筹兼顾；(7) 发展布局，即中国特色社会主义经济建设、政治建设、文化建设、社会建设；(8) 发展规律，即自觉遵循客观规律，不断探索执政党建设规律、社会主义建设规律、人类社会发展规律；(9) 发展关键，即保障和改善民生；(10) 发展前提，即发展必须坚持公平正义；(11) 发展主线，即加快转变经济发展方式；(12) 发展目标，即构建社会主义和谐社会；(13) 发展动力，即改革开放；(14) 发展主体，即人民群众；(15) 发展保证，即坚持中国共产党的领导。

还有的学者把科学发展观理论体系的主要观点归纳为十七论：(1) 发展旗帜论：高举中国特色社会主义伟大旗帜；(2) 发展道路论：生产发展、生活富裕、生态良好的文明发展道路；(3) 发展精髓论：解放思想、实事求是、与时俱进、求真务实；(4) 发展主题论：实现什么样的发展，怎样发展；(5) 发展要义论：发展是执政兴国的第一要义；(6) 发展核心论：以人为本是党一切工作的立足点和落脚点；(7) 发展要求论：全面协调可持续发展；(8) 发展方法论：统筹兼顾，协调发展；(9) 发展中心论：以经济建设为中心，解放和发展生产力；(10) 发展战略论：“分三步走”基本实现社会主义现代化；(11) 发展动力论：改革是推动社会主义发展的直接动力；(12) 发展布局论：经济、政治、文化、社会四位一体的发展布局；(13) 发展机遇论：抓住战略机遇期、用好发展机遇；(14) 发展路线论：“一个中心、两个基本点”的基本路线；(15) 发展目标论：共同富裕、实现人的全面发展；(16) 和谐发展论：协调发展、公平正义、建设和谐社会；(17) 和平发展论：和平发展、合作发展、建设和谐世界。

学者们还对科学发展观理论体系的层次结构进行了研究探讨。大家普遍认为，科学发展观作为一个系统化的科学理论体系，其内容是分层次的。有的学者把科学发展观理论体系的基本框架概括为：(1) 科学发展观的主题：建设中国特色社会主义；(2) 科学发展观的价值目标：建设社会主义核心价值体系；(3) 科学发展的规律：揭示社会运行的一些基本规律；(4) 科学发展观的基本内容：以经济建设、政治建设、文化建设、社会建设和生态文明建设的新形势新任务为依据，确立科学发展观的新内容。有的学者强调，科学发展观是一个关于发展的、汇集了十六大以来我们党理论创新成果的科学理论体系，它是建设中国特色社会主义理论体系的重要组成部分。科学发展观的理论体系包括：“发展”是第一要义；“以人为本”是核心；“全面发展”是发展目标；“协调发展”是发展战略；“可持续发展”是本质要求；和平发展是正确途径；健全体制机制和加强党的建设是保障。由此，科学发展观的基本观点可概括为人本发展、全面发展、协调发展、持续发展、和谐发展、和平发展等九个方面。

还有的学者把科学发展观理论体系的基本轮廓概括为“四个一”：即一条主线，一个核心，一个基本要求，一个根本方法论。一条主线就是科学发展；一个核心就是以人为本；一个基本要求就是全面协调可持续发展；一个根本方法论就是统筹兼顾。由此出发，可以将科学发展观的理论体系概括为“三个层次”：一是指导发展的世界观和方法论层次，其内容包括以人为本理论、发展第一要义理论、全面协调可持续发展理论、统筹兼顾理论等，其精髓是解放思想，主线是改革开放，主题是科学发展。这个层次构成了科学发展观理论体系的总论；二是指导发展的若干重大战略思想层次，如发展战略论、和平发展论、和谐发展论、发展道路论、发展路线论、发展布局论等，这部分内容体现了和谐发展、和平发展、文明发展三位一体的发展理念，展现了“三位一体”的马克思主义的立场、观点和方法，构成了科学发展观理论体系的坚实的支撑；三是指导发展的实践层次，如发展方针、发展方式、发展模式、发展动力、发展机遇等。这部分理论层次的思想观点充分体现了实践特色、创新特色、时代特色等，展现出时代性、人民性、开放性、包容性、创新性、逻辑性、系统性和规律性等特点。

四、关于科学发展观的历史地位

关于科学发展观的重要地位，党的十七大报告中有一段重要概括：“科学发展观，是对党的三代中央领导集体关于发展的重要思想的继承和发展，是马克思主义关于发展的世界观和方法论的集中体现，是同马克思列宁主义、毛泽东思想、邓小平理论和“三个代表”重要思想既一脉相承又与时俱进的科学理论，是我国经济社会发展的重要指导方针，是发展中国特色社会主义必须坚持和贯彻的重大战略思想。”这段话清晰地阐明了科学发展观的重要战略地位。

为了深化人们对科学发展观重要地位的认识，2008 年 9 月，中央政治局常委、国家副主席习近平在全党深入学习实践科学发展观活动动员大会暨省部级主要领导干部专题研讨班上的讲话中，归纳了“三个高度”，他指出：“一定要从政治的高度认识和理解科学发展观，把它作为我国经济社会发展的重要指导方针来坚持；一定要从全局的高度认识和理解科学发展观，把它作为具有前瞻性、长远性、根本性的重大战略思想，贯彻落实到经济建设、政治建设、文化建设、社会建设以及生态文明建设和党的建设的各个方面；一定要从战略的高度认识和理解科学发展观，把它作为马克思主义中国化最新成果，贯彻落实到治党治国治军、内政外交国防的各个领域。”这“三个高度”的概括对帮助人们深刻认识和理解科学发展观的战略地位具有十分重要的作用。

从理论地位来说，科学发展观是对党的三代中央领导集体关于发展的重要思想的继承和发展，是同马克思列宁主义、毛泽东思想、邓小平理论和“三个代表”重要思想既一脉相承又与时俱进的科学理论。有的学者认为，科学发展观是中共十六大以来党的理论创新的统合性成果，是中国特色社会主义理论体系的重要组成部分，是指导发展的世界观和方法论的集中体现，是运用马克思主义的立场、观点、方法认识和分析社会主义现代化建设的丰富实践，深化对经济社会发展一般规律认识的成果。还有的学者指出，科学发展观是中国特色社会主义理论体系的最新成果，它丰富和发展了中国特色社会主义理论体系，在新的历史起点上回答了“实现什么样的发展、怎样发展”等一系列重大问题，开拓了马克思主义中国化的新境界。坚持科学发展观，就是坚持中国特色社会主义理论体系。有的学者从马克思主义发展史的角度论述了科学发展观的重要地位，指出：科学发展观是马克思主义中国化的最新成果，是对马克思主义社会发展理论的继承、创新与发展，在马克思主义发展史上具有重要地位。科学发展观是当代中国共产党人关于社会主义社会发展的系统理论，是对马克思主义社会发展理论的创新与发展。

从现实和历史地位来说，科学发展观是我国经济社会发展的重要指导方针，是发展中国特色社会主义必须坚持和贯彻的重大战略思想。有的学者指出，科学发展观坚持、丰富了党的基本理论、基本路线、基本纲领、基本经验，进一步深化了对共产党执政规律、社会主义建设规律和人类社会发展规律的认识，是我们党执政理念的丰富和发展，是全面建设小康社会、发展中国特色社会主义必须长期坚持和贯彻的重大战略思想和重要指导方针。科学发展观是我国改革开放和现代化建设必须长期坚持的指导思想，是我们推进经济建设、政治建设、文化建设、社会建设必须长期坚持的根本指导方针。还有的学者认为，科学发展观开辟了中国特色社会主义道路发展的新阶段。坚持科学发展观就是坚持中国特色社会主义道路，只有坚持社会主义道路才能发展中国特色社会主义，只有深入贯彻落实科学发展观才能坚定不移地走中国特色社会主义道路、才能坚定不移地高举中国特色社会主义伟大旗帜。

从总体上看，近年来学术理论界关于科学发展观一些基本问题的研究是大有成效的。但仔细分析这些研究成果，感觉还存在一些不足之处。一是关于科学发展观理论体系的研究还需要进一步深化。学术界在这方面虽然已有一些有分量的研究成果，但从总量和研究深度来看还明显不足。二是对科学发展观方法论的研究还有待深化。科学发展观既是当代中国化马克思主义关于发展问题的世界观，同时又是方法论。但从近年的研究成果来看，学界对科学发展观方法论的系统性研究成果还为数不多，亟待进一步深化研究。三是对科学发展观与相关理论之间关系的研究还有待深化，比如关于科学发展观与中国特色社会主义理论体系的关系、与社会主义和谐社会理论的关系等，都还有待进一步深化和拓展。四是关于科学发展观战略地位的研究还有待进一步深化，尤其是关于科学发展观的理论地位、现实地位、历史地位、国际地位的综合性研究，亟待进一步深化并取得突破性进展。

（作者：北京交通大学马克思主义学院院长、教授、博士生导师）

（选自《探索》2012 年第 5 期）

一篇马克思主义的光辉文献

——党的十八大报告的历史性理论贡献

李景田

《光明日报》编者按：党的十八大是一次高举旗帜、继往开来、团结奋进、具有里程碑意义的大会。大会把科学发展观同马克思列宁主义、毛泽东思想、邓小平理论、“三个代表”重要思想一道，确立为党必须长期坚持的指导思想，科学制定了适应时代要求和人民愿望的大政方针和行动纲领，坚定宣示了我们党将举什么旗、走什么路、以什么样的精神状态、朝着什么样的目标继续前进，充分体现出全党对中国特色社会主义的道路自信、理论自信和制度自信。为认真学习宣传贯彻十八大精神，全面落实十八大提出的各项战略部署，从今天起，本报在“光明专论”专栏刊登系列文章，就十八大的新思想、新观点、新论断、新部署进行阐释和解读。

党的十八大报告理论功底深厚，思想内涵丰富，通篇充满新意，具有很强的理论性和创新性，必将以重大历史性理论贡献载入史册。概括起来，主要有五个方面的重大贡献。

一、坚持以中国特色社会主义为主题推进理论创新

自邓小平同志在我们党的十二大开幕词中提出，走自己的路、建设有中国特色的社会主义以来，党的十三大、十四大、十五大、十六大、十七大，始终强调高举中国特色社会主义的伟大旗帜。我们党和人民在实践当中认识到，中国特色社会主义集中反映了我们党和国家的指导思想、共同理想、前进道路和奋斗目标，是与科学社会主义基本原则相一致，与中国国情相结合、与时代发展同进步、与人民群众共命运的当代中国马克思主义。这面旗帜，是当代中国发展进步的旗帜，是全党、全国各族人民团结奋斗的旗帜，也是当代中国共产党人理论创新的旗帜。

面对风云变幻的国际形势，面对艰巨繁重的国内改革发展稳定任务，我们党要团结带领人民继续前进，开创工作新局面，赢得事业新胜利，最根本的就是要高举中国特色社会主义伟大旗帜。正因为如此，党的十八大报告主题开宗明义高扬这面旗帜，党的十八大报告通篇高举这面旗帜，鲜明地向党内外、国内外宣示了我们党将举什么旗、走什么路、以什么样的精神状态、朝着什么样的目标继续前进这样4个关系党和国家工作全局的重大问题。这充分表明我们党在新的历史条件下，在承前启后、继往开来的历史时刻，坚定不移高举中国特色社会主义的伟大旗帜，团结带领全国各族人民沿着中国特色社会主义道路推动国家发展进步、实现中华民族伟大复兴的坚定立场和坚强意志。同时，也充分表明当代中国共产党人坚持以中国特色社会主义为主题推进理论创新的鲜明态度。

二、科学发展观由重大战略思想确定为指导思想

党的十八大报告以10年成功实践为基础，明确科学发展观同马克思列宁主义、毛泽东思想、邓小平理论、“三个代表”重要思想一道，是党必须长期坚持的指导思想。同时，对科学发展的内涵进行了进一步阐述，对贯彻落实科学发展观提出了新要求。这是十八大报告理论创新的最大亮点和最突出的贡献。

十八大报告将科学发展观由以往的重大战略思想明确为指导思想，确立了科学发展观的历史地位。报告还为我们提供了领会和把握科学发展观历史地位的两个视角。一是实践视角，就是放到我国改革发展实践中去认识。正如胡锦涛同志在报告中所说，我们之所以取得历史性成就和进步，最重要的就是坚持以马列主义、毛泽东思想、邓小平理论、“三个代表”重要思想为指导，勇于推进实践基础上的理论创新，形成和贯彻了科学发展观。科学发展观还将对我们全面建成小康社会，加快推进社会主义现代化，实现中华民族伟大复兴，起到巨大的、不可替代的指导和推动作用。二是理论视角，就是放到理论创新进程中去认识。我们党在推进马克思主义中国化过程中有两次历史性飞跃，第一次飞跃形成了毛泽东思想；第二次飞跃是在改革开放新的伟大革命中，形成了中国特色社会主义理论体系。这个理论体系实现了我们党的指导思想的三次与时俱进，第一次是将邓小平理论列为党的指导思想，第二次是将“三个代表”重要思想列为党的指导思想，第三次就是党的十八大报告将科学发展观列为党的指导思想。

科学发展观作为中国特色社会主义理论体系的最新成果，包括博大精深的丰富内涵。核心内容包括坚持推动经济社会发展的第一要义，坚持以人为本的核心立场，坚持全面协调可持续发展的基本要求，坚持统筹兼顾的根本方法。基本内容涵盖经济、政治、文化、社会、生态、科技、民族、祖国统一、外交和党的建设等各个领域。进一步回答了“什么是社会主义、怎样建设社会主义”和“建设什么样的党、怎样建设党”的问题，创造性地回答了“实现什么样的发展、怎样发展”的问题，开拓了马克思主义中国化的新境界。

十八大报告关于科学发展观的重要论述，集中体现和反映了我们党对科学发展观的新认识，有利于全党不懈探索和把握中国特色社会主义规律。

三、中国特色社会主义的认识提升到新水平

党的十八大报告深化了对中国特色社会主义的认识。首次将“中国特色社会主义制度”写入党的全国代表大会报告中，并科学阐述了中国特色社会主义道路、中国特色社会主义理论体系、中国特色社会主义制度的内涵及其相互关系。明确指出，在改革开放30多年一以贯之的接力探索中，中国共产党坚定不移高举中国特色社会主义的伟大旗帜，既不走封闭僵化的老路，也不走改旗易帜的邪路。中国特色社会主义道路，中国特色社会主义理论体系，中国特色社会主义制度，是党和人民90多年奋斗、创造、积累的根本成就。高举中国特色社会主义伟大旗帜，最根本的就是要坚持和拓展中国特色社会主义道路，坚持和发展中国特色社会主义理论体系，坚持和完善中国特色社会主义制度。中国特色社会主义道路是实现途径，中国特色社会主义理论体系是行动指南，中国特色社会主义制度是根本保障，三者统一于中国特色社会主义伟大实践，这是党领导人民在建设社会主义长期实践中形成的最鲜明特色。

同时，报告首次提出在新的历史条件下夺取中国特色社会主义新胜利必须牢牢把握“八项基本要求”，即必须坚持人民主体地位，必须坚持解放和发展生产力，必须坚持推进改革开放，必须坚持维护社会公平正义，必须坚持走共同富裕道路，必须坚持促进社会和谐，必须坚持和平发展，必须坚持党的领导。这“八项基本要求”，看起来都是一些老话，但却像陈年老酒那样香醇，是中国共产党90多年奋斗历史的结晶。它的提出，与以往我们党提出的基本理论、基本路线、基本纲领和基本经验具有共同的实践源泉、目标指向，充分表现了中国共产党在中国特色社会主义道路上的高度清醒和自信，为我们夺取中国特色社会主义新胜利提供了一系列基本遵循，指导我们不断谱写发展中国特色社会主义的新篇章。

随着我国经济社会发展不断深入，生态文明建设的地位和作用日益凸显，我们党对生态文明建设的认识不断深化，党的十八大报告把生态文明建设纳入了中国特色社会主义事业总体布局，使生态文明建设的战略地位更加明确，由此，中国特色社会主义事业总体布局由经济建设、政治建设、文化建设、社会建设“四位一体”拓展为包括生态文明建设的“五位一体”，这是总揽国内外大局、贯彻落实科学发展观的一个新部署，也使中国特色社会主义事业总体布局更加完善。

此外，报告还提出建设中国特色社会主义，总依据是社会主义初级阶段，总任务是实现社会主义现代化和中华民族伟大复兴。提出毫不动摇地坚持、与时俱进地发展中国特色社会主义，不断丰富中国特色社会主义的实践特色、理论特色、民族特色、时代特色。

这些新阐述、新概括，标志着我们党对中国特色社会主义的认识，对共产党执政规律、社会主义建设规律、人类社会发展规律的认识，对中国特色社会主义规律的认识，达到了新水平。

四、什么是小康社会、如何建设小康社会的认识提升到新境界

十八大报告首次从中国特色社会主义经济建设、政治建设、文化建设、社会建设、生态文明建设“五位一体”总体布局出发，适时提出了全面建成小康社会新的要求和全面深化改革开放的目标。从十六大提出“全面建设小康社会”到十八大提出“全面建成小康社会”，虽然只有一字之改，却是质的飞跃，它把全面小康社会的美好图景更具体、更生动地呈现在全国人民面前，也把我们党对发展中国特色社会主义的坚强决心和信心展现出来。党的十八大报告特别提出“实现国内生产总值和城乡居民人均收入比2010年翻一番”的“两个翻番”，使小康社会目标更加明确、更加切近，同时标准更严、要求更高。报告同时强调，我国进入全面建成小康社会决定性阶段，必须深化重要领域改革。报告提出了全面深化经济、政治、文化、社会和生态文明建设领域体制改革的目标要求，明确了各个领域深化改革的重点。

报告对五个方面的建设作出了重大部署，提出了一系列新要求。在经济建设上，报告表明贯彻以科学发展为主题、以加快转变经济发展方式为主线是影响改革开放兴衰成败、事关中华民族伟大复兴的重大战略问题。提出了“四个着力”、“五个更多”的发展思路，提出了坚持走“四化同步”的发展道路等新任务。

在政治建设上，报告要求更加注重改进党的领导方式和执政方式，更加注重健全民主制度、丰富民主形式。报告特别提出社会主义协商民主是我国人民民主的重要形式，特别提出建立健全权力运行制约和监督体系，推进权力运行公开化、规范化，特别强调充分发挥法治在国家治理和社会管理中的重要作用，把社会主义法治提高到一个新的高度。

在文化建设上，报告在阐述加强社会主义核心价值体系建设时，吸收全国各方面意见，在广泛共识的基础上，用富强、民主、文明、和谐，自由、平等、公正、法治，爱国、敬业、诚信、友善24个字对社会主义核心价值观进行了概括。

在社会建设上，报告明确提出保障和改善民生是根本。报告提出要加快形成党委领导、政府负责、社会协同、公众参与、法治保障的社会管理体制，第一次将“法治保障”纳入到社会管理体制中来，充分体现了我们党全面推进依法治国的执政理念。

在生态文明建设上，党的十八大报告第一次专辟一个部分加以系统阐述和部署。提出了必须树立尊重自然、顺应自然、保护自然的生态文明理念，把生态文明建设融入经济建设、政治建设、文化建设、社会建设各方面和全过程，努力建设美丽中国，加强生态文明制度建设等一系列新观点，是我们党科学发展、和谐发展理念的再一次升华。

报告还对国防和军队建设、“一国两制”和祖国统一、对外工作作出了重大部署，明确了这些领域的发展方向和基本政策，提出了一系列新要求。

所有这些，是对什么是小康社会、如何建设小康社会认识的新飞跃，为全面建成小康社会制定了路线图。

五、党的建设科学化认识提升到新高度

党的十八大报告科学总结党的十七大以来党的建设新实践、新经验，对党的建设主线、总体布局、总体目标和要求作出了新概括，确立了新形势下加强和改进党的建设的正确方向和基本要求。报告首次提出，要牢牢把握加强党的执政能力建设、先进性和纯洁性建设这条主线。把纯洁性建设与执政能力、先进性建设一同作为党建主线，使党的建设主线更为科学。一方面，执政能力建设、先进性建设内含着党的纯洁性建设，如果不具备一定的纯洁性，就无所谓先进性；另一方面，纯洁性如果不能与时代、环境变化相吻合，就体现不出组织的先进性和执政能力的先进性。

报告首次提出，全面推进党的思想建设、组织建设、作风建设、反腐倡廉建设、制度建设，增强自我净化、自我完善、自我革新、自我提高能力，指明了新的历史条件下中国共产党加强自身建设的重要特色。报告首次明确提出加强党的建设要坚持解放思想、改革创新，与党要管党、从严治党并列，表明了解放思想、改革创新对于党的建设的重要性。报告首次提出建设学习型、服务型、创新型的马克思主义执政党，确保党始终成为领导中国特色社会主义事业的坚强领导核心。这一要求浓缩了时代发展对党的建设的新要求，意味着党建工作更突出地强调与时俱进、开拓进取的精神状态，突出服务社会、服务群众的工作思路。

报告对提高党的建设科学化水平作出了一系列新部署，从八个方面提出了党建工作的重点任务。这些重点任务突出党与人民的关系，提出开展以为民清廉务实为主题的群众路线教育，着力解决群众反映强烈的突出问题。突出对近年来党建创新经验的推广。首次把坚持党管人才原则，把各方面优秀人才集聚到党和国家事业中来作为党的建设的一项重大任务提出来。这些重点任务都是针对长期执政条件下，党的建设存在的现实问题而提出的，既具有很强的针对性、现实性，也具有长期性、战略性。

这些论述，反映了党在新的历史条件下对自身建设规律性认识的深化，丰富和发展了党的建设理论，为全面建成小康社会条件下的党的建设提供了科学方略。

（作者：中共中央党校常务副校长）

（选自《光明日报》2012年11月21日）

建设中国特色社会主义的总依据总布局总任务

王伟光

党的十八大报告从战略的高度，以创新的视野，概括了建设中国特色社会主义的总依据、总布局和总任务，为中国特色社会主义的全面进步与继续发展指明了奋斗方向，明确了努力目标，规划了整体布局，规定了基本任务，做了科学全面的总体战略部署。

一、总依据是社会主义初级阶段

党的十八大报告强调："我们必须清醒认识到，我国仍处于并将长期处于社会主义初级阶段的基本国情没有变"。社会主义初级阶段，是当代中国最大国情，是中国共产党制定社会主义初级阶段理论路线、战略策略的基本出发点，是现阶段发展中国特色社会主义的总依据。成功地进行中国社会主义建设，必须从认识中国国情实际开始。我国改革开放事业之所以能取得巨大成就，成功地走出一条中国特色社会主义道路，说到底，就是始终清醒地认识到社会主义初级阶段这个当代中国最大国情，并以这个实际为总依据，来思考和解决当代中国的一切问题。

正确认识我国社会现在所处的历史阶段，是建设中国特色社会主义的首要问题。我们党是在长期社会主义建设实践过程中，在深刻总结社会主义各国包括我国建设的经验教训的基础上，通过对国情和社会主义的再认识，作出当代中国正处于并将长期处于社会主义初级阶段的科学论断的。1981 年，党的十一届六中全会第一次明确提出了"我们的社会主义制度还是处于初级的阶段"的论断。1982 年，党的十二大报告强调，"我国的社会主义社会现在还处在初级发展阶段"。1987 年党的十三大召开前夕，邓小平同志指出："中国社会主义是处在一个什么阶段，就是处在初级阶段，是初级阶段的社会主义。社会主义本身是共产主义的初级阶段，而我们中国又处在社会主义的初级阶段，就是不发达的阶段。一切都要从这个实际出发，根据这个实际来制订规划。"1987 年，党的十三大报告系统论述了初级阶段的主要含义、基本特征、主要矛盾，提出了党的基本路线，标志着社会主义初级阶段理论的形成。1992 年，党的十四大报告强调我国社会主义初级阶段是一个至少上百年的很长的历史阶段，制定一切方针政策都必须以这个基本国情为依据，任何时期都不能离开这个实际、超越阶段，把社会主义初级阶段理论作为建设有中国特色社会主义理论的主要内容。1997 年，党的十五大报告通过对社会主义初级阶段主要特征、发展进程、主要矛盾、根本任务、基本制度、基本纲领的系统论述，全面拓展了社会主义初级阶段理论。2002年，党的十六大报告再次强调，“必须看到，我国正处于并将长期处于社会主义初级阶段，现在达到的小康还是低水平的、不全面的、发展很不平衡的小康”，提出了全面建设小康社会的目标。2007年，党的十七大报告强调我国仍处于并将长期处于社会主义初级阶段的基本国情没有变，人民日益增长的物质文化需要同落后的社会生产之间的矛盾这一社会主要矛盾没有变。当前我国发展的阶段性特征，是社会主义初级阶段基本国情在新世纪新阶段的具体表现。这些都表明我们党对社会主义发展阶段认识的不断深化。

党关于社会主义初级阶段的科学判断，是建设中国特色社会主义的理论前提，是中国特色社会主义道路的科学依据，也是中国特色社会主义理论体系的逻辑起点。社会主义初级阶段理论是中国特色社会主义理论体系的重要组成部分，包含两个内容，一是我国已是社会主义，必须毫不动摇地坚持社会主义；二是当前我国社会主义还处在初级阶段，我们考虑一切问题、制定路线政策，都要从这个实际出发。社会主义初级阶段理论既是对中国国情的清醒认识，为制定社会主义初级阶段正确路线、方针、政策奠定了前提、依据和出发点，构成中国特色社会主义理论体系的基石和重要内容；又是对社会主义发展阶段问题的系统科学的回答，在马克思主义发展史上第一次明确提出了社会主义初级阶段理论，丰富和发展了马克思主义关于社会发展阶段的理论，创造性地发展了中国化的马克思主义。

当前，我国改革开放进入了一个新的发展阶段，阶段性特征日益明显，社会主义初级阶段的具体特征与30年前比有很大变化，但这并不影响我国仍处于社会主义初级阶段的总判断。经济实力虽然大大提升，但生产力水平总体上还不高，生产率较低，自主创新能力不足，还存在着一系列发展中的矛盾与问题。我们必须清醒认识到，尽管具体国情条件发生了很大变化，但当前我国仍然处于社会主义初级阶段，要牢牢把握社会主义初级阶段这个最大国情，牢牢立足社会主义初级阶段这个最大实际，牢牢抓住党的基本路线，坚持把以经济建设为中心同四项基本原则、改革开放这两个基本点统一于中国特色社会主义伟大实践，坚定不移，毫不动摇。

二、总布局是五位一体

党的十八大报告关于中国特色社会主义事业五位一体总体布局，规划了中国特色社会主义的总体部署，确定了中国特色社会主义的全面发展方向，明确了推进我国经济社会发展的基本工作方针和奋斗目标。

关于中国特色社会主义事业总体布局，自改革开放以来，我们党既有明确的指导方针，同时对总体布局的认识也随着实践的发展而逐步深化、不断完善。1986年9月，我们党提出：“我国社会主义现代化建设的总体布局是：以经济建设为中心，坚定不移地进行经济体制改革，坚定不移地进行政治体制改革，坚定不移地加强精神文明建设，并且使这几个方面互相配合、互相促进。”明确提出一系列“两手抓”的战略方针，一手抓经济建设，一手抓民主法制；一手抓物质文明，一手抓精神文明。提出推进政治体制改革，建设社会主义民主政治，发展社会主义政治文明；应该有繁荣的经济，也应该有繁荣的文化。

在总结改革开放以来我们党关于中国特色社会主义事业总体布局的一系列提法的基础上，2005年2月19日，胡锦涛同志指出，中国特色社会主义事业的总体布局，“由社会主义经济建设、政治建设、文化建设三位一体发展为社会主义经济建设、政治建设、文化建设、社会建设四位一体”。党的十七大报告全面论述了四位一体的总体布局。党的十八大报告进一步明确提出要“全面落实经济建设、政治建设、文化建设、社会建设、生态文明建设五位一体总体布局，促进现代化建设各方面相协调，促进生产关系与生产力、上层建筑与经济基础相协调，不断开拓生产发展、生活富裕、生态良好的文明发展道路”。从提出四位一体总体布局到提出五位一体总体布局，反映了我们党对中国特色社会主义规律认识的深化，反映了我们党对“实现什么样的发展、怎样发展”这一科学发展重大战略问题认识的深化，是党的十八大报告的一大理论创新亮点。

1. 以经济建设为中心，发展社会主义市场经济，建设社会主义物质文明，坚持走中国特色社会主义新型工业化、信息化、城镇化、农业现代化道路。要坚持发展是硬道理的战略思想，推动经济持续健康发展。要以科学发展为主题、以加快转变经济发展方式为主线，适应国内外经济形势新变化，把推动发展的立足点转到提高质量和效益上来，全面深化经济体制改革，扎扎实实抓好实施创新驱动发展战略、推进经济结构战略性调整、推动城乡发展一体化、全面提高开放型经济水平，促进工业化、信息化、城镇化、农业现代化同步发展。打胜全面深化经济体制改革和加快转变经济发展方式这场硬仗，把我国经济发展活力和竞争力提高到新的水平。

2. 加强社会主义民主政治建设，发展人民民主，建设社会主义政治文明，走中国特色社会主义政治发展道路。坚持党的领导、人民当家作主、依法治国有机统一。社会主义政治建设说到底就是发展人民民主。社会主义民主政治建设要以保证人民当家作主为根本，以增强党和国家活力、调动人民积极性为目标，以加强党的领导为根本保证，以实行社会主义法治为基本保障，继续积极稳妥地推进政治体制改革，扩大社会主义民主，加快建设社会主义法治国家，发展社会主义政治文明。

3. 发展社会主义先进文化，构建社会主义精神文明，建设社会主义文化强国，走中国特色社会主义文化发展道路。在坚持以经济建设为中心的同时，必须始终把文化建设放在党和国家全局工作重要战略地位，坚持物质文明和精神文明两手抓，实行依法治国和以德治国相结合，促进文化事业和文化产业同发展，推动社会主义文化大繁荣大发展。深化文化体制改革，努力推动文化建设与经济建设、政治建设、社会建设、生态文明建设协调发展，以建设社会主义核心价值体系为根本任务，以满足人民精神文化需求为出发点和落脚点，全面提高公民道德素质，丰富人民精神文化生活，增强文化整体实力和竞争力，发展面向现代化、面向世界、面向未来的，民族的科学的大众的社会主义文化，努力建设社会主义文化强国。

4. 改善民生和加强社会建设，发展社会事业，建设社会主义社会文明，走中国特色社会主义社会建设道路。必须在经济发展基础上，从维护最广大人民根本利益的高度，以保障和改善民生为重点，更加注重社会建设，加快健全基本公共服务体系，解决好人民最关心最直接最现实的利益问题，在学有所教、劳有所得、病有所医、老有所养、住有所居上持续取得新进展，使发展成果更多更公平惠及全体人民，努力让人民过上更好生活，推动社会主义和谐社会建设。

5. 推进生态文明建设，构建资源节约型、环境友好型社会，建设生态文明，走中国特色社会主义生态文明发展道路。党的十八大报告提出建设生态文明，使全面建设小康社会目标的内涵更加丰富，使中国特色社会主义事业总体布局更加完善。推进生态文明建设，是涉及生产方式和生活方式根本性变革的战略任务。必须优化国土空间开发格局，全面促进资源节约，加大自然生态系统和环境保护力度，加强生态文明制度建设。必须把生态文明建设融入经济建设、政治建设、文化建设、社会建设各方面和全过程，坚持节约资源和保护环境的基本国策。必须把生态文明建设放在突出地位，着力推进绿色发展、循环发展、低碳发展，努力建设美丽中国，形成节约资源和保护环境的空间格局、产业结构、生产方式、生活方式。必须从源头扭转生态环境恶化趋势，为人民创造良好生产生活环境，为全球生态安全作出贡献，实现中华民族永续发展。

三、总任务是实现社会主义现代化和中华民族伟大复兴

党的十八大报告关于实现社会主义现代化和中华民族伟大复兴的建设中国特色社会主义总任务，指明了中国特色社会主义的奋斗目标，坚定了我们社会主义和共产主义的理想信念，明确了我们努力的方向和承担的历史责任，激励着我们不断增强为中国特色社会主义而奋斗的伟大力量。

实现中华民族伟大复兴，再创中华民族新的辉煌，是中国沦为半殖民地半封建国家以来，中华民族一切有志之士的共同信念和矢志不渝追求的目标。在中国共产党领导下，经过30年的奋斗，取得新民主主义革命和社会主义革命的胜利，建立了社会主义新中国，确立了社会主义制度，中华民族伟大复兴成功迈出了重要一步。在社会主义建设时期，党领导全国人民完成了社会主义改造，建立了社会主义制度，初步建立了社会主义的工业体系，实现了农业合作化，社会主义建设取得了伟大成绩，为新的历史时期开创中国特色社会主义提供了宝贵经验、理论准备、物质基础。

改革开放新时期，中国共产党人解决了在中国这样落后的国家夺取政权建立社会主义制度以后，如何建设社会主义，建设什么样的社会主义问题，也就是说，找到了通过中国特色社会主义实现中华民族伟大复兴的正确道路，并且通过坚定不移地开拓这条道路而取得了改革开放的伟大成就，我国经济总量跃升到世界第二位，社会生产力、经济实力、科技实力迈上一个大台阶，综合国力、国际竞争力、国际影响力迈上一个大台阶，国家面貌发生深刻的历史性变化。正如党的十八大报告指出的那样："经过九十多年艰苦奋斗，我们党团结带领全国各族人民，把贫穷落后的旧中国变成日益走向繁荣富强的新中国，中华民族伟大复兴展现出光明前景。"中国人民的伟大实践证明，只有坚持马克思主义指导，坚持中国共产党领导，坚持社会主义，才能找到实现中华民族伟大复兴的正确途径。中国特色社会主义是当代中国发展进步的根本方向，只有中国特色社会主义才能发展中国，中国特色社会主义道路是实现中华民族伟大复兴的光明之路、成功之路。加快推进社会主义现代化，实现中华民族伟大复兴，必须坚定不移地走中国特色社会主义道路。

实现社会主义现代化与实现中华民族伟大复兴是一个问题的两个方面。实现中华民族伟大复兴，就要实现社会主义现代化，只有实现社会主义现代化，才能实现中华民族复兴。实现社会主义现代化是世界历史进程和发展潮流，对中华民族伟大复兴提出的时代要求。在中国实现现代化，就要回答"中国实现什么样的现代化、怎样实现现代化"。中国共产党人在60多年的建设实践中科学解答了这一问题。中国现代化首先是社会主义性质的现代化，同时又是中国特色的现代化，即中国特色社会主义现代化发展道路。近代以来中国的发展历史雄辩证明，要实现社会主义现代化，就必须坚持中国共产党的领导，坚持马克思主义，坚持社会主义，从中国自己的国情出发，走中国特色社会主义现代化建设道路，照搬“西化”或者其他“模式”都是无法实现中国社会主义现代化的。

1956年，毛泽东同志率先提出并初步规划了我国社会主义现代化的发展战略，明确要“将我国建设成为一个具有现代工业、现代农业和现代科学文化的社会主义国家”，他还提出国防现代化的问题：“建设社会主义，原来要求是工业现代化，农业现代化，科学文化现代化，现在要加上国防现代化。”亲自规划了我国社会主义“四个现代化”的建设目标。在如何实现现代化问题上，毛泽东同志强调不能照抄照搬外国经验，要从中国国情出发，走出一条中国特色的工农并举的工业化道路。

在改革开放新时期，党深化了实现中国社会主义现代化的思想，构成了中国特色社会主义理论的重要内容：关于实现现代化的性质和道路问题，提出要搞社会主义现代化，要走中国式的社会主义现代化道路；关于中国现代化的战略地位和指导方针问题，把实现现代化提高到关系我们国家社会主义制度的巩固、国家的安全以及为共产主义社会创造物质财富的高度来认识，提出了把全党工作的重心转移到实现四个现代化上来的根本指导方针；关于中国现代化的根本任务、政治保证和基本条件问题，强调实现现代化的核心是经济建设，根本任务是发展生产力，强大动力是改革开放，政治保证和基本条件是坚持四项基本原则，坚持基本路线，保持稳定和谐；关于中国现代化的发展战略、最终目标和运行模式问题，提出“三步走”发展战略，最终目标是实现共同富裕，运行模式是社会主义市场经济。1982年，党的十二大报告明确提出了“四个现代化”的目标和“三步走”的发展战略。1987年，党的十三大报告强调：“必须集中力量进行现代化建设。”1992年，党的十四大报告号召：“为把我国建设成为富强、民主、文明的社会主义现代化国家而奋斗。”明确提出了我国经济体制改革的目标是建立社会主义市场经济体制，认为这是与加快推进社会主义现代化相统一的目标，标志着中国现代化建设进入一个新的阶段。1997年，党的十五大报告明确了现代化的实现目标：“到世纪中叶建国一百年时，基本实现现代化，建成富强民主文明的社会主义国家。”党的十六大提出全面建设惠及十几亿人口的更高水平的小康社会，再继续奋斗几十年，到本世纪中叶基本实现现代化的奋斗目标。党的十七大对推进改革开放和社会主义现代化建设、实现全面建设小康社会宏伟目标作出了全面部署，提出必须坚持全面协调可持续发展，促进现代化建设各个环节、各个方面相协调，告诫全党基本实现现代化还需要奋斗几十年，要始终保持对中华民族伟大复兴的坚定信念。

“建设中国特色社会主义，总依据是社会主义初级阶段，总布局是五位一体，总任务是实现社会主义现代化和中华民族伟大复兴。”党的十八大报告关于总依据总布局总任务思想深化了对“三大规律”的认识，回答了“什么是社会主义、怎样建设社会主义”这个首要的基本问题。只要我们按照党的十八大的总体要求，不懈努力，就一定能在中国共产党成立一百年时全面建成小康社会，就一定能在新中国成立一百年时建成富强民主文明和谐的社会主义现代化国家，就一定能实现中华民族伟大复兴。

（选自《人民日报》2012年12月20日）

中国特色社会主义总体布局思想的新发展

广东省中国特色社会主义理论体系研究中心

总体布局问题是发展中国特色社会主义事业的重大问题。党的十八大报告将中国特色社会主义事业总体布局从四位一体拓展为五位一体，强调“全面落实经济建设、政治建设、文化建设、社会建设、生态文明建设五位一体总体布局”。明确五位一体的总体布局，开辟了我们党治国理政的新境界，对于推动科学发展、促进社会和谐，全面建成小康社会、加快推进社会主义现代化，具有重大战略意义。

总体布局思想的拓展历程

我们党对中国特色社会主义事业总体布局的认识是随着改革开放实践的不断深入而深化的。党的十一届三中全会以来，中国特色社会主义事业总体布局经历了从两个文明到五位一体的拓展历程。

两个文明。1978年12月，党的十一届三中全会作出把党和国家的工作中心转移到经济建设上来、实行改革开放的历史性决策。1981年6月，党的十一届六中全会通过的《关于建国以来党的若干历史问题的决议》提出社会主义精神文明的概念。此后，党中央多次郑重提出：在建设高度物质文明的同时，努力建设高度的社会主义精神文明。1982年9月，党的十二大报告提出：物质文明建设是精神文明建设不可缺少的基础；精神文明对物质文明建设不但起巨大的推动作用，而且保证它的正确发展方向。两个文明建设互为条件，互为目的。这里实际上提出了两个文明一起抓的战略方针。

三位一体。1986年9月，党的十二届六中全会通过的《关于社会主义精神文明建设指导方针的决议》，将我国社会主义现代化建设的总体布局明确表述为：“以经济建设为中心，坚定不移地进行经济体制改革，坚定不移地进行政治体制改革，坚定不移地加强精神文明建设，并且使这几个方面互相配合，互相促进。”在这里，经济建设、政治建设、文化建设同步推进的思路已经明确。1987年10月，党的十三大把社会主义初级阶段的基本路线概括为“一个中心，两个基本点”，并号召为建设富强、民主、文明的社会主义现代化国家而奋斗。富强、民主、文明是对中国特色社会主义事业发展目标的定位，如果从总体布局来看，对应的就是经济建设、政治建设、文化建设。这种三位一体的总体布局从党的十三大一直延续到党的十六大。2002年11月，党的十六大报告将经济建设、政治建设、文化建设与物质文明、政治文明、精神文明结合起来，使三位一体的总体布局更加明晰。

四位一体。党的十六大报告把“社会更加

和谐”纳入全面建设小康社会的战略目标，进一步明确了社会建设在中国特色社会主义事业总体布局中的战略地位。2005年2月，胡锦涛同志在省部级主要领导干部提高构建社会主义和谐社会能力专题研讨班上的讲话明确提出：“随着我国经济社会的不断发展，中国特色社会主义事业的总体布局，更加明确地由社会主义经济建设、政治建设、文化建设三位一体发展为社会主义经济建设、政治建设、文化建设、社会建设四位一体。”2007年10月，党的十七大报告第一次按照四位一体的总体布局论述中国特色社会主义道路和基本纲领，对经济建设、政治建设、文化建设、社会建设作了全面部署，四位一体的总体布局正式确立。

五位一体。改革开放以来，我国经济发展取得了举世瞩目的成绩，但也付出了高昂的资源和环境代价。适应人民群众对良好生态环境的新期待，党的十八大报告把生态文明建设放在突出地位，纳入中国特色社会主义事业总体布局，强调在推进经济建设、政治建设、文化建设、社会建设的同时，加强生态文明建设，使中国特色社会主义事业总体布局从四位一体拓展为五位一体，内容更加全面和完整。

确立五位一体总体布局意义重大

中国特色社会主义事业五位一体总体布局的确立，意味着我们对社会主义建设规律认识的深化，标志着我国社会主义现代化建设进入新阶段，对我国未来发展和世界文明进步将产生深远影响。

深化了对社会主义建设规律的认识。什么是社会主义、怎样建设社会主义，这是社会主义建设的根本性问题。将生态文明建设提到总体布局的高度，使之融入经济建设、政治建设、文化建设、社会建设各方面和全过程，成为社会主义的本质特征和社会主义建设的内在要求，深化了对社会主义建设规律的认识。同时，将生态文明建设提到总体布局的高度，表明我们党对经济社会可持续发展规律、自然资源永续利用规律和生态环境保护规律的认识进入新境界。五位一体的总体布局，丰富了中国特色社会主义的科学内涵和理论内容，使中国特色社会主义事业的顶层设计更为完善、更加科学。

标志着社会主义现代化建设进入新阶段。基本实现现代化是我们到新中国成立100年时的奋斗目标。五位一体的总体布局，拓展了中国特色社会主义事业的发展领域和建设范围，意味着我国现代化的发展道路从着重追求经济的现代化，发展到包含经济、政治、文化、社会、生态在内的更为全面的现代化；我国现代化进入全面推进、协调发展的新阶段，步入尊重自然、顺应自然、保护自然，人与自然和谐相处的发展境界。这是发展方式的转变与发展观念的更新，意味着我国经济社会发展和现代化建设将揭开崭新的一页。

展示了中国特色社会主义事业的新景象。五位一体的总体布局，注重生态文明建设与经济建设、政治建设、文化建设、社会建设协调发展，向世人展示了中国特色社会主义事业的新景象，即在促进经济、政治、文化、社会发展的同时，努力保持良好的生态环境，建设美丽中国。同时，五位一体的总体布局，对应人民群众的经济、政治、文化、社会、生态五大权益，是尊重人民主体地位、维护人民合法权益的充分体现。中国特色社会主义事业的这一新景象，既有助于国家形象的塑造和人民权益的实现，又为彰显社会主义制度的优越性开拓了新空间。

适应了世界文明发展的新趋势。近代以来300多年的工业文明史，是人类改造自然能力不断增强的历史。但是，传统工业化既创造了巨大的物质财富，也带来了惊人的破坏。传统工业化道路及其对地球资源的掠夺性使用，使地球不堪重负，全球生态环境恶化已经是一个不争的事实，联合起来拯救地球成为各国的共识，世界开始迈向生态文明时代。我国是世界上最大的发展中国家，将生态文明建设提到总体布局的高度，符合世界文明发展潮流，将对世界生态文明建设作出巨大贡献。

推动“五位”走向“一体”的路径选择

中国特色社会主义事业五位一体的总体布局，对发展的科学性、协调性、永续性提出了更高要求。如何推动“五位”走向“一体”，是当前和今后相当长时期必须思考、回答和实践的重大课题。

坚持科学发展。五位一体既是科学发展的要求，也是科学发展的内涵。推动“五位”走向“一体”，必须坚持以科学发展观为指导。推动经济社会发展是深入贯彻落实科学发展观的第一要义，以人为本是深入贯彻落实科学发展观的核心立场，全面协调可持续是深入贯彻落实科学发展观的基本要求，统筹兼顾是深入贯彻落实科学发展观的根本方法。因此，深入贯彻落实科学发展观能增强“五位”的协调性、有机统一性，使“五位”相互支撑、相互促进，真正融为一体，实现“五位”协调发展、人与自然和谐发展。

明确辩证关系。在五位一体的总体布局中，经济建设是中心，政治建设是保障，文化建设是灵魂，社会建设是条件，生态文明建设是基础。只有“五位”相互作用、相互影响、相互支撑，才能真正形成“一体”的格局；只有从思想上、认识上明确“五位”的辩证关系，才能在实践中自觉推动“五位”走向“一体”。

构建制度体系。推动“五位”走向“一体”，必须破除妨碍五位一体的体制机制弊端，构建系统完备、科学规范、运行有效的制度体系，使各方面制度更加成熟更加定型。只有从制度上对推动五位一体作出明确规定，才能在实践中避免单兵突进、相互割裂。如果缺少制度支撑和制度保障，“五位”就难以在实践中走向“一体”。例如，就生态文明建设而言，应加快建立生态文明制度，建立健全国土空间开发、资源节约管理、生态环境保护的体制机制，以制度确保中华民族永续发展。

提高领导水平。办好中国的事情，关键在党。推动“五位”走向“一体”，要求全党更新发展观念、调整发展思维、加快转变发展方式，提高领导科学发展的水平。比如，全党同志尤其是各级领导干部应适应五位一体的发展要求，进一步确立全局思维、协调思维、系统思维、和谐思维，更加注重发展的全面性、协调性、可持续性、系统性与和谐性，把五位一体的理念贯彻落实到工作的各个方面和环节。

（执笔：蒋斌、陈金龙）

（选自《人民日报》2012 年 11 月 30 日）

奋力实现民族复兴的“中国梦”

国防大学中国特色社会主义理论体系研究中心

习近平同志指出：“实现中华民族伟大复兴，就是中华民族近代以来最伟大的梦想。”这是对“中国梦”时代命题的深刻解读，既充满着厚重的历史底蕴，又洋溢着豪迈的“中国自信”，为团结凝聚中国人民创造美好未来指明了前进方向。中国特色社会主义道路就是中国人民和中华民族追梦开拓的复兴之路，我们要在这条道路上不懈奋斗，不断开创更为光明的民族复兴前景。

全面建成小康社会决定性阶段的时代要求

“中国梦”就是要把我国建设成为富强民主文明和谐的社会主义现代化国家，实现中华民族伟大复兴。实现这样的梦想，需要长期不懈奋斗，需要分阶段推进。当前，我国已经进入全面建成小康社会的决定性阶段，实现“中国梦”相应地呈现出与这一阶段相适应的新要求。

从国家实力看，“中国梦”就是要实现综合国力的进一步增强。综合国力的强弱，反映着一个国家的发展水平，决定着它满足国民需求、解决国内问题的能力，也在根本上决定着其国际地位和作用。综合国力达到的高度，决定着国民梦想实现的程度。“中国梦”的第一要义，就是实现综合国力进一步增强。自2010年以来，我国的经济总量已跃居世界第二位，但人口多、底子薄、发展很不平衡的状况并未根本改观，经济科技仍将长期面临西方发达国家占优势的压力。在这样的形势下，党的十八大描绘了到2020年发展的目标：经济持续健康发展，国内生产总值和城乡居民人均收入比2010年翻一番，科技进步对经济增长的贡献率大幅上升，进入创新型国家行列，人民民主不断扩大，文化软实力显著增强，人民生活水平全面提高，资源节约型、环境友好型社会建设取得重大进展等。这些目标构成现阶段实现“中国梦”的基本要求。

从幸福指数看，“中国梦”就是要实现人民幸福感的进一步提升。幸福指数是对人们幸福感的量化，是人们根据一定价值标准对自身生活状态所作的满意度方面的评价。我们党坚持全心全意为人民服务的根本宗旨，党领导人民实现“中国梦”的根本目的，就是实现好、维护好、发展好最广大人民根本利益，进而提升全社会的幸福指数。有研究认为：当收入水平比较低的时候，人们的幸福指数会随着收入增长而增长。人均GDP（国内生产总值）超过5000美元后，一些非物质因素对人们幸福感的影响就会越来越大，提升幸福指数必须综合考量、统筹兼顾。2011年，我国人均GDP达到5432美元，提升人民幸福指数成为更加复杂的系统工程。党的十八大着眼于提升人民的幸福指数，在强调2020年城乡居民人均收入比2010年翻一番的同时，将“坚持维护社会公平正义”、“坚持走共同富裕道路”、“坚持促进社会和谐”纳入夺取中国特色社会主义新胜利的基本要求，将“保障和改善民生”作为社会建设的重点，等等。这给“中国梦”涂上了浓重的幸福底色。

从文明形态看，“中国梦”就是要实现中华文明的进一步演进。中华文明是世界上唯一几千年连续不断、传承至今的文明，为人类文明发展作出了巨大贡献。但中华文明曾经长期处于封建时代，其主要形态是农耕文明。党领导人民在实现“中国梦”的征程中，从根本上跨越农耕文明形态，实现了中华文明质的飞跃。当前，我国已经进入工业化中期阶段，初步完成农耕文明向工业文明的过渡。党的十八大强调：“坚持走中国特色新型工业化、信息化、城镇化、农业现代化道路，推动信息化和工业化深度融合、工业化和城镇化良性互动、城镇化和农业现代化相互协调，促进工业化、信息化、城镇化、农业现代化同步发展。”同时，党的十八大将中国特色社会主义总体布局从经济、政治、文化、社会建设“四位一体”发展为包括生态文明建设的“五位一体”，这标志着中华文明格局涵盖了物质文明、政治文明、精神文明、社会文明和生态文明。坚定不移地实现这样的“中国梦”，中华文明必将放射出更加灿烂的光芒。

从价值追求看，“中国梦”就是要实现每个人的全面发展。“中国梦”具有多个维度。实现“中国梦”，不是增强国家实力的单项推进，而是国家、民族、社会、个人的多维发展。马克思恩格斯在《共产党宣言》中指出：共产党人的最终目标是建立“每个人的自由发展是一切人的自由发展的条件”的“联合体”。马克思在《资本论》中进一步指出，未来新社会是“以每个人的全面而自由的发展为基本原则的社会形式。”在实现“中国梦”的实践中，中国共产党认真汲取社会主义建设正反两方面的经验，坚持立党为公，执政为民，坚持以人为本，尊重人民的主体地位，不断促进人的全面发展。党的十八大明确把“促进人的全面发展”纳入中国特色社会主义道路的内涵，并强调“不断在实现发展成果由人民共享、促进人的全面发展上取得新成效。”这标志着中国特色社会主义把实现人的全面发展作为终极价值追求，必将极大提高“中国梦”的吸引力、凝聚力和感召力。

以求真务实的精神和作风推进民族复兴

今天，我们已经取得举世瞩目的伟大成就，党和人民具有前所未有的道路自信、理论自信和制度自信。但也要看到，实现“中国梦”还需要付出艰苦努力。习近平同志强调：“空谈误国，实干兴邦。”我们要把“中国梦”变成现实，必须大力弘扬求真务实的精神和作风，继续埋头苦干、顽强拼搏。

从社会主义初级阶段的实际出发推进民族复兴。坚持一切从实际出发，是求真务实的题中之义。坚持求真务实的科学精神和作风，第一位的就是要做到一切从实际出发。党的十八大明确强调：“我国仍处于并将长期处于社会主义初级阶段的基本国情没有变，人民日益增长的物质文化需要同落后的社会生产之间的矛盾这一社会主要矛盾没有变，我国是世界最大发展中国家的国际地位没有变。”这就要求我们牢牢把握社会主义初级阶段这个最大国情，把社会主义初级阶段这个最大实际作为根本出发点，深入实际，把本地区本单位本部门的基本情况弄清，把中央和上级指示要求弄清，把人民群众的新期待弄清，把改革发展的利弊条件弄清，真正做到贯彻指示联系实际、学习借鉴结合实际、利用优势紧贴实际，防止制定一些超越实际能力的高指标、唱一些脱离实际的高调。充分考虑各方面的差异和不同情况，因地制宜、因时制宜，采取灵活的方法策略，防止搞“一刀切”、“一锅煮”。在那些具有一定基础和优势的项目上狠下功夫，力争率先取得突破，同时对那些尚不具备成熟条件的工作，要分阶段分步骤地积极创造条件、积蓄力量。

遵循中国特色社会主义建设规律推进民族复兴。求真务实包含着探索和遵循客观规律的基本涵义和内在要求。坚持求真务实的科学精神和作风，必须积极探求中国特色社会主义建设的客观规律，自觉尊重客观规律。党的十八大对中国特色社会主义的内涵作出了深刻阐述，对夺取中国特色社会主义新胜利的基本要求作出了准确概括，对全面建成小康社会作出了战略部署，充分体现了我们党对中国特色社会主义建设规律的新认识。按照这些规律治国理政，梦想实现的效率就能最优化，梦想实现的成果就能最大化。中国特色社会主义建设规律不仅包括一般规律，也包括具体规律。应在掌握一般规律的基础上，注重探索和把握特殊规律，进行“去粗取精、去伪存真、由此及彼、由表及里”的分析比较，找到深层次的根本规律，防止被错综复杂的表面现象所迷惑。只要我们按照客观规律扎实推进改革发展，就一定能够取得实际成效。

发扬真抓实干的作风推进民族复兴。实现梦想，贵在实干。如果空喊口号、不见行动，或者敷衍了事、马虎应付，“中国梦”就会永远飘在空中。坚持求真务实的科学精神和作风，就要克服形式主义和官僚主义，克服浮躁蛮干倾向，迎难而上、真抓实干，积极主动地投入到中国特色社会主义建设事业中去。应把各项建设的目标、要求、责任、措施具体化，把每一项工作都往实里抓、往深里推、往细里做。把事业发展的情况纳入干部政绩评价和考核体系，使真抓实干、取得实绩的干部得到褒奖和重用，使弄虚作假、掩盖矛盾的干部得到批评和惩戒，通过正确的用人导向促使党员领导干部真正转变作风。进一步健全发现问题、纠正错误和追究责任的机制，及时发现并坚决纠正种种漂浮之风和不实做法，从制度机制上保证把真抓实干的作风牢牢树起来。

（执笔：林培雄、刘光明）

（选自《人民日报》2012年12月12日）

第三部分

理论·经济建设

全球再平衡下的中国经济增长前景与政策选择

张 平 付敏杰

从2008年到现在，全球进入到持续深度再平衡调整过程中，中国开始遇到前所未有的挑战。短期内中国靠宏观刺激政策抵御外部冲击，但缺乏结构性改革，在持续危机冲击下，短期需求政策引发了很高的宏观成本，如通货膨胀、高房价等，必须要加快结构性改革。2012年中国既要继续抵御短期外部冲击和进一步防范内部累积的宏观风险，又要加快结构性调整。利益结构调整和创新激励，这是一个发展与转型的挑战。

2012年，发达国家特别是欧元区增长举步维艰，欧盟委员会将2012年欧洲经济增长率从1.8%下调至0.2%，因欧盟出现严重长期衰退和全球经济二次探底可能性陡然上升，由此将引发全球资产价格的深度调整。2012年全球宏观经济政策以稳定资产价格为主，欧洲依然致力于抑制不断上升的债务水平，美国则需要同时稳定金融和扩张就业，新兴市场国家也进入了自我再平衡，因此稳定求发展成为全球经济2012年主调。中国经济也不例外，国内通胀态势已得到遏制，宏观经济政策重点放在稳定金融上，以应对随时可能出现的国际形势恶化，货币政策应结束紧缩回归中性以保持宏观调控的弹性空间，财税体制应加速改革和税收政策激励实体创新、产业并购整合、现代服务业发展等推动中国经济长期增长的结构性改革。

一、全球“再平衡”的持续冲击

从理论上讲，金融危机和经济危机都不是偶然现象，是经济体在过去长期增长中结构问题累积的总量结果。马克思认为资本主义的结构问题是由资本主义私有制决定的生产的无限扩大和私人购买能力不断下降之间的矛盾，马尔萨斯认为经济危机的原因是缺少了地主阶级的消费，凯恩斯说大萧条的根源是消费和受“动物精神”支配的投资下降所导致的有效需求不足。不管从哪个角度出发，经济危机都是经济发展从一个阶段向一个新阶段迈进的风向标。因此，只有把握住每次经济危机的本质，才能变“危”为“机”，为后续增长扫清障碍。

本轮经济危机也不例外，只是反应的问题更为深刻。20世纪中期以来，全球经济增长进入了黄金时期。直到2008年美国金融危机，才结束了这一“大繁荣期”，这一大繁荣的缔造者是美欧日发达国家。欧洲通过不断举债的方式建立了国家福利体系，不断推高消费水平，而美国依靠金融工具刺激了私人举债性消费，以此带动全球经济增长，并推动了全球化和建立了全球化的分工体系。2008年美国次贷危机刺破了私人举债消费的泡沫；2010年欧债危机则挤破了国家社会福利泡沫。发达国家无法带动全球经济，其占全球经济的份额到2013年将让位于新兴经济体，对全球经济增长的贡献份额从2008年后已经跌到30%以下（IMF，2010）。因此全球经济的分工体系变化，决定了全球经济将进入持续再平衡过程。

欧洲福利建设需要以大量的公共支出作为保证。发达国家为了适应这种转变，大幅度提高宏观税率水平。发达国家平均宏观税率水平从二战前的23%左右上升到20世纪90年代初的45%，瑞典、挪威、奥地利等国家的宏观税率更是超过50%，甚至达到60%，意味着居民收入的一半多要上缴税收。对于福利竞争的追捧成为政府选举制胜的重要砝码。当财政收入已经不能满足福利支出需要时，政府转向债券市场，通过借钱搞福利。国内债券只涉及到国内居民收入的再分配，无非是将收入的一部分缴税、一部分借给政府用于增加公共产品，尤其是公共福利供给，缴税和借债在本质上是一样的，借债只是将左口袋的钱拿到右口袋。除了缴税和借出，居民收入剩下的部分用于个人消费。宏观税率和政府借债增加的本质只是在一般均衡的背景下，居民福利最大化帕累托最优条件中的边际替代率和边际转换率沿生产可能性边界进行调整，居民的福利未必会增加，但也不一定受到损失。只有当债务转向国际资本市场，通过借外债来搞福利时，上述情况才会改变。通过向国际市场借债搞来的福利，增加了经济体可用的资源，扩张了生产可能性曲线的边界，必然会带来居民福利的改善。这就意味着，只要外部条件允许，借钱搞福利始终是增加选票的重要保障。公共部门的扩张，挤出了私人部门可用于生产的资源。

过去的20年以来，以中国为代表的发展中国家基本充当了国际市场借贷者的角色。以劳动力低成本（低工资、低福利、低收入）、低环境成本、低资本成本和土地与自然资源的近乎免费供给造就的传统制造业竞争优势，使中国制造业具备了超强的国际竞争力。长期国际贸易顺差累积形成的外汇储备，遭遇发达国家利用货币霸权所实施的通过货币超发来赖账的行为下，只能选择各种外币国债来理财。过去发达国家是依靠资本输出来获得廉价资源，现在则是通过借债来享受免费服务。

一边是借钱搞福利的发达国家，一边是勒紧裤腰带往外借债的发展中国家，全球经济再平衡的压力便由此而来。我们认为，未来一个时期，全球经济再平衡将沿着三个层面展开，这三个层面，也将对应主权国家宏观经济政策的不同走向：

1. 实现政府财政收支平衡以缓解主权债务危机

政府收支平衡的压力首先来自于愈演愈烈的主权债务危机。美国和欧洲主权债务危机解决的唯一出路是财政平衡，首先要消减政府支出，减少公共部门和国有企业雇员人数。当政府支出依然超过政府税收收入时，就会伴随国有部门的私有化改革，将国有资产出让的本金用于弥补财政收支的亏空。正如我们所看到的，不论是财政紧缩，还是国有企业改革，都会带来罢工，给本国政府带来很大的政治压力。解决债务危机，首先需要专家的技术性操作来解决期限结构，更需要里根和萨奇尔夫人一样坚定的政治执行者来赢得市场的信任，将紧缩决策执行到底。其次要调节政府支出结构，将用于福利的资源转向对创新和技术进步的支持，通过促进增长才能消除高企的债务比例，使宏观经济恢复到健康运行的轨道上。

2. 实现国际收支平衡以缓解汇率压力

国际收支平衡的压力来自汇率市场。近期以来，美国、日本和欧元区汇率的急剧变动，无一例外地给本国实体经济造成了很大危害，虽然发达国家企业贸易的损失可以通过相应的掉期等国际金融手段来进行规避，但是国际贸易和实体经济投资需要稳定的汇率预期。国际金融导致的短期资本流动和国际贸易导致的长期资本流动是汇率的主要决定力量。国际收支平衡的首要条件是常规项目和资本项目的总体平衡，其次是常规项目和资本项目各自的平衡。前者是为了保持即期汇率稳定，后者是为了防止远期汇率的过度波动。

3. 居民财富生产与消费的平衡

从主权国家的角度来看，居民生产的财富量和消费的财富量应当总体上是平衡的。既要防止消费不足将大量资源转移给国外消费，更要防止过度超前消费，寅吃卯粮，这关系到微观和整体宏观经济的安全。只有彻底改变发达国家消费者通过借债来消费的根本状况，才能实现以实体经济为基本保证的、超越货币层面的国际收支平衡。

国际货币基金组织（IMF，2010）特别分析了发达经济体与新兴市场经济体在过去50年中的28次顺差逆转的经历。通过大量的国家和地区的经验分析与案例研究发现：(1) 经济增长会因再平衡而平均降低0.3%—1.2%，如在制造业鼎盛时期的上世纪70年代初的日本影响很大。(2) 结构调整加快。结构调整中最为积极的贡献者为投资，投资上升较多，平均达3.3个百分点，私人消费提高0.8个点，贸易盈余带动明显下降。(3) 就业结构调整。就业总体规模略有下降，贸易部门下降导致原有就业结构需要调整，但整体就业压力不会因再平衡下降过多，因为贸易部门就业下降的速度慢于非贸易部门就业增长速度。(4) 经济明显过热。由于再平衡往往刺激投资和消费来完成，会导致明显的经济过热现象，物价上涨非常快。物价上涨很快的同时，东亚国家和地区普遍伴随着房地产价格的快速上升，日本上个世纪80年代中后期的资产泡沫令人震惊。(5) 产业结构调整和创新加快。非贸易部门的份额明显提高，贸易部门与非贸易部门就业的重新配置，而中高技术份额显著提高，体现一国经济在全球分工价值链中地位的提升。再平衡能促进经济结构调整和创新。

对中国而言，这次再平衡要比以往更为深刻，并会持续多年。从国际经验看经济转型是根本，但短期内持续的再平衡调整过程，会直接降低中国经济增长的潜在增长率，平均会降低1.2个百分点，特别是国际经济放缓过快冲击会比较严重。厦门大学模拟的美国二次探底的冲击认为会降低经济增长0.64个百分点。中国经济进入了全面开放型的经济体，除了单纯贸易盈余的影响，外资流动、金融市场恐慌、汇率、大宗商品价格和贸易摩擦等都直接会影响到中国经济的健康发展。

二、2012年中国经济增长减速的一致预期

随着欧洲债务危机的蔓延和经济增长的大幅下滑，以及美国经济复苏的推后，全球经济处于持续再平衡过程，外需对中国经济增长的贡献可能会在2012年再次成为负值。我们预测，在整个“十二五”期间，净出口对中国经济增长的贡献始终为负值。

随着城市化的推进，中国的经济增长已经基本进入内需拉动为主的时代。我们当前的发展动力主要是投资，特别是对城市化基础设施和房地产开发的投资，这几年能有效抵御巨大的国际金融动荡，保持高速经济增长都是靠投资拉动。2011年中国城市人口比重超过50%，城市化进程增速开始减慢，特别是中国近10年来土地城市化速度远远超过了人口城市化速度，2001—2011年城市建成区面积和规划面积比城市人口年均增长高50%到100%，未来向土地投资仍有潜力，但增速下滑。而消费大致保持

稳定，如果经济不景气拉长，则消费也会下滑。展望2012年，我们预测全年经济增长大体会继续保持在较高的8.4%左右，物价水平在4%上下，经济增长的动力依然靠投资拉动，但动力不足已经是非常明显的事实，进行结构性改革已经迫在眉睫。随着2011年第4季度通胀的明显缓解，2011年全年CPI基本保持在5.4%左右，2012年下调至4.1%。

当前政策和学术界都争论中国是否应该全面转向刺激,否则会“惯性下滑”。中国“十二五”将经济增长目标定在了7%，已经有了一定的减速准备。但近年来的高速增长，特别是在“十一五”年均增长11.2%的背景下，很多人认为中国经济增长潜在增长率应该提高到两位数以上，而不是下调至7%。“十一五”期间高增长是以通胀和通胀预期的不断上升为代价的：从2006年到现在6年间，除金融危机冲击导致2009年通货紧缩外，2007年消费物价上涨了4.8%，2008年上涨5.9%，2011年消费物价水平预计5.4%。“十二五”期间成本推动的物价上涨压力，依然挑战中国经济发展的稳定性。

2011年中国经济依然高速增长，呈现逐季度递减的趋势，更为重要的是作为从“十二五”开局之年，在节能减排、转变动力机制上仍然进展不够，但在体制改革如税收、财政改革上开始走出了坚实的步伐，当前中国的问题不是速度而是持续的发展动力，需要加速改革和减速增效。

表1中列举了全球主要机构和个人对于中国2012年经济增长与物价水平的预测，数据显示各种机构预测经济增长率在8.3%—9.5%之间，野村证券预测值最高，瑞银预测值最低。如果出现美国经济二次探底，将会导致中国经济增长率下滑1个百分点左右。物价方面，2012年中国CPI的预测值在2.7%—4.93%之间，通胀在2012年下行已是必然。

表1 主要机构对2011–2012年中国宏观经济的预测

发表时间	预测机构或个人	情形	GDP（%）		GDP（%）	
			2011	2012	2011	2012
2011.04	世界银行		9.3	8.4	5.0	3.4
2011.08	厦门大学、新加坡李光耀学院	常规情况	9.28	8.91	5.34	4.93
		美国二次探底		8.24		3.95
2011.09	亚洲开发银行		9.3	9.1	5.3	4.2
2011.10	渣打银行			8.5		3.2
2011.10	野村证券		9.2	9.5		4.8
2011.10	国际货币基金组织		9.47	9.04	5.5	3.3
2011.10	高盛集团			8.6		3.1
2011.10	清华大学中国与世界经济研究中心			8.5		2.7
2011.11	瑞士银行集团汪涛	基准情形		8.3	5.4	3.5
		美国二次探底		7–7.5	3	3.2
2011.11	三星经济研究院		9.0	8.4	3.7	4.8

来源：依据相关公开出版物整理而成

中国2012年经济增长处于一致减速预期。如果出现欧美经济二次探底，按照瑞银和厦大的分析则会冲击经济增长0.64—1.3个百分点，我们按IMF的平均调整1.2%预测，则经济增长最坏的情景为7.2%。这种减速预期的背后主要原因集中在短期问题上：(1) 外部冲击强制中国再平衡减弱了中国的经济增长，特别是欧债危机导致中国出口有可能进一步下降；(2) 地方融资平台、铁路、国企高债务率问题直接缩减了地方政府和国企的投资能力，房价下行减低了居民的个人投资，投资乏力是明年的主要问题所在；(3) 节能减排加快完成。沿海地区出口导向型的劳动密集型工业水平不断下降和国内建筑业等基建行业减速，2012年的就业压力加大，这将会凸显结构调整问题的重要性，即服务业发展滞后无法吸收更多就业。分配结构调整缓慢，2011年城市居民收入增速远低于GDP增速，消费带动乏力，而技术创新等更是缓慢，长期结构矛盾也显现出来。

三、多重周期重叠共振

从短期周期看，国际周期中的欧债危机和中国周期中地方融资平台等高负债将在2012年体现为短期的现金流危机冲击，特别是欧债中的意大利和西班牙等在2012年2—4月份集中兑付期，国际债务危机压力重重。国内2012年平台债务也是集中兑付期，也会遇到现金流冲击的风险，金融市场的恐慌也直接会导致风险加大。国内当前债券市场国债和低等级债，如城投债收益率走向背离就显示出国内市场不断上升的压力。

我国经济的总杠杆率已经很高，金融风险不断上升。一方面，以社会融资总量来衡量，到2011年中，国内信贷存量相当于GDP的173%，这比很多同等收入水平发展中国家的比重都要高。另一方面，地方融资平台和央企等由于金融可获得性强，均自觉不自觉地提高了其金融杠杆率。由于这些机构投资的期限较长，短期收益率较低，必然导致现金流风险较大，负债风险凸显。

2011年7月份的城投债违约引起债券市场暴跌，上海银行间市场7天拆借利率一度突破8%，现在仍在5%高位波动。同时，债券融资出现很大困难，并引起"民间"房贷利率水平飙升。股票市场也大幅下跌，大型上市银行估值中位数从2010年末市净率2.8倍下跌到1.6倍。很多房地产开发商在境内和境外美元债券市场的融资成本也已上升到15%。一些投资者已通过购买主权信用违约掉期或人民币看跌期权，来对抗宏观经济与金融风险。这些状况表明，我国金融市场上的风险因素已经在积累并开始显现。

而紧缩政策有滞后效益，紧缩政策抑制了物价的上涨，但也会产生自我强化的机制，主要表现在：其一，总量紧缩性政策量化分解为各部门的紧缩指标，往往形成各个部门共同紧缩过程，从而加大紧缩的力度；其二，紧缩政策具有"自我强化"的特征。稳定化政策的核心是逆周期调节，但任何政策调节都有其自我强化的特征，考虑到政策的滞后效应以及经济形势的变化，逆周期调节就很容易转变为顺周期调整，从而会加剧经济波动。因此，当前宏观调控要注重总体把握和全局管理，提高政策的前瞻性，避免自我强化的紧缩机制引致较严重的宏观风险。

从长周期看，全球经济再平衡和中国潜在增长率下降似乎也成为长期趋势。全球经济再平衡是一个长期过程，特别是全球分工体系的重新建立需要10年以上的时间，因此未来6—8年依然是一个充满了"再调整"的摩擦期。从中国当前的政策目标看，"十二五"中国经济增长目标下调到7%，已经有了减速的考虑。从生产函数角度看导致潜在增长率下降的因素较多：首先是劳动供给增长的减速，劳动力价格上涨，预计到2015年后劳动的绝对供给量减少，劳动力供给增长缓慢会导致产出增长减速；第二，劳动市场的供需变化和政府的公共政策会牵引劳动在整个分配中的比例提高，推动劳动产出弹性逐步加大，资本产出弹性下降；第三是2012年城市化率已经超过了50%，预计到达52%，城市化推动的内需扩张也不是无边界的，特别是对中国这样一个土地城市化远超前于人口城市化的国家，城市化带动的投资转折更会提早到来；第四是产业结构变化使服务业比重不断提升，其增长的规模效应和效率会低于制造业，服务业比重高，GDP增长速度就会降低，但能提升就业，尽管中国发展滞后，这是一个全球经济发展的规律性趋势；第五是“全球再平衡”直接推动中国内需发展，提升消费是必然趋势，而提高居民消费的根本，就在于改变资本和劳动在分配份额的比例，降低投资贡献；第六是受到全球低碳规则的约束，在加入碳约束下中国潜在增长率年降低1个百分点（袁富华，2010）。继续推进经济两位数增长的要素动力因素下降，唯一可依靠的是人力资源提升和技术进步，当然最大的激励因素是制度改革，但这些都是不易的。

2012年中国经济可能遇到多重周期的重叠震荡，特别是短和长周期，国际和国内金融市场周期和政策周期的多重重叠，必须要以稳定金融为主调，积极调整结构应对长期发展。

四、把握未来发展的创新周期推进结构性改革

2012年全球宏观经济政策的主基调依然是稳定金融。美联储的货币量化宽松政策QE Ⅰ和QE Ⅱ、欧洲金融稳定基金ESSF和中国政府对于地方债、铁路债的救助，都是稳定金融政策。金融稳定政策的核心是减少信贷市场的信息不对称，减少企业内外部融资成本的差别，防止因为流动性紧缩而导致企业信贷下降，出现经济衰退。预计，随着宏观经济状况的不断好转，从2013年中期开始，发达国家的债务问题基本稳定，新兴经济体通胀压力明显减轻，全球经济将再次步入稳定增长的轨道。未来10年内，国际经济供给面的三个基本产业变革趋势将影响中国经济的供给行为和潜在增长率。

1. 提升全球服务业的可贸易比重

全球化进程的不断深化，服务业的可贸易比重不断提高，特别是信息技术的兴起、普及和应用，服务业可贸易规模成为了全球贸易的新推动引擎，外包、远程服务、知识产权传递等，全球服务可贸易比重会从现在的不足20%，未来10年推进到40%，而美国是这一趋势的主导者，IT平台极大地降低了很多传统商品的单位运输成本，例如电子图书极大地降低了传统纸质书籍的运输、储藏和复制成本。目前最为国内熟知的IT贸易平台是苹果公司将IT技术嫁接到手机上的IPhone和IPad平台，通过这个平台，全球的知识产品几乎都可以在苹果公司的定价平台下进行贸易。以美国新兴富豪为代表的互联网高端技术Facebook、Google、Amazon等IT服务平台近年来在全球取得快速发展，进入中国市场后也必将凭借其知识产权优势挑战中国传统产品。未来金融、医疗、教育等的远程服务也将逐步开启，这都直接加大了服务业全球化发展。在美国新一轮的服务贸易外包中，受到语言习惯、产业基础等因素影响，印度将超过中国成为最大的受益者。如何应对美国发动的IT平台的服务业贸易，将成为影响中国国际地位的重要因素，显然国内还没有做好准备去迎接美国的知识贸易品大潮。

2. 绿色更新周期

绿色更新周期是指绿色消费和低碳技术推动的全球设备和居住的更新改造周期；设备低碳改造周期预计10年，居住绿色消费更新则要长达20年以上。绿色更新周期对制造业提出新要求，当前欧洲是主要倡导者。2005年欧盟委员会推出“里斯本战略”，明确了欧盟经济增长方式的未来新趋向：创新工业和科技体系、大力发展低能耗、高附加值、高产出的战略性新兴产业，推动绿色、低碳、环保产业作为新的经济增长点。2011年3月在"欧洲2020战略"中，决定把发展低碳经济作为未来10年的战略重点：欧盟将在2020年前将温室气体的排放量在1990年的基础上至少减少20%，同时将可再生能源在总能源消费中的比例提高到20%，能效提高20%。自此，节能减排已经成为欧洲未来10年产业和技术发展的战略重点。欧洲委员会发布的《欧洲：2050低碳经济路线图》以倒推的形式分析了完成上述转变所需要的能源计划。与服务业不同，低碳经济发展与我国原有的制造业工业基础可以实现较好对接，已经受到了国内政策的高度关注，中国"十二五规划"中的大篇幅的节能减排和传统产业改造计划是符合绿色更新周期的，中国在这方面应该起到领先作用。

3. 新兴经济体消费结构升级带动的传统制造业升级改造

随着整个新兴经济体GDP的快速增长，一个富裕的中间阶层逐步在全球形成。国民收入水平的持续提高，促进了居民消费对于生活品质的追求不断提高。近年来，我国居民消费结构发生了很大变化，居民的生存消费已经基本满足，正在向殷实的小康家庭迈进，买房置业、安享城市生活成为许多家庭追求的目标。一些发达城市空调、电视、手机、洗衣机等商品的普及率都已与发达国家相差不多，居民消费将由数量消费全面过渡到质量消费阶段，这自然会带动原有产业结构的升级和技术更新换代，由此带来本国制造业的升级改造。

2012年国内一方面要谨慎应对经济波动，但更重要的是积极进行结构改革，促进增长迎接新的全球发展新机遇。首先要调整税制结构，提高直接税比重，控制收入分配差距。中国当前的税收结构以流转税为基础，随着城市化的发展，居民的税收和未来享受的福利在口径上要逐步匹配，税收结构应向着流转和直接税并重的结构转变。推进个人所得税综合改革，将个人的劳务所得和资产所得纳入统一征管平台，从完全分类纳税走向分类与综合相结合，降低名义税率，减少累进档次。逐步取消福利与户籍的捆绑，建立一个广覆盖、可转换的基本社保体系，稳定居民消费倾向。鼓励实体创新，促进产业升级和服务业发展。在增值税扩围后，应当逐步开始降低增值税税率，激励实体部门创新。促进地方政府通过提高城市聚集和竞争力等方式获得收益，改变过度依赖"土地财政"的行为。从土地城市化走向人口城市化，提高空间集聚效率，获取城市建设、管理和公共支出等方面的规模经济。国际经验表明服务业和城市化进程、城市规模、人口密度等直接相关，调整服务业和工业结构关键在于增加空间集聚。

从产业政策来看，应当尽快推动国内低碳技术研究和应用，推动节能减排，逐步参与碳技术的相关前沿，争取能参与相关国际标准的制定，在全球低碳经济舞台上拥有发言权。其次要制定长期规划，注意发展基于IT平台的新兴战略性服务业，争取建立相关的服务贸易中文平台，同时要做好与美国进行服务贸易战的知识和法律准备。最后要消减制约国内居民消费升级换代的政策规定和行业管制，当前消费升级的核心是现代服务业需求，如金融、医疗、教育、文化、体育、安全等新兴服务，但这些需求受到行政严格管制，供给不足，放松管制推进国内现代消费服务业发展，下大力气提升服务消费的供给和消费水平，才能实现可持续的内生经济增长。

（作者：张平系中国社会科学院经济研究所副所长，研究员、博士生导师）

（选自《现代经济探讨》2012年第1期）

历史规律与万有引力：中国经济增长的十字路口

蔡　昉

中国能否实现由盛转衰后再度由衰至盛的奇迹？

2010年中国经济总量超过日本之后，紧接着的问题自然是：中国何日超过美国，成为世界第一大经济体？不出所料，随之出现一系列关于中国进一步赶超的预测。最引人注目的是国际货币基金组织（IMF）的预测，中国按照购买力平价（PPP）计算的GDP总量，将从2011年的11.3万亿美元增长为2016年的19万亿美元，占世界经济总量的18%。而此期间，美国则从15.2万亿美元的经济总规模增加到18.8万亿美元，在世界经济总量中的比重下降到17.7%。

许多国际组织和投资银行都做过类似的预测，像这样的乐观预测也不胜枚举，只不过，各种预测有的依据按照汇率计算的GDP，有的依据按照购买力平价计算的GDP，从而在预测中国经济总量超过美国的时间上有早有晚。

这样的预测结果也绝非天方夜谭，不过是根据过去对未来进行的外推。1990年，中国GDP总量在世界上排第10位，到1995年，中国超过了加拿大、西班牙和巴西，排第7位，到2000年，中国超过意大利，晋升到第6位。随后，在本世纪前10年中，中国又依次超过了法国、英国和德国，到2010年终于超过了日本，成为世界第二大经济体，仅仅位于美国之后。

最直接的反应是，由于中国是全世界人口最多的国家，占全世界人口的比重接近1/5，对我们来说，在人均收入仍然较低的条件下经济总量即使排在第一位，也并非值得骄傲的事情。不过，一些经济学家对中国人均GDP的预测同样是相当乐观的。

例如，诺贝尔经济学奖得主罗伯特·福格尔预测，2040年，按照购买力平价计算，中国GDP总量高达123.7万亿美元，真正占到了世界经济总量的40%。在人口达到14.6亿的情况下，中国人均GDP将高达8.5万美元，是世界平均水平的2.4倍，是美国人均GDP的80%。事实上，根据联合国的预测，中国人口总量在2035年达到14.4亿以后不增反降，并且预计在2040年只有14.3亿。如果按照这个人口基数计算，届时中国的人均GDP已经相当接近于美国那时的水平了。

其实，所有这些关于中国经济未来的乐观预测，从中国过去30余年的经济发展表现看来，都无令人惊讶之处。自17世纪之后，在西方世界进步加快的同时，中国的经济增长远远落于人后。1700年—1820年期间，中国GDP的年均增长率只有0.85%，而人均GDP则没有增长。

中华人民共和国成立之前，中国更是经历了无尽的内忧外患，经济停滞，民不聊生。在1820年—1952年期间，GDP总量和人均GDP的年均增长率分别为0.22%和-0.08%，而同期欧洲的这两个增长率分别为1.71%和1.03%。

改革开放以前的中国经济增长，在受到一系列政治运动和重大政策失误影响下，虽然也实现了6%的年均增长率，但是，由于排斥市场机制、过高的积累率、产业结构失调，人民生活水平的改善十分缓慢，不仅没有实现对发达国家及新兴工业化经济体的赶超，反而拉大了发展差距，1978年农村尚有2.5亿人口未得温饱。

直到20世纪70年代末开始了改革开放的历程，中国经济才显示了前所未有的活力，中华民族开始了伟大的复兴。其间实现了不胜枚举的巨大制度变迁。例如，从人民公社大锅饭到家庭承包制的体制变革；从单一的公有制经济到多种经济成分并存的转变；从计划经济到市场成为资源配置主要机制的改革；从封闭型经济到加入世界贸易组织，成为经济全球化的重要参与者和获益者的变化。在这个改革开放的过程中，从无到有地建立起了有效的微观激励机制、现代企业制度、财政金融体制和社会保障体系。所有这些，最终都体现在国家总体实力和人民生活水平的提高上。

在1978年—2010年期间，中国经济增长率得以保持每年近10%的速度。不仅是经济总量，人均收入增长也创造了奇迹。比较不同国家在类似发展阶段上，人均收入翻一番所需要的时间，英国在1780年—1838年花了58年，美国在1839年—1886年花了47年，日本在1885年—1919年花了34年，韩国在1966年—1977年花了11年。而中国在1978年—1987年期间只用了9年的时间，随后又在1987年—1995年和1995年—2004年期间分别用8年和9年时间两度翻番，并于2011年再翻一番，而这一次只用了7年的时间。

早在1994年，当林毅夫、蔡昉、李周所著《中国的奇迹：发展战略与经济改革》首次出版时，他们在书中就按照当时显现出的中国、日本、美国的经济增长速度，假定三个国家保持各自在20世纪80年代的GDP增长率的话，中国经济的总规模将在2035年前后超过日本和美国，成为世界上最大的经济体。而如果按照当时经济学家认定的购买力平价口径计算的话，中国经济预计在2015年前后超过日本和美国。

即使在当时，与此类似的乐观预测也并非绝无仅有。时任世界银行副行长兼首席经济学家的劳伦斯·萨默斯，也做出了2015年前后中国经济规模超过美国的预测。稍后，澳大利亚外交与外贸部、著名经济学史学家麦迪森，以及世界银行等都做出了相似的预测。而如今，类似的预测越来越成为国际组织和经济学家的共识。而且，中国能否按照这些研究预期的方向和时间，成为世界上最大的经济体，超出了通常按照经济规模进行排位的意义，即关系到中国最终能否完成一个人类历史上由盛变衰，再由衰至盛的奇迹。

从大分流到大趋同

在前面提到的《东亚奇迹》这部报告中，世界银行对东亚地区有着颇高的期待（称之为“东亚任务”），即期冀该地区保持其既有的、显著快于世界平均水平的经济增长速度，从而于2025年在经济总量上占到世界的40%。这样，东亚就能重现其历史上的辉煌——1820年东亚在世界经济中的份额就是40%。鉴于中国经济总规模和增量的贡献率，对东亚的这个期待，不仅也是，而且尤其是对中国的期待。

世界经济史学的最新进展，表现为逐步形成了一个共识：现有的世界经济格局，即欧洲及其衍生地区在科技和经济继而人均收入上所处的绝对领先地位，并非从来如此。

最初是人们围绕所谓“李约瑟之谜”进行了广泛的讨论，尝试回答为什么在前现代社会，中国科技遥遥领先于其他文明，而近现代中国不再具有这样的领先地位。相关的研究发现，在18世纪起源于西方的工业革命之前的1000多年时间里，中国一直是世界上科技最先进、经济最繁荣的国家。例如，公元9世纪到13世纪，中国农业生产力处于世界最高水平。自汉代到14世纪，中国的工业都处于较高水平。而城市化水平不仅是工农业生产率的结果，更代表了商业的发展。根据经济史学家的研究，在宋代中期，中国的城市化率远远高于欧洲的水平。相应地，与市场发展相关的一系列经济制度也高度发育。只是在14世纪之后，中国的经济发展和科技进步才渐渐拉开了与西方国家的距离。

以彭慕兰（Kenneth Pomeranz）等为代表的历史学“加州学派”则认为，在1500年前后的世界，财富主要集中在东方，而中国在这个“东方”概念中的地位举足轻重。只是在那之后，欧洲才开始崛起，并且在18世纪较晚的时候，东西方的“大分流”才出现。也大约在相同的时间范畴里，中国与西方在经济、科技和生活水平上的差距明显拉大，中国愈益变成一个积贫积弱的国家。

不仅中华人民共和国成立之前的内忧外患阻碍了经济发展，共和国成立以后也因一系列政治运动，以及经济体制上的弊端耽搁了中华民族的复兴，中国不仅全面地远远落后于欧美发达国家，与亚洲邻国以及香港、澳门和台湾的发展差距也显著拉大了。例如，根据一项研究，仅仅因为“大跃进”和“文化大革命”所造成的损失，就使1993年的劳均产出降低了63%。

这些失误，使得中国没有搭上迈克尔·斯宾塞所说的1950年以后世界经济大趋同的顺风车，失去了经济发展宝贵的30年。而改革开放时期的高速经济增长，终于把数百年的“大分流”逆转为“大趋同”，中国开始了中华民族复兴的宏伟征程，并以成为世界第二大经济体为象征，取得了世人瞩目的经济社会发展成就。

迄今为止，能够得到经济学家和经济史学家普遍认可，并广泛引用的长期国别历史数据，特别是现代统计体系中的国内生产总值（GDP）及其人均水平的数据，是由著名经济史学家安格斯·麦迪森（Angus Maddison）系统地整理并公之于众的。使用这套数据来看中国经济发展的由盛至衰，再由衰至盛的曲折反复，高度浓缩了前面文字讨论中的信息（图1）。

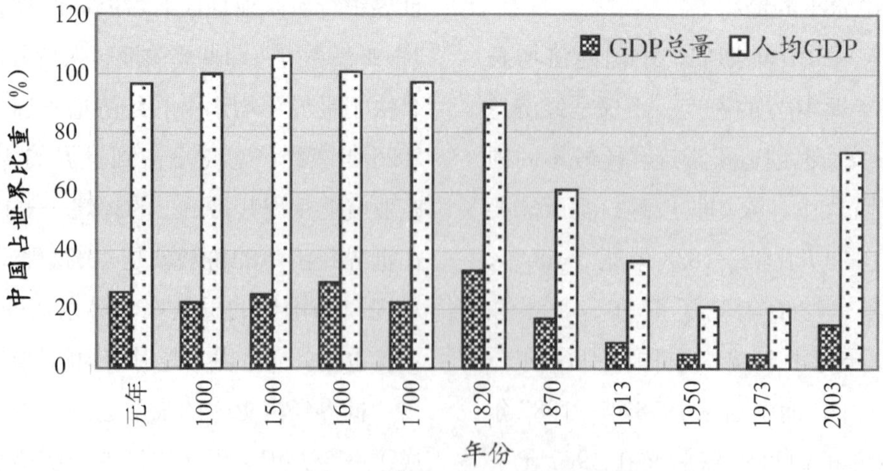

图1 中国占世界经济比重的变化

资料来源：Angus Maddison, Contours of the World Economy, 1–2030 AD, Essays in Macro-Economic History, Oxford University Press, p.379, table A.4; p.382, table A.7.

如图1所示，就其在世界经济中的地位而言，中国人均收入所达到的最高点是1500年，比世界平均水平高6%。而中国经济总规模的最高点则是1820年，创造了世界全部GDP的近1/3。同时，这张图也以其宏大的跨度，显示了中国经济占世界经济比重不再是一个倒U型曲线的变化，而将上个世纪下半叶和本世纪前期呈现出的趋势接续起来观察，已经呈现出一个N字型的变化轨迹，即自19世纪以后的衰落，再至20世纪80年代以来改革开放时期的宏伟复兴。

新古典经济增长理论的一个重要逻辑出发点是资本报酬递减，即随着资本投入量的增加，其报酬的增长率会降低。因此，从较低的发展水平上起步的国家相对于在较高起点上发展的国家，能够实现更高的增长率。这种增长率差异维持一个较长时期的结果，就是经济发展水平的趋同。这种理论预测的含义就是，处于较低发展水平上的国家具有赶上并超过较发达国家的机会。

然而，大量观察和研究发现，这种趋同论并不符合发展中国家和发达国家经济增长的事实。而事实是，在很长的时间里，除少数实现了赶超的国家和地区之外，总体上发达国家比发展中国家增长得更快，在这两组国家之间，趋同并没有发生，差距反而拉大了。传统新古典增长理论在经验上的这种失败，来自于其理论上的缺陷，即经济增长的源泉——技术进步被当作外生的因素，不能为模型本身解释。因此，一方面在20世纪60年代以后，经济增长理论陷入凋敝的景况；另一方面经济学家尝试着在两个方向上弥补传统理论的不足：在理论上试图将技术进步等增长因素内生化，在经验上则继续收集数据以检验趋同假说。

到了20世纪80年代中期以后，经济增长理论迎来了它的又一个鼎盛时期。在理论上，以罗默、卢卡斯等人为代表的新增长理论，通过对人力资本形成和积累特点及其在增长中的作用，以及技术扩散的过程等研究，成功地把经济增长的源泉内生化，所以这种新增长理论又被称作内生的增长理论。而一旦人力资本这种具有报酬递增特点，以及技术创新、扩散这种可能和需要产生垄断的因素在增长模型中被内生化，新古典理论的完全竞争假设就被突破了。

从经验上，有些学者在检验传统的趋同假说时发现了所谓的“俱乐部趋同”现象，即在那些具有同质性的国家和地区之间，例如经济合作与发展组织（OECD）国家之间、美国各州之间和日本各县之间，的确存在着趋同的趋势，而在具有异质性的国家和地区之间，差距则进一步拉大。这种与传统的新古典增长理论趋同假说部分吻合、部分抵牾的经验结果，诱导新古典增长理论的捍卫者从索罗等的理论中，发掘出一个新的概念——条件趋同。

其实，新古典增长理论很早就指出了趋同是有条件的，即人口增长率和储蓄倾向的差异会导致每个国家具有不同的长期增长率。只有在这些增长条件被假定不变的情况下，从较低起点上开始的经济增长才倾向于具有更快的增长速度，从而产生趋同趋势。坚持新古典主义注重理论与经验相吻合的传统，巴罗和萨拉伊马丁孜孜不倦地尝试把各种可能的解释变量放到经济增长模型中，以检验条件趋同假说。

换句话说，最为成功的理论框架，是把新的内生增长理论与老的新古典增长理论结合起来。新的增长理论可以更好地解释处于领先地位的国家何以能够保持持续的增长，而没有出现报酬递减现象，而新古典增长理论则能够更直接地回答，为什么以及什么时候落后国家能够赶上发达国家。从经验上检验条件趋同假说的工作，实际上就是找出那些影响经济增长的相关因素，包括储蓄和投资水平、基础设施条件、体制因素、政府干预经济的程度，乃至人力资本和人口负担等因素。

中国在30余年的时间里，显著地缩小了与发达经济体的发展水平和生活质量差距，证明了只要选对了道路，即坚持改革开放促经济发展的方向，相对落后的国家完全可以实现赶超。归根结底，经济理论只有具备对现实的一致性解释力，才被证明是正确的理论。因此，从迄今为止中国改革、开放、发展成功中总结的经验，对于趋同假说的印证，比增长理论学家的200万次回归更有说服力。

何时以及为什么减速？

按照既往的表现所做出的振奋人心的预测，以及因之而生的更高的期望，并没有为中国经济的未来打下包票。曾几何时，自上个世纪80年代后期开始就一直位居世界第二大经济体宝座的日本，也被国际上十分地看好，被寄予了厚望。然而，自上个世纪90年代开始，日本经济相继陷入"失去的十年"和"失去的二十年"，最终失去了第二大经济体的位置。与日本不同之处在于，直至2010年，当经济总量超过日本成为世界第二大经济体的时候，中国的人均GDP仅为4382美元，刚刚进入世界银行定义的中等偏上收入国家的行列。如果中国遭遇日本式的"失去的十年"或者更久，与日本在世界名列前茅的收入水平上的徘徊不同，中国则会成为被困在"中等收入陷阱"中的典型案例。

在一片对于中国经济成就的叫好声中，开始出现一系列以预测中国减速为目的，关于高速增长的经济体何时、在什么条件下，以及以何种方式减速的比较研究。

一项研究来自于摩根士丹利亚洲有限公司的经济学家。他们根据世界经济史发现，在历史规律和万有引力的作用下，一个经济体经历过高速增长后终将要减速。而这个减速的拐点，是按照购买力平价计算人均GDP达到7000美元时。这些作者从经济史学家麦迪森的研究中发现，过去100年间有40个经济体达到7000美元这个人均GDP拐点，其中31个经济体在拐点之后平均减速2.8个百分点。按照相同的口径，2008年中国达到7000美元这个"魔幻数字"，类似于上个世纪60年代末的日本和80年代末的韩国。而这两个经济体在类似拐点之后，经济增长率都有所减缓。

鉴于影响中国潜在增长率的一些因素发生了变化，如劳动力供给的增长放缓、储蓄率和资本形成开始走低、改善全要素生产率的空间缩小等等，因此，在这个研究团队看来，既然中国的经济成就是既往"亚洲经济奇迹"的一部分，中国目前的经济发展阶段则决定了它的经济增长减速在所难免。

不过，这项研究的结论并不那么悲观，而是认为有很大的可能性和机会，例如劳动密集型产业从东部地区向中西部地区的转移，使得中国的减速不会像日本、韩国那样突然和急剧，而是可以在一个较长的持续期内逐渐完成。与此同时，在这个过渡期内，产业结构在区域间的重新布局，以及经济增长需求拉动因素的构成等方面的调整将加剧，给中国以足够的时间寻找到新的经济增长源泉。

另外一项研究在数据分析上进行得更加深入一些，由艾辰格林（Barry Eichengreen）等几位学者所完成。这项研究所要回答的问题，同样是高速增长的经济在何时——即怎样的人均收入水平上减速，以及对中国的比照意义。他们从国际比较中发现，按照购买力平价和2005年美元计算，人均GDP达到17000美元时，高速增长的经济通常遭遇明显的减速，一般来说经济增长速度降低的幅度为2个百分点的年均GDP增长率。

笔者估计，如果保持9%的GDP年均增长率，2015年的中国就符合了这个口径的17000美元的条件。再加上作者所罗列的诸多经济增长中的隐患和不可持续因素，他们警告届时中国将有70%的可能性遵循这个减速规律。不过，正如有些投资经济学家所做的评论指出，这个70%的减速2个百分点的概率——即1.4个百分点，对于一个长期保持9%—10%的增长率的经济体来说，似乎并不那么令人担忧。实际上，中国的"十二五"规划确定的2011年—2015年经济增长速度是7%，在国家财力充足和就业压力减缓的新形势下，这个增长速度反而是更加可持续的。

人口老龄化也被看作是导致经济增长速度减慢的一个重要原因。人口老龄化意味着劳动年龄人口总量增长速度减慢及至绝对数量的减少，劳动年龄人口占总人口比重也不再提高，而是趋于下降。相应地，经济增长开始丧失表现为劳动力供给充足和高储蓄率的人口红利的支撑。1990年，日本的老龄化水平即65岁及以上人口占总人口的比重达到11.9%，不久之后人口抚养比，即依赖型人口与劳动年龄人口的比率就迅速提高了。大约就在人口结构发生这种变化的同时，日本经济增长速度也出现急剧的逆转，从减速开始直到停滞。

按照汇率计算，2010年中国的人均GDP为4382美元。而将其折算成前述两项研究中的减速基准点（分别为7000美元和17000美元）的话，即按照购买力平价计算的人均GDP的话，则大约为8700美元或更高。也就是说，中国目前正处在经济增长减速的期间。此外，2010年中国65岁及以上人口占总人口比重为8.9%，也已经十分接近于日本于1990年经济增长减速开始时的老龄化水平了。在大约与"十二五"时期重合的几年内（2011—2015），中国就将像日本一样，经历迅速的人口抚养比提高。

经济史显示的经验终究是一种概率现象，对未来的预测毕竟也不等于现实。前述关于中国经济增长前景的预测，既没有断言中国经济必然发生最悲观的情景，也不意味着在其存在乐观情景的条件下，我们尽可以放宽心了。实际上，以"平均数"为外衣的国际经验，往往掩盖了许多特殊情景和因素。

例如，正如摩根斯坦利经济学家所说，中国目前的发展阶段和面临的命运，与40年前的日本十分相像。实际上，从前述人口结构变化阶段看，把当今中国与20年前的日本进行类比，更具有相似性，那以后的日本经济增长经验对于中国更具有借鉴意义。而日本在最初经济增长减速之后，并没有停下来，而是一路下跌，至今陷在经济停滞的状态。

为了及时进入未雨绸缪的状态，以便避免最坏的结果，需要以史为鉴，探寻如何避免不正常减速的途径。还以日本为例的话，我们不是要看它是否后来的速度不如从前了，而是要探寻为什么在不可避免的减速之后，未能实现像欧洲和美国那样的增长速度。前引艾辰格林等的文章，就提供了这方面的重要信息。他们的研究发现，就典型而言，全要素生产率的停滞，可以解释85%的减速原因。

结语：可能的三种命运

国际经验显示，以本文所述的必然发生减速的发展阶段为分水岭，一个国家面临着三种命运。第一种命运是欧洲、北美的前景，即尽管经济增长速度不像新兴经济体那样快，但是，经济增长在技术创新的前沿上继续推进，具有很高的增长质量。例如，欧洲工商管理学院（INSEAD）从稳定的政治经济秩序、良好的教育系统、研究与开发高投入、有效的基础设施、市场内需程度以及将这些优势转化为创新力的能力等方面，对全球125个国家进行"2011年度全球创新指数"排名，结果表明，排在前10

名的，除了新加坡和香港特区之外，全部为欧洲和北美国家。

对中国来说，如果实现了经济发展方式从投入依赖型到生产率提高驱动型的转变，虽然经济增长速度减慢了，但增长质量和可持续性可以得到明显提高。与此同时，更加注重收入分配状况改善、基本公共服务均等化和社会和谐，完全可以在预定的时间表内，分别实现全面建设小康社会目标和现代化建设宏伟蓝图。

第二种命运可以日本作为参照。日本在1990年以后，在高收入水平上经济增长停滞，虽然人均收入仍处于较高水平，在世界经济中的地位却江河日下，创新能力与其人均收入水平的排名不再对称。例如，在“2011年度全球创新指数”排名中，日本为第20名，远远落后于亚洲的香港和新加坡。这表明，一个国家固然可以利用后发优势，通过技术借鉴和模仿加快其在经济上赶超先进国家的速度，但是，归根结底，经济增长的长期可持续性，取决于该国的综合创新能力。

与日本不同，中国刚刚进入中等偏上收入阶段，创新能力虽然迅速提升，但是，在总体技术水平、创新能力和人力资本存量等方面的差距仍然巨大，要跻身高水平国家的行列，中国尚有很长的路途要走。在这样的经济发展阶段上，一旦陷入经济停滞的状况，充其量只是一个中等收入的日本。

第三种命运以拉丁美洲和一些亚洲国家为代表。虽然这些经济体较早成为中等收入国家，却始终不能跨进高收入国家的行列，经济增长缓慢甚至停滞。在蛋糕不能继续做大的情况下，经济增长的分享效应日益弱化，在缺乏良好、有效制度的条件下，政治经济学的逻辑，即富人具有更强的谈判能力获得较大的蛋糕份额，就会导致收入和财富积累的马太效应，收入差距不断扩大。政治家无论是出于良好的动机，还是为了选票的需要，一次次做出改善收入状况的承诺，却因经济增长处于停滞而难以兑现，从而在政治上陷入民粹主义政策困境。贫富对立导致经常出现社会动荡和政治不稳定，国家困于中等收入陷阱之中。

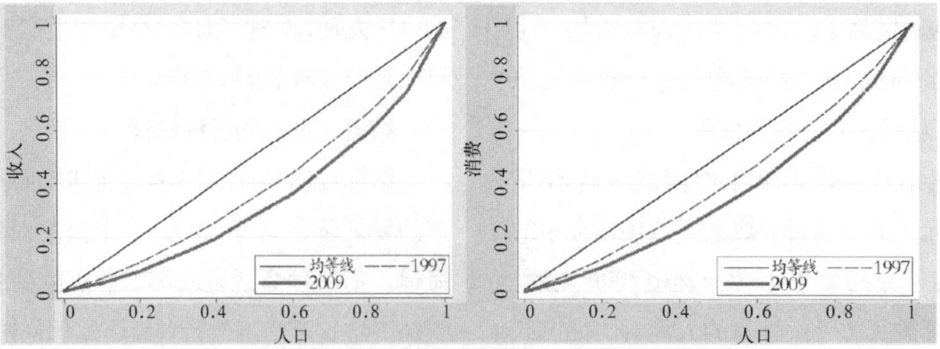

图2 城镇居民收入和消费的洛伦斯曲线

资料来源：国家统计局《中国统计年鉴》历年

虽然经济学家已有的共识是，经济增长本身并不自然而然带来收入分配状况的改善，但是，收入分配改善归根结底要以经济增长为前提。无论是拉丁美洲的经验还是发达国家的经验，都证明了经济增长和人均收入总体提高，有利于收入不平等的缩小。例如，在21世纪前10年，巴西等一些拉丁美洲国家经济增长取得较好绩效，相应地，这些国家的基尼系数也有明显的降低。而美国自上个世纪70年代以后，有利于经济增长的“低垂的果子”被摘尽之后，经济增长比以前显著减缓，居民收入差距也扩大了，有着与其他发达国家相比更大的基尼系数。

迄今为止，中国的经济增长总体上是分享型的，虽然收入差距扩大导致不满，但在蛋糕不断做大的情况下，收入差距尚可容忍。如图2所示，中国城市居民人均可支配收入和人均生活性消费，在各收入组之间的发布变化，虽然显示出差距的扩大，但是分布类型没有发生明显的变化。换句话说，在收入差距扩大的同时，每个收入组的收入和消费水平都有所增长。这种情况在蛋糕不再增大的情况下则会改变，即一旦经济增长减速使得没有足够的增量可供分配，强势群体占有的收入份额进一步扩大，低收入群体的不满就会强烈表达出来，则难免陷入拉美困境之中。

事实上，中国政府已经作好了以一个较低的GDP增长率，加快经济发展方式转变速度的准备。在《中华人民共和国国民经济和社会发展第十二个五年规划纲要》中，中央政府建议在“十二五”时期GDP年平均增长率为7%，比“十一五”时期的这项指标进一步降低0.5个百分点。对此，许多人表示不尽理解。在改革开放以来特别是最近的五年计划（规划）中，无论是作为指令性指标还是作为建议性或预期性指标，通常都不高于实际的经济增长速度的规定。但是，一次又一次的执行结果，最终都是实际增长速度快于规划目标。那样的话，规划指标不是与现实越来越脱离吗？

每当遭遇经济周期的冲击，如20世纪90年代末的亚洲金融危机和2008年—2009年世界范围金融危机发生时，中央政府都提出要确保8%的增长率。在许多人的眼中，“保八”似乎成为一个永恒不变的最低速度要求，似乎只有保证8%及以上的经济增长率，才能确保足够的财政收入，满足最低限度的就业机会。甚至，单纯批评GDP挂帅的政府观念，也不足以遏制追求高增长速度的冲动，因为无论是对于地方政府还是中央政府来说，更充足的政府财力，也是促进社会发展与经济发展更加协调的必要条件。

因此，仅仅用约束经济增长速度的办法，并不能改变政府的速度偏好和追求高速度行为。“十二五”规划把加快转变经济发展方式作为这一时期发展的主线，即把经济增长的驱动力从要素投入转向生产率提高，把经济增长的需求拉动力从出口和投资转向国内消费需求，把经济增长的主导产业从第二产业转向第三产业。如果真正能够实现这个转变，或者在这个调整方向上有实质性进展，在政府财力充足和就业压力减小的条件下，相对低一些的增长速度，反而是更加符合发展阶段要求和更加可持续的。此外，随着中国经济发展阶段呈现出新的特征，即使以往作为保持特定高速度的约束条件，也逐渐得以放松，适度的较低速度是可行且必要的。

从另一个方面讲，当前热议的话题——避免中等收入陷阱，则是讨论如何避免超出合理范围的经济增长减速，乃至经济增长停滞。其含义则是防止过快的、过于剧烈的、不能满足就业和人民生活水平继续提高的，以及导致不能实现全面建设小康社会的减速。

（作者：中国社会科学院人口与劳动经济研究所研究员）

（选自《学术前沿》2012年第7期）

关于我国若干重大经济社会问题的思考

贾　康

现阶段，我国的改革已处于深水区、疲劳期和胶着状态，经济社会发展在延续“黄金发展期”态势的同时，也面临诸多矛盾凸显、各种挑战日趋严峻的态势，社会、经济的整体转轨正在经受历史性的考验。只有把握好短期利益与长远利益、物质条件的提升与机制的转变、发展中的战略与策略、基本民生与综合民生、惠民生与强民权、经济改革与全面配套改革等基本关系，妥善处理好影响经济社会发展的重大现实问题，才能使以改革开放实现现代化伟大民族复兴的伟业，沿着正确的路径不断推进。

一、我国应争取今后延续20年左右的高速增长期

改革开放30多年来，我国的经济社会发展取得了巨大成就，GDP年均增长速度达到9.8%，这一现象被世人誉为“中国经济奇迹”。对于这一经济奇迹的成因，一些专家、学者曾从不同的视角进行过分析。我认为，在充分肯定改革开放“解放生产力”的前提下，可具体分析认识在市场取向和开放环境中，中国作为一个其他经济体很难比拟的特大市场，属于一个“巨国模型”。在这个“巨国模型”之中，我国要完成弥合二元经济的现代化转变，必须在工业化、城镇化过程中与市场化、国际化、信息化（高科技化）紧密结合，一方面必然会释放大量的投资需求，进而带动消费需求，另一方面，除国内市场所产生的供给之外，还可以通过经济手段从全世界获取供给，与世界市场衔接互动，从而在弥合二元经济中形成良性互动的大循环，以维持经济长期较高速增长。30余年的成长，正是这一套经济关联形成发展实践中“增长奇迹”的生动写照。此外，“人口红利”（“抚养比”的下降和低位）、低廉劳动力优势、“适用技术”的推广、“双轨制”、“渐进式”改革路径、政府“压缩饼干式”强力推进和“地方竞争”机制，以及国人吃苦耐劳、讲勤俭、重储蓄的特色传统等因素，等等，都对国民经济维持这种高速增长起到了重要作用。

我国如何才能再争取20年左右的平稳较快增长？阻碍或支持这种平稳较快增长的因素又有哪些呢？一方面，在“历史的新起点”上，将伴随着一些原来增长过程的“终结因素”（导致潜在增长率降低、经济增长下行的因素），主要包括以下几点：一是人力资本制约。人口红利经过顶点之后，将面临向下的收敛趋势，我国社会也将进入所谓的“未富先老”的状态，原来这方面支撑发展的力量将变成人口老龄化的向下拖拽的力量。与此同时，低成本劳动力相对优势将逐步消失。二是资源环境制约。资源和环境这两块短板，是伴随中国工业化和现代化整个过程的硬约束。特别是由于大宗原材料与能源定价力量的缺失，导致中国在资源博弈的国际市场中处于极为不利的局面。大宗物品、基础产品价格上升，给我国经济可持续发展带来很大压力。同时环境问题迅速上升，一些地方生态环境承载能力已近极限。这种资源与环境压力还表现为若干发达地区原来那种依靠土地批租方式取得大宗收入支持本地实施发展战略的模式也随着“地皮”限制而难以为继。三是从生产力物质层面上升到人际关系、生产关系层面的一些制约因素的凸显。例如，分配关系、财产关系以及所带来的人际关系、社会问题的矛盾压力。这种制约实际上往往把我们处理经济问题的可能边界与弹性空间大大压缩了，使经济问题更容易“政治化”，面临的风险和压力增大。四是原行政、政治体系中某些因素与经济社会发展之间的不适应程度明显上升。诸如此类的各种因素的交互影响、综合作用，将会给我国经济社会运行带来很大压力和制约。

另一方面，在我国经济发展中也存在一些能够对冲下行因素的力量。首先是城市化率的上升所带来的成长效应。按有关部门的统计，虽然我国的城市化率已经达到 50% 这个标志性的临界点，但根据其他经济体的经验，城市化要一直上升到 70%—80% 的区间才会相对稳定下来。城市化率的继续上升，必然会带动物质产品加上金融资产合在一起的资本潜力的进一步释放，并带动人力资本、土地资源资本化等诸多潜力的进一步释放。特别是人力资本潜力的释放，对于经济的继续上行是非常重要的力量。

其次，贯彻科学发展观、走创新型国家之路中“科技第一生产力”的作用。作为国家的大政方针，走创新型国家道路必将具体落实到一系列的运行机制和重大项目中，从而使新兴产业发展带有明显的高科技化、技术密集等特征，并促进传统产业也实现必要的升级换代。其中，劳动对象、劳动工具和劳动者等三大生产力要素与科技之间，并非表现为简单的并列、加总关系，而是在某种程度上体现为乘数关系，即三大要素之上应该施加一个科技的乘数，科技以乘数作用使生产力升级换代进一步解放，从而提升全要素生产率水平。这显然也是一个能够对冲下行因素的重要力量，体现的正是后发优势。

第三，中国现实生活里的政治周期因素。今年秋冬即将召开党的十八大，将解决中国决策当局又一十年左右的高层人事安排问题，这可为全面优化中国的中长期发展创造稳定的政治环境，其正面效应将会维护发展局面和支持新一轮改革创新。

第四，在“顶层设计”下上下互动取得配套改革的红利。这是值得我们积极争取的、可使中国经济继续成长而全要素生产率继续提高的重要因素。例如，仅就新一轮“价税财连动”改革中的资源税改革论，其效应决不能仅从财税视角来考虑，而需要将其上升到整个经济社会又好又快发展的高度来认识。资源税改革虽只是诸多改革任务中的一项，但它具有多重的正面效应，即形成长期、可持续的节能降耗杠杆，建设“两型社会”合理的“内生性”制度安排，以及构建科学的发展机制，助益地方税体系建设和省以下分税制落实，等等。同时，它还将引发行政体制、社会管理体制等配套改革，从而产生缓解矛盾对冲经济制约因素的力量。诸如此类的这种配套改革的红利，将在未来我国经济社会发展中大量出现，并在促进改革方面发挥越来越重要的积极作用。

第五，“社会管理红利”。在攻坚克难的配套改革中，决策主体、管理主体与社会公众更为有效的互动，通过不同利益集团在“共和”概念下的良性博弈，寻求最大公约数，这方面显然具有目前尚发掘远远不够的巨大空间。充分利用这种空间，也就是化解矛盾以提升和谐度、可持续性和全要素生产率。这是十分值得努力争取的一种“社会管理红利”。

总之，我国加快发展方式转化势在必行。虽仍面临着诸多困难和矛盾包括长期不确定性的问题，但在通过宏观调控等措施于短期内避免较大问题发生而维护稳定的同时，如果实质性坚持改革创新，积极稳妥处理好各种矛盾和大力调动一切积极因素与后来居上的潜力，我国仍能抑制导致经济下行的因素，再争取二十年左右的“黄金发展”高速增长期（年均速度的适当走低，如回落到年均7%左右，属于必要的、正常的渐变，仍属于“又好又快”发展）。

二、财税改革

今后一段时期，财政改革的核心问题，在于完成顶层设计之下无可回避的配套改革，为完成经济社会转型、贯彻科学发展观提供“以政控财，以财行政”的有效制度供给。要在新一轮价税财配套改革里解决资源价格、财产价格、人力资源价格等要素的合理价格形成机制与有效配置机制问题，进一步解决如何完善以经济手段为主的间接调控和如何实现公共服务型政府变革的问题，从而顺应社会主义市场经济发展与健全的客观要求，服务全局。

财政改革牵一发而动全身，需要政府转型与之相配套。例如，如何以“扁平化”和“大部制”为导向改造政府通盘架构，进而如何界定、划分各级政府事权，如何按照公共财政的要求进行系统性的财政制度创新、管理创新与技术创新，都与实质性的政府职能转变密切相关。其间，政府的转型绝不仅限于经济层面，而要涉及行政体制改革、政治体制改革以及社会生活的相关制度安排方面。从财政体制的改革大思路看，应该在省直管县和乡镇综合改革的基础上，继续推动财政体制扁平化改革，争取使五级财政框架扁平化到三级框架。这是贯彻落实省以下分税制以及健全完善市场经济体制等相关改革的前提条件。在“三级框架”内，按照“一级政权，一级事权，一级财权，一级税基，一级预算，一级产权，一级举债权”的原则，构建起财权与事权相顺应、财力与事权相匹配、中央与省两级自上而下转移支付加必要的横向转移支付的财税体制。首先，每一级政权都有一级合理的事权，进而应表现为由粗到细动态优化的三级事权明细单，接着，要有三级合理配置的财权（关键是要有合理的税基，也包括必要的某些收费权），进而要形成三级现代意义的预算，使之公开、透明，并发展公众参与、接受社会监督。构建以房地产税和资源税为主的地方税体系，逐渐减少中央与省、市县之间的税收共享成分，使各级政府拥有稳定的支柱财源。在这种情况下，地方可以追求与市场经济、可持续发展客观要求相契合的绩效，也可以规范地拥有举债权和产权。唯有如此，才可有望在中央、省级自上而下的转移支付基础上，解决欠发达地区的市县基层所面临的诸多的困难，克服有效制度供给不足演化而成的“土地财政”偏颇，从而在客观上形成地方的长治久安之局。

财政分税分级体制的改革需要得到税制改革的配套呼应。在以“结构性减税”为政策重点和亮点优化宏观调控回应公众诉求的同时，还要抓住复合税制的结构优化这个实质问题，进一步深化我国税制改革，其原则应是处理好四方面关系：第一，税制改进需要和通盘配套改革形成紧密的互动关系。中国经济现时最突出的问题是如何完成转轨，税制改革的频繁动作都要和配套改革一起连续推进。第二，税制改革需要和加快转变发展方式密切结合。中国经济的根本出路是在科学发展观指导下加快转变发展方式，这需要税收制度与之相配合，税制改革应当在这方面做出积极贡献。第三，税制改革要和优化分配格局、调整分配关系配套。中国人际关系业已凸显的矛盾之化解，必须运用包括税收在内的多种手段。第四，税制改革要和走创新型国家道路、发挥科技第一生产力作用相呼应。节能环保的两型社会建设、科技成果的产业化、战略性新兴产业的发展和普遍的企业创新活动的勃兴，都应配之以税收支持。来自这四个方面的客观要求，落实在税制优化本身的表现上，可以归结为三个主题词——结构性减税、特定税种税负有减有增、结构性增税。总体来看，今后我国税制改革的目标取向应当是：适当逐步降低间接税比重，积极稳妥提高直接税比重，实现结构性减税与结构性增税的优化平衡，从而建立一个既能满足政府财力正常需求，又能适应经济变化、体现国家产业政策和技术经济政策要求，满足优化分配格局等社会迫切需求的税收制度体系。

为此，面对不同税种，要具体设计完善方案，提升税收服务于经济社会发展的综合能力。具体包括以下几个方面：一是进一步改革增值税，促进产业的升级、优化和发展方式的转变。2012 年初启动的上海的增值税“扩围”改革试点各方面认同度较高，周边地区积极反映希望跟进，北京等地也有意比照上海方式启动。这一改革容易形成共识，余下的问题主要是如何在协调中逐步推进试点，最终覆盖国内统一市场。二是进一步完善消费税（包括优化“高端品税收”），合理引导生产与消费。不同部门在奢侈品税收方面有不同认识，如果淡化“奢侈品”概念，扩展到中高端消费品方面寻求合理化，则进一步优化调整消费税还是有空间的。对真正的奢侈品实行何种税收制度，不能只着眼于“金字塔尖”的经济小账，还要考虑社会影响以及社会心态的健康化。三是创造条件进一步完善个人所得税，发挥优化收入分配格局作用。个人所得税改革应坚持“综合与分类相结合”的方向，但在具体推动上难度较大。2011 年向社会公开征集收到 23 万多条意见，引发公众的强烈反应，但实际上取得的进展却相对有限，再往下推动，需要等待新的时机，推出真正有助于降低基尼系数和培育中等收入阶层的方案。四是全面改革资源税费制度、推进资源税改革向原油、天然气之外的其它金属、非金属矿“扩覆”并实施不可回避、必须伴随的煤电全产业链及相关管理体制的配套改革，以及研究开征环境保护税，促进“两型社会”建设和经济可持续发展。五是研究推进房地产税改革，寻求其促使房地产业沉稳健康发展，提高土地集约利用水平，配合省以下分税制建设和优化再分配机制等多种正面效应的发挥。房地产税改革应该总结上海、重庆试点以及 10 城市“空转模拟评税”试点等经验，凝聚共识，渐进推动，在保证不同利益诉求在较充分的理性讨论氛围里得到表达的同时，使不动产税在我国高端住房保有环节税收框架的建立中，能够取得积极稳妥的进步而渐趋于成型。

三、“汇率陷阱”、人民币国际化及金融发展

中国的现代化崛起，与一些西方国家的先例不同，既不可能依靠大量海外殖民，也不可能依靠发动战争侵略掠夺，只能依靠经济手段，在弥合自身二元经济过程中竞争求强于国际大舞台之上。这就涉及到如何对待汇率陷阱、人民币国际化及金融发展等重要问题。

所谓汇率问题，是一个包含经济和政治因素的综合问题，并且在现实生活中，实际影响它的往往是政治因素在先。这是因为，其实任何一个主权国家都希望对汇率施加影响，都希望自己能“操纵”，实质的问题便是谁更有实力去真的操纵。在当今的世界舞台上，对汇率有

影响实力的，首先是国际储备货币（均以主权货币作为硬通货）背后的政治主体。虽然美国官方声称美元政策是由美联储决定，但实际上美联储所标榜的中央银行地位的独立性，只是一种外在表现形式：真正最有实力操纵汇率的无非是掌握“世界货币”霸权的美国政治决策体系。美国可以在自己以金融衍生工具过度发展后的“次贷危机”为导火索惹起世界金融危机、导致全球经济飘摇之后，来一轮又一轮地“量化宽松”，通过开动印钞机给本币注水，狠狠“操纵”一把，让全世界一起来埋单，化解金融危机实际造成的损失。即使在这种情况下，美元的头号硬通货地位仍没有丝毫改变，这种通过实力比较关系形成的国际货币体系格局，是国际竞争中的真实图景，也是中国无力改变的。我们必须认识到汇率和政治问题必然联系在一起，“汇率政治化”往往是不可避免的竞争手段，要在博弈的过程中与美国讨价还价，并争取反过来去制约它。美国和中国，一个是高端，一个是低端；一个是世界的头号强国和世界货币霸权的持有者，一个是新兴经济体的代表。两者间的经济循环，事关各自的核心利益。

说人民币汇率低估，依据在哪里？光看贸易盈余肯定不妥。中国对美国是盈余（一个重要原因是美国有许多东西不肯卖给我们）、对很多发达经济体是盈余（也有不肯卖的原因），他们便找一些说辞对人民币汇率进行施压式指责，骨子里正是国际上的利益竞争，是国家意志的竞争。当然，人类社会文明进步的大趋势还是越来越理性，实际在国际竞争的底线上还是越来越认同争取共赢的局面。

面对动辄升级的汇率争端，我们应该如何应对？审时度势，在战略上，相当长一段时间我们还必然应当继续坚持“韬光养晦”的精神实质（表述上可变动调整），不能打破最基本的战略均势。在这个过程中，会有很多不同阶段、不同场合的情况，但我们总体上要有隐忍的基本态度。我们要在中国逐渐于更大程度上加入“全球治理”的过程中，尽量争取多数，树立大国形象，力求化解敌意，获得更多认同。同时，我们也要讨价还价。这种博弈就是一轮又一轮的讨价还价。往往争议变得激烈之后又在明里暗里的讨价还价之中平缓下来。关于如何讨价还价，有很多方案需要进一步细化，要形成从短期到长期的全套要领。从历史进程看，时间在中国人这边，时间是我们最好的朋友——我们应在和平发展的努力中，一直发展到我们也有实力参与“硬通货”俱乐部和实现人民币国际化，这些我们是从政治角度进行的考量。

但政治角度之外，还必须要考虑到经济角度。从经济角度考虑，从中长期看，需要使汇率机制更为市场化。因为这有利于资源配置优化和产业升级换代。在积极稳妥推动市场化的时候，没有必要把细节过分政治化，每一个动作都贴上政治标签。如恐惧哪怕是很小步的汇率的升值浮动，是不是过分政治化的一种表现？我们需要如实地分析说明经济因素和权衡相关利害。

中国汇率机制市场化的进程，必须是渐进的，因为它与人民币资本项目下可兑换、人民币的周边化、区域化、国际化，有内在联系。也需要与结构调整和产业升级通盘把握，以减少调整过程中的震荡冲击。这几年我国劳动力成本在上升，这不完全是坏事，它能逼着我们推进结构调整和产业升级。汇率上适当使人民币升值，也是如此。最终形成较充分的市场化形式的汇率机制，也成为我们推进人民币国际化的前提条件之一。

人们已越来越多地讲到“人民币的国际化”，我认为这一概念合乎逻辑地引出的正面表述，一定要落到经济学理论考察的“货币功能”范畴的世界货币概念上去。具有世界货币这一功能，直观上说，就是某种货币要成为世界上“硬通货俱乐部”的一员，到哪里，人们都可以无条件地接受它——也就是说人民币的国际化目标，必然需要落实到它在“硬通货俱乐部”中占有一席之地。如果按这样一个定义来理解，当然这是要随着中国的现代化过程最后自然地实现的人民币的一个远景目标，这个目标和当前现实生活之间的距离还非常明显。但是，现在确实看到了一些人民币国际化的端倪与进展，现在已做的人民币跨境结算等等这些发展中事态，却不等于国际化。真正要实现国际化，除汇率市场化外，还有一个很关键的前提是资本项目下可兑换。只要大量的投资活动涉及人民币时是要接受管制的状态，那么推论一下，国际各方面怎么可能欣然接受人民币作为自愿保有的硬通货？当然如果实现了可兑换，以后真正的国际化也还要有一个水到渠成的过程。

实现人民币国际化，在机制上需要做好两点。第一，汇率机制要更充分地市场化。在大的方向上，汇率形成机制要更多地向市场化运作去靠近，使汇率在很大程度上回到经济的定位上来，以发挥资源配置信号的作用。第二，创造一系列条件，使人民币实现在资本项目下的可兑换。从亚洲金融危机到这次世界金融危机，中国之所以不像其他经济体那样担心热钱的巨大冲击，就是因为人民币在资本项目下不可自由兑换，这就使那些快进快出的短期资金、热钱碰到了一道“防火墙”。即使部分资金有办法绕过这道防火墙，但能绕过来的量就很有限了，不足以掀起较大风浪。但是，这道“防火墙”不可能永远存在。只要世界认同了中国的崛起，那么人民币必然要走向世界化，而一旦如此我们就必须自己把这道防火墙拆掉，以便实现人民币在资本项目下的可兑换。资本项目下可兑换后，人民币也就具备了变成硬通货的必要条件，之后还要水到渠成地去积累、培育其充分条件。

今后中国的金融发展应该注意如下几点。第一，在全面开放过程中，中国应做好自己的事情，着力实现金融开放、金融深化和金融创新与实体经济的良性互动。邓小平曾指出，“金融是现代经济的核心”。我的解读是金融构成现代经济的心脏和血液循环系统（心血管系统），服务于整个实体经济，并使其始终充满活力。但泡沫化的金融却不再是“核心”，反而变成了“空心”。因此，我们必须避免金融走向过度泡沫的状态。但从现实来看，中国在金融深化、创新上的发展还处于初步阶段，在衍生工具的应用和发展上还只是探索性的。金融危机后，处于“研究生阶段”上的美国是需要“去杠杆化”，而处于“小学生或初中生阶段”上的中国则总体上应当合理地“加杠杆化”，以促进金融深化。

第二，在金融深化和创新中，必须实施金融多样化的改革，形成商业性融资和政策性融资对实体经济支持的全覆盖。中国金融不应只是进行总量上的调控，还需要从各个层面予以多样化。无论是支持经济增长点、实施区域战略，还是作为对三农层面、小微企业层面、研发创新领域等对金融需求的回应，多样化都不可避免。前段时间出现过的温州企业群体性的资金链断裂问题说明了三个势在必行。首先，实体经济升级换代和相关的机制建设势在必行。温州问题的根源首先在于实体经济的升级换代没有处理好，遇到“天花板”后资金循环偏向于“炒房团”式的投机，在大局面骤变后，最终导致了在金融链条方面的问题，这充分说明实体经济升级换代和相关的支持机制建设势在必行。其次，金融多样化的综合配套改革势在必行。在以温州为代表的长三角、也包括珠三角等前三十年经济增长强劲的区域，金融多样化的综合配套改革势在必行，否则无法适应发展新阶段升级换代、加快方式转变的要求。在多样的金融支持可以把传统正规金融与民间新兴金融合成体系后，才有望形成实质有效的金融深化和可持续、有主导性作为的金融支持体系。再次，在中国构建政策性融资体系势在必行。如何兴利除弊、防止设租、寻租现象是一篇大文章。温州的高利贷问题说明，要保持长三角、珠三角经济增长极的可持续性，金融多样化改革必须建立常规金融的低利贷、多种金融的中利贷以及政策性融资机制的定向优惠支持相互结合的融资体系，把极易引起巨大副作用的高利贷挤出融资领域。

第三，中国银行业具有广阔、深厚的市场需求，而在迅猛的业务扩张中，需要在深化改革、优化管理上主动进取。近些年我国城镇区域中各银行业务呈现出井喷式的发展状态，北京等地银行网点的居民金融服务出现了明显的“短缺经济”时才会出现的排长队特征。然而，在兴旺发展的同时，中国银行业也面临着诸多问题，比如“大而不强”、以行政力量提供较大的存贷利差等等。因此，中国的银行，特别是大银行，在国际化发展问题上需要统筹考虑，居安思危，从战略层面上加以规划，以便在深化改革、优化管理上能够有所作为。同时，政策制定者也需要在制度创新上予以支持，为银行业的金融创新提供“多样化”的思路指引及有益于创新的必要的制度环境。

四、资源稀缺性强化与房地产市场调控

随着我国经济的成长、社会与体制的转型，房地产领域的重要性、复杂性和敏感性被前所未有地凸显出来。由于城市中心区和周边土地稀缺、城镇化推进及其它因素的综合作用，一些城市业已出现房地产泡沫，对房地产市场健康发展产生了较为严重的影响。

有一种观点认为，中国的房地产价格不断上升是因为地方政府对土地实行了垄断——地方土地垄断抬高地价，进而抬高房价。我认为这种观点其实是不成立的。在该观点看来，治本之策必须是打破地方政府对于土地的垄断，实行充分竞争，地价便不会再往上抬高，房价也会随之而降。这一看法看似有道理，实际上却是一个伪命题。设想一下，如果不是地方政府拥有土地所有权，不是政府代表国家所有的终极所有权来实施对土地批租的管理，而是由土地私有化或所有权多元化所形成的非政府主体管理，其结果也一定是垄断性的。在城镇化过程中的中心区土地资源稀缺性程度日趋强化这一情况下，商业性的房地产开发项目，在政府——开发商——消费者三者利益博弈之中，压低地价，并不能带来房价的合理回归，无非是扩大了开发商的暴利空间而已。实际上，这里真正的问题是：面对自然垄断，如何在合理规划之下，引导需求，实施供需动态平衡的制度安排，形成适应各社会阶层的有效供给。如果没有有效的制度建设，仅靠在政策层面调来调去，就只能越来越偏重“限购”等行政手段，至多治标而不可能治本，难以真正解决问题。为此，需要有一个通盘的考虑，积极建立一个“双轨统筹”的制度框架，即：在一个合理的通盘规划之下，让由政府负责的保障房这一“保障轨”与由市场调节的商品房、产权房这一“市场轨”，得到合理、有效的并行与衔接，从而优化土地资源配置，实现所有居民“住有所居”和社会和谐。

在这个制度框架内，最高端的层面应该是由政府统筹管理，设计一个总体的全部国土开发的“顶层计划”。具体到某一地方政府，在辖区的通盘规划里，要把所有的相关事情处理好，包括住宅怎么建，从棚户区改造、廉租房到公租房，再到一般商品住宅乃至到高端住宅，这是由市场主体怎样试错也试不出来的，必须由政府牵头做好这种顶层的规划。在下一层面，在保障轨上，政府首先要管托底。这个“底”

首先从廉租房托起，进而托到适应收入夹心层、年轻白领需要的公租房（平价长租房）。如果能满足居民收入低端和收入夹心层“住有所居”的保障性需求了，那么政府在市场轨上就不用紧盯着房价问题，就不必使用那么多的手段去对付房价这么一个指标。政府还应引导民间资本和社会资金进入建设领域，同时也包括使在政策上引导民间资金参加建设低端的保障房。对于在市场轨上运转的商品住宅、产权房，政府主要是在管规划之下管规则，让相关主体公平竞争，让有经济实力的人通过运用消费者主权由自己做出选择。

另外，在这一制度框架中，还有一重要内容——在不动产保有环节形成财产税制度的调节和制约，即：除在交易环节征税之外，还要在保有环节征收房地产税，而这恰恰是我国现有制度的一项缺失。上海和重庆的房产税改革试点值得肯定，具有制度创新意义。房产税改革，对以下四个突出问题将产生不可忽视的正面效应：一是缓解中国税制中直接税比重过低、间接税比重过高使大众“税收痛苦”程度较高的问题；二是改变地方税体系不成型，省以下财政体制未进入真正分税制状态并使“土地财政”走偏的局面；三是使房地产调控新政体现治本的高水准；四是以不动产税制度建设来抑制收入差距和财产差距扩大。在大方向明确之下，房产税改革应注重试点突破与渐进推动。在改革的推动过程中，管理部门应该更开明，及时向社会披露一些信息，并尽可能就政府关于未来改革的一些基本考虑予以必要的信息披露，给社会公众吃定心丸（即明示此税在中国将侧重于调节高端，严格贯彻支付能力原则，只让住豪宅、有多套产权房的“先富起来”的阶层，适当地多对公共财政收入作贡献）。同时，理性地回应反对意见，尊重不同角度的诉求，承认所有的诉求都有他们充分表达的必要性，按照“共和”的精神使博弈过程理性化，从而最终寻求到一个尽可能优化的方案。

近年的房地产调控新政在运行一段时间以后取得了成效，也出现一些尚有争议的问题。为提高调控的效果，我认为应该注意三个问题。第一，从调控运行来看，要防止单纯求快的倾向。某些城市——主要是一线大城市——的确出现了房地产泡沫，但挤泡沫需要用柔性的手段。现在我国社会处于矛盾凸显期，一味图痛快，搞那种力度大、速度快的操作，可能会导致一系列不好的结果，甚至可能带来宏观经济风险（包括经济问题政治化的风险）。单纯求快不可行，非理性目标的求快更不可行。有一些非理性目标只是为了迎合社会心态。例如，不少人希望房价回调50%，这样他们就能买得起房子了。这种愿望似乎还得到了某些管理部门的回应。我认为，我国商品房房价总体上回调50%，是国民经济无法承受的。对很多人，特别是年轻白领、收入“夹心层”来说，他们现阶段的收入水平其实是无法买得起城市中心地段住房的，更现实的选择是公租房。在非理性目标下求快，问题会变得更严重：在上一轮“泡沫化”的副作用困扰我们之后，还可能叠加性的出现一轮新的“经济问题政治化”的副作用。

第二，在进一步做好房地产调控的过程中，需注重引入区别对待的方式，看清大的趋势与方向。在调控中，对不同城市、不同地段、不同情况要区别对待。有了理性的区别对待，才能挤去真正的泡沫。如果挤的不是真泡沫，那就可能造成新的扭曲。据我的观察，中国700个左右城市房价的“梯度推移”还在进行中，中国三线城市中，有房地产泡沫的很少，我们不能认为，三四线城市房价上升便是泡沫。我们应该理性分析，其中有多少是合理的与不合理的、自然的或炒作的成分。不能简单化地认为价格高就是泡沫程度高。即使在同一城市，不同地段的均价也通常会大相径庭，表现悬殊。如果调控新政不做这种区别，那力气就会使错地方。随着工业化、城镇化加速，房地产热总体上必会梯度推移。如果说，在前一轮房地产建设中，一些大城市出现了房地产泡沫，那么，在梯度推移的过程中，我们就要找到更好的办法防止二、三线城市出现新一轮的泡沫。如果说，行政限购等方法是不得已而为之，那么从长远看，我们当然需要注重经济手段的运用并强化对相关制度的创新与建设。

第三，需要谨慎对待集资建房。现在有人主张鼓励集资建房，本意可能是好的。然而，一旦放开，有实权的部门、有资源的部门马上会钻空子。前几年我就听说，“天高皇帝远”的地方，已有住房的公职人员很积极地参与所谓集资建房：政府规定只要他们所在的部门能通过正规的程序拿到地皮，他们就可以集资建房。谁可以拿到地皮？当然是实权部门。参加者虽然在形式上要出一点钱，但实际上与住房的市场价相比，那是微不足道的。房子建好了以后，按照行政级别进行分档分配。这样集资建房，这样分房，与房地产调控新政的内在精神是完全违背的；更有甚者，还可能把中国的不动产分配以及相关的收入分配搞得更加乌烟瘴气。集资建房的初衷是好的，实际却弄出这样一些令人哭笑不得的状况，是很值得警惕的。

五、改进收入分配与化解社会矛盾

当前我国收入分配中存在的问题，已成为制约我国经济社会健康发展的一大障碍。从经济层面看，收入分配中的一些突出问题，不仅制约了当前经济发展方式的转型，阻碍了经济又好又快发展，而且在一定程度上削弱了经济发展的长期动力。从社会层面而言，收入分配是各个社会成员经济利益分配的最终体现，具有很强的社会敏感性。收入分配是否合理，直接影响社会成员的社会心理承受能力、社会关系的协调以及社会形势的稳定状况。收入分配不公和不合理收入差距将会降低社会转型期大众的心理承受能力，危及社会和谐与社会稳定。从改革层面而言，在现代经济社会条件下，风险的传导、互动性增强，来自某一领域的风险，极有可能向其他领域传导。在这种情况下，一个健全的收入分配制度和一个公平合理的收入分配格局，能够起到“风险防火墙”的作用。如果在一个收入分配差距过大、不公平不合理现象较为突出的社会环境中，收入分配不仅不能起到“风险防火墙”的作用，而且其本身就有可能会成为各种矛盾的焦点，使其他改革处于一个充满不确定性的环境之中，增大了改革的风险和社会成本。

收入分配之所以成为当前一个重要的社会问题、引起社会的广泛关注，不仅在于收入差距的迅速扩大，而且在于由于分配不公引起的种种问题。收入分配问题，在某种意义上而言就是政府维护规则公正和权衡结果兼顾均平的问题。对社会总体差距适度性的肯定，并不意味着对差距扩大成因中不合理因素的认同。如果收入差距是由合法、合理因素引起的，社会的理解和认同度会较高。人们对收入差距的不满，大都是由收入分配公正性不足的原因引起的，对于因公共资源、公共政策、公共权力的扭曲等因素引起的收入差距，最为不满。

收入分配改革，必须正视如何防抑差距过大和如何化解不公平感和不公平机制的问题。公平是一个主观感受，虽然不可能使社会上所有人都感觉到公平，但仍需要特别注意不公平感的上升问题。通过制度和政策设计，适应社会现实需要，缓解社会矛盾，争取使中国的黄金发展期在克服环境、资源矛盾的同时，也能够相对平滑地处理人际关系里的矛盾凸显问题。

从理论角度细究，调节收入分配，需要对“公平”这一概念做出细分，将规则公正的“公平”

和结果相近一律的“均平”区别对待。规则公平、权利公平和过程公平，与效率之间是没有矛盾的，并且是保护、促进效率的。只有最终分配结果的均平程度和状态，可能与效率形成“此消彼长”的矛盾关系，才需要调控主体做出权衡。以这种认识将更有利于清晰地形成政府的职责边界和“政策理性”的要点，解开公平与效率矛盾中的一些困惑，促成收入分配相关政策的正确把握与合理化调整，进而有利于一些社会矛盾的缓解和多元主体活力的持续释放。

总体而言，政府在居民收入分配方面的责任是维护公正，兼顾均平，高端调低，低端托底。实现这一责任，需要以对居民收入差异作出正确分析为前提，以公正为基础，有针对性地实施分类调节政策。具体而言：对于勤劳致富、才能致富，政策应以鼓励为主加上再分配的适当微调；对于要素占有和机遇不同而形成的收入差异，政策上应当适当调节，但不宜作抹平处理，以有利于鼓励生产要素投入和保护首创精神；对于体制改革滞后及潜规则造成的不合理收入差异，在着力遏制的同时，根本在于以政策和制度建设推动深化改革、机制转变，完善和规范制度，再配之以必要的再分配调节；对于违法乱纪的“黑色收入”，则必须坚决取缔、惩处，打击其行为，罚没其收入，同时加强法治，力求从根本上清除违法乱纪、腐败行径滋生的土壤与条件。此外，还要特别强调，对于由于残疾丧失劳动能力、遭遇天灾人祸、鳏寡孤独等原因收入不能维持基本生活的社会成员，一定要“应保尽保”，提供基本生活保障。

在上述这一定位和思路下，再作出具体的政策设计，包括政策工具选择、政策组合和有效率的实施方式与程序，以及不同阶段政策力度的把握等，才能使政府的再分配政策更具有理性和针对性，从而有效化解相关的社会矛盾。

六、以资源税改革为契机，反过度垄断推进配套改革

以资源税改革为契机实行消除过度垄断的改革，不仅与经济社会的命脉直接相关，实际上也是一个与破解全面改革困境息息相关的重大问题。中国的改革走到现在，既得利益相互交织，多种矛盾累积叠加，特别需要重视顶层规划、配套设计，才能有效化解、克服既得利益阻碍。我们可以从新一轮“价税财连动”改革中的资源税改革视角，考察一下配套改革问题。

1986 年—1994 年期间，我国“价税财连动”改革一波三折，不得不分步推进，终有所成（“治理整顿”期间基本解决了商品价格调放问题，1994 年基本确立了分税分级体制框架）。然而在近年的矛盾凸显过程中，从资源、财产（不动产）、基础产品价格的扭曲到相关的税制、财政体制、行政与社会管理体制的缺陷带来的不经济、不合理现象，已十分刺目，造成资源低效配置和“不正之风”愈演愈烈等严重问题。例如，作为我国国民经济命脉及主体能源的电，就有 75% 左右依靠煤电（火电），然而煤与电的比价关系却长期不能理顺，煤的运输与整个主体能源供给、社会再生产循环形成严重变态，所造成的“无处不打点”、“集体静坐式的电荒”、“无人真重视节电”等严重问题，这些对于国民经济运行的顺畅、经济社会可持续发展及和谐社会构建，均已构成严重的威胁，不可忽视。

那么我们必须站在历史高度发问：出路何在？从资源税改革来看，只有深化改革才能为破解上述难题带来重要契机。新疆先行、西部跟进、2011 年下半年又向全国推进的是原油、天然气两个品类的资源税的改革，即由从量计征改为从价计征。这使原已“无关痛痒”的低税负，改变为一种有份量的税负和依法规范的价格形成因子。这一改革可期待的正面效应有：

一是形成长期、可持续的节能降耗杠杆，建设“两型社会”合理的“内生性”制度安排；二是与市场机制配合以构建“淘汰过剩、落后产能”并加快企业升级换代和发展方式转变的科学发展机制；三是为资源富集区域的地方税体系提供支柱财源，进而推进省以下分税制的贯彻落实，以消解“基层困难”、“土地财政”等问题，促进国家长治久安。它必然触动行业利益，特别是垄断行业及其派生利益群体的既得利益，其在直观形式上，是要触动煤电比价关系和电价形成机制。电力部门应当如何配套地作出改革？

回顾2002年起步的我国电力改革，令人感慨良多：十年下来，年年提起，此项改革却“半步未动”。当年接受“厂网分开”概念，原电力部门拆分为两个网加五大公司，但逻辑上与之紧密相联的“竞价入网”机制和电力市场建设，却始终不见踪影，结果是拆分后，大楼盖了许多，干部提拔了许多，全行业固定成本明显上升，实效倒更差了。

多年来我国“煤电价格长期不能理顺”的矛盾积累和“煤运乱象”，到2011年电厂“集体静坐”形成的“电荒”压力，再到社会各方越来越关注的“反垄断”问题，等等，都与此有关。有人说，似乎电力领域“看不见的手”越来越看不见了，“看得见的手”则不但看得见，还越管越起劲，干起微观干预来“自信满满”，紊乱局面却愈演愈烈。

在我看来，其实电力改革的思路是清楚的，可把已讨论的方案设计问题概括为电力体制改革和电价改革两个组成部分。前者需使电网回归自然垄断，合法合规公开透明，实施特许权管理，不能允许其再参与市场，从而让公平的“竞价入网”机制形成市场力量主导的选择性进而使供电主体优胜劣汰；后者需使电力产品回归商品属性，真正反映电力能源的稀缺性、供需关系和成本构成。这样方可优化资源配置与产能结构，实现产业升级可持续发展。

因此，电力体制改革至少包括：(1)“厂网分开”必须推进到实质性的“竞价入网”改革；(2)在火电竞价入网的同时，必须理清“自然垄断”的电网的独特管理机制及其与前、后端的关系（前端发电、后端“零售服务”均应引入竞争机制）；(3)非火电（水电、核电、风电、太阳能电等）竞价入网所需配套的政策安排必须清晰、可操作，特别是风电、太阳能电等可再生能源的财政补贴，需合理、透明地在“竞价”环节附加上去，对所有具备资质的企业主体一视同仁，同样是竞争机制，优胜劣汰。

进而，电价的行政审批管理必须配套地改。三大类别用电（工业、商业、民用）价格可仍有区分、各有弹性（民用电最为特殊），但总体上的价格形成机制要显著强化市场导向，打造与市场经济的合理配套。这里的一个关键点是：企业、居民的用电价格上升怎么办？首先，这正是理顺比价关系发挥经济杠杆作用的体现，使电力能源合乎逻辑地显得更“金贵”，从而以经济压力内生地激励企业、居民节约用电，促使各相关主体千方百计开发节能降耗的工艺、技术和产品，贯彻落实科学发展观。其次，对此政府主要必须做好两件事：一是掌握好改革力度，渐进中使多数企业经过努力可以继续发展，少数企业不得不接受兼并重组安排或破产出局，这便是淘汰了所谓“落后产能”和“过剩产能”（同时依靠社保体系安排富余人员我国已有较充分的制度安排）；二是在民用电价有所上升时，适时适度提高低保标准，使低收入阶层居民的实际生活水平不下降，而中等收入阶层以上的社会成员消化电价上升压力，调整自己的消费习惯，趋向于更加节电的低碳化生活。

此外，还要具体考虑与此项改革方案设计

有关的几个要点：

第一，在信息、技术引导方面，需对企业和民众宣传、普及节电知识，推广节电器件；电力所入的网，必须具有智能电网特点，以便收纳稳定性比火电明显不足的太阳能电、风电等（我国这方面不存在技术硬障碍）。

第二，改革启动的时机必须掌握好（近期我国有 CPI 企稳回落的时间窗口，十分值得珍惜）。

第三，对垄断行业的薪酬制度与资产收益上缴制度，也要实施配套改革加以优化（社会各界已关注久矣）。

从电力改革可以看到全局：一是这项改革确实牵一发动全身，是在我国占全部能源供应 3/4 左右的领域里改变资源配置机制，会联动全部产业链和居民生活以及财政体制；二是这项改革是我国现阶段改革必须强调顶层设计、配套周密实施的一个缩影：前些年容易做的事已经做完，剩下的全是“硬骨头”，并且与方方面面密切联系，前接煤炭资源税改革，中为电力体制改革，后接电价管理审批制度改革，而且并行与呼应财政体制改革，要涉及所有相关改革方案的整体配套设计。

由此展开，还要把握好资源税改革的财政、行政等体制配套，这涉及：(1) 结构性减税与结构性增税的通盘设计、渐进把握；(2) 税与非税收入的通盘考虑、具体设计：对探矿权、采矿权、安全生产基金、环境修复基金、“可持续发展基金”等，要一并优化、整合处理（如何“提高回采率”，仅靠“资源税从价”机制还不行）；(3) 财政体制扁平化与地方税体系打造的通盘呼应、逐步推进需抓住不放；(4) 同时考虑中央、地方共享税的调整和转移支付制度体系及其管理的优化；(5) 由以上举措引发的行政体制、社会管理体制配套改革。

在作上述梳理之后，可知：虽然我国由资源税改革联结电力改革的方案还要考虑大量的细节，但基本思路和要点是清楚的。这一组改革事项是我国新阶段势在必行的新一轮“价税财连动”改革（即基础产品价格关系与形成机制、税制、财税体制三方配套改革）的重要组成部分。人们可能会问：为什么多年来这方面的改革不得进展？虽听起来众说纷纭，但简言之，一是改革进入深水区后的既得利益阻碍，二是改革方案设计必须落到可操作层面而并未到位——这就需要我们正视阻力，强调党的历次文件和本次政府工作报告所表明的改革思维：以更大的决心和勇气，化解既得利益障碍，实质性地推进改革。显然，资源、能源方面的相关改革是我国加快转变发展方式、优化资源配置的迫切需要，如不能尽快化解已积累多年的矛盾，革除由基础产品领域引发并传导到全部产业链的粗放、高耗、扭曲、寻租弊端，那么优化结构、走向集约、节能降耗、清廉高效的科学发展将成为一句空话。一言以蔽之：加快发展方式转变，需要我们胸怀全局，强化顶层设计，在资源税改革、电力改革等重大事项上，锐意进取，周密设计，推进配套改革，履行面向现代化、面向民生需要、面向未来的“历史担当”。

七、中等收入陷阱和福利赶超误区

“中等收入陷阱”是我国现阶段必须要面对的一个重要问题。所谓的“中等收入陷阱”是指当一个国家的人均收入达到中等水平后，种种矛盾突然显现、集中爆发，导致经济增长动力不足，使原本良好的发展势头转变轨迹，就像掉入陷阱一样，最终出现经济停滞。中等收入陷阱最典型的表现是上个世纪后半期在拉美的若干国家。

进入中等收入阶段之后，存在着一个公众对于生活境况、福利待遇越来越好的迅速走高心理预期，与实际公共服务体系相对滞后的矛盾，往往使公众对福利改善的预期明显超过政府公共服务供给能力。这个滞后的矛盾普遍地表现为公众心理不满意程度的持续强化，即公众总觉得政府做得不够。为提高政府满意度或兑现选举承诺，一些拉美国家出现了所谓的“民粹主义基础上的福利赶超”。在福利赶超进行到一定程度之后，经济的实体层面的支撑力无法跟上，使福利水平很快由云端跌落尘埃，从而使社会矛盾进一步激化。结果在南美的一些国家就出现了剧烈的“打摆子”的状态：先是民选政府，民选之后是福利赶超，福利赶超没有可持续性又掉下来，掉下来再导致矛盾激化，一些强势集团开始起作用，引发社会严重紊乱，使经济增长和社会发展出现大幅波动或陷入停滞。

从我国当前的实际情况来看，避免“民粹主义基础上的福利赶超”误区和中等收入陷阱，关键是要做好两点。一是要把回应公众福利诉求，放在一个短期利益和长期利益合理设计、动态平衡的框架内，通过通盘考虑，使政策设计更具理性。这其中最为重要的是，要做好短期利益与中长期利益的衔接问题。如果这一问题处理不好，改进福利、惠及民生、增加收入这方面就有可能走偏，吊高胃口而不可持续，公众的心理落差就会变大，就会导致“民怨沸腾”，极易引发各种矛盾。如果我们动用现有的资源只是一次性地增加民生质量、改善福利，这比较容易做到，但是如考虑到化解既得利益的阻碍，实质性地调结构、促改革、转方式，而在中长期真正惠民生，其难度就会大大地增加。这是进入中等收入阶段后亟需考虑的一个微妙而棘手的问题，需要我们谨慎权衡、合理掌控。

另外一个重要问题是，如何为福利提升提供持续的物质支持、为经济增长提供新的动力。福利提升最终要靠发展来解决，这也是避免中等收入陷阱的一个重要原则。美国和日本的发展经历，就清晰地表明了这一点。“二战”以后，随着美国经济的发展，福利政策曾不断加码，特别是在约翰逊总统之后约十年的时间里，美国每年工资水平的增长速度大都在10%以上，到了上世纪七十年，经济即出现了“滞涨”。幸亏八十年代以后，美国的硅谷开始发力，加上其他政策调整举措逐步带领美国走出了“滞涨”泥潭。正是依靠这种新型经济，美国才得以继续保持领导潮流的世界头号强国地位，并且逐步摆脱所谓福利赶超带来的拖累。反观日本，经历了上世纪五十年代至七十年代的高速增长之后，经济发展趋势急转直下，这虽与前面所分析的汇率陷阱及其它一些问题有关，但缺少新的经济增长动力无疑是其中一个最直接的因素。我国要避免中等收入陷阱，也必须以此为鉴，以技术进步或创新为手段，提升产业结构，形成对经济增长和福利提升的持续支持。

八、“三农”、“刘易斯拐点”、“人口红利”、计划生育等问题与弥合二元经济的历史过程

中央强调要重视新农村建设,对应的是“三农”问题。另外，在中国发展过程中关于二元经济演变的分析，有著名的刘易斯拐点问题。现在人们看到所谓用工难、民工荒后，大都认为我国在逼近刘易斯拐点。另外，中国人口老龄化这个特征也非常明显，逐渐出现未富先老的趋势，人口红利很快要趋向丧失。诸如此类的问题，再加上所谓的基本国策——计划生育政策等，合在一起，实际上是一个在发展经济学角度上必须全面考虑的弥合中国二元经济历史过程的问题。中国的高成长性与弥合二元经济的过程有直接关系。作为世界上人口规模最大的二元经济体，任何国家都不能想象的是：在今后几十年时间里，将有五亿至六亿多的农村人口要进入城镇区域，转化成城市的居民。

如果“三农”这个事情处理不好，那么一方面作为国民经济基础的农业将会凋敝，农村也将空心化；另一方面搞不好会在城镇区域出现其他国家曾出现过的那种病态的贫民窟连片现象。规模几十万人或者上百万人贫民混杂聚居，这在印度、在拉美都已经变成现实，造成的社会问题极为严重。所以，我们必须在建设好新农村的同时，使不可逆转的城市化过程，特别是亿万农村剩余劳动力的转移、迁徙过程尽量得以平稳、健康、有序地展开。

处理这个问题，又有一个劳动力成本演变过程中对于政策的把握问题。换言之，刘易斯拐点和政策变量也有关联。在沿海地区前几年就出现过用工荒，但那只是局部现象，过了一段时间以后市场就自然找平了。但现在，年复一年的用工荒却是越来越明显。很多农民工发现自己就近可以找到就职岗位，就不用再跑到深圳、广州了，而深圳、广州那边就必须抬高农民工工资才能吸引这些人来就业。这一问题有结构性原因，与现在的教育结构有关——是职业教育发展的滞后和职业教育、国民教育间“立交桥”的不通畅导致社会对技工的培养跟不上现实需求。而适当、及时地采取必要的政策或措施，可以缓解用工中“很多事没人干，很多人没事干”的矛盾，所以需要大力加强职教和农民工培训等。

人口红利，简单地说就是抚养比的下降，并由此造成创造财富的人口占比上升，为经济发展创造了有利的人口条件。这个红利，成为整个经济支撑力的特定上升因子。假如人口发展进入老龄化时期，创造财富的人口比重就会下降、抚养比上升，社保负担加重，这个比较优势就会发生逆转。在这过程之中，有一个重要问题需要处理好——人口政策问题。这涉及到如何看待我国的计划生育政策问题：是否还应简单将其看做一个“基本国策”而丝毫不变。我认为这一政策应做重大修正，但这一修正也要本着积极稳妥的原则，在不先改变表述的情况下，逐步调整政策内容。在农村区域早已普遍“放松”以及有钱人、“体制外”的人也早可通过一些途径跳出计划生育政策限制的情况下，政策松动的重点应该放在原来控制最紧的那部分人群——体制内相对平稳而又平均受教育程度较高者。这样既可以对冲人口突然增加的压力，又可以有效地扩大内需，提升人口整体素质。

九、公共服务与社会管理的创新

与经济快速发展形成鲜明对比，当前我国的社会问题日益突出，新矛盾层出不穷、各种问题积累交织，不和谐的事件时常发生，已经成为影响我国长期健康发展的突出问题。这进一步凸显了提升公共服务水平、加快社会管理创新的紧迫性和重要性。

公共服务水平的提升，与财政支持政策有很大关联。但财政支持能否取得预期效果，又与整个公共服务体系的改革有关。例如，新一轮医改启动以来，各级政府投入了大量的资源，虽然取得一些成果，但仍然面临大量的难题。所谓“看病贵”在形式上可能给压住了，但“看病难”未必能得到很好的缓解。在基层医疗机构推行收支两条线，这等于把它视同像公检法一样纯粹的公权单位，激励机制如何产生、可持续的尽心尽力提高医疗服务质量和水平的动力又来自哪里？怎么防止官僚化和过度官场化？这些问题现在还都没有现成的答案。如果说基层要按维持收支两条线的话，那么像北京这样的高端中心区，既然拥有多种形式的医疗机构，就应该让它们在合理的良性竞争中寻求发展。这个竞争是不可避免的，但如何形成一种良性、有效、合理的竞争，现在还没有清晰的应对措施。当然，医疗改革一直是个世界性的难题，我们的改革也不可能一蹴而就。一方面我们不能一味地对现状妄加指责、求全责备；另一方面也不能过度理想化，而是要争取找到一些可行的切入点，循序渐进，不断优化。把一些改革简单地推向市场是没有出路的，但与市场的对接或最大程度的兼容却是决不能忽视的。复杂问题的解决与优化财政支持公共服务的具体政策设计密不可分。

加强和创新社会管理，提升国家社会管理的绩效，释放增加社会和谐度和民众满意度的潜力空间，更好地改善民生，迫切需要观念和机制的转变创新。我认为：我们的社会管理中在不增加硬件的情况下，其实也有很多可以提升社会和谐度和民众满意度、增加民生幸福感的潜力空间，但是要释放这种空间，第一，观念显然必须改变，公共权利是谁给的？人民群众给的；支持公共权利运行的财力是哪儿来的？公共财政是通过纳税人那里征集来的；手握公共权利的部门和单位，观念上必须是提供服务的，而不是摆威风的，不是简单按照刻板的一些所谓规定，就这样不考虑自己的基本职能，做这种官僚衙门式操作的。第二，这种观念后面跟着的哲理是说，公权部门应该注意追求的是公众利益的最大化，在任何一个场合，你是有血有肉的管理者，你应该动脑子考虑公众利益在特定情境下应怎么样最大化，制度上应寻求这样的动力与压力。第三，显然在管理部门人员那里，需要提升职业道德和“明白人”的专业精神，公共财政以财力支持，应该尽可能附加这个条件。财政部门经常说不光要花钱，而且需要花钱买到一个好的机制。第四，从观念到机制，我们再看一看：好的机制，可持续的、使公众利益最大化的机制怎样才容易形成和得到维持？我认为，必须是在行使公共权利和管理运行的过程中，使公众具有实质性的质询权、建议权、监督权、问责权，这是中国趋向现代化、改进社会管理和改善民生必须走过的一道制度的坎。现在已可以看得很清楚：社会生活中现在很多的事情上面，公权单位所表现的对于群众呼声可以充耳不闻的傲慢和低效率，就是由于觉得只要领导不表示不满，领导不问我的责，我日子过得好好的；那么民众的质询权、他们的建议权、监督权、问责权，是否已具有使之得到行使的制度框架？显然十分需要发展社会的民主化、法治化这套机制，在此过程中间，使我们常遇到的社会管理的普遍落后等等问题，得到一种可持续的压力，让它们能较快得到解决。

如果观念和机制转变可以得到进步，那么我们在某种既定的条件下，比如说路还是那些路，人还是那些人，可以使人民群众在衣食住行等方面遇到的问题，得到有效供给潜力的释放来解决或者得到改进，比如说，使公众出行的通畅度和百姓的满意度得到明显提高。

公共财政现在在财力运用上面特别要追求的就是绩效，而在绩效评价上，很多事情是需要公众参与、向公众去征询意见给出评价结果的，而且以后要指标化、量化。在这个方向下，显然我们要做的事情很多。

（作者：全国政协委员，财政部财政科学研究所所长、研究员、博士生导师）

（选自《国家行政学院学报》2012年第2、3期）

经济体制改革的总体态势及其着力点

刘尚希

改革开放是决定我国命运的关键抉择，它促进了我国生产力的极大发展，使经济实力以及国家综合实力得到全面提升。但改革还远未结束，改革开放依然是我国进一步发展并最终实现中华民族伟大复兴的强劲动力。在全球化持续深入的今天，国家竞争力的提高依赖于改革的深化。完善中国特色社会主义制度，为我国生产力的更大发展创造更好的条件，更是离不开改革。在各项改革中，深化经济体制改革仍是一项基础性的改革，并与其他改革紧密地相互交织在一起。

一、经济体制改革的新形势与新要求

经济体制改革的目的是解放和发展生产力。尽管我国的生产力得到了极大发展，但这并不意味着我国生产力进一步发展的体制障碍已经彻底消除，相反，当前遇到了新的体制障碍。这些新的体制障碍的产生，既有市场化改革没有完成的原因，也有我国生产力发展到了一个新阶段，出现了新情况、新问题，面临新形势的原因。

要进一步解放和发展生产力，唯有深化改革。一方面，要对没有完成的市场化改革继续大力推进；另一方面，要依据新阶段的新形势和新特点，大力推进包括行政管理体制改革和社会体制改革在内的系统化改革。

（一）我国市场经济发展到了一个新阶段，面临新形势和新要求

当前，我国的发展进入到一个新阶段，我国的市场经济也相应进入到一个新阶段，这对我国的经济体制改革提出了新的要求，使其面临着各种新的挑战。主要表现在以下几个方面：

1. 市场竞争从注重“自由竞争”到注重“平等竞争”

竞争是市场经济的生命力。我国经济的活力以及生产力的发展，皆是市场竞争推动的结果。在高度集中的计划经济体制下，市场竞争是不存在的。过去的经济体制改革就是围绕放权、让利、搞活来做文章，培育市场主体，并赋予其充分的经济自由，搭建一个自由竞争的平台，经济就活了。相对高度集中的计划经济体制，给企业松绑，促进自由竞争，是当时经济改革的重心。但就今天来看，当前面临的主要问题是不平等竞争，而不是企业经营自主权不够的问题。除卷烟、军工、盐业等少数国企，生产什么、生产多少以及如何生产都是企业自己的事情，“自由竞争”作为过去经济改革的重心，已经基本实现。而当前面临的是自由中的不平等，尽管2007年出台了《反垄断法》，但

"平等竞争"并未较好实现，譬如市场操纵、地区封锁、市场准入歧视、行业限制、就业限制等行为在不同程度上仍然存在，使各类经济主体处于事实上的不平等。竞争不平等，尤其是行政垄断、行政干预与各种经济行为结合，扭曲了市场配置资源的功能，降低了效率，也带来了不公平和寻租。

2. 劳资关系从偏重资本到关注劳动者权益

改革开放初期，我国劳动力丰富而资本稀缺，资本作为推动经济增长的发动机受到了各级政府的青睐，处于支配性地位，形成了"强资本、弱劳工"的格局。而在市场经济的逻辑中，支配性力量也是资本，劳动力作为生产要素，受资本支配，是以资本的附属物而存在的。在资本主义市场经济的早期，广大工人被资本奴役，遭到马克思的严厉批判。我国的市场经济并未能完全避免这种情况，克扣、拖欠工资，甚至逃避支付工资的现象时有发生，部分劳动者的休息权、报酬权、劳动保护权、社会保险权等被侵害。随着我国发展新阶段的到来，资本相对充裕,劳动力已不可能廉价"无限供给"。更重要的是，注重劳工权益，是市场经济从粗野到文明的进化取向。健康的市场经济应当是劳资关系协调、劳资利益实现均衡。自从市场经济诞生以来，这个问题至今未在世界上任何一个国家得到永久性解决，这对我国来说也是一个重大挑战。

3. 城乡之间从"要素流动"转变为"人口流动"

市场经济是以生产要素流动为前提的。劳动力作为生产要素，在我国主要是来自农村，与市场化、工业化相伴随，渐渐形成了2亿多农民工这个流动的劳动力群体，活跃在非农的各行各业，成为我国生产要素自由流动的壮观图景。这配合了以工业化为重心的发展阶段，为我国的工业化提供了充足的廉价生产要素——劳动力。但劳动力和劳动者是不同的，前者是要素，后者是主体。随着我国以城镇化为中心的发展阶段到来,"要素流动"转变为"人口流动"，其性质发生了变化，这要求更加注重"人"的诉求和人身权益的平等性。城镇化既是生产要素的流动、重组和积聚集中的过程，也是人口流动移迁、重组社会利益关系的过程。这个过程是复合的，包含了经济、社会两个层面相互交织的多元变化过程，其复杂性呈几何级数上升。劳动力作为生产要素，遵循市场规则，受劳动力市场供求关系调节，而劳动者是社会主体，有自身的权利诉求。显然，新阶段的市场经济体制改革不能只看到劳动力这个"要素"的配置，同时还要看到劳动者这个拥有劳动力的"主体"。这时候，农民的权利就不只是获取劳动报酬，还有作为社会成员的基本权利，如农民有权获得所在地城市居民的各项公共服务。这意味着农民向城市的流动，不只是务工赚钱，而且同时有作为社会成员选择做市民的权利，城乡关系已经从经济层面向社会层面扩展。城乡分治体制改革已成为经济改革的重要内容。

4. 对国民经济的管理从偏重"宏观调控"到注重"宏观管理"

随着产业联系加强和金融不断深化，市场经济体系也变得越来越复杂，适应于我国市场经济起步阶段的国民经济管理方式也变得越来越不相适应。一事一议、相机抉择是宏观调控的本质属性。这种管理方式的特征是：个性化、事后解决、随意灵活，属于"问题导向"。一旦问题越来越多,宏观调控就变为"小马拉大车"，目标越来越多，把总量、结构，甚至环保、土地、粮食等纳入宏观调控范围，这样就很容易变成行政干预，间接调控变为直接控制，甚至替代市场。这对市场经济的长期健康运行是不利的。

面对新阶段日益复杂的国际国内相互交织的市场经济运行态势，更需要注重常态性的宏观管理。宏观管理的特点是：在完善市场体系基础之上注重规则化、多方参与、事前预防，属于“风险导向”，管理前置，预防为主。宏观管理以强化制度建设为核心，靠制度防范和化解公共风险，而不是主要依靠长官个人意志解决暴露出来的各种问题。不能过多地将多重目标放入相机抉择的宏观调控框架中来解决。建立健全国民经济的宏观管理体系，是对新阶段经济体制改革提出的新要求。

（二）与社会主义要求相适应的市场经济体制还未真正建成

社会主义在经济方面的本质要求，是解放和发展生产力，消灭两极分化，最终达到共同富裕。我国改革的启动是从让一部分人先富起来开始的。收入差距拉大，是市场竞争的自然结果，在一定时期内、一定程度内存在也是正常的。但是，经过30多年的市场化改革，我国的贫富差距已经达到世界经验值的警戒线，而且贫富差距扩大的趋势仍在继续，与社会主义共同富裕的要求相背离。这说明，当前的市场经济体制还没有充分体现社会主义本质的要求，在解放和发展生产力方面部分做到了，而在社会财富分配、占有和使用方面却没有做到。这主要表现在两个方面。

1. 贫富差距过大源于不平等竞争，对公平和效率都造成了损害

贫富差距扩大，是在机会不均等的体制条件下形成的，少数人的暴富，与国有资产、国有资源和特许经营有着密不可分的联系，并非都是自身努力的结果。而处于贫穷的人或缺乏“人脉”的广大群体往往被排除在参与经济资源利用、增值的过程之外，这背离了社会主义的平等价值观，与社会主义本质要求格格不入。因此，与社会主义本质要求相适应的市场经济体制还不能说真正建立起来了。

此外，贫富差距过大，也导致社会消费倾向总体偏低，消费需求不足。我国已经跨入中等收入国家行列，过大的贫富差距，可能使我国的发展落入“中等收入陷阱”，面临着不可持续性发展的风险。这对经济体制改革提出了与过去不同的新要求，不仅要做大“蛋糕”，而且要分好“蛋糕”，让更多人分享改革成果。这不仅是出于社会公平正义，而且是经济可持续性发展的内在要求。

2. 社会主义市场经济不只是市场化，而且还要法治化和民主化

市场经济应当是法治经济、民主经济。但从现实来看，在市场经济运行过程中，法治化、民主化还没有充分体现出来，各种寻租、负外部性等依然存在，无论是市场主体，还是政府部门，法治意识、自由平等竞争观念等都还有待增强。从这点来看，建立一个在法治基础上的公平竞争的市场体系，是深化经济体制改革的必然要求。

真正的社会主义市场经济，一方面是利用资本，促进生产力发展，而另一方面是引导和节制资本，防止资本导致社会两极分化的负面作用。在社会主义市场经济中，资本应当是被社会、政府所控制的工具。从现实来看，建立健全社会主义市场经济体制任重而道远。

二、深化经济体制改革的目标与任务

（一）深化经济体制改革的基本方向与基本目标

深化经济体制改革的基本方向是市场化、法治化和民主化，这早已成为共识，并被正式确立。新阶段的市场经济体制改革依然要坚持这个方向不动摇，不能因为现实中存在的一些问题发生争议而对这个方向产生动摇。

深化经济体制改革的目标，依然是建立健全社会主义市场经济体制。其中不只是健全和完善，还要“扩建”现行体制。因为现行体制还不完整，一些体制缺陷不是因为不完善，而

是因为不完整而导致的。例如土地制度、自然资源制度、国有金融资产制度、国有无形资产制度、“社会企业”制度、户籍制度等依然处于缺位或无序状态，还需要以改革的方式来建立与市场经济相适应的新制度。建立与健全应当并重，这都是深化改革的目标。如果把深化改革的目标仅仅定位在健全和完善方面，则可能陷入改革的误区，误以为现行体制已经很完整，导致改革出现盲区，甚至淡化深层次的改革，而使改革停滞。

（二）深化经济体制改革的基本任务

深化经济体制改革，需要理顺几对关系，并形成相关的制度安排及管理体系。

一是政府与市场、社会的关系。过去对这个问题的认识有失偏颇，只看到了政府与市场关系，而没有意识到政府与社会的关系、社会与市场的关系。这是导致市场经济体制不完整的重要原因。例如教育体制、科技体制、医疗卫生体制、文化体制等属于社会领域的制度安排延续了计划经济体制时期的基本框架，在市场化取向的经济改革过程中变化不大，从而使这些制度既不适应市场经济的需要，也与社会事业发展的要求不相适应。由于忽视了社会领域和社会力量的独立性，结果导致社会事业的发展主要依靠政府，形成了要么走向市场谋利、要么政府包办的困局。

其实，社会的自我管理、自我约束和自我发展，既可以分担政府的一部分职能，也可约束市场的无序与扩张。市场是趋利性的制度安排，社会是公益性的制度安排，但可以借用市场的躯壳来达到公益性目的。国外广泛发展的“社会企业”就是这样一种混合的新型组织。除了传统意义上的经济组织、社会组织之外，还有介于二者之间的准经济组织和准社会组织，这需要新的制度安排来促进组织创新。

从政府与市场、社会三者关系这个认识框架来看，过去的改革只是改了“一半”，尽管是很重要的一半。政府、市场与社会良性互动关系的建构意义重大。因此，深化改革的任务仍十分艰巨。

二是价格与规制的关系。任何市场经济都存在政府规制，但不适当的规制就会限制市场，甚至扭曲市场。价格是市场经济最重要的信号，没有价格的地方，就没有市场。我国对自然垄断、大部分公用事业及公益性领域均实行了价格规制，包括政府定价及政府指导价两种形式。随着经济形式复杂化，政府对一些竞争性领域的资源、农产品、农资、药品等领域也采用了各种价格规制措施。我国要素市场上尤其是资源性产品的许多价格，由政府直接定价或指导定价。这不仅直接影响这些要素的供求，而且会产生衍生性影响，对我国整个市场经济运行带来负面作用，无法真实反映供需、稀缺和外部性。政府价格规制的依据只能来自于公共风险，例如投机炒作、价格剧烈波动、垄断价格等。因此，应当修订《价格法》及相关法规，明确价格规制的条件、范围或标准、程序等方面，把直接干预价格的行为视为应急措施，而非常规管理。

三是公共产权与私人产权关系。产权制度是市场经济的重要基础。我国现实中遇到的一些问题都直接或间接与产权有关。按照《宪法》及《物权法》规定，我国的土地、矿山、森林、湖泊、海滩等，都实行公有制，属于全民或集体所有，归为公共产权。但如何让市场主体，包括企业和个人来公平且有效使用这些公共资源，是一直未能很好解决的一个问题，以致出现机会不均、分配不公，以及资源浪费、环境破坏等现象。

现代社会的所有权制度在不断演进，传统的封闭、线性思维的所有权理论已经不符合当前的经济金融化趋势。所有权可以结构化，形成多层次的产权结构。农村土地集体所有，农民拥有土地承包权，由此形成了两种产权：集体产权和使用者产权，法律上后者称之为“用益物权”，可以按照契约支配处置和获取收益。这类他物权是非所有人排他性地支配他人之物的法律制度，在现代市场经济中具有重要的地位。其他公共资源也都可以形成这种多元化的产权结构，使公共产权和私人产权可以兼容，资源得以高效利用。现代社会已经没有绝对的所有权，无论是公有，还是私有，都越来越趋向结构化和社会化，形成了日益多元化的混合产权结构。如何适应这种新趋势，通过改革，加快建立新的多元产权体系结构，是深化市场经济体制改革要解决的重大课题。

四是垄断与竞争的关系。垄断与竞争是市场经济学中的基本问题，也是我国当前面临的重大现实问题。完全垄断和完全竞争都是理论上的抽象，现实中并不存在。竞争走向垄断并扼杀自由竞争的“马歇尔冲突”现象百年来一直都是一个难题，确保市场竞争活力和规模经济之间的均衡是改革的“两难问题”。垄断通常分为自然垄断、经济垄断、行政垄断三种形式。对我国来说，摆在首位的是行政性垄断，或体制性垄断。

寡头垄断竞争是现代社会的基本市场结构。这种市场结构不一定导致垄断行为，也不一定导致低效。西方市场经济国家的产业集中度较高，不论是一般性竞争行业还是传统的垄断行业，大都存在寡头竞争的市场结构。国际上的跨国公司几乎都是垄断性的，无论是农业企业、矿山企业、制造业、电子信息产业、零售业、金融业、信用评估、现代咨询服务业，等等，都是大型企业，且在国际上已经形成一种垄断竞争的格局。我国普遍存在的情形是企业规模较小、产业组织结构分散，行业集中度的提高和企业做大做强是提升国际竞争力的必要选择。垄断与竞争都是分层次的，不能笼统地说反垄断。必须通过制度安排形成分层次的竞争，在不同的层次上形成平等竞争的格局。因此，关键不在于有没有垄断，而在于是否在行业内形成有效竞争或有力打击垄断定价行为。

当前深化经济体制改革，重点在破除行政性保护所形成的垄断，而不是一味地拆分大型企业来维持搞所谓的充分竞争。从反垄断相关法律实践来看，不再是简单的反垄断市场结构，现在的反垄断开始转向行为主义，更注重经营者“滥用市场支配地位的行为”的垄断标准。国有企业在某些领域的垄断，既有市场集中度提高、规模经济效应、资本和技术门槛自然提升的因素，也存在行政性保护的因素。更重要的是国有企业治理结构的行政色彩偏浓，官本位倾向较重。国有企业（包括金融企业）“去行政化”，建立独立的规制体系也是反垄断改革的重要内容。

五是金融经济与实体经济的关系。从世界上来看，美国是典型的以金融经济为主体的国家，金融资本取代产业资本占统治地位。随着整个经济的金融化、服务化,以及金融的全球化，金融经济在我国也在加速发展。金融业的“魅力”吸走了越来越多的实业资本，一方面加大了资本的流动性，另一方面也加大了金融经济与实体经济脱节的风险。金融经济与实体经济的关系，好比工业与农业的关系，后者是基础，前者随着经济结构的高级化而成为主导。对一个国家来说，金融不发达，在国际上不可能有真正的竞争力。当前，我国中小微企业、“三农”等领域仍面临较为突出的融资难、融资成本高等问题，社会资本“脱实向虚”、虚拟经济过度膨胀、产业空心化等现象在一些地区、一些行业仍比较明显。若实体经济空心化，很容易造成泡沫，使发展不可持续。

因此，要恰当处理好金融经济与实体经济的关系，并使之有机结合在一起。我国金融业面临双重问题：不发达，但又超前实体经济；管制，但影子银行方兴未艾。这是金融封闭性发展导致的结果。如何形成面向实体经济的金融经济，防止二者脱节，避免金融孤立发展，这是当前深化经济体制改革要解决的基本问题。

六是排斥与包容的关系。如何实现包容性发展，是新时期面临的改革任务。包容性发展就是共同发展、平等参与、成果共享的发展模式。包容的对立面是排斥。有机会平等参与市场竞争，分享发展成果，这是每一个社会成员的基本权利，也是健康市场经济的一个基本标志。但我国还存在体制性排斥，导致社会成员机会不均等，分配差距越来越大。体制性排斥往往是针对群体性的，或阶层性的，例如农民、农民工、外地户籍、非正式员工等，既有就业不平等，也有同工不同酬，或不一样的公共服务待遇。就业不平等、报酬不平等、公共服务待遇不平等等，使得社会成员参与市场经济的机会、分享发展成果的机会不均等，这是导致社会公平焦虑的根源。加快改革具有排斥性功能的体制是实现包容性发展的前提条件。

三、深化经济体制改革的基本思路及着力点

深化经济体制改革，应从如下方面着手：

（一）以公共产权制度改革为核心，完善基本经济制度

产权是市场交易有序运行的基本前提，对资源配置以及社会运行产生深层影响。我国的社会产权结构以公共产权为主体，这是我国基本经济制度的基础，也是深化经济体制改革的一个基本立足点。在绝对所有权观念的支配下，公有制变得封闭化、凝固化。实际上，产权改革有着广泛的外延，是所有权结构化、社会化的要求，是所有权的裂变、分解和重新组合。然而，过去的经济改革，一定程度上偏离了公共产权改革本源，导致了一些积重难返的问题。

20世纪90年代的产权制度改革，重心放在国企方面，而忽略了公共自然资源和社会领域资产的产权改革，前者如土地、矿产资源、景区、海滩、河流等领域；后者如科研、文化、教育、医疗等社会领域传统事业单位的公共产权改革。从广义上讲,国家或集体公有资产（资源）包括经营性资产、非经营性资产和资源性资产，产权改革应涵盖这三个方面。在一个相当长的时期内，我国对资源的配置、利用和保护基本采用行政手段，造成资源的产权缺乏市场化机制、缺乏流动性和结构化，最终导致所有者虚化。产权改革缺失，不但造成资源配置扭曲，也导致社会不公。由于对产权改革缺乏深刻认识，致使公共产权制度没有系统地进行结构化改革。但这并不意味着公共资源封存了，它们照样不断进入市场并资本化，只不过这个过程是非市场化的，产权价格不完整，大量公共产权收益被少数人占有。一方面造成分配不公平等问题，另外一方面造成了资源浪费、环境污染和生态破坏等严重后果。全面推进公共产权制度改革，包括国有产权和集体产权，才能夯实社会主义市场经济体制的基础。

公共产权制度改革要超越所有制的意识形态之争，更要超越私有化，更加注重公有制实现形式的社会化和结构化，建立多层次的产权体系。改革的基本原则是，既要保持公有制在分配方面、少数关键领域的控制力，又不妨碍市场化配置。公共产权与私人产权一律平等，取消行政垄断。改革的方向是实现所有权结构化，将所有权与用益物权等权能进行分离而形成所有权基础上的多元化、多层次的产权，把单一的所有权裂变为多主体的产权“簇”，形成合理的产权体系。现代市场经济条件下，人们已经从静态的所有权控制转向动态的用益物权等各类他物权或产权，如农村土地承包经营权、企业承包经营权、土地使用权等通过用益物权

等方式进入市场，极大地提高了资源的利用率，同时又保留了所有权的终极控制力。所有权的实现，可以通过债权、信托权利、他物权（如用益物权）等多种产权或财产权机制进行。产权改革的主要着力点如下：

一是让国有企业、民营企业、个人等市场主体都有平等机会、公平的市场价格使用公共资源，并获取应得的收益。只有产权明晰、交易机制明确，公开的平等竞争才会出现，市场效率才会提高。当前出现的一些问题，多与公共产权界定不合理、不清晰等有直接联系。集体产权也面临同样问题。集体林权改革正在大力推进，集体土地产权改革应全面启动。公共产权改革必须尽量减少直接行政干预，按照私法自治、契约自由、自由竞争等理念进行调整和确立。

二是动态调整政府与市场、社会的关系，立足于全球化，明确国有经济、国有企业的战略定位，进行分类改革。国有企业的存在应当有利于化解整个国民经济的公共风险，应当有利于增强国家的国际竞争力，突破就国有企业论国有企业的封闭思维。国有企业应全面“去行政化”，强化预算约束，完善治理结构，避免“内部人控制”。在一段时期内，涉及国家安全领域（如军工、航天等）的关键环节宜采用国有形式，但不宜大包大揽，可以将一般性产品的相关环节剥离给其他市场主体；社会领域，如科研、文化、体育、教育、医疗、城市管网等，可建立特殊法人制度，形成多种多样的公共产权组织形式，同时鼓励社会力量进入。自然垄断领域（如电网、铁路等）或战略性资源领域（如石化等），在国家保持一定控制力的条件下，全面开放，让民间资本进入。国有企业应在民营企业不愿涉足的高风险领域起拓荒者的作用，在技术研发、促进中小企业融资等方面发挥领头羊作用。

三是推进公私产权融合、结构化。推动和支持民营企业的公司治理结构完善和水平提高，放宽民营企业市场准入，让民营企业与国有企业进行高水平的平等竞争与合作。鼓励国有民营、私有共营，促进公共产权与私人产权相互融合，公有制经济与非公有制经济相互合作，金融产权与实体产权相互结合。与此同时，推进私人所有权结构化改革，完善私人产权多元化的相关法律制度，如信托权、代理权、承包权、委托权、租赁权，等等。促进民营企业结构化、组织化程度的提高。

四是全面改革“国家所有，分级管理”的国有产权管理制度，重新划分中央与地方在国有产权管理中的责任义务以及收益。这包括自然资源、国有资产（含金融资产）、行政事业单位财产等，都应纳入国有产权制度改革之中，彻底改革现实存在的“部门所有制”、“地方所有制”、“内部人所有制”。让国有产权收益通过公共预算（包括划入社保基金、大幅上缴分红等方式）实现全民共享。针对不同类型的公共产权，实行分类改革。

（二）以价格改革为先导，深化改革资源配置方式

市场化改革，也是资源配置方式的改革。价格是资源配置的基本信号。广义的价格不仅包括生产要素、商品和服务价格，还包括各种有价证券、无形资产、劳动力等价格。在诸多价格中，要素价格是基础性的，对投资、收入分配具有决定性作用。我国长期以来投资扩张冲动较为强烈，与要素价格偏低、生产要素廉价使用有内在联系。这也给资源和环境带来了巨大压力。要素价格的形成过程，同时也是市场分配的决定过程。要素价格的形成过程，从一开始就决定了初次分配差距的大小。因此，要素价格改革应摆在首位。

要素价格改革要从价格的完整性开始。我

国目前的自然资源、劳动力价格仍不完整，至少缺了两项内容：产权对价和风险对价。自然资源属于国家或集体所有，所有者的权益没有得到充分体现，如矿产资源的两权价款偏低，从而降低了自然资源的开发成本。同时，自然资源开发利用过程中对公共风险对价关注不足。生产价格过低，一方面使开发利用者获得正常利润之外的大量租金收益，另一方面也降低了下游成本，价格传导未能影响使用者行为，造成资源过度或低效使用。劳动力价格也是如此，劳动者权益不明晰，在资本强势的格局下工资被压低、克扣。对生产过程中的风险，企业没有支付相应的风险对价，而是由个人或政府承担，例如职业病、工伤等。要素价格不完整，是要素廉价使用的根源，也是自然领域公共风险和社会领域公共风险扩散的重要来源。要优化资源配置、减轻资源环境压力、缩小初次分配差距，实现各类价格的完整性是关键。显然，这依赖于公共产权制度改革这个基础。

与价格不完整相对应的是价格虚高。如药品价格、电信服务价格、银行服务价格、住房价格、企业高管年薪等。与价格上涨不同，价格虚高多与垄断有关，这包括行政垄断、经济垄断和自然垄断，故而也可以说是价格垄断造成了价格的背离。如医疗服务大多由公立医院来提供，缺乏充分的竞争性，医院在谋利动机支配下就会导致药品、耗材价格虚高。再如，住房具有部分垄断的属性，因为土地总是有限的，每一块地的区域位置和周边配套都是独特的。住房具有消费和投资的双重属性，还是一种具有垄断特性的投资品和金融工具，这更容易导致价格垄断。价格虚高会扭曲资源配置，同时也会拉大贫富差距，导致社会分配不公。要抑制价格垄断，需要通过改革建立新的制度安排。

按照价格形成机制，可以分为市场定价、政府定价（包括政府指导价）和社会定价（如公用事业的听证会定价）三类。由于信息不对称，政府应该慎用政府直接定价方式，即使是指导价也应当越少越好。政府为保证资源的有效配置和服务的公平供给，只对部分自然垄断和存在信息不对称的领域实施价格规制，并保持程序和决策透明、公开。对于市场决定的价格，应当通过优化市场结构等方式让其竞争越充分越好，必要时对影响面广泛的重要商品价格攀升过快的情况，应更多采用国家储备平抑价格、加大低收入群体保障等经济性手段。

除了市场化，资源配置的完整性也是改革的内容。计划经济下，政府配置所有资源，排斥了市场、社会。搞市场经济，市场、政府配置资源，却排斥了社会。从整体来看，资源配置的效率还取决于市场、社会与政府三者在配置资源过程中的互动关系及其有机配合。市场在资源配置中发挥基础性作用，但边界并不明确，仍是当前改革的重要任务。实际上，传统认为上属于社会事业范围的资源，有一部分可以退出公共领域，交给市场来配置；有一部分可以借用市场的方式来配置，但不谋求利润最大化；还有一部分保留，由政府或者社会组织配置。因此，科技、文化、教育、医疗、传媒等社会事业应当拆分，改变长期来"一锅煮"的资源配置体制。例如科技，至少可以拆分为基础科学研究、共性技术研究、工艺和产品研发等类别，以便于市场、社会和政府各自发挥作用。因此，应当破除传统思维惯性，打破部门管辖范围，重新界定公共领域。对于公共领域的资源配置，应当强化社会组织的作用，政府不应大包大揽。排斥社会力量，也会导致资源配置整体效率下降，进而妨碍效率提升。实现资源配置的完整性，应有系统思维，防止片面化。

加快金融资源配置方式的改革。从整体来

看，我国金融业仍处于深度抑制状态，导致金融结构扭曲，资金供需错位。由金融抑制转向金融深化，加快转变金融资源配置方式，需要从以下几个方面着手：一是加大对薄弱领域的金融支持，尤其是大力扶持草根金融，鼓励发展民间金融。发展非公有制经济应当包括民间金融。重新界定“非法集资”，给予民间金融更大的生存空间，让地下金融公开化、合法化。二是扩大直接融资的范围。大力发展多层次的股票、债券等资本市场，满足不同层次的直接融资需求。完善场内市场，鼓励发展场外市场。三是从分业经营体制转向混业经营体制。银行、证券、保险融合发展是现代金融的大趋势，与此相适应，应当在体制上放开，允许混业经营。同时创新监管方式，以适应混业经营的风险变化。四是推进利率市场化。在放松贷款利率的同时，放开存款利率。改变对银行的考核机制，改变银行高息揽储的行为动机，为存款利率放开创造条件。五是分步增加人民币汇率弹性，推进人民币国际化，包括流通、结算、储备等，并为此积极创造条件。

财税体制深度影响资源配置方式，改革资源配置方式，财税体制改革必须联动。一是进一步改革分税制财政体制，从“分级吃饭”的体制转变为辖区责任体制，建立辖区财政责任制，把各级政府的关注点从本级财政转到辖区财政，实现辖区范围内纵向、横向的财政平衡，即财力与事权相匹配。理顺政府部门间的横向财政关系，以使事权的纵向变化与财力的纵向分配保持动态协调。二是深化税收制度改革。税制改革仍应坚持“简税制、宽税基、低税率、严征管”的基本原则。对性质接近的税种进行合并，加快营业税改增值税，合并房地产领域相关税种，使税制简单明了。进一步拓宽税基，开征环境税，调整消费税，开征个人住房调节税，全面推进资源税改革。降低增值税、所得税税率，进一步减少个税级距和降低边际税率。强化征管，优化征管模式。

（三）围绕市场与社会、企业与社会组织关系的重塑，加快推进社会体制改革

加快社会体制改革是深化经济体制改革的必要条件，尤其是在当前这个新的发展阶段，显得更为突出和紧迫。社会体制改革是实现包容性发展的前提。经济发展中产生的一些排斥性现象，参与经济发展的机会不均等，分享发展成果的机会不均等，一个基本原因就在于社会体制改革滞后。实现可持续性发展，也依赖于社会体制改革。经济发展越是倚重于人力资本、知识资本，社会体制改革就显得越发重要。社会事业的发展，是人力资本、知识资本形成的基础，也是社会公平的基础。

社会体制改革的核心是重塑两大关系：一是市场与社会的关系，二是企业与社会组织的关系。以此改变以往社会发育不足、社会自组织能力弱所带来的政府、市场与社会三者关系的失衡。要改革高度集中、条块分割的社会体制，使市场与社会两大领域相互协调，使企业（经济组织）和社会组织相互协作。“社会”是一个具有多重含义的概念，这里的含义是指与市场领域、行政领域相对应的公共领域，涵盖了自然科学技术研究、社会科学哲学研究、教育、文化艺术、医疗卫生、社会保障、社会就业、社会慈善等公共事务，以及环境保护、社会互助、社会评价、权益保护、行业自律等公共行为。这些大都具有公共服务的属性，有些是在改革开放之后的体制夹缝中生长出来的，过去不曾存在。依据市场经济学原理，它们都是市场不能或不愿提供的，都是政府的责任。正是在这种认识指导下，改革开放30多年来，我国公共领域长期也都由政府负责，沿袭了过去高度集中、条块分割的社会体制。虽然市场化改革形成了相对自由的市场领域，社会成员可以

自主地配置资源，但在社会领域却被束缚在高度集中的各种条条、块块之中，造成社会与市场、企业脱节。这一方面抑制了社会成员参与社会公共服务提供的热情和积极性，也使社会大众丧失了自我管理、自我约束、自我化解矛盾的机会，形成了一切仰赖于政府的局面；另一方面，也造成社会成员参与市场、享受发展成果的机会不均等，社会不满情绪扩大。同时也使人力资本、知识资本、科技创新等经济持续发展所必需的要素无法得到较好满足。

打破条块分割的高度集中的社会体制，一要改革城乡分治的体制，这是导致公共服务消费机会不均等的直接原因。农民、农民工没有同等机会享受各种公共服务消费，这既使社会成员享受经济发展成果的机会不均等，也使社会成员人力资本积累的机会不均等，由于农民、农民工基本素质与能力方面的原因，导致参与市场、参与经济发展的机会不均等，也进而扩大了分配差距，实际上同时也损失了因人力资本积累不足导致的效率损失。为此，要加快户籍改革，尽快剥离与户籍相关联的各种公共消费权利，如教育、医疗、就业、社保等，减少不公平。这是实现平等进入市场、有机会平等分享发展成果的先决条件，也是经济实现创新驱动的前提，更是当前城镇化健康发展的重要基础。

二要放宽进入社会公共服务领域的各种限制，要调动和整合各种社会力量和资源，参与并扩大各类公共服务的供给。积极引导先富起来的社会群体参与科研、教育、医疗、文化等传统社会事业领域，通过创新制度安排，创造宽松环境，或者以商业模式，或者以公益模式来兴办相适应的社会事业，扩大公共服务的供应，建立起充足、高效和便捷的并让群众满意的供给体系。

三要积极培育行业组织、志愿者组织、公益性专业组织等各种社会组织，以及介于经济组织和公益性组织之间的“社会企业”，创造宽松条件，扩大它们提供公共服务的能力以及自我管理、自我约束的能力，也为政府减轻或转移一部分公共服务职能和一部分社会管理职能打下基础。

四要加快推进现行体制下的各类事业单位分类改革。事业单位是传统体制下“公办社会事业”，属于排斥市场、社会的产物，曾经发挥了积极的作用，但已经不合时宜。现有事业单位都是靠政府财政供养，同时又从市场“找饭吃”，形成了庞大的国有资产和3000多万员工，其中大多数具有干部身份，这将是和国有企业改革一样艰难的一场改革。现有事业单位，一部分推向市场，转制为企业，或国有民营，或股份化；一部分推向社会，转制为公益性组织，或国有民办，或公私合办。对需要保留公办的事业单位，也需要管办分离、政事分离、政社分离，进行机制重塑，真正形成具有活力的社会事业发展新格局。

五要创新社会监管体制。对社会放权、分权，并不意味着撒手不管，改革传统的以办代管、以挂代管的部门监管方式，建立适应新时期要求的以法律法规为主的社会监管体制。将宏观性的协调、监管职能上移，将部分社会管理和公共服务等微观职能下移，增强社会监管的有效性。

（四）从市场经济体制的完整性出发，深化行政管理体制改革

加快行政管理体制改革，是深化经济体制改革的关键和当前改革攻坚重点。我国经济改革的整体取向是市场化、法治化和民主化。相对于计划经济，需要市场化改革；相对于现有的市场经济，需要的是法治化、民主化改革。市场经济是法治经济、民主经济。如果只有市场化、而没有法治化和民主化，那么，市场经

济体制是不完整的，是不符合社会主义要求的。

法治、民主，不仅政治、社会领域需要，经济领域更需要。只有建立了法治经济和民主经济，市场化取向的经济体制改革才算成功，我国社会主义市场经济体制才是完整的。

市场经济是与分工、交易联系在一起的，而且随着社会分工的细化，市场交易变得日益复杂，内生出种种不确定性。这概括起来有两类：一是公司（企业）、个人等经济主体之间的不确定性，如产权、契约、承诺等都存在不确定性；二是市场与政府之间的不确定性。这些不确定性会导致很大的公共风险。这就需要一套规则，以减少两个层面的不确定性，控制公共风险。这一套规则就是法律，法律的实施就是法治。我国的市场经济从行政主导的计划经济脱胎而来，至今仍存在行政主导的情况。政府的过度干预，会抑制市场活力，也会增大市场运行的不确定性。当政府的政策、行为变得难以预期时，市场行为就会短期化、投机化，追求短、平、快，由此导致公共风险。这与行政体制有内在的联系。

市场经济还应当是民主经济。民主经济的对立面是“独裁经济”，也就是垄断经济，其含义不只是行业垄断，还包括社会财富的垄断、发展机会的垄断。少数人的垄断会变成对多数人的经济统治，这不仅会窒息自由竞争，还会导致机会不均等和贫富差距过大。通俗地讲，民主经济就是机会均等的经济、共同富裕的经济。防止市场经济的不民主，要靠制度来保证。这离不开行政管理体制改革。随着改革深入，许多政府部门作为改革组织者和推动者，自身也面临着放弃一些拥有的权力和利益，也成了改革的主要对象，这将是一个艰难的改革。

从法治经济、民主经济的要求出发，行政管理体制改革应当有新思维、新路径。一是以改革的手段，建立经济、社会的宏观管理法律框架，以减少具有行政色彩的宏观调控，增强市场、社会对政府的可预期性和可信性，为市场发育、社会发育建立一个具有相对确定性的环境。譬如产权的界定和保护、对不利于健康和环境行为的监管、金融交易的监控、公共服务的提供等，是宏观管理的核心。同时，坚决抵制假借“改革”或“宏观调控”的名义，扩大自己的权力和“寻租”的行为。二是政务公开，建立阳光政府，让市场、社会来“干预政府”，约束政府，以减少随意的“政府干预”。三是在公开透明条件下简政放权，建立政府与市场共治、政府与社会共治的机制，推动“全能政府”向“有限政府”转型。四是在公权与资本之间设立防火墙和隔离带，杜绝权力资本化和资本权力化，防止公权与资本结盟。五是完善立法、执法与守法的良性循环机制，让纸面上的法制变成现实的法治。把各种矛盾的处理纳入法治轨道，大力推进社会的公平正义。六是党政分开，分清党政职责，界定权力边界，并以立法的方式明确。

（作者：财政部财政科学研究所副所长）

（选自《重庆社会科学》2012年第4期）

下一步改革关键词：全领域新改革

赵晓　史贵存

改革开放30多年来，我国取得了举世瞩目的成就：国内生产总值（GDP）从1978年的1482亿美元，上涨到2011年的7.46万亿美元，年平均增速高达10%，5亿多人口脱贫。我们超额完成了"十一五"计划目标，中国的政治、经济、文化、社会正在中国共产党的领导下，朝着民主、富强、文明、和谐的方向继续发展。站在当前放眼未来，只有坚定不移地按照胡锦涛总书记所要求的"不失时机地推进重要领域和关键环节改革"，"继续推进经济体制、政治体制、文化体制、社会体制改革创新"，认真分析国内外矛盾，把握好全领域新改革的方向和节奏，才能续写中国发展的新篇章。

启动全领域新改革的紧迫性

经济风险。2011年，全球政局风起云涌、社会动荡空前、灾难战事频发。中国经济能在政府大力调控房地产市场、缓解国内通胀压力和A股市场持续低迷的前提下，保持8%以上的增速，并为世界经济增长贡献40%的推动力，实属不易。但是在未来1～3年内，中国经济将面临增速放缓的态势。作为经济晴雨表的A股市场，从去年年初的2800点下跌到年末的2300点，跌幅接近20%，继2010年跌幅14%之后，再次"熊冠全球"。持续严厉的房地产调控成效显现，中国面临虚拟资产泡沫破灭风险。外贸方面中国出口已进入减速通道，据商务部统计数据显示，2011年12月中国外贸出口额1747.2亿美元，增长13.4%，增速延续过去5个月的下滑趋势。国内实体经济领域发展动力不足，企业税费负担严重，民营企业生存环境恶化，地方债务危机显现；再加上社保体系不完善、收入差距不断拉大、地区发展不均衡、工薪阶层收入低等一系列问题，扩大内需面临重重障碍。在今年两会的政府工作报告中，2012年工作总体部署的GDP增长目标为7.5%，8年来首次放弃"保八"，并着重说明："国内生产总值增长目标略微调低，主要是要与'十二五'规划目标逐步衔接，引导各方面把工作着力点放到加快转变经济发展方式、切实提高经济发展质量和效益上来，以利于实现更长时期、更高水平、更好质量发展。"除此之外，在发展的动力方面，我们还面临更多深层次的挑战。

第一，中国发展的人口红利、劳动力资源优势弱化。未来我国人口老龄化将进一步加剧，人口红利逐渐减少。另外，伴随着居民生活成本的增加、劳动力整体素质的提高和劳动力市场供求关系的转变，劳动力成本上升可能成为一种长期趋势。劳动力资源数量的相对减少、劳动力质量不高和劳动力成本的显著上升，势必会导致依靠廉价劳动力资源优势的发展方式难以为继。第二，我国面临经济发展的资源环境瓶颈，人均资源拥有量低于世界平均水平。中国石油、天然气人均储量不足世界人均水平的1/10，主要金属人均储量不足世界人均水平的1/4。未来中国的发展将会更加依赖国际能源市场，保障能源安全的任务十分艰巨。第三，中国科技创新向劳动生产率的转化还很低。我国的劳动生产率是美国的1/12，日本的1/11，创新对经济的贡献是40%，而发达国家是70%。2010年，我国研究与试验经费支出（R&D）占GDP的比重为1.75%，明显低于发达国家2%的水平。第四，经济结构失衡严重，产业结构、需求结构、就业结构不合理。我国产业结构是以工业为支撑的“二三一”的模式，第二产业比重较高，第三产业发展相对滞后。2010年，我国第三产业占GDP的比重为43.0%，而中等收入国家超过50%、高收入国家超过70%。需求结构不协调，投资率偏高、消费率偏低。

社会风险。随着2012年两会的召开，民众对于中国社会问题的讨论再次展开。近日，在各大网站举办的民意调查中，“缩小贫富差距”均位列前三位，这不是一个新话题了，但对此我们至今没有找到很好的解决办法。邓小平“让一部分人先富起来，先富带动后富，最终达到共同富裕”的理想，着实考验着所有中国人的智慧。30多年的改革开放，我们在“效率优先”方面取得了一定成就，但“兼顾公平”却被轻视。有些人错误地认为只要效率问题解决了，公平问题自然会得到解决，这成为贫富差距扩大的原因之一。如今，经济发展中掺杂了太多“公平缺失”的问题，一小部分人享受着改革带来的利益，而大多数人承受着改革的成本，贫富差距扩大的背后潜藏着巨大的社会风险。

收入差距拉大等原因导致了贫富悬殊：国家统计局有关数据显示，内地最富裕的10%人口占有全国财富的45%；而最贫穷的10%的人口所占有的财富仅为1.4%，社会财富结构堪忧。最近美国《新闻周刊》杂志披露，中国最富有的70名人大代表2011年新增资产总额超过了美国国会成员、国家总统、内阁成员以及最高法院法官总共535人的资本净值总和。根据中国“胡润百富”的资料，2011年中国最富有的70名人大代表的净资产总和达5658亿元，相当于898亿美元，比2010年增加115亿美元。报道说，相比之下，美国立法、司法和行政三个部门的660名高官的净资产总额仅为75亿美元。2010年，中国人均GDP为2425美元，与美国的37，527美元相差15倍。难怪华盛顿布鲁金斯学会约翰·桑顿中国中心主任李侃如如此说：“能看到这种程度上的政治和财富的结合真是太难得了”，“中国如今过分的财富分配不均必然会导致大规模的民众抱怨。”

除了居民贫富差距拉大之外，中国社会近年来另外一个显著特征是公民意识的普遍觉醒和公共选择多元化时代的来临。社科院社会政策研究中心杨团指出，中国公民正在以前所未有的公民热忱和个体的权利自觉，通过公益慈善、公共事件、公民事件、公共政策四个领域，认真积极地投入到社会建设中去。新兴技术的兴起、新兴阶层的出现、交往模式的改变以及社会生活模式的变化，都已经颠覆了我们传统社会的运动模式，而这些变化都将对未来时代产生深远影响。家庭结构的变化，亦引起了社会结构以及社会行为模式的变化，当前家庭乃至社会的重心开始向代表年轻一代的“80后”倾斜；而这代人从小就接触现代化、全球化等先进的文化理念，这种家庭结构和成长环境的变化，将会对未来我国社会产生深远影响，他们更独立、更敢于挑战权威、也更具有现代意识。

新农民阶层的存在，城市边缘人的兴起，不仅将改变城市治理模式，在他们的影响下传统的乡村生存模式亦将受到严重挑战；各种草根明星的涌现，折射出民众参与社会事务的热情，这是对社会运作模式的启蒙；与此同时，新的多元化社会变革亦开始酝酿，除了西方文化外，新加坡、台湾、韩国的兴起也给先进现代文明的交汇提供了多样化的色彩。如今，社会民众开始学会质疑，积极参与思想交流，并且正在以更包容、更多元、更理性的心态审视社会公共事件；同时，宗教信仰自由也给了更多人以精神上的选择。中共中央政治局常委、中央纪委书记贺国强曾表示，互联网快速发展拓宽了社会参与反腐的渠道。在信息爆炸的时代，通过微博的几何级扩散效应，丑陋和黑暗变得不易隐藏。

我们在庆幸民众意识觉醒的同时，也要谨记社会问题的产生仍然是社会力量过小的产物，我们离改革之初提出的“小政府、大社会”的改革理念还有很大的差距。相对于政治力量和经济力量，社会力量还非常弱小。政府依旧更多地采用控制和压制的管理手段，对民众缺少疏导。社会力量没有被有效组织起来，也不具备自我管理的能力，更没有纠正政府错误的能力。全国各地近年来出现了一些大规模的群体性事件，抵抗和抵制运动时有发生，可以说是执政党“城堡政治”的产物，即政治、社会和人民严重脱节的后果。如果“城堡”现象加剧，将必然造成国家和社会、政府和人民之间的严重对立，甚至引发冲突。

近年来，社会上关于信任危机、道德底线和价值观方面的讨论也同样值得关注。今年，新华社综合新华网、人民网等门户网站组织的“2012 年两会调查”结果发现，网民最关注的“五个热点话题”分别是：社会道德建设、食品安全监管、缩小贫富差距、房产市场调控和加强反腐倡廉，其中超过 80% 的受访者认为社会道德水准在下降。食品安全令人堪忧，各种安全事故、暴力事件、社会丑恶现象屡禁不止……，这都潜藏着极大隐忧。

政治风险。目前阶段，经济体制改革已经进入“深水区”，很多深层次矛盾单靠经济领域的改革已经无法完成。转变经济发展方式要求变革束缚经济发展的体制机制并防止其僵化，政治改革短板急需弥补。当前的社会形态下，如果想主动升级落后的生产力、生产关系，也需要顶层设计者进行大胆的实践。我国当前所面临的政治风险有以下三个方面：第一，党政界限仍不明确。从建国以来多年的政治实践看，“党政分开”是政治体制改革的关键。第二，政治民主化程度和法治程度仍需进一步扩大。今年的两会政府工作报告中，明确指出要“扩大社会主义民主，依法实行民主选举、民主决策、民主管理、民主监督，保障人民的知情权、参与权、表达权和监督权”，“全面贯彻依法治国基本方略，尊重和维护宪法和法律的权威，严格依法行政，坚决纠正有法不依、执法不严、违法不究、粗暴执法、渎职失职和执法腐败等行为。”民主化、法治化对国家和人民的重要性可见一斑。第三，反腐倡廉任重道远。

我们不妨也来讨论下“广东模式”。广东模式，就是敢于去啃行政体制、社会管理等改革的“硬骨头”。面对改革的敏感区和经济主体多元、利益诉求多样、社会矛盾增多、管理难度加大等挑战性问题，广东没有回避，反而选择正视阻碍改革推进的深层矛盾，大胆探索行政体制改革和社会管理体制改革，走出了一条新路。广东模式试图赋予“深圳模式”以政治、文化与精神的内涵，在思想解放的口号下，进行了诸多体制改革。例如，东莞“腾笼换鸟”、广州的财政公开、破 GDP 神话、网络问政、顺德大部制改革与深圳权力制衡试验等。这两种模式要相互借鉴、相互学习，取他人之长补自身之短，共同为未来中国改革作出贡献。中国各地区的经济发展状况、改革深入程度和当地政府的社会管理理念都有所不同，产生不同的“模式”无可厚非。如果需要进行评价，关键要看其价值取向是否真正代表最广大人民的利益。

中国当前主要矛盾的分析

结合当前国情，并在仔细分析中国改革和发展现状的基础上，笔者认为中国目前国内的主要矛盾可以分为：民权、民生诉求同政府职能缺失的矛盾，人民大众同新三大利益集团的矛盾。

首先是民权、民生诉求同政府职能缺失的矛盾。公民权利，简称民权，是为公民所拥有、为政府所保障的合法权利。公民权利分为四类：法律权利、政治权利、社会权利和参与权利。所谓民生，主要是指民众的基本生存和生活状态，以及民众的基本发展机会、基本发展能力和基本权益保护的状况等。政府职能，亦称行政职能，是国家行政机关，依法对国家和社会公共事务进行管理时应承担的职责和所具有的功能。政府职能反映着公共行政的基本内容和活动方向，是公共行政的本质表现。前文已提到，当前中国的公民意识正在普遍觉醒，公共选择多元化时代已经来临。公民对自身民权、民生方面的诉求逐渐超出政府职能所能提供的服务和公共产品的范围。加之政府自身问题得不到妥善解决（例如腐败问题严重、公信力下降等），更加深了这方面的矛盾。建设社会主义公共服务体制和民主法制体制仍然任重道远。

民权、民生同政府职能缺失这一主要矛盾可以演化出很多子矛盾。例如，发展市场经济与民主政治落后的矛盾。市场经济本与民主政治紧密相联、相辅相成：民主政治是市场经济的依托，为市场经济提供保护和服务；市场经济的繁荣确保民主政治的稳定。在中国，这一矛盾突出表现在政治体制改革滞后于经济体制改革，政府进行民主政治改革的意愿不强，形成改革短板，影响经济改革的深入。权与法的矛盾，本应是“权为民所用”，政府依法行使权力以维护民权，但现实生活里却常出现权大于法、有法不依、以权谋私的现象，权力也尚未得到应有的监督和约束。垄断与自由经贸的矛盾，在社会主义市场经济下，政府本应该为民众自由贸易提供保障和服务，但现实中，国有部门垄断严重，“玻璃门”、“弹簧墙”现象，地方保护主义，都会造成地区和行业发展的不平衡，严重影响民众生产和贸易积极性，使民生受到挑战。

其次是人民大众同新利益集团的矛盾。利益集团是使用各种途径和方法向政府施加影响，进行非选举性的鼓动和宣传，用以促进或阻止公共政策的改变，以便在公共政策的决策中体现自己利益主张的组织。笔者经过对中国当前利益集团的再思考，并在前人研究的基础上提出了“红黄蓝”新利益集团理论：中国当前的利益集团可划分为逐利权贵、垄断央企、割据外资。人民大众同新三大利益集团的矛盾是我国面临的另一主要矛盾。21世纪以来，由于市场化改革的减缓和体制改革的滞后，生产要素市场（特别是资本、土地市场）的不完善，给权力与资本的结合创造了条件。资本与权力高度依附，久而久之，旧体制下积累的财富陆续转移，形成了以逐利权贵、垄断央企、割据外资为代表的新利益集团。新三大利益集团都是精英联盟的体现，都是既得利益集团。此外，它们三者之间也存在着竞争、合作与博弈，而且在新三大利益集团作用下，极易形成对应的三种产业割据，损害人民大众的利益。

这一主要矛盾同样可以演化出许多子矛盾。例如，贫富悬殊的矛盾。新利益集团凭借特权和自身能力，影响利益分配机制，减少民众获利机会，甚至以不公平、不公正、不透明的方式，攫取广大人民的利益，以致“两极分化”现象越来越严重。再来看二元结构的矛盾。农村、农民作为与新利益集团对立的典型代表，在很多方面都享受不到公平的待遇；户籍制度加剧了城乡矛盾、工农矛盾，城镇居民与农民在就业、社保等方面都大不相同；耕地占用方面，农村土地是集体所有，农村耕地被征用做建设用地，却往往没有给农民足够的补偿。

全领域新改革的方向定位

我们应该清醒地认识到，中国未来 20 年到 30 年的发展情况，将取决于今天的选择。我们当前 10 年的发展目标是，全国真正达到小康水平。到 2020 年，要在优化结构、提高效益、降低消耗、保护环境的基础上，实现人均国内生产总值比 2000 年翻两番；全国城乡 55% 的居民家庭年收入达到 6 ～ 20 万元。同时，要建设生态文明，并在全社会牢固树立生态文明观念。为此，我们要深入贯彻落实科学发展观，加快转变经济发展方式，自觉坚持中国特色社会主义事业总体布局，全面推进社会主义经济建设、政治建设、文化建设和社会建设，并在此基础上，深入进行包括经济改革、社会改革、政治改革在内的全领域新改革。实现“三步走”的战略目标，即到建党 100 周年时，使国民经济更加发展，各项制度更加完善；基本实现现代化，建成富强、民主、文明的社会主义国家。与此同时，我们要正视当前所面临的经济风险、社会风险、政府风险，以及资源环境风险和外部风险；正视当前国际国内主要矛盾，克服改革阻力。

我国全领域新改革在经济建设方面的方向定位是：第一，通过结构性改革以加快市场经济体制转型。重新界定并优化政府职能；打破国有资产垄断效应，促进竞争，大力扶持民营部门发展；推进国有企业和金融改革及结构重组；深化土地、劳动力和资本市场改革，发挥市场价格对资源配置的主导作用。第二，形成开放型创新体系。科教兴国，加快先进技术、经营管理理念引进，融入全球科技创新网络；增加教育、科技研发经费支出，加快科技成果转化；建立健全现代产权制度，加快社会主义法治建设，形成以产权为基础、法律为保障的市场逻辑；大力扶持战略型新兴产业发展，构建创新型国际城市，打造世界著名品牌和新商业领袖；扩大国家研发支持，整合资源以建立覆盖高校、科研院所、社会机构、各类企业的科研体系，实现科研创新、成果转化和财富创造的有机结合。第三，建立科学的现代化财税体系、金融体系。科学提高财政收支的连续性和可持续性；结构性调整财政收支以应对社会和环境挑战；确保各级政府预算、开支同其职责和支出范围相平衡；提高资源动员效率和政府财务管理效率。第四，把握低碳经济、绿色发展机遇。普及全民绿色环保意识，倡导低碳生活新风尚；探索建立绿色低碳发展激励机制和破坏环境资源问责机制，完善相关法律法规；制定低碳、绿色行业标准，增加政府财政支持，吸引国内外投资；寻求科研体系支持，建立健全碳交易市场、碳关税制度。第五，确保全民机会均等，完善全民社保体系。为农村居民和农民工提供公平的公共服务；建立并完善覆盖全民的社会保障体系；动员社会力量为公共服务融资，并提供相应的监督和管理。第六，与更多国家建立友好合作关系。友好合作、互利共赢，共同致力于建立开放的全球贸易体系；加快融入全球金融体系，加深交流合作，分享发展经验；以更具创造力的方式承担大国责任，维护世界和平与发展；积极参与国际法律、法规和新标准的制定，倡导和谐世界。

在社会建设方面的方向定位是：第一，建立社会财富公平分配机制，扩大就业人口，保护劳动所得。加大财税、金融等方面对就业的支持，提高公民收入占GDP的比重，增进机会均等，打破资源、财富、机会垄断，坚决取缔非法所得；明晰土地产权，深化落实“三农”政策，科学促进农业发展，推进社会主义新农村建设，切实提高农民收入；加大对小微企业的扶持力度，以创业带动就业，加强职业技能培训和公共就业服务体系建设，建立覆盖全民的失业保障体系；进行户籍制度改革试点，确保进城务工人员和其子女享受均等权利，保护其劳动所得不受侵害，大力改善高校毕业生就业状况；减轻中等收入者负担，调整央企利润分配模式，藏富于民。第二，提高人民生活幸福指数，减轻工业化、城市化阵痛。打破GDP政绩考核机制，转换地方政府工作重点，杜绝政绩工程和重复建设，大力开展惠民安居工程；大力改善民生，优化人居环境，维护社会公共安全，特别要确保食品安全、医疗卫生安全；加强全民社会保障体系建设，扩大社保覆盖范围，大幅提高城镇基本养老保险、失业保险、工伤保险和生育保险的参保人数；保障公民言论自由、新闻出版自由和宗教信仰自由，倡导伦理道德，推进诚信建设；尊重思想自由和公共文化选择，引导形成积极的社会主流意识形态；构建和谐社会、法治社会，破除新利益集团，依法打击腐败犯罪。第三，强化政府公共服务职能，鼓励社会管理创新。坚持以人为本和服务为先理念，鼓励创新社会管理，排查化解各类社会矛盾；鼓励兴办各类不以营利为目的的非政府组织（NGO），提倡公益慈善精神和志愿精神，壮大社会力量，开展健康的社会运动；提倡基层群众管理自治，搭建农村、社区群众自我管理平台；创新网络管理方式，既要杜绝不良信息传播、打击网络犯罪，又要保护网络言论自由、倡导文明上网。

在政治建设方面的方向定位是：第一，积极稳妥地推进政治体制改革。进一步扩大基层民主，完善人代会制度和多党合作与政治协商制度；要推进党内民主建设，并且以党内民主来带动社会民主的发展；按照建设和谐社会和全面建设小康社会的要求，进行公民意识的教育培养；遵从中华人民共和国宪法精神，保障公民权利不受侵害，保护和尊重人权；进行行政体制改革，转变政府职能，建立完善有效的权力监督机制；将政治体制改革与社会主义市场经济发展结合起来，使上层建筑适应经济基础的要求，同时又能进一步促进社会主义市场经济的发展。第二，建立法治社会，坚持依法执政，以法治观念来约束政治运作。严格按照法制化、程序化的要求执政，规范政治过程，依法限制、纠正政治活动中的违法、违规行为，保证政治决策结果代表最广泛人民的利益；立足于民、取信于民，及时把握群众的思想动态，了解公民的政治主张，倾听广大群众的心声；应对政治矛盾要做到求同存异，不激化矛盾，善于疏导而不是“以暴易暴”式的压制，营造一个宽松、和谐的政治环境。第三，加快推进政治制度的建设与创新。一方面要注重顶层设计，进行自上而下式的改革，另一方面也要看到地方势力、民间力量及部门的改革潜力，鼓励进行自下而上式的改革创新。广大群众和地方政府在实践中积累的政治制度建设经验，要在概括总结的基础上予以确认和推广。例如，前文所提到的“广东模式”，它对于阻碍改革推进的深层矛盾，没有选择避让而是大胆探索，积极尝试行政体制改革和社会管理体制改革方式。再如，农村基层组织建设中的“两推一选”制度、人大代表直选、乡镇长直选，许多地区探索的“村财镇管”制度，以及对政治职能部门的群众评议制度等，都反映了群众的政治智慧和实践结果，对于政治文明的发展具有重要意义。在政治制度建设中，还应发挥两个积极性，实行领导与群众相结合。

对于当前新改革的政策建议

未来中国，要合理安排改革措施的顺序，进行渐进式改革；凝聚群众力量，团结不同阶层，以达成广泛的新改革共识，妥善应对国内外消极势力的冲击；继续提倡并增加地方的改革试点，适度放权、鼓励创新，同时对地方政府的规划进行严格评估；最重要的是发掘人才、使用人才，培养出色的顶层设计者、强有力的领导者和踏实奋进的基层工作者。

经济改革方面。要完成向市场经济的转型，大力发扬市场逻辑和企业家精神；加快开放型科技创新步伐，大力发展战略型新兴产业；推进绿色发展、低碳经济，变环境资源压力为绿色增长动力；建设科学的现代化财税体系、金融体系和资本市场；进一步加快融入经济全球化、区域经济一体化，将中国的结构性改革与世界发展接轨，与更多国家建立互利共赢关系。

社会改革方面。要增进机会均等、收入分配公平，缩小贫富差距；倡导伦理道德，注重民权、民生，打击腐败犯罪；完善全民社保体系，构建法治社会，破除新利益集团；改善社会管理，改进政府职能，提升公民安全；保障言论自由、宗教信仰自由，构建和谐社会；打破文化禁锢、思想束缚，倡导普世价值。

政治改革方面。要依法执政，坚定信仰，防止精神懈怠；解放思想，打破窠臼，弥补能力不足；保护民权、民生，紧密团结群众，杜绝消极腐败；强调政治伦理，加快政府建设、政府转型；放权改革，精简行政，实现决策、执行、监督三权分设；推动行政体制改革，创新社会管理体系，建立公共服务体系。

全领域新改革致力于把中国建设成一个由创新和思想推动发展的经济体，一个高收入、高幸福程度的国家，一个拥有人与自然、经济与社会、国内与国际和谐的国度。

（作者：赵晓系北京科技大学经济管理学院教授、博士生导师）

（选自《学习前沿》2012 年第 3 期）

世界经济格局变化及中国的新机遇

霍建国

自金融危机以来，发达国家经济普遍陷入增长的困境。金融危机同债务危机相互交织，宏观调控同经济增长的内生动能相互抵消，失业与结构失衡矛盾交叉，经济及非经济因素相互干扰，致使发达国家经济陷入一个长期的震荡和调整过程。估计三五年内发达国家经济难以摆脱危机的困扰。与此同时，中国及新兴经济体仍保持着增长势头，全球经济格局发生了巨大变化，国际竞争日益激烈。随着中国经济的崛起，针对中国的棒杀和唱衰此起彼伏，经济上寻求同中国合作，政治上谋划遏制中国发展，手段层出不穷。所以，准确把握当前错综复杂的国际经济形势及变化特征，适时调整应对措施，把握国际竞争和经济发展的主动权，是当前中国面临的艰巨任务，是中国把握战略机遇期、构建可持续发展能力的关键时期。

关于当前经济特点和发展趋势的判断

（一）世界经济格局加快演变，欧美主导仍未根本动摇

从全球经济总量结构看，发达国家的总体份额出现了明显下降，美欧的经济总量分别从2009年的25%和28%下降到2010年的23.3%和25.9%，2011年再降到21.7%和25.2%。与此同时，中国及金砖国家的份额已由14%上升到17.3%，2011年已超过20%。经济总量的变化导致新兴经济体的作用日益凸显，在全球经济治理方面的分歧与矛盾明显上升，G20会议协商机制的形成即反映了这一变化。

在全球经济结构的演变过程中，以下三种趋势须引起我们足够的重视：一是发达经济体特别是美国的经济实力仍处于主导地位，且这一趋势在可预见的未来10年间难以发生根本性变化。美国经济发展的历史数据显示，1880—1980年间，美国GDP年均增幅为3.4%，其中1940—1980年的年均增幅为3.7%，而1980—2007年也基本维持3%的增速。此外，美国在金融市场、科技创新及军事力量方面仍处于绝对的优势，在全球经济及产业结构调整方面仍发挥着主导作用。新兴经济体的崛起同发达经济体的日益衰落是一个长期的交替过程。二是新的全球经济治理结构的形成需要较长的磨合过程，主要体现在G20的影响力虽在扩大，但其解决问题的能力有限，虽然各国在国际货币基金组织、世界银行及世界贸易组织的改革方面已形成许多共识，但改革的方向和框架内容仍难以达成一致。三是当前在发达和发展中国家之间的矛盾日益凸显的同时，发达国家之间的矛盾以及新兴经济体之间的矛盾也变得日益

复杂化。欧债危机的演变充分暴露了欧美之间的矛盾，金砖国家虽在整体上有共同的诉求，但在各自的发展过程中不可避免地处于竞争状态，有时矛盾亦会十分突出。新兴经济体潜在的增长矛盾如处理得不好，不排除将遇到新的困难和障碍。在新兴经济体的经济总量占世界经济主导地位之前难以真正主导世界。

（二）经济全球化发展受阻，但大趋势仍没有改变

起源于20世纪80年代的经济全球化浪潮，对全球经济结构调整及推动世界经济增长发挥了积极的作用，而中国顺应经济全球化的发展趋势，以外向型经济发展为动力，以引进外资和扩大出口为支点，加快了中国工业化和城镇化的步伐，并迅速发展为全球出口大国和制造业大国，但金融危机重创了全球贸易和投资，2009年全球贸易额下降了23%，全球对外直接投资（FDI）下降了39%，且近两年仍处于艰难的复苏之中。

此外，在全球化的进程中，产生了两个新的矛盾：一是全球化所带来的增长利润大部分被跨国公司所垄断；二是全球贸易投资自由化进程加快的同时，全球贸易投资的制度性建设明显滞后，国际多边组织的协调和规范力不从心，多哈回合谈判受阻即是一个有力的证明。

目前全球多边贸易投资体制有两个新动向：一是针对全球价值链和贸易统计方面的研究正在深入探讨，力求对贸易不平衡做出新的解释；二是在全球多边投资体制方面寻求新突破，以促进全球投资的规范化。据联合国贸发组织统计，全球已发生的各类投资促进和保护协定逾6100个，已生效的约3000个，但缺少统一的国际多边投资体制。而目前就如何规范全球投资存在两种不同思路，一种是以WTO为主，主张加强对全球投资体制的规范引导；另一种则是主张成立一个新的国际多边投资体制。

在全球化过程中，由于欧美的利益主要集中在金融、保险等服务领域，在制造业方面产业调整的滞后和就业机会的损失，引发了部分反全球化的势力，尤其是受到非政府机构和工会等为主的一些社会团体的抵制，全球贸易保护主义抬头。从金融危机后的动向看，由于各国经济均处于调整之中，制造业回归的呼声占主导地位，加上部分国家为创造就业，纷纷采取了一些鼓励制造业回归的政策手段，从而出现了部分跨国公司资金回流的迹象，其中美国的动向最为明显。但从长远看，全球化仍是经济结构调整和产业内生产贸易安排不可回避的大趋势，因为各国的资源禀赋和劳动力组合存在巨大差异，而全球资源的优化配置是改进劳动生产率和提高企业竞争力的必由之路。当前迅速发展的区域贸易自由化，只是解决一定区域范围内的合作和投资效率问题，且带有一定的排它性，不利于在更大范围内的合作和重组。

相信世界经济经过震荡和调整后，全球多边贸易体制将进一步发挥其在推动全球贸易投资自由化方面的积极引导作用，并在推动形成国际多边投资体制方面有所突破。短期看，未来三五年，全球化仍将处于低潮，贸易与投资的发展相应将受到一定的限制，将处于中速增长阶段，预计将维持在3%～5%的增长水平。国际市场竞争激烈，贸易保护主义上升，将是不可避免的趋势。

（三）金融风险此起彼伏，欧债危机影响深远

本轮全球经济衰退的罪魁祸首应归咎于2007年爆发的美国次贷危机。由于银行衍生品业务的失控，监管不当，导致银行信誉受损，流动性短缺，经济发展全面受阻。在治理金融危机过程中，美国采取的是治标不治本的办法，即注入流动性，以确保银行的平稳过渡，而对

银行业的规范和改革却迟迟没有到位，所以银行的可持续发展仍面临危机。此外在政府干预经济的权力扩张中，欧美社会形成了高额的政府主权债务。加之格林斯潘九年执掌美联储，一直采取宽松的货币政策，也为后来的危机铸下隐患。此外，20 世纪 80 年代后期形成的新自由主义，对金融监管不断放松，导致金融资本同产业资本的脱离，投资同投机的混淆交错，从而奠定了金融危机的基础。由于危机阶段经济萧条，财政入不敷出，所以负债严重的国家率先进入了主权债务危机，反过来又对银行的信誉形成新的压力。与此同时，银行仅有的流动性不仅脱离了实体经济的发展，反而变本加厉地在金融市场上频繁炒作交易，以期套利，其结果导致实体经济不振，失业率居高不下，金融风险进一步上升，经济持续萧条。其核心问题是监管部门缺位，轻者说是养虎为患，政府被银行绑架，重者说是监管部门已同金融寡头同流合污。而在金融市场开放的形势下，银行的投资功能不断减弱，投机行为不断上升，这一现象暴露了银行业的深层次矛盾。首先是制度设置和监管水平存在问题，其次是业务经营理念和竞争目的不纯。与其说在制度设置和监管问题上存在盲点或难点，倒不如说欧美金融业凭借其竞争优势，故意设局以期高效获得在国际金融市场上的高额损益份额，而为此买单的只能是发展中国家的银行和其他中小金融机构。这是一种制度上的不合理。

为此，要想摆脱金融危机的困扰，彻底解决主权债务危机，核心是要发展实体经济，不断提高劳动生产率，创造积累社会财富，而不能完全依靠资本市场的交易游戏；其次是改变金融市场的运作模式，抑制投机，重新确立金融资本同产业资本的协调发展模式，在这方面，除规范和加强财政银行的监管外，必须改革国际金融市场运行模式，由投机为主的经营转变为投资获利的发展模式，创造更多的社会价值，解决分配不均和部分机构长期控制和左右金融市场所形成的不合理交易行为。

（四）经济结构亟须调整，科技创新面临突破

本轮经济危机带有典型的长周期特征，即经济增长的内在引擎丧失，虚拟经济过度泛滥，经济的复苏和振兴需解决好三大问题：一是结构失衡问题，如何理顺虚拟经济和实体经济的关系。在这一问题上，危机初期欧美将责任推到中国身上，认为世界经济不平衡是中国出口多、顺差大造成的，这显然是没有道理的。危机后期欧美选择了制造业回归策略，虽方向正确，但亦难以摆脱全球经济结构和产业分工的制约；二是培育新的增长引擎。结构的调整和增长引擎的启动是需要时间的。金融危机至今已经历 4 年，经济活动仍处于停滞状态；三是寻求国际合作。但目前欧美各国主要精力均没有放到调整和寻求合作的正确轨道上来，仍停留在应对矛盾和利益得失的谋划之中。尽管产业结构调整、技术创新以及第三次工业革命的苗头已经产生，但由于各国政策的不协调以及国际发展环境的恶化，使得全球经济的调整和复苏仍处于震荡之中。

有两大趋势是比较明显的：一是在可预见的未来 10 年内，新兴经济体将逐步成为全球制造业的主体，而全球的技术进步和创新仍将控制在主要发达经济体一边。发达经济体部分关键技术和零部件制造业的回归将有所加快，但发达经济体不可能全面实现制造业的回归；新兴经济体的制造业综合竞争力将逐步提升，而新兴经济体在核心竞争力方面短期内将难以全面超越；二是全球贸易将处于低速增长，全球投资将以略高于贸易的速度增长。跨国公司出于盈利目的，仍将继续承担全球资源优化配置的主导力量，但这种主导力量不再主要由发达

国家的跨国公司主导，新兴经济体海外投资的增长及跨国公司的快速发展，将在全球市场竞争中逐步扩大影响。

结论是，未来全球经济增长的希望虽离不开政府间的合作来推动，但全球跨国公司的推动作用将日益上升，即企业仍是发展的主体。历史的经验表明，尽管形式上经济学家的理论和政府的行为一直是社会关注的焦点，而实际上社会的进步仍是社会生产力推动的结果，而代表生产力的主体是制造业和跨国公司的作用。经济学家的作用更多体现在对已发生的经济社会活动进行归纳和总结，得出成功的经验。没有任何一个经济学家或经济理论可以引领社会的发展。而政治家和政府的作用则在于选择或推动一种发展的模式，顺势而为。

（五）大国竞争与发展模式反思

危机后，随着中国经济的崛起，以及发展中国家的群体崛起，对欧美形成了新的挑战，标志性的事件，一是多哈回合谈判，二是哥本哈根气候大会。这两个事件都同中国有关，当然印度、巴西等也是关键成员。新兴经济体的崛起，打破了发达国家主导全球经济治理的格局，欧美被迫接受这一现实，但仍在寻求以各种形式主导和引领世界。G20 会议上的争论，中美之间的矛盾，以及美战略调整均标志着大国竞争已全面展开。美国重新部署亚太均证明了这一判断，而大国竞争形式表现在主导权和话语权的竞争方面，其核心是经济发展问题。

当前在经济发展理念上的反思包括：政府和市场的关系，公平和效率的关系，以及政府的社会责任和定位。从历史上看，经济理论界一直存在着市场自由主义和凯恩斯主义之争，剑桥学派和奥地利学派、哈佛学派和芝加哥学派之争，其核心一直是围绕着自由竞争和政府干预。

目前主流经济学派仍占主导地位，而像美国的伯南克等官员基本上是受凯恩斯影响较重的，主张政府干预。所以目前看政府干预仍占主导地位。更严重的问题是，目前政府同金融寡头的利益结合是构建公平、合理国际经济秩序的主要障碍，收入分配不均，金融寡头垄断，这些困境一时难以摆脱。所以当前世界经济所面临的复杂局面已不是纯经济学的问题，而是政治经济学的问题。

对中国战略机遇期的认识及政策选择

要正确认识中国的发展成就。改革开放以来，中国经历了 30 多年的快速发展。80 年代的经济体制改革解放了生产力，90 年代的改革开放促进了中国经济社会的全面发展。中国加入世贸组织后，快速融入全球经济体系，形成了开放促改革的新局面，实现了跨越式的发展。这期间，工业化、城镇化、全球化是主要的推动力量，国企、民营和外贸是市场三大主体和主导力量。

随着中国经济的高速增长，中国将不可避免地遇到资源环境的约束、成本上升的压力、外部环境和内部经济结构等诸多深层次矛盾。上述结构性矛盾的存在，是长期高增长的伴生物，并不代表中国战略机遇期的结束，关键是选择正确的方法加以克服。

应该说，此轮欧美危机给中国提供了新的战略机遇期。一是中国内生增长动能仍在，土地、资本、劳动力和技术及工业化和城镇化的潜在增长力还没有完全释放出来；二是改革所产生的制度红利还有待挖掘。关键要妥善处理好当前的增长矛盾，保持经济的稳步增长，同时要加快调整发展战略，构建新的竞争优势。

（一）坚持对内改革和对外开放，稳定外贸外资增长

保持经济稳定增长，关键是要通过改革进一步创造公平的竞争环境，解放生产力，加快提高外向型经济的发展水平和质量。要正确认

识外贸外资在改革开放和国民经济发展中的重要作用，要充分认识到未来中国经济发展对外贸和外资的长期依赖性，要通过改革开放进一步稳定外贸外资的增长，发挥对外合作和走出去形成的新的增长动力，尊重市场化的规律，建立公平的市场环境。解决好低成本优势向创新优势转变、规模优势向资本技术优势转变、政策引导向内生增长转变，同时改变市场环境，激活增长的动能。

（二）坚持转变政府职能，加快经济体制改革

一是加快财税金融改革。积极大胆地实施全面减税政策，减缓企业发展的压力，特别对实体经济的投资应体现积极政策的倾斜；二是推进投融资体制改革。实体经济投资不够活跃，有市场环境的约束，同时也有政策限制的因素。应进一步下放投融资体制审批权限，激活民间投资；三是推进垄断行业改革。营造公平的市场竞争环境，给民营企业的发展创造更宽松的环境；四是实行分配制度改革，促进消费。上述措施有利于提高劳动生产率，平稳过渡中等收入陷阱问题。

（三）推进制造业转型升级，巩固提高竞争优势

要正确认识中国制造业的竞争优势，积极地推进制造业的转型升级，构建新的竞争优势。一是要做好国内的产业布局调整，积极推进产业的梯度转移；二是要加快拓展海外市场，形成一批制造业的跨国公司，构建中国企业的海外营销网络，扩大海外投资布局；三是加快推进制造业产业技术工人的培训，全面提高制造业的劳动生产率，构建新的技术竞争优势；四是加快在高端制造业和高技术领域扩大利用外资，加快利用技术溢出效应，进一步带动中国的技术进步和创新。

（四）把握国外政策动向，调整外交战略定位

一是精心谋划新形势下中国的核心利益，包括经济利益；二是坚决维护中国大国形象，作为负责任大国，中国要形成系统的主张和理念，占领道德制高点，发挥中国文化的影响力，维护中国主要价值理念；三是积极参与全球化治理和国际组织改革，推动建立公平合理的国际经济新秩序；四是突破中国外交的传统思路，在大国竞争中学会周旋和倚重盟友。

（五）加快人才培养，谋划国际发展空间

一是加快国际型人才培养，增强国际交友和交涉能力，提高国际事务的适应性和主动性；二是加快引进海外人才，发挥他们熟悉国际环境的优势，充实提高中国海外各类机构的应变能力，积极拓展国际发展空间；三是结合国际形势变化特点和趋势，形成新的战略思维、定位，逐步调整布局和重点，协调好大国关系，利用矛盾，巧妙周旋；四是在国际事务冲突中形成应急反应机制，明确底线坚持原则。

（作者：商务部研究院院长）

（选自《国际经济评论》2012 年第 5 期）

中国经济改革的成就、问题与解决路径

——基于邓小平南巡讲话20年来的经济情况

程　斌

2012年是纪念邓小平南巡讲话、极大推动中国改革开放与市场经济建设二十周年。以南巡讲话为分水岭，截止到2012年，中国改革开放的33年中，可以分为两个阶段，即南巡讲话前的十三年（1978—1991）和南巡讲话后的二十年（1992—2012）。

一、邓小平南巡前后中国经济发展情况

南巡讲话前十三年，大陆经历了七十年代末的解放思想大讨论和组织人事干部大更新、八十年代的自由民主人道思想启蒙、农村与城市经济体制商品经济、放活承包、价格双轨制、财政包干等改革摸索，以及政治运动反复，到“八九”后开始整顿沉寂，时逢苏东剧变，冲击巨大，中国改革面临何去何从的生死十字路口。在这种严峻苦闷的压抑形势下，1992年初邓小平毅然冲破阻碍，离开北京，南下当时的改革开放前沿城市发表了著名的南巡讲话，力倡大刀阔斧进行市场经济改革，鼓励要大胆推进、勇于尝试，肯定“社会主义也有市场”，以“三个有利于”标准破除了“姓社姓资”羁绊的极左意识形态。紧接着，1992年中共十四大高票通过确立“社会主义市场经济”改革路线，从此大陆改革没有再经历过政治意识形态的大反复，稳步进入了市场经济改革发展、民营经济大潮涌现的高速轨道。

南巡讲话后的这二十年，我国稳步贯彻邓小平大思路，也赶上经济全球化与产业转移、技术转移的世界经济文明史上从未有过的大好机遇，中国得以抓住机遇，发挥后发优势和大国规模效应，生产制造能力剧增，进出口能力迅速增强，国内市场也迅速崛起，商品市场要素充分按照有效价格信号自由流动，生产要素也基本形成市场配置资源的流动交易模式，民营企业、微型创业、自主就业与上市公司兴起并主导了就业市场与资本市场，经济持续高速增长，房地产、基础设施与城市建设突飞猛进，到2010年成为世界第二大经济体，世界银行最近数据表明我国有6亿多人口摆脱了贫困，这些对全人类和发展中国家都做出了巨大贡献。

二、发展中存在的突出问题

在中国经济迅猛发展的同时，也存在诸多问题，制度性腐败，价格投资、财税金融体制依然扭曲，所有制激励扭曲，城乡二元体制鸿沟严重，资源环境压力加剧，征地拆迁矛盾突出，经济社会发展面临着一系列不可持续、不协调的严峻危机因素。矛盾处理不当，有可能出现

经济、金融危机并导致改革道路逆转；处理得当，能使中国经济再高速增长和协调发展二三十年，真正使人均国民收入而不是GDP总量进入中等较发达国家水平，进入人均GDP两万美元，基本实现“共同富裕”。为稳健实现现代化民富国强蓝图，系列突出问题必须及时解决。

第一，大规模征地拆迁，甚至野蛮拆迁，社会矛盾冲突加剧。群体性事件和上访事件众多，地方政府阻拦、抓扣上访者。失地农民通常估计有六千多万，不少失地农民长远生计没有保障，这是导致基层干群关系紧张的一大因素，损害了经济发展的质量，后果严重。

第二，公务员、官员队伍庞大，经济建设中贪污腐败现象不容忽视。有资源审批控制权的国企队伍和事业单位干部队伍也是数量众多，财政供养队伍规模空前。从村级干部到省部级干部，包括国企及一些事业单位干部，掌握了大量微观经济、项目资源的审批决定权力，腐败寻租呈现全国性、跨行业、系统化、规模化，除非彻底改革资源管理审批体系，贪腐难以根本逆转。

第三，出口依赖和国有信贷投资依赖严重，内需严重不足。净出口比重虽然只有5%到10%，但整体进出口依赖度达到80%左右，而发达国家大型经济体一般只有20%左右。政府投资和国有部门投资依赖严重。众多国有部门项目的投资运作中，民间流传着三分之一“送礼”，三分之一利润，三分之一投资于项目原料、人工的普遍实际投资状况。国有部门占据主要信贷投资资源，政府土地抵押、政府信用担保的地方债务规模庞大，政府公布数字大约12万亿，民间市场流传估计20万亿以上，潜在的银行不良资产数量巨大，蕴含严峻金融风险。

第四，土地与房地产市场依赖度过高，土地粗放浪费严重。房地产、土地市场的体制机制和经济发展阶段，和普通群众工资收入水平脱节比较严重，价格形成体制畸形，房地产正常消费品功能与自主改善功能被畸形压缩，而房产的投资品与投机功能被不良政策与有缺陷的政绩考核体系畸形放大扭曲，扭曲了各行业持续协调发展环境，加大了城市化顺利进行的成本。大中城市房价畸形过高和住房空置率畸形过高悖论并存，带动中小城市、县城的房价、地价也过渡高涨，对各行业协调发展和促进生产性投资不利。

第五，城市建设超前和城市化布局失衡，大城市拥堵病开始形成和固化，人的城市化严重滞后。城市化的经典本质、发达国家经验主要是人的城市化，在大陆变成了主要是土地城市化、高楼大厦城市化，变成了单纯攀比城市建设，而把相应的从农村及外地转移来的产业人口在市民待遇、社会保障方面拒之门外，导致人的城市化严重滞后。错误的城乡二元分割发展体制和不成熟的城市与国土空间布局发展战略，导致了中小城市发展为主、城市网络群发展为主、农民市民化为主的城市化优化路径还没有成为国家核心发展战略。

第六，城乡二元体制固化，三农问题治理战略的根本方向有误。虽然多年中央一号文件以三农开头，大量惠农、补农的政策举措每年花费数千亿资金，但人口从农村转移到城市定居、享受平等市民待遇依然受到体制政策严重阻碍。现阶段的三农政策没有有效促进国民人口的城市化，反而固化了小农生产方式，人均收益低，人力资本素质难以提高，农业适度规模集中经营、企业化、生态化发展受到体制阻碍。

第七，“国进民退”，政府与民争利，民营经济被作为二等公民。很多民企和民间资本在市场准入、金融市场等都受到排挤，只能在非“国民经济命脉”领域“小打小闹”、附庸生存。其实，现代经济发展史与现代经济学理论中并没有所谓“经济命脉”的术语词汇，这个引进自列宁和前苏联计划经济的词汇思维至今依然控制左右政府的决策思维，形成扭曲的国企独大市场和扭曲的金融市场、土地市场，可以说，计划经济体制与思维的重大惯性残余依然是审批经济、权贵市场乱象的基础性制度根源。

第八，环境污染严重，食品安全堪忧。片面追求GDP考核使得有些地方政府对环境保护重视不足，对假冒伪劣的监管打击睁只眼、闭只眼，地方工作以GDP数量、项目工程数量、重化工、房地产和地方财政收入为归属为核心，导致政府对环境监管和食品安全投入严重不足。

第九，部分地方政府考核晋升体系扭曲严重，以经济建设为中心的政绩体系亟待改善提升。必须尽快解放思想，改革执政大思路，将八十年代、九十年代初短缺时代合理的以经济建设为中心的时代任务转移过来，兼容提升，形成新的时代任务——各级政府要转向以经济发展质量为中心和以民生保障为中心，把地方政府必须从招商引资重任中解放出来，重心转向高质量发展经济和保障民生、保护环境。

第十，财税金融体制和国民资本分配格局失衡。虽然总量上看大陆资金供给充裕（这是十二五规划文件中的判断），但是，中央、国有资金资本独大，直接财政收入每年近10万亿之巨，间接的预算外收入、卖地收入等政府收入有专家估计占GDP的40%到50%，而民企资本供给严重不足；分税制改革远未完成，省级以下分税制改革推进困难，地方支出责任占比大约70%，但收入仰赖上级层层拨款进行专项或转移支付；部委项目审批与资金拨付机制导致“跑部钱进”，政府投资项目的可行性审批变成了“可批性审批”，基本上是党政领导、一把手说了算，投资低效扭曲，环保民生等项目涉及的重要社会成本没有纳入计算或考量；地方经济与社会支出责任大而财力严重不对称不匹配；非国有企业税负和居民消费税负较重，民营企业、非国有企业融资空间、上市空间严重不足；税收体系也存在比较严重的非生产性、非就业性激励，助长了内需的扭曲。

第十一，宏观调控“一刀切”，有悖公平竞争与市场投资合理自主的调控措施时有发生。简单价格限制、简单购买限制加剧经济行为扭曲和各区域、各行业发展不平衡。货币信贷政策的大一统危害尤甚，把国有部门、地方政府的贷款发行过多当作总量货币经济问题，笼统收紧银根来对付治理，既不符合现代宏观经济学理论，也不符合发达国家这方面的历史经验，更不符合实事求是、具体问题具体分析的工作方针与政策哲学。货币政策、宏观调控不应让非国有部门、民营企业、中小企业陷入贷款难、融资难的困境当中。不尊重经济规律的一刀切、简单化的经济管制措施，不仅伤害了国民财富发展中最宝贵的民营部门，也伤害了一国的社会化多样化生产部门和就业贡献最大部门，同时也伤害了获得国有信贷资金相对少的中西部或落后地区，加剧地区发展不平衡。大陆经济属于大国模型，地区行业差异复杂，不应该以“宏观调控”之名行“一刀切”经济计划统制干预之实，要改为在尊重市场自主权、尊重经济规律基础上进行针对性、灵活性调控，改为分区域、分行业、分群体、分领域的结构性灵活具体针对性调控，只管负外部性，同时，加快推进公平竞争体制改革，不能以调控代替改革。

第十二，社会保障战略错位与收入分配严重失衡，导致奢侈品大国与贫困低收入人口大国并存。已经具备条件可以由国家财政预算拨款为主的全民社会保障，沦为缴费者社会保险，性质定位失误。社保账户至今不能做实做足，短期有结余，长期看将收不抵支。社保资金结余积累的保值增值风险巨大，社保基金现值与未来值矛盾突出。现行社会保障体系实际上是九十年代为解决国企脱困问题而设计的，基本没有考虑非国企市场就业人员，现在体制机制无法应对国企改革后大量体制外就业、非正规就业、灵活创业就业的庞大国民群体的保障需求，更无法解决农民工群体的基本需求，社保缴纳与回报没有吸引力。同时，社保缴费由企业负责20%的规定还给本来艰难的民营企业加重了用人负担，起了遏制就业而非鼓励招工用人的错误导向。

三、矛盾的总根源与解决路径

从现在开始，未来20年内，我们需要重启邓小平“三个有利于”的发展观和“逐步走向共同富裕”的发展观，以解放生产力、提高综合国力、提高人民生活水平、逐步走向共同富裕为大政方针和政府工作的归依，果断改革，励精图治。

第一，新的历史条件与经济成就基础上，把30多年来“以经济建设为中心”的核心理念改革提升为“以经济建设和民生保障为中心”，把“发展是硬道理”提升为“发展和民生都是硬道理”，发展和民生两手都要硬，这样，民生保障、社会公共品供给纳入整个国家最重要发展大局，与经济建设并列，特殊时期还可以超过、重于经济建设发展任务。形势发展到今天，有利条件积累到今天，改善民生就是发展经济，民生保障就是中国发展，住房、教育、养老、医疗、失业保障是以人为本、社会安全、社会稳定的根基，是财政预算和政府系统的最重要职能，也是中国成为内需大国、逐步走向共同富裕的制度前提。

第二，必须清晰市场与政府的主要责任——经济建设以市场、企业、民企、股份制社会化企业和自主创业为主，民生保障以中央政府带领各级政府完成公共品供给为主。住房、基础教育、医疗、养老、失业这五大民生保障纳入第一财政预算，民生保障的钱不够，政府不得用纳税人的资金搞经济建设项目，更不得搞超前的政绩工程，对此，要有立法来进一步约束保障。民生保障之外，政府只负责破除垄断、宏观稳健、产权保护、市场质量监管、公平竞争维护和生态环境安全、食品安全维护，这些内容职责，既是公共品，又同时服务于经济发展质量和民生保障，是重大公共利益。

第三，各级政府以“人的城市化、农民市民化和社会保障”为战略引导方向和具体工作抓手，以“中小城市建设与人口扩容、生态大恢复、消除大城市病”为国土与城市空间布局战略，从而高效、有效消除城乡二元体制鸿沟，消除历史遗留的2.4亿小农户生产方式，使2.4亿农民工尽快在广大中小城市落地、落户生根，开始享受平等的国民待遇和子女基础教育权利。

第四，地方官员晋升考核体制改革为“向下”考核为主、地方选民考核为主。具体办法措施各地可以抓紧试验、试点，这样，有利于经济发展模式、发展方式转变，有利于经济又好又快发展，有利于民生改善与保障，有利于民主政治、政治文明。地方官员的晋升机制由上级单方面决定改革为由地方民众投票评价为主决定，对地方官员干部的客观透明评价体系必须尽早建立，实现乌纱帽主要有地方民意决定。对于地方民众投票支持率低、民望支持低的干部官员，无论级别大小、职务高低，上级政府一律不得晋升重用。强化地方人大权力，尤其是官员监督罢免权利和人大的财政税收决定权力，人大代表专业化、专职化、议员化，大力合法推进司法独立，真正贯彻落实邓小平部署的民主与法治的社会主义市场经济改革大任和“三个有利于、逐步共同富裕”发展观。

（作者单位：中国社会科学院）

（选自《当代经济》2012年1月下）

中国的发展方式转型与改革的顶层设计

吴敬琏

2010年中共中央关于制定“十二五”(2011—2015)规划的建议有两项规定最重要：一项是“十二五”时期要“以科学发展为主题，以加快经济发展方式转变为主线”；另一项是实现经济发展方式转变的动力在于“坚定推进经济、政治、文化、社会等领域的改革，加快构建有利于科学发展的体制机制”。

一、为什么要把“加快转变经济发展方式”规定为“十二五”的“主线”

“十二五”规划规定，“要以加快转变经济发展方式为主线，贯穿经济社会发展全过程和各领域，确保转变经济发展方式取得实质性进展”。为什么要转变经济发展方式或经济增长方式？转变经济发展方式或转变经济增长方式的实质是什么？

目前对于什么是经济发展方式和为什么要转变“经济发展方式”众说纷纭。其实，经济学对于经济发展的不同方式及其演变早就做过大量深入的研究。现代经济学的研究成果，可以最简炼地通过生产函数来加以把握。从生产函数的视角看，一国的生产活动表现为下面的基本公式：

$$Y = A \cdot K^{\beta} \cdot L^{1-\beta}$$

其中，Y代表产出总量，A代表效率，K代表资本投入，L代表劳动力投入，β和(1—β)分别代表资本和劳动力的弹性系数。对等式两边进行微分处理，将得到如下公式：

$$y = a + \beta i + (1-\beta) 1$$

y代表增长率，i代表资本投入增加即投资，1代表劳动力的增加，a代表全要素生产率(TFP)的提高。

近代以来，各国经济增长模式可以区分为两种基本类型：一种是主要靠资源投入(包括投资和劳动力投入)驱动的增长，也称为西方国家的早期经济增长模式或粗放型增长模式。另一种是靠效率(TFP)提高驱动的增长，也称为现代经济增长模式或集约型增长模式。转变增长模式或者转变经济发展方式的内容，就是从前一种增长模式转变为现代经济增长模式。

马克思曾经深入地分析过西方国家早期经济增长模式的弊病。他在《资本论》中指出：资本(“不变资本”)对劳动(“可变资本”)的比率不断提高，就导致了两个严重的经济和社会后果：一个是平均利润率下降，竞争加剧，出现资本积聚和集中，大资本与中小资本的矛盾激化。另一个，由于分配结构是由生产的结构决定的，投资率不断提高的结果，是在国民收入分配中，资本所有者的收入所占的份额越来越高，而就业越来越困难，劳动者所占份额越来越低。这造成了无产阶级的贫困化和阶级斗争的尖锐化。沿着这条路走下去，必然导致“资本主义私有制的丧钟就要敲响了”。只是19世纪末期以电的使用为标志的第二次产业革命发生以后，由人力资本即“有知识和技术的劳动力”作用增大造成的效率提高对增长的贡献愈来愈大，上面所讲的矛盾才得到缓解。

中国为什么要进行经济增长模式的转型？根本的原因，是从第一个五年计划（1953—1957）起，中国就从苏联承袭了斯大林称为“社会主义工业化路线”的西方国家早期经济增长模式。这种增长模式固有的弊病造成经济社会矛盾的日益严重。这些矛盾包括：

1. 资源枯竭，环境破坏。经济主要通过高投入来推动，资源、环境压力越来越大。各大城市现在的天气与30年前相比都出现了严重恶化。

2. 腐败蔓延，贫富分化。各级政府通过动员投资追求经济增长，这为腐败活动提供了广泛的基础，也成为社会不公正的重要来源。而投资率过高、消费率过低导致低收入群体收入提高缓慢，成为贫富差距拉大的基本原因。

3. 货币超发、流动性泛滥。过度投资本身会造成货币超发、流动性泛滥的压力。加之为了以净出口需求弥补国内需求的不足，长期采取出口导向政策，外汇占款增加过快，也造成了货币超发、流动性泛滥的压力。

1994年实施人民币深度贬值和汇率并轨，支持了出口贸易的大发展，一方面使得我们维持了20世纪90年代以来的高速增长；另一方面，外汇结余不断累积，中央银行为维持汇率稳定，发行大量货币来购买外汇。如2012年上半年我国的外汇储备3.2万亿美元，这要中国人民银行发行大约25万亿货币进行购买。而中央银行货币是一种高能货币，如果用货币乘数4来计算，购买3.2万亿美元的外汇就会形成大约100万亿元的购买力。目前我国流通中的广义货币（M2）已经达到GDP的180%的天量。货币超发的后续效应显现、通货膨胀压力增加和房地产等资产泡沫成为宏观经济的常态。

中国经济出现的上述问题，在本世纪已经表现得相当突出。且不说股市和房地产市场泡沫的形成，即使滞后期较长的居民消费物价指数（CPI），也从2007年第4季度起迅速升高，中国政府不得不从2008年2季度起采取紧缩政策，防止恶性通货膨胀的爆发。很快，又遭遇全球金融危机的冲击。2009年，政府采取了注入海量投资和贷款的措施来“保8”，致使2011年通货膨胀再次抬头和再次实施紧缩政策。今年以来，GDP增速下滑超出预料。现在许多人呼吁中央银行降低利率，来阻止增长率下滑。其实正像我在两年前已经说过的那样，中国宏观经济政策已经陷入了既不能“紧”、又不能“松”的两难困境。只能采取标本兼治的“两手对策”，一方面采取稳健灵活的短期政策（财政和货币政策），维持宏观经济不致发生严重通胀或经济崩盘；另一方面把主要注意力放到解决长期发展的问题，即实现经济发展方式的转型上。

中国宏观经济出现的问题，与一些东亚国家和地区十分相似。它们的教训我们必须认真汲取。日本、韩国、台湾、马来西亚等东亚经济体通过投资拉动和出口导向，曾经取得了20年来高速增长的优良成绩，但在长期执行出口导向型政策后，几乎无一例外地出现了宏观经济大问题。在危机发生后，东亚各经济体表现各异。其中，韩国在亚洲金融危机中虽然受到比较严重的冲击，但是他们一方面通过短期政策来稳定宏观经济，一方面采取了坚决的改革措施，提高国民经济的整体效率。现在韩国企业的竞争力和技术创新都达到了世界级水平。

这几年中国的中央银行和财政部门尽其所能，采取灵活的宏观经济政策保持经济稳定，相当不容易。但是我们必须清醒地认识到，短期稳定政策不能解决根本问题。经济经常处在非常紧张的状态，稍有闪失就会出现像日本一样的泡沫破裂的大危机。而日本1990年泡沫爆破时已经是一个高收入的发达国家了，中国的底子还很薄，人民平均生活水平还很低，一旦出事，后果不堪设想。所以，根本的出路还在于解决增长模式的问题，或者如“十二五”规划讲的，“确保转变经济发展方式取得实质性进展”。

二、只有进行全面改革，才能加快经济发展方式的转变

其实早在1981年，全国人民代表大会批准的“今后经济建设的方针”（以下简称“十大方针”），就是围绕着改变重速度、轻效率的老一套做法，“走出一条速度比较实在、经济效益比较好、人民可以得到更多实惠的新路子”这个根本方针提出的。“十大方针”所说的“围绕着提高经济效益，走出一条经济建设的新路子”，和现在讲的“转变经济发展方式”，在基本内容方面是完全一致的。“九五”（1996—2000）计划正式提出要实现两个“根本性转变”，“从计划经济体制向社会主义市场经济体制转变，经济增长方式从粗放型向集约型转变”。“十一五”（2006—2010）规划和“十二五”（2011—2015）规划也都明确要求转变经济增长方式或转变发展方式。

不过，从1995年制定“九五”计划到现在，17年已经过去，转变经济增长方式的情况并不如人意。近几年来，矛盾甚至有激化的趋势。为什么会这样呢？

首先，是因为存在意识形态方面的障碍。在改革开放前的30年，中国的经济增长几乎全部都是由大规模的投资支撑的，因为按照斯大林钦定的“马克思主义再生产基本原理”，积累（投资）是扩大再生产即经济增长的“唯一源泉”。虽然每一次增长的“大跃进”，都带来了大灾难，但直到现在，许多人仍然认为大规模投资支持GDP高速增长符合马克思列宁主义的“科学原理”。

其次，是因为存在体制方面的障碍。在2005年讨论“十二五”规划的时候，曾经把转变经济增长方式遇到的体制性障碍，归纳为四条：第一，政府保持着对一些重要资源（如土地、银行信贷）的配置权利。第二，GDP增长作为干部业绩主要的标准。这两条加在一起，使得各级政府官员努力运用掌握资源的能力营造GDP增长政绩。第三，现行财税体制使各级政府官员必须去追求GDP。从财政收入看，一半的财政收入是来自生产型增值税，而生产型增值税的增长又在很大程度依赖于物质生产部门GDP的增长；从财政支出来看，很多应该由中央支出的责任（在中国叫做“事权”）都下放给了地方政府，各地地方政府必须努力筹钱才能够承担起他的支出责任。结果，地方政府必须努力提高GDP的增长速度。第四，从计划经济沿袭下来的生产定价制度通常人为压低生产要素价格，助长了浪费资源、破坏环境的行为。

改革开放以后，中国经济在提高效率方面取得了一定的进展。除投资外，中国过去30年的经济增长还得益于以下因素：

1. 改革开放解放了民间创业的积极性。

2. 改革推动的城市化使大量原来低效利用的劳动力和土地资源得到更有效率的运用。

3. 通过对外开放和引进国外先进装备和技术，迅速缩小了与发达国家的技术差距，提高了生产效率。

这种情况，可以概括为资源投入和效率提高双重驱动，其中效率提高对经济增长的贡献在20%左右。与改革开放前的情况相比较，这自然是很大的进步。但是我们也要认识到：这种进步是有局限性的，而且效率提高的某些源泉正在走向枯竭和消失，必须找到新的增长源泉，才能保持经济增长的好势头。

我国与发达国家的技术水平差距，是在中国的“康乾盛世”（1681—1796）、英国的“光荣革命”（1688）和西欧的产业革命（1760—1850）以后的两三百年间逐步形成的，其间的差距非常之大。通过30多年的改革开放，中国制造业技术水平与发达国家的差距大大缩小了。然而，当中国产业的技术水平愈是接近国外产业技术的一般水平，中国企业靠引进外国装备和技术实现所谓“适应性创新”“捞浮财”的空间就愈小。如果不能靠原创性的创新跟上世界上你追我赶进行创新的步伐，中国企业就无法保持自己的发展势头。

改革开放以来效率提高的另外一个因素，即劳动和土地资源由于产业结构转换带来的效率提高，也发生了很大的变化。

就以劳动力从低效产业到高效产业的转移，即获得所谓“人口红利”而论，由于农村富余劳动力无限供给的局面正在消失，要继续通过农村富余劳动力向城市工商业转移来提高效率的潜力已经不大。而且，随着劳动力供应趋紧和劳动者工资的提高，简单加工业的低工资成本优势也将风光不再。

总之，我们已经不能指望继续沿用前30年的老办法来提高经济效率了。据一些经济学家报告，近年来效率提高对于我国经济增长的贡献不升反降，就是上述问题已经出现的明证。在中等收入的发展水平上，如果找不到新的推动经济增长的驱动因素，我们就可能会掉进所谓的“中等收入陷阱”。

怎样恢复推动原创性创新呢？过去我们常说，由于中国缺乏技术人才、缺乏技术积累，经济增长方式只能十分粗放。但经过30多年改革开放，情况已经发生了巨大的变化。中国受过训练的技术人才数量目前已经居于世界第一位。技术发明也数量众多，而且有些发明已经接近甚至突破世界前沿。现在的问题在于，新技术的产品化、产业化步履维艰，许多新技术死在摇篮之中，即使勉强转化成了产品，企业也长期做不大，新技术拖成了旧技术，企业也成了“小老头树”。为了回答这个困扰着许多有志之士的问题，我们做过认真的研究。答案是：症结在于缺乏有利于创新和创业的体制机制环境。

2003年十六届三中全会通过《关于完善社会主义市场经济体制若干问题的决定》正确地指出，我国的“经济体制还不完善，生产力发展仍面临诸多体制性障碍”。要打破“诸多体制性障碍”，唯一的办法是切实推进经济、社会、政治、文化等方面的体制改革。所以“十二五”规划指出：“改革是加快转变经济发展方式的强大动力，必须以更大的决心和勇气全面推进各领域改革”。只有全面改革才能打破发展转型的“体制性障碍”，才能建立有利于发挥创新精神的体制机制。

三、为什么要“更加重视改革的顶层设计和总体规划”

由于中共中央关于制定“十二五”规划的建议提出“要更加重视改革的顶层设计和总体规划”，现在各个部门的领导和专家都在研讨如何进行与本部门改革有关的“顶层设计”。比如说，医疗改革的顶层设计、公立医院改革的“顶层设计”等等。在我看来，把“顶层设计”局限于某一部门或某一项具体的工作，多少是一种误读。

什么是“顶层设计”呢？“顶层设计”原来是网络工程学（network architecture）的概念，指建设一个大系统前必须进行“从顶层开始、从上至下的设计”（top-downdesign），以保证各个子系统之间的兼容、互通和联动。本世纪初在进行电子政务网络建设时，曾经普遍出现过这样一种偏向：许多地方热衷于购买国外最先进的传输设备、电脑终端和外围设备，而不是首先研究解决与政务网络顶层设计有关的问题，例如哪些政务信息必须公开，政务内网和政务外网之间的关系如何安排，跨部门网络如何互联互通、信息共享，等等。这使我国的电子政务存在着被降低为电子化办公的危险。于是有的科学家，像国家信息化专家咨询委员会委员李国杰院士就引入了“顶层设计”的概念，要求纠正电子政务网络建设存在的这些偏向。

从这个意义上说，中国改革在上世纪80—90年代是做出过顶层设计的。不过，当时不叫“顶层设计”，而叫“目标模式”，即“社会主义市场经济体制”。现在再次提出“要更加重视顶层设计”，原因可能有二：一是现在不少人认为中国改革从来没有明确的目标，一直都在“摸着石头过河”；二是近年来有些人摸到了另一块“石头”，要求采取有别于市场经济的另一种“顶层设计”。下面，我分别讲一讲这两个问题。

“要更加重视顶层设计”的第一个理由，是有人认为中国改革的特点和优点在于“摸着石头过河”，没有、也不需要什么“顶层设计”。在我看来，这种判断是与实际不符的。在中国改革开放初期，陈云和邓小平都提出过，中国改革要“走一步、看一步”，“摸着石头过河”。他们是在什么样的历史背景下提出这一口号的呢？那是在“文革”浩劫之后，满目疮痍，社会濒临崩溃的边沿，亟需采取措施挽救这个国家。但中国理论界已经和世界隔绝了几十年，进行根本性的改革缺乏必要的理论准备，不知道应当如何着手，所以只好“走一步、看一步”，“摸着石头过河”。当时中国政府派出了许多代表团到国外参观访问，了解别国的经验。只要有助于我们克服困难、发展经济，各种做法都可以拿来应用。当时最有吸引力的是东亚国家和地区，如日本、“四小龙”的经验。

但到上世纪80年代中期，就发现经济体制是一个繁杂的大系统，只进行这样局部的、枝节的改革，而没有明确的目标模式和系统设计是不行的。1984年召开的中共十二届三中全会通过《关于经济体制改革的决定》，提出中国经济改革的目标是建立“社会主义有计划的商品经济”，初步确定了中国改革的“顶层设计”。不过，“有计划”和“商品经济”之间是什么关系，“社会主义有计划的商品经济”除了《决定》里讲到的企业自主经营、自负盈亏和价格要反映供求两个特点之外，具体是怎样的系统，也并不十分清楚。所以，在“顶层设计”（目标模式）明确以后，还需要“从上到下”地制定改革的总体规划。

改革的总体规划最先是1985年中国社会科学院的硕士研究生郭树清、刘吉瑞、邱树芳三人给国务院领导写的一份报告中明确提出的，他们在报告中建议改革需要作出以竞争性市场体系为中心的整体设计。国务院总理批示“有益无害”，随后以郭树清、楼继伟为首的一批年轻经济学家做出了目标模式明确后中国经济改革的第一个总体规划。1986年，国务院组织制定了一个价、税、财、金、贸配套改革的总体规划，准备在1987年推出。但不知道什么原因，最后没有实施。以后，就发生了1988年的经济风波和1989年的政治风波，整个改革都被搁置了。

经过1989—1990年的曲折，1990年12月和1991年3月，邓小平在和一些领导人的谈话中，两次提出“社会主义也有市场经济”、“市场经济不等于资本主义”的意见。中央支持改革的领导人根据邓小平的这个提示，花了很大的功夫去研究改革的目标模式问题，对市场经济通过什么样的体制和机制去实现资源的有效配置，进行了深入具体的研究。例如在1991年10月到12月期间，中共中央政治局常委会召集了10次专家座谈会，讨论三个问题：第一个问题是西方发达国家资本主义为什么“垂而不死”；第二个是苏东剧变的根本原因是什么；第三个是中国应当怎么办。许多经济学家参加了这些会议。在深入研讨的基础上，江泽民总书记1992年6月9日在中央党校发表讲话，讲到当时关于建立新经济体制问题的三种意见，他“比较倾向于使用‘社会主义市场经济体制’这个提法”。这一讲话的精神为1992年10月的中共十四大所采纳，大会决议明确：“我们要建立的社会主义市场经济体制，就是要使市场在社会主义国家宏观调控下对资源配置起基础性作用”。这样，就确立了改革的目标模式，即顶层设计。

接着，就开始进行市场经济改革的总体规划。这项规模宏大、参加人数众多的研究工作持续了一年多的时间，最后形成了1993年11月中共十四届三中全会通过的《关于建立社会主义市场经济体制若干问题的决定》（以下简称《50条》）。这个决定，对市场经济各个子系统，包括财税体系、金融体系、外贸体系和外汇制度、社会保障体系、国有经济等子系统的改革方案，各个子系统改革之间的配合关系和时间顺序，做了较为细致的安排。从1994年开始，中国根据《50条》的规划进行了大改革。

除此之外，1997年中共十五大关于调整和完善所有制结构的总体规划也有重要意义。这个规划主要包括三个方面：第一个方面是对“国有经济为主导”做了新的解释，要求“从战略上调整国有经济布局”，除了“关系国民经济命脉的重要行业和关键领域”，国有经济比重可以减少一些。1999年的十五届四中全会通过了《关于国有企业改革和发展若干重大问题的决定》，把“关系国民经济命脉的重要行业和关键领域”进一步限定为三个行业和一个领域，即关系国家安全的行业、自然垄断的行业、提供公益产品和公共产品的行业，以及高新技术产业和重要行业中的骨干企业。第二个方面，是指出公有制不仅包括国有和集体两种形式，要求探索“能够极大促进生产力发展的公有制实现形式”，“一切反映社会化生产规律的经营方式和组织形式都可以大胆利用”。第三个方面，非公有制经济由原来的“公有制经济的补充”升格为“社会主义市场经济的重要组成部分”。做出上述调整的基本原则是：“一切符合‘三个有利于’的所有制形式都可以而且应该用来为社会主义服务。”也就是说，不论是哪种所有制经济，只要有利于生产力的发展，有利于国力的增强，有利于人们生活水平的提高，都可以而且应当充分发展。

总之，上世纪90年代，中国在“社会主义市场经济”这个顶层设计和1993年《关于建立社会主义市场经济体制若干问题的决定》以及1997年中共十五大调整和完善所有制结构等总体规划的指导下，进行了系统的改革，在20世纪末搭建起社会主义市场经济体制的初步框架。这为20年来中国经济的高速发展提供了制度基础。

当然，20世纪末建立起来的这个框架仍然是初步的。正如2003年中共中央十六届三中全会通过的《关于完善社会主义市场经济体制若干问题的决定》指出的，现有体制在许多重大方面“还不完善”，“生产力发展仍面临诸多体制性障碍”，需要通过进一步的改革使之逐步完善起来。不过，这个决定的执行状况并不理想，阻碍我国生产力的发展的许多“体制性障碍”直到现在还没有得到克服。在这种情况下，“更加强调改革的顶层设计和总体规划”，有助于加快推进改革，“为经济发展和社会全面进步注入强大动力”。

在我看来，现在提出“更加重视改革的顶层设计和总体规划”的另一个原因，是近几年原来的“顶层设计”受到质疑，有人提出了与社会主义市场经济相对立的另外一种“顶层设计”。

在改革开放过程中，市场化的经济改革和法治化、民主化的政治改革就不断受到来自支持旧体制和旧路线的人们的质疑。21世纪初期以来，随着改革的停顿不前，寻租活动不断强化，贫富差距不断拉大，更为一些人利用民粹主义和民族主义的口号误导公众，提出另一种“顶层设计”提供了机会。

早在2003年的毛泽东诞辰日，有人就在网络发布公开信，提出毛泽东晚年没有错误，“文化大革命”无论从方针、路线到策略都是正确的，而改革开放却走了一条“资本主义改革路线”。2004—2005年期间，这种观点被一些网站进一步系统化，对改革开放路线进行了系统批判，要求进行“无产阶级专政下的继续革命”，“打倒国内的垄断资产阶级和党内的修正主义分子”，对“资产阶级全面专政”。这种极左思潮与从极右方面要求强化寻租活动的制度基础，即进一步强化政府对经济掌控的思潮相合流，一方面使市场化改革陷于停顿，另一方面各级政府和国有企业借机强化了对经济生活的管控。于是就出现了一个怪圈：腐败寻租活动本来是在行政权力对于经济生活的过度干预的制度基础上产生的，但是在错误的舆论导向下，腐败活动的蔓延，却成了一些人蛊惑公众去质疑和反对市场化改革，要求加强各级政府和国有经济对经济的控制的立论根据。而政府对于经济和社会进一步加强控制，则反过来又扩大了腐败寻租的制度基础，使腐败更加猖獗，贫富差距更加拉大。这就形成了一种恶性循环。

在这种恶性循环局面下，另外一种“顶层设计”应运而生。一些人把以“强势政府”控制社会为主要特征，依靠巨型国企和天量投资实现GDP高速增长的经济模式提到“中国模式”的高度，声称由于这种模式能够集中力量办大事，使得“高铁建设”和一些地方超高速增长等“奇迹”能够被创造出来。

他们推崇的这种模式，实质上是政府主导资源配置和社会活动、压制市场作用和社会发展的国家资本主义模式。这种模式前几年声势显赫，对我国经济改革和政治改革造成很大的威胁，但近来却显出颓势，因而出现了重振改革势头和形成新的改革共识的可能性。

之所以能够做出这样的判断，主要有两方面的理由：第一，通过近几年的理论探讨和对历史经验的总结，越来越多的人认识到，在有着长期专制主义传统的中国，“国家资本主义”大半会演变为“权贵资本主义”，即毛泽东说的“官僚资本主义”。第二，一度被吹捧入云的某些“奇迹”的真相正在逐步暴露，这使人们懂得靠“强势政府”、垄断国企和天量投资支撑的超高速发展和短期“政绩”，不过是用纳税人血汗堆砌出来的海市蜃楼，到头来，只是肥了一小撮贪官污吏，留给国民的则是数以千亿、万亿元的债务。

近来朝野上下推进改革的呼声高涨，形成“新改革共识”是有一定可能性的。这种“新改革共识”不是另起炉灶，而是在我们原来改革共识的基础上存利去弊，向前推进。正如全国人民代表大会批准的“十二五”规划所指出:“改革是加快转变经济发展方式的强大动力，必须以更大的决心和勇气全面推进各领域改革”。中共中央总书记胡锦涛在2011年庆祝中国共产党建党90周年大会上的讲话也重申坚持社会主义市场经济的改革方向，继续推进经济体制、政治体制、文化体制、社会体制改革，继续解放和发展社会生产力。现在各地都在为准备中共十八大而召开地方党代表大会，广东省党代会的主题词叫做“坚持社会主义市场经济的改革方向，加快转型升级，建设幸福广东”。这也是各地人民普遍的呼声。不过根据前30年的经验，推进改革势必遇到既得利益和传统意识形态的重重阻力，所以除了“更加注重改革的顶层设计和总体规划”，还要有排除各种阻力和障碍的决心、令行禁止的执行力。

四、用改革推动发展转型和产业升级

接下来，我们把发展转型和推进改革这两个问题综合起来，看一看当前的状况，思考如何能够加快经济发展方式的转型。

自从中共中央在2010年提出“加快转变经济发展方式刻不容缓”的问题以来，各地政府都加强了发展转型工作，但也普遍出现了一个问题，就是许多地方继续用旧的模式来推动技术创新和发展方式转型。

所谓推动技术创新的旧模式，是上世纪50年代运动中从苏联引进的。它的特点是政府主导，也就是由政府指定“科技攻关”的重点课题，由政府组织力量进行研究，研究出成果后，再由政府组织人力物力财力投入来实现由技术到产品的转化。到目前为止，各级政府仍然掌握大量创新所需要的资源，许多官员仍然习惯于指定研发项目、产业发展方向和技术路线，注入大量资源去补贴企业或项目，甚至确定谁是应当大力表彰和扶持的人才。在技术追赶的时候，因为别人走过的道路是清楚的，善于学习的政府可能在充分汲取别人的经验的基础上作出决策，这种方式在某些领域是可能取得成功的。但现在国内产业距离技术前沿越来越近，这样做不但不能收到实效，而且会破坏市场竞争秩序，孳生学术腐败和政府自身的腐败，从社会和长远的观点看得不偿失。

创新本质上是探索未来的工作，结果如何具有极大的不确定性。政府并不具有掌握足够的信息和对创新的结果预先作出准确判断的特殊能力，也缺乏足够的激励，因此，政府主导创新活动失败的概率太高。惟一的办法，就是放开市场，让千家万户去尝试，如果成功的概率是万分之一，只要有超过一万家的企业去闯去冲，按照大数法则，至少会有一家取得成功。而这家企业创新的成功将会带动整个产业的发展。这是推动产业创新惟一可行的办法。

要实现发展转型和产业升级，现在政府需要主动改变自己的行为方式。首先要牢牢树立“创新的主体是企业”的观念，不要去插手自己不该管、也管不好的事情。同时，要把注意力转向自己应当管的事情，并且把它们管好。其中，首要的是为企业的经营活动提供良好的法治环境，搭建公平竞争的舞台。在这个方面，政府可以起到很好的作用，也可以起不好的作用。一般而言，企业要有压力、动力和能力才会积极努力进行创新。保持压力，意味着政府不要对企业搞“父爱主义”，用“无微不至的关怀”宠坏了所谓“明星企业”。创新的动力来自企业对社会的贡献和得到的回报的一致性。政府对少数“重点企业”的政策倾斜，往往损害了众多一般企业创新的积极性。而政府优惠，却会诱导企业把眼睛盯着政府。由政府、而不是市场对发明家进行过高的物质奖励，往往会产生相反的效果，因为它会诱导人们去想，脚踏实地地创新和创业，不如不断创造新的“概念”向政府要资助来得省力，于是就会偏离了继续努力创新的方向，把手伸向政府。当然，政府确实需要对研究开发进行资金支持，但要限制在基础研究和竞争前研究开发领域，要尽量避免在竞争性领域直接补贴供方企业的办法，避免造成不公平竞争和某些企业对政府的依赖性。

对于企业家来说，眼睛不应当只盯着政府，而要瞄准市场。目前由于政府手里掌握的资源太多，官员一句话就能够决定企业的生死兴衰，于是许多人热衷于结交官府，希图从租金中分一杯羹。其实，创新的挑战和收益主要来自市场，何况现在改革开放所带来的“浮财”已经挖净或接近挖净，还试图继续“傍政府、赚快钱”，今后的路只会越走越窄。因此企业家要耐得住寂寞，根据市场的需要，一心一意靠创新提高自己的市场竞争力。

对于创新，需要做更宽阔的理解，不要一提创新，就想到高技术的革命性突破，或者“战略性新兴产业”拔地而起。制度创新、管理创新、经营模式创新等等，也都是重要的创新方式，可以直接带来利润。至于各个地方和企业要发展什么，需要根据自己的资源禀赋状况和市场走势科学决策，而不能按照“上级指示”或者“七大战略性新兴产业”等一般性的提示来确定自己的营销战略和盈利模式。前一段时间，全国各地一轰而起，纷纷投资建立新能源、半导体照明（LED）、物联网、科技园区和产业基地，台湾一家有意进军 LED 的大企业领导人却对我说：大陆所到之处都在投资建设 LED 生产基地，但实在弄不明白，这些企业建成投产以后，这么多的灯具准备卖给谁。

发展转型和产业升级的一个重要方向，是大力发展服务业，特别是生产性服务业。因为一个国家的经济越是发展，交易成本占总成本的比重越高，而服务业的重要功能，正是降低交易成本。但许多人对发展服务业作了表面的理解，结果导致只重视发展独立的服务业，而忽视提升制造业的偏向。其实现代制造业是与服务业相融合的“服务化”的制造业。

如所周知，苹果公司的 iPhone 和 iPhad 都是在大陆生产（组装）的。但是由于只从事产业链低端的作业，大陆居民从中得到的只是一点微薄的工资收入。去年美国加州大学的几位教授对 iphone 和 ipad 的价值链做了分析。以 iphone 为例，其销售价格的分割情况是：苹果获得的利润占产品全价的 58.5%，韩国三星等企业获得的利润占产品全价的 4.7%，台湾的富士康等企业和日本企业获得的利润各占产品全价的 0.5%，大陆获得的主要是工资，占产品全价的 1.8%。

对于像中国这样加工制造业占有很大比重的国家来说，加大研究、设计、品牌销售、渠道管理、售后服务、金融服务等服务活动的分量，使制造业的产业链向“微笑曲线”附加值高的两端延伸具有重要意义。

五、从上而下的改革顶层设计要和从下而上的制度创新结合起来

更加注重改革的顶层设计和总体规划，并不意味着否定从下而上的制度创新和改革试验。相反，二者紧密结合起来，才能更好更快地推进改革。

近几年来，一些地方政府根据本地实际情况和公众的呼声，已经在市场经济顶层设计的框架内采取了主动行动，进行了不少积极的改革探索。比如：从 2010 年开始，上海市国资委开始进行行业调整收缩的工作，计划用 3 年时间把国有资本涉及的行业由 79 个减少到 54 个。

显然，这种国有资本逐步退出一般竞争性行业的做法是符合中共“十五大”进行国有经济布局调整的方针的，值得各地仿效。

从2012年开始的上海市交通运输业和部分现代服务业营业税改征增值税试点，是一项促进服务业发展的重要改革试验。过去对于服务业征收的是营业税，每次征税都要对全部营业额计征，这样就发生了重复征税的问题。而且分工越深入，重复征收的次数就越多。这对现代服务业的发展产生了很大的影响。营业税改征增值税可以解决重复征税问题，有利于服务业更快的发展。半年来上海试点的情况表明，虽然还有一些具体办法需要调整和改善，总的来说促进服务业发展的效果十分显著。因此许多城市要求参加试点，中央的财政和税务部门也在积极推动“营改增”试点范围的扩大。

广东省2011年的民间组织无主管设立改革和今年的简化商事登记制度改革，都是具有全局意义的改革探索。中国现有的工商登记过于繁琐，不仅时间拖得很长，“打点”费用很高，而且把企业的经营范围限制得很死。广东省有的领导同志很早就指出过，这种做法是同市场经济“非禁即入”的原则不符的。选择和从事一切法律没有明文禁止的经济社会活动，本来是每一个公民的天然权利，不需要预先向行政当局请示和取得长官的批准。2003年颁布的《中华人民共和国行政许可法》，也对设立行政许可作了严格的限制。但是这部法律并没有得到严格的执行。这造成了得到政府确认的“行政许可”和变相的“行政许可”既多又滥的局面。现在广东省取得国家工商管理部门同意进行的商事登记制度改革，在这方面开了一个好头。它在更大范围中的实施值得期待。

对于地方政府的改革探索和广大群众的改革倡议，我们应当热情支持，认真研究。对于已有的改革试验，应当及时总结，适时调整，兴利除弊，加以推广。只有把科学的顶层设计和基层创造结合起来，实现它们之间的良性互动，才能顺利地开创改革发展的新局面。

（作者：国务院发展研究中心研究员）

（选自《北京师范大学学报·社会科学版》2012年第5期）

战略抉择：中国经济发展方式的现状与转型

李　翀

一、中国现行对内和对外经济发展方式的特点

经济发展方式是指一个国家经济发展的途径和方法，它包括对内经济发展方式和对外经济发展方式两个方面。前者是指一个国家内部经济的发展方式，主要表现为如何通过经济体制的变迁和生产能力的提高来实现产值增长的方式。后者是指一个国家外部经济的发展方式，主要表现为对外贸易、对外金融和直接投资的发展方式。对内和对外经济发展方式相互依存、相互影响、相互制约，形成了一个国家的经济发展方式。

改革开放以来，中国工业化进程迅速推进，社会生产力迅速提高，国内生产总值迅速增长，创造了经济增长的奇迹（见表1）。

表1 中国国内生产总值（GDP）的增长情况

（单位：亿元人民币）

年份	2001	2002	2003	2004	2005
GDP	109655	120333	135823	159878	182321
年份	2006	2007	2008	2009	2010
GDP	211808	246600	300670	335353	397983

资料来源：国家统计局：统计数据，http://www.stats.gov.cn（下同）

如果以国内生产总值不间断地以每年超过7%的速度增长作为度量指标，那么中国国内生产总值以连续增长三十三年的表现，超越了20世纪50—60年代创造经济增长奇迹的日本和20世纪60—70年代创造经济增长奇迹的韩国，创造了第二次世界大战以来一个国家经济高速发展的新纪录。正因为如此，许多国家的经济学界都十分关注这样一个问题：中国经济发展的模式是什么？回顾和总结中国改革开放以来经济发展的历程，可以发现，中国在三十多年的经济发展中已经形成了具有自己特点的经济发展方式。

（一）中国对内经济发展方式的特点

第一，在社会资源配置的方式上，中国实行的是以政府为指导的、由市场发挥基础调节作用的发展方式。中国的这种发展方式与日本和韩国采用的“东亚模式”具有一定的相似之处，政府在经济发展中扮演了重要的角色。但是，由于中国国有经济在整个经济中发挥着主导和核心的作用，中国政府对经济发展具有比日本和韩国政府更加重要的影响。

改革开放以来，中国逐渐从计划经济体制向市场经济体制过渡，市场对社会资源的配置发挥着基础性的调节作用。但是，中国政府通过经济发展规划、宏观财政政策、宏观货币政策、产业政策等手段来对市场的作用进行引导和干预，以加快经济发展。

中国的这种经济发展方式属于“追赶型”的经济发展方式，它的优点在于有可能实现经济高速发展。显然，如果仅仅依靠市场的调节来推动工业化进程，依靠价格机制来影响产业结构的调整，经济发展要缓慢得多。如果政府能够正确地引导和推动工业化的进程，将社会资源有效地集中在经济发展的关键领域，可以强有力地推动经济的发展。但是，任何一种经济选择都是有利有弊的。这种发展方式也存在着一定的缺点：政府直接参与社会资源的配置，容易滋长社会腐败现象；另外，一旦政府的经济决策发生错误，将对经济发展造成更为不利的影响。

中国的这种发展方式对三十多年的经济发展发挥了巨大的作用。中国从计划经济体制转向市场经济体制使中国企业从被动地完成指令的经济活动方式转向主动的创造性的经济活动方式。中国国有企业的股份制改革和民营企业的发展使得经济的微观架构得到改进，作为经济主体的企业在经营管理方面更有效率并且更迅速地对市场的变化作出反应。中国政府对经济发展的总体正确的引导和干预，在一定程度上克服了市场调节所具有的自发和盲目的弱点，将社会资源有效地集中在对中国经济发展具有重要影响的经济部门，从而保证了经济稳定和高速的发展。

第二，在推动生产能力提高的方式上，中国采用的是高投入和高产出的经济发展方式，通过大量地投入劳动、资本和自然资源来实现产值的高速发展。中国的这种经济发展方式与许多发展中国家的经济发展方式是相似的，但是中国劳动和资本的投入强度是其他发展中国家难以比拟的。

在劳动力的投入方面，1980年，中国投入到第二和第三产业的劳动力是7707万和5532万人；到了2009年，中国投入到第二和第三产业的劳动力已达21684万和26603万人。这意味着在中国人口年自然增长率不到1%的情况下，投入到第二和第三产业的劳动力以每年3.63%和5.56%的速度增加。

在资本的投入方面，改革开放以来，中国的固定资产投资基本上都以高于国内生产总值的速度增长。以2000年以后为例，从表2可以看到，中国固定资产的年增长率基本上都在20%以上。

表2 中国固定资产投资增长率

年份	2000	2001	2002	2003	2004
固定资产投资增长率	10.3%	13.0%	16.9%	27.7%	26.6%
年份	2005	2006	2007	2008	2009
固定资产投资增长率	26.0%	23.9%	24.8%	25.97%	30.0%

在自然资源投入方面，以能源的投入为例，1980年，中国年能源消耗量是60275万吨标准煤；到了2009年，中国年能源消耗量是306647万吨标准煤。这意味着中国能源的消耗量以每年5.77%的速度增长。

中国和其他发展中国家一样都拥有相对丰富的劳动力资源，中国经济起飞的关键之处，是通过高储蓄率、引进外国直接投资、借入外国债务等方式提供了与高强度劳动投入相应的高强度资本投入。正是这种大规模的劳动、资本和自然资源投入的经济发展方式，推动了中国三十多年来国内生产总值的高速发展。

（二）中国对外经济发展方式的特点

第一，在对外贸易方面，中国形成的是以加工贸易为主的发展方式。加工贸易是以加工为特征的再出口业务，它是指一个国家通过进口原料、材料或零部件，加工成制成品后再出口，从而获得外汇形式的附加价值。

从静态分析，任何国家的出口贸易都受到比较优势的制约，它们只能出口具有比较优势的商品，进口比较劣势的商品。在中国改革开放的初期，发达国家的产业结构正在进行调整。

随着科学技术的进步和劳动力成本的上升，发达国家逐渐放弃了低附加值高劳动密集型产业，转向高附加值高技术密集型的产业。在市场的调节下，中国沿海地区的企业充分利用中国劳动力充裕的优势，以加工贸易的形式大量生产和出口劳动密集型的产品。

正是在这样的情况下，中部和西部的农民工涌向了长江三角洲和珠江三角洲，形成了世界上罕见的劳动力大规模跨地区迁移的浪潮，推动了中国对外贸易的发展。表3显示了中国对外贸易的增长情况。到2009年，中国出口贸易已居世界第一位。正是对外贸易的发展，使中国的就业得以增加、资本得以积累、生产能力提高、产值迅速增长。

表3 中国出口增长情况

（单位：亿美元）

年份	1980	1985	1990	1995	2000	2005	2010
出口总额	181	274	621	1488	2492	7620	15779

实际上，世界上不少发展中国家除了出口初级产品以外，也出口劳动密集型产品。中国之所以在劳动密集型消费品生产方面对发展中国家具有竞争优势，是因为中国的劳动力相对来说，在数量方面更多、在质量方面更高、在生产操作方面具有较高的效率，从而显示了工资较低、效率较高的优势。这样，中国逐渐成为世界上劳动密集型产品的出口大国。

第二，在直接投资方面，中国采取了大力引进外国直接投资的发展方式，以加快中国的资本形成。

如果说中国采取以加工贸易为主的对外贸易发展方式更多是市场推动的结果，那么引进外国直接投资则更多是政府推动的结果。在中国改革开放后相当长的一段时期里，各级政府在引进外国直接投资方面表现出极大的热情，竞相对外国公司提供各种优惠措施，大力引进外国资本。改革开放以来，外国直接投资迅速发展，使之成为补充中国经济发展的资本缺口的一个主要的来源。表4说明了中国引进外国直接投资的情况。长期以来，中国一直是引进外国直接投资最多的发展中国家，在若干年还超越了美国成为引进外国直接投资最多的国家。

表4 中国实际引进外国直接投资的情况

（单位：亿美元）

年份	1980	1985	1990	1995	2000	2005	2010
外国直接投资	6.00	16.61	34.87	375.21	407.15	603.25	1057.4

第二次世界大战以后，发展中国家也一直采取引进外国直接投资的发展方式。中国与其他发展中国家的差异表现在两个方面：首先，由于西方国家长期对中国实行经济封锁，中国直到20世纪80年代以后才开始引进外国直接投资，这种后发展的特点使得中国政府能够总结发展中国家的经验教训，既避免了外国资本控制本国经济命脉的后果，又大量地利用了外国直接投资；其次，中国是最大的发展中国家，有着广阔的市场，对外国资本来说具有别的发展中国家难以比拟的吸引力。外国直接投资加快了中国的资本形成和工业化进程，促进了中国经济的发展。

第三，在对外金融方面，中国对借入外国债务持谨慎态度，实行以引进外国直接投资为主、借入外国债务为辅的发展方式。

在改革开放以后相当长的时期里，中国经济发展资金的缺口很大。但是，借入外国债务需要还本付息，以这种方式推动经济发展受到投资是否有效率以及外汇储备是否充足等因素的制约。因此，中国政府利用外汇管制的手段控制着对外债务的规模，将借入外国债务作为加快中国资本形成的辅助方式。表5显示了中国借入外国债务的情况，其中外债数量表示当年借入外债的数量，外债余额表示仍未偿还的外债的数量。

表5 中国实际借入外国债务的情况

（单位：亿美元）

年份	1980	1985	1990	1995	2000	2005	2010
外债数量	50.21	25.06	65.34	103.27	100.00	246.69	421.75
外债余额		158.30	525.50	1065.90	1457.30	2810.45	5489.38

注：2005年和2010年外债数据是中长期外债数据。

资料来源：国家统计局和国家外汇管理局：统计数据与报告.http：//www.stfe.gov.cn

需要说明的是，在表5中，外债的债务人并不都是中国政府与机构。例如，在2010年的外债余额中，外商投资企业债务余额为1095.76亿美元，占32.44%；外资金融机构债务余额为481.44亿美元，占14.26%。两者之和共占46.70%。比较表4和表5的数据可以看到，20世纪90年代以后，中国直接投资流量就超过了外国债务流量，借入外债发挥着辅助性的作用。

二、中国对内和对外经济发展方式存在的问题

中国对内和对外经济发展方式是由中国的现实情况决定的，它是适合于中国改革开发以后的现实情况的。

首先，中国是一个发展中国家，科学技术水平不高，劳动者的总体素质也不高。据中国1980年第三次全国人口普查的数据显示，中国接受高等教育的人口只占总人口0.44%。这就决定了中国的经济发展不可能采取精益型的方式，而只能采取粗放型的方式。

其次，中国是世界上人口最多的国家。1980年，第三次全国人口普查的数据表明，中国人口为1008175288人，城镇人口仅占总人口20.6%。在当时，不但城镇劳动力存在巨大的就业压力，大量的农村劳动力实际上处于待业状态。人口众多对经济发展来说是巨大优势，对于社会就业来说又是巨大负担。因此，不论从政府引导还是从市场调节的角度分析，中国经济发展必然采取高劳动投入的方式。

再次，在科学技术水平不高的条件下，要通过劳动的高投入来实现产值的高产出，物质资本就成为了经济发展的关键因素。因此，中国经济发展急切需要资本。中国通过本国资本积累、引进外国直接投资、借入外国债务等方法加快资本形成就成为了必然的选择。

中国对内和对外经济发展方式对于促进中国经济高速发展发挥了很大的作用。但是，随着中国经济的发展，这种发展方式的弱点就明显地表现出来。显然，中国依靠这种发展方式增长了三十年，中国不可能依靠这种发展方式再增长三十年。

（一）中国对内经济发展方式存在的主要问题

第一，中国对内经济发展方式基本上是粗放型的发展方式，即依靠大规模地投入劳动、资本和自然资源而实现的产值增长。这种粗放型的发展方式导致两个后果：首先，经济发展质量不高。在粗放型的发展方式下，科学技术创新不多，劳动生产率提高不快。然而，真正决定一个国家经济发展水平的是科学技术，是劳动生产率。因此，这种发展方式只是脱贫之路，而不是富强之路。其次，社会资源耗费过大。尽管中国有着丰富的劳动力资源和自然资源，但是社会资源不是取之不竭、无限供给的。假如按照现行的经济发展方式再发展三十年，将意味着到2042年，中国需要投入到第二和第三产业的劳动力分别是6.32亿和13.50亿，消耗的标准煤是165亿吨，这显然是不可能的。因此，粗放型的发展方式是不可持续的。

第二，中国产值的增长在需求结构上过于依赖投资需求和出口需求的增长。改革开放以来，人民群众的生活水平有了很大的提高，但由于收入分配出现分化现象以及社会福利制度还不够完善，中国有效的消费需求不能随着国内生产总值的增长而增长，中国国内生产总值的增长只能依赖于投资需求和净出口的增长。

表6显示，在美国金融危机导致中国出口减少以前，中国国内生产总值的增长约40%依靠投资需求，20%依赖净出口。由于消费需求是最稳定的需求，投资需求的波动性较大，出口的波动性更大，这种发展方式的弱点是缺乏稳定性。一旦宏观经济的变化导致投资需求减少，一旦外国减少对中国商品的需求，中国的国内生产总值将大幅度减少，失业将会迅速恶化。

表6　各需求因素对国内生产总值的贡献

	2003	2004	2005	2006	2007	2008
消费需求	35.5%	38.7%	36.1%	39.2%	39.7%	45.7%
投资需求	63.7%	55.3%	38.1%	41.3%	38.8%	45.1%
净出口	1.0%	6.1%	25.8%	19.5%	21.5%	9.2%

（二）中国对外经济发展方式存在的主要问题

第一，在对外贸易方面，虽然中国出口商品结构在名义上完成了从劳动密集型为主向资本密集型和技术密集型为主转变，但在实质上中国还处于国际分工和国际产业价值链的低端。中国出口的主要方式还是加工贸易，具有自主品牌产品的出口不多。由于外商控制了产品生产过程中附加值最高的设计、研发、品牌等环节，中国企业得到的只是少量的加工费。这样，中国成为了典型的“制造大国、品牌小国”，陷入了以外商为主导、加工贸易占支配地位为特点的具有很大风险的对外贸易格局。

第二，在直接投资方面，由于中国吸引外国直接投资的优势在于廉价的土地和劳动力，不少地方政府为了吸引外国直接投资，在土地使用上给予过多的优惠，造成了土地资源的大量流失。另外，为了利用中国廉价的劳动力，外商直接投资主要集中在制造业。直到2009年，外商对中国制造业的投资占外商总投资的比例仍然达到52%。中国从外商直接投资得到的相对利益本来就不大，而外商对制造业的直接投资带来的出口增加又导致了更多的贸易摩擦和人民币汇率升值压力。

另外，在中国采取各种优惠措施吸引外国直接投资的情况下，不少外商将高能源消耗、高原料消耗、高污染产品的生产转移到中国，不仅耗费了中国大量的自然资源，而且对中国的环境造成了严重污染。由于中国的碳排放量迅速增加，又使中国在倡导低碳经济的国际环境中处于不利处境。

第三，在对外金融方面，中国在国际金融中的地位还很低。尽管中国人民银行已经批准国际金融公司和亚洲开发银行在国内发行人民币债券，但在国际金融市场上流通的以人民币计价的债券几乎为零。尽管中国已经成为第二大经济大国和贸易大国，但是人民币还不是一种可以自由兑换的货币，世界各国中央银行和各国金融机构持有的人民币资产还很少。

另外，由于人民币地位不高，中国企业在对外贸易中不得不以美元计价和结算，从而经受着汇率变化的风险，并经常为此遭受损失。中国对外贸易的利益本来就不大，但是当中国政府将对外贸易积累起来的美元作为国际储备时，又会遭受美元贬值和美国价格水平上升的损失。

显然，如果中国不主动和积极地寻求经济发展方式的转变，中国经济发展的前景将变得暗淡。首先，随着劳动力和自然资源的约束不断加强，中国经济有可能走向停滞。其次，一旦投资需求和出口需求出现比较大的波动，中国经济将出现比较大的动荡。再次，由于中国对外经济实际上还处于依附地位，有可能遭受外部经济的破坏性冲击。

三、转变中国对内经济发展方式的国家战略选择

转变中国经济发展方式，必须充分关注下面三个原则：

第一，一切从中国的经济现实出发。这就是说，必须要从中国的经济现实出发，而不能从概念出发，简单地以发达国家作为参照系，来想象应该这样或者那样地转变中国经济发展方式。中国的经济发展方式在中国改革开放以后相当长的时期里是适合于中国的经济现实的，中国不可能采取别的发展方式。这意味着，中国原有的经济发展方式的某些特征在以后相当长的时期里仍然是存在的，不能脱离实际地讨论经济发展方式的转变。但与此同时，也应该认识到，经过改革开放以后三十多年的发展，中国的经济现实有了很大的变化。首先，中国受过高等教育的人口在总人口中的比例已经从1980年的0.44%提高到2010年的8.93%，人力资本正在迅速积累。这意味着中国已经开始从低素质的劳动力资源向中、高等素质的劳动力资源转变。其次，由于中国人的寿命随着生活水平的提高而延长，同时由于中国政府实行了节制生育的政策，老龄化的发展趋势在加强。2010年，中国60岁及以上人口已经占全国总人口13.26%，比2000年上升2.93个百分点。这意味着尽管目前中国劳动力仍然处于供过于求的状态，但是劳动力资源已经逐渐变得不那么充裕了。再次，经过改革开放以来三十多年的经济发展，中国人民群众的收入状况已经有了很大的变化，企业的经济实力已经有了很大的提高，社会储蓄的规模不断扩大。到2011年6月，中国企业和居民的储蓄已经达到658481亿元，外汇储备达到31975亿美元。中国已经从一个资金短缺的国家转变为一个资金比较充裕的国家。最后，经过改革开放以来三十多年的经济发展，中国的科学技术水平有了很大的提高，与世界先进科学技术水平的差距迅速缩小。2009年，中国研究和开发（R & D）经费达到5791.90元，是1990年369.13亿元的近16倍。这一切都意味着转变中国的经济发展方式具有一定的基础。

第二，引导和发挥市场的调节作用。中国改革开放三十多年的历程表明，中国选择了市场经济体制是正确的，经济体制改革是推动中国经济高速发展的重要原因。因此，中国在转变经济发展方式的过程中，必须坚持发挥市场在社会资源配置中的基础性调节作用，不能违背市场经济的发展规律，将政府凌驾于市场之上。尽管市场的调节是有效率的，但市场的调节不是万能的，它本身具有自发和盲目的特点。因此，仅仅依靠“看不见的手”是不够的，还需要政府这只“看得见的手”。特别是对于中国这样一个“赶超型”的发展中国家来说，政府在经济发展中扮演着重要的角色。政府在利用宏观财政政策和宏观货币政策稳定经济的同时，还应该利用产业政策、对外贸易政策、直接投资政策、对外金融政策来加快经济发展方式的转变。这就是说，政府要制定相关的国家发展战略，然后利用经济手段来加快经济发展方式的转变。

第三，注重对内和对外经济发展方式的相互作用。中国的对内和对外发展方式是互相联系、互相推动和互相制约的，中国政府在考虑战略布局的时候，必须充分考虑和利用对内和对外发展方式的相互影响。首先，对内经济发展方式决定了对外经济发展方式。正因为中国对内经济发展方式是粗放型发展方式，中国对外贸易的发展方式只能主要是加工贸易的发展方式，中国的直接投资和对外金融发展方式都是尽可能地获得资本的发展方式。同时，正因为中国的科学技术水平不高，中国出口的只能主要是劳动密集型的低附加值的产品，中国引进的外国直接投资也主要是高劳动耗费、高能源耗费、高原材料耗费的产业。其次，对外经济发展方式又反作用于对内经济发展方式。由于中国社会资源的优势是劳动力，外商对中国的直接投资主要是投在制造业。它们通过在中国加工产品再销往国外，这就强化了中国加工贸易的对外贸易格局。而这种低端的加工贸易大规模发展使中国大量的社会资源投入到这个行业，又强化了中国粗放型的经济发展方式。因此，要更有效地转变经济发展方式，中国发展战略的选择应该包括下面三种类型：同时对内和对外经济发展方式形成影响、通过对内经济发展方式的转变对对外经济发展方式形成影响，通过对外经济发展方式转变对对内经济发展方式形成影响。

中国政府在转变对内经济发展方式方面需要实施的国家战略是自主创新的发展战略和调整产业结构的发展战略。其中，自主创新的发展战略是带有根本性的发展战略。

（一）自主创新的发展战略

自主创新，是指掌握具有自主知识产权的核心技术并以此为基础实现新产品的创造的过程。自主创新包括原始创新、集成创新和引进技术再创新。原始创新，是指前所未有的科学发现、技术发明等创新成果；集成创新，是指通过对各种现有技术的有效集成，形成新产品或新产业；引进技术再创新，是指在引进国内外先进技术的基础上，通过消化和改进进行再创新，形成具有自主知识产权的新技术。中国是一个发展中国家，本来后发展的优势是可以学习前人积累的科学技术，但由于当今世界上各国经济竞争实质上是科学技术的竞争，发达国家对于核心技术的转移实行严格限制，因而必须依靠自己的力量来掌握核心技术。

自主创新发展战略是指在国家的支持下，依靠自己的力量来掌握具有自主知识产权的科学技术，并充分利用科学技术来推动经济的发展。它包括下述两项内容：一是发展什么样的科学技术，二是如何将科学技术转变为产业。

中国政府很早就意识到自主创新对中国经济发展和经济发展方式转变的重要意义，已经形成了推动中国自主创新和规划的政策体系。2006年，中国政府颁布了《国家中长期科技发展规划纲要（2006—2020)》，具体提出了促进自主创新的支持政策，其中主要包括：实施激励企业技术创新的财税政策，实施促进自主创新的政府采购，实施知识产权战略和技术标准战略，实施促进创新创业的金融政策。按照这个纲要，中国重点发展的前沿技术是：生物技术、信息技术、新材料技术、先进制造技术、先进能源技术、海洋技术、激光技术和空天技术。2008年，国务院转发了《关于促进自主创新成果产业化的若干政策》，明确提出采用税收优惠、无偿资助、贷款贴息、资金补助、保费补贴等措施，推进自主创新成果的产业化。由此可见，中国已经形成清晰和具体的自主创新的国家发展战略。

多年来，中国政府在促进自主创新方面投入了大量的资金，现在急需解决的问题是如何提高资金的效率。研究和开发是允许失败的，但为了“政绩”或利益而只重视过程不重视结果的现象必须杜绝。不能否认，部分“工程”或“计划”的效益并不高。如果这些问题得不到很好的解决，将严重影响自主创新的发展战略的实施效果。

（二）调整产业结构的发展战略

调整产业结构的发展战略，是指通过促进产业结构调整和升级的方式来提高经济发展的质量。它包括下述两项内容：一是中国应该重点发展什么样的产业，二是通过什么样的方式来发展这些产业。

应该强调，一个国家产业结构是由这个国家的科学技术水平和经济发展水平决定的，而不是由这个国家政府的意志决定的。但是，这并不意味政府在推动产业结构调整方面无所作为。在产业结构调整方面，“看不见的手”和“看得见的手”都具有重要作用。例如，如果政府脱离经济现实，限制甚至打击某些落后产业以加快产业结构的调整，中国很有可能出现部分原有产业破产但新的产业却没能产生的局面，从而造成中国经济的收缩和失业的恶化。相反，如果政府不去积极扶持新兴产业，仅仅按照市场调节的方式自发发展，中国的产业只能跟在发达国家后面来获取它们淘汰产业的发展机会。因此，中国政府应该在遵循和适应市场经济发展的基础上，通过产业政策等措施，积极引导新兴产业的发展和适当限制落后产业的发展，以推动产业结构的调整。

中国政府同样很早就意识到产业结构调整对于转变中国经济发展方式的重要性。2005年，国家改革和发展委员会提出了《产业结构调整指导目录》，作为政府引导投资方向，管理投资项目，制定和实施财税、金融、土地、进出口等政策的重要依据。2011年，国家改革和发展委员会发布了新修订的《产业结构调整指导目录》，根据中国经济的变化调整重点支持的产业。中国政府的这些规划和措施，对于推动中国产业结构的调整发挥了重要的作用。

特别需要指出的是，2011年，中国政府制定了《中国国民经济和社会发展第十二个五年规划纲要》，明确提出重点发展节能环保、新一代信息技术、生物、高端装备制造、新能源、新材料、新能源汽车等战略性新兴产业。政府准备设立战略性新兴产业发展专项资金和产业投资基金，同时发挥多层次资本市场融资功能，带动社会资金投向处于创业早、中期阶段的创新型企业。政府还利用财政优惠政策和税收支持政策来扶持这些产业的发展。

笔者认为，要更好地实施调整产业结构的发展战略，还需要对中国的产业作进一步分类，根据中国政府的财政力量，对不同的产业采取不同的政策和措施。第一类产业是代表着中国经济发展未来方向的产业。政府不但要通过产业政策扶持这些产业，而且要通过财政支出支持这些产业。这类产业属于为数不多的在发达国家也只是刚刚建立的产业。第二类产业是新兴产业，政府主要通过产业政策扶持这些产业。这类产业属于近三四十年发展起来但在中国基础还不是很稳固的产业。第三类产业是普通的传统产业，它们主要通过市场来进行调节。这类产业属于与中国的发展水平相适应的具有一定优势的产业。第四类产业是高污染、高能耗、附加值过低的产业，政府需要采取适当的政策予以抑制。这类产业属于与中国经济发展水平相适应但具有较大负面影响的产业。

应该指出，虽然农业不是战略性的新兴产业，但农业天然就是弱势产业，必须通过政府的力量来加以扶持。政府对农业的支持可以改善中国产值增长结构。中国农村人口占总人口的50%，收入水平远低于城镇人口，因而，蕴藏着巨大的消费需求。随着农民收入的提高，将会持续地和大规模地产生消费需求，从而可以提高消费支出在国内生产总值中的比例，使中国的产值增长结构变得更加稳定。

自主创新发展战略和调整产业结构发展战略是相互联系的。调整产业结构发展战略依赖自主创新发展战略，只有在关键技术上取得突破，新兴产业才能形成和发展。同时，调整产业结构发展战略可以促进自主创新，并迅速地将自主创新的成果转变为现实的社会生产力。

四、转变中国对外经济发展方式的战略选择

（一）以超比较优势为核心的梯型对外贸易发展战略

以超比较优势为核心的梯型对外贸易发展战略的基本内容是：在对外贸易中，区分具有不同的比较优势的产业，然后通过这些产业阶梯型的发展来增强中国对外贸易的竞争力。

比较优势有静态比较优势和动态比较优势之分。静态比较优势是目前现实世界中存在的

比较优势，这种比较优势在短期内是不可改变的，各个国家只能按照这种比较优势格局参与国际分工和从事国际贸易。但是，除了静态比较优势以外，还有动态比较优势。也就是说，从目前来看某个国家在某个产业不存在比较优势，但是经过一段时间的培育和发展，这个产业就可能具有比较优势。显然，如果发展中国家不去创造这种动态比较优势，它们只能永远落后于发达国家。

除了静态比较优势和动态比较优势以外，还存在超比较优势。所谓超比较优势，是指在两个国家的贸易中，一个国家能够生产的某种商品可能是另一个国家所不能生产的。从比较成本的角度分析，这意味着如果一个国家生产某种产品的成本为一定，另一个国家生产这种产品的成本为无穷。在多国贸易中，超比较优势则意味着某种产品只有某个少数几个国家可以生产的情形。超比较优势产生的主要源泉是社会资源的特点和科学技术水平。中国在科学技术方面与发达国家还存在一定的差距，但即使中国不能在整个产业中具有超比较优势，仍然可以在某些产品中创造超比较优势。

因此，要加快中国对外贸易发展方式转变，应该对中国各个产业的现状以及未来世界产业发展前景进行深入分析，实行以超比较优势为核心的梯型对外贸易发展战略：首先，从短期和静态来看，中国应该按照比较优势的原则参与国际分工；其次，从长期和动态来看，中国政府应该培育某些目前没有比较优势但未来对中国经济具有主导意义的产业，以使这些产业在未来形成比较优势。再次，中国政府应该积极支持某些可以与发达国家同时起步的产业，推动科技的自主创新，发展某些具有超比较优势的产业。之所以要以超比较优势为核心，是因为它引领着对外贸易的发展方向；之所以是梯型发展，是因为不同类型的产业在对外贸易中具有不同的定位。

目前，对于中国来说，生物技术产业和先进能源技术产业是需要创建超比较优势的产业，信息技术、新材料技术产业、先进制造技术产业和空天技术产业是需要培育动态比较优势的产业。

这种对外贸易发展战略与自主创新发展战略和调整结构发展战略是相互联系的。只有在自主创新中取得突破，并成功地培育起新的产业，才有可能创造具有动态比较优势或超比较优势的对外贸易产品，从而增强中国对外贸易的竞争力和提高对外贸易的质量。但是，这种对外贸易发展战略又通过开拓广阔的国际市场有力地促进自主创新发展战略和调整产业结构发展战略的成功实施。

（二）以调整结构为主线的质量型引进外国直接投资发展战略

以调整结构为主线的质量型引进外国直接投资发展战略的主要内容是：以调整引进外国直接投资的结构来提高中国引进外国直接投资的质量和水平。

改革开放以来，引进外国直接投资对于加快中国的资本形成，促进经济发展功不可没。但是，三十年后的今天已经发生了很大的变化，中国已经从一个资金短缺的国家转变为一个资金比较充裕的国家。因此，为了加快经济发展方式的转变，必须全方位地调整引进外国直接投资的结构，通过改变对不同类型的外国直接投资的优惠措施和限制措施的方法实现下述调整：在产业结构中，适当限制对制造业的投资，鼓励对农业和生产性服务业的投资；在地区结构中，适当限制对东部的投资，鼓励对中西部的投资；在技术结构中，适当限制对低技术部门的投资，鼓励对高技术部门的投资；在能源消耗结构中，适当限制对高能源消耗部门的投资，鼓励对低能源消耗部门的投资。中国市场是一个巨大的市场，对外国企业仍然具有很大的吸引力，这个战略的实施对减少引进外国直接投资的数量不会有很大影响，但对提高引进外国直接投资的质量则具有很大的影响。

这种直接投资发展战略与调整结构的发展战略是相互联系的。如果不对直接投资结构进行全方位的调整，外商仍然会大量投资在中国的低技术产业和高能源消耗产业，与其他产业争夺劳动力资源与自然资源，从而将阻碍中国调整产业结构战略的实施。这种直接投资发展战略与对外贸易的发展战略也是相互联系的。如果不对直接投资结构进行全方位的调整，外商仍然会大量投资加工企业，加工和出口低附加值产品，从而阻碍中国对外贸易战略的实施。

（三）以渐进的人民币国际化为中心的对外金融发展战略

以渐进的人民币国际化为中心的对外金融发展战略的基本内容是：逐步使人民币成为国际储备货币，带动中国国际金融业的发展。

中国已经是一个经济大国和贸易大国，但是人民币在国际上没有地位，这种状况影响着中国经济的发展，也影响着中国经济发展方式的转变。2005 年，以来美元对人民币趋向于贬值，由于中国在对外贸易中主要以美元结算，中国企业为此蒙受了很大汇兑损失。2011 年，中国经济出现了通货膨胀，美国货币当局却实行“量化宽松”的货币政策，加剧了中国通货膨胀的压力。在中国通过商品出口和直接投资等途径获得美元并形成外汇储备以后，却遭受着美国价格水平上升、美元汇率贬值和美国政府信用等级下降等因素的侵蚀。这一切都说明，如果中国在国际货币安排中没有地位，在经济上将难以摆脱从属的地位。

基于上述分析，需要构建以渐进的人民币国际化为中心的对外金融发展战略：一是在中国的普通贸易中推进以人民币计价和结算，先从周边地区开始，然后逐渐向其他地区扩展，这样一方面可以减少中国企业的汇率风险，另一方面推进人民币的国际化进程。二是以可控的方式，如合格的外国机构投资者（QFII）和合格的国内机构投资者（QDII），推进人民币在资本与金融项目可自由兑换，以实现人民币在国际收支的多数项目下的自由兑换。三是推动在中国香港建立人民币离岸金融市场，在与人民币在岸金融市场相隔离的情况下，探索人民币资金融通的国际化道路。四是推动以建立超主权国际货币体系为核心的国际货币制度改革，并在超主权国际货币体系的构建中体现人民币因素。

要实现人民币国际化的战略构想，从货币职能的角度来看，可分“三步走”，即结算货币、投资货币和储备货币；与此同时，从地域的角度来看，也可分“三步走”，即周边化、区域化、国际化。这个战略之所以说是“渐进”的，是因为这是一个缓慢的过程；之所以说是“中心”，是因为它可以推动中国对外金融体系的建立和对外金融的发展。

以人民币国际化为中心的对外金融发展战略，为中国对内和对外经济发展战略的实施提供了重要的货币和金融的保证，它将对提高中国对内和对外经济发展的质量发挥重要的作用。

通过上面的分析可以看到，对内和对外经济发展战略相互依存和相互作用，形成了中国的国家战略体系。通过实施这个战略体系，将能加快中国对内和对外经济发展方式的转变，成功地完成中国经济社会领域这场深刻的变革。

（作者：北京师范大学经济与工商管理学院教授、博士生导师）

（选自《学术月刊》2012 年 1 月）

中国经济增长模式评估与转型选择

刘世锦

中国经济已经历超过30年的高速增长，这一势头还能保持多长时间？研究并回答这一问题，首先是基于对中国高速增长期何时结束的关切。中国有幸持续了如此之长的高速增长期，但不可能一直持续下去，这是一个并不复杂的逻辑推论。问题是高速增长期何时结束、以何种形态到来，并会带来哪些可能的影响。研究这一问题也是为了回应另一个关切，即中国是否会落入所谓“中等收入陷阱”。当中国人均GDP按汇率法计算超过4000美元，且面临诸多矛盾与挑战时，对中国落入“中等收入陷阱”的担忧和讨论正在增多。在这一背景下，国务院发展研究中心开展了“跨越中等收入陷阱”的课题研究。

经济增长是经济研究中持久而热门的议题。随着全球化的空前深入，中国经济增长实质上也是全球性增长中至关重要的议题，研究可以也必须在广泛国际比较的基础上展开。本研究率先作了两项基础性工作：一是建立了包括先后进入工业化进程的几十个国家和地区、上百个重要经济指标的数据库。数据有不同来源，按照研究工作需要进行“系统集成”。这是一项细致、繁琐，需要耐心、认真和专业精神的工作，课题组的有关同志为此付出大量的时间和精力。数据库的建立为研究提供了极大便利。当大量数据展开后，以往未曾观察到的一些典型化或规律性现象就呈现出来了。这项基础建设也将为以后的研究提供重要支撑。

另一项工作是国际比较基准尺度的选择。比如，是现价美元还是购买力平价，后者也有不同的口径和算法。经过反复比较和讨论，这里选取著名经济史学家安格斯·麦迪森开发的各国长期经济增长数据，以1990年的国际元作为比较基准。除了该数据集较高的公认性和影响力外，其大范围、长时间的数据集较好地满足了跨国跨时的可比性要求。通过对重要实物指标的测算，该数据集也表现出优于其他数据集对实际发展水平吻合的特征。

一、“挤压式增长”的若干发现

在数据分析的同时，对工业化进程和经验开展研究。可将先后踏入工业化进程的国家和地区分为五类：英美等先行发展、始终处在技术前沿的国家；成功追赶技术前沿国家的欧洲后发国家；发挥后发优势，实现较长时间的高速增长，并在创新驱动方面取得一定进展的东亚新兴工业化国家和地区；曾长期奉行进口替代战略并创造增长奇迹，后来一度落入“中等收入陷阱”的拉美和类拉美东南亚国家；曾长期实行计划经济体制并实现快速增长，一度也落入“中等收入陷阱”的前苏联和东欧诸国。在由上述几类国家和地区构成的工业化增长历史图景中，有先行者，有不同时期的后起者，后起者有成功者，也有为数不少的不大成功者乃至失败者。

在国际比较研究中，使用“典型化事实”而非“规律”之类词语，是因为已经观察到这些事实出现的可重复性，但并不很清楚导致这些事实反复出现的内在而持续的原因。“典型化事实”的用语较好地表现了本研究目前所处的状态。

首先，注意到“挤压式增长”以及高速增长后的速度回落。与先行国家相比，后起国家以较少的时间完成了大体相同的工业化、城市化“工作量”，而且越是后起的经济体，似乎所用的时间越短一些。比如，完成同样的经济增长任务，如果英美用了上百年，日本用了70年，韩国和其他东亚经济体用了50年，而中国（或者中国部分发达地区）用的时间可能更短一些。使用“挤压式增长”的概念来描述这一现象，结果表明：增长速度在“挤压”之下提高，出现了高速增长期；一旦“挤压”增长的潜力释放完毕，将会合乎逻辑地发生增长速度的回落。以往的增长理论较多地关注高速增长的发生，如“经济起飞”问题，而现在需要关注的高速增长结束后的回落，即“经济回落”问题，以及对“挤压式”高速增长过程完整的描述和解释。

其次，注意到工业化进程中两种不同类型的增长回落。一种是落入“中等收入陷阱”时发生的增速回落。典型的例子是拉美国家。研究表明，前苏联、东欧国家在20世纪70年代中后期普遍出现增长大幅减速，可以被认为是另一种类型的“中等收入陷阱”落入者。这一点以往研究中论及不多。令人深思的是，这种增长回落是在前苏联、东欧国家传统计划经济体制依然强盛的情况下出现的，表明一旦体制失效，即使这一体制表面看起来仍很强大，增长回落亦未能避免。另一种增长回落出现在本研究称之为“成功追赶型”的经济体，典型的有德国、日本、韩国和其他东亚新兴经济体。这些经济体的增长回落是在高速增长潜力基本释放完毕的情况下出现的。一定意义上说，增长回落是成功度过高速增长期、进而转入中速增长和高收入阶段的标志。

直观地看，这两类增长回落确有相似之处，如都是在经历了一段高速增长期（或黄金增长期）后的速度回落。重要的是二者的区别。就人均收入水平而言，“中等收入陷阱”落入者的增长回落，拉美国家出现在4000～6000国际元，前苏东国家出现在5000～7000国际元；而“成功追赶者”的增长回落，则出现在11000国际元左右。前者是在高增长潜力犹存条件下出现“失速”，后者则是在这种增长潜力和后发优势基本释放后发生的。最重要的是，“中等收入陷阱”落入者，不论拉美国家还是前苏东国家，在推进工业化的体制、战略和政策上，都存在某些重大缺陷，如拉美国家封闭性的进口替代战略和前苏东国家的计划经济体制。由于在工业化起步阶段便存在这些缺陷，注定了经济增长达到一定阶段后不具有可持续性。而那些“成功追赶者”之所以成功，也正是由于避开了上述缺陷。本研究构造了一个“六要素”模型，试图对这些问题给出初步的描述和解释。

与此相关的一个问题，是外部冲击和增长下台阶的关系。从历史经验观察，一些国家的增长速度下台阶伴随着重大外部冲击，如拉美20世纪80年代的增长停滞伴随着债务危机，日本20世纪70年代的增速下滑伴随着石油危机和布雷顿森林体系的瓦解，韩国20世纪90年代后期的增速放缓也伴随着东南亚金融危机。

由此引出的问题是，如果不出现大的外部冲击，增长速度下台阶还会出现吗？这个问题实际隐含着另一个问题：增长速度回落是基于外因还是内因？本研究认为，增长速度下台阶主要源于内因，只不过在特定情况下外因成为触发或加剧因素罢了。在落入“中等收入陷阱”的国家中，拉美国家所遇到的外债危机主要源于自身的结构和制度缺陷，而前苏东国家在增长速度回落时并未受到大的外部冲击，且处在表面看起来的体制强盛期。而在“成功追赶型”国家中，虽然同样经历了20世纪70年代初石油危机，也同样具有很高的石油对外依赖率，日本在石油危机后增速下了一个台阶，而韩国则没有。韩国的增长下滑发生在20多年后的亚洲金融危机前后。根本原因是日韩两国分别在20世纪70年代初期和90年代中期达到了高速增长期结束的“时间窗口”。

第三个发现，是“成功追赶者”增长回落伴随着经济结构的大幅度变动。高速增长期的典型结构，是工业加速增长，占GDP比重相应提高，成为经济增长的主导力量。在工业化的中后期，重工业增长加快，在工业中的比重提高，呈现出所谓“重化工业主导”的阶段性特征。大量资源被投入“迂回生产”过程。农业比重持续下降，服务业比重稳步上升，但仍非经济增长的首要驱动力。与这样的产业结构相对应，投资率保持在较高水平，成为需求侧的主要拉动力量，而消费需求则处在较低水平。当高速增长接近尾声，增速开始“下台阶”时，经济结构也出现剧烈变化。其趋势是，工业比重趋稳并逐步下降，服务业取代工业成为经济增长的首要动力。相应地，投资比重下降，消费比重上升。容易引起误解的是，此时的“结构调整”，并非由于服务业比过去增长更快、具有更高的生产率而取代了工业的领跑者位置，而是由于工业的增长放缓相对提升了服务业的地位。投资与消费比例，也属于这种“相对变化”。

第四个发现，是随着增长速度下台阶，由高速增长转入中速增长，增长的动力机制也将发生实质性改变，由此引出了增长模式转型的问题。虽然增长速度下台阶令人瞩目，仍是表层或相当形式化的。它首先是大幅度结构变动的结果，在结构变动的背后，则是经济增长的需求和供给条件的显著变动和重新组合。在需求增长放缓的同时，包括劳动力、土地、资源等在内的要素成本加快上升，可直接引用的技术减少，加上老龄化带来的储蓄率下降，都将集中在一个核心问题上：生产率能否持续保持在一个适当高的水平上？显然，原有的增长模式已无法适应变动的经济结构和要素组合条件。即使是那些“成功追赶型”的国家，增长模式的转型也并非一帆风顺。增长模式的转型其实是体制、战略和政策的系统转变，尤其是对那些曾经有效并取得巨大成功的体制、战略和政策来说，转变起来更为不易。如日本曾在相当长时间内实施扩张性宏观政策，试图恢复以往的增长率，不仅未能奏效，还带来了资产泡沫、国债高企等问题。但总的来看，这些国家还是较好地转入了更多依靠创新驱动的增长路径，重要标志是各自都形成了一批达到或接近国际先进水平、具有稳定国际竞争力的产业和企业。

二、中国增长速度下台阶的“时间窗口”

在总结上述“典型化事实”的基础上，本研究把中国放在国际工业化和经济增长的历史背景下展开观察。

中国已经历超过30年10%左右的高速增长，无疑是另一个“挤压式增长”的典型案例。研究中国经济增长回落，需要放在“挤压式增长”的全过程观察。这里采取三种不同但可相互印证的方法进行测算，结论是中国经济潜在增长率有很大可能性在2015年前后下一个台阶，时间窗口的分布是2013～2017年。增速下降的幅度大约为30%，如由10%降低到7%左右。

其中的一个重要问题是对中国目前人均收入水平的估计，或者说要回答“我们在哪里”的问题。近期对中等收入陷阱问题的研究中，经常以这样一种方式提出问题：拉美国家在人均收入达到4000美元后落入中等收入陷阱，中国人均收入也已达到这个水平，所以进入了落入中等收入陷阱的危险期。本研究认为，这种比较方法过于直接和简单，且容易引起误解。如前所述，这里采用公认度和可比性较强的基于麦迪森数据集的1990年国际元，并采用不同方法相互比较和印证，以提高国际间历史数据比较的准确性。其结果是中国2010年人均收入已经接近8000国际元，超过了拉美国家落入中等收入陷阱时的人均收入水平。由于对人均收入水平估算不同，对问题的判断也就产生了差异。

第二个问题，是在国际比较中，如何对中国这个超大型经济体正确运用国际经验。就人口数量而言，中国超过了OECD国家的总和。根据最新人口统计，中国31个省（区、市）中，有27个人口数量超过千万，其中前10位超过5000万，前3位超过或接近1亿。进行国际比较时，即使是那些较大的经济体，大多数人口数量相当于中国一个省级行政区。加上中国地区之间发展不平衡问题突出，一定意义上说，中国本身就是一个“世界”。为增强国际经验的可比性，本研究把中国省级行政区分为几种不同类型，比如把京沪等大都市与新加坡、香港等城市型经济体相比，把经济发展条件较好、人口数量较多的省份与日、韩等经济体相比，把其他一些发展条件较差的省份与国际上发展水平较低的经济体相比，然后将各省的分析结果汇总为全国作为一个大经济体的数据

坦率地说，预测未来的经济发展前景往往是“吃力不讨好”的事情。单就意愿来讲，如果中国经济能够继续保持10%左右的增长率30年乃至更长时间，那是再好不过的事情了。然而，不能不承认挤压式增长到达一定“阀值”后呈现下台阶式的回落是规律性现象。仅仅指出趋势是不够的，需要在深入研究基础上给出这种回落发生的时间点。事实上，本研究给出的是一个被称为“时间窗口”的区间，即2015年左右，从2013年到2017年。也就是说，这个区间出现增长回落将是大概率事件，不论在哪个具体年份出现增长回落，都可以看成是“正常的”。相对于过去30多年的高速增长，四年的增长回落“时间窗口”似乎并不算过于粗糙。

三、从发展阶段理解经济结构调整

更重要的是，通过对挤压式增长后期增速回落过程的研究，可以深化对长期讨论的经济结构调整和发展方式转变问题的理解。

产业结构、投资消费结构等是学者们通常所讨论的经济结构的主要内容。从“挤压式”增长过程看，产业结构中的工业高比重和投资消费结构中的投资高比重，是与宏观经济的高速增长高度相关的。分析中国过去一些年的经济增长数据，能够清晰看到，消费增长通常是比较稳定的，净出口增长有较大不确定性，决定增长速度的主要是投资比重，而投资比重又与工业比重密切相关。由于体制、政策方面的原因，中国确实存在着工业和投资比重过高的问题，但应当把这种“过高”与“正常的高”谨慎地区分开来。当“挤压式增长”结束、经济由高速增长转入中速增长后，工业和投资比重将会趋稳并逐步下降，相应地，服务业和消费比重将会上升。值得提出的是，这种“结构调整”是由工业和投资的增速降低而导致的相对变化，而非服务业和消费出现了较过去更快的增长，其结果是整体经济增速的下降。当高速增长潜力犹存时，为了“调整和优化经济结构”，人为压低投资比重和工业比重，并不会出

现“结构合理、效益提高”，相反，将会出现增速下降、企业盈利和财政状况变差的情况。值得注意和警惕的是，这种状况与落入中等收入陷阱的拉美国家当年的情景极为相似。而当高速增长潜力耗尽后，随着增长速度的回落，经济结构的大幅度变动将水到渠成。

这里需要提出讨论的一个相关问题是，未来中国工业特别是制造业的位置如何看、如何摆？本研究认为，应当关注和吸取部分发达国家过度“去制造业”而导致的产业“空心化”、实体经济力量减弱的经验教训。即使中国未来制造业比重下降，降幅也不宜过大，比如，制造业比重应保持在30%左右。服务业发展的重点，应置于包括研发、金融、物流、培训、信息服务、售后服务等在内的生产性服务业，以带动和促进制造业效率提高、产业升级。这里还有一个对未来全球范围内中国产业竞争优势的展望问题。在全球化日益深化的背景下，任何一个国家（包括大国）不可能也没有必要在所有产业中都具有竞争优势，而只能在部分产业，有些国家是在少数几个产业上具有竞争优势。在高速增长背景下的规模快速扩张基本结束后，中国产业长期稳定竞争力的培养将比此前更为重要。然而，中国未来究竟哪些产业具有长期稳定的国际竞争力，基本上要由市场竞争来决定。就制造业和服务业比较而言，在可预见的将来，尽管服务业会有很大的成长空间，但中国的产业国际竞争力可能更多地仍将体现于制造业。所以，中国有一个比重较高且具竞争力的制造业，将是更长一个时期参与国际竞争的需要。

四、如何评估和理解已有的增长模式

发展方式转变，或增长模式的转型，首先涉及对已有增长模式的评估。现在有一种奇特现象，即国内外对中国增长模式评估出现反差。近年来随着中国经济的持续快速增长，特别是国际金融危机冲击后的突出表现，国际上对“中国模式”的兴趣日浓，总体上给出了积极评价。反观国内，对增长模式的批评要更多一些。如何客观、历史从而正确地看待评价中国的增长模式，确实是一个重要问题。如果说中国过去30多年的经济增长堪称奇迹，同时又认为中国的增长模式“落后”、“不行”，逻辑上难以自圆其说。事实上，回过头看，特别是在国际视野下与其他发展中国家比较，不难发现中国增长模式具有诸多重要而独特的优点。例如，达成自上而下、广泛而持久的“发展是硬道理”的社会共识，近些年又上升到“科学发展”的新境界；推动以“摸着石头过河”、“双轨制”等为特色的务实而有效的市场化改革；实施多层次而稳定持续的对外开放，较深程度地介入国际分工体系；以世界上最大规模人口为基础，虽不平衡但可互补的国内市场体系；在保持社会和政治稳定的条件下求得改革和发展的平衡推进等。中国市场经济体制的显著特点是“地方竞争”。省与省之间，市与市之间，县与县之间，以至更低层面的政府之间，都进行着通过改进本地投资和发展环境而争取外部资源、促进自身发展的竞争。有一级政府，就有一个竞争主体。这种独特结构是中国传统政府治理结构和市场经济结合的产物。当市场机制驱动的商品和资源跨区域流动以后，“强政府”在促动基础设施建设、提供交易者信用、动员本地要素并提高其质量、改进政府办事效率等方面，都表现出组织资源上的优势，在工业化处在起步或较低阶段时，此种优势更容易得到体现。而客观上存在的地方政府之间的竞争，又刺激了对这种组织资源的利用。值得研究的是，这种也被称为“发展型政府”的特点并非出自预先设计，而是在改革实践中通过适应性调整逐步形成，事后被观察和认识到的。这一点恰恰体现了中国改革的特点。

事实上，本研究对中国经济增长模式的认识仍有待深入。中国经济已经取得持续高速增长的奇迹，但本研究对这一奇迹仍处在“知其然”，很大程度上“不知其所以然”的状态。而处在这种状态就存在着一种可能，即不经意间将一些原本难能可贵的东西否定甚至丢掉了。比如，中国的高储蓄、高投资是高增长的主要驱动因素，现在被视为增长模式中的突出问题。如果考察一下大多数发展中国家，这个因素正是其缺少且长期以来难以具备的。

当然，这样的观察并不否定中国经济增长模式的缺陷，问题依然是如何理解这种缺陷。通常认为，现有增长模式导致了几大不平衡，包括内外不平衡、投资消费不平衡、产业结构不平衡、地区发展不平衡、收入分配不平衡等。那么，这些不平衡是真正问题所在，还是更深一层问题的外在表现？本研究认为注意力应主要放在深层问题上。目前最值得关注的深层问题有两个方面，一是能源、土地、金融、劳动力等要素市场不同程度存在的扭曲，导致资源误配和结构失衡。比如，要素市场扭曲促成了“虚高”的出口竞争力和过高比重的资源消耗产业。二是以国有经济为主、垄断性较强的非贸易部门(以基础产业为主)与以非国有企业为主、高竞争性的贸部门（以出口导向型产业为代表）并存的二元结构。不少研究表明，前者在占有大量资源的同时产出效率大大低于后者，并包含了日益累积的金融财政风险。中国的产业竞争力主要来源于后者。

现有增长模式的缺陷与其特点或优点直接相关，一定意义上说是一个硬币的两面，即都根源于政府对资源配置深度介入。它在创造高增长的同时，内生了诸多结构性不平衡；它在促成高投资时，包含了不容忽视的低效率和风险隐患。人们一再警告说，如果不解决上述问题，中国经济的高增长将是不可持续的。理想的办法应当是，通过深化改革去掉现有增长模式中不好的东西，保留好的东西，所谓“兴利去弊”，通过纠正不平衡保持经济的高增长。然而，改革未能取得预期的实质性进展，但高增长看起来依然可以维持。这样本研究需要关注现有增长模式的另一个特性，即高增长本身具有较强的缓解或后推不平衡、低效率和风险隐患的能力。20 世纪 90 年代末中国银行业改革时所剥离的上万亿不良资产，就是在以后的高增长过程中逐步消化的。这次应对国际金融危机冲击，主要靠的还是投资拉动，虽然对此有不少质疑，但只要高增长的潜力还在，中国经济已有的增长态势并不会被打断。

五、增长模式“时效性”带来的严峻挑战

中国经济下一步面临的问题是，如果高增长不可持续，将会发生什么？这里所说的高增长不可持续，并不是指所谓“主动调控”、人为压低的结果，而是潜在增长率下一个台阶。本研究认为，在这种情景下，中国经济将会面临两方面的严重挑战。

一是高增长时期能够掩盖的矛盾和风险无法继续被掩盖了，正所谓“水落石出”。部分是由于规模扩张速率放缓所致，部分是增长预期改变后资产重新估值所致。如果说美国由于过度消费而引发了次贷危机，那么，中国需要防备的是由于过度和不当投资引发的某种金融财政风险乃至危机。

二是增长速度下台阶不仅是速度本身的改变，背后是经济结构和增长动力的改变。寻找和培育新的增长动力是所有曾经经历这个阶段的经济体都要面对的问题，但中国在增长动力转换中遇到的问题将会与那些成功追赶型经济体有所不同。

概括地说，中国在增长速度下台阶背景下的经济转型将会面对防控风险和增长动力转换两方面的挑战。具体地看，本研究提出了一系列需要解决的问题清单，包括能否在增速下台阶时有效防范和化解高速增长期所积累的财政、金融风险；企业能否适应较低的增长速度环境，逐步改变“速度效益型”的盈利模式；能否随着增速回落而相应调整宏观经济调控目标；能否形成充分有效的市场环境，在竞争基础上产生一批创新型大企业和大量的创新型中小企业，培育出具有长期国际竞争力的技术、知识密集型制造业与服务业；能否进一步开放市场，放宽垄断行业特别是服务业准入限制，为服务业的大发展提供空间和动力；能否在城乡统筹的基础上，加快进城农民成为完整意义上的市民的进程，促进农民承包土地在保障权益的前提下优化配置；能否通过改革开放形成适应创新型社会建设需要的大学和科研体系；能否通过促进就业、创业与收入分配制度改革，使中等收入群体快速成长；能否建成适应新阶段发展和创新需要、有效分散和防范风险的现代金融体系；政府能否由增长主导型向公共服务主导型转变等。

回过头再看增长模式转型，可以把问题分为三类：结构性、体制性和时效性。浮在表层的是由一系列不平衡表现出来的“结构性”问题，背后则是资源配置中的扭曲所体现的“体制性”问题。值得探究的是，体制上的缺陷与优势很可能是共生的。尽管人们期待“兴利除弊”式的改革，事实上改革难度很大，不是因为没有“可改革”的空间，而是因为“能改革”的空间被大大压缩了。然而，只要经济仍有高增长的潜力，经济增长的势头就并非像有些人担忧的那样不可持续。这说明既有的增长模式与高增长阶段具有相当强的适应性，不仅表现为可以启动和维持着高增长，更重要的是可以容纳、消解或后推看起来相当严重的不平衡、低效率和风险隐患。这可以理解为“时效性”。

本研究所强调的是，当“时效性”成为一个问题，即潜在增长率下台阶、进入一个新的增长平台时，不能不面对原有结构性、体制性问题所引致的矛盾尤其是风险冲击，而且要构造一个与新阶段增长特征相适应的增长模式。这就是下一步改革所承担的历史使命。

六、新时期改革的目标和价值观

改革需要解决的问题很多，前面列举的问题清单只是较为紧迫的部分。有效而成功的改革需要一组条件，中国以往改革中的一些成功经验并不过时，但新时期的改革需要加入新的要素。本研究认为，有必要进一步明确新时期改革的目标，从另一个角度说，改革应当确立一种更为明确的价值观。

就常识而言，改革应当达成多方面的目标，比如解放生产力，扩张人的自由空间，提高人民群众的生活水平，等等。这些目标出自不同角度，均有其合理性，但相互之间也可能有冲突。在此之上，应当有更高层面的目标追求，这就是使每一位社会成员的潜能尽可能得到发挥。这个目标属于“规范性分析”范畴，看起来似乎相当抽象甚至遥远。但若将其放入实证分析过程，将会发现它是非常具体和有针对性的。事实上，提出这一目标，正是为了在纷繁复杂的改革格局中找到一条能够展开价值判断、理顺关系并一以贯之的逻辑主线。

比如，收入分配差距拉大是现阶段最突出的社会问题之一。如何解决这个问题，是仅仅在再分配上做文章，还是立足于改进社会成员特别是弱势群体发展能力建设和发挥的条件，使他们具有大体公平的发展机会，进而通过自身努力提高收入水，并缩小收入差距？收入再分配无疑是必要的，但当前的基本问题是社会成员发展能力和机会的不均等。比如，有两个青年人，一个来自城市，受过良好教育（比如海外留学归来），加上有一定社会关系，在某金融机构从业，属高薪阶层；另一个来自农村，勉强上完初中，外出务工，收入微薄，仅能糊口。如果脱去由各种社会关系构成的“外衣”，两个“赤身裸体”的人的潜能到底有多大差距呢？正常情况下差距应该不大，至少不会如实际收入差距所显示的如此之大，抑或差距是相反的，即农村青年的潜能大于城市青年。两者在现实生活中所表现出的收入（以及能力）差距，主要是由历史、文化、体制和政策等因素所导致的。解决这样的差距问题，最重要的还是通过改革、创新、政策调整，通过持续的发展，为他们创造出日益扩展且大体相同的发展能力建设和发挥的条件。有了这样的条件，即使存在差距，社会接受程度较高，也较易治理。

又如，转向创新驱动社会，实质上要求社会成员在更高程度和更大范围内表现出内在的创造力。一个创新不足的社会，必定是一个人们创造力受到抑制的社会，即使有经济增长，也主要依赖于模仿。改变这种状况，就需要更多地拓展就业、创业、创新的空间；需要保护创新者的知识产权，给创新者足够激励；需要给各类创新者获取资源的平等机会；需要形成一种鼓励创新、容忍失败、给创新者以社会尊重的文化，等等。

再比如，消费比重低既可能来自对劳动者收入增长的人为压抑，也可能来自公共服务的不足。前者表现为劳动者贡献（能力发挥）的低估，后者则表现为在劳动者社保、医疗卫生、教育等方面的欠账，而这些方面对劳动者的发展能力建设至关重要。

类似例子不胜枚举。由此可以看出，中国经济发展中呈现的种种不平衡，追根溯源，都会看到与社会成员发展能力建设和发挥之间的实质性关联。有理由相信，人的潜能得到尽可能大程度发挥的社会，应该是一个富有创新活力的社会，一个投资消费及其他重要经济比例关系较为合理的社会，同时也是一个收入差距较小且社会容忍度较高的社会。

提出这样的改革目标或改革的价值观，是以科学发展观中的“以人为本”为基础的。促进人的全面发展，是马克思理论学说的出发点和核心内容。经济学已经区分增长和发展的不同含义，人的财富增长与自身的发展也不一定等同。贫困可以源于发展机会的不均等，但富有未必来自发展能力的实现，比如某些石油输出国的居民、巨额财产的继承者、社会财富的贪占和盗取者等。应当追求财富增长与人的发展的内在一致性。当一个人陷入贫困的时候，最需要关注的是他的潜能未能得到发掘；当一个人的能力得到充分发掘时，他的财富将合乎逻辑地增长，更重要的是，能力发挥和得到的社会认可，将带给他更多和更有价值的乐趣。这种状态也是致力于建设的和谐社会的至高境界，因为只有人的发展潜能得到充分扩展的空间，社会才会获得可持续的和谐稳定性。

正是基于以上思考，本研究提出推动“参与促进型改革”的问题。所谓“参与促进型改革”，是以促进社会成员更大范围、更深程度、更高质量参与工业化、现代化进程，进一步释放社会成员发展潜能为目标，着力推进相关领域改革取得突破。其要点可概括为扩大参与机会、提升参与能力、完善鼓励创业、创新的制度和政策、创造稳定参与预期的法治环境等。

（作者单位：国务院发展研究中心）

（选自《改革》2012 年第 1 期）

我国经济发展方式转变的制度障碍及其跨越

姜国强

一、问题的提出

改革开放以来，我国经济社会发展取得了巨大的成就。但随着发展阶段的提升、经济规模的扩大以及国内外经济条件的变化，传统经济发展方式带来的矛盾和问题也越来越突出，经济结构出现失衡，资源环境约束也不断增强，粗放式经济发展方式特征明显。始于2008年的国际金融危机，更加暴露了我国传统经济发展方式的弊端，转变经济发展方式迫在眉睫。

从1995年党的十四届五中全会明确提出转变经济增长方式到2007年党的“十七大”强调加快转变经济发展方式，历经十余年，但是实践效果并不理想，最深层次的原因还在于现存的一些制度安排内在地制约了经济发展方式转变。如果仅仅靠国家的物质投入，而没有行之有效的制度安排，转变经济发展方式就会十分困难。政府和市场关系扭曲、产权制度改革的落后等因素都给经济发展方式的转变设置了障碍。

党的十七届五中全会提出，加快转变经济发展方式是我国经济社会领域的一场深刻变革，必须贯穿经济社会发展全过程和各领域。政革是加快转变经济发展方式的强大动力，必须以更大决心和勇气全面推进各领域改革。“十二五”规划建议也提出深入推进改革是加快转变经济发展方式的根本保证，只有不断通过深化经济体制、政治体制、社会体制、文化体制以及其他各方面体制改革，努力在重要领域和关键环节实现改革的新突破，才能从根本上促进经济发展方式的转变。 上述政策安排为我国在制度层面上加快转变经济发展方式指明了方向。

二、我国加快转变经济发展方式的体制障碍

1．政府与市场的关系失衡

理论界认识到，不仅市场会失灵，政府失灵也是客观存在的。市场经济是本质上自由和竞争的经济，同时又是建立在契约基础上的法治经济。政府承担着维护社会经济制度、提供公共品、调节经济运行、调整利益结构、校正市场失灵等多方面任务。如果政府这只“看得见的手”随意操控市场这只“看不见的手”，武断干预微观经济运行，就会导致政府职能不明确，市场主体地位模糊，市场机制扭曲，妨碍经济资源的有效配置。可见，正确处理政府与市场的关系至关重要。著名经济学家刘诗白教授对日本的案例进行了分析，指出日本在政府扶持和保护下，工业也存在着盲目的发展。银行在大量坏账的情况下，继续进行信贷扩张，

造成房地产、证券等行业的泡沫经济，使得经济经结构严重失衡。本来政府主导经济发展只是阶段性做法，但是如果政府对强制职能形成了路径依赖，这种情况就必须加以警惕了。我国政府有时也有采用强制手段干预市场的倾向，最为典型的就是土地市场的强制拆迁，强拆冲突已成为当下最大规模的产权冲突，改变这种不利局面必须要依靠制度建设，建立起与市场经济发展相适应的制度创新模式，充分发挥市场机制对资源的配置作用。

完善的市场经济机制要求生产要素的优化配置，不仅要有生产要素价格的市场形成机制，而且要有竞争有序的市场规则、良好的信用制度。由于改革的滞后，东北地区制度建设不是很健全、运作也不规范，不仅难以支撑市场机制的发育和正常运行，甚至有可能把区域经济引向“坏的市场经济”，政府直接或者间接控制着主要的经济资源，运用行政手段干预市场和企业，垄断、价格和市场准入的管制、地方保护等一系列危害市场经济体制的因素尚未完全消除，不仅破坏了市场配置资源的功能，还造成了大量的垄断和权力寻租。受计划经济体制的束缚，我国市场经济体制发育迟缓，政府在资源配置上仍然掌握着绝对控制力，政府与市场的关系还不能完全理顺，与发达国家相比明显滞后。

由于地方政府长期习惯于以“大政府、小市场”的思维惯式制定各项经济政策，甚至干预微观经济活动。长期的计划经济体制有着较强的刚性作为新生制度的市场经济体制必然受到制约。增量改革的战略也导致国有部门改革滞后，国有经济在很大程度上仍然保留着计划经济特征。此外，在转轨时期里，由于存在对未来预期的不确定性，地方政府官员也会表现出一些经济学意义上的“理性经济人”特征，正如斯蒂格里茨所说，政府官员必然关心他的工资、办公室的舒适条件、公众中的声望、权利、庇护人、年龄。因此，出于对自身利益的保护，一部分地方政府还偏好于行政手段来管理经济运行。更令人担忧的是，一些地方官员漠视市场经济逻辑，利用手中的“合法权力”介入交易活动，个别地方政府公司化，利用行政权力垄断经济，损害公平的市场竞争环境。这种公权力控制下的市场模式被吴敬琏称之为“权贵资本主义”，阻碍了社会主义市场经济体制目标的实现，是难以持续的。

在制度供给的动力来源方面，我国不仅仅需要“强制性制度变迁”，更需要“诱致性制度变迁”，即由“自下而上”产生制度需求和创新。由于地方政府的职能定位模糊，政府功能发挥不完善，使得一些制度安排无法满足实际经济需求，而政府由于信息不对称等因素，无法真正了解制度需求，从而出现制度供给失效的情况。2007 年实行的纳税申报制度让工薪阶层成为纳税增加最多的群体，纳税额所占比重由 1998 年的 49%上升到 2007 年的 60%，而私营企业主等高收入阶层所占比重几乎下降了 50%。这种财产税制的改革导致工薪阶层纳税额增加，与富裕阶层的差距拉大，出现明显的制度供给负效应。由于在社会实际生活中存在大量的制度需求，而这些制度需求却不为上层所认知，因此发挥群众和市场的力量，自下而上产生制度需求，并将其上升为上层建筑的制度供给，这样制度供需矛盾会得到缓解，制度均衡结构也容易形成。

2．国有产权冲突

产权制度是一种基础性经济制度，它不仅对资源配置效率有重要影响，而且又构成了许多制度安排的基础。诺斯的研究表明，只有产权得到清晰界定并有效保护的国家才能有效地促进经济增长，规范而有效率的产权制度是西方发达国家经济增长的基石。界定清晰的产权减少了搭便车行为，为技术创新提供动力；也为资本投入提供充足的诱因，有利于提高资本使用效率；同时也为劳动力的发挥带来明显的激励作用。刘涛雄在《社会冲突与经济增长——一个理论框架》中区分了内生产权和名义产权，名义产权与实际产权往往是不一样的。目前现实中最为常见的是，产权从名义上已经界定清楚，但实际上却常常受到侵犯。内生产权对于解释产权的起源有较强的说服力，似是却远离了现代产权实施制度的实际。对经济发展而言，实际产权是不断变化的，因为理性的代理人会根据实际情况的变化来计算冲突投入的成本收益，不断地调整投入冲突的资源数量。由于冲突的存在，使得一部分资源被用于不创造价值的冲突行为，减少实际可用于生产或消费的资源，更重要的是因为冲突导致实际产权处于不完全保护状态，降低了资本的边际报酬，从而损害长期经济增长。一个国家或地区的经济发展最终要靠市场经济参与主体自身，微观经济主体才是制度变迁与经济增长的最终决定力量，微观经济主体能否发挥制度创新的能力是制度变迁自组织性的重要条件。目前来看，当前我国资本要素中国有资本所占比重仍然较大，特别是以固定资产形式存在的国有资本比重就更高，甚至一度出现了“国进民退”的局面。使在形式上形成了多元化股权治理结构，国有股权偏大的问题也不可能在短期内解决。因此，在一定产权结构下的治理制度问题仍然会尖锐地突出出来。国有企业改革的进程显示，在建立现代企业制度的过程中，仍然存在着产权制度安排上的冲突，致使许多改制企业（包括一些上市公司）只有现代企业制度的形式，而没有现代企业制度的内涵。

当前我国国有产权的冲突主要表现在：一是国有企业产权虚置。“有恒产才有恒心”，产权归属明晰是市场经济的基本要求，产权明晰有利于激励机制的构建，具有预期性和持久性。在现行的国有企业产权制度下，由于产权惟一性主体的不确定，国有企业产权边界比较模糊，容易产生产权纠纷与摩擦，导致实际运行中产权主体较多，搭便车现象经常产生，这一点在计划经济特征明显的东北地区表现更为突出。由于国有资产产权归属缺乏人格化载体，国有企业负责人缺乏自主性，扮演者公务员的角色，因而他们不是企业的真正利益主体，发展企业的动力不足，进而，他们的角色和行为不是以市场为导向，更不要说具有竞争意识和创新意识的，导致国有企业的资源利用效率较低，加上软约束产生的高负债和低水平的运营管理，形成大规模的沉没成本，给国有企业改革和国有资产战略性调整造成负面影响；二是产权约束不足。在缺乏有效产权制度约束和以 GDP 为主的政绩激励的制度安排下，国有企业不可能把利润极大化作为目标函数，也不会把资源利用效率放在重要位置，国有企业必然追求规模扩张，短期效应明显。另外，经过全国人民—各级政府及部门—授权经营单位—企业的多级委托代理，委托—代理链条过长，委托代理成本增加，最终使所有者的产权约束力十分微弱；三是制度的激励机制失效。国有企业产权主体的模糊，缺乏有效的激励机制，吃大锅饭的现象在一定程度上还存在，企业运行效率低下，缺乏市场竞争力，相对民营企业经营灵活度差。另一个极端情况是，一些国有企业的薪酬制度设计不是很合理，管理层收入过高，基层员工的工作积极性不强，给国有企业的健康发展带来不好地影响。

3．非正式制度供给不足

非正式制度由于是长期演化而来，生命力相对持久。当然，非正式制度具有两面性，有时可以促进经济社会发展，有时却阻碍经济和社会的进步。对我国来讲，影响经济发展方式转变的非正式制度安排主要体现为意识形态、传统、伦理规范、道德习惯等文化因素，其中市场的潜规则大量渗透于交易活动也是我国市场经济不完善的重要体现。在中国，关系作为一种潜规则，属于非正式制度范畴，在某种情况下可以减少交易成本。然而，它导致了腐败、歧视和秘密交易。对西方社会来说，关系是一种令人沮丧、导致高昂交易成本的体制。市场经济是建立在高度专业化分工基础之上的，交易行为人具有开放性和松散性的特征，这增加了交易行为中的不确定性。为了降低交易成本，增加交易行为的可预期性，市场运行产生了严格的规则。这种严格规定力求用契约来约束人们的交易行为，即任何人在交易面前都是平等的，交易中出现的矛盾和冲突必须通过既定的规则和程序来解决。但是在实际经济生活中，在历史、文化和制度等各种复杂因素的影响下，利用关系进行交易的成本有时反而较低，行为交易人就会因遵守市场规则的成本太高而刻意加以规避。另外，又由于传统的家族和单位意识的影响，行为交易人习惯于建立“圈子”并在“圈子”中进行交易，利用“关系”进行资源配置，因而，在这种背景下，关系规则很大程度上替代了市场规则，市场规则的作用一定程度上被弱化。这样，“关系”进入交易行为，“关系寻租”也就无法回避，从而增加了市场经济体系的脆弱性，使资源配置偏离帕累托最优状态，也增加了关系之外的行为人的交易成本，整个市场的运行效率降低。

三、加快转变经济发展方式的体制创新

1．正确定位地方政府职能

作为“区域性制度供给主体”的地方政府也应该在经济发展方式转变中发挥恰当的作用，正确定位政府职能，提供有效的制度安排，从而在深层次上为深化改革，加快经济发展方式提供更夯实的制度保障基础。地方政府必须减少直接干预市场的行为，把自身的职能多放在服务方面。另外，地方政府的政绩考核观也需要转变，传统的政绩考核制度使地方政府把GDP的数值作为唯一的目标函数，这难免造成唯“GDP”的政绩观，阻碍政府职能的转变。今后政府的政绩考核应采用绿色GDP指标体系，把资源消耗、环境耗损的成本计入经济增长的成本中，综合经济、社会、资源、环境四方面来考核各级政府的政绩。

2．推进国有企业产权改革

经济体制改革足经济发展方式转变的“助推器”，国有产权制度改革应以市场化为取向，这就要求深化国有企业股份制改革，使市场配置资源的功能顺利实施，提高生产效率。混合所有制就是国有企业产权制度创新的方向，即国有企业不仅要实行股份制改革，还要借助资本市场吸收外部资本参股国有企业，可以通过资本的流动与重组，建立“归属清晰、权责明确、保护严格、流转顺畅”的现代产权制度。高敏感性部门（如军工）的国有企业当然可以保持100%的国有控股。但是，对于其他大型企业而言，更大程度的“股权多元化”是既实现市场融资又遵循市场规则的有效途径。这既有利于规范法人治理结构，从体制上真正实现政企分开，又有利于企业分散经营风险，提高企业竞争优势；企业的激励约束机制也是产权制度改革的主要内容，良好的激励机制有利于调动管理层的积极性，实现国家、企业和个人的多赢

局面。国有企业的分配制度要形成长期激励效应，要坚持效率优先，公平分配；把按劳分配与按生产要素分配统一起来；以市场分配为主，政府宏观调控为辅；建立合理的分配结构，完善企业内部分配机制等。此外还要完善地方国有资产监督管理体制，提高国有资产运营效率，减少和防止国有资产流失。国有资产监督管理机构应从本地区经济发展的实际需要出发，着重发挥国有经济的影响和导向作用，而不是单纯强调控制力，在职能定位上也应侧重国有资本运作，并把监督寓于资本营运之中，侧重对经理阶层的监督约束。

3．促进非正式制度的变革与创新

政府通过推进社会的文化教育来消除既定的非正式制度与市场经济制度不相适应的部分，同时吸收与市场经济正式制度相适应的部分，如价值理念、伦理规范、意识形态、风俗习惯等。一种新的观念究竟能否起到作用，关键是能否把这种观念转变为实施行动，即政府以非正式制度安排为基础，以总结、修正等形式将民间的非正式制度创新“正式化”，它更多地是体现对非正式制度创新的完善和补充，使非正式制度上升到地方的正式制度，增进制度创新的有效性和兼容性。必须从观念改变入手，从教育、宣传、执政理念等方面全方位弘扬创业文化，培育中国人的创业精神。政府也应该通过创造良好的制度环境促进非正式制度的正式化，尤其是地方政府要少推行强制性制度变迁，多在诱导性制度变迁方式和非正式制度建设上下功夫。

（作者单位：四川大学经济学院）

（选自《社会科学家》2012 年 5 月）

当前中国经济失衡的特点与宏观政策的效应

刘　伟

一、当前中国宏观经济失衡的新特点

改革开放以来，中国保持三十多年年均9%以上的高速增长。预计到2012年底，国内生产总值（GDP）总量有可能达到45万亿元左右，按不变价格计比改革开放初期提高20多倍；人均GDP水平有望达到32000元左右，按不变价格计比改革开放初期提高16倍以上。持续高速的经济增长，推动中国经济从低收入贫困状态成长为接近上中等收入发展中国家水平。但其间宏观经济失衡也几经变化：第一阶段是1978—1988年，失衡的主要特点是需求膨胀，1984年、1988年，连续发生两次严重通胀，1988年，通胀率高达18.8%；第二阶段是1989—1991年，失衡的主要特点是经济低迷，失业率居高不下；第三阶段是1992—1998年，失衡的主要特点是需求扩张，特别是投资扩张，1994年通胀率高达24.1%；第四阶段是1999—2002年，失衡的主要特点是受亚洲金融危机影响，经济增长放缓，失业率上升，物价指数连续出现负数；第五阶段是2003—2007年，失衡的主要特点是投资领域需求过热，消费领域需求疲软，经济增长年均达到10%以上的同时，投资和消费领域出现了反方向失衡；第六阶段是2008年（下半年）至2010年（上半年），失衡的主要特点是受世界金融危机冲击，内需不足的矛盾进一步凸显，出口增速放缓，2009年出口增长更是跌为-16%；第七阶段是2010年（下半年）至今，出现了前所未有的新特点。

现阶段，中国宏观经济失衡的新特点主要表现为，既有经济增速放缓（下行）的威胁，又有通货膨胀的压力。

（一）经济增速放缓的威胁

尽管自2008年金融危机全面冲击中国经济以来，在一系列强有力的反危机措施下，中国经济保持了比较稳健的高速增长势头——2008年，经济增长率达到9%；2009年，在全球负增长的同时，保持8.7%的增速；2010年，更是达到10.3%；2011年，虽然增长速度逐季回落，但全年经济增长仍保持在9.2%的水平。然而，导致增长放缓的因素仍未根本扭转，尤其是一些深层次的威胁，短期内难以克服。

第一，从国际经济走势看，全球经济复苏乏力已成共识，世界经济复苏远低于人们的普遍预期，日本经济持续低迷，欧盟及欧元区经济风险加剧、增长乏力，美国经济孪生赤字及相应的高失业、不景气未见扭转，相应的贸易保护主义在国际市场上重新抬头以及对人民币升值压力进一步上升，都会对中国经济增长的前景带来严重的影响和不确定性。从出口增速来看，2008 年出口增长 17.2%，已显著落后于 2003—2007 年的平均水平（26%以上），2009 年更是跌至 −16%，2010 年虽采取强劲刺激提升至 31.3%（其中重要的统计原因还在于上年增速低），但进入 2011 年后便开始持续下降，累计比上年增速达 22.5%，但从第一季度直至第四季度环比持续下降。

第二，从国内经济态势看，内需不足的深层原因依然存在。

1. 就投资需求而言，主要是市场性投资扩张动力不足。依靠政府扩大投资刺激经济，不仅力量有限难以持久，而且缺乏竞争性效率，会给未来经济增长造成巨大的成本。从危机发生后中国固定资产投资增速看，以各级政府为主力、以基础设施为主要投资领域，使固定资产实际投资增长率从 2008 年的 15.1%猛增至 2009 年的 33.3%，很快就跌落至 2010 年的 19.5%，再跌至 2011 年的 16.1%，其中基础设施投资增长对全社会固定资产增长的贡献越来越低。市场性投资扩张动力之所以不足，根本在于创新力不够。由于技术创新力不足，企业特别是大型和特大型国有企业虽然资金总体上雄厚，但缺乏有效的投资机会，难以有效地推动结构升级，在原有产业和产品结构基础上大规模扩大投资，极易形成重复建设，在经济不景气的条件下，便形成巨大的产品过剩和产能过剩的泡沫；由于制度创新不足，市场化进程特别是货币、资本等要素市场化进程滞后，企业特别是民营中小企业运用市场的交易成本攀升，使之即使有产品创新，有新的投资机会，也难以通过正规的市场机制为之提供必要的资金等要素，而寻求非正规制度安排获得资金等要素，所付出的成本及承担的风险巨大，难有竞争力。正是由于技术创新和制度创新力不充分，导致投资需求乏力。

2. 就消费需求而言，消费需求增长与国民经济增长不协调。经济增长长期过于依赖投资需求拉动，国民经济中投资率偏高，消费率偏低，这种增长动力上的结构性矛盾是中国经济增长失衡的突出问题。2008 年危机之后，在扩大内需的过程中特别强调了扩大消费需求，社会消费品零售总额实际值在 2008 年上升 14.8%，2009 年进一步升至 16.9%，2010 年又降至 14.8%，2011 年，则降至 11.6%。消费需求增长动力不足，究其原因主要在于国民收入分配扭曲，从不同主体在国民收入分配中的增速上看，政府（财政）、企业（GDP）、居民（收入）在收入分配增长速度上，居民收入长期增速最低，一般比同期 GDP 增速低 1/3，甚至更多，而财政收入增速通常是 GDP 的 1 倍左右。“十一五”期间财政收入年均增长 21%，同期 GDP 年均增长 11.2%，长期累积使居民作为消费者的收入占国民收入的比重持续下降，与经济增长的需求不相适应。从国民收入分配的结构上看，地区间、产业间，尤其是城乡间收入差距不断拉大，降低了全社会的消费能力，特别是 7 亿多占总人口 50%以上的人口作为农村居民，收入增长更是显著低于城市居民，据统计，3 个以上农村居民的年纯收入相当于 1 个城市居民的年均可支配收入，4 个以上农村居民消费支出相当于 1 个城市居民的平均消费支出。农村人口占总人口的比重与其在收入分配中的比重严重扭曲，农业劳动力就业比重 2010 年为 36.7%，而农业产值比重则为 10.1%，即在初次分配中，36.7%的农业劳动者分配 10.1%的 GDP，如此大的差距不是通常的再分配可以有效匡正的。这种收入分配的结构性失衡极大地限制了消费需求扩张。从居民国民收入分配差距上看，不论各种计算中国居民基尼系数的测算结果有怎样的差别，但普遍认为现阶段中国基尼系数已超出警戒水平（0.4），并且有进一步扩大的趋势。这种收入分配差距扩大的趋势在损害公平目标的同时，也在降低社会边际消费倾向，进而削弱经济增长的动力。

（二）通货膨胀的压力

消费者物价指数（CPI）进入 2011 年之后，前三季度持续上升，自 9 月同比增幅开始下降，全年为 5.4%，就其上涨绝对水平看并不突出，尤其是若考虑到原预期 2011 年经济增长 8%，同时物价上涨 3%—4%之间，但 2011 年实际 GDP 增长达到 9.2%，相应 CPI 上涨率上升到 5.4%，也还符合经济增长的正常逻辑。问题在于，现阶段形成通货膨胀的原因有其特殊性，针对这种特殊的通胀成因，以往的宏观调控措施作用有限。

目前，中国通货膨胀成因至少有四方面的特点：

第一，在需求拉上的同时，具有显著的成本推动特征。在以往的通胀成因中，如 1984 年、1988 年、1994 年三次大的物价上涨中，成因源于需求膨胀，而目前的通胀成因，除需求拉上外，成本上升起了很重要的作用。有关研究表明，目前的通胀有 40%以上可以用成本推动来解释，这与中国已进入中等—上中等收入发展阶段，面临所谓“中等收入陷阱”威胁，进而成本进入显著上升期有直接关系。

第二，就需求拉上而言，目前的通胀压力是前一时期反危机措施形成的需求扩张的滞后表现。2008 年下半年开始，为应对金融危机的冲击，采取更加积极的财政政策和适度宽松的货币政策，货币供应量过度增长，广义货币（M 2）在 2009 年增长 27.7%，2010 年增长 19.7%，虽然 2011 年M 2 增速开始持续下降，从第一季度的 16.6%持续降至 12 月的 12.4%，但目前，货币存量仍是很高的，货币存量与 GDP 的比重达到 180%左右，在世界上属于高水平。考虑到货币政策的时滞，一般情况下，在欧美市场经济国家时滞期为 6—18 个月，中国则一般为 7—24 个月，那么，自 2008 年下半年，特别是 2009 年至 2010 年上半年投放的大量货币，在 2011 年至 2012 年间会形成通胀压力加以释放。

第三，目前中国的通胀具有一定的国际输入性。一是石油国际市场价格的大幅上升，对于我们这样一个对石油进口依赖度已超过 50%，并且每年至少以 8%以上的速度递增的石油进口的经济而言，国际油价会对国民经济成本发生深刻影响，并进一步推动物价上升；二是铁矿砂等大宗产品国际市场价格持续上升，对于我们这样一个在国际铁矿砂市场上最大的买主而言（国际铁矿砂交易的 60%—70%由中国买进），会进入中国经济成本；三是大豆、玉米等农产品价格的上涨，对于我们这样一个大量进口大豆、玉米的国民经济而言，会推动国内价格上升，据测算，国际市场大豆价格上升 1%，国内大豆价格相应上升 0.83%，而国内大豆价格上升 1%，食品中的肉禽蛋类上升 0.62%；四是美国定量宽松的货币政策，以通货膨胀的方式向国际市场转移财政赤字，促使国际市场美元流动性过剩，推动价格上升，进而通过多种渠道输入中国经济。

第四，中国国际收支长期严重失衡，外汇储备持续大幅增长，除贸易顺差不断增长外，对人民币升值预期的不断提高也促使资本流入加快，进而导致外汇占款增加。自 2009 年以来，外汇占款放出去的货币与信贷放出去的货币相比，比例已达 120%左右，高时达到 129%，外汇占款已成为现阶段影响货币供给的首要因素，国际收支的失衡已成为推动通货膨胀的首要动因。

鉴于此，成本推动形成的通胀压力，紧缩需求的宏观政策作用不仅有限，而且甚至可能起相反的作用，因为紧缩需求的宏观政策会增大企业的成本，至少增大企业融资成本，进一步推动物价上升；需求滞后性拉上的通胀压力，现时的调控政策缺乏即时性，即使采取措施也需经过一段时间才有效；国际输入性的通胀压力，国内宏观政策作用被动，且不显著；国际收支失衡形成的通胀压力的疏解取决于多方面因素，且具严重的不确定性。所以，目前的通胀水平虽不非常高，但治理的难度高。

二、针对失衡新特点宏观经济政策的调整

自2011年10月“择机退出”以来，面对中国宏观经济失衡出现的新特点，宏观经济政策作出了相应的调整，这种调整主要体现在以下几个方面。

（一）总量政策的方向性变化

基于经济增速放缓和通胀压力上升双重矛盾的存在，特别是由于通胀压力增大，总量政策从反危机时期的全面扩张（更加积极的财政政策和适度宽松的货币政策）向“松紧搭配”（积极的财政政策和稳健的货币政策）转变。在这一转变过程中，政策重点也在不断发生变化，开始时突出强调反通胀目标，因此，尽管财政政策与货币政策采取的是“松紧搭配”的反方向组合，财政政策扩张方向虽未变但力度有所缓解，同时，稳健的货币政策所体现出来的从紧力度显著，货币政策的方向从应对危机的宽松状态逆转为以反通胀为首要目标的紧缩状态。作为总量政策效果的体现，经过一年多持续的从紧货币政策实施，通胀势头逐渐得以扼制。相应地，经济下行的矛盾进一步突出，虽然财政与货币反方向组合的政策方式未根本改变，但货币紧缩的强度开始微调，在防止经济下行与扼制通货膨胀之间努力实现均衡，将成为2012年总量政策的基调。

（二）财政政策的重点转移

在应对金融危机前后及过程当中，与欧美国家形成鲜明对照的是，中国财政政策基本未变，尤其是扩张性的政策方向始终一贯，危机前采取积极的财政政策，反危机中采取的是更加积极的财政政策，“择机退出”之后重回积极的财政政策。与之不同，货币政策前后发生的是方向性的变化。欧美国家此次应对金融危机前后相比，货币政策方向未见根本变化，主要运用的是财政政策。中国虽然始终实施扩张性财政政策，但对财政政策风险关注度不断上升。这既有欧美国家，特别是欧元区国家主权债务危机的警示，更源于中国财政收支的矛盾。从财政支出来看，自全面反危机以来，财政赤字始终是高额的，2009年，已接近通常所说的警戒水平（占GDP3%）；同时，政府债务问题也日益突出，尽管中国国债占GDP比重不高，但考虑到地方政府债务已接近11万亿，再加上没有凭证的地方债和国债余额，政府债占GDP的比重不会低于40%。从财政收入来看，存在一系列因素导致财政收入增长速度下降，尽管“十一五”期间财政收入年均增速达到21%，较GDP增长快近1倍，但从发展背景来说，无论是产业结构升级还是区域结构协调，都可能影响税收增速；从国际收支背景来说，人民币长期面临较大的升值压力，在一定程度上会影响进口环节税，包括进口关税、消费税、增值税等（进口环节税现已占税收总额17%左右）；从体制背景来看，税制改革的基调是减税，前些年采取了新的出口退税办法（2004年）、增值税全面转型（2009年）、取消农业税（2006年）、内外资企业所得税两税并一（25%，2008年）、上调个人所得税起征点等。今后，增值税扩围，尤其是营业税转为增值税，虽说是课税方式的变化，但其中包含抵扣，实际上意味着减税；中小企业扶持在税收上的体现，以及个人所得税、资源税等方面的体制调整都会影响税收增速。所以，继续采取积极的财政支出政策和扩张性的财政收入政策，将会成为今后中长期的

基调，但在实施过程中，关注财政风险成为越来越重要的问题。

（三）货币政策的方向性转变

面对反金融危机释放出去的大量流动性，以及由此而来的通胀压力，自“择机退出”以来，货币政策的首要目标重新明确为反通胀。为此，在数量工具运用上，连续上调法定准备金率（2010 年 6 次、2011 年 6 次），并且将商业银行的保证金存款纳入存款准备金的缴存范围，到 2011 年底，大型存款类金融机构法定准备金率上升到 21%，中小存款类金融机构为 17.5%，达到了非常高的水平。在价格工具运用上，连续上调基准利率（2010 年 2 次上调，2011 年前三季度连续 3 次上调存款基准利率），到 2011 年 12 月，一年期贷款基准利率为 6.56%（存贷息差为 3.06 个百分点）。虽然同时运用公开市场操作，持续货币净投放，对金融机构资金紧张局面有所舒缓，但总体上看，货币信贷增速放缓，货币流动性下降，社会融资增速下降，特别是银行间流动性偏紧，中小企业融资普遍发生困难。因此，在稳健的货币政策倾向保持稳定、持续的同时，对从紧的货币政策力度适时微调是必要的，以提高经济增长、反通胀、保就业等宏观经济目标之间的均衡性。淡化单一宏观经济目标的突显性，强调宏观经济目标间的均衡性将成为现阶段宏观调控的重要特点。

（四）汇率政策的变化

2005 年之前，中国采取的是“盯住美元”，与美元保持固定汇率的办法；2005 年之后直到 2007 年，考虑到国际社会的压力，更重要的是考虑到与稳健的货币政策相适应，控制“外汇占款”的增速，以减轻通胀压力，中国将汇率政策调整为“盯住一揽子货币”，虽然其中美元仍占最大权重，但由于包含了其他世界主要货币，在世界主要货币对美元升值的背景下，较单一盯住美元，人民币进入了加快升值的时期，三年累计升值 25%左右。2008 年全面反危机以来，作为应对危机的重要措施，人民币汇率又重新回到“盯住美元”，在世界主要货币对美元继续升值的背景下，人民币进入贬值通道。2010 年下半年“择机退出”之后，重又回到“盯住一揽子货币”，人民币事实上重回加速升值通道。这种转变固然有国际社会压力，但更重要的还是出于国内宏观经济根本目标变化的要求。当反通胀为首要目标时，国际收支存在大量顺差，在其他条件不变的情况下，人民币通常采取升值倾向，以控制出口增速和外汇储备的增速，从而减轻“外汇占款”形成的通胀压力；当反萧条为首要目标时，人民币通常应采取贬值（至少是稳定）倾向，以支持出口，缓解总需求不足的压力。从目前情况看，如果说保增长、反失业的目标上升为首要目标，那么，人民币汇率就应当从前一时期的加快升值通道退出，如果说，同时反通胀的压力仍极艰巨，那么人民币汇率至少应保持稳定。

三、提升宏观调控有效性与宏观调控方式转变

以上的宏观政策调整主要是需求方面的政策，更多具短期性。实际上，中国宏观经济失衡的复杂性，仅依靠短期的总需求调节是难以缓解失衡的。提升中国宏观调控的科学性和有效性，需要努力转变宏观调控方式。就宏观调控方式本身而言，必须考虑以下几个方面：

第一，总量调控目标与结构调控，即在总需求管理的同时，强调总量目标与结构目标间的协调。经济发展的质量提升根本在于经济结构变化，中国之所以内需不足，重要的是由于创新力不够导致产业结构升级困难，进而投资需求缺乏新机会，由于收入分配结构扭曲，导致消费需求增长乏力，要根本克服内需不足，关键在于提高技术和制度创新力，解决经济结构方面的矛盾。(1) 在总需求结构上，切实通

过提高投资效率改变经济结构，提高消费需求比重及对经济增长的拉动作用；(2) 在产业结构上，有序有效地提升结构高度以结构升级创造投资增长新空间。

第二，需求管理与供给管理，即在实施需求管理政策时，注重供给政策。实际上，宏观调控不注重供给管理，只强调需求管理，刺激需求所拉动的高速增长是在供给结构、质量、效率没有提高基础上的增长，只能导致更严重的泡沫。而且，低效率高成本基础上需求拉动的增长，必然使经济陷入严重的“滞胀”陷阱，不仅增长难以持续，而且产生严重的需求拉上和成本推动共同作用的通胀。供给管理一方面较需求管理更具长期性，如其中的产业政策、区域政策、技术创新、人力资本政策等，但另一方面也有短期效应，如财政政策和货币政策在影响总需求的同时，都有影响总供给，影响企业生产成本和效率的政策效应，应当从需求与供给综合的角度考虑政策选择。事实上，单一的需求管理，宏观调控的有效性会受到极大限制，特别是在既存在通胀又存在衰退双重矛盾的状态下，需求管理是难以同时兼顾不同宏观目标的均衡的，虽然可以用宏观政策相互“松紧搭配”反方向组合来缓解不同宏观目标间的矛盾，但政策的有效性会受损。

第三，货币政策与财政政策，两者采取反方向组合，在同时存在通胀和萧条压力，而又难以明确何为首要时，为降低决策失误带来的风险，采取反方向组合可以理解，但必须看到其中的政策效应抵销，而且“松紧搭配”的反方向组合，通常是在国际收支失衡与国内宏观经济失衡同时存在，为同时缓解这两方面失衡所采取的举措，但其有效性是以利率市场化和汇率市场化为前提的，中国现在尚不具备这一前提，这种反方向组合必须控制其反差力度。从长期看，更应努力保持货币与财政政策方向上的一致性，特别是考虑到中国财政政策在相当大的程度上通过银行信贷来支持的体制特征，货币与财政之间长期反方向组合，所形成的政策效应抵销是十分严重的。实际上，针对复杂的宏观经济失衡，不仅总量政策之间需要协调，而且需求与供给、总量与结构、短期与长期、货币与财政、财政收入与支出、货币数量与价格、金融与产业等各方面政策均需要强调协调和有机衔接，以提高宏观调控的科学性和不同的宏观经济目标之间实现的均衡性。

第四，中央与地方，即在宏观调控方式上，在中央宏观调控过程中应给地方政府一定的作用空间。在既有通胀又有增速放缓的双重压力下，地方政府往往首选保增长，这是其利益和责任所在，而中央往往更倾向首选反通胀，这也是责任和职能所在。关键在于，在机制上，应使各方面利益要求，包括中央与地方、政府与企业等，都能够充分显示，在此基础上形成宏观决策，使宏观调控的公共选择性，即其民主化、法治化、程序化程度不断提高，逐渐减少其过度集权化、行政化、随意化，使宏观决策成为可预期的而不是变化莫测的过程。特别是在中国现阶段，区域经济一方面存在显著差异，另一方面区域结构正在迅速而又深刻地发生着变化。不仅东、中、西部地带之间存在显著的梯度差异，而且这种差异正转变为增长速度上的梯度效应，中西部相对欠发达地区增速已开始超越东部；东部相对发达地区不仅增速普遍放缓，包括GDP增速和固定资本形成增速等均开始排名下滑，而且面临的结构转型压力显著上升，包括产业结构升级、节能减排约束加剧等多方面结构调整紧迫；各地区资源禀赋发展条件面临的约束不仅差别突出，而且各地区内部增长点（发展极）纷纷生成，并且许多区域增长点已上升为国家战略。这一切变化，都要求宏观调控在政策方向、力度、周期等方面充分考虑地区差异。

当然，宏观调控方式的变化必须以体制改革为基础，特别是以深化和完善社会主义市场经济体制改革为条件；事实上，宏观调控方式的变化本身就构成市场化的重要组成部分。中国经过三十多年的改革发展，不仅经济发展水平大幅度提升且具有了一系列新特征，而且经济体制本身也发生了深刻的变化，市场化进程也有了一系列新的历史特点。顺应这种发展和改革的历史变化，完善社会主义市场经济体制，是实现科学发展、包括实现科学有效的宏观调控的重要前提。特别是，中国现阶段的改革产生了新的要求，改革的核心环节已从改革初期的企业（特别是国有企业）改革逐渐转变为政府（包括中央和地方）改革，改革的主要任务已从改革初期的推动商品市场化（包括投资品和消费品）逐渐转变为要素市场化（包括土地、资本、劳动等），改革的真正困难已从改革初期的扩张市场作用领域（市场规模）以替代计划体系逐渐转变为完善市场竞争秩序（市场质量）以提升市场竞争的公平与效率。可以说，深化和完善市场化进程仍是我们面临的艰巨的历史使命，宏观调控方式的各方面的转变，包括总量与结构、需求与供给、货币与财政、中央与地方相互关系等方面的协调，离开政府行为的规范、企业自主性提高、要素市场发育、金融参数的合理、贸易条件的公正等方面的市场化完善，都难以真正实现。

（作者：北京大学副校长、教授、博士生导师）

（选自《学术月刊》2012 年第 3 期）

经济发展方式转变中的宏观调控制度转型

岳彩申

宏观调控制度一直是我国市场经济体制的重要内容。从1993年开始建立社会主义市场经济体制以来，历届政府都将加强宏观调控作为工作重点。虽然历经近20年，但由国家权力主导的宏观调控制度并没有发生根本性变化，制约了经济发展方式的转变。近年来，虽然政府对房地产市场、金融市场和产业结构的调控取得了明显的成效，但也暴露出一些问题，集中体现为调控效果不够理想，在促进经济发展的同时也带来一系列新的社会矛盾。笔者认为，在转变经济发展方式的背景下，宏观调控制度必须从权力主导型转向法制约束下的民主互动型，并塑造新的宏观调控理念和制度体系。

一、经济发展方式转变对宏观调控制度的挑战

就制度变迁的特征而言，我国经济的市场化改革属于强制性的制度变迁，国家一直主导着资源的配置。2004年国家开始采取一系列新的宏观调控措施以前，我国没有经历过真正市场经济条件下的宏观调控。2004年以后，我国的市场化和国际化进程加快，经济发展进入新的阶段，宏观调控面临新的体制环境和微观基础，承担着更加艰巨的可持续发展任务。在经济发展方式转变的同时，宏观调控制度并没有发生根本性的变化，仍然属于传统的权力主导型。其特点有四：(1) 依靠法律和政策确立国家对宏观调控权的垄断；(2) 在结构上是单向度的，强调国家采用行政和经济的措施，促进经济结构均衡和资源优化配置；(3) 调控者与市场主体之间缺少商讨、对话等民主协商程序；(4) 主要依赖政策而不是法律，进而形成所谓的政策经济而不是法制经济。

从理论上讲，在非市场经济条件下，除非调控权力分配或者行使不当，这种以国家权力为主导的制度能够满足改革开放以来政府主导的经济社会转型的需要。但是，随着我国经济社会逐步转向全面、协调和可持续发展，消费主导、城乡一体化、城镇化、公共产品供给和低碳经济成为经济发展的重点，宏观调控的环境和条件发生了根本性改变，权力主导的宏观调控制度面临一些自身无法克服的缺陷和挑战。其主要表现为：

首先，过度依赖国家权力，容易扭曲市场机制配置资源的功能。从根本上讲，充分发挥市场机制配置资源的基础作用，是经济发展方式转变的前提条件。但是，在权力主导型的宏观调控制度下，调控机关习惯于将宏观调控狭隘地视为国家的权力活动，容易忽视经济社会

全面、协调和可持续发展的要求，导致宏观调控在实践中存在以下三个缺陷：一是调控过度依赖行政手段和行政强制力，民主参与程度偏低，调控的执行成本过高；二是调控过度依赖国家和政府的直接干预，导致经济的剧烈波动甚至大起大落；三是调控过度依赖国家和政府直接配置资源，既扭曲了市场机制配置资源的功能，又增加了公权力寻租的机会，加大了经济发展的制度成本。

其次，缺乏公众认同，形成"宏观调控悖论"，影响经济的可持续发展。在权力主导型的宏观调控制度中，调控机关过分强调国家的意志而忽视其他市场主体的诉求，过分强调国家所认同的市场规律而忽视与市场主体的互动，习惯于按照国家的意志和偏好确定调控目标、调控手段和调控工具，缺乏视阈上的开放和融合，与公众之间的理解和共识程度不高，调控的结果与目标产生背离，出现了失灵现象。例如，由于政府部门与公众之间对于房价的认识存在明显的分歧，因此2005年至2007年政府多个部门出台的一系列调控房价的措施难以发挥有效作用。调控机关为了取得调控效果，被迫下"猛药"实施调控。这些"猛药"在促进经济发展的同时，又带来了经济发展的新问题和新矛盾，出现了所谓的"宏观调控悖论"，明显违背经济协调和可持续发展的要求。从改革开放以来的六次宏观调控的情况可以看出，每次宏观调控都存在"宏观调控悖论"。

再次，存在区域性局限，难以协调国内经济与国际经济平衡发展的矛盾。在新的全球化时代，因国际经济分工的改变，国内市场的国际化程度不断提高，影响宏观调控的许多因素和变量发生了深刻的变化，出现了"输入性膨胀"等制约经济发展的新问题。因此，国内国际双重均衡的问题越来越突出，以权力为主导的宏观调控发挥作用的区域性局限日益显现，不利于统筹调控国内经济与国际经济的发展。尤其是在人民币逐步走向国际化的大背景下，国外货币需求的不确定性和金融市场波动的溢出对国内的宏观调控也提出了重大挑战。从2004年开始，政府长期依赖单一的货币政策实施调控，缺少综合配套机制的连动，效果并不理想。

最后，过于强调经济目标，加剧了经济与社会之间全面、协调发展的矛盾。在经济发展方式转变中，宏观调控必须兼顾包括分配在内的经济社会全面发展的目标，而不是单纯地追求经济增长。经过30多年的改革开放，传统体制下国家、企业、个人三者利益主体之间的分配关系已转变为政府、区域、城乡、产业、行业、企业、阶层、群体、体制内、体制外等多元利益主体的分配关系，并且积聚了因市场竞争和财富不公平分配而形成的大量矛盾。回顾我国经济制度变革的过程，权力主导型的宏观调控制度很容易为利益集团所利用，并进一步扩大社会财富分配的差距。其中，包括非均衡性资源配置在内的一些调控措施，虽然有利于加快经济发展的速度，但带来的负效应已经成为困扰我国经济社会全面、协调发展的重要因素。

权力主导型宏观调控制度生成并根植于传统发展方式，但在经济发展方式转变中，其有效性被明显削弱甚至被完全消解，存在上述缺陷是必然的。按照经济全面、协调和可持续发展的目标，宏观调控制度的重点在于解决经济发展的整体性和结构性矛盾，引导市场主体作出理性选择，进而促进经济体系内部以及经济与社会之间的协调和可持续发展。从宏观调控制度的实践看，美国等发达国家的经验证明了宏观调控制度有效性的三个基本条件：(1) 不论理论界对宏观调控本身存在什么样的争论，调控者与市场主体之间的沟通渠道如咨询、公共媒体、商讨、辩论等比较畅通，公众普遍认同政府的适度调控；(2) 宏观调控在法制和民主的框架内实施，符合公共利益的要求，具有充分的合法性和合理性；(3) 在制度和程序的约束下，各种影响市场主体作出理性选择的传导机制如价格机制、利率机制能够有效运行，市场预期比较稳定，调控目标和效果是明确、可预期的。而权力主导型宏观调控制度是不符合上述基本条件的。总结我国改革开放 30 多年的经验可以发现，宏观调控面临的新问题和挑战之一就是宏观调控的有效性不足。这种有效性不足的根源在于权力主导型宏观调控制度与经济发展方式转变之间存在的内在矛盾，常常无法获得市场主体的高度认同，从而消解了宏观调控的作用。

首先，调控主体的正当性不足。承担调控职能的政府应当是经济社会的中立者，代表国家追求社会公共利益。但是，在我国现行制度下，政府与经济存在各种各样的利益关系，如对经济增长率的追求、地方财政对土地的高度依赖、对国有企业垄断地位的保护等，决定了政府难以超越经济利益的纠葛，常常成为部门利益的“俘虏”，缺少推动经济全面、协调和可持续发展应有的公信力。尤其是在缺少法制和民主约束的条件下，许多宏观调控中的矛盾本身就是因政府追求自身利益所造成的。

其次，调控目标的正当性不足。宏观调控的直接目标是保障国民经济的全面、协调和可持续发展，最终目标是提高整个社会的福利。在权力主导型宏观调控制度中，调控理念和价值观以单向度的权力主导为取向，缺少法制和民主的硬约束，宏观调控更多地关注直接目标而忽视最终目标，关注政府自身的利益考量而忽视经济社会全面、协调和可持续发展的目标。例如，改善民生的目标长时间没有受到重视，调控过度追求经济增长目标；不断加剧的利益分配不公，反过来为经济发展带来新的深层次矛盾，影响了经济社会发展的协调性和可持续性。这就使调控的公共性和正当性受到公众的广泛怀疑。更为雪上加霜的是，这种怀疑又与公众对国家和政府的不满交织在一起，成为消解调控效果的重要因素。我国经济目前正处于第二次转型时期，还没有形成完善的市场经济法制，市场传导机制的运行也还不够顺畅，宏观调控的偏差容易被进一步放大。

最后，调控权力容易被不正当使用。转变经济发展方式是一场深刻的革命，其核心是从根本上解决宏观调控与市场自主运行的关系，而权力主导型的宏观调控制度对此只能徒唤奈何。其原因有二：(1) 权力主导型的宏观调控制度局限于权力配置等微观问题，缺乏保障主体互动及公众认同的民主治理机制，调控的任意性和自由性过强，调控的决策过程不透明、不公开，调控权容易为利益集团所左右，从而导致社会分配的不合理等问题，加剧经济社会发展的矛盾。(2) 权力主导型的宏观调控制度过多地依靠行政手段，违背经济发展的基本规律，容易出现重大决策失误。从市场与宏观调控的关系看，“宏观调控措施的安排不应损害私人交易的确定性，更不应取代企业的交易决策、直接决定企业产品的类别”。2006 年 5 月 29 日建设部等九部门联合发布的《关于调整住房供应结构稳定住房价格的意见》，要求从 2006 年 6 月 1 日起，新审批和新开工的商品房建设，套型建筑面积 90 平方米以下住房面积所占比例必须达到开发建设总面积的 70%以上。这一措施显然超出了宏观调控的基本边界，事实上限制了消费者的选择权利，难以获得公众的普遍认同也在情理之中。

在现代市场经济和民主法治的视野中，“一个政权的合法性并不能来自该政权及其对权力的强制行使本身，而必须来自处于一定意识形态和规范系统的社会成员的普遍认同”。面对复杂的市场经济，尤其是在涉及公众利益的房地产、金融市场、国资流失、企业公平竞争、外资超国民待遇等领域，仅检讨调控权力的分配和调控手段的运用等微观问题是远远不够的，还应当探讨宏观调控制度的根基——民主互动性。

二、民主互动型宏观调控制度契合了经济发展方式转变的需要

自改革开放以来，宏观调控一直遵从由国家权力主导的“按照市场经济规律调控”的客观主义立场。在全面、协调和可持续发展的新理念下，我们需要对这种客观主义的立场进行适当的补充和修正，即承认宏观调控价值判断的主体间性，引入民主互动的理念，建立法制约束下的民主互动机制。自由主义经济的代表人物弗里德曼认为：“经济学家的价值判断无疑会影响到他对所研究的经济问题的看法以及所得出的结论。这些结论对他的价值判断又有反作用，影响到他所支持或反对的私人政策和公共政策”。当代宏观经济学家罗伯特·J·巴罗认为，民主既不是经济增长的充分条件也不是必要条件，但民主与繁荣指标之间的正相关关系已经成为一条确凿的经验规律。美国兰德公司高级经济顾问沃尔夫认为：“与中央集权的非市场决策相比，分权的市场决策能够更有效地应对新技术所造成的挑战和机遇”。如果宏观调控一味地强调“按照市场经济规律调控”，离开了民主的支撑，那么极有可能走向僵化的市场原教旨主义，离市场主体越来越远，离民生问题越来越远，离调控的最终目标也越来越远。而且在缺乏民主互动的条件下，所谓的“市场经济规律”很容易被曲解，甚至成为某些利益集团保护部门利益的理由，失去了应有的社会公共性和正当性。因此，民主互动作为经济民主原则的具体化，既是经济全面、协调与可持续发展的内在要求，也是宏观调控制度的价值取向之一，是宏观调控制度正当性的基础。在转变经济发展方式中，宏观调控制度不应仅仅固守于经济目标，而应当考虑社会发展和改善民生等更高层次的发展目标，由依赖权力主导转变为以民主互动为保障。对于这一问题，大致可以从以下几个方面认识。

首先，民主互动是宏观调控制度适应新的认识论的需要。对于经济发展规律客观性的认识，人们一直存在不同的看法。在以工业文明为中心的现代化进程中，人们在很长时间里坚信科学实证主义的理念，认为经济规律是客观自在的，宏观调控的关键在于如何认识和把握经济规律。但是，市场经济发展的历史告诉我们，科学知识包括有关经济规律的知识并不完全是客观的，在某种程度上是我们共同认识的结果。尤其是在融入以人为本的发展观及和谐社会的理念之后，经济社会的全面和协调发展成为基本的目标追求，宏观调控与市场主体行为之间的互动关系，都是认识融合和观念分配的结果。从科学实证主义向建构主义转变已经成为20世纪以来认识观发展的一个重要特征。适度修正科学实证主义的立场并接受建构主义的认识论，确已成为当代经济社会发展的现实。经济学中广泛应用的预期理论以及心理经济学的产生，实际上都支持了建构主义理论的主张。2007年爆发的美国次贷危机再次证明了建构主义理论的现实性。市场参与者的各类决策不可能完全根据记录在案的事实资料而“照葫芦画瓢”，更不可能死守所谓的“市场经济规律”做出选择，最终必然回归到人们的判断和意见上来，回到以人为本的基本立场上来。这正是宏观调控制度走向民主互动的认识论基础。

有关经济发展的认识论，理论上的争论和分歧早已存在。奥地利学派一贯支持不干预主义和自由放任政策；芝加哥学派主张有限干预的观点；新制度经济学派的代表人物则认为，在国家理论的框架中，一个共同的意识形态可以降低集体行动的成本。在宏观调控中，市场主体预期是否一致成为调控能否成功的关键因素。例如，美联储的每次利率调整都基本上是市场形成预期在前、宏观调控政策在后。这就是我们所看到的美国调控金融市场最成功的经验。可以说，成熟市场的一个标志就是宏观调控随着市场的预期走，即我们所说的政府服务于市场。在政府判断及遵循市场预期的过程中，政府与市场主体的民主互动成为政府通过宏观调控促进经济社会全面和协调发展的必要条件。

其次，民主互动是宏观调控制度加强公共性的需要。建立消费主导、内需主导和节约型的新发展模式是一个制度构建和实施的过程，必须动员全社会的力量才能完成，因此也是一个社会发展的转型问题。在这个过程中，宏观调控虽然主要由政府负责实施，但必须由调控者与市场主体共同商讨和行动，才能保障其具有公共性和正当性。因此，宏观调控的立法不能由调控者自己完成，调控措施不能建立在调控者自己判断的基础上，必须在全面、协调和可持续发展的目标下接受公共政策的约束和指导，公众、公众代表、公共机构以及不同利益的代表都可以参与宏观调控的决策和实施。在2005年发生的"凯雷收购徐工"的事件中，社会不同利益的代表如官员、学者、公民等共同参与讨论，保障了公众表达和民主评价，颇值赞赏。特别需要强调的是，在经济发展方式转变中，由于市场与国家的关系更加复杂，选择不同的认识角度和标准会得出截然不同的结论，因此，民主互动就成为公众正确解读并认同调控政策和措施的基本路径。

复次，民主互动是宏观调控制度促进经济社会全面发展的需要。宏观调控具有资源配置的功能和导向，是政府代表社会配置资源的活动，涉及社会财富的分配，影响社会公共福利。在资源配置机制中，不论是纯粹的市场以分权方式配置资源，还是纯粹的由政府配置资源，都存在不能达到优化配置的情形。在经济社会全面、协调和可持续发展的目标下，宏观调控应纳入民主互动机制，形成民主商谈下的资源配置机制。这样可以适当矫正纯粹由市场或纯粹由政府配置资源所带来的弊端，确保公众能够共享发展成果。从这种意义上讲，宏观调控的民主性既是市场配置资源的需要，也是社会财富分配的需要；既是经济发展方式的问题，也是社会全面发展的问题，其深刻的社会意义远远超过经济意义。从国外的经验看，美国在有关对华贸易措施的问题上为我们提供了很好的例子。2007年下半年，在多个对华贸易提案即将进入美国国会议事日程之际，"美国财政部部长保尔森、商务部部长古铁雷斯和贸易代表施瓦布已联名致信国会，明确表示反对上述立法行动。微软、沃尔玛、花旗集团、可口可乐等160家美国跨国公司也同行业协会致信国会，强调对华贸易制裁只会导致弊大于利的结果"。从这个事件可以看出美国宏观调控具有良好的民主互动机制，值得我们探讨和借鉴。

再次，民主互动是宏观调控制度科学性的保障。市场经济与民主之间有着内在的联系。"市场化强调个人自由，民主化则强调社会的联合；市场化要求发挥个人的首创性，民主化要求发挥社会的协调作用；市场化以私人分散决策为基础，民主化则以公共决策为基础；市场化首先是要设法限制国家权力，民主化则是要在国家权力中嵌入人民权力。"由于有了这样的联系和差别，民主互动实际上成为宏观调控制度科学性的保障。其理由有三：(1) 在促进经济发展方式转变的过程中，政府调控经济应当兼顾经济发展和社会公平分配两个目标，而后一目标必须由公众商讨来确定。(2) 经济社会的全面、协调和可持续发展都嵌入了价值伦理的判断，这些价值目标是社会组织为了构筑相对稳定的市场秩序所认可的基本准则，也是市场成员包括国家通过对话和协商机制达成的。(3) 在上述目标下如何依靠货币政策和财政政策，促进消费增长、节能减排、扩大内需，从根本上讲都是制度构建和实施的问题，必须依赖民主互动机制才能够完成。

最后，民主互动是宏观调控制度协调国内经济与国际经济发展的需要。随着我国市场的进一步开放，国内经济与国际经济的平衡发展成为一个矛盾焦点，宏观调控制度对此还没有给予足够的回应。例如，在经济全球化时代，我国取得了巨大的贸易优势，贸易顺差和国际流动性又带来外汇储备猛增，导致外汇占款项下基础货币的被动式投放，货币政策对市场调控的功能有所下降。对此，目前国内尚无良策。在更加复杂的国际分工形势下，宏观调控必须立足国内经济与国际经济的协调发展，需要通过民主互动扩大内需，提高公共产品供给水平，用民主互动的制度效用弥补调控工具有效性的降低。

一言以蔽之，在经济发展方式转变的视野下，宏观调控制度承担着维持经济稳定、优化经济结构、稳定物价、保障收入分配合理、平衡区域发展等多项功能，民主互动成为保障宏观调控合理性、合法性、科学性的基础，是决定其有效性的基本因素。

三、建立民主互动型宏观调控制度的对策和建议

从我国经济发展的历史和趋势看，宏观调控制度的转型已然成为经济发展方式转变的重要内容之一。虽然近年来，面对经济发展方式转变的要求，宏观调控制度已经有了一些明显的改进，如2008年第二季度政府在调整成品油和电价时，开始尝试调控方式的转变，但如何实现宏观调控制度的转型，仍然有很多问题值得探讨。

(一) 塑造新的宏观调控理念

经济发展方式转变要求我们必须首先转变发展观念，转变宏观调控的理念。新的宏观调控理念应当将宏观调控视为国家与市场主体共同建构的结果，而不单纯是国家和政府认识的结果。塑造这样的宏观调控理念必须在认识论和价值论上引入新的思维。

1．引入建构主义的调控认识论。首先，建立新的发展方式，应当承认宏观调控的合理性、合法性来自于政府和市场主体的共同认识，调控者不能完全根据自己的认识和偏好选择调控措施和行为。这一观念是国家和政府尊重经济规律并真正按照经济规律办事的认识论基础，涉及如何理解“经济规律”和“科学调控”的问题。其次，宏观调控不能只讲经济规律，还必须考虑经济社会的全面发展，重视发展的人本性，考虑经济与社会发展的协调，认真对待市场主体的诉求。我国很多宏观调控失败的案例已经证明了这一点。

2．融入民主互动的调控理念。在转变经济发展方式的背景下，融入民主互动的调控理念并不是简单地强调政治民主，而是融入民主协商的理念，丰富经济民主的制度。概而言之，其具体措施有三：(1) 宏观调控制度的建构和运行应逐步修正国家权力主导的理念，放弃过于强调经济增长的思维，依靠民主法制激发市场主体的创造性，维护市场配置资源的基础地位，为转变经济发展方式奠定基础。(2) 逐步改变市场预期跟着政府走的思维。在权力主导型的宏观调控制度下，调控的合理性建立在政府掌握优势信息和知识的假定之上，但随着知识的高度开放并走向公共性，这种优势并不必然存在。因此，宏观调控应当充分尊重市场主

体的要求和预期，通过哈贝马斯所提倡的“商谈”，在交流和讨论中获得更为深刻的认识，逐步寻找到促进经济社会全面、协调和可持续发展的调控措施。(3) 坚持宏观调控的合法性来自民主互动的理念。以政府为主的宏观调控部门有自己的利益诉求，不可能具有完全的中立性。只有依靠民主互动，宏观调控才能够促进利益的公平分配并激发市场主体的积极性，进而扩大内需，实现经济发展方式的转变。

3．用国际化的视野看待新条件下的宏观调控。宏观调控制度虽然属于国内法律制度的范畴，但国际化已经改变了宏观调控的许多基本条件，一国的经济状况越来越多地受国际因素的影响。因此，宏观调控应当引入合作与民主互动的理念，弱化对国家权力的过度依赖，更多地依赖各方主体之间、国内与国际之间、国家与国家之间的商谈、协调及合作机制。

在更新宏观调控理念时应当注意，近年来一些学者、官员理想化地宣扬和奉行自由主义的市场理念，否定国家的适度干预。我们应当看到，许多发展中国家已经饱受自由主义泛滥之苦，经济社会不断动荡，民众深受其害。即使一向宣扬自由主义的发达国家——美国，2007 年爆发次贷危机后，政府几次采取大规模干预措施，2008 年 10 月美国国会两院通过了高达 7000 亿美元的救市计划。对此，阿根廷总统克里斯蒂娜·费尔南德斯于 2008 年 9 月 23 日在第 63 届联合国大会一般性辩论中强调：“美国政府对金融市场的大规模干预证明了市场经济同样需要国家干预，发达国家和国际金融机构此前要求拉美国家放弃政府对经济的干预完全是错误的主张”。我国是个发展中的大国，不论宏观调控制度怎么发展和完善，都必须始终坚持国家适度干预的立场。民主互动的最终目标是为了更好地发挥宏观调控制度的作用，而不是否定国家干预本身。

（二）建立以监督式民主为基础的多元互动机制

“从本质上说，监督式民主是一种权力审查机制……强化了多元化、强化了公众的声音、强化了公众参与决策的动机……代表了民主在当代的发展趋势。”目前，我国宏观调控制度的民主参与和监督存在两个突出问题：一是主要依靠体制内的代议制，监督式民主没有被法律固定下来；二是在传统的代议制中，人民代表大会的参与和监督作用没有充分发挥出来。我国的宏观调控制度为了保障调控的效率，在某种程度上牺牲了民主化程度，但高度灵活和广泛授权的宏观调控需要更高程度的民主参与和监督；否则，宏观调控可能会与公共利益目标南辕北辙。笔者认为，由于宏观调控涉及面广、情况复杂且受公众心理影响较大，因此法律在规定宏观调控的权力分配、机构设置、权力行使、调控程序等内容时，应当把民主协商和民主监督制度确定为基本制度，从而建立有关宏观调控的沟通机制，并且将公众意见的表达、公众意见的调查、公共咨询规定为宏观调控的前置性程序，真正实现经济民主原则。关于建立以监督式民主为基础的多元互动机制，笔者有以下五点建议：

1．完善宏观调控审查制度。美国在金融危机中采取的救助方案最终由国会两院通过，我国的四万亿经济刺激方案也由国务院通过。从实际效果看，我国的宏观调控更具有针对性和效率，但政府调控权过大且缺少必要的监督，容易出现重大失误的阴影却挥之不去。美国的宏观调控制度虽然看起来效率不高，但可以减少决策失误，并且在实践中的运行效率较高。相比较而言，以民主互动为基础的宏观调控制度更符合经济发展方式转变的需要。因此，在传统民主制度框架中，应当进一步扩大全国人大对重大宏观调控事项的审查权，建立全国人大对重大宏观调控事项的专门审查程序。

2．建立多元互动的监督机制。宏观调控制度应建立有效的权力监督机制。当宏观调控措施在实施中偏离预期目标时，应通过有效的监督机制进行及时调整。美国国会设有独立于行政机关的政府问责办公室（原名总会计署），负责监督政府各部门财政事务的合法性和效率，为国会提供财务信息。我国在构建宏观调控监督体系时，可考虑建立国家立法机关监督、审计机关审计、社会公众监督、市场约束、内部监督和自我约束多元互动的监督体系，保障宏观调控的目标、措施和行动不会偏离经济发展方式转变的目标。

3．增强市场约束。通过提高宏观调控信息的透明度，可以消除因信息不全所产生的各种问题，为广大市场主体评价调控机关和调控者的绩效提供条件，有利于建立调控机关与市场主体之间的互动机制，增强市场对调控者的约束。

4．建立民主参与机制。尤其是在出台宏观调控措施时，应当建立论证、评议制度和正式的专家咨询机制，规定调控机关听取包括相关行业和利益相关者意见的强制性程序。

5．完善调控效果评议制度。可根据实际情况，考虑成立非政府性质的绩效考评委员会，以便定期对调控机关进行考评。考评的范围包括功能发挥的状况、目标的完成情况、对市场环境的影响、执行和遵守法律的情况等。考评的结果将作为国家制定和修正宏观调控政策及措施的依据。绩效考评委员会可以设在全国人大，以增强评议的约束力。

（三）建立新型的宏观调控法制体系

从权力来源看，宏观调控权来自宪法和法律的授权。不仅《中华人民共和国宪法》第 15 条和第 89 条规定了宏观调控权，而且全国人民代表大会 2006 年通过的《中华人民共和国国民经济和社会发展第十一个五年规划纲要》和 2011 年通过的《中华人民共和国国民经济和社会发展第十二个五年规划纲要》都将完善宏观调控制度作为重要内容。宏观调控法制体系的意义并不仅仅局限在经济范畴，而是有着非常重要的社会意义：一是法制约束下的宏观调控有助于各方利益的公平博弈，避免社会资源和财富的不公平分配，化解经济社会发展中的矛盾，保障宏观调控符合经济发展方式转变的目标要求；二是保障各种利益主体在规则和对话中解决经济发展所产生的各种矛盾，保证宏观调控运行的规范性。

实践证明，上述两点已经成为宏观调控能够满足合理性和合法性的基本标准：一是必须尊重市场自身的规律性要求，二是必须符合社会发展的基本要求。第一个标准要求政府只能在市场失灵或可能失灵时，才能采取调控措施；第二个标准要求政府调控经济应当符合经济社会全面、协调和可持续发展的目标以及现代社会治理的要求。由于在市场经济和民主法治的框架下，宏观调控正逐步由过去单纯弥补市场失灵转向塑造国家的未来，因此，合理性和合法性就成为现代经济条件下宏观调控的基本保障。从由美国次贷危机引发的国际金融危机中各国的做法可以看出，不论各国政府为应对危机采用了什么方案和措施，都必须在宪法和法律授权下进行，并在法律规定的程序下实施。

宏观调控的合法性意义是由国家和政府在经济发展中的双重功能决定的。这种双重功能被美国著名经济学家诺斯概括为“国家悖论”或称“诺斯悖论”。诺斯认为：“国家的存在是经济增长的关键，然而国家又是人为经济衰退的根源”。求解这一悖论，需要依靠宪政和法治的力量。法治作为求解“国家悖论”的一把钥匙，反映了政府与市场之间的内在联系，通过约束政府权力和保护个人权利，确立了市场经济有效运行的制度体系。许多发展中国家经济发展的实践证明，政府干预效果不理想的原因之一就是“合法性危机”，即宏观调控的合法性衰落或丧失。此外，许多发达国家的经验证明，法制化是宏观调控促进经济发展方式转变的基本保障。放眼世界，发达国家大多制定了专门的宏观调控法律，如德国早在1967年就制定了《经济稳定与增长促进法》，日本于1973年颁布了《国民生活安定紧急措施法》，美国在1978年也通过了《充分就业和国民经济平衡增长法》。美国著名政治学家詹姆斯·M·伯恩斯等人认为："政府调控则把政治目标与价值以指导市场行为的规则形式注入经济。一切经济制度都是各种规则和法规的集合……”从宏观调控制度运行的角度看，如何建立新型的宏观调控法制体系，提供充分的合法性支持，是发展中国家必须妥善解决的根本性问题，也是保障国民经济稳定发展的基础条件。

建立新型的宏观调控法制体系，必须尽快制定符合我国实际情况的宏观调控基本法，如“经济稳定发展促进法”等，将宏观调控的边界、宏观调控权、宏观调控措施、宏观调控程序、宏观调控评价、宏观调控监督包括违宪审查制、宏观调控责任制等纳入法律制度体系。早在10余年前，我国经济法学界就提出了制定宏观调控基本法的建议，并起草了立法建议稿，于2001年第九届全国人大第四次会议期间提出了《关于制定〈中华人民共和国宏观调控法〉的议案》。虽然当时我国经济的市场化和法制化程度远低于今天，但这一立法建议无疑具有前瞻性和针对性。令人遗憾的是，这一重要立法议案一直没有进入正式的立法程序，与我国经济法制快速发展的状况极不适应。对于我国这样一个发展中的大国而言，缺少一部科学的宏观调控基本法，就不可能真正实现经济发展方式的转变，更不可能建立真正的市场经济体制。目前经济发展中存在的许多深刻矛盾，与我国缺少一部宏观调控基本法有着密切的关系。始于2004年的这一轮宏观调控进一步证明，我国经济的市场化程度越高，宏观调控就变得越重要，宏观调控的法制化就变得越重要。如果不解决这一问题，那么转变经济发展方式极有可能变成一句空话，甚至还会带来更多的经济社会矛盾，引发经济甚至社会的动荡。因此，立法机关应尽快启动宏观调控基本法的立法程序，制定一部符合我国市场经济发展的宏观调控基本法，进而完善宏观调控法制体系。唯有如此，我国的经济发展方式转变才有可能实现。

从立法策略上讲，建立新型的宏观调控法制体系必须处理好规则控制与灵活性之间的矛盾。作为快速发展的国家之一，我国的市场机制和法律制度还远不成熟，新旧制度之间还存在许多矛盾。因此，我国的宏观调控制度不应采用严格的程序控制主义，规定过于复杂的制衡机制和控制程序，而应选择比较务实的弹性制度建构。这种制度模式虽然降低了宏观调控的民主性和法治化程度，但政府拥有一定的宏观调控自主权，有利于提高宏观调控的效率。此外，灵活与相机选择也是有限度的，应当在法律制度规定的基本框架内进行；否则，宏观调控可能为少数人所掌控，失去其应有的公信力和合法性基础。

（作者：西南政法大学经济法学院教授、博士生导师）

（选自《法商研究》2012年第2期）

宏观调控与实体经济

洪银兴

当前，我国的实体经济发展可以说遇到前所未有的困难，尤其是在实体经济领域中的民营经济为甚。温州等地企业家的出走，中小企业融资严重困难等等，这些问题固然有国际经济下行带来的影响，但不能忽视的是自身的两个方面问题：一是长期实施偏紧的宏观经济政策；二是放慢了市场化改革的步伐。这两个方面问题对实体经济及其中的民营经济发展的影响是负面的，这也相应表明了准确判断宏观经济形势的重要性。

一、国际经济形势对实体经济的负面影响

现在谈宏观经济，已经不能只单纯地观察国内经济形势，还要观察整个世界的经济形势。因为在全球化的大背景下，国际经济形势如果发生大的恶化，再健康的经济体都会受到牵连。

2008 年国际金融危机引发世界经济全面下滑，到 2009 年 5、6 月份我国经济走势基本到底，然后慢慢回升，似乎呈 V 型；世界经济也表现出缓慢复苏的苗头。但从 2011 年上半年起，美欧又出现了新的问题，主要是美国债务危机、欧洲债务危机、美国信用评级下降。由此导致美欧经济从 2011 年二季度起，又出现第二轮探底。这样，整个世界经济走势已经不是 V 字型，可能出现 W 型走势。而现在还在底部运行，上升的通道尚未形成。可以预判，今后一个时期即使全球经济出现复苏，也只是在波动中弱复苏。

美国、欧洲之所以相继出现主权债务危机，直接原因是 2008 年爆发国际金融危机时，这些国家政府均采用了凯恩斯主义的救市方式，比如，奥巴马政府投入了 7000 亿美元。到 2010 年，危机看似已经过去，但是，由于政府是靠借债来救市，在税收、财政没有增长的情况下，债由谁来还？于是，丹麦、希腊、西班牙、爱尔兰、意大利等国家，尤其是希腊都先后发生主权债务危机，并进一步向其他欧美国家蔓延。

欧美尤其是美国，一直是世界经济的火车头，火车头出问题了，整个世界经济就要受牵连。美国经济和中国经济不一样，中国经济增长主要靠投资和出口拉动，而美国经济主要靠消费拉动（有 80% 是靠消费拉动的）。美国金融危机爆发后到现在，失业率一直很高，消费上不去，因此财政状况严重恶化。2011 年 5 月美国政府又出现债务危机，联邦政府突破了法定债务上限。当年 8 月 7 日，奥巴马政府签署了提高债务上限的议案，看似问题解决了，实际上这是一个非常妥协的方案。因为后面有一个约束条件，就是要联邦政府通过减少开支来还债。

这个方案实施以后，马上就产生了美债后危机。因为美国经济基本靠消费需求来拉动，财政支出减少，经济复苏就受到严重阻碍。提高债务上限以后，美国就要大印美钞，就等于美国启动了新一轮量化宽松货币政策，这些举措对包括我国在内的世界各国的货币市场产生了负面影响。更为严重的是，随后国际评级机构标准普尔宣布把美国的主权信用评级从3A级降到2A+，而且把未来展望确定为负面。这是美国历史上第一次丧失3A级的主权信用评级，象征意义大于实质意义，再次造成了全球经济的不确定性，产生巨大金融风暴，导致了全球的期货市场、货币市场、债券市场、股票市场的动荡。所有这些说明，这一轮国际金融危机并没有完全结束，还在延续深化。与此同时，美联储为了刺激经济宣布连续3年零利率。

美国主权债务危机和信用评级下降弱化了美国的经济增长预期，对中国的影响是明显的。首先是降低了中国持有的美国国债的价值。我们的外汇储备是3万亿美元，有2/3买的是美国国债。美国经济增长预期下降后，国债价值下降，我国所持有的美国国债的财务价值收益下降是显然的。其次是由于美元贬值，以美元计价的国际大宗商品价格如石油、矿石、粮食价格飙升。在中国现阶段的经济发展需要大量进口这些战略性大宗商品，这就增加了我国输入型通货膨胀的压力。再次是造成了人民币对美元进一步升值的格局。美国自身经济出毛病，他们把责任归咎于中国，理由是我们对美国是进出口为出超，是顺差，美国是逆差。他们认为，中国人把美国人的饭碗端掉了，造成美国人失业，所以他们要逼人民币升值。人民币升值就是美元贬值。其结果是我国的外汇储备缩水，增加我国出口成本。最后是欧美主权债务危机的蔓延表明欧美都将进入新一轮的紧缩周期，对中国经济的影响是外需进一步缩小，冲击了我国的实体经济，在一定程度上抑制我国经济增长。

以上影响因素归结起来，就是一方面通过输入型通货膨胀影响我国的宏观经济，另一方面通过外需的下降影响我国的经济增长。这些都集中影响我国的实体经济。

二、国内通货膨胀和经济增长下行的双重压力

2008年爆发国际金融危机以后，我国经济到2009年6、7月份就基本上走出了危机，进入了后危机阶段，此后一直到2011年一季度经济复苏开始显现，且增长速度较快，但是从二季度起，不仅通货膨胀压力明显加大，而且经济增长率也出现下降。对此需要判断的是，通货膨胀和经济增长下行这两个压力哪个更为严重，这牵涉到宏观调控政策的重点确定。

我国的CPI从2011年1月以来一直居高不下，直至当年8月份达到6.5%，9月还在6%以上，虽然10月回落到5.5%，直到2012年5月起才明显回落。在此以前的相当长的时期中，人们对处于高位的物价尤为关注，直到2012年上半年我国的宏观调控政策一直把反通货膨胀放在首位。

通货膨胀主要有三种类型：一是需求拉动型；二是成本推进型；三是输入型通货膨胀。我国这一次通货膨胀的类型是混合型的，就是说，此次通胀是由投资需求膨胀，过多的流动性，物流成本过大，农产品价格上涨，以及国际市场商品价格上涨、美元贬值等多种原因造成的。我们怎么来判断这次通胀压力的严重程度？很多人说现在通货膨胀很严重，应该采取严厉的反通货膨胀政策。我认为这有点反应过度。例如，2011年我国连续提高银行准备金率，并开始提高银行利息，实行非常严厉的紧缩银根政策。虽然起到了一定的效果，但成本也很大，其基本原因是后危机阶段经济增长的压力更大。

就经济增长率来说，2008年国际金融危机爆发以后，我国除了拿出4万亿政府投资来救市外，房地产市场、汽车市场和以高铁为标志的公共设施建设，对较快的走出危机也起了明显的积极作用。但是紧接着的后危机阶段，推动经济复苏的动力不足。面对过高的房地产价格，国家调控房地产市场，房地产投资处于低迷状态；一些一线城市限制汽车牌号，也使汽车市场受到影响；高铁建设也已经放慢。这意味着原来推动经济复苏的动力明显衰减。只有政府安排的保障房和经济适用房建设方面的投资可能还能带动经济增长。投资带不动，消费呢？尽管我们已经明确由投资拉动型经济增长转向消费拉动型经济增长，但在现实中这种转变还没有实现，消费需求并没有明显的扩大，对经济增长的贡献并不大。再看出口，受美债、欧债危机的影响，外需明显不足。这些影响从我国的经济增长率上反映出来。2008年1—3季度为10.6%，2009年1—3季度降到8.2%，到2010年1—3季度提高到10.6%，2011年1—3季度又降到9.1%，又到了一个新的低点。更为严重的是，到2012年中期经济增长率又进一步降到新的低位，即降至8%以下。

经济增长率实质是实体经济增长率。研究导致我国经济增长率进入下行区间的原因，固然有外部经济的严重影响，但不可忽视的主观原因是：对宏观经济研判的失误，导致了宏观紧缩力度过大。一般认为5%的CPI是警戒线，我认为过去可能是这样，但现在不完全如此。主要是人们对5%的CPI的反应程度没有过去那么敏感。首先看恩格尔系数，指的是食品消费占收入比重。过去我们恩格尔系数有百分之四十几，那时人们对通货膨胀反应非常敏感。而现在这个指数下降到百分之三十几。相应的，老百姓对通货膨胀压力的灵敏度就不像过去那么高。从现象上看，过去几次通货膨胀压力一出现，大家就去商店抢购，这一次没有严重的抢购现象。其次是资本市场发展起来以后，人们关注的不仅是商品市场上的生活品价格，更为关注资本市场（特别是股票市场）的资产价格，如现在炒股的人很多，大家似乎更加关注股票市场的价格，这就明显转移了人们对市场的关注度。

根据以上分析，我认为，当前的通货膨胀确实较为严重，应该高度关注并采取适度的宏观调控政策，但不能反应过度，需要把握好调控的力度。否则，直接影响的是实体经济。

三、宏观调控政策的目标是宏观均衡

我国这一轮发生的通货膨胀所处阶段有特殊性。一般的通货膨胀，都是发生在经济处于高速增长阶段，经济过热，就要宏观调控，反通货膨胀。但这一次通货膨胀发生在后危机阶段，也就是危机过后的经济走出低谷刚刚回升的时候。本来经济刚刚开始复苏，需要继续保留适度扩张的财政货币政策刺激复苏。但是，面对通胀，扩张性的宏观政策不得不退出，要采取紧缩性政策，这就使经济复苏缺乏宏观政策的强力支持。

本来在商品市场出现通货膨胀时，资本市场的资产是消化流动性的大头。但是，面对过高的房地产价格，国家需要调控房地产市场，再加上股票市场又长期低迷，资本市场难以起到消化流动性的作用。按照“十二五”规划要求，我们需要普遍较快增加居民收入，通过扩大居民消费需求来拉动经济增长，但是为了防止收入—物价的轮番上涨，一时难以启动普遍增加居民收入的措施，也就无法以扩大消费需求来消化流动性。

以上就是这次反通货膨胀遇到的困难。其后果为：一是通胀压力可能还要持续一段时间；二是经济增长缺乏强大推动力。在这样的情况下，我认为需要正确评价宏观调控政策。

我国这一轮紧缩信贷实际上是从调控房地产市场开始的，紧接着就是反通胀。先是连续提高准备金率，后来又连续提高利息率。两者相互配合，银根越收越紧。就紧缩银根两大措施来说，提高准备金率和提高利息率，这两种手段有着不同的功能。提高准备金率，基本上属于计划性的，而提高利息率是一种市场性的，影响市场行为。利率提高，消费者就增加储蓄，减少消费，但是企业还贷压力更大。因此，经济学家一般是建议慎用提高利率手段。一段时期我国准备金率连着提高几次后又连续提高利息率，看起来是解决储蓄者的负利率问题，但同时也增加了企业的利率负担。在此宏观背景下，企业面临双重压力：一是信贷规模控制以后贷不到钱；二是利率提高以后企业还不起钱。这二方面都会严重影响实体经济的健康发展。

在肯定宏观调控政策的正面效应的同时，必须注意其负面效应。根据菲利普斯曲线，通货膨胀和失业率是一个反比的关系，通货膨胀高，失业率低；反之失业率则高。把通货膨胀降下来，失业率会升高。两者都关系到老百姓的切身利益。

一般说来，反通货膨胀的谈判能力强于反失业。原因是通货膨胀一来，人人有份，包括官员和其他有谈判能力的人。而失业是部分人受害，失业者不会是官员和有谈判能力的人。所以通货膨胀一产生，人人反对，而对失业问题关注的却相对不够。岂不知就业率实际上就是经济增长率，失业率高不仅反映经济增长率下降，同时也意味着失业者的生活水平下降。因此，宏观政策不能只偏向一个指标。就如凯恩斯的专著名就叫《就业、利息和货币通论》一样，宏观政策有三个指标，既关注货币问题，又要关注利息和就业问题。任何一个经济政策都有正效应，也有负效应，问题是怎么把握好，把负效应降到最低。现在我们面临的问题是，失业率提高、增长率下降、中小企业融资困难。这同样应成为宏观调控所要解决的问题，不能单纯地为了反通货膨胀而任凭失业率提高。

宏观经济学的精髓在于均衡，合适的宏观政策应该是在保持经济增长和控制通货膨胀之间找到均衡，选择一个合适的均衡点。就是说，既不可能无通货膨胀，也不可能无失业率，只能是在通货膨胀和失业率之间寻求均衡点。具体到现阶段的宏观政策目标，就是要在保障低收入者的一定生活水平前提下适度通货膨胀。就是说，就业是民生之本，允许适度的通货膨胀率，就是要保证必要的就业率，同时注意到低收入者的恩格尔系数是比较高的，需要给他们提供必要的物价补贴。

凯恩斯有句名言，我只管现在，不管未来。就是说，宏观经济状况和宏观调控政策都是属于短期的。宏观政策不管是紧还是松都不应持续很长的时间。现在我国这一轮宏观调控已经见效，从2011年9月份起CPI开始回落，房地产价格也出现下降的迹象。如果紧缩政策持续很长时间就会产生明显的负面效应，这种宏观政策就要及时调整。这种宏观政策调整由于以下两个方面原因显得更为紧迫。一是现在世界经济危机没有过去，外需严重不足，就必须要扩大内需，我们应该采取扩大内需的政策；二是在经济尚未复苏的背景下，如果紧缩性政策力度过大，经济增长可能出现停滞，甚至可能产生滞胀问题，对经济发展具有很大的破坏性。当前的宏观政策固然仍然要以反通货膨胀为主攻方向，但短期政策不能影响长期发展。房地产价格的宏观调控不能误伤实体经济中的中小企业。

现在，宏观调控政策开始调整，涉及两个方面。一是货币政策由紧缩转向稳健，适当放松紧缩银根的力度；二是财政政策由稳健转向积极，也就是以宽松的财政政策进行供给调节。

增加供给的财政政策手段主要是减税，如增值税减税就可以大大降低企业负担，调动企业增加供给的积极性；对中小企业减税也就可以在减轻其负担的基础上增强其活力。而且财政政策和货币政策具有不同的功能，货币政策进行总量控制，财政政策进行结构调整。

我国近期根据宏观经济的走势将要实施稳健的货币政策和积极的财政政策。由紧缩的货币政策转向稳健的货币政策，意味着将会释放出数量较大的流动性，这些流动性应该重点流向实体经济。积极的财政政策也是这样。国家提供的各种减税和刺激供给的政策重点也应放在实体经济领域，努力为实体经济中的企业减轻负担，为实体经济发展创造良好的外部环境，特别是可以通过税收等途径将投机性经济的一部份收益转向支持实体经济。

四、宏观调控的市场化改革基础

中国的社会主义市场经济是在国家的宏观调控下使市场对资源配置起基础性调节作用。这意味着有效的宏观调控必须是以市场化改革所形成的经济体制为基础的，宏观调控不能破坏市场机制的正常运行。

2008 年以来，为了抵御世界金融危机和欧美债务危机的影响，同时又根据国内反通胀和调控房地产价格的需要，国家宏观调控的力度明显加大，尤其是较长时间的紧缩银根。在宏观调控达到预期目标的同时产生了市场化改革放慢，甚至出现倒退的负面效应。最为明显的是民营经济发展的困难明显加大，尤其是在实体经济领域中的民营经济，不仅融资困难，而且融资成本高。民营经济所感觉到的“国进民退”问题，不在于国家对民营经济的政策和态度发生了改变，而在于民营经济在同其他经济的比较中感觉其经营环境恶化。

一是与国有企业尤其是垄断领域的国有企业的经营环境比较，融资没有国有企业方便，融资成本比国有企业高得多，进入某些领域受到的限制比国有企业多，但其承担的责任不比国有企业小。正因为如此，民营企业家近期普遍信心不足。主要不在于对经济形势缺乏信心，更为重要的是对我国发展市场经济的体制和政策信心不足。最近国内外媒体关于《中国人富不起来》的讨论有很多。主要反映是民营经济做大后，资本、财产外流，甚至民营企业家直接出走。

二是与虚拟经济的投机性盈利比较，尽管虚拟经济实际上是投机性经济，且运行存在风险，但其依靠投机实现暴富对实体经济的刺激很大。这样，客观上造成的影响是，搞实体经济不如“玩”虚拟经济富得快，经营实体经济雇佣的员工多，相应的负担重、责任大。比较的结果是，不少民营企业家把从实体经济赚到的钱投到虚拟经济，富二代不愿从事实体经济。现在虽然民间资本较多，但不愿进入实体经济，不愿意投资实体经济。这是很危险的。一个国家的发展最终还是要靠实体经济。虚拟经济只能起润滑和助力的作用，中国决不可能靠搞虚拟经济富裕强大起来。

去年年底温州出现民企老板出走事件，民间高利贷泛滥，民企债务链断裂等问题已经暴露出改革停滞不前的严重后果。今年是邓小平同志南巡谈话 20 周年，在纪念小平南巡 20 周年的日子里，中央重申深化改革的决心，强调以改革破解发展的难题，并明确扩大民营经济进入的领域包括进入垄断领域。这些重大举措表明我国今后一个时期的改革不只是在行政、社会等重点领域深化改革，还会继续巩固和深化经济领域的改革，增强经济的活力。基于此，当前特别要依靠深化改革来增强发展民营经济的信心，尤其是在实体经济领域中的民营经济。明确采取相应的支持实体经济领域的民营经济发展的政策。具体包括以下几个方面。

第一，着力打破市场垄断。民营经济的活力来自市场。市场配置资源的效率在于公平竞争。造就好其与国有企业的公平环境就是对民营经济发展的重大支持。在市场充分作用的条件下，企业与其他企业平等获取资源。为此，一方面需要克服民营经济进入市场和从金融等方面获取资源的各种歧视性条件，另一方面需要克服市场垄断问题。现在各个方面对垄断部门反映非常强烈，例如，垄断价格，垄断收入，以及垄断部门的服务质量问题，都需要在体制和政策上得到解决。

第二，着力扩大中等收入者比重。这需要制度和政策保证。扩大中等收入者比重不是简单的收入分配问题，而是明确现阶段推动发展的新动力。民营企业经营者基本上属于中等收入者，在国外即中产阶级。中等收入者比重的扩大很大程度上靠财富效应，尤其是其财产收入的效应。现在买股票被套住，买房子被贬值，甚至办企业要借高利贷，这种状况如果长期下去，扩大中等收入者比重的目标不可能实现。因此，需要提振资本市场信心，对财产性收入给予充分的保护，对财富的积累给予制度保证和保护。

第三，加强对民营经济的积极引导。现在民营经济的问题还有缺乏引导的问题，尤其是在产业发展方向上。国家对民营经济不能完全放任，让它自生自灭。主动积极的引导实际上就真正把民营经济当做是自己的经济。就是说，对民营经济不只是放开，还要对其引导和扶持。

总的来说，民营经济发展遇到的困难看起来是微观问题，但实际上是宏观经济问题，也是实体经济问题。从根本上解决此问题涉及对民营经济的认识和坚持改革方向问题。发展民营经济是我国建立公有制为主体、多种所有制经济共同发展的基本经济制度的标志性成果，民营经济在我国的国民经济中的地位和作用不可替代。无论是在理论上和政策上都不能以为支持民营经济就是削弱公有制经济。有了这些认识，民营经济才能在改革开放中得到更大的发展空间。

（作者：南京大学经济学院教授、博士生导师）

（选自《当代经济研究》2012 年第 10 期）

我国财税改革与“顶层设计”

——省以下分税制财政管理体制的深化改革

邓子基　唐文倩

十七届五中全会通过的《中共中央关于制定国民经济和社会发展第十二个五年规划的建议》(以下称《建议》)中提出一个全新的概念——“改革顶层设计”。“顶层设计”(top-down design)，出自系统工程学，本意是指自高端开始的总体构想，从最高层开始，站在一个战略制高点，先明确要实现的目标，而后一层一层地去设计。也就是说，“顶层设计”是一项工程整体理念的具体化，是一个系统论的方法。它要求从全局出发，对项目的各个层次、要素进行统筹考虑。把工程学概念引入政府统筹内外政策和制定国家发展战略层面，运用于社会改革领域，就是要全面落实科学发展观，改革全面系统的规划和设计，加强对改革全局的整体战略谋划，从而使我国沿着实现社会主义基本价值的目标迈进。如何将“顶层设计”的理念渗透到经济、社会、民生等领域中的实际行动，落到解决问题的实处，转化为基层动力？这是要我们深入探究与思考的。

我国1994年实施的分税制财政管理体制改革，是财税领域制度性建设方面的重大突破。此后省以下分税制财政管理体制改革并没有实质性的进展，省以下政府间财政关系没能理清，这导致“财权上移、事权下移”，基层政府普遍存在着财政困难。“十二五”规划建议有关财税体制改革，提出了逐步健全地方税体系，赋予省级政府适当税政管理权限。要解决目前分税制改革中遇到问题，为地方政府建立长期、稳定的收入来源，就必须通过中央和地方事权与财权（力）相匹配的“顶层设计”。

一、从“改革顶层设计”的战略高度考量我国政府间财政关系

当前，我国政府间财政关系的突出问题是财权（力）与事权的不匹配。表现在：一方面，下级政府承担部分上级的事权和支出，同时上级政府也承担着部分下级事权和支出，事权交叉重叠。另一方面，随着分税制财政管理体制改革的推进，财政收入集中上收，支出责任下放，基层政府呈现财政困难。这要从“顶层设计”的高度把握政府间财政关系，以理顺目前混乱的财权事权分配关系。鉴于省以下分税制财政管理体制与我国行政体制的密切关系，首先应该改革我国政府间财政层级，打破现有行政管理层级框架，打好“顶层设计”的基础。我国宪法中虽然规定实行五级政府，但针对目前省以下财政体制的问题，我们可以先通过减少财政上的政府级次，实行三级财政，改革财政管理模式。具体来看：首先，我国实行“省管县”

的体制，财政部2009年7月发布了《关于推进省直接管理县财政改革的意见》，到2012年各省（除民族自治地区以外）将全面实行“省管县”财政体制。改革的方向是让市级和县级政府在财政层面成为平等而独立的层级，形成中央、省、县（市）三级财力分配框架。其次，我国要改革乡镇级别政府的设置，将其作为县级政府的派出机构。国家正在不同地区试行的“乡财县管乡用”体制改革，正是为了处理好乡镇级别财权（力）与事权的分配关系。在改革的过程中，县级政府无疑会有改革的动力，而市级及乡级政府可能会缺乏相应的激励。怎样在改革中获得市级与乡级政府的支持，需要我们从“顶层”的视角和战略高度设计。第三，在实行“省管县”改革后，省级政府既要负责市级政府的财政收支，又要管理县级政府的财权分配，部分含有较多县市的省份难免顾此失彼，不符效率原则，有违改革初衷。因此，可考虑适当对某些地区进行行政划分上的调整，如对有些较大省份中经济联系比较紧密、具有相对独立性的地区予以升格，做好“省管县”的配套改革。

在做好政府层级架构的调整后，我们可先定事权以明确各级政府的支出责任，再依据事权大小及多少来划分财权，确定财力；同时，由于每项事权是由决策权、执行权、监督权与支出责任等要素构成的，因而应针对这些构成要素的属性，在各级政府之间进行合理界定。进行事权划分时，应从国家安全、宏观调控、降低行政成本、提高管理绩效的角度来综合考虑。一般而言，国家安全与宏观调控由中央政府主导，这需要相应的财权（力）配合；为提高管理效率、降低行政成本，各级政府应善于配备与其所负责任相当的资源与权力。依据以上原则，笔者认为：对涉及国家主权、安全、内政、外交、宏观调控、协调地区财力与发展、关系国民经济命脉的国有企业管理、全国性及跨地区的基础设施建设与环境保护等全国性公共产品应由中央政府安排财政支出。在地方政府中，省级财政主要负责省内社会管理、市场的监管、地区性法治建设、省级交通道路、水利枢纽等工程支出，以及社会保障项目和公共卫生等；县级财政的事权范围则包括县内社会治理、公共事业发展等具体支出事宜，主要包括本级行政与司法部门经费、县级支持和安排的基建投资、城市维护建设经费以及支农社保项目，这些是改善公共设施、直接服务群众，面对各种琐碎繁杂的辖区具体事务。此外，一些具有外部性的公共产品的提供，例如基础教育以及环境保护等方面的支出，应该由中央与省县共同负责。

在每项事权中，决策权一般由高层政府拥有；执行权则应当给予基层政府；监督权更多体现于上级政府和本级人大。决策权所需成本较小，执行则需要大量的资源与之配套，而为使上级政府的监督权具有权威性和可信性，财政收入总体应适当向上集中，以体现社会主义集中力量办大事的优势；同时，在分权和制衡各级政府拥有的决策权、执行权与监督权后，财政支出的大部分应该在地方政府安排；而财政收入与支出之间的差额，势必要通过上级政府对下级政府的转移支付弥补。在各级政府的财权（力）与事权得到匹配、财政收支得到合理安排后，地方政府才能有效执行中央政府的决策，使公共产品的提供达到帕累托改进状态。

二、用“改革顶层设计”的理念深入探索我国地方税体系的构建

地方公共财政得以存在的理论基础是财政联邦主义，财政联邦制是处理政府间财政关系的一种规范制度，强调各级政府在财政支出上的独立性和自主性。这个理论的核心就是财政分权，现代财政学之父马斯格雷夫认为，适当财政分权有利于经济效率，并且从效率和受益的角度考虑，提出财政的基本职能分配，并且将税种在各级政府间做粗略划分：中央政府适合征收所得和支出税；地方政府适合征收财产税。综观国外分税制实践，各国十分注意地方税制在整个税制建设中的重要地位。在我国，1994年构建的分税制财政管理体制，虽将税种分为中央税、地方税和共享税，但在实践中，不断增加的共享比例，使一些地方税比重降低。在现行税制中，完全属于地方固定收入的税种有10个，但有共享性质的税种就有7个。如何为地方政府建立长期的稳定的收入来源，亟需进行地方事权与财权（力）匹配的“顶层设计”：在统一税政的前提下，积极培育地方支柱税源。中央集中管理中央税、共享税的立法权、税种开征停征权、税目税率调整权、减免税权等，以维护国家的整体利益。对于一般地方税税种，在中央统一立法的基础上，赋予省级人民政府税目税率调整权、减免税权，并允许省级人民政府制定实施细则或具体实施办法。

笔者认为，为地方政府择其一两个主体税种培养税源，并辅之以相对合理的辅助税种，乃是“顶层设计”的关键所在。依据税种划分的原则，能作为地方收入主体的税种应该具备如下几个基本特征：一是税基的固定性，如把税基具有流动性的税种作为主体税种，则易导致各地区竞相优惠的低税竞争以及税源的规避性流动；二是税源的稳定性，税基应该较宽，并具有一定的税收弹性，才能拥有充裕的税源；三是征管的便捷性，即地方政府拥有信息方面的优势，应将那些中央不便于征管的税收划归地方，同时，地方税制体系中要尽量减少开征各种零散的、遵从成本高的地方税；四是税收收入和产业结构的调节性，以使地方政府能运用税收杠杆达到一定的调控效果。其他税种应作为辅助税种。要树立“小税种大财源”的理念，加强对地方小税种的管理。根据上述四条原则，并考虑各税种自身的性质特点，我们绘制了地方政府税收划分的基本构架（见表1）。

表1　地方政府间税种划分

	专有税种	当前主体税	未来主体税
省级政府	营业税、资源税、社会保障税、车辆购置税等	营业税	营业税 地方性流转税
县级政府	房地产税（或物业税）、遗产与赠与税、城乡建设税、环境保护税	房地产税	房地产税 遗产与赠与税

从总体看，地方政府的主体税种应包括营业税、房地产税和城市维护建设税等。地方有必要增加新税种，如社会保障税等。具体说来：(1) 从省级政府的角度看，当前以营业税为主体税种是切合实际的。当前营业税在地方财政收入中独占鳌头，税基足够宽，税源稳定而有弹性。营业税作为主体税源，必须发展第三产业。这也是我国产业结构转型的路径。随着我国经济发展方式的转变，营业税作为主体税种的地位在短期内还会加强。但随着将来增值税征税范围的扩大和房地产税制的改革，其征税范围将逐步缩小，收入地位也会逐渐减弱。因此，未来省级政府需有“双管齐下”的双主体税源。我们可借鉴国外的销售税或货物税的经验，将现在就消费征收的各项税费加以整合，形成税基独立的流转税，使消费成为真正的税源，而不是生产。这不仅可以避免现行税制下，各地政府争相上马建设项目，不顾环境损害招商引资，更可以刺激和改善消费环境，增强消费对于经济的带动作用，扭转我国经济发展对投资过度依赖的局面。(2) 从县级政府的角度看，我们可以借鉴美国等发达国家的做法，以

财产税作为主体税种。当前可以把针对房地产征收的房地产税作为培育县级政府的支柱税源。在培育过程中，应先对目前与房地产有关的税费进行整合，把房产税、契税、土地使用税与增值税、土地出让金等调整为统一的房地产税。这样，一方面能改变目前地方政府“土地财政”的混乱形势，使地方政府拥有稳定可靠的税源，缓解财政困难；另一方面，能够统一税制，使地方政府真正称为管理者而非经营者，合理调控房地产市场，促进楼市的健康稳定发展。(3)随着我国经济的发展，一旦时机成熟可考虑开征由地方管理的遗产与赠与税，使其作为房地产税的重要补充。在具体操作上，对个人继承和获赠的各类财产和存款，可参照个人所得税的税率模式，采用超额累进税率，并由各省根据其自身经济发展情况确定。(4)在省与县两级财政均有了自己的主体税种的前提下，还必须利用好其他税种作为主体税种的辅助。有些税种虽不适合作为主体税种，但却是地方财政收入的重要源泉，应该开拓并认真把握，以免税收收入的转移与流失。辅助税种的设计，也应该在一定程度上遵循前面说到的原则，以资源税和环境税为主。其中，资源税作为省级政府的辅助税源，环境税则应承担起县级补充财源的角色。这就要求：首先，我国应着手改革资源税。资源税因其“级差地租”的特性，不适合作为地方性主体税种的选择对象，却是地方财力的重要来源。要调整资源税的管理归属，各地区有权按照实际情况保留资源税，并由中央与地方共享税变为地方税；扩大资源税的征税范围，适当提高税率，将某些资源费改为资源税，将水、土地、森林资源等列入资源税的征管对象。其次，开征环境保护税。主要是基于目前国内环境污染严重的现实，环境保护税由地方税务系统征管，作为地方政府财力的来源，可按照“专款专用”的原则，由环保部门用于当地环境修复与保护工作。环境保护税的开征是转变发展方式的必然，也是使外部性内部化的必要手段。

另外，“顶层设计”，还需要我们做好相关的配套制度革新。在“十二五”规划建议中，还强调继续推进费改税，这有利于扩大地方税的收入规模。收费一直以来都是地方筹集资金的重要渠道，但收费也带来一些问题，应因势利导，将某些收费改为税，以便让其受到法律的监管。目前相当一部分收费本身就具有税收的性质，例如资源费、排污费等。这种收费和基金都应纳入到税收分配范畴。

三、以“改革顶层设计”的目标要求改进我国转移支付制度

前已述及，我国各级政府间财政收入与支出责任之间的不匹配，必然要求上下级政府间做好财政资金的流动，以实现财政支出总需求大致等于财政收入总供给，这种流动机制就是财政转移支付制度。转移支付是对政府间事权、财权（力）划分不完全对等的一种纠偏和矫正。在1994年分税制改革后，我国财政收入的“两个比重”得以提升，使中央掌握的公共资源越来越集中；而地方也效仿中央做法。在此种情况下，财政转移支付为基层政府的活动提供了血液，发挥了巨大的作用。但随着时间的推移，目前转移支付制度的各种问题也逐步显现。

（一）目前转移支付制度中存在的问题。

1. 难以确定转移支付规模，总体力度不足。

在我国目前各级财政间的转移支付中，普遍存在着“讨价还价”方式。转移支付的规模是中央政府和各级地方政府间博弈的结果，中央和地方政府的目标往往存在偏异，因而支付额度与实际所需经常不相一致。当前普遍存在的基层政府财政困难，说明转移支付力度总体而言是不足的。这与我国转移支付长期实行的“基数法”计算是分不开的。在“基数法”下，转移支付照顾基数大的东部地区，而广大中西部地区则只能得到较少的转移支付。当前我国在某些转移支付项目上已经采用“因素法”，但仍有一些不够科学合理之处，有待进一步完善。

2. 财政转移支付内部结构不尽合理。

如税收返还比重较高，专项转移支付所占比重过大，一般性转移支付比例过小。2010年中央对转移支付预算中，专项转移支付所占全部转移支付比例的52%。较多地采取专项转移的方式，其中固然满足地方的专门需要，也包含了中央防止地方政府挪作他用的意图。但专项转移支付的随意性较大，很大程度上取决于地方政府的“讨价还价”能力，而且支付范围过大容易导致资金使用分散化。专项转移支付只能用于指定项目，并且需要地方财政配套，加大地方财政负担。一般性转移支付是通过测算标准收入与标准支出之间的缺口，再考虑财力因素而确定的。从实现均等化的角度而言，一般性转移支付是更好的选择。

3. 财政转移支付分配结构不合理。

从纵向看，市级政府人均财政转移支付数高，而县市级比重少；从横向看，东部地区转移支付比重大，财政困难的西部地区比重小。一般而言，在市场机制的作用下，各种税源容易流向具有集聚作用的东部地区和城市地区，因而使发达地区自我供给能力较强。当前的转移支付体制使地区发展差距加大，基层政府无法有效履行职能。此外，对于具有区域性外部效应的项目，财政转移支付无法进行及时有效的保障，地方政府则可能推诿扯皮，导致跨省公共产品的供给不到位。

4. 财政转移支付缺乏监督机制。

我国现行财政转移支付制度的立法层次较低，且我国没有专门机构对转移支付进行统一安排和管理。1995年财政部制订了《过渡期财政转移支付办法》，到2002年改为《一般性财政转移支付办法》。我国现行的财政转移支付制度依据的主要是政府规章，并没有专门的或者相关的法律，客观上降低了转移支付制度决策和运行的民主性和规范性。不仅如此，转移支付资金的执行缺乏人民群众的直接监督，人大和审计部门对转移支付也缺乏有效的监督、审计和绩效评价机制。

（二）深化转移支付制度改革的措施。

“十二五”规划中提出，“增加一般性转移支付规模和比例，加强县级政府提供基本公共服务财力保障”的建议。综合考虑以上情况，笔者认为，深化改革我国财政转移支付制度，应从以下方面入手。

1. 改革原体制“残余”，推广并完善“因素法”的计算方法。

在分税制改革中“残余”的原体制的解取、税收返还和原体制补贴，目前给财税制度的进一步改善造成了一定障碍，应予取消，应严格按照转移支付制度的规定进行。鉴于“基数法”的各种弊端，以及“因素法”的不完美，我们在推广“因素法”的计算方法时，也应结合实际情况合理改进。可以借鉴国外的均等化公式，以人均标准财力为依据，而非按财政供养人口计算。凡是人均财力水平低于标准财力的省份，中央对其给予财政补贴。同时，要结合各地方各层级政府的实际情况，考虑其提供基本公共服务的成本差异以及增收的努力程度等因素。还要建立一种上下级财政体制之间的信息反馈和互动机制，上级财政部门可提前告知下级财政部门转移支付指标，而下级财政部门也需要按照国家政策要求和地方实际，提前向上级财政部门编报符合地方经济社会发展方向的项目，实现上级政策与地方特色的结合，使转移支付的额度符合地方需求。

2. 调整政府间转移支付的内部结构。

由于一般性转移支付制度存在“负激励”

效应，在测算标准收入时应融入更多的激励，考虑更多的财政努力因素。专项转移支付制度目标明确，在未来转移支付中举足轻重，应尽力做到决策公开透明，并在一定范围内引入竞争机制。改革内部结构的方向是缩小经常性专项补助所占比例，逐步提高一般财力补助的比重。要将专项补助的覆盖范围缩小到基础教育、社会保障、环境保护、社会治安、基本交通等项目上，腾出空间留给更具规范性的一般性补助，余下留给临时性自然灾害补助。

3. 优化转移支付资金分配格局。

要适当降低市级人均财政转移支付数，提高县级人均财政转移支付水平。防止市级政府截留拨付给县级政府的转移支付资金，使转移支付真正起到促进均等化的功效。要增加对人均支出水平低、发展后劲不足的欠发达地区的转移支付力度，缓解区域发展不平衡现状。同时，针对传统的省级行政区划的划分未能充分考虑到人口流动性的变化以及基本公共服务的外部性问题，应更加注意跨区域公共产品供给。可以通过建立区域性组织，将外部性予以内部化，并配套相应的转移支付财力，确保具有外部性的基本公共服务的有效供给。

4. 强化政府间转移支付的组织和监督。

在目前我国财政体制缺乏足够规范的法律基础的情况下，转移支付的操作中缺乏组织和监督。所以，仅仅依靠上级政府的监督是远远不够的，应该制定并完善相关法律、法规。笔者认为，我国应推动财政分权立宪，确认目前财税体制改革的成果，并赋予法律效力。同时，应推进转移支付的法制化进程。对各项转移支付应建立一套标准的申请程序，依法申请，并应要求项目执行者进行反馈。只要上了法律轨道，政府间转移支付才能得到合理的监管。

（作者单位：厦门大学财政系）

（选自《财政研究》2012 年第 2 期）

当前金融改革所面临的几个理论问题

易宪容

一、当前中国金融改革的深层次问题

近十多年来，特别是1998年亚洲金融危机以来，中国在推进金融机构改革特别是大型国有商业银行改革、推进股市股权分置改革及汇率制度改革方面取得了一定程度的进展，但是在面对国际金融危机的冲击时，中国金融体系中深层次矛盾日益显现，其带来的风险也逐渐表现出来。主要表现在，中国的多数银行有能力抵御“单独出现的冲击”，比如资产质量大幅恶化（包括房地产市场的调整）、收益率曲线的移动及汇率的变化，但当几个风险同时发生时，银行体系可能会受到“严重影响”，导致国内金融体系面对的系统性风险增大。如何加快中国金融体系改革是防范这种风险的关键所在。

在今年3月份“两会”之后，不仅温州综合金融改革试点开始，而且深圳前海、珠海横琴、天津、上海、重庆、鄂尔多斯等地的金融改革试点风起云涌，汇率、利率、人民币国际化、证券、保险等不同改革措施纷纷出台，中国新一轮的金融改革大潮开始启动。但是，中国金融如何改革，改革的重心与难点在哪里，这些都应是认真思虑的重大理论问题。不过，从当前金融改革的态势来看，有以下几个层次的问题需要厘清。

一是从对金融市场的认知角度来看，中央与地方关注点不同，中央政府更加关注中长期国内金融市场的稳定，防范系统性风险及区域性风险；而地方政府关注的重点是如何突破现有的传统的金融市场体系，通过金融市场的资本运作拉动当地经济快速增长。

二是从国内金融市场成熟度来看，一方面，国内金融市场是由计划经济转轨而来，中央政府希望通过对金融资源的调控来保证其经济目标的实现或让金融资源更多地流向政府所指向的政策目标；但另一方面，国内金融市场改革滞后可能会成为国内金融市场发展的障碍。

三是从金融改革的利益分配角度来看，这场金融改革是保持既有的利益格局，比如只进行增量式改革，还是打破现有金融利益格局进行重新调整。因为任何制度改革都是利益关系的重新调整，会使一些人或集团获益，而使另外一些人或集团受损。金融市场制度改革谁受益、谁受损？这是金融改革制度设计的关键。就目前情况来看，为何地方性增量改革风起云涌，而现有金融体系完善机制的改革十分困难？其根本问题就是，前一类的金融改革不触及现有金融体系内部利益关系的调整，而对于后者，其改革的困难与阻力，在于调整分配既有利益关系的过程中，很难冲破现有的既得利益关系。

在此背景下，如何加大金融改革力度、增强中国金融体系的体质是当前中国金融改革面临的重大问题。本文认为，其出路就是如何把金融市场的信用扩张真正服务于实体经济，而不是让过度的信用扩张在金融体系内部循环；如何把金融市场信用扩张界定在合理的边界内，否则金融市场的风险与危机将无法消除。这是当前中国金融改革深层次的问题，也是当前中国金融改革的理论基础。

二、让金融回归到常识

第四届全国金融工作会议，最具新意及最核心的内容就是对实体经济与虚拟经济关系的清晰思路，提出要坚决抑制社会资本脱实向虚、以钱炒钱，防止虚拟经济过度自我循环和膨胀，防止出现产业空心化现象；金融市场必须为实体经济提供优质服务；金融创新不是为创新而创新，金融创新应该为实体经济发展服务等，这都是与以往不同的新提法。如何让金融为实体经济服务，或如何让金融回归到常识，应是中国金融业或全球金融业未来发展的方向与基本原则。

这次全国金融工作会议为何强调金融业要回归到服务实体经济？这一思路对中国金融业未来发展有何影响？这与对2008年以来美国金融危机的反思有关。当前全世界所有的经济问题，与上个世纪30年代经济危机有根本性的不同，以往的危机主要是由实体经济所引发，而最近的危机多与金融问题有关，与金融风险有关，与信用过度扩张有关，只是不同的市场、不同的国家及地区，这种信用过度扩张的方式不同。当信用的过度扩张严重超过实体经济对它的需求时，就形成了一个完全在实体经济运行之外独立运行的金融市场或社会资本在实体经济之外循环，于是容易导致各国货币超发、银行信贷滥用、各种金融杠杆无限扩张与放大等等，而这些行为一旦走到极端就是以不同方式爆发的金融危机。

当然，我们也应该看到，金融业对经济发展发挥了重要作用。因为，金融发展或信用扩张给实体经济带来的繁荣是令人瞩目的。它一方面能够化解实体经济所面临资金不足的缺陷，促进实体经济发展与繁荣，另一方面，金融业也是政府通过政策拉平不同企业之间、不同群体之间、不同阶层之间财富与收入分配关系最为便利的手段。当金融扩张过度或过度使用信用，必然会推高资产价格，形成金融泡沫及风险，使整个社会与经济都处于极高的风险之中。因此，如何理顺实体经济与金融市场的关系，如何界定金融市场的边界，是金融业的本质及国内金融市场未来改革的主要方向。

由于金融的本质是服务于实体经济，金融服务就应有明确的方向，即应该知道什么能够做及什么不能够做。金融服务能做的方面，如：通过金融服务来支持国家经济战略的转移，引导国内产业结构的调整，重点支持弱势的产业、企业及不同的群体；通过不同的金融工具与市场鼓励节能减排、环境保护和自主创新相关的产业及行为；加大对公共基础设施的建设融资支持，并通过合理的信用政策拉平不同的产业之间、企业之间、群体之间、阶层之间财富与收入分配的关系；另外，对农业的金融支持、化解中小企业融资难的问题、对建设保障性住房的金融支持等，这都是今年国内货币政策关注的主要方面。

不能够做或要严格控制的方面有很多，但是尤其要控制过高的杠杆率并利用过高的杠杆率来推高资产价格，严禁用“钱炒钱”等。中国金融市场的“去杠杆化”将是未来金融改革的重要方面。金融服务不仅是创新一个金融产品和工具或建立一个金融市场，而且要运用这些产品、工具及市场，使金融服务纳入为实体经济服务的轨道。即金融服务不能为金融创新而创新，而是要基于服务实体经济。因此，中国未来金融改革对现行国际市场通行的衍生产品、工具及市场应采取谨慎态度，同理，证券市场的发展应更注重于服务实体经济的产品、工具与市场。

可见，让金融回归常识或本原，将是国际金融业未来发展的一个新转折，也是中国金融业改革的一个新方向。这个新方向就是强调金融为实体经济服务，合理界定信用扩张的边界。因此，“去杠杆化”不仅是欧美国家当前金融改革的重点，同样也是当前中国金融改革的主要议题。

三、守住防范系统性风险及区域性风险的底线

从这几年情况来看，美国金融危机引发的世界经济衰退将长期化，防风险将是金融业永恒的主题。因此，中国的金融政策、金融监管、金融市场秩序、金融市场行为及金融发展均要守住防范系统性、区域性金融风险这条底线。要充分发挥金融市场配置资源的基础性作用，避免金融机构及金融市场片面求大和跨区域盲目扩张，对于各类金融风险的处置，要坚持“谁的孩子谁抱”的原则，而金融监管则要寓管理于服务之中。

这不仅是中国金融市场发展之原则，也是把握现代金融市场精神的要义与常识；是现代金融发展的市场法则，更是把金融服务于实体经济原则的具体化。而对金融问题的重视不仅在短期内要守住防范系统性风险的底线，更要看到防范金融风险的长期性及永恒性。因为，当前欧美国家金融危机，不可能在短期内就可解决，而可能在错综复杂的政治与经济各种交织的矛盾中长期无法化解。

一般来说，系统性风险是一个被广泛使用但又不易界定与量化的专业术语。这种风险往往在事前难以预测，但是当该事件发生之后，一定会导致整个金融体系一系列的危机，使金融风险转化为金融危机。所以系统性风险往往被看作是金融体系不稳定或脆弱性发展到极端时的情况。系统性风险也是风险防范最为重要的方面。

目前我们对中国金融风险的关注往往会放在对个别金融事件的理解上，比如政府融资平台、房地产价格的急剧下跌、信托融资违约事件导致普遍的赎回、民间高利贷事件的爆发等。不过，这些个体事件对引发金融危机的概率是存在的，但不是最主要的原因。绝大多数金融危机爆发往往是与系统性风险的出现有关。而出现系统性风险的重要根源是与宏观环境的定价基准变化有关。因为，在现代金融体系中，各金融市场、金融组织、金融行为主体之间并非是简单的线性关系，而是通过各种错综复杂的关系联结在一起。不同金融机构之间可能具有相同的商业赢利模式、相同的会计处理方法，以及紧密的债权债务关系。这就决定了当市场流动性枯竭、信用违约等风险发生时，能够通过共同风险因素、债权债务关系在金融体系内传染。从表面看，某次金融危机爆发往往是个别性事件引诱的结果，实质上，它是因为可以决定现有商业模式、资产价值、债务债权关系等金融定价的一般性基准定价发生根本性逆转的结果。这就是系统性风险会突然发生，无论是学术界还是业界都无法预测到的关键所在。

在中国，金融定价的一般性基准定价是什么？它是如何运行的？本文认为，当前国内金融定价的一般性基准定价很大程度上与中国经济的“房地产化”有关。房地产业不仅决定了前几年国内GDP的增长，而且也是国内绝大多数商品的定价基础。因此，当国内房地产市场泡沫突然破灭而导致价格急剧下跌时，不仅会影响到商业银行不良贷款的增加或不良贷款率的上升，而且可能导致整个金融市场一般性基准定价发生重大逆转。这是当前中国金融体系系统性风险的节点。因此，要避免这种系统性风险发生，就必须坚持当前房地产宏观调控不放松，挤掉当前房地产泡沫，去除中国经济“房地产化”及赚钱效应，让国内住房价格回归理性水平。

从最近发生的情况来看，当从2011年10月份以来国内部分一二线城市房地产市场出现价格调整时，曾有人呼吁中央政府要尽早放开当前房地产宏观政策，希望国内房地产政策出现逆转。但是如果按照上述防范风险的原则，当前国内房地产宏观调控政策发生逆转的可能性不会太大。因为，就当前中国经济形势来看，尽管中国经济成长会受到外部经济衰落的冲击，房价下跌会影响房地产相关产业的发展，但这种冲击应该不会太大，即使有影响也是前几年过度投机炒作所要付出的代价，而影响未来中国经济增长的最大问题是国内房地产巨大泡沫的破灭。如果让这个巨大的房地产泡沫自然破灭，中国或将爆发严重的金融危机及经济危机。虽然通过宏观调控政策挤出房地产泡沫会有一定的代价，但相比让国内房地产泡沫自然破灭付出的代价要小得多（如上个世纪的90年代日本与2008年以来的美国），这就是最近中央政府实行挤出国内房地产泡沫的宏观调控政策坚定性的根本所在。因此坚决地防范金融市场的系统性风险是金融市场持续发展的底线。

要守住防范系统性风险的底线，与成熟市场相比，有以下几个问题值得关注。一是国内金融资产所有人的问题。因为，随着国内金融市场越来越繁荣，国有金融资产总量越来越大。如果金融资产不能够落实到具体机构来持有，国有资产最终所有权的虚拟性或最终所有权缺位会十分严重。这不仅容易导致金融资产运作无效率，而且容易导致国有金融资产权益被他人所侵害。在这种情况下，潜在的金融风险会越积越大。因此，如何让国有金融资产最终所有权具体化是十分重要的问题。二是“谁来监管监管者”的问题。由于中国金融市场是由计划经济转轨而来，行政对市场主导作用较强。而行政对市场的主导作用不仅表现为监管者的权力过大，而且表现为监管者的权力没有有效的制度来约束或对监管者进行监管。当监管者没有监管，绝对权力易于形成绝对腐败，从而引发金融市场风险。三是面对系统性风险如何保证分业监管体制下实现统一监管。随着全球金融一体化深入发展，金融业的分业经营出现向合业经营发展的趋势。在这种趋势下，传统的监管理念、监管工具及方式已不适应，并逐渐被统一监管及协调监管所取代。可见，守住防范系统性和区域性风险的底线将是中国金融业改革的重点与难点，对中国政府来说，它将面临巨大的挑战。

四、增量式金融改革能否化解当前金融风险

今年3月，自温州金融综合改革试验区获得国务院批准之后，深圳、上海、天津、广东及鄂尔多斯等地也推出了一系列金融创新试点。尽管这些金融试点还在等待中央政府批准，但是新一轮金融改革的大幕已经拉开，加之国内证券市场的许多重大改革、央行人民币汇率波幅扩大等，更是把金融改革推得更远。

从当前这些地方政府的金融创新与改革的核心与实质来看，一个基本原则就是如何在现有的金融体系及市场之外生发出新的体系与市

场，即采取增量式的改革。比如，无论是温州金融综合改革试验，还是各地正在推出的金融创新，都是一种增量式的金融改革。具体如，温州金融综合改革的重点是让民间信贷市场阳光化、合法化；设立村镇银行及为微小企业提供适当的融资工具等，每一项金融改革都是希望在正规的金融体系之外生发新的金融市场与金融工具。另外还有推进跨境贸易人民币结算试点、探索深港银行双向贷款等也是如此。

这种增量式的金融创新是中国前三十年的增量式经济改革模式在金融领域里的延伸。它的核心与实质就是在不触动既得利益的情况下通过增量的方式来化解所面临的矛盾与问题。虽然这种增量式改革让中国十几亿人在短短的几十年里摆脱了几千年的贫困，实现了一定程度上的经济繁荣，但是这种模式的持续性令人质疑，因为，增量式的经济增长往往是建立在过度消耗资源、过度消费未来经济增长、社会财富越来越向少数人集中的基础上的。

推而广之，当前国内金融市场的改革同样是一种增量式金融改革。它是经济增量式改革在金融市场改革中的延伸。它的特征与实质主要表现为以下几个方面：

第一，由于这种金融改革与创新是在已有金融体系或市场之外生发出一个新的市场，因此这种改革不会触及现有的金融市场中既得利益关系，从而使得其改革所遇到的阻力较小。

第二，这种增量式的金融创新与改革无法触及金融市场价格机制有效运作。因为，在一个统一的金融市场中，无论是存量的市场还是增量的市场，其有效价格机制运行不仅最为重要，而且也容易相互传导。如果在增量的金融市场中放开对价格管制并形成有效的价格运行方式，这种价格机制就能快速传导到既有的金融市场。但目前，我国仍没有放开对价格的管制，从而使得对增量金融市场的管制同样不能放开，这也使得金融市场改革较难向深水区推进。

第三，在中国现有的金融体系下，由于政府对金融市场的隐性担保，易导致这种增量式的金融创新与改革不可避免地过度使用现有的金融体系。

如果这些金融行为没有严格的监管制度来安排，没有有效的法律来约束，那么不仅过度使用现有金融体系不可避免，而且金融市场与实体经济也会逐渐背离。巨大潜在的金融风险会在这过程中不断地积累与放大。因此，中央政府职能部门对当前掀起的地方金融创新与改革潮要谨慎对待。

五、温州增量式的金融改革成功概率有多大

今年 3 月 28 日，国务院常务会议批准了实施《浙江省温州市金融综合改革试验区总体方案》，意味着温州金融改革的全面启动。可以说，设立温州金融综合改革试验区是一种创新，它对推动中国金融市场改革特别是整个中国金融体系改革可能起到标志性作用。如果温州的金融综合改革能够试验成功，这些经验可能会成为普遍性经验带动全国区域性金融的发展与繁荣。在这点上说，其意义不可小视。对于温州金融综合改革试验，尽管其改革的主要任务有十二条，但最核心的有以下几个方面：

首先，对于这次温州金融改革试验，最为重要的内容是确立当前民间金融的合法性，让国内民间金融阳光化及规范化。可以说，这可能是当前中国金融体制改革的一件大事。因为，随着最近国内农业银行无锡市某支行行长“出游”泰国“失踪”，不仅当地的民间融资接近崩溃，而且周边苏州地区的高利贷融资也在崩溃。这是 2011 年从温州开始，到鄂尔多斯、河南、江苏、浙江、广东等地的高利贷崩溃和担保公司融资链条断裂的延续，其风险也正在进一步放大。尽管2011年温州出现“跑路”事件，当时全国民间信贷停顿一段时间，但并未出现恐慌性收缩反而还有发展。更为严重的是，民间金融盛行的地方往往都是经济较为发达的地方，大多数的民间融资进入了住房市场，如果民间融资崩盘，不仅会严重摧毁中国最为繁荣的东南沿海经济，也会严重打击国内房地产市场。可以说，房地产与影子银行是当前中国经济生活中最易引发风险的方面，如不尽早采取有效的办法，若国内民间金融崩盘，有可能引发中国金融体系的严重危机。

其次，对于温州金融综合改革试验，除了正式承认民间金融的合法化、阳光化之外，另一个重点就是提出加快发展新型金融组织，比如建议设立村镇银行。一段时间以来，如何让民间资本进入银行是当前国内呼声最高的事情(因为民间金融进入股市及保险早就成行)。温州这次试验为民间金融进入银行打开了一个窗口。尽管这个窗口很小，只是同意民间金融设立村镇银行，但是其意义却很大，它预示着民间金融可以进入银行体系。但成立村镇银行后，如何让村镇银行为中小企业及农村经济服务，这并非仅是设立村镇银行就可解决的问题，重点是能否建立起有效的监管制度让新建立的村镇银行走入正轨。

允许民间资本设立村镇银行是这次温州金融综合改革试验最有新意的方面，可以说这是中国金融改革的一个新起点，具有十分重要的意义。要达到该目标，不仅要通过有效的制度安排来保证村镇银行能够真正为实体经济服务，而且还必须通过制度安排来确定村镇银行的基本功能、可适用的业务范围及区域，并根据市场法则建立起有效的金融监管方式。否则仅设立村镇银行要实现温州区域性金融改革的目标是不可能的。

第三，创新发展面向小微企业和“三农”的金融产品与服务，探索建立多层次金融服务体系。这方面的内容较为广泛，涉及到加大对小微企业的信贷支持、面向小微企业和“三农”的融资租赁业务、开辟小微企业的债券市场、建立小微企业融资综合服务中心等。综合来讲，就是如何通过新的制度安排来化解当前国内中小企业及农村融资难问题。但是，解决中小企业融资难的问题，以及建立与之匹配的金融服务体系都面临着一系列的挑战，要实现该目标并非易事。另外，当前温州金融改革所涉及的范围与内容还有许多，比如利率市场化的问题、地方金融监督体系设立的问题及规范民间资本走出国门的问题等，这些问题都需要重大的制度创新才能得以实现。

六、汇率波幅扩大能否达到质的调整

今年4月14日中国人民银行宣布，决定扩大外汇市场人民币兑美元汇率浮动幅度及扩大人民币当日汇率中间价变化的幅度。这一政策调整对人民币汇率市场的影响将是深远的。它不仅是人民币汇率形成机制生成的新起点，也将结束人民币汇率水平单边升值的趋势、人民币汇率制度将逐渐地向参考一篮子货币格局转变，并奠定了人民币自由兑换的基础，有利于加大人民币国际化的步伐。

从2005年人民币汇率制度改革以来，中国外汇市场在逐渐发育成熟，人民币汇率的价格水平也趋向于合理及均衡，其间，人民币汇率浮动幅度曾出现两次调整，不过，过去人民币汇率波幅都是相当小的，在人民币汇率浮动空间较小且处于单边升值的情况下，较难形成有效的人民币汇率价格运行机制，由此不仅无法发现人民币汇率的均衡价格，更无法造就汇率市场自主风险定价的交易主体及价格机制，人

民币汇率市场同样无法成熟。在这种情况下，人民币汇率市场也成了外部政治压力不断指控升值的市场，从而更进一步强化了人民币汇率的单边升值。

自2011年下半年开始，随着中国的进出口贸易增长放缓，贸易顺差减少，做空人民币汇率呼声渐高，并且国外特别是美国要求人民币升值的政治压力同样没有减弱。在这样的情况下，如何应对国外对冲基金做空人民币汇率，并减弱外部政治力量要求人民币升值压力，增加人民币浮动弹性及用新的制度安排引导人民币双向浮动显得越来越重要。同时，面对国际市场主要货币的弱势，也就为人民币与美元汇率新的交易规则的变化创造了条件。

随着人民币汇率交易弹性的扩大，双向波动的出现将有利于发现市场供应关系，促进人民币汇率价格向合理均衡价格水平靠拢，促进人民币汇率有效价格机制的形成，为人民币自由兑换及中国资本项目开放奠定基础，并促进人民币国际化的进程，从而改变国内金融市场的环境。如人民币汇率波幅扩大，能够改变整个市场对人民币汇率单边升值的预期，抑制国外热钱大规模流入中国，减少央行以对冲方式流出的基础货币及对存款准备金率调整的依赖性等。可以说，这样的变化将对国内外金融市场所产生的影响不可低估。当然这种汇率波幅扩大的改革同样是一种量上扩张而不是质上的转变。因此，我们不能高估这种汇率交易规则的技术性调整对整个人民币汇率制度及外汇市场造成的影响，也不能盲目乐观地认为在新的交易规则下人民币汇率就出现了所谓合理均衡的价格水平，而是要进一步加大国内金融改革的力度，建立起金融市场有效的价格机制，这样才能通过维护人民币汇率的正常浮动来促进人民币汇率在合理、均衡水平上的基本稳定。

七、利率市场化何时可启动

虽然，从上个世纪90年代开始，国内利率市场化改革从来就没有停止过，并取得了一些成效，但与成熟相比仍然差距较远，中国的利率市场化改革所面临的困难与障碍仍然较大，需要对当前利率市场化几个重大的理论问题进行梳理。

首先，利率市场化的核心或实质就是金融机构能够对信用风险有自主定价权，而金融市场客户能够对信用风险有自主选择权。利率就是银行对信用的风险定价。正因为金融机构或金融市场当事人能够对信用风险自主定价，所以金融市场的当事人也就能够把其信用风险定价成本与收益归结到自己身上，即市场用者自付原则。但是，就目前国内的信贷市场来说，政府对市场仍实行了各种管制。在这种情况下，无论是对金融机构来说还是对客户来说，具有承担信用风险定价的主体是根本无法形成的，没有自行承担风险的行为主体，利率市场改革根本就无法进行。因此，确立承担风险的行为主体是国内利率市场化改革的前提条件。

其次，推进利率市场化改革的基础条件是否成熟？从现有的主流意见来看，利率市场化或放开当前银行的存贷款利率是这种改革的最后一步。只有把相应的基础条件准备好，利率市场才能真正放开。否则，在缺乏监管调控机制的情况下，存贷款利率完全放开一定会造成对国内银行市场的巨大冲击，甚至导致整个国内银行市场混乱。同时，他们也认为利率市场化的核心是市场化的利率生成机制形成。其实，这就犹如“鸡生蛋，蛋生鸡”的问题。也就是说，利率市场化，整个利率的水平可以通过市场的价格机制来形成，但是通过没有成熟的市场价格机制或利率形成机制，那么利率水平又如何来决定。或者说，如果利率形成机制只有等到市场基础得到满足之后才可出现，那么利率水平也就无法生成。其实，市场永远是一个逐渐形成的过程，利率市场化也是如此。如果要等到利率市场化的各种基础条件准备好之后才能让信贷利率真正放开，那么既无法通过何种方式来形成有效的利率水平，更无法形成有效的价格形成机制。

第三，在现有的利率管制模式下，银行利率期限结构及贷款期限结构不合理。这种期限结构的不合理，既无法让监管部门从现有的短期利率变化来了解市场长期利率的变化，也给金融机构增加了很大的风险。因此，利率市场化的核心就是通过证券化来发展债券市场及形成银行市场长期收益曲线。这既有利于防范国内银行体系的金融风险，也有利于改变国内企业的融资结构。这应该是国内利率市场化的关键所在。

第四，利率市场化还面对当前的利率双轨制问题（即民间信贷市场利率、影子银行市场利率与银行利率的双轨）、银行基准利率与Shibor的关系问题、银行利率与银行上市公司收益率问题、利率与人民币汇率关系的问题等。这些都是利率市场化中的重大问题，只有对这些问题进行深入研究与分析，才能看到问题的真相及找到解决问题的办法。

（作者：中国社会科学院金融研究所研究员）

（选自《金融与经济》2012年第4期）

我国城镇化进程中的“三农”问题

陈锡文

一、我国当前农业农村形势及其与城镇化的关联

（一）党的十六大以来我国农业农村发展的形势总体向好。粮食产量从2003年的8614亿斤提高到2011年的11424亿斤，年度产量提高了2810亿斤，增长32.62%，年均提高3.59%。农民人均纯收入从2003年的2622元提高到2011年的6977元，扣除价格因素后实际增长93.1%，年均增长8.6%。2012年夏粮增产71亿斤，早稻增产11亿斤，全年有望实现“九连增”。农民上半年人均现金收入4303元，同比增加597元，增长16.1%，扣除价格因素后实际增长12.4%，比上半年城镇居民可支配收入(12509元，实际增长9.7%)的增幅高出2.7个百分点。

（二）可以说，党的十六大以来是我国农村经济社会发展最快的阶段，是党的强农惠农富农政策出台最密集的阶段，也是农民得到实惠最多的阶段。在这个阶段，中央出台了一系列在我国农业农村发展史上具有里程碑意义的重大政策。免除了专对农民收取的农业税，每年减轻农民负担1335亿元。实行对农业生产的直接补贴制度，从2004年的145亿元增加到2012年的1653亿元。实行农村义务教育经费由国家保障的制度，按生均经费600元计，每年需财政支出700多亿元。建立新型农村合作医疗制度，2012年人均筹资标准300元，其中财政补助240元，8.34亿人，需财政支出2000亿元。建立农村最低生活保障制度，5200多万人纳入保障网。2012年上半年人均月补差106元，年度支出将超过660亿元。建立新型农村社会养老保险制度，2012年底将实现全覆盖，60岁以上老人每人每年将获得由财政支付的基础养老金660元，预计全年支出将达800亿元以上。民政部门2012年对农村543万“五保”供养人员的支出将约为130亿元。

以上各项由财政支出的经费约7300亿元，而这些支出，都是在党的十六大以来才逐步形成的。这在相当程度上也说明，农村的好形势是靠好政策换来的，而好政策的高含金量，是要靠强有力的、不断增长的政府财力作支撑的。因此，全局经济的快速增长，是中央能够出台这一系列强农惠农富农政策的大背景。我国国内生产总值从2000年的99215亿元增长到2011年的471564亿元、国家财政收入从2000年的13395亿元增长到2011年的103740亿元，

这是中央能够出台这些好政策、能够做到许多以前想做而做不了的好事、实事的经济支撑。

（三）新世纪以来既是我国农业农村发展最快的时期，也是我国城镇化进展最快的时期。城镇化率从2000年的36.22%提高到2011年的51.27%，11年间提高了15.05个百分点，年均提高1.37个百分点。这11年间，我国城镇常住人口增加了2.3亿人以上（从2000年的45906万人增加到2011年的69079万人），增加了50.48%，同期乡村人口减少了1.5亿人以上（从2000年的80837万人减少到2011年的65656万人）减少了18.78%，我国乡村人口在1995年达到峰值，为85947万人，16年来，共减少了20291万人，其中新世纪以来减少的为15181万人，占16年来减少总数的74.8%。综合这些数据，不难看出，农业农村的发展与城镇化进程之间确实存在着密切的内在联系。城镇化的快速推进，为农村人口的大规模转移提供了就业、居住等方面的必要条件。城镇化是扩大内需的重要途径，与我国的工业化水平相比，我国城镇化仍然明显滞后，我国城镇化水平（尤其是真实城镇化的水平）还有很大的上升空间。因此，坚持贯彻落实科学发展观，在经济社会发展全局中切实按照全面、协调、可持续的理念来科学推进城镇化，就一定可以使城镇化成为今后相当长时期中推动我国经济社会持续稳定发展的强大动力。

二、城镇化进程中需要特别注重解决好"三农"问题

城镇化进程中解决好"三农"问题，既是世界各国都需要把握的一般规律，更是我们这个农村人口众多的人口大国必须更加注重的重大问题。这三个问题分别是城镇化进程中的粮食和其他主要农产品供求问题（粮）；城镇化进程中的农村土地问题（地）；城镇化进程中的农民转市民问题（人）。

（一）城镇化进程中的粮食和其他主要农产品供求问题

城镇化一方面会不同程度地减少耕地，从而影响粮食和其他农产品的产出；另一方面，又会引起农村人口大规模向城镇转移。这既会增加社会对商品性农产品的需求，又因农村人口进入城镇后在生活方式和饮食质量方面的改善而增加对农产品的需求。2011年，我国农村居民除人均粮食消费高于城镇居民外，人均消费的鲜菜比城镇居民低22%，食用植物油低19.4%，猪牛羊肉低33.7%，家禽低57.5%，鲜蛋低46.5%，水产品消费仅及城镇居民的三分之一。因此，在城镇化进程中必须随时关注粮食和其他主要农产品的供求状况，否则就难以保持城镇化进程的可持续性。

党的十六大以来的这些年，是我国农业生产发展最好的阶段，粮食产量实现了"八连增"，年总产量已连续5年超过1万亿斤，去年又超过了1.1万亿斤，其他主要农产品的产量也不断创造新高。但是，由于国家经济社会的快速发展，人民生活水平的不断提高，从一定程度上可以说，当前已经出现了农业发展的速度赶不上社会对粮食和其他主要农产品需求增长的速度，直接的表现就是粮食和其他主要农产品进口的数量在快速增加。

1. 粮食和其他主要农产品进口的快速增长

2012年上半年，我国农产品进出口总额837.2亿美元，其中出口295.5亿美元，同比增长4.7%，进口541.7亿美元，同比增长28.8%，上半年我国农产品国际贸易的逆差246.2亿美元。

2012年上半年，我国进口食糖144.5万吨，同比增长1.8倍。进口乳制品66.8万吨，同比增长20.3%，其中进口奶粉35.7万吨，同比增长8%，我国国产奶粉占有的国内市场份额已不足30%。此外还进口猪肉30多万吨。

2011年我国生产棉花660万吨，进口棉花331万吨。其他非耕地农产品如木材、纸浆、天然橡胶、羊毛等的进口量及其占国内需求的比例也都相当可观。有关专家测算，如按我国现有的农业生产水平计算，我国2010年净进口农产品的数量已相当于在境外利用了6.3亿亩农作物播种面积，相当于我国同年农产品播种总面积241012万亩的26.14%。

2. 必须立足国内努力增加粮食和其他主要农产品生产

坚持实行最严格的耕地保护和最严格的节约用地制度；加强以农田水利为主的农业基础设施建设，改善农业生产条件；大力推进农业科技进步，转变农业发展方式；完善农产品流通方式、发展农产品加工业；关键在于健全国家对农业的支持保护体系，调动农民生产积极性。包括健全对低收入人口的食品供给保障机制，为充分发挥价格机制的作用创造条件。近年来，我国农业生产成本在快速上升，包括农业生产资料价格、土地租金和农业用工的费用都有明显上升。

3. 我国人口、耕地及粮食产量在全球的比重

我国2011年人口134735万人，约占全球约71亿人的18.98%。我国18.2亿亩耕地，约占全球210亿亩耕地的8.67%。我国2011年粮食总产量57121万吨，约占全球粮食总产量25.73亿吨的22.2%；其中我国谷物产量51939万吨，约占全球谷物总产量23.23亿吨的22.38%。从长期看，必须认真研究农业如何"走出去"，如何在农业上更好利用国际国内两种资源、两个市场的问题。

（二）城镇化进程中的农村土地问题

城镇化进程中涉及的农村土地问题很复杂，这里仅对三个有关问题谈点个人看法，一是征收农民集体土地问题，二是农村建设用地问题，三是农地经营的形式和规模问题。

1. 征收农民集体土地问题

这是我国城镇化进程中面临的最突出问题之一。在我国现行法律体系下，城镇在地域上的扩张主要是依靠政府征收农民集体的土地来实现。征收的农民集体土地，不仅为城镇发展提供了投资载体，而且为城镇建设提供了巨额资金，但农民为此则付出了巨大的代价。人们对现行的农地征收制度批评很多，中央也早就明确了改革征地制度的基本方向。党的十六届三中全会决定（2003年）就提出：按照保障农民权益、控制征地规模的原则，改革征地制度，完善征地程序，严格界定公益性和经营性建设用地，征地时必须符合土地利用总体规划和用途管制，及时给予农民合理补偿。以后又逐步完善，党的十七届三中全会决定（2008年）提出：改革征地制度，严格界定公益性和经营性建设用地，逐步缩小征地范围，完善征地补偿机制。依法征收农村集体土地，按照同地同价原则及时足额给集体组织和农民合理补偿，解决好被征地农民就业、住房、社会保障。这些年来，在提高征地补偿标准和落实被征地农民的社会保障等方面有明显进步，但关于严格界定公益性和经营性建设用地、逐步缩小征地范围的改革则尚未启动。征地制度改革涉及复杂的利益关系调整，牵一发而动全身，改革的难度极大。目前看，至少还存在法律问题、土地财政和土地利用中的利益矛盾这样三方面的障碍。

（1）法律问题

宪法对此的有关规定是：城市土地属于国家所有。虽然宪法规定国家依法征收土地的前提是为了公共利益的需要，但土地管理法的规定却是：任何单位和个人进行建设，需要使用土地的，必须依法申请使用国有土地（农民和农村集体组织经依法批准使用本集体组织所有的土地进行建设的除外）"。因此，相关的法律

条款不做修改，征地的范围就难以缩小。

（2）土地财政问题

随着征地规模的扩大和土地价格的提高，征地与地方政府财政的关系也越来越紧密，土地出让收入已经在地方（主要是市、县两级政府）财政收入中占据重要地位。因此，改革征地制度，对地方政府的财政收支影响极大。据有关部门统计，全国土地出让金收入，2008年是10375亿元，2009年是13965亿元，2010年是29110亿元，2011年是33166亿元。同期与房地产相关的地方税收收入分别为：2008年为5880亿元，2009年为7687亿元，2010年为10417亿元，2011年为8379亿元。将此两项合计作为土地财政收入，从2008到2011年分别占地方财政收入的比重为25.12%、28.11%、37.19%和31.59%。考虑到省、区政府并无直接的土地出让收入，因此，市、县两级政府土地财政收入的比重显然更高。

但情况正在起变化。一是国内外经济形势的变化影响着土地出让的情况。2012年上半年入库的土地出让收入为11572.86亿元，同比减少了28.9%。二是近年来征地拆迁补偿的支出在明显提高，导致土地出让纯收入的比重不断下降。2009年征地拆迁补偿的支出为5180.58亿元，占土地出让金收入的比重为37.10%，当年土地出让的纯收入为8784.18亿元；2011年的征地拆迁补偿支出为23629.97亿元，占土地出让金收入的比重上升为71.25%，当年土地出让的纯收入为9536.27亿元。2011年土地出让金收入总额比2009增加了19201.48亿元，即增长了137.50%，但征地拆迁补偿的支出却增加了18449.39亿元，即增长了356.13%，因此纯收入仅比2009年增加了752.09亿元，仅增长8.56%。这表明，即便是为了地方政府的土地财政收入，再沿着现行的土地征收办法走下去，也将越来越成为“鸡肋”了。

（3）土地利用中的利益矛盾

据有关部门统计，2012年二季度全国不同用途的土地平均出让价格为：商业服务业用地为5728元／平方米，住宅用地为4522元／平方米，工业用地为659元／平方米。工业用地的价格仅相当于商服用地价格的11.5%、住宅用地价格的14.6%。这样的供地价格结构表明，政府在出让工业用地时绝大多数是亏本的。但为了今后的税收和就业，亏本也要出让工业用地。为了既保证工业用地的低价格，又实现土地征收出让中的资金平衡，地方政府就不得不一手压低对被征地农民的补偿水平，而另一手又不得不抬高对城镇住宅和商业服务业用地的供地价格，其结果是导致被征地农民和城镇居民两方面都强烈不满。

过低的工业用地供地价格，一方面使被征地农民和城镇居民的利益严重受损，另一方面又引发相当部分工业企业可以不顾投资成本而无序扩张。在某种程度上可以说，这是制约我国经济发展方式转变、产业结构调整升级的一大原因。如果说，当初为做大我国加工制造业，这样做有其必要性和合理性，但现在我国已经成为全球制造业的第一大国（据美国经济咨询公司环球视通的数据，2010年我国制造业的产出占世界总额的比重为19.8%，已超过美国为世界第一），已被人称为“世界工厂”，且有些产业的产能已明显过剩，在这样的背景下，如再不改变对工业用地供地的低地价甚至零地价的做法，将会后患无穷。

（4）综合上述几方面的原因，可以说推进我国征地制度改革的条件正在逐渐成熟。

政府征地行为在世界各国都有，但征地权力的使用，是被严格限制在满足社会公共利益需要的范围之内的。世界各国的城市化都要使用农地，政府的职责是组织社会做好土地利用规划和建设规划，并严格按照规划对土地的利用实行用途管制，没有必要在按规划改变土地用途的同时非要改变土地的所有权。韩国、我国台湾省在大规模推进城市化时，都实行过对农村土地的“区段征收”制度，即在按规划改变农村土地用途时，规定农民把40%—50%的土地所有权交由政府，由政府进行开发融资和安排基础设施建设，其余土地可由农民按新用途的价格自行处置，政府再依法对土地交易实行税收调节。通过这样的方式，既保证了城市建设按规划进行，又促进了土地按市场价格机制使用，还使得城镇化同时也成为富裕农民的过程。我们应当借鉴别人的有益经验，审时度势、与时俱进地改革我国城镇化进程中的征地制度，使它更加符合中国特色社会主义市场经济体制的要求。当然，除了征地制度的改革外，还必须有用地制度的改革，尤其是工业用地如不改变现在这种粗放的、不合理的用地方式，再征多少地也是不够用的。

目前的工业用地有很大的节约余地。据我们对上海市松江区漕河泾新经济园的调查，该园采取对入驻企业出租生产经营用房为主，在建设中努力向空中和地下发展，扩大公共空间；在招商中坚持选择高技术、高增加值、高影响力和高集约度的企业，取得明显的节约土地和高产出效果。2011年，该园区已建生产经营用房24万平方米，入驻企业190余家，平均每个企业用地不足2亩；2011年，园区每平方公里平均产出136亿元，而上海市级以上开发区每平方公里产出为60亿元。该园区所在的松江区其他1.26万家工业企业已使用土地11万亩，平均每一工业企业用地近9亩。全区工业企业上缴税收110亿元，平均每亩土地产生税收10万元。而漕河泾新经济园平均每亩土地的税收达到了60万元。同时，漕河泾新经济园还注重带动农民致富，在足额支付每亩26万元征地补偿款后，又与园区所在地的新桥镇按6∶4的比例共出资1亿元注册成立园区开发公司。2011年共分配红利6000万元，其中新桥镇分得的2400万元红利，在被征地农民的强烈要求下，只分配了1000万元，余下的1400万元拟与园区方商议用于增加注册资本金。

2. 农村集体建设用地问题

农村集体建设用地是指符合规划、经国家依法批准由农民和农村集体组织自用的建设用地。它的基本特点，一是批准使用的是本集体组织自有的土地，二是只能由本集体的成员和组织自己使用（例外的情况是，在符合土地利用总体规划、经批准建设乡镇企业时，可以以土地权入股、联营等方式共同举办企业）。由于土地没有改变集体所有的性质，因此国家法律规定：不得以出让、转让或者出租等方式提供给非本集体组织的成员用于非农业建设（土地管理法第63条）。当前对农村集体建设用地的问题讨论很多，看法也很不相同。但涉及土地利用和管理的问题，应当尽快明确并规范，否则局面将难以控制。

（1）农村集体建设用地的使用范围问题

现在流行一种观点和做法，叫做集体建设用地流转或进入市场。对此我感到需要商榷，因为这不符合法律关于“农村集体建设用地”的定义。有人说这就是深化土地制度改革，认为这样做才是破除土地利用和管理上的二元体制，应当给予农民集体土地与国有土地有相同的权利和地位。实际上，我们说土地利用和管理上的二元体制，主要是反映在建设用地必须征为国有上。因此要改革的是对符合规划的、不属于公益性质的社会建设用地应当不征。而农村集体土地哪些允许转为社会建设用地、哪些不允许，则完全要由规划说了算。土地利用的权利，必须在规划许可的范围内才能追求平等，脱离了规划的许可谈土地利用权利的平等，就一定会造成土地管理的失控。我国农村的集体建设用地至少有2.5亿亩以上，如果允许其流转或入市成为社会建设用地，哪怕是流出十分之一，对宏观经济的影响也难以估量。关键是以后还批不批农村集体建设用地了？如果还批，又允许它流转和入市，整个社会建设用地的规模怎么管得住？如果不批，农民和农村集体组织的建设用地怎么解决？

因此，应当推进征地制度改革中逐步缩小征地范围，把符合规划、经批准转为社会建设用地的农村集体土地退出征收范围，允许农村集体组织以多种方式参与土地的开发经营。而对规划范围以外的农村建设用地，应当继续坚持其自用的原则，如出现闲置和废弃，则应当复垦或批准给本集体组织符合条件的成员使用。

（2）关于城乡建设用地增减挂钩

国务院2004年28号文件提出“城乡建设用地增减挂钩”的概念时，是针对加强乡村建设规划的。其本意是制定规划的指导思想、是长期目标。现在把它作为一项具体政策，有些重大问题就必须研究。

第一，“城乡建设用地增减挂钩”的本质是农村土地整理。而现行法律对农村土地整理已有明确的规定。土地管理法第41条规定：国家鼓励土地整理。县、乡（镇）人民政府应当组织农村集体组织，按照土地利用总体规划，对田、水、路、林、村综合治理，提高耕地质量，增加有效耕地面积，改善农业生产条件和生态环境。地方各级人民政府应当采取措施，改造中、低产田，整治闲散地和废弃地。显然，农村土地整理或整治的目的是“提高耕地质量，增加有效耕地面积，改善农业生产条件和生态环境”，决不是为了增加建设用地。

第二，农村土地整理后新增加的耕地与建设用地是什么关系，国家的法规也有明确规定。国务院颁布的土地管理法实施条例第18条规定：地方各级人民政府应当采取措施，按照土地利用规划推进土地整理。土地整理新增耕地面积不能直接作为建设用地的指标，只能将其中60%用作折抵建设占用耕地的补偿指标。现在很多地方的“增减挂钩”与现行法律法规有冲突，因此国务院才把它定位为“试点”。

第三，有人说现在农村闲置的建设用地很多，城镇建设缺地、农村建设缺钱，调剂一下、各得其所不好吗？其实这在国家的法规中也已有规定。土地管理法实施条例18条规定：土地整理所需费用，按照谁受益谁负担的原则，由农村集体组织和土地使用者共同承担。实际上，现在开展“增减挂钩”、“地票”试验的地方也是这么做的，一些地方的农村也是通过这个办法获得资金、开展新农村建设的。

现在的关键问题是，农村土地整理后的新增耕地只能以60%的系数来折抵建设占用耕地的补偿指标，不能直接置换为新增建设用地。到底是要修改法律法规，还是要规范“增减挂钩”的行为？

当前的建设用地指标满足不了需求，这是事实。但在土地利用和管理这种社会成本极高、用了以后就难以改变的重大问题上，我不赞成在明显涉法的土地问题上如此大规模地搞“变通”，而应当采取更为严谨的态度，通过规范的途径解决。当然，经国务院批准为改革试验区的地方，仍应按批准的改革项目进行先行先试，但试验只能在批准的范围内进行。

土地管理的核心是按规划实行用途管制，在我国还有年度利用计划控制，这是宏观调控的需要，因为在我国现阶段土地是重要的宏观调控闸门。土地的用途管制，就是不管是谁的土地，都必须按规划实行用途管制。“小产权房”不合法，不在于它的土地是农村集体所有，而在于它不符合规划。农民宅基地和住房只能在本集体组织的成员之间买卖，不是不承认它的用益物权，而在于它是农村集体组织的成员权。

日本农村的土地允许在自然人之间自由买卖，但要通过市町村农业委员会的审查，对不具备从事农业条件的人，不会允许他购买农地；而不在当地从事农业，也就不会允许他在当地购买农房，2009年修订的日本农地法规定，违法改变农地用途，将处300万日元罚金和判刑3年，如不在规定时间内恢复土地原貌，将加倍惩罚。我国台湾省2000年修订土地法后，虽允许非农民的自然人购买农地，但规定购买后只能用于耕作，不得在购买的农地上建设房屋。2011年10月台湾发生的“苏嘉全豪华农舍案”，最后不得不以苏嘉全捐出土地和房屋用作公益才告了结，反映出台湾省对非农民到农村买地建房的限制之严格。农村建设用地只能由农民自用，日本和我国台湾省对此的主要考虑是，因为村庄在农村社会治理结构中具有特殊性，因此严格限制外部人员的进入。对我们来说，则除了有村庄这个特殊因素之外，更还有农村集体经济组织这个特殊因素，因此在农村集体建设用地的使用范围问题上，就需要更加严谨，否则不仅会影响农村的经济关系，还会影响到农村的社会乃至政治关系。

3. 农地经营的形式和规模问题

这个问题看似与城镇化并无直接联系，但农地的经营形式和规模在很大程度上决定着农民的数量，也决定着城镇化进程中农村人口向城镇转移的规模。

(1) 世界上有两种农业、农村和农民

一是以亚洲、中东和西欧等地区为代表的传统国家的农业。由于农业发展史漫长，人口繁衍众多，农业的基本特点是人多地少，农村的特点是人们在村庄集居，农民相互有明显的血缘地缘关系，因此相互守望，以解决水利和农忙季节的变工插犋等农业生产中的关键问题。

二是以南北美洲和澳洲等为代表的新大陆国家的农业。其特点是农业开发史短，人口密度低，农业的基本特点是人少地多，农村的特点是人们分散居住于自己的农场，由于早期都是移民，加上农场规模大，因此农户（农场主）之间无多少生产、生活上的联系。

这种差别本质上是由这两类国家的农业资源禀赋、社会发展历史存在着极大差别而造成的，因此它们之间不仅仅有着经济学意义上的差别，更多的是还有着社会学、政治学等方面的差别。它们之间当然应该相互借鉴经验，但决不能照抄照搬。

(2) 农业以家庭经营为主体不仅是我国的历史现象，而且是世界性的普遍现象

农业以家庭经营为主体，是由农业自身的产业特征所决定的。农业的劳动对象是有生命的动植物，农业的本质是农业经营者控制下的动植物生命活动过程。这一不同于其他产业的特点决定：只有让农民种自己的地、打自己的粮，他才会尽心尽力。这是我国农村改革基本经验的精髓，也已经被实现了农业现代化的国家所证明。

家庭经营需要有农民相互间的合作与联合以及完善的农业社会化服务体系来解决一家一户办不了、办不好、办起来不经济的事情，这就是农业为什么要实行统分结合的原因。

公司制的农业由于需要雇工，因此它必须具备工厂化条件下对劳动便于监督和对产品实行即时检验的条件。公司制农业在设施农业、规模化养殖等方面可能具有优势，但在大田生产中，难以具有优势，这已经被世界各国尤其是发达国家的农业发展实践所证明。应当支持和鼓励公司、企业到农村去为农民在农业的产前、产中和产后各环节提供社会化服务，开展农产品营销和加工，开发农民和农村集体组织无力开发的闲置资源，不应当鼓励公司、企业与农民争夺耕地的经营权。

日本和我国台湾省等，都对公司、企业进

入农业有严格限制。日本有关法律规定：公司企业等法人不得购买农地，依法租赁农地的法人，不得改变农地用途，公司的销售收入必须主要来自农业，公司股东必须以农民为主，公司专务（相当于执行董事）必须以从事农业经营为主等。我国台湾省的有关法律规定：私法人（以盈利为目的的公司企业）不得购买农地。这些规定都体现了农地只能用于农业、农地应当主要由农民来经营的原则。

(3) 农地的经营规模，必须符合本国的基本国情和经济社会发展阶段的要求

我国农户的土地经营规模小（户均约8—9亩），但这不是由国家的法律和政策造成的，而是由我国的基本国情和当前的发展阶段决定的。随着工业化、城镇化的推进和农村人口的转移，农村的土地承包经营权已经在逐步流转和集中，到2011年底，流转了承包经营权的耕地已达2.28亿亩，占农户土地承包经营权合同面积的17.8%。相信随着农村人口的进一步转移，农村流转承包经营权的耕地面积将会继续扩大。当前制约农村土地承包经营权流转的因素主要有三：一是法律虽已明确农村土地承包经营权为农户的用益物权，但实践中对农民的这一财产权益仍保护不够，农民对流转后可能失去土地权益的担心仍然较重；二是农村土地承包经营权流转市场的发育明显滞后，土地流转的供求信息不通畅、不对称，对土地流转的各项服务满足不了需求，客观上影响了流转；三是转移进城的农民基本上尚未能真正成为市民，各种后顾之忧阻碍了土地流转。从这个角度看，农村土地承包经营权的流转和集中，与其说是地的问题，不如说是人的问题。只有真正实现了人的转移，地的流转和集中才能水到渠成。因此，要想实现土地和流转和集中，应当把更多的精力放到人的转移上。

土地的经营规模到底多大才合适，这必须充分考虑国情和发展阶段的实际。我们提倡适度规模经营，什么是适度？不同国家的不同发展阶段和不同地区也会有不同的要求。

日本目前有465万公顷耕地（合6975万亩），260万农户，平均每户1.8公顷(27亩)，但扣除北海道之后，日本本岛的户均农地经营规模是1.2公顷(18亩)。最近，日本政府制定了加快扩大农地经营规模的计划，试图经5年努力，实现每一农业经营体在平原地区经营水稻20公顷的目标。这20公顷是如何确定的？日方说在日本现有的农业生产条件下，水稻生产从1公顷扩大至10公顷时，稻谷的单位生产成本是逐步下降的，但到了10公顷后就降不下去了，因此10公顷是技术经济的最佳要求；但是，农户只种10公顷水稻，如果不兼业，收入仍达不到居民的平均水平，因此，要使水稻生产的专业农户达到居民平均收入水平（约600万日元／年），就需要把经营规模扩大到20公顷。届时日本需要的农民为90万人，劳均约经营5公顷耕地，这是日本认为的适度经营规模。但在实现这一目标过程中，日本基本不需要考虑农民的转移就业问题，它现在只有260万农民，5年后，70岁以上的老年农民基本都退出生产活动了（目前65岁以上的农民占68%)，保持90万农民的目标，还需要有年青人来补充。因此日本在考虑这一问题时的约束条件比我们简单。

我们则不仅需要研究土地适度经营规模的度，更需要考虑实现这个度将要转移多少农民，转移出农业的农民如何实现新的就业。上海松江区的农村近年来在推进家庭农场，平均规模为100—150亩，两口子经营一稻一麦（或一季稻一季油菜），纯收入可达7万至10万元（亩均纯收入约700元），如果再代为畜牧公司养猪，还可增加纯收入6万元左右。但上海同志对我讲，发展这样的家庭农场，至少要有两个条件，

一是农业劳动力基本都已经转移，二是政府要有财力补贴农户和提供农业社会化服务的能力。据了解，对这样的家庭农场，当地政府对每亩农田每年的补贴在480元左右，如果扶持农户养猪，还需要补助建设猪舍的资金。

同时还有一笔帐要算，那就是农民转移的帐。户均经营100亩农地，如果普遍化了，整个上海郊区只需要3万农户就可以了，因为上海只有300万亩耕地（当然它还要有种菜种果种花的农户，还要有为农业提供服务的人员等，实际从事农业和与农业有关的劳动者还会更多）。如果全国农户经营的土地规模扩大到100亩，那就只需要1800万农户，但同时需要转移出2亿户左右的农户。这显然不是短期内可以办得到的事。土地经营规模的扩大，必须考虑二、三产业和城镇对农村转移劳动力和人口的吸纳能力。因此，中央一再强调的是要解决好“三农”问题，而不是只考虑农业效率这个单一问题。否则，只考虑农业的效率，把土地交给少数人去种，农业效率是提高了，但如果大量农民的转移就业问题没能解决好，那引出的社会矛盾可能会更多、更复杂、更难以处理。

我们应当坚持党的十七届三中全会决定的精神，坚持和完善以家庭承包经营为基础、统分结合的双层经营这个我国农业的基本经营体制，促使家庭经营和统一经营在新形势下实现“两个转变”：家庭经营向集约经营转变，统一经营向综合发挥集体经济、农民专业合作组织、农业社会化服务体系和农业产业化经营体系作用的方向转变，以此推进我国农业经营体系的创新和完善。

（三）城镇化进程中的农民转市民问题

我国城镇化进程中存在的一大问题，是土地的城镇化大大快于人口的城镇化。1980年我国城市建成区面积为5000平方公里，当时的城镇人口为19140万人，城镇化率为19.39%。2010年城市建成区面积为4.6万平方公里，城镇常住人口为67113万人，城镇化率为49.95%。30年间，城市建成区面积扩大了8.2倍，但城镇常住人口仅增加了2.5倍。尤其要注意的是，2010年城镇常住人口与城镇户籍人口的差距达到了15.8个百分点，这意味着我国2010年的户籍人口城镇化率只有34.15%（约45792万人），这也意味着有21321万多城镇常住人口并没有真正成为他所在的城镇的居民。如果考虑这个因素，我国土地城镇化与人口城镇化的差距就更大。城镇化进程中的农民转市民，至少需解决四方面问题：

1. 就业问题

就业必须依靠经济的发展和产业结构的调整，尤其要靠非公有制小微企业的发展。据发表的《中国中小企业人力资源管理白皮书》(CHINA HRKEY)数据披露，目前我国注册的中小企业已超过1000万家，中小企业工业总产值和实现利税，分别占全国总数的60%和40%左右，中小企业提供了75%的城镇就业机会。据有关部门统计，党的十六大以来的10年，我国城镇大约解决了1亿劳动力的新增就业问题。以后能够逐年解决多少城镇新增人口的非农就业问题，应该有个大体的测算。

2. 住房问题

据有关部门调查，农民工在城镇的住房，52%为用人单位提供的集体宿舍，47%为租住“城中村”、城乡结合部或城近郊区的农民住房，自购住房的比重不足1%。缴纳住房公积金的农民工比重不足3%。2010年农民工月租房成本平均为421元，占月平均工资的四分之一。

3. 社会保障问题

据有关部门统计，全国农民工2011年底参加城镇养老保险的比重为16.4%，参加城镇医疗保险的为18.6%，参加工伤保险的为27%，参加失业保险的为9.4%。以武汉市为例，一个农民工如参加规定的城镇各项社会保险，用人企业每月需为其缴纳516元，农民工本人每月缴纳166元（占其本人月工资的12%），合计为每月682元，每年为8184元。以目前农民工的参保率看，缺口相当大。

4. 随迁子女的教育问题

据有关部门统计，2011年全国义务教育阶段的农民工随迁子女为1167万人，其中进入城镇公办学校学习的占79.2%，中央财政为此奖励、补助资金45.9亿元。今后还将有多少义务教育阶段的农民工随迁子女要进入城镇就读，而解决了他们的义务教育问题，紧接着需要解决的就是他们在迁入地就读高中和报考大学的问题。

上述的四个问题，每个问题的解决难度都不小，同时相互之间又有着相当的关联性。现在的问题是已经积累了不少矛盾，而城镇化的进程还要继续推进。因此必需尽快制定相关的政策措施以逐步化解这样的矛盾。要借鉴有关国家的有效办法，制定农民工转为市民的过渡性制度。泰国曼谷的办法是，一要允许农民工自主选择，到底是选择将来转为市民还是只来城市打工挣钱。二要对作了不同选择的农民工有不同的制度安排：希望进城打工挣钱后回家乡去的，只要交纳最必要的社会保险费用就可以（如工伤）；希望将来转为市民的，用人企业和个人就必须足额缴纳各项规定的城镇社会保险费用，交满8年，就给予当地市民的各项基本权利。这样，不仅给了农民工将来进城与否的自主选择权，而且也给了城镇政府和社会接纳农民工转为市民的缓冲时间。设立农民工自主选择和转为市民过渡期的制度建设要早做安排，否则矛盾越积累压力越大就越难解决。当然，要从根本上解决问题，还是要逐步做到包括基本社会保障在内的基本公共服务在城乡和地区之间的均等化。

农民转市民的问题，还涉及到城镇化的具体道路问题。2000年制定“十五”规划时提出了“走大中小城市和小城镇协调发展的道路”，但十余年下来，结果并非如此。我国小城镇人口占城镇人口比重最高时是上世纪九十年代初，当时曾达到27%，约8100多万人；到2010年，小城镇人口占城镇总人口的比重降到了20.7%，约1.38亿人，大中城市的人口比重事实上是在不断上升。大中小城市和小城镇协调发展的路到底走不走得通，以及如何才能走通的问题迫切需要抓紧研究。一是产业布局问题，这关系到如何引导就业布局和人口布局，产业集中在大中城市，就业和人口就必然集中于大中城市。二是小城镇基础设施建设和基本公共服务问题，目前我国还有20%的小城镇无集中供水，86%的小城镇无污水处理设施，小城镇的人均市政公用设施投入仅为城市的20%，加上教育、卫生、文化等公共服务的相对不足，导致了人们对到小城镇居住缺乏吸引力。而德国有60%的人口、80%的中小企业是分布在2万人口以下的小城镇中，从而形成了它具有特色的城镇体系和产业、就业、人口分布格局。

对我国农村人口到底有多少要转入城镇的问题，也需要加以研究，因为这关系到农业、农村未来的发展和建设。到2030年，如果我国总人口达到15亿、城镇化率达到70%，那就还将有4.5亿人口在农村生产和生活。为了保证他们能够共享改革发展和现代化的成果，就必须按照科学发展观的要求，努力做到城镇化与现代农业和新农村建设并行不悖地协调推进。

（作者：中央农村工作领导小组副组长、办公室主任、中央财经领导小组办公室副主任）

（选自《国家行政学院学报》2012年第6期）

地利共享是中国土地制度的核心

贺雪峰　魏继华

一

孙中山先生早在100年前就提出“地尽其利、地利共享”的思想。地利共享是指，在经济发展过程中，特定位置的土地会因为工商业的发展、城市建设，而具有超出之前农用价值的增值收益，这部分增值收益只与土地特定位置有关，与经济发展有关，而与土地所有者的劳动无关。既然是由整个国民经济发展所创造出来的收益，就不应形成一个主要靠土地食利的食利者阶层。土地非农用的增值收益应由全民共享。

在土地制度私有的背景下，要实现孙中山先生的思想，有一定难度。新中国在土地制度上进行的新民主主义改造和之后的土地改革，逐步确立了新中国的土地制度，从而为实现孙中山先生的思想提供了法律基础和现实可能。正是拜中国土地制度之赐，中国获得了经济快速崛起的优势。

当前中国土地制度中，大体有四个与“地利共享”有关的基本制度安排，一是农地集体所有，农户具有承包经营权；二是城市建设用地国有，农地一经征收为城市建设用地，土地性质即由集体所有变为国有；三是中国实行最严格的耕地保护政策，非经国家批准，地方政府不得随意占用耕地；四是土地用途管制，大的管制是保护耕地，严禁随意占用耕地，改变耕地性质，小的管制还包括城市建设用地与农村建设用地、城市商业用地和工业用地、基础设施建设用地，都实行用途管制，不得随意改变用途。

中国现有18亿亩多一点耕地。中国以占世界7%的耕地养活占世界22%的人口，是地少人多、人地关系极为紧张的国家。为了保证中国人民吃得饱，就必须实行最严格的耕地保护。耕地是进行农业生产的基本资源，主要是生产粮食，粮食生产是涉及谁来养活中国的大问题，是战略性问题。中国耕地的70%和中国农民的70%从事粮食生产，这是中国的国情。

二

对从事粮食生产的农民来讲，耕地价值来自其产出，一亩耕地，一年两季，扣除各种投入，一年纯收入在200～500元之间，不扣除劳动投入，一亩耕地一年的收入也只有1000元左右。以耕地生产粮食来反推耕地价值，以当前农村通常的民间年利率10%计算，一亩耕地的价值在2000元—5000元，最多不会超过一万元，因为在当前农村通常利率水平下，一万元就有1000元的利息收入。当然，耕地对农民的价值不纯是进行粮食种植和农业生产，而且具有社会和文化上的含义，因此，耕地在不同地区的价值或对不同地区农民的价值是有差异的。在粮食主产区，耕地较多，耕地主要用于生产商品粮，耕地价值最接近其农田价值。湖北荆门是笔者老家，是全国著名的商品粮主产区，农村耕地的流转价格（在农民那里相当于土地买卖了）为2000元／亩左右，很少会超过3000元／亩。

三

相对于数千元每亩的耕地，城市建设用地就值钱多了。城市商业建设用地，通过招拍挂，动辄上百万元每亩。城市商业用地的高价给社会以丰富联想，常有人以此来计算，中国仅耕地就有18亿亩，以每亩100万元计算，中国该有多么巨大的土地财富啊。甚至有著名经济学家也作这样的计算，发出农民是捧着金饭碗讨饭吃的感慨，并因此鼓噪要盘活所谓农村巨额土地资产存量。

城市建设用地的价值与三个方面的因素有关，一是建设用地的位置，二是建设用地的稀缺程度，三是征地成本。因为土地不可移动的特点，就使特定位置的土地具有市场不可替代性（即无法形成完全的土地交易市场，土地因其位置而有不同的级差收益）；建设用地的稀缺程度与国家控制建设用地供给有关。中国实行土地用途管制和严格耕地保护政策，保持偏紧的建设用地供给，以保证城市合理的经济密度，从而使城市建设用地供不应求，并因此有较高的市价，其后果就是地方政府有极强的向中央要求更多建设用地指标的动力。

需要指出的是，城市建设用地并非只有商业用地，而且包括基础设施建设用地、公共事业建设用地和工业用地，且后者占到了大多数。商业用地占城市建设用地的比重不超过1/3。

中国的现代化同时一定是更多农村人口城市化的过程，是更多工商企业建立起来的过程。工商业的发展和城市建设都需要占用耕地。在国家偏紧的城市建设占地计划的控制下，城市建设用地因其地理位置和市场稀缺，而具有远高于耕地的价值。

四

在保护耕地的话语下，因为地方政府有强烈的增加建设用地计划的要求，一种十分具有中国特色的土地制度被设计出台。2004年，《国务院关于深化改革严格土地管理的决定》（国发28号）提出基本思想；2005年，国土资源部印发《关于规范城镇建设用地增加和农村建设用地减少相挂钩试点工作的意见》（国土资发[2005]207号），并开始试点实施“城乡建设用地增减挂钩”制度。具体地说，这项制度设计指的是，农村的土地，除耕地以外，还有非农建设用地，主要是农民的宅基地（以及乡镇企业占地等），农村非农建设用地不是耕地，而且农村非农建设用地可以很容易复垦为耕地，若将农村节约出来的非农建设用地复垦为耕地，以此获得城市建设占用耕地指标，则既没有减少耕地，又将不值钱的农村建设用地指标置换成了十分值钱的城市建设占用耕地指标，岂不两全其美？

这样一来，可以列为城乡建设用地增减挂钩项目的农民宅基地一下子变得值钱了，这个值钱并非要用农民节约出来的宅基地建工厂楼房，而是将之复垦为耕地从而让地方政府获得增加的城市建设占用耕地指标。注意，获得城市建设占地指标只是征收农民耕地的前提，具体占地还要向城郊农民征收。

这样就出现了一个颇诡异的情况，即农村宅基地比农村耕地更值钱，不是值钱一点，而是值钱很多。按重庆、成都的经验，每亩宅基地复垦，农民可以获得10万元甚至更多，即使其他地区补偿较低，也大都达到数万元。

经过复垦才变成耕地的宅基地竟然比耕地值钱得多，而复垦是要投入成本的，这就形成了一个悖论，这个悖论背后的政策问题值得讨论。

五

城市建设，有了征地指标，地方政府还必须向城郊农民征地，才能将农业用地变成城市建设用地。

之前城郊农民是所在村社集体土地的承包人，具有土地承包经营权，土地是农民的生产资料，征地就使农民丧失了生产资料，没有了就业机会，失去了生活来源，因此，地方政府必须对农民进行就业安置。按照《土地管理法》，国家通过地方政府征收农民土地，必须给土地所有者的村社集体以土地补偿费，给有土地承包经营权的农户以劳力安置费，给土地上的青苗等附着物以青苗或附着物补偿。其中给农民的补偿，主要是按农民从事农业生产所获取的经济收入进行计算。

按《土地管理法》给农民的补偿明显偏低，因为土地对农民不只是生产资料，而且与生活方式相关。正是在土地上建立的熟人社会关系中，农民形成了自己的意义世界。现在征收了农民的土地，不仅改变了农民的生产方式而且同时也改变了农民的生活方式，而且，一次性土地补偿，使拿到大量现金的农民心理很容易失衡，消费欲望大大增强，土地补偿很快就会被消费掉。因此，地方政府应提高失地农民的补偿水平并改变一次性补偿的办法。不过，征地对农民也有好处，其中之一是征地及土地的工商业使用，使农民具有了比过去多得多的工商业机会，其中最重要的是房租经济的发展。

农民还希望能分享更多土地征收改变用途之后的收益。尤其是近在眼前的甚至就是过去自己的承包地上，政府通过招拍挂程序，将征收的土地以每亩上百万元拍出，这样巨大的土地市值与政府给到农民区区数万元补偿相比，实在太不相称了。

农民因此要求更高的征地补偿，甚至要求土地的自主开发权，若他们不是由政府征地而是自主在自己的土地上进行商业开发，农民该可以获得多么巨大的收益啊。也是因此，众多学者及媒体舆论都站在农民角度呼吁给农民以土地开发权，要让农民分享更多土地收益。

在农民抗争、媒体呼吁和学者论证下，地方政府不断提高征地补偿，并将部分征收土地返还给农民进行土地开发。

地方政府也颇为委屈。虽然商业用地是可以拍出高价的，但征用农民土地的大部分是用于公共事业、基础设施建设和工业用地，这些土地，政府往往不仅不能从中赚钱，而且要投入。

六

土地财政当然是有道理的，因为土地财政是公的，且用于城市建设。若没有土地财政，城市建设要么更加依赖中央财政支持，要么需征更多税，要么只能是一个破烂的城市？

有了土地财政，建设一个好的城市基础设施，又少征税，同时少向中央要财政转移支付，才能使中央财政多用于全面支农，才能让地方企业更有活力，也才能让城市居民生活得更加美好。地方政府有土地财政，并合理用好土地财政，是“地利共享”的一个重要方面。

当前中国加工制造业在全球化中具有极强的竞争优势，其中一个重要原因是中国特色土地制度。中国最为广大的农民是从事耕作的普通农民，他们的耕地不允许改变用途为建设用地，他们因此无法分享到建设用地的增值收益。他们生产粮食这种基础性的具有强烈公益性和公共性的产品，他们因此应该获得中央财政的转移支付。中国企业相对较低的税收是其国际竞争力的重要方面。而所有这些都与中国城市建设征地所产生的土地财政降低了地方政府对中央财政的依赖有关。从这个意义上讲，地方政府的土地财政是“地利共享”的重要形式。

七

与通过土地财政实现“共享地利”相反的，是正好处在特定位置的村社集体及其成员利用土地不可移动的特点，要求地方政府征收土地时给付高价，这个高价甚至可以高出当前市场招拍挂的市场价格，这就是“钉子户”效应。若如此，在中国特殊位置上，就会产生出一个巨大的土地食利阶层，这个土地食利阶层可以凭借其特定位置的土地权利，轻松获得巨额利益，这些巨额利益与劳动无关。得来容易花起来就不会心痛，这样一个暴富的阶层，不会将土地收益用于投资而常常会用于消费。如此，中国发展所产生的经济剩余就通过土地利益输送给这个社会中寄生的土地食利阶层。中国正处在发展阶段，社会还不富裕，各方面都需要钱，若在当前中国格局中，再出现一个借特定位置土地来占有中国经济发展所形成经济剩余的食利阶层，中国未来就会十分的危险。

八

中国土地制度提供了阻止土地食利阶层产生的制度条件，中国至今未形成庞大的土地食利阶层，这是中国取得经济增长奇迹的关键。中国经济增长，是农民工（不独指城郊农民而是全国农民）用辛勤的汗水，在工厂劳动创造的，是社会各阶层凭借智慧工作来创造的，也是新中国土地制度消灭食利阶层的制度空间所创造的，是全社会共同努力的成果，因此而来的土地利益当然应该由全社会共享。地方政府的土地财政是地利共享的一种形式，这种形式也许现在还不够完善，但地利共享的方向无疑是正确的。

现在一些学者、媒体甚至政府官员看不到土地财政的合理性，不遗余力地攻击之，而片面站在少数城郊农民的立场，其结果可能是在中国形成一个本来可以没有的庞大的土地食利阶层。中国如若出现庞大的土地食利阶层，将是中国现代化之殇。

或者讲，城郊特定位置的农民，不应该按城市建设用地尤其是城市商业建设用地的市值来获得补偿。农民土地开发权的说法是有问题的。

九

当然，地方政府不能因为征收了农民土地，而使失地农民陷入贫困。就当前地方政府征地所给农民补偿的总体状况而言，地方政府应当科学设定对失地农民补偿的数额，并改进支付补偿的方式。农民失地，并非只是失去了从事农业生产的收入来源，而且不得不改变原有生活方式，改变之前的生活模式和熟人社会的交往模式。因此，给农民的失地补偿，除考虑农业损失以外，还需要从社会关系、心理预期、生活习惯等方面考虑农民的损失，并给予一定补偿。

此外，补偿的方式也是需要研究的大问题。依靠土地获得农业收入，虽然数量少，但收入稳定，正是每年都有的收入，让农民量入为出、节俭且有长远计划。征地然后一次性补偿征地款，失地农民就一次性获得了大笔现金收入。突然获得大量现金收入，必然改变之前节俭的消费习惯和消费行为，支出快速增加而收入来源却无保障，失地农民因此容易陷入贫困。

从这个意义上讲，科学制定征地补偿标准和完善征地补偿的方式，是进一步完善征地制度的重要方面。

（作者：贺雪峰系华中科技大学中国乡村治理研究中心主任、教授）

（选自《学习与实践》2012 年第 6 期）

当前统筹城乡发展中的八个重大问题

郑梦熊

在2010年中央1号文件的直接推动下，统筹城乡发展提到了各级党委、政府的重要议事日程，城乡一体化进程加快的趋势十分明显，但也存在一些问题值得重视。

一、关于粮食安全问题——任何时候都不能掉以轻心

总的来看，党的十六大，特别是“十一五”规划实施以来，是我国发展史上农业发展的最好阶段。2010年，粮食总产跨上11000亿斤台阶，创造了新的历史记录，实现了“八连增”。我们在充分肯定粮食生产巨大成就的同时，必须清醒地看到进一步挖掘粮食生产的潜力存在难度，保持粮食增产的难度确实越来越大。全国粮食总产第一次越过10000亿斤大关，是在15年前的1996年，达到10090亿斤。在1978年6095亿斤的基础上，连着跨了四个千亿斤的台阶，花了18年时间，平均四年半上一个台阶。如今虽然跨上了第五个千亿斤台阶，但却用了15年，比前四个台阶平均时间要多十年半，可见增产的难度大大增加。一方面是增产的难度越来越大，另一方面人口的增速却超过粮食的增速。1998—2010年，粮食总产由10246亿斤增加到10928亿斤，增产682亿斤，年均增加56.8亿斤，年均增长0.55%，而同期人口增加了7390万，年均增长0.6%，超过了粮食增长。虽然国内的粮食缺口可以通过进口来平衡供求关系，但必须有一个量的限制。事实上，我国多年来粮食进口量一直在增加。过去有个说法是粮食进口量只要不超过国内消费总量的5%就行，可现在已接近10%。对国际市场依赖度过高，就会失去市场调控自主权，特别是对中国这样一个13亿人口的大国而言，把自己的粮食安全寄托于国际市场，是很不安全的。

粮食在当今世界上不仅仅是经济上的战略资源，同时也是政治上的战略资源和保障民生改善的头等大事。如果我们的粮食安全都不能保障，还怎么实现城乡统筹？粮食稳定增长不仅是工业化、城镇化加速推进的前提条件，也是实现统筹城乡发展的基础。因此，无论从什么角度考虑，粮食问题在任何时候、任何情况下，都必须作为中国现代农业发展的首要问题。

二、关于城乡居民收入差距问题——还不能说拐点已经到来

2010年，全国农民人均纯收入达到5919元，实际增长14.9%，增速自1998年以来首次大幅超过城镇居民可支配收入，高出3.6个百分点，城乡居民收入比由2009年3.33∶1下降为3.23∶1。2011年，全国农民人均纯收入增加到6977元，实际增长11.4%，增速高出城镇居民3个百分点，收入比进一步下降为3.13∶1。这种变化，确实给人以柳暗花明的感觉。

有人说这是城乡居民收入差距由长期扩大转为缩小的拐点。笔者认为，作出这种判断为时尚早。1978年，城乡居民收入比是2.57∶1，差额是209元，这是改革初期的起点。之后由于农村改革率先突破，农民得到的实惠比较大，1983年时收入差距曾缩小到1.83∶1。但是，在此之后，随着经济体制改革重点转向城市，城乡居民收入差距一直不断扩大，2002年突破3∶1，为3.11∶1，2007年最高达到3.33∶1。从城乡居民收入绝对差距来看，到1992年突破1000元，为1243元，2002年突破5000元，为5227元，2008年突破10000元大关，为11020元，2010年扩大为13190元。虽然从收入比来看，"十一五"期间基本没有扩大，2005年是3.22∶1，去年是3.23∶1。这表明，这几年农民收入增速虽然明显加快，但幅度有限，还没有加快到绝对差距与相对差距同时下降的程度。其主要原因是城乡二元体制改革推进力度还不大，还没有促使城乡关系发生质的变化，从根本制度上制约了农民收入的增加。

然而，政策作用弱于体制效应。这些年农民收入的增长，一是强农惠农政策的作用，二是靠农产品价格的上涨，三是打工收入的提高，并非主要是农村产权制度、金融制度、要素交换制度和经济结构发生质的变化等内部因素作用的结果。虽然这三个方面今后仍将是促进农民收入增长的重要因素，但毕竟是外因，潜力是有限的，具有阶段性。从总体趋势上看，如果城乡体制不发生质的变化，当前和今后农民收入进一步较快增长的难度系数将会越来越大。

因此，近几年城乡居民收入比的缩小，现在只能说是一个可喜的变化，还不能说拐点已经到来。在推进城乡一体化的过程中，必须始终把加快农民增收作为重中之重，把城乡居民收入是否缩小作为衡量一切政策措施正确与否的根本标准，把农民增收的动力主要转到城乡二元体制改革上，努力使当前出现的这一可喜变化成为一种不可逆转的趋势，最终实现城乡居民收入水平的大致均衡。

三、关于工商资本进入农业问题——一个事关中国农业现代化道路到底怎么走的大问题

在这个问题上，中央的政策思路与目前一些地方政府的实际做法并不一致。中发［2001］18号文件中明确指出："中央不提倡工商企业长时间、大面积租赁和经营农户承包地，地方也不要动员和组织城镇居民到农村租赁农户承包地。"之所以这样规定，主要是担心他们与农民抢饭碗，影响社会大局稳定。党的十七届三中全会作出的《决定》中明确指出要通过"两转变、两提高"，进一步完善统分结合的双层经营体制。中央的思路显然是要求通过完善家庭经营承包制本身、发展农民专业合作组织和建立健全社会化服务体系来适应发展现代农业的需要。按照这个思路，发展中国现代农业的主体应该是农民，是以合作社形式组织起来的农民。走这条路，并不完全排除工商资本，产前、产后环节空间很大，他们完全可以在这些领域以公司加农户和订单农业的方式，带动农户发展产业化经营。即使引入工商资本，也是企业与农民或农民合作组织联合担当主体，而不是资本完全替代劳动，是公司带动农户，而不是公司替代农户。

但不少地方政府嫌这样太慢，短时间内出不了政绩，于是热衷于引进大公司、大集团，把土地大面积流转给他们搞农业项目，认为现代农业的主体就应该是大公司、大企业。听起来农民有租地收入，还多了一份安心出去打工的收入，蛮好的。实际上，所有进入农业的企业，一是虽然确保粮食安全是中国发展现代农业的首要任务，但是这些企业几乎没有从事粮食生产的；二是他们醉翁之意不在农，在于圈地、占地，在于土地的未来价值；三是利用国家对农业的优惠政策，贷款从事房地产等利润高的非农产业。由此可能产生的最大隐患是，“耕者有其田”这一土地平均占有格局就有可能被打破，进而把中国农村社会稳定的基础破坏掉了。至于说企业能吸收农民就地打工，那只是出租土地农民中的一部分，而且很多还是季节性的。要是能把农民都吸收进去，那资本代替劳动的优势就没有发挥出来。但我们有的地方领导只讲前面的“事实”，却不提后面的“事实”。这样下去，势必会影响到国家的粮食安全。

发展现代农业，选择什么样的模式，还必须搞清楚的几个问题是——中国未来的粮食安全和主要农产品供给，到底靠谁？是靠大资本，还是靠以农民合作组织为主体的适度规模经营？哪个更可靠，经济、社会、政治综合成本更低，效益、效果更好？从这个角度思考问题，显然中央的决策是正确的，看得更长远、更全面。因此，必须用中央的精神统一地方的思想，在现有政策框架基础上，进一步明确工商资本进入农业仅限于产前、产后环节，产中还是要以农民家庭和合作组织为主体，要加大对农村社会化服务体系，特别是农民专业合作组织的支持力度。目前工商资本下乡有愈演愈烈之势，有的地方已经出现了租地由整村发展到整乡的情况。已经到了下决心纠正的时候，否则，付出的成本就大了。

四、关于农村金融体制改革问题——把重点应放在发展农民之间的资金互助上

党的十七届三中全会作出的《决定》中明确提出，要放宽农村金融准入政策，加快建立商业性金融、合作性金融、政策性金融相结合，资本充足、功能健全、服务完善、运行安全的农村金融体系。现在已经过去近三年，农村金融改革几乎没有什么大的实质性进展。国有商业银行受利润支配，对农业还是不感兴趣，离农村越来越远，所谓支持“三农”有的只是在做表面文章。其他社会资本想进却又门槛太高，农民贷款难的问题依然存在。

这次物价上涨，猪价起着带头作用，原因是大量散户退出，近十年退出了80—90%。这其中相当一部分是市场淘汰规律作用的结果，但退出这么多，显然超出了正常范围。在大量养殖散户中，确有一部分技术成熟、熟悉市场的精英农户，具备了向规模养殖转型的条件，但却都由于缺乏足够的信贷资金支持而失去了向规模养殖转型的机会（种植业也是这样），不得和其他散户一样选择退出。散户都退出了，现在一些大企业又看上了这个行业，开始大规模进军养殖业。假如一半或三分之一的农民没活干、没出路，都是很大的社会问题、政治问题。金融政策问题不单是农民能不能贷到款的问题，事关农民增收，而且是与中国农业现代化道路紧密相关的大问题，关系到社会稳定。总结多年来农村金融体制改革的经验教训，从当前的实际情况出发，应该进一步明确农村金融体制改革的重点是发展农民之间的资金互助，采取十分具体得力的措施，大力支持农民专业合作组织成员之间开展资金互助。就眼前来看，把解决农民贷款难的希望寄托在国有商业银行身上是不现实的。

五、关于宏观调控“伤农”问题——摆正“裁判”位置公平调控

农产品价格上涨，从短期看有利于增加农民收入，但从长期看，每次经济波动和物价上涨，都会推动农业生产资料价格上涨。在这一过程中，农业作为弱质产业受到的伤害最大，农民作为弱势群体牺牲的利益最多。这与宏观调控中存在的“城市倾向”，以及由此决定的调控措施出台的时机有直接关系。以生猪市场为例，几乎每次政策出台时都是在猪少了、猪价涨的时候，而猪多了、价跌时却大多是“无为而治”。这种不公平的调控人为加剧了市场波动，缩短了正常的市场周期。1984～2005年，生猪市场经历了四个周期的波动，平均5年一个周期。但2007年以来，猪肉价格却波动了两次，缩短为两三年一个周期，且震幅加剧。总结这些教训，政府今后在涉及城乡居民双方利益的农产品市场调控政策出台时，首先应摆正“裁判”位置，遵循价值规律，尽量多用经济手段，少用行政手段，公平调控，农产品少了、价格涨时政府要管，农产品多了，价格跌时政府也要有所作为。

六、关于地方政府与农民利益关系问题——政府绝不能与民争利

政府在市场经济中是必不可少的调控者，是那只看得见的手，是裁判。这种定位决定了政府绝对不能有自己的独立利益，不能有私心，绝对不能想发财、搞经营。因为政府是裁判，手里有公权、有执法权，如果搞经营，政府就可能用超经济手段搞垄断，去谋取利益。这就破坏了市场经济公平竞争的基本原则。只有政府不想谋利，才能真正尊重人民的利益、农民的利益。保护农民的权益，尊重农民的利益，这不是一句抽象的话，而是一条必须说到做到的重大原则。就统筹城乡发展来说，各利益相关方主要是要处理好眼前利益与长远利益的关系，不能以抽象的、不牢靠的长远利益代替实实在在的眼前利益。有的地方官员总是理直气壮的说他是在为农民的长远利益着想，伤害一点农民的眼前利益是没办法的事，是必须付出的成本。这话好像很有道理，但具体分析一下，拿走农民的眼前利益是什么呢？那是最具升值潜力的土地资本。土地既是农民最现实的眼前利益，更是农民最有保障的长远利益。在统筹城乡发展中，无论是征用农民土地还是实施城乡建设用地土地增减挂钩，无论是兴办工业园区还是加快小城镇建设，无论是让农民进城还是进行农村新型社区建设，都既要维护好农民的眼前利益，让农民得到合理的补偿，就业有保障，当下生活不发愁，收入水平有提高；更要为他们的长远利益提供法律意义上的保障，不能仅仅是一个口头承诺。只有既对农民眼前利益负责，也对他们的长远利益负责，才能在农民心目中树立起责任政府的形象。

七、关于农业补贴政策问题——给农业、农民的补贴才刚刚开始

目前，全球农业已进入补贴时代，多数发达国家农民收入的30%以上来自国家补贴，有的高达50%以上。这是由农业作为基础产业，既要与其他产业一样承受市场风险，又要承受各种自然风险的特殊性决定的。现阶段我国的农业补贴主要包括粮食直补、良种和农机补贴、农资综合直补等种类。这些惠农政策确实对促进粮食增产和农民增收起到了直接作用。但有人认为，现在农业税取消了、三提五统没有了，义务教育使得上学不交费了，看病能报销了，该补的都补得差不多了，再补，农民就变成“懒汉”了。这是一种城乡分割二元体制下形成的歧视农业、农民观念在新时期的反映，是不利于加快农村发展、缩小城乡差距的。应该加大这方面的宣传力度，使社会各界，特别是各级领导认识到中国农业发展已经进入到大把花钱的阶段，现代农业是资金密集型农业，没有财政的大量投入是建立不起现代农业的。现在给农业、农民的补贴才刚刚开始，目前实际上还处在还账阶段，不断加大对农业和农民的补贴应该是今后“三农”政策的一个基本导向。

八、关于农村新型社区建设问题——社区化不等于建社区

建立新型农村社区，从农村、农民的角度看，能比较彻底的解决农村环境脏乱差的问题，有利于实现城乡公共服务的均等化，提高农民的生活质量。从政府角度看，是解决加快推进工业化、城镇化进程用地问题的现实途径，因为中国的建设用地大约2/3在农村，18亿亩耕地红线又不能动，这就决定了只能在存量建设用地上想办法。城乡建设用地增减挂钩试点就是在这个背景下推出来的。但现在有的地方把这个问题简单化为建社区，而且是大社区。陈锡文在不同场合反复指出，我们农村基层现在实行的基本政治制度是村民自治，你把十几个村庄合并在一起了，原来的村委会怎么办？他还多次讲，除了战争，和平建设时期大规模拆建村庄，世界范围内都从来没有过。虽然现在村委会还都存在，但有的已经同时建立了新社区管理机构，这个机构没有经过选举产生，大多是政府任命的。他与村委会是什么关系，与村民自治不矛盾吗？这可是一个涉及农村基本政治制度的大问题，谁都没有改变制度的权力。村民自治制度以村庄为前提，村庄又是以一定区域内的土地农民集体占有为基础的，集中建设社区，把若干村庄并到一起，这就把村庄与一定区域内土地的关系割断了。还有与村庄紧密相联的、已经有几千年历史的中国村庄文化问题，几十户、上百户人家祖祖辈辈住在一起，低头不见抬头见，形成了中国特色的传统文化。皮之不存，毛将焉附，十几个村庄集中住到一起了，这种村庄文化还能存在吗？我们现在都一心想往前奔，但传统这个东西，特别几千年历史孕育形成的传统文化，一旦破坏了，就难以恢复了。这是一个矛盾，是走向现代化过程中的矛盾。

工业化绝不是要消灭农业，城镇化不是要化掉村庄，一体化也不是化掉农民，而是要让农业在工业的反哺下、农村在城市的支持下进入现代文明，让农民过上与市民一样享受现代文明的幸福生活。推进农村城镇化，要走社区化的路子，最主要的应该是发展小城镇，在小城镇建社区，其他村庄则是按照社区化的思路，调整优化布局的问题，并不是要把分散的村庄集中起来，都搞成几万人的大社区。具体讲，可以先把人口多、经济实力强、地处交通要道，或有民俗文化特色的村庄重点发展为中心村，吸引其他村庄的人口向中心村集中，也可以把过小的三五个村在自愿的基础上合并为一个中心村，还可以把一个村内的若干个自然村先集中起来，一步一步地实施。

（作者：中共陕西省委政策研究室副主任）

（选自《经济社会体制比较》2012年第4期）

我国现代农业建设中的资源环境约束及发展道路研究

孔祥智　何安华

继党的十六大首次提出“建设现代农业”的重大任务之后，2007年中央一号文件以“积极发展现代农业扎实推进社会主义新农村建设”为主题，对如何发展现代农业进行了全面部署。十七大报告强调“坚持把发展现代农业、繁荣农村经济作为首要任务”。2010年中央一号文件再次强调把“发展现代农业作为转变经济发展方式的重大任务”。2012年中央一号文件又一次从更高的高度进行战略部署，明确了农业科技是加快现代农业建设的决定力量，阐述了“依靠科技创新驱动，引领支撑现代农业建设”的战略构想。上述关于现代农业建设的政策延续，表明政府将现代农业建设提到了前所未有的战略高度。加快发展现代农业已成为理论界和政策界的共识。今后相当长时期内，中国农业的发展肩负着保障农产品有效供给和提高农产品的质量的双重任务，但同时又受到资源与环境的双重约束。如何打破日益严峻的资源环境约束，实现农业的可持续发展，根本出路还在于依靠科技创新，加快发展现代农业。

一、现代农业发展中面临的资源环境约束

1. 耕地、水资源短缺在强化

2007年，中国人口约占世界总人口的20%，但耕地面积仅占世界的9.97%，平均每年的可更新淡水资源量为2.8万亿立方米，人均淡水资源约为世界平均水平的1/3，水资源与耕地资源存在同样的不利条件。除自然资源在国家间不均等分配的固有约束外，国内城市和工业扩张进一步强化了农业发展的自然资源约束。随着城镇化、工业化、现代化的快速推进，农业与非农产业、农村与城镇在耕地和水资源等自然资源方面的竞争将日益激烈。由于农业比较利益低、农业对地方财政收入的贡献低于非农产业，在与非农产业和城镇的耕地和水资源争夺战中，农业和农村的弱势地位逐渐凸显，进而导致耕地面积减少、耕地质量下降、水资源短缺等不断强化。同时，我国耕地和水资源分布严重错位，往往出现有水的地方地少、有地的地方水少的现象。由于气候原因，农业用水在时间上也出现了不平衡，受到干旱、洪涝及旱涝急转的影响较大。此外，水污染问题逐渐突出，导致部分地区的农业发展面临严重的污染性缺水。这些状况进一步强化了耕地和水资源短缺对农业发展的约束。

2. 农业资金与高素质劳动力持续外流

与耕地和水资源的属性不同，资金和劳动力属于农业社会资源，且流动性相对较强，其流动性存在着软约束，即资金和劳动力可以在

不同部门之间流动以寻求更高的投资回报率。总体而言，我国当前仍然是农业部门资金流向非农部门，素质较高的农业劳动力流向非农产业。根据中国人民银行的统计，2010年末，主要金融机构及农村合作金融机构、城市信用社、村镇银行和财务公司农村贷款余额9.8万亿元，同比增长31.5%，高出同期各项贷款增速11.9个百分点；农户贷款余额2.6万亿元，同比增长29.4%；农林牧渔业贷款余额2.3万亿元，同比增长18.3%。但不可否认的是农村民间资本仍然向着投资回报率较高的二、三产业转移，各类金融机构或多或少地扮演着抽水机的角色，农业农村资金依旧缺乏，农民贷款仍然困难。农业劳动力资源方面，随着工业化和城镇化的推进，大量有文化的农村青壮年劳动力转移到城镇就业，剩下老年人、妇女和儿童劳动力留守农业，形成“三八六一九九”部队。2002年以来，我国农村中40岁以上的劳动力年龄人口占劳动力年龄人口总数的比例逐年上升，2008年该比例首次突破50%，反映了我国农村劳动力的老龄化特点。更有大胆的推测，认为目前我国从事农业生产的劳动力平均年龄在50岁以上，其中上海等经济发达地区务农农民年龄已接近60岁。随着农民外出就业规模的扩大和农村精英阶层的流失，农村特别是传统农区的农业劳动力素质普遍不高，直接妨碍现代农业技术、农业经营方式在农村的扩散，不利于农业结构转型升级，从而对现代农业发展产生负面影响。

3. 化肥、农药投入对农产品产出增量贡献降低

现代投入要素的使用对农业发展，尤其是农作物增产的作用巨大，但仍然逃不出边际报酬递减规律。我国农业生产中的化肥使用效果已表现出相当明显的边际报酬递减现象。以氮肥使用效果为例，随着氮肥施用量的增加，水稻产量渐增，但增势减缓，到达最高产量后，继续增加氮肥施用量，产量转而下降且肥料成本增加，从而引发净收入减少。同时，长期过量使用化肥带来了耕地贫化、土地板结和水土流失等严重后果。从国际比较看，中国氮肥施用量是美国的3倍，是法国的1.5倍，是德国的1.6倍，单位农田的氮肥施用量远远超出世界发达国家的用量。在化肥施用技术没有取得重大突破之前，农民为维持单位土地产出量就需要施用更多化肥，陷入了“施用化肥－土地贫化－施用更多化肥－土地更加贫化”的恶性循环。农药的使用也有类似情况，已有研究证明粮食产量几乎不受农药使用量的影响。

4. 农业科技应用能力不足

在农业科技方面，据农业部测算，2010年农业科技贡献率达52%，良种覆盖率超过96%，种子统供率达到66%，粮食作物专业化统防统治率达12%，农业机械化水平达到52%。即便如此，我国农业科技含量低、科技创新能力不足、科技成果转化率低却是当前农业科技发展的现状。我国农业科技推广体系薄弱，推广能力不足，技术到户率低，现实科技的潜力发挥不足，如每年大约有6000项农业科技成果诞生，但只有不到1/3被转化为实际应用。大型农机作业推广应用水平不高，导致土壤板结和质量下降，降低了土壤保水能力和化肥利用率，加剧了肥料污染和土壤流失的问题，影响了农产品的产量和质量。农业科技转化率和利用率较低与当前农业生产经营主体的文化程度有关。由于留守农民文化水平不高、农民培训难度大、农民接受新技术和新生产方式的能力不强，导致农民掌握和应用的技术较少，掌握不了先进的种养生产方式；与此同时，农村社会化服务体系亟需完善，在许多地区都存在农业科技供给主体缺失的现象，而农民合作经济组织、农业龙头企业等新型农业经营主体的作用也未得到充

分发挥。

5．农业环境污染问题突显

农业生产系统内污染已成为制约农业发展的重要因素。据《第一次全国污染源普查公报》数据显示，在全国592.6万个普查对象中，农业源占了289.9万个，占比48.9%，远高于工业源、生活源和集中式污染治理设施。一是化肥污染。农用化肥施用量持续增加，为提高粮食产量做出一定贡献的同时，在局部地区已成为农业面源污染的主要来源。二是农药污染。1998～2009年，我国农药施用量从123万吨增加到171万吨，利用率仅为30%左右，且普遍存在使用高毒农药的现象，农药的负外部性开始显现。三是农膜污染。在农膜使用中，我国普遍存在着用量大和质量差的问题，地膜厚度不达标，强度低，易老化破碎，回收十分困难，农膜覆盖正由“白色革命”向“白色污染”演变。四是畜禽养殖业污染，随着畜禽养殖业的快速发展，畜禽养殖污染已呈现出总量增加、范围扩大和程度加剧的趋势。

在资源环境约束增强的条件下，发展农业的解决之道不在于放慢农业发展，而在于合理利用和保护农业资源，改善农业环境，寻求更具持续性的农业生产系统，实现农业可持续发展。中国既是农产品生产大国，又是农产品消费大国，要切实保障国内农产品有效供给，关键还在于提高国内农业的综合生产率。因此，要打破日益严峻的资源环境约束，实现农业的持续稳定增长，转变农业发展模式势在必行。

二、发展现代农业的道路

1．现代农业发展道路的选择应以时代特征和资源禀赋为客观基础

一个国家应选择何种现代农业发展道路，是由其时代特征、国情和资源禀赋决定的。不同的地区有着相异的地理资源、气候资源、文化背景、人力资源和经济环境，导致各地区发展现代农业的战略和技术路线有着很强的地区特色。按照希克斯－速水－拉坦－宾斯旺格假说，在市场经济条件下，农民将受要素价格变化的影响和诱导，而致力于寻求那些能够替代日益稀缺的生产要素的技术选择。这意味着，在一个经济体中，要素禀赋相对丰度的不同，会导致技术变迁有效路径的差异。农业生产的技术进步说明了这一点，如土地供给带来的制约可以通过使用更多的劳动（如由单季稻种植转向双季稻种植）或通过生物技术进步加以消除，劳动力稀缺带来的制约可通过机械技术进步去缓解（如东北地区的农业机械化进程）。在人口增长带来的食物消费需求膨胀和资源环境约束的压力下，农业发展有着“高效”要求；人们越发重视食品健康消费也对农业发展提出了“高质”和“安全”要求；农业的可持续发展又对农业提出了“生态”要求。发展高效、安全和生态的现代农业必须依靠科技创新，但基础仍在于如何有效配置农业系统中的各类资源。如果不能选择一条可以有效消除资源禀赋制约的途径，就会抑制农业发展和经济发展的进程。由于我国自然环境复杂、地形种类繁多、经济发展水平各异，现代农业的发展必须要根据不同地区的经济、社会、人文环境因地制宜，充分发挥各地区的资源优势，选择与地区实情相符合的发展道路。

2．分地区选择中国现代农业的发展道路

东部地区在发展现代农业的过程中，可走集约型发展道路，发展资本密集型、技术密集型的安全、无污染的现代农业。东部地区是我国经济发展水平最快、收入水平最高的地区，但人地矛盾也最为严重，农业资源远少于其他地区。随着工业化和城镇化的推进，土地非农化速度较快而又不可逆转，土地约束最为明显。但东部地区的经济发展水平较高，工业反哺农业的能力很强，农业生产的技术推广和服务体

系比较完善，很多县（市）很早就开始探索和发展现代农业，工业能源、动力机械、新式农具、良种良法、化肥、农膜等现代生产资料得到较大范围的应用，农业在整体上已经向现代农业迈进。除土地约束最为突出外，本地农业劳动力人数快速减少，这是因为当地非农就业机会较多，务农机会成本较高，农业劳动力日渐短缺，有些地方甚至出现了中西部的农民跑到东部种地的现象。同时，由于东部地区居民收入水平较高，消费者对农产品的种类和质量都提出了更高的要求。因此，东部地区对采用土地节约型技术，走集约型发展道路更显得紧迫和重要。集约型现代农业是指通过资金投入和高新技术运用，最大限度地改变农业的生产条件，实现高投入、高产出、高增长，既是资本和技术密集型农业，又是资源节约型和环境友好型农业，其着力点在于发展质量农业、精准农业和设施农业等。

中部地区可继续走产业化型现代农业发展之路。中部地区平原众多，农田水利设施基本配套，是我国的农业主产区，主要生产水稻、小麦、玉米、棉花等，在保障粮食安全上发挥着重大作用。目前，中部地区正逐步形成具有地域特色的产业带（区），如以黑龙江省为主的大豆带，以吉林省为主的玉米带，以安徽省阜阳地区、河南周口地区和吉林省西部为主的肉牛生产基地等。粮食种植业和肉牛、肉鸡养殖业的产业特性不太适宜走土地节约型和劳动密集型道路，但可通过产业化经营方式去实现产量和产值的增长。自1980年代后期逐渐推行产业化战略以来，大体上采取了“公司＋农户”、“合作经济组织＋农户”、“公司＋合作经济组织＋农户”等模式，这些模式在中部地区的各个省份都不同程度地存在着。实践也证明，农业产业链条的有效衔接是解决农产品销售难、实现农产品增值的重要途径，有利于提高农产品品质量安全水平，还能引进技术、资金、管理等现代化的生产要素，增强区域农业的竞争能力。

西部地区有着独特的资源优势，可依托这种优势发展特色型现代农业。西部地区占国土面积的一半以上，林地面积占全国的1/3以上，草地面积比重也过半，还是大部分少数民族的聚居地。相比于其他地区，西部地区有着特有的农业资源特色和民族特色。因此，西部地区可发展具有“名”、“优”、“特”、“精”等特点的特色农业，创建民族、文化、历史、绿色、生态品牌，开发出优质、高效的农产品及其加工产品，如鼓励建立特色种养基地，扶持中药材等林下经济产业向产业化经营方向推进。

大中城市的郊区在条件允许的情况下可发展休闲农业。随着城市化水平的提高，城市病在加剧，人们越来越重视农业的生态环境功能，城市郊区休闲农业悄然兴起。所谓休闲农业，是指利用农村田园景观、自然生态环境资源，结合农业生产经营、农村文化及农家生活，经过科学规划和开发设计，发挥农业与农村休闲功能，为游客提供观光、度假、体验、推广、示范、娱乐、健身等多项休闲需求的农业经营形态。按类型划分，大致有4种：一是产业依托型，主要是依托当地规模化的农业产业，以旅游市场需求为导向，进行休闲旅游开发的活动。如云南省罗平县依托油菜产业，发展以油菜花田园风光为主的休闲旅游业。二是景区依托型，主要是以重点旅游景区为核心，吸引周边农民参与旅游接待和服务，从而在景区周边发展旅游住宿、餐饮、购物及配套服务，如北京怀柔区的水长城旅游业。三是民俗文化村落依托型，主要是以农村风土人情、民俗文化以及古村镇宅院建筑为吸引物，开展乡村旅游活动，如浙江的乌镇。四是农家乐，主要是农民利用自家庭院、自己生产的农产品及周围的自然风光，开展吃、住、玩、游、购、娱活动，如北京郊区的沟域经济区。

当然，由于各地区的经济发展不平衡和农业基础条件等资源禀赋差异，各地区会选择不同的现代农业发展道路，同一地区的各个省、市、区又根据各自的资源禀赋选择更加具体的发展路径，而且各地区也不会同步实现农业现代化，只能分地区、分阶段推进。

三、政策建议

从现阶段的城乡统筹与农业增长方式转变的情况来看，加快发展现代农业除需要继续完善农业基础设施建设外，还须依靠科技进步，推进农业经营体制创新，大力发展农业社会化服务体系和完善现代农业产业体系。

1. 加强对农业的支持，完善农业基础设施建设

按照统筹城乡发展的要求，以科学发展观为指导，不断加大以工补农、以城带乡的力度，始终把提高农业综合生产能力作为发展现代农业的主攻方向。继续加强农业基础设施建设，财政支出适当向农业倾斜，进一步明确农业设施装备发展的战略方向，大幅提高农业装备水平，为工农业平等发展提供基础条件。继续实施沃土工程，发展保护性耕作。大力加强农田水利基本建设，狠抓小型农田水利建设，同时加快小型基础设施产权制度改革，引导农民对直接受益的小型农业基础设施投工投劳，国家给予适当补助。加快改造中低产田，大规模建设旱涝保收的高标准农田。

2. 扶持新型农业经营主体，大力发展农业社会化服务体系

农业组织化、规模化、集群化会促进农业社会化服务体系的配套，而农业社会化服务体系的配套反过来又会促进农业组织化、规模化、集群化的发展。加大对农业组织化、规模化、集群化中的新型农业经营主体的扶持力度，如专业大户、农民专业合作社、农业龙头企业等，通过新型农业经营主体来提供农业社会化服务体系的配套。特别注意上述新型农业经营主体在农业社会化服务体系中的作用，从财政、金融、税收等方面予以大力扶持。

3. 加快农业科技创新，加强农业资源环境保护

加快农业科技创新，明确农业科技创新方向，突出农业科技创新重点，进一步完善农业科技创新体系，为大力推进现代农业发展提供支撑。依靠科技创新改造传统农业，应用先进技术装备农业，健全基层农业技术推广体系，推广农业实用技术下乡入户，加快科技成果的转化与应用普及。把提高土地产出率、资源利用率、劳动生产率作为主要目标，积极探索节地、节水、节肥、节药、节种、节能的农业发展方式，依靠科技创新提高农业资源利用效率，促进农业资源循环利用，同时减少农业环境污染，构建适应高产、优质、高效、生态、安全的农业技术体系。

4. 继续优化农业生产布局，完善现代农业产业体系

以科学的全局统筹观指导农业产业结构调整，积极探索农业资源保护和合理利用的有效途径。立足于区域的资源禀赋，大力优化农业生产布局，形成优势突出和特色鲜明的农业产业带。加快推进农业标准化、规模化、环保型种养。大力推进农产品产加销一体化经营，鼓励企业涉足农产品精深加工领域，完善农产品现代物流体系，延长农业产业链，提高农产品附加值。加强农产品质量安全管理，尽快建立和完善农产品质量追溯制度。

（作者单位：中国人民大学农业与农村发展学院）

（选自《科技促进发展》2012年第1期）

国家区域政策与区域经济发展

范恒山

一、“十一五”以来我国区域政策的基本特点

自觉地系统地研究制定区域政策是在新中国成立以后。中央高度重视区域协调发展，在不同的阶段，根据不同的情况采取了不同的政策举措，大体分三个阶段。

一是国家通过调整工业布局来推进内地与沿海均衡发展的阶段，这一时期大体从建国初期到改革开放之前。为了改变当时工业基础薄弱的状况和沿海与内地工业布局畸形发展的格局，同时，考虑到当时特殊的国际政治氛围，国家提出了调整沿海内地工业布局的战略举措，并通过这一布局调整来改善区域发展不平衡的格局。代表性的论断是毛泽东《论十大关系》中提出的“两个必须”：沿海的工业基地必须充分利用，但为了平衡工业发展的布局，内地工业必须大力发展。根据这一战略思想，国家投资明显向内陆地区倾斜。这个转变加速了内地的工业化进程，使建国初期极不平衡的工业布局格局初步得到改观，到目前为止，内地工业的发展在较大程度上仍依赖于这一时期打下的基础。理论界通常把这一阶段称之为生产力均衡布局或区域均衡发展阶段。

二是沿海地区率先发展阶段，这一阶段大体从改革开放初期到20世纪90年代中后期。改革开放初期，我国的首要任务是发展经济，考虑到当时沿海的综合条件较好，在区域发展方面采取了让沿海地区先发展起来的战略举措。在这方面，代表性的论述是邓小平的“让一部分人先富起来”的思想和“两个大局”观。经过努力，我国东部沿海地区迅速发展起来，而沿海地区的发展又从整体上支撑了中国经济的发展，提升了整个国家综合实力。理论界一般把这一阶段定义为梯度推进或不均衡发展战略阶段。

三是区域协调发展总体战略初步形成并不断完善的阶段，这一阶段大体从20世纪90年代中后期到现在。在国家整体经济实力不断提升的同时，也出现了地区差距不断拉大的问题。为此，从“九五”时期开始，中央把缩小地区差距，促进区域协调发展放到了党和国家工作的突出位置，并陆续采取了一系列重大举措。1999年提出实施西部大开发战略，2003年提出振兴东北地区等老工业基地战略，2006年提出促进中部地区崛起战略。至此，国家关于区域协调发展形成了一个较为完整的区域发展战略体系。这个体系的具体内容非常丰富，但简单说就是“四句话”，即推进西部大开发，振兴东

北地区等老工业基地，促进中部地区崛起，鼓励东部地区率先发展，一般称为“四大板块”战略。在这一总体战略的推动下，我国区域发展的状况逐渐发生积极变化。特别是东中西不同地区之间的经济增长的差距开始缩小，区域发展的协调性逐渐增强。理论界把这一阶段叫做促进协调或趋向协调发展阶段。

但是，对于地域辽阔，地区间自然条件、历史基础和经济发展水平差距较大的我国来说，四大板块的划分从地理空间尺度来看仍然偏大，有必要根据实际情况将区域政策进一步细化、实化、差别化，更要有针对性地解决各个地方的发展问题。从“十一五”开始，国家着重加大了区域政策细化的力度，密集出台了一系列以规划和文件为载体的区域政策，进一步缩小了区域政策指导和覆盖的空间尺度。据统计，“十一五”以来到 2011 年底为止，国家出台的区域规划和政策文件，加上带有促进区域协调发展性质的有关试验方案，达 70 余个。2012 年以来，国家又出台了一些区域规划和政策文件。这一数字大大超过了“十五”时期，国家着力于区域政策的强度由此可见一斑。

这些区域规划和政策文件在总体上体现了两个基本要求，一是促进区域协调发展，缩小地区发展差距；二是促进国民经济又好又快发展，增强可持续发展能力。从具体层面来看，则大体是基于三个方面来研究制定的：一是基于加快重点地区的发展。重点地区的发展是国家经济发展的重要支撑，而且重点地区对区域发展和国家发展来说往往是关键地区。如果把这些地方的问题解决了，必然会促进区域协调发展，也必然会促进国民经济又好又快发展。立足于加快条件较好地区开发开放，着眼于培育形成新的增长极，立足于促进欠发达地区特别是贫困地区加快发展，缩小两极差距，国家出台了一系列区域规划和政策文件。二是基于落实国家重大的发展和改革战略。近年来，为了推进经济发展方式转变，促进科学发展，国家陆续推出了一系列重大的发展和改革战略，如“两型社会”建设的战略、统筹城乡发展的战略、产业转型和优化经济结构的战略等。这些战略归根到底也是促进区域协调发展的战略，其实施具有很大的挑战性，需要先行探索和试验。围绕落实这些战略，国家出台了一系列的区域规划和政策文件。三是基于深化区域合作和扩大对外开放的战略。深化区域合作，进一步扩大对外开放，有利于充分利用国内外两种资源、两个市场，有利于拓展国家经济发展的空间和潜力，有利于促进区域协调发展。围绕推进区域合作，进一步扩大对外开放，促进区域一体化发展，国家陆续出台了一系列区域规划和政策文件。

二、“十一五”以来我国区域政策取得的重大成效

借助于出台的一系列区域政策及其配套政策的有力推动，我国区域发展取得了空前的巨大成就，并带来了一系列的重大变化。

第一，有力地促进了区域协调发展，增强了国家经济的整体活力。近些年，区域政策强力实施取得了两个革命性成就。一是转变了区域增长的格局。长期以来，中西部地区的经济增长速度一直落后于东部沿海地区，到“八五”时期达到了一个高点。而东部快、中西部慢的这种格局在当时被公认为在短时间内是无法改变的。密集出台的区域政策及其配套政策的有机配合，迅速改变了这种状况。2007 年，西部地区的经济增长速度首次赶超东部地区；2008 年以来，中西部和东北地区的经济增长速度全面赶超东部地区，并保持了强劲的增长势头。与此同时，东部地区适应新的形势，按照国家区域规划和政策文件的要求，把工作重点放到了转变发展方式，优化经济结构上，发展的质

量和效益也得到明显提高。二是推动形成了一大批经济增长极。在因地制宜的区域政策指导下，传统先行地区进一步焕发青春与活力，一批地处中西部的新的增长极陆续涌现，成为我国经济持续又好又快发展的有力支撑。从总体上看，凡有国家战略和区域政策指导的地方，经济增长速度明显快于一般地区，经济发展效益明显好于一般地区，经济合作的步伐或者一体化的步伐明显快于一般地区，民生改善的力度明显大于一般地区。

第二，丰富和完善了宏观调控的路径和手段，有效地改善了中央与地方的关系。差别化的区域政策使宏观调控的路径从“一刀切”真正转变为从各个地方的实际出发的分类指导，也就是实施了“一区一策，一地一策”。与此同时，国家的“一盘棋”战略又得到了维护：分类指导不是让地方各行其是、我行我素，而是站在国家全局利益的高度，合理体现地方的利益诉求和实际需要。因此，它没有破坏，而恰恰是完善了全国“一盘棋”的理念和思路。只是这种完善了的理念和思路，突出了原来没有重视或难以做到的方面，那就是充分考虑地方的实际，实施分类指导，实现地区间的合理分工，充分发挥各自的比较优势。不仅如此，这一做法也在一定程度上带来了国家机关服务方式的转变，带动了国家机关工作职能、工作作风等方面的转变，有利于改善中央和地方的关系，从而有利于增强宏观调控的作用和效果。

第三，巧妙地突破了体制困境，解决了实践中一些十分棘手的难题。发展思路和相关措施不连续、不稳定是影响地区经济发展的一个重大问题。干部体制、财税体制、投资体制中存在的某些缺陷，很容易导致一个地区的发展和建设换一届班子换一套思路以及短期行为。由国家制定的区域战略和区域政策，因为其特殊的权威性，也因为其高度的“含金量”而为相关地区积极持续的实施，不因领导调整或班子换届而中断，有效地解决了地方发展思路与政策措施不稳定、不连续的问题。“上有政策，下有对策”是对以往国家很多重要方针政策难以有效落实状况的形象概括，而分类指导的区域政策应该说比较好地解决了这个问题。其原因一方面是由于这些区域规划和政策文件是深入调研后形成的，比较切合地方经济社会发展的实际；另一方面是因为它真切地反映了地方合理的利益诉求和发展需要。“一刀切”必然造成经济“冷”时各个地区想方设法一起“升温”，而经济“热”时各个地区又想方设法一起“降温”，这样就导致了经济在过冷和过热状态下的循环交替。而分类指导则从各个地区的实际出发，无论在什么样的环境下，该热则热，该冷就冷，从而能够避免经济发展的大起大落。

三、当前我国区域发展面临的形势

尽管近年来促进区域协调发展取得了明显的成效，但应该清醒地看到，今后一个时期，区域发展的国内外环境将更加复杂，区域发展的任务将更加艰巨。从现实看，区域发展不协调的状态并没有发生实质性改变，区域发展仍存在着一些突出矛盾和问题。第一，区域间实质性的发展差距还没有缩小。虽然区域间经济增长格局发生了根本性变化，但地区间一些关键方面的差距并没有明显缩小，有些方面甚至在继续扩大。比如不同地区间的人均 GDP、人均财政收入、人均拥有的财富水平等重要指标的差距还在拉大，发达地区与欠发达地区群众享受基本公共服务的水平还存在着比较大的差距。特别是我国还有面积广大的贫困地区，大量人口的收入水平仍处于国家扶贫标准线以下。第二，其他的区域性问题依然很严重。区域间的不良竞争和无序竞争仍然存在，由于体制、责任、比攀等正面或者负面因素的影响，行政区经济仍然没有从根本上改观，而由此导致的地区封锁、市场分割和恶性竞争的状态仍然比较严重；资源枯竭型地区的产业转型和可持续发展水平还有待进一步提升，一些地区转型困难，替代接续产业基础薄弱，劳动力素质不适应转型发展需要，社会管理方式和矛盾调处机制亟待改善；部分区域存在着过度开发的现象，要素的过度集聚远远超出了资源环境的承载能力，出现了诸如交通堵塞、用地紧张、人口密度过大、环境恶化以及基础设施建设成本和运行成本过高等所谓的“区域病”或“城市病”，等等。第三，缺乏完善的推进区域协调发展的体制机制。涉及区域的一些基本利益关系仍然没有理顺，如生态补偿等利益协调机制尚不健全，区域发展的法制保障比较滞后，区域规划和政策文件的实施缺乏必要的法律保障，实质性的区域一体化进展缓慢，突破行政区划限制仍困难重重。从发展态势看，伴随着改革开放与现代化建设进程的不断推进，促进区域协调发展面临着新的严峻挑战。国际方面，经济全球化、区域一体化的深入推进，在总体上给各地区提供了经济发展机遇和利益共享平台，但具体而言，欠发达地区在这一进程中往往处于被动受制状态，不仅要被动接受主要是由发达国家和地区主导制定的国际经济规则，而且因技术等相对落后在深度开放环境下受到利益的侵害。在国际金融危机发生发展中，各种形式的贸易保护主义强化的特殊环境下，以中低端产品出口为主体的欠发达国家受到的损害不仅直接而且更大。若非采取相应举措，这种状况在总体上将对我国的发展特别是我国欠发达地区形成制约，对促进区域协调发展也形成不利影响。国内方面，由于现有基础的差别和运作规制的不平等，市场化的深入发展和工业化、城镇化的加速推进，往往造成资源等生产要素由欠发达地区向发达地区的进一步集中，从而造成对欠发达地区利益的进一步剥夺，而基于资源环境约束的压力和转变发展方式的需要，欠发达地区不能再走发达地区曾经粗放发展的老路，必须把加快发展和转型密切结合起来，这给促进区域协调发展特别是欠发达地区加快缩小与发达地区差距带来巨大压力和尖锐挑战。

但是，也要看到解决区域发展的问题既有过去工作的良好基础，又面临不少新优势、新条件和新机遇。一是我国综合国力大大增强，经济总量已跃居世界第二，这将更加有利于提升中央政府通过转移支付等手段解决区域发展不平衡问题的能力，也将进一步提升发达地区带动欠发达地区发展的能力，从而为促进区域协调发展提供物质保障。二是我国区域政策体系日臻完善，区域政策调控力度和效度也在不断增强，这将有利于充分发挥区域比较优势，促进各地区走出一条切合实际、各具特色、富有竞争力的发展道路。三是科技创新日新月异，新兴产业加速成长，区域间产业转移步伐继续加快，这将有利于加速中西部地区新型工业化进程，实现加快赶超和跨越发展，也将推动东部沿海地区产业优化升级，继续发挥带动全国经济增长和发展方式转型的引擎作用。四是社会主义市场经济体制的不断完善，财税体制改革的深入推进，要素价格形成机制的更趋合理，资源和生态补偿机制的逐步建立，将有利于进一步理顺区域间基本利益关系，更好地体现拥有资源优势，作为重要生态屏障的中西部地区的利益价值，为缩小地区发展差距提供重要支撑。

四、“十二五”时期我国区域政策的总体思路

“十二五”时期，是我国全面建设小康社会的关键时期，也是深化改革开放，加快转变经济发展方式的攻坚时期和促进区域协调发展的关键阶段。新的历史阶段对推进区域协调发展提出了更高的要求。根据科学发展观的要求，基于现实环境的要求和现阶段的经济基础，当前区域协调发展至少应该包括五个方面的重要内容：一是各地区人均GDP的差距不应过大，而应该保持在一个适度范围内。人均GDP是衡量地区间发展差距的重要指标。当前的主要任务是扭转区域间人均GDP扩大的趋势，使差距逐步缩小。二是区域间实现基本公共服务均等化。为不同区域、不同人群提供均等化的基本公共服务是政府义不容辞的责任。三是区域比较优势能得到充分有效的发挥。由于特殊性的存在，每个区域都有自己的比较优势，能否充分发挥比较优势，是衡量区域协调度的重要标志。四是不同区域之间形成互利共赢、优势互补的良性互动机制。优化区域合作发展的环境，创新区域合作方式，拓展区域合作领域，协调区域合作中的各种利益关系是区域协调发展的重要内容。五是合理解决人地关系。区域经济的发展要充分考虑当地的资源环境承载力，做到有度有序开发和可持续开发，切实保护好我们赖以生存的生态环境。

我国"国民经济和社会发展第十二个五年规划纲要"提出了今后一个时期促进区域协调发展的总体思路，即实施区域发展总体战略和主体功能区战略，构筑区域经济优势互补，主体功能定位清晰，国土空间高效利用，人与自然和谐相处的区域发展格局，逐步实现不同区域基本公共服务均等化。

基于以往区域发展的成功实践和现实要求，在具体的操作上要特别把握好以下几个方面。

一是把实行区别对待作为完善区域政策体系的基本方向。区别对待是研究区域政策的核心内容。要始终把立足区域实际，体现地区差别化作为研究和制定区域政策的基点。在准确把握国家重大战略方向的同时，认真分析不同区域的具体差别，根据实际要求，设计不同目标，制定适合本区域发展的政策，真正实现"一区一策"。

二是把实现公共服务均等化作为缩小区域差距的根本任务。推进基本公共服务均等化是促进区域协调发展的关键内容，这既有利于经济发展，同时更关系到社会公平问题，是今后较长时期内促进区域协调发展的重中之重。通过体制机制创新和法律保障等途径和方式，对不同区域、不同社会阶层一视同仁地实施财政、金融等公共政策。进一步加大对欠发达地区基本公共服务的投入力度，推进教育、卫生、就业等社会事业领域公民享有的同权化，让每个公民都享有平等的发展机会和权利。

三是把推进重点地区快速发展作为实现区域协调发展的主要途径。在促进区域协调发展的过程中，重点地区的辐射带动作用不可忽视。要加强科学引导，适应国际竞争的新要求，把鼓励和支持条件较好地区的快速发展作为区域发展的重点方向，不断深化体制机制改革，加快开发开放步伐，更好地发挥辐射带动作用。与此同时，要加大支持力度，把支持革命老区、边疆地区、贫困地区和民族地区等特殊类型地区发展作为促进区域发展的基本着力点，强化薄弱环节，改善发展环境，破解发展瓶颈，不断增强这些区域的自我发展能力，整体提升其自身发展水平。

四是把开展试验示范作为落实区域发展战略的重要抓手。开展先行先试是国家改革发展的重要经验，也是被实践证明推动地区工作行之有效的方式之一。从某种意义上说，发展就是探索，前进就是示范。重点在优化经济结构，促进区域合作与一体化发展，推进经济发展和环境保护相协调，扩大对外开放，增强自主创新能力，推动区域协调发展体制机制创新等重点方面，选择适宜地区开展专项试点和综合试验工作，对一些潜在风险较大、涉及面较宽的重大问题在选择地区先行先试，积累经验，探索路径。以此为基础，进行全局性、前瞻性谋划，提出解决深层次矛盾的总体思路和政策措施。

五是把建立相关制度保障作为协调区域发展的核心要求。统筹区域发展从根本上讲，依赖于建立健全科学的管理体制、运行机制和政策法规体系。完善区域治理方式和管理体制，综合运用行政、经济、法律等手段，建立稳定的合理分工的运作体系，深化重点领域和关键环节改革，特别是要把促进区域协调发展的成功经验以法律法规的形式确定下来，把促进区域协调发展的工作逐步纳入法制化轨道。

五、“十二五”时期我国区域政策的主要任务

依据“十二五”规划纲要要求，今后五年推进区域协调发展的核心任务就是贯彻实施主体功能区战略和区域发展总体战略。主体功能区规划战略的主要目标在于解决国土优化开发问题，而区域发展总体战略的主要目标在于缩小地区差距。这两大战略之间关系密切，相辅相成，要把主体功能区战略和实施区域发展总体战略结合起来，既要不断优化国土空间布局，努力实现区域间的合理分工，又要重视发挥区域比较优势，加快缩小区域差距。

在实施区域发展总体战略方面，要贯彻好国家已经出台的一系列重大区域规划和政策性文件，把工作的重心放在中西部地区，要把加快西部地区的发展放在优先位置，尤其是把加快西部贫困地区的发展放在更加突出的位置。着重抓好以下几项工作：首先，继续推进重点地区加快发展。一方面，继续引导条件较好的地区率先开发开放，进一步鼓励京津冀、长三角、珠三角等东部发达地区在更高水平更高层次上参与国际竞争和合作，主动融入区域一体化和经济全球化的进程，继续发挥带动全国经济增长和发展方式转变的引擎和龙头作用。同时，要进一步促进中西部地区承载能力较强、发展潜力较大的地区加快开发开放，努力将其打造成为带动区域发展的新的增长极。另一方面，把支持特殊困难地区发展作为统筹区域发展的基本着力点，继续大力扶持老少边穷地区加快发展，进一步加大政策扶持力度，着力解决其面临的实际困难，改善贫困地区群众的生产生活条件，不断增强这些地区的自我发展能力。其次，大力推进地区间基本公共服务均等化。要大力改善欠发达地区的办学条件，推进优质教育资源共享；要加快欠发达地区农村卫生服务网络和城市社区卫生服务体系建设，提高新型农村合作医疗、城镇居民基本医疗保险的筹资水平和政府补贴标准；要在中西部地区扩大新型农村社会养老保险试点范围，实现养老保险跨地区转移接续；要继续加大中西部地区劳动力技能培训力度，提高就业水平、自我发展能力；还要持续加大保障性住房、农村危房改造、农村饮水安全、农村电网改造、农村公路等直接关系到老百姓切身利益工程的投入和建设力度等等。第三，全面深化区域合作和对外开放。要顺应经济全球化和区域一体化深入展开的趋势，把深化合作开放作为拓宽发展空间，实现跨越式发展的重要途径。在全面深化合作方面，要科学引导东部地区的产业向中西部地区转移，中西部地区也应做好准备，积极迎接东部地区的产业转移，推进区域间的产业合作；要推进区域一体化，促进重点经济区在基础设施、市场体系、产业布局、科技创新、公共服务、生态保护等领域一体化发展；要加大对口帮扶力度，不断完善发达地区对欠发达地区的支持帮助、地区间良性互动的途径和机制。在扩大开放方面，要全面提升沿海开放型经济发展水平，进一步深化沿海开放，在沿海地区率先建立与国际化接轨的管理体制和运行机制，提升

国际竞争力。要加强沿边开放，包括把广西打造成为与东盟合作的重要桥头堡，把云南建设成我国面向西南开放的新高地，积极推进与中亚等地区相关方面的合作，努力加强图们江国际区域合作，争取把内蒙古和黑龙江两省区打造成面向东北亚开放的枢纽，等等。同时，以各类开发区为平台，以中心城市和城市群为依托，积极加快内陆开放，大力发展内陆开放型经济，努力把一些具备条件的内陆城市打造成开放型经济战略高地。

在实施主体功能区战略方面，《全国主体功能区规划》提出了不同区域的主体功能，明确要求进一步控制开发强度，规范开发秩序，推动形成高效协调、可持续的国土空间开发格局。所以，下一步的工作重点是积极制定配套政策措施，并努力创造条件逐步落实相关区域政策。一方面，要完善分类管理的配套区域政策，研究制定投资、产业、土地、农业、人口、民族、环境和应对气候变化等方面的配套政策措施，加快形成实施主体功能区规划的政策体系，特别注重解决限制开发区域和禁止开发区域财政收入少，提供基本公共服务的能力弱等问题；另一方面，要建立各有侧重的绩效评价体系和实施机制，合理划分中央和地方在实施主体功能区规划中的权责关系，明确各部门的分工和任务，并按照不同区域的主体功能定位，实行差别化的评价考核，引导各地区严格按照主体功能定位推进发展。

（作者：国家发展和改革委员会地区经济司司长）

（选自《甘肃社会科学》2012 年第 5 期）

中国区域经济增长的新格局、新挑战与新思路

张学良

进入新世纪以来，特别是2008年全球金融危机后，中国与全球经济增长的空间格局面临着新的变化。从全球空间范围来看，一方面，全球化与信息化两大潮流交汇发展，“空间距离”被压缩，各类资源与生产要素在全球的空间配置范围与效率大大扩张与提高；另一方面，市场与要素又是有地域和国界的，生产要素特别是劳动力要素在全球空间的自由流动仍然受到很大的限制，空间异质性的存在使得要素在“空间中的生产”存在地理上的壁垒与界限，增长在地理空间上总是被“极化”。这两方面的相互作用，以及各国经济的初始条件、资源在全球空间的优化配置过程和各国发展中形成的路径依赖，构成了世界经济特别是中美经济长期以来在各自失衡状态下空间的“恐怖均衡”。从中国区域经济来看，改革开放以来的市场化改革使得中国经济总是在“极化”的地理空间上增长，以城市群与经济带为核心的空间发展格局初步形成，东、中、西部“条状”与城市群“块状”的空间失衡状态仍在持续，城乡新旧“二元结构”并存。

一、中国区域经济增长的新格局

（一）中西部地区发展速度明显加快，优势产业各具特色

自2007年西部地区经济增长速度达到了14.6%，超过东部地区0.2个百分点之后，2010年，东部、中部、西部和东北地区生产总值分别增长12.3%、13.8%、14.2%和13.6%，中部、西部和东北增速分别比东部地区高出1.5、1.9和1.3个百分点。具体到部分地区，根据截止到2011年各地统计局公布的最新数据，中国区域增速呈现出清晰的“西高东低”走势更加明显：东部地区除了天津以16.4%的增速和重庆并列全国第一，北京、上海、广东与浙江2011年全年经济增速分别为8.1%、8.2%、9%与10%，增速放缓，位列全国经济增速倒数后四位。与此形成对照的是，湖南、湖北、江西和山西等中部省份2011年全年经济增速分别为12.8%、13.8%、12.5%、13%，这些中部省市的经济增速接近13%或超过13%，其中湖北全年GDP增速为中部第一，山西与江西两省全年GDP首次突破万亿，湖南，湖北全年GDP接近2万亿。西部地区2011年全年经济增速均维持在13%左右，其中重庆与内蒙古表现比较抢眼，重庆增速为16.4%与天津并列全国第一，内蒙古以15%的增速居于全国第二。固定资产投资、规模以上工业增加值、外商直接投资等其他几个核心经济运行指标上，全国各省市各有特点，但总的来看，由东部地区唱主角的传统格局有所改变，例如青海、

贵州、新疆、甘肃等西部省份固定资产投资增速最快，均在35%以上，而上海、北京、广东的增速最慢，上海甚至接近零增长，中部和西部崛起态势明显。

从具体产业上看，支撑不同省市经济发展的优势产业也各不相同。以上海、北京为代表的东部地区主动调整产业结构，东部地区的第三产业的作用日益增加，现代服务业已经成为经济发展的重点。根据北京市与上海市统计局公布的最新数据，2011年北京实现地区生产总值16000.4亿元，其中第三产业实现增加值12119.8亿元，增长8.6%，占GDP的比重达到75.75%，第三产业成为北京经济增长的主要推动力，8.1%的经济增速中80%来自第三产业的贡献。2011年上海实现生产总值19195.69亿元，同比增长8.2%，第三产业增加值为1.11万亿元，增长了9.5%，第三产业占GDP比重达57.9%，比2010年提升了0.6个百分点。在第三产业中，京沪两地的信息服务、金融服务、流通服务等现代服务业成为经济发展的"中流砥柱"。以上海信息服务业为例，2011年上海市信息服务业占全市生产总值比重达到5.8%，超过了信息制造业的4%比重，而在2005年时，信息服务业的这一比重仅为4.6%，2010年时也只有5.4%。目前，信息产业增加值占全市生产总值比重达9.8%，信息服务业在全市第三产业中的比重也增至9.96%。

中西部地区的优势产业仍集中在资源密集型产业。山西、新疆和内蒙古等地则依托传统能源、资源优势，保持优势产业快速增长。以山西为例，在煤炭、冶金、装备制造等产业有力带动下，2011年山西规模以上工业实现增加值为5944.7亿元，逼近6000亿元大关，增长17.9%，快于全国平均水平4个百分点。山西原煤产量过8.7亿吨，外运出省煤炭近6亿吨，达到历史最高水平。钢材产量3369万吨，首次突破3000万吨，增长18.1%。水泥、发电量、焦炭等主要工业产品产量均保持较快增长，其中，水泥3936万吨，增长25.9%；发电量2300亿千瓦时，增长8.4%；焦炭9048万吨，增长8%。新疆2011年上半年全区规模以上工业累计完成增加值1177.2亿元，同比增长12%，其中约有70%的贡献是来自与石油、煤炭等相关的资源、能源行业；煤炭产量、发电量分别增长12.1%和38.6%，新疆电网向西北主电网外送电量20.1亿千瓦时，相当于100多万吨煤从空中输入内地。特别是内蒙古，在保持传统优势产业快速发展的同时，高端制造业也取得了很大的进展。2011年1～11月份全省规模以上工业增加值同比增长18.7%，比全国平均增速高4.7个百分点。表现抢眼的是高端制造业，如专用设备制造业同比增长48.3%、电气机械及器材制造业同比增长46.9%、仪器仪表及文化、办公用机械制造业同比增长42%，很多高端制造业增加值增长均保持在40%以上。

（二）中国经济区域由"带状"转向"块状"发展，以城市群为核心的空间发展格局基本形成

"十一五"以来，我国的区域发展重心不断转移调整，部分地方区域规划上升为国家战略，国家从不同地区的实际出发，陆续批准了天津滨海新区、北部湾经济区、成渝统筹城乡综合配套改革试验区等重点发展区域，2009年以来又批准了海峡西岸经济区、江苏沿海经济带、关中—天水经济区发展规划，辽宁沿海经济带、皖江城市带承接产业转移示范区等区域振兴规划方案，至今已出台了50多个关于促进区域协调发展的规划指导性文件和相关方案，助推原有的经济区域由"带状"转向"块状"发展，形成了若干个以中心城市为核心的巨大城市群。

当前，以城市群为核心的空间发展格局基本形成，中国区域发展呈现多极带动的新格局。

中国十大城市群以占全国14.80%的国土面积，聚集了全国42.37%的人口，创造了69.05%的地区生产总值。2010年底出台的《全国主体功能区规划》将主要属于中西部的冀中南地区、太原城市群、呼包鄂榆地区等18片区域列为国家层面的重点开发区域，“十二五”期间，这些重点开发区域正在成为新的区域经济增长点，将在集聚人口和产业方面发挥重要作用。

（三）秩序进一步规范，国土空间规划得到“顶层设计”

“十一五”以来，国家在继续实施鼓励东部地区率先发展、实施西部大开发、振兴东北地区等老工业基地战略的基础上，又提出了促进中部地区崛起战略，形成了以“四大板块”为主体的区域发展总体战略。近年来，国家又连续出台一系列区域规划，针对性、务实性和可操作性更强，使得我国区域发展总体战略更加清晰，区域开发秩序进一步规范。特别是在土地管理制度上，国土资源部先后与东中西多个省（区、市）签订部省合作协议，以部省协议为平台，以规划、计划、审批、供地等为手段，因地制宜，“一省一策”实施差别化的土地管理政策，开展土地管理制度改革。

为进一步优化空间开发新格局、实现可持续发展，2010年12月，国务院发布了《全国主体功能区规划》，并明确地将规划确定为是我国国土空间开发的战略性、基础性和约束性规划,这标志着国家正在对全国国土空间进行“顶层设计”。规划确立了优化结构、集约开发、协调发展和陆海统筹的原则，根据不同区域的资源环境承载能力、现有开发密度和发展潜力，来统筹谋划人口分布、经济布局、国土利用和城镇化格局，“控制开发强度，规范开发秩序，逐步形成人口、经济、资源环境相协调的国土空间开放格局”，并明确了城市化战略格局。具体地，主体功能区规划将我国国土空间按开发方式，分为优化开发区域、重点开发区域、限制开发区域和禁止开发区域；按开发内容，分为城市化地区、农产品主产区和重点生态功能区，并明确了要着力构建我国国土空间的“三大战略格局”，即：“两横三纵”为主体的城市化战略格局基本形成，全国主要城市化地区集中全国大部分人口和经济总量；“七区二十三带”为主体的农业战略格局基本形成，农产品供给安全得到切实保障；“两屏三带”为主体的生态安全战略格局基本形成，生态安全得到有效保障；同时，海洋主体功能区战略格局基本形成，海洋资源开发、海洋经济发展和海洋环境保护取得明显成效。为了规划的顺利实施，规划还明确制定了针对不同功能区发展的政策导向，包括财政、投资、产业、土地、农业、人口、民族、环境、应对气候变化等政策，强化绩效评价考核，进一步规范开发秩序。

（四）区域合作广度深度不断拓展，经济一体化进程大大加快

近年来，区域合作广度与深度不断拓展，特别是国家规划覆盖的地区，区域合作和一体化发展进程发展较快。例如，珠三角地区加快推进“深莞惠”、“珠中江”及“广佛肇”三个经济圈建设，大力推动珠三角9个城市从基础设施到要素流动、环境保护、社会管理的一体化，特别是广州和佛山，正在朝着实现同城化的目标迈进。长三角地区积极贯彻《长江三角洲地区区域规划》，大力推进一体化进程，推动在综合交通、科技创新、市场体系、生态环保、公共服务等重点领域实现联动发展，加快区域内通勤就业、产业布局的同城化进程，同时加强与安徽等省的联动，并加快相关产业在泛长三角内部的空间转移。京津冀地区在战略规划、产业发展、政策法规等方面积极沟通和衔接，不断加快合作步伐。另外，晋陕豫黄河金三角、成渝地区、郑汴地区、西咸地区等从地方实际

出发大胆探索一体化发展路径，也取得了积极　　进展。

表1　　2009 年中国城市群比较

城市群	面积（万平方公里）	人口（百万人）	GDP(百亿元)
环渤海地区	32.30	138.87	633.50
京津冀	21.59	94.42	372.56
辽中南	5.92	22.15	123.44
山东半岛地区	4.79	22.30	137.50
长三角地区	11.01	84.51	599.79
珠江三角洲地区	5.50	29.67	321.47
冀中南地区	8.38	49.48	102.56
太原城市群	6.74	14.80	35.04
呼包鄂榆地区	17.53	9.56	72.76
哈长地区	27.01	38.20	123.77
东陇海地区	2.41	17.34	41.96
江淮地区	7.20	28.87	65.68
海峡西岸经济区	26.25	86.87	209.91
中原经济区	5.42	39.33	104.11
长江中游地区	21.17	91.02	226.13
北部湾地区	8.38	30.49	59.29
成渝地区	13.39	57.02	132.52
黔中地区	5.16	14.88	20.74
滇中地区	6.97	14.16	36.68
藏中南地区	6.16	8.44	29.95
关中－天水地区	8.97	30.00	58.29
兰州－西宁地区	16.09	7.09	18.54
宁夏沿黄经济区	5.10	4.84	11.78
天山北坡地区	7.65	5.34	23.24
全国	960.00	1334.74	3405.07
21 城市群比重(%)	25.92	59.99	85.98
十大城市群比重(%)	14.80	42.37	69.05
三大城市群比重(%)	3.97	15.63	38.00
优化开发区域(%)	5.08	18.96	45.66
重点开发区域(%)	20.83	41.04	40.32

注：以上 21 个城市群区域划分来源于《全国主体功能区规划》，其中，长三角地区包括常州、南通、扬州、镇江、泰州、湖州、嘉兴、绍兴、台州、舟山、宁波、苏州、无锡、上海、南京，杭州等 16 城市，即通常所理解的“狭义长三角”概念；三大城市群指的是长三角城市群、京津冀城市群与珠三角城市群；优化开发区域与重点开发区域的划分按《全国主体功能区规划》的划分进行选取，优化开发区域包括长三角城市群、环渤海城市群与珠三角城市群。

数据来源：根据历年《城市统计年鉴》与各省市历年统计年鉴整理后获得。

三、中国区域经济增长的新挑战

（一）全球化、信息化改变了全球资源配置方式

全球经济一体化使得全球的产业会重新解构，生产要素重新在全球范围进行配置，当前全球的贸易80%是跨国公司内部的交易，跨国公司在全球资源配置中的作用越来越突出；互联网在全世界的兴起，为信息资源的交流和使用提供了低成本、全方位的工具。以网络技术为代表的信息技术普及，使人们克服了时间、空间的限制，迅速而廉价地获取和更新世界范围的信息，从而降低库存和物流成本；借助网络，分布在不同地区的资源得以高效地组织起来，从而扩大了企业组织结构的形式，使得虚拟制造、虚拟设计得以发展。电子商务的兴起，使企业可以借助网络实现与客户的密切沟通，进行全球营销，并对传统的市场经营方式以及社会的经济运行方式产生冲击。随着全球化与信息化两大潮流的交汇发展，世界的生产格局和生产方式跟以前有很大的差别。例如对于“外包”的理解，美国跨国公司眼中的世界已经合为一体，不再有“外”和“内”，每种产品和服务现在都通过全球供应链进行构思、设计、营销和制造。这样的供应链寻求以最低成本获得最优人才，无论在什么地方。他们如今越来越把自己的产品看作“世界制造”而不是“美国制造”（托马斯·弗里德曼，2012）。中国企业在全球配置资源的能力尚需提高，在促进国内经济一体化的作用仍需要加强。

（二）出口导向型战略亟待“创新”

改革开放30多年来，我国实施了出口导向型战略，成功融入世界经济的国际产业分工，促进了经济的快速增长。出口导向型战略是中国根据本身所处阶段、合理制定产业政策，在全球优化配置资源的产物。改革开放以来，我们较好地利用了国外的资金、技术等相对稀缺资源，并与中国劳动力资源优势相结合。中国出现大规模农村劳动力转移，较快的城市化进程，较快的工业化发展，是和对外开放背景分不开的。但是，出口导向型战略也面临着巨大的挑战。特别是，2001年中国加入WTO，提高了中国经济特别是沿海地区的国际化程度，并将20世纪末已经形成的“出口导向”战略推到了极致，出口作为拉动经济增长的三驾马车之一的地位进一步被强化。中国经济过分依赖出口存在很大的风险：一方面，国际市场需求变化的负面影响不断显现。另一方面，从宏观上看，中国仍然靠低消费、高积累、高出口，创造大量贸易顺差来缓解国内经济失衡也越来越困难。特别是，对于企业而言，“出口”还是“创新”均需要花费成本与投入，在全球金融危机前国际需求的强劲使得总体上中国企业偏向低附加值产品“出口”而非技术“创新”，偏向“价值链”低端生产而非管理“创新”，中国经济发展方式转型的微观基础并不坚实。

（三）区域资源环境承载能力的制约日益加剧

改革开放30多年来，中国经济取得了高速增长，但是资源与环境的约束日益明显，中国经济发展遇到更多瓶颈，土地供应难以为继、环境承载能力难以为继、能源供应难以为继，现有发展模式亟待转型。有数据显示，就全国范围来看，目前，沙化土地已达174万平方公里，石漠化面积12.96万平方公里。20世纪50年代以来湖泊总面积减少近2万平方公里，减少了五分之一；黑龙江三江平原原有沼泽已失去八成。生态脆弱性遇到前所未有的挑战。同时，在经济全球化和区域经济一体化深入发展的背景下，以全球变暖为标志的全球气候变化已成为当今国际社会普遍关注的焦点问题，我们面临国际国内在节能减排方面的双重压力。

“十二五”时期我国仍然处于工业化、城

镇化加速发展阶段，城市化与工业化仍然是推动中国经济增长的两大引擎，新型城市化要求走资源节约、环境友好、经济高效、社会和谐、大中小城市和小城镇协调发展、城乡互促互进的城市化道路，新型工业化要求坚持以循环经济为主导，着力推进高新技术产业、生产性服务业、文化产业等“两型”产业的发展，实现科技含量高、经济效益好、资源消耗低、环境污染少、人力资源得到充分发展的工业化。这对各地区优化产业结构、转变经济发展方式提出了更高的要求。

（四）同城化趋势倒逼区域社会管理方式创新

同城化是指伴随着城市间交通的便捷化和时空距离的不断缩短，各个城市的行政边界趋于模糊，一个城市的基础设施和服务功能越来越多地被其他城市分享，一个城市的人流、物流、信息流、商务流越来越突破传统的行政区域界限，在更广的城市群区域内流动、配置，形成一个紧密联系、共存共荣的城市群或大都市经济体（王振，2009）。随着交通基础设施的发展，国内区域特别是长三角、珠三角与环渤海城市群内部同城化的速度大大加快，“空间距离”被压缩。同城化大大拓展了人们的就业空间半径，通勤就业的同城化对就业保障等社会事业的区域一体化提出了新要求，例如户籍制度的管理，城市社会保险结算、接续等等，都需要进行创新。

（五）区域政策有效性需要提高

促进区域协调发展离不开政府的作用，中央政府制订区域政策、区域规划非常有必要。但如何发挥政府的积极作用，处理好政府与市场的关系，提高区域政策有效性，是我们面临的巨大挑战：一是政府在实施政策、履行职责时，必须遵循与市场兼容的原则，其作用必须与市场作用的方向相统一。二是中央政府出台了诸多区域发展战略，需规范规划的内容，界定此类规划的边界。三是中央与地方的关系需要处理好。要注意引导和协调地方利益与全局利益衔接，发挥地方政府的能动性。

（六）上海等经济中心城市的地位需要加强

中国是一个经济大国，但是与这个经济大国不相匹配的是，缺少一个世界级的经济中心城市，城市首位度不高。上海是最有可能成为国际大都市的中国大陆城市，但是上海的经济中心地位并不突出。上海经济增长经历了20世纪80年代的低潮后，随着浦东开发开放，90年代经济增长速度大大加快，平均增速高出了全国1.4个百分点。但是进入新世纪以来，上海经济增长速度又有所下降，平均增速为13.6%，比全国低了1.1个百分点。图5给出了上海地区生产总值占全国的比重，可以看出建国以后上海曾经在1960年地区生产总值占到全国的10.5%，达到历史最高点，1978年以后一直下降，直到浦东开发开放以后比重有所上升，但是2004年又逐渐下降，2010年上海地区生产总值占全国的比重仅为4.28%，降至历史新低。大城市在国家的中心地位不突出，世界级的金融、贸易与航运中心迟迟不能建立，中心城市代表国家参与全球资源配置作用必将受到挑战，其对周边地区与全国的辐射带动作用也会受到很大的限制。

四、中国区域经济的协调发展的新思路

（一）在聚集中实现区域协调发展

区域经济增长有自身的发展规律，经济增长应当由市场来决定。市场的力量客观上会导致区域差距的存在，因此，没有绝对的区域平衡，只有区域协调发展。从市场机制作用的空间结果上看，增长在地理空间上总是会被“极化”，在空间上形成“聚集”是市场经济的必然结果。根据国际经验，世界五大城市群创造的经济增长均占所在国家或地区很大的比重，例如2001年日本太平洋沿岸城市群土地面积仅占日本国

土面积的10%，地区生产总值却占到日本国内生产总值的66%，人口占全日本的48%。在我国，长三角、珠三角、环渤海地区等东部沿海城市群未来仍然是中国经济增长的“极点”，根据我们的一项研究发现，如果长三角城市群未来十年能够真正成长世界第六大城市群，经济总量占全国GDP的比重从现在的20%左右提高到25%，假设长三角经济增长率为8%左右，人民币对美元汇率的增长率为3%左右，那么2020年长三角城市群经济总量预计将达到4万亿美元，这一数字是接近亚洲四小龙的两倍，因此，我们的观点是，经济增长中市场机制仍然要起主导作用，要进一步地促进生产要素在地域上的自由流动，特别是允许劳动力的自由流动，以“地域的繁荣”来促进“人的繁荣”。即便是在中西部地区，增长也不可能是遍地开花，要因地制宜培育与发展城市群与“增长极”，促进要素在区域内部的自由流动。当然，由于不平衡发展引起的社会问题必然由社会体制改革来解决，而社会体制改革恰恰是各级政府的责任。对于政府来说，促进地区间的生活质量平衡才是更为根本的区域平衡政策，在地区间适度地促进基本公共服务的均等化。

（二）以区域“城市性”化解城乡新旧二元结构

近年来在区域经济一体化过程中，人口在区域间与城乡间的流动加快，逐步形成了以农业—非农产业劳动生产率反差为特征的“传统二元结构”，和城市内部以外来务工人员—城市户籍人口社会福利反差为特征的“新二元结构”并存的格局。加快城市化进程、提升城市化质量是化解新旧二元结构的根本途径。在观念上我们要走出“城市”与“农村”非此即彼的认识误区，用连续而非断裂的眼光看待人类活动在空间的分布；在实践中要摆脱“人口城市化”与“土地城市化”的政策误区，明确人口由农村向城市的空间转移、城市土地面积的粗放式扩大并不是城市化的本质特征。要实现上述观念与政策的改变，必须对“城市化”的内涵有新的思考，城市化是在有人类经济社会活动的区域，“城市性”程度不断提高的过程。“城市性”代表一个区域所具有的城市特征，包括社会、经济、文化、制度与景观等特征。我们要提高农村的“城市性”，提高农业劳动生产率，以新农村建设改善农村生活质量，化解“旧二元结构”；进一步提高城市的“城市性”，改善外来非户籍人口的生活质量，化解“新二元结构”。

（三）联动实施国家区域发展战略

20世纪90年代以来，随着国家区域发展战略的持续推出，部分地区已经聚集了多个国家区域发展战略，对于地方政府来说，如何协调好区域发展战略是一大挑战，协调好了就是一个巨大机遇。以长三角地区为例，在长三角地区聚集了《长江三角洲区域规划》、《江苏沿海地区发展规划》、《浙江海洋经济发展示范区规划》等十余个国家级区域发展战略规划，长三角地区也在做各类国家区域发展战略联动实施的积极探索。在2011年12月举行的长三角地区主要领导座谈会上，江苏、浙江、安徽与上海三省一市就如何继续加强规划间的联动实施，进一步放大政策效应达成了共识，在涉及区域重大基础设施、产业布局、环境保护和重大平台建设等方面，要注重各省市专项规划的衔接；共同编制和实施相关重点规划，全面打造与长三角地区发展相适应的规划体系。同时，进一步构建互联互通的基础设施体系，加快推进市场服务和社会服务领域一体化建设，不断提升合作层次与合作成效，加速区域发展一体化进程。另外，长三角地区还聚集了多个国家区域创新战略，长三角地区要着力提高区域自主创新能力，深入推进浙江国家技术创新工程试点省、张江国家自主创新示范区和杨浦国家创新型试点城区、苏南自主创新示范区、杭州宁波嘉兴国家创新型试点城市、合芜蚌自主创新综合试验区建设，实施国家区域创新战略的联动，促进更多的科技成果在长三角区域内转化和产业化，共同推动长三角地区率先建成国家自主创新综合试验示范区。建议相关地区加快建立与完善党政主要领导的协调与磋商联动机制，成立跨省市区域的专设机构来协调区域发展战略的实施，并加强与中央政府和政策制定的具体部门的沟通，以提高区域政策的有效性。

（四）探索区际空间合作的新举措

进一步推进区域合作要不断开拓视野，转变思路和创新模式，积极探索发展“飞地经济”。例如，早在2003年浙江省和内蒙古自治区经济发展交流会上，浙江与内蒙古提出打造三大经济飞地的构想，促进区域协作发展。内蒙古将新增加3000万亩耕地，组织浙江农民和农业企业前来经营，从而形成浙江省在内蒙古的“粮食飞地”；浙江供应蒙古和俄罗斯的边贸产品可以在内蒙古建立加工园区，浙江方面可以把税务机构同时带到园区，从而形成“工业飞地”；内蒙古还可以把新的煤矿交给浙江的企业开发，把生产的煤炭运回浙江，从而形成“能源飞地”。这是在市场机制、合作机制、互助机制与扶持机制下区域协调发展的创新之举。再如在江苏省内，宿迁与苏州联合成立苏宿工业园区，与苏州工业园区联手招商引资，企业将生产中心放在宿迁，将研发中心放在苏州，优势互补，不但做大了总量，也使产业结构更加合理。我们要不断创新激励机制，探索“飞地经济”的成功模式，从财政、金融、土地、干部队伍建设等各方面进一步加大支持力度，引导重大项目、重点产业、高新技术产业向园区集聚，打造地区经济发展的高地。对于中西部地区来说，还可以做出更多的尝试，“飞地”可放宽保税、免税、免许可证、物流仓储与配送、退税、外汇管理和市场准入等特殊管理权限，国家要鼓励和支持以发达地区为主导在本省或跨省欠发达地区合作共建产业园区，在宏观层面上给予政策支持。特别是要打破GDP统计中的属地原则，允许GDP统计、工业产值、税收等数据在合作地区之间分解；研究跨区域经济发展的政府考核办法，将飞地经济发展状况纳入政府绩效考核范围，鼓励发达地区政府加强与落后地区的共建。当前推进区域合作还必须建立有效的体制机制，着力打破现有体制机制障碍，着力探索利益共享机制，着力打造区域合作平台，引导全社会共同参与，推动区域合作。

（五）多维要素空间协同作用的发展

区域经济增长是多维要素协同作用的结果，只有多维生产要素空间协同作用，各类资源才能在空间上得到优化配置。为了应对国际金融危机的挑战，保持经济平稳较快的发展，2008年底中央政府出台了4万亿的经济刺激方案，其中一半以上投入铁路、公路、机场等重大交通基础设施建设。总体来看，1979年至2010年，我国交通运输业累计完成投资14万亿元，交通运输业投资占国内生产总值的比重，由1953年的不足1.3%上升到近年来的6.2%左右。分区域来看，2010年东、中、西部交通基础设施投资分别比1993年增长了19倍、31倍和46倍，中西部地区的增幅大大超过东部地区。中央政府希望交通基础设施建设能够缩小区域差距、实现区域协调发展，地方政府特别是中西部地区的地方政府希望交通基础设施促进区域经济增长。但是正如我们一项研究中发现的，交通基础设施建设具有网络性与空间外部性特征，在落后地区的投资环境、城市化程度、人力资本素质等因素还没有得到根本改善之前，跨地区交通基础设施的加快建设会增加发达地区对落后地区各类生产要素的“虹吸”效应。目前，中国区域劳动力流动从总体上表现出由中西部落后地区向东部沿海地区的单向流动特征。以第五次人口普查数据为例，在所有流向东部地区的迁移者中，来自中西部地区的迁移者占82.1%，东部地区各省之间的流动仅占17.9%；人口迁出大省主要是江西、安徽、湖北、湖南、河南等中部省份和四川、重庆、广西等西部省市，而广东、上海、浙江、福建、江苏和北京等则成为劳动力的净流入省市。区域间交通基础设施的发展降低了劳动力流动的运输成本，致使落后地区包括劳动力与人力资本在内的各种生产要素更快地流向外地发达地区，而本地经济的发展因此受到限制。这一发现具有强烈的政策含义，地方政府在加大交通等基础设施建设的同时，也要努力提高当地的投资环境、城市化程度、人力资本素质等因素，在本地提供更多更好的就业机会，只有这样，才能减少劳动力与人力资本的外流，交通基础设施的建设也才能更好地促进本地的经济增长。同时，由于生产要素的跨区域流动主要是在城市之间进行，重要交通基础设施也主要是将（大）城市相连，因此，要继续推进城市化进程，以扩大交通基础设施的空间正溢出效应。

（作者：上海财经大学区域经济研究中心副主任、副教授、博士生导师）

（选自《科学发展》2012年第7期）

经济发展方式转变的区域差异性

白永秀　吴丰华

经济发展方式转变有两层涵义，或称为两个层次标准。第一层次是表层的、具体的、直接关系结果的衡量标准。从产业角度看，主要是指第三产业所占比重、战略性新兴产业的布局和发展程度等；从节能减排角度看，主要是指单位GDP能耗减少和环境成本降低；从民众分享发展成果角度看，是指民众收入、尤其是工资性收入与GDP的同步增长；从社会和谐的角度看，是社会保障体系的进一步完善并扩大覆盖范围。第二层次是深层的、抽象的、实质性的衡量标准。即经济发展方式、手段、过程的转变，主要包括人的行为方式以及行为方式所依托的物质条件的变化；生产和服务过程中使用的工具和设备的变化；生产投入中由体力劳动投入向知识、科技和管理创新投入的转变；价值创造中价值涵义的变化——由经济价值到社会价值，由物质价值到文化价值和精神价值，由单一人的价值到复合的人、资源与环境的综合价值。

一、经济发展方式转变的差异性取决于区域发展阶段的差异

目前我国经济发展处在“双重并存”阶段。东部已经处在“发展与消费并存”的阶段，而西部尚处于“建设与发展并存”的阶段。对于东部，“发展”是指完善以交通运输体系为代表的综合保障能力体系；对于西部，其“建设”是指一部分地区继续进行基础设施建设，另一部分地区则将重点转向完善基础设施体系，调整基础设施结构，提升基础设施层次。西部地区幅员辽阔，其“发展”是指部分地区重点发展基础产业，解决温饱与就业问题；而部分地区重点发展特色与优势产业，优化产业结构，提升产业档次；部分地区则重点发展社会事业，扩大公共消费范围，提高公共消费水平。因此，东西部由于发展阶段不同决定了转变经济发展方式的衡量指标和具体要求也是不同的。

1. 经济发展质量的层次具有差异性

东部经济发展方式转变应着力提升发展质量本身的层次。经过32年改革开放，东部地区已经在低技术附加的制造业方面获得了全球领先的地位，为中国赢得了“世界工厂”的称号。东部转变经济发展方式应全面实现由数量向质量、由速度向效益、由高资源消耗向低资源消耗、由低技术含量向高技术含量、由技术引进向自主创新转变，使东部发展质量达到更高的层次。以同处深圳的富士康和华为两家企业为例进行对比，富士康单在深圳市就招收了43万农民工，但因为缺乏核心知识产权，利润大部分被其代工雇主苹果、惠普、三星等跨国公司拿走；而华为每年将不少于10%的销售收入投

入研发，有研发员工51000多名，占公司员工总数的46%，在全球设立了20个研究所，连续多年位居我国发明专利授权量内地企业榜首，2010年更是达到2776件。重视自主创新也为华为带来了丰厚的回报，2010年实现销售收入1852亿，同比增长24.2%。从微观角度看，东部发展方式转变就是要由"富士康式"转变为"华为式"。

西部经济发展方式转变则应着眼于数量到质量的转变。由于西部还处在建设与发展并存的阶段，这就要求西部在经济发展方式转变中不应过分强调质量本身层次的提升，而应注重数量和质量并重、速度与效益统一、技术引进与自主创新结合，逐步实现由数量到质量的转变。

2.经济结构的内容具有差异性

东部在所有制结构方面，要着眼于民营经济和民间资本发展层次的提升。一是东部民营企业及其企业家自身应实现提升与超越，实现产权多元化，建立完善的治理机制；二是东部民间资本应更多地进入国家鼓励的基础产业和基础设施、市政公用事业和政策性住房建设、社会事业、金融服务、商贸流通、国防科技工业等六大领域，而不应仅仅停留在民间借贷、房地产和股票市场等低层次领域；三是促进东部民间资本职能转型，更多地承担促进地方经济发展、推动产业结构调整、肩负民族振兴的责任。在产业结构方面，加快产业结构升级与调整。一是实现由第二产业为主向第三产业为主的转变。二是注重第三产业内部结构的调整与升级。在消费结构方面，实现消费方式转型，提倡合理消费。一是调整消费结构，向公共消费转型，主要解决两个问题：公共消费严重滞后和公共消费结构不合理。二是倡导合理消费。东部地区的企业家应转变消费观念，将利润更多地投入扩大再生产而不是盲目进行奢侈性和炫耀性消费，或是投进股市、房市进行投机炒作。

西部在所有制结构方面，要着眼于民营经济和民间资本实现跨越式发展。一是西部民营经济应从量上实现扩张；二是西部民营经济和民间资本应在进入领域有所突破。一方面，借助国有企业的力量与政策优势，在能源等垄断性行业有所突破，进入以前无法进入的"玻璃门"；另一方面，利用"新36条"契机，进入更多的垄断性部门。在产业结构方面，调整结构，提升水平。一是延长西部特色优势产业链，提高产品附加值。二是将西部建设成为能源、资源深加工、装备制造业和战略性新兴产业四大产业基地。三是在西部大力发展金融、农副产品加工、现代仓储物流、特色旅游、文化、特色餐饮、健康保健、休闲娱乐等八大特色产业。四是以"成渝综合配套改革试验区"、"关—天经济区"、"北部湾经济区"、"重庆两江新区"、"西咸新区"等不同层次的国家级经济试验区和新区为依托，推进西部产业转型。五是积极申报"西—兰—乌"国家级产业带，将其打造为全球面积最大、包含民族最多、涵盖省份和城市最多的经济开发开放带，推动西部、尤其是西北产业大发展。在消费结构方面，着重扩大内需。一是以西部城市低收入群体和广大农村人口为重点，着力提高这部分人的收入以增加其边际消费倾向，从而激发这一人数众多的潜在消费群体的消费欲望与能力。二是大力发展公共消费。较之东部，西部的公共消费更滞后，内部结构更不合理，供需矛盾更突出，所以也应在交通、医疗、教育、社保等公共消费领域加大发展力度，解决西部基本公共消费的供需矛盾。

3.经济社会协调发展的程度具有差异性

东部的目标是实现经济社会全面和谐发展。一是应更关注人本身的发展。走过了"前改革时代"，进入"后改革时代"，东部经济获得了巨大发展，但社会和人的发展相对滞后，出现了不协调的局面。因此，应更关注人，关注人的发展，关注人与人、人与社会、人与自然的和谐。二是应更关注社会事业的发展。公益、慈善事业的发展、非政府组织的活跃程度、社区建设情况都反映了一个地区社会事业的发展水平。东部要实现经济与社会全面和谐发展，就要着重发展各项社会事业，加大投入力度。

西部的目标是逐渐实现经济社会协调发展。一是培育西部市场经济城市人。从包含市场经济观念与行为方式、各项知识储备、专业技术技能、思想道德等的城市人的基本要求入手，一方面创造西部市场经济城市人形成的物质技术条件，一方面加快形成西部市场经济城市人的制度创新。二是注重西部民生事业建设。在西部建立并完善覆盖城乡的社会保障体系；加大基础设施建设力度，在综合立体交通网络建设、生产生活性配套设施建设、主体功能区和国家级试验区、新区的基础设施建设方面加大力度。三是注重西部生态环境建设。西部作为我国生态环境最多样、最脆弱的地区，对其保护是西部经济社会协调发展的题中应有之义，它不仅关系到当代的生存与发展，更关系到后代的发展与幸福。

4. 区域经济的开放度具有差异性

东部企业重在加快走向世界的步伐。一是由以量取胜向以质取胜转变。过去东部企业走向国外主要依靠廉价劳动力所带来的价格优势，以数量为优势进行“薄利多销”；未来东部企业应转向依靠自主创新、品牌培育为主，以质量为优势实现“多利多销”。二是积极实施走出去战略。实力较弱的东部企业应努力进入国际分工链条，参与国际竞争；实力较强的东部企业不能仅满足于在国内市场领先，更应争取在世界市场领先。三是通过多种形式实现国际化发展。东部企业可以通过与国外大企业合作，海外并购以实现控股（包括绝对与相对控股），开拓、收购海外销售渠道，赞助、支援投资地政府等多种形式实现由国内发展向国际发展转型。

西部企业重在实现国内与国际发展并重。一是继续引进内外资；二是继续争取大型跨国公司落户西部；三是鼓励有条件的西部企业参与国际竞争，实现“西部第一”→“全国第一”→“世界第一”的跨越式发展。

5. 企业经营管理模式具有差异性

东部企业经营管理模式应实现根本转变。一是建立完善的公司治理机制。第一完善内部三会（股东会、董事会、监事会）和外部三个中介（律师事务所、会计师事务所、行业协会）；第二落实设立、资本、持股、上市、会计、分配、监督、终止八种制度；第三用好财产社会化、经营架空、风险转嫁、利益分配、运行动力、权力制衡、内控、决策与行为约束、创新和企业家十大机制。二是由产品经营向品牌经营转变。现在消费者对于商品品牌的认知已逐渐超过了对商品功用、外观、价格的重视，面对越来越挑剔的消费者，东部应率先实现由产品经营向品牌经营，由营销产品向营销文化，由创造使用价值向创造品牌价值，由销售管理向经营管理的转变。三是由实体经济向虚拟经济转变。东部企业应拓宽经营范围，创新经营手段，更多地借助信息网络和平台进行经营，由实体经济向虚拟经济转变。

西部企业应在规范经营管理的基础上逐渐转变。一是实现经营管理规范化。西部企业因为发展起点低、起步晚，经营管理中有很多不规范的地方，应首先要求西部企业从遵纪守法、讲究诚信、规范财务、公平竞争等基本方面实现经营管理的规范化，在此基础上，逐步建立，完善的公司治理机制。二是有条件的企业逐步由产品经营向品牌经营转变。西部在能源、高新科技、农副产品加工等行业已经拥有一些有一定知名度的品牌，这些企业应该逐渐由产品经营向品牌经营转变。

表 1　东西部转变经济发展方式内容的差异性

	东部	西部
经济发展质量层次	着力提升发展质量本身的层次	着眼于数量到质量的转变
经济结构的内容	在所有制结构方面，着眼于民营经济和民间资本发展层次的提升； 在产业结构方面，加快产业结构升级与调整； 在消费结构方面，实现消费方式转型，提倡合理消费	在所有制结构方面，要着眼于民营经济和民间资本实现跨越式发展； 在产业结构方面，调整结构，提升水平； 在消费结构方面，着重扩大内需
经济社会协调发展程度	由经济发展向经济社会全面和谐发展转型	逐渐实现经济社会协调发展
区域经济开放度	由国内走向国际	国内与国际发展并重
企业经营管理模式	企业经营管理模式实现根本转变	企业在规范经营管理基础上逐渐转变

二、经济发展方式转变政策的差异化

1. 政策是经济发展方式转变的最大资本

从国内改革开放的实践看，33 年发生的巨变不单是市场取向的改革和制度创新的结果，更是政策创新的结果。东部地区率先发展的经验表明：政策出效益，政策促发展，政策是最大的潜在（无形）资本。在一个地区的经济发展中，在经济发展方式转变中，政府的政策倾斜是一个决定性因素。政策决定了经济发展方式转变的效果，没有条件的可以变为有条件的，没有比较优势的可以变为有比较优势的。因此，我国经济发展方式转变，一方面中央要针对东西部的不同情况，采取不同的政策，对西部应该以倾斜性政策给予支持；另一方面西部各省（区、市）都应出台适合当地经济发展方式转变的政策，同时要用足用好现有政策，使其发挥更大作用。

从国际经验看，政策也是很多国家（地区）实现经济发展方式转变和经济转型的重要因素。以阿联酋的迪拜发展为例，迪拜只有 3000 多平方公里的沙漠地，石油产业收入只占 GDP 的 6%，并于上世纪末基本采完，但迪拜酋长本·拉希德很有眼光，将全部优惠政策用于迪拜经济转型，2008 年在金融危机背景下，迪拜甚至带动了整个阿联酋的发展。从迪拜成功转型的经验看，政府制定正确的政策是经济发展方式转变的最大资本。我国虽和迪拜不同，但有一点是一致的，那就是都有一个强有力的政府。所以，我国也可以使政策成为经济发展方式转变的最大资本。

2. 不同地区应采取不同的促进经济发展方式转变的政策

中央政府对东部应实行鼓励内生增长和包容性增长、提升发展层次与提高发展质量、实现由速度向效益、由国内向国外转型的政策。一是政策取向和激励取向的转变。最根本的、最有效的方法是改进政府考核指标体系，加入更多反映经济发展方式转变的指标。反映经济发展质量的指标，如绿色 GDP、技术贡献率等；反映民众参与改革、分享发展成果的指标，如幸福指数；反映经济结构优化的指标，如民营经济在所有经济成分中占比、第三产业在三次产业中占比、内需在整个需求结构中占比等；反映经济开放度、经济社会协调发展、城乡经济社会一体化指标等。为了让这些指标进入政府考核体系以实现政策取向和激励取向的转变，应当牺牲一定的总量经济指标。二是政策应对东部国有经济和民营经济提出更高的发展要求。

对于国有经济，应该要求其尽快退出那些并不涉及国家安全、并不一定要由国家经营的垄断行业。更不能允许那些有既得利益的国有企业打着保持稳定、支持改革之名，行阻挠改革国有企业和垄断部门之实。对于民营经济，国家不应再去扶持那些早该被淘汰的落后产能、落后技术和退化产业。只有这样，东部的民营企业才能直面危机，提升国际竞争力，获得真正的成长。三是应鼓励东部率先进入消费型社会。政府应采取措施鼓励个人消费，逐步实现从物质消费向精神消费的转变；推行打破“玻璃门”、鼓励民间资本进入的政策，引导民营经济更多地进入医疗、教育等公共消费领域。通过这些政策刺激消费，提升消费层次，使东部率先进入消费拉动型社会。

中央政府对西部应实行外延扩大式增长和内涵扩大式增长相结合、数量与质量并举、速度与效益并重、国内与国外统筹的政策。一是政策应有递进性和区别性。考虑到西部尚处在“建设—发展”阶段的实际，各项经济发展方式转变的政策应在强度与力度、开始时点、持续时间等方面做到东西有别，如在节能减排的指标和任务上，应对西部适当放宽或给予更大的财政支持；在存款准备金率、信贷增长率等指标控制上，应对西部适当放松；在引进内外资和先进技术上，应给予西部更多土地、税收方面的优惠。二是政策应鼓励西部民营经济大发展。民营经济转型是以发展为基础的，西部民营经济还很弱小，尚未充分发展，不能盲目要求西部民营经济和东部一样急于转型，而应获得更多的政策支持与倾斜，在量上首先做大，再谋求质的提高，从而逐步实现转型。三是政策应继续支持发挥投资拉动的巨大作用。现在我国总体上仍处于投资拉动占主导地位的阶段，尤其是西部公共投资（公共消费）历史欠账太多，发展严重滞后，既不能满足新一轮西部大开发的要求，也不能满足西部企业快速成长的要求，更不能满足西部民众不断提升的生活要求。这就要求在政策层面，对西部投资拉动型经济发展模式继续给予支持，而不是急于向消费拉动型模式转变。

表 2　东西部转变经济发展方式政策的差异化

	东部	西部
整体发展方式	鼓励内生增长与包容性增长	实行外延扩大式增长和内涵扩大式增长相结合（“外延”不等于“粗放”）
数量与质量的关系	着重提升发展层次与质量	数量与质量并举
速度与效益的关系	实现由速度向效益的转变	速度与效益并重
国内与国外的关系	由国内向国外转型的政策	国内与国外统筹的政策
政府考核	引入更多反映经济发展方式转变的指标	政策应有递进性和区别性
民营经济发展政策	对国有经济和民营经济都应提出更高的发展要求	鼓励民营经济大发展
拉动经济政策	率先进入消费型社会	继续发挥投资拉动（基础设施、产业、公共服务投资并举）的作用

（作者：白永秀，西北大学经济管理学院教授、博士生导师）

（选自《社会科学研究》2012 年第 2 期）

延伸阅读

我国近年来密集推出的区域规划：特征、问题与取向

陈秀山　董继红　张　帆

2005年后，中央先后批准发布了一系列新区、综合配套改革试验区以及经济区规划。这些区域规划的出台标志着我国区域经济从“东部率先发展”的不均衡发展战略转向了区域协调发展战略；从经济发展的单一目标取向转向了经济、社会、环境共同发展的多元目标取向；从行政区经济管理模式转向了跨行政区的经济区和主体功能区建设模式。在这一背景下，我们试图解析近几年出台的区域规划，发现存在的问题，探索区域规划的未来取向及走向。

一、我国近年密集出台的各类区域规划解析

（一）意义和作用

国家密集出台各类区域规划至少有两方面的深层意义：一方面，培育更多的经济增长极，从而保证国民经济的稳定增长。受金融危机冲击、国际能源价格波动、地缘政治因素等影响，外部需求对我国经济增长的拉动作用逐渐减弱。这些区域规划的出台虽然不是直接应对外部环境变化冲击的结果，但由于外部环境变化，加快了规划批复的步伐，客观上对抵御外部环境对我国经济增长的冲击起到了积极作用。从长期战略的角度来看，更是为了促进经济发展方式转变，促进区域协调发展，改变城乡区域发展失衡带来的消极影响，有利于社会主义和谐社会建设。另一方面，新区域规划体现出中央政府在干预区域经济政策的思路上发生重大变化。以往经济特区的设立，是由中央直接决策、统一实施的，是国家战略，可以说是一种“自上而下”的区域开发战略；而如今这些区域开发规划更多的是由地方政府主导，上报中央政府批复，使之名义上成为国家级区域规划。这是一种“自下而上”的区域开发战略，给予地方政府更多的制度创新和试验的自主权力，运用得当会产生更大的效应。

区域规划的作用主要体现在地方行政区和全国空间布局两个层面。在地方行政区的层面，区域规划出台可以提振投资者的信心，吸引国内外资金、人才向这些地区流动。区域规划出台也可以在一定程度上确保地方发展政策的连贯性，整合、协调各部门资源。比如，武汉城市圈和长株潭城市群在未来较长一段时间内将围绕“两型社会”建设，制定配套的土地政策、税收政策、财政政策等，

也将以此为依据，协调不同部门、不同层级的规划编制与实施。

在全国层面，区域规划直接作用于区域格局重构和改革攻关两个方面。从区域格局来看，首先，新出台的区域经济规划有利于促进东南沿海的产业升级，促进空间布局的优化，使我国区域经济版图更加细化，区域经济增长点由南向北、由东向西展开，形成点面结合、左右联动的格局。其次，新区域规划进一步保持了“面朝大海”的趋势，从长三角、珠三角、北部湾经济区、广东海洋经济综合试验区、海西经济区、浙江海洋经济发展示范区、江苏沿海地区，到包括辽宁沿海区域、山东半岛蓝色经济区和滨海新区在内的环渤海区域，沿海整体的经济发展空间格局基本形成。第三，新的增长极的形成和已有的增长极会有一定的联系或部分重合，如北部湾和海西区是南部沿海地区的新增长极；成渝地区，关中—天水地区，长江中游地区等都有望成为新一轮经济增长的亮点。在改革攻关方面，针对各地区发展面临的主要矛盾、需要解决的关键问题、未来发展的前景任务的不同，国家批复设立了一系列综合配套改革试验区。以成都和重庆的全国统筹城乡综合配套改革试验区为例，其要解决的主要问题是城市化进程如何与农村的发展形成一个良性互动，也就是如何在解决“三农”问题，发展新型城镇化方面探索出一条新路。

（二）基本类型

从规划性质来看，国务院或国家发改委已批复的区域发展相关的规划主要有三种类型：

第一种是新区规划，包括上海浦东新区、天津滨海新区、重庆两江新区、浙江舟山群岛新区四个国家级新区。这类规划目前限于城市范围内，承担着国家的重大战略需要，被中央赋予了在某些方面先行先试的发展任务，也同时享有政策上的优惠待遇和体制机制创新的权利。比如，最新批复的浙江舟山群岛新区就是首个以海洋经济为主题的国家级新区，是国家实施海洋开发战略的重要载体。

第二种是试验区规划，主要指综合配套改革试验区。目前国家已批复的综合配套改革试验区有10个，上海浦东新区、天津滨海新区，深圳市是全方位、多领域的综合配套改革，其他7个综合配套改革试验区前面的定语指出了其改革的关键领域。设立综合配套改革试验区的主要目的是以制度创新为依托，破除限制地区经济进一步发展或经济发展方式转型的体制机制方面的障碍。最新批复的义乌市是全国首个由国务院批准的县级市综合改革试点，其改革的焦点放在了国际贸易上。这表明，综合配套改革试验区并不局限于大都市区，而是根据特定的需要设定的。

第三种是经济区规划。从空间分布来看，沿海地区继续占优势，同时也兼顾了中部、西部和东北地区。沿海的几个区域具备更好的开发基础，更多的是面向国际市场的外部需求，加大开放力度，融入全球一体化进程。从这些规划的制定时序和空间分布还可以看出，区域发展格局正由主要依赖珠三角地区、长三角地区、环渤海地区等少数区域的单极驱动逐步向多极化驱动转变；由主要依靠陆地开发，逐步向海洋经济和陆地开发一体化发展转变。从区域分工合作来看，目前，限于行政区内部的规划数量增长较快，而跨行政区规划的数量偏少，出台速度慢，这主要是由于跨省区规划涉及区域利益协调，区域分工与协作，编制起来比较复杂，而行政区内部的重点经济区由于范围比较小，关键问题容易把握，中央与地方的理念也比较易于对接，所以推出速度较快。但随着区域一体化、市场一体化的趋势，未来可能会有越来越多跨行政区甚至跨国的经济区规划被推出。

（三）主要特征

1．区域发展战略规划的制定与实施方式转变。纵观过去国家制定和实施的区域战略、规划或政策，都是中央政府通过宏观层面统筹安排，是国家战略，是国家意志的集中体现。地方政府只是进行具体的贯彻落实，没有太多的主导权。近年来出台的区域规划制定和实施的方式与以往相比有明显不同，大多数都是由地方政府依据本地的比较优势和发展的实际情况而制定，然后再报国务院或发改委审议批准，使之上升为国家级规划。预计未来国家也不会有整体的自上而下的区域发展战略规划的推进，区域发展战略规划的实施方式将更多地体现为中央政府和地方政府的互动。

2．区域发展战略规划从陆域延伸到海洋。发展海洋经济成为“十二五”期间我国一个新的战略选择。2011年，国务院先后批复了《山东半岛蓝色经济区发展规划》、《浙江海洋经济发展示范区规划》、《广东海洋经济综合试验区发展规划》三个海洋经济区规划，批准设立了浙江舟山群岛新区。这标志着我国区域发展，从国家战略层面上，已经从内陆地区的开发延伸到海洋经济的开发，特别是海洋经济和陆地开发的一体化发展。海洋经济区的建设，不仅使这些地区在海洋开发方面先行一步，也能够进一步带动内陆经济，通过开发海洋给内陆相对落后的地区创造更多机会，加强不同类型地区的合作，实现协调发展。三个海洋经济区从名称上看有所不同，国家战略层赋予它们的功能、地位和承担的任务也有所不同。山东半岛更多是强调在内陆地区和海洋经济一体化发展方面要做出探索；浙江舟山的“海洋经济发展示范区”立足于海岛的开发，包括在产权方面、在产业的选择、在海岛的旅游产业发展方面做出示范；广东作为综合试验区承担的职能更多，任务更重，除了自身的经济发展方式转型，还涉及带动周边海洋地区发展，加强与海峡两岸、北部湾、港澳等相关地区合作，同时还要承担与东盟合作开发等任务。

3．加大开发开放力度，深化国际合作。随着全球化的不断深入以及国际国内产业转移步伐的加快，我国与世界的联系以及国内各区域间的联系日趋紧密。参与全球产业分工协作、推进跨区域合作及区域一体化进程是未来区域经济发展的重点。近几年颁布的区域规划就突出体现了这一点，如广西北部湾地区定位于泛珠三角区域合作、中国—东盟自由贸易区建设，东北地区则加快建设中蒙国际贸易通道、中俄交通走廊、中朝交通走廊、环日本海港口—腹地物流系统四大国际化通道，海西经济区的建设为与台湾合作提供了重大机遇。“十二五”规划建议中也明确指出要坚持扩大开放与区域协调发展相结合，协同推动沿海、内陆、沿边开放，形成优势互补、分工协作、均衡协调的区域开放格局。

4．强调技术创新。2008年底全球性金融危机虽已过去，但产业结构低端化、能源危机、环境恶化等问题凸显使得区域经济发展方式转型刻不容缓。新出台的区域规划基于国内外环境条件的变化，特别重视技术创新的部分。例如，珠三角规划中指出，完善自主创新的体制机制和政策环境，构建以企业为主体、以市场为导向、产学研结合的开放型区域创新体系，率先建成全国创新型区域，成为亚太地区重要的创新中心和成果转化基地，全面提升国际竞争力。长三角区域规划中提出，以关键领域和核心技术创新为突破口，增强自主创新能力，形成优势互补、资源共享、互利共赢的具有国际竞争力的区域创新体系，率先在全国建成创新型区域。

5. 强调制度创新。以往国家实施区域发展战略或制定区域发展规划，一般都会配套相关的项目、资金以及税收减免等优惠的政策，以扶持和刺激规划区域的发展。在这种情况下，各地方政府都希望本地区能够被列为国家重点发展区域，从而获得一系列的优惠政策和财政支持。因此，为争取更多的利益让渡或者政策优惠，地方政府之间的竞争加剧，甚至产生“跑部进京”找资金找项目的寻租行为，降低了资源的配置效率。而近几年一系列密集出台的区域规划，与以往相比给予地方政府更多的制度创新和自主发展权，鼓励其先试先行。如批准一系列综合配套改革试验区的举措，就是对重点改革领域进行体制机制创新的一种尝试和探索。

6. 地方性区域规划还会陆续推出，但是效应会呈递减趋势。梳理近几年来获批的区域规划，可以发现很多规划的空间尺度都是在一个省区之内，除了其本身战略地位重要外，考虑的就是培育次级增长极。同时，城乡统筹、资源枯竭型城市转型、两型社会建设等保障区域协调发展的关键问题在“十二五”时期仍是政策关注的重点。基于此，“十二五”时期，地方性的区域规划还会陆续推出，以促进重点地区的发展，培育新的增长点及探索区域发展的新模式。正如国家发改委地区司司长范恒山所言，今后五年国家会继续坚持以经济区为单元推进区域政策和区域规划的研究制定和组织实施，使资源要素在更大范围内得到利用与优化布局。

但是可以预见，未来区域规划的效应会呈递减趋势。因为大众的注意力、资源的总量毕竟是有限的，同时中央政府政策的资金支持和项目投资也是有限的，那么规划区域所能利用的资源和政策就会受到限制，从而影响区域规划实施的效果。因此，各规划区域在发展过程中应着眼于开拓本地资源，谋求科学发展，而不是一味去吸引外部资源。对于地方政府和决策者来说，未来工作重点也不是一味去争中央项目、投资或政策优惠，而是更多地立足于本地区实际，探索更科学、更高效、更可持续的区域发展模式。

二、我国区域规划在制定和实施中存在的主要问题

（一）重经济发展，轻社会发展

各级政府在改革过程中偏好于经济建设，而收入分配结构长期不合理，基本公共服务支出等福利性安排逐步弱化，分配存在严重的政策偏向，社会成本逐步向部分国民转移和积累。从政府主导编制的区域发展战略和规划中，我们很容易看出这种偏向性。地方政府和决策者往往将经济增长目标放在首位，对于收入分配格局的优化、改革，对于整个社会公共产品、公共服务的保障、供给、合理配置等都相对忽视。特别是有关教育结构优化、医疗卫生服务、住房与居住环境建设、就业和社会保障覆盖这些重大的关系民生的问题没有得到应有重视，总是淡淡几笔，一带而过，甚至根本没有反映其发展的任务与目标，用词大多是“加快推进”、“进一步完善”这样模糊的字眼。即便设定了有关的目标，但其往往处于次要位置，一旦与增长目标存在冲突，便难以落实。

（二）重产业选择、基础设施建设，轻环境保护治理、资源有效利用

"十一五"期间，中央先后批准设立了武汉、长株潭"两型社会"建设综合配套改革试验区，批复了鄱阳湖、黄三角生态经济区规划，以及甘肃省、青海柴达木循环经济规划等，希望这些地区能够探索出一条资源节约，环境友好的新型工业化、城市化道路。但总体来看，"高消耗、高污染、高排放、低效率"的粗放式的经济发展模式并未得到有效改变，经济增长与资源环境保护间的矛盾依然普遍存在。以环渤海地区为例，近年来以重化工业为特征的临港产业，如钢铁、石化、制浆等加速向沿海地区布局，已建成和正在建设的项目就有青岛年税收100亿元的石化大炼油项目，河北曹妃甸的千万吨级钢铁项目，天津原油一次加工能力1500万吨的乙烯项目，等等。与此同时，环渤海5800公里的海岸线，星罗棋布了大大小小60多个港口，平均不到100公里就有一个港口。另一方面，有关部门对环渤海地区13个城市的180户重点监控废水排放企业的调查表明，有41户废水超标排放，其中35户属于石油化工、造纸和印染等污染排放大户。仅2007年就有358个建设项目未按要求进行环评，有727个已竣工项目未进行"三同时"验收。

从环渤海地区出台的规划来看，将钢铁工业、石化工业作为主导产业的就有河北曹妃甸、辽宁沿海经济带、沈阳经济区、山东半岛蓝色经济区等。

究其原因，地方政府在制定区域发展规划时，最关心的往往是产业规划、基础设施建设规划等相关的内容，在进行产业选择时最看重的往往是企业的经济效益、吸纳就业的能力、拉动当地经济增长、提供财政税收的作用，而项目引进以及工程建设的环境评估不足、门槛低，抑或即便知道这些产业的发展可能对当地生态环境产生不利影响，也将其作为发展经济、创造利税的必然代价而漠然视之。

（三）重城市规模扩张，轻空间结构优化、土地集约利用

随着我国经济的高速增长，作为经济增长重要支撑点的城市也在飞速发展。城市固定资产投资的逐年递增导致了城市规模的迅速扩张，突出表现就是大规模圈地建新城、建开发区、建工业园、建大学城，粗放型的土地利用模式导致空间无序开发现象严重。据统计，2006年以前全国开发区数量达到6866个，规划面积3.86万平方公里；经过3年多的清理整顿，到2006年12月，全国各类开发区才核减至1568个，规划面积减少到9949平方公里。但目前不少地方政府仍热衷于城市土地规模扩张。据报道，全国有183个城市提出建设国际化大都市的战略目标，有40个城市提出要建中央商务区。

另一方面，许多城市的功能结构与空间布局明显不合理，突出表现为工业用地偏高但居住用地偏低，生产用地偏高但生活和生态用地偏低。资料显示，2008年全国建设用地面积为39140平方公里，其中城市工业用地面积高达8035.16平方公里，占总建设用地面积的20.5%，而居住用地比重只有28.8%，生态用地比重则不到10%。发达国家城市工业用地标准一般是不超过总建设用地面积的15%，我国目前仍然高于这一水平。从城市土地来源看，对耕地的占用仍然是我国城市化空间扩展的最主要来源，占总扩展面积的57%，其他建设用地占总扩展面积的32%，以林地、水域、草地等为主的其他土地占11%。当前我国耕地面积约为18.26亿亩，比1997年的19.49亿亩减少了1.23亿亩。虽然国家

通过城乡建设用地增减挂钩、土地占补平衡等政策来保护耕地，坚守了18亿亩的耕地红线不动摇。但各地方政府在政策运作上，往往是占用了城市周边的优质土地，而补偿的却是土地收益不高、贫瘠的土地，最终导致耕地有效面积减少，耕地质量下降。

与此同时，城市土地利用效率低下，表现为土地城市化速度远高于人口城市化速度。据有关学者估计，1990—2006年，所有城市样本平均的建成区面积扩张速度为每年7.77%，同期的非农业人口增长速度仅为4.56%，两者相差3.21%，前者接近于后者的2倍。从三大区域的对比来看，这种非农业人口增长速度和建成区面积扩张速度的差别在东部相对较小，在中部大一些，而差距最大的则是在西部。如果建成区中加上建制镇的新增面积，而城镇人口中剔除以农民工为主体的未享受同等待遇但被纳入常住户籍人口的那部分人口，则土地城镇化的速度更是远远大于人口城镇化的速度。究其原因，除了城市发展对土地的客观需求外，土地出让收益是政府过分看重土地城镇化的重要原因。因为在征地过程中国家垄断了土地一级市场，地方政府只需按被征用土地的原有用途给予补偿，包括土地补偿费、安置补助费和地上附着物以及青苗的补偿费，却可以将低价征用的土地高价出让给开发商，从而获得巨额的土地级差收益。据专家估算，土地出让收益普遍占到地方政府收入的30% - 60%。直接导致的后果是，大都市区无序扩张，落后地区人均资源占有量不足，农村地区陷入“种田无地、就业无岗、低保无份”的“三无”困境的失地农民越来越多，社会矛盾和冲突不断加剧。

（四）重政府行政主导，轻市场和企业作用

区域规划具有一定的公共政策属性，旨在明确区域功能定位，规范空间开发秩序。但如果不把握好政府与市场的关系，如果政策不能以市场为基础，而是扭曲市场或抑制市场，则可能无法发挥其应有的作用，甚至产生相反的效果，造成公平、效率的双重损失。

近年来，我国在各项基础性经济制度的改革创新方面已取得了一定进展。比如，上海浦东新区、天津滨海新区、深圳全国综合配套改革试验区在完善社会主义市场经济体制方面的探索。但总体上似乎存在越来越倚重政府行政主导作用，而忽视市场力量的趋势。从政府角度看，一方面，被强化的政府作用在过去若干年已经导致了区域发展过程相当程度的偏离，一些区域和城市在资本和财政分配方面受惠于政策，投资和公共服务大量向这些地区集中。另一方面，行政壁垒依然大量存在，区域经济直接表现为行政区经济。从市场角度看，一方面，我国要素市场存在严重的政府管制和国有垄断，流动不畅，价格机制失效。比如，劳动力市场分割，资源价格扭曲，土地市场的高度行政化。另一方面，我国市场主体保障不足。比如，一些地方政府重央企、国企等大型企业，而忽视了中小企业、民营企业的培育。又比如，消费者作为市场主体，长期处于弱势地位，最突出的表现是食品市场、药品市场的混乱和消费者维权渠道不畅。政府规划最终是为市场发挥作用，为经济主体的决策配置提供更好的条件。如果政府和市场的关系把握不好，区域规划的实施效果将很难保障。

三、我国区域规划的未来取向及其走向

（一）我国区域规划的基本取向

1. 战略性。区域规划基于对未来的展望而制定，一般是中长期战略，从战略高度确定区域未来的走向。这意味着，首先，区域

规划的制定要以对未来很长一段时间的预测为基础，包括未来人口数量和流动趋势的预测，经济增长速度和产业结构变化趋势的预测，基于当前情境的资源消耗、环境恶化程度的预测等。在科学准确评估基础上制定的规划才具有长期的指导意义，今后随着实际情况的变化，再进行适当的修正和调整，但大的方向应该是不变的。其次，区域规划不应成为总体规划的细化或行业规划的汇总。区域规划是为了发挥不同区域的比较优势，形成合理分工、优势互补、利益兼顾、协调发展的区域格局而制定的。区域规划应该站在总体的位置上，经济发展规划、城乡规划、产业规划等应该遵循区域规划大的战略。国土规划和土地利用规划则是将区域规划的战略构想和政策意图落实到国土空间上。另外，要区分国家战略意义与区域战略意义。一些区域战略与规划虽然对所在地区具有重要意义，且经国务院或国家发改委批准为国家级规划，但其重要程度尚不具有国家战略意义。

2. 引导性。制定区域规划的目的是引导区域内部资源的有效配置，协调区域之间的竞争与协作，为企业营造良好的投资经营环境，为居民创造高质量的生活居住条件。政府的角色应该是公共服务的供给者，有序市场环境的营造者，而不是区域发展的主导者。区域规划也不应该成为政府的强制实施手段，而应是引导性的。要体现这种引导性，首先，区域规划的制定应吸引企业与公众的参与。作为区域规划服务对象的企业和公众，其利益必须在区域规划中得以体现。规划要权衡各类型企业的意见，包括央企、国企，也包括中小企业、外企、民营企业；规划要考虑各阶层公众的意愿，包括中高收入者，也包括低收入者、贫困人口，包括城市常住居民，城市移民，也包括广大农民。其次，区域规划要对市场准入、资源开发、环境标准等市场无法自行解决的问题制定约束性指标。比如，企业的新建与迁入要符合环境标准，土地的开发流转要有严格的程序规制等。最后，区域规划需要配套的政策支撑和完备的法律保障。否则规划缺乏约束力，而只能成为一纸空文。

3. 综合性。传统区域规划片面追求经济增长，偏重于对企业经济行为的直接管理，比较忽视对城市经济社会发展的公共社会环境和物质条件的管理。未来区域规划应将重点放在通过有效的制度来规范人们的行为，规划范围扩大到经济、社会、环境三个方面，规划目标转变为寻求经济与社会、人与自然的协调发展，规划内容扩展到区域经济规划、区域社会规划、区域环境规划、区域基础设施规划等多个方面。未来规划只有兼顾多元主体利益，协调综合发展目标，容纳多维规划内容，才能摆脱“重建设轻规划”、“先建设后规划”、“重经济效益，轻社会效益、环境效益”等传统规划的缺陷。

4. 协调性。基于科学发展观，区域规划的协调性体现为环境、经济、社会之间的协调。环境与经济发展的协调主要考虑价值评估和资源效益；经济与社会发展的协调主要考虑经济效率和社会公平；环境和社会发展的协调主要考虑代际公平和民众参与。区域规划作为一种政策工具，要体现对这一发展观的认同与支持，起到居中协调的作用，在经济面，强调发展、保证；在社会面，强调稳定、保障；在环境面，强调保护、规制。

（二）我国区域规划的未来走向

1. 注重经济发展与社会事业发展同步协调。未来区域规划将更强调以人为本的科学发展观，兼顾不同群体的利益要求，与当前注重GDP、财政税收等经济绩效指标不同，将更加关注国民幸福指数和环境保护等绿色指标；在财政收入等国民财富的再分配中，优先考虑教育、医疗、公共设施等公共财政支出。根据各区域突出的社会问题，区域发展的战略定位也将有所侧重。比如，东部大城市膨胀的问题较为严重，区域规划的重点可能是解决城市交通拥堵，城市流动人口及新移民的公共住房、社会保障等问题；西部一些地区的贫困问题还没有解决，城乡分割的现象特别严重，区域规划的重点要落脚在如何对贫困人口进行援助，如何统筹城乡发展上；东北等老工业基地更突出的社会问题可能是失业、下岗的问题。

2. 强化空间格局，弱化产业选择。区域规划的重点要落在空间布局优化，资源配置空间效率的提升上，弱化产业选择。空间格局的优化具体表现为增加和合理布局满足居民生活的空间需求，比如对扩大居住的空间需求，对保护耕地的空间需求，减小通勤成本的空间布局；提高城市建设、基础设施建设的空间利用效率，比如制定、实施交通基础设施规划中要特别注意土地资源、各种要素投入的有效利用和对环境的保护；增加水源涵养的空间需求，主要是水资源的保护和合理开发利用；增加和保护绿色生态空间，主要是加强“三废”的治理，同时增加公共绿地，避免将城市建成千篇一律的水泥森林。在农村地区，则要注重对农村传统文化、传统风貌的维护、保护，避免盲目对农居和农村基础设施的统一改造和盲目的撤并村庄。产业选择的弱化意味着产业选择更多地依靠市场自主进行，政府致力于消除阻碍要素和商品自由流动的制度性障碍，加强区域间的连通性和可达性，形成高密度、短距离、低分割的市场环境。国家和区域为促进产业优化升级而制定的产业振兴规划中，战略性新兴产业的数目不宜过多，需要更突出重点，下工夫在质的提升上，避免一哄而上，造成产能过剩。

3. 强调政府引导，市场为基础，企业为主体。未来区域发展规划将从政府主导转向政府引导，市场诱导转向市场主导。《珠江三角洲地区改革发展规划纲要》中的一段话很好地诠释了政府和市场的相对关系：“凡是能够由市场机制调节的事，坚决放给市场；凡是应由企业自主决策的事，一律交还企业；凡是能够由社会组织解决的事，积极移交社会组织管理；凡是应由政府承担的职责，要切实履行好。”

区域的竞争力已越来越多体现在体制机制创新的优势上。政府必须通过改革、制度创新促进经济发展方式转变。一方面在自身的管理体制创新，管理服务改进上下工夫，比如探索大部制改革，探索“省直管县(市)”的改革，减少行政层次，建立精简、统一、高效的现代政府体制。另一方面深化经济体制改革，完善社会主义市场经济，包括农村经济体制改革、财政和投资体制改革、金融体制改革、企业体制改革和市场环境完善等。

4. 强调科技创新平台搭建。未来的区域规划会将科技创新放在一个重要的位置上，其中更为重要的是搭建科技创新平台。首先，要形成以企业为主体，以高校和科研机构为主要参与者，以中介机构和政府为桥梁的各主体要素的联动机制、高效高质的创新成果转化体系。其次，要制定一系列的政策措施，鼓励企业进行自主创新。比如融资渠道拓展，公共服务支撑，税费优惠，法制保障等。再者，要考虑如何建立创新型人才的培养和引进机制。人是实现创新的主体，科技创新有赖于创新型人才的培养和引进。以上海的张江高科技园区为例，其在成立之初，规划中不仅包括高技术研究所、孵化器和制造用地，还有居住、商业和教育设施，以及绿地和大众公共交通运输。良好的工作生活环境吸引了大批高技术人才流入，促使这里成为中国的“硅谷”。地方政府应该通过营造良好的生活工作环境吸引人才。同时，政府要大力发展职业教育和培训，培养技术型和技能型人才。比如，帮助以前从事劳动密集型产业的工人有序转移到更有技术含量的复杂劳动中，改善技术工人的生活工作条件，为其在工作岗位上进行创新提供更多激励。唯有将中国从人口大国转变为人力资源强国，我们才能顺利实现经济转型。

5. 注重各规划间的有效衔接与协调。近年来，各级政府对区域规划越来越重视，编制了不少规划。但也出现了区域规划和其他规划，不同区域规划之间及内部的衔接和协调问题。这种衔接和协调上的问题，直接影响规划的效率和权威性。

第一个层次是两大区域协调发展战略之间的衔接协调。“十二五”期间，主体功能区战略和区域发展总体战略被放在并列的位置上，共同构成区域协调发展战略。从内容来看，区域发展总体战略包括了“西部大开发，东北等老工业基地振兴，中部地区崛起，东部地区率先发展”和对老少边穷地区的扶持等内容，主体功能区战略是关于如何优化国土空间开发格局，主要体现为全国和省级主体功能区规划。它以县域为基本单元，划分了涵盖整个国土面积的主体功能区，实施分类管理的区域政策和各有侧重的绩效评价。从两者的区别来看，区域发展总体战略既强调市场机制的基础性作用，比如，充分发挥各区域比较优势，促进生产要素合理流动，深化区域合作，也强调区域政策在协调区域发展方面的作用，比如，对经济发展转型升级的宏观引导，对老少边穷枯库等特殊类型地区的扶持。相比之下，主体功能区战略主要针对可能出现的“市场失灵”，注重规范开发秩序，控制开发强度，使资源环境承载力成为决定地区经济开发强度的约束性指标。从两者的关系来看，区域发展总体战略为未来区域发展描绘了蓝图，定出了基调，主体功能区战略的实施则为转变经济增长方式在空间上的落地提供了契机，通过空间的优化利用、高效利用、格局分配的合理化，实现产业和经济发展方式根本的转变。总体而言，区域发展总体战略和主体功能区战略的实施应该是相辅相成，互为补充的。

第二个层次是区域规划和其他规划之间的衔接协调。我国的空间规划,除区域规划外，城市总体规划、土地利用规划、生态功能保护区规划等也都发挥着重要的空间管理功能，经济发展规划也有一些涉及区域发展的内容。从其区别来看，经济发展规划更多是条件性的，指明了我们在未来五年的经济社会环境方面的发展目标。主体功能区规划、土地利用规划等是约束性的，对不同主体功能区的开发强度进行限制，对土地的用途进行管制。区域规划是发展性的，基于区域人口、资源、环境、经济等方面的预测，对未来区域发展重点和空间格局进行预期安排。从其在区域发展中所处的位置来看，主体功能区规划是控制性的，区域规划站在总体的位置上，经济发展规划是更为具体的安排和实施，要遵循区域规划大的战略，最后落实在土地利用规划上。下一层的规划和其他与空间有关的规划要进行相应的调整，避免与上一层的规划存在冲突。比如，区域规划和城市规划应该以主体功能区规划确定的功能定位为基础，而不是简单地以行政区为界确定区域和城市的功能定位和发展方向。土地利用规划要改变单纯以基数法确定不同地区建设用地的规模，开发强度已经较高的优化开发区域应该相对降低建设用地的增长速度。产业规划，要修改完善现行产业指导目录，明确不同主体功能区的鼓励、限制和禁止类产业。

第三个层次是不同区域规划之间及内部的衔接协调，包括国家级区域规划和地方性区域规划，相邻区域的规划以及区域规划本身的协调。相邻区域的规划可能有一定联系或部分重合，其关系还有待进一步理顺。对于那些发展基础和资源环境条件大体相当的区域，规划内容上有些相似或相同，是难以避免的。规划不是一定不变的，具体内容在实施过程中要随着环境条件的变化而适时调整。此外，建立在政府主导基础上的区域规划必须突破行政区的界限。事实上，已批复的区域规划中就包含跨区域的合作，中央也一直在努力推进区域合作。但是现有的区域合作都是建立在政府主导基础上的，缺乏企业为主体的建立在市场机制基础上的区域合作。

总体而言，新的区域规划要加强区域分工与协作，要以转变发展方式为根本目标，走资源节约、环境友好的可持续发展之路，体现我国区域协调发展、集约式发展、可持续发展、人与自然和谐发展、包容性发展的新思路。

（作者：陈秀山系中国人民大学公共管理学院教授、博士生导师）

（选自《经济与管理评论》2012年第2期）

第四部分

理论·政治建设

社会权利优先的中国政治发展选择

杨光斌

政治学的主要问题即国家建设的基本问题就是国家权力和公民权利的关系。如果说毛泽东的主要遗产是解决了国家权力“立”得住的问题，邓小平、江泽民的主要遗产则是基本解决公民的经济权利，而经济权利则是马歇尔所说的三大公民权利中的重要基础。那么接下来应该怎么办？目前正在怎么做？

即使从公民权利的角度出发看待中国政治发展，从不同侧面看到的东西也是不一样的，比如海内与海外的不同，学界与政界的不同，学界不同专业的差异以及政府内部的差异。因此，本文并不想纠缠各种关于中国政治发展的观点和争论，不争论中国应该选择什么样的政治发展战略，而是尽可能接近真相地讨论中国已经发生或已经选择的政治发展战略。谈论中国的发展战略，无论是国内发展战略还是对外安全战略，笔者认为都不应该忽视2002年中共十六大关于本世纪头20年为中国发展的战略机遇期的判断。十六大提出的中国“必须紧紧抓住并且可以大有作为的重要战略机遇期”，意味着以江泽民为核心的第三代领导人和事实上的第四代领导人之间达成一个战略共识，即在内政外交上，依然秉承“发展是硬道理”，在发展中解决问题。这也就意味着，尽管后来有科学发展观、和谐社会等新提法，公共政策上会有所调整，但第二代和第三代领导人的基本路线不会改变。2010年10月召开的十七届五中全会出台的“十二五规划”依然提出“我国发展仍处于可以大有作为的重要战略机遇期”。这意味着什么？尽管政界关于政治改革有不同的声音，但是决策层的最终共识应该是：在未来一个时期内，不会有大的政治改革动作。而从目前所做来看，决策层正在秉承“发展是硬道理”的基础上致力于社会权利的建设，大的政治改革的动作应该是十年以后的事(排除偶然事件)。因此，本文谈论的是本世纪头30年。

改革开放以来，中国和西方国家一样，首先应解决的是经济权利问题，事实上三十多年的改革主要围绕经济领域和经济建设。接下来，中国的次序和西方国家产生了分叉，目前正在建设的是公民的社会权利问题，最后才可能是政治权利。当然，这种划分是高度抽象的理想类型，因为作为一个中央政府，不可能只顾一点不顾及其余，否则国家就会出乱子。因此，中央政府不得不进行综合治理，因为上述三项权利可能是交叉性的，即在每一个时期都必须面对的。但是，我们又能清晰地发现，每一个时期的政府都有一个中心的政策议程，比如“以经济发展为中心”这样鲜明的政策路线图。因此，我们还是能够从政策议程和战略规划中看到不同事项的先后顺序以及轻重缓急。

一、第二代—第三代领导人的制度遗产：经济权利与制度红利

我们似乎已经理所当然或习以为常地享受着过去三十多年改革开放所带来的成果、福利和便利，比如经商的权利、使用互联网、享受低关税的外国货、批评政府、歌颂私有制并批评公有制，等等。殊不知，这些基本权利都是第二代和第三代领导人冒着巨大风险、顶着巨大压力而作出政策抉择的结果。因此，在改革开放过程中，政治家的观念、勇气和毅力就至关重要。只有新观念，才有冲破藩篱的愿望；只有勇气，才敢去破除藩篱；只有毅力，才能够直面一个又一个藩篱。所以，观念、勇气和毅力，是理解中国改革的关键词。也正是在这个意义上，观念本身的变化以及将观念组织化，才是认识中国改革开放的前提。

（一）社会主义市场经济体制

邓小平的伟大遗产之一就是社会主义市场经济体制。在20世纪80年代以及1989年那个特殊时期之后，当中国改革在迷途彷徨时，1992年，88岁高龄的邓小平拖着疲倦的身躯发表了“南方讲话”，解决了“姓社姓资”的争论，最终确定了“社会主义市场经济”这个基本方向，并写入党章（1992年十四大）和宪法，保护私有财产才得以写入宪法。人们常常说改革开放30年（1978—2008年），其实有确定方向的改革开放就是1992年以后，之前都处于左右摇摆、走走停停的状态。“南方讲话”使得市场经济的观念变成一种制度，制度化的观念才能驱使制度本身滚滚向前。事实上，过去30年的很多成就都是在1992年以后取得的。

（二）解决姓公姓私问题

当第三代领导集体的核心江泽民说他的任务就是“坚持邓小平的旗帜”时，人们或许认为这是一句很普通的话。事后看来，中共第三代领导人“坚持旗帜”的任务完成得很好。如果说邓小平解决了“姓社姓资”的争论，那么第三代领导人解决了“姓公姓私”问题，这是中共十五大（1997年）的成就之一。这两个问题的解决，彻底地解放了旧观念的约束，尽管还有些噪音，但中国的改革彻底走上了健康道路。

（三）“三个代表”重要思想

“姓社姓资”和“姓公姓私”问题的解决以及由此而产生的巨大经济成就，必然会产生新的社会阶层和社会力量。怎么办？比较政治的基本经验是，新的社会力量不被纳入体制内，他们就可能在体制外表达利益，甚至以暴力的方式表达利益。“三个代表”最重要地表明了共产党的适应能力和学习能力，根据国内外的历史经验，“代表最广大人民群众的根本利益”其实就是将改革开放以后产生的新社会力量纳入共产党的体制内，共产党从代表特定阶级、特定阶层的党变成一个代表所有阶层的政党。这里重要的不是理论上的完美性，而是实践上的可行性和前进性。“三个代表”重要思想是第三代领导人留给共产党的最重要的观念和思想遗产，也是组织遗产。

（四）分税制与1998年机构改革

如果说社会主义市场经济、姓公姓私问题以及“三个代表”重要思想都还首先是观念问题，在中国这样的民主集中制体制下，最高层的观念就可以变成全党的观念，因此虽然会有争论，但相对容易转变。仅有观念是不够的，还需要巨大的勇气和坚强的毅力去解决盘根错节的利益难题。代表性的制度建设就是分税制与1998年机构改革。在1993—1994年实现分税制之前，中央财政收入占国家财政收入的比例仅20%左右，1995年则达到55%。这并不是说中央财政越多越好（中央政府应该承担与其财政能力相适应的公共服务职能，当然这是另外一个话题），但是其积极的一面是不容否认的，实现了现代国家的基本税制。更重要的是，分税制意味着中央政府有能力克服来自地方政府的阻力而将自己的意志变为现实。

类似的改革是1998年政府机构改革，将国务院下属的41个部委裁减到29个。这是一项巨大而艰难的工程，其中的部门政治之复杂超乎外界的想象。但是，中国的市场化改革进展到这个时候，很多建制于计划经济时期的政府部门已经成为多余，它们的存在就是市场之灾，就是国家利益之祸。在大利益与小利益的冲突中，决策者毅然决然地选择了前者，并以坚定的决心和巨大的勇气进行了这场事实性大部门制改革。应该说，虽然市场依然可能受到来自行政部门权力的不当阻力，但是今天市场经济的繁荣与1998年这样的一次又一次的行政改革是分不开的。

（五）互联网—WTO

如果说分税制和机构改革为国内市场经济建立了必要的制度平台，那么容许互联网的存在和加入WTO，则为市场经济增添了新的动力机制，并紧紧地把中国与世界联系起来。今天我们似乎在理所当然地使用互联网，但开放互联网意味着要冒巨大的政治风险，它直接威胁着国家安全，尤其是国家的政治安全。事后看来，这个险冒得值。且不说互联网给中国带来的经济收益，互联网虽然威胁着政治安全，同时也使得国家在政治上变得更安全。这是因为，中国公民因互联网开放平台的讨论，在重大政治问题上变得更理性更包容。互联网提升了公民权利意识，拓展了参与渠道，而这正是一个国家渐进变革所需要的公民精神和公民素养。

开放互联网是决策者正确评估的结果，而加入WTO则是决策者破解既得利益集团的产物。加入WTO的过程，不仅要与美国谈，更重要的是要与国内不同利益集团谈。每当谈判代表团与其他国家取得一些进展时，就被国内一些部门的媒体指责为“卖国”，国内的阻力由此可见。金融系统、汽车行业、农业系统、电信部门等极力反对加入WTO的谈判，都在制造耸人听闻的数字吓唬中国老百姓。结果呢，加入WTO十年来，中国的这些行业都发展得更好了而不是更坏了，消费者受益更多了。

（六）2000—2010年的经济增长以及财政收入增长

上述观念变迁和制度建设，使得中国人获得了最基本的以财产权为核心的经济权利，国民财富因此滚滚而来，见表1。

表1　GDP总量，国家财政收入和外汇储备增长比较

	2000年	2010年	增长倍数
国内生产总值	89404亿元	33.5万亿元	3.7倍
	1万亿美元	5万亿美元	5倍
国家财政收入	13395万亿	8万亿（加上费，超过10万亿）	6倍
国家外汇储备	1655.74亿美元	24542.75亿美元	15倍

表1中的两组数字有喜有忧。喜的是，数字告诉了我们制度的力量，制度使局面完全不

一样。若不是第二代—第三代领导人建构的以社会主义市场经济为核心的一系列制度平台，这些成就不可能取得。忧的是，国家财政收入的增速大大高于GDP增速，这反映了中国的税赋之重，财政收入居然是GDP的1/3，这远远高于其他国家1/4甚至1/5的比重。换句话说，国家财政收入的高速增长是以其他部门，尤其是居民部门收入的减少为代价的。因此，公民经济权利的制度性建设并不意味着居民收入获得应有的增益，更不意味着公民的社会权利有了相应的保障。

二、分享制度红利：社会权利优先的政治发展战略

和很多其他国家一样，高速的经济增长并不能解决所有的社会问题，甚至会带来社会问题，增长本身甚至就是问题的根源。进入本世纪，最能反映社会和谐程度的就是“群体性事件”。在过去10年间，“群体性事件”以几何级数增长，从1998年的几千起增长到2008年的8万起左右。在社会矛盾激增的同时，传统的公共服务体系也不复存在，2003年“非典”事件暴露了公共医疗保障体系是多么可怕。同时，“看病难看病贵”、“上学难上学贵”和“住房难住房贵”这“三难三贵”是压在中国普通老百姓身上的三座大山。这些问题说明，经济增长并不必然保障大多数居民的社会权利。

这些问题对于新世纪的中央政府而言，既是难题也是机遇。怎么办？即以什么样的战略规划来解决这些问题？回答这个问题必须首先设置这样的政策议程比较：

第一，对于大多数中国人而言，什么是最迫切需要解决的问题，是上述社会权利问题还是公民的政治权利问题？这两项权利都是西方经过长期的政治实践得来的，西方先有政治权利后有社会权利，那么中国人最需要的是什么？中国政府最容易解决的是什么？不同的人群有不同的诉求，但这其间肯定存在多数与少数、优先与次要的战略排序。并不武断地说，社会权利是大多数中国人的最优先的选择。而从治理的难易程度而言，保障社会权利显然更为方便，国家只要有足够的财力。

第二，如果接受第一个判断，那么以什么样的办法解决社会权利？如前所述，西方国家是先有民主政治即公民的政治权利后有社会权利，而发展中国家在先有民主政治后反而更不能有效地解决居民的社会福利问题。虽然中国的社会权利上存在很多问题，但与印度相比，根据世界银行的报告，中国各种指标都比印度好。进入发达系列的韩国、中国台湾地区，事实上也是社会权利走在政治权利之前，即民主政治之前都基本上解决了居民的社会权利。换句话说，不同于发达国家的先后的有序发展，发展中国家的政府和民众同时面临经济权利、政治权利和社会权利的抉择。比较政治学的发展中国家经验研究告诉我们，用民主政治的办法解决社会权利问题可能更靠不住。

因此，在基本上解决了民众的经济权利以后，新世纪以来中国政府选择的战略是先社会权利保障战略。由于第二代—第三代领导人的制度建设所带来的制度红利，使后来的中央政府有条件、有可能实施“共享改革开放的伟大成果”，即实施让全民分享制度红利。

2003年以来，新一届政府致力于和谐社会建设，推出了一系列社会政策新政，比如提高退伍军人待遇，实施新农合，计划实施城乡全覆盖的社会保障体系。应该说，在社会保障支出比例没有增加的情况下，因为财政总量的增加而加大了社会保障覆盖面。但是，应该看到，一百多元的最低生活水平保障，几十元钱的新农合，并不能有效保障城乡居民有尊严地活着。

原因何在？

首先，国民收入的第一次分配和第二次分配都存在根本的结构性问题，因此才使得新世纪以来的很多社会政策的效果并不明显：贫富差距、城乡差距不是越来越小而是越来越大，今天的基尼系数大于10年前；由此，社会矛盾并不是越来越小，有些方面甚至是越来越大。

第一次国民收入分配情况。根据全国总工会的数据，中国居民劳动报酬占GDP的比重，在1983年达到56.5%的峰值后，就持续下降，2005年已经下降到36.7%，22年间下降了近20个百分点。而从1978年到2005年，与劳动报酬比重的持续下降形成了鲜明对比的，是资本报酬占GDP的比重上升了20个百分点。

劳动报酬比重的持续下降也直接反映在国民收入初次分配比例中。国民收入初次分配的实质是要素分配，统计时通常在宏观意义上将国民经济划分为政府、企业和住户三大部分。根据财政部财政科学研究所的计算：1993—2007年，政府收入占GDP的比重由11.68%增至14.81%，增幅为3.13个百分点，企业的资本收益由38.83%增至45.45%，增加6.62个百分点；而居民的劳动报酬占GDP的比重由49.49%降低至39.74%，降幅为9.75个百分点。按照资金流量表核算：1992—2006年，政府收入增加2.02个百分点；企业收入增加5.01个百分点；而居民收入则下降7.08个百分点。有的估计更高。

在1992—1996年之间，各部门可支配收入占比波动较大，主要趋势为住户部门占比上升，企业和政府部门占比下降。不过自1996年开始，变化趋势正好相反，到2000年，住户部门在可支配收入的占比已经降低到1992年以来的最低水平，而且这一趋势一直延续到2004年。1996—2004年间，居民部门收入下降了11%。相应地，企业部门和政府部门的可支配收入逐渐上升，尤其是企业部门，其升幅几乎与住户部门降幅相当。

在专门研究这个问题的白重恩教授看来，原因一是产业结构调整，即农业劳动收入下降所致，二是行业垄断所致。居民部门收入下降的结果，全国总工会近期一项调查显示，23.4%的职工5年未增加工资；75.2%的职工认为当前社会收入分配不公平，61%的职工认为普通劳动者收入偏低是最大的不公平。

更可怕的是，在居民部门收入大幅度下滑的时候，第二次国民收入分配中居民的社会保障开支在整个财政预算中所占比例也少得可怜。最高的一年是2002年11.9%，此后这些年没有提高，甚至比2002年还有所下降，不足11%。在国民财富以几何基数增长的时候，用于民生的支出比例不升反降，不能说不是一种重大缺憾。

社会保障是“小民生”范畴。那国家用多少钱花在教育、社保、医疗等项目上的“大民生”呢？根据国务院发展研究中心的数据，2008年，我国人均GDP已达3260美元左右，然而2007年，我国教育、医疗和社会保障三项公共服务支出，占政府总支出的比重合计只有29.2%，比人均GDP3000美元以下国家低13.5个百分点，比人均GDP3000—6000美元国家低24.8个百分点。

与此同时，我国党政机关每年公款吃喝要花掉2000亿元，公车支出要花掉3000亿元，公费出国考察还要花掉2000亿元。2007年各国的行政费（即公务开支）在国家财政支出的比重排名中，中国以27.6%的惊人比重位居榜首，远远高于其他国家6%的平均值。当行政费用高居不下时，我们的民生政治又居于何处？

第一次和第二次财富分配的制度性缺失是

诱发作为社会矛盾指标性事件的“群体性事件”的一个重要原因。根据全国总工会的说法，近些年来我国出现了一些由劳动关系矛盾引发的群体性极端事件，如“通钢事件”以及部分地区“出租车停运事件”，其重要原因是普通职工的收入水平低、福利待遇差。据前两年的不完全统计，“因收入分配和保险福利问题引发的劳动纠纷占劳动纠纷的65%以上，已经成为影响社会和谐稳定的重要因素”。

第一次和第二次财富分配的结构性问题以及由此导致的社会矛盾，恰好说明政府有大有作为的政策空间。可以看到，中国政府需要作出巨大的努力才能改善民生。这两年社会舆论所热议的国民收入倍增计划反映在“十二五规划”之中：关于分配制度改革，《中共中央关于制定国民经济和社会发展第十二个五年规划的建议》(以下简称《建议》)提出，“努力提高居民收入在国民收入分配中的比重，提高劳动报酬在初次分配中的比重”；“加强税收对收入分配的调节作用，有效调节过高收入，努力扭转城乡、区域、行业和社会成员之间收入差距扩大趋势”。关于社会保障体系，《建议》提出，“扩大社会保障覆盖范围，逐步提高保障标准”，“实现城乡社会救助全覆盖”。关于医疗卫生，《建议》提出，“把基本医疗卫生制度作为公共产品向全民提供，优先满足群众基本医疗卫生需求”，“加强公共卫生服务体系建设，扩大国家基本公共卫生服务项目”，“健全覆盖城乡居民的基本医疗保障体系，逐步提高保障标准”，“新增医疗卫生资源重点向农村和城市社区倾斜”。

问题早已存在，目标早已确定。我们知道，2007年党的十七大就明确指出，“要逐步提高城乡居民收入在国民收入中的比重”，“要提高劳动报酬在初次分配中的比重”。因此，更重要的是办法，如何实施并落实目标呢？

没有体制改革不行。目前中国的财政管理体制是部门财政，就是那些拥有话语权的各种行业的部门都在财政预算中发挥着程度不同的作用，而且在预算后都可以“跑步（部）前（钱）进”。无疑，国家的各个行政部门是吃公家饭的行业的代言人。比如，科技部可以以建设创新型国家为名而为本系统的科研部门争得多得惊人的科研经费，交通部则有能力在最短时间内在我国建设成高速公路网，而铁道部则有能力超越发达国家而在中国率先建成高速铁路网。与这些部门相比，代表农业和农民的部门少之又少，而代表居民的民生和福利的部门更少，民生的改善只能依靠发挥“民主集中制”这个体制了，依靠中央政府的意志。

必须首先改部门财政为公共财政。在实现真正的公共财政之前，过渡性的办法应该包括：新增加的国家财富应该主要用在民生和社会保障上，各部门和公家单位的预算所得维持现状或以最低水平增长。要知道，即使与发达国家的同行相比，我国很多公家单位已经富得流油。从源头上说，公共财政意味着在国民财富的第一次分配中，国家份额不能太大，中央财政在全国财政的比重不能太高。有了这些改革，“国富”才能转变为“民强”，社会才有可能真正和谐。

卫生部公布了一个具体的社会保障目标：计划到“十二五”末，把个人承担看病费用的比例减至30%以下，达到国际水平。住房与建设部也下发通知，按照国务院关于大幅度增加保障性安居工程建设的要求，2011年计划安排建设保障性住房和各类棚户区改造住房1000万套。这一数额大大超过此前市场预期的500—600万套的水平，较今年580万套保障性住房的建设规划翻了一番。

可以预见，在未来十年（2010—2020年）的两个五年规划中，中央政府的主要目标还是在民生的改善上。但这并不意味着不进行其他领域的制度建设。如前，体制不改，民生的改善就会遭遇体制性瓶颈。不仅如此，在现行的行政体制、法律体制、社会体制和政治体制下，不仅民生目标的实现有难度，还会滋生出很多社会矛盾和利益冲突现象，建立通畅的利益表达机制也不现实。因此，在未来10年甚至更远的20年即到2030年，在改善民生的同时，政治改革是难以回避的课题——必须稳定有序地实施公民政治权利保障计划。否则，中央政府一方面在制订民生保障计划，而基层政府却同时在肆无忌惮地侵害农民利益，强制拆村并镇，把农民赶到楼上去，国务院又不得不指示：村庄撤并拆建严禁违背农民意愿。但是，一个文件能否禁止地方官员的扩大城镇用地建设的冲动？根本的还是需要体制改革和制度建设。

三、呼唤“法治民主”：自下而上的推动与自上而下的设计

建设公民的经济权利和社会权利，大家都没有反对意见，只不过是如何建设和大家怎么分蛋糕的事，但是如何保障公民的政治权利，则是一个理论上最容易说而在实践中最难达成共识的根本性问题，因为这涉及政治改革。八十年代政治改革所激发的1989年政治风波、苏联政治改革所导致的国家解体以及中国经济依然在“战略机遇期”高速增长，都使得人们对政治改革看法迥异。

回避也罢，直接面对也罢，一个不得不承认的事实是，大众权利意识已经觉醒，而科学技术的进步比如互联网又为大众权利政治提供了平台，基层选举政治也搞了很多年。也正是在这些意义上说，我说“民主政治”的时代已经到来并不夸张。我相信，大众将继续以各种形式，甚至以激烈的社会抗争（比如“群体性事件”）的方式表达利益诉求，从而自下而上地推进中国的民主政治。事实上，这么多年来，民众政治权利的改善得益于大众的各种形式的利益表达和利益诉求，中国的政治权利在渐进地改善着。可以说，政治权利的获得是自下而上的争取的结果。从比较历史来看，社会运动是民主到来的主要行动力量。也许正因为看到这一点，中国共产党提出了“以党内民主带动人民民主”的自上而下式的民主政治路线图，执政者力图将民主进程纳入可控制的范畴内。稳定有序地引导民众政治参与的想法和设计值得肯定，但是自下而上的社会运动有时因各种变量的合成而有失序的可能。我们必须看到，民主进程有失控的可能性。

另一方面，如果我们不把“民主”当做无所不包的东西，当我们习惯地说“民主政治”的时候，我们必须搞清楚，政治生活中的构成成分到底有哪些，如果说选举是民主政治的一种重要形式，那么民主在政治生活中的比重就不会比自由、法治等基础性要素多，即政治生活中更多的构成要素是自由和法治，比如言论自由，迁徙自由，政府依法行政，等等。

由于话语设置的原因，我们已经习惯以“民主”代替或淹没自由与法治，或者说把自由与法治的事项都笼统地纳入民主政治范畴。这是我们这个时代的政治家所面临的主要困境。这个困境既因为冷战这个意识形态战争，也因为我们对比较政治发展研究的忽视而没有形成应有的话语权。当美国在世界范围内推广民主政治的时候，它其实是把自己的政治模式而不是发展道路推广给世界。模式是终端化的制度，而政治发展道路则是不断纠错和摸索的过程。在历史上，以对外推行民主为己任的美国其实是先建法治体系（共和），公民的财产权在法治之下得到保护和增长，然后是渐进的选举民主。英国也如出一辙。与此相反，近代法国则是先民主政治，结果不受法治约束的民主政治给法国带来一个半世纪的动荡，直到确立了戴高乐牢固的法治体系。类似的故事还在反复重演着。由于“民主”话语淹没一切，结果非民主政治的东西都被纳入民主的话语之中。正如斯坦福大学的著名中国问题专家AndrewWalder教授所言，当美国19世纪末大规模地反腐败的时候，人们并没有说这是因为民主政治的原因，因为这是行政体制和法制的范畴，为何今天的中国把这些问题都归结于民主政治问题？普林斯顿大学的Lynn White教授则这样说，事实上即使在西方国家，很多领域也不是民主制度，大多数公司、学校、教会和其他的政治网络都是不民主的；他坚持认为中国的法治建设应该优先于选举民主，反对轻率的选举民主，除非“在重要的选举来临之前产生了严肃的功能性分权”。LynnWhite教授主张首先在中国做好横向的功能性分权，即政府部门之间合理的职能划分。他还认为，功能性分权是现代政体的应有之义，由于外交、司法、检察、学校、军队、银行和企业各领域，的确需要不同种类的知识和精英人才。但是，中国政府的职能性分权还很不够，比如拥有交叉管辖权的不同机构追求更多资源，并互相隐瞒信息。美国著名的中国法治与民主问题专家、牛津大学社会法律研究中心的裴文睿（Randall Reerenboom）认为，鉴于第三波民主化的失败和衰退，中国应该汲取教训，继续坚持“东亚模式”，推迟民主化进程，优先进行法治建设，直到国家变得更加富有和稳定。当然，这是一个极具争议性的话题，国内外也有不少学者认为，民主应该优先，比如民主理论家Larry Diamond和在美国智库工作的李成，或至少民主与法治应该同步进行。

我认为，尽管自由、法制和民主相辅相成，但各自有其特定的功能。由于我们已经习惯于用“民主政治”这种“元叙事”或宏大叙事来回答问题，结果我们自己就掉进了自己设置的困境中而不能自拔。当我们大谈特谈民主政治的时候，我们必须首先梳理当下中国所面对的主要问题有哪些？如，政治腐败、贫富差距、城乡差距、东西部差距以及芸芸众生所时刻面临的就业难、看病难和住房难。这些问题能否靠民主政治解决？除了民主政治或许能解决政治腐败问题，其他问题事实上都是因为行政体制改革不彻底、法治体系没有完善有关。即使是政治腐败问题，各国情况大不相同。韩国民主化以后比较有效地解决了不给钱不办事的结构性腐败，但菲律宾和印度的自由民主政治并没有遏制，甚至加剧了政治腐败，而早发达的美国、英国等则是依靠文官制度治理了腐败。而以不平等为核心的所有其他的社会性难题，比如城乡差距、贫富差距、东西部差距，更不是民主政治所能解决的难题，民主政治甚至会将这些差距结构化，进而导致更大的不平等和不公正，泰国、菲律宾、印度以及南美、非洲的很多国家都是如此。

这种普遍性现象其实在否认着一个民主化理论，即当一个国家的人均GDP达到3000美元时就进入民主转型时期。东欧国家、韩国和中国台湾地区验证了这个理论，因此不能说这个理论完全没有价值。这个理论没有看到，当一个社会呈现相对均等化结构时，人均3000美元的假设才是有意义的，而东欧国家、韩国和中国台湾地区则是这样的社会结构。相反，如果人均达到3000美元甚至更高而社会还呈现二元化的高度不平等的结构，民主政治决不会更好，也决不会更有利于穷人——虽然穷人可以通过选票推举自己的代理人，但是这个代理人也无法改变既定的社会结构，这已经是反复重复的事实。

根据早发达国家、发展中国家尤其是中国自己的实际情况，我们即使不规避民主政治，也应该提“法治民主”；这里的“法治”是指法治体系，而不是“法律”，因为法律有好有坏，不能说依照坏的法律进行治理也是“依法治国”。尽管法治和民主是相辅相成的，相互促进的，但是它们在国家制度建设的次序上还有重大差异，不会是同时到来。民主的功能是表达利益、分配权力和分配福利，而法治是约束权力和提供利益分配的规则，不受约束的权力不管是怎么产生的，都不会好到哪去！施密特（Philippe Schmitter）教授认为，在政治转型过程中，规范应被置于权利之上；权利无法做到自我实现，只有借助于好的规范才能够解决各种意见分歧、最终促成权利的实现。从理论和比较发展的经验来看，如果说民主是自下而上争取的结果，那么法治则是自上而下设计的结果。也就是说，相对于民主，法治则更多的是政府选择和设计的产物。那么在权利意识已经觉醒的时代，即在自下而上的运动已经难以避免的时代，自上而下的设计就要求跟上时代的步伐，甚至要走在时代的前列。

现在的一个危险是，在我们的公共舆论中，谈论更多的是民主而非法治。民主已经扑面而来，很多地方政府也热衷于民主的种种创新。不客气地说，很多地方的制度创新不具有复制性，也就难以制度化，因为很多举措都是把既定的制度结构撇在一边，比如在干部的公推公选中居然见不到同级人大常委会的影子，人大制度形同虚设。这样的制度创新有多少生命力？应该以人大为中心而创新干部的产生方式，并约束干部的行为。在大众政治时代，民众的权利意识已经觉醒，民主政治势不可挡。即便如此，如何处理民主与法治的关系，历史上和当下很多民主转型国家的故事依然值得我们研究和深思，以取他山之石。在“第三波”民主浪潮中，俄罗斯的案例最值得研究。不受约束的民主给俄罗斯带来的是转型失败，结果那些曾热情拥戴民主的知识分子和劳动阶级转而又为沙皇般的强势人物普京欢呼。历史的和当下的故事告诉我们，大国治理有其自身的内在逻辑，政治发展有其逻辑性的次序。而大国治理的逻辑背后则是不能否认的人性与政治关系的法则，即民主是张扬人性，而法治则是约束人性，世间有很多好事以民主之名而为之，很多坏事也同样是在民主的旗帜下发生的。因此，民主张扬的不仅有人性的权利意识，也有肆意妄为的东西。这就需要法治约束和抑制人性中的“恶性”，弘扬人性中的“善性”。一句话，民主本身虽然是一套规则，但是还要有根本性规则即法治去约束民主，这样的民主才能成为大家都接受的“城里的唯一规则”。

四、结语

第一，我们已经不得不生活在一套既定的话语体系和制度建制之中，比如民族国家建设、现代国家、公民权利。提供这套话语和制度体系的国家经历了两百年甚至更长的时间周期才完成其现代国家建设和实现其公民权利，而中国则不得不在高度浓缩的时间里，像身处时光隧道一样快速地运转着。从某种意义上讲，中国现代国家建设的时间已经一个世纪了，即从辛亥革命算起，但是，无论是孙中山先生，还是袁世凯、北洋政府以及后来的国民政府，都不可能集中于民族国家建设，尽管也出现过西方人眼中的所谓“黄金十年”（1927—1937年）。国家的真正统一才有可能解决本文一开始提及的国家认同危机、国家政权危机、权力渗透性危机。这是毛泽东时期的成就，当然我们也不必讳言在建设国家权力时对公民权利的侵害。在这个意义上，保护公民权利的国家建设从1978年起始。在“时间域”上，中国不得不进行“大跃进”式的公民权利建设。

第二，在国家建设的次序上，有的与西方国家相同，比如首先获得一个稳定的国家政权，无此，什么权利都谈不上。而在如何建设公民权利的次序上，中国似乎已经走上了不同于西方国家，而与东亚的国家相似的道路，即先有经济权利，然后依次是社会权利和政治权利。你喜欢也罢，不喜欢也罢，在正常情况下，这应该就是中国未来20年的政治发展道路。

第三，民主是一项世纪工程。到2030年，如果公民的社会权利基本得到保障并因此而过上有尊严的生活，以人民代表大会制度、司法体制和行政体制为制度基础的法治体系得到改革和完善，“法治民主”就有了好的基础。在这个意义上，民主是一个村落而不单独是一座空空的大厦。没有基础设施的大厦是没法居住的，只有有了绿化、交通、水电和社区服务的大厦才适宜居住。这是各国的经验教训所验证了的，也是中国100年来的经验总结。至于说中国大陆未来的政体最终是协商基础上的选举民主还是竞争性民主，将取决于精英团体和民间社会的智慧。我相信，不管是什么样的民主形态，基本让人满意的民主政治将是一个漫长的世纪工程。对此，中国人应该有足够的思想准备。

（作者：中国人民大学国际关系学院政治学系教授、博士生导师）

（选自《行政论坛》2012年第3期）

弊端与良方

——论政治体制改革的迫切性

沈宝祥

我国的改革已经进行了30多年。这30多年，是整整一代人的勇敢探索和艰苦奋斗。现在，人们对改革抱着新的期待。近两三年来，“再改革”，“第二次改革”，“重启改革”，“新改革时期”等提法，不断出现。这是人们对改革的呼唤。这说明，我国的改革没有完成，改革仍然存在迫切性。本文仅就政治体制改革谈一点意见。

反思辛亥百年的启示

2011年，我国各界人士，包括共产党和各民主党派，特别是知识分子和青年学生，自觉地、郑重而又理性地纪念辛亥革命100周年，认真总结和反思中国百年历程，民主共和是其重点之一。

翻看纪念辛亥革命的文论，人们认为，孙中山创建共和虽然没有取得成功，但它开启了一个新时代。这就是中国人民为民主而奋斗的新时代。

中国共产党人继承了孙中山开始的事业，取得了伟大的胜利和成功。孙中山追求的民族独立的目标，我们早已实现了。孙中山追求的民生目标，我们已经在很大程度上实现并正在进一步实现。但论者比较一致地指出，孙中山的民权目标，仍然差距较大。这是一种客观存在的舆论。我们党一贯强调，要倾听群众的呼声。这样的群众呼声，当然是应该听一听的。

人们借辛亥革命百年纪念，又一次热议政治体制改革。这不是偶然的。从宪法和法律条文看，从形式上看，我们的民主政治、政治体制似乎相当完善，但人们的实际感受却往往不一样。这是人们的错觉吗？这是人们的认识偏差吗？这真是值得我们认真思考的问题！

应当说，进入历史新时期以来，我们的社会主义民主政治确实是在不断发展。作为体现人民当家作主的全国人民代表大会，自1978年3月召开第五届第一次会议以来，30多年来一直能够按时召开。地方各级人民代表大会也能够按时召开。体现民主的基层自治（农村的村民自治和城镇社区的居民自治）也有了很大的发展。干部管理上各种体现民主精神的举措，等等。这些，都是我国社会主义民主政治发展的体现和成果。

还要看到，30多年的发展，尤其是市场经济的发展，对外开放的发展，人民教育程度的提高，各种积极因素的累积，使我国广大人民的眼界大开，政治观察力和判断力大为提高，他们的民主意识、参与意识日益增强。这同个人迷信盛行的年代相比，真是有天壤之别啊！在这方面，我们也要尊重群众，相信群众。

毋庸讳言，对我国民主政治的发展，对我国政治体制的状态，确实存在着不一致的估量和看法。有一种观点认为，改革开放以来，我国的经济快速发展，这就证明，我国的政治上层建筑基本上是适应经济基础的。言下之意是，我国的政治体制不必做大的改革。这样的观点似乎很有道理，符合马克思主义的基本原理。但是，第一，对基本原理要完整准确地理解；第二，对任何事物都要作具体分析，基本原理代替不了对具体事物的具体分析。

毛泽东曾说：在社会主义条件下，在我国，上层建筑与经济基础之间，存在着既相适应又相矛盾的状况。我们要看到二者相适应的一面，又要清醒地看到二者相矛盾的一面。社会主义的发展进程还表明，这种既相适应又相矛盾的状况也是发展变化的，而不是固定不变的，有时，矛盾的方面会比较突出。上层建筑与经济基础之间的矛盾，往往是政治制度和体制的问题。改革开放以来，我国上层建筑与经济基础之间的矛盾方面，也是这样的状况。就当前来说，经济方面存在的问题，如贫富差距拉大，腐败现象、垄断，建设中的决策失误，形象工程、政绩工程，等等，已造成经济上的巨大损失。这些都是上层建筑与经济基础之间矛盾的具体表现，都可以也需要从政治体制上找到原因，都提示我们要进行政治体制的重大改革。

民主就其本意来说，是指国家形态、国家制度，是建设一个什么样的国家问题，是人民当家作主的国家，还是个人或集团专政的国家这样的问题。说到底，这是国家权力的配置问题，也是我们推进政治体制改革首先要考虑的问题。

民主还是一种价值追求，人们拥护社会主义，不仅是为了共同富裕，还为了民主政治，因为民主是个好东西。正因为如此，民主才作为我们的重要目标。

对于民主政治，对于政治体制改革，不能仅仅从上层建筑与经济基础的角度看待。如果囿于这个视角，就容易重新陷入民主只是手段、工具的误区。当年讲民主是手段不是目的，就是片面地从上层建筑与经济基础的角度论述问题，陷入这个误区的。

党中央对于民主政治有足够的认识。邓小平早就指出，没有民主就没有社会主义，就没有社会主义的现代化。十六大提出，党内民主是党的生命。十七大又进一步提出，人民民主是社会主义的生命。可是，近年来一再出现种种与此相悖的“理论”。澄清这些似是而非的“理论观点”，是推进政治体制改革、发展社会主义民主的重要方面。

“弊端”就是政治体制需要改革的硬道理

关于政治体制改革，邓小平讲得最早，讲得最多，讲得最明确。邓小平 1980 年 8 月的《党和国家领导制度的改革》讲话，是他关于政治体制改革的巅峰之作。这些，都收在他的文选里，是他的重要政治交代，是需要改革的后继者们（今天在第一线的改革者都是改革的后继者）认真践行的。

邓小平是务实的政治家，他讲政治体制问题，不是抽象讲道理，而是从剖析现状入手，即从我国的实际出发。他在《党和国家领导制度的改革》的讲话中，深刻地剖析了党和国家领导制度的弊端。他讲的“党和国家领导制度”，就是政治体制问题，而且是政治体制的核心问题。

邓小平列举了党和国家领导制度存在的五个弊端，即官僚主义现象、权力过分集中的现象、家长制现象、干部领导职务终身制现象、形形色色的特权现象。他对这五种弊端作了深刻的剖析。

五大弊端，最主要的是权力过分集中的弊端。邓小平说：“权力过分集中，就是在加强党的一元化领导的口号下，不适当地、不加分析地把一切权力集中于党委，党委的权力又往往集中于几个书记，特别是集中于第一书记，什么事情都要第一书记挂帅、拍板。党的一元化领导，往往因此而变成了个人领导。全国各地都不同程度地存在这个问题。”邓小平指出了权力过分集中体制的危害，他说，“因为对这个问题长期没有足够的认识，成为发生‘文化大革命’的一个重要原因，使我们付出了沉重的代价。现在再也不能不解决了”。这是极为深刻的总结。邓小平认为，权力过分集中是政治体制的总病根。

关于官僚主义，邓小平说，我们现在的官僚主义现象，除了同历史上的官僚主义有共同点以外，还有自己的特点，它同我们长期认为社会主义制度和计划管理制度必须对经济、政治、文化、社会都实行中央高度集权的管理体制有密切关系。就是说，我们的官僚主义根源在于中央的权力过分集中的体制。

关于家长制，邓小平对建国以后家长制的形成和发展，作了具体的描述。实际上，家长制是权力过分集中的必然结果，也是权力过分集中体制的具体表现。

关于领导职务终身制，邓小平认为，这个问题没有及时解决是一个失策，但他认为，在当时的具体历史条件下，这个问题也无法解决或无法完全解决。当时的具体历史条件，很重要的就是权力过分集中和家长制的存在。

关于形形色色的特权，邓小平指出，一方面，是一些干部不把自己看作是人民的公仆，而把自己看作是人民的主人，搞特权、特殊化；另一方面，解放以后，我们没有自觉地、系统地建立保障人民民主权利的各项制度，法制很不完备，也很不受重视。这些，也是权力过分集中体制的必然结果。

邓小平在具体分析了领导制度的各种弊端以后，明确指出，领导制度、组织制度问题更带有根本性、全局性、稳定性和长期性。他尖锐地说：“这种制度问题，关系我们党和国家是否改变颜色，必须引起全党的高度重视。”

邓小平指出的党和国家领导制度（即政治体制）中存在的这些弊端，最好地说明了进行政治体制改革的必要性和紧迫性，这是需要推进政治体制改革的硬道理。这个道理“硬”在哪里呢？邓小平说：“如果不坚决改革现行制度中的弊端，过去出现过的一些严重问题今后就有可能重新出现。只有对这些弊端进行有计划、有步骤而又坚决彻底的改革，人民才会信任我们的领导，才会信任党和社会主义，我们的事业才有无限的希望。”邓小平说得很清楚，一是如果不通过政治体制的改革，而且是“坚决彻底的改革”，解决这个问题，过去犯过的错误就可能重犯；二是只有通过“坚决彻底的改革”，人民才会信任我们的领导。这是党的执政合法性的问题，是党的执政地位能否稳固的问题。

邓小平的这个讲话，已经过去了32年，但我们今天读起来仍有强烈的现实感。为什么呢？因为邓小平讲的问题，指出的弊端，在现实生活中仍然存在。

若干年来，媒体一再报道，一些落马的贪官说，他们当第一把手时是不受监督的，没有任何人能够对他们实行有效的监督。我们剖析这些案例，可以清楚地看到，什么叫过分集中的权力，过分集中的权力是怎样变成绝对权力的（笔者认为，绝对权力就是集大权于一身又不受监督的权力），绝对权力又是怎样变成绝对腐败的。2010年，铁道部长刘志军的落马，以及随后发生的“7·23事件”，也相当典型地说明了这个问题。

政治体制存在的弊端，仍然是需要进行政治体制改革的硬道理。邓小平的《党和国家领导制度的改革》一文，远没有过时。

良方正待实施

多年来，我们党对政治体制的改革积极进行探索，设计了不少良方。略举以下四例。

（一）建设法治国家

党的十五大报告提出：依法治国，建设社会主义法治国家。这是民主制度化、法律化的必然要求，是我们建设中国特色社会主义的一个重要目标。依法治国，最重要的是依宪治国。这就要树立宪法的最高权威。这不但要加强教育，更重要的是要采取一系列有效措施，还要有必要的形式（有的国家在国家元首上任时，要手按宪法宣誓，就是树立宪法权威的一种形式）。依法治国，就要破除存在于各个方面的人治现象（如邓小平所说的“个人领导”现象）。这是政治体制改革的重要内容。

（二）三者有机统一

2002年11月，党的十六大报告提出：“发展社会主义民主政治，最根本的是要把坚持党的领导、人民当家作主和依法治国有机统一起来。”这可以说是我国政治体制的总框架，也是推进政治体制改革的大思路。这里，关键是两条，一是对三者的关系要作全面理解。三者有机统一，统一在哪里？应当统一于人民当家作主。无论从我们国家的性质来说，还是从我们党的理念来说，都是这样。从我们国家的性质来说，《中华人民共和国宪法》规定：“中华人民共和国的一切权力属于人民。”这也是我们党从事革命的初衷。从我们党的理念来说，“党的工作的核心，是支持和领导人民当家作主。整个国家是这样，各级党的组织也是这样”。在这三者中，党的领导是人民当家作主和依法治国的根本保证，人民当家作主的实现状况，也是检验党的领导的主要标准。二是要对三者的关系作具体的规定。在这方面，没有现成的办法和经验。邓小平提出，“党的组织不是政府，不是国家权力机关，要认真考虑党在整个国家社会生活中的地位，党的机关、国家机关怎么改革这些问题”，“要进行试验，取得经验”。处理这三者关系，要依据邓小平阐述的马克思主义关于党和国家的学说，结合我国的实际，积极进行试验。

（三）三权相互制约协调

2007年10月，党的十七大报告提出，要建立健全决策权、执行权、监督权既相互制约又相互协调的权力结构和运行机制。这是破解邓小平讲的权力过分集中弊端的有效方法，也是政治体制改革的关键一招。怎样解决权力过分集中的问题，就是分解权力；怎样才能有效制约权力，就是用相应的权力制约权力。将权力分解为决策权、执行权、监督权三权，既体现了人类政治文明成果，又符合中国学术争鸣的实际。如何实施，同样要积极进行试验。

（四）保障人民四权

党的十七大报告又提出，为了扩大人民民主，保证人民当家作主，要“保障人民的知情权、参与权、表达权、监督权”。《中华人民共和国宪法》关于公民的权利和义务，有详尽的规定。十七大又提出人民的知情权、参与权、表达权、监督权，这是对人民权利的新概括，同宪法的规定是一致的。落实这四权，扩大人民民主，是政治体制改革的基本要求之一，也符合广大人民的意愿。落实这四权，要有相应的具体规定，使之可操作。

以上四条（以及中央有关政治体改革的其他思路和举措），归结起来是两个方面，一方面是限制和监督权力，另一方面是扩大人民的民主权利。以上这些良方的落实，就意味着我们的政治体制发生了深刻的变化。

现在，人们讲改革的顶层设计，以上这些可以说就是政治体制改革的顶层设计，是十分可贵的成果。但以上这些还只是理念、总要求、原则，还需要完善细化，形成全面的可操作的方案，并且要有路线图，要有时间表。

马克思有句名言：一步实际运动，胜过一打纲领。现在一切决定于实践。

“渐进式改革”中要有突进

中国的改革已经持续进行了30多年。人们将我国的改革称为“渐进式改革”，并已成为共识。“渐进式改革”是中国改革的基本方略，也是中国改革的一大特点。30多年改革实践证明，我国的“渐进式改革”是很成功的。

但是，不能以形而上学的眼光看“渐进式改革”。从总体上说，我国的改革是渐进，从具体推进来说，渐进中有突进。从计划经济体制到社会主义市场经济体制的改革，既是渐进的，又有突进。

1982年党的十二大提出“计划经济为主、市场调节为辅”。1984年10月，党的十二届三中全会作出的经济体制改革决定提出，社会主义经济应是“在公有制基础上的有计划的商品经济”。这个文件强调：“商品经济的充分发展，是社会经济发展的不可逾越的阶段”。这个文件实际上已将社会主义经济定性为“商品经济”，这就意味着将要放弃长期使用的“社会主义经济是计划经济”的提法。这是一个重大的改变，也可以说是一个突进。此后，关于计划与市场的关系问题，经济学家和领导干部继续进行探讨，有争论，有交锋。有人强调“公有制”，有人强调“有计划”，更多的人强调“商品经济”。1987年党的十三大提出“国家调节市场，市场引导企业”，并提出加快建立和培育社会主义市场体系的任务。这表明，在实践上推进了市场经济的改革，但思想认识仍然很不统一。

1992年初，邓小平发表南方谈话。他说：“计划多一点还是市场多一点，不是社会主义与资本主义的本质区别。计划经济不等于社会主义，资本主义也有计划；市场经济不等于资本主义，社会主义也有市场。计划和市场都是经济手段。”邓小平破除了长期以来认为市场经济就是资本主义、社会主义不能搞市场经济的传统观念。这是思想理论上的大突破。1992年10月，党的十四大决定以建立社会主义市场经济体制为改革的目标模式。这是改革在思想认识和理论上的大突破。十四大以后，以建立市场经济体制为目标，改革进一步推进。

事物的发展，总是从量变到质变，经过相当长时间量的变化和积累，才引起质的变化，由部分质变到总的质变。我们的改革，渐进中有突进，渐进与突进相交替，一步步推进，体现了事物发展的辩证法。

经济体制的改革，是质的改变；在政治体制方面，也要实现某些质的改变。比如，党和国家领导制度中的种种弊端，多少都带有封建主义色彩。革除封建主义残余，革除家长制，以民主取代过分集中的权力，这些都是政治领域的质的更新。质的更新，必须通过改革的突进才能实现。没有突进，量不转化为质，就不可能达到改革的目的和目标要求。没有突进，渐进式改革的成果也难以巩固，甚至会出现改革的反复。我们要掌握渐进与突进的改革辩证法。在改革的历史进程中，渐进与突进应适时交替进行，不能盲目搞突进，但又要在适当时机突进，否则会失去改革的良好机遇。

突进不是提倡莽撞，不是提倡急急忙忙，冒失行事。但要看到，我国的改革已经进行了30多年，有些方面的改革，包括政治体制方面的改革，量的积累已经到一定临界点。无论从群众的情绪看，还是从实践状况看，突进的要求日益明显，日益迫切。

（作者：中共中央党校教授）

（选自《探索与争鸣》2012年第6期）

顶层设计内涵解读与首要任务分析

许耀桐

自从“顶层设计”在国家《“十二五”规划纲要》中出现后，这一概念被广泛地应用开来，以至于人们在谈论工作时，特别是谈到加快和深化改革时，言必称顶层设计。那么，我们究竟应该怎样正确地理解顶层设计并且运用好顶层设计？该如何理解顶层设计和深化改革的关系？我们又该如何通过顶层设计深化当前的各项改革，尤其是在深化各项改革中重点地推进政治体制改革？这些是我们必须回答的问题。

顶层设计被误读了什么

Top-Down Design，是西方国家源于自然科学或大型工程技术领域的一种设计理念。引进中国后被翻译为“顶层设计”。Top-Down Design 的意思是，站在一个战略的制高点，从最高层开始，弄清楚要实现的目标后，从上到下地把一层一层设计好，使所有的层次和子系统都能围绕总目标，产生预期的整体效应。显然，Top-Down Design 不仅包含着对高层层次的设计，而且也包含着对中层层次和基层层次的设计，并不是如有些学者所理解的，“顶层设计”就是“对顶层的设计”，并据此提出，既要进行“顶层设计”，也要进行“基层设计”。殊不知，Top-Down Design 本身就包含着“基层设计”，强调要具体化到细节。由此可知，把 Top-Down Design 翻译为“顶层设计”，只能体现这一设计的最主要的特征，即置身于最高处这一点，它确实有美中不足的地方。“顶层设计”实际上是指“从高处着眼的自上而下的层层设计”。还要注意到，不要把顶层设计理解为就是一种完全工程性质的技术活，只具有应用性、操作性的特点。顶层设计首先是宏观战略设计，需要哲学理性思维，崇尚人文思想指引。其次，尽管顶层设计具有应用性、操作性的突出特点，但也不是只要有了工程蓝图、施工流程就可以了，还要进一步看有没有施工队伍和最终工程是否完工。正因为这样，顶层设计十分强调执行力，在绘制蓝图后，注重执行，在执行中注重细节，实施精细化管理和全面质量管理，注重各环节之间的互动与衔接，以便确保工程的完成和质量的提升。

提出顶层设计为了什么

很显然，中央在《“十二五”规划纲要》中提出顶层设计的要求，目的是为了“全面推进各领域改革”。同时，通过对各领域的改革，来推进各领域的建设。所谓各领域，主要包括经济体制、政治体制、文化体制、社会体制这四大领域的改革。

中国的改革开放始于 1978 年，迄今已历经

34年。现在，大家习惯于把前30年作为一个改革的阶段，并且公认这个阶段的改革上演了一部“石头记”的好戏，即主要靠“摸着石头过河”的改革策略。“摸着石头过河”的改革策略，强调把握改革的速度、节奏，注重改革的成效性。在过去30年里，我们取得了改革的巨大成功。但是，“摸着石头过河”的改革，还是初级的、浅层次的，而当改革进入“深水区”后，由于不在浅滩近处，石头不好摸了。因而，“摸着石头过河”的改革策略已难以应用和奏效。

正因为这样，在中国改革迈入一个新阶段后，党的十七大果断提出了“深化改革和创新体制”的任务。这样的“深化改革”，由于“水已至深”，“摸着石头过河”所力不从心，它迫切需要呼唤顶层设计。

可以说，中央提出顶层设计，就是为了满足深化改革和创新体制的需要。如果没有顶层设计，我们的改革就难以为继，就将半途而废。现在，中央也已经确立了顶层设计的战略目标和理性思维理念，这就是建立“富强、民主、文明、和谐”的社会主义现代化国家，它分别代表着通过经济体制改革和经济建设实现富强，通过政治体制改革和政治建设实现民主，通过文化体制改革和文化建设实现文明，通过社会体制改革和社会建设实现和谐。在这样的战略目标和理性思维指导下，我们要全力以赴地进行“四大改革”和“四大建设系统”的顶层设计。

首要的顶层设计是什么

在“四大改革”和“四大建设系统”的顶层设计中，政治体制改革和政治建设的顶层设计至为关键，理所当然地居于首位。关于政治体制改革和政治建设顶层设计的重要性，诚如邓小平曾经指出的，“经济体制改革每前进一步，都深深感到政治体制改革的必要性。不改革政治体制，就不能保障经济体制改革的成果”，“我们所有的改革最终能不能成功，还是决定于政治体制的改革。”

在现代国家，通过制度改革提供有力、可靠的支持，是现代国家的基础，因为制度问题更带有根本性、全局性、稳定性和长期性。政治体制改革既是整个体制改革的重要组成部分，又对其他体制改革起着支撑和保障作用。例如，对经济体制改革和经济建设而言，只有推进政治体制改革和政治发展，才能从制度上更好地发挥市场在资源配置中的基础性作用，并形成有利于科学发展的宏观调控体系；才能为进一步扩大对外开放创造良好的体制制度环境，不断提高对外开放水平。又如，也只有推进政治体制改革，全面正确履行政府职能，推行依法行政，加强社会管理和公共服务，才能促进文化体制和社会体制的完善。

政治体制改革，对于满足市场经济内在要求转变政府职能，实现经济社会又好又快发展，建设社会主义法治，建立保障人民权益、促进社会公平正义的体制机制，具有至关重要的作用。随着当代中国经济、文化、社会的发展，日益强烈地要求政治体制进一步满足和实现人的自由、民主、平等权利的全面发展，并以健全完善的法治精神和法制秩序保障之，最终要确立起科学、民主、法治的政治体制。新一轮的诸多体制改革，要在更深的层次展开，首先就要把政治体制改革的顶层设计提到议事日程上来。

顶层设计如何推动政改发展

按照顶层设计的基本要求和中国的现实情况，推动政治体制改革的发展，必须走出一条积极而又稳妥的渐进之路。

首先，政治体制改革需要积极，必须积极地进行谋划布局。只有积极的谋划布局，才能发挥政治体制改革的先导作用，才能为经济体制改革、文化体制改革、社会体制改革开辟道路。为此，必须建立一个具有权威的统筹政治体制改革的顶层设计工作机构。顶层设计工作机构不可缺少，它是积极推进政治体制改革，在中国特色社会主义的历史进程中不断发展具有强大生命力的社会主义民主政治的发动机和助推器。

其次，政治体制改革需要稳妥，必须采取循序渐进、逐步深入的策略。只有稳妥地渐进深入，才能保持国家和社会的稳定。顶层设计要围绕政治体制改革在高层、中层和基层这样三个层次展开而进行，关键是每一个层次的设计都要突出稳健慎重。顶层设计必须区分中央政治体制改革和地方政治体制改革，要把地方政治体制改革置于优先解决的位置。一是要把城乡社区民主政治建设好。推进政治体制改革发展民主政治，基层社会是重点。只有建立和健全“基层群众自治制度”及“基层群众自治机制”，扩大公民有序政治参与，才能做到人民依法直接行使民主权利，管理基层公共事务。二是进行县级政治体制改革。常言道，“县治则国治”，县治是我国在地方区域经济、社会、文化差异较大的情况下维持国家大一统局面的重要制度保证，在国家治理中始终占有重要地位。这一特点，决定了县（市）域政治体制改革，必然是我国地方政治体制改革的重点，县（市）域政治体制改革搞好了，对于地方政治体制改革乃至中央政治体制改革，都具有基础的和标本的作用。

当前，通过顶层设计推动政治体制改革发展，还要着重解决三个重大问题。第一，关于权力配置。邓小平指出，政治权力过分集中是我国的“总病根”。权力过分集中主要表现为，某些人或某个组织集决策权、执行权、监督权于一身，因而能够既当“组织员”又当“运动员”，还兼“裁判员”，一切由自己说了算、做了算。随着社会主义市场经济体制的发展和逐步完善，政治权力的决策与执行、监督不分的问题越来越突出。现在，中央已提出“建立健全决策权、执行权、监督权既相互制约又相互协调的权力结构和运行机制。”为此，政治体制改革的顶层设计，务必将权力结构合理地划分为“决策权、执行权、监督权”相互分离的体制机制，使“三权”能够各自运行又相互制约。

第二，关于民主选举。民主选举是公民当家作主的真实体现，是行使民主政治权利的真切感受。当前，一定要搞好基层的直接民主选举。为此，政治体制改革的顶层设计，务必设计好民主选举的程序和环节，确保任何组织和个人不得以任何方式妨碍选举人依照规定自主行使选举权。

第三，关于党的制度建设。执政党在国家政治生活中居于主导地位，执政党要搞好党的制度建设。推进党的制度建设，要坚持以党章为根本，以民主集中制为核心，以处理党政关系为要务。为此，政治体制改革的顶层设计，务必致力于党的四大制度建设，一是坚持和完善党的领导制度，改革和完善党的领导方式和执政方式；二是发展党内民主，积极稳妥有效地推进党务公开制度；三是保障党员主体地位和民主权利，完善党代表大会制度和党内选举制度；四是正确理解和贯彻民主集中制，完善党内科学民主决策机制。

（作者：国家行政学院科研部主任、教授、博士生导师）

（选自《人民论坛》2012年6月中旬刊）

延伸阅读

中国政治建设全方位推进的新阶段

——十七大以来中国政治发展的十大进展

刘 杰

2007年10月15日召开的党的十七大，在中国政治发展进程中具有里程碑的意义。十七大之后的5年既是中国经济发展势头最为强劲、经济实力增长最为迅速的时期，又是在改革创新精神引领下中国政治建设全方位推进的新阶段。回顾和总结过去5年的进程，中国始终坚持党的领导、人民当家作主和依法治国的有机统一，积极稳妥地推进政治体制改革，民主政治建设步伐不断加快，公民有序政治参与日益扩大，法治化水平进一步提高，服务型政府建设卓有成效，权力的制约和监督机制逐步完善。这一切，不仅为中国的国家建设和国家成长提供了坚实的政治保障，也为今后中国政治在正确的轨道上持续发展奠定了重要基础。归纳起来，十七大以来中国政治发展的新进展，大致表现在以下十个方面：

一、以科学发展观引领政治发展价值取向

十七大最重要的理论建树之一，是把科学发展观正式列入了党的纲领性文件，使之成为指导当代中国经济、政治、文化和社会建设协调推进的核心理念。这一理念投射到政治发展层面上，就是要求中国的政治建设必须全面准确地领会科学发展观的精神实质和科学内涵，按照科学发展观的要求切实统一思想、转变观念、指导工作，把中国的政治列入国家“四位一体”总体布局中加以筹划发展，使民主政治建设与经济社会发展的水平相一致。从本质上说，科学发展观是新的中央领导集体从中国共产党基本执政理念中延伸出来的一种新的国家发展观。对中国这样一个经历了近30年的高速成长期、目前正逐步进入全方位转型阶段的世界上最大的发展中国家而言，科学发展观显然不是单一针对近年来经济发展中存在的问题而提出的，一个国家、尤其是后发国家在发展进程中，包括政治发展在内的所有发展观念都必须遵循科学发展的理念，在深刻把握经济社会发展内在规律的基础上加快政治发展进程。这在价值和理念上蕴涵着一系列全新的政治发展要求，为政治的未来发展提供了科学的指导。在科学发展观指导下，近年来我们坚持党总揽全局、协调各方的领导核心作用，有序推进完善政治制度和深化政治体制改革的步骤与措施，深入推进政务公开，不断增强决策透明度和公众参与度，不断推进决策科学化、民主化，着力保障人民的知情权、参与权、表达权、监督权，中国的政治发展日益显示出前所未有

的生机和活力。

二、以人为本的执政理念牢固树立

中国共产党是中国“最广大人民利益的代表”，在执政过程中当然首先必须遵循“以人为本”的目标，提出的一切目标和任务必须适应人民的要求和需要，必须有助于社会的进步，并且在实践中最大限度地增进人民的福祉，使人民的要求真正从中国共产党的执政中得到不断的满足，打造以人为本的执政体系。按照宪法的规定，中国的根本制度是人民代表大会制度，公民通过直接或间接的方式选举人民代表，通过人民代表大会产生国家各级政权，这一“议行合一”的政治体制长期以来是体现“人民当家作主”的主要方式，同时，以中国共产党领导的政治协商和多党合作制度、民族区域自治制度来满足差异性的民主要求。在“以人为本”执政理念下，执政党从科学发展的理念出发，提出了完善基层群众自治制度，建立健全决策权、执行权、监督权既相互制约又相互协调的权力结构和运行机制，从而使“以人为本”的执政理念得到了更加充分的体现。当然，“以人为本”理念的内化必须经过一个漫长的灌输和培育过程，而且，在当前中国的现实条件下，“以人为本”还需要解决一些深层次的价值判断问题。近30年来，传统理念下的“人”的意识和内涵在市场法则的冲击下发生了潜移默化的变化，个体“人”和社会“人”之间形成了显而易见的内在张力，越来越多的人在这样的张力下成为复杂的矛盾复合体。在群体本身也不断发生分化，而且在群体之间的利益诉求差异乃至对立日益巨大的社会条件下，以哪个或哪些群体的利益为本成为“以人为本”面临的难题，为这些挑战和难题找出合理的平衡点，是“以人为本”理念真正成为自觉的执政理念的重要前提。

三、执政党建设呈现出新的良好态势

十七大报告在论述新时期党建工作时明确强调，要“以改革创新精神全面推进党的建设新的伟大工程，”充分显示了执政党以强烈的忧患意识认识到自身面临的新课题和新考验，党的教育和管理任务比过去任何时候都更为繁重，从而警示全党必须清醒认识自身建设任务的紧迫性。党内民主建设展现出前所未有的生机和活力。十七大以来，党的代表大会制度从中央到地方均得到了进一步的完善，各地普遍推行了党的代表大会代表任期制，一些地方开始有选择地试行党代表大会常任制；同时党的地方各级全委会、常委会工作机制和集体领导与个人分工负责相结合的制度逐步健全，地方党委在讨论决定重大问题和任用重要干部中普遍实行了票决制，这些制度的建立、健全和不断完善，不仅有助于党内民主建设的积极推进，以扩大党内民主带动人民民主，也为执政党不断加快党建工作的制度化进程提供了大量的改革创新经验。在过去5年中，围绕执政能力建设和先进性建设推进执政党建设，构成了两条清晰明确的主线。执政能力建设是关系执政党领导中国发展的全局性问题，是执政党在当前的一项根本任务；先进性则是一个政党得以长期生存和发展的生命所系、力量所在。前者要求执政党着力建设一个高素质的领导班子，以领导班子执政能力建设影响和带动全党的执政意识，后者则要靠千千万万高素质的党员来体现，要求执政党扎实抓好党员队伍建设这一基础工程，坚持不懈地提高党员素质。抓住了这两条基本主线，执政党的建设就有了核心目标，改革创新就有了明确的方向。

四、民主政治和国家制度建设进一步推进

在中共十七大报告中，关于中国政治发展部分的标题是“坚定不移发展社会主义民主政

治”，相比之下，十六大报告的相关表述则是“政治建设和政治体制改革”，这一表述上的重大变化实际上蕴涵的是政治发展思路的变化，不仅把民主提到了“社会主义的生命”这一前所未有的高度，更意味着下一步中国的政治发展将始终从发展民主这一主题来展开，不论是政治制度的完善还是政治体制改革都将围绕着民主的核心来进行。以民主推进政治发展，在政治发展中扩大民主，这就是十七大以后国家制度建设的基本价值取向。在民主政治建设中，制度建设和制度创新成为重要抓手。十七大以来，我国十分注重推进社会主义民主政治的制度化、规范化、程序化建设，内容涉及人大常委会制度、民主监督机制、决策信息和智力支持系统、基层群众自治机制、企事业单位民主管理制度、政务公开、村务公开制度、司法体制、行政管理体制等与民主政治相关的方面。公民有序的政治参与从各个层次、各个领域不断扩大，如一批农民工当选为人大代表和政协委员，不仅使这一弱势群体的利益在政治层面有了合法的代言人，也体现出了人大和政协代表性的极大提高。在人大制度方面，十七大报告中提出的“逐步实行城乡按相同人口比例选举人大代表”建议，于2010年3月在全国人大正式得到通过，意味着今后城市和乡村的人大代表比例将会由原来的1 ∶ 4变为1 ∶ 1，人大的结构将更加趋于合理和公平，人大代表更具有广泛的代表性，选举机构、选举程序进一步完善，更好地体现了人人平等、地区平等和民族平等。在政协制度方面，除吸纳农民工担任政协委员外，新社会阶层的代表大量进入政协，同时，各级政协纷纷根据具体情况创新协商和民主监督的方式，万钢、陈竺分别就任科技部长和卫生部长标志着党外干部担任实职上了一个新台阶，党外干部在国家政治生活中的地位和作用正在进一步得到提高。

五、法治国家建设继续推进

民主政治发展的重要基础是法制精神的传播和深入人心，一个没有完善法律制度的国家不可能有高度发达的民主制度，同时，一个国家仅有完善的法律制度是不够的。法制不是一个空泛的概念，不仅是对公民的规范，也是对包括政府在内的一切政治力量的规范和约束，要求政府按照法律的精神来治理国家，这才是法治的核心实质。在此意义上，中共十七大在继续强调“坚持科学立法、民主立法，完善中国特色社会主义法律体系”的基础上，进一步强化了“加强宪法和法律实施，坚持公民在法律面前一律平等，维护社会公平正义，维护社会主义法制的统一、尊严、权威”的法治意识，并为此作出了一系列新的重大部署。这主要包括：(1) 推进各级政府依法行政的意识和制度建设；(2) 进一步深化司法体制改革，优化司法职权配置，规范司法行为，建设公正高效权威的司法制度；(3) 采取一系列有效的措施保证审判机关、检察机关依法独立公正地行使审判权、检察权；(4) 加强政法队伍建设，促使各级执法者切实做到严格、公正、文明执法；(5) 在民众中深入开展法制宣传教育，弘扬法治精神，形成自觉学法守法用法的社会氛围；(6) 进一步落实宪法规定的尊重和保障人权精神，依法保证全体社会成员平等参与、平等发展的权利；(7) 特别强调执政党在依法治国进程中的率先和垂范作用，明确要求各级党组织和全体党员要自觉在宪法和法律范围内活动，带头维护宪法和法律的权威。中国的法治化水平得到了巨大的提高，依法治国的理念更加深入民心。到2010年底，中国已制定现行有效法律236件，行政法规690多件、地方性法规8600多件，中国特色社会主义法律体系已经形成，公民经济社会生活的各个领域和各个方面都实现了有法可依。

六、政府改革注重服务型政府建设

加快行政管理体制改革，建设服务型政府是十七大明确提出的政府改革的新目标。自建国以来，"为人民服务"一直是中国各级政府的基本宗旨和核心定位，但由于受种种主客观条件的限制，为人民服务主要是一种价值理念，着眼点更多的在于意识形态层面上的对人民"根本利益"的服务，如何使"为人民服务"转化为政府的基本功能，直接为人民的"切身利益"提供应有的公共服务则长期缺乏相应的制度安排。在此意义上，服务型政府建设作为近年来各级政府在职能转变中面临的新目标和新课题，有着巨大的发展空间。在过去5年的服务型政府建设中，行政管理体制改革是重要保障和突破口，各级政府把改善民生作为政府公共政策调整的重要内容，切实实现从经济建设型政府到公共服务型政府的转变，着力规范政府权力，以"大部制"与"省直管县"为代表的政府治理结构不断优化，中央与地方关系进一步得到调适。各级政府还积极推行政务公开，努力打造阳光政府。2010年10月，国务院发布《关于加强法治政府建设的意见》，政府的职责体系进一步完善，政务公开制度体系基本形成。截至2010年底，75个中央部门公开了部门预算，18个省市自治区公开了公共财政预算和政府性基金预算。此外，随着2010年中共中央出台《关于建立党委新闻发言人制度的意见》，党和政府的新闻发布制度和新闻发言人制度已正式建立，并不断走向制度化和规范化。

七、发展基层民主成为重中之重

基层群众自治制度正构成为中国政治制度自我完善的基础性工程。十七大第一次将"基层群众自治制度"纳入中国基本政治制度的范畴，这一制度构想的提出，不仅使人民在国家生活中的主体地位得到了制度化的规范，也使人民代表大会制度在这一根本的国家制度中得到了具体的延伸，意味着国家政治制度建设方面的重大创新。坚持和完善基层群众自治制度的基本目标，是以制度化的方式保证人民依法直接行使民主权利，管理基层公共事务和公益事业，实行自我管理、自我服务、自我教育、自我监督，对干部实行民主监督。这也是实现人民当家作主原则最有效、最广泛的途径。近年来，建立和完善基层群众自治组织的重点工作主要集中在：(1)健全基层党组织领导的充满活力的基层群众自治机制；(2)扩大基层群众自治范围，完善民主管理制度；(3)完善以职工代表大会为基本形式的企事业单位民主管理制度；(4)深化乡镇机构改革，加强基层政权建设，完善政务公开、村务公开等制度；(5)加快政府行政管理与基层群众自治有效衔接和良性互动的制度建设步伐；(6)鼓励社会组织在扩大群众参与、反映群众诉求方面发挥积极作用的相关制度建设。尤为值得关注的是，十七大以来，我国先后颁布了《村民委员会组织法》、《关于加强和改进城市社区居民委员会建设工作的意见》等重要法规性文件，城乡居民的自治权利得到了切实的保障。从发展趋势看，各级政府对于建立和完善基层群众自治制度的重视程度都在不断增强，各地根据自身的经济社会发展实际完善基层群众自治制度的自觉性和主动性也有所提高，基层群众自治制度正逐步走向完善。

八、促进经济民主成为政治发展的新热点

尽管经济发展取得了举世瞩目的成就，但中国仍然是一个发展中国家，发展中不平衡、不协调的问题依然突出，以收入分配、基本生活保障为主要表现的问题还比较突出，为此，

十七大提出了“深化收入分配制度改革、增加城乡居民收入”的经济民主目标。在这一目标指导下，收入分配等问题不仅是经济问题，更成为与政治发展相关的民主问题。正是从这一政治和战略的高度出发，过去5年中，党和国家着力提高居民收入在国民收入分配中的比重，着力提高低收入者的收入，不断提高扶贫标准、最低工资标准和纳税标准，努力扭转收入分配差距扩大的趋势；各级公共财政向农村倾斜，统筹城乡发展，努力消除城乡二元结构；完善住房保障制度，开展房地产市场秩序的专项整治，控制房价上涨过快的现象；加强就业再就业；等等。2010年，城乡居民可支配收入达到19109元，贫困人口减少到2688万人，贫困发生率降至2.8%；城市居民尤其是中低收入家庭的住房条件不断改善，仅2010年期间，各级政府以发放住房租赁补贴的方式就改善了近400万户城镇低收入家庭的住房条件。国家还进一步完善了最低生活保障制度，2010年，中央财政补助城市低保资金365．5亿元，增幅高达12.5%，补助农村低保资金269亿元，增幅高达24%。这一切，都有力推动了经济民主在不断发展和完善的轨道上前行。

九、以保障和改善民生为核心的社会建设与公共安全不断加强

民生问题几乎是十七大以来中国政治发展中最引人关注的热点话题，不仅各级政府把民生问题放在重要的议事日程，民生问题本身更是关系到民众能否共享改革开放成果，关系到社会公平和政治稳定。近5年来，我国在两个基本的民生方面都取得了显著的进展：在社会福利和保障方面，中国的社会保险体系迅速扩大，到2010年底，全国参加城镇基本养老保险、医疗保险、失业保险、工伤保险和生育保险的人数分别达到2.57亿、4.32亿、1.34亿、1.62亿、1.23亿；覆盖全国城乡居民的基本医疗卫生制度框架初步建立，居民的基本卫生保健水平得到提高，职工基本医疗保险和城乡居民基本医疗保险参保人数达4.3亿，新型农村合作医疗覆盖人数超过8.36亿，总参保人数达到12.6亿，覆盖90%以上的城乡人口；国家颁布了《国家中长期教育改革和发展规划纲要(2010—2020年)》，确立了到2020年进入人力资源强国行列的目标。在公共安全方面，政府和社会对于公共安全的关注提升到了前所未有的高度，全面强化确保食品安全，切实保证民众吃得放心，加大环境污染的治理力度，严厉控制煤矿安全事故，等等，都是社会关注公共安全的直接体现。仅从2009年至今，我国就前后颁布实施了《食品安全法》、《食品安全法实施条例》等29件涉及食品安全工作的法律法规和其他规范性文件，同时，制定公布了163项国家食品安全标准，建立了违法食品添加物的黑名单制度；等等。民众的食品、药品安全从制度上得到了有力的保障。

十、权力制约和监督与反腐倡廉建设力度不断加大

十七大明确宣布，“确保权力正确行使，必须让权力在阳光下运行。”我国的社会制度决定了我们不可能采取西方式的“三权分立”制度，但是，这并不等于我们不对权力进行有效的监督和制约。通过不断完善人民代表大会制度，通过决策监督和执行监督，机构监督和干部监督，党内监督和民主监督，舆论监督，司法监督、行政监察和审计监督等一系列监督制度的有机整合，我们完全有能力对权力运行进行有效的制约，使各种公共权力在运行过程中形成既相互协同、相互配合，又相互制约、相互平衡的态势，充分体现社会主义制度在权力制约和监督方面的优越性。在坚持用制度管权、管事、管人的原则指导下，近年来我国的党风廉政和反腐倡廉建设取得了一系列显著的进展：(1) 廉政运行的体制结构日趋合理。人民代表大会作为国家最高权力机构的地位日益明确并成为基本共识，各级人大的权力都得到了程度不同的增强，人大与“一府两院”的权力关系初步理顺。(2) 对于不同权力机构的权力配置更加科学。当前，中央和地方的职能和权限基本得到规范，尤其是中央的统筹和协调功能正在增强，中央垂直管理部门和地方政府的关系基本理顺；立法权、行政权和司法权分别由不同机构行使并相互监督和制约的框架已基本形成。(3) 权力运行中的程序设计日趋严密，决策的科学化和民主化水平有所提高。以《行政许可法》为代表的对于权力执行过程中的程序规范也已提上了日程，尤其是在科学化、民主化和制度化基础上对决策程序的严密设计正在成为严密权力运行程序的重要组成部分。(4) 对权力的监督和制约效力有所增强。《党内监督条例》、《党政领导干部选拔任用条例》和《中国共产党纪律处分条例》等一系列重要文件的起草和修订，巡视制度的推广、党代会常任制试点等重要举措都使党内监督和组织监督的力度空前提高。同时，民主监督和舆论监督的功能也得到了不断的发挥，尤其是新闻舆论的监督力度空前增强，影响力迅速上升。

必须强调，中国的政治发展始终是处于不断推进的进程之中的，只不过在外在形态上不像经济体制改革那样引人注目，更多的是为了切实保障经济体制改革的顺利进行。在今天，随着中国国家建设进入一个整体协调推进的新时期，政治发展被日益赋予了更高的使命，不仅要为国家建设和国家成长提供稳定的制度保障，其本身也承载着推进社会主义民主政治建设，努力探索一条与中国国情相适应的政治发展道路的使命。这是一个新的使命，也是未来中国政治发展的基本方向。

（作者：上海社会科学院政治与公共管理研究所所长、研究员、博士生导师）

（选自《军队政工理论研究》2012 年第 2 期）

我国民主政治建设的前沿问题

李良栋

中国走向现代化必须发展民主，这是人们普遍的共识；中国民主应当从国情实际出发走中国式民主发展道路，也是大多数人的看法；坚定不移地发展社会主义民主政治，更是执政党与人民群众的信念。但问题在于：处于社会转型时期的中国，由于社会生活的复杂性和政治本身的敏感性，在发展民主的进程中我们面临着一些带有二律背反的困惑问题，需要我们深入地思考和研究。

一、并非前沿问题：民主到底是什么？

之所以先提出这个问题，是因为民主到底为何物的确是一个被形形色色的思想家们弄得最为混乱的问题。在古代希腊，民主一词被理解为"人民的权力"、"多数人的统治"，这是最早对民主内涵的理解。希腊城邦国家解体之后，从古罗马一直到中世纪，民主并不为西方社会所重视。只是到了近代资产阶级革命时期，民主的旗帜才为资产阶级思想家所高扬，形成了西方古典民主理论。美国一位学者认为："1826年杰克逊建立民主党后，它才重见天日。"（当然，这个看法未必准确）上个世纪初以来，由于社会历史条件的变化，西方传统代议制民主遭到挑战，一时间，各种各样民主理论流派纷纷登场。与西方古典民主理论不同，现代西方民主理论流派普遍关注的是民主的实现形式，因此出现了林林总总"带修饰词的民主"，类如精英主义民主、多元主义民主、参与式民主、社群主义民主、自由主义民主、协商式民主等等。当代国内外一些人更认为民主就是西方式的议会民主、多党竞争、三权分立。在笔者看来，他们的通病是将民主的外延混淆于民主的内涵。

在人类历史上，作为国家形态的民主先后出现过奴隶主阶级内部的民主、资本主义民主和我们今天的社会主义民主。尽管这些民主的阶级实质、实现形式有着很大的不同，但是，它们之间总是存在着一些具有共性的民主价值追求。其中最根本的价值原则是：（1）追求人民主权或者说主权在民原则；（2）按照多数人意志进行决定的原则。当然，民主还有其它各种价值原则，譬如选举的原则、自由平等基础上协商原则、程序化原则、代议制原则、权力制约原则等。但体现民主内涵的价值原则主要是主权在民和按照多数人意志进行决定的原则，由此，可以将民主理解为一个社会为了实现主权在民的原则在公民能够自由平等地发表意见的基础上根据多数人的意愿进行决定的社会活动机制。这可能是民主的内涵所在，而民主的具体实现形式则是民主的外延。民主的内涵与外延当然有联系，但是，不能简单的将民主的外延等同于内涵。

民主的共性（内涵）总是通过个性（外延）来体现。世界上任何国家的民主都是同自己的国情实际相联系。即使是在西方国家，由于国情不同，民主的形式也是不同的。同样是代议制国家，英国就是君主立宪制，美国、法国就是民主共和制；同样是民主共和制，美国就是总统制，法国就是总统内阁制，瑞士就是委员会制。“三权分立”只是在美国最为典型，而其它国家并非都是美国式的“三权分立”。国外的政党制度也不是完全一样的，有的是两党制，有的是多党制，还有的是一党制。将某些国家的民主模式即民主外延当作民主内涵来理解并且到处推销，这本身就是理论上的混乱。

二、从国情出发发展民主与吸收人类文明共同成果的关系

当今世界两种社会制度及其民主同时并存。如何正确处理社会主义民主与资本主义民主的关系，需要我们具有清醒头脑和政治智慧。然而，在现实生活中还存在一些误区。由于形而上学思维的影响，社会上一些人要么就是主张“全盘西化”，照抄照搬西方的全部制度模式，并且以此作为判断中国民主的标准；要么就是将西方民主全盘否定，视为洪水猛兽简单排斥。这两种思维恐怕都不尽合理。

在中国发展民主必须从国情实际出发，这是不言自明的事情。党的十一届三中全会以来，中国共产党人在实践中提出了建设中国特色社会主义民主政治的目标，这个目标首先体现了人类民主的共性要求，我国宪法规定，中华人民共和国一切权力属于人民；我们通过法律确认和保护公民的自由和平等权利；我们用民主集中制的方式来体现少数服从多数的原则；我们坚持民主的制度化法律化来贯彻民主的程序化原则，这些，都充分体现了民主的一般价值追求。中国人民正在为实现这些追求而努力。但是，中国特色社会主义民主又具有自己独有的内容和鲜明的特点。

首先，坚持党的领导、人民当家作主、依法治国有机统一，是中国特色社会主义政治发展道路的根本原则和核心所在。在中国，党的领导是人民当家作主和依法治国的根本保证。无论是发展民主还是建设法治，都不能离开党的领导。人民当家作主是社会主义民主政治的本质和核心。人民依照法律规定，通过各种形式和途径，管理国家事务和社会事务，管理经济和文化事业，才能真正成为国家、社会和自己命运的主人。依法治国是党领导人民治理国家的基本方略。只有实现社会主义民主的法律化、规范化和程序化，人民当家作主才能切实具有坚实保证。实现三者有机统一，是体现社会主义民主政治优越性的根本途径。过去一个相当长的时期内，我们对发展民主和健全法制重视不够，甚至将党的领导与民主法治对立起来，从而影响了民主法治的发展。提出党的领导、人民民主和依法治国的有机统一，把党的领导融入于民主法制建设之中，这就解决了社会主义民主政治的发展方向问题。

其次，从中国国情出发发展民主，必须坚持我国的社会主义政治制度，不能简单照抄照搬西方的政治模式。我国的现行政治制度是坚持党的领导、人民民主和依法治国有机统一的具体形式和实现途径。人民代表大会制度和共产党领导的多党合作与政治协商制度，是在中国国情的基础上产生和发展起来的，是符合我国国情的最便利的制度。西方的“三权分立”和“多党政治”是他们的历史、文化和国情的产物，与中国国情有着区别。如果简单地照搬西方的“三权分立”，实行立法、行政、司法平行设置，人民代表大会一院制政体就会改变，人民权力高于一切就会发生变化。共产党领导的多党合作和政治协商制度，既是中国历史发展的合乎规律的结果，也是当代中国现实发展的必然要求，有着自己特有的优势，应当在实践中坚持和完善，而不能简单地仿效西方的多党制。民族区域自治制度是根据我国的历史发展、文化特点、民族关系和民族分布等具体情况作出的制度安排，符合我国各民族人民的共同利益和发展要求，与前苏联和美国有着根本不同。它既实行单一制的国家形式，维护了国家的统一；又在少数民族聚居地区实行自治，有效地处理了民族平等关系。而基层群众自治制度是我们党不断推进社会主义政治制度自我完善和发展的重要体现，是人民当家作主最直接、最有效、最广泛的途径。西方国家也在基层社会发展民主，譬如社群民主等。但是，他们并没有将基层民主列为国家的政治制度。将基层民主列入国家政治制度，在坚持社会主义根本政治制度的同时，实行基层群众自治，充分体现了社会主义国家保障城乡基层广大人民的直接民主权。

在坚持中国特色社会主义民主道路的同时，我们也必须看到，民主作为一种与封建专断相对立的进步制度具有一些基本的要素，这些要素是社会主义和资本主义都共同具有的。在经济文化比较落后国家建立社会主义一般都没有经历资本主义发展阶段，同在经济上应当借鉴资本主义市场经济某些合理经验一样，在政治上我们也可以借鉴资本主义民主中某些具有全人类文明的共同成果。我们的人民代表大会制度和西方的议会民主在性质、内容上有很大不同，但它们在运作机制和操作程序上某些地方是可以互相借鉴的。而在民主具体活动方式上看，恐怕共性就更多。资本主义在几百年的时间里，创造了一整套现代民主形式和方法，其中有不少属于人类文明共同成果。譬如民主法治化的成果、新闻监督的某些形式，值得我们参考和借鉴的。他山之石，可以攻玉。正确的借鉴资本主义政治文明的合理成果，有益于社会主义民主政治建设。

三、完善民主制度与改革完善党的领导方式执政方式的关系

党的十七大指出，“人民当家作主是社会主义民主政治的本质和核心。要健全民主制度……”。毫无疑义，制度问题带有根本性、长期性、稳定性。在中国发展民主首先要坚持和完善我们的民主制度。前面说过，我国的社会主义民主制度从价值追求和法律设计上是体现社会主义国家人民在政治上当家作主的，但是由于历史和现实的种种原因，这些民主制度的功能和优势还没有完全发挥和体现。所以，发展社会主义民主首先要完善民主制度。

人民代表大会制度是中国社会主义民主的根本体现。但是，还存在着某些薄弱环节，在选举、立法、人事任免、决定重大事项、监督等方面，都程度不同地存在着一些需要进一步改善的问题。在人大自身的组织建设和工作机制上，目前也存在不少薄弱环节。譬

如，人民代表的阶级、阶层比例还不够合理，代表中工人、农民比例太低，国家公职人员比例过大，难以充分反映各方面的利益要求；选举中缺乏竞争，某些代表的参政议政素质不高。人大常委会组成人员年龄偏大、专职委员太少，专门委员会的建设还不完善，监督职能还不很到位，这些，都影响了人大职能的发挥。因此，如何提高选举质量，进一步维护公民的平等选举权利，真正选拔那些确实具有参政议政能力的人并且维护人民利益的人成为人民代表；如何加强人民代表大会及其常委会自身建设，真正依法履行国家权力机关职能；如何在实践的基础上，深入探索人民代表大会自身建设的某些规律，完善人民代表大会开会和闭会期间的活动规范；如何加强人民代表大会的立法和监督工作，强化人民代表大会及其常委会对宪法和法律实施情况的监督，规范违宪审查制度等等，都需要我们通过改革来解决。

共产党领导的多党合作和政治协商制度是中国国情的体现，在社会主义民主政治建设中占有重要的位置。然而，由于种种原因，它的功能在实践中也没有充分得到发挥，还需要不断通过改革来完善。譬如，用“通报”代替“协商”的现象还未杜绝，民主党派和民主人士参政议政的渠道还不够广泛，民主监督的约束力不够、权威性不强。当前，完善共产党领导的多党合作与政治协商制度有几个问题需要解决：一是应该在实践中不断扩大民主党派和民主人士参政议政的渠道，并且从制度上保证民主党派和民主人士参政议政能够得到充分体现。二是应当将政治协商的范围、内容、方式切实实现制度化、规范化、程序化，真正将政治协商纳入决策的全过程。三是进一步建立健全民主党派和民主人士在政治生活中的民主监督长效机制，在我国政治生活中真正实现各党派互相合作、互相监督。

党的十七大指出，“发展基层民主，保障人民享有更多更切实的民主权利。”发展基层社会民主，可以有效地促进国家政治民主，实现民主的上下联动。改革开放以来，我国的基层民主建设有了很大的发展，农村的村民自治、城市的社区自治等都是其中的有效形式，当然也存在一些问题需要解决。同时，随着社会生活的不断发展，切实维护各类企业职工的合法权益，切实保障职工的民主权利，也必然提上日程。如何进一步加强和改善执政党对基层民主的有效领导，在实践中领导人民群众积极探索发展基层民主的新鲜形式，掌握客观规律，进一步完善基层民主制度，从制度化、规范化、程序化的层面保证基层民主健康顺利发展，也是我们面临的重要问题。

在完善民主制度的进程中，人们不难发现，所有影响和阻碍民主制度优势发挥的症结都集中在执政党原有的领导方式和执政方式问题上。正因如此，党的十六大报告指出，“改革和完善党的领导方式和执政方式，这对于推进社会主义民主政治建设，具有全局性作用。”发展社会主义民主必须坚持党的领导，同时也必须改善党的领导。从理论上说，坚持党的领导与发扬人民民主是完全一致的。作为社会主义中国的执政党，我们党所作的一切，归根结底都是为了人民的利益。党的十五大报告指出，共产党执政就是领导和支持人民掌握管理国家的权力，实行民主选举、民主决策、民主管理和民主监督，保证人民依法享有广泛的权利和自由，尊重和保障人权。但在实践中党的领导与人民民主真正实现有机统一确实还是一个难题。这是因为：

我们党的现行领导方式和执政方式是在长期的革命战争中和原有计划经济体制下形成的，在这个基础上形成的党的领导体制和执政方式就不很适应新的历史要求，难免在实践中出现一些两难命题。譬如说，怎样既坚持党对国家生活的领导，又要体现人民代表大会在国家生活中至高无上的地位；怎样既坚持党管干部的原则，又要同人民代表大会决定和任命干部有机结合起来；党怎样既要加强对政府和司法机关的领导又不能直接插手这些部门的实际工作。必须看到，党领导人民发展民主不等于可以代替人民当家作主，党对国家和社会生活的领导是政治领导而不是行政领导。这就要求党的领导方式、执政方式必须而且应当变革，从“政策治国”转变到依法执政上来。党的组织不是国家机构，党的政策不能直接成为国家意志。党要通过法定程序将体现人民根本利益的路线、方针、政策上升为国家意志，形成法律，这些法律一旦确定，党就要坚决支持和维护，并且自觉地在这些法律范围内活动。党实行依法执政，就要支持和维护人民代表大会制度，处理好同人民代表大会的关系，处理好同政府之间的关系，处理好同司法机关的关系，并且将这些关系规范化，制定一整套权力配置科学合理、既能相互制约又能提高效率的制度和法律。但是，由于历史和现实的种种原因，党原有的领导方式和执政方式转变还不可能一步到位，实现科学执政、民主执政、依法执政还需要一个过程。由此一来矛盾就必然出现：深入完善民主制度需要执政党尽快地调整领导方式和执政方式，否则民主制度难以完善；改革和完善党的领导方式、执政方式异常艰难，非一日之功，处理不好会发生政治动荡。要破解这个矛盾，绝非是一件容易的事情。

四、扩大公民有序政治参与与维护社会稳定的关系

现代政治学认为，公民政治参与程度高低是衡量一个国家民主发展水平的晴雨表，而公民有序政治参与则是维持一个社会政治生态平衡的调节器。改革开放以来特别是发展社会主义市场经济之后，随着经济的发展、社会的进步以及人们生活水平的不断提高，人民群众的权利意识日益增强，利益诉求更加迫切。这是因为：社会主义市场经济的发展带来了利益主体和利益需求的多样化，使得人民内部利益格局不可避免地出现错综复杂的局面。经济利益的诉求必然上升为政治参与，而政治参与应当符合法律程序和制度规则，才能保证社会的有效整合、安全运行和稳定和谐。正因如此，我们党非常强调为了适应新的历史需要应当扩大公民有序政治参与。

但是，目前在积极扩大公民有序政治参与，落实公民的知情权、参与权、表达权、监督权方面还缺乏力度。从参与主体上看，由于现阶段公民政治社会化水平不高，公民意识远未普及，导致公民政治参与能力较低，非理性过激参与、政治冷漠现象比较突出；某些新富群体成员利用其经济实力向各种民主政治组织渗透，以获得政治地位；尤其是一部分社会成员离开制度、法律的正常渠道进行诉求，群体性突发事件接连不断。从参与条件上看，政治信息的公开化、透明化远远不够，政务公开不够也不及时；执政党和政府对网络政治参与缺乏有序规范和有效引导。从参与机制上看，政治沟通渠道太窄，特别是农民进行政治参与渠道太少，依法有序地发展社会组织步伐缓慢；中层和高层的民主机制上还不能适应公民政治参与的需要。公民政治参与形式也不够丰富。民主决策缺乏制度规定和表达机制，听证制度没有普遍建立；公民监督缺乏制度设计和有效途径；舆论监督缺乏可操作性。因此，落实十七大提出的要“丰富民主形式，拓宽民主渠道”的任务还相当繁重。如何通过政治体制改革不断丰富和创造多种多样的民主形式和民主渠道，为保障人民的知情权、参与权、表达权、监督权创造条件；如何不断探索拓宽政治参与渠道，积极有序地发展社会组织；如何依法规范公民政治参与行为，都客观地提上了日程，要求我们在现有基础上百尺竿头，更进一步。

公民有序政治参与客观要求一定的政治参与条件和参与机制作为保证，但是由于目前的民主发展程度还没有达到相应水平，致使参与形式还不够丰富，参与渠道还不够广阔，由此造成公民政治参与要求高而现实参与条件和参与机制与之不适应的矛盾。这些矛盾一旦处理不好，就会影响社会稳定。毫无疑问，在中国这样经济文化不很发达的国家实行经济起飞需要稳定的社会环境。一般地说，高度发展的政治民主最终有利于社会稳定。但是，政治作为上层建筑，它总是涉及一些敏感的问题，如果在推进民主的过程中操作不慎，就有可能影响社会稳定。政治民主化的一个重要标志固然是政治参与的扩大，但是政治参与不适当也会引发不稳定因素。在我国社会主义民主政治制度还没有高度发展，政治组织系统和政治沟通渠道还不可能十分完善情况下，不良的政治要求就容易引发政治动乱，影响社会的稳定。这种错综复杂的情况，要求现阶段的公民政治参与应该坚持在党的领导下有计划、有步骤地循序渐进地进行，切实把扩大公民有序政治参与同维护稳定统一起来。

简短的结论

办好中国的事情关键在人、关键在党。上述这些二律背反的难题能否破解，中国民主建设能否顺利成功，在很大程度上取决于我们党领导社会主义民主建设能力的提高。

找准中国民主发展的历史方位。民主的发展，当然不能以经济文化的发展条件为唯一依据。但是，也必须看到，民主作为一种政治上层建筑，它总是受一定经济文化发展水平所制约。从经济基础上看：我国社会主义初级阶段的社会生产力发展水平还不很高，社会主义市场经济的组织形式还很不完善，不可避免地在一定程度上影响着民主的发展。从政治文化发展水平上看；历史上两千多年讲究宗法亲情和人治观念、推崇封建特权和国家至上的封建政治文化思想残余，还在一定程度上影响着人们头脑，阻碍着社会主义民主的健康推进。尤其是我们目前正处于社会转型时期，深层次矛盾十分突出，社会问题层出不穷，经济发展压力很大，民生问题亟待解决，这些客观状况决定了执政党一定要认清中国民主发展的历史方位，从实际出发来思考和设计民主政治建设的发展目标及未来蓝图。譬如，我们要在本世纪中叶实现社会主义现代化包括政治现代化，在经济上要达到中等发达国家的水平，那么，与此相应的中国式政治现代化应该是一种什么样的格局？我们要在2020年全面建成小康社会，小康社会的民主法治应该是一种什么样的状况？这些，都要求执政党善于集思广益，在深入研究的基础上，科学合理地确定发展目标，制定具体的发展规划，选择切实可行的方法和步骤。应该承认，我们确实需要一个发展民主的“时间表”。

善于统筹民主建设的全局。在中国推进民主建设，是一个错综复杂的系统工程，执政党作为政治领导核心，应当善于统筹全局、精心组织，才能保证民主建设顺利和成功。十六大关于政治体制改革的规划和部署，表明我国政治体制改革事实上已经从外围调整转入到了核心攻坚。但是，我们面临的政治体制任务十分艰巨、极其敏感，是一项长期任务，不可能一步到位完成。如果在政治体制改革问题上简单从事，像前苏联那样实行“休克疗法”，就会造成政局动荡、社会不稳，不仅会导致改革中断、发展停滞，甚至会出现倒退。所以，在推进政治体制改革的一些重大问题上，既要积极推进，又要小心谨慎，企望实现“毕其功于一役”的想法，可能是有害的。譬如，对于改革和完善党的领导方式和执政方式、完善人民代表大会制度和共产党的多党合作与政治协商制度等重大问题，应当积极组织有关人员进行研究，在把握客观规律、真正深思熟虑的基础上，逐渐提出改革的措施。对于目前影响现实政治生活中的主要矛盾和矛盾主要方面，则应该抓紧进行。譬如，深化行政管理体制改革、深化干部人事制度改革、加强对权力的制约和监督、改革和完善决策机制，等等，应当不失时机地推出改革措施。

中国的民主建设任重道远，异常艰难，需要举国上下同心同德，共同努力。只有坚持一切从实际出发，积极稳妥地推进民主建设，高度的社会主义民主才能在本世纪中叶建成。

（作者：中共中央党校政法部教授、博士生导师）

（选自《湖南社会科学》2012年第1期）

人民代表大会制度完善的路径与重点

董和平

一、理顺“党”、“国”关系，树立人大权威

人民代表大会制度是我国的根本政治制度，这一宪政设计的核心就是由人民选举产生、作为国家权力机关的各级人大及其常委会在国家政权运作中享有最高权力、拥有至上权威，否则，不但人民当家作主的民主权力无法实现，而且国家政权内部各权力层次之间的关系也无法理顺，宪政秩序就会混乱，宪政体制就会形同虚设。自上个世纪50年代我国人大制度设立以来，困扰人大制度运行的首要问题就是作为国家权力机关的人大与执政党的关系没有理顺，人大及其常委会没有相应的法定权威。按照我国宪法的规定，中国共产党是执政党，在国家生活和社会生活中发挥着领导作用，这是符合中国国情和行之有效的政治设计。但是，在长期的政治实践中，由于我们没有政党立法，执政党在领导国家权力的过程中无法可循，党的领导与人大享有的法定宪法权力界限不明，实际运作中往往相互重叠、互相取代，既影响了执政党的权威，也不利于国家权力机关和整个国家宪政体制的依宪运行，导致双向削弱、权责不明、权责分离。如何理顺执政党和国家权力的关系，既保证执政党的政治领导，又切实实现人大作为国家权力机关的法定权威，是我国宪政建设中一直难以解决但又必须妥善解决的问题。

理顺“党”、“国”关系，既是一个法律问题，更是一个政治问题，需要大力度的政治体制改革才能最终解决。笔者以为，现阶段可行的办法，就是从中国的政治国情和实际需要出发，进行政党立法。通过政党立法，规范执政党的领导地位、领导方式和领导程序，划清在具体权力行使上执政党与国家权力机关的职权范围和责任界限，就能够取得执政党和国家权力机关双向加强的“双赢”效果，也能够由此理顺宪政权力内部关系，强化宪政监督和宪政法律责任，权力腐败和效率不高的问题也有望逐步获得解决。

当然，理顺执政党和国家权力的关系，不是要否定或削弱党的领导，而是要在现行宪政体制下加强和有效地实现党的领导。政党立法的内容和目的：(1) 划清执政党与国家权力的界限，明确法律责任，实现权责统一；(2) 推动执政党转变执政方式和领导方式，在法律范围内和宪政框架下实现党的领导，寓党的领导于人大制度运作之中。这样的立法目的，既是国家宪政建设的需要，也是符合党的“在宪法

和法律范围内活动”的原则的。

二、推行代表的“非行政化”，强化人大的民意代表性

人大代表是国家权力机关的主体，其来源的广泛性和对基层民意的代表性至为重要。然而在我国各级人大的代表结构中，“行政化”的色彩越来越严重。所谓人大代表的“行政化”，就是指各级人大代表中担任各种领导职务的人数越来越多，具体表现在：(1) 担任领导职务的代表比例大，在全国人大代表中达到80%左右，在省级人大代表中约占代表总数的55%左右；(2) 担任“一府两院”领导职务的代表比例大，各省级行政机关首长均为全国人大代表，各县、市级政府首长均为省级人大代表；(3) 没有任何职务的群众代表极少，通常只占代表总数的5% ~ 10%。官员代表过多已经成为学者和社会瞩目的焦点问题。

人大代表的行政化倾向，对人大制度的危害是巨大的：一方面，削弱了人大的民意代表职能，降低了人大的权威性；另一方面，还导致人大代表本身法定角色的冲突，官员代表既是“监督者”又是“被监督者”，不利于落实人大对“一府两院”工作的有效监督；同时，官员代表过多也不利于协调“官”“民”关系，难以形成宪政实施中的良性政治互动。

推行人大代表的“非行政化”，就是要减少官员代表的比例，还人大以“民意代表机关”的本来性质。具体应做如下调整：(1)“一府两院”的领导不宜担任各级人大代表，形成监督者和被监督者的适当分离和角色界限，以保证人大作为法定监督机关的内在统一性、权威性和监督的有效性；(2) 各级各类领导兼任人大代表的比例要有适当限制，确保无任何领导职务的群众代表要占到代表总数的半数以上，这样才能构筑起政权运行的坚实群众基础；(3) 群众代表中要增加农民代表的比例，要有各类社会弱势群体的代表，以保证权力机关社会代表性的均衡，实现政权的民主性和公正性。

三、逐步推行人大常委会委员的专职化，增强人大工作效能

兼职代表制是我国人民代表大会制度不同于西方议会制的主要特点之一，有其设计上的民主性和合理性。但在我国人民代表大会制度的实践中，兼职代表制也表现出自身的弊端：(1) 代表素质难以保证，存在着代表的广泛性与履行代表职责的专业性之间的矛盾；(2) 代表的参政时间和参政精力无法保证，缺席会议和履行职务不认真的情况普遍存在；(3) 代表的责任心没有保证，当然这也与长期以来我们将人大代表职务“虚化”和“荣誉化”的不当做法有关。

强化人大的权威需要建立专职代表制，这是许多学者的共识，但在我国现阶段并不现实，与我国地域辽阔需要保证人大代表的广泛性、各级人大代表人数太多和国家财力负担过重的实际情况存在一定矛盾，基本上没有可操作性。笔者以为现阶段最现实的办法，就是逐步推行人大常委会委员的专职化。这一方面是因为各级人大常委会规模较小，实行委员专职化不会影响国家权力机关本身的代表性，不会过多加重国家的财力负担，便于现实操作；另一方面也是加强人大常委会工作的现实需要。各级人大常委会承担着繁重的立法、监督和其他工作，对常委会委员履行职责的专业性、责任心和全力投入要求更高，实行委员的专职化对于缓解人大常委会的工作压力、提高其工作效率和工作质量意义重大。实际上，推行人大常委会委员专职化的工作早在2001年就开始试点，2003年十届全国人大首次在全国人大常委会设立20个专职委员席位，有的地方人大常委会后来陆续也进行过试点，但至今进展缓慢效果甚微。未来的宪政建设在这一方面要加大力度，大幅度增加人大常委会专职委员的比例，最终实现各级人大常委会委员的专职化。

四、改革人大会议制度，适当延长会期，提高人大议事质量

各级人大及其常委会的主要工作方式就是通过开会行使法定职权，选举、讨论、决定、立法、监督都必须有充分的会议时间作为保证。在西方国家，议会的会议工作时间是有法律明确规定的，时间期限是固定和有充分保证的。在日本，国会常会每年一次，会期150天，最长会期达235天；美国国会每年一次，会期210天；英国国会每年开会两次，会期共计240天；法国国会每年会议两次，会期170天；而在我国，全国人大和地方各级人大都是每年开会一次，会期7～17天。我国人大会议期限过短，不但与国外议会会期相比差距较大，而且严重影响了人大及其常委会法定职权的有效行使，这也是我国人大工作中议事质量不高、职权行使走形式、人大没有法定权威的主要原因之一。关于人大及其常委会的会议制度的改革，学者们有多种建议，但不管是何种改革方案，都应该考虑到中国人大代表数量庞大，同时既要保证人大及其常委会的工作需要，也不过度增加财力人力负担的实际情况，不能套用外国议会的会议模式搞马拉松式的议会常会。笔者建议，较为可行的办法是增加人大及其常委会的会议次数，适当延长每次会议的会期，同时辅之以会议准备的细致化，给代表和常委会委员以更多的会前准备时间，以保证其会内职权行使的质量。

五、引入竞争机制，优化人大代表选举过程

现行《宪法》颁布实施30年来，我们于1982、1986、1995、2004和2010年对选举法进行了五次修改，内容涉及选举组织机构、选民登记、代表名额分配、代表候选人提名、正式代表候选人确定方式、代表候选人介绍、代表权城乡逐步平等、选举中的法定期限、投票方式改进、选举结果的确定、代表的罢免与辞职以及对破坏选举行为的制裁等方面，使我国的选举制度日趋民主。

对于未来选举制度的完善，学术界和社会各界有多种意见，有的学者还提出扩大直接选举的范围直至人大代表全部直选的观点。笔者认为：我国下一步选举制度的改革一方面要注意具体选举程序中的细节完善，诸如选民资格的合理限制、选区代表名额分配的公平与均衡、代表候选人提名中选民提名与政党提名的平等性、正式代表候选人确定过程的民主化和公开化、代表候选人宣传方式的民主化和规范化、对贿选行为的界定和规范、间接选举代表中秘密投票的保证措施，等等；另一方面，特别重要的是，要在选举中引入竞争机制，从根本上体现平等竞争、自由参选的选举理念。

自由参选、平等竞争本来就是民主选举的应有之义。只有通过平等竞争，才能保证广大选民享有充分的政治参与权，为民主选举构建民意基础；才能使代表候选人充分展示各自的优势和能力，使选民在比较中做出真实准确的投票选择；才能促使选举过程的公开与透明，减少选举中的不法操作，实现选举的公正和有效。所以，竞争性选举是选民选举权和被选举权实现的根本保证和根本标志。然而在我国，长期以来传统理论将竞选人为地贴上资产阶级政治的标签，更因为西方竞选活动中常常有金权操纵选举的负面例证而将竞选打入另册，使有关竞选的研究和实践无法开展。而没有竞争机制的选举，导致我国现阶段人大代表的选举徒有形式没有实效，选民没有参选热情，投票没有事实判断，“指选”、“派选”、“贿选”等不法行为大行其道，而选出的人大代表的素质难以保证，这也是我国现阶段各级人大议事质量不高、权力行使走过程、权力机关没有应有权威的主要原因。

要提高人大代表的素质，树立人大权威，就必须改革选举制度，设立竞选机制，允许独立候选人自荐参选，保证选民被选举权的实现。当然，将竞争机制引入选举也要严肃慎重，要进行充分调研、科学论证，要建立相应机制予以严格规范。对选举竞争机制要有实体和程序规范，确定竞争参选的提名程序和资格审查条件，规定竞争参选的具体方式、竞争过程的监督、竞争舞弊的防止和惩戒措施，以保证竞争选举过程的公开透明和公平。

对于扩大直接选举范围的建议，笔者不敢苟同。直接选举在理论上的优越性是不可否认的，但其现实操作的难度很大，对诸如选民素质、选举经验、选举组织、选举宣传、选举保障等方面都有较高要求。一国的选举制度是否民主，并不在于直接选举的范围的大小，而在于这个范围的确定和具体选举机制是不是符合本国本地的实际情况，能不能达到选民意愿表达的民主性、真实性和选贤任能的选举目标。在笔者看来，我国现阶段县、乡两级人大代表的直接选举的范围是适合选举的实际需要的。我们应该看到，即使是现行的县乡直选，由于我国县级行政区划较大，参选人口众多，选民素质参差不齐，加上我们现有的选举组织和选举宣传水平有限，都难以达到选民对代表候选人的充分了解，个别人和个别势力操纵选举的情况时有发生。如果我们再将直接选举范围扩大到省级或全国，选民就更加难以了解候选人的情况，选民投票的盲目性加大，选举意愿更加分散，给选举中不法势力的操纵留下更大空间，选举秩序难以保证，反而达不到增强选举民主性的目的。所以，在现有基础上逐渐加大选举中的民主因素，求得选举的民主实效，是选举制度完善的合理思路。

六、开放新闻自由，强化人大权力行使的社会监督

宪政权力必须要有广泛而有效的监督，才能确保其规范化行使，达到宪政的民主目的。对宪政权力的监督分为内部监督和外部监督两个部分。所谓内部监督，是指宪政权力系统内上级机关对下级机关自上而下的监督、不同国家机关之间的横向监督和国家机关内部的法定制约机制，我国人民代表大会制度中的人大对“一府两院”的监督、国家机关上下级之间的监督均属内部监督。内部监督的特点是与国家权力相结合，具有直接的处分权和制裁权，能够保证监督的效力。对宪政权力的外部监督，则是指宪政权力系统以外各种社会力量对国家权力行使过程的监督，包括政党监督、新闻舆论监督和公民的申诉控告监督。外部监督的特点是覆盖面广、传播速度快、社会影响大，易于形成强大的道德强制力和心理压力，从而发挥对宪政权力的监督作用。外部监督的局限性在于，它不享有法定国家权力，对违法违纪行为没有直接的处分权力，只能通过形成舆论压力启动宪政内部监督机制才能最终达到监督制裁的目的。只有内部监督与外部监督有机结合，相互配合，宪政权力才能得到全面有效的监督。

在我国，宪政权力的外部监督一直以来不受重视，整体而言呈现出无序、无力和无效的状态。具体表现为：(1) 民主党派的监督软弱无力，至今没有形成为独立的政治活动主体，所谓参政议政还停留在个人参与和形式参与的低级层面，监督作用十分有限；(2) 新闻舆论监督还有种种限制，监督存在随机性和选择性，不法干扰和违规操作普遍存在；(3) 公民个人申诉控告的各种渠道还不通畅，民意无法自由表达，这是现阶段突发事件增多、官民矛盾突出的一个重要原因。

强化对宪政权力的外部监督，首先，要加强民主党派的自身建设和参政能力训练，同时要优化政治环境，鼓励民主党派和无党派人士以整体方式参政议政，还要通过政党立法保护其权利规范其行为，使其真正成为独立的政治主体和社会监督力量，有效发挥其宪政监督作用；其次，制订新闻法，与人权保护和法制建设相配套建立新闻自由制度，开放新闻舆论，规范网络管理，给人民提供自由发表政治见解和社会意见的平台，形成一种国家权力行使过程的强劲舆论监督氛围，使贪赃枉法、违法乱纪现象无处藏身，造就廉洁政治与良好社会风尚；再次，要完善现行申诉控告机制，整合各类信访和申诉受理机构，理顺隶属关系，赋予其独立处分和督办的权力，强化其责任追究机制，使公民不但告状有门而且能产生效果得到公正处理。最后，强化宪政权力的外部监督还必须建立外部监督与内部监督的协调联动机制，必须设置有效途径和专门机构，保证外部监督系统能够及时启动内部监督系统，从而使外部监督有效发挥作用。

（作者：西北政法大学教授、青岛大学法学院教授）

（选自《法学论坛》2012年第6期）

协商民主开新路

叶小文

中国共产党90年光辉历程的经验表明，政策和策略历来是党的生命。我们研究的协商民主，主要是中国的政治创造，因此定义为“中国协商民主”，它的正式提出和运用有着明确的政策依据和策略需要。明确这样一个前提，有助于该研究的正确破题。

一

《中共中央关于加强人民政协工作的意见》（以下简称《意见》），是新中国成立以来首次以中共中央的名义下发的加强人民政协工作的专门性文件。其重要意义，不仅在于开创人民政协工作新局面，更在于站在社会主义民主政治建设的高度，立足中国国情，总结实践经验，破解政治体制改革难题，正式提出协商民主是社会主义民主的两种重要形式之一的论断，通过拓宽协商民主的运用范围，为发扬社会主义民主、建设民主政治打开一条新路。

《意见》指出，“在我们这个幅员辽阔、人口众多的社会主义国家里，关系国计民生的重大问题，在中国共产党领导下进行广泛协商，体现了民主与集中的统一。人民通过选举、投票行使权利和人民内部各方面在重大决策之前进行充分协商，尽可能就共同性问题取得一致意见，是我国社会主义民主的两种重要形式。坚持和完善人民政协这种民主形式，既符合社会主义民主政治的本质要求，又体现了中华民族兼容并蓄的优秀文化传统，具有鲜明的中国特色。发展社会主义民主政治，建设社会主义政治文明，要善于运用人民政协这一政治组织和民主形式。”与“选举民主”相配合、相协调、相补充的“协商民主”，具有其它国家未曾见到的、我国独有的持续性、广泛性、实践性和有效性。它早在新中国成立初期就被付诸实践，现在中央又进一步加以强调和规范，是要为中国民主政治建设开拓出一条新路，正像邓小平希望的那样，为实现“比资本主义国家的民主更高更切实的民主”进行新的“政治上的创造”。

二

“协商民主”体现了社会主义民主的核心价值理念——人民当家作主。共产党执政就是领导和支持人民当家作主，最广泛地动员和组织人民群众依法管理国家和社会事务，维护和实现人民群众的根本利益。协商民主在国家权力中枢和社会公众之间建立起一道桥梁，优化了国家权力结构，增强了政治体系的开放性和包容性。通过协商民主，中国共产党广泛听取各民主党派、各族各界代表人士的意见建议，接受人民群众的监督，促进了决策的科学化和民主化，从而使共产党的执政能够最大限度地反映民意，凝聚民智，更好代表和维护人民群众的根本利益，真正保障人民民主的充分实现。

“协商民主”拓展了社会主义民主的深度和广度。在我国，以人民代表大会为标志的选举民主是社会主义民主的重要形式，而协商民主则是对选举民主的有益补充和完善。协商民主作为与选举民主对应的民主实现形式，其普遍意义是公民或者其代表通过广泛讨论，互相交流意见，了解彼此的立场和观点，在追求公共利益的前提下，寻求并达成各方可以接受的可行方案。选举民主和协商民主相结合，形成了具有中国特色的双重民主架构，这是我国政治体制的独创性优势之所在。在人民代表大会通过表决进行重大决策之前，中国共产党就决策方案与各民主党派、无党派人士和各族、各界代表人士进行有效的政治协商，有利于广泛吸收对国家、对人民有利的意见和建议，进一步优化决策方案；有利于在尊重多数人意愿的同时，照顾少数人的合理意见和要求，保障公共利益最大限度地实现。“协商民主”培育了国家与社会之间合作型政治关系。协商民主在国家公共权力与社会之间架起了一道桥梁，建立起一个稳定的、具有良好控制和广泛联合能力的体制，通过合法的、非竞争的渠道与国家保持着紧密的联系，在中国共产党的领导下，经过协商民主的各项制度安排，将不同阶层和社会集团的代表性人物与国家权威紧密联系起来，建立起国家与社会的合作型关系。在制度化的协商合作中，一方面，国家权威进一步巩固并获得稳定的支持来源，国家权威被自觉认可和服从，扩大了国家权威的合法性基础；另一方面，不同社会利益群体有序地参与政策形成过程中，形成了国家与社会相互合作、相互制约、相互促进的良性互动关系，既有利于实现广泛的政治参与，又有利于形成统一的意志和强大的社会整合力，因而是中国现代化变迁的时代需求对民主形式的一种理性选择。

“协商民主”促进了平等、合作、和谐、包容的社会主义政治文化的生成和发展。协商民主强调对公共利益的责任，以理性方式对待政治问题，强调政治共同体成员之间的互相理解和互相尊重，通过协商、交流和对话，建立和巩固团结合作所需要的社会信任基础。协商民主强调求同存异，包容差异性，平等公正地对待不同利益群体的合法利益与合理要求。协商民主谋求互利共存，体现了宽容的人文精神，为构建社会主义和谐社会提供了理性的政治文化氛围。

“协商民主”实施的关键，在于执政的中国共产党对此有清醒的认识和高度的自觉。《意见》提出，“人民政协的政治协商是中国共产党领导的多党合作的重要体现，是党和国家实现科学民主决策的重要环节，是党提高执政能力的重要途径”。胡锦涛总书记在庆祝人民政协成立60周年大会上的讲话中强调，各级党委都要“增强开展政治协商的自觉性和主动性”，这是推进中国特色社会主义民主政治建设的必然要求，对于巩固中国共产党的执政地位、凝聚各党各界的思想共识、提高决策的科学化水平具有不可替代的作用和意义。

“协商民主”实施的前提，在于参与方平等相待，协商的环境友好、氛围融洽。协商当然需要主持和主导，但主持应公正公道，主导能导出真知灼见。如果有一个高高在上的权威或威权，不叫协商，只能叫咨询或听取意见。我们党强调要加强对中国特色社会主义事业领导的时候，必须非常注意充分倾听人民的呼声，反映人民的要求，整合人民的意见，最广泛、最充分地调动最大多数人的积极性。

“协商民主”实施的保障，在于“把政治协商纳入决策程序”。从制定政治协商规程入手，加强民主协商的制度化、规范化、程序化建设。规程作为协商民主的重要程序设计，对公权进行了明确的规范和自我约束。它不但要求制定和适用规程的主体，也要求各级党政领导机关按既定的规则和程序办事，使协商制度科学化、公开化、具体化，使协商过程可规范、可操作、可监督，避免因为领导人主观意志和集体走过场而使协商民主落空。规程提供了一个制度平台，把人民群众的政治参与纳入秩序轨道，使更多的社会成员和群众利益诉求得到有序反映。党的十七大以来，特别是胡锦涛总书记在人民政协成立60周年纪念大会上发表重要讲话前后，中央要求进一步规范省、自治区、直辖市党委同民主党派、无党派人士的政治协商，对政治协商的原则、形式、内容、程序以及其他有关问题，都作出了明确规定。广州、浙江、广东、江西、北京等地相继推出了“政治协商规程”或“加强政治协商工作”的意见、办法，在协商民主制度化建设方面取得了突破性进展。例如，广东省委颁发实施的《中共广东省委政治协商规程（试行）》，按照中央的要求，明确了政治协商的三项原则——党总揽全局、协调各方的原则，把政治协商纳入决策程序、就重大问题在决策之前和决策过程中进行协商的原则，以及民主协商、平等议事、求同存异、增进共识的原则；规范了完善政治协商的内容、形式和主要程序，推动了政治协商从制度设计到制度实践的重大跨越。

“协商民主”要创新形式。不仅在政协组织内协商，也可在基层、在社会组织之间协商；不仅在会内协商，也可在会外协商；不仅在书面协商，也可在互联网上协商。党的十三大报告就曾提出“社会协商”这一概念。逐步构建社会协商机制，建立社会协商对话制度，鼓励和扩大公民有序参与，推动听证会、恳谈会、议事会等形式发展成为制度化安排，是协商民主的拓展和创新。

协商民主要注意用好互联网这个重要平台。互联网的信息传递是扁平式的，与传统的社会治理模式的纵向垂直传递不同。纵向垂直传递往往是“先党内后党外、先上级后下级”，一级一级向下传达政治信息。而互联网这种扁平式信息传递方式，则使公民同时在同一个平台上获取信息，参与讨论，表达政治诉求，乃至参政议政。如何通过互联网有效有序地开展民主协商，值得探讨。现在，中国微博用户已过两亿。微博有强烈的互动性、终端的便捷性、围观的无限性，与手机传播结合起来，威力更大，有如信息高速大范围传播的“核裂变”。有了微博，“沉默的大多数”都有了发表意见、参与协商的机会，中国发生的热点事件都可能广为传播。新形势搞好协商民主，不能不关注微博，倾听微博。改革开放，以人为本，激发了社会活跃，思想解放，众语喧哗，“民声”鼎沸。人们思想活动的独立性、选择性、多变性、差异性明显增强，民主法治意识明显增强，政治参与意识明显增强，对自我价值的实现，对幸福生活的追求，有着强烈的期待。发展快速，平衡打破，整体生活改善了，大家更注重公平；一部分人富起来，社会更聚焦贫困。对社会各个角落的声音都要倾听。人民向往和追求幸福生活的新期待要倾听，在经济和社会竞争中处在弱势的人们的愿望和疾苦更要倾听。如何做好蛋糕要倾听，如何分好蛋糕更要倾听。有充分的利益表达，才能有有效的民主协商，合理的利益调节，相对的利益均衡，长久的社会稳定。“民声”，是广大群众对现实的一种直观反映，往往不那么规范、雅致，不那么有条理、有分寸，有时甚至以尖锐的、粗糙的、使你感到不那么舒服的形式和方式表现出来。微博，也有鱼龙混杂、泥沙俱下，甚至煽风点火、制造混乱。但公民的知情权、表达权、参与权、监督权，多在“民声”中，常在微博上。

“协商民主”在社会建设和社会管理中必将发挥更重要的作用。下一个十年，中国要着力转变经济发展方式，深化社会体制改革，加强社会建设，着力改善民生，促进社会公平正义。社会体制改革与建设，上承经济体制改革的深化与完善，下为政治体制改革创造良好的社会环境和条件，是中国的一场社会进步运动。社会体制改革与建设，要建立基本公共服务体系，推进基本公共服务均等化；要推进城镇化，加大收入分配调节力度，构建一个合理稳定的社会结构；要使基层自治权利得到充分保障、培育扶持和依法管理社会组织，支持、引导其参与社会管理和服务。积极稳妥地推进社会体制改革乃至政治体制改革，既要有改革的“顶层设计”，更要有各方的广泛参与。这就更需要在中国共产党领导下进行广泛协商，体现民主与集中的统一。“协商民主”大有用武之地。因为，确保社会正常运转，应对社会矛盾凸显期挑战，完成日益繁重的社会管理任务，需要更加善于运用群众路线的方式、民主的方式、服务的方式，建立方式多样、规范有序、畅通高效的诉求表达渠道，让群众能依法有序理性表达诉求，话有处说、冤有处诉、问题有处反映，并且尽可能通过平等的对话、沟通、协商、协调等办法来解决社会问题，化解社会矛盾。要改变主要靠行政手段通过管、控、压、罚实施社会管理的方式，从重管制控制、轻协商协调向更加重视协商协调转变。要通过民主协商、社会协商，提高包括社会团体、行业组织、中介机构、志愿者团体等在内的各种社会组织在社会管理中的协同能力。

（作者：全国政协常委、中央社会主义学院党组书记、第一副院长）

（选自《四川省社会主义学院学报》2012年第1期）

健全机制，让权力在阳光下运行

梁 璐

党的十八大提出，要建立健全权力运行制约和监督机制，保证权力正确运行。根据十八大提出的要求，建立健全让权力在阳光下运行的机制，对于保障权力正确行使具有十分重要的意义。

让权力在制约下运行

在我国，权力的横向配置上，有决策权、执行权、监督权三种权力。这三种权力有着不同的权力主体，通过不同的内容和形式发挥作用。然而，长期以来，我国普遍存在着许多权力过分集中的问题，其中一个表现就是决策权、执行权、监督权事实上的“三权合一”现象。权力的主体，也就是权力的决策者，同时也是实施者，在某种程度上还是监督的管理者，他们过分集中的运行权力，极易导致个人专断，决策失误，阻碍了民主的进程。党的十八大要求：“要确保决策权、执行权、监督权既相互制约又相互协调，确保国家机关按照法定权限和程序行使权力。”所以，要让权力在阳光下运行，达到决策权、执行权和监督权之间地位平等，权力独立，彼此制衡，防止权力主体由于其中一项权力的集中而被乱用，就必须通过对权力主体之间的相互制约，来达到控制权力限度，实现以权力约束权力的目的。在我国的政治体制中，权力主体是由执政党、人民代表大会、政府、司法机关和政协各司其职，共同分担的。所以，在实际的权力运行中，需要理顺这些权力主体在决策权、执行权、监督权上的运作关系。

在权力的相互制约下，各项权力的行使限度得到有效的抑制，从而达到制约权力的目的。建立决策、执行、监督既相互制约又相互协调的权力结构和运行机制是我国政治体制改革的新探索。按此要求进行改革，有利于形成科学合理的政府组织结构和权力运行机制，有利于改进政府管理，做到权责一致，提高行政效能，让权力能够在阳光下运行。

让决策在问责下进行

在政府行政行为的决策权、执行权、监督权中，决策权的重要性是放在首位的，决策作为在权力行使中的关键环节，更需要得到规范化的管理和约束。

目前我们的政府系统中普遍实行了行政首长负责制的领导体制，它是民主集中制基础上的一种个人负责制，也就是说行政首长行使最后的决策权。这种决策制度必然会导致权力的集中，长期以来，由于缺少对决策的问责，使得当前的决策能力建设存在着很多问题：一是决策的个人意志强。一些领导干部在整个决策过程中一人独断，往往从自身愿望和好恶出发，偏重个人意志和主观判断，客观上增加了决策失误的可能性。二是决策偏重经验。缺少对现实情况深入细致的分析和对未来发展情况的科学预见，习惯照搬以往的经验和做法去解决新的问题。三是决策缺少规范。由于决策过程缺少制度和法律的约束，一些决策不经过论证，不经过缜密的思考和研究，从而不计后果。四是决策忽视民主。有的暗箱操作，有的不广泛征求民意，导致公众参与程度很低，决策经常失误。如何在决策的行使过程中避免这些问题的出现，是我们急需解决的问题。

党的十八大强调："要坚持科学决策、民主决策、依法决策，健全决策机制和程序，建立决策问责和纠错制度。"为了有效防止决策的过分集中，就需要对决策的行政主体进行问责，建立完善的决策主体问责机制。

对决策主体的问责，第一，要明确决策主体的决策权限，须从以下两方面入手：横向方面要明确哪些问题应当由集体讨论，哪些问题应当由个人负责。重大问题一定要由集体讨论和决定。主要是通过划清重大问题和非重大问题的界限建立明确的议事规则，防止领导者个人决定重大问题和推卸责任的现象。通过具体的制度，明确各级政府内集体决策的问题和行政首长职权范围内的问题。纵向方面，由法律明确规定决策主体上下级的职责权限，并进行具体划分，由法律提供有效保障。尤其是在上级与下级的事权、财权和干部人事决策权限的划分上，应该用列举的方式加以具体规定，以防止法律的任意解释和上级、下级的相互侵权。这样，有利于形成决策主体上下级之间在权责关系上互相合作、互相监督、互相约束的机制。

第二，要追究决策主体的法律责任。一是行政决策责任的法律规定必须完善。我国应制定行政决策责任的法律规定，同时堵住法律条文中的漏洞，不能使不法人员有空可钻。同时，强化法律的执行，加大对行政决策责任的追究。二是行政决策责任的追究应符合法定程序。只有符合法律程序，才能实现政治权力的和平交接，否则，就会影响到民主政治的运转。

对决策主体的这些行为的问责机制的建立，是在权力行使层面上对权力进行的制约。对决策的问责，能够有效地抑制行政决策由行政首长个人独断的现象出现，能够让决策在其行使的过程中更加科学、民主、合法。

让权力在公开下运行

如果说对决策权的问责是让权力在阳光下运行的起点，那么权力的公开就是推进行政权力运行程序化和公开透明的最行之有效的保障。公共权力，从它的字面意思上就可以看出，是一种为公众所共同拥有的权力，既然公共权力有公共性这个特征，那么让权力得到公开就是公共权力本质特征的具体体现。不受监督的权力容易失范，一言九鼎的权力经常越位，暗箱操作的权力必然自肥。这是任何公共权力都具有的内在冲动。只有让权力在阳光下运行，把权力关进透明的笼子里，才能遏制权力自身的失范、越位、自肥的冲动，阳光是最好的防腐剂，公开透明可以杜绝腐败的产生。

党的十八大要求："推进权力运行公开化、规范化，完善党务公开、政务公开、司法公开和各领域办事公开制度，健全质询、问责、经济责任审计、引咎辞职、罢免等制度，加强党内监督、民主监督、法律监督、舆论监督，让人民监督权力，让权力在阳光下运行。"在我国，公共权力是指在执政党的领导下，以政府为核心的国家机关和依照法律规定履行公共职能、提供公共服务的部门拥有及行使的权力。所以，要让权力得到公开地运行，归根结底要由党和国家机关做好各项工作来使得权力公开透明运行，在政策法律范围内管权、管事、管人，落实到党务公开、政务公开、司法公开上，有以下几方面的内容。

在党务公开方面，要明确公开内容，按照上级党组织的总体要求，凡是群众关心的党内问题，只要不涉及党和国家机密，都应当最大限度地予以公开；要完善公开形式，利用会议、公开栏、墙报等手段进行公开；坚持党内公开与党外公开相结合，将党组织重要研究事项向党外人士公开；坚持事后公开与事前公开、事中公开相结合，在作出重大决策前，将预先方案公开，充分听取意见，在实施中不断修正改进。

在政务公开方面，让权力在阳光下运行，是制约和监督权力、预防和治理腐败的有效举措。要规范公开内容，把规范各类权力运行作为政务公开的重点内容；要结合各地区各部门实际，实行主动公开和申请公开相结合的制度。要丰富公开形式，因时因地制宜、形式多样地进行政务公开，通过推行电子政务增强政府工作透明度，方便群众参与经济社会活动，监督行政行为。

在推行司法公开方面，要做到司法程序的公开化，同时把司法公开的实现程度当作衡量司法民主水平、评价法院工作的重要指标。各级人民法院要加大对司法公开工作在资金、设施、人力、技术方面的投入，建立司法公开的物质保障机制。党务公开、政务公开、司法公开等权力公开机制的建立，是在权力内容方面达到让权力在阳光下运行的目的，不断完善权力公开透明的运行机制，使权力的运行能够更好地接受党和政府以及全社会各界群众的监督，逐渐步入法制化、规范化、公开化、透明化的良性轨道。

让权力在阳光下运行，是中国政治文明建设的一项重要系统工程。创新机制，加强公共权力的监督和制约，是我们坚持中国特色社会主义政治发展道路，推进政治体制改革的必由之路！

（作者：福建省委党校教授）

（选自《人民论坛》2012 年第 12 期）

延伸阅读

网络时代的微博问政

陈　潭

一个公共舆论的气场正在强势登陆中国，一种新的媒体技术正在悄悄地实现着公共领域的结构转型，显然，微博正在成为我们公共生活中的一部分。在“媒介是人体的延伸”的网络时代里，微博汇聚着海量的民间意见，整合着海量的智力资源，让公众同时围观、参与、判断和选择。“智慧凝聚力量，围观改变中国”，微博问政不仅改善着中国的政治生态，也在考验着政府官员的执政情商和治理能力。

微博的兴起与网络公共领域的扩张

马克思、恩格斯曾经指出，“交往的任何扩大都会消灭地域性的共产主义。共产主义只有作为占统治地位的各民族‘立即’同时发生的行动才可能是经验的，而这是以生产力的普遍发展和与此有关的世界交往的普遍发展为前提的。”时过境迁，今天“全球化”的事实不断地验证马克思、恩格斯早先的预言和判断。随着互联网的出现和网络技术的不断革新，人们的交往空间不断地扩大，交往行动的频率不断地加快和增多，一种相互依存、相互渗透的互动关系和交往模式突破了传统的交往路径，开启了网络交往时代的先河。以技术变革为核心的信息传播手段无可争辩地成为社会进步的驱动力，并成为政治进步和社会变革的触发点。

毫无疑问，当下互联网的迅速扩展和通讯技术的不断涌现及其广泛使用，扩展了人类的交往空间，为人际交流提供了不少新的手段和新的方式。人类的交往行为部分地转向广阔的虚拟空间，极大地拓展了公共领域活动的边界和范围，为公众舆论的生成和扩散提供了新的空间和环境，使得网络虚拟的公共领域成为可能，从而为“话语民主”和“民主参与”搭建了新的通道和平台。哈贝马斯认为公共领域由三大要件构成：由私人组成的公众，他们能够基于理性和良知就普遍利益问题展开辩论；拥有自由交流、充分沟通的媒介；公众的自由辩论和理性批判能够达成某种共识，形成公共舆论。网络作为一种全新的沟通媒介，注定了网络时代公共领域运作的不同，剥去了管制的外衣之后，网络对话语权的重新分配，催生了话语表达的时代“狂欢”，公众借助E－mail、BBS、QQ、MSN、博客等网络形式，通过“我的地盘我做主”的方式充分实现了公共领域从“小众”到“大众”的传播转化。而在虚拟时空中，脱下“面具”的网民没有阶层高低、职业差别、贫富差异、性别歧视，进行着超越时空的平等对话，基于理性与良知的考量，就社会公共问题畅所欲言，各抒己见，展开充分的争论与辩解。最终，“当足够多的人在网络上就大量的公共话题全身心地进行足够长时间的交流，以致在网络上形成了人与人之间不可分割的关系的时候”，当公众之间通过协商、商谈及相互理解和相互宽容达成意见共识时，网络公共领域就形成了。其发展能够“从技术上成为政治权力分散化加速实现的催生力量”，不断促使社会的公共治理成为可能。

当代著名哲学家卡尔·波普尔认为，“‘开放社会’是一个理性和批判性的社会，而‘封闭社会’则是巫术社会，在开放社会里，每个人都面临着个人决定，而个人决定权在封闭社会则不属于自己。”在开放民主社会里，公民个人有权对社会公共事务发表意见和看法，有足够的权利决定自己的事务，有权选举代表民意的政府，有权关心政治的决定过程和参与政治的运作过程。正是这种开放性扩展了公共领域的空间，网络在摒弃了社会精英对公共话语权的垄断之后，推倒了由身份地位、行业职业堆砌的阶层金字塔，赋予了草根参与政治的机会与平台，在拉近官民距离的同时，围观、跟帖、链接、推荐、转载等“武器”几何倍扩大了公共议题的社会影响，形成网络舆论，“倒逼”政府行为与公共决策。而在这个被称之为“自媒体”(WeMedia)的网络时代，“意见领袖”在传播过程中的“个人影响”方式对公共舆论的形成和改变、公共政策的决议和政治议程的设置以及“商谈式民主”(Deliberative Democracy)的真正落实和履行将带来深远的影响。公众民意的表达和拓展而衍生网络民意以及以民意为核心的“多数裁定原则”和“电子民主”毋庸质疑地成为现代民主政治关注的焦点。

作为一种新生事物，另一种更为平实、更为简短的交流方式，微博掀起了网络时代的另一场交流革命。为了“分享和发现世界正在发生的事”，2006年美国社交网站推特(Twitter)上线，由此开启了网络变革社会里的微博时代。2009年8月，中国的新浪微博上线，腾讯、搜狐、网易等公司随后跟进，微博在中国得到迅速发展。由此，2010年被称为中国的“微博元年”。鉴于微博巨大的影响力，大量的传统媒体及从业人员纷纷入驻微博，传统媒体与新媒体技术的微博在合作中实现了双赢：微博增加了传统媒体的人气，扩大了影响力；而传统媒体的入驻增加了微博的可信度和权威性，提升了微博在中国媒介格局中的地位。

作为Web2.0时代的巅峰制作，微博实现了对网络话语权的再分配，每一个注册用户均可以通过微博畅所欲言，表达自己的观点、看法和意见，参与主体的扩大化和匿名性则实现了“博客人”之间的话语权平等，“一种平等、多元与开放的对话方式和民主氛围在没有上下尊卑的等级制度、没有意识形态束缚、没有虚伪掩饰和矫揉造作的‘公共空间’里延续。”如今，政务微博、商务微博、科技微博、教育微博、娱乐微博、媒体微博、情感微博等不同行业界别的微博遍布网络。官员微博、学者微博、商人微博、明星微博、草根微博等不同身份群体的微博广受关注。我们看到，作为互联网的新媒体技术，微博并非“信息孤岛”，信息之间的相互链接有助于快速找到原始信息或相关信息位置，帮助使用者扩大阅读范围。人们通过微博的互动交流、评论、链接、转发，扩展了彼此之间的信息边界和知识视野，形成新的观点和想法，实现了不同观点之间的相互碰撞，有助于形成更为广泛的社会认同与共识。在面对热点问题和公共事件时，平等地对话和协商，理性地参与和讨论，无疑放大了公共领域的空间，推动了公共事务决策和民主协商的进程。

公共议程设置与政务微博的生长

微博正在改变中国公共舆论的结构，微博问政的出现打破了政府与媒体议程设置一统天下的局面。过去公共议程或者热点话题均由精英和记者设定，民众只关心各自关心的问题，如今"每一个人都可能是通讯社"、"每一个人都可能是记者"，这种"市民记者"往往成为了公共话题的设置者，改变了过去由传播者"推送"信息的方式而改由受众主动"拉出"信息，奠定了公众议程的主导地位。至2011年，微博在聚合网络舆论方面发挥了巨大的作用，发展成长为中国最重要的网络舆论场，在塑造公共舆论方面占据着相当的优势地位，成为了备受追捧的舆论新阵地，作为代议制民主的新形式，微博已被不少国家的领导人所重视，美国总统奥巴马、俄罗斯总统梅德韦杰夫、智利总统皮涅拉等均开通了微博。微博不仅成为了各国政要宣扬党派理念、民生政策、外交事务的"扬声器"，成为了收集信息、答疑解惑、引导舆论的"校音器"，也成为了争取选票、抵制异见、维护稳定的"稳压器"。

毫无疑问，微博这种新媒体借助"网状—链式"的传播特征，形成了对每一个公共事件和热点话语的"跟踪—连续"式议程设置效果，建构起了意见生产机制的新型模式。它聚焦公众所关心的热点、难点、疑点，把某些"被遮蔽"的东西从无数客观事实中"打捞"出来，把潜在的经济社会问题披露出来，直指公共政策议程的"核心"。同时，公众在微博中的参与性受到了最大程度地尊重与拓展，超越了传统媒体信息制作者和传播者对内容的垄断，直接介入着公共事务和话语决策的传播过程：在河北，虽是看似普通的引发一死一伤的醉驾事故，但肇事司机一句"我爸是李刚"引发了全民围观的热潮；在江西，一户人家为抗议拆迁到北京上访而遭当地警察拦截，但在记者的帮助下通过微博申诉案情，最终导致当地数名官员的落马；在安徽，国土局某所长微博上直播自首过程，引起了国内广大网民的极大关注……。

当前，我国处于由传统社会向现代社会转型的阶段，在此过程中，各利益主体间的冲突日益加剧，群体性事件日趋增多，成为当前中国亚健康社会生态的典型映照。而在网络所塑造的数字化时代，群体性事件必然折射于网络这一虚拟世界，生成网络舆情，从而现实与虚拟二元交织、互动。许多民众的利益在现实、体制内无法得到满足时，他们便会寻求网络这一虚拟、体制外的诉求渠道的支持，尤其是当网络在以往诸多事件中表现了非凡的力量时，这更激励他们寄网络以厚望。这样，现实和虚拟便有效联结起来，网络亦承担起公共责任，成为民众利益的代言者、社会风险的减压阀。

作为舆论传递空间和缓冲地带，微博及其所形成的网络公共领域成为维持社会稳定和发展的安全阀、润滑剂、推进器和加油站，在揭露黑幕、维护弱者权利、伸张社会正义等方面做出了重大贡献。微博搭建了官民沟通的新路径和新平台，扩展了政府听取民意的途径和渠道，公民通过微博提出民意诉求、阐发政策理解、提出不同意见、表明自身立场。官员通过微博能够倾听更广泛和更真实的民意，可以更为便捷地了解到当前社会的舆论焦点、热点、情绪倾向，把握社会发展变化的特点和方向，从而制定有效的措施去解决和应对问题。同时，微博也成为政府部门在传统信息发布渠道之外的有益补充。根据上海交通大学舆情研究实验室发布的《2011上半年度中国微博报告》显示，随着微博用户数的高速增长，政务微博带来微博问政的升温。截止至2011年7月6日，仅新浪微博上，政府机构微博数达4920个，政府官员微博数达3949个。在不同职能部门的表现上，公安部门微博以75%的绝对优势位居第一，此外还涉及宣传、党政、司法、交通、文教、工商税务、旅游等相关职能部门。

从一定程度上来说，政务微博的涌现极大地丰富了电子政府和电子政务的内涵，成为服务型政府服务于民的便利通道，政府可以更迅速地了解公众的真实需求，可以实现更多更快的政情发布。另一方面，通过政务微博，公众可以了解涉及许多诸如基础设施改造、政府政策、公共交通、社会治安等利益攸关的民生问题，特别是面对重大突发事件，政务微博的作用更为突出。由此可见，政务微博可以畅通官民对话渠道、拉近官民距离、塑造政府机构亲民形象、提升政府公信力，政务微博可以帮助政府部门革新工作作风、改善工作效率、改变工作方式，从而不断提升社会的公共治理水平，为建构和谐社会作出应有的贡献。然而，政务微博不单单是一个信息传播渠道，它同时也是一个沟通平台。既可以释放出难以形容的生产能量，也可能成为恐怖主义者和江湖巨骗的工具，或是弥天大谎和恶意中伤的大本营。为人诟病的是，目前的政务微博更多发挥的还是充当信息发布平台的作用，而在与网民互动及解决具体问题方面，却鲜有突破，与网民的期待存在不少的距离，一些“别把政府微博和官员微博当回事”的呼喊凸显着微博问政的困惑。

一方面，“很多机构只是将政务微博作为信息发布平台、‘告示板’，发布的信息实际上只是部门网站信息的‘二次翻版’。”而即使发布信息，也是“偷工减料”，据《时代周报》统计，截至2012年2月4日，新浪微博中经过实名认证的“发布”系列政务微博共207个，其中，发布微博数量少于5条的账户有109个，也就是说，超过一半的“发布”系列微博只是走走形式。另一方面，大部分网民对网络问政的真正效果持怀疑态度。在人民网发起的一个相关调查即显示，在回答“您相信官员通过网络回复的问题能够得到解决吗”时，选择“不知道”的占51%，选择“不相信”的占21%，而选择“相信”的仅占15%。究其根源，不仅因为“浅层次政治沟通”忽略了官民互动的重要意义；还在于当前中国微博问政的效果在很大程度上取决于博主的主动性、积极性，而作为博主的政府机构和公务人员对网络问政心存恐惧，执网能力不足，难以照顾到不同利益需求。

被誉为信息时代思想家的尼葛洛庞蒂总结了“数字化生存”的四个特质：“分散权力，全球化、追求和谐和赋予权力”。在他看来，数字化生存由于其容易进入、具备流动性以及引发变迁的能力，具有赋权的本质，从而，分权正逐渐弥漫于整个社会之中。作为一种新兴权力，它在某种程序上解构了传统权力的运行思维，促进了网络政治和网络民主的兴起。对于报纸等传统媒体而言，政府很容易用单一的内容或声音来塑造统一的主导价值形态，而网络的无中心、离散结构模式正消解这种状态，政府强大的“把关人”角色被网络的分权逐步稀释，权威亦变得碎片化，对信息的控制难度加大：一方面，民众的利益维护意识和利益表达欲望增强；另一方面，制度化表达渠道的不畅和网络化表达控制的困难，使得网络表达成为民众利益诉求的理性选择，这些都给政府提出了新的挑战。

微博问政的“去恐惧化”与策略行动

我们知道，网络是公共事件的“放大器”和社会情绪的“发泄器”，而微博更将这两大功能无限地放大。100多个字符的微博虽短，但赋予网民的表达空间却相当大。如今，由于微博的匿名性和扩散性，微博反腐成为了政治生活领域中不可小视的民主力量。同时，微博传递的信息偏差也使不少官员陷于被动的境地，“网络恐惧症”的生发成为了基层官员亚健康政治中的新病象。显然,微博问政,“问”的是政府,更为主要的是官员。因此，政府机构及其工作人员必须冷静面对网络公共领域复杂性的考验。微博，考验着政府官员的处置能力。

可是,现实生活中还有不少领导是“网盲”，要么不联网或者把网络当成办公室装饰品，要么不愿意上网或者主动回避网络，这都是与现代政治生活格格不入的避世主义行为。因为回避问题不等于搁置问题，回避矛盾更不等于解决矛盾。而某些官员在面对于己不利的网络信息时，采取吵、封、抓、告等下策，这也是不符合柔性政治法则的极端主义行为。当然，更为可笑的是官员在微博中的自我“报料”：某局长由于误将微博当作私密聊天的即时通讯工具，在微博上大肆露骨调情，顿时成为了网络上最热门的话题。而当媒体采访时，局长还惊诧地反问：“你看得到了我的文字吗？”不少网民感叹：不懂微博的领导真是“伤不起”！

毫无疑问，微博的真实性往往伴随着内容的随意性和结果的失控性，有时虚假信息难以辨别。某些“谣言”容易通过它传播开来，并通过实名微博“合法化”，然后在实名与匿名微博间反复循环和扩大，从而导致“三人成虎”由“假”变“真”。比如，有微博称某女教师卖淫救助失学儿童，经查该信息系网络推手通过移花接木手法杜撰；有微博称浙江省文化厅为“反三俗”确定37首违禁歌曲，然而浙江省文化厅在接受采访时表示，从没有发过这样的有关文件。更重要的是，“我们必须认识到：在虚拟社区里也会有真实的伤害。”网络暴力在损害当事人名誉的同时，也会造成精神负担。而“人肉搜索”对个人隐私的曝光更有可能衍生出现实生活中的围观、指责、殴打等暴力行径。8月26日，陕西省安监局局长杨达才因在车祸现场的一个笑容而遭网络“通缉”，“名表门”爆发之后，先后数次针对其工资收入的信息公开申请则直接导致其被问责丢官。

其实，面对微博问政，官员必须贯彻执行“从群众中来，到群众中去”的群众路线，尊重群众，相信群众，理解群众，依靠群众。积极面对问题，坦率表达真相，避免因某种事件而产生不当语言或行为的“病毒式”扩散。对于一些“欺骗性议程”和“陷阱式议程”,公布真相，理性沟通，坦诚相待，积极应对，不能遮遮掩掩、含糊其辞、将错就错，相反还会此地无银、欲盖弥彰、贻害无穷。我们知道，虽然微博上看似无限自由、无穷边界，可以接受无数信息，但实际上却有意无意地屏蔽了许多真实的信息，加之带有激烈的言辞和过分情绪化的宣染，往往容易形成“圈子化”的、“群起而攻之”的、“多数人暴政”的现象。而要维持政府、官员对微博问政的主动性与积极性，维护群众利益，有必要将网络问政纳入绩效考核的范畴，制定科学、合理的考核指标，采用科学的考核方式和先进的考核工具，鼓励第三方参与，并保证考核结果应用的公平、客观。

作为公民而言，通过微播开展积极的政治参与和话语表达值得鼓励和提倡，公民意见永远是公共政策议程设置的强大源动力。但意见表达必须以国家利益和公共事务的民主设计为前提，必须充分考虑公共网络资源的有效性原则，应尽量避免私人化、低俗化和过分情绪化。网民无拘束的政治言论如果触犯了国家利益或是超越了法律限制之外的自由，应当承担相应的法律责任。而因为“意见领袖”能够通过引导甚至左右微博舆论走势引领社会舆论、主导网络舆论，使党和政府的网络话语权、主导权特别是强势主流舆论面临失控的境地，从而政府需要执"牛鼻子"，加强与"意见领袖"间的沟通与合作，加强对其微博观点、言语的引导。

诚然，所谓的"微博推手"和"网络水军"不可能建构有序的问政程序和真正的网络民主。因此，当公民认识到自己与网络公共领域息息相关并在这个领域内共生共存时，那么就必须建立和遵守一定的公共规则和公共秩序。只有如此，政府、官员、公民、社会才能在虚拟公共领域中和谐共处、共同发展。在人们普遍缺乏自我审思习惯和整个体制缺乏同步协调的情况下，微博等新媒体所建构的民主努力还只是一个虚幻的乌托邦神话。微博的出现仅仅为我们提供了一个更加多元化和碎片化的意见论坛，而不是民主政治的裁判所。

不过，"不管虚拟时空中拟象有多完美，在人类不能超越自身衣、食、住、行等现实物质需要的制约条件下，任何人都必须回归物理时空中去寻求真实的物质的社会生活。"作为践行"从群众中来，到群众中去"的社会注脚，"公共权力机构及其从业人员应走进基层，直面群众，原生态听取民意，零距离了解民生"。微博问政的有限理性与传统媒介"把关人"功能的丧失，使得政府机构和公务人员在面对原生态民意的时候，需要"去伪存真"。微博虽然挖出了隐藏的真相，但决策的制定却不能听凭网络的"一家之言"，只有实地调研才有"发言权"，才能"兼听则信"，才能确保决策的科学性、准确性。

（作者：广州大学公共管理学院院长、教授）

（选自《南京社会科学》2012 年第 11 期）

处置群体性事件需要新思维

——广东“乌坎事件”启示

王赐江

2012年3月27日下午，在一片锣鼓喧天、鞭炮齐鸣声中，广东汕尾陆丰市乌坎村新一届村委会正式挂牌成立。始于2011年9月的“乌坎事件”，历经集会、游行、对峙以及协商、对话、和解的曲折过程，终于告一段落。

尽管在今年全国两会期间，中共中央政治局委员、广东省委书记汪洋称乌坎的民主选举“没有任何创新”；但是，“乌坎事件”所显示的群体性事件新趋向及政府处置策略，仍然值得认真总结和思考。

“乌坎事件”的演变过程

无论是从村民诉求、事件规模、持续时间，还是从政府处置方式来看，“乌坎事件”都极具“标本意义”。其跌宕起伏的发展变化过程，可分为三个主要阶段：

一是矛盾激化阶段（2011年9月21日至12月19日）。2011年9月21日，因土地、财务、选举等问题对村干部不满，陆丰市东海镇乌坎村400多村民到市政府上访，在此过程中部分村民毁坏公私财物并冲击、围困村委会、公安边防派出所。22日上午，又有一些村民阻挠、打砸进村维持秩序民警和警车。陆丰市、东海镇组成工作组进村做工作，23日村内恢复正常秩序。但是，11月21日上午又有数百村民聚集到陆丰市政府门口上访，并打出“打倒贪官”、“还我耕地”等标语。12月9日，汕尾市政府举行新闻发布会称，已妥善处理“9·21”事件，乌坎村民诉求基本得到解决。当天中午，村民薛锦波等人被刑事拘留，薛在被关押了2天后死亡，事态再度恶化。村民与警方在乌坎村口互设关卡、路障，双方形成对峙局面。

二是事态缓和阶段（2011年12月20日至12月27日）。2011年12月20日，由中纪委委员、广东省委副书记朱明国带队的工作组进驻陆丰。当天，村民代表林祖銮等人与朱明国在陆丰市信访接待室会面。会后，林祖銮表示，工作组答应陆续释放3名被捕青年村民，再次确认薛锦波死因并尽快交还遗体，承认村民临时代表理事会的合法身份。随即，村民取消原定于21日的集体上访和游行，并自行拆除村口所有路障。自此，“乌坎事件”走向良性互动。22日下午，朱明国深入乌坎村走访看望群众，受到热烈欢迎。

三是还权于民阶段（2011年12月28至2012年3月4日）。2011年12月28日，广东省工作组在乌坎村召开群众通报会，对乌坎村第五届村委会换届选举作出整体无效认定，并表示将尽快组织开展村委会重新选举工作。

2012年1月15日，乌坎村召开党员大会宣布村党总支成立，林祖銮被任命为党总支书记。2月1日，经无记名投票，乌坎村民推选产生了由11人组成的选举委员会。2月11日，又选出109名村民代表。3月3日，采取不设候选人、本村登记参加选举的村民无记名投票的方式，选举产生村委会主任和副主任各1名，党总支书记林祖銮高票当选为村委会主任。

"乌坎事件"的主要特征

梳理"乌坎事件"的演变过程，可以发现其具有以下特征：一、从发生过程来看，有较长时间的酝酿、发酵期。早在2009年乌坎村民就开始上访，但在两年多时间内问题并未得到解决，矛盾日积月累。二、从方式策略来看，群体行为的非理性特征突出。伴随着集会、游行、示威，部分村民采取了打砸、围攻行为，发生警民冲突、形成对峙局面。三、从实施主体来看，参与者为特定群体。这一事件的参与者均为乌坎村民，属"利益攸关方"。四、从群体心理来看，对当地政府的不信任感明显。这种不满的产生主要基于诉求长期没有得到回应，有关部门未能及时解决问题。

此外，"乌坎事件"在群体诉求、组织方式和参与力量上的新变化值得特别关注：

*在群体诉求上，趋于复杂化、多样化。*乌坎村民主要有村级财务、土地、选举、扶贫助学和乌坎港污染问题等五大诉求，其中村干部倒卖土地问题为核心诉求。除了与自身紧密相关的"利益诉求"外，乌坎村民还有依法行使村委会选举权的"权利诉求"，甚至在集会时打出了"反对独裁"、"还我人权"、"打倒贪官"等有明确价值追求的横幅。

*在发起方式上，组织性和主动性突出。*为有效维护合法权益，乌坎村民经推选产生了"村民临时代表理事会"、"妇女代表联合会"等组织，并捐款筹集活动经费。尽管村民们的上访、集会、游行及打砸、对峙行为在某种程度上是多方求告无果后的"被迫举动"，但其在活动方式、策略选择上却表现出明显的组织性和主动性。在"灵魂人物"——林祖銮的主导下，从2011年11月21日再次集体上访起，乌坎村民变得更加讲究策略和方式。

在参与人员上，"新生代农民工"成为重要力量。"70后"、"80后"甚至一部分"90后"在"乌坎事件"中是很重要的群体，他们常年在外谋生，与父辈相比见识更为广阔、对自身权益更为在意，且善于运用录音、摄像设备和QQ、微博等新媒体记录事实、传播消息。在新一届村委会7位成员中，有4位是"80后"，最小的仅25岁，还有一位是"70后"。

考察我国新世纪以来的群体性事件，有三起颇具标本意义。除2011年广东"乌坎事件"外，另两起为：一、2004年四川"汉源事件"。因安置补偿不到位等问题，瀑布沟水电站涉及的上万移民聚集起来阻止施工并发生警民冲突，显示出普通群体为维护自身利益而不惜采取暴烈方式，这是典型的"基于利益表达的群体性事件"。二、2008年贵州"瓮安事件"。因对一名女中学生"溺水死亡"的警方结论不满，与当事人并无利害关系、来自社会多个层面的"非特定多数人"对当地党政机关实施打砸烧，借机泄愤，这是典型的"基于不满宣泄的群体性事件"。

如果说，"汉源事件"的内在驱动力是利益问题，"瓮安事件"的内在驱动力为长期积累的不满情绪；那么，"乌坎事件"的动力机制和群体诉求则表现为"利益"与"权利"的交织，这是社会发展到特定阶段的必然结果。随着经济社会的发展和人们权利意识的增强，彰显出某种"价值追求"的群体性事件必将呈现出日渐增多的态势。

"乌坎事件"的处置启示

两种处置方式所带来的不同结果，给政府

在应对群体性事件时提供了如下启示：

理性看待“稳定压倒一切”。“稳定压倒一切”的提法源于20多年前。1989年2月26日，邓小平同志在会见美国总统布什时说：“中国的问题，压倒一切的是需要稳定。没有稳定，什么都搞不成，已经取得的成果也会失掉”。仔细读一下这篇讲话就会发现，小平同志提出“压倒一切的是需要稳定”，主要是针对当时的政治环境和发展社会主义民主而言的。但是，小平同志当年所言的“稳定压倒一切”早已超越了特定时代的“政治”和“民主”范畴，在各级政府的实际操作中成了无所不包的“超级容器”。由于影响稳定的问题如此之广，加之有“一票否决”的指挥棒左右着个人进退，因此在很多领导干部眼中便出现了“不稳定幻像”，甚至到了风声鹤唳、草木皆兵的地步。在这种操作理念和压力型体制驱使下，公民正当的利益表达诉求也常被地方政府视为“影响社会稳定的不和谐因素”而横遭干涉。

毋庸置疑，在进行政治改革和民主建设时，社会稳定必不可少甚至是“压倒一切”的“第一责任”；否则，不仅政治民主无法实现，还很有可能造成社会动荡、生灵涂炭。但是，不能将局限在特定区域内的普通群众诉求上升到社会稳定层面而过度反应，甚至大动干戈。“乌坎事件”的演变过程包含了处置群体性事件的两种模式——压制与和解，显示了严峻形势下在法律框架内通过协商对话解决问题的可能性，最终实现了民众维护权益与政府维护稳定的“双赢”。因此，必须冷静、理性地看待“稳定压倒一切”。

坚决摒弃“敌对思维”。在现阶段，我国的群体性事件主要为利益表达、不满宣泄和某种程度的价值（包括权利）追求，基本上属于“人民内部矛盾”的范畴。但是，一些地方官员在群体性事件发生后，出于推卸责任、快速处置等方面因素的考虑，往往冠之以“一小撮人煽动不明真相的群众”、“有组织，有预谋”、“境外敌对势力遥控指挥”等“大帽子”，结果往往适得其反、使事态进一步恶化。

“人民内部矛盾”最早来自1957年毛泽东同志在最高国务会议上的讲话，他认为：社会主义社会存在着敌我矛盾和人民内部矛盾这两类性质完全不同的矛盾，在剥削阶级作为敌对阶级被消灭以后，人民内部矛盾处于突出的地位，敌我矛盾需要用强制的、专政的方法来解决，人民内部矛盾只能用民主的、说服教育的方法，也就是团结——批评——团结的方法去解决。现在一般认为，“人民内部矛盾”是指人民群众在根本利益一致基础上产生的矛盾，为非对抗性的矛盾。

2011年11月20日，在陆丰市干部群众大会上，广东省委副书记朱明国说：“‘乌坎事件’起源于利益冲突，既是经济社会转型期矛盾高发的必然表现，更与当地农村基层工作、基层干部作风问题直接相关，但事件性质总体上依然是人民内部矛盾。”这一符合实际情况的定性，给妥善处置“乌坎事件”奠定了前提和基础，使整个事件峰回路转。应当认识到，目前，我国多发的群体性事件基本上还未触及政治体制和社会制度层面，总体上仍属“人民内部矛盾”，分清性质对妥善处置具有十分重要的意义。

切实维护“合法权益”。在今年两会期间，针对乌坎事件“在民主选举上开了先河”、“对于深化政治体制改革有积极作用”的说法，中共中央政治局委员、广东省委书记汪洋在接受记者采访时称：“实事求是地讲，乌坎民主选举是严格按照《中华人民共和国村民委员会组织法》和《广东省村民委员会选举办法》进行的，没有任何创新，只不过把《组织法》和《选举办法》的落实过程做得非常扎实，让这个村子在过去选举中走过场的现象得到纠正”。

《中华人民共和国村民委员会组织法》明确规定：村民委员会主任、副主任和委员由村民直接选举产生，任何组织或者个人不得指定、委派或者撤换村民委员会成员。但是，在2012年3月以前，乌坎村从未举行过真正意义上的“民主选举”。以该村2011年2月的村委会换届为例，这次选举并未召开村民会议或者村民代表会议，只是由村原“两委”干部、村民小组长、会计、企业代表等50人举行会议产生。

应该说，汪洋的回应是客观公允的。“乌坎事件”中的民主选举并无新意，但为何引起国内外高度关注呢？这本身就是一个值得深思的问题。它说明，长期以来，很多地方并没有严格按照法律法规和相关政策规定，切实维护人民群众的合法权益，而是习惯于对群众在政策法规框架内的“依法抗争”采取漠视甚至打压的做法，常导致维权活动走上“暴力抗争”的道路。从这个意义上讲，“依法执政”的理念在很多地方并未化为党政机关的自觉行动。与一些地方政府的惯常做法相对照，“乌坎事件”的确也有“创新意义”。

随着经济的发展、社会的转型，我国已进入一个利益多元化、矛盾复杂化的特殊时期，人民群众的民主、平等和权利意识不断增强。面对新形势，需要在全社会弘扬法治精神、强化法治观念，形成尊重法律权威、依法解决纠纷的社会风气。而党政机关更应理直气壮地依法保障人民群众在合法合理范围内的“维权活动”，因为在某种意义上，“维权就是维稳、维权才能维稳”。

着力畅通“诉求渠道”。目前，我国人民群众在体制内反映诉求的渠道主要有两种：一是信访，二是诉讼。由于诉讼方式耗时费财，一般群众难以承受，而且对司法公正存疑，加上几千年封建社会传承下来的“青天情结”，普通民众、尤其是不能调动社会资源为己所用的底层群众，一般采取向各级党政、司法机关乃至中央领导反映问题的信访方式“鸣冤叫屈”。在此背景下，国务院2005年颁布实施的《信访条例》，进一步强化了信访体制。

为缓解各种社会矛盾，上级政府希望通过“一票否决”等信访责任追究制对下级政府施压来解决相关问题，“压力型信访体制”逐渐形成并产生了新的矛盾和问题，迫使基层政府耗费大量人力、物力和财力来减少上访登记量。

笔者曾在一份基层领导干部关于信访工作的讲话稿中看到“宁算政治账，不算经济账”的要求；在调查过程中，有多名基层干部提起“信访经济学”：一是基层政府派人常年（尤其是在举行重大会议、庆典期间）在北京驻守，随时准备截回进京上访的本辖区居民，这些人的衣食住行累计下来是一笔不小的开支；二是寻找门路做工作在信访部门“销号”也要产生数目不菲的开销；三是为暂时平息事态，不得不采用经济补偿等方式满足一些上访者的不合法、不合理诉求。

目前，单一而狭窄的信访方式已不能满足人民群众日益多元和复杂的诉求需要，乌坎村民在两年多时间内数次上访无果就表明了信访渠道的不畅和失灵。而且，通过信访渠道真正解决问题数量的偏少，有将访民对基层政府的不满转移至中央层面的风险。尤其令人忧虑的是，“信‘访’不信‘法’”现象突出，削弱了法律权威和规则意识。当前，可考虑在以下方面努力实现制度突破：一方面，大力推行司法体制改革，增强其权威性和公信力，降低诉讼成本，引导民众通过法律渠道止争息纷；另一方面，将信访职能逐渐集中到各级人民代表大会，以加强协调性和执行力。

（作者：人民日报主任编辑、法学博士）

（选自《学术前沿》2012年第4期）

全面推进依法治国的若干思考

——以学习党的十八大报告为背景

江必新

党的十八大报告指出："全面推进依法治国"，"加快建设社会主义法治国家"，凸显了党中央对法治国家建设的高度重视。要全面推进依法治国，加快建设社会主义法治国家，要在规则治理上下功夫，在中国特色上费心力，在加快建设上用力气，在全面推进上做文章，在有效治理上见成效。

要把"民主"、"自由"、"平等"、"法治"、"公正"、"诚信"、"和谐"等理念纳入社会主义核心价值体系

"民主"、"自由"、"平等"、"法治"、"公正"、"诚信"、"和谐"等理念，不仅是人类和平共处的基本准则，也是人类共同体生存和发展的基本条件；这些理念从来就不是资产阶级的专利，而是人类共同创造的文明成果；这些理念既是法治所承载的道德人文价值，也是法治得以被信仰的基本条件。将这些理念视为资产阶级的专利并将其与资本主义捆绑在一起，不仅人为地剥夺了社会主义的话语权，而且为渊驱鱼地造就了资本主义人文道德优势。将这些理念纳入社会主义核心价值体系，既可以丰富社会主义核心价值体系的内容，又使社会主义的价值体系与其它价值体系具有一定的共性和兼容性，从而形成交流沟通与和平共处的条件和桥梁；既使社会主义法治具有更丰富的内涵，又使社会主义法治更具有感召力和影响力；在全社会倡导这些理念，不仅有利于使法治的基本价值得以在中国大地生根，而且有利于法律的贯彻实施；不仅为在中国大地上实现规则治理创造条件，也为法治国家的建设打下坚实的思想基础。

要进一步凸显法治建设在中国特色社会主义总体布局中的地位

长期以来，我们将法治建设作为政治建设的组成部分，在全面推进依法治国、加快法治国家建设的今天，应当进一步凸显法治建设在中国特色社会主义总体布局中的地位。

首先，法治是党领导人民治国理政的基本方略，政治建设难以涵盖其全部内容；其次，尽管法治与政治具有极大的关联性，但法治有其自身质的规定性，也有其特有的建设规律；再次，不仅政治建设离不开法治，经济、社会、文化、生态等方面的建设也都离不开法治；最后，为了避免前苏联社会主义的悲剧，中国特色社会主义应当更加凸显法治在总体建设布局中的地位。

要把保证人民依法享有广泛的权利和自由作为执政为民的起码职责

执政党要实现执政为民的宗旨，首先必须保证人民依法享有广泛的权利和自由。这是因为：只有将人民的正当的利益、要求、愿望和诉求权利化，才能使执政为民转变成公权力机关具体的法定职责，才能使人民的正当要求、愿望和诉求转变成一种具有法律程序保护的请求权，才能使为人民服务走上公开、透明、公平、可持续之路，才能使人民的合法权益得到法治的保障和司法的救济。要保证人民依法享有广泛的权利和自由，一要在“广泛”上做文章：不仅要保护人民私法上的权利，而且要保护人民公法上的权利；不仅要承认国民的法定权利，而且要承认国民的基本人权与正当利益；不仅要不断扩大人民的政治权利，而且要不断扩大国民的经济社会文化环境权利；不仅要强化对自由权的保护，而且要强化对平等权的保护；不仅要保护当代人的权利，而且要保护子孙后代的权利。二要在“保证”上下功夫：一要为权利的行使提供必要的物质资源；二要使每项权利相应的义务或职责具有对应支持；三要有效防止权利遭受公共权力的侵害；四要切实保障权利的平等行使；五要健全权利受损的救济机制。

要把对公共权力的有效监督和制约作为法治建设的核心内容

对公共权力的监督和制约，是任何法治形态的基本要义；公共权力具有二重性，唯有法律方能使其扬长避短和趋利避害；破坏法治的最大危险在一般情况下都来自公共权力；只有约束好公共权力，国民的权利和自由才可能安全实现。有效监督和制约公共权力，要在以下几个方面狠下功夫：要科学配置权力，使决策权、执行权、监督权相互制约又相互协调；要规范权力的运行，为权力的运行设定明确的范围、条件、程序和界限；要防止权力的滥用，为权力的行使设定正当目的及合理基准与要求；要严格对权力的监督，使违法或不正当行使权力的行为得以及时有效纠正；要健全权益恢复机制，使受公共权力侵害的私益得到及时赔偿或补偿。

要把宪政作为党的领导、人民当家作主、依法治国三者有机统一的基本路径

党的领导、人民当家作主、依法治国的有机统一，是中国共产党对执政规律认识的深化，是执政党对六十多年执政经验教训的总结。三者的有机统一，不仅反映了现代民主政治的基本规律，而且体现了政党与国家和人民之关系的基本准则。要实现三者的有机统一，必须走宪政之路：党必须在宪法和法律的范围内活动，任何组织和个人都不得有超越宪法和法律的特权；党应当通过宪政路径吸纳、整合、表达民意，并通过立法程序将党的意志和政策变成国家意志和法律；要使党的领导融入人民代表大会制度这一根本政治制度之中，并通过权力机关的立法权、人事选举罢免权、重大事项的决定权和监督权实现党对国家的领导；要使党对国家的领导方式与宪法所规定的国家权力运行方式协调、统一起来，确保行政机关依法行政、司法机关依法独立公正地行使职权。

要用法治思维和法治方式处理改革、发展、解纷、维稳中的棘手问题

宪法和法律是人民公意的规范表达，是国家意志的集中体现，也是党的各种政策的有机整合。因此，宪法和法律是任何组织和个人都必须遵循的准则。法治是治理国家和管理社会的基本方式。无论是深化改革还是推动发展，也不论是化解矛盾还是维护稳定，都不得以任何借口以言代法、以权压法、徇私枉法，都应当以法治思维进行谋划和决策，都必须以法治方式进行决断和处理。要按照法定的权限举事，不得超越或变相超越本机关或本职位的职权范围，不得随意扩大自己的职权范围，即使目的正当也不得在法外行使权力；要按照法定的条件处事，不得曲解法定的条件行使职权，也不得随意变更法定的条件行使职权，更不得无视法定的条件行使职权；要按照法定的程序行事，不得任意减损或增加法定的步骤和方式，不得随意颠倒法定程序的顺序，不得无视法律的形式或标准，不得随意违背法律的期间规定和时间要求；要按照证据规则定事，对事件进行定性必须满足法定的事实要件，认定事实必须有足够的证据支持，所运用的证据材料必须合法客观并与待证事实具有关联性；要按照正当合理原则办事，不得受不应当考虑的因素的干扰或拒绝考虑应当考虑的因素，不得违反比例原则及合目的性、合正义性之原则；不得滥用对法律规范的解释权以及实体或程序的自由裁量权。

要在完善社会主义法律体系的基础上建构充分、良善且体现民主精神的法律规范供给机制

全面推进依法治国，需要充分的规范供给。恪守原有单一的法律渊源已无法满足法治实践的需求，有必要适当扩大法律渊源，甚至可以有限制地将司法判例、交易习惯、法律原则、国际惯例作为裁判根据，以弥补法律供给的不足，同时还应当建立对法律扩大或限缩解释的规则，通过法律适用过程填补法律的积极或消极的漏洞。为了保证法律规范的质量和提升立法科学化的水平，应当进一步改善立法机关组成人员的结构，提高立法程序正当化水平，构建立法成本效益评估前置制度，建立辩论机制，优化协商制度，提升立法技术，规范立法形式，确定法律规范的实质与形式标准，设立法律规范的事前或事后的审查过滤机制，构建实施效果评估机制，完善法律修改和废止制度等等。尤其要着力提高立法过程的实质民主化水平，要畅通民意表达机制以及民意与立法的对接机制，设定立法机关组成人员联系选民的义务，规范立法机关成员与“院外”利益集团的关系，完善立法听取意见（包括听证等多种形式）、整合吸纳意见以及重大立法全民公决制度，建立权力机关内部的制约协调机制，建立立法成员和立法机关接受选民和公众监督的制度，等等。

要用系统工程学的观念看待并建构法律实施系统

法律实施与严格执法是一个系统工程。首先，要认真研究如何使法律规范本身具有可实施性，不具有实施可能性的法律规范无疑会加大实施成本，甚至即使执法司法人员费尽心机也难以实现。因此，要特别注意法律规范的可操作性、实施资源的配套性、法律规范本身的可接受性以及法律规范自我实现的动力与能力。其次，要研究法律实施所必需的体制以及法律设施，国家必须为法律实施提供强有力的体制、设施与物质保障。再次，要认真研究法律实施所需要的执法和司法人员的素质与能力，要为法律实施所需要的素质和能力的培训与养成提供必要的条件和机制。又次，要研究法律实施的环境因素，并为法律实施创造必要的执法和司法环境。最后，要研究如何克服法律实施的阻碍和阻力，有针对性地进行程序设计、制度预防和机制阻隔，针对我国现阶段的国情，有必要把排除“人情”、“关系”、“金钱”、“权力”对法律实施的干扰作为重点整治内容。

要为司法机关依法独立公正行使职权创造体制条件，并设置高度正当的司法程序

司法的性质、功能和使命，要求司法主体必须具有中立性。司法不中立便无法获得当事人的认同和接受；而司法的中立必须以确保司法机关独立行使职权并有足够的能力抗拒任何形式的干扰为条件。在中国，对司法的干扰，不仅来自“金钱”和“权力”,而且来自“人情”和“关系”，这种国情和现实，使中国的司法所面临的干扰风险非常之大。因此，需要建立坚固的体制障碍和制度隔离，使任何干扰都无法对司法的公正性产生实质性的消极影响。而要做到这一点，必须进一步推进司法体制改革和制度完善。然而，独立性并不是公正的充分条件，而只是必要条件。要实现公正，除了司法人员的优良素质和高度自律之外，还必须通过设立具有高度正当性的程序，通过赋予当事人及其代理人的充分的程序权利，通过科学、有效且符合司法规律的管理，通过有效而理性的层级监督和外部监督等等，以确保事实认定的客观性、法律适用的正确性以及当事人的可接受性。

国民对法律的尊重和信仰比知法懂法更重要

一个人如果对法律缺乏应有的尊重和信仰，知法、懂法不仅无助于法律的实施与遵守，反而会为其规避法律创造条件。教育民众学法、知法固然重要，但更重要的是教育民众尊法和守法。事实上，即使是从事法律专业的人，也很难熟知所有的法律规范。因此，与其花巨大的成本去向国民灌输法律知识，不如通过大量公开的执法和司法典型案例使国民树立尊法和守法的意识；与其让每个人都全面地知法懂法，不如将资源用来培养大批律师和法律工作者，为普通民众提供及时、廉价的法律咨询和法律服务。对于一般国民来说，以下两点最为重要：一是恪守道德底线，知道哪些可为，哪些不可为，法律乃道德之底线，绝大多数法律规范乃道德原则衍生或折冲之产物；道德规范不容，一般为法所禁止（尽管不可画等号）；道德规范容许，一般为法所不禁。二是遇有矛盾和纠纷，养成咨询律师和法律工作者的习惯，而不是凭着对法律的一知半解去实施法律行为（有时反而风险更大）。这正如国家对待国民的健康一样，重要的是让国民具有保健意识和知识，有病及时咨询或看医生，而不是让每个人都去精通所有的医药知识。当然，在国民具有强烈的法律意识和咨询意识的基础上，鼓励国民多懂得法律知识也值得提倡，但一方面要注意普法的成本和效益，另一方面要提醒国民注意避免一知半解运用法律的风险。

（作者：最高人民法院党组成员、副院长）

（选自《人民论坛》2012年11月下旬刊）

社会主义法治建设的动力分析

付子堂　陈　仲

“依法治国，建设社会主义法治国家”是我国现代化建设的一个重要目标，也是一项艰巨而又复杂的系统工程。如何结合我国国情，充分调动各方面的积极力量，形成合力，推进法治进程，是我们应该思考而又必须解决的重要课题。从不同的角度来进行分析，法治建设力量就有不同类型。例如，从力量的性质来看，可以分为阻力和动力；从力量的来源来看，可以分为外力和内力；从力量的地位来看，可以分为主要力量和次要力量；从力量的大小来看，可以分为大力量和小力量；从力量的形态来看，可以分为有形力量和无形力量；从力量的主体来看，可以分为国家的力量、社会的力量和公民个人的力量；从法治运行环节来看，可以分为立法力量、执法力量、司法力量、守法力量等等。钱弘道先生认为，在中国推进法治进程有五种力量，即经济力量、制度力量、公权力量、私权力量、信息力量。这种概括是高屋建瓴的，但略显弹性和模糊。从马克思主义哲学的视角看，社会主义法治建设的动力可以分为原动力、根本动力和直接动力。

一、原动力：人的需要

当某物不再满足人们的任何需要时，该物也就变为多余而无价值；某物对人们的满足程度越高，价值就越大，人们对该物的利用、发展和完善的动力也就越足。法治(Rule of law)一词虽然众说纷纭，但其正向价值和功能从未有遭遇质疑，并成为近代以来各个国家所追求的共同目标。

从法治存在的根据看，良法源于人类需要。根据历史唯物主义的观点，无论是自觉的还是不自觉的，人类的需要总是从最基本的物质需求到更高层次的物质和精神需求发展，这也就自然推动了人类社会的进步。这个需要促动着人类社会逐渐从低级向高级、从秩序向和谐的发展，同时也推动法律逐渐从野蛮向文明、从不完善向完善方向发展，而这个过程也是催生“良法”的过程，这就孕育了法治的胚胎。

从法治建立的基础看，所有基础都是人们追求的结果。众所周知，法治植根于市场经济、民主政治、理性文化和社会文明。首先，市场经济是发达的商品经济，而“商品是天生的平等派”，平等是人类社会的永恒追求，而平等是法治的内在属性。因此，市场经济是法治经济，法治保障市场经济，同时，法治依靠市场经济。其次，民主政治作为人类社会的目标之一，其核心是要限制权力以保护权利，而这正是法治的精髓，因为只有在民主条件下，法律才能成为"国王"，法律的至高至尊地位才能充分凸显出来，法治也才有生存空间。再次，法律本身就是人们理性文化的产物，西方的自然法思想的基础就是人们的理性。人们区别于其他动物的重要标志就在于人是理性的动物，人们向往理性、追求理性。从法治实践来看，无论是立法、执法，还是司法、守法都离不开人的理性，可以说，没有理性，就没有法治。最后，社会文明既是人们的追求目标，又是人们的需求产物。埃利希说："法律发展的重心自古以来就不在于国家活动，而在于社会本身，这个重心在当代也必须到那里去追寻。"如果缺乏这些经济、政治、文化和社会根基，只能出现"有法律而无法治"的情形。比如被称为美国民主的"亚洲版"的菲律宾，自1935年独立以来，就没能避免长期的纷争和动荡，也没有逃脱马科斯的独裁统治。2010年地方选举造成了2009年11月在菲律宾南部多名当地政治人物和新闻工作者遇害的事件；被称为美国民主的"非洲版"的利比里亚也并不比菲律宾好多少，自1989年以来就一直处于内战状态；大家更为熟悉的伊拉克战争后的伊拉克，其法治状况就更糟糕。"无论如何，最高的立法权只是一种纯粹的理论，因为自古以来没有一位立法者可以不顾社会奉行的道德价值、传统、舆论乃至于偏见来创设他所希望的法律。"

从法治存在的价值看，所有价值都是满足人们需求的结果。法治以秩序为其基础价值，以公平正义为最高价值追求。首先，社会稳定、社会有序、社会和谐是人们的共同愿望，这也是法治得以建立的基础。没有相对稳定的国际国内环境，法治的建立和形成就只能是一种理想，甚至是一种幻想。其次，公平正义虽然被比作普罗透斯似的脸，变幻无常，但还是有一个以大多数人能够评判和接受的底线。可以说，人们对法治的不懈追求，很大部分原因就是因为法治的公正价值。

正如埃利希所言，"罗马人的家庭法或法兰克时期的德意志家庭法是罗马人和法兰克人家庭的一般秩序，这种秩序不是由罗马人和法兰克人的家庭法创制的，而是直接来自于在这种家庭中生活的人之特性和需要。如果一个法学家的眼睛擦得雪亮……那么他就不可能忽视，即使我们现代的家庭法也首先是一种产生于生活在家庭中的人之需要的秩序，而不是由法典的规定而形成的秩序；它随着人的这种需要的变化而变化和发展。"

二、根本动力：社会基本矛盾运动规律

马克思主义认为，社会发展当然包括法治发展。社会主义法治建设的根本动力来源于社会基本矛盾运动，即生产力和生产关系、经济基础和上层建筑的相互作用。

（一）决定性力量：生产方式

从法律的最深层次本质看，法律的内容是由占统治地位的社会物质生活条件决定的。尤其是生产力和生产关系组成的社会物质生产方式，决定着法律的性质、法律的产生、变化和发展。"在现实的历史中，那些认为权力是法的基础的理论家和那些认为意志是法的基础的理论家是直接对立的……那些决不以个人'意志'为转移的个人物质生活，即他们的相互制约的生产方式和交往形式，是国家的现实基础……在这种关系中占统治地位的个人除了必须以国家的形式组织自己的力量外，他们还必须给予他们自己的由这些特定关系所决定的意志以国家意志即法律的一般表现形式。""其实，只有毫无历史知识的人才不知道：君主们在任何时候都不得不服从经济条件，并且从来不能向经济条件发号施令。无论是政治的立法或市民的立法，都只是表明和记载经济关系的要求而已。"马克斯·莱因斯坦也指出："任何意识形态的现象都没有独立存在或真正的价值。……经济，即物质是决定所有思维创造物的历史基础。任何以为思维和精神的领域是按照自己的独有方式，独立于物质领域的事件或原因而存在，不是谎言，就是自欺欺人。”在生产方式中，生产力是主要矛盾的主要方面。而在生产力各个要素中，人民群众是最活跃因素，因而也成为最根本力量；科学技术作为第一性要素，因为其可以渗透于生产力其他各要素，因而也就成为最革命的力量。

（二）根本性力量：人民群众

人民群众是生产力中最活跃的因素，也是法治建设的最活跃力量。

从依法治国的定义看，人民群众是根本力量。依法治国就是广大人民群众在党的领导下，依照宪法和法律规定，通过各种途径和形式管理国家事务，管理经济文化事业，管理社会事务，保证国家各项工作都依法进行。

从立法层面看，只有人民群众参与，才可能制定出良法。什么样的法律才是良法，根本标准是能否满足最广大人民群众的根本利益。怎样才能满足最广大人民群众的根本利益呢？最简单和最直接的做法就是让人民群众参与立法。因为，每个人是他自己利益的最好裁判。其操作原则就是贯彻少数服从多数的民主化立法原则，虽然多数人的意见不一定产生良法，但可以有效避免产生最大的恶法。

从执法层面看，只有人民群众参与，才可能做到良法良执。依法治国的关键是依法行政，依法行政的关键是限权，限权的关键是人民群众对权力的监督，只有这样，才可能避免权力发生异化，让权力在法治的轨道上运行。

从司法层面看，只有人民群众参与，才可能做到公正司法。比如在陪审制度案件的判决中，就是由不懂法律的陪审员与专业法官构成整体并按照少数服从多数的原则来判决。这样，既可以避免人们对法官个人擅断的担心，又可以发挥群众的智慧，维护法院权威。再比如，为了得到司法公正，必然要求司法公开，公开主要是向公众和全社会公开，接受民众的监督，民意（主）的“审判”。从我国的现实例子来看，从孙志刚案、许霆案到邓玉娇案等，这些具有代表性的“公案”（引起公众普遍关注的案件），有的案件甚至可以称之为“公益案件”，由于一波又一波的民意攻势，一方面使清白得以回归、公正得以彰显；另一方面又极大地推动了法治的发展进程。

从守法层面看，人民群众才是守法的最大力量。我们衡量一个社会的法治化水平，其重要标准不是看其法律如何优良和完善，而是看法律是否获得公众的普遍认同，并在多大程度上成为民众的一种生活方式。从现实看，只有当法律制度内化为社会生活和习惯时，才可以说确立了法治秩序。因此，“法律只要不以民情为基础，就总要处于不稳定的状态。民情是一个民族唯一的坚强耐久的力量。”“如果制定法只有国家机关强迫人民遵守才得以遵守，那么其所达到的不过是官僚碾磨机发出的嘈杂的咯咯声音……只有当至少大多数民众出于自愿遵守制定法时，制定法才会实现它们的目的。”“民众是法制变革最深刻的社会根据。没有民众在法制上的普遍觉醒，要进行法制变革或者要取得法制变革的成功都是不可能的。法制变革或法治理想的实现都是社会演变发展的过程和结果，仅有先锋引导并不能实现真正的法制变革，更无法社会整体的法治化。”

（三）革命性力量：科学技术

科学技术是生产力中第一性的因素，“科学技术是第一生产力”。

从立法层面看，首先，科学技术的发展催生了许多新的法律部门，比如外层空间法、原子能法、电子商务法等等。其次，科学技术的发展有利于制定良法。比如电脑的普及和适用，一方面使立法中的法律编纂和法规清理变得容易；另一方面，可以让更大多数人参与立法，这就提高了立法质量和效率，尽可能达到法治所要求的良法。

从执法层面看，科学技术更容易提高办事效率，比如在电子政务环境下，透明化办公，更容易做到权力与权利的良性互动，实现法治所追求的依法行政。

从司法层面看，高科技的采用，更容易查清事实真相，真正做到“不冤枉一个好人，不放纵一个坏人”，实现法治所追求的公正。

从守法层面看，高科技比如监控技术、防伪技术、侦查技术等的广泛应用，就可以有效预防违法犯罪的发生。

当然，科学技术是一柄“双刃剑”，一方面，它可以推进法治进程；另一方面，有人还利用其来进行违法犯罪，阻碍法治进程。克服科技局限、发挥科技优势将一直成为人们对待科学技术的基本态度。

三、直接动力：理论引领与权力推动

（一）引领力量：法学理论家

法治作为一种实践，离不开法学理论的指引。“如果缺乏训练有素的专家的决定性合作，就不可能有正式阐述的法律。……因为要解决层出不穷的新问题，没有经过专业性和合理训练的法律人员是不可想象的。”从西方的法治建设历程看，受过法律训练的专家在法律的形成过程中起到了至关重要的作用。马克斯·莱因斯坦就指出，“以罗马法的发展和‘返老还童’为基础发展起来的西欧法律，没有波伦亚注释法学派和后注释法学派的工作，是难以想象的……几百年来，在英国，早已形成的中央最高法院及其中央化法律学者使法制统一得以维持。在美国，这种新的法律现象也已十分明显。美国法不再像英国的普通法那样，只是简单的法官制定法。其原因之一是大批全国性法学院和法学杂志，以及格雷、威廉斯敦、威尔格摩和博格斯等人的法学著作所形成的巨大影响。”当然，法治建设不仅仅是法学家的事，它应该而且必须是政治领导人、政治学家、社会学家、经济学家、伦理学家等共同参与，才可能实现法治。从历史和现实来看，政治家在法律的发展中也起着关键性的作用。比如中世纪时期的西西里的罗杰二世、英格兰的亨利二世、德意志的红胡子弗雷德里克和佛兰德的腓力对法律作出的贡献；近代时期的杰斐逊、汉密尔顿、麦迪逊等联邦党人思想对美国宪政的贡献，拿破仑对法国民法典的贡献等。从我国改革开放30年来看，从邓小平到江泽民再到胡锦涛等党和国家重要领导人都非常重视法治建设，正因如此，“依法治国”才成为了我国的基本治国方略，中国特色社会主义法律体系才得以基本形成。

（二）领导力量：中国共产党

依法治国的领导力量是中国共产党，这是建设社会主义法治国家的先决条件。自人类社会进入政党政治以来，政党尤其是执政党对社会各项建设包括法治建设的领导作用就十分明显。从我国法治建设的实践和历程看，一刻也离不开执政党的引导、支持与推动。而且，法治建设发生的每一次质的飞跃几乎都是发生在党的代表大会上，党的十四大报告明确指出要“高度重视法制建设”；党的十五大报告明确提出“发展民主必须同健全法制紧密结合，实行依法治国”；党的十六大报告指出，“加强立法工作，提高立法质量”、“加强法制宣传教育，提高全民法律素质”；党的十七大报告则更是鲜明地指出，“全面落实依法治国基本方略，加快建设社会主义法治国家”，“深入开展法制宣传教育，弘扬法治精神，形成自觉学法守法用法的社会氛围”。可以看出，每一次大会都是对法治进程的重大推进。因此，中国共产党的法治领导作用在中国这块红色土地上在任何时候都不能低估，它既是社会主义法治建设的领导力量，又是社会主义法治建设的保障力量。

（三）执行力量：各权力机关

1. 立法机关制定良法

法治以法制为前提，没有立法，也就无所谓法治，立法是法治运行的第一个环节。从理论上说，立什么样的法，就执行什么样的法，人们就守什么样的法。立法质量如何，决定着整个法治的实现程度。为此应严格坚持人本化、科学化、民主化、程序化的立法原则，制定良法。

2. 行政机关依法行政

依法治国的关键是依法行政，即使有若干良法，如果得不到有效贯彻和执行，也是一纸空文，毫无价值。无论从理论还是从现实来看，法治秩序的形成，必然要以强大的国家强制力量为后盾。尤其是政府，其法治行为必将影响、推动、主导整个社会的主流价值观，是法治建设的重要力量。如果政府带头不讲诚信、不遵守法律，也是法治建设的最大破坏力量。这就要求行政机关遵从“法不授权皆禁止”的原则，依据法律授权来行使职责，严格按照程序科学、公开、合法、合理地运用执法自由裁量权，坚持做到良法良执，文明行政。

3. 司法机关公正司法

司法是解决社会问题的最后一道防线，司法公正既是司法的“生命线”，又是法治实现的表征。因为，一次不公正的审判，其恶果相当于十次犯罪。犯罪污染的是水流，而司法不公污染的是水源。做到司法公正，就必须坚持司法公开，因为公开是最好的“防腐剂”，是公正最有效的保障；坚持司法独立，因为独立是司法公正最基本的需求；坚持司法创造，为完善良法服务，这在判例法国家即“法官造法”中体现最为明显，在大陆法系国家除了司法的自由裁量权外，也要通过具体的个案来体现司法公正。

综上所述，社会主义法治建设的力量是多种多样的，各种力量在不同时期、不同地点所发挥的作用也有差别。“在某时某地，经济的因素较为重要；在某时某地政治的因素较为重要；在某时某地宗教的因素较为重要；在某时某地法律的因素较为重要，如此等等。在所有时间和地点，居支配地位的重要因素则是这些不同因素的交互作用。”同时，所有力量和法治的关系都不是单方面的，而是互动互推的，互为作用力的。因此，一方面，需要完善法治所赖以生存和生长的必备环境，将各种力量进行有效整合，形成合力，发挥各种力量在法制建设中的最大功效；另一方面，要进行法治自身建设，以完善各种动力因素，将法治的建立与其所需环境形成良性互动状态。

（作者：付子堂系西南政法大学教授、博士生导师）

（选自《法学杂志》2012 年第 1 期）

加入世界贸易组织十年我国的法治建设

袁曙宏

十年来，我国利用WTO多边贸易体制，统筹国内外两种资源、两个市场，经济建设取得了巨大成就，综合国力和国际地位显著提升，人民生活水平大幅提高。与此同时，我国坚持不懈地推进依法治国和依法行政，大力加强社会主义法治建设，加快建设社会主义法治国家和法治政府，为改革开放和社会主义现代化建设提供了良好的法治环境和根本的法治保障。

一、十年来我国加强法治建设取得的重大成就

WTO既是规范市场经济运作的多边规则和法律体系，又是以带有强制性的规则和体系为基础的政府间国际组织。WTO规则的核心是贸易自由化，贯穿其中的是三大基本原则及其相关制度：一是非歧视原则及其相关制度。各成员政府必须保证所有WTO成员平等地进行经贸活动。二是市场开放原则及其相关制度。各成员政府必须按照承诺逐步消减关税，减少审批，取消贸易壁垒，不采取非公正的贸易手段进行竞争，尤其不能以倾销和补贴的方式向其他成员销售商品，造成对其他成员利益的损害。三是透明度原则及其相关制度。各成员政府必须做到法律法规和政策等措施公开透明和可预期，对有关影响贸易的各项制度都应当及时公布，不公布的不得实施。由此可见，WTO规则主要规范的是政府对经济贸易的管理行为，而不是市场主体之间的经济贸易行为。中国入世，首先是政府入世。受WTO规则约束的政府行为，包括与WTO框架下的货物贸易、服务贸易、知识产权、商贸投资等有关的所有行政立法、行政执法、行政裁决和行政复议，实际上包含了中央政府和地方政府及其所属的大多数部门的大部分行政行为，同时还包括立法机关规范经济活动和行政活动的立法行为，以及司法机关审判经济纠纷和监督行政活动的司法行为。我国的政府行为、立法行为和司法行为在这么大范围内长期地、强制性地受到国际协定和国际组织的约束，这在历史上还是第一次。因此，中国入世所推动的国内法制的重大变化，是30多年前改革开放初期法制恢复和重建之后中国法治发展的第二次飞跃。

（一）推动了我国社会主义市场经济法律制度的形成和健全

WTO协定是公法类国际条约，不能在我国直接适用，需要将协定的规定转化为国内法予以执行。这就要求对我国有关经济贸易的法律法规和其他政策措施进行全面清理，修改或者废止与WTO规则不一致的规定，并按要求制定新的规定。为此，加入 WTO 前后，我国开展了自新中国成立以来最大规模的法律法规规章清理工作。国务院有关部门自 1999 年底开始，对有关经济贸易的法律、行政法规和部门规章进行了集中清理。截至 2002 年底，共修改了 14 部法律，修改、制定了 37 部行政法规，废止了 12 部行政法规，停止执行了 34 份国务院文件，制定、修改或者废止了 1000 多件部门规章。全国 31 个省区市和 49 个较大的市共清理 200 余万件法规规章和其他政策措施，修改、废止地方性法规 1100 多件、地方政府规章 4500 余件、其他相关文件 19 万多份。

2011 年 3 月，吴邦国委员长在第十一届全国人民代表大会第四次会议上郑重宣布，中国特色社会主义法律体系已经形成。截至 2011 年 8 月底，我国已制定现行宪法和现行有效的法律 240 部、行政法规 706 部、地方性法规 8600 多部。各个法律部门中基本的、主要的法律已经制定，相应的行政法规和地方性法规比较完备。我国加入 WTO 的十年，正是中国特色社会主义法律体系形成的关键十年；加入 WTO，对中国特色社会主义法律体系的形成作出了重大贡献。

（二）保证了 WTO 协定在我国的统一实施

按照 WTO 协定和我国加入议定书的规定，我国应当以统一、公正、合理的方式实施与管理中央和地方有关贸易的法律法规及其他政策措施；建立一种机制，使所有企业和个人可以就不统一实施贸易制度的情况，提请中央政府注意并依法作出处理。2000 年 3 月，全国人民代表大会审议通过《立法法》，建立了法规规章备案制度，明确了有关机关改变或者撤销违反上位法的法规规章的权限和程序。2001 年 12 月，国务院根据《立法法》的有关规定制定了《法规规章备案条例》，完善了地方性法规、地方政府规章和部门规章的备案审查制度。全国人大常委会法工委于 2004 年 5 月设置了备案审查室，国务院法制办于 2009 年 3 月设置了法规规章备案审查司。备案审查制度的建立和实施，使我国有关经济贸易的法律法规和其他政策措施，包括地方政府及其部门制定的有关规范性文件，受到社会各方面的广泛监督，使其中与法律、行政法规或者 WTO 规则不一致的规定能够得到及时处理，保证了有关 WTO 的法律制度在全国范围内的统一实施。

（三）深化了政府职能转变和行政审批制度改革

转变政府职能，深化行政审批制度改革，减少政府对微观经济活动的直接干预，既是我国履行加入 WTO 承诺的迫切要求，也是完善社会主义市场经济体制的客观需要。WTO 有关协定规定，行政许可的程序应当公开、透明和简化，行政许可的实施应当采取公平、公正、透明和可预见的方式，不能对贸易构成不必要的限制。我国在加入 WTO 议定书等有关文件中作出了具体承诺。国务院在总结实践经验的基础上，起草了《行政许可法（草案）》，2003 年全国人大常委会审议通过了这部重要法律。各地方各部门按照国务院统一部署，以贯彻实施《行政许可法》为契机，深入推进行政审批制度改革，促进政府职能转变和管理方式创新。加入 WTO 十年来，国务院分五批共取消和调整行政审批事项 2183 项，占原有总数的 60.6%，各地方取消和调整的行政审批事项占原有总数的一半以上。各地方在改革中还积极探索，建立了行政审批相对集中办理的政务中心或政务大厅，实行一个窗口对外，“一站式”服务；发展电子政务，实行网上申请、网上审批等，提高了行政效能，方便了企业和群众办事。为了履行我国加入 WTO 的有关承诺，建立适应社会主义市场经济体制的经济贸易管理制度，国务院还多次对相关政府机构进行调整和改革。

（四）提高了政府工作透明度

增强政府工作透明度，是保障人民群众知情权、表达权、参与权和监督权的前提，有利于增强市场主体的可预期性，促进和监督政府依法行政，提高政府的公信力。WTO 协定要求，凡是有关贸易的法律法规和其他政策措施都要公开发布，并集中在官方刊物上刊登。党中央、国务院高度重视政府工作的公开透明。2004 年 3 月，国务院制定《全面推进依法行政实施纲要》，把政府信息公开作为推进依法行政、建设法治政府的重要内容。2005 年 3 月，中办、国办印发《关于进一步推行政务公开的意见》，进一步明确了各地方、各部门推行政务公开的主要任务、重点内容，完善了有关制度。2011 年 8 月，中办、国办印发《关于深化政务公开加强政务服务的意见》，对深化政务公开，统筹推进政务服务体系建设作出了全面规定。与此同时，我国不断完善有关政府信息公开的法律制度，目前已有 280 多部法律、行政法规规定了公开制度，其中涉及政府信息公开的有 80 多部。在总结推行政务公开实践经验的基础上，国务院于 2007 年制定了《政府信息公开条例》，进一步完善了政府信息公开法律制度，使政府工作透明度得到空前提高。增强立法透明度是提高立法质量的重要途径。2008 年以来，全国人大常委会审议的法律草案原则上都公开向社会征求意见；除依法需要保密的外，所有行政法规草案都通过“中国政府法制信息网”向社会公开征求意见，国务院部门规章草案也在该网站上集中发布，征求各方面的意见。

（五）促进了司法审查制度的完善

WTO 协定规范的是政府行为，而司法审查制度是监督政府行为的重要途径，在 WTO 法律框架中具有重要地位。WTO 协定对各成员司法审查制度的基本要求是，建立司法审查机构和程序，赋予受到行政行为影响的当事人申请司法审查和司法救济的权利，司法审查程序应当客观公正，行政复议应当赋予当事人选择向司法机关寻求最后救济的机会。我国的行政诉讼和行政复议制度总体上符合 WTO 协定的要求，但也需要进一步完善。2001 年，最高人民法院制定了《最高人民法院关于审理国际贸易行政案件若干问题的规定》等司法解释，明确了法院审理国际贸易行政案件的管辖权、法律适用等问题，并对 1226 件有关司法解释进行清理，废止了 20 件。2004 年，国务院在原《反倾销和反补贴条例》的基础上，分别制定了《反倾销条例》和《反补贴条例》，明确规定对反倾销、反补贴的行政决定，当事人可以请求司法审查。我国还修改了《商标法》和《专利法》，取消了不得就商标复审委员会、专利复审委员会的决定向法院起诉的规定，增加了司法救济途径。

（六）加快了依法行政进程

加入 WTO，对全面推进依法行政、加快建设法治政府提出了更加紧迫的要求。1999 年 11 月，为了贯彻落实依法治国基本方略，适应我国即将加入 WTO 的新形势，国务院发布了《关于全面推进依法行政的决定》，对全面推进依法行政作了专门部署。加入 WTO 以来，国务院先后采取了一系列重大举措，加大力度推进依法行政。2003 年修订《国务院工作规则》，把依法行政正式确立为政府工作的三项基本准则之一。2004 年，发布《全面推进依法行政实施纲要》，第一次确立了建设法治政府的目标，明确了依法行政的基本原则和要求，提出了全面推进依法行政的 7 项主要任务。2008 年，发布《关于加强市县政府依法行政的决定》，着力推动基层政府依法行政工作。2010 年，发布《国务院关于加强法治政府建设的意见》，对推进依法行政、建设法治政府作出新的部署。各级政府及其部门不断加快依法行政的步伐，取得了重大进展。

二、目前实践中存在的主要问题

（一）有的法律法规规章以及一些规范性文件存在与WTO规则不一致的情形

加入WTO十年来，我国在WTO被诉案件共有14件，涉及法律6件、行政法规10件、规章46件、司法解释2件、规范性文件223份。涉案的规范性文件既有国务院及其部门发布的，也有县级以上地方政府及其部门发布的。主要涉及我国的税收、补贴、知识产权保护、出版物管理、出口限制、反倾销等措施。在已经作出裁决的3个案件中，WTO争端解决机构都裁定我国某些措施违反WTO规则。这些案例表明，有的部门在起草有关规定的过程中，对与WTO规则一致性的把关不够严格。法规规章备案审查力量严重不足，规范性文件备案审查制度在一些基层政府没有得到落实，有件不备、有错未纠，致使一些违反WTO规则、与上位法相抵触、违法设立优惠政策和管理措施、搞地区封锁和部门垄断的规章和规范性文件没有得到及时纠正。

（二）政府职能转变和行政审批制度改革还不适应发展社会主义市场经济的要求

政府职能转变不到位，行政审批制度改革还滞后于经济社会发展，特别是公共产品和服务提供不足。政府集中了过多的公共资源和社会资源，权力部门化、利益化的问题依然存在，造成行政审批事项仍然较多，清理不彻底，特别是在投资和社会发展领域，许多审批事项还没有得到有效清理。一些应该取消的审批事项被合并或调整为审核、事前备案等，虽然改变了方式，但没有改变审批的实质。滥用审批权力、权钱交易、官商勾结等腐败现象屡有发生。重审批、轻监管的问题没有从根本上得到解决。

（三）政府立法特别是有关规范性文件制定程序的透明度有待进一步增强

近些年来，我国法律、行政法规制定程序的透明度不断提高，除个别特殊情况外，所有法律草案和行政法规草案都通过互联网公开征求各方面的意见。但在规章和规范性文件草案公开征求意见方面，有的部门不愿意公布规章草案、规范性文件。一些直接涉及公民、法人和其他组织切身利益的规范性文件，大多不公布草案，不公开听取社会公众的意见。

（四）司法审查制度需要进一步完善

行政诉讼和行政复议是监督行政机关依法行政、化解行政争议的重要途径。目前，我国行政诉讼的范围仅限于具体行政行为，没有将一些抽象行政行为如规章和规范性文件等纳入行政诉讼的范围，不利于保护公民、法人和其他组织的合法权益，不利于监督行政机关依法制定规范性文件。在行政诉讼中，人民法院有时还难以真正做到依法独立行使审判权，有的行政机关通过各种方式向人民法院施加压力。行政复议力量过于分散，一些基层政府行政复议能力偏低、人员严重不足，行政复议的功能没有得到充分发挥，公信力有待进一步增强。

（五）推进依法行政工作、建设法治政府还存在不少突出矛盾和薄弱环节

一些地方政府和部门领导对依法行政工作还不够重视，工作进展不平衡；推进依法行政的措施不够有力，工作部署多，督促检查少，没有真正抓落实。一些行政机关及其工作人员依法行政的意识和能力不够强，对推进依法行政重要性的认识不到位，有的甚至把依法行政与发展经济对立起来。行政决策制度不健全，决策程序不规范，对违法决策、拍脑袋决策者的责任追究不严格。行政执法行为亟待进一步规范，多头执法、多层执法、重复执法、推诿扯皮、执法不作为等问题仍然存在，行政执法的财政保障不到位，执法裁量幅度过宽、随意性较大，有法不依、执法不公、执法扰民、粗暴执法、执法腐败现象仍然比较严重。对行政

权力的监督制约和行政问责力度不够，一些行政违法行为得不到及时纠正和惩处。依法化解矛盾纠纷的体制机制有待进一步完善。

三、在新的起点上加快推进社会主义法治建设

加入 WTO 十年后的中国，更加需要高度重视法治，更加需要把社会主义法治建设放在全局性和战略性地位来谋划与推进，更加需要自觉运用法治思维和法律手段解决经济社会发展中的深层次矛盾和突出问题。

（一）进一步强化法律法规规章和规范性文件审查工作

在法律法规规章和规范性文件起草过程中，起草部门应当严格遵守《立法法》、《行政法规制定程序条例》、《规章制定程序条例》、《全面推进依法行政实施纲要》等规定的权限和程序，确保草案与上位法和 WTO 规则相一致。政府法制机构应当进一步加强法规规章审查工作，提高法规规章审查工作质量。

（二）进一步转变政府职能和深化行政审批制度改革

进一步清理、减少和调整行政审批事项，特别是投资、社会事业、非行政许可审批等领域的审批事项，深入推进政府职能转变。加强电子政务建设，大力推行和规范网上审批；进一步推进行政审批公开，把审批事项、审批程序、申报条件、办事方法、办结时限、服务承诺等在网上公布，实行网上公开申报、受理、咨询和办复。严格依照《行政许可法》的规定，对实施行政许可和被许可人从事行政许可事项的活动加强监督检查，及时查处违法行为。

（三）进一步提高规章和规范性文件制定程序的透明度

有关法律法规和国务院文件对提高规章和规范性文件制定程序的透明度作了明确规定，国务院各部门和地方政府应当严格执行这些规定。部门规章草案在通过本部门网站公开征求意见的同时，应当在“中国政府法制信息网”上集中刊登，以方便社会公众查阅和提出意见。地方政府也应当积极创造条件，建立规章草案和有关规范性文件草案集中公开的平台。

（四）进一步完善行政诉讼和行政复议制度

行政诉讼法的修改，已经列入全国人大常委会 2012 年立法工作计划。应当以此为契机，抓紧研究扩大行政诉讼受案范围的问题，可以考虑采用行政复议法确立的模式，规定相对人起诉具体行政行为时，一并对有关抽象行政行为提起诉讼。对于可诉抽象行政行为的范围，可考虑将规章和国务院部门、地方各级行政机关制定的规范性文件，全部纳入行政诉讼的受案范围，以加强对抽象行政行为的司法监督。

（五）进一步加大力度全面推进依法行政、加快建设法治政府

在中国特色社会主义法律体系已经形成的新形势下，各级行政机关应当把确保法律法规全面严格实施作为建设法治政府的重点任务，推动各个环节依法行政工作的真正落实。要加强行政决策机制制度建设，把公众参与、专家论证、风险评估、合法性审查和集体讨论决定作为重大决策的必经程序。完善行政执法体制和机制，健全执法程序，规范执法行为，创新执法方式，严格落实行政执法责任制。强化对行政权力的监督和行政问责，全面推进政务公开，让权力在阳光下照耀和运行。完善行政调解制度，建立健全行政调解与人民调解、司法调解相衔接的大调解联动机制。着力提高广大公务员，特别是领导干部的依法行政意识和能力，使他们真正确立对法律的尊崇、信仰和敬畏，自觉运用法治思维和法律手段深化改革、推动发展、维护稳定。

（作者：国务院法制办公室副主任）

（选自《行政管理改革》2012 年第 2 期）

怎样理解法治文化

李德顺

怎样界定“法治文化”，与我们对概念理解的层次有关。对“法治”和“文化”的理解有不同的方式，也有不同的层次。但我认为，“法治文化”主要是区别于“人治文化”的一种新的政治文明体系。把法治叫做政治文明，把德治叫做精神文明，原来是江泽民同志提出来的。江泽民同志在“十六大”报告中突出强调政治文明，实际的含义就是强调讲法治，而不是讲德治，回到依法治国建设法治国家的轨道上来。总之法治就是一种政治文明，这种政治文明与社会主义制度的本质、特征和发展前途有密切的关系。我觉得，社会主义是人民当家作主的社会，是人民民主的国家，这是指我们的国体（国体是国家的阶级性质和主权定性）；而它的政体（政体是政权的组织形式），则应该是法治。所以法治不应该仅仅理解成司法系统和司法部门的事，而是国家政治的实质特征和核心内容。以这样的政治内容为核心，变成我们社会的公共政治生活实践，变成人们的生活方式，那么我们的社会文化就是一种法治文化了。所以我理解，法治不仅仅是用来治理国家的一种手段，而是成为全国上下在生活中普遍遵循的规则，普遍实现的一种生活方式。这是我所理解的法治文化概念。

那么，法治文化意味着什么？意味着法治精神得以社会普遍化的实践和实现，是按法治精神实践的方式、过程和实现的结果。因为实践中的具体情况很复杂，我们就要注意从总体上深刻地理解法治的精神实质和实践导向，关注社会发展中出现的现实问题，通过具体、切实的工作，推动法治建设。

最近这些年社会上出现很多矛盾冲突，是我们实施依法治国、走向法治社会过程中遇到的事件，就应该自觉地把它提升到法治建设的高度来看。例如，最近出现的轰动海内外的“小悦悦事件”。有人认为这个事件说明“中华民族到了最缺德的时候”。那么我想提出这个问题来讨论：我们现在到底是最缺“德”还是最缺“法”呢？

法治是承认人的平等权利和责任的。在那种议论中，对“18个路人”的表现既没有调查核对，也没有具体分析，就指斥为“道德冷漠”，并进一步把它提升为一种普遍的现实，这种说法是否有失公允？我看是断言者自己缺少法治意识，无意中赋予自己某种道德特权了。道德特权意识，是指不自觉地以自己站在道德制高点上自居，以为可以不讲道理，无条件地要求和指责别人。

实际生活的情况是复杂的。我曾遇到过一个类似的情况：一老人摔倒后，周围有27个人在看，却没有人动手扶起老人，直到救护车来把老人接走。有一个记者发现了此事并拍照，想大做文章，说那27个人道德冷漠。但我说：你有没有问过他们，为什么不上前去扶老人？如果在场的人都冷漠，那么是谁打电话叫救护车的？如果一个老人摔倒了，是不是什么人见到了都应该马上去扶，你知道医生是怎么讲吗？因为我年纪大了，也有过晕倒的经历。当时周围也有人围着不动我，但我知道多数人是在守护，并不是冷漠。所以，我提出了上述问题，制止了记者的冲动。

一般说来，社会上什么人都有，在这种情况下，会有看热闹的、幸灾乐祸的、甚至有小偷想趁机偷盗的。但是我们怎么看待自己的人民，看待不知名的、没有发言权的群众？首先应该想到，包括那27个人和18个路人在内，每个人在道德行为上都有自己的权利和责任，都应该得到理解和尊重。如果轻易地断定人家道德冷漠，这种想问题的方式就缺少一点法治的理性了。

法治精神也注重对人的权利责任的分析与界定。像小悦悦这样的事，就涉及方方面面的权利和责任：家长的权利和责任；市场管理（摄像头谁安的？安在那儿干什么用的？）的权利和责任；肇事司机的权利和责任（我还听说司机们有一种说法，叫做压伤不如压死，因为交通事故审理时可能压死一个人付出的代价要比压伤一个人的代价小，这就涉及有关规定的问题）；路人的权利和责任等。有些过路人看见了没管，有些人则根本没有看见。看见了不愿意管、不敢管是什么问题？这又扯出了很多，像“彭宇案”的教训等。有这样多的方面，就需要冷静、理性地分析和思考，才有利于产生合理、有效的对策，防止类似事件再发生。这里不应一味地煽动道德情绪，盲目地指责，甚至说法律不管用。实际上我们很少真正用法律面对这类问题。法律问题并不是只有到了法庭上才有的。

我觉得，法治精神其实就是一种规则意识，就是在具体事情上对人的权利和责任加以具体规定和分析，尊重和保护每个人的权利，同时也规定每个人应该担负的责任。在权责问题上不依法作出具体分析，而是感情用事，就是在用一种德治主义否定和取代法治。这么多年来到底是德治还是法治纠缠很厉害。因此，法学界有些人在理论上尽量撇开道德讲法，而社会上有一些人则只讲道德，不讲法。所以才有今天思想情绪的混乱。那么法和道德到底是什么关系？这个问题一定要解决好。

我认为，现在不是老百姓缺德，不是中国人缺德，而是我们现在更缺法。当然，现在缺的不是法律法条，不是说我们现在的法律法条比以往少，而是说，法治意识、法治精神现在更为需要，更显得不足了。例如，遇事能不能先从法律视角考虑问题，就是一个标志。拿国家博物馆立孔子像的事来说，一直有很大争议。赞成的人说有多么伟大的意义，反对的人则讲导向多么不好。其实这只是“二级”是非上的争执。什么是这里的“一级”是非呢？我说是：那个地方到底应该谁说了算？就是说，在一个地方立或不立什么人的像，这是谁的权力和责任？在一个多元化文化的时代，每个人、每个主体都要对自己的行为行使权利、承担责任，而不能侵犯他人和公共的权利、责任。就像学校的学生，可以在宿舍床头贴他的偶像照片或海报，爱贴谁贴谁，这不需要管，也没有人管。但是他要将偶像照片或海报贴到教室、会议室、图书馆可不可以？那就要有人干预了。如果一个人自以为在道义上站在正确的方面，就可以随意行动，这样的原则就是德治而不是法治了。所以我说，孔子像悄悄地立，悄悄地挪走，都不是依法办事的做法。这类事情的权利和责任不明确下来，给予公开的规定，就不是真正解决了问题。这样的事情以后还会发生，就变成权势的博弈，谁有权、有办法就可以弄，把国家的法律和公民的意志抛在一边。这样的活动方式和生活方式，显然与法治精神的普及与实践相距甚远。

“缺法”的突出后果表现在两大危机上：政府的“公信力危机”和老百姓的“安全感危机”。群众觉得吃的、穿的、住的、用的、行的，处处都有假冒伪劣，不安全。在道义上也不安全，一件事怎么做就对了，怎么做就错了，什么是应该的，什么是不应该的，什么是份内的，什么是份外的，没有一套可靠的程序和规则，任何人都可以在道义上从任何一个角度指责或怀疑别人，所以，每个人也就没有道义安全感。公信力危机和安全感危机证明了什么？我看是“呼唤法治”。政府的公信力来自哪里？来自忠诚于法律，做事都有法律根据，而且公开透明、一以贯之，这样政府行为的公信力就会增强。大家都希望社会诚信，有法可依，才能有诚信，否则，光靠道德呼吁是唤不来的，个别人保持诚信的代价太大，也会难实现和推广。至于安全感，更要靠法治作为后盾。在现实条件下，挣多少钱或者当多大官，都不能保证有安全感。而老百姓无权无势又没有钱，凭什么才能活得踏实、硬气？就是凭着有理。什么叫有理？就是守法、遵法。有了法治这个后盾，我相信让一个很穷的人、地位很低的人也不会觉得很弱势，也能活得理直气壮。

所以，现在说中国人最缺德这是不公平的，说我们最缺法，我认为可以考虑。因为各种社会现象都在呼吁我们建设法治、推进法治。当然，具体的法律规则和条文都是可以修改的，我们现在也正在不断地改。但是“相信法律，依靠法律，执行法律，建设和完善法律”这样一种精神导向和信念，不能怀疑，不能动摇。从官方到民间，我觉得这个信念现在应该大声地说，应该积极推动，并用实践、实例来证明。

理解法治精神，就是要切实地倡导公平正义，我主张把这个作为中国特色社会主义的核心价值理念。不要说很多别的话，就是要讲公平正义，以实现社会主义的公平正义为目标，依靠民主和法治推动我们的政治体制改革，推动中国社会发展进步，推动整个文化的发展进步。

文化强国之强，光有大规模的文化产品和很高的文化经济效益是不够的。如果没有法治作为保证和基础，不仅很难实现，即使有一些也很难得到保障和巩固。在推动文化大发展、大繁荣的时候，像中国政法大学这样的单位，不可能把精力放在搞文化产业和赚钱上，中国政法大学就是要在推动法治建设方面做出自己的贡献。我们一要建设当代中国自己的、引领社会思想的法治理念、理论和思想，提供理论和思想成果；二要培养法治建设的高端人才；三要为社会法治建设服务；四要从中国政法大学自己的治理开始，实施依法治校，为依法治国提供试验性的样板和示范。

（作者：中国政法大学终身教授）

（选自《中国政法大学学报》2012 年第 1 期）

实现行政体制改革总体目标的“关键点”和“路线图”

王澜明

党的十七届二中全会通过的《关于深化行政管理体制改革的意见》提出“到2020年建立起比较完善的中国特色社会主义行政管理体制”，并要求“通过改革，实现政府职能向创造良好发展环境、提供优质公共服务、维护社会公平正义的根本转变，实现政府组织机构及人员编制向科学化、规范化、法制化的根本转变，实现行政运行机制和政府管理方式向规范有序、公开透明、便民高效的根本转变，建设人民满意的政府。”这一总体目标的确定，为继续深化行政管理体制改革指明了方向。今年到2020年还有8年，未来8年需要在现有基础上做哪些工作，着重抓哪些改革内容，采取什么样的路径和方式才能保证这一总体目标的实现，需要进行认真的思考和筹划，排出“时间表”，列出“关键点”，绘出“路线图”，细化“施工图”。

一、实现总体目标重点要抓6个问题

确定未来8年建立起比较完善的中国特色社会主义行政管理体制总体目标的工作重点的依据：一是当前行政管理体制与经济社会发展不相适应，即存在不足，二是未来8年经济社会发展的客观需求，三是比较完善的中国特色社会主义行政管理体制本身的内在要求。从这三点出发，未来8年建立起比较完善的中国特色社会主义行政管理体制，需要重点抓好6个问题：

（一）继续转变政府职能。政府职能规定着政府管理的基本内容和主要形式。“经济调节、市场监管、社会管理、公共服务”这一政府的基本职能，一以贯之于建设中国特色社会主义的全过程，它是建立比较完善的社会主义行政管理体制的关键和核心内容。未来8年转变政府职能，不是沿袭前几年的做法，而是在现有转变职能的基础上进行重点补充和完善。这种补充和完善侧重于四个方面：一是准确全面正确地履行职能。严格按照法定的政府职能办事，把该由政府管理的事项切实管好，把不该由政府管理的事项转移出去，更好地发挥市场在资源配置中的基础性作用，更好地发挥公民和社会组织在社会公共事务管理中的作用。二是适时调整履职重点。这种调整须根据经济社会发展的需要不断进行，推动政府职能不断朝着创造良好发展环境、提供优质公共服务、维护社会公平正义方面转变。三是进一步理顺政府各部门的职责关系。坚持权责统一、一件事情原则上由一个部门负责，确需多个部门管理的事项明确牵头部门，分清主次责任，避免职能交叉重叠、政出多门、权责脱节、推诿扯皮等问题。四是创新履职方式。优化工作机制，加强协调配合，减少工作层次，改进工作方式，再造工作流程，降低行政成本，提高行政效率。

继续转变职能，具体地说，要做好四件事：(1) 突出服务。把为群众服务作为政府工作的出发点和落脚点，拓宽服务领域，改善服务手段，提高服务质量，建设服务政府。(2) 减少行政审批。根据经济社会发展需要，继续清理、取消和调整审批项目，对必须审批的事项改进方式、提高办理速度。(3)办好政务服务中心。市、区原则上都要有政务服务中心，基层乡镇要设立政务服务所，扩大服务范围，减少办事程序，切实为民便民，使其真正成为为群众服务的平台、协调部门工作的平台、规范政府服务的平台、政务公开的平台和群众监督的平台。(4) 推进政务公开。政府所有工作以公开为原则，不公开为例外，进一步推行决策公开、权力运行公开、行政审批公开、政府信息公开、机关内部事务公开和基层政务公开。

（二）进一步优化政府组织结构。政府组织结构根据政府职能和履行职能的客观需求确定。今后8年优化政府组织机构，不是在数量多少上做文章，而是重在坚定推进适应经济社会发展和市场经济体制要求的职能有机统一的大部门体制的建立。大部门体制的基本框架是：(1) 职能有机统一。按照政府基本职能设置机构，坚持一件事情由一个部门承担，一项职能集中到一个部门，不搞职责交叉，不搞同一事项由几个部门都管。(2) 机构综合设立。将职能相同或相近的部门整合后组建成若干精干的大部门，履职范围宽，涉及领域广，组织形式优，协调问题顺，部门内部工作联系衔接融洽。(3) 运行机制高效。大部门要把外部协调变成内部协调，避免推诿扯皮；工作流程要由原来多个系统、多个渠道变成了一个系统、一个渠道，避免政出多门。(4) 机构序列合理。政府主要由大部门组成，少设或取消议事协调机构，减少办事机构。

进行大部门体制改革，具体做法可以考虑：一是政府机构与党委职责相近或相同的部门联合设置，即参照党委纪检部门和政府监察部门综合设置、合署办公的做法，把党委、政府职能相同或相近的部门综合设置，或"一个机构两个牌子"，或"合署办公"。二是职能相近的部门合并成大部。如组建合并"大农业"、"大文化"、"大交通"、"大市场监管"等部门。因工作需要，也可在这些大部下设若干部管国家局，专司某一方面工作。三是尽可能不设议事协调机构，个别需要设的也不设实体性的办事机构，其工作交由有关部门承担。四是优化部门的内设机构。在中央政府部门内部，司局的设置要少而精，特别是负责机关内部事务的内设司局要尽可能合并设置。五是鼓励各地从本地实际出发加大部门整合力度，不搞全国"一刀切"，不搞"上下对口"。

（三）不断落实不同层级政府履行职责的重点和责任。我国政府职能的履行，是由中央政府到乡镇政府的不同层级政府共同承担的，并把政府的基本职能在不同层级政府之间进行了合理的划分和分配。中央政府着重经济社会事务的宏观管理，制定战略规划、政策法规和标准规范，维护国家法制统一、政令统一和市场统一。地方政府确保中央方针政策和国家法律法规的有效实施，统筹协调本地区经济社会事务，履行执法监管职责，服务基层，维护市场秩序和社会安定，促进经济和社会事业发展。今后8年，在不同层级政府履行职能的侧重点方面，还要继续进行调整优化：各级政府按照政府的基本职能和经济社会发展需要，切实履行好自己的职责，并将其有机统一和协调到比较完善的中国特色社会主义行政管理体制中来；

继续探索省直管县体制，以减少行政层次，降低行政成本，提高行政效率，发挥县级统筹经济社会发展的作用；作为最基层政权组织的乡镇政府，主要面向基层群众服务，促进经济发展，加强社会管理，搞好公共服务，维护农村稳定。各级政府的事权划分不断明确清晰又相互衔接，不同层级的政府从本地实际出发适时调整履职重点，建立起政府履职的系统构架。

（四）稳定和控制人员编制总规模。目前我国行政编制的总规模和公务员队伍总数是适应经济社会发展需要的。今后8年，行政编制总规模应原则上维持不变，在此前提下把编制用好用活。一是从中央政府到县级政府，行政编制继续实行统一领导、分级负责、"一支笔"审批的原则，把住关，把严关，把好关。二是在国家确定的行政编制总额内，各地要控制总量，盘活存量，适时进行结构调整。三是完善机构编制与财政、组织人事、监察、审计等部门相互配合又相互约束机制，建立编制台账，实行机关人员"实名制"，保证政府机关工作人员不超编、不超员。四是规范编制审批程序和流程，实行编制信息公开，加大对违犯编制纪律的监督查处力度，维护行政编制的权威性、严肃性。在实际工作中，要逐步建立编制管理的宏观调控机制、盘活存量机制、实时监控机制、违规处罚机制，并且通过立法不断推进编制管理的科学化、规范化和法制化。

（五）健全政府制度体系。目前，我国政府已初步形成了一套全面系统、程序严密、结构合理、互相制约的政府制度体系。这一体系的前提是坚持我国的根本制度，核心是完善政府管理，关键是加强内部建设。今后8年，要进一步健全完善这一制度体系。

健全完善的重点，一是推行依法行政。按照合法行政、合理行政、程序正当、高效便民、诚实守信、权责统一的原则，改进政府立法，规范行政自由裁量行为，严格按照法定权限和程序履行职责，完善行政复议、行政应诉和行政赔偿、行政补偿，建立健全权责明确、行为规范、监督有效、保障有力的执法体制。

二是坚持科学民主决策。合理界定政府及其部门的决策权限，依法规范和约束决策主体、决策行为和决策程序，完善科学民主决策机制，实行重大事项调查研究与集体决策、专家咨询、社会公示与听证、决策评估等制度，落实人民群众在决策中的知情权、参与权和建议权。

三是健全决策反馈纠偏机制和决策责任追究制度。建立科学合理的政府绩效评估指标体系和客观公正的评估机制，确立以质量为核心、以群众为导向、以服务为目标的绩效管理模式，对政府及其机构履行职能、完成工作任务、实现经济社会发展目标的过程、效果进行综合性评价。完善以行政首长为重点的行政问责制度，明确问责范围，规范问责程序，加大责任追究力度，做到有权必有责、用权受监督、违法要追究，切实增强政府执行力和公信力。

四是完善行政权力监督制度。政府除接受同级人大及其常委会监督和政协的民主监督外，还要接受司法机关、新闻媒体和人民群众的监督，健全监察、审计等专门监督体制。

五是健全公务员管理制度。强化对公务员的教育、管理和监督，加强公务员队伍建设，严格党风廉政制度，扎实推进惩治和预防腐败体系建设，建设廉洁政府。

（六）分类推进事业单位改革。完善中国特色社会主义行政管理体制，其中包括分类推进事业单位改革，建立符合经济社会发展需要的事业单位总体格局。2011年3月，党中央、国务院下发了《关于分类推进事业单位改革的指导意见》，对今年一段时期内的事业单位改革作出了部署，它是完善中国特色社会主义行政管理体制的重要组成部分。推进事业单位改革，要坚持以促进公益事业发展为目的，以科学分类为基础，以创新体制机制为核心，以“分类指导、分业推进、分级组织、分步实施”为方针，加强总体规划、组织领导、稳步实施。在做好事业单位清理规范和分类的基础上，首先推进承担行政职能的事业单位将行政职能回归行政机关和从事生产经营活动事业单位转企改制，并继续深化教育、科技、文化、卫生等领域的改革。组织实施工作要统筹改革的力度和社会的可承受度，把握好节奏，保证改革平稳健康进行。

二、实现整体目标应选择科学、配套、渐进的途径和方式

到2020年建立起比较完善的中国特色社会主义行政管理体制，未来8年应采取什么样的路径和方式呢？总的设想是，立足基本国情，巩固现有基础，抓住重点问题，关键环节突破，循序渐进推进。

（一）结合两次中央政府换届进行集中改革。结合政府换届进行集中改革，这是我国行政管理体制建立和完善的一条主要途径。这种集中的行政管理体制改革，可以总体规划、统筹安排、集中实施。从现在起到2020年，中间有2013年、2018年两次中央政府换届。这两次换届，改什么、怎么改，需要从总体目标出发进行规划和设计。这两次政府换届时，要对过去5年里政府运行工作中存在的问题进行深入分析，找出体制方面的原因；然后对未来5年面临的新形势、新任务、对行政管理体制提出的新要求进行研究，提出阶段性目标和要求，从而形成既符合当时情况又有创新精神且有利于2020年达到总体目标的正确方案。方案经中央全会通过后，由国务院提请全国人大审议，然后由国务院组织实施。两次集中改革，从国务院开始，然后到省、到市（地）、到县，逐步展开。

（二）结合各系统、各领域改革分类推进。我国的行政管理体制涉及到政治、经济、文化、社会等各个方面，这些方面的每一项改革又都无一例外地包含着行政管理体制改革的内容。今后8年，政治、经济、文化、社会等方面的改革将不断进行，在分类推进这些改革时，要从实现2020年建立起比较完善的中国特色社会主义行政管理体制的总目标出发，研究和确定其中的行政管理体制的具体内容，如体制调整、职责划分、编制变动、富余人员的安置分流等。通过行业、领域和系统的分类改革，以及行政管理体制的单项改革，为集中改革作重要补充，从而为总体完善行政管理体制作出努力。

（三）结合经济社会发展适时调整体制。除了结合政府换届进行两次集中的行政管理体制改革外，还要把行政管理体制改革贯穿于未来8年的全过程。因为经济社会发展中矛盾和问题的出现与解决是一个不间断的长期过程。因此，未来8年还需要抓住发展中出现的新问题，及时从体制机制上查找原因，并采取有力措施予以解决，做到出现一个解决一个，发现一个调整一个，积小胜为大胜。经过一个接一个的适时调整，通过一个一个体制问题的解决，就会不断趋向完善中国特色社会主义行政管理体制的总体目标。

（四）结合体制改革创新政府管理。创新政府管理也是完善中国特色社会主义行政管理体制题中应有之义。创新管理，首要的是创新管理理念。树立以人为本、权责一致、清正廉洁、质量效率理念，建设服务政府、责任政府、法治政府、廉洁政府和效能政府。创新管理，要在管理的几个主要方面和重要环节上不断与时俱进。创新经济管理，要更多地应用经济手段、法律手段并辅之以必要的行政手段调节经济，增强宏观调控的科学性、预见性和有效性，促进国民经济又好又快发展。创新市场监管，要

严格市场监管，推进公平准入、规范市场执法、加强对涉及人民生命财产安全领域的监管。创新社会管理，要依法规范和管理社会组织和社会事务，协调各方面利益关系，化解各类社会矛盾，保障和改善民生，维护社会秩序和公平正义，推动社会进步，促进人的全面发展。创新公共服务管理，要着力促进教育、卫生、文化等社会事业健康发展，促进就业，调节收入分配，完善社会保障体系，保护和治理生态环境，协调不同利益群体关系。

创新管理要注重人民群众的利益，切实解决广大人民群众最关心、最直接、最现实的利益问题；创新管理要协调好各方面的利益关系，减少社会冲突，化解社会矛盾，扩大社会认同，维护社会稳定，凝聚社会力量，构建社会主义和谐社会；创新管理要进一步培育社会组织，鼓励其在提供服务、反映诉求、规范行为等方面多做工作，并引导他们加强自身建设，严格行业自律，规范从业行为，承担社会责任；创新管理还要规范行政审批，完善方式，简化程序，方便群众；创新管理还要推行政务公开，改进“窗口”服务，加强“电子政务”，提高管理的透明度。

（五）结合体制改革加快机制创新。比较完善的中国特色社会主义行政管理体制，包括最优化的政府运行机制在内。机制包括政府的构架机制、工作机制、协调机制、动力机制、考评机制、约束机制、监督机制等。老的机制需要不断赋予新的内涵和形式，新的机制需要伴随着体制改革的深化不断建立和完善，并且在发展中继续探索创新适应新形势、新任务要求的有效机制。

未来8年优化机制的重点，一是责任机制。明确和细化部门所承担的责任，加快建立以行政首长为重点的行政问责制。二是决策机制。按照决策权、执行权、监督权既相互协调又相互制约的要求，明确部门决策行为、执行行为和监督行为不同的定位与责任，健全完善科学民主的行政决策机制、坚强有力的行政执行机制和制约有效的权力监督机制。三是绩效评估机制。研究制定科学合理的绩效评估指标体系和客观公正的绩效评估办法，运用科学的标准、方法和程序对政府机关的工作和绩效作出评判。四是协调机制。明确主办部门的协调责任，规范职责协调程序，使各部门按照职责协调一致地运行，保证政府整体工作的科学和有效。五是政务公开机制。重大问题向社会公示和听证，健全社会信息反馈，切实保障公民的参与权和知情权，实现政府管理的公开、公正和透明。六是工作程序机制。规范政府工作程序，减少层次，疏通环节、简化手续，使政府工作衔接紧密、快速高效。同时，要加强作风建设。坚持群众路线和实事求是，深入群众，深入实际，调查研究，解决问题，求真务实，真抓实干，勇于创新，与时俱进，建设创新型政府。

（作者：中国行政管理学会会长）

（选自《行政管理改革》2012年第8期）

当前行政改革五大热点问题透视

马宝成

党的十七届二中全会通过的《关于深化行政管理体制改革的意见》提出了“到2020年建立起比较完善的中国特色社会主义行政管理体制”的总体目标，要求“通过改革，实现政府职能向创造良好发展环境、提供优质公共服务、维护社会公平正义的根本转变，实现政府组织机构及人员编制向科学化、规范化、法制化的根本转变，实现行政运行机制和政府管理方式向规范有序、公开透明、便民高效的根本转变，建设人民满意的政府。”现在，改革进程已近过半，距离这个总体目标的实现还有7年多的时间。我们通过什么方式来保证这个总体目标的实现，对比需要进行认真思考和系统谋划。当前，行政体制改革面临的热点难点问题，重点推进的具体改革内容，这些都在很大程度上决定着总体目标的实现，本文将简要加以解析。

一、以强化公共服务职能为重心，推进政府职能的根本转变

可以说，政府职能转变是改革开放以来历次行政体制改革的第一要务。改革开放以来，我们就在行政管理体制改革中提出了转变政府职能这个目标。多年来我们在这个方面作了很多努力，取得了一些成效。但实际上，政府职能转变还远远没有到位，距离社会主义市场经济的要求还有相当差距。究其原因，其中的重要一条，就是政府特别是地方政府经济职能过强，对微观经济活动参与和干预过多，而对社会管理和公共服务职能关注不够，导致多年来政府职能难以实现真正的转变。

当前和今后一段时间，行政体制改革必须在政府职能转变这个第一要务上实现重点突破，推进政府职能的真正转变。首先，最重要的一项工作，就是继续强化政府的公共服务职能。这是当前和今后政府职能转变的一个重要方向。为此，要尽快明确公共服务在政府职能中的主导地位和核心地位。2011年，我国人均国内生产总值已经达到5432美元，人民群众对基本公共服务的要求和期待越来越高。《关于深化行政管理体制改革的意见》明确要求各级政府“更加注重公共服务，着力促进教育、卫生、文化等社会事业健康发展，建立健全公平公正、惠及全民、水平适度、可持续发展的公共服务体系，推进基本公共服务均等化。”但是，从政府职能转变的实际情况看，公共服务在政府职能中的主导地位或核心地位还没有完全明确。针对这个问题，我们必须采取切实有效的措施，强化政府的公共服务职能。在具体步骤上，我们可以先以推进基本公共服务均等化为突破口。基本公共服务均等化是政府的基本责任，尽管我们这些年取得了长足进步，但是，从实际情况看，基本公共服务均等化仍然面临很多亟待解决的问题，实现基本公共服务均等化任重道远。当前和今后一段时间，在基本公共服务均等化方面，我们要努力缩小不同地区之间的基本公共服务差距，努力缩小不同群体之间的基本公共服务差距，努力提高农村基本公共服务水平，注重提高基本公共服务的可及性。

与强化公共服务职能密切相关的政府职能转变，就是进一步推进政企分开、政资分开、政事分开、政府与市场中介组织分开。只有真正把这些分开了，政府才能把“不该管”的彻底不管,把“该管的”真正管好。要做到这一点，除了转变观念、提高认识以外，根本的途径是加强法制建设，以法律为准绳，划清政企之间、政资之间、政事之间和政府与市场中介组织之间的权力界限，割断政府与企事业单位和市场中介组织的利益关联，实现政府责权的法定化，用法律的刚性手段规范和约束政府行为。划清了这些权力界限，也就割断了他们之间的利益关联。政府职责明确了，各级政府才能自觉地把不该管的事项转移出去，也才能把更多的精力、物力和财力转移到公共服务上来。

二、以大部制改革为突破口，优化政府组织结构

党的十七大以来，我国开始探索实行职能有机统一的大部门体制。但这一改革还远未到位，主要问题是：(1) 已经实行大部门体制的部门，内部职能、机构和人员整合不到位，实质变动不大；(2) 有的一开始就存在整合不到位现象，如交通运输部整合了原交通部和国家民航总局，铁道部至今未整合在内，使交通运输领域的大部制改革带有明显的先天不足。类似的情况也不同程度地存在于社会保障等领域。(3) 在农业、文化、民族宗教等领域，应该实行大部门体制的，至今尚未实行。(4) 大部制改革的一项重要内容，就是减少领导职数。但从已经实施大部制改革的部门看，有的领导职数不仅没有减少，反而还有明显增加。(5) 在推行大部门体制改革中，有的上边未改，下边已动，导致上下不对接，运行机制不顺畅。

针对这些问题，应当按照精简、统一、效能的原则，进一步推进大部制改革。对已经实行大部门体制的，要进行工作流程的优化再造、管理职能的重新分配和内设机构的整合调整，真正做到职能有机统一；在已经推行大部制但尚未整合到位的部门，如交通运输部，要继续推进并整合到位，真正建立起大交通管理体制；在应该实行而尚未实行大部门制的系统，应适时推出大部门体制改革；要按照建设服务型政府的精神和要求，积极探索和推进公共服务领域的大部门体制改革，明确公共服务的职责分工，减少职责交叉；在推进大部制改革中，坚决贯彻中央精神，严格执行政府组织法，严格控制编制和领导职数，不能以“过渡期”为由，突破编制和领导职数限额；在推进大部制的过程中，要注重加强权力监督机制建设，尤其要通过科学的权责划分推进“行政三分制”改革，实现决策权、执行权、监督权科学分离和相互监督、相互制约。不能以大部制为借口，刻意强化部门权力和部门利益。

在地方层面，要积极鼓励和支持各级地方的大部制改革。近几年，一些地方积极探索大部门体制改革，如广东顺德在优化组织结构方面作出了有益探索，将党政机构进行统筹考虑，将原有的41个机构，大规模地整合为16个机构；深圳市积极探索建立职能有机统一、功能定位准确、部门数量精干的大部门体制，政府部门由46个精简为31个，精简幅度达三分之一；珠海市政府工作部门由36个减为27个，精简25%，力度也比较大；阳江市政府工作部门由原来的37个减少为25个，精简30%。今后在地方政府机构改革方面，要鼓励支持各地大胆探索大部制改革，优化地方政府组织结构，提高地方政府行政效率。

三、以事权财权合理匹配为目标，改革调整中央和地方关系

在中央与地方关系上，目前的改革主要集中于省直管县改革。今后要以公共服务为重点深化改革，合理确定中央和地方的事权和财权，真正调整好中央与地方关系。

*一是继续以公共服务为重点推进省直管县改革。*近10年来，党和国家重要文件和领导人重要讲话中，多次出现省直管县改革的内容。特别是近几年，中央批复了8个省37个县进行省直管县改革试点。截至到2010年，我国有20多个省份陆续进行了财政体制省直管县和扩大县级政府经济社会管理权限的试点。两项合计超过1000个县。这一探索收到了积极成效，为新的行政体制突破和新的区划调整积累了经验。在这个问题上，要特别重视加强省直管县改革的顶层设计和规划，着重研究推行省直管县改革的条件，尽快制定相应的《中央与地方关系法》，真正推进中央和地方关系的调整。

*二是以公共服务为重点合理划分中央和地方的事权与财权。*目前，中央和各级地方政府的公共服务职责权限还不明确，比如说，我们的中央与地方在核心公共服务支出中还存在错位现象。根据政府间公共服务职责划分的原则和国际经验，社会保障与福利总体上应属于由中央政府提供的全国性公共服务，而我国中央政府支出的比重只占政府总支出的8%；教育和医疗卫生应属由各级政府共同提供的公共服务，其中中央政府支出的比重只分别占政府总支出的8%和3%；而地方各级政府支出则分别占到社会保障补助政府总支出的92%，教育事业政府总支出的92%，卫生事业政府总支出的97%。这种政府间公共服务职责划分，造成"上级请客、下级埋单"现象，使地方政府特别是基层政府不堪重负。再比如，中央政府和地方政府之间的公共服务事权与财权还很不对称。目前，我国地方各级政府支出占政府总支出的比重达到70%，也就是说，大部分公共服务是地方各级政府提供的。按照现行财政体制，地方各级政府收入占政府总收入的比重为45%，收支差额部分应由中央财政补助或转移支付弥补，而现行转移支付制度存在的层级过多、层层截留等缺陷，使地方政府，特别是基层政府和欠发达地区政府实际得到的资金非常有限，县乡财政普遍困难，地方隐性债务越来越大，服务提供地区差别拉大，落后地区基本公共服务供给不足等问题。为此，必须尽快合理确定中央和各级地方政府公共服务的事权与财权，切实解决这些问题。

*三是以公共服务为重点推进乡镇和街道改革。*在这个问题上，一些地方做出了富有成效的试点工作。广东省于2009年在佛山、东莞市开展简政强镇事权改革试点，选择佛山市顺德区容桂街道、南海区狮山镇，东莞市塘厦镇、石龙镇进行简政强镇事权改革试点。佛山市对容桂街道和狮山镇实行简政放权，扩大镇（街）管理权限，赋予其部分县级管理权限，顺德区属部门第一批就向容桂街道下放了316项管理权限。同时在规范机构设置和编制配备，创新公务员和人员管理制度等方面也迈出了重要步伐。东莞市对石龙镇、塘厦镇通过直接放权、委托放权、调整派驻机构管理体制、内部调整放权的方式，下放事权、扩充财权、改革人事权。此外，这些试点单位还积极推动政府向社会简政，通过政府购买服务等办法，将一些管理和服务事项放权给社会。广东省的基层政府改革，加快了县镇行政管理体制创新，加强了地方政府的公共服务职能，促进了县镇经济社会发展。

对这些成功做法和有益经验，在今后的改革中要积极加以鼓励、扶持和推广。

四、以政府管理创新为重点，推进政府自身建设

当前，要真正建设人民满意的政府，就必须通过政府管理的不断创新，加强政府自身建设与改革。在这个问题上，我们可以选择社会关注程度很高的两个问题作为突破口。

*一是尽快完善内容和程序，切实推进政府预算公开制度。*政府各部门的行政经费，包括出国出境、公务接待、公务用车、会议等支出，都要详细公开。各类预算执行和决算的审计报告也要向社会公开。2011 年，有 92 个中央部门公开了部门预算，90 个中央部门公开了部门决算，98 个中央部门和北京、上海、广东、陕西等省市公开了“三公”经费使用情况，全国审计机关向社会发布预算执行及财政收支等方面审计结果公告 8000 多篇。今后，必须尽快完善这项制度，进一步细化公开项目，真正让人民群众知道政府的钱是怎么花的，办了什么事，真正使人民群众更方便地了解和监督政府工作，真正发挥“三公”公开对于防治腐败的重要作用。

*二是坚定信心、勇于改革，着力推行官员财产申报制度。*官员财产申报制度是防止干部贪污腐败的重要措施，也是反腐倡廉的根本制度保障。因为官员财产申报制度可以真正增强政府的透明度和公信力，可以真正实现社会对政府的有效监督，可以争取民众信任，提升政府形象，可以强化政府官员的自我约束。近几年，一些地方，如新疆阿勒泰、浙江慈溪、四川高县、重庆开县和江北区、上海浦东、湖南浏阳和湘潭所辖的湘乡等相继开展了领导干部财产监督的试点。但是，这些试点都是局部的零星的，而且具体的申报措施和内容还很不完善，除了采取公职人员申报财产和有限范围内的公示以外，相关的配套措施也不够健全，还不能发挥应有的作用。对此，我们必须有改革的勇气，有长远的眼光，从战略上高度重视官员财产申报制度，借鉴国外有关官员财产申报制度建设的有益经验，逐步推进官员财产申报制度。要明确财产申报制度的功能定位。在实践中，循序渐进，采取由点到面的方式，恰当地选择切入点，自上而下逐步推行。同时要注重建立健全相关制度，对实施财产申报涉及的有关部门的执法权限、公众监督权、知情权与公职人员及其近亲属的隐私权等问题，通过法制建设来加以解决。

五、以科学分类为基础，积极稳妥推进事业单位改革

应当说，当前推进的事业单位改革，是历次事业单位改革中规模最大的一次改革。这次事业单位改革的最大特点就是分类推进。所谓分类，大体上就是行政类、公益类和生产经营类。在这三大类中，各自又有更具体、更细致的分类。基本原则就是，承担行政职能的事业单位将行政职能回归行政机关；从事生产经营活动事业单位转企改制；公益类的事业单位或转为民间组织或转为“公立事业法人”。

*一是行政管理类的划归政府机构。*通过职能审核，明确哪些事业单位行使着行政职能；明确其行政职能是划归相关行政机关，还是将事业单位划归行政机关；明确是一次性将行使行政职能事业单位回归行政机关，还是暂时保留在事业单位范围内；对暂时保留在事业单位范围内单位的人员参照（依照）公务员管理，机构按照政府机关管理与运行。最终目标是实现主要承担行政职能的事业单位逐步转为行政机构或将其行政职能划归相关行政机构。

*二是生产经营类转企改制。*生产经营类事业单位转企是事业单位分类改革难度最大、最易引发矛盾的改革。同时，也是标志着事业单

位分类改革是否取得明显成效的改革。因此，转企改制绝不可简单地“一改了之”、“一卖了之”，事前、事中、事后大量困难的组织、协调、攻坚、安抚等工作必须科学设计、精心实施。

三是部分公益类转为社会组织。事业单位向民间组织转化符合社会转型与公共事业发展趋势，可以推进事业单位改革与民间组织的发展。推进事业单位向社会组织转化必须立足于社会转型、政府改革、公共事业创新，立足于事业单位改革与社会组织发展，必须明确方向，制定科学、现实、可行的战略目标与推进措施。

四是部分公益类转为“公立事业法人”。事业单位转为“公立事业法人”不涉及组织性质改变，但“公立事业法人”不是传统事业单位简单的现代翻版，体制重塑成为转化的核心问题：建立现代公共事业体制，使适应传统体制的事业单位体制机制向适应社会转型与公共服务型政府建设的传统公共事业体制转变，涉及事业职能调整、政事关系理顺、组织机构再造等多方面重大而深刻的变革。这些问题，都是社会公益类事业单位转为“公立事业法人”面临的艰巨任务。

可以看出，事业单位改革的关键问题在于如何分类，它直接关系到事业单位的去留和未来发展，也关系到事业单位中每个人的命运。改革过程中，既不能大包大揽，更不能一推了之。要科学分类、严格分类，稳步推进。既要关注每个事业单位的去向，通过改革，让事业单位健康持续发展。同时也要重点关注事业单位中每个人的未来发展，不能因为改革而影响到个人利益。

（作者：国家行政学院院刊室副主任、研究员）

（选自《行政管理改革》2012年第10期）

论服务型政府建设的战略目标与战略重点

薄贵利

一、明确服务型政府建设战略目标的时间节点

制定任何战略目标，都需要有一个时间节点，即到什么时间，实现什么样的战略目标，完成什么样的战略任务。建设服务型政府，是我国行政体制改革和政府管理创新的长期战略任务，将伴随现代化建设的始终。因此，推进服务型政府建设必须与推进社会主义现代化建设和深化行政体制改革同步进行。

按照我国现代化建设的战略构想，到本世纪中叶，人均国民生产总值达到中等发达国家水平，基本实现现代化，建成富强、民主、文明的社会主义国家。与此相适应，本世纪中叶即2050年，应是我国服务型政府建设长期战略目标的时间节点。但到2050年，尚有近40年的时间。在未来40年，我国经济、政治、文化和社会等方方面面都将发生重大变化。以每10年为一个时间段，具体会发生哪些变化？变化到什么程度？实难预料。因此，即使提出2050年我国服务型政府建设的战略目标，也难以制定符合未来发展实际的服务型政府建设的战略规划。从实际出发，只能制定服务型政府建设的中长期战略目标，其时间节点为2020年。理由如下：

1．2020年是我国实现全面建设小康社会目标的时间节点。

2．2020年是我国建立起比较完善的中国特色社会主义行政管理体制的时间节点。

3．将服务型政府建设中期战略目标的时间节点确定在2020年，能够较好地与我国经济社会发展战略和改革战略相衔接。

4．与我国总体发展战略相协调，我国许多发展规划的时间节点也都定在2020年。例如，《国家中长期科学和技术发展规划纲要(2006–2020年)》，《国家中长期人才发展规划纲要(2010–2020年)》，《国家中长期教育改革和发展规划纲要(2010–2020)》，等等。

5．将服务型政府建设中长期战略目标的时间节点确定在2020年，具有较强的可预测、可规划、可操作、可评估等特点。

二、服务型政府建设的战略目标

服务型政府建设是随着经济社会的发展而不断推进的历史过程。到2020年，当全面建设小康社会目标和行政管理体制改革总体目标实现之时，我国应建成符合经济社会发展水平、适应人民群众日益增长的公共需求、体制机制比较完善、基本公共服务能力显著增强、基本公共服务水平有较大提高的服务型政府。这就

是2020年我国服务型政府建设中长期战略的总体目标。

为使服务型政府建设中长期战略的总体目标可操作、可比较、能评估，应将这一总体战略目标分解为以下三个子目标。

(一)服务结果目标

服务型政府建设中长期战略的总体目标是否实现，要靠结果来检验，靠社会公众来检验。结果目标包括：

1. 基本公共服务的覆盖面。享受基本公共服务，是宪法规定的每个公民的基本权利。为保障公民的这一基本权利，就必须扩大基本公共服务的覆盖面。到2020年服务型政府基本建成之时，我国基本公共服务应覆盖城乡全体居民，使每个公民都能依法享受基本公共服务。

2. 基本公共服务的均衡度。宪法规定的公民基本权利是平等的，不因身份、职业、性别、民族和年龄而有所差别。建设服务型政府，必须提高基本公共服务的均等化水平，保障每个公民平等地享受基本公共服务。为此，到2020年，我国基本公共服务应在城乡之间、不同地区之间和不同人群之间的差别明显缩小，基本公共服务的均衡度明显提高。

3. 基本公共服务的水平度。基本公共服务水平不是一成不变的，必须随着经济社会发展水平的提高而不断提高。到2020年，我国基本公共服务水平不仅应适应经济社会发展水平，满足人民群众对公共服务的基本需求，而且应达到人均GDP同等水平国家的平均或以上水平。

4. 基本公共服务的质量。政府提供基本公共服务，只有确保质量，才能满足城乡居民对公共服务的基本需求，没有质量的服务，甚至比没有服务更坏，在医疗卫生领域尤其如此。为确保基本公共服务质量，国家必须制定全国统一的基本公共服务质量标准，并严格监督执行。到2020年，要确保基本公共服务达到国家标准。

5. 基本公共服务的供给效率。效率和质量具有密切关系。在基本公共服务领域，没有效率或效率不高，服务质量和服务效果就会大打折扣。因此，建设服务型政府，必须降低基本公共服务成本，提高基本公共服务供给效率。到2020年，要使我国基本公共服务的成本明显降低，基本公共服务的供给效率明显提高。

6. 基本公共服务的可持续性。基本公共服务不是城乡居民的一时之需、一代之需，而是长久之需，世代之需。这就要求政府提供的基本公共服务要具有可持续性。所谓可持续性，即通过良好的制度设计和充足的财力保障，形成基本公共服务的长效机制，使基本公共服务能够满足城乡居民的基本公共需求，并随着经济社会发展水平和和国力的提高而不断提高。到2020年，要通过制度设计和体制改革，形成确保基本公共服务可持续供给的长效机制。

7. 社会公众满意度。建设服务型政府，实际是建设人民满意的政府。服务型政府建设进展如何？政府提供的基本公共服务是否符合城乡居民的需求？最终还是要看人民群众是否满意和满意度的高低。到2020年，我国社会各界和各个阶层的公众对政府提供的基本公共服务要达到比较满意。

(二)服务能力目标

实现服务型政府建设的结果目标，必须提高政府基本公共服务供给能力。党的十七大报告明确要求到2020年"政府提供基本公共服务能力显著增强"。这是服务型政府建成与否的重要标志。政府基本公共服务能力强弱，主要取决于以下因素，也可以从以下几个方面来衡量。

1. 政府职能转变到位。党的十七届二中全会通过的《关于深化行政管理体制改革的意见》明确要求：通过改革，到2020年，实现政府职能向创造良好发展环境、提供优质公共服务、维护社会公平正义的根本转变。这是适应我国经济社会发展的新形势和服务型政府建设的新要求而对政府职能的重新定位，是政府职能转变的根本方向和战略重点。其精神实质，就是实现政府职能向公共服务的根本转变。因为创造良好发展环境和维护社会公平正义，也是现代政府所必须提供的公共产品和公共服务。只有政府职能转变到位了，才能够提高政府提供基本公共服务的能力。

2. 政府组织结构优化。一个良治政府，不仅管自己应该管的事，而且要管好自己应该管的事。为切实提高政府提供基本公共服务能力，必须优化政府组织结构。政府组织结构优化与否，可以用下列三条标准来判断：(1) 履行公共服务职能部门在政府机构中的地位和比重。在经济建设型政府中，管理经济部门在政府机构中地位较高、比重较大，而在服务型政府中，公共服务部门必须占有重要的地位和较大的比重。(2) 政府组织结构和机构设置是否符合精简、统一、效能的原则。(3) 是否实现了政府组织机构和人员编制向科学化、规范化、法制化的根本转变。

3. 政府支出结构合理。政府提供基本公共服务，是以政府财力为基础的。为保障和改善民生，逐步完善符合国情、比较完整、覆盖城乡、可持续的基本公共服务体系，必须按照建设服务型政府的要求，调整和优化政府财政支出结构，加大政府对基本公共服务的投入，使政府公共服务支出成为政府财政支出的主体。

4. 政府运行机制完善。现代政府要优质高效地提供公共产品和公共服务，必须不断改革和完善政府运行机制，包括科学化、民主化和法治化的决策机制；规范有序、公开透明、便民高效的执行机制；科学合理、客观公正、及时准确的评价机制；标准明确、监督有力的约束机制，等等。

（三）服务过程目标

政府提供基本公共服务，从投入到产出，从供给到消费，有一个基本的过程或流程。对这一过程或流程如果缺少应有的规范，那么，基本公共服务的供给就很难达到预期的效果，公众满意度也很难提高，甚至导致公共服务的低效、扭曲、分配不公和腐败现象。服务过程目标应包括：

1. 透明度。公开透明，使权力在阳光下运行，是政府正确行使权力的基本保证，也是保障公民知情权的必然要求。各级政府提供基本公共服务，必须做到公开透明。为此，要建立健全各类公开办事制度，依法明确公开的内容、渠道和时间等。

2. 民主化。政府提供的基本公共服务，与社会公众的切身利益密切相关。社会公众不仅是基本公共服务的消费者和受益者，同时也是基本公共服务的积极参与者。党的十七大报告明确指出：“人民当家作主是社会主义民主政治的本质和核心。要健全民主制度，丰富民主形式，拓宽民主渠道，依法实行民主选举、民主决策、民主管理、民主监督，保障人民的知情权、参与权、表达权、监督权。”“增强决策透明度和公众参与度，制定与群众利益密切相关的法律法规和公共政策原则上要公开听取意见。”广泛吸纳社会公众参与政府基本公共服务的决策、执行、评估和监督，可以有效防止决策的失误和执行的偏差或低效，更能有效地防止和克服公共服务领域的腐败现象。

3. 规范性。即依据国家法律法规，研究制定政府提供公共服务的基本程序和行为规范，并要求政府公务员严格按照既定程序和规范办事，防止和克服行政运行的随意性。

4. 便利性。按照以人为本和方便群众的要求，及时有效、方便快捷地提供公共产品和公共服务，减少不必要的环节和麻烦。

三、服务型政府建设的战略重点

明确了服务型政府建设的战略目标，就需要确定服务型政府建设的战略重点。根据调研和分析，制约我国服务型政府建设的主要因素仍然是体制问题。加快改革攻坚步伐，深化相关领域的体制改革，是建设服务型政府的战略重点。

（一）构建社会主义公共政治体制

人类社会政治发展史呈现出这样一条清晰的轨迹，即由君主政治走向官僚政治进而走向民主政治。例如，在1974年，全世界只有39个国家是民主国家，民主国家仅占全球国家总数的1/4。如今，将近每3个国家中就有2个是通过公开选举来选择国家领导人，发展中国家2/3的成年人都有资格参加全国的选举。在君主政治和官僚政治下，只有为君、为官服务的政府，不可能存在为民服务的政府。正如唐朝韩愈所说："君者，出令者也；臣者，行君之令而致之民者也；民者，出粟米麻丝，作器皿，通货财，以事其上者也。君不出令，则失其所以为君；臣不行君之令而致之民，则失其所以为臣；民不出粟米麻丝，作器皿，通货财，以事其上，则诛。"

我们今天所要建设的服务型政府，是为公民、为社会服务的政府。这样的政府，只能建立在民主政治的基础之上。在我国，民主正在由阶级民主走向社会公共民主。建立在公共民主基础之上的政治体制就是公共政治体制。只有发展和完善公共政治体制，才能为服务型政府建设奠定坚实的政治基础，提供强有力的政治保障。

构建社会主义公共政治体制，必须积极稳妥地推进政治体制改革，切实解决民主政治建设中亟待解决的主要问题。

1. 切实加强法治建设。要强化宪法在法治建设中的核心和主导地位，坚决维护宪法的权威，依法保障公民的主体地位，维护公民的民主权利，使公民真正成为国家和社会的主人，成为公共政治的"老板"。只有从制度上和程序上真正确保了公民的主体地位，各级政府才能认真为公民"打工"，为公民和社会服务。换言之，只有权由民所授，各级政府才能做到权为民所用，情为民所系，利为民所谋。

2. 积极稳妥地推进地方自治。马克思、恩格斯充分肯定地方自治在现代政治发展中的地位和作用，认为地方自治是革命的最强有力的杠杆。所谓地方自治，按照马克思、恩格斯的解释，就是公民有选择地方官员和依法管理地方公共事务的权利。积极稳妥地推进地方自治，是发展社会主义公共政治的重要途径。对此，1987年，时任全国人大常委会委员长的彭真就讲过："我国几千年封建社会，说不上民主，新中国成立以后，我们又曾经走过一段弯路，就是长期以来，我们自上而下的很多，自下而上的东西很少。……我看村委会是个最大的民主训练班。老百姓现在如果通过这种直接民主形式管理好一个村，将来就可能管好一个乡，管好一个乡以后，将来就可以管好一个县、一个省，真正地体现出我们的国家是人民当家作主。"党的十七大报告进一步明确指出："人民当家作主是社会主义民主政治的本质和核心。""人民依法直接行使民主权利，管理基层公共事务和公益事业，实行自我管理、自我服务、自我教育、自我监督，对干部实行民主监督，是人民当家作主最有效、最广泛的途径，必须作为发展社会主义民主政治的基础性工程重点推进。"

3. 改革和完善选举制度，扩大公民有序的政治参与。在代议制民主体制下，选举是公民表达意愿的最直接、最重要、最有效的渠道，是公共意志形成的最重要的途径，也是公共政治最重要的表现形式。这里的选举，既包括人大代表的选举，也包括行政首长的选举。衡量一个国家的民主化程度，一看选举是否真实，二看选举是否普遍。正因为认识到选举是现代公共政治的重要表现形式，所以早在20世纪80年代邓小平就明确指出："大陆在下个世纪，经过半个世纪以后可以实行普选。"

民主，既是人类的政治理想，也是现实的制度安排和程序设计。要建设服务型政府，确保各级政府正确执行社会公共意志，维护公共利益，就必须健全民主制度，丰富民主形式，通过改革和完善选举制度，扩大公民有序的政治参与，保证公民依法实行民主选举、民主决策、民主管理和民主监督，实现社会主义民主的制度化、规范化和程序化。只有不断完善公共政治体制和运行机制，扩大公民有序的政治参与，才能使各级政府准确了解民情，充分反映民意，广泛集中民智，切实珍惜民力，使维护和增进社会公共利益成为各级政府运行的出发点和落脚点，实现社会公共利益的最大化。

（二）构建社会主义公共行政体制

所谓公共行政体制，就是执行公共意志，行使公共权力，制定公共政策，管理公共事务，生产公共产品，提供公共服务，满足社会公共需求的行政组织体系和管理制度。构建社会主义公共行政体制，是社会主义市场经济发展和公共政治建设的必然要求，也是支撑服务型政府的重要管理体制。构建社会主义公共行政体制，迫切需要解决以下主要问题。

1．加快政府职能转变步伐，将政府主要职能尽快转变到公共服务上来。为实现政府职能的这一根本转变，必须采取以下对策：

(1) 调整政府职能结构，依法明确公共服务在政府职能中的主导地位和核心地位。这是建设服务型政府的根本任务，是贯彻落实科学发展观的基本要求。科学发展观的核心是以人为本。贯彻落实科学发展观，要求各级政府始终把实现好、维护好、发展好最广大人民的根本利益作为一切工作的出发点和落脚点，尊重人民的主体地位，发挥人民的首创精神，保障人民的各项权益，做到发展为了人民、发展依靠人民、发展成果由人民共享。依法明确公共服务在政府职能中的主导地位和核心地位，确保各级政府高度重视和认真履行公共服务职能，才能不断满足人民群众日益增长的公共需求，使科学发展观"以人为本"这一核心贯穿于政府工作和政府行为的始终。

(2) 依法加快推进政企分开、政资分开、政事分开、政府与市场中介组织分开，把政府不该管的事项转移出去。多年来，由于政企不分、政资不分、政事不分、政府与市场中介组织不分，各级政府投入了许多时间、精力和财力，管了许多不该管的事情，应该由政府管的社会公共事务和提供的公共服务却不到位。为解决这一老大难问题，必须加强法制建设，依法划清政企之间、政资之间、政事之间和政府与市场中介组织之间的权力界限，割断政府与企事业单位和市场中介组织的利益脐带，实现政府责权的法定化，用法律的刚性手段规范和约束政府行为。政企、政资、政事和政府与市场中介组织之间的权力界限划清了，利益脐带割断了，政府职责明确了，才能促使各级政府把不该管的事项转移出去，把更多的时间、精力和财力转移到公共服务上来。

(3) 健全政府职责体系，依法明确各级政府公共服务的职责权限。目前，我国《宪法》和有关法律对各级政府公共服务职权的规定过于笼统，上下级之间公共服务职权重叠严重。政府间公共服务法定权责不清，宪法和法律对各级政府的刚性约束就会降低，政府间在公共服务领域的推诿扯皮就难以避免，公共服务的效能也不可能提高。因此，修改《宪法》和有关法律，依法明确各级政府公共服务的职责权限，健全政府间公共服务职责体系，是加强政府公共服务职能和建设服务型政府的当务之急。

2. 优化政府组织结构。建设服务型政府，必须紧紧围绕职能转变和理顺职责关系，进一步优化政府组织结构，建立健全以公共服务部门为主体的科学化、规范化、法制化的政府组织体系。

(1) 加强政府公共服务部门建设，使公共服务部门在政府机构设置中占有较大比重。目前，我国政府机构设置中，管理经济部门所占比重仍然较大，公共服务部门所占比重偏小。这种政府组织结构不能很好地适应建设服务型政府的要求，迫切需要通过改革加以调整。

(2) 政府机构设置必须符合精简、统一和效能的原则。目前，我国政府机构设置还不够精简，职能职责尚不完全统一，从而影响了政府效能的进一步提高。因此，必须进一步加大政府机构整合的力度，切实解决大部门体制改革中所存在的内设机构和职能整合不到位、领导职数严重超编等问题，同时，在公共服务领域探索和推进大部门体制改革，实现政府公共服务职能的有机统一。

(3) 在总结经验的基础上，加强行政法制建设，实现政府组织机构及人员编制的科学化、规范化和法制化。

3. 创新行政运行机制，转变政府管理方式。建设服务型政府，不仅需要改革行政体制，而且需要创新行政运行机制，实现行政运行机制和政府管理方式向规范有序、公开透明、便民高效的根本转变。

(1) 健全政务公开机制，完善政务公开制度。服务型政府所提供的公共产品和公共服务，与人民群众的切身利益密切相关，人民群众也最为关心。因此，必须健全政务公开机制，完善政务公开制度，及时发布公共服务信息，公开政府提供公共服务的种类、标准、成本、形式、时间、具体提供的部门和责任人等，以满足人民群众的知情权，也便于人民群众的积极参与，防止政府运行的低效和腐败。

(2) 创新政府决策机制，实现政府决策的科学化、民主化和法治化。决策是政府管理的核心环节。政府公共服务决策是否符合实际，符合人民群众最迫切和多样化的需求，直接关系到公共服务的效能。为防止和避免政府决策脱离实际、脱离群众，必须创新公共服务决策机制，将该下放的公共服务决策权下放，在公共服务决策中，实行公示制、听证制和专家论证制，广泛听取人民群众和专家意见。与此同时，还要不断总结经验，将一些成熟的行之有效的公共服务决策程序上升为法律法规，实现公共服务决策的规范化、法治化。

(3) 推行公共服务绩效评估和行政问责机制。胡锦涛总书记在2008年2月23日中共中央政治局第四次集体学习会上明确提出："推进以公共服务为主要内容的政府绩效评估和行政问责制度。"政府绩效评估是政府战略管理的重要手段和工具，也是政府的重要指挥棒，对政府工作具有重要的导向作用。按照建设服务型政府的要求构建政府绩效评估指标体系，就必须将公共服务作为政府绩效评估的重要内容。对于没有很好履行这一职责的政府，要进行行政问责，追究有关领导的责任。大力推行公共服务绩效评估和行政问责制度，不仅能够推动政府职能转变，促使各级政府高度重视和认真履行公共服务职能，同时也能够促使各级政府不断改进工作，提高公共服务的质量和水平。

(4) 积极探索政社合作机制，充分发挥公民和社会组织的作用。提供基本公共服务虽然是政府责任，但政府垄断式的供给，不仅难以提高公共服务效率，难以满足公民对基本公共服务的多样化需求，而且容易滋生消极腐败现象。党的十七届二中全会通过的《关于深化行政管理体制改革的意见》明确要求“从制度上更好地发挥市场在资源配置中的基础性作用，更好地发挥公民和社会组织在社会公共事务管理中的作用，更加有效地提供公共产品。”为贯彻落实中央的这一精神，必须积极探索政府与社会的合作机制和伙伴关系，在充分发挥政府主导作用的同时，有效整合社会力量，引入市场机制，通过合同外包、购买服务等方式，降低公共服务成本，提高公共服务效能。

(5) 创新监督机制。大量的历史事实证明，没有监督的政府，不可避免地产生怠惰和腐败。为提高监督系统的效能，确保各级政府优质高效地提供公共产品和公共服务，就必须改革监督体制，创新监督机制。一是提高监督主体的地位，使监督主体敢于监督。二是依法明确监督体系内部各监督主体的职责权限，使之相互协调、相互配合，形成监督的合力，防止和克服监督体系内部的推诿扯皮现象。三是将体制内专职化的监督主体置于人民群众和新闻舆论的监督之下，防止和克服监督主体的消极腐败现象。

（三）构建社会主义公共财政体制

政府履行公共服务职能，是以相应的财力为基础的。因此，建设服务型政府，必须改革财政体制，构建社会主义公共财政体制。所谓公共财政体制，即满足社会公共需求的财政体制，其主要职能是为社会提供公共产品和公共服务。

党的十六大以来，我国不断加大了基本公共服务的投入，尤其在教育、医疗卫生和社会保障等领域，财政投入的力度明显加大。尽管如此，横向比较，我国财政用于公共服务的支出仍然偏低。例如，2007 年我国教育、医疗和社会保障三项支出占政府总支出的比重总和为 29.2%，与人均 GDP3000 美元以下国家和人均 GDP3000 ~ 6000 美元国家相比，分别低 13.5 和 24.8 个百分点。其中，医疗支出比重分别低 4.7 和 8.2 个百分点，社会保障支出比重分别低 9.9 和 18.3 个百分点。2009 年，我国教育、医疗、社会保障和保障性住房 4 项公共服务支出占政府总支出的比重仅为 29.8%。政府公共服务投入不足，既抑制了居民消费，影响了内需的扩大，又严重制约了政府职能转变，降低了政府基本公共服务效能。为使政府积极有效地履行基本公共服务职能，必须调整财政支出结构。

1. 按照中央关于“更加注重公共服务”和“建立健全公平公正、惠及全民、水平适度、可持续发展的公共服务体系”的要求，加大政府基本公共服务的投入，增加政府支出用于改善民生和社会事业的比重，使我国基本公共服务水平不仅与经济社会发展水平相适应，而且达到人均 GDP 同等水平国家的基本公共服务平均或以上水平。

2. 按照推进基本公共服务均等化的要求，加大对农村和落后地区基本公共服务的投入，提高农村和落后地区基本公共服务水平，逐步缩小城乡之间、发达地区与不发达地区之间基本公共服务的差距。

3. 按照财力与事权相匹配的原则，科学配置各级政府的财力，增加一般性转移支付的规模和比例，加强县级政府提供基本公共服务的财力保障。

（作者：国家行政学院公共管理教研部主任、教授）

（选自《国家行政学院学报》2012 年第 4 期）

政府效能建设研究报告

中国行政管理学会课题组

提升政府效能，是我国行政管理体制改革的一项重要任务。效能包含经济性、效率性、效果性及公平性等多维架构。政府效能建设是将绩效改进和能力建设提升到同等重要的层次，是一项以全面提高政府绩效为目标，以加强思想、作风、制度、业务、廉政、能力等为内容的综合性能力建设和绩效改进活动。

一、党和国家历代领导集体高度重视政府效能建设

在党和国家领导人中，最早提出要重视效能建设的是毛泽东同志。1940 年前后，在陕甘宁边区的领导机关内出现了严重的人浮于事的现象，大大增加了人民的负担。著名民主人士李鼎铭先生在 1941 年 11 月提出“精兵简政”的建议后，中共中央于同年 12 月发出“精兵简政”的指示，强调要切实整顿各级组织机构，精简机关，“提高效能”。次年 12 月，毛泽东同志在陕甘宁边区高级干部会议上发表讲话指出：“在这次精兵简政中，必须达到精简、统一、效能、节约和反对官僚主义五项目的。”精兵简政的成效非常明显：边区直属单位由 35 个减少到 22 个，工作人员由 469 人减少到了 279 人，整个边区总共减少了预算人数十万多人，极大地提高了效能。建国之后，毛泽东同志多次强调精兵简政，提升效能。他说：“权力是人民给的，我们的责任，是向人民负责”，“我们的政府，必须是能够真正代表民意的政府。”在实际工作中，毛泽东同志提倡节约、反对铺张，在整体上营造提高政府效能的良好风气。

邓小平同志同样将效能原则提升为政府机关及军队建设中的主要原则。他在 1980 年中央军委常委扩大会议上的讲话中指出：“现在提出‘消肿’，主要是要解决机构重叠、臃肿，以及由此带来的各级指挥不灵等问题，……要提高效率，不‘消肿’不行……”，提出建立精干、合理、高效能的体制。邓小平同志提出，应该“真正建立从国务院到地方各级政府从上到下的强有力的工作系统”，理顺党政关系，合理地分配中央与地方行政组织职权。邓小平同志一方面强调“中央要有权威”，另一方面主张让地方有更多的自主权，充分发挥国家、地方、企业和劳动者个人的积极性。邓小平同志要求建立严格的工作责任制度和科学的干部人事管理制度，废除了实际上存在的领导干部职务终身制，建立老干部离退休制度，实现了干部队伍的革命化、年轻化、知识化、专业化，并进一步健全了干部的招考、任免、考核等各项制度。

江泽民同志将党的执政能力和政府效能建设提升到关系社会主义事业兴衰成败、关系中华民族命运、关系党的生死存亡和国家长治久安的高度，提出我们党要切实履行好发展这个执政兴国的第一要务，必须适应新形势新任务的要求不断增强执政本领。江泽民同志指出，我们的各项工作能否做好，我们能否在激烈的国际竞争中始终掌握主动，我们的事业最终能否成功，很大程度上取决于我们党的领导水平和执政能力。他明确提出了加强党的执政能力建设的重要思想和战略任务，要求各级党委和领导干部在实践中掌握新知识、积累新经验，不断提高科学判断形势的能力、驾驭市场经济的能力、应对复杂局面的能力、依法执政的能力、总揽全局的能力。他主张走有中国特色的“精兵”之路，机构改革必须根据精简、统一、效能的原则进行，以建立办事高效、运转协调、行为规范的行政管理体系，提高为人民服务水平。

胡锦涛同志认为转变政府职能、提升政府效能建设是深入贯彻科学发展观、构建社会主义和谐社会的必然要求，也是加快行政管理体制改革、加强政府自身建设的重要任务。他在主持中共中央政治局第四次集体学习的讲话中指出：“要着力转变职能、理顺关系、优化结构、提高效能，把政府主要职能转变到经济调节、市场监管、社会管理、公共服务上来，把公共服务和社会管理放在更加重要的位置，努力为人民群众提供方便、快捷、优质、高效的公共服务”。并在省部级主要领导干部社会管理及其创新专题研讨班开班式的讲话中进一步强调：“要以人民群众利益为重、以人民群众期盼为念，着力解决好人民最关心最直接最现实的利益问题，始终保持党同人民群众的血肉联系”，对政府效能建设提出了更高的要求。

二、当前推进政府效能建设的必要性、紧迫性

当前政府部门行政事务日趋复杂、各种社会矛盾日渐凸显，如何有效回应社会公众需求，改进政府机关的服务质量和办事效率，提升人民群众对政府机关的满意度与公信力，成为当前政府部门面临的重要问题。

推进政府效能建设是实现政府创新、优化行政环境的内在要求。行政环境是社会发展的催化剂与竞争力。积极的政府创新形式及优化的行政环境作为一种高潜质的发展资源，已经成为当前优势凸显与竞争实力的重要体现。实践证明，哪个地方政府创新及行政环境优化，各种资金、技术、人才等资源就向哪里流动，哪里的社会经济发展速度与质量就快。当前的社会发展是在高效率、高质量、高速度的过程中进行，必须要有高效务实的行政机构及优质的政府效能作为保障，才能在激烈的社会发展竞争中赢得主动。

推进政府效能建设是规范行政权力、强化队伍建设的重要举措。行政权力具有管理领域广、自由裁量权行使尺度大、以国家强制力保证行使等特点，如果不对行政权力进行全面的公开和有效的监督，极易导致“行政权力部门化、部门权力个人化、个人权力利益化”现象的出现。当前，各级政府在行政制度建设等方面的积极探索虽然取得了一定成效，但相对于经济社会领域改革而言，行政权力运行不够规范，队伍建设方面有待进一步提升。为此，通过建立一套完善、严密的科学管理制度，强化队伍建设，有效规范约束机关干部的行为，拒绝“暗箱操作”，强化行政、社会和专门机构的监督，可以从源头上有效防止行政职权的滥用，减少对经济活动的不必要干预，为不断完善社会主义市场经济体制提供重要保证。

推进政府效能建设是改进工作作风、提

高制度执行力的有效载体。当前，转变经济发展方式和调整经济结构的任务更加紧迫和艰巨，社会结构和利益格局深刻调整，部分地区和一些领域社会矛盾有所增加，群体性事件时有发生。这些问题的解决需要政府在经济、税收、社会保障、福利制度等方面做出努力，提高制度的执行力十分重要。为此，推进政府效能建设，使经济飞速增长所带来的好处与便利更均衡地分配给社会的各个阶层，更多地分配到卫生、教育、医疗等公共领域，成为持续改进工作作风、提高执行力、实现和谐善治的重要保障。

三、近年来我国政府效能建设取得的进展和积累的经验

针对一些机关存在的"门难进、话难听、脸难看、事难办"和行政不作为、慢作为、乱作为等现象，各地将推进政府效能建设作为政府管理创新的重要举措，积极探索，取得了一定的成效。

1994年，福建省率先在福安市开展行政效能监察试点的基础上，在全省范围内全面推行政府效能监察工作。随着行政效能监察工作的全面展开，纪检监察机关开始不断提升效能监察的层次和质量。1999年，漳州市为了营造一个宽松、规范、高效的投资环境，从公示职位入手，将行政效能监察拓展为政府效能建设，取得了较好的成效。2000年，福建省充分吸取漳州市政府效能建设的经验做法，在全国率先成立了政府效能办，设立效能监督电话，开展政府效能建设活动，借以改变政府工作作风、提高政府行政效率。通过这一重要举措，福建省各级政府效能得到充分激活，工作作风显著改变，群众对政府及工作人员的信任明显增强。之后，重庆、广东、山东、江苏、宁夏、陕西、北京等省、自治区、直辖市先后开展了多种形式的政府效能建设。至2010年底，这项活动向全国纵深方向推进，各级政府及部门积极开展以服务为宗旨、以群众满意为目标的政府效能建设，通过完善相关制度法规与重塑业务流程，推进以深化专业经济管理部门的改革为重点，优化政府组织结构、增强活力、提高效率的制度改革，致力建立结构合理、高效廉洁、运转协调、行为规范的行政管理体制。经过十多年的实践，提高效能逐渐成为各级政府各部门行政管理的内在要求，形成了"党委统一领导，政府组织实施，纪检监察和效能建设机构组织协调，部门各负其责，群众积极参与"的工作格局，从根本上解决了政府效能存在的突出问题，有力地推动了法治政府、服务政府、责任政府和效能政府建设。

各地政府效能建设紧紧围绕行政体制改革目标，按照转变职能、理顺关系、优化结构、提高效能的总体要求，不断规范完善，不断探索创新，不断深化发展，形成了一些政府效能建设的经验做法。

（一）领导高度重视，健全组织机构

各地领导重视，把政府效能建设作为事关改革、发展和稳定的大事来抓。大都成立了由所在层级主要领导组成的政府效能领导小组，明确各级政府及其部门主要领导为政府效能建设的第一责任人，明确指导思想，加强组织领导，确保政府效能建设的有效运作。在此基础上，各地相继建立了诸如政府效能领导小组办公室、行政效能投诉中心、效能监察举报中心等常设机构，作为政府效能建设的工作机构，建立起相应的工作规范，推行政府效能的议事制度，强化政府效能建设过程中必需的责任落实及协调机制。

（二）注重制度体系，规范行政行为

很多地方将制度建设和机制创新作为政府效能建设的基础工作。在推进政府效能建设的制度体系中，注意突出重点、统筹规划，从上至下，采取先易后难、分级分类的实施步骤，积极推进诸如岗位责任制、服务承诺制、限时办结制、否定报备制、首问责任制、绩效考评制、失职追究制和窗口部门的一次性告知等制度，将政府的管理活动、服务范畴、行政目标等纳入科学的管理体系之中，逐步实现公共服务社会化、网络化及政务公开，增加工作透明度，以岗位责任制明晰职责权限范围，以服务承诺制强化政府信用理念，以限时办结制催生时间管理方案，以否定报备制限定否定性行政裁量的过渡使用，以首问责任制体现政府机关的责任内涵，以一次性告知制促进政务公开的完善，以失职追究制强化权责对应的价值取向，以绩效评估制促进行政效率的提升。与此同时，各地加强了对制度执行情况的监督检查，严肃查处违反制度的行为，促进制度落实到位。这些制度体系的确立，规范了政府行为，极大推动了政府效能实践的发展，提升了我国政府的行政能力，对我国经济社会发展产生了巨大的推动作用。

（三）完善权力运行，优化行政服务

针对政府面对具体现实问题时常出现的责任不明、职责不清、程序不顺等问题，各地在政府效能建设过程中，将完善权力运行、优化行政服务作为突破口。一方面，注重行政审批制度改革，大幅度地减少行政审批事项。积极探索行政审批“流程再造”，采用精简、合并等方法，优化审批流程，提高政府效能。截至目前，各地基本上完成审批权限内的行政审批事项改革工作，政府运行机制更加合理和完善；另一方面，各地相继以行政服务中心为载体，建立高效服务平台。形成了“一个窗口对外、一站式服务、一条龙办理”的运行机制，先后涌现出“政府服务工作进社区”以及政府机关“一条龙”服务等典型，为企业和群众提供高效便捷的服务。

（四）推行阳光行政，强化责任追究

针对各个政府部门时常出现责任不明、职责不清、程序不顺的现象，各地通常将推行阳光行政、强化责任追究作为政府效能建设的重要保障，确认各个部门在其中的责任，剔除罪不责众的思维定势，避免出现政府效能“看起来人人有责任、其实谁都没有责任”的现象。一方面，各地相继强化了各种形式的政务公开机制，确定了权力运行的边界，采取制定政府公开条例、建立政府信息公开专栏等方面的措施，实现各级政府之间的无缝对接。在此基础上，强化了电子政务建设，充分利用政府网站这一平台，相继开发网上公开、网上办事、网上服务和网上监察等功能，极大地压缩政府审批时限，提升行政效率；另一方面，各地为了提升政府执行力，都非常重视对政府效能建设方面的责任追究，对不认真履行职责、效能低下的行政人员，相继制定了相应的惩戒措施和程序，开展效能督查，建立起效能督查机制，采取效能告诫及诫勉教育等多种形式的惩戒，增强督查实效，强化效能问责。有的地方注重整合督查资源和力量，形成上下联动的效能督查工作网络；有的地方建立了重要案件线索的移送制度，对隐藏在不勤问题后面的不廉线索及时移送执法执纪部门；有的地方实施了社会监督机制，采取聘请政府效能建设监督员等形式，拓宽监督渠道，形成信息采集网络并通报情况。

（五）实施绩效管理，完善奖惩体系

当前各地的政府效能建设，都非常重视政府绩效评估，并与奖惩制度结合起来，制定出相应的绩效考核及奖惩办法，将政府效能内容作为公务员考评的重要内容。经过十多年的政府效能建设实践，各地相继涌现出不同特色的政府绩效管理模式。一方面，依据不同的政府层级及职责，科学设置评估指标，引导政府坚持科学发展观的价值取向，督促具体工作人员切实落实政府职责职能，采取指标考核、公众评议、察访核验等多种形式的评估方法，对具体政府部门的绩效进行科学的评估；另一方面，强化政府绩效评估结果与奖惩体系之间的联系，强化绩效评估结果的应用。各地对绩效评估结果都进行了各种形式的通报及反馈，充分发挥现有行政资源优势，建立协调联动、各负其责的工作机制，促进政府效能建设的整改及绩效的提升。

四、对进一步加强政府效能建设的建议

政府效能建设的目的是运用各种科学管理的手段、制度和载体，调动工作人员的积极性、主动性和创造性，不断提高工作人员的办事效率和工作能力，提高政府执行力，更好地为人民服务。因此，政府效能建设不可能简单依靠运动式的集中活动取胜，要有效地发挥效能建设的作用，核心和关键在于构建起职责明确、奖惩分明、科学合理、便于操作的激励制约长效工作机制，坚持标本兼治、综合治理，一步一个脚印，积小胜为大胜，推动效能建设的不断深入。

（一）以改革创新的精神深化政府效能建设。按照科学发展观的要求，树立社会主义核心价值观、正确的权力观和现代行政管理理念，在继承以往政府效能建设经验做法的基础上，以改革创新精神深化政府效能建设。

创新政绩考评制度。转变传统的政绩考评观念，按照精准化、具体化、数字化的原则，互动、科学地制定考评指标，分层量化权重分值，做到看数字又不唯数字，既有“规定动作”又有“自选动作”，在“考什么”上求突破。进一步健全考评程序，变单一考为综合考，变刚性考为灵活考，在“怎样考”上求突破。进一步用好考评结果，按照“规则在先”的原则，转变考评方式、组织形式、考评方法、考评取向，变封闭考为开放考，变临时考为专业考，制定考评结果运用的刚性规则，将绩效考评结果有效地运用于干部选拔任用、升降去留、教育培训、监督管理的全过程，在“怎么用”上求突破，提高政府效能，推进工作落实。

创新业务流程管理制度。在反思传统政府业务流程弊端的基础上，逐步改变以计划控制职能为基础的任务分工型流程设计，强调组织结构的网状化和人力资源使用的共通性，打破政府职能分工与机构层级的界限，实现单向性、分散性、排列式、文件式的工作方式向多维性、集成性、并联式、交互式、电子化工作方式的转变，强调以解决问题为目标、依据现实问题的诊断结果而选定不同的应对措施的服务流程模式。在了解公众需求的基础上，从成本、质量、服务和速度等方面改善工作业绩，建立协调的行政运作体系，实现政府业务流程优化，以提升公众对公共服务品质的满意度。

创新全程全员控制的动态问责机制。在强化重大事故事后问责和对主要干部进行问责的基础上，强化问责导向，建立全程全员控制的动态问责机制。重点关注民众关心的热点问题，针对政府效能建设中存在的“得过且过”、“有令不行、有禁不止”、“不作为、慢作为、乱作为”等“庸、懒、散”问题和行政作风，逐步建立起全程全员控制的动态问责机制，从源头上破解效能建设“中梗阻”难题，以治庸提能、治懒增效、治散聚力，增强行政队伍的责任意识，转变工作作风，形成优胜劣汰、能上庸下的行政氛围。

创新奖惩激励导向的干部管理制度。在坚持党管干部的原则下，按照民主、公开、竞争、择优的标准创新干部管理制度。进一步建立健全实用、高效的干部管理机制和公开、公平的选拔任用机制，创新充满活力的干部配置机制和科学、合理的激励机制，营造成就干部的发展空间，创造人尽其能的工作环境，留住能干事、敢干事、干成事的人才，解决“干好干坏一个样”；识人所长，给足空间，授之以实，用好干部。树立以人为本管理理念，推行分类、合约管理，推进从以“事”为中心到以“人”为中心，从“独断式”、“监督式”管理到“参与式”、“激励式”管理，推进“人人有事做”向“人人兢兢业业做事”到“人人高兴地做事”转变，发挥每个干部的主观能动性，实现管理质的飞跃，推进政府高效运转。

（二）以制度完善的要求构建政府效能建设的保障体系。我国行政管理体制改革的一条重要经验，就是适应现实发展趋势要求完善相关制度。只有工作理念内化于心、外化于形、固化于制，政府效能建设才能常态化。

统筹推进政府效能建设的制度保障体系。应以绩效管理为核心，全面推进政府效能建设相关管理制度的建设：建立规范办事制度，解决“自由裁量权行使和办事不规范”问题；建立岗位职责制度，依法确认行政权力，解决“职责不清”和“无责任行政”问题；建立相关材料建档备查制度，跟踪检查各项工作进程，明确限定重大决策和工作部署的质量要求与时限限制，解决行政流程无法实时动态监督和纠偏问题；建立会议审批制度、首问责任制度、限时办结制度、行政过错责任追究制度、服务承诺制度、否决报备制度、AB岗位制度、窗口一次告知制度、特事特办制度、超时默许制度等，用制度保障体系规范行政行为，构筑自上而下的“层级对应负责、层级对应检查”的责任体系，将具体的行政事务分解到每个行政人员身上，具体谁干什么、怎么干、什么要求和标准、谁来评定都有明确的规定，督促行政行为的规范与有效。

优化整合政府效能建设的组织保障体系。政府机构设置与职能行使的法定化、工作程序的合理化以及人员编制的规范化，是政府效能建设的重要组织保障。当前应该明晰政府职能的范围及权力的行使深度，以精简、统一、协调为原则，加大机构整合力度，合理调整政府层级与幅度，探索职能统一基础上的大部门体制，实现决策权、执行权、监督权的制约与协调，构筑机构设置优化、结构形态扁平的新型组织体制。由于当前中央在政府效能建设方面，尚没有相应的领导主管机构，无法实现组织保障体系的统一部署。因此，各地各部门应依据各自不同的实际情况，充分整合职能相同及职责相近的部门，理顺各个政府机构之间的关系，最大限度地消除职能交叉及空白领域，合理设置内设部门和工作岗位，强化各部门的协调配合机制，逐步消除行政层级过多、行政机构关系复杂、职责分工过细、机构臃肿、政府成本过高等问题，确保政府效能建设的统筹规划及整体推进。

合理建构政府效能建设的权力运行体系。政府效能建设需要一个规范有序、便民高效、公开透明的权力运行体系，必须综合协调好决策、执行、监督三个环节之间的关系，真正达成“权责一致、分工合理、决策科学、执行顺畅、监督有力”的体系运行目标。具体而言：一是要健全科学民主的行政决策体系，强化行政决策过程中的监督与制约，通过建立决策事项预告制度、公开听证制度及重大事项的社会公示制度等制度，确保影响深远的重大决策事项，能够占有充分的决策信息、经过科学的处理程序、进行深入的论证辩论、融汇多数人的建议智慧，促使政府行为不断完善与科学。二是要强化行政系统的执行体系建设。确保决策目标实现的快速通畅。这需要：建立高度灵敏的指挥协调系统，通过简化执行程序，避免多头管理及过于强调集体意志的一致性，充分发挥行政机构效率；建立明确统一的职能执行体系。通过行政执行领域的权责统一，确立行政执行责任，使相应的行政事务有规可依、有章可循，有法可用，真正达成“以制度管事管人”；形成快速落实的工作作风，通过健全各项规章制度、形成既定的办事流程，促进政府机构的“非人格化”秉性，所有事项以法律、纪律、制度、规章为指向，杜绝“人情风”、“关系网”，确保人民群众切身利益的问题能够得到及时有效解决；建立全方位参与的监督机制。针对当前监督体系分散且很难形成合力的现实，整合人大监督、司法监督、行政机关内控监督、监察机关监督、新闻媒体的舆论监督、人民群众的监督等各种具体的监督形式，设立核心的组织管理及协调指挥机构，优化整合各种监督行使的优势特性，建立信息共享、职能对接、机构联动、结果共创的格局，实施多元联合督查机制。

（三）以局部试点的策略推进政府效能建设。高效能的政府必然以高素质的行政人员为基础，同时也以相关人员拥有服务意识与效能理念为前提。各地各级政府由于人员素质、服务理念及相应的历史传承不一样，推进政府效能建设，必须因地制宜，以局部试点的形式逐步推进。

逐步构建跨部门跨单位的政府联动协调平台。在原有政府管理体制的基础上，打破传统的部门界限和公共服务功能分割局面，充分整合政府管理资源，简化办事程序，围绕公共服务的过程与结果，实现组织信息资源共享，开设统一对外的服务窗口，提供更加优质高效的信息和服务，实现各部门及职能的协同，构建起跨部门跨单位的政府联动协调平台，逐步形成资源利用更加科学、流动灵活、富有弹性、参与度高的新型行政结构，最大限度方便民众，促进政府机构实现由“职能导向”向“需求导向”的转变，从技术和组织设置层面提高政府效能。

开展政策制定、执行与监督适度分开的试点工作。为减少权力过于集中、部门利益化和执行力不强等问题，在强化权力监督与权力制衡的基础上，探索政策制定、执行、监督适度分开、相互协调的组织模式和运行机制。由于我国现实条件的限制，目前这一制度尚难以在某一层级政府全部推行，建议选择基础较好的个别地区进行试点，摸索经验。具体思路可以考虑在行政执法、公共服务等领域的执法职能分离，设立专门的执行机构，作为部门的直属机构，如可在工商管理、城市管理、卫生管理等部门试点。

有序推进以职能整合为导向的机构设置试点。在有条件的地方，针对当前政府职能重叠交叉的现状，逐步整合和归并相同或相近的机构职能，有选择地设立宽职能的部委机构，切实减少部门分工过细、职能交叉、政出多门的顽疾。在此基础上，理顺综合部门与专业管理部门的关系，促使形成各负其责、相互协作的工作氛围，综合部门主要涉及研究制定组织战略、重大政策规划、协调解决经济社会发展中的重大问题及各行业的共性问题；专业管理部门重点关注行业内或产业内存在的重大问题，拟定相关法律法规草案和中长期规划，开展行业执法监督检查，提供行业信息服务等。

（选自《中国行政管理》2012年第2期）

第五部分

理论·文化建设

对文化自觉和文化自信的战略考量

刘　芳

党的十七届六中全会通过的《中共中央关于深化文化体制改革推动社会主义文化大发展大繁荣若干重大问题的决定》(以下简称《决定》)指出：“要培养高度的文化自觉和文化自信，提高全民族文明素质，增强吲家文化软实力，弘扬中华文化，努力建设社会主义文化强国。”这一科学论断，既是党对当代中国文化建设发展规律的历史性把握，又是把党的执政能力建设落实到建设社会主义先进文化上的实践性提升。在新的历史条件下，培养高度的文化自觉和文化自信，对于推进社会主义核心价值体系建设这一根本任务，落实中华文化走向世界的战略部署，推动社会主义文化大发展大繁荣，具有极其重要的意义。

一、文化自觉和文化自信：在文化体系活动中所持有的清醒认识和理性态度

从系统论的观点看，文化是一个复杂的开放的大系统，人类的一切活动都是在文化这个宏大系统中进行的。我们倡导的文化自觉和文化自信，其目的就是要确保在文化体系的活动中持有清醒的认识和理性的态度，牢牢把握社会主义先进文化的前进方向。所谓文化自觉，指的是一种文化的自我觉悟，主要是指一个民族、一个政党在文化上的觉醒和自觉的行动，包括对文化在历史进步中的地位和社会发展中的功能、作用有深刻的认识，对文化发展规律和趋势有正确的把握，对发展文化的社会与历史责任有主动的担当以及对文化建设的引领，包括对传统文化的批判与继承，对世界各种文化的判断与吸收，对历史经验教训的总结与汲取，对当代文化的定位与创建，也就是达到文化的自我觉醒、自我反省、自我超越。其特点有三，一是对文化价值认知的深刻性。文化既决定经济的目标，又决定生产力的发展，影响着人类的交往方式，聚合成巨大的精神动力来推动社会发展和变革，调控社会发展的状态，凝聚民族精神。推动经济社会的列车不断勇往直前。不仅如此，在当今世界，文化越来越成为经济社会发展的战略资源，越来越成为一个国家综合国力的重要组成部分，越来越成为国际竞争和冲突的重要因素。二是对文化发展规律把握的自觉性。与任何事物的发展都有其客观规律一样，文化也有其独特特质和发展规律。这种文化自觉不仅要有满腔的热情，还要有理性的认知，即对特殊历史条件下文化建设发展规律的正确把握，始终不渝地按规律进行顶层设计和规划。科学组织实施，避免盲目性和主观随意性。三是对文化建设历史责任担当的主

动性。主动、强烈的文化担当，是一个政党理想追求和精神面貌的集中体现，也是一个政党政治上成熟且具有强大生命力的重要标志。作为一个肩负着民族希望和历史使命的执政党，要带领全国各族人民实现中华民族的伟大复兴．就必须高举马克思丰义的文化旗帜，高扬自己的文化理想，主动担当起推进文化发展繁荣的历史责任。

所谓文化自信，则是指一个国家、一个民族、一个政党对自己的理想、信念、学说以及优秀文化传统有一种发自内心的尊敬、信任和珍惜，对当代核心价值体系的威望与魅力有一种充满依赖感的尊奉、坚守和虔诚。也就是对自身文化内涵和价值的充分肯定，对自身文化特质和生命力的坚定信念。其特点，一是对自己文化的礼敬与自豪感。任何一种文化都有其既有的传统、固有的根基，也有其内在的“基因”和元素，因而成为其薪火传承的精神命脉。既对自己的民族优秀文化有着一种坚定的自豪，给予自己的传统文化必要的尊重，又要把它放在世界多元文化的宏观格局中来考察，从而既不夜郎自大、孤芳自赏，又不妄自菲薄、自暴自弃。二是对外来文化的吸收与改造的勇气与魄力。这种吸收借鉴绝不是兼收并蓄、食洋不化，而应该有自己的取舍标准，坚持为我所用；决不仅是单纯的“物理嫁接”。而必须是有机的“化学反应”，最终在于转化再造，强基固本。三是对文化发展繁荣前景的崇敬感与自信心。在对自己的文化特质和文化价值有一个准确的判断和定位的基础上，看到博大精深、源远流长的中华文化，以其独特的文化符号，展示着中华民族世世代代不懈的精神追求。它不仅为中华民族繁衍生息、发展壮大提供了丰厚的精神营养，也为世界文明进步发展作出了应有的贡献。它不仅铸就了历史的辉煌，而且在今天仍然闪耀着时代的光芒，推动着经济社会的发展与进步，必将不断走出国门、走向世界。这一自信既来自于历史的辉煌，又来自于当代中国的发展成就，更来自于未来发展的光明前景。

我们党既是具有高度理论自觉的政党，也是具有高度文化自觉和文化自信的政党。中国共产党从诞生之日起，就把马克思主义作为建立一个新世界的指导思想，第一次把一个政党的本质同先进的文化联系起来进行考察，深刻认识到以马克思主义为指导的先进文化对于中华民族复兴的独特价值所在。这就空前表征着中国共产党具有了一种文化自觉。此后，党在领导人民群众进行新民主主义革命和社会主义建设的实践中，相继形成了毛泽东思想、邓小平理沦、“三个代表”重要思想和科学发展观等马克思主义中国化的重大理论成果，进而使我们党在革命、建设和改革发展中不断强化自己的文化自觉，不断推动事业发展。也正是靠着这种文化自觉和文化自信，中国共产党才凝聚起全国各族人民进行新民主主义革命和社会主义建设，进行改革开放，不断解放发展社会生产力，促进经济社会的全面进步，取得了举世瞩目的珲煌成绩，并为中华民族的伟大复兴而继续努力奋斗着。概括地说，这种文化自觉和文化自信具体表现为：一是我们党站在人类社会历史发展的高度，深刻认识和把握文化在当代中国发展进步中的重要地位及其巨大价值，把握文化发展的内在规律和先进文化的前进方向，把文化作为经济社会发展的战略资源，把文化作为人民群众的根本需求、人的全面发展的重要标志、民族凝聚力和创造力的重要源泉、综合国力竞争的重要因素和经济社会发展的重要支撑。二是我们党站在全球化的宏观时代大背景中，从增强文化自觉和文化自信、提高国家文化软实力、维护国家文化安全、建设社会主义文化强国的高度，深刻认识和把握增强我国文化软实力和国际竞争力，对于实现中华民族伟大复兴的重大意义，以及对当代人类文明发展进步的独特价值与巨大贡献。

二、高度的文化自觉和文化自信：实现中华民族伟大复兴的强大精神力量

中华民族的伟大复兴，注定伴随着中华文化的繁荣昌盛，这是社会的期待、历史的必然。回顾百年中国现代文化的奋斗历程，无论是革命战争年代还是建设改革时期，我们党始终坚持文化的高度自觉和自信，高举先进文化的伟大旗帜，紧密结合时代条件，阐明自己的纲领和目标，制定切实的政策和策略。这种文化自觉和文化自信，来自于一百年来中国人民对民族复兴道路的探索，体现了当代中国共产党人在文化时代所做出的伟大战略抉择。在当今的条件下，培养高度的文化自觉和文化自信，是推动社会主义文化大发展大繁荣，实现中华民族伟大复兴的先决条件和思想基础。

首先，高度的文化自觉和文化自信，是建设社会主义文化强国的巨大精神动力。文化既是推动社会发展的重要手段，又是社会发展的重要目标。从一定意义上说，文化处在社会发展进步战略的轴心位置，经济、政治、教育、科技发展战略都应围绕文化这个轴心而展开。文化的最大特质是具有极强的渗透性、持久性，犹如空气一样无处不在，润物无声，能以无形的意识或观念，影响有形的现实和存在，作用于经济社会发展和人们的生产生活。在当今世界，文化越来越成为综合国力的重要组成部分，越来越成为国际竞争和冲突的重要因素。它使我们深刻体会到：文化决定经济的目标，决定生产力的发展，影响着人类的交往方式，聚合成巨人的精神动力来推动社会发展、变革，调控社会发展的状态，推动经济社会的列车不断前行。实践证明，一个国家和民族的强大与否，既取决于它的综合国力，即经济实力、军事实力，也取决于它的文化实力。同样一个政党能否牢牢掌握政权，既取决于它所拥有的政治资源、经济资源，以此凝聚人心，激发力量，夯实执政的合法性，也决定于它所掌握的文化资源，取决于它是否掌握先进文化发展的主导权及其领导全国各族人民建设文化强国的能力。当代中国进入了全面建设小康社会的关键时期和深化改革开放、加快转变经济发展方式的攻坚时期，文化越来越成为经济社会发展重要的战略资源，文化越来越成为民族凝聚力和创造力的重要源泉，越来越成为综合国力竞争的重要因素，越来越成为经济社会发展的重要支撑，丰富精神文化生活越来越成为我国人民的热切愿望。因此，培养高度的文化自觉和自信，无疑成为激发全民族的凝聚力和创造力，提升全国各族人民的文化创造热情，形成推进建设社会主义文化强国的强大精神力量。

其次，高度的文化自觉和文化自信，是推动中华文化走向世界的重要保证。高度的文化自觉和自信，必将在其增强国家文化软实力过程中发挥巨大的作用。文化是国家的重要战略性资源，在当前的国际形势和格局下，加快提升国家文化软实力，推动中华文化走向世界，已然成为事关党和国家发展全局的重大而紧迫的课题。中国软实力包括中国特色社会主义道路的生命力、独立自主外交政策与和平发展道路的吸引力与感召力，也包括中华文化的影响力和竞争力。中华文化的影响力和竞争力，要通过我们文化的传播和辐射来形成，通过向世界展示中华文化的核心价值理念来催生。这是中华民族复兴的理论和实践要求。而在中国“文化走出去”、开展国际文化交流的实践中尤其成为我们“短板”的，恰恰是我们缺乏从大处着眼，从细微之处入手，用具体生动的故事彰显中国文化理念与文化力量的微观实践，也就是缺乏细节上的谋划与生动，以及缺乏深层次的文化挖掘。比如，对于姚明，我们更多地谈论的是他在NBA球场上的成功，实际上更值得我们挖掘的则是“姚明现象”对于树立现代中国人的优秀形象的文化贡献与价值，这才是“姚明现象”的深层次意义和深厚的文化价值。如果我们的每一部电影和电视剧，每一个电视节目和文化艺术创造都能润物无声地彰显中国优秀文化的价值，如果我们的每一个企业、每一项国际合作、每一次文化交流都能具体真实地展示中国的优秀形象，那么我们将会让世界真切地感受到中国文化的强大力量。从更为深层次的视角看。改革开放30多年后的今天，中国模式已经成为世界经济发展最重要的一种模式，为许多发展中国家的经济发展提供了有益的中国经验。但我们还应看到，这一模式还主要是一种经济模式，还未成为一种文化模式。西方学界有一句名言，叫“文化是制度之母”，实际上就是强调文化在制度建设和安排中的重要作用。这就期待我们在文化模式上有自己的建树和创造，进而向世界提供一种具有普遍价值的道德和文化理念，在文化上为未来世界新的文明样式注入全新的价值理念，在普遍性文化意义上提供崭新的文化经验，以此确立中华文化在世界主流文化中的身份。这一深远的历史任务正是中华民族具有真正的精神生命力的内在要求。而这一切都要建立在高度的文化自觉和文化自信基础之上。

再次，高度的文化自觉和文化自信。是社会主义文化大发展大繁荣的思想基础。文化是一个民族生生不息的血脉与灵魂，文化的繁荣是社会发展的崇高标尺。由于文化以向往高尚和追求文明为旨归，以文化主体自身的强壮和武装为特征，因此必然会成为推动文化发展和繁荣的思想基础与先决条件。历史和现实一再表明，一个民族的觉醒，首先是文化上的觉醒；一个民族、一个国家乃至一个政党的力量，很大程度上取决于其文化自觉和文化自信的程度。因此，是否具有高度的文化自觉和文化自信，不仅关系文化自身的振兴与繁荣．而且决定着一个民族、一个政党的振兴和发达，关系着国家的前途和命运。恩格斯指出：“最初的、从动物界分离出来的人，在一切本质方面是和动物本身一样不自由的；但是文化上的每一个进步，都是迈向自由的一步。”这就明确告诉我们，文化从根本上是人的一种内在精神需求，是人类通向全面发展和自由解放的尺度，它与人类的每一个进步都是紧密联系在一起的。它既是凝聚人心的精神纽带，又直接关系民生幸福。一个社会如果没有文化的充实和丰盈，就谈不上有真正美好的生活，我们讲改善民生，如果不改善文化条件与环境，那么这种改善必定是粗鄙的、浅层的和片面的；我们讲幸福指数，如果没有文化这个举足轻重的重要元素，那么这种幸福指数也就可能是失去内在特质的低层次的生存指数。因此，《决定》指出：“物质贫乏不是社会主义，精神空虚也不是社会主义。没有社会主义文化繁荣发展，就没有社会主义现代化。”没有文化的引领。没有人民精神生活的丰富，没有全民族精神力量的充分发挥，一个国家、一个民族就不可能屹立于世界民族之林。当代中国正经历着空前广泛的经济和社会变革，处于发展的黄金期和矛盾的凸显期。由于社会矛盾和问题的不断暴露和出现，人们的思想困惑和精神焦虑加剧，人文关怀和心理疏导的任务相当繁重。在这个时候，培养高度的文化自觉和文化自信，“以文化人”，“以文育人”，以此丰富人们的精神世界，提升人们的思想境界，就成为党和国家工作全局中一项刻不容缓的重大战略任务。

三、在新的历史起点上不断提升文化自觉和文化自信的境界

第一，始终不渝地坚持马克思主义的指导地位，为培养高度的文化自觉和文化自信奠定

更扎实的信仰基础。马克思主义的指导是中国特色社会主义文化建设的根本，也是我们培养高度文化自觉和文化自信的主心骨与指南针。我们只有坚持辩证唯物论和历史唯物论的立场、观点与方法，才能在文化上一步一步走向强大、走向主动、走向先进。只有在各个领域多一些马克思主义的声音，才能为我们的文化自觉和文化自信奠定更扎实的基础。坚持马克思主义的文化观，是使我们的文化自觉和文化自信不断迈上新台阶的可靠保证。

马克思主义是人类思想史上最伟大的认识成果。它从创立那天起，就把实现人的自由解放与全面发展作为最高价值目标。一方面，它作为科学的世界观和方法论，揭示了人类社会发展的客观规律，也为先进文化建设指明了前进方向，更为人们的文化自觉和文化自信注入了不竭动力。我们党从诞生之日起就高举马克思主义的伟大旗帜，并在同中国实际和时代特征的结合中与时俱进，形成了中国化的马克思主义，使之成为指导我们思想的理论基础，成为指引中国先进文化建设和培养高度的文化自觉和文化自信的根本指针。另一方面，马克思主义作为社会主义的意识形态，本身也是中国特色社会主义文化的重要内容，是中国特色社会主义文化之魂。正是有了马克思主义，源远流长的中华文化才注入了先进的思想内涵，中国人民才获得了强大的思想武器，开阔了视野，真正在思想上、精神上得到空前解放。也正是由于有了马克思主义的科学指导，社会主义先进文化建设就有了核心和“灵魂”，中国人的文化自觉和文化自信也就有了精神指南。正如毛泽东所说：“自从中国人学会了马克思列宁主义以后，中国人在精神上就由被动转入主动。”在新时期，马克思主义仍然是当代中国人培养高度的文化自觉和文化自信的思想指导和科学指南，必须始终不渝地坚持、与时俱进地发展，进而不断强化和巩固其指导地位。这样，才能确保培养高度文化自觉和文化自信所需要的理论武装和正确方向。

第二，坚持弘扬中华优秀文化与吸纳西方先进文化的有机结合，是培养高度的文化自觉和文化自信的重要抓手。中华民族拥有几千年文明史的文化积淀，有着非常丰硕的文化成果积累，有着不绝如缕、独具特色的文化传统，其本身就有着不断扬弃自我、海纳百川、有容乃大的气度和风范。它的发展也必然积淀着全人类文明的结晶。这也内在地体现了一个国家、一个民族对文化发展的自觉、自信与自强，即以客观的姿态对自身优秀文化的肯定和坚守，以开放的胸怀对外来文化的甄别与吸纳。中华民族优秀传统文化蕴含着民族发展的核心理念和思想基因，积淀着中华民族最深层的精神追求，因而成为中华民族安身立命、生生不息的精神根基。传统文化中的修身养性、诚信仁爱、和谐中庸、崇尚正义、注重民本等思想，不仅为中华民族的伟大复兴、发展壮大提供了丰厚滋养，也为人类文明进步贡献了智慧和力量；不仅铸就了历史的辉煌，而且也滋养哺育了一代又一代中华民族优秀儿女。在经济全球化的今天，它仍然闪耀着时代的光芒。当今，国内出现“国学热”，国际上出现“中华文化热”、“孔子热”，很多人都在探讨中华传统文化的时代价值，这充分地表明了中华优秀传统文化的重要现实意义。特别是在推动社会主义文化大发展大繁荣、建设社会主义文化强国的历史进程中，仍然发挥着非常重要的作用，因此必须理直气壮地科学继承、一如既往地发扬光大。这是我们在相互激荡、相互碰撞的世界文化中站稳脚跟的重要保证。当然，传统文化中也存在着一些与时代发展不相适应的东西，对之必须采取“扬弃”的态度，取其精华、去其糟粕，古为今用，推陈出新，为促进时代进步和人的全面发展提供科学有益的思想价值。这也是我们倡导新的文化自觉观和文化自信观的必然要求和内在呼唤。

现代系统论认为，任何一种文化都是人类文化系统的一个子系统，都是一个开放的体系，都是在各种文化的相互交流、交融、交锋和耦合中得以存在、发展和壮大的。这就决定了社会主义先进文化的建设和发展，既不能有数典忘祖、自惭形秽的自卑心理，也不能有唯我独尊、盲目自大的傲慢态度，而是要吸收人类文明的一切优秀成果，并从其他文化中汲取有益养分，不断发展壮大和完善自己。同中华优秀传统文化一样，西方先进文化是西方民族的智慧和结晶，也以自己独特的方式为世界文明作出了贡献。西方文化中蕴涵的科学精神、民主理念、法治精神、理性精神以及制度文化等，是西方思想文化中的合理因素，也是人类认识、改造世界中合乎规律的精神颗粒和因子。我们要以科学的态度、开阔的视野、宽广的胸怀对待西方文化，积极参与世界文化的对话与交流，批判自主地吸收外来文化成果。从历史上看，我们的民族文化之所以有着强大的生命力和自信心，就在于它勇于吸收和消化外来文化成果，从而不断完善、丰富和发展自身。

可见，在新的历史条件培养高度的文化自觉与自信，尤其需要我们以理性、科学的态度，正确看待自己的文化和别人的文化，进而坚定我们的文化信仰和追求，做到不忘自己的文化传统，吸收外来的文化成果，着眼未来的文化发展。

第三，继承发扬中华民族在文化自觉和文化自信上的优良传统，使我们的文化自觉和文化自信不断进入新境界。中华民族历来是一个有着文化自觉和文化自信的伟大民族，这种自觉和自信是基于我们所拥有的绵延不绝的悠久历史和灿烂光辉的文化传统。中华民族依靠自己的智慧与力量，创造出多元一体、多样共生的灿烂文化，本身就是这种文化充满生机与活力、自觉与自信的生动体现，也是我们今天培养高度的文化自觉与自信的历史财富。鲁迅先生在 77 年前就撰文驳斥“中国人失掉自信力了”的说法。他认为当时虽有“自欺力”的笼罩，但我们民族还是有“并不失掉自信力的中国人在”的,而他们正是“中国的脊梁”。比如，中国近代史上“睁眼看世界的第一人”林则徐，面对中国当时相当封闭、僵化、落后的封建思想观念和文化严重禁锢人们的头脑、束缚人们的思想，极大地阻碍社会发展的状况，他心急如焚，忧国忧民，委托魏源编写了一本全面介绍西方经济、政治，文化和思想观念的书《海国图志》。然而遗憾的是，就是这样一本振聋发聩的书，并没有引起国人的高度关注，而日本人却如获至宝，连续翻印了 15 次。这大大促进了日本人思想的空前解放，使日本迅速成为东方强国。

中国共产党在传承发扬历史上无数志士仁人文化自觉与文化自信的优良传统的基础上，大力推进民族的、科学的、大众的文化建设，不断开创社会主义先进文化建设新局面。比如，新民主主义革命时期，我们党注重吸收人类科学文化的优秀营养，使文化自觉进入了新的境界。毛泽东总结道：中国自有共产主义学说以来，人们的眼界提高了，革命也改变了面目。新中国成立前夕，他更自豪地说：“从那时起，近代世界历史上那种看不起中国人、看不起中国文化的时代应当完结了。”“正是在这种文化自觉和文化自信的巨大激励感召下，党领导全国各族人民掀起了波澜壮阔的社会主义革命和建设的高潮。改革开放以来，我们党进一步恢复发扬我们民族文化自觉和文化自信的优良传统，把文化建设放在党和国家全局工作的重要战略地位。从物质文明和精神文明两手抓到依法治国和以德治国相结合，再到文化事业和文化产业同发展，理论创新和实践探索不断推动着文化建设取得新成就，走出了一条中国特色社会主义文化发展道路。胡锦涛总书记在庆祝建党 90 周年大会上的讲话中强调指出："面对当今文化越来越成为综合国力竞争重要因素的新形势，我们必须以高度的文化自觉和文化自信，着眼于提高民族素质和塑造高尚人格，以更大力度推进文化改革发展，在中国特色社会主义伟大实践中进行文化创造，让人民共享文化发展成果。这一切都充分说明，我们在摸索、培养民众文化自觉和文化自信的实践中，已经积累和形成了一些成功的可资借鉴的经验与做法，并不断得以总结和升华。

纵现当代中国文化史，我们可以郑重地说，在文化问题上的高度自觉与自信，正是中国共产党人的优势和法宝，是我国社会主义先进文化建设极其显著的特征和最强大的内在动力。在整个世界正处在大发展大变革大调整的今天，面临文化空前交流交锋交融的态势，在新的历史起点上培养高度的文化自觉和文化自信，尤其要认真总结梳理中华民族坚持文化自觉与文化自信的历史经验，大力继承和弘扬中华民族在文化自觉和文化自信上的优良传统，进而为推动社会主义文化大发展大繁荣、建设社会主义核心价值体系、建设社会主义文化强国、推动中华文化走向世界．提供历久弥新、永不衰竭的精神力量。这就是我们今天潜心倡导和大力培养高度的文化自觉和文化自信的根本要义和全部目的之所在。

（作者：南京政治学院上海分院教授、博士生导师）

（选自《思想理论教育》2012 年第 1 期上）

深化我国文化建设的理论框架与对策探讨

李笑野　马　艳　吕　建

我国是一个有着五千年悠久文化的文明古国，曾经为世界的文明进步起到举足轻重的作用。新中国成立以后，经过文化领域的革命，清除旧文化的糟粕，吸收传统文化的精华而建立起来的以马克思主义为主导的主流文化不仅丰富了社会主义精神文明建设，也极大地推进了社会主义革命和建设事业的发展。改革开放以来，我国文化建设受到国际大文化的冲击，尤其是西方文化的侵入，使我国社会主义主流文化的发展一度受到影响。为此，我国官方马克思主义学者都十分忧心这一重大问题，曾经从不同的角度提出加强精神文明建设，发展与繁荣社会主义文化，并且以党的文件和国家制度的形式给予推行与落实。特别是近几年来，随着改革开放的不断深化，食品安全问题、医患纠纷问题、劳资冲突问题、企业社会责任问题的凸显，更加强化了我们党和我国政府关于文化建设和文化繁荣发展的意识，并且将我国的文化建设与发展提到极其重要的地位，成为现阶段的主要工作目标。诸如，党的十七届六中全会通过了《关于深化文化体制改革推动社会主义文化大发展大繁荣若干重大问题的决定》。这一决定总结我国文化改革发展的丰富实践和宝贵经验，研究部署深化文化体制改革、推动社会主义文化大发展大繁荣，进一步兴起社会主义文化建设的新高潮，这对夺取全面建设小康社会新胜利、开创中国特色社会主义事业新局面、实现中华民族伟大复兴具有重大而深远的意义。

这些充分表明，新时期精神文明和文化建设与发展已经成为我国社会最重要的理论与现实问题，需要给予充分的关注与重视。但是，综观我国理论界关于文化建设与繁荣发展的研究可见，这些研究大多还是局限于重要性与必要性以及政策操作层面的分析，其系统的理论探讨以及在一定理论框架下的对策分析还亟须深化。

本文拟从如下几个方面对我国文化建设进行理论分析与对策探讨。

一、我国文化建设理论框架要以马克思主义的文化理论为主导

我国是社会主义国家，其主流意识形态是以马克思主义为指导，为此，我国文化建设和文化的繁荣与发展必须以马克思主义的文化理论为指导。

马克思主义的文化思想非常丰富，并且，已经形成较为系统的理论体系。结合我国现阶段文化建设的实际状况，马克思主义文化理论的如下相关内容将是我国文化建设和文化繁荣与发展过程中具有主导性作用的理论内容。

1．将文化作为一种生产力，提升到对社会生产关系和经济制度具有重要作用的要素层面

将文化放置在什么层面进行建设与发展是现阶段我国文化建设和文化繁荣发展的最重要问题，也是我国文化建设理论框架构建的首要问题。根据经典马克思主义关于文化理论的基本思想，我们可以获知，文化实际上是一种生产力，文化建设与文化利益发展是社会生产的特殊组成部分。如马克思将生产力区别为物质生产力和精神生产力，而文化生产力就包含在精神生产力之中。同时，经典马克思主义还将文化生产力视为与物质生产力具有同等作用的生产力，从这个意义上来看，马克思认为文化同样也是一种"生产性的力量"，他指出："宗教、家庭、国家、法、道德、科学、艺术等等，都不过是生产的一些特殊的方式，并且受到生产方式的普遍规律的支配。"而文化力作为特殊的生产力其量的计算也是劳动力通过作用于劳动对象创造出来的精神财富多少来表达的，如马克思指出："劳动只有作为社会的劳动，或者换个说法，'只有在社会中和通过社会'，'才能成为财富和文化的源泉'"。而文化力也是社会发展的根本任务，如列宁指出："要使整个苏维埃获得成功，就必须使文化和技术教育进一步上升到更高的阶段。"因为文化力创造的财富是精神财富，而这些精神财富与物质财富一样是为满足人们的需要。捷克学者奥塔·锡克认为，在社会主义制度下，精神财富"需要的增长速度最终会超过物质需要的增长速度"。邓小平则指出："不加强精神文明建设，物质文明的建设也要受破坏，走弯路。光靠物质条件，我们的革命和建设都不可能胜利。"

可见，现阶段我国将文化力放置在文化建设和文化繁荣发展的理论框架的首要位置的理由就在于，文化作为一种生产力是我国社会发展的根本任务，同时它必将对社会生产关系和社会基本制度具有重要的决定性作用。在党的十六届四中全会通过的《中共中央关于加强党的执政能力建设的决定》中，首次以中央文件的形式肯定并阐述了"文化生产力"概念，指出要"深化文化体制改革，解放和发展文化生产力"。

2．将文化力作为社会主义文化建设与发展的工具

我们将文化作为一种生产力对待的目的是要将文化力作为社会主义建设的手段，其文化利益则是满足人们的精神财富，而这些精神财富则是为我国大多数人所享用。

关于这一点，经典马克思主义文化理论具有明确的论述，如列宁指出："建立社会主义社会基础的经济和政治手段足够了。缺少什么呢？缺少文化，缺少本领。"同时，列宁认为，社会主义的文化革命的目的不仅要将文化"由资本主义的工具变成社会主义的工具"，而且要"把专家由资本主义的服务者变成劳动群众的服务者"。毛泽东也曾指出：文化艺术"是大众的，即是民主的，它应为全民族中百分之九十以上的工农劳苦民众服务，并逐渐成为他们的文化"。邓小平也认为：任何文化作品"不能不考虑人民的利益、国家的利益、党的利益"。我们党在这方面也有明确的认识："我们党要始终代表中国最广大人民的根本利益，就是党的理论、路线、纲领、方针、政策和各项工作，必须坚持把人民的根本利益作为出发点和归宿，充分发挥人民群众的积极性主动性创造性，在社会不断发展进步的基础上，使人民群众不断获得切实的经济、政治、文化利益。"而"人民群众的经济、政治、文化三大利益，构成了人民群众的根本利益这个有机联系的辩证统一整体。在这个有机整体中，经济利益是基础，只有首先满

足了物质生活这一最基本的社会需求，人民群众才能更好地追求和享受政治利益、文化利益；政治利益是核心，人民群众只有在政治上当家作主，才能充分享有对生产资料和物质生活资料的支配权，获得更高质量的经济利益，接受更多的科学文化知识教育，追求更加丰富的物质和文化生活；文化利益是经济利益和政治利益的一种反映或表现，只有充分享有文化利益，才能实现人的全面发展，人民群众才能更加自觉、更加科学、更加有效地追求和实现经济利益和政治利益。”

3. 我国现阶段文化建设和文化繁荣与发展需要吸收人类一切有价值的文化思想、文化建设的实践经验

文化建设和文化的繁荣与发展具有较强的继承性和可借鉴性，恩格斯曾指出：“和任何新的学说一样，它必须首先从已有的思想材料出发。”在谈到文化的继承性时，列宁则认为：“无产阶级文化并不是从天上掉下来的，也不是那些自命为无产阶级文化专家的人杜撰出来的，”而是在“吸收和创造了两千多年来的人类思想和文化发展中一切有价值的东西”的基础上产生的”。所以，我们“必须取得资本主义遗留下来的全部文化，并且用它来建设社会主义。必须取得全部科学、技术、知识和艺术”。必须最大限度利用大资本主义所达到的技术和文化成就。如果不学会利用资产阶级文化，社会主义就不可能实现。邓小平对这一问题的认识就更加深入，他指出：“我们要向资本主义发达国家学习先进的科学、技术、经营管理方法以及其他一切对我们有益的知识和文化，闭关自守、故步自封是愚蠢的。”这是因为“科学技术是人类共同创造的财富。任何一个民族、一个国家，都要学习别的民族、别的国家的长处，学习人家的先进科学技术。我们不仅因为今天科学技术落后，需要努力向国外学习，即使我们的科学技术赶上了世界先进水平，也还要学习人家的长处”。党的十六大报告更加明确地提出：“文化的力量，深深熔铸在民族的生命力、创造力和凝聚力之中”。

二、我国文化建设理论框架要以传统文化思想为基础

我国传统文化思想是我们的祖先在几千年的社会实践活动中所感悟、所总结出的历史经验教训，是十分珍贵的思想资料，是我们在新的历史时期文化建设与发展过程中值得借鉴和吸收的，并将这些思想资料注入到我们的社会主义新文化思想建设中，成为其文化理论框架构建中必不可少的重要的基础元素。

综观我国传统的文化思想可见，我国古代思想家是将文化作为社会文明的标志程度，即“大和”之道，也是社会集体价值标准与共同的心理构成；将文化建设作为最崇高最伟大的事业，谓之为“大业”；将文化利益看成为一切利益的最高表达，是一切利益的最终显现。

首先，我国传统文化是将文化放置在社会文明层面上给予理解与建设的。我国传统思想家认为，社会文明的程度是依靠人们不断进步的文化理念来标示的，因而，文化理念以及注入在这种理念中的文化认识就是促使人们进步，促使社会文明实现的主导因素。

诸如孔子说的“周鉴于二代，郁郁乎文哉”，指的就是周文化的这种文明理想，它是指导、影响后来整个中国古代思想建设的奠基时期。在周文化抛弃了之前的张扬蛮武掠夺而崇尚“德治”、文明的基础上，出现于春秋、战国时期的《易传》，把文明理想的全部崇尚，概括为“大（太）和”的社会境界，这一概括，从根本上表达了中国文明社会的价值追求，是中国古代社会文明崇尚的核心表述。

在《周易·乾·彖传》中提到：“乾道变化，各正性命，保合大（太）和，乃利贞。”这里提

出的理念，就是中国古代思想中文明社会的理想状态。宋代思想家朱熹在《周易本义》中对此有准确而通俗的解释："变者，化之渐；化者，变之成。物所受为性；天所赋为命。大（太）和，阴阳会合，冲和之气也。各正者，得于有生之初；保和者，全于已生之后。此言乾道变化无所不利，而万物各得性命以自全，以释'利贞'之义也。"这是说，天道（乾道）的变化，使无成变有成，在变化的过程中，物所禀受的品质就是它的"性"，而被赋予的方向就是"命"。所谓的"大（太）和"就是物禀受阴阳之气的会合，是合理的协调的存在。得于有生之初的正，和保全于有生之后的正，在规定着该事物向和谐合理的方向发展。这里所说明的，就是天道变化使万物各自得到自己自性命运之过程的道理，是"利贞"的大义。这里的解释，说明了"大（太）和"之理。

"大和"的社会境界是秉承天道变化而来，使事物守持其正道，各自保全自己的自性，也就是自我的规定性，相互间高度的协调，达到一种和谐美好的状态。这就是"大和"之境的全部内涵，也是社会文明的充分体现。它既是天之道，也是人们所必须追求、守持的社会情境。就这个意义上说，"大和"之境的文明社会也是一种高度和谐的社会状态。

"大和"之境这一文化理想和文化状态不是一个虚构的存在，而是具有其内在的规定和规律的真实样态。它既关乎社会的整体联系和存在运行，也关乎到社会成员个体的存在与发展运动，是一个有机的生命体，而这个生命体水平的标志，就是文化、文明的水平，也就是人们共同的价值确认的水平。

其次，我国传统文化思想将文化提升到最崇高、最伟大的事业层面。这里的"大业"不等同于"大和"。"大和"是一种社会文明的境界，而"大业"是对这一境界的追求。如果"大和"之境是一种社会文明的理想，那么，"大业"是对这种理想追求的过程。

《系辞上传》说："形而上者谓之道，形而下者谓之器，化而裁之谓之变，推而行之谓之通，举而错（措）之天下之民谓之事业。"这里说的"道"，是主导有形之体运动的规律，是必须经过对具体事物的观察、把握才能感悟得到的事物内在的规则、规律，所以说它居于有形的事物形体之上。这里说的"器"，是看得见、可感知的有形的物质形态。"道"与"器"的统一，也就是规律之"道"与有形的规律的载体之"器"，两者辩证统一。两者的辩证统一，交互作用，就导致了事物的交感化育、互为裁节的运动，这就是"变"。沿着变化而推广旁行，无所不在地运用就是"通"。把这些道理教给天下百姓使用，就叫做"事业"。即是说，将法则、道理，成功地运用到治理社会中去，使社会的运行合于天之道，能够协调发展，变通无碍，就是所谓的"事业"了。这个"事业"的落实就是"大业"。

由此可见，"大业"的最主要的内容，或者说是主导因素就是"道"与"器"的完美协调，它表现在人的主观能动性里，就是将人所认识到的客观事物规律和本质的水平，化为人的追求，这个追求又化为一种符号——"盛德"、"大业"。"盛德"、"大业"就成为一种具有感召力的文化理想，是人们所共同认可的文化心理，它具有化为血肉的永久的指导意义和作用，这些作为一种标志就凝成了深入人心的民族文化。这个"文化"是更为深刻、更为持久地支配人的活动的深层因素，有了它才会达于"富有"，即人类自身物质财富和精神财富的富有；在富有的基础上才会体现"盛德"、"大业"。只有具备了这些，才会出现前述的最高的社会理想境界——"大（太）和"。

再次，我国传统文化思想又将文化作为获

取物质财富的最基本的手段，概括起来，它主要表达为义、利、和的观念。

义、利、和的观念，在古代文献中最早、最集中、最全面、最具指导意义的说法，仍然是被称为群经之首的《周易》。《周易》言“利”之多、之全面、之深刻，古今无双。不足五千字的《周易》经文，言“利”119次之多，文中的这些“利”，在不同场合、不同语境下，有自己具体的意义倾向，但总起来说，这些义项的共同本质就是“利益”，而《周易》认为，能够使利益主体获得利益最大化的实现，只有通过“义”、“利”、“和”的协调才具有其实现的可能性。

在这里，第一位的是“义”，《周易·乾·文言》说：“利者，义之和也”、“利物足以和义”，这个“义”孔颖达疏：“言天能利益庶物，使物各得其宜。”“义”的意义是适宜、相宜。“宜”正是事物的理所在，合于事物的客观规律，合于事物运行之法则，就是理与物的和谐。可见，义与利的结合是规律的把握与事物运行的契合，而“义”即以这个规律为准则，去应和具体的事物，使之得到合理的利益，这是构成驾驭客观事物的根本要素。朱熹在《周易正义》中说：“使物性和谐各有其利，……当以义协和万物，使物各得其理而为义也。”“宜”就是这里说的“使物各得其理而为义也”，事物得到理的贯穿驾驭，落实了理，就是得到了大义，就是最大的“宜”，达到这种程度，也就“协和万物”，“使物性和谐各有其利”了，也就是达到了“利”的最高境界。由上述可见，“义”这个利益的主宰者，就蕴含在人类所创造的文明之中，化在看得见、可修习的文化之中。

在这里的第二个层面则是“和”，它作为文化要素是获得利益并使利益最大化的又一保障因素。“和”是“义”作用的结果，有了“和”才有“利”，没有“和”，“利”将无从获取。李道平在《周易集解纂疏》汇集的《周易·乾·文言》所说的“利者，义之和也”、“利物足以和义”之“和”，表明了“利”与“义”，是通过了“和”来完成其生命力的。“利”之中所包含的“和”被解释为：《说文》：“利，銛（锋利）也。从刀。和然后利，从和省。《易》：‘利者，义之和也。’”盖“利”从刀，故主分，分故能裁制事物，使各宜也，各得其宜则和矣。“利”又从“禾”，《说文》“禾，二月始生，八月而熟，得时之中”，是“利”有中和之义。故云“阴阳相和，各得其宜，然后利矣。”这说明，“和”是使原本分立自在的事物，通过“义”而达到的统一，其结果即是“利”，就是所谓“和然后利”。

上述可见，在“义”、“利”关系中，在实现利益最大化的意义下，“和”的因素是利益最大化的又一保障要素，舍掉“和”的因主体清醒认识而做出的主观努力，“义”与“利”都将因不能相融合而无法实现其自身价值，也就谈不到个体、群体、社会的利益实现，“以美利利天下”也就无从谈起了。“和”是人们在经济活动中不能回避的现实。而这一要素，也是人们长久的社会实践所积淀下的对自然和社会规律的深刻认知，这一认知又通过文化标示的形式，印记到人们的精神世界之中。人们对之的理解与自觉实践的程度，也就是在经济活动中获得利益的程度，从这个意义上说，“和”说到底，还是文化自身所涵盖的要素。

中国传统文化思想的“义”、“利”、“和”的观念，完整地说明了主体在追求利益的过程中所应当保持的理性精神，而这种理性精神，来自于文化本身，同时，也来自于主体对文化的理解、运用的程度。

总之，思想的创造，是在以往的思想资料基础上的创造，没有对人类优秀思想的继承，将不会有对现实认识的起码水平，在这个意义上说，我国传统文化思想的上述观点，仍不失为科学见解，这些文化精华理念应当为我们当今的文化建设与文化繁荣发展理论构建所重视，成为其理论基础和出发点。

三、我国文化建设理论框架要以国外文化建设经验为借鉴

国外一些发达国家在文化建设发展方面已经形成了许多成熟的经验，这些经验对于我国文化建设和文化利益发展具有一定借鉴意义。

首先，借鉴国外文化建设的经验，我国应将文化建设和文化繁荣发展纳入到国家战略发展的目标之中。

文化建设和文化繁荣发展需要政府的支持，而政府将文化建设放置在什么地位上，并给予支持则对一国的文化繁荣发展具有重要的意义。

综观许多发达国家文化建设的实践，我们可以发现，这些国家成功的经验则在于都是将文化事业放置在整个国家发展战略的核心地位。诸如，美国文化政策的根本目的是服从和服务于国家文化利益以及国家整体利益，其核心是向世界推行美国式的价值观念。如美国文化政策对内重点是促进人文社会科学研究，扶持民间文化艺术活动，促进国内文化产业竞争，保护文化遗产，促进多元文化发展，维护主流价值观念的地位。对外重点是通过文化产品的销售与传播，促进世界其他国家人民对美国文化观念的认同。

韩国文化建设也是从国家战略的高度进行规划和统筹，如韩国1998年就提出“文化立国”战略，并先后制定多部发展规划，从国家战略的高度明确了文化发展的方向，以及文化利益对国家发展的战略意义。同时，政府的各个相关部门也有力地推动了各项规划的实施，从而为集中各方面优势力量促进文化利益的实现和发展提供了保证。这就是韩国文化之所以在近几十年来风行于全球的重要原因。

英国和法国对于文化建设的支持力度也很大，如英国政府对于文化发展的支持主要是通过国家财政的大力支持，英国文化投资的渠道是多样的，有政府拨款、准政府组织自主、基金会资助等，同时，英国政府还运用了一种非常规的投资方法——通过发行彩票的方式筹集文化基金。法国文化建设实践特点是，国家对于文化工作者、文化产品和文化活动通过行政立法进行管制，公民平等参与文化事业已被写入法国宪法，法律还规定，对于作为国有公共财产的艺术文化遗产，政府既有承担着保护、维护、保存、传播等职责，同时也致力于促进、扶持和传播创造性的艺术文化。同时，国家、地方和当地的政府部门也给文化领域分配自主基金。

日本文化产业的发展中，政府主导的特点也非常明显，如日本政府明确提出文化立国的战略和措施，在政府部门中专设了机构予以推动，这也是日本文化产业得以发展的一个根本原因。

其次，借鉴国外文化建设经验，我国应加强文化建设和文化繁荣发展政策系统化工程建设。

文化建设和文化繁荣发展需要政策的支持，而这些政策的支持也就是制度的保障。然而，政策对于文化建设的作用不仅仅是一个权益之计，而是一个长期的，系统的工程，这是保证文化建设有成效和文化利益持续增长的重要条件。

美国的文化政策是系统工程，其特点是对内放松管制和对外文化扩张同时并举。放松管制的文化政策，为美国文化产业的发展创造了各种有利的条件，从资金、市场、就业政策、税收、监管等方面的支持，使得美国文化产业多样化和生产效率不断提高，从而为其国际化发展、占领全球文化市场打下了基础。对外扩张性政策为美国文化企业和文化产品进入国际市场开辟了道路，也为国家文化在世界范围内的扩张，用美国的文化价值观来“重塑”整个世界提供了条件。

法国的文化政策也非常系统，法国文化政策的主要目标是：培养创造性；保护国家文化遗产；发展文化产业；拓宽文化活动的渠道；促进文化多样性。而其最终的目标就是实现和发展国家文化利益。在文化政策实施方面，法国中央政府和地方政府有明确分工。而各种公共和私人的文化参与者之间的文化合作，是依照不同的文化事项契约程序而组织起来的。法国财政支持或赞助政策也很系统，主要有三种政策形式：一是中央政府直接提供赞助、补助和奖金等。每一个从事文化活动的企业或民间协会，均可向文化部直接申请财政支持。二是来自地方财政支持。法国的大区、省、市、镇政府都有支持文化事业发展的财政预算。三是政府通过制定减税等规章鼓励企业为文化发展提供各类帮助。有关企业可享受3%左右的税收优惠。统计表明，法国企业为文化发展提供的赞助，多年来一直高于对其他诸如环保行业的赞助。

英国的文化政策则非常全面，几乎涵盖了所有方方面面，其目标可以归结为六点：(1)保持和发展具有品质、创意和有益的计划，创造有效的竞争市场，发展创意产业；(2)拓宽渠道，使所有公民都能进入丰富而多样的文化生活中；(3)通过教育发展国家在文化领域的潜在资源，为创意产业提供相应的保障；(4)确保每一个人在文化领域都有机会发展才能，以便挖掘和培养人才；(5)维持国家彩票的公共资助，确保该领域的收入和资金积累；(6)提高文化部门在重建、维护都市和乡村稳定方面的作用。此外英国文化建设政策还非常注重政府各部门之间的政策协调。

日本文化建设的政策法规则很健全。近年来，日本又制定了多部文化建设方面的新的法律，如IT基本法、知识产权法、文化艺术振兴基本法等。

第三，借鉴国外文化建设的经验，我国在文化建设和文化繁荣发展过程中要注重科技进步的推动作用。

科技进步对于文化建设与文化繁荣发展具有重大的推动力，国外许多国家逐步认识到了这一点，并且在文化建设实践过程中都将科技创新和科技创新成果在文化建设中的运用放置在首位。

诸如在美国，图书出版公司、音像出版公司在20世纪90年代就开始把网络技术应用于销售，从而推动了图书和音像出版业的发展。此外，美国文化产品的生产也将科技创新与文化创意进行了完美的结合，赋予了文化产品内容上的深刻思想意蕴和形式上的强烈震撼力，从而赢得了市场。

英国的创意产业是英国文化实践的一大特色，而创意产业概念的精髓就是创新，是以尊重和支持包括文化艺术在内的任何人类精神文化追求的创新和提升为原则的，它将“文化”与“产业”巧妙地结合在一起，从而为文化利益的创造开辟了一个全新的领域。

韩国文化建设也是把作为知识形式之一的文化和作为知识表现手段的科技有机结合起来的典范，同时，韩国注重科技人才资源，利用高等院校培养专门人才，利用网络及其他教育机构加强专业培训，加强与国外的人才交流与培训，以及建立文化发展的专门人才数据库等，也为文化建设与发展积累了人力资本。

第四，借鉴国外文化建设经验，增强我国文化建设与文化繁荣发展的开放性。

文化建设和文化繁荣发展都具有较强的共享性和流动性，因此，一个国家文化的开放性不仅有利于文化的全球共享和开放，也有益于本国文化的进步与发展。

美国政府出于文化帝国主义的考虑十分注重美国文化的全球化，这虽然在一定意义上造成了文化的不平等性，但是，客观上也推动了美国文化的开放性以及全球对美国文化的共享性。如在国际政治领域，美国利用其强大的政治影响力，为其国际文化贸易创造有利的政治环境，同时，又利用其经济领域的雄厚实力为文化产业跨国经营提供有力的经济支持，从而使得美国的文化产品能够迅速地占领国际文化市场，进而使得美国文化在全球扩散。

法国政府也非常重视法国文化对外输出，并以守为攻，大力推进法国文化“走出去”战略。“法语国家组织”就包含了52个国家和地区的1.6亿人口法国文化共同体，并利用法语这一共同语言传播法国思想文化。在全球范围内，法国也期望在世界文化市场上获得更多份额，并通过以守为攻的方式加快国家文化利益的国际化发展。

大力开拓国际市场也是韩国文化发展的重要特点，韩国政府通过优化资源组合，走集约化经营道路，形成规模优势，提升研发生产能力和文化产业的整体实力。进而以国际大市场为目标,以东亚为台阶,大力发展国际文化贸易，积极开展国际文化合作。

积极寻求海外发展也是日本文化实践的重要举措，主要是通过扩大文化产品的出口，利用日本传统文化的优势，扩大在海外市场的文化贸易与维权活动。

四、我国文化建设的基本战略与对策

在上述理论框架下，我国文化建设和文化繁荣实现的基本战略框架如下。

（1）要加强国家文化战略建设。中国是文化资源大国，但在当今世界上却还不是文化大国。中国要成为一个文化大国，就必须制定自己的国家文化战略，实现文化利益与国家的政治利益、经济利益在国际上的同步增长。这也是中国成为一个文化大国的重要标志。基于上述分析，我们认为，国家文化战略应该包括以下几个方面内容：一是要创造性地发展马克思主义文化理论；二是要创造性地整合传统文化资源；三是要积极吸纳国外先进文化；四是要加快文化产业的发展壮大；五是要坚决维护国家的文化安全与文化主权。

（2）要加强文化繁荣发展战略的建设。国家文化发展战略最终要通过文化利益主体的文化利益活动而实现的，因此，在国家文化战略确定之后，文化发展的战略建设也非常重要。主要注重点为：一是要建立文化利益整体态势协调发展的格局；二是要选择文化繁荣发展的最优战略路径；三是要确定文化利益实现的战略重点；四是要加快国家文化安全之下的文化国际化发展。

文化发展战略确立之后，就是对文化利益实现的对策进行选择，这主要包括微观、宏观和国际对策的选择。

首先，关于我国文化建设与文化利益实现的微观对策选择。一是在个人文化利益的实现方面要提高个人文化消费支出，促进个人文化利益总量的增长；要创造条件，为不同的文化消费群体提供不同的文化消费产品，促进不同层次的个人文化消费；要积极发展文化产业，丰富文化市场，为个人文化利益的实现提供物质载体；要提高个人文化素质，为个人文化利益的实现提供动力。二是在企业文化利益方面，要以市场为导向，以不断满足人们的精神文化需要为目标，充分发挥市场机制的积极作用；要依法经营，公平竞争，提高市场占有率和品牌效益；要依靠科技进步，构建创新机制，实现企业文化利益的跨越式发展；要加强人才队伍建设，积累人力资本。三是在产业文化利益方面，要进一步开拓文化资源，把资源优势转化为产业优势；要拓宽融资渠道，增强产业文化利益实现的资金实力；要鼓励规模经营和专业化协作，促进文化产业各行业形成自身特点的组织结构，提高文化生产的创造能力；鼓励文化产业外向型发展，充分利用国内、国际两个市场，把产业文化的实现纳入世界文化市场之中。

其次，关于我国文化建设和文化利益实现的宏观对策选择。一是在区域文化利益方面，要弘扬区域文化中的经济思想和价值观念；要实施文化创新战略，发挥区域传统文化中的积极因素；要优化区域文化产业的布局，积极推进区域文化共同体的形成。二是在国家文化利益方面，要促进文化利益的均衡发展；要加快经济发展方式的转变，促进文化利益的快速实现；要大力提高科学教育文化水平，为文化利益的实现提供动力；要加快发展文化产业，推动文化利益的创造与实现；要深化文化体制改革，为文化利益的实现提供制度保障。

再次，关于我国文化建设和文化利益实现的国际对策选择。一是在维护国家文化安全方面，要强化国家文化安全意识；要建立国家文化安全预警机制。二是在文化战略方面，要坚持“走出去”和“引进来”并举的国际发展路线。三是在人才方面，要加强国际交流，充分利用中国丰富的文化资源和人文优势，为文化利益的国际化发展积累人力资本。四是在国际文化贸易方面，要打造文化贸易产品的国际竞争力；要建立国际营销网络，为扩大中国文化利益在国际上的实现提供更加高效的途径和平台。

（作者：李笑野系上海财经大学人文学院教授）

（选自《马克思主义研究》2012年第4期）

论中国特色社会主义文化建设方法论自觉

高立伟

当代中国特色社会主义文化建设更需要方法论高度自觉，这种自觉主要包括文化建设的前提自觉、理念自觉、原则自觉、策略自觉等方法论的基本面向。

一、中国特色社会主义文化建设的方法论前提自觉

文化建设是有意识的、自觉地对以物质、制度、精神及行为等形态存在的各种社会文化，进行有规划、有组织、有目的的建设与发展。何为文化建设的本质？文化建设本质上是一项心灵建设工程，是一种生存方式的建构，是为国家、民族“强心健骨”。其根本目的是要建设全民都拥有高素质的文明社会，要让人们生活得更美好，让人与人之间、人与社会之间、人与自然之间更加友好和谐地相处共生。文化建设相对于“以市场经济为取向”的经济建设和“以政治文明为取向”的政治建设而言，是以“精神文明及社会文明”为价值取向，这是文化建设的逻辑前提和现实归宿。只有自觉认识到文化建设的这种本质所在及其根本目的，才能在方法论意义上达到建设前提的自觉，才能为坚持文化建设的正确方向提供思想观念的前提和基础。

当代中国特色社会主义文化建设需要推动建设什么样的文化？坚持什么样的文化建设方向？这又是一个必须回答的前提性问题。其实，党和国家领导人在不同历史时期对此问题作了清晰而鲜明的阐释。毛泽东指出：“民族的科学的大众的文化，就是人民大众反帝反封建的文化，就是新民主主义的文化，就是中华民族的新文化。”江泽民同志强调：“只有建设面向现代化、面向世界、面向未来的，民族的科学的大众的社会主义先进文化，才能满足人民日益增长的精神文化需要，不断促进人民思想道德素质和科学文化素质的提高，也才能为发展经济、发展先进生产力指引正确的方向，提供强大的智力支持。”胡锦涛同志指出：“始终高扬引导中国社会前进的社会主义文化旗帜，我们才能不断丰富人民群众的精神世界，不断增强人民群众的精神力量，也才能有力地抵御各种腐朽落后的思想观念对我国社会的渗透和侵蚀。”事实上，自 1978 年进入改革开放新时期以来，我们党关于文化建设，总体上先后有“建设社会主义精神文明”、“建设中国特色社会主义文化”、“发展当代中国的先进文化”三种提法。这三种提法本质上是一致的。

从以上党和国家领导人的论述中，我们可以看出，当代中国需要推动建设的是——社会

主义先进文化，需要坚持的是——中国特色社会主义文化建设方向。明确并始终坚持这一点是文化建设的方法论的基本前提。先进文化是健康的科学的向上的，是代表未来发展方向、推动社会前进的文化。在当代中国，发展先进文化，就是发展面向世界、面向未来、面向现代化的民族的科学的大众的社会主义文化来不断丰富人们的精神世界，增强人们的精神力量。同时，建设中国特色社会主义先进文化，必然内在的包含社会主义和谐文化建设。和谐文化以崇尚和谐、追求和谐为价值取向，反映着人们对和谐社会的总体认识、基本理念和理想追求。构建社会主义和谐社会需要有力的精神支撑、良好的文化条件。由此，建设和谐文化不仅是构建中国特色社会主义和谐社会的根本要求，也是中国特色社会主义先进文化建设的题中应有之义。

但在当今文化建设、文化发展的具体实践活动中，偏离科学正确方向的现象时有发生，封建主义、资本主义腐朽落后的思想文化在一些地方、一定领域还有所表现，并且严重影响甚至腐化、分化及西化中国特色社会主义建设和改革事业。从这个意义上讲，坚持建设中国特色社会主义文化，坚持社会主义先进文化建设方向，自觉划清社会主义思想文化同封建主义、资本主义腐朽思想文化的界限，不仅是当代中国文化建设的方法论前提自觉，更是文化建设的根本原则，是推进中国特色社会主义文化建设的一个根本性问题，具有重大理论和现实意义，必须时时刻刻旗帜鲜明、毫不松懈的保持高度的警醒和自觉。

二、中国特色社会主义文化建设的方法论理念自觉

在新的历史条件下，推进中国特色社会主义文化建设，需要强化如下方法论理念自觉。

1. 强化“文化民生”的方法论理念自觉。文化建设发展的根本目的是为了人民，推进中国特色社会主义文化建设必须坚持以人为本、文化惠民，最大限度地满足人民群众的精神文化需求，做到文化发展为了人民、发展成果由人民共享。从这个意义上说，“文化民生”的建设方法论理念，从根本上体现的是中国共产党一贯坚持的“人民至上”的宗旨意识。文化源于人民、属于人民，文化发展必须依靠人民、为了人民。中国特色社会主义文化是人民大众的文化，人民群众共建共享是一个重要特征。在共享中共建、以共建促共享，是中国特色社会主义文化建设的根本要求。因此，在新的历史条件下推进文化的改革发展、建设社会主义文化强国，必须把以人为本、文化惠民、共建共享的理念，作为一种方法论自觉意识，始终贯穿于中国特色社会主义文化建设的伟大实践中。

2. 强化“大文化”的方法论理念自觉。文化世界是一个有机整体，而不是众多文化元素的随意组合，文化渗透到人类社会实践的方方面面。从形态上看，文化不仅包含精神形态的文化，更包括物质、制度、行为等形态的文化。由此，文化建设具有全局性、整体性“大文化”特征，文化建设涉及众多领域甚至是难以尽数的方面和内容。因此，文化建设不能限于传统的“文化领域”,而需要更为宏观的全局性的“大文化”统筹思维和理念。事实上，文化的繁荣与发展不是孤立的，与经济、政治、社会发展密不可分。以文化消费为例，2011 年发布的中国文化消费需求景气评价报告指出：文化消费指数与经济增长、社会发展、民生建设有高度相关性；教育水平、医疗保障体系健全程度等对文化消费心理有巨大影响。该报告的结论之一是：文化产业大发展，不一定带来文化消费大增长，文化消费涉及价值观、意识形态、政治制度和社会体制等多方面的因素。而从文化建设具体涉及的部门看，关涉党委和政府众多部门，如宣传、文化、广电、出版、文物、体育、旅游等部门，体现着“大文化”的社会结构性特征。如果每个部门都按照自身“分管”领域规划建设，势必造成文化建设工作的“割裂”，因此需要强化“大文化”建设方法论理念自觉。

3. 强化“改革创新”的方法论理念自觉。从本质上看，文化是创造性的，文化是最需要创新的领域，文化也是最能够创新的领域，创新是文化的本质特征。当今世界，许多国家都把改革创新作为文化发展的制胜之道，创造、创意成为文化领域最鲜明的时代标识。对中国来说，无论是适应建设创新型国家的战略需要，还是满足人民群众精神文化需求；无论是弘扬中国文化的自身特色，还是参与全球化背景下的文化交流，都需要大力推进文化创新和改革。我们必须正视，文化产品缺乏受众是因为其缺乏文化创造力，文化泡沫和文化垃圾的过多过滥同样源于文化创造力不够。没有创造力这个核心，如何产出精品和经典？又拿什么和人家竞争？故此，只有不断强化文化建设的创新理念和意识，推进文化创新自觉，才能创造无愧于时代、无愧于人民、无愧于国家的文化瑰宝，才能自觉弘扬改革创新的时代精神，才能更加自觉地推动中国特色社会主义文化大发展大繁荣。

4. 强化“没有完成时”的方法论理念自觉。文化建设，既是一项全局性整体性的系统工程，更是一项长远的、持久的“没有完成时”的千秋万代工程。“没有完成时”形象地表明了文化建设的持久性。而且，文化自身的形成也是一个长期积淀和凝结的过程。建设中国特色社会主义先进文化，需要强化“没有完成时”的持久建设理念自觉。文化建设不是一个一劳永逸的短期工程，也不是哪个阶段、哪个时代的特定事业，而是和中国特色社会主义相伴而行的永续事业，是一项永远“没有完成时”的长远性战略性的建设事业。树立和强化这种长远性文化建设理念，是中国特色社会主义文化建设方法论自觉的内在要求。

三、中国特色社会主义文化建设的方法论原则自觉

中国特色社会主义文化建设方法论自觉，除必须坚持方法论基本前提、基本理念自觉以外，还需要坚持方法论原则自觉。即文化建设必须自觉坚持主导性、实践性、系统性、开放性方法论原则。

1. 主导性方法论原则自觉。中国特色社会主义文化建设必须自觉坚持马克思主义指导不动摇的主导性方法论原则。文化建设的核心在于社会主义主流意识形态建设。近年来，消解“主流文化意识形态”、鼓吹西方式“普世价值”、宣扬所谓“民主社会主义”、“回归传统儒学”等多元思想文化论调不绝于耳。这些论调的根本目的是要否定马克思主义在我国思想文化建设中的指导地位。对此，我们必须保持清醒的头脑，积极弘扬主旋律，坚持文化建设的马克思主义主导性原则。从方法论上看，这是一条不可动摇的底线原则，否则，将会丧失文化建设事业的领导权，最终丧失自身政治领导权。苏联解体、东欧剧变的关键原因之一就是从丧失思想文化建设领导权和主导权开始的。从这个意义上说，“只有马克思主义，而没有别的主义能够成为我们‘立党立国的根本指导思想’”。

2. 实践性方法论原则自觉。这里的实践性方法论原则自觉具有两方面的含义，即自觉地把文化建设作为中国特色社会主义实践事业的重要组成部分，同时又强调文化建设的理论及方法必须自觉根植于中国特色社会主义伟大实践之中。马克思主义认为，人们在进行创造性思维的过程中，必须参与实践并在实践中检验思维成果的正确性。没有实践，思维的发展就会失去动力；没有实践，创造性思维中的自主性就会变成“封闭性”，求异性就会变成主观多样性，跳跃性就会缺乏科学性。从根本上说，文化是经由创造性思维过程的人类实践的产物，实践是文化发展、创新的现实源泉。离开了鲜活生动的实践，将无从把握社会主义文化建设的本质，也无从解释文化建设中的新情况新问题，更无从将文化建设作为一种受客观规律制约的自觉活动加以推进。社会主义文化建设的中国特色源于社会主义的中国实践，只有将文化建设奠基于中国特色社会主义伟大实践之中，才能更为深刻地认识文化建设自身的根本规律，也才能创造出符合中国实际、符合人民群众需要的文化产品。

3. 系统性方法论原则自觉。系统性原则要求把研究或工作对象视为一个系统，以系统整体目标的优化为准绳，协调系统中各结构要素的相互关系和作用机理，使系统走向优质完整和平衡协调。中国特色社会主义文化建设坚持系统性方法论原则，主要指向两方面：其一，将文化建设本身作为一个系统，以文化建设系统目标优化为尺度，协调文化建设系统中各要素结构的关系，形成良性建设发展机制，促进文化建设优质高效；其二，将文化建设置入社会大系统中，作为一项宏观社会工程进行建设发展，坚持在经济、政治、社会、文化统一规划建设的目标下，发动全社会的力量，形成整体效应推进文化建设。事实上，一部人类文化发展史，就是人类社会物质文化、政治文化、观念文化及社会文化等方面的协调发展史。中国特色社会主义文化建设不能祈求一枝独秀，必须以系统性的视角，进行全局的、整体的、有机的规划和实践，以达到文化建设的根本目的。

4. 开放性方法论原则自觉。自觉坚持开放性原则，就是要把中国特色社会主义文化建设作为一个开放性过程，积极吸取自身以外的科学恰当的思想文化和经验来始终保持自身系统充满生机和活力。一个事物或系统只有不断同外界保持经常性的信息和能量交换，才能保证其自身的生命力。文化建设必须是一个开放系统，以开放性的方法论自觉，以“海纳百川，有容乃大”、“以我为主，为我所用”的胸襟，开明开放、集思广益，吸纳各种优秀的文明成果来发展壮大自身。在全球化的当今时代，对待文化问题，任何全盘否定或自我封闭的态度都是不科学的，都不利于发展和增强中国特色社会主义文化软实力。当然，这种开放性，必须是批判的吸收，建设性的开放。由此，开放性方法论原则是中国特色社会主义文化建设必须自觉坚持的基本原则之一。

四、中国特色社会主义文化建设的方法论策略自觉

中国特色社会主义文化建设的方法论策略自觉，是方法论前提、理念、原则自觉的逻辑具体。那么，在方法论意义上，中国特色社会主义文化建设究竟需要自觉采取何种或哪些方法论策略？

1. 文化事业和文化产业“双轮驱动”的方法论策略自觉。文化建设有公益性和市场化两种取向。文化事业以获取社会效益为主，主要依靠政府扶持和推动；文化产业以获取经济效益为主，主要依靠市场来调节和驱动。但无论是文化事业还是文化产业，作为中国特色社会主义文化建设的两轮或两翼，只有“双轮驱动”，“比翼齐飞”，才能产生强大的动力，推动“文化战车”高速协调前进，增强文化实力，打造文化强国，实现中华文化的伟大复兴。从实践上看，文化事业和产业的“双轮驱动”关键在于文化体制改革。当前，文化体制改革已进入攻坚克难的关键阶段，要坚定不移地按照十七届六中全会确定的文化改革方向目标，以文化事业和产业为“双轮双翼”，加大力度、全面推进，着力构建充满活力、富有效率、科学现代的文化发展体制机制。

2. 文化传承与文化创新“齐头并进”的方法论策略自觉。文化是稳定性与创新性的复合体。文化发展不仅是一个长期孕育、不断积淀、薪火相传的过程，更是一个不断创新、世代流变的过程。中华文化的延绵不绝、繁荣昌盛，就是文化的稳定性与创新性交相辉映的结果。在新的历史条件下，建设中国特色社会主义先进文化，需要自觉坚持文化传承与文化创新“齐头并进”的方法论策略。可以说，对优秀传统文化的传承与超越与对世界现代文化的反思与创新是当代中国特色社会主义文化建设的双重使命。任何一个国家和民族文化的发展与变革都是在传承与创新中完成的。文化建设需要在传承中创新，在创新中传承。唯有把握传承之本，精于创新之道，才能守正出奇，推陈出新，促进文化之花鲜艳盛开。当然，当今时代，创新、升华及超越是文化建设的关键。

3. 一元主导与多样包容“共同成长”的方法论策略自觉。文化建设在坚持主导性原则下，也需要自觉采取多样包容“共同成长”的方法论具体策略。江泽民同志曾强调：“弘扬主旋律、提倡多样化，是坚持‘二为’方向和‘双百’方针的具体体现。”当今时代，文化全球化背景下的文化多样性已是不争的事实，多样文化之间的互渗性与冲突性日趋加强。国内思想文化领域的一元与多样的张力及矛盾已经显现。在此背景下，推进中国特色社会主义文化建设，需要保持合理的张力和动态平衡，采取一元主导与多样包容“共同成长”的方法论策略，多元中求主导、多样中求包容、多变中求主动，强化主导下多样包容和包容中优化主导。唯有如此，才能促使当代中国文化百花齐放、共同成长，从而推动中国特色社会主义文化建设健康持续发展。

4. 立足本土与博采众长“兼容并蓄”的方法论策略自觉。文化建设不仅要在历时场域中采取传承与创新的方法论策略，也要在共时场域中施行立足本土与博采众长“兼容并蓄”的方法论策略。“立足本土”不仅要传承中华优秀传统文化，更要立足于当代中国特色社会主义文化实践之中，基于自我，以我为本；“博采众长”不仅强调对自身文化的创新改革，更强调广纳世界优秀文化成果，为我所用，资我发展。在这方面，党和国家领导人曾明确强调：“中国应该大量吸收外国的进步文化，作为自己文化食粮的原料。”“我们要向资本主义发达国家学习先进的科学、技术、经营管理方法以及其他一切对我们有益的知识和文化，闭关自守、故步自封是愚蠢的。但是，属于文化领域的东西，一定要用马克思主义对它们的思想内容和表现方法进行分析、鉴别和批判。”中国特色社会主义先进文化亦是一种开放性文化，它承认并尊重世界文化的多样性，学习和借鉴人类社会的优秀文明成果。我们的文化建设应坚持兼容并蓄的方法论策略，积极学习、辩证取舍、科学吸纳，在立足本土、博采众长中，自觉带着中国情怀和世界视野去进行先进文化的建设、创新与发展，不断赋予中国特色社会主义先进文化强大生机和活力。

（作者：南昌航空大学副教授）

（选自《马克思主义研究》2012 年第 7 期）

社会主义核心价值体系引领多元文化的几个关键点

陆　岩

社会主义核心价值体系是兴国之魂，是社会主义先进文化的精髓，它决定着中国特色社会主义的发展方向。中国多元文化是指在经济全球化和改革开放的环境下，在以马克思主义为指导的主流文化引导下，主流文化与非主流文化、精英文化与大众文化、传统文化与外来文化等不同文化相互交融、共同发展的一种社会文化存在状态。在当代中国，社会主义核心价值体系在多元文化发展中处于轴心地位，是多元文化的灵魂，多元文化是核心价值体系发生发展的基础，它们相互渗透、相互促进，共同推动中国文化的发展繁荣。以社会主义核心价值体系引领多元文化发展，必须找准引领的着力点、交汇出契合点，保持主流文化与多元文化之间的张力，才能更好实现“引领”，推动文化的发展繁荣。

一、找准社会主义核心价值体系引领多元文化发展的着力点

社会主义核心价值体系是社会主义意识形态的本质体现，在社会主义文化建设中处于主导和统摄地位。社会主义核心价值体系是一个多角度、多层次的价值和价值观体系，从不同角度、不同层次得到了全社会不同文化、不同群体的思想认同和价值认同，既体现了社会主义先进文化的前进方向，又符合不同文化、不同层次群众的思想文化状况；既体现了全社会共同一致的愿望和追求，又涵盖了不同文化与不同群体的利益要求。这就决定了它具有广泛的适用性和强大的整合力，只要我们遵循文化发展规律，找准以社会主义核心价值体系引领多元文化发展的着力点，就能够最大限度地发挥引领多元文化发展的作用。

一是增强社会主义核心价值体系引领多元文化的自主性。作为一个居于核心领导地位的马克思主义执政党，党只有坚持以社会主义核心价值体系引领多元文化，才能更加主动、自觉适应引领文化前进方向的客观要求，与时俱进地推进理论创新，提供更加有力的理论指导，推进社会主义核心价值体系的大众化，不断增强核心价值体系对多元文化引领的凝聚力、吸引力和亲和力；党只有坚持以社会主义核心价值体系引领多元文化，才能更加主动、自觉地了解掌握不同阶层、不同群体对文化多样性的需求，从而使党制定的路线方针政策更好地顺民意、得民心，真正起到促进和推动经济社会和谐发展的作用；党只有坚持以社会主义核心价值体系引领多元文化，才能更加主动、自觉地运用文化软实力的力量，才能在全社会形成

统一指导思想、共同理想信念、强大精神力量、基本道德规范，把不同群体、不同形态文化的智慧和力量，凝聚到建设中国特色社会主义的伟大事业中来。因此，党必须把以社会主义核心价值体系引领多元文化作为执政能力建设的重要课题和任务，摆在更加突出的位置。

二是必须最大限度地形成社会思想共识。中国特色社会主义是当代中国发展进步的根本方向，集中体现了最广大人民的根本利益和共同愿望。以社会主义核心价值体系引领多元文化，最明确的目标取向就是把广大人民团结和凝聚在社会主义旗帜下，“最大限度地形成社会思想共识”。多样化的社会文化是一个复杂的文化体系，有主流文化与非主流文化、精英文化与大众文化、本土文化与外来文化之分，不能也不应当等量齐观。这就要求我们认真分析研究不同社会文化的本质内容、表现形式、社会影响以及产生的根源，善于抓住关键因素，既要兼顾一般，更要有重点地做好“引领”工作。要把那些带有普遍性和全局性的社会文化，如传统文化、大众文化、网络文化作为重点对象来加以“引领”，下大力气求得突破性进展，进而形成积极、健康、向上的发展态势。多元文化往往反映着不同阶层、不同群体、不同文化的思想道德取向和多元利益诉求。以核心价值体系引领多元文化，不仅仅要靠教育引导，还要把引领多元文化发展同解决不同阶层、不同群体、不同文化的最关心、最直接、最现实的利益问题结合起来，不断夯实多元文化的思想文化基础和物质基础，才能最大限度地形成社会思想共识。

三是必须尊重差异、包容多样。不同的色彩构成最美的图画，不同的音调产生最美的乐章。唯物辩证法告诉我们，社会文化呈现差异性和多样性是一种客观存在。其一，以社会主义核心价值体系引领多元文化，这种“引领”本身就蕴含着对文化多样性的尊重，对差异性的理解。尊重差异、包容多样是马克思主义哲学基本原理在以社会主义核心价值体系引领多元文化的具体实践中的创造性的应用，表明了我们党在思想文化建设的认识上更加自觉，行动上更加自信，胸怀上更加博大。其二，尊重差异、包容多样、海纳百川、善于包容，是坚持以社会主义核心价值体系引领多元文化的重要前提条件，是先进思想文化的特质，也是先进思想文化发挥主导作用、实现文化大发展大繁荣的必由之路。其三，“尊重”和“包容”是“引领”的前提条件。在尊重差异中扩大社会认同，在包容多样中增进思想共识，是文化建设发展必须遵循的原则。对于充满差异性和多样性的社会多元文化进行压制、排斥和打击，那么多元文化就会与社会主义核心价值体系“离心离德”、“背道而驰”，从而也就不可能“引领”它们前进。其四，引领和整合要循序渐进，不可强制。从中国目前的实际情况看，不同文化追求的价值取向、价值目标不尽相同，社会成员的生活和发展条件、思想道德水平参差不齐，社会主义核心价值体系的践行与实施，不能超越社会主义初级阶段的多元文化发展水平和广大人民群众的思想道德水平，不能以强制性办法整齐划一，强求不同文化、不同对象都一下子接受和践行核心价值观，而应该包容多样，贴近实际、贴近生活、贴近群众，循序渐进、由浅入深地引领不同文化、不同群体接受并践行核心价值观。

四是要全方位拓展引领的领域和渠道。用社会主义核心价值体系引领多元文化，是一项复杂的社会性的系统工程，必须多层次、多路径地展开。只有这样，才能把最大限度地形成社会思想共识的要求落到实处。一要把社会主义核心价值体系融入国民教育、精神文明建设和党的建设的全过程，为引领多元文化、形成社会思想共识创造更加有利的社会环境。二要通过加强主流媒体、新闻出版、广播影视、文学艺术、社会科学、学校、社区等各种阵地建设，把用核心价值体系引领多元文化的工作渗透到文化生产、传播、应用的各个方面、各个部位和各个环节。三要适应当代科技发展的新趋势，加快高新技术在文化领域的运用，推动文化与科技、人文与科学的融合。根据人们接受文化信息途径的新变化，加强网络文化和新媒体建设，努力探索用核心价值体系引领多元文化的新方法、新手段和新途径。四要健全公共文化服务体系，完善各种文化基础设施，大力发展文化产业，健全不同文化沟通和交流机制，完善文化产品评估和激励机制，进而全方位拓展以社会主义核心价值体系引领多元文化的领域和渠道。

五是充分发挥人民群众的文化创造积极性。人民是发展先进文化的根本力量，是推动多元文化发展的最深厚的力量源泉。随着广大人民的思想道德素质和科学文化素质的不断提升，满足不同群体的精神需求和文化创造越来越成为文化发展繁荣的强大动力。文化发展是为了人民，文化发展必须依靠人民，文化发展成果要由人民共享。建设社会主义文化强国离不开主流文化的引领，离不开多元文化的发展，建设社会主义文化强国是亿万人民共同的事业。为此要坚持“二为”和“双百”方针，切实尊重人民群众的文化创造、文化发展的主体地位和首创精神，极大调动不同文化、不同群体参与文化传承、文化创新、文化发展的积极性、主动性和创造性，把蕴藏在不同群体中的文化创造活力充分激发出来，不断推动社会主义文化的大发展大繁荣。

二、用社会主义共同理想引领多元文化并交汇出多重契合点

文化的契合点是指不同文化之间的交集、共性、共同点。用以社会主义核心价值体系为核心的主流文化引领和整合多元文化发展，能够交融出多重复合的文化契合点。主流文化与多元文化之间的契合点越多，其他多元文化就越接近主流文化要求；文化契合的合力越大，推动政治、经济、社会发展的作用越大；文化契合的面积越大，人民群众的共同思想基础越牢固，国家软实力越强大、社会越稳定、人民精神生活越幸福。

建设社会主义现代化强国、实现中华民族的伟大复兴是全国各族人民的共同理想。这个共同理想的旗帜下汇集了不同群体、秉持不同文化的人们以及海内外华人。社会主义共同理想，是社会主义核心价值体系的主题，它涵盖了社会各个阶层、不同文化的利益，是不同群体、不同文化的共同的价值追求，是形成全民族奋发向上的精神力量和团结奋斗的精神纽带，是全体中国人民的共同目标和精神支柱。一个国家、一个民族如果没有共同理想，就没有国魂、民魂，就会失去凝聚力、整合力、生命力，就会失去国家、民族的根基和发展的源泉。

第一，社会主义共同理想与多元文化在价值取向上的契合。在全社会形成共同理想和精神支柱，是有中国特色社会主义文化建设的根本。我国有56个民族、13亿人口，在国际形势风云变幻的情况下，要把广大人民的思想意志凝聚好，使中华民族屹立于世界民族之林，就必须铸就能够有效发挥统摄、引领和整合作用的核心价值观和共同理想信念。并用社会主义共同理想去引领、整合多元文化的发展，使之发挥最大合力，推动社会经济又好又快发展。所以说，建设社会主义核心价值体系是凝魂聚气、强基固本的基础工程。

价值观是时代的产物，只有反映时代的要求，才能引领社会进步；价值观只有走进心灵、走进大众，融入多元文化，才能有广泛的亲和力、感召力和引领力。社会主义核心价值体系用马克思主义中国化最新成果武装全党、教育人民，用中国特色社会主义共同理想凝聚力量，体现了时代性、突出了大众性、富有独创性、体现了契合性。特别是社会主义共同理想所倡导的富强、民主、文明、和谐，还有“以人为本”、“科学发展”、“公平正义”、“诚实守信”、“和谐和睦”等理念，所以在各种文化形态中引起广泛共鸣，就是因为它契合主流文化与非主流文化、传统文化与外来文化、精英文化与大众文化等多种文化形态的价值追求，具有强烈的时代感召力，反映了不同群体、不同文化共同追求的道德理想和价值追求。由于社会主义共同理想关注大众诉求，反映各族人民心声，契合多元文化发展，因此它具有强大的道义力量、广泛的契合度和巨大的同化力。

第二，社会主义共同理想与多元文化在建设中华文化上的契合。党的十七大报告强调，要弘扬中华文化，建设中华民族共有精神家园。这充分体现了当代中国共产党人对繁荣发展中华文化的强烈历史责任感。以社会主义共同理想致力于弘扬和发展中华文化，使中华文化成为全世界华人、全中国人民共同的精神家园和灵魂依归。所以，坚持以民族优秀传统文化为根基，以中国特色社会主义文化为主体，以外来文化中的健康有益文化为补充，大力弘扬具有中国内涵、中国风格、中国气派的优秀文化，不断增强中华文化的民族性、包容性和时代性，努力把全世界华人、全国各族人民紧紧团结和凝聚在中华文化的旗帜下，凝聚在社会主义共同理想旗帜下，这是以社会主义核心价值体系为统领的主流文化与我国的各种文化形态在文化上的契合点和共同奋斗目标。

中华文化历来注重以民为本，尊重人的尊严和价值；注重自强不息，革故鼎新；注重社会和谐，强调团结互助；注重亲仁善邻，讲求和睦相处。今天，我们的主流文化和各种文化形态都坚持以人为本，关注人的价值、权益和自由，关注人的生活质量和发展潜能，注重人文关怀和幸福指数，最终都是为了实现人的全面发展，实现中华民族的伟大复兴。社会主义的共同理想与各种多元文化都是要追求一个民主法治、公平正义、诚信友爱、充满活力、安定有序、人与自然和谐相处的和谐社会，都是要实现物质和精神、民主和法治、公平和效率、活力和秩序的有机统一，推动建设一个持久和平、共同繁荣的和谐世界。21 世纪中国要成为真正意义上的世界大国，实现中华民族的伟大复兴，既要实现中华文化的大发展大繁荣，又要实现中华文化从传统到现代的转型，增强中华文化的普世性和世界认同。这些从更高层次上说明了以社会主义共同理想与我国的各种多元文化在弘扬中华文化、实现民族复兴、建设中华民族共有精神家园上是高度契合的。

第三，社会主义共同理想与多元文化在目标追求上的契合。党的十六届六中全会提出的要建设民主法治、公平正义、诚信友爱、充满活力、安定有序、人与自然和谐相处的和谐社会。党的十七大报告中指出，我们正在建设的社会主义，就是要建设社会主义市场经济、社会主义民主政治、社会主义先进文化、社会主义和谐社会，最终把我们国家建设成为富强、民主、文明、和谐的社会主义现代化国家；在描述到 2020 年实现小康社会宏伟目标时认为，到那时，我们这个历史悠久的文明古国和发展中社会主义大国，经济上将成为“工业化基本实现、综合国力显著增强、国内市场总体规模位居世界前列的国家”，生活上成为“人民富裕程度普遍提高、生活质量明显改善、生态环境良好的国家”，政治上、精神上成为“人民享有更加充分民主权利、具有更高文明素质和精神追求的国家”，社会上成为“各方面制度更加完善、社会更加充满活力而又安定团结的国家”，国际上将成为“对外更加开放、更加具有亲和力、为人类文明作出更大贡献的国家”。党的十七届六中全会提出的建设社会主义文化强国目标就是：“要着力推动社会主义先进文化更加深入人心，推动社会主义精神文明和物质文明全面发展，不断开创全民族文化创造活力持续迸发、社会文化生活更加丰富多彩、人民基本文化权益得到更好保障、人民思想道德素质和科学文化素质全面提高的新局面，建设中华民族共有精神家园，为人类文明进步作出更大贡献”。从和谐社会的目标、小康社会的目标和建设社会主义文化强国的目标来看，这些目标从根本上契合了社会主义的共同理想和现实理想，从根本上代表了不同民族、不同阶层、不同文化的共同愿望，符合广大人民群众的根本利益和要求。而这些宏伟目标的实现，既要靠以社会主义共同理想的引领与凝聚，也要靠我国不同的文化形态共同努力，靠文化的大发展大繁荣来实现。我国是一个多民族的发展中大国，如果没有科学的指导思想、共同的理想信念、共同的文化追求、强大的精神支柱、基本的道德规范来统一人们的思想、凝聚人们的力量，就会导致人心涣散、离心离德；只有用社会主义共同理想来统一思想、凝聚力量，才能使人们超越不同民族、血缘、语言、地域的差异，超越阶层、行业、职业、信仰、利益等方面的差异，超越不同文化形态之间的差异，才能增强主流文化的向心力和归属感，才能系牢各族人民团结和睦的精神纽带，才能团结不同文化、不同群体为实现共同的目标追求而努力奋斗。所以说，社会主义共同理想与多元文化在目标追求上是相同和契合的。

第四，社会主义共同理想与多元文化在文化功能上的契合。文化是维系一个社会团结和睦的精神力量，无论是主流文化，还是非主流文化，它们都在发挥着文化的教化、引导、规范、整合的作用，最终目的都是“以文化人”，促进人的全面发展。同时也要看到，对于人民群众来讲，文化应当是一种精神上的内在需求，应该是改善民生的一个很重要的组成部分，应该是公平公正的一个不可或缺的重要体现，应该是幸福指数一个很重要的衡量尺度，应该是生活质量的一个显著标志。也就是说，文化既是凝聚人心的精神纽带，又直接关系民生幸福。以社会主义共同理想为主题的核心价值体系和中国的多元文化形态都有着启蒙心智、认识社会、获得思想上的教化的功能，他们也有愉悦身心、陶冶性情、获得精神上的满足和依归的作用。共同理想与多元文化在满足、充实和丰盈人民群众的精神上、文化上、生活上的需求，使人民群众具有真正幸福的生活和美好的人生上有着高度的契合。我国人民的生活从温饱进入小康之后，人民群众对精神文化需要更加突出、更加强烈，解决广大人民群众“文化饥渴”的问题也越来越迫切。当前，我们正处在经济转轨、社会转型的加速期、改革开放的攻坚期、社会主义市场经济完善期，一些人的思想困惑、精神焦虑有所增多，主流文化以其先进性和科学性，给人以崇高和向上的精神力量，使人不断与时俱进、开拓创新；精英文化以其崇尚高雅、追求理想和理性的批判精神给人以情操上的陶冶、心灵上的启示；大众文化以其丰富性和多样性，给人一种轻松和娱乐的文化生活，使之在学习工作之余对自己生活进行调剂，并得到一定的自我减压和舒缓；宗教文化以其道德伦理、信仰力量在心理疏导、精神抚慰方面发挥着作用；外来文化在传播国外先进的经验和理念、以及感受文化之间差异与独特等方面无时不在影响着中国的文化。因此，必须用社会主义共同理想把精英的、大众的、传统的、现代的、宗教的、国外的种种多元、多层次的文化的热情调动起来为社会主义现代化服务，用社会主义共同理想丰富人们的精神世界、建设共有的精神家园；在警惕西方文化的“西化”、“分化”，防止消极文化的侵蚀的同时，用多元文化满足人们多样化的文化需求，切实保障人民群众对不同文化需求的权益，让人民群众在文化熏陶中生活得更加幸福。

三、保持多元文化之间的差异和张力来促进其健康和谐发展

美国人类学家本尼迪克特在《文化模式》中说：“文化是通过某个民族的活动而表现出来的一种思维和行为模式，一种是该民族不同于其他民族的模式”。人类的文明是多姿多彩的，中国的文化是丰富多样的。在中国文化漫长的发展过程中，不同文化主体在实践中形成了不同的思维习惯、价值取向、信仰认同。正是文化多样性、多元性和复杂性，使得不同文化之间存在着差异，使得中国文化充满了巨大张力和创造性。

第一，主流文化与非主流文化之间的冲撞与斗争造成的张力。中国当代主流文化与丰富的多元文化形态使中国当代文化建设充满了巨大的文化活力。中国主流文化、传统文化、精英文化、大众文化、网络文化、宗教文化等，它们各有自己的质的规定性和功能性特征，不能相互替代，但却能够相互渗透、相互转化、相辅相成、互为所用。各种文化形态以其形式的多样性，传播和交流的灵活性，起到了丰富人民群众的精神文化生活，慰藉心灵和情感，提升人们的思想境界的作用。但是，主流文化与非主流文化之间的冲撞与斗争有时也十分激烈，不同的文化形态之间的磨合与交流存在一定的难度，正是不同文化形态之间的差异、多元文化与主流文化之间的冲撞与斗争造成的张力，为中国文化的发展提供了广阔的空间。只要坚持马克思主义的主导地位，自觉坚持社会主义核心价值体系的引领，坚持主流文化与多样化文化形态之间的协调互动关系，坚持一元主导、多元并存、求同存异、和而不同的原则，努力消除落后文化、消极文化的影响，就一定能实现文化形态的和谐发展。

第二，外来文化与本土文化之间的差异、矛盾与张力。全球文化视野下，人类文化发展中存在着文化差异性与不平衡性，在一定程度上冲击着文化的民族性、传统性，更加彰显了文化的自我意识和文化认同情绪。全球化问题凸显了文化发展的人类性和科学性。文化发展中的科学精神与人文精神的内在统一正在成为人类文化建设的重大课题。全球文化视野下，要求人们在现代化实践中必须坚持弘扬科学精神和人文精神，坚持科学尺度与价值尺度的内在统一，既要崇尚理性思维，又要贯彻“以人为本”原则。从现代文明发展与深化的基本趋势来看，人类现代文明将迎来深度的分化与高度统一。文化多样性是以同一性为基础的，而文化的统一性又是以文化多样性为前提的。文化的个性和文化的特色是保障文化充满生机与活力的前提与基础，具有人类文化的生存论价值和意义。全球文化视野下，培育文化活动的宽容性和互补性意识是当今文化发展的重要方式；培育自主创新和与时俱进的开放精神是现代文化的内在品质和发展动力；培育人类文化活动的和谐意识与共享意识是现代文化的价值品质和生成方式。多元文化之间应“尚和去同、兼爱非攻、互惠共享”；应具有竞争意识、互补意识、合作意识。只有这样，文化创造作为人之生命生成的文化自觉，才能使文化生活实现民族自觉、时代自觉与生命自觉的真正合一。中国特色社会主义现代化建设，应以马克思主义为主导价值思想和文化精神，培育时代意识，逐步进行历史自觉和时代自觉；以民族性自觉为基础，激发民族创造力、铸造民族凝聚力，建设好中华民族的共有精神家园，使中华民族精神更具开放性和前瞻性。

中国传统文化是一种具有强大生命力和内聚力的文化。中国文化五千年来能够存续下来主要是因为其具有独特的内在结构，最重要的特点是“内在超越性”和结构的“超稳定性”。以私有制为基石的西方资本主义文化是一种具有巨大扩张力的政治文化。当西方坚船利炮打开中国大门的时候，资本主义先进的生产方式以及内生于其中的政治文化以其世俗的态度席卷了中国，不断侵蚀中国传统儒家文化为主的民族文化。我国加入世贸组织后，西方发达国家以其拥有的强大经济科技实力，强大的信息手段和信息资源，不断地向我国民众扩散西方思想文化、思维方式、生活方式与价值观念。这种强势推进与顺势影响，具有广泛性、直接性与不可回避性。因而西方资本主义文化的开放性和扩张性是中国转型时期外来文化与本土文化之间存在的差异、矛盾与张力的另外一个原因。在世界文化的视角下，中国本土文化要积极吸收西方文明的进步因素，做到东西文化兼收并蓄，实行东西文化相结合，既学习西方重民主和科学、崇尚自然和理性，又注重弘扬伟大的民族精神和时代精神，保持我国文化的价值观念和道德传统，理性而客观地进行文化守护、文化审视和文化反思，把西方的科学求实精神与东方的伦理道德融合为一体，在交流、碰撞斗争中创造出具有中国气派、中国风格、中国特色的现代文化。

第三，文化现代化与传统文化之间的张力。中国传统文化是在几千年的农业文明中形成的。重人伦和感情、人情大于法治、家族式的内聚力、宗法血缘关系、等级制和世袭制等等，但在一定程度上又抑制了个人的创造力和社会的快速发展。现代文化是在工业文明条件下发展起来的文化，理性、法制、契约、平等、公正等已成为现代社会的文化精神和基本原则。现代社会的自由性、合理性或合法性，为每个个体的自由发挥和创造发展提供了前所未有的空间。现代文化与传统文化之间存在着巨大的矛盾与张力。有学者指出：“现代化未必是中国文明自身演进的合乎逻辑的结果。现代化对于中国来说，乃是在现代文明的巨大影响下，作出的一种现实主义的选择。如果承认这样的事实，一个更加严重的问题便会自然地呈现在我们面前，中国文明自身的传统与现代国家之间注定存在极大的张力关系，而这种张力不仅使我们的现代化无法在传统中自然地‘转出’，甚至传统所能够提供的可以凭借的资源也可能是非常有限的：中国现代化只能在批判和解构传统、引进先发现代国家成功经验的基础上才有可能完成”。文化转型对于每个个体来说，代表着一种脱胎换骨式的转变，在由传统文化向现代文化转变中，只有主动出击，坚持用社会主义核心价值体系整合多元文化，在反思、批判、解构和吸收传统的同时，实现中华文化自强、文化自信、文化自觉，积极吸收现代文明中一切优秀成果，并与中国政治、经济、文化和社会实际有机结合，坚持走中国特色社会主义文化发展道路，建设中国特色的社会主义现代文化，使其成为人类文化的伟大组成内容和宝贵的精神财富，才能在世界范围的竞争中立于不败之地。

第四，精英文化与大众文化之间的矛盾与张力。精英文化是一个国家和民族的智慧的结晶，它代表了一个国家和民族文化的精神水准，精英文化具有相对的稳定性和长久性、超前性和前瞻性、原创性和启蒙性的属性，对于当下和后世文化具有较强的影响力。精英文化所创造的文化价值观对于社会具有长久的影响力，它预示着一个社会精神发展的价值趋向。精英是人才中的精华，他们分布在各个层面、各个行业、各个部门以及各级领导层面。他们的理论素养、理想信念、精神面貌、思想境界、道德情操对社会主义核心价值体系起着重要的示范和导向作用，构成了人类社会的良心，他们的功能是官和民都无法替代的。大众文化是在现代工业社会条件下产生，在大众社会中广泛传播，适应社会大众文化品位，为大众所接受和适应的一种当代文化。大众文化的特征和本质是在工业社会中产生的、以社会大众为消费对象、通过现代传媒传播的、无深度的、模式化的、易复制的、按照市场规律批量生产的文化现象，其主要特点是商业性、娱乐性、流行性、复制性、通俗性、时效性等。大众文化以其特定的实践形式对人的感官需要、消费欲望、个体生活价值作了一种合理性的肯定，满足不同群体对文化的多样需求，尽管这种文化暂时克服了人们在现实中的茫然和孤独感以及生存的危机感，但它也很可能大大降低了人类文化的真正标准，从而在长远的历史中加深人们的异化。大众文化以其娱乐性、消解性甚至低俗性，在缓解压力、放松心情、制造快乐等方面起到一定作用的同时，对主流文化、精英文化有时起到调侃、消解的作用。精英文化的“高雅追求”与大众文化的“世俗追求”的冲突、精英文化的“自律性”与大众文化的“他律性”之间的矛盾，推动和加速了文化多元化发展的进程。社会主义先进文化建设离不开精英文化建设，文化的大繁荣大发展更离不开大众文化的发展。精英文化不能永远“高高在上”，重要的是要走下神坛、走入大众文化，融入改革开放的伟大实践，在“化大众”过程中使社会主义核心价值观、民族精神和时代精神得以弘扬、升华。

（作者单位：哈尔滨理工大学）

（选自《北京师范大学学报·社会科学版》2012年第1期）

文化自觉与社会主义核心价值体系建设

孙成武

党的十七届六中全会通过的《中共中央关于深化文化体制改革、推动社会主义文化大发展大繁荣若干重大问题的决定》指出："社会主义核心价值体系是兴国之魂，是社会主义先进文化的精髓，决定着中国特色社会主义发展方向。"这实际上阐明了社会主义先进文化与社会主义核心价值体系之间的关系。在全党全国人民深入学习和贯彻十七届六中全会精神，致力于社会主义先进文化建设事业的今天，正确处理社会主义先进文化与社会主义核心价值体系建设之间的关系，树立文化自觉的理念，对于深化文化体制改革、促进社会主义文化的大发展大繁荣、实现建设社会主义文化强国的战略目标，具有十分重要的现实意义。

一、文化自觉的内涵

在我国现阶段，文化自觉主要就是一种对我国社会主义文化发展规律的科学认识方法和实践指导理念，即"文化自觉"首先要求人们能够科学地、客观地认识我国文化发展的动态表现和本质规律，认识社会主义文化建设在我国社会发展和民族复兴过程中所承载的时代使命；其次则要求人们在此基础上，进一步认识到社会主义文化的外在特色和内在价值，深刻理解文化工作中存在的失误和不足，认清社会主义文化建设事业的未来动态与走向，从而更好地指导文化建设的实践。

文化自觉必须以科学的理论为指导，只有这样才能明确文化发展的方向，科学把握文化与经济、政治、社会发展的关系，深刻认识文化自身的发展规律及其在经济社会发展中的作用，从而才能正确理解和领会文化自觉的本质内涵和现实价值。在当代中国，文化自觉必须坚持以中国特色社会主义理论体系为指导，以社会主义核心价值体系引领当代中国的先进文化建设。中国特色社会主义理论体系作为马克思主义中国化的最新理论成果，指明了当代中国社会主义发展的根本方向，最大限度地体现了广大人民群众的根本利益和共同愿望，是保证全体人民在思想上、行动上团结一致，克服一切艰难险阻，从胜利走向胜利的强大思想武器。坚持以中国特色社会主义理论为指导，解决的是文化自觉的方向性和凝聚性问题。中国特色社会主义理论体系的形成和发展过程，就是中华民族进一步走向觉醒的过程，实际上也是中华民族不断走向文化自觉的过程。这一科学的理论体系以其自身的理论魅力和巨大的影响力与感召力，得到了全国各个阶层、各个群体的精神认同，这在实质上也是一种文化认同。

而社会主义核心价值体系作为中国特色社会主义理论体系中的主要内容和最核心的理念，是社会主义先进文化的精髓，决定着中国特色社会主义的发展方向。其所蕴含的马克思主义的指导思想、中国特色社会主义的共同理想、以爱国主义为核心的民族精神和以改革创新为核心的时代精神，以及社会主义的荣辱观，则分别从不同的方面明确了当代中国社会主义先进文化的指导思想、发展方向、动力之源和价值取向等，是引领中华民族走向文化自觉的一面精神旗帜。进行社会主义核心价值体系建设，充分发展其在文化建设和文化自觉过程中的引领作用，是当代中国社会主义先进文化发展的必然要求。

二、文化自觉与社会主义核心价值体系的内在联系

文化自觉作为一种对我国社会主义文化事业发展规律的认识方法和行为指导，其本身与社会主义核心价值体系之间有着密切的联系。我们要实现的文化自觉是对社会主义先进文化的自觉，社会主义是当代中国先进文化的本质属性。在当代中国先进文化建设过程中，只有加强社会主义核心价值体系建设，发挥社会主义核心价值体系的引领作用，才能深刻认识当代中国先进文化的本质，揭示先进文化发展的客观规律，才能以科学的态度继承中国优秀传统文化的精髓，借鉴和融合外来文化的先进成果，并在此基础上加以综合创新，创造出符合当今时代特征、适合中国现实需要的社会主义新文化。只有这样，才能真正做到文化自觉。

1、文化自觉的实现与社会主义核心价值体系建设进程紧密相联。

文化自觉实质上是一种价值认同，文化自觉的实现过程从实质上来讲就是核心价值体系的建设过程。因为“从根本上说，文化就是一系列有机组织起来的价值观念，只有抓住了价值观念，才抓住了文化的根本。”社会主义核心价值体系作为在社会主义所有价值体系中起主导和支配作用的价值理念，它的建设及作用的发挥离不开人们在精神上尤其是文化上的认同。没有广大人民群众的自觉认同，社会主义核心价值体系建设就会成为空中楼阁。从文化角度来讲，人们对社会主义核心价值体系的认同程度主要取决于人们文化自觉的程度和水平。在新的历史时期，中国共产党在领导全国人民建设中国特色社会主义文化事业的过程中，一直都注重坚持文化自觉，树立高度的文化自觉理念。党的十七大明确提出，要“坚持不懈地用马克思主义中国化最新成果武装全党、教育人民，用中国特色社会主义共同理想凝聚力量，用以爱国主义为核心的民族精神和以改革创新为核心的时代精神鼓舞斗志，用社会主义荣辱观引领风尚”，并强调要“弘扬中华文化，建设中华民族共有精神家园”。这不但明确了文化自觉的实践价值和终极目标，也深刻地揭示了实现文化自觉与建设社会主义核心价值体系之间的密切联系。

2、社会主义核心价值体系的民族性和时代性决定了文化自觉的实践价值。

每个国家的文化建设都是在以一定的历史传统和时代环境为背景的条件下进行的，这一过程体现了文化所特有的民族性和时代性。价值观是文化的集中反映，文化则是价值观的内在来源。因此，价值观及价值体系的形成与发展同样具有民族性和时代性，这就在客观上凸显了文化自觉的实践价值。

以爱国主义为核心的民族精神是社会主义核心价值体系的重要组成部分。这里提到的爱国主义，既包含了对国家、人民的热爱，也包含了对本国文化的热爱、继承和弘扬。民族传统文化是驱使一个民族生生不息、不断发展的内在动力，是一个民族有别于其他民族的决定性标志。抛弃了传统文化无异于否定了该民族存在的合理性。我们在对待传统文化的问题上必须坚持高度的文化自觉，对传统文化要有正确的理解和认识，克服传统文化中的消极因素，减轻或避免其对建设社会主义核心价值体系的阻力。同时，要善于汲取中国传统文化中的精华，并从中凝练和概括出优秀的民族精神，从而在建设社会主义核心价值体系的进程中，将传统文化中的积极因素转化为强大的精神推动力量。

以改革创新为核心的时代精神是社会主义核心价值体系的另一重要组成部分。社会主义核心价值体系就宏观而言，基本上反映了中国特色社会主义事业发展的总体需要。然而，由于文化发展是一个动态的过程，当今国内外各种同质、异质文化不断交融，文化的更新和发展速度明显加快，这就要求社会主义核心价值体系本身必须彰显鲜明的时代性，能够不断与时俱进，社会主义核心价值体系本身的建设过程也需要不断进行改革创新。只有坚持高度文化自觉，科学把握我国社会主义先进文化的发展规律，顺应世界文化发展潮流，在实践中不断改革创新，才能使社会主义核心价值体系成为一种不断发展的动态价值体系，从而永葆其鲜明的时代特色。

三、以高度的文化自觉促进社会主义核心价值体系建设

社会主义核心价值体系是社会主义意识形态的本质体现，是社会主义制度的精神内核与活力源泉，是全党全国各族人民团结奋斗的共同思想基础。这一体系能够引导人们艰苦奋斗，实现中国特色社会主义的共同理想，能够为人们提供符合时代潮流、合乎社会发展规律的思想武器，能够为人们树立起社会主义道德新风尚。从文化建设的角度讲，要加快社会主义核心价值体系建设，充分发挥其自身的价值功能，就必须树立文化自觉的理念，以高度的文化自觉吸收和借鉴古今中外各种优秀的思想文化成果，以优秀的文化传统和先进的文化精神不断增强社会主义核心价值体系的凝聚力、吸引力和感召力。这既是建设社会主义核心价值体系的路径选择和现实需要，也是当代中国先进文化建设事业发展的必然要求。

1、大力弘扬中国优秀传统文化，提升社会主义核心价值体系的凝聚力。

社会主义核心价值体系作为一种意识形态，其来源是多方面的，其中优秀的传统文化是社会主义核心价值体系不可或缺的思想文化来源。传统文化中所蕴含的价值理念、思维方式、风俗习惯、道德礼仪等，经过数千年的积淀，已渗透到中国人的心灵深处，获得了广泛的社会认同，并由此内化为人们的思想观念、价值取向，外化为人们的行为规范。社会主义核心价值体系正是植根于中国优秀传统文化的沃土之中，在继承中国传统文化优秀成果的基础上形成和发展起来的。它在各个方面都贯穿着中国优秀传统文化的精髓和基本精神，如中国传统文化中的“刚健有为，自强不息”、“厚德载物，包容会通”、“团结统一，注重和谐”、“勤劳勇敢，艰苦朴素”等等，这些优秀的文化传统和精神经过创新改造，已融入到了中华民族精神和时代精神之中，成为社会主义核心价值体系的重要思想文化来源。因此，进行社会主义核心价值体系建设，必须正确认识中国传统文化，本着“取其精华、去其糟粕”的方针，有批判地继承和吸收中国传统文化的优秀成果，推动优秀传统文化的现代转型和塑造，使中国优秀传统文化成为鼓舞人民团结奋斗的精神力量，从而不断增强社会主义核心价值体系的凝聚力。

2、不断推进文化创新，扩大社会主义核心价值体系的影响力。

创新是一个民族的灵魂，是一个国家兴旺发达的不竭动力。先进文化要不断发展，就必须与时俱进、不断创新。面对当今世界各种文化思潮相互激荡、文化在综合国力竞争中的作用日益突出的现实，能否推进文化的发展创新，已成为事关国家和民族前途命运的重大问题。21 世纪的中华民族要自立于世界民族之林，在激烈的国际竞争中赢得主动，首先就必须抢占文化发展的制高点，大力推进文化创新。而文化创新是一个复杂的系统工程，它既需要整个社会创新能力的增强，也需要全社会价值观念的更新。当代中国先进文化的创新是坚持以马克思主义为指导的、在中国特色社会主义共同理想引导下的创新，是坚持民族精神和时代精神相统一的创新，这就决定了社会主义核心价值体系在当代中国先进文化发展和创新中的地位和作用。在推进先进文化发展创新的进程中，只有大力加强社会主义核心价值体系建设，充分发挥社会主义核心价值体系对文化创新的引领作用，才能团结和凝聚全国各族人民同心同德、齐心协力地投身社会主义先进文化的改革和创新事业，才能使社会主义先进文化的创新成果既保持鲜明的民族性、时代性和先进性，又能体现出浓郁的中国特色、中国作风和中国气派，从而促进社会主义文化的大发展大繁荣，推动中华民族文化走向世界。而中华民族文化的国际竞争力和国际地位的提升，势必也有助于社会主义核心价值体系影响力的进一步扩大和增强。

3、努力推进当代中国马克思主义的大众化，增强社会主义核心价值体系的感召力。

当代中国马克思主义大众化的推进过程，从根本上来说也是与当代中国先进文化与社会主义核心价值体系的建设和发展进程紧密相联的，其本身也是中国共产党人和中华民族文化自觉的一个具体体现。中国近代历史证明，马克思主义在中国传播和发展的过程，也就是马克思主义本身与中国实际特别是与中国文化不断融合的过程。纵观我们党的历史，无论是新民主主义革命时期的整风运动还是社会主义建设时期关于真理标准问题的讨论，都体现了中国共产党人在将马克思主义与中国实际相结合的道路上所做出的不懈努力以及在这一过程中所具有的高度文化自觉。马克思主义中国化和大众化的不断推进，加深了广大人民群众对马克思主义的认识，使原来作为一种外来文化的马克思主义得以深入和普及到中国的普通民众当中，成为武装人民头脑的思想理论武器。从这个意义上来说，党的十七大提出"开展中国特色社会主义理论体系宣传和普及活动，推动当代马克思主义大众化"的新任务，不仅体现了党中央对马克思主义大众化的高度重视，也体现了我们党在当今国际国内条件下所具有的新的文化自觉。因此，在当代中国先进文化建设事业中，推动当代中国马克思主义大众化是其中的一项重要工作和主要任务。在文化建设实践中大力开展中国特色社会主义理论的宣传普及活动，切实把社会主义核心价值体系融入国民教育、精神文明建设和党的建设全过程，这不仅是推动当代中国马克思主义大众化的必然要求，也是增强社会主义核心价值体系的吸引力和感召力，使其转化为人民的自觉追求的一个必要途径。

（作者：东北师范大学教授、博士生导师）

（选自《新长征》2012 年第 3 期）

用科学发展观指导
社会主义核心价值体系建设

秦 宣

“以更加坚定的决心、更加有力的举措、更加完善的制度来贯彻落实科学发展观，真正把科学发展观转化为推动经济社会又好又快发展的强大力量。”这是胡锦涛同志在“7 · 23讲话”中提出的重要战略任务。建设社会主义核心价值体系，是我们党着眼于增强全民族的凝聚力和向心力、提高国家软实力而提出的重大战略任务。贯彻落实科学发展观，就必须将其贯彻到社会主义核心价值体系建设的过程中。

科学发展观的第一要义是发展，加强社会主义核心价值体系建设，最重要的是提高国家软实力，壮大综合国力

价值观念是指人们对于某一事物价值的基本认识和评价。人们在认识和改造世界的过程中，必然要形成一定的价值观念。一个国家、一个民族在长期共同的认识和实践活动中，必然要形成一定的价值体系，在这个体系中居于核心地位、起主导和统领作用的就是其核心价值体系。核心价值体系，涵盖社会发展的指导思想和价值取向，决定着社会意识的性质和方向，影响着人们的思想观念、思维方式、行为规范，引领着社会思潮，是推动社会前进的精神旗帜。

建设社会主义核心价值体系，是坚持走中国特色社会主义道路的迫切需要。改革开放以来，我们党成功地探索出一条中国特色社会主义道路。这条道路既坚持了科学社会主义的基本原则，又赋予其鲜明的时代特色、实践特色和民族特色；既符合人类社会发展规律，又切合中国实际。这条道路在意识形态上的显著特点就是，我们始终坚持马克思主义的指导地位，充分发挥中国化马克思主义的指导作用。与这条发展道路相适应，必然要有一个主导全社会思想和行为的价值体系。党中央提出加强社会主义核心价值体系建设，有利于我们更清醒、更坚定地走中国特色社会主义道路。

建设社会主义核心价值体系是增强全民族的凝聚力和向心力，全面推进经济社会发展的迫切需要。在新形势下，如何增强民族的凝聚力和向心力，广泛调动人民群众的积极性、主动性和创造性，是必须解决好的一个重大课题。提出建设社会主义核心价值体系，就是为了解决好这些重大课题，推进中国经济社会又好又快的发展。

建设社会主义核心价值体系是提高国家软实力的迫切需要。进入新世纪，经济的文化含量日益提高，越来越多的国家把提高国家文化软实力作为重要发展战略。而在文化软实力中，最关键的就是核心价值体系。社会主义核心价值体系是社会主义国家文化软实力的重要组成部分。我国作为世界上最大的社会主义国家，面对世界范围内日益频繁的思想文化交流交融交锋，面对日益复杂的思想文化斗争，必须把繁荣发展中国特色社会主义文化放在更加突出的地位。建设社会主义核心价值体系，有利于提高国家文化软实力，维护国家的文化安全，壮大国家的综合国力。

科学发展观，第一要义是发展。我们党强调的发展包括经济、政治、文化、社会的全面发展。社会主义核心价值体系是社会主义意识形态的本质体现，是社会主义先进文化的重要组成部分，是推动社会主义文化大发展大繁荣的重要内容。要把科学发展观贯彻落实到经济社会发展各个方面，也就必须贯彻落实到社会主义核心价值体系的建设之中。

科学发展观的核心是以人为本，推进社会主义核心价值体系建设必须坚持以人为本

以人为本是科学发展观的核心。坚持以人为本，与我们党提出的始终代表中国最广大人民的根本利益是完全一致的，与我们党全心全意为人民服务的根本宗旨和立党为公、执政为民的本质要求是完全一致的。以科学发展观为指导，建设社会主义核心价值体系，必须坚持以人为本。

建设社会主义核心价值体系，第一位的就是坚持马克思主义的指导地位，帮助人们树立对马克思主义的政治信仰。在社会主义核心价值体系中，马克思主义提供的是科学的世界观，是认识世界和改造世界的立场、观点、方法，是建设社会主义的理论基础和行动指南。在当代中国，坚持马克思主义的指导地位，就是要坚持用马克思主义中国化最新成果指导改革开放和现代化建设实践，坚持不懈地用马克思主义武装全党、教育人民，解决社会的急剧变迁给人们思想带来的混乱，使人们树立坚定的马克思主义信仰，学会用马克思主义的立场、观点和方法认识世界和改造世界。

"用中国特色社会主义共同理想凝聚力量"。在中国共产党领导下，走中国特色社会主义道路，实现中华民族的伟大复兴，是现阶段我国各族人民的共同理想。这个共同理想，集中代表了我国最广大人民群众的根本利益和愿望,具有很强的广泛性和包容性。这个共同理想，把国家、民族与个人紧紧地联系在一起，把我们党的近期目标和最高理想联系在一起，有利于调动全体人民的积极性主动性和创造性共同为之奋斗，具有很强的感召力。

"用以爱国主义为核心的民族精神和以改革创新为核心的时代精神鼓舞斗志"。爱国主义是民族精神的核心，创新是民族进步的灵魂。全民族的创造精神和创新能力，是振兴中华民族的不竭动力。在当代中国，加强社会主义核心价值体系建设，必须高扬爱国主义、社会主义旗帜，最大限度地凝聚和动员全民族的力量，为振兴中华而奋斗。必须坚持改革创新，冲破一切不合时宜的观念、做法和体制的束缚，破除教条主义、主观主义和形而上学的桎梏，让一切创造新生活的活力和源泉竞相迸发、充分涌流。

"用社会主义荣辱观引领风尚，巩固全党全国各族人民团结奋斗的共同思想基础"。荣辱观是世界观、人生观、价值观的重要内容，树立正确的荣辱观是形成良好社会风气的重要基础。社会主义荣辱观既鼓励先进，又照顾多数，把先进性和广泛性结合起来，树立了鲜明的社会价值导向。加强社会主义核心价值体系建设，必须确立起人人皆知、普遍奉行的价值准则和行为规范，形成维系社会和谐的人际关系和道德风尚。为此，必须在全社会牢固树立和认真实践社会主义荣辱观，要通过建立社会主义核心价值体系建设，扶正祛邪，扬善惩恶，促进人自身心灵的和谐，促进良好社会风气的形成和发展。

科学发展观的基本要求是全面协调可持续，根本方法是统筹兼顾，加强社会主义核心价值体系建设，必须正确处理几大关系

科学发展观的基本要求是全面协调可持续发展，根本方法是统筹兼顾。以科学发展观为指导，加强社会主义核心价值体系建设，还必须做到全面协调可持续，坚持统筹兼顾。

社会主义核心价值体系建设必须全面推进。所谓全面推进，包含两个方面：一是全面抓。建设社会主义核心价值体系，涉及社会生活的方方面面，是全党全社会的共同责任。应把党政各部门、社会各方面、教育系统各层次的力量充分调动起来，把全体人民的积极性充分发挥出来，把社会主义核心价值体系建设融入国民教育和精神文明建设的全过程，贯穿于现代化建设的各方面，体现在政策法规的制定执行中，融入进人们的日常工作和生活中，真正内化为人们的价值观念、外化为人们的自觉行动。二是抓全面。社会主义核心价值体系不是单一的价值观，而是一个内涵丰富、相互联系的多层次的有机整体。“灵魂”、“主题”、“精髓”、“基础”四个方面集中了社会主义核心价值体系的指导思想、共同理想、精神动力和道德规范四个方面，共同构成社会主义核心价值体系的主要内容。这四个方面具有同等重要的地位作用，一个不能缺少。因此，在社会主义核心价值体系建设中，四个方面必须全面推进。

社会主义核心价值体系建设必须统筹兼顾、协调推进。要努力协调好社会主义核心价值体系建设与社会主义经济、政治、文化、社会建设的关系。建设社会主义核心价值体系，既要为中国特色社会主义经济、政治、文化、社会建设提供智力支持和精神动力，又要不断从中国特色社会主义实践中汲取新的营养，促进自身的建设。要协调好社会主义核心价值体系建设与社会主义文化建设的关系。社会主义核心价值体系建设必须为文化建设服务，文化建设必须抓住社会主义核心价值体系这个根本。要协调好社会主义核心价值体系与多样化社会思想的关系，既不能因为强调建设社会主义核心价值体系而简单地排斥社会思想多样化，也不能因为存在社会思想多样化的倾向而怀疑和否定社会主义核心价值体系的主导作用，关键是要“积极探索用社会主义核心价值体系引领社会思潮的有效途径，主动做好意识形态工作，既尊重差异、包容多样，又有力抵制各种错误和腐朽思想的影响”。要进一步提高用社会主义核心价值体系引领多样化社会思潮的水平，使社会主义核心价值体系始终成为社会主义意识形态的旗帜和灵魂。

推进社会主义核心价值体系建设，必须注重持续发展。首先，社会主义核心价值体系建设一项长期的历史任务，需要把长期规划与近期安排结合起来，锲而不舍，常抓不懈，持续推进。其次，社会主义核心价值体系必须与时俱进，要不断总结人民群众在实践中创造的新鲜经验，在坚持马克思主义中发展马克思主义，在社会主义实践中深化我们对中国特色社会主义共同理想、民族精神和时代精神、社会主义荣辱观的认识，不断把我们对社会主义核心价值体系的认识推向前进。最后，社会主义核心价值体系不是封闭的，而应该是开放的。建设社会主义核心价值体系还必须吸收人类创造的一切先进、有益的思想文化成果，必须借鉴其他民族核心价值体系的合理内核，不断丰富和完善自己，使自身稳定持续发展。

（作者：中国人民大学教授、博士生导师）

（选自《光明日报》2012 年 10 月 13 日）

社会主义核心价值观研究综述

白 纯　李 涛

2006年10月，党的十六届六中全会首次提出“社会主义核心价值体系”的重大命题。这一命题一经提出就引起了学术界多层面多维度探讨。本文拟对社会主义核心价值观的研究状况作一综述，旨在推动对这一问题的研究。

一、关于社会主义核心价值观与核心价值体系的关系研究

关于核心价值观与社会主义核心价值体系的关系问题，是界定社会主义核心价值观概念和确定其地位的前提。学术界对两者的关系有着诸多的理解和看法。其中，具有代表性的有“前提抽象”论、“系统内核”论、“形式内容”论、“一般个别”论等。尽管分析和表述的方法不一，但以笔者搜集的材料来看，目前学术界多对社会主义核心价值观是社会主义核心价值体系的“内核”部分持肯定态度。戴木才指出，社会主义核心价值观是社会主义核心价值体系的内核和最高抽象，体现社会主义的价值本质，决定社会主义核心价值体系的基本特征和基本方向，引领社会主义核心价值体系的构建。张利华则认为，社会主义核心价值体系按照从低级到高级的逻辑递升顺序排列为：社会生活价值观、经济价值观、政治价值观、伦理价值观以及核心价值观。尽管分析的理论起点各不相同，但是学界对于两者的一致性和统一性持普遍认同，认为“核心价值观在意识形态和思想道德层面的延伸与展开，即形成社会核心价值体系”，是“一个问题的两种不同概括”。

基于社会主义核心价值观是“社会主义核心价值体系最基础、最核心部分”的认知，也有学者提出其核心“层次”的问题。禹国峰指出，“从概念的转换生成上来说，社会主义核心价值体系固然可视为社会主义的主导价值群，但是这一概念并未规定‘核心’的层次”。“当社会主义核心价值观走向系统论，那么便可与核心价值体系相互等同。反之，当社会主义核心价值体系趋近一级本质，也会发生与核心价值观相等同的情况”。徐国民则指出，社会主义核心价值观和社会主义社会核心价值观是两种不同的概念，前者是人们对社会主义的最根本、最核心的看法，是人类社会发展的最终价值驱使和内在要求，是一个相对稳定的概念；后者是人们在社会生产活动中形成的对该社会近期奋斗目标的共识，集中体现在该社会制度和具体生产方式上。

二、关于社会主义核心价值观发展条件的研究

社会主义核心价值观的发展条件，即在社

会主义核心理念中，核心价值观发展所必须具备的实践根据和理论渊源，主要有以下几点：

1. 社会主义核心价值观的发展必须坚持马克思主义指导地位。学界普遍认为，对社会主义核心价值观确立的合理依据的理解，必须走马克思主义中国化的路径，“我国社会主义核心价值观是马克思主义基本价值理论与中国实际相结合的产物”。因此，只有“依据马克思主义构建社会主义价值观念的重要指导思想，充分吸收马克思主义中国化的最新理论成果，才能使社会主义核心价值观既有深厚的理论根基，又能有力地体现社会主义社会的本质规定”。

2. 社会主义核心价值观的发展应以对传统文化的继承与发展为基础。钟哲明认为，国人自古富有族群意识、国家情怀和“与时俱进”精神。因此，对于传统文化，“剔除其消极因素，传承其积极成分，并发展为以爱国主义为核心的民族精神和以改革创新为核心的时代精神，对实现中华民族的伟大复兴具有重大意义”。王思敬指出，核心价值观只可能在历史沉淀的基础上实现创新发展，中国的优秀传统文化是核心价值观之根。没有对民族优秀传统文化的传承和弘扬，核心价值观的凝练就会成为无本之木、无源之水。

3. 社会主义核心价值观的发展应面向实践、遵循规律。“什么是社会主义，怎样建设社会主义”，是由我国性质决定的，也是对社会主义核心价值观提出的客观要求。众所周知，实践的观点是马克思主义首要的基本的观点。王虎学指出，社会主义核心价值观应当到社会主义实践，特别是中国特色社会主义实践中去寻找。宋善文认为，社会主义核心价值观应能够把握社会发展的趋势和方向，推动社会生产力的发展和社会进步；以有利于社会的全面进步为己任，把社会的一切积极因素调动起来，引导到建设社会主义的伟大实践中去。

4. 社会主义核心价值观的发展应深入生活，反映中国人民的共同心声。学者们认为，社会主义核心价值观“应当关照时代和人民大众的现实需求，所以应当具有普遍性和大众性”，与此同时，“深入生活与面向实践在逻辑上是一致的，深入人民大众生活是面向中国特色社会主义实践的内在要求”，“要特别关注社会主义核心价值观在人民大众的日常生活中生根、发芽、结果的发展历程和现实逻辑”。宋善文指出，社会主义核心价值观应具有为全国各族人民所接受的全局性、整体性特征，反映全体中国人民的共同心声，而不是仅仅反映部分地区、部分阶层、部分领域、部分行业的价值诉求。

三、关于社会主义核心价值观内涵凝练的研究

关于社会主义核心价值观的内涵研究是学术界的另一关注点。就我们搜集的资料来看，学者们对社会主义核心价值观的表述有 60 多种，涉及 90 多个具体的范畴。

1. 以一个或多个要素并列表述社会主义核心价值观。其中，有以 1 个范畴概括社会主义核心价值观的，如“公平正义”、“共同富裕”等；有以 2 到 3 个范畴概括的，如“以人为本、民主公正”、“以人为本、实事求是、独立自主”等观点。4 个及 4 个以上的范畴则多达近 50 种，如“友爱、平等、互助、共富”、“为公、诚信、人本、民主、公平、正义、仁爱、和谐”等，因篇幅所限，不一一赘述。

2. 以多个要素对社会主义核心价值观进行定位表述。所谓有一定目的的表述，主要体现在学者们对社会主义核心价值观的定位存在一定的分歧和讨论。有的学者认为，核心价值观应是社会首要和基本的诉求，以李抒望、高希国、陈延斌等人为代表；有的学者认为社会主义核心价值观应是我国现阶段社会主义发展的具体的核心价值观念，以兰久富、孙武安等为代表；

还有的学者则将社会主义核心价值观解读为社会主义的最高价值和最终追求，以王占阳、钟哲明为代表。此外，部分学者认为社会主义核心价值观其内容的若干要素应有一定的逻辑关系。王虎学就将核心价值观的内容与社会主义的经济、政治、文化、社会建设的目标进行对应总结，包心鉴则认为核心价值观的内容应与核心价值体系有相互呼应的关系。

3. 从一定角度对社会主义核心价值观进行表述。主要有：(1) 强调社会主义核心价值观中的个体修养。其中包括建设中国特色社会主义、共产主义的共同理想，对以人为本的价值认可，为人民服务的人生观，关注民生民主的利益观，集体主义的道德观等。(2) 强调我党的执政宗旨。具体表述就是“三个代表”。(3) 强调中华民族优秀传统文化的继承与发展。包括孝、悌、礼、义、廉、耻、仁、爱、和、平等。(4) 强调社会主义在国际国内经济、政治、文化、社会等领域的全方位展开。其表述为人民民主、共同富裕、中华复兴、世界大同等。

2011 年 1 ~ 2 月，《光明日报》的“核心价值”专栏连续刊登社会主义核心价值观凝练问题的大讨论，其中包心鉴、杨永志、王虎学等学者的文章围绕社会主义核心价值观的凝练这一主题进行试探性交锋，引发了学术界的高度关注，韩震、李汉秋、陶东风、万资姿、虞崇胜、等学者也纷纷撰文关注社会主义核心价值观的凝练方法问题，有力地推动了学界对社会主义核心价值观研究的发展，为凝练核心价值观提供了许多有益的思路。

四、关于社会主义核心价值观功能作用的研究

目前学界就社会主义核心价值观的功能作用的探讨可分为宏观和微观两个层面。

宏观方面，有学者指出，在变化着的当今世界历史背景下，面对我国改革开放和社会主义市场经济的不断深化，面对经济全球化所带来的价值观冲突，面对当代世界的现代性困境和价值危机，提炼社会主义核心价值观，构建当代社会主义核心价值体系，成为当代社会主义实践所提出的迫切课题。学者们共同认为，作为“社会主义意识形态的本质体现”和“社会主义中国的精神旗帜”，社会主义核心价值观是“引领社会思潮的强大思想武器”和“当代中国人民的主心骨”。学者们还就社会主义核心价值观与资本主义核心价值观的关系、社会主义核心价值观引领社会思潮的机制系统等问题，提出了许多有益的思考。

微观方面，社会主义核心价值观在多学科已经全面展开，在哲学、社会道德领域已有较为深入的研究。而随着 2011 年党的十七届六中全会的召开，学界更为关注社会主义核心价值观在文化领域的作用。从文化软实力建设到引领文化自觉，从对传统文化的继承发扬到与大众文化的契合，从对文化意义进行诠释到对大众伦理生活进行透视，学者们都提出了许多具有开创性的观点，丰富了社会主义核心价值观的功能作用的发挥。

党的十七届六中全会指出：“社会主义核心价值体系是兴国之魂，是社会主义先进文化的精髓，决定着中国特色社会主义发展方向”，特别是《国家“十二五”时期文化改革发展规划纲要》的颁布，将“加强社会主义核心价值体系建设”作为党和国家的重要任务提出，社会主义核心价值观的研究将更加深入，成果将更加丰硕。

（作者单位：南京政治学院）

（选自《文化透视》2012 年第 3 期）

正确认识我国社会现阶段道德状况

秋 石

在我国社会生产生活方式日益变革的大背景下，包括道德在内的社会意识形式，出现了前所未有的多元、多样、多变的复杂情况。当前人们关注的一个焦点，是应该怎样评价我国现阶段的社会道德状况，道德总体上是进步的，还是退步的？这个问题已经超出单纯道德评价的范畴，涉及对中国特色社会主义总体成就的评价，需要进行深入的分析。

一、评价我国现阶段道德状况的立场和方法论

考察道德现象，离不开具体的价值观立场、认识方法论和历史视野。

1. 价值观立场。道德作为人类把握世界的一种特殊的实践精神方式，与人的实践活动密不可分，渗透在社会关系的各个方面。这就使得人们容易把道德本体化和独立化，忘记道德与经济基础的关系。事实上，道德作为一种社会意识形式，是一定经济基础的反映，受经济基础制约，其独立性只有相对意义。评价道德的价值是正还是负、性质是善还是恶，总是具有两方面的维度：一方面，看决定道德发生发展的经济基础的性质；一方面，看道德对相应的经济基础起作用的性质。从根本上说，建立在进步经济基础之上的道德，能够推动进步经济基础发展的道德，其价值为正、性质为善，反之，则价值为负、性质为恶。从这个基本价值观立场出发，评价当前我国道德状况的性质，就要放眼广阔的经济社会领域：根本标准，只能是生产力的标准，是经济基础的标准，是社会进步的标准，是人民群众根本利益的标准。

2. 认识方法论。对当前我国社会道德状况进行评价，首先要把握全面的道德现象。列宁曾说过：在社会现象领域，“如果不是从整体上、不是从联系中去掌握事实，如果事实是零碎的和随意挑出来的，那么它们就只能是一种儿戏，或者连儿戏也不如”。在道德领域，所谓整体的普遍联系，就是道德在生产方式以及上层建筑历史变革总进程中的状况，就是道德反映和作用于经济基础以及同上层建筑其他方面相互作用的总联系方面。这才是反映本质的道德现象。

3. 历史视野。经济进步与道德进步是同向还是二律背反，不能作静态的无谓争论，只能在人类历史进程的动态比较中来评判。生产力水平的不断提高、生产方式的矛盾运动推动人类社会的不断发展进步，这是不以人的意志为转移的自然历史过程。从人类历史发展的事实来看，即便是在历史最黑暗的时期，人类道德进步的总趋势并没有根本逆转。道德发展的这种客观规律同样不以人的意志为转移。今天，我们只有在历史的比较中，才能深刻认识到，建立在社会主义制度上的新中国，使中国人民在道德上和精神上获得了巨大跃进；而发展完善社会主义制度的改革开放，使中国人民在道德和精神上获得了新的巨大进步。

二、我国社会道德状况在总体上获得巨大发展进步

从正确价值观立场、科学认识方法论和历史视野出发来分析认识当前我国的道德状况，必然会得出这样的结论：我国道德状况的主流是发展进步的。

1. 生产方式和上层建筑的变革，经济社会的全面进步，为新中国成立特别是改革开放以来中国道德的发展进步，奠定了坚实的基础，注入了持续的动力。

第一，公有制为主体的社会主义基本经济制度的建立，为全社会打下了共同利益的坚实基础，从而使社会共同利益成为中国社会道德的利益基础。

决定道德性质的直接基础是利益关系。新中国成立60多年来，在全社会始终得到倡导和坚持的集体主义道德原则，其利益基础正是建立在公有制基础上的社会共同利益。私有制作为社会基本经济制度的废除，使没落的旧道德特别是自私自利的道德原则，丧失了赖以存在的根本制度基础和利益基础。这是中国道德发展史上翻天覆地的大变革。

改革开放以来，社会主义初级阶段基本经济制度的确立和完善，使多种经济成分得到迅速发展，多种经济利益得以普遍实现。不可否认，受私有经济成分发展的影响，受市场经济利润至上、等价交换等原则的影响，利己主义、拜金主义的道德观念和行为确实有了更加顽强的表现。但同样不可否认的是，从社会主流道德来看，集体主义道德原则，仍然是中国社会道德的主旋律，其最深厚的根据，就是公有制为主体的基本经济制度巩固了社会共同利益的基石。同时，过去实行单一公有制时造成的利益“大锅饭”局面和平均主义道德弊端，得到了根本改变，国家利益、集体利益和个人利益之间的统筹兼顾，有了更大的伸展和实现余地，按劳分配原则获得了有力的道义支撑，自私自利并没有重新成为社会普遍的道德原则。

在我国基本经济制度不断改革完善的过程中，不断变革的道德，也给予经济发展以强有力的助推作用，与中国经济发展形成了良性互动的作用与反作用关系。改革开放、社会主义市场经济体制，这些革命性的思想解放和制度创新，既对人们的传统道德观念产生了剧烈的冲击，也催生了与时代的发展进步相适应的新道德观念和新道德规范。新的道德观念和道德规范解放了人们的思想，更新了传统的观念，激励着人们勇于变革、勇于进取、勇于探索、勇于创新，在不断破除不符合时代精神的陈规陋俗的进程中，不断为人们的行为确立新时代的准则。

第二，人民当家作主的社会主义政治制度的建立，为全社会打下了共同道德价值的坚实基础，使以人为本和为人民服务成为中国社会道德的基本价值取向。

中国共产党诞生90多年来，自身进行了许多重大变革，但全心全意为人民服务的宗旨始终如一、坚定不移。从为人民服务到以人为本，都是中国共产党为自身设立的最根本的道德价值目标、道德价值尺度和道德建设的核心。党的这种道德价值目标和道德价值尺度，已成为广大党员、特别是党员领导干部天经地义的神圣道德观。

第三，马克思主义为灵魂的社会主义文化制度的建立，从精神道德的意义上说，在于使人民群众通过认识人类社会从低级向高级发展进步的客观规律，通过认识人类在改造自然、改造社会的历史进程中必将不断改造自身并升华自身的精神道德境界的客观规律，培育出对人类现实生活和未来前途充满正义、向善和光明憧憬的高尚社会理想与道德理想。

马克思主义的精神道德学说，本质上是以真善美的价值目标激励人们为创造和建设新社会奋斗的实践理论，帮助人们站在社会理想和道德理想的层面，把人类的终极价值、至善目标和解脱苦难的希望，寄托在人民大众改造自然、改造社会、改造人自身的伟大社会实践中。中国人民正是在实践马克思主义精神道德学说的历史进程中，不断提升自身的道德人格和精神境界，不断建设真善美的新社会和新生活。

2. 在新的经济、政治、文化制度基础上生长起来的崭新道德，以及不断开展的群众性道德建设活动，又反过来为社会的全面发展进步，营造了良好的精神道德环境，提供了强大的精神支撑和动力。

第一，经济的发展进步和道德的发展进步之间存在的作用和反作用的相辅相成关系，决定了经济的发展进步，决不可能建立在社会道德总体滑坡的基础之上。一个伟大的事业，总是伴随着相应高尚的道义基础。党在领导人民建设新社会新生活的进程中，始终高度重视社会的精神文化建设尤其是思想道德建设，用先进的道德思想武装人民，用高尚的道德精神激励人民，用优秀的道德榜样引导人民。

在新中国第一部宪法中，明确提出了“五爱”的社会公德规范。从上世纪60年代起，在全社会广泛开展了学习雷锋和焦裕禄的活动。进入改革开放新时期以来，党的历次全国代表大会的政治报告，都坚持对全社会思想道德建设的成就作出新概括、任务作出新部署。党的十二届六中全会、十四届六中全会分别通过了精神文明建设的两个决议，集中阐述和部署全社会思想道德建设的战略任务。党中央把依法治国和以德治国相结合作为治国理政的重要方略，制定下发了世界政党史上第一部由执政党制定的专门部署道德建设工作的文件《公民道德建设实施纲要》。

党的十六大以来，思想道德建设的力度进一步加大，社会主义核心价值体系的提出以及深入贯彻落实，使全社会在思想道德建设上更加自觉自信。党的十七届六中全会审议通过的《中共中央关于深化文化体制改革、推动社会主义文化大发展大繁荣若干重大问题的决定》，进一步强调社会主义核心价值体系是兴国之魂，把建设社会主义文化强国作为伟大的奋斗目标，这是我们党和全社会重视和加强思想道德建设新的里程碑。

第二，社会主流道德舆论和主流道德观念积极、进步、向善。对社会整体道德质量的更高标准，对国民道德素质的更高要求，对社会向善价值追求的更紧迫期待，对社会各色各样败德行为的更严厉谴责，都深刻揭示了全社会道德状况向善前进的大趋势。对人的正当利益的肯定、对人的价值的肯定、对人的个性的肯定、对人权的肯定；改革开放意识、进取竞争意识、自由民主意识、公平公正意识、和谐包容意识、生态环保意识等的增长，无不是社会主流道德舆论和主流道德观念积极、进步、向善的表现。

第三，社会道德建设领域大大拓展。社会公德、职业道德、家庭美德、个人品德以及经济道德、公共道德、新闻道德、生态道德等各个领域，受到越来越多的关注和重视，道德建设的触角，日益向社会生活的各个层面延伸，道德调节社会关系的广度和深度不断扩大加深。

第四，社会道德榜样的层次愈加丰富多样。道德模范的层次更加丰富多样，对人的道德评价的尺度也更加丰富多样。从雷锋到郭明义，从焦裕禄到杨善洲，这些精神道德上一脉相承的道德榜样所践履的主人翁责任意识、无私奉献精神和坚守品格，始终代表着我们这个时代普通群众和领导干部道德风貌的主流。

第五，道德理论发展进步。我国精神文明和思想道德的理论与实践研究越来越系统化、规模化和科学化，取得了丰硕的成果，为指导全社会的道德建设，提供了扎实的理论支撑。

事实证明，我国道德的发展进步，在总体上是与我国经济社会的发展进步同向的，道德建设的成就，在冰雪灾害、汶川地震、玉树地震以及北京奥运会、上海世博会、广州亚运会等一系列检验社会道德状况的关键时刻，得到了充分的显示和证明。

三、我们面临的道德考验

中国共产党在领导人民建设中国特色社会主义伟大事业的历史进程中，执政考验、改革开放考验、市场经济考验、外部环境考验是长期的、复杂的、严峻的，这些考验，也必然会在道德领域表现出来。

1. 我国社会道德问题的主要表现。

从总体上看，我国社会存在的道德问题，主要表现于一些时段、一些领域和一些人群。

第一，道德问题主要表现于一些时段。我国道德领域出现受到普遍关注和产生广泛争论问题的时期，集中表现在改革发展的节点时期，比如，实行改革开放政策的初期，实行商品经济制度的初期，实行市场经济体制的初期等。新的政策特别是新的制度体制推行的初期，常常也是新旧社会规范（法律、行政和道德等）冲突的时期，旧规范往往失范，新规范尚待建立。

第二，道德问题主要表现于一些领域。一是与市场经济联系紧密，容易发生权钱交易和容易受到金钱腐蚀的领域，是腐败、诚信等问题多发易发的重灾区。二是现有道德严重失范的领域，比如，公共道德领域问题多发易发，一个重要原因，是现有道德所调节的社会关系和社会人群发生了重大变化：从“熟人社会”到“陌生人社会”；从农民到城市新市民；从单位人到社会人；从体制内的人到体制外的人；从国有制的人到个体、私营和外资等多种所有制的人等。

第三，道德问题主要表现于一些人群。一是一些官员道德缺失。突出表现在少数官员弄权谋私、钱权交易、贪污腐化等。这些人的败德行为对社会的负面影响最大。二是一些企业和商人道德缺失。突出表现在诚信缺失、坑蒙拐骗、制假贩假等。三是一些文化名人道德缺失。突出表现在沽名钓誉、抄袭剽窃、低俗炒作等。四是一些公民道德缺失。突出表现在不守公德、见危不救、以怨报德等。

正是这些局部的、少数社会成员的败德现象，无形中给民众带来了极大的道德压力和心理暗示，很多人因此认为社会正在逐渐滑向一个低信任度和缺德的深渊，进一步加剧了人们评价社会道德状况的悲观、消极情绪。

2. 出现道德问题的主要原因。

第一，道德发展滞后性的原因。道德的发展轨迹和经济的发展轨迹是同向的，但决非简单同步。旧的道德观念将长久地影响人们，而新的道德观念转换成为人们的内心信念和行为规范，往往需要一个比较长的时期。建立与社会主义市场经济相适应、与法律规范相协调、与优秀传统道德相承接的中国特色社会主义道德规范体系，既是宣传思想部门和教育部门的工作，也是全社会共同的艰巨任务。

第二，体制机制不完善的原因。在我国社会大变革、大转折、大发展的时期，道德问题往往折射的是社会经济、政治和文化的体制机制问题。比如，最为群众诟病的一些官员贪污腐败的问题，虽然表现为官员的败德，但深层次的重要原因，是市场经济条件下钱权交易多发频发，而相应的监督制约机制却跟不上形势发展需要。比如，屡屡引发国内外关注的社会诚信缺失的问题，虽然表现为一些企业和商人的败德，但深层次的重要原因，是市场经济条件下信用风险急剧加大，而社会征信等信用体系依然缺失。比如，遭致普遍抨击的见危不救、不守公共秩序等问题，虽然表现为一些社会成员公德失范，但深层次的重要原因，是中国传统的“熟人社会”文化向“陌生人社会”文化不断转变，而社会控制和约束体系逐渐弱化。比如，让人忧心忡忡的仇官仇富现象，虽然表现为一些社会成员的非理性心态，但深层次的重要原因，是社会收入差距拉大、贫富不均造成的社会心态失衡甚至扭曲。

第三，法治和德治还不完全相适应的原因。社会上确实存在重法治轻德治的倾向，甚至有人对德治很反感，认为德治就是人治，德治是法治的对立面。另一个突出的问题是，当前败德行为的代价过低，并与违法行为代价过低的情况交织在一起，这是导致许多道德问题持续产生的重要体制机制原因。

第四，社会舆论放大效应的原因。一例败德的突发事件，会引起一些小报小刊和网络媒体的亢奋、躁动以及持续、深度的追踪报道，道德“滑坡”的舆论也随之铺天盖地般传播开去。而那些在默默无闻的场合、做着默默无闻的善事的平凡的道德模范们的事迹，却难以成为小报小刊和网络媒体关注报道的对象。但是，在平凡的道德楷模的事迹报告会上，有哪一个动情至深而泪流满面的听众，能够赞成我们的社会已经全面道德“滑坡”的论点呢？

当前社会存在的这些道德问题警示人们：道德考验必将是长期的、复杂的、严峻的。但中国人民有信心经受住这一切考验。因为社会的道德主流是进步、光明、向善的，因为社会的道德问题是发展前进中的问题，更因为中国人民从事着以真善美为价值前提和价值目标的中国特色社会主义伟大事业！

（选自《求是》2012 年第 1 期）

创新社会管理与社会道德建设

李建华　蒋林峰

创新社会管理的要义在于如何正确处理政治国家和公民社会的关系，而对当代中国而言，培育和健全公民社会是创新社会管理的基础性工作。如何来推动创新社会管理，因社会管理的多层面、多层次、多因素而呈多路径选择，从社会道德建设切入就是其中之一。

一 创新社会管理的道德意义

创新社会管理是当代社会主义伦理精神的集中体现，也是当代社会主义道德建设的本质要求。首先，创新社会管理是实现社会正义的内在吁求。正义是社会的首善，要实现社会正义，就必须维护人民根本利益、保障公民基本权利、保证社会成员之间的平等地位。而这一切都有赖于建立正义的社会基本制度，有赖于建立公平的公共权力运转体制。社会管理直接关系着公共权力的应用，关系到公民权利的表达和实现。随着我国综合国力的不断增强、经济建设的日新月异、人民生活水平的不断提高，人民对于社会权利产生了新的吁求与期待。同时，在市场经济的繁荣中，也产生了诸如贫富差距增大等社会问题。这些社会问题所带来的直接后果，就是公民权利的差异和公民间社会地位的不合理差别。在现实生活中，社会中处于有利地位的群体能够拥有更多的社会资源，享有更多的社会服务，也获得更大的公共生活空间。社会成员在律法层面的平等是一种形式的平等，一旦进入现实的社会生活，这种平等的关系就可能被现实利益的差别所打破否。社会正义的实现意味着，我们不仅要维护社会成员间的形式平等，更要在现实生活中保障相互间的平等权利。这也是公民社会管理的根本任务。只有进行社会管理创新，缩小社会成员间的经济差距，并且消弥由此而带来的权利不平等，才能在实质层面保障社会成员间的平等地位。

其次，创新社会管理是提升公民道德的必要途径。公民社会的突出特征之一在于人际之间的非亲缘关系。我国传统社会中的人际关系主要依赖以血缘为基础的自然纽带来维系，体现出熟人社会的形态特征。在熟人社会中，风俗、习惯、传统等隐性规则为人们提供社会行为的依据，维系着社会秩序。现代社会的成员构成、社会形态已经发生了深刻的变化。现代公民社会中，社会成员都通过法律和社会规范缔结相互关系，在社会制度的引导中形成一定的社会秩序。由于缺乏血缘关系的自然缔结，加之现代社会利益关系的多样化和复杂化，社会成员间关系的调节、社会和谐氛围的建立对于社会管理提出了更多地要求和更大的挑战。社会关系的梳理和沟通对于社会管理有着较以往更强的依赖。进行社会管理的改革、创新，才能够更好地协调社会成员之间关系、凸现人民群众的主体地位，为社会成员的自由全面发展提供良好的社会氛围。这将增强社会成员的公民意识，充分认识作为社会成员的主体价值，使他们积极认同、接受社会规范，从而建立和谐的社会道德秩序。另一方面，创新社会管理将有助于建立良好的互惠合作公民体系。社会本身就是一种公民合作体系，社会成员在各自生活期待的推动下参与社会分工和社会合作，从而形成错综复杂的社会生活体系。但是在当代社会中，市场经济机制占据主导地位。市场在创造巨大财富的同时，也加深了社会成员间的竞争。在市场机制中，具有更强能力、具有更高天赋、具有更好运气的社会成员将获得更多的利益。有的社会成员则处于不利的社会状态之中。如果部分群体无法通过参与社会生活实现自己期待的目标，甚至连基本的生活水平都难以达到，他们就具有选择退出社会合作体系的倾向，社会失序的风险随之提升。建立和谐的社会秩序，就必须建立互利互惠的公民合作体系。在这一体系中，每位社会成员都将从社会的发展、对于社会的奉献中实现自我价值和利益。只有当公民通过社会合作满足各自的合理利益期望，社会才能安定团结，社会合作体系才能稳定发展。互惠合作公民体系将促进公民充分认识自己承担的社会责任和义务，形成稳固的公民意识，塑造健康的公民道德人格。

再次，创新社会管理是建设生态文明的战略举措。生态文明包括两个基本层面：一是人文生态文明，二是自然生态文明。自然生态文明建设固然重要，但人文生态建设对于社会管理来讲更重要。人文生态包括社会心理与社会道德环境。伴随着商品经济全球化，各种文化观念也涌入我国，相互作用、影响。其中不乏先进的优秀文化价值和观念，但也含有不健康、甚至于腐朽的思想意识。这些价值观对于我国的道德建设，以及社会心理都产生着负面影响。比如拜金主义、消费主义所形成的奢靡之风、以及所引发的商业诚信危机、道德危机。只有加强社会管理创新，对非道德行为进行制度化的惩治，宣扬高尚的道德价值，才能形成健康的社会道德环境。市场经济由于其自身机制的作用，不可避免地将产生社会成员间的利益差别。一些不健康的社会心态也开始形成、滋长。比如嫌贫笑贫的心态和仇富嫉富的心理。这些社会心理非常不利于我国的公民社会建设。只有通过社会管理创新，化解社会矛盾、解决民生问题、兼顾各社会群体利益、缩小社会生活质量差距、调整公民社会心态、降低社会生活压力，才能在社会成员间缔结和善关系，建立文明的人文生态环境。

二 创新社会管理的道德文化基础

任何社会管理创新都必须与民族的主流价值观念相契合，与社会的道德文化相结合。在我国，创新社会管理具有坚实的社会道德基础。

首先，我国具有完备的马克思主义道德思想体系。从毛泽东思想、到邓小平理论、“三个代表”重要思想，再到“科学发展观”、社会主义核心价值体系的构建，形成了完备的社会主义道德体系，并且仍然在不断自我完善、发展之中。社会主义核心价值体系是对于我国当前社会道德价值结构、内容的全面概括和系统论述。在我国当代社会主义核心价值体系中，马克思主义是我国的指导思想，具有基础性意义，发挥着根本性的引领作用。马克思主义决定着我国的基本性质和发展走向。中国特色社会主义共同理想代表了中国各族人民的共同期待，是中华民族强有力的凝聚力量。爱国主义和改革创新是我国的民族精神与时代精神，是鼓舞我国人民勇于开拓、勇于创新，进行社会主义建设的精神支撑。社会主义荣辱观是树立社会新风尚、建立新时代道德体系的基础。中国特色社会主义社会主义核心价值体系为创新社会管理指明了方向、引领了道路、规范了内容、提供了内核。创新社会管理必须在马克思主义的指导下进行，以中国特色社会主义共同理想为最高目标，这也是创新社会管理应该遵循的根本原则。马克思主义的本质要义在于实现人的自由和全面发展，这就决定了我国的创新社会管理必须以维护、促进人民根本利益为最高原则，这也是我国创新社会管理的合理性来源。中国特色社会主义共同理想把党在社会主义初级阶段目标与国家发展、个人幸福紧密结合，代表了中国人民的根本利益期待和要求。任何形式、方式的创新社会管理都必须有利于促进共同理想的实现，共同理想也为创新社会管理提供了道德评判标杆。爱国主义、时代精神是创新社会管理的内在动力。我国是多民族国家，社会是由具有着多元文化背景、各种不同生活经历的成员所组成，安定、团结的社会秩序是进行社会管理创新的先决条件。以“八荣八耻”为主要内容的社会主义荣辱观是社会风尚的重要引领，为创新社会管理提供了具体的道德坐标。社会创新管理的基本战略任务之一就是维持健康的社会道德秩序，倡导高尚的道德价值，创造优良的道德风尚。

其次，我国具有深厚的传统道德文化积淀。我国具有五千年悠久历史的文明古国。在漫长的文明长河中，积淀了雄厚的传统道德文化。在中国千百年的主导伦理观念中，“仁者爱人”深深蕴含于人性之中，孕育着中国人民的宽厚、善良。我国的“仁爱”既包括“父慈子孝”的血亲之爱，也包括相互关怀的社会之爱，强调社会成员之间互敬互助的和谐关系。在社会层面实现“仁爱”精神，达到“大同”的境界也成为我国传统文化中美好的期待和愿景。《礼记·礼运》详细描述了理想的大同世界：“大道之行也，天下为公。选贤与能，讲信修睦，故人不独亲其亲，不独子其子，使老有所终，壮有所用，幼有所长，矜寡孤独废疾者皆有所养。男有分，女有归。货恶其弃于地也，不必藏于己；力恶其不出于身也，不必为己。是故谋闭而不兴，盗窃乱贼而不作，故外户而不闭，是谓大同。”“仁爱”精神与“大同世界”的理念成为中华民族数千年自我发展、完善的不懈追求。“己欲立则立人，给予达则达人；己之不欲，勿施于人”的“忠恕之道”维护着人们内心深处的道德秩序，在彰显社会责任、自我意识的同时凸现了对于他者的宽容和理解。道家追求的与天地和谐、佛教传扬的普世之爱等优秀文化理念都成为我国社会的道德精神财富。社会管理的创新，很大程度上取决于民族文化、精神、价值的支撑。厚重的传统道德文化将为创新社会管理提供丰富的伦理理论依据，提供具有历史内涵的价值智慧。融入民族品格的传统文化也为创新社会管理营造了良好的公众心理环境，使社会管理的创新更容易受到人民的理解、认同、接受和支持。

最后，我国具有丰富的社会道德治理经验。德治一直是我国社会治理的重要方面。在传统社会中，德治甚至占据着社会治理的主导地位。早在周代，古人就提出了“明德慎刑”、“为政以德”的德治理念。在唐代则形成了“德礼为政教之本，刑罚为政教之用”的德治方略。我国传统文化中从来都闪耀着善良人性的光芒。孟子认为，人的道德来源于人性本身。人的四心就是善的四端，“恻隐之心，仁之端也；羞恶之心，义之端也；辞让之心，礼之端也；是非之心，智之端也。人之有是四端也，犹其有四体也。”因此，人都是可以教化的，都能够成为具备高尚品德的君子。在我国传统社会治理中，强调对于人们的道德教育，认为这才是提高人民道德水平、维护社会秩序的根本。刑法则是作为道德教育的辅助手段。董仲舒认为："教，政之本也；狱，政之末也。其事异域，其用一也，不可以不相顺。故君子重之也。"德治逐渐被推到了德政的高度。德治也就成为我国传统社会中最基本的治理手段和方式。在漫长的道德实践中，我国形成了成熟的，并且行之有效的践行模式。德治作为一种触及人心灵深处的管理方式，注重施政者道德人格的修养，追求社会成员自觉地自我约束。相对于法制，德制的社会成本更低，更能体现对于人格的尊重，对于人性的关切。创新社会管理的主旨就在于"以人为本"，在维护社会成员合理利益的同时提高社会生活质量，满足成员更多的主体需求。人性化已经成为当代社会管理的基本趋势和本质要求。创新社会管理必须尽可能尊重人的主体性，发挥社会成员的主体意识和主观能动性，强化社会管理部门的服务理念。在社会管理创新的方式和模式选择方面，选择基于道德的软性模式更符合当前社会管理的价值追求。我国长期积累的社会道德治理经验无疑为创新社会管理提供了宝贵、有益的管理资源。

三 基于道德建设的社会管理创新

道德建设是社会生活最为重要的组成部分，是提升国家综合实力、特别是文化软实力的核心内容之一，关系到社会的稳定、和谐和发展。道德建设既为社会管理提供坚实的文化、价值基础，又是社会管理的基本组成部分。基于道德建设的社会管理创新主旨在于，通过社会管理实现社会的道德目标和道德价值、促进公民提高道德意识、修养，彰显当代主流道德精神，其主要包括以下主要内容：

第一、构建多维互动社会管理模式。过去的社会管理总是强调管理主体的权威，在管理过程中形成牢固的主客体关系。社会成员基本成为管理客体，在社会管理中处于被动地位。这无法凸现当代民本观念和民主精神。在现代社会管理模式中，要改变单一的主客体关系，建立具有多维主体的互动社会管理模式。其核心在于维护社会成员的主体地位，使广大社会成员成为社会管理的参与者、成为管理主体。首先要在社会管理的制度构建中搭建公民参与平台。公民应该能够参与制定社会管理制度，在这一过程中完全表达自己的意愿、期待和要求。在社会管理中，要建立多样、多元、多维的参与渠道，鼓励社会成员的积极参与，广泛了解、听取各社会成员的意见和建议。广泛的民众参与不仅将为社会管理提供坚实的政治合理性基础，而且也有助于运用人民的智慧、群策群力，进行管理创新。其次，在社会管理中要建立民主监督机制、规范社会治理的操作过程。正义的程序和制度并不能保证正义的结果，只有对于程序操作过程进行有效的社会监督，才能更有效地治理过程的合道德性。根据公共权力理论，权力的操作主体之间有可能存在权力合谋的风险，只有第三方的参与才能限制权力内部合谋的发生。在权力运作过程中，相关利益主体构成越复杂、越分散，权力合谋的难度就越大，权力腐败的可能性就越小。社会成员的民主参与无疑是扩大相关利益群体、提高权力合谋成本和风险、遏制权力腐败的重要途径，只有当社会成员广泛参与社会治理过程，才能最大限度地遏制公共权力腐败，维持社会管理的公平公正。其三，要建立社会管理的道德评价和反馈机制。在社会管理中，可以利用网络、媒体等平台建立道德评价平台，为社会成员参与社会事务的道德评价、判断提供畅通的渠道，对管理制度及其运行机制进行及时的调整和修正。从而在制度设计、治理过程和效果评价三个环节建立全面的多维互动社会管理模式。

第二、创立道德文明社会引导机制。道德引导是社会管理的重要职能，社会管理的道德文明具有两个维度的内涵：管理主体与管理制度。就社会管理主体而言，道德文明意味着对于公共权力使用者的道德资格要求。提高社会管理水平，首先要建立道德准入机制，只有具备良好社会声誉和道德的人才能进入管理系统，成为社会管理主体。在经济理性和工具理性的过度膨胀中，社会管理在一段时间内更多地关注于制度效率，而忽视了制度操作者的道德因素。社会管理实践者的道德素质直接影响着社会制度的运行效果。作为公共权力的运作者，社会管理人员必须具备优良的道德素养，关心他人、维护公共利益，具有无私奉献的高尚情操。创新社会管理必须关切管理者的道德资格，让具有公民道德意识、具有公共精神的人担任社会管理工作。就社会管理制度而言，制度的设计必须具有道德价值的引导功能。制度可以划分为积极的制度与消极的制度。消极的制度通常为社会活动划分底线，防止社会成员对于底线的僭越。而积极的制度则引导社会成员进行道德实践，内化社会道德原则，帮助人们塑造道德人格。在社会管理中，要设置道德行为的鼓励、诱导机制，保护道德行为者的切身利益，把道德价值与经济、社会回馈相结合。

第三、完善人本和谐社会服务体系。社会服务是社会管理的基本方面。社会管理创新，必须深入了解人民群众的本质要求，尽可能满足社会成员的内在需求。随着改革开放的不断深化、社会发展节奏的日益加快、人口流动的日趋频繁，社会问题较以往任何时期都更为多样、更为复杂、更为突显。只有建立通畅的信息采集和传输系统，密切关注、及时掌握社会成员需求变化，才能及时调整社会服务方式和内容。否则就会造成社会服务供给不足，激发社会矛盾。在社会服务中，必须突显人本关怀与和谐价值，要将标准化服务与个性化服务相结合。同时，在社会服务中，要特别关注弱势群体利益。弱势群体处于社会的不利地位，在社会合作体系中分配到较少的利益，在现实生活中往往缺乏行使其基本权利的能力。在正义的社会中，制度安排必须使处于社会最不利地位的人获利最多。要实现和谐价值，社会服务就需要为弱势群体提供保障，并且消弭他们与其他群体在社会活动能力方面的差距。在社会基础设施建设和配套设备安置过程中，要充分考虑残疾人、老年人、妇女、儿童的群体差异。在社会服务的内容设计中，要全面落实科学发展观，站在人民利益的角度，站在时代发展的高度提供服务产品。化解社会矛盾、遏制不平等现象、平衡社会心态、为人民创造便利、稳定、健康的社会环境是社会服务创新的根本任务。只有构建多维互动社会管理模式、创立道德文明社会引导机制、完善人本和谐社会服务体系，才能在社会管理创新中全面落实社会主义道德观念、推动社会主义道德建设、完善公民道德人格。

（作者：中南大学教授、博士生导师）

（选自《求索》2012 年第 1 期）

当前中国社会道德治理论析

杨义芹

当前中国社会的道德问题从未这样引人瞩目。一系列道德事件勾勒出“感动与疼痛并存，谴责与反思交织，忧虑与希望同在”的图景，让中国社会的道德现状与道德建设问题备受世人关注且亟待有力的回应。在推动社会主义文化大发展大繁荣的背景下，如何看待和评价当代中国社会的诸多道德问题，如何解析产生这些道德问题的深层次社会根源，是破解道德治理的难题，寻求道德建设路径，进一步推进当代中国社会的道德建设必须首先解决的问题。

一、正视当前中国社会道德现状：道德治理的前提和基础

自上世纪90年代开始，国内学术界就开始了关于“道德滑坡”还是“道德爬坡”的争论。其间，道德滑坡论不绝于耳，其观点为不少人所认同。近几年，社会各领域的失德现象层出不穷，人们在享受着经济快速发展所带来的物质生活日益丰富的同时，也感受着由于道德冷漠造成的人际关系的疏远，抱怨着社会道德风尚的衰落，强烈地谴责着种种败德行为。一时间，道德冷漠、道德无力、道德失控等成为各种媒体出现频率极高的词，更有学者大声疾呼：中国社会正面临道德沦丧。与此同时，也有人认为，与这种“道德失控”和“道德滑坡”相伴随的是深层次的道德进步，如人们在道德心理和行为中出现的由“假”向“真”、由“虚”向“实”、由“依赖顺从型”向“独立进取型”、由“单一化”向“多元化”的回归等变化。那么，如何看待和评价当今中国社会的道德状况呢？这是求解道德治理问题的前提和基础。

（一）肯定成绩：推进道德治理的信心之源

道德作为上层建筑的重要组成部分，受经济基础的制约并反映经济社会的发展和变迁。自改革开放以来，我国经济社会发展取得了举世瞩目的成就，中华民族正在实现伟大的复兴。在这一历史性变革中，包括道德在内的社会意识形态出现前所未有的多元、多样、多变的复杂情况。其中不可否认的是人们的价值观念、伦理观念的历史性进步和道德建设的伟大成就。胡锦涛总书记在纪念党的十一届三中全会召开30周年大会上的讲话中指出：“一切亲身经历了这三十年伟大变革并贡献了自己力量的中华儿女，一切关心祖国命运的华夏子孙，都有理由为我国改革开放的历史性成就感到自豪。”在改革开放的历史性成就中，毫无疑问，道德建设的历史性成就应该占有一席之地。看不到三十多年来中国社会道德建设的成就和历史进步，就会丧失进一步推进道德建设的信心。

自新中国建立以来，特别是在改革开放的历史进程中，伴随着经济社会发展取得的巨大成就，以及我国综合国力和国际地位的显著提升，全民族的自尊心、自信心、自豪感极大增强，与现代文明相关联的改革开放意识、竞争进取意识、自由民主意识、公平正义意识、和谐包容意识、规则秩序意识、生态环保意识等也不断增强，彰显着整个社会现代文明程度的不断提升。与此同时，全体公民的思想道德素质和精神风貌不断改善和提高，慈善组织、志愿服务队伍不断涌现且日益壮大，道德楷模如雨后春笋般生长。中国社会道德建设所取得的历史性进步，道德原则和道德规范、道德实践和道德评价标准以及人们的道德观念的变革和进步是有目共睹的。

“对当前我国社会道德状况进行评价，首先要把握全面的道德现象……在道德领域，所谓整体的普遍联系，就是道德在生产方式以及上层建筑历史变革总进程中的状况，就是道德反映和作用于经济基础以及同上层建筑其他方面相互作用的总联系方面。这才是反映本质的道德现象。”有学者对我国道德生活领域发生的这种广泛而深刻的变革进行了理论概括，并指出：“当前中国道德生活的变革是与当代社会变革同步进行的”，在道德领域也如同在经济、文化等生活领域一样，正在发生着令人触目的变化。这种变化主要表现在：社会舆论、道德评价由严苛向宽容转变；道德立场由社会本位向个人本位转变；道德观念、价值准则由保守型向开放型转变；道德要求由政治化向非政治化转变；在道德判断和道德选择上，由被动型、习俗型向自主型、理性型转变；在理想人格的倡导和塑造方面，由君子型完美人格向开放型、创新型人格转变；在道德教育方面，由重说教、重灌输向重法制、重规范转变；人们的道德生活关注点，由重个人行为向人们共同面临的伦理问题转变。这一概括基本反映了我国改革开放以来道德变革和发展的趋势。我国社会的道德变革和发展是与经济社会发展进程相联系、相适应的。

（二）正视问题：推进道德治理的前提和基础

从总体上和社会发展趋势上把握我国道德建设状况，注重增强推进道德建设的信心，并不是无视种种失德现象的存在，更不是无视道德领域所出现的各种问题。看不到我国社会的道德进步，对道德建设丧失信心不可取；同样，看不到道德领域存在的问题，盲目乐观更危险。正视当前我国社会生活中一些领域、一些人群所表现出来的败德、无德现象，对其中的一些突出问题保持高度警惕，是把脉中国道德问题，对症下药，辩证施治的前提。

“中国共产党在领导人民建设中国特色社会主义伟大事业的历史进程中，执政考验、改革开放考验、市场经济考验、外部环境考验是长期的、复杂的、严峻的，这些考验，也必然会在道德领域表现出来。”如政治领域的官德缺失，导致有些官员不能正确履行职责，以权谋私，甚至贪污腐败，违法乱纪；经济领域的诚信危机，已严重影响到社会经济生活的健康发展；文化领域的庸俗、低俗、媚俗现象有目共睹，恶意炒作，黄毒泛滥，严重扰乱着文化秩序；一向被称为象牙塔的学术领域也未能幸免，沽名钓誉、学术腐败成风；社会公德领域，扶贫济困、见义勇为的传统美德遇到了新情况、新挑战，发生在广东佛山的“小悦悦”事件，似乎颠覆了不少国人的道德观念，要不要救助不相识的人，成为一些人心中纠结不清的问题。如此等等，这一系列现象和问题，在显示无德行为和缺德事件在社会许多领域普遍存在的同时，也刺痛了人们的良知和神经。对此，我们必须正视现实，充分看到当前社会道德问题的严重性。

当前中国社会所有的道德“病症”中，真正的、带有根本性的问题是信念和信仰缺失，精神家园荒芜，对国家伦理信念和国家伦理精神的认同度不高。进入21世纪，思想道德文化领域的“多”——多元、多样、多变在主导话语中成为共同关注的对象和问题。在这种背景下，有学者对当前我国诸社会群体伦理道德的价值共识与文化冲突现状进行了调查，“调查发现，国家伦理意识的薄弱甚至淡出是普遍问题，这一结果令人不安。”国家伦理意识和伦理精神祛魅和颠覆的后果，是国家的伦理聚合力和伦理认同感缺乏，国家认同中工具意识压倒伦理意识；诸社会群体的伦理同一性和伦理矛盾的化解，缺乏具有某种终极意义和神圣性的精神基础；爱国主义精神的培育缺乏必要而充分的伦理供给。因此，国家伦理意识、伦理信念和伦理精神的培育，已经成为超越诸社会群体之间的伦理冲突、建构社会伦理同一性的关键性工程。

二、解析当前中国道德问题的成因：道德治理的着力之基

当前道德领域确实存在着一些不容忽视的问题，但这是前进中的问题，要放在社会转型的大背景下来看待。道德作为意识形态的重要组成部分，是社会现实在道德领域的反映。正如马克思、恩格斯所说：“人们的观念、观点和概念，一句话，人们的意识，随着人们的生活条件、人们的社会关系、人们的社会存在的改变而改变”。在人类历史的本源意义上，是人们的社会存在决定人们的意识，而不是相反。因此，对于当前中国社会的道德问题，必须把它放到国际国内社会背景中去看，必须紧密结合时代特征和现实国情去分析。总体来看，导致当前中国社会诸多道德问题的原因主要在于以下几个方面：

首先，当前中国的道德建设受国际大环境的影响，其间所出现的问题也是国际环境变化的反映。“当今世界正处在大发展大变革大调整时期，世界多极化、经济全球化深入发展，科学技术日新月异，各种思想文化交流交融交锋更加频繁”，这必将对转型中的中国社会的道德规范体系产生重要影响，使我国传统道德规范体系与西方道德文化发生激烈碰撞，严重消解着我国传统道德体系的影响力和规范作用。

其次，当前中国的道德问题是社会转型期的问题。自改革开放以来，中国社会正经历着一场“革命”。“改革的性质同过去的革命一样，也是为了扫除发展社会生产力的障碍，使中国摆脱贫穷落后的状态。从这个意义上说，改革也可以叫革命性的变革”，“改革是中国的第二次革命”。这场革命带给中国的变化是全方位的，是社会的整体转型，涉及经济体制、政治体制、文化体制、社会管理体制等方方面面，其中必然涉及道德规范体系的重构，一些旧的道德规范和道德评价标准不再适用，新的道德规范和道德评价标准正在形成和建设之中。道德作为上层建筑的一部分，虽然受经济基础的制约，并随着经济基础的发展而发展，但由于道德的相对独立性，其发展有自身的规律，并不总是与经济社会的发展相同步。欧美国家在实现现代化的过程中也出现过道德与经济社会发展不同步的现象。当今中国，伴随着社会转型，一方面为人们最大限度地发挥个人的才能和智慧，为求真务实、追求创新提供了机会和条件，也为社会道德向新的境界和高度提升奠定了基础；另一方面，传统道德受到来自西方的影响和社会转型的双重挑战，传统道德的某些积极因素被淡化，我们又没有及时建构起一套新的道德理论和规范体系，道德建设跟不上时代发展的需要是不争的事实，它已经影响到我国经济、政治、文化、社会的和谐发展，这不能不说是改革开放的代价，也是前进中的阵痛。

再次，当前中国的道德问题是由社会主义初级阶段的基本国情决定的。“我国仍处于并将长期处于社会主义初级阶段，人民日益增长的物质文化需要同落后的社会生产之间的矛盾仍然是社会主要矛盾。”社会主义初级阶段就是初级阶段的社会主义，“社会主义本身是共产主义的初级阶段，而我们中国又处在社会主义的初级阶段，就是不发达的阶段。一切都要从这个实际出发。”当今中国社会一些道德问题的产生，是与社会主义初级阶段的国情相适应的，是社会现实在道德领域的反映，与经济、政治、文化、社会发展背景都有关系，这些问题也都是前进中的问题。发展中的问题要靠发展来解决，“发展是硬道理”，解决中国的问题要靠我们自身的发展，随着我国经济社会的不断发展和完善，我国的道德理论和道德规范体系建设必将跟上经济社会发展的步伐。

最后，当今中国的道德问题，其直接诱因是在向市场经济转变的过程中，把经济利益的思维模式用到道德判断和社会行动能力上。道德最基本的功能是调节社会利益关系。改革开放以来，道德在调节社会和人们的利益关系方面取得了历史性的进步，对个人正当利益进行了重新评价并给予了充分肯定；但道德也因面对复杂的利益关系，自身出现了多元、多样、多变的复杂情况。市场经济是一柄“双刃剑”，追求利益最大化是不变的市场法则，因此，唯利是图、金钱至上成为粘附其上的顽疾。社会主义市场经济本来可以利用其制度优势克服这一顽疾，但由于我们的市场经济刚刚建立，还处在完善过程中，在不完善的市场经济条件下，有些人把经济和物质利益当成唯一的追求目标，唯利是图，唯钱是图，把经济法则当成社会生活和人际交往的唯一法则，由“社会人”变成纯粹的“经济人”。如果一个人唯市场规则、唯金钱利益马首是瞻，就会失去做人的底线，导致道德沦丧。就整个社会而言，就会引起社会秩序的紊乱和人际关系的冷漠。

三、探索当前中国道德治理之策：树立道德建设的信心和决心

认清问题的性质和根源，其目的是树立道德建设的信心和决心，为推动中国道德进步而努力。道德建设是社会主义精神文明建设的一个重要方面，关系到全面建设小康社会宏伟目标的实现，也关系到中国特色社会主义事业的成败。从这一认识出发，目前，应着力解决诚信缺失、公德失范等突出问题，推动道德建设与经济社会发展相互协调、相互促进，使精神文明不断进步、社会风尚不断改善；要坚持用社会主义核心价值观引导人们的思想和行动，增强人们的道德判断力和道德荣誉感，倡导和谐理念，培育包容精神，努力维护公平正义、诚信友爱的社会环境；要褒扬真善美，贬抑假恶丑，激励全体社会成员从我做起，形成知荣辱、讲正气、作奉献的文明风尚；要牢固确立主流道德价值取向，大力弘扬优秀道德文化传统，以道德建设的实际成效推动和形成良好的社会风尚。具体说来，当前应着重从以下几个方面入手探索和解决当前中国社会的道德治理问题。

第一，树立信心和决心。首先，我们党和政府对于道德建设历来都高度重视，把思想道德建设作为一项主要工作来抓。不论在革命战争年代，还是在和平建设时期，我们党都十分重视道德建设问题，尤其是改革开放以来，我们党始终强调和坚持在建设高度的物质文明的同时加强精神文明建设。邓小平指出：“在社会主义国家，一个真正的马克思主义政党在执政以后，一定要致力于发展生产力，并在这个基础上逐步提高人民的生活水平。这就是建设物质文明”，“与此同时，还要建设社会主义精神文明，最根本的就是要使广大人民有共产主义的理想，有道德，有文化，守纪律。”胡锦涛同志提出的“八荣八耻”以社会主义荣辱观为突破口，对新时期的理想人格、道德规范体系和道德评价标准提出了新的要求，确立了社会主义道德建设的指导方针。党的十四届六中全会通过的《中共中央关于加强社会主义精神文明建设若干重要问题的决议》，提出了“加强思想道德建设”的要求；2001年又颁布了《公民道德建设实施纲要》，“《公民道德建设实施纲要》对于道德教育的意义在于，不仅仅是规定了道德教育的内容，而是将道德教育纳入了制度规范性的轨道，使其常态化、制度化。”这些都标志着党和政府对于社会道德建设的高度重视。

其次，改革开放以来所取得的伟大成就，为道德治理奠定了坚实的基础。马克思说：“物质生活的生产方式制约着整个社会生活、政治生活和精神生活的过程”，恩格斯也说：“我们自己创造着我们的历史，但是第一，我们是在十分确定的前提和条件下进行创造的。其中经济的前提和条件归根到底是决定性的。”改革开放三十多年来，我国在政治、经济、科学、文化、教育等各个方面都取得了举世瞩目的成就，尤其是伴随着经济的迅速发展，人们的物质生活水平极大提高，精神文化生活日益丰富，这也为道德建设提供了雄厚的物质基础。

再次，我国是举世闻名的文明古国，礼仪之邦，有着五千多年的文明史，具有博大精深的优秀文化传统，有着极为丰富的道德建设资源。我们应当看到，中华民族道德文化中的优秀传统和精华，如“自强不息”的人生哲学，“仁爱”、“忠恕”的道德情怀，“先天下之忧而忧，后天下之乐而乐”、“天下兴亡，匹夫有责”的爱国情操，“富贵不能淫，贫贱不能移，威武不能屈”的人生气节，“朝闻道，夕死可矣”的对于真理的追求精神，“天下为公”的大同理想和“仁以为己任”的人生境界等，对于我们今天的道德建设都具有重要的启发和借鉴意义。

道德治理的信心和决心还源自人们对良好道德环境的诉求。在对诚信缺失、人情冷漠现象的忧虑，以及对各种败德现象的谴责和批评声中，我们听到的是对良好的道德环境和社会风气的强烈呼唤。因此，加强道德建设，改善道德环境，治理道德领域的突出问题，也是广大人民群众的迫切意愿。

第二，提升信念和信仰。信念和信仰是人们对其认定的事物及其价值的坚定信赖和执着追求，也是人们的世界观、人生观和价值观在其奋斗目标上的具体体现。崇高的信念和信仰是一个国家、一个民族凝聚人心、开拓创新、积极进取、团结奋斗的精神支柱和动力源泉。关于当前我国社会的理想、信念和信仰状况，有一种看法认为，现在的中国社会正处于理想危机和信仰危机之中，甚至正处于一个没有理想和信仰的时期。笔者认为，通过总结我国社会主义革命和建设的历史经验，并借鉴其他国家社会主义兴衰成败的经验教训，我们虽然历经曲折，但是最终找到了在经济文化比较落后的国家如何建设社会主义、如何巩固和发展社会主义的道路，这就是建设有中国特色的社会主义；我们党的第三代中央领导集体坚持党的基本路线，能够从容应对和处理国际国内的一系列政治、经济和社会问题，党的领导核心是坚强的、可信赖的；建国六十多年来特别是改革开放三十多年来的社会发展和人们生活的历史性巨变，使人们深切体会到只有社会主义能够救中国，也只有社会主义能够发展中国。目前，在党员干部和广大人民群众中，在信念和信仰问题上的主流是好的。在道德治理中，要通过理想、信念和信仰的提升，培养人们的道德情感和道德人格，使人们确立正确的道德价值观念，并进而在全社会形成良好的道德环境和道德风尚。

第三，倡行共建和共享。即人人争当道德建设的参与者、践行者，营造良好的社会环境和风气，共享道德建设的成果。加强道德建设，治理道德问题，是一项全民共建共享的民心工程，需要全社会共同担当。每一位公民都应该成为道德建设的积极参与者，而不能只当旁观者；都应该成为良好的道德环境的维护者，而不能只当享受者；都应该成为道德原则和道德规范的践行者，而不能只当评头论足的“批评家”。每个公民都负有道德建设的责任，都是道德建设的主体；道德领域的问题人人有一份责任，同时，道德建设的成就人人也都有一份功劳。解决当前的社会道德问题，营造良好的社会道德环境，需要每一个人的切实努力。倡导道德建设从我做起，从现在做起，从小事做起，就是强调和说明道德建设人人可为，时时可为，处处可为，事事可为。

第四，坚持“守”“为”并行，以“守”为先的工作重点。社会公德按其性质可以区分为消极和积极两类，消极的公德并不是不重要和负面的意思，而是指“不作为”或“有所守”的行为，即遵守不伤害他人和公众的道德底线；而积极公德则是主动有利于他人和社会的“有所为”。这样的区分在于说明，积极性与消极性的公民行为是有明显差别的，这两者在行为上有高度的分离性，积极性的公民行为并不一定会导致消极性公民行为的改善，如珍视个人作为公民的参政权利，担任义工，捐款给慈善机构，这些都是一种积极性的公民行为，但有这些行为的人并非必然具有遵守社会秩序、爱护公共财物等这样“有所守”的消极性社会公德。虽然这两者都不可或缺，但在个人行为上，消极面通常具有优先性和重要性，尤其是在社会文明建设的初始阶段。比如要保持周边的环境卫生，是鼓励人们义务清扫更有效呢？还是抑制乱扔垃圾、随意倾倒污水的行为更重要呢？答案显然是后者。鉴于此，在目前阶段的社会道德建设和道德治理过程中，既要坚持“守”“为”并行，又要注意以“守”为先，以有所“守”为重点，这样，社会道德治理才有可能在短时期内取得实效。

（作者：天津社会科学院研究员）

（选自《齐鲁学刊》2012年第5期）

当代中国文化软实力研究现状及问题分析

刘德定

自2007年党的十七大提出“激发全民族文化创造活力，提高国家文化软实力”以来，文化软实力一词在文化领域和新闻报道中不断出现，日益引起理论界和政界人士的高度关注。在借鉴西方软实力理论和中国文化力理论的过程中，中国学者对文化软实力也积极开展研究，关于文化软实力的解读和分析文章以及研究性著作不断涌现，取得了一些重大成果。

2004年5月，南京航空航天大学研究生皋艳在导师张步仁的指导下，以《世纪之交的中国文化软权力建设》为题目完成了学位论文。以“中国期刊全文数据库”为数据检索工具，匹配“精确”选项，以“文化软实力”为检索词，以“篇名”为检索项，对2004年1月至2011年5月的研究论文进行初级检索，共命中183篇。这些论文的篇数按年度分布的状况表明，国内对文化软实力的研究论文呈逐年增长的趋势，文化软实力成为在文化领域备受关注的焦点问题。在此主要回顾中国学界关于文化软实力研究的成果，对相关情况作一简要梳理分析和总结。

一、目前研究的基本特点

1. 多重视角的研究。从现有的文献资料看，2000年以来关于文化软实力问题的研究呈现多视角的特点。从软实力与国际政治、国际关系的角度进行研究，如软实力与国家的强大；论国际政治中的中国软实力三要素；论软实力与中国外交；文化全球化背景下中国文化软实力的困境及对策等从文化软实力的构成要素方面进行研究，如“软实力”的含义及对我国的启示；传统文化：中国文化软实力之源等对中国文化软实力的现状进行研究，如中国软实力现状分析；中国软实力资源及其局限等对提升中国文化软实力的路径进行研究，如尊重文化多元、坚持文化自觉、提升中国的软实力；加强共同理想建设、提升文化软实力；发展文化生产力、提高文化软实力；弘扬中华文化、提高国家软实力；建设社会主义核心价值体系是提升我国软实力的重要战略；全球汉语热：中国软实力的提升；提升中国软实力的路径；话语权视角下的中国文化软实力建设等。此外，还有从中外文化软实力建设对比、文化软实力建设与意识形态安全、文化软实力与文化产业等角度进行研究。

2. 多学科交叉综合研究。当代中国文化软实力问题就是在当代中国的背景下中国文化的凝聚力、吸引力、感召力问题，就是当代中国文化对内如何凝聚人心，对外如何树立形象问题。当代中国文化软实力建设问题是一项长期、系统而又艰巨的工程，牵扯到多个学科和专业，也涉及到文化力、国家硬实力等概念和问题。从目前的文献研究资料看，一方面，研究的范围已经涉及到了哲学、文化学、政治学、历史学、马克思主义理论、管理学以及传播学、社会学等学科和专业，多个学科的学者都将软实力理论引入到各自的研究领域中。正是在这些多学科和专业的联合攻关、相互启发和相互印证的交叉综合研究中，使得目前的文化软实力研究取得了重要的成果，其中不乏理论创新。

3. 从对西方语境中软实力概念的解读到构建中国语境中的软实力概念。文化软实力概念的由来是与西方软实力理论和中国文化力理论紧密相关的。中国一直重视文化在经济社会发展中的作用。在文化软实力概念提出之前，我国学者是从“力”的角度认识文化的作用的，并取得了一些重要的成果。冷战结束以后，软实力理论成为美国学界的主流话语。软实力（或译为软力量、软权力、软国力）理论最早是由美国学者约瑟夫·奈在1990年出版的《注定领导：美国权力性质的变迁》一书中提出。在软实力理论中，约瑟夫·奈视文化为一国软实力的重要源泉。他指出：国家软力量主要来自三种资源：“文化（在能对他国产生吸引力的地方起作用）、政治价值观（当它在海内外都能真正实践哲学价值时）及外交政策（当政策被视为具有合法性及道德威信时）。”几乎所有的中国学者都肯定了文化是一国软实力不可或缺的重要来源。

学者们对奈提出的概念理解上有一定的差异。这种差异既有学科的差异，也有研究角度的不同，还有一些善意的提醒。如：南开大学全球问题研究所所长庞中英认为，将“Soft Power”译成“软权力”或“软权势”更合适。这样能比较更贴切地反映奈分析美国霸权衰落及其权力重构时的原意。在我国“软力量”概念非常广泛，如，认为“不仅有国家的‘软力量’，包括一个城市或是一个企业，也有‘软力量’的问题。庞中英认为，“现在有很多人对奈的‘软力量’的概念没有理解透，看法有点片面，好象认为‘软力量’只有文化。其实在西方人看来，软力量的核心包括：和平、民主、人权，这些基本价值；还有意识形态、制度（社会制度、政治制度）、文化。”中国社会科学院哲学研究所李鹏程认为我们是从中国传统文化上使用文化“软力量”这个概念的，所以在文化软实力建设这个问题上，应从中国文化的意义上强调“文化自觉”。由此可引申出文化“软力量”有三层内涵：文化吸引力、文化亲和力和文化规制力。

在研究西方文化软实力理论的探讨和研究中，中国学界结合软实力问题、结合中国的社会背景对中国话语背景下的文化软实力问题作出了理论探讨。就文化软实力的概念与内涵来说，国内学界还没有形成定论，研究还需要继续深入下去。在继续研究西方文化软实力相关理论的同时，必须进一步结合中国的国际关系与民族文化的实际来探讨文化软实力，提出具有中国特色的文化软实力的概念，并就文化软实力的内涵进行更为细致的解析。

4. 研究的不平衡性和局限性。从目前掌握的文献看，研究的不平衡性和局限性主要体现在：一是研究的成果多为学术论文，研究专著较少，高水平的研究著作更少；二是研究多集中在文化软实力的概念、内涵，重视文化软实力的必要性、提升文化软实力的重要意义，提升文化软实力的路径和措施，中国文化软实力评估等方面；三是实用性的研究多集中在从软实力的角度谈部门、行业、地区的发展，理论与实践的结合十分牵强，缺乏理论到实践的逻辑推理。对一些基础性的、理论性的关键问题涉及较少，如：马列经典作家对文化的认识问题；中国文化软实力存在问题背后的深层根源问题；文化软实力的提出时文化自身发展的产物，还是文化以外事物发展的要求问题；西方语境中文化软实力概念和中国语境中文化软实力概念的差异性问题；文化软实力的特点问题等等。

二、目前研究的主要方面和主要观点

目前国内关于中国文化软实力的研究，主要围绕文化软实力概念与内涵，文化软实力提出的背景，文化软实力的重要性，提升中国文化软实力的路径等方面的问题进行。

1. 关于文化软实力概念与内涵的认识。文化软实力这个概念内在包含着“力”、“实力”、“软实力”、“文化力”、“文化软实力”五个递进的关系。(1) 西方学者提出文化软实力概念及其关注点。软实力(Soft Power)，又译为软权力、软力量等，这一概念提出于1990年。美国哈佛大学肯尼迪政府学院院长、全球战略问题研究专家约瑟夫·奈在《软实力》(Soft Power)一文中，首次将国家实力分为硬实力和软实力，认为软实力是硬实力的基础，也是硬实力的动力。“软实力”是用以指称相对于国家、民族、边界、领土等“硬权力”而言的文化、生活方式、意识形态、国民凝聚力和国际机制等，也就是指意图通过吸引力、感召力、同化力来影响、说服别人相信和同意某些行为准则、价值观念和制度安排等，从而获得理想结果的能力。1999年，约瑟夫·奈又在《软实力的挑战》(The Challenge of Soft Power) 一文中对软实力作出较为完整、系统的定义。2004年，约瑟夫·奈的新著《软实力——国际政治中的制胜之道》(Soft Power——The Means to Success in World Politics) 则对软实力给予更为简明的定义：“软实力是一种能力，它能通过吸引力而非威逼或利诱达到目的。这种吸引力来自一国的文化、政治价值观和外交政策。”这一概念得到学界广泛的认同。从1999到2006年约瑟夫·奈对软实力定义也做了几次修改。(2) 中国学界对文化软实力的认识及其关注点。我国学者也提出了不同看法，如香港中文大学校长刘遵义教授认为软实力是通过道义主导赢得朋友、影响他人的一种能力，他说：“中国人经常说‘以德服人’，实际上就是指赢得人家的心，而不是单纯使用蛮力。”中国人民大学新闻学院教授喻国明指出：“一个国家是存在两种实力的，一种是硬实力，一种是软实力。硬实力通常是指国家的GDP、硬件设施等，而文化、制度、传媒等被称为软实力，软实力是相对于国内生产总值、城市基础设施等硬实力而言的，是指一个城市的文化、价值观念、社会制度等影响自身发展潜力和感召力的因素。”总之定义非常多，上述观点也存在一些片面和不足，而全面科学论述文化软实力是在党的十七大报告中胡锦涛指出：“当今时代，文化越来越成为民族凝聚力和创造力的重要源泉、越来越成为综合国力竞争的重要因素，丰富精神文化生活越来越成为我国人民的热切愿望。要坚持社会主义先进文化前进方向，兴起社会主义文化建设新高潮，激发全民族文化创造活力，提高国家文化软实力，使人民基本文化权益得到更好保障，使社会文化生活更加丰富多彩，使人民精神风貌更加昂扬向上。”

2. 关于文化软实力提出的背景的认识。(1) 软实力理论既是传统国际关系理论的发展，也是冷战后国际力量对比发生深刻变化的产物。软实力理论是在相互依存理论前提下对国际关系核心理论“权力论”所做的补充和发展。“权力论”虽然没有把国家实力明确地划分为“软实力”和“硬实力”，但已经部分涉及到软实力问题。美国现实主义大师汉斯·摩根索认为民族性格、国民士气、外交质量和政府质量等“无形权力”也决定着国家的实力。美国乔治敦大学教授克莱因提出所谓的“克莱因公式”：国家力量 =[（人口 + 领土）+ 经济能力 + 军事能力]×（战略意图 + 贯彻国家战略的意志），其中“贯彻国家战略的意志”属于一种软实力因素。20 世纪 70 年代，相互依存理论进入发展兴盛时期。约瑟夫·奈等深人研究了作为“现代国际体系根本特征”的相互依存问题，提出在国际社会不同角色之间互动的影响和制约关系中，不对称的相互依存导致一国对外依存的敏感性和脆弱性，从而影响国家间权力的分配。冷战结束后，随着全球化的深入发展，国家间相互依存关系进一步加强，国家实力中“无形权力”的重要性日益突出，从而成为软实力理论的重要思想源泉。(2) 全球化导致冷战后国际关系的主体和实际内容发生深刻变化，使软实力理论应运而生。全球化导致民族国家在当今国际关系中的角色发生变化。虽然国家间关系仍是国际关系的核心，但是民族国家所承担的核心功能出现了调整。除国际组织等超国家主体外，跨国公司、非政府组织、政党、媒体甚至个人等非国家行为体在国际关系中的地位和作用不断上升。国家与非国家主体、超国家主体结成紧密的多元关系，国家之间相互影响的手段也发生变化。尤其是随着信息、技术的迅猛发展，价值观念、文化、宗教等意识形态找到了跨越国界、相互渗透的新的工具和载体。上述变化使文化、价值观、信息、多边机制以及网络媒体等因素日益重要，直接导致软实力在国际关系领域的重要性日益凸显，也使软实力理论应运而生。冷战结束后，美国维护和强化其全球霸主地位的战略需要为软实力理论的传播提供了土壤。苏联解体、东欧剧变，被认为是西方阵营长期“和平演变”和渗透的结果，从一个侧面印证了通过软实力的运用可以达到“不战而屈人之兵”的战略目的。美国在文化价值观、发展模式、民主政治以及国际规则制定等方面的影响力极大地得到加强。世界上其他国家也争相提升软实力，尤其是欧美大国充分利用各自在软实力资源方面的优势，争取在未来国际格局的塑造中占据主动。

3. 中国文化软实力发展的意义与价值。对此，可以从国内和国际两个方面进行概括。

从国内方面来看，文化软实力发展的意义与价值包括：第一，提高国家文化软实力，有利于进一步整合民族精神，强化国家的向心力与凝聚力。第二，不断发展我国的文化软实力，可以促进经济发展，培育新的经济增长点。尤其是在国际金融危机的背景下，以文化创意、广告、演艺、娱乐、文化会展、数字动漫等为代表的文化产业的发展，不仅可以扩展我国的文化软实力，还可以拓宽就业渠道，有效应对国际经济危机。第三，文化软实力的发展可以维护国家的文化安全，为维护国家安全提供坚实的文化支撑与保障。第四，提高一国的国际地位。一国软国力的提高实际上就是别的国家如何认识它。当人们认为它是代表正义、代表进步潮流、代表先进的发展方向的时候，它对别的国家就有吸引力了，它自然就有了国际动员能力。在国际上对一个国家的认识如何，也是能否有效提高其国际地位和国际动员能力的基础。当一个国家的发展模式被国际社会肯定时，其国际地位与动员能力就会上升。第五，在国际上能消除国外的抵抗意志，使对方认同自己的基本价值观和政策目标，达到不战而胜。衡量一国“软力量”的强弱，取决于一国的国民文化水平、自身权威公认度、文化底蕴等是否处于强势。软硬力量相辅相成地发展，两者相互联系并且相互辅助转化：硬力量的强大，将有助于扩大“软力量”的影响并促进“软力量”作用的发挥。“软力量”的影响和作用将有助于硬力量的实现，或者给硬力量营造其发挥作用的氛围。第六，能提升一国的综合国力。任何一个国家的实力都是综合性的，是硬实力和软实力的乘积。综合国力不是硬实力和软实力之和，两者都是综合国力的因数，其中任何一个为零的时候，综合国力就等于零。我国面临的最重大问题是社会发展不平衡、两极分化、腐败导致的社会不公正问题。如果不解决社会公正问题，我国要提高在国际社会中的形象，增强国际动员能力都将是困难的。第七，它的发展更有利于构建和谐社会，实现可持续发展战略。中华文明历经5000年的历史沧桑而血脉不断，这足已说明它具有强盛的生命力。中华文化不仅是中国的，也属于世界，其影响力是世界性的。另外，我国是多民族国家，民族文化、民间文化可谓根深叶茂、多彩多姿，这不但丰富了我国文化资源，也突出了我国文化特色。这一切都使中国文化产生了恒久魅力。

从国际方面来看，不断发展文化软实力的意义和价值包括：第一，这是实现我国和平崛起的需要。文化软实力的提升不仅是中国始终不渝走和平发展道路的内在要求，也有助于塑造中国良好的国际形象与国际亲和力。第二，提高国家文化软实力，有利于在国际交往中扩大影响，展现社会主义制度文化的独特魅力。文化具有意识形态属性（宣传教育功能）和产业属性（消费娱乐功能），文化及其产品内在地蕴含了生产主体的思想观念，其输出和消费的过程，无疑也是最直接的传播、辐射一定的价值观念和制度文化的过程。

因此，必须通过各种手段，利用各种国际交往的场合，积极加强民族文化的介绍和传播工作，宣传、展现社会主义制度文化的独特魅力，让世界了解中国。

4. 关于中国文化软实力的现状。衡量一国“软力量”的强弱，取决于一国的国民文化水平、自身权威公认度、文化底蕴等是否强势。中国在“软力量”上具有先天优势。在世界历史上，以儒家价值观为核心的中华文明是唯一用同一种文字记载历史且持续长达五千年之久的文明。虽然在最近的一百多年里，在西方文明的扩张进程中，中华文明受到了前所未有的挑战，但中国改革开放的巨大成就，以及国际重心向亚太地区的转移表明，中华文明依然是一种比较强势的文明。重视国家“软力量”的发展，是中国在新时期国家发展战略转变的特征之一，是中国在对过去接近30年的发展经验总结的结果。

一个国家的“软力量”应该包括它自己的特色，但更主要的是应该顺应世界潮流。所以，中国“软力量”的核心还是要与世界同步，把世界普世的理念、价值观作为它的基础，然后辅以我们优秀的传统文化的成分。从“软力量”本身来看，它有着自身的特点。其弱点是作用间接而缓慢，其优点是能消除对方的抵抗意志，使对方认同自己的基本价值和政策目标,达到不战而胜。衡量一国“软力量”的强弱，取决于一国的国民文化水平、自身权威公认度、文化底蕴等是否强势。我国还是在“软力量”的发展和运用上存在诸多不足：一是国民对“软力量”的作用认识不足，对“软力量”的侵入和对国家的影响警惕不够，过分关注娱乐消遣类信息，并不加识别地一味叫好,直接或间接扩大了国外“软力量”对我国的影响力。二是我国还属于发展中国家，所以在国际上的影响力不容乐观，还有待于国民经济的进一步发展，只有经济发展了，我国“软力量”才能更有效地发挥。三是对中国传统文化重视不够，未能充分利用以发挥其所具有的潜在影响作用。四是媒体的国际影响力未能充分发挥出来，在宣传能力方面制约了“软力量”发展。五是民族的和极具特色的民间艺术力量，可以传播中华民族精神的东西，其作用还未充分发挥。六是在文学和艺术创作方面，还没有可影响世界的大师级作品出现。七是国人对西方文化包括一些学说、理论、制度和模式过分膜拜，“外国的月亮比中国圆”的崇洋媚外、自卑自轻思想严重，这直接影响到我国的“软力量”建设，甚至增大我国被国外软力量征服的可能性。八是媒体对国内问题的平衡性报道过少，要么叫好要么指责。一些媒体大话、空话和套话过多，硬性报道指标过多，严重影响媒体自身的公信力和对民众的影响力。凡此种种不足，造成了我国现在在国际舆论中的处境：以美国为首的西方媒体在国际舆论格局中的垄断地位没有改变，对我国“西化”和“分化”的立场以及“妖魔化”的报道手段没有改变，虽然我国在西方的声音有所增强，但影响力仍十分有限。

5. 关于提升中国文化软实力的路径。《中国青年报》的一篇文章认为，提高国家文化软实力，一是大力建设社会主义核心价值体系，增强中华民族的凝聚力；二是加快发展文化事业和文化产业，不断提高我国文化的总体实力和国际竞争力；三是提高文化传播能力，不断扩大我国文化的影响力；四是调动社会各方面力量参与支持文化建设，激发全社会的文化创造活力。

王利涛等提出中国文化“软实力”建设的基本构想：一是在思想层面上促进文化身份建构；二是在制度层面上推动体制创新发展；三是在器物层面上培育文化产业精品。

罗建波认为，及时确立文化核心价值理念，是提升中国文化软实力的核心和基础；良好的文化形象，是中国文化软实力应有的外在展示；解放和发展文化生产力，是推动中国文化发展的基本动力；增强文化传播能力，是提升文化软实力的重要途径。

关于如何提高国家文化软实力的研究与探讨是国内学者讨论最多的问题。虽然对此学者们有不同的观点，各有侧重。但是综合起来，主要还是围绕以下几个方面展开：第一，继续解放思想，充分认识文化力量对社会发展和国际影响的巨大作用，全面发挥文化的社会功能;第二，以“文化强国”为目标，从战略高度制定文化软实力发展战略；第三，大力建设社会主义核心价值体系，不断增强中华民族的凝聚力；第四、建设和谐文化，弘扬中国优秀传统文化与中国近代革命文化，普遍提升国民文化素质；第五，充分保障人民的基本文化权益，注重文化遗产的保护与开发，构建公益文化大国形象；第六，大力发展文化产业，不断增强我国文化的总体实力和国际竞争力；第七，增强文化创新能力，激发全社会文化创造活力；第八，提高文化传播能力，积极推进文化交流，增强中华文化的亲和力、影响力和吸引力。

三、研究的不足和缺陷

虽然国家文化软实力的研究取得了一些进展，但总体而言，文化软实力的研究还跟不上国内文化建设的实践，对文化软实力的研究还处于起步阶段，这主要表现在以下几个方面：

1. 概念界定不明确，一些关键问题上没有形成共识。国家文化软实力这一概念正式提出以来，学界投入很大的热情进行研究和探讨，尤其是在应用研究和战略对策方面。同时，一些学者也指出了当前文化软实力研究中存在的一些问题。

翟泰丰认为，文化软实力是涉及当今世界综合国力激烈竞争的战略性、全局性的重要而又崭新的课题，学术争论纷呈。专家学者应共同加强涉及增强文化软实力建设与发展的四个方面的学术界定的研究，即：文化软实力的文化范畴界定、文化软实力的实力范畴界定、在硬软实力内在关系中文化软实力地位的界定和中华传统优秀文化与现代文化结合点的界定。北京大学中国软实力课题组认为，十七大报告正式提出“文化软实力”这个概念以来，“文化软实力”概念出现于报纸、电视、广播、网络以及各种文章之中，但直到现在，这个叫响全球的概念，仅仅是一个满天飞的口号，并没有获得任何实质的内涵、外延或构成、功能定位。他们指出，“时至现在，也没有对‘文化软实力’进行专门探讨的文章或著作，因而，‘文化软实力’还是一片有待开垦的处女地。”

应当承认，国家文化软实力的概念一经提出，就成为政治学、经济学、文化学、哲学等多学科概念，每一学科的研究都有其合理性，但是提高国家文化软实力的实践，迫切要求学术界在一些基本问题上达成共识、形成凝聚力。目前的研究虽然大多涉及软实力与硬实力的关系，但都只是从对应关系而不是从具体的辩证关系来进行的研究。一般来说，辩证关系不是矛盾双方简单的二项式，而是以一定的中介为桥梁建构起来的三要素的整合。离开了中介的制约作用的二项式，只能是抽象的公式。实践证明，中介的制约作用，使辩证关系具有具体的历史性。

2. 文化软实力基础理论研究不足。贾海涛认为，目前我国理论界对文化软实力的基础研究才刚刚起步。理论界和整个社会更热衷于所谓应用研究，而对基础理论研究热情不高，有限的基础理论研究也多是重复前人或别人的观点，创新较少。事实上，如果对基本概念的内涵、本质和理论体系的特征在认识上存在着不足和较大的分歧，不仅会造成理论体系的混乱，对于应用研究和相关决策、政策的制定也必然造成较大的消极影响。只有在搞清楚什么是文化软实力及其资源，认清怎样建设、开发和发挥文化软实力等问题，才能搞清楚我国文化软实力的强弱（优势和劣势）以及我国文化软实力发展的关键，进而才能明白我们文化建设需要构建怎样的文化软实力的发展模式。在此基础上，我们才能制定出一个理想而切实可行的文化软实力发展战略。

文化软实力基础理论研究相对薄弱，国内学者不仅在文化软实力概念界定和主要资源及其构成要素等方面远未形成共识，文化与软实力及综合国力的关系还需进一步理清；由于文化软实力基础理论研究的不足，影响了探讨提高国家文化软实力发展战略的应用研究，系统和科学的提高国家文化软实力的对策措施尚未形成；研究国家文化软实力多从国内背景出发，国外发展文化软实力的有益经验对我国的借鉴和启示很少涉及。

3. 目前的研究是一种对象意识式的研究，而非自我意识式的研究。这样的研究把国家及其文化软实力只是作为外在的对象。由于抛开了国家文化软实力的载体，不讨论由谁来发展国家文化软实力的问题，那么所谓提高国家文化软实力，不过是一句空话。目前的研究从多种力的综合来看待国家文化软实力，但长于空间角度的分析而短于时间角度的分析。由于忽略了历时态的视角，国家文化软实力中每一要素的动态以及整体系统的动态就未被揭示，那么要素的形成和整体的建构就会在我们研究的视野之外。

4. 目前的研究虽然都从美国学者提出的软实力概念出发，但忽略了我们研究软实力的目的。由于目的不明，对我国文化软实力现状的评析以及在此基础上形成的发展国家文化软实力的思路也就不容易搞清楚。

5. 虽然都看到我国文化软实力的不足及其带来的影响，虽然都在探索提高国家文化软实力的路径，但由于缺乏原因的分析，举措的有效性就值得质疑。譬如，几乎所有的探索怎样发展的文章都涉及到建设社会主义核心价值体系，但怎样建设社会主义核心价值体系却未见更有效的说明。

（作者：河南大学副教授）

（选自《社科纵横》2012 年第 1 期）

关于创新公共文化服务体系建设与管理研究

刘 亮　高福安

近年来，随着我国经济和社会的快速发展，公共文化服务体系建设步入了历史的快车道，取得了显著成效，覆盖城乡的公共文化服务体系已经基本形成，全国各地公共文化基础设施建设与管理效果显著，文化产品供给能力大幅度提高，丰富了人民群众的精神文化生活，推动了社会主义文化大发展、大繁荣，提高了国家文化软实力，为构建和谐社会奠定了坚实基础。

但是，我们也要看到建设过程中，仍存在着很多与社会发展、公民需求不相适应的问题，如政府微观管理过细，宏观管理缺位，管理手段单一，缺乏多种手段综合运用，社会评估、监督体系缺失、责任不清、分配不公等现象普遍存在，文化建设社会化、市场化程度还相对较低，参与建设主体的多样化仍未形成，政策法规体系还不健全等等。

因此，必须通过全面、科学、系统的分析和研究，进一步探索创新公共文化服务体系建设的新举措、管理的新方法，形成公共文化服务体系建设与管理的长效机制，为构建和谐社会提供更为有力且有效的文化支撑。创新公共文化服务体系，既包括服务和技术手段的创新，也包括观念、管理、制度等方面的创新。本文将从以下四个方面进行重点探讨。

一、创新竞争参与模式，形成多元化参与格局

合理的产业主体结构是衡量产业发展成熟与否的重要标志。无论文化事业还是文化产业的发展，要想满足公众多样化的日益增长的精神文化需求，都离不开与之相适应的多元化主体的支撑。创新竞争参与模式，转变政府职能，大力扶持非政府组织发展，引入民营企业和民营资本，发挥企业在公共文化服务体系建设中的作用，形成政府主导，非政府组织、企业、社区、公民等社会各方共同参与、协商和对话的交互理性的竞争参与模式。

1、大力扶持非政府组织的发展

非政府组织是政府、市场之外的第三支社会中间力量，它的存在本身就是对政府、市场的补充和平衡。在西方，非政府组织已经成为公共文化服务和产品的主要参与者和生产者，而我国，目前还只是补充作用，参与的公共文化服务活动有限。非政府组织必须成为公共文化服务体系构建的重要力量，以其独特优势，充分发挥促进公共文化产品供给和服务中的促进作用。在传统的公共文化服务体系建设中，在政策上，对社会企业准入门槛高、运作成本

过大，资金经常陷入困境等问题，导致社会组织的数量少、发展缓慢，仍处于起步阶段。因此，政府要大力培育和扶持非政府组织的发展，要将其纳入公共文化服务发展总体规划，确保与经济社会发展同步，同时，要为非政府组织营造良好的、健康的成长和发展环境。例如，宏观上，做好布局，统筹规划，加大资金支持，形成制度保障，微观上，加强监管与评估。具体来说，思想上，要改变对非政府组织的传统观念；政策上，要建立完善的支持保障体系，解决身份困扰；制度上，实施完备可行的各项制度；法治上，加强立法，推进法制化进程；经费上，提供直接财务支持；税收上，予以减免以形成激励；管理上，创新管理方式，向企业学习管理机制，避免多头领导、重叠管理，定期绩效评估；人才队伍建设上，培养专业精干的高素质人才队伍；合作机制上，加大与企业合作，变企业被动参与到积极支持；宣传上，加大媒体宣传，提高非政府组织的公民基础等等。

2、进一步引导和鼓励企业参与建设

就发展趋势而言，公共文化服务社会化管理将成为主要形式。这就意味着企业将承担更多的重担。由企业扮演公共文化产品和服务提供者的角色，充分发挥作用，弥补政府不足，提高服务质量和效率。同时，企业是政府转变职能的承担者，也是政府顺利转型的促进者。目前，我国大部分地区仍处于由政府部门和文化事业单位包揽公共文化服务的状况，企业还尚未真正参与进来。因此，政府要采取积极的扶持政策，为企业参与公共文化建设提供便捷的途径，营造良好的发展环境。

深圳桃源居社区文化建设由于开发商和社会组织的共同参与，形成了一条完整的公共服务链。根据深圳市政府对开发商的委托，公共文化服务设施各运作机构在保证80%的公益性前提下，面向社会进行市场化运营，所得收入再弥补公益性支出，实现盈亏互补，保证整个社区公共文化设施体系的持续运营，实现社区文化社区办的发展模式，为政府减负担，改变社区文化过分依赖政府力量的传统方式。这样，社区有了自我注血与造血循环功能，公共服务链因此能够完整地延续下去，不断得到充实和发展。此外，桃源居开发企业充分意识到作为社区开发者和管理者的使命所在，自觉地承担了社区文化建设的主要任务，在经费上大力投入，先后增加投资3.8亿元用于桃源居配套设施建设。捐资1亿元成立了全国首个社区发展基金。这些资金的投入，为社区文化发展提供了强有力的保证。桃源居社区的典型经验证明，充分发挥企业和社会组织的作用，将民营经济和社会组织作为社区管理和建设的重要支撑，能够弥补和改变社区公共服务仅由政府自上而下单向提供、成本高、效率低、难以满足群众需求等弊端。

3、推进文化建设的市场化、社会化

引入市场机制，使民间资本、企业积极参与并真正享有平等的竞争资格和机会，充实市场竞争主体。推动社会化进程，改变以政府为主导提供公共文化服务的模式，引导和动员社会各个方面以及各阶层人士积极自愿参与，建言献策，有钱出钱，有力出力，从而形成以政府为主导、多元主体良性竞争的格局，全方位地促进公共文化服务蓬勃开展。

二、创新性打造高新技术数字平台，发挥新兴媒体渠道传播能力，构建传播社会主义先进文化的技术阵地

当前，以互联网、手机等为代表的新媒体技术发展突飞猛进，高清数字电视、3G手机、多媒体播放器、电子阅读器等各种新型数字终端、新业态层出不穷，云计算、物联网、下一代互联网等新兴信息技术加速应用，深刻地改变着人们的生活方式、学习方式和工作方式，然而，目前我国公共文化体系建设仍以广播、电视、图书、电影等传统文化传播载体为主。公共文化服务体系建设迫切需要进行高新技术革命，需要在数字时代应用高新技术改善服务环境，延伸服务广度，拓展服务深度，提高服务水平。如何以新兴媒体为载体，打造基于高新技术的公共文化服务数字平台，已经成为创新公共文化服务体系建设的重要课题。

公共文化服务数字平台，是全社会共建共享的文化资源平台，是和谐社会的数字精神家园，是向世界展示文化软实力的重要窗口。它能够通过互联网等新兴媒体带来的虚拟空间，跨越不同地域以及不同文化、身份、阶层之间的界限，构成一个前所未有的传播模式，构成一个物理空间无法达到的共享共用模式，实现千家万户的多元化需求有效对接政府、企业、社会组织提供的千姿百态的文化服务产品。该平台的建设有利于全体公民共享社会发展和文化发展的成果，有利于缓解基础设施建设空间紧张的矛盾，有利于在蛋糕有限的条件下减少硬件投入而产出更多文化产品和服务软资源，有利于优秀地域文化、民族文化资源的开发、利用、整合和共享，有利于缩小地区之间、社会群体之间及社会个体之间的差异，让文化阳光沐浴全体公民，对进一步满足公民文化需求、实现文化权利产生深远的影响。

例如，建设国家公共文化服务专题网站，建设地方公共文化服务专题网站，建立中央与地方网站联盟，聚合资源，打造强大的弘扬以爱国主义为核心的民族精神和以改革创新为核心的时代精神，树立并践行社会主义荣辱观的全民共享网络军团阵地；建设数字图书馆、移动数字图书馆，公民在任何时间、任何地点通过电脑或手机等终端直接阅读期刊及图书等数字资源，查看讲座、展览等动态文化活动信息；建设数字博物馆，运用数字、网络技术，将现实存在的实体博物馆的职能以数字化方式完整呈现于网络；抓住三网融合契机，加快双向高清数字电视机顶盒推广，通过电视可直播、点播文化资源，公民可上网享受文字、图片、音视频、数字图书馆、数字博物馆等各类文化服务等等。

三、创新制度设计，建立完善五大支撑体系

制度创新的过程并非是完全的、纯粹的新制度设计过程，而是以目前文化事业为基础，在现有的文化生产和管理制度体系上补充、调整和创新的过程。

1、建立公众文化需求采集、政府决策与服务的社会评估体系

公共文化产品和服务的受体是公众，因此要注重倾听公众需求，实现文化产品和服务按需供给，改变喂食式的文化产品供给方式，注重公共文化决策与服务的公开化和民主化，建立决策前搜集公众文化需求意见，决策中表达体现公众意愿，决策后由社会负责评估的体系。香港地区此方面的经验值得借鉴，香港康文署为了更好地服务于公众，开发了公众意见登记系统，用以记录、储存和处理由各公共文化部门工作人员从不同渠道收集的公众对康文署服务、设施及员工表现的评估和建议。相关人员监察投诉个案的解决进度，并通过综合数据库进行定期分析，以供公共文化部门管理层准确把握公众需求，改善不理想之处。

2、建立健全政策支持体系

政策支持体系层面的跛足，延缓了公共文化服务体系建设的步伐。2007 年，中办、国办首次下发《关于进一步加强公共文化服务体系建设的若干意见》，明确了公共文化服务体系建设的指导思想、基本原则、发展目标和政策措施。现在，全国各地根据中央系列文件精神都

制定和发布了相应政策文件，但是，这些政策文件大部分都是从宏观的角度，提出了当地的公共文化服务体系建设的主要目标和主要任务，在微观的执行和操作层面上，缺乏刚性的政策体系支撑，特别是在经费保障、经济政策、捐赠制度、人才队伍建设、税收激励、管理体制等方面只是做了原则性的要求而缺乏具体可行的政策规定。

3、建立健全法规体系

实现法制化、规范化管理。公共文化服务体系建设亟需法律法规助力，亟需专门性、系统性、综合性的公共文化服务法规体系，为公共文化服务建设提供强有力的支撑。政策上，不仅要制定规范性政策，还要出台奖励性政策；管理上，不仅要严格执行服务标准和规范，还要将执行效果与奖惩制度挂钩，使其成为促进提高服务质量和效率的有力工具。例如，加快推动《公共图书馆法》、《博物馆条例》等系列法律法规的出台，同时制定和完善图书馆、文化馆、文化站等公共文化机构的服务标准。鼓励地方根据实际情况，制定出台地方性法规或政策。2011年5月，广东省政府常务会议讨论并原则通过了《广东省公共文化服务促进条例（草案）》，在国内率先开展公共文化服务立法，在法制化管理方面走在了全国前列。

韩国作为一个文化出口大国可以说也是一个政策样本，支撑韩国文化产业爆炸式增长的背后是一系列卓有成效的产业振兴政策。从颁布《文化振兴基本法》到成立专门管理机构，从针对不同文化行业建立支持机制到有计划地积极推行一系列产业振兴扶持政策，1994年开始，韩国仅用10年，就将自身在世界文化产业市场中所占的份额跃升到5％，成为世界第五大文化产业国。韩国的产业政策所产生的文化产业爆炸式的发展，受到了东南亚各国以及欧美发达国家的广泛重视、学习和借鉴。

4、建立健全公共文化服务绩效评估体系

首先，应该全面科学合理地制定可操作的绩效评价指标体系，以定量分析为主、定性分析为辅，建立起科学的绩效评估模型，将绩效考评结果与财政拨款、奖惩等挂钩。其次，实现评估主体多元化，通过不同的评估主体从不同的角度建立多元化的评估体系，满意度指标要与奖惩考核直接挂钩，以保证绩效评估的有效性和公平性。尤其是通过公众评估和监督的权利，将绩效评估和考核社会化，避免仅由政府、文化行政部门或服务机构自我评定。第三，实现全流程公开化、透明化。充分发挥民主决策，将整个公共文化服务的责任界定、财权划分、资金保障等公开化，形成信息对称，接受社会监督，增强资金使用透明度。

四、创新探索管理新方法，实践科学、高效管理新举措

“十二五”期间，要贯彻落实中央关于文化大发展大繁荣的一系列政策和部署，需政府与市场合力推动，激发发展活力，“一手抓发展，一手抓管理”，实现发展与管理同步推进，确保文化市场健康有序发展，大力推进文化建设和发展。

1、创新领导机制和工作机制

既要积极推动文化管理部门的整合，探索“大文化”管理体制，改变多头管理、各自为政的状况，实现统一领导、统筹规划、合理配置与资源共享，同时，也要将文化发展建设纳入经济社会发展总体规划、纳入地方政府科学发展考核评价体系，作为评价地区发展水平、发展质量和领导干部工作实绩的重要内容。

2、创新运行管理机制

利用市场机制彻底打破传统经营格局，改革公共文化服务的运行方式，通过完善财税政策、信贷手段、市场主体登记制度，吸引企业和社会组织积极参与，建立起多元化的社会投入机制和运行机制。改变成本高、效率低、难以满足群众需求、仅由政府自上而下提供的方式，紧密结合市场机制，创建科学合理、可持续发展的新运行机制，打造完整的公共文化服务体系产业链，形成能够自我注血和造血的良性循环的公共文化服务链。深圳桃源居社区在这方面的经验值得参考，西方国家的经验也值得借鉴，它们推行公共文化服务的公司制度——公共文化有限责任公司，将公共服务的非营利机构性质与市场经济的营利性商业经营制度结合，创导一种非营利组织采取营利经营服务的路子，赋予公共文化服务部门在市场经济中新的主体身份。

3、创新公共文化服务基础设施管理，提高利用效率

在注重提高基础设施管理和运作效率方面，西方国家根据公共文化资源运营有效性原则产生和发展起来的公共文化设施托管制值得学习借鉴。宁波市鄞州区在全国较早地实行了这种公共文化设施委托经营方式。通过托管的方式，既可以将私人的、社团的和国家的文化产品和服务都引入供给领域，以此实现公共文化服务的社会效益；同时，也可以通过委托经营和文化基金协议等形式，引入竞争机制，降低运营成本，提升运营效率，实现社会效益和经济效益的最佳结合。

4、创新监管手段，加强监管力度，解决劣质文化产品泛滥问题，努力营造健康有序的文化市场环境

目前，由于市场监管与优质公共文化资源供给的缺位，劣质文化产品充斥着社会生活的方方面面。网络、报纸、期刊、电视、广播、电影等文化传播载体，为了获得利益而迎合不良的消费趋向，使得暴力、色情等寻求感官刺激和享受的庸俗文化、低级文化有了生存和发展的空间，有些地区封建迷信开始抬头，甚至一些邪教也乘虚而入，极大地影响了公民身心健康，污染了人民群众的生活和精神空间。

政府必须坚持“一手抓繁荣，一手抓管理”的方针，加强立法，提高执法力度，建立优胜劣汰的规则，提高文化产品质量，加强信用监督，健全失信惩戒制度，严厉查处不良经营者钻空子、打擦边球等现象，有针对性地深入开展集中行动和专项治理，将市场监管职能履行到位。

5. 创新人才队伍建设，实施文化人才战略

公共文化服务人才队伍流失情况严峻，文化产品生产能力和文化服务能力下降。在人才队伍建设问题上，创新意识不强，机制不灵活，用人体制过于死板，造成“需要的人才进不来，不需要的人员走不掉”的被动局面。再加上现有文化事业单位日子难过、工资待遇较低等因素，更难以吸引人才。此外，必要的其他文化事业单位(戏曲研究机构、文化遗产保护机构等)因编制、经费限制而无法建立起来，对特色文化的发展、特色人才的培养造成很大的制约。

文化人才的严重缺失，是制约文化发展的瓶颈，要实施人才战略，建立健全文化人才的保障机制，努力造就一支适应文化发展、结构合理、门类齐全、素质优良的人才队伍。

(作者单位：中国传媒大学)

(选自《中国广播电视学刊》2012 年第 2 期)

我国文化创意产业发展现状及思路

王晓红

一、我国文化创意产业的发展现状

（一）文化创意产业快速增长，国际地位显著增强

“十一五”时期是我国文化创意产业发展速度最快，产业规模迅速扩大的时期。2004–2008年，全国文化产业年均增速为22%，比同期服务业年均增速高出2.6个百分点。据《2008年我国文化产业发展情况的报告》显示，截止到2008年底，我国文化产业有法人单位46.08万家，从业人员总数达1182万人。2009年，我国文化创意产业占GDP总量的近3%，达到9876亿元。2011年，文化产业总产值超过3.9万亿元，占GDP比重超过3%。

1、电影业。我国电影年产量继美国、印度之后位居世界第三。据国家广电总局统计，2009年，我国故事影片产量456部，全国城市影院票房收入达到62.06亿元，同比增长42.96%。2010年，我国故事影片产量526部，同比增长15%；全国城市影院票房101.72亿元，同比增长63.9%。2011年，国产故事片产量已超过500部，全国城市影院票房已超过120亿元。2009年，国产片海外销售额27.7亿元，影视产品和服务出口额8602万美元。

2、新闻出版业。图书、报纸、电子出版物品种和总量连续多年稳居世界首位。2009年，新闻出版业总产值突破万亿元，同比增长20%；2011年新闻出版业总产值超过1.5万亿元。2010年，全国出版图书、期刊、报纸总印张为2935.41亿印张，共有出版社581家，音像制品出版单位374家，电子出版物出版单位251家；2010年，全国共出版图书328387种，期刊9884种，报纸1939种，录音制品10639种，录像制品10913种；共出版电子出版物11175种、25911.86万张。2009年，全国出版物单位累计出口图书、报纸、期刊、音像制品、电子出版物3498.8万美元。

3、广播电视业。广播电视成为世界规模最大、覆盖人口最多的电子传媒。2010年，全国广播电视总收入2301.87亿元，比2005年（931.15亿）增长147.2%，年均增长19.8%；全国公共广播节目播出时间1266万小时，比2005年（1030万小时）增长22.92%，年均增长4.21%；全国公共电视节目播出时间1636万小时，比2005年（1259万小时）增长29.95%，年均增长5.38%。2010年，全国广播电视节目综合人口覆盖率分别为96.78%和97.62%，比2005年（94.48%、95.81%）分别增长2.4%和1.9%，年均增长0.48%和0.38%。

2011年，我国有线数字电视用户数将达到1.1亿,增长率在21%左右。日均生产电视剧40集，已是世界最大的电视剧生产国。

4、动漫网游业。动漫、网络游戏产业的竞争力显著提高。2009年，我国大陆网络出版、手机出版、动漫出版、网络游戏出版和数字印刷等结合传统与科技的新兴数字出版产业总产值超过750亿元，较上年增长了42%。2010年，动漫产业总产值为470.84亿元，同比增长27.8%；全国制作完成的国产电视动画片时长220530分钟，同比增长28%，预计未来5年平均复合增长率超过24%。2010年，我国原创电视动画片生产10大城市合计总产量（244部）占全国的63%、时长（162506分钟）占全国的74%；我国原创电视动画前10名企业的总产量（87部）占全国的23%，时长（86530分钟）占全国的39%。衍生品市场是动漫产业发展的最大市场，2010年的市场规模约为153亿元，2012年将达到220亿元。到2015年，我国动漫产业总产值将达到1000亿元。2009年，我国网络游戏行业产值达285亿元；2011年，网络游戏经营收入达到423亿元以上，约占整个游戏产业的36.5%以上。2009年，我国动画片出口3056.6万美元，占影视节目出口总额的51.8%。

5、广告业。我国广告总体规模已经位居世界前列。成为仅次于美国、日本、德国的全球第四大市场。2009年，全国广告经营额为1984亿元，2010年为2341亿元，2011年已经突破3000亿元;2009年,全国广告从业人员133万人，2010年达到148万人；2009年，全国广告经营单位20.5万户，2010年达到24.3万户。在广播电视广告收入中，2010年，全国广播广告收入99.58亿元，比2005年（50.58亿元）增长96.88%，年均增长14.5%。2010年，全国电视广告收入796.59亿元，比2005年（406.53亿元）增长95.95%，年均增长14.4%。2009年，我国广告宣传服务出口额23亿美元，在53个向IMF报告的国家和地区中，列第三位。

6、工业设计业。我国工业设计已经初步形成产业规模。2009年，北京工业设计业规模居国内领先地位，工业设计及相关业务收入达60亿元，工业设计公司400余家；深圳工业设计产值近20亿元，工业设计企业3500家，占全国的60%；无锡市拥有工业设计及相关企业近200家；广州共有工业设计公司100家左右。主要城市设计从业队伍快速扩大。2009年，北京从业人员超过2万人，深圳超过5万人，广州约45000人，上海工业设计人员已近万人。据调查，我国大约70%的工业设计活动在制造企业内部。2010年，我国外观设计专利、实用新型、发明三项专利授权量分别为335，243件、344，472件和135，110件，其中外观专利增长34%。深圳、上海分别被联合国教科文组织命名为“设计之都”。

（二）各地发展势头较快，重点区域布局基本形成

许多地区都把文化创意产业列为当地“十二五”规划的重点领域，作为推动产业结构升级转型，推动自主创新的重要抓手，充分认识到，文化创意产业不仅是经济社会发展的重要支撑，而且是吸纳就业、保障民生的重要途径。我国有22个省、市、自治区制定了文化产业发展规划纲要，23个设立了文化产业发展专项资金，14个成立了文化产业协会或促进会。广东、浙江、江苏、安徽、湖南、辽宁等省都在制定建设“文化大省”、“文化强省”的目标。北京、上海、重庆、深圳、广州、杭州等城市都相继出台了文化创意产业指导意见和促进政策。

从区域分布来看，我国文化创意产业主要分布在东部地区；从城市分布来看，主要分布在一、二线城市。基本格局呈现出：以东部地

区为主，逐步向中西部地区扩展；以一、二线城市为主，逐步向三线城市扩展的趋势。

如，工业设计服务业主要分布在华北、华东、华南地区，分别为24%、22%和20%，西南和东北地区分别占8%，西北地区为4%。集中在北京、上海、深圳、广州、南京、无锡、青岛、大连等城市。2010年，动漫产业产值前10名也主要集中在东部，分别是广东、上海、湖南、北京、湖北、浙江、江苏、黑龙江、吉林、福建。其中，产值分别为广东168.67亿元，上海50.9亿元，湖南46.55亿元。2009年，北京、上海、深圳、广州、杭州、南京、长沙、武汉、苏州、重庆、成都等城市的创意产业增速都超过了同期GDP增速。

从2005—2010年，北京市文化创意产业增加值从674.1亿元增加到1697.7亿元，占GDP比重从9.7%提高到12%；年均增速高达20.3%，成为北京服务业中的第三大支柱产业。目前，北京实施的“首都设计创新提升计划”，将利用3年时间，培育设计产业50强企业，推动北京成为全国设计核心引领区。

2010年上海文化创意产业实现增加值1673.79亿元，增长15.6%，高于GDP增幅5.3个百分点，占全市GDP的9.75%，对经济增长贡献率达14%，从业人员108.94万人，成为支柱产业；实现文化产品和服务贸易进出口额149.9亿美元，贸易顺差44.1亿美元。在新闻出版、广播影视、文化艺术、数字娱乐等领域聚集了一批有竞争力的企业。预计2015年，文化创意产业占GDP比重将达到12%。与伦敦、纽约、东京一起，成为“国际创意产业中心”。

2009年深圳文化创意产业增加值531亿元，占全市GDP的6.4%，力争到2015年比2010年翻一番；2010年，武汉文化产业占GDP的5.9%，从业人员23.94万；2010年，长沙文化创意产业增加值达453.84亿元，同比增长21.2%，占GDP的10%，“十一五”期间年均增长19%。

（三）特色园区逐步形成，聚集效应明显提高

近年来，各地都将发展文化创意园区作为重要载体和突破口，各类创意园区的聚集效应、示范效应、产业带动效应显著增强。这些文化创意园区多数是通过对当地制造业的老厂房改造完成的，既解决了城市制造业的转移问题，实现了产业结构升级，又为文化创意产业提供了空间载体。近年来，各类园区的特色逐步鲜明，软件、工业设计、建筑设计、动漫网游、影视、绘画艺术、音乐、工艺美术、古玩、时尚文化、数字娱乐等主题创意园区不断涌现，逐步形成规模，各类公共平台逐步健全，服务功能逐步完善。

北京以21个文化创意产业集聚区为载体，吸引了近万家企业。全国新闻出版业已经建成5个国家级新闻出版产业基地，9个国家级数字出版基地，各类国家级园区27个，产业聚集效应充分发挥。全国涌现出一批品牌特色园区。如上海的8号桥、田子坊，深圳的设计之都、华侨城、大芬油画村，北京的798、宋庄，浙江的宋城、横店等。

（四）战略地位日益突出，产业政策日益完善

近年来，加快文化创意产业发展已经成为重要的国家战略。党的十六大明确提出要支持文化产业发展，增强文化产业整体实力和竞争力；十七大报告进一步提出了“，文化大发展大繁荣”、“文化软实力”和“文化生产力”，体现了党中央在新世纪新阶段对文化发展的新思路和新部署。党的十七届六中全会通过了《中共中央关于深化文化体制改革、推动社会主义文化大发展大繁荣若干重大问题的决定》，标志着我国文化创意产业发展进入了一个新的历史

时期，必将为文化创意产业繁荣发展提供强大动力，对于推动文化创意产业成为国民经济支柱产业，加快推进体制改革和机制创新，构建现代产业体系，加快文化创意产业走出去，都具有深远的历史意义。

2003年后国务院和有关部委相继出台了有关产业支持政策和指导意见。对于加强我国文化创意产业总体战略和规划，加快产业对外开放，提高文化创意企业整体竞争力发挥了重要作用。主要有：《关于支持和促进文化产业发展的若干意见》(2003)、《关于鼓励、支持和引导非公有制经济发展文化产业的意见》(2004)、《关于文化体制改革试点中支持文化产业发展若干税收政策问题的通知》(2005)、《关于文化领域引进外资的若干意见》(2005)、《关于深化文化体制改革的若干意见》(2005)、《关于进一步支持文化事业发展若干经济政策的通知》(2006)、《国家"十一五"时期文化发展规划纲要》(2006年)、《关于支持文化企业发展若干税收政策问题的通知》(2009)、《关于金融支持文化出口的指导意见》(2009)、《文化产业振兴规划》(2009)、《关于金融支持文化产业振兴和发展繁荣的指导意见》(2010年)等。同时，还针对影视、动漫、软件、工业设计、网络游戏、数字电视、电子出版物、广告、新闻出版、音像制品、等行业相继出台了专门的产业促进政策，尤其是在财政、税收、金融支持政策上不断完善与创新。

(五) 市场潜力巨大，人力资源丰富

我国将成为世界最大的文化创意产品消费市场。城乡居民消费结构升级，全民族整体文化素质提升，企业创新速度加快，都将带动文化创意消费市场发展。

第一，城市居民消费结构升级将带动文化创意产品消费。2011年城镇居民人均可支配收入21810元，实际增长8.4%，随着汽车、住房、耐用消费品不断升级，用于文化、艺术、旅游、休闲、娱乐、时尚消费的比重将大大增加。将带动建筑装饰设计、服饰设计、艺术品收藏、音乐演出、电影、奢侈品消费、文化旅游等领域发展。目前，我国已经成为世界第二大奢侈品消费市场。第二，社会主义新农村建设将释放农村文化消费需求。2011年，农村居民人均纯收入6977元，实际增长11.4%，增幅首次超过城市居民收入。随着农村居民收入水平、人口素质、教育水平的大幅度提高，同时，家电下乡、文化下乡等政策的实施，将带动农村文化娱乐消费市场扩大。第三，我国整体文化素质提升，受教育人口增加，将带动各类文化艺术、出版物等消费需求增长。第四，企业自主创新能力增强，创建自主品牌的需求，将带动工业设计、会展、广告、软件设计等科技性创意产品需求。第五，我国信息化技术水平快速提高，信息化应用已经位于世界前列，将带动软件、动漫、网络游戏、数字内容等创意产业发展。

我国文化创意产业人力资本供给丰富，人力成本低，具有较强的可持续发展能力。2010年，我国在学研究生154万人，大学在校生2232万人，各类相关培训机构、社会教育快速成长，知识学科多元化，为各类文化创意产业提供了较为充足的人才储备。我国设计师、工程师等方面的人才，工资水平仅相当于美国的1/8—1/10左右。

二、文化创意产业存在的主要问题

目前，我国文化创意产业发展仍然在起步阶段，面临着诸多问题。

第一，文化创意企业规模小、缺乏国际竞争力和品牌。上市企业少，大型企业集团缺少"旗舰"和"航母"，没有形成象迪斯尼、贝塔斯曼、新闻周刊等世界级大型跨国公司。

第二，技术含量低、原创能力较弱。在我国青少年最喜爱的动漫作品中，日本、韩国动漫作品占60%，欧美动漫作品占29%，中国内地和港台地区原创动漫作品只占11%。目前，我国有近200家游戏运营商，仅拥有78种游戏产品，其中70%来自韩国，25%来自欧美和日本。

第三，创意专业人才短缺。纽约创意人才占就业人口总数的12%，伦敦为14%，东京为15%，而我国不足就业人口的1‰。在设计、动漫等行业普遍存在人才短缺问题，尤其是高级经营管理人才和专业人才，尚未建立起一套人才培养的长效机制。

第四，产业发展、园区建设趋同化较为严重。区域之间结构趋同，同一地区之间产业规划、布局雷同。人才、资源的恶性竞争突出。尤其是一些新兴领域。如：设计、动漫等。

第五，计划体制仍然是制约发展的因素。在传统计划经济体制下，频率频道、书报刊出版等文化资源都是按行政区域和部门进行配置，掌控稀缺资源的国有文化企业主要是依靠垄断获取利益，民营企业长期在夹缝中生存，缺乏市场活力，许多行业民营企业进入十分困难，如出版、新闻等。

第六，企业融资难问题突出。文化创意企业以中小企业为主，主要依靠人力资本，多数缺乏固定资产。银行贷款、资本市场融资普遍面临困难。

第七，统计体系不健全，统计边界不清，各地口径不同，一些门类还没有建立专门的统计制度，由此给研究决策带来一定的盲目性。

三、文化创意产业的发展思路

“十二五”时期是实现文化创意产业大发展大繁荣，全面提升国际竞争力的关键时期。应充分认识到文化创意产业对产业升级、结构调整的带动作用，加强政策支持和引导，推动体制机制创新，支持文化创意企业做大做强，创建国际品牌，积极扩大文化服务贸易，推动文化创意企业的海外投资，着力培养创意人才。

第一，着力发展重点领域，提高产业竞争力。要充分发挥文化创意产业产业链长，产业拉动力强，对于传统产业的提升作用突出的特点，提高产业整体竞争力。文化创意产业的前端连接各类装备制造业，如，广播电视、电影、演艺、考古、印刷等设备生产；后端连接各类电子设备制造业，如，电视机、计算机、手机、阅读器等终端设备生产。如，工业设计对于提升传统制造业，建筑设计对于提升建筑、装饰、包装等传统产业中都发挥着重要作用。要做好文化创意资源的挖掘、开发和利用工作，提高文化产品和服务生产、传播、消费不同环节的增值价值。

在新闻出版、电影、广播电视、广告、会展、工艺美术、文化旅游等传统领域，已经形成较大规模，应着力提升层次水平，积极推动大型企业、品牌企业跨地区、跨行业、跨所有制的并购重组，鼓励有能力的企业进行海外投资和并购，积极培育具有国际竞争力、影响力的跨国公司。

在设计、动漫、网络游戏、艺术、演出、数字内容等新兴领域，应加快形成规模，提升原创能力，提高产业化水平，提高园区聚集效应，完善产业链，力争在产业规模和企业实力上有显著提升。

第二，加强产业政策扶持，着力解决融资难问题。要加强文化与金融紧密结合。扩大银行、保险、风险投资基金、证券等融资方式，多渠道解决文化创意企业融资难问题；加强财政资金支持力度；加强文化与科技紧密结合，为文化创意产业提供技术支撑，提高原创能力；加快设立各类文化创意产业基金，用于支持企业开展国际交流、国际展览、海外市场拓展、海外宣传、培训教育、人才培养等。实行税收优惠政策，探索营业税减免试点。

第三，优化区域布局，打造文化创意品牌城市。应形成一二三线城市、东中西部地区，合理分工布局，密切协作，差异化发展的格局。鼓励立足当地资源、突出地方特色、体现差异，加快调整和优化文化创意产业的空间布局。选择有条件、有特色的城市建设文化创意示范城市，形成品牌城市。如上海、北京、深圳的设计产业；长春、西安的影视产业；杭州、长沙的动漫产业；成都、武汉的网络游戏和数字娱乐产业等。

第四，加快创意人才培养，着力引进培养高端人才。人才是创意产业发展的第一要素。应加快高等院校教育体制改革，加强企业与高校的互动，建立产学研合作机制。建立与美国、欧洲、日本、韩国，以及我国台湾、香港地区的联合培养人才机制。尤其要着力培养国际化、专业化、市场化的高级经营管理人才。

第五，深化体制改革，积极推动文化创意产业对外开放。要积极推动文化体制改革，打破国有企业的垄断，尤其要大力支持民营企业投资文化创意企业。进一步扩大文化领域吸引外资的力度，扩大文化服务出口，大力发展文化创意服务外包，加快推动文化创意企业的海外投资。

（作者单位：国家发改委宏观经济研究院）

（选自《时代经贸》2012 年第 2 期上）

ZHONGGUO SIXIANG LILUN NIANJIAN

中国思想理论年鉴

2012(总第六卷)

《中国思想理论年鉴》编辑部 编

主编：陈高桐

中共中央党校出版社

国家文化治理：发展文化产业的新维度

胡惠林

政治治理、经济治理、文化治理，是国家治理的三个发展阶段。中国在经历了政治治理（“以阶级斗争为纲”）——经济治理（“以经济建设为中心”）之后，正在走向文化治理（“建设社会主义文化强国”）。发展文化产业，正是在中国国家治理进入第三个发展阶段后被赋予承担国家文化治理职能的。

一

文化具有社会治理的功能与特征。人们创造和生产文化本来就是为了对人的治理的。“上古结绳而治，后世圣人易之以书契。”这是中国古代最早的关于文化与社会治理关系的描述。“书契”——文字符号表达系统是从“结绳”——物质符号的表达系统演变发展而来的。它的初始目的是为了实现有效的劳动和人与自然关系，进而建立人与人之间的社会行为关系的协调，解决和克服不协调，这就是“治”，就是“治理”。也就是说，人类创造和生产文化是为了有效地克服和解决人与人、人与社会和人与自然之间出现的问题，具有疏导、宣泄、沟通的意义。当文化的这一本质性功能发展到现代社会、体现在文化产业这一具体的社会系统时，文化产业作为国家文化治理工具和手段这一功能被发现，也就成为一个社会的自然法则过程——古人结绳而治，后人易之以书契，再后人易之以文化产业。

文化治理的特征是通过主动寻求一种创造性文化增生的范式实现文化的包容性发展。这是文化治理与文化管理最突出的差别。文化管理是国家通过建立一系列规章制度对人、社会和国家文化行为的规范化，对象是文化行为及其整个生态系统，主体是政府；文化治理是国家通过采取一系列政策措施和制度安排，利用和借助文化的功能用以克服与解决国家发展中问题的工具化，对象是政治、经济、社会和文化，主体是政府＋社会，政府发挥主导作用，社会参与共治。管，具有法律和行政的强制性约束力；治，则更突出人、社会与国家的能动性和自主性。治，是针对问题的解决与克服，具有很强的规训弹性；管，则是基于一定的价值尺度对人们的社会行为认为应当是如此的规定，具有很强的惩戒刚性。

人的精神发展与人的精神生产是互为建构的。一方面，人要表达对世界的认知、感受和见解；另一方面，人有需要认知世界、感受世界和把握世界的工具。人的任何精神生产都不会简单地重复自己，每一次这样的生产，不论其有意识的还是无意识的，都包含着人对生活的理解与理想，都在生产这一个新世界。不论这种生产的结果是符号还是图像，是声音系统还是动作系统，这种新的世界都表现为一种作品，观照自己，也影响别人。即便是人们所赖以生活的自然环境，也因其与人的生产和生活关系而成为人的本质力量的对象化，成为人的作品，成为空间消费对象。人的许多精神现象和精神秩序建构在很大程度上就是来自这样的空间性建构，文化产业只不过是所有这些精神发展和精神生产在今天的一个结果和表现。但是，它们之间互为建构的本质并没有因为载体或工具性的变化而变化，区别只是它的工具理性。两者之间均具有很强的弹性。然而，任何工具理性只有同时拥有深刻的价值理性，并且与价值理性的深刻融合才具有本质意义的力量性。精神和文化的这种作用并不是今天才被人们认识和发现的。“不战而屈人之兵”是中国古代关于文化的治理性在战争中的运用最早也是最经典的表述，为世界军事经典原理。文化产品对于建构文化影响力、吸引力和感召力的发现也不是始于今日。“四面楚歌”既是对文化应用于解决战争问题的生动描绘，同时也是对“楚歌”这种文化产品形式巨大影响力的生动揭示。“子在齐闻《韶》，三月不知肉味”，可以说是对文化产品这种对于人的影响力的极为深刻的生理体验式描绘。它不仅提出了文化产品的社会价值命题，而且也提出了国家与文化产品及其生产关系，以及国家应当通过和借助于文化产品作用于人的灵与肉这一特性治理国家的命题。人们之所以要控制文化产品的生产，就是基于对文化的这种治理性的认识和深刻了解。反过来说，放弃了对文化之于社会治理关系的深刻认识，都不可能有效地实现对国家的治理，尤其是“善治”。从这个意义上说，孔子是最早就发现了文化产品生产与国家文化治理之间的关系的。孔子的以“仁”治天下的观念，可以说是最早的国家文化治理观。以文化的兴废治乱来考察、观察国家的盛衰存亡，也因此成为中国古代最重要的国家治理方法论。

二

文化产业具有治理性。文化产业的治理性是文化的治理性的延伸与发展。文化产业的治理性，是由文化产业作为社会文化产品的生产和精神生产的机器，以及由这种机器与政治、经济、社会和文化发展的关系性功能决定的；是通过发展不同形态的文化产业建构满足不同人们的精神文化消费需求的精神文化生产格局，进而通过这种格局的建构实现不同阶层参与文化生产与传播的投资需求，从而实现人们普遍的文化权利与权力，并通过这一权力格局形成，建构具有不同文化诉求的精神政治秩序。

文化产业作为社会的精神生产系统，具有创造物质财富、调节社会生态、平衡利益分配和再建文化心理的特性。就一般经济学而言，农业和工业创造财富的功能是单一性的，而文化产业则是双重性的：通过创造精神财富来生成物质财富。由于文化产业发展相比较农业和工业而言，具有鲜明的“非资源型依赖性”和“生态环境的低污染性”，以及物质财富和精神财富的双重增值性，因此，当人类社会的文明进步遭遇到“工业文明发展困境”时，通过大力发展文化产业来改变社会财富的增值路径和经济增长的发展方式，也就自然地成为人类社会可持续发展的必然选择。国际社会不约而同地把发展文化产业（文化创意产业）作为国家发展战略，标志着在国家治理问题上认知的共同性；同时也意味着，国家治理形式与国家治理模式发展的阶段性。

文化产业具有经济治理性，不是由它的经济属性决定的，而是由它的文化属性决定的。社会的文化产品购买力，是最终决定文化产业经济治理性的力量。我需要，我购买。没有社会的、市场的购买力，就没有文化产品生产的市场动力；没有这个动力，或者说，文化产品的生产与社会需求相脱离，就不可能实现文化产业的经济价值的增值性，当然也就不可能产生对调整经济发展刚性结构的影响。文化产业只有具有财富的创造力和巨大的增值力，才可能对资本具有吸引力和资本流动的引导力，才能克服资本对投资的刚性需求，从而实现调整经济结构，转变经济增长方式和发展方式的目的。因此，作为经济治理的文化产业，服务于经济结构的战略性调整和经济增长与发展方向的战略型转变，克服经济发展与经济增长的资源消耗性和环境污染性的不可持续的刚性发展模式。中国是在寻求克服经济发展中的结构性矛盾和体制性障碍的战略需求的过程中提出发展文化产业的，而不是首先在文化的层面上提出来的。这就使得发展文化产业在中国的提出首先是用以解决经济发展问题的，是用来“医治”经济发展中的病症和“救治”经济发展危机的。2000年的《政府工作报告》在谈到如何克服与解决经济结构的战略性调整中遭遇到的结构性矛盾和体制性障碍的时候，第一次直接地从正面提出要把大力发展旅游业和文化产业作为解决这一国家发展难题的四大战略举措之一，从而在中国第一次使得文化超越了狭隘的意识形态层面而获得了国家经济政策的战略价值，进而在一个全新的意义和更深层次上获得了新的国家功能界定——国家治理。这是中国国家统治观的一次深刻变革。

作为文化治理的文化产业，满足于人们日益增长的精神文化消费需求的多样性，克服和消除单一的以意识形态为唯一价值导向的文化发展模式。积极发展文化事业和文化产业，在切实保障人民最基本的文化权益的同时，运用市场经济的方式发展文化产业，使之成为满足人们日益增长的精神文化消费需求多样性的重要渠道，并且把它和社会主义精神文明建设有机地结合与统一起来。文化治理通过提供消费渠道和产品满足人们精神文化消费需求的多样化来实现，而不是通过意识形态领域里的阶级斗争来实现，从而在市场经济的条件下建立了在文化治理上的政府与市场的新型关系，而且也建构了在国家文化治理领域里的国家与公民文化权益实现之间的互动关系。这是中国国家文化管理的又一次深刻革命。

作为政治治理的文化产业，应适应于政治文明建设的民主化进程和表达诉求的多元化发展机制建设，改革与政治文明进程不相适应的精神政治生产模式和精神政治秩序。文化产业是政治文明最重要的表达机制。文化产业的市场准入不是经济问题，而是一个政治问题，是一个国家和社会的政治文明、政治文明程度问题。在不同的社会历史条件下，不仅不同的国家会因不同的政治文化传统，产生和形成不同的政治表达机制，即便是同一个国家拥有相同的政治文化传统，也会因不同执政主体、不同的政治信仰形成和建构不同的政治表达机制。而文化产业的市场准入问题，恰恰在这一点上成为不同国家的政治文明“窗口”。由于文化产业在本质上是社会的精神生产系统和精神的社会表达机制，与人们的社会权利与权力存在着天然的联系，而正是这种权利和权力内在地构成了一个国家政治民主关系。因此，任何国家的文化产业市场准入的制度设置，都是这个国家政治文明及其民主化程度所达到的国家治理自信性和“善治”的表现。通过和借助于发展文化产业作为社会的政治表达机制和精神及舆论生产的工具性特性进行社会政治改革，推进国家文明化，也就自然地成为社会与国家治理者治理国家的自然选择。而这个选择的结果，直接地构成了国家的政治文明生态和精神文明生态。从这个意义上说，深化文化体制改革，加快发展文化产业，在当下的中国就是为了改革与政治文明进程不相适应的精神政治生产模式和国家的精神政治秩序，推进国家治理文明转型和文明进程。

作为社会治理的文化产业，服务于公共管理的主体意识和公共责任的建设，克服与解决与社会文明进步不相适应的社会管理模式和文明形态。社会具有无政府主义特性，同时社会又是因不同的文化被建构的。什么样的文化必然塑造什么样的社会。作为社会文化生产的最重要的社会生产机器，文化产业不仅生产和提供不同的文化产品，而且还生产不同的文化需求。一方面，它迎合人们的消费文化习性；另一方面，它又生产人们的社会需求，改变人的文化消费习性。由于任何意义上的文化产业所供给的文化产品都具有准公共产品的性质，因此，通过和借助于文化产品的生产和提供方式，平衡不同人群之间的社会需求，可以达到有效地消解社会心理压力、疏导社会情绪的社会“减压阀”的作用。通过政府采购，把满足于个人消费的文化产品转移成公共文化服务产品，不仅有效地实现财富的二次分配，消除文化分配鸿沟，而且有助于建构公共管理的主体意识和文化产品生产的公共责任，通过改善人们的社会存在的均等化程度，实现社会管理模式和文明进步形态。当不发展文化产业、不能提供丰富的公共文化产品、缺乏足够的公共文化产品生产能力便不能实现和提高社会的有效治理的时候，发展文化产业也就成为国家社会治理的必然战略。

作为国家治理的文化产业，服从于国家根本战略利益发展需求，平衡与协调人、社会、国家三者之间在政治、经济、社会、文化与生态之间的文明互动关系。因此，大力发展文化产业作为国家战略和政策的提出，本身具有国家治理的性质。服务于经济和文化，服务于社会和民生，是发展文化产业最重要的治理性需求。

三

文化治理是文化价值观和文化的生存方式的有机统一。从这个意义上说，作为一种文化治理形态和治理方式，文化产业的发展及由其产品系统所构成的内容体系和价值观体系，也应该是人们的社会存在和社会方式的一种表达形态的有机统一。如果文化价值观与人们的文化生活方式相分离，或者说意识形态的价值观追求与人们被要求的生活方式相脱离的话，是不可能生成文化治理能力尤其是国家文化治理能力的。一个国家的文化治理能力，对内首先表现为高度的吸引力和认同力，由此而形成内在精神生活质量和外在物质生活满足的完整统一，形成对自身生活状态和质量的自豪与满足。没有内在的认同力，就不可能有内在的向心力和凝聚力，当然也就无法实现文化对于国家治理的价值和作用。在一个高度文化产业化的社会，文化产业作为社会价值观的生产机器，正在深刻地影响和建构着人们的精神生活系统与物质生活的存在方式。因此，用什么样的价值观来发展文化产业，与生产什么样的文化治理能力具有了内在的建构关系。一方面，一定的价值观影响着文化产业发展的价值导向；另一方面，由此而生成和形成的文化价值观又反过来影响着价值观的运动形态。在这里，两者之间的任何矛盾都会引发更大程度的冲突和对立。因此，两者的有机结合构成了文化产业发展和国家文化治理能力建构之间的规定性。而正是在这个意义上，发展文化产业就具有文化治理的属性，具有了文化治理性，从而使得发展文化产业在国家治理能力建构与提升的层面上成为重要的国家文化治理。

文化产品是生产和形成文化影响力、吸引力和感召力的核心来源。尤其是感召力，它是一种真正解构和再建人的精神世界和精神秩序的力量，具有对人的精神信仰的改造性。它也是文化治理能力结构体系中的核心，具有最后界定的意义。因为，并不是任何一种具有影响力的对象都具有对人的感召力，都构成对人的精神世界和精神秩序的解构与重建的。一个有特色的旅游景点，在市场营销的层面上也许具有吸引力和影响力，具有经济治理性，但并不一定构成精神上的感召力；也就是说，它不会使人转变或改变他的精神信仰，从而具有文化的治理性。因此，在中国文化产业发展进程中，那种“旅游＋地产”的发展模式和开发模式，所生产的并不是完整意义上的国家文化治理能力，没有构成本质上的国家文化治理，更谈不上建构。但是，它在国内的文化旅游市场上却是有影响力的，也有一定程度上的吸引力，被业界看作是一种成功的可以复制的文化产业发展的商业运营模式。旅游产品是可以形成文化的意义符号而具有感召力的。然而，迄今为止，在中国主题公园项目的开发中，还没有一个创造出和形成了像“米老鼠”和“唐老鸭”那样具有鲜明的标志性的文化旅游产品、文化形象和文化符号。而这恰恰是美国在有效的实施全球文化治理的战略进程中最为成功的案例。“1996年，文化产品（电影、音乐、电视节目、图书、期刊和电脑软件）成为美国最大的出口产品，第一次超过了包括汽车、农业、航空和国防在内的所有其他的传统产业。”这是被国内文献引用最为普遍的资料，用以证明发展文化产业的重要性。但是，人们在实践中也普遍地忽略了一个关键问题，就是在这一组被无数次引用的数据中，它的关键词是“文化产品”，并且是“电影、音乐、电视节目、图书、期刊和电脑软件”这样的文化产品；同样在迄今为止的有关美国文化产业增加值在美国国内生产总值(GDP)的占比中,也还没有发现美国把“文化地产”所形成的增加值统计在其中的。从这个意义上说，美国的国家文化治理是通过它的文化产品生产及其国际文化贸易所形成的以内容为核心的强大的文化产业所建构的。美国文化产业“GDP”是以文化产品的内容生产和输出所形成和生成的,而不是由“文化地产”和“旅游地产”的“GDP”生成的。土地是财富之母，但不是文化之母，更不是国家文化治理能力生成之母。人是万物之灵，是一切文化之母。国家文化治理能力的形成只有在以文化内容的创造性生产为主体功能的文化产业发展中才是可能的。没有以文化内容的创造性生产为主体功能的文化产业发展，而只有“文化地产”的大规模开发，包括那些以文化产业的名义大肆圈地，建设文化产业园区所形成的投资性和投机性的“文化产业的GDP增长”，都不可能形成国家文化治理能力。

因此，国家文化治理理论的核心就在于，发展文化产业的目的不是为了经济，而是为了完善国家治理，是以经济——市场经济的方式实现文化的政治、经济、社会和文化的价值性转换，进而改变和重塑国家治理模式。从这个意义上说，国家文化治理的提出使得文化产业发展在文化本位的层面上又回归了它的价值理性：人—社会—国家的治理，从而实现了文化产业发展的工具理性和价值理性的有机统一：文化工业批判——文化产业发展——文化产业发展与国家治理的融合。这就是当今中国的国家文化治理。

（作者：上海交通大学教授、博士生导师）

（选自《学术月刊》2012年第5期）

第六部分

理论·社会建设

社会建设与社会管理

唐　钧

"社会建设"与"社会管理"是两个颇具中国特色的概念。尤其是"社会建设"，被陆学艺誉为"2004年党的十六届四中全会两个重大的理论贡献之一"(另一为"构建社会主义和谐社会")。在十六届四中全会上的提法是"加强社会建设与管理，推进社会管理体制创新"。2006年十六届六中全会，则将"社会建设"与经济建设、政治建设和文化建设并列到一起，并且提出要"完善社会管理，保持社会安定有序"。到2007年的十七大，相应的提法是"加快推进以改善民生为重点的社会建设"。

如何理解"社会建设"和"社会管理"？如何"推动社会管理体制创新"？要回答上述问题，我们应该从与社会建设和社会管理相关的概念框架谈起。

一、与社会建设和管理相关的概念框架

1．什么是"社会建设"？"社会建设"一词，是中国人的创造，要论知识产权，可能应该归于中国伟大的民主革命先驱——孙中山先生。但孙中山提出的"社会建设",是与"民权"联系在一起的,他在20世纪20年代撰写的《建国方略》一书中，第三部分的标题便是《民权初步(社会建设)》。孙中山的"社会建设"思想，实际上是"教国民行民权"。到20世纪30年代，在社会学家孙本文撰写的《社会学原理》一书中，专门给"社会建设"下了个社会学意义上的定义"依社会环境的需要与人民的愿望而从事的各种建设，谓之社会建设。社会建设的范围甚广，举凡关于人类共同生活及其安宁幸福等各种事业，皆属之。有时此等事业，属于改革性质，就固有之文物制度而加以革新。有属于创造性质，系就外界传入或社会发明之文物制度，而为之创造。无论创造或改革，要之，皆为社会建设的事业"。孙还创办过一本杂志，刊名就叫《社会建设》。

2004年以来，很多当代的社会学家也都尝试给"社会建设"下定义。譬如郑杭生、李强、陆学艺，等等。

郑杭生在《社会建设：改善民生与公平正义》一文中认为："社会建设，就是在社会领域或社会发展领域建立各种社会结构和社会机制，形成能够良性调节社会关系的社会组织和社会力量，创造正确处理社会矛盾、社会问题和社会风险的新机制、新实体和新主体，通过这样的新机制、新实体和新主体，化解矛盾，控制冲突，降低风险，增进团结，改善民生。"李强在《和谐社会与社会建设》一文中没有直接下定义，而是提出了"社会建设"的五大意义：

第一，社会建设的涵义，最突出的还是建设的“社会性”。所谓社会性，强调的是社会的总体利益、社会的共同性方面。第二，社会建设的意义在于，它是要满足社会成员的基本需求。第三，社会建设的提出，实际也是针对于过去片面强调GDP、单纯强调经济指标的做法的纠偏。第四，社会建设的重要功能在于它强调解决社会问题，缓和社会矛盾、构建和谐社会。第五，社会建设的最终目标是要实现社会公正。陆学艺在《关于社会建设的理论和实践》一文中是这样给“社会建设”下定义的“社会建设是指社会主体根据社会需要，有目的、有计划、有组织进行的改善民生和推进社会进步的社会行为与过程。”陆学艺认为“社会建设”可以分为两个方面一是社会实体建设，包括社区建设、社会组织建设、社会事业建设、社会环境建设等，目标是提供公共产品和公共服务；二是社会制度建设，其中包括社会结构的调整与构建、社会流动机制建设、社会利益关系协调机制建设、社会保障体制建设、社会安全体制建设、社会管理体制建设等，目标是使社会更加有序与和谐。

综合以上三种意见，我们是否可以把“社会建设”分成两个层面，一个是“社会机制”的层面，亦即陆学艺所说的“社会制度建设”，郑杭生的定义比较偏重于这个层面；二是“民生实务”的层面，这里借用了社会工作学常用的“实务”概念，这个提法比陆学艺所说的“社会实体建设”可以更加宽松一些，李强的说法比较偏重于这个层面。

2．什么是社会管理？王思斌在《社会行政》一书中解释道：“社会管理并不是专属于某一专业领域的概念，它既不属于政治学，也不属于社会学和社会工作。它是跨学科、跨领域的，以维护社会秩序、实现社会协调和发展为目的的管理活动。社会管理是以整个社会（包括地方社会）为对象的管理活动。由于社会结构和社会问题的复杂性，社会管理一般带有综合性的特点，即它是站在整个社会的高度，解决社会问题，协调社会关系，为社会发展创造适宜环境的管理活动。”

王思斌尤其强调：“在由计划经济体制向市场经济体制转变的过程中，中国共产党和中国政府也提出了加强社会管理的任务，这里的社会管理是相对于社会结构的重大变化而言的，指的是由政府主导、各方参与的社会治理和管理活动。”

3．从学术性定义到操作性定义。以上我们从学术研究的角度讨论了这两个概念。但这两个概念从2004年十六届四中全会上被提出到现在，在各个阶段的重要文献中被使用时，其含义一直在发生着微妙的变化。当然，“社会建设”和“社会管理”最终都变成了在实际工作中占有一席之地的操作性定义。

四中全会认为社会建设与管理是构建和谐社会的能力的一个部分，强调要三个“发挥”，即“发挥基层党组织和共产党员服务群众、凝聚人心的作用，发挥城乡基层自治组织协调利益、化解矛盾、排忧解难的作用，发挥社团、行业组织和社会中介组织提供服务、反映诉求、规范行为的作用”。在2006年3月第十届全国人民代表大会第四次会议批准的“十一五”规划纲要中要求完善社会管理体制，其中，第十篇的标题是“推进社会主义和谐社会建设”。在这里，“社会建设”和“社会主义和谐社会建设”似乎成了同一个或者是极其相近的概念。在2006年10月召开的十六届六中全会上，“社会建设”与“经济建设、政治建设、文化建设”被放在同一层面上相提并论，具体的提法是：“推动社会建设与经济建设、政治建设、文化建设协调发展”。2007年10月胡锦涛在十七大报告中，多次提到“经济建设、政治建设、文化建设、社会建设”，并更加周详地表述为"建设社会主义市场经济、社会主义民主政治、社会主义先进文化、社会主义和谐社会，建设富强民主文明和谐的社会主义现代化国家"。在十七大报告中，着重强调的是"社会建设"，要求加快推进以改善民生为重点的社会建设，报告中专门用了这样一段话来评价十六大以来在社会建设方面取得的重大成就："社会建设全面展开。各级各类教育迅速发展，农村免费义务教育全面实现。就业规模日益扩大。社会保障体系建设进一步加强。抗击非典取得重大胜利，公共卫生体系和基本医疗服务不断健全，人民健康水平不断提高。社会管理逐步完善，社会大局稳定，人民安居乐业。"

回顾"社会建设"这个词从提出到今天在词义上的变化，可以看到：最初，这个词是作为"构建和谐社会的能力"的一部分，并且是与"管理"一起作为一个复合的概念提出来的，实际上，当时的"社会建设"与"社会管理"可能并没有严格的区分。随后，"社会建设"逐渐变成了"构建社会主义和谐社会"或"建设社会主义和谐社会"的同义词。因为身处宏观层面，其含义也变得广而泛之。最终，这个词再次落地生根，与"改善民生"相结合，在中观层面上变成了一个具有操作性意义的工作定义。于是，其与社会政策的联系就更加紧密起来。但是，我们仍然要注意，有时候"社会建设"仍然会在宏观层面，亦即"构建社会主义和谐社会"或"建设社会主义和谐社会"的意义上使用。

二、社会机制层面的社会建设与社会管理

1．计划经济体制下的社会建设和社会管理。要讨论市场经济条件下社会机制层面的"社会建设"与"社会管理"，我们可能要从计划经济时代谈起。平心而论，在计划经济时代，虽然不提"社会建设"与"社会管理"，但并不等于没有。然而，要特别指出的是，计划时代的"社会建设"与"社会管理"是与计划经济体制相适应的：第一，它是根据政治、经济、社会三位一体的城镇"单位"体制和农村人民公社体制为基础的组织结构来建构整个社会的；第二，是以自上而下的指令型行政命令作为其社会动员方式的；第三，"一声令下，全党、全民、全国上下行动起来"和"理解的要执行，不理解的也要执行"是它的行为模式；第四，其应急反应机制是"战时共产主义"乃至"供给制"。与此相联系的"社会管理"也就是"指挥"与"服从"——"个人服从集体、下级服从上级、地方服从中央"。如此种种，从社会学的角度看，它是与计划经济时代的社会结构相适应的。当时社会结构的简单化，导致了社会建设和社会管理也简单化。

社会主义市场经济体制确立后，计划经济时代的社会建设和社会管理与市场体制越来越不适应。就整个社会来说，当代中国社会已经分化成了经济利益各不相同的多元社会阶层。各个社会阶层各有各的经济利益，各有各的社会需求、价值判断与政治诉求。同时，在全国范围内，各个社会阶层的分布也是不太均匀的。随着时间的推移，这些差异逐渐表现为精神文化方面的多元化。于是，计划经济时代所常用的社会动员方式出现失灵；计划经济时代"建设"的以"单位"和"准单位"体制构成的社会组织基础也就土崩瓦解了：首先是20世纪80年代初农村人民公社体制的废止，然后是90年代中期以来城镇单位体制的解体。当计划模式被废止后，管理者"治人"和被管理者"被治"的关系就没有了其合法性依据。

2．市场经济体制下的社会建设和社会管理。在市场经济体制下，社会管理已经赋予了"以人为本"的深刻内涵。因此，社会主义市场经济条件下的社会建设也就发生了变化：第一，其组织结构是一种企业（单位）、社区和民间组织构成的多元化的社会结构体系。其中，企业主要是针对市场，完成经济发展的任务；社区主要关注民生，完成社会发展的任务；而民间组织是社会中介，既是公众参与社会的渠道，也是其他社会组织（政府、单位、社区）与社会大众沟通的渠道。第二，其社会动员方式是从政府的行政体系向公众自觉的行动转变的社会化机制。在中国行政体系中，从上到下都是通过下发文件、召开会议等方式传达和贯彻上级精神以实现信息的传递。但是，到了基层，再用这种方式就行不通了。乡镇、街道和基层社区面对的是一个个活生生的人，他们必须成为一个"转换器"，要用"自治"的方式把中央下达的文件精神转化为公众的社会行动。实际上，基层工作的任务是最困难的。第三，其行为模式是国家权力机关和政府是游戏规则的制定者和执行者，最重要的是他们不能下场"亲自"参加游戏。因为下场的运动员总是要分出输赢的，而裁判员则不会。而就裁判员扮演的社会角色而言，他总是"公正"和"正义"的化身。第四，其应急反应机制则是"制度化的备有应急预案的应急体制"。

在社会主义市场经济条件下的社会建设发展深刻变化的情况下，市场经济体制下的社会管理也赋予了新的内涵。

（1）以协商一致为基础的"社会管理"。与市场经济体制下的"社会建设"相联系的"社会管理"，它是指在承认个性化、多元化的基础上，通过沟通、协商、谈判、对话、妥协、让步，整合为各个阶层都可能接受的社会整体利益，最终形成各自都必须遵守的社会契约。在市场经济条件下，当每个"经济人"都追求自己的利益最大化时，不可避免地将会导致"个人利益圈"的交叉乃至碰撞，甚至导致冲突发生，结果可能会是"双输"或"多输"。因此，理智的选择是通过妥协和让步，找出双方或多方都能接受的解决方案。近年来，在建设与市场经济相适应的社会体制中，我们作出了巨大的努力，中国社会建设和社会管理也发生了可喜的变化。但是，很遗憾，还有一些地方政府的社会治理方式与以协商一致为基础的"社会管理"要求不相适应：要么"放纵"，还美其名曰"市场化"；要么"禁止"，妖魔化为"不合法"。于是在拆迁、城管、征地、环保等方面，不理智的不当行政行为造成了许多社会矛盾，甚至酿成流血事件乃至发生群体事件。

（2）协调各社会阶层的利益使之趋于一致。研究表明，社会各阶层的利益是不一致的。要正确处理好各阶层之间的利益关系，党和国家的立场必须是中立和公正的，而且本身没有任何利益关系。只有这样，社会各阶层之间才能在一个社会公认的秩序下，通过协调和妥协来共同维护和遵守游戏规则；也只有这样，才能保证市场经济和社会生活的良性运行。要协调好各阶层之间利益关系，一要使社会各阶层都能分享社会经济发展的成果；二要"公平"和"公正"。在这两个方面，要求党和国家的社会政策要偏向于社会弱势群体，具体要做好以下五项工作。

一是使社会各阶层都能分享社会经济发展的成果。社会经济的发展是全社会所有成员共同努力的结果，因此，占有稀缺资源的赢者应该"出让"他们的一部分利润来回报社会，用以争取社会其他群体对赢者所占有稀缺资源的合法性的认可。我们的改革尤其要注意保护弱势群体的利益，应该使他们也能分享经济、社会发展的成果。也只有这样，才能保证改革的顺利进行。

二是使社会各阶层都能充分表达自己的利益诉求。民主的根本目的就是利益的表达。从这个意义上说，各阶层的利益诉求能否自由表达，是检验社会主义民主的重要标准。如果弱势群体没有话语权的话，或者在信息方面存在不对称，他们就不可能与其他社会阶层进行沟通，也不可能与其他社会阶层利益协商一致。作为弱势群体，个体是无法与强势者对话的，要保护弱势群体的利益诉求，必须重视社会组织——各类社会团体的作用，这样才能形成弱势群体的集体话语权和对相关信息的公众知情权。为此，要建立一种能够让弱势群体直接表达自己意愿的体制机制，促使弱势群体直接与政府或其所属的机构沟通和交流，这才是社会各阶层充分表达自己利益诉求的理想模式。

三是使社会各阶层之间社会流动的渠道通畅无阻。社会学理论所指的社会流动不是人在地域空间的流动，而是指个人或社会群体在社会阶层中的上下流动。在一个正常的社会里，向上流动的渠道应该是畅通无阻的。也就是说，一个人可以凭借自己的努力改变自己的社会经济地位，争取在阶层的层级次序中向上流动。只有在这所有的人都依靠努力奋斗取得成就的动态平衡中，和谐才是永恒的。如果一个社会从下层向上流动的管道都被堵塞，人们怎么努力，也不能改变自己的命运，这个社会就不正常了。逐渐地，就会由于阶层间的裂隙越来越深而导致“社会断裂”。一个断裂的社会是冲突不断的，进而会影响到经济、政治和其他领域，这显然又与当今中国正在为之努力的“小康社会”和“和谐社会”的目标背道而驰。

四是使社会各阶层对社会整体利益的认识趋于一致。社会各阶层之间的沟通、协商和妥协应该是建立在对社会整体利益认识一致的基础上的。然而，矛盾总是客观存在的。从社会心理学的角度看，倾诉和倾听，是使相关利益者保持沟通和达成谅解的最好手段。所以，如果公众——无论他们在社会上是多数还是少数——都能够把与他们切身利益密切相关的心里话说出来，我们的社会和政府都能够去用心倾听，用心考虑，就能使我们这个社会最大限度地保持一致。在这样的社会环境里，即使有些问题一时还不能得到解决，也不至于使矛盾积聚和激化。

五是使社会各阶层真正在法律面前人人平等。因为在社会经济地位上的不平等，其实很难做到使社会各阶层在法律面前人人平等。现在在中国，有一个认识误区，就是把法治国家仅仅等同于有完备的法律体系，不断地在制定法律上做文章，碰到问题时常常检讨的也是“法律缺失”。这没有错，但是不完整。因为从某种意义上说，法律体系可能永远是不完备的。另外，法律本身的执行力的问题也许更重要。更深入地讨论这个问题，一个真正的法治国家，恐怕得有两种相辅相成的社会机制，一是明文公布的法律体系，二是与之相配合的社会行动乃至社会运动。后者尤为重要。可以说，没有后者强有力的支持，法律的执行力就难以坚挺。

在当今世界上，无论哪种法律体系都大致可以分为两部分，一部分可以称之为“基本法律”，譬如宪法、民法、刑法，等等。另一部分，我们姑且称之为“行动法律”。之所以提出这样一个概念，是因为两个理由：其一，这些法律是为了针对某种社会问题而采取法律行动特别制定的，其二，这些法律大多是社会行动的结果。譬如，劳工法、环境法，等等。究其原委，是因为对与“行动法律”相关的社会问题所涉及的利益相关方而言，各利益群体在权力和信息等方面明显不对称。所以，就要保障弱势群体采取社会行动的权利来寻求平衡，譬如，罢工、游行，等等。只有这样，才能使弱势阶层拥有谈判的筹码，才能真正做到在法律面前人人平等。

（作者：中国社会科学院研究员、南开大学博士生导师）

（选自《湖湘论坛》2012 年第 1 期）

社会建设的理论探索和实践发展

丁元竹

党的十八大报告指出，加强社会建设，是社会和谐稳定的重要保证，再次把社会建设放在至关重要的位置来强调。十八大报告中关于社会建设有一些新提法，需要我们认真学习领会。

在改善民生和创新管理中加强社会建设

党的十八大报告指出，要围绕着人民群众的根本利益，完善基本公共服务体系，创新社会管理。过去通常讲以民生为重点的社会建设，十八大报告特别强调"在改善民生和创新管理中加强社会建设"，这是对近年来各地在保障和改善民生、创新社会管理实践的总结，意味着改善民生和社会管理创新并列成为社会建设的重要内容。

马克思主义认为，只有发展生产力，创造生产的物质条件，"才能为一个更高级的、以每个人的全面而自由的发展为基本原则的社会形式创造现实基础。"人的全面发展必须包括满足人民的物质生活、社会生活、精神生活、政治生活等各方面的需要，使人的体力和智力等各种潜能得到充分的体现。当前，不断实现好、维护好和发展好最广大人民的根本利益是社会管理的出发点和落脚点，是发展的本质要求。始终关注人民群众的生活幸福，就是实践科学发展。同时要认识到，一是人们在满足物质生活的过程中，会发生一定的社会关系，形成一定的社会问题，产生一系列社会矛盾，引发一系列社会风险和冲突。二是随着物质生活的满足，人们对社会生活的要求会越来越高。人的社会性的最完善的表达如同马克思主义的创始人所说的，人是一切社会关系的总和。社会生活发生在个人与家庭、与社会、与群体、与社区的交往以及各种各样的公共活动中。它是以物质生活为基础，以社会交往为核心，以精神满足为目的的。人们在社会生活中展现出自己的社会性，展现人的群体特征和社群属性。三是利益格局调整过程中的不公平和不公正会引发社会反抗。不平等和社会反抗之间的联系十分紧密，而平等和稳定从来就不是分开的。社会管理包含了既促进社会公平，也保证社会稳定，这就要求在改善民生的同时，创新社会管理。

加快推进社会体制改革

党的十八大报告指出，加强社会建设，必须加快推进社会体制改革。关于社会体制改革，提出了要建立"两个体制、一个体系、一个机制"，即社会管理体制和现代社会组织体制、基本公共服务体系、社会管理机制。社会管理体制是政府作为社会管理的主体之一，在社会管理中的角色和定位等一系列的制度安排。这一系列的制度安排怎么去界定呢？一是政府和社会的利益关系，这是通过税收的角度，通过法律法规规定的。二是政府在涉及利益关系中的决策模式。这个就特别触及到当前看到的各类社会矛盾冲突中的决策模式，比如说政府决策还是政府和公众决策，或是政府通过告知式的方式让公众知道决策还是让公众直接参与决策，等等。决策模式不一样，政府和社会的关系不一样，管理方式也不一样。三是政府和社会在公共事务中的分工与合作，主要涉及政府和社会组织在公共服务供给和社会服务供给中的制度安排。

社会管理体制包括两个方面，一是权利和责任的关系，二是利益和风险的关系。政府的权利越大，责任越大，利益也就越大，特别涉及干部，带来的风险也就越大。理想的社会管理体制应由五部分组成，一是完善的法律环境，二是合理的利益格局，三是由社会动员的公众参与，四是政府确保基本的公共服务，五是政府确保社会不能提供的必须由公共部门介入的社会管理。要达到理想状态，就要求政府能不介入的就不介入，能交给社会管理的就交给社会去管理。

十八大报告多次提到基本公共服务体系建设，并强调我国的城乡发展差距和人民收入差距依然很大，这就凸显了实现基本公共服务均等化战略的意义。政府要通过财政保障基本公共服务应该享受的人都能得到，但是提供公共服务的主体不一定全是政府，要建立多元的供给体制，包括政府提供、社会提供甚至有时可以通过企业来提供。积极鼓励社会力量参与社会事务，大力发展公益类、服务类社会组织，从而为社会力量参与社会服务创造条件。在推进基本公共服务体系建设和实现基本公共服务均等化过程中存在着提供公共服务的地方政府的财政能力与辖区居民对基本公共服务财政需求之间的不匹配问题，需要进一步理顺包括有关社会发展的财税体制及中央与地方的关系、慈善捐赠体制、国际社会组织管理、社会组织改革与发展等一揽子问题。在社会体制的建立和完善上，政府最应当做的是，建立合理的利益格局，鼓励公众参与社会生活。只要政府能够做到这一点，真正保护弱势群体的基本权利和人们的合法利益，每个人在社会生活中才会发挥自己的积极性和创造性，关注公共事务，形成社会合作，整个社会秩序才能够很快建立起来。

社会管理体制中的法治保障

十八大报告把过去经常提及的"党委领导、政府负责、社会协同、公众参与"的社会管理格局扩展为"党委领导、政府负责、社会协同、公众参与、法治保障"社会管理体制，具有重要意义。法治保障，意味着要在法治的轨道内管理社会，在法治的轨道内处理社会事务、解决社会问题、化解社会矛盾、应对社会风险和消除社会冲突。

依法治理社会，就是政府要全心全意地提供公共服务，这是政府的根本职责。政府要部分地承担社会管理的责任，所谓部分承担就是说，社会管理的另外一部分责任实际上是需要居民自己负责，也就是社会治理。要在法律的框架内，实现有社会动员的公众参与，鼓励居民在法治的框架内，自发地组织起来，去参与社会事务、关心社会事务、解决社会问题。要进一步完善社会管理体制，在法治的框架内处理社会矛盾。

法治保障意味着要正确处理政府和社会的关系。要充分认识到没有政府，社会发展是不可能的，政府本身是社会的需求。要明确，政府参与社会和社会组织、公众参与社会的办法是不一样的。公共参与包括民主参与决策、参与社会组织和基层组织的各种事务。公共参与的根本目的是确保自身和社会弱势群体的利益，所以，公共参与过程也包含了利益博弈内涵。社会组织和公众自己不能创造价值，除非募捐和允许开展经营活动，这样，它们就需要政府的法律支持，由此就产生了对慈善法律和法规的需求以及对社会组织管理的需求；政府则不同，政府可以通过税收获得收入。所以，在现实生活中，政府往往容易自己把这些收入分发给社会的弱势群体，直接参与社会生活。在许多情况下，政府与社会生活存在一定的距离，也限于人员的专业化，不能提供公众需要的社会服务。在这种情况下，政府在社会领域做得越多，社会对政府的需求也越多，结果就陷入恶性循环；另一方面，社会组织往往过分强调自己的独立性，忽视了自己对政府的需求。十八大报告关于法治保障的提出为有效解决这些矛盾奠定了良好的基础。

（作者：国家行政学院公共管理教研部教授）

（选自《前线》2012年第12期）

在全面建成小康社会中倡导平等价值观

陈卫平

党的十八大报告是全面建成小康社会的行动纲领。这一宏伟纲领不仅向我们展示了物质生活极大改善提升的美好前景，而且对我们提出了积极培育践行社会主义核心价值观的重大任务。十八大报告用 24 个字从国家、社会、个人三个层面对社会主义核心价值观作了表述，在社会层面提出了自由、平等、公正、法治的价值观。本文试图阐释与之相关的两个问题：在全面建成小康社会中为何需要培育践行平等价值观以及如何培育践行平等价值观。

一

十八大报告指出，社会主义核心价值体系决定着中国特色社会主义发展的方向。从根本上说，在全面建成小康社会中把平等作为社会层面的重要价值，是为了在全面建成小康社会中始终坚持中国特色社会主义的正确道路。

从社会主义发展的历史来看，平等一直是其重要的价值追求。恩格斯指出：西欧的封建专制制度"在几个世纪内消除了一切平等观念"，然而，随着社会的经济进步，"把摆脱封建桎梏和通过消除封建不平等来确立权利平等的要求提到日程上来"。于是，新兴的资产阶级提出了"自由、平等、博爱"的价值观。马克思和恩格斯创立的科学社会主义在肯定资产阶级平等要求具有反对封建主义的功绩的同时，把平等观念置于唯物史观的基础之上，如恩格斯所说："从资产阶级社会的经济条件导出现代平等观念，是首先由马克思在《资本论》中作出的"；由此揭露了资产阶级平等的虚伪性的一面，于是"无产阶级抓住了资产阶级的把柄：平等应当不仅是表面的，不仅在国家的领域中实行，还应当是实际的，还应当在社会的、经济的领域中实行"；社会主义所追求的，正是要在实际的意义上，在国家的、社会的、经济的领域中实行平等，"无产阶级平等要求的实际内容都是消灭阶级的要求"，而社会主义是以最终消灭阶级为己任的。马克思和恩格斯还认为，巴黎公社对于建立无产阶级专政的重要启示之一，就是必须建立新的制度来取代"等级授职制"等，从而"防止国家和国家机关由社会公仆变为社会主人"，"防止人们去追求升官发财"。中国共产党领导人民通过民主革命建立社会主义社会，就是要让被压迫在社会最底层的劳苦大众能够"翻身"，所谓翻身就是使他们获得平等做人的权利。刘少奇早在 1941 年就指出："只有共产主义者，才能实行真正的平等。我们革命者，要有平等的精神，即权力上、义务上的平等，而且应该这样来了解平等精神，就是一个人没有权利压迫或剥削另一个人，没有权利去侮辱另一个人的人格”，而社会主义正是体现了这样的平等精神的社会，“有了经济上的平等，于是在政治上、社会地位上、法律上、教育上以及其他各方面都有了平等”。所以，从欧洲到中国，平等始终是社会主义的不懈追求。

从建设中国特色社会主义的实践来看，平等也是其重要的价值导向。这对于建设小康社会既不走改旗易帜的邪路，也不走封闭僵化的老路，是有重要意义的。邓小平在1980年代提出以实现“小康”作为建设有中国特色社会主义最初阶段的目标时，就已经明确了这一点。他认为“小康”的基本内涵就是：“社会主义要消灭贫穷。贫穷不是社会主义。”同时，他强调只有社会主义才能做到这一点，“如果走资本主义道路，可以使中国百分之几的人富裕起来，但是绝对解决不了百分之九十几的人的生活富裕问题”；因此，“不坚持社会主义道路，中国的小康社会形成不了”。这意味着以消灭贫穷为主要内涵的“小康”，是以实现共同富裕的平等作为价值导向的。在这里，“富裕”表示了社会财富的拥有，“共同”则意味着社会成员对社会财富的占有具有平等的权利。邓小平严肃指出，以共同富裕为目标是社会主义本质的重要表现：“社会主义的本质，是解放生产力，发展生产力，消灭剥削，消除两极分化，最终达到共同富裕”；“社会主义的目的就是要全国人民共同富裕，不是两极分化。如果我们的政策导致两极分化，我们就失败了；如果发生了什么新的资产阶级，那我们就真是走了邪路了。”这就是说，如果不以平等作为价值追求，建设小康社会就会走上改旗易帜的邪路。

建设中国特色社会主义的实践还告诉我们，以平等作为建设小康社会的价值导向，是对封闭僵化的老路的突破。邓小平认为，建设小康社会必须摆脱以往的社会主义传统模式，就平等价值观而言，其具体内容主要有两个方面：一是打破平均主义，二是反对等级特权。贫穷不是社会主义，平均主义也不是社会主义。邓小平说：“人的贡献不同，在待遇上是否应当有差别？……如果不管贡献大小、技术高低、能力强弱、劳动轻重，工资都是四五十块钱，表面上看起来似乎大家都是平等的，但实际上不符合按劳分配原则的。”因此，社会主义的真正平等不是平均主义而是按劳分配。平等就是以劳动作为同一尺度来计量，每个人所获得之比例与他们所付出的劳动之比例是平等的。他提出要鼓励一部分人、一部分地区先富起来，然后由先富帮助后富，实现共同富裕，而平均主义不可能导致共同富裕，“我们坚持走社会主义道路，根本目标是实现共同富裕，然而平均发展是不可能的。过去搞平均主义，吃‘大锅饭’，实际上是共同落后，共同贫穷。”平均主义使得社会主义人人平等的价值诉求异化为共同贫穷的严酷现实。概括地说，用打破平均主义来走向共同富裕，是邓小平的小康社会平等观的重要内容。

反对等级特权是邓小平的小康社会平等观的另一重要内容。他指出：改革党和国家领导制度的重要任务，是要扫除“社会关系中残存的宗法观念、等级观念；上下级关系和干群关系中在身份上的某些不平等现象”等“封建主义的残余影响”；不能因为党的下级服从上级的组织原则而“否定党内同志之间的平等关系”，强调“公民在法律和制度面前人人平等，党员在党章和党纪面前人人平等。人人有依法规定的平等权利和义务，谁也不能占便宜”。因此，在建设小康社会中，需要通过政治体制改革以反对等级特权，实现社会关系上的平等。这意味着平等是政治体制改革的重要价值目标。

邓小平在建设小康社会之初提出的上述平等观是对以往封闭僵化的老路的摈弃。中国近代以来把社会主义理想称为“大同”。传统的大同，“通俗一点说，就是大家平等”。因此，以大同解读社会主义的价值基础就是追求平等的一致性，1906年有篇宣传社会主义的文章指出：“平等主义者，即社会主义也，亦即大同主义也。”然而，传统的大同之“大”，意在突出其所说的“同”是没有丝毫差异之同，这显然具有浓烈的平均主义倾向。因此，在用平等将大同与社会主义相链接的同时，前者中的平均主义也渗透其中。《礼运》以为“大同”在远古，实际上是对原始平等状态的怀念。这种在生产力发展水平极其低下的平等，只能走向以平分所有财富为核心的平均主义。于是，在漫长的小农经济的历史阶段，孔子的“不患寡而患不均”、“均无贫”（《论语·季氏》）不断地被解释为大同的平等。这样的传统不仅渗透在康有为、孙中山的具有空想社会主义色彩的“大同”中（下文谈到的他们将竞争与平等相对立，就表现了这一点），而且也深深地影响了毛泽东。1958年他赞扬张春桥的“破除资产阶级法权”，提倡战争年代的几乎是平均分配生活资料的供给制，在去世前一年大讲“限制资产阶级法权”，并把商品制度、八级工资制作为资产阶级法权而突出地提了出来：“我国现在实行的是商品制度，工资制度也不平等，有八级工资制，等等。这只能在无产阶级专政下加以限制”。他还认为东汉末年农民起义的“五斗米道”体现了“极端贫苦农民广大阶层梦想平等、自由，摆脱贫困，丰衣足食”的理想追求，赞赏其平均主义的纲领，如“道路上饭铺里吃饭不要钱，最有意思，开了我们人民公社公共食堂的先河”。与此同时，不断批判“物质刺激”、“奖金挂帅”。这就使得平等的价值追求陷入平均主义的误区。然而，与平均主义同时滋生出的却是等级特权。由于平均主义不可能真正实现按劳分配，因而就面临着按照什么标准分配社会财富的问题，结果是在整个社会中划分出各种等级作为标准。从单位来讲，有全民所有制和集体所有制（其中还分为“大集体”、“小集体”等），公有化程度越高的单位，其等级越高，福利待遇越好；从户籍来讲，有城镇户口（其中还有很多区分）和非城镇户口，城市化程度越高的地区的居民，其等级越高，享有的社会资源越多；从人际关系来讲，确立了“官本位”的机制，细分出十多个行政级别，行政级别越高者，获得享受的特权（如医疗、住房、用车）就越多。整个社会由此笼罩在等级林立的网罗之中，而且逾越这些等级界限是极其困难的。因此，人们为了进入理想的等级，以获取更多的特权，就需要找关系、开后门，实际上形成了对持有某种特权者的人身依附关系。所以，改革开放之前的社会主义中国，平等的追求被扭曲成等级特权下的平均主义：在同一等级内的平均主义。邓小平以破除平均主义来达到共同富裕、以政治体制改革来反对等级特权，对于改革开放前的中国社会主义平等追求中的失误具有非常明显的针对性，也为我们在建设小康社会中没有重蹈失误，奠定了重要的价值观基础。

二

历史与实践证明了全面建成小康社会，必须以平等作为价值基础。但是，如何在全面建成小康社会中培育践行平等价值观，是需要我们努力探索的。因为全面建成小康社会面临着与全面建设小康社会不同的新问题。

首先，如何在社会主义市场经济体制下回

答平等与竞争的两难选择？如前所述，改革开放前的中国社会主义的平等成为了平均主义和等级特权的孪生怪胎。这一孪生怪胎是以高度集中的计划经济作为体制保障的。因此，在建设小康社会中实现平等，是与从计划经济转向社会主义市场经济相联系的。有鉴于此，1990年代在转向市场经济之初，马克思的名言“商品是天生的平等派”经常被人们所引用。市场经济以竞争为动力机制。竞争无疑是破除平均主义的利器，同时竞争意味着竞争者自身综合能力的较量，淡化甚至消解了原有的等级界限，特权者头上的光环开始失色。因此，市场经济的竞争机制对于走出以往对平等价值的扭曲，实现小康社会的平等价值是具有重要意义的。

但是，市场经济的竞争机制的平等，最主要的是指提供平等竞争的机会，而即使是最为平等的竞争，最终的结果也是竞争者之间的分化，即有的获胜了，有的失败了。这样的分化无疑会表现为财富占有和社会地位的差异。就是说，平等竞争所造成的结果是竞争者之间的不平等，而且这种不平等往往在市场经济自发的“赢者通吃”的作用下，迅速地加剧，以致形成贫民阶层和富豪阶层、精英阶层和草根阶层的凝固化。近代中国康有为、孙中山等带有空想社会主义色彩的“大同”，有一点是正确的，即看到了西方资本主义市场经济的竞争所造成的这种极为不平等的后果。康有为《大同书·庚部》说：“近自天演之说鸣，竞争之义视为至理”，“生计商业之中，尤以竞争为大义”，结果是“富者愈富，贫者愈贫”，“在富者则骄，在贫者则谄，骄极则颐指气使，谄极则舐痔吮痈……然而循竞争之道，有贫富之界，则必致是矣”。孙中山等人认为，西方资本主义的现实表明，“放任竞争，与贫富悬隔，有必然之关系者也”；“贫富不均竟到这地步，平等二字已成口头空话”。应当说，当年康有为、孙中山所看到西方资本主义由自由竞争所产生的不平等，近30年来在新自由主义的主导下变本加厉，引发了严重的社会动荡。诺贝尔经济学奖得主保罗·克鲁格曼近期撰文指出，美国的不平等已经根深蒂固，不平等的收入增长使得社会财富越来越集中到少数特权精英手中，人们的出身至关重要，来自社会底层的人几乎没有机会爬到社会中层，更不用说社会顶层。美国的“占领华尔街运动”提出了“我们是99%”的口号，充分反映了极少数人的社会顶层和绝大多数的社会底层的极端对立。

康有为、孙中山曾经鉴于西方资本主义自由竞争带来的严重不平等，把竞争看作是与追求平等的“大同”相对立的，因此，他们的“大同”明确地否弃了竞争。康有为《大同书·辛部》说：“大同之世，视人如己，无有畛域，‘货恶其弃于地也，不必藏于己，力恶其不出于身也，不必为己’。当时之时，最恶竞争，亦无有竞争。”孙中山认为：“民生主义就是社会主义，又名共产主义，即是大同主义”；而“共产云者，即人在社会之中，各尽所能，各取所需。如父子昆弟同处一家，各尽其生利之能，各取其衣食所需，不相妨害，不相竞争”。然而，他们同时又感到困惑：为平等而取消竞争，社会如何进步呢？康有为《大同书·辛部》说：“太平之世，农、工、商一切处于公政府，绝无竞争，性根皆平。夫物以竞争而进上，不争则将苟且而退化，如中国一统之世。”孙中山也说：“一律要平等，世界便没有进步，人类便要退化。”如此的困惑固然显示了他们的“大同”的平等具有空想社会主义的色彩，但是在空想的背后却存在着真实的两难选择：如果实行市场经济的竞争机制，势必造成贫富悬殊以及与此相联系的阶层压迫，与平等的价值追求背道而驰；如果丢弃市场经济的竞争机制以追求平等，整个社会就会失去进步的活力。

如果说，在康有为、孙中山那里，这个两难选择的真实性还是将来时的话，那么，对于当今中国要全面建成小康社会来说，这个两难选择就是现在进行时了。我们不可能因市场经济的竞争机制带来了正在加剧的贫富分化和社会地位的分化而放弃市场经济，因为这只能使我们倒退回计划经济体制下的为等级特权所笼罩的平均主义；我们也不能因为实行市场经济的竞争机制而重蹈美国的覆辙，陷入极少数人压迫绝大多数人的社会危机。其实，邓小平在建设小康社会的实践中，已经给我们指出了解决这个两难选择的基本思路：过程论与阶段论的统一。作为平等价值最终实现的共同富裕是一个漫长的过程，因为共同富裕的根本基础是极其发达的社会生产力造就的物质财富的一切源泉得以充分的涌流。这在至少需要上百年时间的社会主义初级阶段无疑是办不到的。但是，在建设小康社会中，可以分阶段来努力体现社会主义的平等价值。邓小平曾在1990年代初说过，在20世纪末的时候，贫富差距的问题应该“提出和解决”，“太早这样办也不行”，因为这会“鼓励吃‘大锅饭’”。就是说，在建设小康社会的最初阶段，平等的价值理想主要是在建立市场经济体制的基础上，打破平均主义，真正贯彻按劳分配的平等；到了本世纪，在全面建设小康社会阶段，平等的价值理想主要体现在解决贫富差距的问题上。在这个阶段如何解决贫富差距问题，涉及到许多领域和制度。不过，邓小平也指出了其中的关键点，就是反对“两极分化”。这里主要有三方面含义：一是承认一定程度的贫富差异是正当性的，因而没有必要以平等牺牲竞争；二是从横向关系来说，贫富的差距不能过分悬殊，以至于分化为遥不可及的两极；三是从纵向关系来说，贫富阶层应该能够流动的，不应分化为互相隔绝、凝固的两极。这应该就是在全面建成小康社会中需要实现的平等理想。能否实现这样的理想，根本在于制度的安排。罗尔斯《正义论》强调，不能以制度安排总是有缺陷为借口，而对不公正的事实熟视无睹，“正义或不正义是制度处理这些事实的方式”。就是说，能否在全面建成小康社会中实现平等理想，关键在于我们的制度安排上如何遏制贫富两极分化，这需要我们在制度建设上进行全面的创新。有鉴于此，十八大报告强调在全面建成小康社会的进程中继续推进制度创新。

其次，如何认识平等与自由、公正、法治等价值的内在联系？十八大报告把科学发展观提升为必须长期坚持的指导思想。在社会层面提出自由、平等、公正、法治的价值观，正体现了科学发展观的指导作用。科学发展观的核心是以人为本，自由、平等、公正、法治就是以人为本在社会层面的价值体现；而这里所说的以人为本，就是十八大报告强调的，“必须坚持人民主体地位”。否定或藐视人民的主体地位，所谓的自由、平等、公正、法治都是表面的和虚假的。因此，平等与自由、公正、法治首先是在坚持人民主体地位的基础上相互贯通、相互联系的。

自由在社会层面的诸价值中居于优先的地位，表明其相对于其他的价值具有基础性的意义。就其与平等的关系而言，中国近代思想家严复曾在比较中西社会价值观时指出：两者所讲的自由有着根本的差异，“自由既异，则群异丛然而生”，比如“中国最重三纲，而西人首明平等”。自由是比平等更为根本的价值，因为只有确立自由的价值，才能赋予平等以实质性的内容，即每个人具有同等的自由全面发展的权利。马克思把社会发展分为三个阶段，第一阶段以“人的依赖关系”为特征，第二阶段以“物的依赖性为基础的人的独立性”为特征，第三阶段以建立在个人全面发展、共同生产能力成为社会财富基础之上的“自由个性”为特征。显然，全面建成小康社会的过程是以摆脱对人的依赖关系和物的依赖关系，发展自由个性为最终境界的，每个人的平等发展只有在这样的境界中才能真正实现。平等和公正也是紧密相关的。“公正”的观念在中国古已有之，强调的是“惟公然后能正”（《朱子语类》卷二十六），即只有出于公心，才能获得“正”，即合乎理义的结果。这里包含着与平等观念的某种联系。但传统的平等观念不是以权利平等为核心的。现代社会的平等观念与此不同，如恩格斯所指出的：现代社会“平等的观念是说不应该存在任何特权”，即强调普遍的权利平等，而这正是现代公正观的应有之义，由此可以说，“平等＝正义”。就是说，权利平等是社会公正的基本原则，或者说社会成员的权利平等是社会公正的根本之所在。从这个意义上说，没有平等，就没有公正；而公正就是为平等提供制度保障。平等与法治同样密不可分。这不仅仅是指法治必须表现为在法律面前人人平等，任何人在法律面前都没有特权，更主要的是指对实际存在的不平等进行法律调控。全面建成小康社会的历史进程，依然是以社会主义初级阶段为总依据的，因此实现完全的平等是不可能的，现代的法治社会就需要通过法律的手段将不平等控制在一个合理的限度之内。因此，平等是法治应当达到的一个目标，法治是实现平等的有效途径。显然，认识平等和社会层面其他价值的内在联系，我们才能正确培育践行平等价值观。

（作者：华东师范大学中国现代思想文化研究所教授、博士生导师。）

（选自《探索与争鸣》2012 年第 12 期）

加强社会建设必须改善民生和创新社会管理

张 丽

社会建设与人民幸福息息相关。社会建设搞得好不好直接关系到人民的根本利益，关系到社会的和谐稳定。党的十八大报告提出在改善民生和创新社会管理中加强社会建设，并为此提出了一些具体目标措施。这是我们党着眼于发展中国特色社会主义，推动科学发展观，促进社会和谐，实现全面建成小康社会奋斗目标，作出的重大决策和部署。对次我们要深刻理解和把握。

一、充分认识加强社会建设的重大意义

社会建设中国特色社会主义事业组成部分。我们党对社会建设的认识有一个过程。从十一届三中全会提出的以经济建设为中心，到党的十五大提出的党在社会主义初级阶段经济、政治、文化建设。党的十六大仍然强调的是中国特色社会主义经济、政治、文化全面发展的目标。2005 年胡锦涛同志在省部级主要领导干部提高构建社会主义和谐社会能力专题研讨班上重要讲话中指出，随着我国经济社会的不断发展，中国特色社会主义事业的总体布局，更加明确的由社会主义经济建设、政治建设、文化建设三位一体发展成为社会主义经济建设、政治建设、文化建设、社会建设四位一体。党的十六届六中全会又明确提出了中国特色社会主义不仅包括经济建设、政治建设、文化建设，还应当包括社会建设。十七大报告正式把中国特色社会主义经济建设、政治建设、文化建设、社会建设四位一体的发展目标确立下来。这次党的十八大报告再次强调社会建设是中国特色社会主义事业重要组成部分，说明我们党对社会建设认识的不断深化，也表明我们党对社会建设的高度重视。

一个社会是否和谐稳定，在很大程度上取决于社会建设的发展。十八大报告明确提出“加强社会建设，是社会和谐稳定的重要保证”。社会和谐是中国特色社会主义本质属性，是国家富强、民族振兴、人民幸福的重要保证。构建社会主义和谐社会，是我们党从中国特色社会主义事业总体布局和全面建设小康社会出发提出的重大战略任务。构建和谐稳定的社会属于社会建设的范畴。虽然说，目前我国社会在总体上是和谐的，但是也存在不少影响社会和谐稳定的矛盾和问题。特别是在社会建设领域，诸如城乡、区域、经济社会发展不平衡，人口资源环境压力加大，就业、社会保障、收入分配、教育、医疗、住房、安全生产、社会治安等方面关系人们群众利益问题还很突出，直接影响和谐社会的建设。因此必须从战略上高度重视

加强社会建设对建设和谐稳定社会的重要性。为此报告提出“必须从维护最广大人民根本利益的高度，加快健全基本公共服务体系，加强和创新社会管理”三个方面推动社会主义和谐社会建设。

第一，加强社会建设，是维护最广大人民利益的根本要求。我们党是全心全意为人民服务的党，党不仅是中国工人阶级的先锋队，同时也是中国人民和中华民族的先锋队。党从事的一切活动和工作的总目标就是为广大人民群众谋利益。我们党的根基在人民、血脉在人民、力量在人民。实现好、维护好、发展好最广大人民群众的根本利益，是我们党一切工作的出发点和落脚点。党的十六大以来，我国全面建设小康社会伟大事业取得了重大成就。目前社会建设发展总体形势很好，但在前进中还面临着许多困难和问题。尤其在涉及人民利益方面，诸如，教育、就业、收入分配、住房保障、人民健康、社会保障等。这些问题如果解决不好就会影响社会和谐稳定和全面建成小康社会的大局。同时，人民群众在新的发展阶段，期待过上更加美好的生活，自然对教育、就业、收入分配、住房、社会保障等方面提出了更高的要求。只有把人们群众利益解决好，社会才能和谐稳定。

第二，加强社会建设，必须健全基本公共服务体系。建立健全基本公共服务体系，促进基本公共服务均等化，是深入贯彻落实科学发展观的重大举措，是构建社会主义和谐社会、维护社会公平正义的迫切需要，是全面建设服务型政府的内要要求，对于推进以保障和改善民生为重点的社会建设，对于切实保障人民群众最关心、最直接、最现实的利益，对于加快经济发展方式转变、扩大内需特别是消费需求，都具有十分重要的意义。基本公共服务是指建立在一定社会共识基础上，由政府主导提供的，与经济社会发展水平和阶段相适应，旨在保障全体公民生存和发展基本需求的公共服务。享有基本公共服务这是每一个公民的权利，而提供基本公共服务则是政府的职责。报告中提出的“健全基本公共服务体系”就是指政府要按照基本公共服务范围和标准，对资源配置、管理运行、供给方式以及绩效评价等所构成的系统性、整体性进行制度安排。

应当看到，经过30多年的改革开放和发展建设，我国经济实力、综合国力和国际地位显著提高，人民生活明显改善。我国基本公共服务体系建设取得了显著成效。从总体上看，我国基本公共服务的制度框架已初步形成，人民群众上学、就业、就医、社会保障、文化生活等难点问题得到有效缓解。但是，还应看到目前我国基本公共服务供给不足，发展不平衡的矛盾仍然十分突出，建立健全基本公共服务体系仍然面临许多困难和挑战。因此，必须深刻认识到，基本公共服务体系不健全，不仅难以保障发展成果惠及全体人民，而且也不利于社会和谐稳定，因此必须从战略高度重视基本公共服务体系的建设。

第三，加强社会建设，必须创新社会管理。社会管理是人类社会必不可少的一项管理活动，在我们这样一个有13亿人口、经济社会快速发展的国家，社会管理的任务更为艰巨繁重。社会管理是社会建设的一个重要内容，党的十六大就提出了改进社会管理，保持良好的社会秩序要求。十六届四中全会专门论述加强社会建设和管理，推进社会管理体制创新任务。十六届六中全会提出了创新社会管理体制，整合社会管理资源，提高社会管理水平，健全党委领导、政府负责、社会协同、公众参与的社会管理格局的总要求。党的十七大又把完善社会管理作为社会建设的重要内容。十七届五中全会明确提出了加强和创新社会管理的任务。2011年2

月胡锦涛同志在省部级主要领导干部社会管理及其创新专题研讨班上讲话中指出，针对当前社会管理中的突出问题，着重研究加强和创新社会管理，做好新形势下群众工作的思路和举措，为促进社会和谐稳定凝聚强大力量。这次十八大报告将创新社会管理直接和改善民生放在一起，提出在改善民生和创新管理中加强社会建设，足以说明了社会管理在社会建设中的地位，表明我们党对加强和创新社会管理越来越重视。当前我国正处于经济转型、社会转型期，随着流动人口的不断增多，新经济组织和新社会组织不断涌现，大量的“单位人”变成“社会人”，原有的社会管理体制机制和方式方法，手段、内容已经不能适应新形势下经济社会发展的需求，社会管理面临着严峻的困难与压力、挑战与考验，这就要求我们必须深入研究当前社会建设的客观规律，创新社会管理的思路和方法，采取切实可行的措施，及时发现和解决现实中存在的社会管理的突出问题，从而有效地维护社会和谐稳定。

二、加强社会建设，要把握的两个关键点

报告中提出了加强社会建设特别关注的两个重点或者是两个关键点：

一是必须以保障和改善民生为重点。民生大于天。悠悠万事，民生为大。解决好民生问题，完善群众根本利益保障机制是社会健康运行的根本。党的十八大报告中提出的“加强社会建设，必须以保障和改善民生为重点”正是看到了在经济社会转型的关键时期，民生对社会健康发展的至关作用。改善民生，是我们党的执政理念。我们党的执政理念就是全心全意为人民服务，就是问政于民、问计于民、问需于民，就是知民情、解民忧、暖民心。中国共产党代表最广大人民的根本利益，群众利益无小事。诸如，征地、拆迁、就业、教育、医疗、等都是关涉群众切身利益的重大民生问题，必须下大气力解决好这些问题。为此报告中提出了“要多谋民生之利，多解民生之忧。解决好人民最关心最直接最现实的利益问题。在学有所教、劳有所得、老有所养、病有所医、住有所居上持续取得新进展，努力让人民过上更好生活”。

二是必须加快社会体制改革。加快社会体制改革，最主要的是加强社会管理，建设中国特色社会主义管理体系。在这部分中报告提出了推进社会体制改革的“四个加快”。(1) 加快形成党委领导、政府负责、社会协同、公众参与、法治保障的社会管理体制。这是社会管理体制的总格局。党委领导是核心，政府负责是关键，社会协同是重要力量，公众参与是基础，法治保障是保证。(2) 加快形成政府主导、覆盖城乡、可持续的基本公共服务体系。这是社会管理体制的核心。就是强调以政府为主导，以社会团体和私人机构为补充的供给主体。(3) 加快形成政社分开、权责明确、依法自治的现代社会组织体制。与以往对社会组织建设的提法相比，这次报告中提出要“政社分开、权责分明、依法自治”。这是报告中对社会组织管理的一个新提法，在党的文献中也是第一次。在多元化的社会管理主体中，政府的职能主要是经济调节，市场监督、社会管理和公共服务。但在现实中，政府的社会管理和公共服务的职能明显弱化，使得教育、科技、文化、医疗卫生、社会保障、环境保护等公共事业发展严重滞后于经济发展，因此加强社会建设要求政府在社会管理中扮演好服务的角色，在管理中体现服务，在服务中实现管理。(4) 加快形成源头治理、动态管理、应急处置相结合的社会管理机制。这是社会管理的主要途径。社会管理的核心是保护和维护群众的利益，促进社会公正。加快构建健全的新型社会管理制度体系的主要任务是着力从源头治理、动态管理和应急处置三个层面，构建相互联系、相互支持的一整套规范、机制和制度体系，尽可能减少社会问题、及时化解社会矛盾、果断处置社会冲突和社会对抗，最大限度地激发社会创造活力，最大限度地增加和谐因素和减少不和谐因素，最大限度地化消极因素为积极因素。源头治理是治本之举。加强源头治理从根本上讲就是在党的领导下坚持发展是第一要务，坚持在发展中解决问题，全面推进经济建设、政治建设、文化建设、社会建设以及生态文明建设，特别是着力解决民生、民主、民心问题，促进社会进步和人的全面发展。从社会管理本身讲，就是要构建源头治理体系，使关口前移，尽可能防止、减少、弱化严重社会问题和社会冲突的产生，这不仅是社会管理部门的职责，也是各部门、全社会的共同责任。社会管理的目的是减少社会矛盾，但不可能消灭所有的社会矛盾，也不可能解决所有的社会问题。仍然会有大量社会问题和社会矛盾存在，旧的矛盾和问题解决了，又会出现新的矛盾和问题，为此，必须构建动态调节和化解机制，以使社会矛盾和问题不断得到及时化解和向好的方面转化，尽最大可能做到不积累、不激化、不蔓延、不升级、不向坏的方面转化，使社会处于动态平衡、动态优化，井然有序、健康运行的状态。还应当看到，当前我国正处于工业化、城镇化快速发展时期，即使抓好源头治理和动态协调，仍然会有一些突发事件，加上自然灾害引发的突发事件，这就需要加快推进应急管理体制建设。要按照“统一领导、综合协调、分类管理、分级负责、属地管理为主”的要求，建立健全各级各类应急管理机构，加强各类应急管理机制建设，提高全民风险和应急处置能力。

三、加强社会建设的主要任务

在改善民生和创新管理中加强社会建设，涉及面广，内涵丰富，任务繁重，基本要求就是在教育、就业、收入分配、社会保障、人民健康和社会管理等直接关系人民群众根本利益和现实利益的问题上取得新进展，推动社会和谐稳定，为此党的十八大报告提出加强社会建设的六大任务。

（一）努力办好人民满意的教育

教育历来是民生的第一大事，是民生之本。报告中提出教育是民族振兴和社会进步的基石。马克思主义认为，在生产力诸要素中，人是最能动，最积极的因素，发展生产力的终极目标是促进和实现人的全面发展。我国经济发展、社会进步归根到底是不断满足人民日益增长的物质文化需要，经济越发展，对人的发展水平要求越高。教育既是支撑经济社会发展的强大动力，也是公民个人发展的迫切需要。努力办好人民满意的教育是实现好、维护好、发展好最广大人民的根本利益，始终是党和国家一切工作包括教育工作的出发点和落脚点。为此报告提出要坚持把教育放在优先发展的战略位置，真正办好人民满意的教育。一是全面贯彻党的教育方针。要坚持教育为社会主义现代化服务，为人民服务，把立德树人作为教育的根本任务，培养德智体美全面发展的社会主义建设者和接班人。发展教育的根本任务是培养人，提高全体国民素质，包括思想道德素质、科学文化素质、身体素质、心理素质和劳动技能素质。特别是要加强德育教育，把思想道德素质放在首要位置，促进学生培养良好的思想道德和行为习惯，做一个全面发展的人。二是全面实施素质教育。要着眼于构建现代文明教育体系。提高和培养学生综合素质，大力实施素质教育，关键是更新教育观念，改进人才培养模式，提高教育质量，培养学生社会责任感、创新精神、实践能力。三是优化教育结构。坚持按照教育发展规律和经济社会发展的需要，优化教育结构。办好学前教育，均衡发展九年义务教育，基本普及高中阶段教育，加快发展现代职业教育，推动高等教育内涵式发展，积极发展继续教育，完善终身教育体系，建设学习型社会，形成各级各类教育全面协调可持续发展的良好格局。四是大力促进教育公平，合理配置教育资源。教育是关系社会公共利益，对全体国民、对国家和民族现在和未来具有重大影响的公共事业，政府负有义不容辞的重要责任。必须加大财政对教育的支持力度，重点向农村、边远、贫困、民族地区倾斜。支持特殊教育，提高家庭经济困难学生资助水平，积极推动农民工子女平等接受教育，让每个孩子都能成为有用之才。这些都有利于全面发展教育事业，促进社会公平正义。努力办好人民满意的教育，最重要的是加强教师队伍建设，全面提高教师的道德和业务水平，增强教师教书育人的荣誉感和责任感。

（二）推动实现更高质量的就业

就业是民生之本，是保障和改善人民生活的重要条件。我国劳动力资源十分丰富，这是促进经济持续较快发展的有利条件。同时，应当看到目前就业压力仍然很大，就业形势不容乐观。就业质量不是很高。因此，报告中明确提出了必须把就业放在经济社会发展的突出位置，实现高质量的就业。这说明就业不仅让劳动者有工作，而且有好工作。为此报告提出了劳动者自主就业、市场调节就业、政府促进就业和鼓励创业的方针，实施就业优先战略和更加积极的就业政策。一是鼓励多渠道多形式的就业，促进创业带动就业。岗位是扩大就业的前提，没有充足的岗位就难以实现充分的社会就业。因此应当把开发就业岗位作为扩大就业的首要任务。这就需要多渠道多形式增加就业岗位。大力发展劳动密集型产业、服务业和各类中小企业，发展有利于扩大就业的新行业、新产业，鼓励支持、引导非公有制经济发展，推进小城镇建设和县域经济发展，尽可能地多增加就业岗位。鼓励自主创业，以创业带动就业，这是解决当前就业问题的一个重要方针。二是加强职业技能培训，提升劳动者就业创业能力。职业培训是提高劳动者素质，促进劳动者再就业，化解结构性、长期性失业矛盾的重要手段。报告提出加强职业技能培训，主要是针对当前职业技能培训制度不健全、资金投入不够、管理服务分散的现状提出的明确要求。按照报告中的要求，就是要把没有接受过职业技能培训的劳动者特别是农村富余劳动力全面纳入培训体系中来，形成政府扶助、社会参与、种类齐全、形式多样的职业技能培训制度，普遍提高劳动者的技能素质和就业能力，努力使劳动者人人有知识、个个有技能。三是规范和协调劳动关系。实施就业优先、扩大就业的战略还应当构建和谐的劳动关系。这就要健全协调劳动关系三方机制，发挥政府、工会和企业作用，努力形成企业和职工利益共享机制，建立规范有序、公正合理、互赢互利、和谐稳定的劳动关系。全面推进劳动合同制度，不断扩大集体合同覆盖面。全面推进劳动用工备案制度，进一步规范劳动派遣用工。政府、工会和企业应加快协调尽快建立劳动标准体系和劳动关系协调机制，加强劳动定额标准管理，不断改善劳动条件，加强劳动保障监察和争议调解仲裁。

（三）千方百计增加居民收入

收入分配问题是经济社会发展中的一个重大问题，关系人民群众切身利益，关系改革发展稳定全局。为确保到2020年实现全面建成小康社会的奋斗目标，报告首次提出了“实现国内生产总值和城乡人均收入比2010年翻一番”。为达到这个目标，就要千方百计增加居民收入。改革开放30多年来，中国经济快速发展，成为世界第二大经济体。但是居民收入增长的步伐仍然赶不上经济发展的速度。城乡之间、地区之间、行业之间乃至不同的群体之间，仍存在不少差距。当期我国收入差距过大实际是分配不公。人民群众对此反映强烈。我们党和政府高度重视收入分配问题，近年来出台了一系列政策措施提高居民收入，扭转收入差距扩大趋势，取得了不少成效。但收入分配改革是一项长期而艰巨的任务，涉及经济社会发展的诸多方面，十分敏感、十分复杂。因此报告在这一部分中针对如何缩小差距，理顺分配关系，增加居民收入提出了一些重要措施。一是实现“两个同步”，提高“两个比重”。“两个同步”就是实现国民收入增长和经济发展同步，劳动报酬增长和劳动生产率提高同步。“两个比重”就是提高居民收入在国民收入分配中的比重，提高劳动报酬在初次分配中的比重。这“两个同步”和“两个比重”充分体现了实现发展成果由人民共享的理念。提高“两个同步”、“两个比重”着眼于“民富”与“国强”的相互协调，有利于理顺国家、企业、个人三者的分配关系，有利于增加劳动者的收入，维护劳动者的权益，也有利于合理调整投资与消费关系，促进经济社会协调健康发展。二是完善分配格局，多渠道增加居民财产性收入。按照报告的要求，完善分配格局，就是要在“初次分配和再分配中兼顾效率和公平”。并且在“再分配中更加注重公平”。这是分配制度的总原则。具体做法是在初次分配中，“完善劳动、资本、技术、管理等要素按贡献参与分配的初次分配机制”。实现这一分配制度，其目的就是放手让一切劳动、知识、技术、管理和资本的活力竞相迸发，让一切创造财富的源泉充分涌流，以造福人民。这一分配制度更能体现效率与公平。在再分配中，要“健全税收、社会保障、转移支付为主要手段的再分配调节机制”。这是报告中新增加的一个提法。就是要通过税收、社会保障、转移支付等手段进行再分配，体现了公平原则。报告中还提到了“多渠道增加居民财产性收入”。就是要鼓励居民通过诚实、合法的手段取得收入，让老百姓的钱包越来越鼓。比如，对城市居民来说，可以通过市场的完善与成熟来增加财产性收入。对农村居民来说，通过农村产权制度改革，积极探索建立土地、房屋、林权等农村资产要素市场化机制，盘活农村土地、房屋、林权等沉睡的资源，着力推进农村金融和土地管理制度的改革创新。只有这样，才能推动居民财产性收入增加。三是规范收入分配秩序，加大收入分配调节力度。按照报告的提法，总的原则是“增低、调高、取非”。“增低”就是增加低收入者的收入，强化支农惠农政策，促进居民持续增收，建立企业职工工资正常增长机制和支付保障机制，逐步提高扶贫标准和最低工资标准，使城乡居民特别是低收入者收入随着经济发展逐步地增加。“调高”就是切实对过高收入进行有效调节，要正确运用税收手段，使过高收入者的一部分收入通过税收等形式由国家集中用于再分配。“取非”就是取缔非法收入，严格执法，对偷税漏税、侵害公有财产、权钱交易等各种非法收入依法取缔和惩处。还要规范垄断行业收入，引入竞争机制，打破经营垄断；同时，规范垄断性企业资本收益的收缴和使用方法，合理分配利润。

（四）统筹推进城乡社会保障体系建设

社会保障是保障人们生活、调节社会分配的一项基本制度。社会保障体系是人民生活的“安全网”，社会运行的“稳定器”和收入分配的“调节器”。加快推进社会保障体系建设对于维护社会稳定和国家长治久安起着十分重要的作用。党的十六大以来，特别是近年来，我国在推进社会保障体系建设方面取得的重大进展，但是与经济发展水平相比还有许多不完善。存在覆盖面窄、保障水平低、统筹不够、制度不健全等问题。在新的形势下，要统筹推进城乡社会保障体系建设，就要坚持全覆盖、保基本、多层次、可持续方针，以增加公平性、适应流动性、保证可持续性为重点。为此需要在以下几个方面加以完善。一是改革和完善社会保险制度。尽管覆盖城乡居民的社会保障体系已经形成，但社会保障事业的改革发展仍面临一系列挑战，包括制度碎片化、保障水平存在差距、公平性和规范性有所欠缺、统筹层次不高、转移接续不畅等问题。目前，在社会保险领域，涉及城乡的主要社保制度有四组，包括城乡居民医保和职工医保、城乡居民养老保险和职工养老保险、城乡医疗救助、城乡低保。其中，养老保障制度就有三个系统并行运转，即“新农保”、“城居保”和城镇职工基本养老保险。因为在特定发展阶段，这些制度和政策大都是城乡分别设计和实施，统筹和融合度相对较低。然而，随着我国城镇化率超过50%，劳动力和居民在城乡之间流量增大、流速加快，涉农社会保障制度的供给不足矛盾凸显，重复参保、重复建设、公平性欠缺等问题初现端倪，这就需要在政策、制度、体制层面加快推进城乡统筹。为此十八大报告中明确提出了“整合城乡居民基本养老保险和基本医疗保险制度。逐步做实养老保险个人账户，实现基础养老金全国统筹”。二是健全社会保障基金的运营。扩大社会保障基金筹资渠道，建立社会保险基金投资运营制度，动员和依靠社会各方面力量，发挥商业保险对社会保障的补充作用，确保社会保障基金的保全和保值增值。三是完善社会救助体系。主要是通过最低生活保障、医疗救助、农村“五保”制度等，对城乡的贫困家庭和居民给予社会救助。切实保障城乡贫困群众、在校贫困大学生等人员的基本生活。健全低保标准动态调整机制，合理提高低保标准和补助水平。加强城乡低保与最低工资、失业保险和扶贫开发等政策的衔接。提高农村五保供养水平。做好自然灾害救助工作。完善临时救助制度，保障低保边缘群体的基本生活。四是加强住房保障建设。完善住房保障体系建设是一项解决低收入家庭住房困难的民生和民心工程。不断强化政府住房保障职能，积极探索建立解决低收入家庭住房困难的长效机制，全力构建多层次的住房保障体系，实现城市低收入住房困难家庭“应保尽保”目标是民生问题的重中之重。坚持政府调控和市场调节相结合，加快完善符合国情的住房体制机制和政策体系，逐步形成总量基本平衡、结构基本合理、房价与消费能力基本适应的住房供需格局，实现广大群众住有所居。

（五）提高人民健康水平

健康是国民素质的重要体现，是促进人的全面发展的必然要求。它关系千家万户的幸福。经过改革开放30多年发展，我国人民健康水平大幅度提高，平均寿命在74.3岁。但是由于各种原因，我国人民的生命质量和健康水平还有待于提高，在医疗卫生方面仍然存在着看病难和看病贵的问题。因此大力发展医疗卫生服务，提高人民健康水平，是广大人民群众的迫切愿望。为此报告提出了“一个方向”，就是为人民健康服务的方向。“一个目标”，就是坚持预防为主、以农村为重点、中西医结合并重，按照保基本、强基层、建机制要求，重点推进医疗保障、医疗服务、公共卫生、药品供应、监管体制综合改革，完善国民健康政策，为群众建立安全有效方便廉价的公共卫生和基本医疗服务。这也是我国基本医疗卫生制度建设的基本框架。围绕这个框架和目标，报告提出了以下几点措施；一是健全全民医保体系，建立重特大疾病保障金额救助机制，完善突发公共卫生事件应急和重大疾病防控机制。要落实责任，保障经费，增强能力，改善服务，提高疾病预防控制能力和应急医疗救治能力，重点控制艾滋病、肝炎、结核病、血吸虫病等重大疾病的流行，做好新发传染病防治工作，探索建立以农村和社区为基础的重大疾病防控干预机制，指导居民养成健康文明的生活方式，重点防控高血压、心脑血管疾病、糖尿病等危害人民健康的疾病。二是健全城乡医疗卫生服务体系。报告中指出，“健全农村三级医疗卫生服务网络和城市社区卫生服务体系”。大力发展社区卫生服务，构建以社区卫生服务为基础、社区卫生服务机构与医院和预防保健机构分工合作、协作密切的新型城市卫生服务体系，形成小病在社区、大病到医院的医疗卫生服务格局，最大限度地发挥医疗卫生资源的作用。健全农村三级医疗卫生服务网络，提高农村医疗卫生机构服务能力，推进县、乡、村三级医疗卫生服务机构的分工协作。切实整合城乡医疗卫生资源，建立城乡医院对口支援、大医院和社区卫生机构双向转诊、高中级卫生技术人员定期到基层服务的制度，不断提高农村、社区、特别是少数民族地区和偏远地区医疗卫生服务水平。三是深化公立医院改革。在我国医疗卫生体系中，公立医院占据着主体地位。承担着服务量占全国医院服务量的90%以上。长期以来，由于政府投入不足等原因，公立医院形成了“以药补药”的模式，公益性淡化，趋利性增强，导致医疗费用大幅度攀升，人民群众反映强烈。可见公立医院改革是整个深化医改的关键环节，也是解决看病贵必须打好的一场硬仗。以深化公立医院改革为突破口，改革医疗卫生的管理体制、运行机制、投入机制和药品价格形成机制，建立公益目标明确、功能完善、布局合理、规模适当的公立医院服务体系。强化公立医院的公共服务职能和责任，实施属地化和全行业管理，探索建立职责明确、权责一致、治理规范、监管有力的医院管理制度。加大政府投入，规范财务收支管理，改革以药补医政策和人事分配制度，建立有责任、有保障、有激励、有约束、有竞争、有活力的公立医院运行机制。四是改革和完善食品药品安全监管体制机制。民以食为天，药以安为先。如何让人民群众吃得放心，吃得健康，身体上用药安全、舒适，直接关系到人民群众的身体健康和生命安全，关系着经济社会发展的和谐稳定。食品药品安全，它既是重大的经济和社会问题，也是重大的政治和民生问题。为此要建立完善食品药品安全生产监管责任制，落实责任追究制度。建立“地方政府负总责、监管部门各负其责，企业是第一责任人”的食品药品安全责任体系。政府、监管部门和企业要各司其职、各负其责，形成责权利相对应的食品药品安全责任体系。要建立健全食品药品安全监管机制，实行无缝隙、全覆盖监管网络，真正解决因监管体系不健全而导致食品药品出现安全问题。五是全面做好人口工作。报告指出，“坚持计划生育的基本国策，提高出生人口素质，逐步完善政策，促进人口长期均衡发展”。我国自上世纪80年代实施以“控制人口数量，提高人口质量”为重要内容的人口政策以来，取得了显著的成就，探索出了一条符合我国国情的综合解决人口问题的道路。人口得到了有效的控制。但与和谐的社会建设的目标要求相比，还有很大差距。目前人口和谐问题主要受人口的数量、素质、结构、迁移、安全五大因素制约。因此做好人口工作的途径着重在提高人口素质上下功夫。

（六）加强和创新社会管理

加强和创新社会管理，维护社会稳定，是发展中国特色社会主义的必然要求。随着改革开放的不断发展，我国社会管理的内容、方式方法、手段、体制机制等都发生了重大变化。社会管理的难度越来越大，程度越来越高，人民对社会管理的要求越来越高。这就需要在加强社会管理法律、体制机制、能力、方式方法、人才队伍和信息化建设等方面下功夫，提高社会管理科学化水平。一是加强基层社会管理和服务体系建设。十八大报告指出，“改进政府提供公共服务方式，加强基层社会管理和服务体系建设，增强城乡社区服务功能，充分发挥群众参与社会管理的基础作用”。社会管理的重心在基层，活力在基层，突破口也在基层，因此要将更多的人财物投向基层，通过政府公共服务、建立社工服务站、社区自治等形式，充分发挥社区居委会、社会组织、居民群众的积极性和创造力。二是完善和创新流动人口和特殊人群管理服务。在当代中国，流动人口是在城镇化大潮中形成的一个庞大而独特的经济社会群体，受户籍制度的限制，目前我国的流动人口多没有永久性地变更其居住地，他们多年来一直在城乡之间、东中西部之间以及大中小城市之间不断往返迁徙，形成了人类历史上规模最为庞大的人口流动浪潮。随着工业化、城镇化的不断推进，我国总的流动人口数量不断增多。因此做好流动人口的服务管理工作意义重大而深远。完善和创新流动人口和特殊人群管理服务，主要是完善居民身份证制度，提高对实有人口的管理服务水平，建立覆盖全国人口的国家人口基础信息库，建立健全实有人口动态管理机制，完善特殊人群管理和服务政策，把城镇基本公共服务延伸到流动人口身上，把他们纳入城镇社会管理工作范畴。对特殊人群实行特殊关爱，使他们更好地融入社会。三是正确处理人民内部矛盾。矛盾的存在是社会发展的正常现象。新时期人民内部矛盾，既客观存在又日趋复杂。正确处理人民内部矛盾是事关国家政权和党的执政基础的重大政治问题。当前我国发展正处于关键时期，改革处于攻坚阶段，经济社会结构发生着深刻的变化，各种社会矛盾集中表现为多种利益冲突，其中大多数是由涉及群众切身利益的问题而引发的。因此我们一定要从巩固党的执政地位、实现党执政的历史任务、保证国家长治久安的战略高度，充分认识正确处理人民内部矛盾的极端总要性。正确处理人民内部矛盾，就要建立健全党和政府主导的维护群众权益机制。做到“两个完善”，即完善信访制度；完善人民调解、行政调解、司法调解联动的工作体系。“一个畅通”，即畅通和规范群众诉求表达、利益协调、权益保障渠道，有效防止和化解各类社会矛盾。四是强化安全体系建设。要坚持安全第一，预防为主，综合治理的方针。强化公共安全体系，要完善突发事件应急管理机制，提高保障公共安全和处置突发事件的能力。强化企业安全生产基础建设,健全安全生产责任制,维护安全生产秩序，有效遏制重特大安全事故。完善立体化社会治安防控体系，加强社会治安综合治理，深入开展平安创建活动，依法防范和惩治违法犯罪活动，保障人民生命财产安全。完善国家安全战略和工作机制，高度警惕和坚决防范敌对势力的分裂、渗透、颠覆活动，确保国家安全。

（作者：中共山东省委讲师团教务室主任、教授）

（选自《理论学习》2012 年第 12 期）

论平等就业权的限制

郝红梅

平等就业权是就业者在获得工作和从事工作过程中的平等权利，是就业者享有的一项具体人权。然而在现代社会，任何权利都不是绝对无条件的和不受任何限制的，至少就它们的行使来说，是有条件的和受限制的，即使作为基本人权的平等就业权也不例外。问题的关键是，如何对平等就业权进行限制，限制的方式及方法是什么，限制的限度和底线是什么，这种限制又要遵循哪些原则。对这些问题进行深入分析，不仅是在理论上准确界定平等就业权行使边界的必要前提，也是解决平等就业权与其他权利或权力之间的冲突，进而保障平等就业权有效实现的现实需要。

一、平等就业权限制的类型

从世界各国就业权保障与限制的实践来看，对平等就业权的限制主要包括以下几种类型：

1. 合理职业资格的限制

职业资格既包括职位本身所需的专业知识、技术和能力方面的资格要求（即专业技能方面职业资格，又称狭义的职业资格），也包括职位本身在种族、性别等身份方面的特殊要求。

(1) 专业技能方面的合理限制

专业技能方面的合理职业资格指从事某一职业所需的专业知识、技术和能力方面的合理而必要的要求。例如，某高校招聘知识产权法教师，要求申请人具有知识产权法博士学位。这一条件是否属于合理的职业资格，判断的关键在于该条件的设置是否合理、必要。首先，在教师招聘中设置学历学位要求是目前的普遍做法，且在大多数情形下，有专业学位的人更可能胜任教职。其次，“知识产权法博士学位”这一条件明确了申请者所需的资格，将合格者的范围缩小至一个很小的范围之内，提高了招聘活动的效率，也使求职者的求职行为更有针对性和效率性。因此，该招聘条件不仅具有一定的合理性，而且客观上来说也是必要的，属于专业技能方面的合理职业资格。

专业技术能力方面的合理职业资格比较常见，也已得到社会的普遍认可，世界上绝大多数国家都已实行职业资格制度，规定特定工作必须由具备专门知识、技能的人从事。如我国有关法律法规规定，从事法官、检察官、律师、医师、会计师等职业必须持有相关的职业资格证书。

(2) 身份方面的合理限制

与职业资格相关的身份，一般指客观存在的性别、出身、种族、年龄、性别、身体状况等方面的个体特征。虽然，平等就业权所追求的平等是不同身份的就业者之间的平等，基于就业者身份的区别对待是就业歧视的重要标志，它天然地受到平等就业权的排斥。然而，在某些特定情况下，身份也会成为承担某项工作所必须具备的条件，从而成为合理职业资格的一种，这就是身份方面的合理职业资格。身份方面的合理职业资格，又称职位本身的特殊需要，指从事某一职位所需的性别、种族、国籍、年龄、健康状况等身份方面的合理而必要的要求。

身份上的要求作为合理职业资格的情形，虽并不为一般人所熟悉，但也是现实存在的一种合理职业资格。

英国劳工法庭上诉庭（EAT）1989 年受理的托特纳姆·格林五岁以下幼儿护理中心诉马歇尔案就是一个关于身份作为合理职业资格的案件。在该案中，托特纳姆·格林五岁以下幼儿护理中心有一项在全体职员与所护理幼儿中维持种族平衡的政策。为了执行这一政策，该中心在一名加勒比黑人员工离职后，在发布的招聘广告中注明该职位只招收加勒比黑人。马歇尔先生由于种族出身的原因被该中心拒绝录用。该中心认为，在该职位上工作的人必须能够提供个人化的服务，比如为所看护的孩子阅读或用方言与其交谈。劳工法庭上诉庭经审理后认为，加勒比黑人的身份对这一看护职位而言属于《种族关系法》第 5 条第 2 款第 4 项规定的真正的职位需要。

我国法律法规中也有一些针对某些行业就业者的身份作出的限制性规定。如《公共场所卫生管理条例》第 7 条规定：“公共场所直接为顾客服务的人员，持有健康合格证方能从事本职工作。患有伤寒、痢疾、病毒肝炎、活动期肺结核、化脓性或者渗出性皮肤病以及其他有碍公共卫生的疾病的，治愈前不得从事直接为顾客服务的工作。”

由以上分析可以看出，身份方面的合理职业资格其实是在某些特殊情形下职位本身在职员身份方面的特殊需要。离开了特定的环境，职位对职员身份的特殊需要也就失去了其存在的合理性。

2．对特殊就业群体的保护性限制

在现代社会，一些特殊行业是明确禁止妇女和未成年就业者进入的，也就是说，这些特殊行业因这些就业者所具有的群体性特征而予以区别对待。这种区别对待表面上似乎是一种歧视，但其实质是考虑到妇女和未成年就业者的生理特征而对其采取的特殊保护措施，这就是对特殊就业群体的保护性限制。

在对特殊就业群体的保护性限制方面，国际劳工组织的文件中有十分详细的规定。例如，国际劳工组织 1935 年通过的《各种矿场井下劳动使用妇女公约》第 2 条：“凡女性不论其年龄如何，概不得使用于任何矿场的井下劳动。”再如，国际劳工组织 1973 年通过的《准予就业最低年龄公约》虽然规定就业或工作的最低年龄为 15 岁、特殊情况下为 14 岁，但为了对未成年就业者进行特殊保护，其第 3 条特别规定：“准予从事按其性质或其工作环境很可能有害年轻人健康、安全或道德的任何职业或工作类别，其最低年龄不得少于十八岁。”

我国法律中也有大量出于对女性及未成年人进行特殊保护的目的而禁止其从事某类劳动的规定。比如我国《劳动法》第 59 条规定：“禁止安排女职工从事矿山井下、国家规定的第四级体力劳动强度的劳动和其他禁忌从事的劳动。”第 64 条规定：“不得安排未成年工从事矿山井下、有毒有害、国家规定的第四级体力劳动强度的劳动和其他禁忌从事的劳动。”

3．就业回避的限制

就业回避的限制，是指在存在利益冲突的情况下，为了保护企业的合法权益，或出于国家机关廉政建设以及维护社会公正的需要而实施的有关人员不得在某地域、某行业或特定单位内获得职位的制度。

典型的就业回避限制形式是竞业禁止，其目的是为了保护企业的财产权益和商业秘密。现实中主要存在两种竞业禁止：

第一种是法定竞业禁止，即任职期间的竞业禁止，要求企业的职员（尤其是高级职员）在任职期间不得直接或者间接从事和用人单位相同或者相似的行业，即不得为自己或他人从事与所在公司相竞争的营业活动。如我国《公司法》第149条规定：董事、高级管理人员不得"未经股东会或者股东大会同意，利用职务便利为自己或者他人谋取属于公司的商业机会，自营或者为他人经营与所任职公司同类的业务"。

第二种是约定竞业禁止，即离职后的竞业禁止，要求企业员工在离职后的特定时期或地区内不得从业于竞争公司或进行竞争性营业活动。约定竞业禁止是保护企业商业秘密的一项重要制度。但由于约定竞业禁止毕竟在一定程度上限制了就业者的自由择业权，且可能影响到就业者的平等就业权，因此世界上多数国家在通过约定竞业禁止保护企业商业秘密的同时，又规定其对就业者权利的限制必须具有合理性，其所限制的范围与程度不能超出必要范围。一般说来，对约定竞业禁止的合理性限制主要包括以下几个方面：(1) 竞业禁止的期限应当合理，不宜过长。(2) 应支付一定的补偿，这也是竞业禁止协议生效的重要条件。(3) 竞业禁止义务不应超过被禁止者的从业范围。(4) 竞业禁止的地域不宜太广。一般来讲，竞业禁止的地域应限制在可能给该企业的竞争带来现实的、实质性妨碍或危害的区域。

英国上诉法院1979年受理的格雷尔诉斯凯奇利有限公司案就充分说明了合理性原则对竞业禁止的限制。在该案中，格雷尔是斯凯奇利有限公司的一名经理，他管理着该公司的一家干洗店。他的雇佣合同要求他在离开该公司后12个月以内不得在英国任何地区从事类似的商业活动。英国上诉法院审理后认为，合同中约定的从业限制适用于整个英国，这一限制由于规定过于宽泛而无效。

另外，国家公职人员的任职回避也是一种在国际上得到普遍认可的就业回避限制形式，其目的是为了促进国家机关廉政建设，维护社会的公平正义。我国《公务员法》第68条规定："公务员之间有夫妻关系、直系血亲关系、三代以内旁系血亲关系以及近姻亲关系的，不得在同一机关担任双方直接隶属于同一领导人员的职务或者有直接上下级领导关系的职务，也不得在其中一方担任领导职务的机关从事组织、人事、纪检、监察、审计和财务工作。"

4. 国家安全方面的合理理由的限制

国家安全方面的合理理由的限制是指为了维护国家安全而对某个人或某些人的平等就业权进行的临时的或常规性的限制。

《消除就业和职业歧视公约》第4条规定："在有正当理由怀疑某人从事损害国家安全的活动或某人正从事损害国家安全的活动的情况下，对其采取的任何措施，不应视为歧视。"该规定中的"有正当理由怀疑某人从事损害国家安全的活动或某人正从事损害国家安全的活动"就属于对平等就业权进行临时性限制的一种合理理由。

另外，国家处于紧急状态时可对其承担的平等就业权保障方面的义务进行克减，这也属于对平等就业权的一种临时性限制。《公民权利和政治权利国际公约》第4条规定："在社会紧急状态威胁到国家的生命并经正式宣布时，本公约缔约国得采取措施克减其在本公约下所承担的义务，但克减的程度以紧急情势所严格需要者为限。”该条还规定了不能克减的六种权利，而平等就业权并不属于不可克减的范围，因此，在国家处于紧急状态的情况下，可克减其承担的有关平等就业权保障的义务，这在客观上也形成了对平等就业权的限制。

除以上四种对平等就业权的限制类型外，在世界各国平等就业权保障与限制的实践中还存在着其他一些对平等就业权限制的合理理由。比如，合理便利歧视的例外情形就是合理理由的一种。合理便利歧视就是对于因具有某种特征（残疾、性别、宗教或信仰等）而失去某种功能或无法按常规方式完成某项工作的就业者，雇主拒绝雇用或未在合理限度内为其提供合理或有效便利的行为。如果为此种就业者提供有效便利会给雇主造成不合理的负担或经营困难，那么雇主拒绝雇用或未提供有效便利的行为不构成就业歧视。另外，某些不良信誉记录也可成为限制平等就业权的合理理由。例如我国《公司法》第57条规定，“因犯有贪污、贿赂、侵占财产、挪用财产罪或者破坏经济秩序罪，被判处刑罚，执行期满未逾5年，或者因犯罪被剥夺政治权利，执行期满未逾5年”，不得担任公司的董事、监事、经理。

二、平等就业权限制的基本限度

虽然世界许多国家都通过立法对平等就业权作出了一定的限制，但这并不意味着可以据此对就业者的平等就业权进行任意的限制或约束。也就是说，所有对平等就业权的合理限制都是有一定限度和底线的，一旦突破了这种限度和底线，就会造成对就业者合法权利的侵害。一般来说，平等就业权限制有以下两个基本限度：

一是对平等就业权的限制本身不得构成就业歧视。

对平等就业权限制的各种类型及其具体适用条件进行分析，可发现这些限制类型尽管有不同的适用条件，但它们都存在一个共同的、最基本的限度和底线，那就是对平等就业权的限制本身不得构成就业歧视。就业歧视是对平等就业权的侵犯和无视，是不合理的差别对待，而平等就业权限制则是对平等就业权的合理的约束和限制，是基于就业主体与职位的特殊性而采取的合理的差别对待。所以，尽管平等就业权限制与就业歧视的内涵中都含有差别对待的内容，但二者的本质却是截然不同的。不过，平等就业权限制中的差别对待一旦超出了就业主体与职位特殊性的特定需要，便失去了其合理性基础，演变为不合理的差别对待，也就构成了就业歧视。

我国平顶山市发生的周香华退休案就是一个平等就业权限制演变为就业歧视的典型案例。2005年1月，建设银行平顶山分行依据《关于安置老弱病残干部的暂行办法》第4条规定的退休标准（即党政机关、社会团体、企业、事业单位的干部，“男年满60周岁，女年满55周岁，参加革命工作满10年的”，都可以退休），通知周香华办理退休手续。这种要求女性员工比男性员工提前退休的规定，其本意是对女性群体进行特殊的保护，但却给提前退休的女性带来经济利益上的损失，使女性在退休问题上受到了不合理的差别对待，侵犯了女性的平等就业权。

二是对平等就业权的限制不得侵犯就业者的自由择业权。

虽然平等就业权限制所限制的对象是就业者的平等就业权，但有时还会对就业者的自由择业权产生附带的限制效果。比如法定竞业禁止要求企业的职员（尤其是高级职员）在其任职期间不得直接或者间接从事和用人单位相同或者相似的行业，这就造成了对企业职员自由择业权的限制。再如对特殊就业群体的保护性限制禁止一些特殊行业雇佣妇女和未成年就业者，这不仅造成了对特殊就业群体平等就业权的限制，也造成了对特殊就业群体的自由择业权的限制。这里需要强调的是，平等就业权限制所产生的对自由择业权的限制效果不等同于对自由择业权的侵犯。前者由于平等就业权限制所具有的合理性而当然地具有了正当性，后者则是一般意义上的对合法权利的侵害，属于违法行为。

德国发生的“夜班女工案”就是对特殊就业群体的保护性限制超越一定的限度从而侵犯特殊就业群体的平等就业权和自由择业权的一个案例。德国法律曾规定禁止在晚间雇用女性作为蓝领工人，一个糕点店的老板因违反此规定而被罚款，于是发生了1992年的“夜班女工案”。该案的结果是宪政法院判决该法律违反了《基本法》第3条规定的平等原则，并侵犯了第2（1）条规定的普遍自由——当这种自由与就业权相结合时，就表现为自由择业权。这种禁止女工值夜班的规定其用意虽然是出于保护女性的目的，认为妇女更容易在夜间工作时受到伤害，但其结果却使更多的女性丧失了夜班的工作机会，从而使其权益受到了更严重的损害。

总之，平等就业权限制的基本限度，是平等就业权限制的合理范围的最远边界。尽管这一基本限度主要包括不得构成就业歧视和不得侵犯自由择业权两点，但从其存在意义来看，不得侵犯就业者任何合法权利是其应有之义。也就是说，任何对就业者合法权利的侵害，都超出了平等就业权限制的基本限度所划定的界线，都会使平等就业权限制失去其合理性。

三、平等就业权限制的原则

由上文可知，平等就业权限制如果突破了其基本限度，就会演变为不合理限制。那么，对平等就业权的限制应当遵循哪些原则或标准，才能保证这种限制始终处于其基本限度所划定的范围之内呢？对平等就业权限制的各种类型及其基本限度进行深入分析，可发现平等就业权限制必须遵循以下三个原则：

第一，平等原则是平等就业权限制的首要原则。平等是平等就业权的核心，平等原则是平等就业权的核心原则。这一原则不仅体现在平等就业权的具体内容上，体现在平等就业权的保护原则中，还体现在对平等就业权的限制上。平等原则成立的基础是人在本质上的平等，由此推导出人在机会、权利等社会资源的分配上也应当平等——当然，社会资源分配上的平等所追求的是实质平等。因此，平等原则必然要求同样的情况同样对待，不同情况不同对待，具体的说就是主张用外力对经济、社会、文化等方面的不公平进行调整，为本质上相同的人创造同等的机会，让这些具有相同本质但同时具有各种先天及后天差异的人得到同样的发挥自己才智、实现其社会价值、获得全面发展的机会。因此，在对平等就业权进行限制时，这种限制不得违背平等原则，不得违背平等就业权中实质平等的要求。

第二，对平等就业权进行限制还需遵循比例原则。比例原则的基本涵义是指行政机关实施行政行为应兼顾行政目标的实现和保护相对人的权益，如果为了实现行政目标可能对相对人权益造成某种不利影响时，应使这种不利影响限制在尽可能小的范围和限度，使二者处于适度的比例。一般认为，比例原则包括三个子原则：一是适当性原则，要求行政机关采用的手段能切实地完成立法者的立法目的；二是必要性原则，又称最少侵害原则，是指在众多能够达成行政目的的手段中，行政机关应当选择对公民权利限制或侵害最少的手段；三是狭义的比例原则，又称均衡性原则或法益相称性原则，指行政手段对行政相对人权益的侵害必须小于该行政目的所追求的社会公共利益，两者之间必须合比例或相称。依据比例原则，对平等就业权进行限制的方式和手段必须符合、至少不得违背对平等就业权进行保护的目的；在对平等就业权进行限制时，所选择的方式或手段必须是多种方式手段中对平等就业权限制最少的一种；所选择的方式或手段对平等就业权主体的相关权益造成的侵害必须小于其所追求的社会公共利益，即对平等就业权进行保障的目的。其实，对平等就业权进行限制需遵循比例原则，也就是要求对平等就业权的限制遵循合理性原则，具体的说就是这种限制的目的、限制时所采取的手段以及所达到的效果都必须具有合理性，任何过度和不当都会使这种限制失去其合理性基础，从而造成对平等就业权的非法侵害。如上文中的格雷尔诉斯凯奇利有限公司一案中，合同约定的竞业禁止的范围是整个英国，因这一范围太广而使这一限制违背了必要性原则和狭义的比例原则，从而失去了其本应具有的合理性，最终造成这一限制的无效。

第三，对平等就业权的限制还要遵循合法原则。尽管法律本身对平等就业权限制的规定有时并不符合平等原则或比例原则，但合法原则仍然是平等就业权限制中的重要原则之一。这不仅是因为平等就业权的保障最终都要依法进行，更因为法律本身是就业者与雇主竞业禁止约定内容有效性的最终裁判者。比如我国《劳动合同法》第24条规定："竞业限制的人员限于用人单位的高级管理人员、高级技术人员和其他负有保密义务的人员。竞业限制的范围、地域、期限由用人单位与劳动者约定，竞业限制的约定不得违反法律、法规的规定。在解除或者终止劳动合同后，前款规定的人员到与本单位生产或者经营同类产品、从事同类业务的有竞争关系的其他用人单位，或者自己开业生产或者经营同类产品、从事同类业务的竞业限制期限，不得超过二年。"这一规定说明，负有竞业禁止义务的就业者的主体范围是受到严格限定的，该条规定之外的人员即使与用人单位签订了竞业禁止协议，也不受其约束；约定的竞业禁止期限超过两年的，超出的期限无效。

平等就业权限制是基于任何权利都是有条件的、受限制的这一基本法理而存在的，但这并不是说可以据此对平等就业权进行任意的限制或约束，而且这种对平等就业权的限制本身更是需要受到限制的。对平等就业权的限制不得突破其基本限度和底线，而且必须遵循一定的原则，只有这样，才能保证平等就业权的正当行使，平衡就业者与雇主之间的利益，维护国家的安定和社会公平正义的实现——这就是平等就业权限制存在的意义。

（作者：中国政治大学博士后流动站博士后工作人员、法学博士）

（选自《北京行政学院学报》2012年第1期）

城市化进程中失地农民就业的制约因素及其政策支持

翟年祥　项光勤

随着我国城市化进程的加快，征占农村土地的规模越来越大，失去土地的农民的人数越来越多；失地农民的数量在短短几年内迅速增加，其增长速度已远远超过了为安置失地农民所提供的就业岗位的增加速度。有关部门统计，按照《全国土地利用总体规划提要》，2000年到2030年的30年间，我国的失地农民将超过7800万。有研究显示，预计到2030年我国失地农民将达到1.1亿人，其中有5000万以上的农民既失地又失业，而从动态来看，这一数字可能达到8000万人。虽然近些年来，国家对失地农民通常采用了一次性货币安置方式。但是因为征用补偿标准过低，被征用的土地并未获得与之价值相应的经济补偿，使得被征地农民在失去土地后，不得不游离于城市和农村之间，成为城市化浪潮中的一个庞大弱势群体，而由此引发的矛盾和问题严重影响了中国城市化的进程，并进而影响了中国经济社会的和谐稳定。失地农民是农民中的弱势群体，我们应该关注这部分人的生活，而就业是解决这一问题的较好途径。因此，解决这些失去土地农民的就业问题，将是未来相当长一段时期的关键。

一、失地农民就业的现状

本文所指的失地农民是指近5年在城市化进程中土地被完全征占、完全丧失农村集体土地使用权的农村居民。这些“农民”有可能在户籍身份上转化成了城镇“居民”，但是由于身份转化的时间很短，并没有真正享受到“市民”的各种待遇，所以，无论是在城市人看来，还是他们自己看来都还是“农民”。

从失地农民当前实际情况来看，失地农民的就业状况不容乐观。由于政府和企业的就业安置能力有限，失地农民的就业渠道狭窄。目前，相当一部分失地农民处于失业或者半就业状态，无地、无业、无保障的“三无农民”在城乡结合部表现得特别明显。当前失地农民总的就业形势是：原有的就业机会逐渐丧失，重新就业的压力比较大。调查发现，农民传统的就业渠道主要有三个方面：第一，务农；第二，务工；第三，自由职业（主要指小商贩、临时工等）。据估算，务农、务工渠道就业的劳动力占农村劳动力总数的80%左右。然而，随着城市化的不断推进和征地拆迁规模的扩大，务农、务工两大就业渠道的就业容量大幅度下降，于是，就业需求在一些失地农民群体当中增加很快。

随着我国经济体制改革的不断深化，以市场就业为取向的劳动用工制度改革和以知识经济为基础的产业结构调整，对求职者的年龄、知识、技术和市场竞争意识要求越来越高。失地农民在就业方面处于劣势地位，具体表现是：

第一，失地农民在就业市场缺乏竞争力。失地农民普遍存在年龄偏大，文化程度不高和缺乏非农业就业技能三大就业劣势，再加上农村就业信息渠道不畅通等因素，严重制约了失地农民在城市就业市场上的竞争能力。

现阶段，我国经济发展一方面迫切需要技能型人才、知识型人才，但是农村失地农民综合素质较低，难以满足要求，而另外一方面，随着经济的发展，生活条件的改善，失地农民的就业期望值不断提升，这与现实社会可能提供给他们的就业机会呈现严重脱节的趋势，增加了失地农民就业的难度。随着我国经济的快速发展，劳动力市场对劳动者的技术要求越来越高，综合素质较低的失地农民，尤其是年龄偏大的失地农民，就业难度越来越大。此外，失地农民在被征地之前一直从事农业生产，缺乏从事非农产业的技能，也难以适应企业尤其是工业化程度较高企业的聘用要求。

第二，现行失地农民安置方式带来就业隐患。我国现行的对失地农民的安置方式主要是货币安置，货币安置是一种生活指向性的安排，而非就业指向性的安置。中国现行的《土地管理法实施条例》规定了针对失地农民的三种安置方式：一是“以土地换就业”，即由征地单位招工安置；二是把征地补偿费付给失地农民所在的集体经济组织，由其负责安置失地农民，即就地安置；三是对失地农民进行一次性货币补偿，即“一脚踢”式的货币安置。与前面两种方式相比，货币安置因其风险小、稳定性强、见效快而容易被失地农民接受，且因其操作成本低、周期短而受到了各地政府、企业乃至集体经济组织的欢迎。所以，当前中国绝大部分地方采用货币安置的方式。然而，货币安置却并非就业指向性的安排，它能让失地农民得到暂时的喜悦和满足，也能在短期内维持甚至提高生活水准，却很难让失地农民成功地实现再就业。在现实生活中，相当一部分失地农民有“接受统一安置——下岗失业”的经历。实际上，如果不能为失地农民提供充足、稳定的再就业机会与岗位，失地农民家庭根本无法实现可持续生计。因为征地补偿费只是一个固定数目，失地农民绝对不可能仅仅靠这么一点钱来维持一生的生计，政府等有关方面还应当更多地从解决失地农民就业方面来解决根本问题。

第三，失地农民的就业缺乏稳定性。土地被征用后，部分失地农民到企业中工作，部分做小生意，部分外出打工。这些职业本身大多具有不稳定性，抗风险能力差，收入增加的难度也大，在收入水平普遍下降而物价普遍上涨的同时，失地农民的生活费支出普遍增加了20% ~ 30%，从而失地农民陷入贫困的风险日益增加，相当一部分人口正在由农村弱势群体转变为都市新贫民。

二、制约失地农民就业的因素

1．地方政府对失地农民就业重视不够、认识不足

地方政府在失地农民就业与再就业问题上的职能缺失，使得其未能发挥政府的公共服务功能。实际上，能否妥善安置失地农民就业，是关系到城市化进程能否获得一个稳定环境的根本所在。政府在征用农村集体土地时，往往就补偿安置制定相应的法规和政策，但是这只是在大的原则上对就业安置给予界定，而缺少具体的操作方法。各部门在具体执行过程中，只能根据自己的理解去操作执行。“谁占地，谁负责”的安置原则没有从根本上得到落实，部分地区只知道收取各种费用或者简单地发放各种补贴。此外，采取以土地补偿费的形式对失地农民进行补偿可以减轻国土部门和用地单位的工作压力，失地农民也往往从眼前考虑，容

易接受。一些地方政府领导也往往把失地农民问题简单地看作是经济补偿问题，认为国家已经给予货币补偿，失地农民的就业问题不是他们的责任。因此地方政府没有把失地农民纳入当地的就业体系，没有出台相应完善的就业保障政策，没有提供更多有针对性的就业信息和培训机会，更没有制定针对失地农民就业的倾斜政策等。还有部分干部对如何解决失地农民就业问题心中无数，甚至对失地农民的出路问题采取逃避态度。

2. 社会就业环境不利于失地农民就业

(1) 现行的城乡分割的就业制度使得失地农民不能享受城市居民待遇

改革开放以来，随着社会流动的加剧，人们的从业结构日益复杂，原来农业、非农业的户口划分已经不能准确反映人们的职业身份和居住区域。为了适应客观形势，国家有关部门对户籍制度进行了一系列的改革。尽管如此，目前，我国城乡劳动力市场分割的状况尚未根本改变，许多城市仍然保留着一些对农民进城就业的限制性规定。这种城乡就业制度的二元格局，人为地制造了各种差别和不公正，使失地农民不能享受与市民一样的待遇，甚至有些地方对农民进城规定了越来越高的门槛，许多失地农民在农转非后，可能既面临失去土地，又无缘分享城市化发展的成果，并被城市化抛弃的困境。正如有学者认为的，农民工以及失地农民“由于户籍制度的限制和城市社会的排斥，城市化还是处于表面层次，是一种‘虚’城市化状态，即缺乏制度接纳、缺少城市社会认同并游离于城市社会，农民工成为城市的边缘群体。

(2) 失地农民自身素质不高

现阶段我国经济发展所需要的技能型人才、知识型人才紧缺与农村劳动力素质低下的矛盾越来越突出。随着我国工业化和城市化进程的加快，劳动力市场逐步由单纯的体力型向专业型、技术型转变，而失地农民由于长期从事农业耕作，劳动技能单一，专业化程度低，工作的可替代性强，再加上失地农民普遍缺乏市场意识，缺乏获取就业信息的能力，观念落后，再就业意识薄弱，缺乏积极的心态去自谋职业，而过多的寄希望于政府和企业的安置，最终导致在劳动力市场竞争中处于不利地位。

3. 农村职业教育缺失，就业培训缺乏组织协调机制

首先，对失地农民的培训没有硬性要求，导致培训率低。失地农民培训弹性大，约束力不强，失地农民是否组织培训、失地农民是否参加培训，往往取决于培训部门和失地农民对培训的理解。此外，国家对失地农民的就业培训无具体安排。其次，目前许多地区的农村没有专门的农村职业教育培训机构，只有当地政府组织为数不多的相关技术人员在村里进行一些授课，但由于宣传工作薄弱，授课缺乏针对性和实用性，对农民文化素质的提高和技能的掌握效果不明显。再者，缺乏组织协调机制，开展农村职业培训需要劳动和教育、财政等相关政府部门的相互协调，通力合作，这样培训的效果才能明显，然而这一协调机制尚未建立。另一方面，政府对农村职业培训的重视不足，投入不够，造成农村职业教育因经费缺乏而萎缩，以致农民得不到及时的职业教育，影响到劳动技能的提高，进而影响到其就业。

4. 现有对失地农民的安置方式不合理，补偿标准低，间接影响农民再就业

按照《土地法实施条例》，对被征地农民有三种安置补偿途径：农村集体经济组织安置、用地单位安置和发放安置补偿费给失地农民自谋职业的货币补偿安置。然而调查发现，政府对失地农民的安置补偿只是单一的货币补偿，而货币补偿安置只是一种生活指向性的安置，

而非就业指向性的安置，这就把失地农民推向劳动力市场，在劳动力市场机制不健全、农民缺乏从业技能的情况下，使得失地农民在劳动力市场竞争中处于不利地位，出现就业困难的现象。有调查发现，有90%以上的失地农民对地方政府补偿标准不满意。补偿偏低，究其原因就是补偿费用经过县、乡镇、村社等层层截留后，最终到达农民手中的人均只有万余元，无法保障其长久生活，同时也使部分想通过补偿安置费自主创业的农民举步维艰，这些都给失地农民的再就业带来不少困难。

三、政府在解决失地农民就业过程中的政策支持

1．失地农民再就业的制度支持

要解决失地农民的就业问题，政府首先必须对原来的制度设计进行调整和完善。

首先，要按照统筹城乡的原则，完善相关制度，建立失地农民的失业补偿机制。针对目前已经出现，以后还将大量出现的失地农民的就业问题，建立失地农民的失业补偿机制是非常必要的。其基本思路是：在现有的安置内容中增加失业补偿。补偿的标准应当是确保失地农民的生活水平不低于失去土地前和目前农村的平均生活水平，至少不能因为征地的因素而使他们陷入贫困，补偿的期限应当不低于城市失业人员领取失业保险的期限。

其次，必须逐步建立城乡统一的劳动力就业市场。要逐步改革城乡分割的二元就业制度，取消就业中的城乡户籍歧视。要充分发挥市场在调节就业中的基础性作用，逐步建立城乡劳动者自主择业、平等就业的就业制度。要建立城乡一体化的劳动力市场网络，实现用工信息共享。通过城乡一体化劳动力市场把失地农民纳入城镇就业体系，使其在职业培训、就业援助、自主创业等方面享受和城市居民一样的就业服务和政策待遇。

最后，政府有责任通过明确政策导向，制定政策措施，促使失地农民转移到非农产业或得到城市提供的非农就业机会。一方面，政府可以通过制定相关的保护政策，优先录用、安排因城市建设扩张而失去土地的农民；另一方面，政府要发挥财政转移支付的功能，建立失地农民就业保障金——或补贴失地农民职业技术培训费用；或奖励、补贴安置失地农民就业的工作单位；或有偿扶持失地农民集体就业、个体经营。

2．失地农民就业和创业的资金支持

对于自主创业的农民，政府应该加强创业支持体系的建设，提供各种创业辅导和服务，并给予政策和资金等方面的支持，如提供小额贷款担保、减免税收、提供一站式服务等；为了更加有效地解决失地农民创业的资金问题，提高创业的热情，各级政府应当及时出台一些金融、信贷、税收等各方面的政策。政府可以通过当地银行政策性的援贷资金和政府财政拨款，向通过银行贷款的失地农民提供利息补贴，同时还可以为这些失地农民提供信用担保。金融机构也要加大对失地农民创业信贷资金的投放，实施小额贷款担保，一要强化农业银行和其他商业金融组织支持失地农民创业的责任，完善农村政策性金融体系；二要深化信用社改革，争取在完善法人治理结构、转换经营机制，特别是在提高对农户尤其是创业农民的贷款覆盖面、满足农民创业资金需求方面有实质性进展；三是发展小额信贷机构。降低准入门槛，允许设立更多的以市场商业运作为基础的小额信贷机构。对失地农民中的创业者税收优惠政策的办法有：在创业初期减免他们的营业税、所得税；政府与社区协商减免其所需要设施，如厂房、店面的租金；对从事对外出口型的小企业，应当依据国际形势的变化及时给予补贴，加大进出口退税数额等。

3．积极拓宽到非农产业就业的渠道支持

首先，鼓励失地农民自主创业。目前，有相当一部分失地农民是通过创办个体、民营企业等自主创业方式先富裕起来的。实践证明，自主创业对于失地农民来说是一条切实可行的好路子，不但可以解决失地农民自身的就业问题，还可以以雇佣的方式带动当地失地农民就业，达到一种“双重效应”。所以，政府应当鼓励失地农民创办一些个体和民营企业，为自己寻找到一条新路子。从农村转移出来的大批劳动力中，凡有自谋职业或合伙投资创业者，政府应该给予大力扶持。积极鼓励，热情引导，在税收、市场管理、小额贷款等方面给予优惠。可参照对城市失业人员自谋职业者的鼓励办法做适当的增补，调动自谋职业或合伙创业者的积极性。

其次，鼓励失地农民在小城镇就业。大城市周边的小城镇往往是大量失地农民聚集的地方，因此，大力发展一些劳动密集型产业，既可以促进城镇经济的发展，又可以起到促进吸纳失地农民的作用。有研究表明，城镇的劳动力就业成本，相对于城市而言比较低，大城市安排一名劳动力就业需要投入1．5万元，小城镇只需要0．4万元，这就大大降低了失地农民的就业门槛。因此，要继续完善农村基础设施和服务体系的建设，加大新农村建设的投入，使失地农民在小城镇就能够获得理想的就业环境。有学者统计，虽然城郊中小企业只占全国工业产值的1/4，但是却容纳了全国工业就业人数的大部分，其中57%以上的都是城市化进程中的失地农民。由此可见，大力发展城郊劳动密集型企业是有效化解失地农民就业问题的一条重要途径。

最后，大力开发社区就业岗位。随着城乡一体化的加快，社区对第三产业——服务业的需求会逐渐增加，对第三产业的发展必然产生很大的促进作用，与此同时可以为失地农民提供相当数量的就业岗位，如个人、几个人或家庭成员组合的形式，即可小额投资、摆摊设点、租赁门面经营小商品、日杂、五金等。亦可从事修理、修补性服务，或从事家政服务等等。另外可以把解决失地农民再就业问题同加强城市的绿化、环保、卫生、交通、便民服务等项事业结合起来，使之形成提供就业岗位与创造本地财富的新循环，推动失地农民的就业。

4．加强就业工作的培训支持

为进一步健全、完善劳动力培训体系，强化就业培训制度是可持续地解决失地农民就业难题的重要手段，政府应在以下方面加强管理：首先，要尽快健全对失地农民培训的信息采集机制、师资组织机制、专业培训机制、评价考核机制、反馈跟踪机制、资质认证机制等，由组织、人事、劳动、教育等部门共同参与实施，切切实实把失地农民的培训工作纳入政府工作的重要议题。其次，要增强培训的实用性和针对性。可围绕市场需求开展定单培训，突出培训的实用性；应加强与当地企业的联系，由村站管理员对本村失地农民的就业意向进行征集和汇总，及时向用工单位发送《就业意向书》、《就业推荐信》等，根据企业的需求，并以企业为培训基地，大力开展职业技能培训，帮助失地农民实现再就业。再次，采取政府补贴与用人单位、失地农民合理分担培训费用的措施。对失地农民的就业培训，国家应像对下岗职工的再就业培训一样安排一定的费用；用人单位开展失地农民培训所需经费从职工培训经费中列支，职工培训经费按职工工资总额一定的比例提取（如1.5%），计入成本在税前列支；失地农民自己也要为学习、培训承担一些费用，在目前阶段不能指望国家承担起全部的培训费。

5．失地农民的就业保障支持

失地农民为我国的工业化、城市化作出了

重要的贡献，政府、用地单位应当重视失地农民的就业保障问题。除了应当改革和规范征地制度，研究更加科学、公正的征地补偿标准外，完善失地农民的就业保障是当务之急。特别是对于那些尚未享受到养老保障的老年农民来说，就业问题就显得更加迫切。为此，第一，应当尽快建立失地农民就业保护制度。具体来说是要从立法上明确打破劳动力市场的城乡分割，确立城乡劳动者平等的劳动权利，明确用工单位责任制，提高用工单位与失地农民的劳动合同签订率和履行率。第二，完善失地农民的失业保险与救助制度，法律在规范参加失业保险的对象的条件与范围、失业保险基金的筹集与管理、失业保险基金对失业者的救助制度时必须把失业的失地农民纳入其范围之内。第三，设立失地农民就业保障基金。在目前我国经济发展水平还不高的情况下，不能全部由国家财政包揽失地农民的社会保障资金。而基金的筹集，可模仿城市社会保障基金的筹集方式，由政府、集体、失地农民个人三方共同出资，合理负担。政府承担的部分从国有土地出让收入和增值收益中列支以及安排专项财政拨款，集体承担部分从土地补偿费和集体经济积累中提取，失地农民个人缴纳的部分可在安置补助费中扣除。

（作者：翟年祥系安徽大学管理学院副教授）

（选自《中国行政管理》2012 年第 2 期）

优化我国收入分配格局的政策建议

国家发改委社会发展研究所课题组

1992年以来尤其是21世纪以来，国民收入分配向政府倾斜明显，政府所得对企业和居民所得存在挤压作用。由于各种制度外收入和土地出让收入的快速增加使政府所得份额上升明显，企业在再分配格局中居于弱势地位，而我国产业结构升级和劳动生产率的提升使得居民劳动报酬在要素收入中相对于资本所得比重下降。同时在各主体内部分配结构中也存在不少问题，比如政府部门内中央政府和地方政府的收支结构不平衡、地方政府的非预算收入激增；企业部门内部垄断行业利润增加大于竞争性行业；居民部门内收入差距持续扩大等。针对当前国民收入分配中存在的问题，有必要对国民收入分配政策进行适当调整，从而平衡政府、企业和居民主体间分配关系，缩减各主体内部收入差距。

一、规范收入体系，完善分配结构，推动政府职能向公共服务型转变。

（一）规范非预算收入，提高税收收入和财政收入比重。虽然21世纪以来我国国民收入分配格局中呈现向政府倾斜的趋势，但这主要是由于政府收入尤其是地方政府收入中各种非预算收入比重上升导致，造成了预算内财政收入比重偏低，使得国家财力分散，影响了政府公共财政职能和收入再分配功能的发挥。因此，要针对各种非预算收入的性质进行取缔、转税、总量控制等综合治理，强化预算管理和监督机制，尤其是规范制度外收入和土地出让收入，减少非税收入。对政府部门的各种收费要立法监管，实行收支分离、预算管理，审批权集中在中央，杜绝行业部门和地方政府利用职权乱收费现象，努力使我国各种非税收入占总财政收入的比重从目前的近50%逐渐下降到10%左右，进而增加税收收入比重和中央财政收入比重，为政府调节收入分配提供充足的财力保障。

（二）深化分税制体系改革，健全中央和地方财力与事权相匹配的财税体制。1994年分税制以来，由于财权的上移和事权的下移使得地方财政自给能力逐年下降，地方对中央转移支付的依存度在加深，同时中央对地方财政转移支付制度尚不统一规范和透明，一定程度上存在地区间“苦乐不均”现象，这种制度缺陷导致地方财力倾向于各种预算外资金和不规范的非预算收入。深化分税制改革的重点应在于重新明确划分中央和地方政府的财权和事权，尤其是需要确立各级政府预算内独立的收入来源以及相应的支出责任，避免事权在上下级之间推诿和逐级下移。在1994年进行分税制改革时，中央政府明确要承担国防、外交、司法、中央行政管理费用、中央统管的建设投资等，地方政府要承担的是城镇基础设施建设和大多数社会公益事业开支。然而2004年以来，解决“三农”问题成为重中之重，而且社会保障体系的构建和完善也成为社会焦点。中央财政相继加大了相关投入，如农业农机、良种和种粮等直补、农村义务教育经费、农村新型合作医疗投入、社会保险资金补助等，也就说本应属于地方政府的一些职责现在中央政府也提高了投入，现在哪些职责应该归属中央政府，哪些职责应该归属地方政府并没有一个明确的区分和说法。因此，在事权没有重新确立的情况下就无法清楚地界定中央政府和地方政府的财权问题。这就有必要在充分听取省级政府意见并在其参与下重新拟定中央和地方的职责划分并对税收财力的归属进行重新调整，在此基础上加大中央财政专项转移支付力度，并明确地方政府的财权，还要对其财政收支加强垂直监管，遏制各种福利性非规范支出的快速增长。

（三）完善政府税收结构，加大社会保障等民生投入。完善政府税收结构主要是指适当降低生产税比重而提高收入税比重。生产税主要包括营业税、增值税和关税等，当前生产税占政府税收总额的近80%，占政府可支配收入的近20%，已经远高于世界上发达国家和大部分发展中国家的水平，给予企业生产税方面适度的税收减免（这种减免长期以来是地方政府作为优惠政策招商引资尤其是外资的手段，大部分企业并不享有）可以降低企业税收负担、提高企业经济效益。同时我国政府收入税比重低于发达国家和大部分发展中国家水平，通过完善个人所得税和企业所得税征管体系，提高政府收入税比重，可以增强政府的收入再分配能力。就居民个人所得税而言，要继续加强对高收入者的税收调节，落实财产申报制度，加大对偷漏税行为惩处力度。对企业所得税而言，可以考虑对部分垄断行业超额利润征收高额所得税。在完善政府税收结构的同时，还要增加社会保障等民生投入，加大对低收入者的扶持力度。提高国家贫困线和从业人员最低工资水平，健全城乡最低生活保障制度，加强对基层专款专用的监督力度。

二、限制行业垄断，化费为税，减轻企业负担。

（一）限制行业垄断，提高市场竞争活力。20世纪90年代以来，我国企业的行业间利润差距越来越大，而且企业利润逐渐向少数垄断程度高的行业集中，这些垄断行业职工的平均工资增速较快，扩大了居民间收入差距。加强对垄断行业收入分配的控制，不仅能防止少数企业长期获得超额垄断利润，提高市场竞争活力，而且还可以缩减居民收入差距。要按照2007年8月第十届全国人大常委会通过的《反垄断法》为依据，清除各种市场进入壁垒，鼓励中小企业和民营企业进入以增强市场竞争；加快电力、电信、石油、交通等行业改革步伐，发挥市场竞争机制调节作用。推动国有企业改革重组适当提高行业集中度从而提高国内企业的国际市场竞争力是国企改革的一大战略，这与提高市场竞争活力并不矛盾，关键是要一视同仁并积极推动包括国有企业和民营企业在内的民族产业的做大做强。

（二）化费为税，为企业减轻额外负担。由资金流量表计算的我国企业上缴的生产税净额和转移到政府部门的制度外收入，在1992年分别为2804.93亿元和2177.56亿元，在2005年分别上升到25509.2亿元和13822.3亿元，分别增长了8.1倍和5.3倍，虽然从增速上看企业的各种费用负担有所规范和下降，但是政府的各种制度外收入与企业生产税总额相比仍占50%多，也就是说，因各种收费企业的额外负担比正常税负高出了50%。针对各种制度外收费的性质相应进行取缔、总量控制和转税，化费为税，为企业减轻额外负担，从而净化企业经营环境提高企业活力，是当前和今后一段时期的重要任务。要按照2009年1月财政部下发的《关于深化地方非税收入收缴管理改革的指导意见》要求，对各种非预算收入和非税收入纳入预算管理并加强监管。

三、扩展居民收入来源，健全再分配调节功能。

（一）积极发展劳动、资本、技术和管理等要素市场，多途径扩展居民收入来源。当前，我国居民的收入来源仍以劳动报酬收入为主，财产性收入比重较低，一方面要积极发展和完善劳动、资本、技术和管理等要素市场，扩展居民除劳动者报酬以外的其他收入来源，提高居民收入总量；另一方面要认真分析居民劳动报酬下降的客观原因，要从调整产业结构角度着手缓解下降趋势，而不能简单认为是资本要素对劳动所得的侵占。按照不变价格分析，我国当前产业结构升级仍处于第一阶段，即由第一产业向第二产业转变阶段，在这一阶段劳动生产率上升和资本有机构成提高仍是大趋势，这就决定了劳动报酬份额在未来几年仍将持续下降。我们可以采取如提高最低工资、保护劳动者在劳动市场合法权益、提高劳动者相对谈判能力等手段和措施缓解这一趋势，但不能根本上扭转这一趋势。只有在产业结构升级进入第二阶段，即大规模向第三产业升级时，劳动报酬份额才会由低点逐渐提升。这就要求我们还要基于我国地区经济发展不平衡和劳动力相对丰富的现状，大部分地区还要从比较优势出发基于就业考虑大力发展劳动密集型产业，同时积极完善市场法治环境和减少政府部门对服务业不恰当干预，深化金融体制改革，着重提高为中小企业服务能力，大力促进第三产业的发展，为国民经济产业结构整体上向第三产业升级做好必要准备。

（二）建立市场决定、微观主体决策为基础，国家有效调控的新型企业分配机制。市场经济条件下，资源与生产要素主要由个人、微观经济组织掌握与运用，交易过程主要是个人、微观经济组织之间的自愿交易。由此，企业收入分配也应当是市场决定、微观主体决策的机制。逐步建立企业内部收入分配的制衡机制，形成劳动者、经营者、所有者相互制衡基础上的多样化的报酬方式。同时，国家对企业分配实施有效调控，以保证企业分配机制的合理。

1. 建立相互制衡的企业工资决定机制

经营者收入与企业经营效益等一系列指标挂钩。职工工资增长作为对企业经营者的考核内容，经营者收入增长与职工收入增长挂钩，确保职工收入与企业经济效益同步增长。

完善经营者分配机制的法制环境。国有企业经营者年薪与职工平均年收入差距限制在一定范围内。逐步规范和解决各地方企业之间、央企与地方企业之间年薪制办法差别大的问题。建立国企经营者年薪的公示制度。

建立以工资集体协商制度为核心的企业工资决定机制。建立具有中国特色的工资集体协商制度，由劳资双方通过工资集体民主协商来决定本企业工资分配的形式和分配水平等。职工工资由企业经营方与职工通过集体协商共同协商决定，政府通过有效的企业收入分配行政管理保证企业工资调整有利于社会发展稳定和人民生活水平的逐步提高。明确除极少数特殊行业外，所有企业都必须建立以工资集体协商制度为核心的企业工资决定机制。着力推行区域性、行业性职代会制度，完善私营企业三方利益协调机制和工资集体谈判机制。

集体协商制度体系中，首先要解决目前劳资双方协商主体严重缺位的问题，要进一步完善工会制度，加大工会工作的力度，从制度上解决劳资的对话和劳工的利益表达机制。其次要通过制度建设，建立起完善的平等协商机制、履约责任制度、监督检查制度、职工群众参与和评价制度，以保证其能有效实施。

2. 建立正常的工资增长机制

保证职工工资与经济增长同步。要真正建立起职工工资正常增长机制，企业员工工资的增长与企业收入增长保持同步，让员工分享企业发展的成果。企业工资性收入实行“两不低于”政策，即企业工资性收入总额的增长不低于企业利润总额的增长；企业平均工资性收入的增长不低于企业平均利润总额的增长。杜绝“涨利润不涨工资”的现象，保证职工工资收入和福利待遇随着企业经济效益的提高同步增长。

加强政府监督职能。通过把一线职工工资增长纳入对国有企业经营者的考核评价范围等手段，从制度上保障职工利益，直接帮助职工参与到与资方的博弈中，为工资增长提供制度保障。政府要充分履行劳动监察责任，查处企业损害劳动者权益的行为，落实《劳动法》、《工会法》、《劳动合同法》的规定，不断提升经营者的法制观念，保障劳动者在劳资关系中的发言权，促使劳动者工资良性增长机制得到执行和完善，稳步促进企业职工收入正常增长。鼓励和提倡企业履行社会责任，努力促进劳资和谐。

3. 通过完善治理机制，逐步解决垄断企业的分配机制问题

加强对垄断性行业、企业工资收入分配的管理和调控。结合国有资产管理体制改革，采取切实措施限制收入水平过高的垄断性企业工资水平的增长。同时，加快推进垄断行业改革，通过放宽市场准入，打破行业垄断，实现公平竞争。当前阶段，可对垄断企业设定最高工资标准等约束性指标，对垄断企业的高收入进行限制。从长期来看，逐步解决垄断性企业的产权所有者权利虚置问题。政府以所有者身份行使职能，从财务控制、账外账等核心问题上寻求解决问题的根本方法。要通过完善治理机制，解决垄断企业的分配问题。

（三）完善再分配机制，逐步缩小居民之间收入分配差距。初次分配注重效率与公平相统一，再分配要更加注重公平。缩小居民收入差距，促进社会公平正义，这是再分配机制的应有之义。要健全和增强再分配机制的调节功能，逐步缩小居民之间收入分配差距。

1. 完善个人所得税等税收制度

农村税改后，在以个人所得税为代表的政府主导再分配支出主要是对城镇居民收入的调节，除了要加强个人收入信息化建设并制定公开透明机制，加大对高收入群体的收入监管外，还要考虑个税征收方式多样化、人性化。当前个税统一起征点且以个人为征收对象的模式没有考虑到广大中低收入阶层的家庭收支状况，比如只有一人或少数人工作的家庭，考虑到子女教育、老人赡养等因素，按个人征收方式，势必恶化其家庭财务状况。因此可以考虑以家庭人均收入来征收。随着城乡居民生活水平的提高，在将来适当时机要考虑推出城乡一体的个税征收体制，强化个税对城乡居民收入差距的调节力度。

2. 加大再分配支出力度

继续落实当前各项惠农政策，建立补贴农业的长效机制，推动农业产业结构调整，提高农业比较效益。尤其要注意农村欠发达地区贫困家庭的最低收入保障问题，要多途径解决农村的弱势群体问题。

以公平普惠原则促进制度创新，促进城乡居民在就业信息、教育、医疗卫生等公共服务受益的均等化。消除当前各种城市倾向性的产业政策、金融投资政策、就业政策等存在的城

乡壁垒不合理因素，引导城乡之间各种生产要素的有序流动。

继续深化改革，使城镇居民的各种隐性补贴"阳光化"、货币化。继续推行在农村广大地区的养老、医疗等社会保险改革。各种社会保障机制的推行要切实注意对城镇和农村居民中低收入家庭的惠及。各级政府要继续加大对低收入群体的收入补贴和救助力度。进一步加强对农村和欠发达地区的财政补贴及转移性支付力度，提高总财政支出中用于农村和欠发达地区的转移支付比例，缩小城乡居民支付受益度的剪刀差。

再分配支出中，以赡养、赠送、继承等为主要形式的居民间的再分配支出总额与居民的财产性收入和财富存量具有较强相关性，而且远大于个税总额，因此有必要针对此类居民支出制定并完善赠与税、遗产税等财产类税收。另外，因为消费结构的城乡差异，大量的高档商品和奢侈品主要是由城镇居民中高收入群体消费，因此提高消费税率强化高档商品消费税的调节力度，也可以起到缩减城乡差距的作用。

3. 根据不同收入种类特点，把握抑制收入差距扩大的对策

本文分析了工资性收入、经营性收入、财产性收入和转移性收入对城乡居民收入差距的影响趋势。由此得到的建议是：首先，工资性收入的变化与缩小城乡差距的努力方向是一致的，今后要在政策上通过统一城乡就业体制和劳动人事制度来促进城乡就业机会均等化和工资性差距的缩小。其次，经营性收入的变化趋势是我国市场化程度提高后经营方式多样化、经营环境规范化的必然结果，随着城乡居民经营效率的分化，经营性收入对城乡差距的贡献将会显现出先下降后上升的趋势，而这一趋势不是人为能改变的，但从增强经济活力和就业角度分析，这又是有利于经济发展的。再次，财产性收入目前虽然占城乡收入比重较小，对城乡差距贡献不大，但我们有必要提前着手研究制定缓解"马太效应"的政策措施，通过完善财产类税收，加大对城镇居民中高财产收入群体的监管，抑制财产性收入在城乡居民中分配不平等的发展速度。最后，为减小城乡间转移性收入分配的不平等，各级政府要加强对经济欠发达地区的财政支付和补贴力度，加大农村公共物品的供给和养老、医疗、教育的保障制度的建设，减少转移性收入在城乡间的"逆向调节"现象的出现。

（课题负责人：常兴华系发改委宏观经济研究院社会管理研究室主任）

（选自《经济研究参考》2012 年第 21 期）

失业保险制度的工作激励政策
——中美失业保险法的比较

黄洞秋

失业保险是对雇员的非故意性就业终止的临时性补助。作为社会保险系统的重要组成部分，自从20世纪初在法国首次建立以后，失业保险制度经历了漫长的历史演进过程。失业保险同时承担财政保障和就业促进的双重功能。基于失业保险税费征收和保险金支付之间的时间差、劳动力市场供求关系的自动调节，失业保险制度内在地隐含了就业促进的功能。中国在2010年颁布了《社会保险法》以后，失业保险在工作激励方面显现了新的导向。本文主要围绕失业保险制度的历史演进，对中美失业保险法的工作激励功能进行比较研究。

一、失业保险制度工作激励的框架和机理

（一）美国失业保险制度工作激励的基本政策导向

在早期阶段，美国的失业保险主要用于支持负责养家糊口（breadwinner）的男性工人。在威斯康辛州于1932年颁布了第一部失业保险法之后，美国在1935年的罗斯福新政时期通过了《社会保障法》，首次创立了全国性的失业保险制度。失业保险项目的早期进展反映了失业保险的非福利性和“帮助解释公共援助的弱点”。美国劳工部指出：与其他的社会保障项目不同的是，失业保险在行政权力分配方面具有一种显著的特点：“失业保险项目是基于联邦法律的联邦——州伙伴关系，但由各州按照各州法律进行管辖。”联邦政府控制州法的统一性和遵从性，持有和投入在失业信托基金中的所有经费。联邦层面向雇主征税，并向各州提供项目管理的拨款和税收抵免。在大部分州，失业保险基金的单一来源是向雇主征收的工薪税。各州确定其各自的税基和税率，拥有其在失业信托基金的独立账户。

大体上，美国失业保险制度体现两种政策假设：1. 承担失业工人在重新寻找工作期间生活开支的特定比例部分；2. 通过维持失业工人的购买力以稳定宏观经济。这两种政策假设都反映了失业保险金支付的直接效果。相比较而言，工作激励是失业保险的隐含性假设：通过提供给失业人员部分收入以支持工人搜寻适合他们的新工作。

那么，工作激励（word incentive）政策目标在失业保险制度中的意义何在？第一，作为经济学的基本概念，“激励”意味着引导某人在一定目标下从事或不从事某种行为的奖惩手段。相应地，失业保险制度的政策设计在其先前工作经历、未来工作能力、再就业培训和援助等各个环节深刻影响失业人员和雇主就业或

招聘的动机。美国学者波特里斯（Burtless）指出工作激励实际效果的两面性：一方面，失业保险可以改善工人与更好的职位开放之间的匹配性；另一方面，它还可能会促使失业工人推迟寻找新工作。按照不同的失业保险制度设计，例如保险金水平和保险金期限等方面，利害关系人将面临寻找新工作和维持失业之间各种利弊得失的不同权衡。第二，失业保险制度中工作激励政策受制于美国工作伦理的传统和自力更生（self-reliance）的主流概念：每个人被鼓励为了其自己的利益而努力工作，而贫穷被视为主要由个人的懒惰和竞争失利造成。在本质上，失业保险在整个社会保障体系中被归类为"可获得利益"（Earned Benefit）类别，而不属于"权利"和"慈善"类别。这是因为接受失业保险金必须基于申请人最低限度的工作年限。因此，失业保险申请人的适格性不是根据家计调查（means-tested）而确定。第三，工作激励依赖于和服务于失业保险内在的互助机制：保险金的开支来源于众多的雇主和工人所缴税费的聚集。因此，失业保险基金的运营和劳动力发展之间存在正相关关系：越多的就业导致越宽广的失业信托基金基础和越低的失业性经济损失。相反地，如果被保险的失业人员怠于寻找新工作，由此引起的失业保险开支将由其他的失业保险纳税人承担。

（二）中国失业保险制度中工作激励政策的演进

追根溯源，中国失业保险制度初始背景是解决由于国企改革引起的大规模下岗和早退问题。1986年《国营企业职工待业保险暂行规定》标志着中国失业保险制度的初步建立，但它仅仅适用于国营企业的公司化改革。1999年《失业保险条例》适用于所有的城市企业和事业单位的雇员，但并不涵盖乡镇企业。虽然它宣称的立法宗旨中包含了促进再就业，但其大部分规则将重点放在保障失业工人的基本生活水平上。在实践中，失业保险促进再就业功能的实现并不理想，保险金的赔付不与失业人员寻求再就业的努力紧密挂钩，有关促进再就业的支出仅仅占到失业保险基金极低的比率。

值得注意的是，中央政府在2008年世界金融危机期间执行了一些旨在"保民生，促增长"的过渡性措施，以解决高失业率问题。基于这些新措施的试点经验，中国于2010年颁布了《社会保险法》。一些地方也随之制定了相应的地方性法规、规章，如2011年《江苏省失业保险规定》(下称"2011年江苏省规定")。与美国的联邦——州伙伴关系相比，中国省级政府执行失业保险制度的自治性和可变性较低。2011年江苏省规定将立法宗旨定位为"为了保障失业人员的基本生活，预防失业，促进就业"综合性的三重目标。"预防失业"这一新表述旨在增强失业保险制度工作激励的分量。更重要的是，该规定将《就业促进法》作为与《社会保险法》相互并列的上位法依据，这意味着新的失业保险制度与就业促进制度相互交融。从另一个角度看，《就业促进法》第16条确认"国家建立健全失业保险制度，依法确保失业人员的基本生活，并促进其实现就业"，将失业保险制度作为国家对就业促进政策支持的内在组成部分。

"工作激励"是美国失业保险政策中的专用术语。从文义上比较而言，"就业促进"（employment promotion）更强调政府对于就业市场的干预。工作激励政策包括了社会服务、就业培训和工作的财政激励，而美国的就业促进问题主要由1998年《劳动力投资法》（Workforce Investment Act, WIA）加以调整。如果我们把这两个术语大体上等同视之，我们可以发现中美失业保险法在工作激励方面的两点区别：1. 中国法律明示地表达了工作激励这一立法宗旨，工作激励的框架可以包括预防失业、稳定就业和促进再就业等三个环节。而美国法律则是隐含地纳入了工作激励的具体规则。2. 基于社会保障网络中的工作伦理传统，美国在引导失业保险制度朝向工作激励方面具有丰富的经验。而在中国，失业保险制度实施而产生的工作激励效果不是很明显。但是我们也可以发现，中国的新失业保险法律已经开始从西方国家中吸收就业促进的先进经验。

二、失业保险制度中工作激励的核心规则

这一部分主要讨论中美设计和执行失业保险制度工作激励导向规则的各种参数。其中某些参数包括目标人群、管理机构已在上文涉及。

（一）工作经历和工作意愿的适格性

中美失业保险法律中，申请人是否符合工作要求都由公共部门进行管辖。美国的失业保险申请人必须符合在一定时期内获得一定数额的工资收入或曾经工作过一定的时间或两者的组合。一些州要求申请人先前的工作经历必须达到 14 至 19 周。这一特殊的资格性要求旨在确认申请人对于工作的附属性。失业不能是由于工人自身的过错导致，例如自愿辞职、职业中的不良行为和拒绝合适的工作安排等等。失业保险法中这些工作测试性条款反映了强调个人能动性和责任性的工作伦理文化。此外，申请人还需要证明其具有在未来工作的能力和意愿，以符合持续适格性。因此，申请人需要向州就业服务登记机构定期报告其接受的任何工作要约、工作搜寻及其被拒绝的情形。这些监控和报告程序对于执行工作激励政策来说是关键的。相似地，荷兰对于失业保险申请人因违反工作要求而进行失业保险金方面的制裁，这极大地提高了该国再就业率。

在中国，相应的适格性要求是：工作终止不是因为工人自身的选择、劳动者进行了失业登记和有寻求工作的意愿。用人单位和劳动者必须在失业之前缴纳过一年以上的失业保险费，该保险费缴纳时间的要求可以等同于美国对于申请人实际工作时间的要求。中美在工作要求上的区别在于：中国并没有设置先前工资收入的条件，申请人的工作要求服从于劳动与社会保障部门的监督与报告程序。如果被保险人拒绝公共就业机构提供的工作培训或工作介绍三次以上，其保险待遇将被终止。

（二）保险金替代率

保险金替代率（the benefit replacement rate）是西方国家通用的约束保险金和先前工资收入之间比率的一种方法。按照劳动经济学上著名的“就业搜寻”（Job-search）模型，考虑到搜寻新工作花费时间的边际成本，递减的保险金替代率将会增强对失业人员搜寻新工作的激励。此外，替代率在保险金水平/期限与被保险人先前工作贡献（同时也是对失业保险税缴纳的贡献）之间的连接可以保证失业保险基金的自我充足性。在美国，替代率的确定依赖于该工人与平均工资相比的工资水平以及其扶养人口的数量，并在保险金受益期间内逐步递减。按照经合组织（OECD）的统计，美国的保险金替代率低于大部分工业化国家。

中国在计算保险金方面没有实施类似的替代率。按照 2011 年江苏省规定，失业保险金的额度取决于先前缴纳保险费的年限。如果缴费不满 10 年，保险金按照失业人员失业前 12 个月月平均缴费基数的 40%确定。保险金的上限是当地的最低工资水平，下限是当地城市居民最低生活保障标准的 1.3 倍，该下限旨在保障失业工人的生活条件。与欧美国家实施的替代率不同，我国的保险金额度

是在一定区域内执行的统一和刚性的标准，而不取决于特定失业人员先前的工资水平。相对而言，先前持有高工资收入的失业人员将会因为失业而遭受更大的收入损失。此外，我国的失业保险制度没有采用保险期限内保险金标准的逐步递减方式。

（三）失业保险税费的经验税率

失业保险税的经验税率（Experience Rating）是美国独有的工作激励机制，它同时用以解决保险金的资金来源。它是基于特定雇主的先前解雇工人的情况和其保险金赔付的开支。美国各州计算经验税率的公式各不相同，在此不予详述。经验税率把就业促进的重心放在雇主身上，这与美国失业保险立法的起源有关。反观现在，适用经验税率的首要理由是它符合保险法上的风险承担原理，因为某个雇主发生越多的失业保险金申请“经历”意味着他在将来面临越多的保险赔偿的风险。第二个理由是它可以向雇主提供稳定就业的激励和在众多的雇主之间分配失业保险赔偿的成本。与失业保险的其他工作激励机制不同的是，经验税率的这些合法性理由涉及针对雇主的工作激励。在经验税率的约束下，雇主将面临着选择解雇工人与支付更高税率之间的权衡。这样，经验税率就可以通过税率的惩罚机制来阻止雇主随意地解雇工人。

中国缺乏激励用人单位稳定就业的类似制度。但是，中国的失业保险法通过失业保险费的优惠政策鼓励用人单位维持就业。在2008年世界金融危机期间，失业保险费率可以在一段时间内逐渐降低，以恢复严重受损的企业。在费率优惠和其他补贴的帮助下，企业可以减少工时和为更多的劳动者提供分享型岗位。这些试验型项目为之后的2011年江苏省规定正式吸收为法律。

（四）自我就业援助项目（SEA）

在美国，自我就业援助项目用于补充失业保险金的主渠道作用，对于各州来说属于任择性项目。它旨在通过提供每周津贴、企业家培训和商业顾问等形式鼓励失业工人自己创造就业岗位。享受自我就业援助利益的资格条件与失业保险金相同。在广义上，自我就业援助可以被视为消除就业的替代性途径。在其他西方国家，政府帮助失业工人启动小型商业实体是通用的就业促进措施。例如，法国为失业工人启动商业实体提供商业补贴、技术援助和贷款保证，这些援助措施都受到失业保险基金的资助。

在中国，自我就业援助是一种新型的试验性项目。按照2011年江苏省规定，失业人员从事个体经营并且领取工商营业执照的，可以按照规定一次性领取失业保险金。另外，该规定设立了新的失业保险支出项目，包括小额贷款担保贴息、创业投资引导基金和创业见习生活补助等等。

三、失业人员的劳动力发展

（一）美国的失业人员就业培训和再就业服务

在美国，包含失业保险在内的工人赔偿同时是一种人力资源投资。保险和现金支付是通过保障工人经济安全和增强工作伦理以实现劳动力发展（workforce development）的六种政策路径之一。1993年《社会保障法》修正案要求各州建立工人再就业服务描述系统（Worker Profiling Reemployment Services）的统计模型。失业保险申请人必须参加强制性再就业服务以满足其失业保险资格的持续性要求。除了工人赔偿以外，联邦失业保险税可以用于投资劳动力交换服务、退伍老兵的就业与培训服务、劳动力市场信息项目。在失业人员完成登记程序后，一站式就业服务办公室可以为他们免费提供劳动力市场信息和再就业服务。就业培训和再就业项目的全部或部分资金来源是失业保险税。

从总体上看，美国的失业人员就业培训和再就业服务受到《瓦格纳—佩瑟 Wagner-Peyser 法》(就业服务)、《劳动力投资法》(WIA)和《贸易法》的共同调整。1998 年《劳动力投资法》建立了整合失业赔偿、就业服务和培训的机制。劳动力投资系统囊括了项目伙伴、一站式职业中心、就业培训和就业安置等项目。而失业保险制度为各州联结失业人员和再就业服务提供了基础。例如按照美国政府责任办公室（GAO）2006 年的报告，共有 44 个州要求失业人员必须在州就业服务部门登记，并以此作为申领保险金的资格条件；共有 49 个州要求以工作搜寻作为失业保险资格持续的前置条件。失业人员在首次申领保险赔偿时必须登记于劳动力交换中心，这样他们可以进入 WIA 成人或无安置工人（dislocated workers）项目的再就业援助系统。此外，《贸易法》所设立的贸易调整援助项目向由对外贸易引起的失业和其他损失提供贸易再调整、工作搜寻、重新安置津贴和就业培训等援助。

美国的就业培训和再就业服务情况在各州各不相同。在大部分州，参加就业培训并不与接受失业保险金相互冲突。但是，在某些州，鉴于就业培训将占用失业人员同时寻找新工作的时间，失业人员参加就业培训的能力受到限制。因此，就业培训计划需要得到再就业机构的最终批准，否则失业保险金的申请将会被拒绝。失业人员登记官方的培训项目会给失业人员带来一些好处，例如延长享受失业保险金的期限和替代记录工作搜寻的义务。此外，就业培训项目还能提供涵盖失业人员抚养子女、差旅费和交通费等支出的生活津贴。

(二) 中国的失业人员劳动力发展

自从 1999 年《失业保险条例》生效后，中国的失业保险基金也可以用于劳动力发展。但是，劳动力发展项目的开支仅限于职业培训和职业介绍补贴两项。而且在实践中，补贴的数额非常低。例如，四川省 2008 年职业培训和职业介绍两项补贴共支出 0.21 亿元，仅占失业保险基金总支出的 2.4%。该两项支出无论是数量还是比例都较小，促进就业的实际效果不容乐观。与失业保险基金的低开支相比，中国的失业保险基金具有较大的盈余，例如在 2009 年的余额为 1310 亿元。

2010 年《社会保险法》没有改变失业保险基金的支出范围。但是在经历金融危机期间的综合性试验项目之后，2011 年江苏省规定极大地扩展了失业保险基金在试点地区劳动力发展方面的支出项目：职业培训补贴、职业介绍补贴、社会保险补贴、岗位补贴、小额担保贷款贴息、公共就业服务基层平台信息网络建设和公共实训基地能力建设等支出。这种支出范围的扩展导向于改善实际和潜在的失业人员的就业能力和创业能力。

总之，与美国相比，中国的失业保险制度对于劳动力发展的贡献远低于美国。由于其产生的特殊背景——服务于国有企业改革，我国的失业保险制度并没有在促进就业方面发挥综合性的功能。对于职业培训和其他劳动力发展项目来说，失业保险制度缺乏一个系统的机制和强制性投资比例。在本质上，这些缺陷根源于我国整个就业促进体系的落后性。

四、失业保险制度工作激励效果的总体评估

(一) 对美国的评估情况

因为需要大量的数据和相关关系模型，失

业保险制度的实施效果难以客观评估。例如，美国政府责任办公室（GAO）在2006年指出：各州关于失业保险和就业、培训项目的报告并不能提供一个关于失业人员获得服务和相应效果的全面的图景。因此，一些判断具有某种程度的主观性，但是在总体上，一些简单明了的证据可以证明这些判断。例如，小布什政府从奖惩两个方面刺激再就业，包括提供贸易调整补贴和再就业补贴，其实际效果是2004至2005年期间美国的失业持续时间有所下降，平均失业时间从19.6周下降到18.4周。伯克利政策学会的研究表明：所有的一站式工作人员与失业人员的干预性互动提高了他们的季度性收入，缩短了申领保险金的期限和减少了保险金支出的平均数额，并且提高了就业率。按照美国政府责任办公室（GAO）2006年报告，失业人员拥有进入再就业服务的各种渠道，包括电话和网络。各州较好地利用了失业保险项目的要求，将失业保险申请人与他们在申请中各个时点上的服务联结起来。不可否认的是，美国的工作激励政策仍然存在各种负面效果和缺陷：

1．各州在失业保险制度上存在较大的差异性，导致对失业人员的不平等待遇和阻碍劳动力的跨州流动。各州失业保险税的税基、税率、利益公式和实际税率五花八门。税率上的巨大差异还导致各州在吸收雇主投资方面的差别待遇，这反过来又影响了政府在劳动力发展方面的努力。

2．美国失业保险金的申请人和享有者处于下降通道中。自从1980年以来，失业保险政策的变动越来越频繁，对申请人资格审查的程序也越来越趋向严格以限制享有者的范围和维持基金的充足性。由于多重限制性资格条件和繁琐的审查程序，许多失业人员选择放弃申请失业保险金。1980年以后，失业保险金覆盖范围降低了18%，失业人员的周平均赔偿下降了12%。前述保险金替代率也处于下降过程中。与其他西方国家相比，美国的保险金资格期限和替代率几乎都是最低的。因此，美国学者波特里斯认为：在防止收入损失和针对失业增长的反周期刺激（countercyclical stimulus）的意义上，美国失业保险在整个社会保障网络中的重要性在持续性地降低。

3．再就业服务的资金来源不能得到充分保障。职业培训和再就业服务的开支有赖于失业保险信托基金的充足性。此外，各州的再就业服务将通过减少申请人接受保险金的周数而影响到失业保险信托基金的水平。尤其在经济萧条时期，失业保险税的征收相应萎缩，与此同时，失业保险金的支付反而上升，这将更加严重地限制劳动力发展的投资。截至2009年年底，各州信托基金的储备低于失业保险历史上的任何年末点的水平。值得一提的是，用于雇佣再就业服务工作人员的美国劳工部“再就业服务拨款”于2005年终止了历史使命。

（二）对中国的评估情况

从1986年初步启动时起，中国的失业保险制度逐步成为社会保障网络的有机组成部分。在最近十年，失业保险涵盖了两千七百万失业工人，为执行国有企业下岗职工的基本生活保障制度提供了270亿的资金。更为重要的是，失业保险制度促进了劳动力的市场化进程。

与美国相比，中国失业保险在工作激励方面的挑战主要表现为以下三个方面：

1．监控和报告程序过于宽松，从而难以实现工作测试的目标。虽然按照法律的规定，劳动者必须陈述搜寻工作的努力和接受政府提供的工作安排，但是这些法定义务缺乏足够的程序性保障和监督信息系统，在实践中没有得到严格的履行，政府对于劳动者违反法定义务的制裁在实践中也很少发生。

2．失业保险对失业人员的保护水平相对较低。在实践中，平均失业保险金大体相当于当地最低工资水平的60%～80%。由于我国的最低工资水平本身基于较低的生存必需路径而设定，相应的失业保险金不能充分保障失业人员的基本生活条件，较低的保护水平反过来限制了对工作搜寻的财政资助。此外，失业保险实际覆盖的被保险人仅仅达到城市劳动者的40%左右，这种情势造成失业保险金赔付在所有劳动者中的机会不平等，并加剧未覆盖劳动者的隐性失业。

3．失业保险制度的就业促进功能没有被制度化。例如：世界金融危机期间许多富有成效的试验性做法没有为之后的《社会保险法》所吸收。与失业保险基金现有的大量盈余相对比，就业促进的支出是非常狭窄的。更为重要的是，失业保险基金用于就业促进的比例没有为法律所固定下来，相应的再就业服务和工作培训系统没有全面建立。

五、失业保险政策工作激励目标的利弊权衡

工作激励不是失业保险政策制定和实施的唯一目标，它将有可能与其他目标例如保障生活水平等相互冲突。立法者在确定失业保险政策的工作激励导向时必然面临着各种利弊权衡。

（一）延长保险金期限VS降低工作激励

"保险机制必须在工作搜寻的激励和失业期限的风险之间进行权衡"。2008年世界金融危机期间，由于经济结构调整，美国的失业率上升到9.6%。为了解决这一紧急性失业问题，美国于2008年5月启动了联邦延长保险金期限和紧急失业赔偿项目，将正常的保险金期限最高延长到99周。这一救济性动议引起了理论界关于延长期限影响工作激励的争论。一些学者认为延长期限将会鼓励推迟再就业。这样，它"将提高失业率和减少就业与经济产出"。这一工作"抑制"（disincentive）措施被看作失业保险过度充足性服务的代价。与反对论形成鲜明对照的是，学者对于延长期限的相反评价是：2008—2010年的数据并不能支持所谓的工作"抑制"的说法。工人持有一份工作的动机并不限于收入和其他金钱因素，而且还包括对休闲、尊严或将来就业的考虑。因此，从总体上看，延长保险金期限反而会推动职位开放和工作搜寻。

上述颇有理论旨趣的争论涉及一定期限的失业保险金支付和申领者工作激励之间的相关性。通说的经济学十大原理之一是：人们往往会在休闲和工作之间面临着权衡。按照上述工作"抑制"的观点，过长的保险金期限将会增强失业人员对保险金的依赖感，这样就会减少其对工作搜寻和工作维持的努力。但是，这一观点仅仅是基于"经济人"的假设。工作激励不应当限于现有收入与享受闲暇之间的权衡。对长期就业的期待对于每个普通人来说也是非常重要的。客观来看，美国在金融危机期间实行延长保险金期限的临时性政策是失业保险项目一种反周期性的运作，它不一定会充分地考虑工作激励的因素。因此，为避免失业人员申请延长保险金中的道德风险，工作测试程序的运用需要予以增强。

相比较而言，在世界金融危机期间，中国采用不同的路径：为一年恢复期降低失业保险费率、为企业提供社会保险补贴和岗位补贴。我国这些以用人单位为重心的政策不会产生与美国相同的工作"抑制"效果。

（二）我们究竟需要慷慨的还是严苛的失业

保险制度？

失业保险制度的慷慨与严苛取决于各种变量：申请人的资格要求、保险金水平和保险金期限等等。如果某种失业保险制度比以前变得严苛，其对工作激励的影响将会是怎样？失业保险的慷慨程度不仅仅影响对失业人员的收入保护水平，而且还决定工作激励的导向。失业保险制度中最为关键的权衡是“既要（为失业人员）提供支持，又要防止受益人对它过分依赖”。因此，是否适用慷慨或严苛的失业保险需要政策制定者慎重的考虑。例如，在德国建立失业保险的早期阶段，保险金的最长期限是两年，早期失业保险制度的慷慨性被认为导致了失业人员对保险金的过分依赖。因此，德国后来把保险金期限缩短为12个月。

在评估失业保险的慷慨性程度时，一些标准可能相互抵触。按照“工作——搜寻理论”，慷慨的失业保险将会通过降低对搜寻工作的激励而增加失业的持续时间。这一路径聚焦于失业保险金的供给效果。与之相反的是，“效率性效果”（Efficiency Effects）路径则显示：一个完善的失业保险制度将会提高劳动力市场上供求双方的匹配性。相对慷慨的失业保险金可能会鼓励工人投资于特殊的技能训练，而不是限于其现有的一般性工作技能。这样一来，是否适用慷慨或严苛的失业保险制度有赖于不同的目标人群和经济周期的前提。一般而言，相对慷慨的失业保险有利于改善工人和职位之间的匹配性，这更适合于一国境内流动率高的劳动力市场。鼓励在特殊技能上的投资特别有利于我国目前产业升级的政策目标，但是现有法律上刚性的失业保险金率并不适合这一导向。从现有国内理论界的主流观点来看，有关我国失业保险制度的未来走向应当是提高保险金水平和缩短保险金期限。这似乎没有强调绝对的慷慨性或严苛性。

六、结语：失业保险与就业促进政策的协调

随着20世纪70年代“石油危机”导致失业率的持续攀升，西方国家开始寻求积极的失业保险政策，通过整合失业保险与就业安置，将失业保险制度的重心转向其促进就业的功能。美国2009年《美国复苏与再投资法》（American Recovery and Reinvestment Act）通过延长和扩展失业保险金，以及提供职业培训和就业援助，意在复苏劳动力系统。它将大规模的新投资运用于失业人员的再就业服务。绝大部分的强制性劳动力系统基金通过失业保险制度进行开支。它将成年人服务（Adult Services）、再就业服务和失业保险项目进行无缝对接，使得失业人员可以更为方便地在系统的任何入口进入所有的项目。再看其他国家，日本已经建立了关于适用失业预防基金于防止雇主的解雇行为的常规制度。在世界金融危机期间，大部分欧洲国家动用国家财政收入于防止大规模失业，而日本、韩国是基于失业保险基金的开支。

中国的失业保险与就业促进制度是采取分立式立法。作为就业促进的基本法，2007年《就业促进法》提供了就业促进方面更为广阔的视角，包括协调产业政策与就业政策、反就业歧视、财政与金融支持、税收优惠等等。失业保险的工作激励功能也被并入该法的就业促进政策（第16条）。此外，该法还要求建立失业预警机制和预防、调节和控制大规模失业的机制。但是，该法在通过失业保险促进就业方面的表述过于简单和粗疏。它需要更进一步澄清失业保险促进就业的政策目标、适用失业保险基金于就业促进以及其他劳动力发展的配套措施。例如，《就业促进法》强调了失业预警机制，但是如果没有明确的授权，失业保险基金不能被运用于失

业预警。目前，我国有关失业保险、职业训练和职业介绍的主管机构都是相互独立和分离的，缺乏一个类似于美国的一站式职业服务机构、一个关于失业人员的共享信息平台。

面临21世纪劳动力市场供求关系的挑战，失业保险的功能需要予以重新评估：失业保险是否胜任收入替代或经济调节器的角色？失业保险制度是否需要为宏观经济的结构性变迁负责？我们如何确保失业保险所有激励作用的正确导向？美国就业与培训署（ETA）在2008年提出：重构失业保险项目的选择性可能是将它变成收入替代（income replacement）与工资保险之间的混合物。经过20多年的实践，中国的失业保险制度越来越导向就业促进的目标。在我国城乡二元劳动力结构和劳动力逐步市场化的框架下，失业保险的工作激励功能对于我国社会保障体制的整体构建来说非常关键。随着就业促进制度的建立和新社会保险体系的运行，失业保险的工作激励功能需要被进一步纳入全面的就业促进制度中去。参考美国的经验，改革我国失业保险工作激励政策的未来方向可能是：有机整合预防失业、稳定就业与促进再就业的三种制度体系；将失业保险基金投入失业预防和劳动力发展的比率和结构予以制度化；改进失业保险税费的征收和保险金的支付结构，以使失业保险更多地导向工作激励。

（作者：苏州大学王健法学院副教授）

（选自《江南大学学报·人文社会科学报》2012年第6期）

中国社会福利体系责任结构的顶层设计

高和荣

任何一种社会福利体系的背后都体现着某种责任基础，隐含着某种责任关系，昭示着这种社会福利体系所具有的责任结构与责任内容。各种不同的社会福利模式、制度及项目都表现为责任基础与责任结构在顶层设计上存在着差异。即使是同一项社会福利制度，由于制定者所恪守的理论基础不同也会形成差异性的责任关系与责任安排。从这个角度看，所有的社会福利模式都是由于不同的社会福利责任结构。因此，在顶层设计角度重新揭示社会福利体系的责任基础及责任结构，明确社会福利体系的责任关系，有助于社会福利目标的实现以及社会福利体系的持续发展。

一、中国社会福利体系的责任基础

责任基础是社会福利体系总体框架、基本制度以及具体政策安排的支撑。世界各国社会福利模式之所以各不相同，社会福利制度以及各项社会福利政策之所以千差万别，就是因为它们依据不同的责任基础并据此划分出不同的责任结构。因此，探讨中国社会福利体系的责任结构必须要明确其责任基础，它构成了中国社会福利体系顶层设计的支撑与依据。

第一，中国社会福利体系的责任基础不能依据国家干预主义理论所坚持的公平思想，应当寻找一种能够兼顾效率、促进社会福利体系持续发展的公平。以庇古、凯恩斯、贝弗里奇、马歇尔、阿罗以及阿玛蒂亚·森为代表的一些学者把起点与结果的公平作为社会福利体系建设的责任基础，主张社会福利资源的均等分配，坚持国家干预，主张政府在社会福利供给中处于主导地位，努力寻求社会福利供给的“高水平、广覆盖、无差别”，以便让所有阶层能够“去商品化”地“被纳入到一个普救式的保险体系中”，保证人们过上“体面的生活”，享有均等而高水平的社会福利待遇。这样的公平思想构成了英国及北欧国家社会福利责任结构顶层设计的理论支撑，他们为此把社会福利项目的均等设置、财政负担的普遍增加以及福利待遇的均等而普遍提高等责任全部集中到政府身上，政府保护并满足民众享有高水平、均等化的福利，由此形成了这些国家社会福利体系的责任结构。

但是，依据国家干预主义下的公平思想所建立起来的社会福利体系运行到 20 世纪 70 年代之后日益产生了较为严重的福利依赖，同时还出现了社会财富创造动力不足、财政支付负担不断加重等难题。为此，这些国家吸收中间道路理论进行了数十年“漫长而痛苦”的社会福利改革，如延长退休年龄、降低养老金替代率、增加医疗保险自费项目、提高个人自付比例，缩短失业救济金领取时间、强调个人的福利责任等，然而至今尚未完全解决好，由此引发的社会问题此起彼伏。究其原因，很大程度上在于作为顶层设计的社会福利体系责任基础设置不当，使得整个社会福利责任结构的划分缺乏科学性与持续性。所以，我们不能重走这些国家的老路，不能简单地移植这些国家社会福利体系的责任基础以及据此划定的责任结构。

第二，中国社会福利体系的责任基础也不能简单地照搬自由主义理论所倡导的经济效率思想，应该寻求与社会效率，进而与公平相统一的效率。新古典学派、货币主义、理性预期理论以及新保守主义等新自由主义理论认为，政府的公共财政转移支付必将产生“漏桶效应”，形成新的不公平，阻碍经济发展，因此，政府的社会福利供给不能损害自由的增进而必须越少越好，从而减少“公地悲剧与岗位约束”，“弱化政治效应”。他们认为，社会福利的责任在于民众自身，民众应该为自己的将来负责，政府的责任就是运用市场的力量帮助民众增进自身福利。哈耶克认为，社会福利的公平“只有在一般性法律规则和一般性行为规则下的平等，才是有助于自由的唯一平等，也是我们能够在不摧毁自由的同时所确保的惟一一种平等”。按照他的观点，建立在自由主义理论基础之上的经济效率才是社会福利体系顶层设计的基础，政府只能建立选择性社会福利项目，实行补救性社会福利模式，社会福利的供给只能集中在有限的范围内，甚至减少到安全网程度，确保“提高经济运营效率”。

然而，美国以及拉美的社会福利建设实践表明，依据自由主义理论把经济效率作为社会福利体系的责任基础、把个人与市场作为社会福利的供给主体并不能解决这些国家社会福利支出刚性增长矛盾问题，因为那些业已建立起来的福利项目支出仍然会陷入刚性增长中，也就是说依据这样的责任基础并不能很好地解决经济增长与社会公正这个难题。同时，一味地把经济效率当作社会福利体系的责任基础必然导致这些国家贫富差距的拉大以及社会不公的加剧，引发社会各阶层矛盾的增多，这反过来又制约着经济效率。因此，我们只有设法找到一个兼顾公平、促进社会各阶层和谐相处，实现经济效率与社会效率相统一、社会福利支出刚性增长与柔性调节相结合的效率理论作为社会福利体系顶层设计的责任基础。

第三，作为顶层设计的中国社会福利体系责任基础应当是那种保障基本生活水平的具体公平，以便能够把经济效率与社会效率有机整合起来，这样的公平我们称之为“底线公平”。它不是体现起点、过程以及结果一致性或无差别的国家干预主义的公平，也不是那种以经济效率为基础、极其有限的、自由主义理论视域下的公平，而是一种经济效率与社会效率相统一、保障基本生活水平与促进经济社会持续发展的公平。在这里，作为顶层设计的“底线”不是指社会福利项目的多少、数量、范围以及程度的大小，它更多的是从政府、市场、社会以及个人各自所承担的责任要求加以界定，区分出各个主体的责任界限与责任底线，明确各个主体的责任要求。

任何一个领域都有自己的底线，政府尚且如此，社会及至个人交往也是这样。底线规定着对主体自身以及他人的承诺界限与责任范围。在社会福利领域，作为责任基础的底线公平要求科学地划分政府、社会以及家庭（个人）在各项社会福利中所应承担的基本责任。其中，底线部分是各个主体首要的以及最起码的责任，它是社会福利体系在顶层设计时应该加以优先考虑和重点安排的。而非底线部分的福利项目则要鼓励其他各方面的力量进行建设，从而形成较为完整的社会福利责任体系，使各个主体所承担的社会福利责任关系明晰。总体而言，依据底线公平，政府要能够从顶层上设计出科学的社会福利制度与政策，对每一项社会福利划分出各责任主体的责任范围，测算出各项社会福利的财政支出额度及支出比例。确保任何一个民众只要低于某种收入水平，只要不能获得基本教育，无力享有基本健康服务，无力获得基本居住条件，政府都有义务帮助他们获取维持基本生活需求所需要的现金补贴、教育帮扶、实物救助、健康服务、房屋修建以及职业培训等。这是政府的责任底线。就社会来说，社会要募集慈善资金，传播慈善文化，举办慈善事业，引导和塑造积极向上的社会福利文化，提升整个社会的福利水平。家庭（个人）要树立正确的社会福利态度与观念，每个家庭（人）要为提高自身的福利水平而努力工作，尽力减少对政府及社会的福利依赖。

二、中国社会福利体系的责任结构

责任结构是责任基础的展开，社会福利责任结构进行顶层设计主要包括纵向与横向两个方面。纵向责任结构揭示了社会福利体系的纵向责任关系与责任结构，它包括整体性的社会福利体系、基本的社会福利制度以及具体的社会福利政策之间的结构关系。其中，前两者主要涉及到中央政府的福利建设责任，而具体的社会福利政策还要牵涉到地方各级政府的责任。

整体性的社会福利体系是中央政府在社会福利理论指导下而制定的、能够促进社会福利事业持续发展的社会福利体系，是制定基本的乃至具体的社会福利制度与政策的主要依据，具有高度的概括性以及较大的稳定性。经过20多年的理论研究与实践探索，中央政府逐步确立了“广覆盖、保基本、多层次、可持续”的社会福利发展方针，进而提出要建立以“社会保险、社会救助、社会福利为基础”，以“基本养老、基本医疗以及最低生活保障制度为重点”的社会保障体系。但是，我们仍然把社会福利作为社会保障的一部分并将其当成社会保险与社会救助的剩余项目，这业已对中国社会福利事业的持续发展产生了诸多不利影响，反过来制约着社会福利体系的普遍整合以及社会福利目标的实现。因此，应该以政府为主导，社会以及家庭（个人）为支持的多层次供给主体，以全体社会成员的基本需求为供给对象与内容，形成包括社会保险、社会救助、社会优抚、社会服务在内的完整而可持续的社会福利体系。

基本的社会福利制度是连接整体性社会福利体系与具体社会福利政策的中介环节，是整体性社会福利体系的制度化，又统领着各项社会福利政策，指导社会福利事业发展以及社会福利工作的顺利开展，主要表现为中央政府制定的有关社会福利法律制度等。改革开放以来，为了推进社会福利事业，政府颁布实施了《劳动法》、《社会保险法》、《社会救助法》、《未成年人保护法》、《义务教育法》、《工伤保险法》以及《失业保险条例》等。这些法律制度有效地指导中国社会福利事业的建设，对于增进民众福祉、加强社会建设起到了积极作用。但是，由于中国还没有《社会福利法》或《社会保障法》，社会福利领域内各部门法的立法基础不够明晰，有些法律制度甚至有应急之嫌，这就使得基本的社会福利制度缺乏连贯性、整合性与持续性。因此，应当以底线公平为责任基础尽快制定《社会福利法》或《社会保障法》，重新审视社会福利领域各部门法的立法基础，积极推进社会福利制度的完善。

具体的社会福利政策是中央及地方政府为解决某一具体的社会福利问题而制订的措施、规定或实施办法，它是基本的社会福利制度的具体化与操作化，因而具有可操作性、灵活性以及可变动性等特点。例如，1995、1997年国务院先后颁布的《关于深化企业职工养老保险制度改革的通知》以及《关于建立统一的企业职工基本养老保险制度的决定》就是对企业职工社会养老保险制度的具体规定，而1999年国务院出台的《社会保险费征缴暂行条例》则对社会保险费的征缴作了明确规定。不仅如此，各省、市、县级人民政府也可以根据国家基本的社会福利制度与政策制定符合本地实际的实施意见或操作办法。例如，结合国务院2007年颁布的《关于在全国建立农村最低生活保障制度的通知》，各地对本地农村低保人员的资格认定、享受项目、待遇标准等都做了具体规定，从而形成了丰富多样的社会福利政策体系。当然，现行的社会福利政策在实施过程中出现的诸多问题同样需要我们从顶层上加以解决。

社会福利体系的横向责任结构揭示了整个社会福利体系所应包含的福利项目内容及其相互之间的关系。从社会福利供给角度看，它以社会福利责任基础为指针，围绕民众基本的福利需求，重点建设教育、就业、养老、医疗、住房、低保、救助、优抚以及安全等福利项目。

在教育福利领域，各级政府围绕“学有所教”这个目标，制定包括义务教育、职业教育、高等教育、成人教育以及特殊教育在内的、较为完整的教育制度或政策体系，明确各级政府在其中所应承担的经济社会责任，切实保障民众享有均等的受教育权益。在就业与收入领域，各级政府要围绕“劳有所得”这个目标，出台并实施就业促进与就业保护政策，完善失业保险制度，实施被征地农民及退养渔民的就业促进政策，规范各个行业的最低工资以及最高工资政策，切实解决一次分配差距过大问题，确保一次分配就要更加注重公平。在养老和医疗领域，政府要整合现行的、针对各个阶层设置的碎片化养老及医疗保险制度，建立一种能够解决民众基本养老与健康需求、又能增进社会公正的养老及医疗保险政策，实现“老有所养”、“病有所医”这个政策目标。在住房福利方面，把“住有所居”当成各级政府的基本责任，加大保障性住房以及廉租房的建设力度，保证大多数居民能够买得起保障性住房，同时，提供廉租房供买不起住房的居民租住。另外，要通过科学的制度安排、严格的制度实施以及完善的制度监督，规范保障房的使用与退出机制，引导那些买得起商品房的群体主动放弃购买保障性住房。在基本生活保障方面，各级政府要整合现行的二元最低生活保障制度以及农村五保供养制度，实行普遍整合的城乡社会救助制度，实现“弱有所助”。在社会服务领域，要改变社会服务覆盖范围小、社会服务供给不足、社会服务内容单一、社会服务品质不高、社会服务机制不健全、社会服务效率较低等问题，整合现有的社会服务机构、服务项目与服务内容，健全社会服务实施机制，改变现行的社会服务供给主体过于分散，民政、社保、卫生等诸多部门各自为政状况，引导和鼓励社会力量提供社会服务，搭建完善的社会服务平台与社会服务体系。在安全领域，各级政府要在环境、食品、药品、治安以及社会信任等方面给予民众基本的保证，使民众生活在一个更加安全的社会环境之中。这里尤其需要明确各级政府的社会福利支出结构，实现各阶层、各地区之间社会福利事业的协调发展，确保民众享有基本的福利权利。

三、中国社会福利体系的责任要求

社会福利体系的纵向与横向责任结构内在地需要我们从顶层上明确社会福利体系的责任要求。它体现着中国社会福利事业的发展要求，反映了各社会福利供给主体的责任界限，昭示着社会福利事业的发展方向与未来图景。从底线公平出发，它需要我们整合现行的社会福利制度，明确社会福利体系在经济、政治以及社会等诸方面的责任要求，在增进民众福祉中促进社会福利体系的持续发展。

第一，社会福利支出与财政收支之间要有一个科学而明确的比例关系，它体现着社会福利体系所蕴含的经济责任要求。社会福利体系的建设与完善需要公共财政的大力支持，它是整个社会福利事业的支撑主体，体现着政府在整个社会福利体系中的定位。为此，一方面，要科学界定社会福利的内涵与外延，在“大福利”层面上使用社会福利概念，将社会保险、社会救助以及义务教育、公共住房、公共卫生以及社会服务等项目纳入进来，从而更为准确地把握整个社会福利事业的发展全貌。另一方面，要对以往的各项社会福利支出以及所涉及的人口、经济等各种变量进行优化与调整，构建更加科学的社会福利支出与公共财政收支变动模型，准确测算整个社会福利项目所需财政支撑以及各社会福利项目在公共财政收支中的结构与比例，使得社会福利支出与财政收入、财政支出的增长弹性系数形成更加科学的比例关系。同时，政府要深化改革现行的社会保险制度，优化财政用于社会保险方面的支出，将所有的社会保险制度划分为基础保险（底线）与补充保险（非底线）两个部分，各级政府主要负担基础保险（底线）部分，补充保险（非底线）部分则要调动个人与单位的积极性。另外，也要改革现行的机关事业单位人员、城镇居民、农民以及农民工等其他群体的各项社会福利制度，努力以底线公平为基础对现行的社会福利体系进行顶层设计，推进中国社会福利体系的持续发展。

第二，社会福利体系的供给要能够增进民众对党和政府的信任，这是社会福利体系建设的政治责任要求与目标。任何社会福利体系及社会福利制度从产生之日起就与意识形态密切相关，社会福利体系的建立、社会福利制度的出台以及社会福利项目的实施越来越带有浓郁的意识形态色彩。这是由于，社会福利供给对象的筛选、供给方式的选择以及供给水平的高低往往取决于一个国家执政党的执政理念，体现着政党的政治利益与价值观，它是一种“用经济手段来解决社会问题进而达到特定政治目的的制度安排”。因此，社会福利体系必然也体现着社会意识形态与价值理念。从这个角度看，我国社会福利体系的顶层建设要能够缩小不同地区、不同行业以及不同阶层之间的福利差距，保障民众享有更加公正的福利权利，真正使每个人都“有权享受为维持他本人和家属的健康和福利所需的生活水准，包括食物、衣着、住房、医疗和必要的社会服务；在遭到失业、疾病、残废、守寡、衰老或在其他不能控制的情况下丧失谋生能力时，有权享受保障”，从而“减少贫困与不平等”，使原有的收入与生活水平不致下降，树立党和政府在人民群众中的威信，夯实党和政府的执政之基。这是中国社会福利体系建设的政治责任要求，也是社会福利体系的政治责任目标。同时，切实解决社会福利体系建设过程中影响政治稳定与政治发展的重大问题，着重改革现行的那种以阶层为对象、以单位为依托的“碎片化”社会福利制度，尤其要对同一种社会福利项目所形成的不同社会福利政策加以必要的整合，减少各阶层之间的社会福利待遇差异，增强民众对国家的认同感，让作为“政治美术与工艺”的社会福利成为各阶层和谐相处的润滑剂，努力实现社会福利的政治责任目标。

第三，社会福利体系的实施要着眼于解决民众最基本的福利需求，更好地推进社会管理与社会建设，促进社会和谐，这是社会福利体系建设的社会责任要求。社会福利体系体现着特定社会群体的价值取向、利益诉求与社会态度，反映着特定的社会地位与社会运动。社会福利制度的供给、社会福利项目的实施都要依据于特定的社会结构、社会网络以及作为一种“场域”的社会文化，社会福利体系由此必然就蕴含着社会责任要求。因此，中国社会福利体系要把保障和改善民生作为自己的出发点和落脚点，划分出具有底线性质的社会福利项目并加以重点实施，如民众的吃饭、就业、教育、健康、住房以及安全等。优先解决好失业人员的再就业、贫困家庭的生活保障、医疗救助及其子女入学、残障人员的能力再塑、流浪人群的生活救助、老年人的社会服务等问题。下力气解决好社会福利制度的二元化、碎片化以及公正性不足等问题，加快城乡居民基本生活、基本养老、基本医疗以及公共卫生制度的整合。也就是说要按照底线公平整合现行的各项社会福利制度，努力建立城乡之间、地区之间以及项目之间有差别统一的社会福利制度，特别要优化现有的社会福利分配结构，实行财政优先向弱者倾斜的民生建设方略，使社会福利制度的供给能够缩小不同阶层之间的财富收入差距。社会福利项目的实施成为缓解社会矛盾、增进社会团结的润滑剂，社会福利体系的完善成为社会稳定与社会和谐的催化剂，从而实现公平与效率的统一、刚性与柔性的结合，真正建立起广覆盖、低水平、可持续、普遍整合的社会福利体系。

（作者：厦门大学公共事务学院教授）

（选自《吉林大学社会科学学报》2012 年第 2 期）

“间架性社会保障权”与新生代农民工社会融合

汪国华

一、农民工社会融合路径选择

新中国成立以来，中国政府仍以农业社会的思想治理中国农村社会，通过人民合作化运动和户籍制度两大举措，将农民深深且集中地捆绑在农村社会。毛泽东从根本上意识到农业对于中国的重要性，意识到不存在可以轻易地加以利用的“现代化”模式。即便在20世纪70年代以后，户籍作为农村人口迁移的工具，仍强有力地约束着人口流动。在另一端，城市社会逐步将商业经济植入肌体内，资本、劳动力和商品等迅速流动，诱惑着农村劳动力。随着传统合作医疗的失效，农民一开始便在不携带社会保障权的状态下流动到城市，这给农民工与城市的社会融合制造了困难，融合关注的是优势群体和弱势群体之间的关系。目前，学界对农民工社会融合路径研究着力点主要在四个方面：

1. 基于情感等心理学维度研究社会融合

从行为融合和情感融合两个角度全面分析了中国农民工的社会融合，分析以社会支持网络为代表的行为融合现状对现实和未来的情感融合的影响。通过对自我角色定位与认同的探讨，农民工无法稳定获得与市民平等、无差异的包括基本社会保障权在内的公民权利，进而使得进城农民“内在城市化”滞后于“外在城市化”，阻碍了社会融合进程。基于此，农民工甚至将自己看作是城市人，农村人或边缘人，这种自我归类来自于一种特定阻止他们融入城市的心理保护机制。心理学研究将社会融合困境集中于农民工自身的行为、情感、自我角色和自我归类等单向度的个体性因素。

2. 基于社会网、社会距离、身份等社会结构维度讨论社会融合

城市社会与农民工是社会结构中非常重要的两种类型，在农民工不断流入城市过程中，政府工作人员与农民工的社会距离较大，实际推动制定改善农民工待遇的政策意愿并不强烈。农民工生活和工作的圈子主要依赖于乡土关系或亲属关系。由于“农民工”没有改变其农民的身份，已经进城就业的“农民工（乡下人）”与“城里人”形成了新的二元社会结构。

3. 基于公共环境与公共服务等经济融合视角探讨农民工社会融合

大量农民工住房存在过度拥挤、环境恶劣和居住分割等问题，不利于其积累人力资本和社会资本，获取信息和获得机会，融入城市主流生活，农民工聚居区的住房供给能力与居住环境质量影响经济增长和社会融合。

4. 基于文化融合视角探讨农民工社会融合

有学者结合社会融合（身份融合）、文化融合、心理融合和经济融合进行研究，认为新移民社会融合和心理融合度较高，文化融合与经济融合度较低。从跨社区融入的广度视角与决策融入的深度视角，推动乡—城移民的社会资本由农村向城市转移与发展，实现农民工在城市中共有的空间，从相互隔离、排斥和对立转向一种理性、兼容、合作的“新二元关系”。

就现有的研究而言，有两个方面亟待深化。第一，历史脉络不够清晰，意即缺乏纵轴性视角。无论是经济、社会、心理或文化融合，都将农民工放归到社会结构运行中适时观察，根据已经形成的社会事实探讨社会融合。社会权利则是将研究视线前移，不仅探讨农民工社会融合的现状，更注重探讨社会融合的历史脉络，因为社会权利本身就是一个历史范畴；第二，缺乏横轴的系统性视角。乍看之下，经济、社会、心理与文化可以构成农民工生活的多维层面，但是，这是被支解后的再组合，并且现在的研究大部分侧重某一方面。基于社会权利的视角，将农民工放在历史和现实情境中，以统构日常生活各个维度的社会权利（如工作权、社会保障权、流动权、公共设施获取权、受教育权等）进行系统研究。其中社会保障权能相对独立运行，它本身就涵盖了经济、医疗、养老等农民工生活的各个面向，这也正是本文独选社会保障权依据所在。

职是之故，文章内在预设以社会权利为视角，探讨新生代农民工社会融合的困境与出路，以期社会政策有所突破。不过，由于社会权利涉及面较广，本研究以新生代农民工群体为主体，着重研究差异性社会保障权引发的社会融合逻辑，一方面注重社会保障权展现出来的有形面向，另一方面又注意社会保障权引发的精神认知和社会认同的无形面向；同时，以农村和城市双向视角看待社会融合。在整个研究过程，以皖在温州的新生代农民工进行实证研究，特别强调制度与结构的能动建构作用，同时也顾及新生代农民工对于社会政策的需求，进而提出社会融合的应对策略。

二、新生代农民工社会保障权立体铺述

现代化发展程度和社会制度的差异，社会权利的覆盖内容也存在差别。社会权利研究始作俑者T·H·马歇尔以英国为研究对象，认为社会权利指健康照料、居住、教育（不仅包括对特殊阶级或身份实施教育，还包括让每个个体和个性得以充分发展的教育机会，包括义务教育、中级教育和高等教育、职业培训、成人教育）、得体的收入。其中健康照料权与社会保障权意为一脉，均含盖保障群体成员生存和生活的医疗、养老、社会福利和社会救助等。后继研究虽进一步拓展，不过，社会保障（医疗照顾是社会保障的基本项目，应该得到从摇篮到坟墓的保障，覆盖出生、疾病、事故、伤残，确保共同体全体成员任何时候都能享受预防性的和医疗性的照顾）仍是社会权利核心内容之一。

1. 社会保险权飘忽不定

社会保险权某种程度上是医疗、养老、失业、工伤和生育等社会权利的抽象称呼，当提及社会保险权时，很少涉及具体的项目，只与群体社会认同联系在一起。

XXJ：寻找一家单位，除了工资能维持日常开销以外，能否提供三金是很重要的一个方面，如果有单位能提供三金（养老金／医疗保险金／住房公积金），最好住房公积金高点的，那我毫无犹虑会选择的。只是最近找工作很不顺，对方叫我应聘了，过几天打电话询问，结果又告诉我不行，也不说为什么，郁闷……工

作还没弄好，哪里想到什么转保险那些事啊。最近有个单位让我应聘，差点受骗了，工作人员说待遇特别好，工资1700左右，正式工作后会达到2500，尤其是对女员工，福利待遇特别好。当天晚上我觉得不对劲，想去看看工作地方在哪，第二天一看果然是假的，没有这个公司，只是中介骗人的，真晕。像我们哪能跟那些正式工作人员相比，虽然想成为正式员工，但始终有障碍。

XXJ所说的障碍，不仅指职位，更主要是指因职位而附着的社会保险权，没有正式工作不可能有正式的社会保险权，社会保险权与单位性质和工作职位是相互关联的。没有社会保险权会让他们之间的融合更加困难，新生代农民工社会认同没有办法建立。

一般而言，这一类新生代农民工虽然有较低学历（中专或大专等），但是，在学历突进的中国，这种学历已经远不能谋求稳定和较好的社会保险权了。虽然他们有一定的选择权，但深层次透露的是，制度设计形成了单位和职位对学历的高度认可，他们不断跳槽和选择，只是一种无奈，使得社会保险权飘忽不定。学历型的新生代农民工有强烈融入城市社会的需求，基本没有再回流到农村社会的念头，不过，与工作相关联社会保障权的制度设计，使得他们的需求非常难以实现。

2. 养老保险权与农村强制性捆绑

新生代农民工难以通过对比，获得对普惠式和缴费型养老保险制度的区别认识，进而自愿缴纳新型农村养老保险，从研究中便能发现。

YW：我们这行（电焊）没有保障，你干一天得一天钱，不干就没有钱，有时候真觉得没有意思，医疗保险我们那边是与我爸妈放在一起交的，养老保险好像也开始交了，只是我们还不想交，好像60岁以上老年人孩子必须交钱，老人才能领取，我家老头老太还年轻呢，呵呵……

HXC：等我们老了不也能免费领到养老金，干嘛现在要交呀，那不傻吗？把钱放在那里还不如放贷呢？放贷比放在那里还放心，至少借我们钱的都是熟人。

伴随着新型农村养老保险出台，惠及农村60周岁以上老年人的免费领取养老保险金政策也相继出台。但是，待到60周岁以上老人能免费领取养老金的时候，政府发现参保率偏低，为了能保证在自愿原则下提高参保率，捆绑式缴费模式就适时推出来了。对于很多新生代农民工而言，他们很多没有缴费的念头，只是为了自家老人能免费领取，一方面减轻自己的养老负担，另一方面缴费权当存款，故而也就接受了。当然有些新生代农民工并未接受，需子女缴纳的部分由老人代缴，或者由新生代农民工的兄弟姊妹代交。不过，这种方式获得养老保险权会存在两个问题。一是对于本不想回归农村的新生代农民工，他们视这类权利为负担，如果有机会能在城市生活，届时面临异地转移和接续问题；二是这种养老保险权非自愿所为，他们对这种社会权利带来的养老期许并不高，这样就影响了他们的生活质量，也影响了他们的进一步选择。他们认为，普惠型养老保险只要到年龄就能享受，没有必要将资金交给不被信任的部门管理。

3. 生育保险权缺失：劳动力再生产缺乏制度保障

在中国农村诸多地区，二胎是政策，只要第一胎是非男孩，均可再生，甚至有些地区，即便是男孩，仍有生育的行为发生。

XWL：我们这些人生孩子没有城里人那么金贵，在城里大医院生孩子是生不起的，城里人能报销，我找谁报。……只好回家呗，孩子遇到大病就到县城医院，像我孩子生的时候特别危险，医生让我老公签字，说是头比正常孩子要小，很可能痴呆，并且有难产的危险。我吓坏了，最后还是决定生了。我们小姐妹有一个生孩子生得连命都没了，最后也就算了，找谁去呀。说白了，就看自己运气。

JT：生孩子不到大医院是没保障的，许多报道说农民工自己随便到小医院生出问题的，看了害怕，就算不能报，怕被瞧不起，还是花点钱到正规医院生。

生育保险权是每个育龄女性应享的权利，一方面她生产了可供社会消费的劳动力，另一方面，这是政府保障劳动力生产与再生产应提供的社会权利。新生代农民工生育保险权缺失使得她们对于城市人和政府的心存介蒂，影响了他们与城市的社会融合。由于没有制度供给，他们始终觉得自己比城里人低一等，在不对等的前提下，社会融合不可能。

4. 失业和工伤保险权：回归农村传统保障结构

GB：像我们这样的行业(油漆等自由职业)，哪里有什么失业保障，更没有工伤保险了，失业得靠自己和朋友，通过他们的关系再重新找活干呗，还有啥法子了，到他们那里登记，猴年马月才有工作通知你？还得交钱，那不打水漂么。上次一个小伙子油漆喷到眼里了，如果不是及时去医院，估计就瞎了，很危险的。我只能买点水果看看他，医疗费用还是他自己出，只有自认倒霉，我没办法能报了，不能跑回家住院治疗吧，那样他可就完了。

由于没有针对新生代农民工群体中的自由职业者可行的失业和工作保障制度，他们的失业和工伤更多依赖的是朋友、老乡和家庭，仍然延续了农村的传统保障结构，他们必须以农村的小共同体或老乡群体为依托，才能获得失业和工伤后的生存保障，否则，遭遇失业和工伤风险后，他们便无法继续在城市生存下去。

新生代农民工社会保障权的选择，一方面想融入城市职工，但这些并不能与事业单位和国有企业单位比，他们基本上进入的是私人企业，或自由择业，走动频繁，社会保障权前途未卜；另一方面，社会保障权客观上更多与农村相联，因为学历太低，正规或大型企业根本不接纳，只能从事自由职业，或低端服务行业，医疗保险还得回老家买，养老保险是捆绑式的。更多的新生代农民工主观上愿意融入城市社会保障体系，并且拥有一定的选择权。但是，长时段的趋势使得客观上他们与农村社会保障体系藕断丝连。主客观悖论对新生代农民工社会融合产生了深远的影响。

三、间架性社会保障权对新生代农民工社会融合影响

间架性设计来自标准化要求，这种方式影响此后三千年的中国政治。它意味着国家和社会结构是可以人为地创造出的，同时也导致上层设计的形式远比下层运作的实质更为重要的统治习惯。新生代农民工社会保障权具有间架性特质即主观性和形式性，可名之为“间架性社会保障权”。间架性社会保障权凸显系统性和历史性视角，一方面，它涵盖了医疗保险权、养老保险权、失业救济权、生育保险权、工伤保险权，甚至还包括社会福利权等涉及农民工日常生活的内容，在农民工生活、发展和社会融合方面构成系统性。另一方面，它侧重农民工社会保障权从无到有获得过程，并且注重与城市和农村社会纵向对比，强调社会保障权生成的历史性，相对于市民和农民而言，新生代农民工的社会保障权部分基本是空白，部分才逐步实施（如图1）。

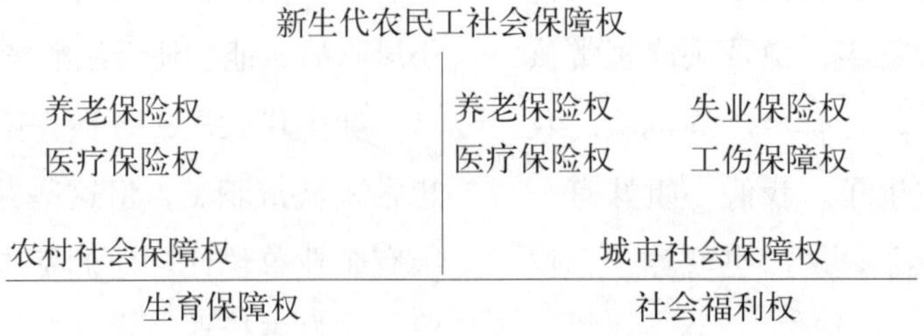

图 1：新生代农民工“间架性社会保障权”构成

间架性社会保障权是在已有的二元社会保障权基础之上，即城市社会保障权与农村社会保障权，一方面由于制度设置和群体结构等原因，不能形成与城市和农村相对应的一元，无法称之为体系各自独立的三元；另一方面，这种社会保障权是在原有的农村社会保障权与城市社会保障权基础之上，通过移植或复制等方式，将新生代农民工社会保障权以部分雷同的方式放置于农村与城市社会保障权架构之上，无法形成密切的衔接。这种社会保障权具有三个方面重要特征：

1. 社会保障权的形成路径不同

新生代农民工社会保障权的获得，很大程度上由于群体本身对于社会稳定和社会秩序形成一定冲击之后，随之学者呼吁和相关职能部门的调研，继而出台相关临时的应对策略。城市社会保障权和农村社会保障权是国家经济社会发展一定程度，国家站在社会整体发展的高度，结合长期的实地实验而发展出的一套前后联系紧密的制度体系。

2. 社会保障权的表征不同

新生代农民工社会保障权具有不可持续性和不可再生产性。新生代农民工社会保障权随着群体的流动而出现变化，同时，由于流动也使得他们的社会保障权不具有可生产性，不能异地对接使得社会保障权不可持续，不可持续又使得社会保障权不可再生产。一是他们的养老保险权和医疗保险权既与农村，又与城市挂钩，无法形成准确定位；二是由于户籍无法最终确定，而工伤和失业保障权却部分地与城市社会链接，他们很难将不可持续的社会权利与农民工身份相联系；三是生育保险权和社会福利利权基本缺失。

3. 社会保障权的制度支持不同

中国目前社会保障权来自于四项制度支持，即新型农村养老保险、城镇职工基本养老保险、新型农村合作医疗、城镇居民医疗保险等。不论是城市还是农村，不论是时间的迟或早,都有明确的制度支持,并有清晰的制度预期。但是，对于新生代农民工来说，由于他们工作非固定性和群体结构非稳定性，社会保障制度具有明显的依附性和缺失性，新生代农民工的医疗保险更多的是挂靠在农村，极少部分纳入城市普通居民和职工之列，养老保险捆绑式地与农村联系在一起，而与城市没有关系。

新生代农民工社会保障权既奠基于城市社会，也不完全奠基于农村社会，甚至部分社会保障权是缺失的。故而，新生代农民工间架性社会保障权，在社会保障权生成的路径上就无法与城市和农村社会保障权形成融合。进而，新生代农民工无法与城市和农村社会形成理想的社会融合，这种社会融合障碍机理主要表现为（如图 2）：

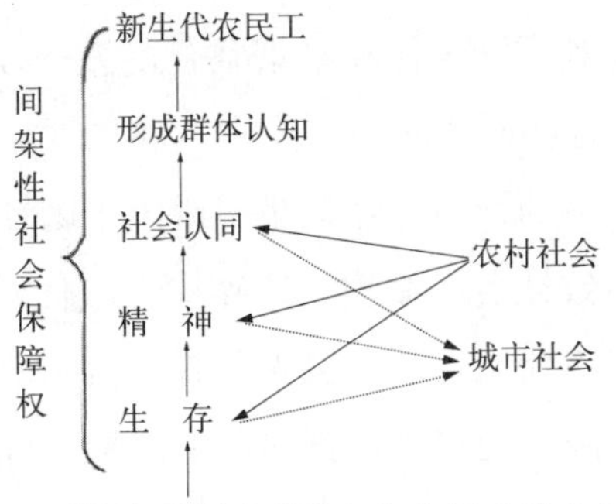

图 2："间架性社会保障权"与社会融合关系
（虚线表示求而未得，实线表示主动提供）

第一，新生代农民工与城市和农村不能形成生存保障层面的融合。社会保障权包括医疗保险权、养老保险权、失业保险权、生育保险权和工伤保险权，这些涉及到新生代农民工的疾病、养老、工作、生殖和伤亡等基本生存的诸多方面，没有这些保障，一个人的基本生存就会缺少生活来源、缺少突发事故保障和缺少劳动力再生产安全等。因此，就基本生存保障而言，新生代农民工很难与城市和农村社会融合。

第二，新生代农民工与城市和农村不能形成精神层面的融合。新生代农民工从最基本的物质感知，即社会保障权具体内容开始，逐渐感受到他们既不属于城市，也不属于农村，在心理和精神层面会形成很强的认知。这种认知使得新生代农民工（含部分第一代农民工）成为城市和农村社会群体结构之外的单列群体，他们与城市农村精神融合被深深地阻断了。

第三，新生代农民工与城市和农村不能形成社会认同层面的融合。新生代农民工从身体的感受，到情绪、感觉和精神心理，再到认知，他们自己完全经历了最终形成了认知，是完整的一元社会认知，精神自我对肉体自我形成的社会认知形成完全认同，这条通道是一元的，无任何断裂。因此，精神自我便和肉体自我合二为一，新生代农民工的日常生活方式等便表现的与城市农村有类似的一面，但更多的是一种差异。生活方式是融入精神自我和人格状态后形成的，是是否认同群体的重要表现。基于此，新生代农民工从最初对差异性养老、医疗等社会保障权感知开始，到精神认知的形成，最后未能对城市和农村形成社会群体认同，无法真正与他们形成融合。

从生存到精神再到社会认同，新生代农民工主动想融入城市，但是没有得到回应——将新生代农民工纳入城市社会保障权的社会政策；在此过程中，农村社会主动给新生代农民工提供帮助，包括生存、精神和社会认同，即便出现了将新生代农民工纳入农村社会保障权的社会政策，但是没有得到新生代农民工的积极回应。终而，新生代农民工无法与城市社会和农村社会实现融合，进而通过自身的体验、感知等，形成群体认知，甚至新生代农民工成为第三方群体。

四、余论

新生代农民工有强烈的社会保障权需求，不过，政府在进行制度设计和政策出台时，未将新生代农民工进行明晰的群体定位，甚至潜意识里是错误地定位。就社会保障权而言，他们非常愿意与城市衔接，不过政策设计很大程度是与农村社会接轨，致使针对新生代农民工社会保障政策具有间架性特点，人为性和形式性非常明显。欲改革这种社会保障权导致的社会融合障碍，既要考虑群体的基础公平性，又要考虑起点差异的公正性，主要的社会政策包括三个方面。

其一，修补迅速转型带来的社会保障政策群体性差异，实现最低社会保障权在群体间公平分配，包括新生代农民工。最低社会保障权应该涵盖生存的主要方面，包括养老、医疗、工伤、生育和失业五大保险权，不论其标准如何，只要是中国公民就能享受，实现起码的社会保障权公平，这也是社会权利的应有之义。

其二，由于事先制度导向（包括户籍制度、医疗保险制度等）使得群体的起点不同，社会保障政策作为二次分配策略应尽量实现不同群体间的公正分配。各个阶层应当得到有所差别的并且是恰如其分的回报。基于此，在公平的前提之下，社会公正视野下的社会保障政策，应体现能力、贡献、技术、知识和风险意识等差异的社会保障权获取能力。在一致性城市社会保险、农村社会保险等公平性前提下，完全可以通过市场化方式获得商业保险权。

其三，社会政策设计在符合公平公正前提之下，避免碎片化社会政策尤其是社会保障政策，政策的设计以减少社会群体分化为主。这是未来中国社会保障政策尤其需要避免的，一方面有利于社会保障政策整合，另一方面有利于现在社会群体的融合。

公平的社会保障政策，避免了因社会身份差异而致社会保障政策的碎片化，有利以公民身份资格为条件的社会保障权获得；公正的社会保障政策使得不同群体间的差异得以合理化体现，实现社会保障政策分层性功能；如能避免碎片化政策的继续出台，新生代农民工乃至其他群体的社会融合便能稳步有序推进。

（作者：安徽财经大学财政与公共管理学院副教授）

（选自《中国青年研究》2012年第1期）

坚持走中国特色的社会保障道路

郑功成

社会保障改革是我国改革事业的重要组成部分，是维系改革事业整体顺利进行、国民经济持续发展和社会基本稳定的重要制度保障。我们要在实现经济社会全面协调与可持续发展的同时，不断增进人民福祉和共同富裕。积极稳妥地深化社会保障体制改革，加快建设、健全覆盖城乡居民的社会保障体系，促进这一制度尽快走向定型、稳定、可持续发展新阶段，具有十分重要的意义。

一、我国社会保障制度改革取得的巨大成就

我国社会保障制度改革实现了从计划经济时代的国家—单位保障制向与市场经济体制相适应的国家—社会保障制转型，成就巨大。首先，实现了国民社会保障观念的革新。计划经济时代，国民在社会保障观念上单纯依靠政府与单位，而个人不承担任何责任。现行社会保障制度改变了这种观念，实现了更具有可持续性的政府、企业、个人及社会各方共同分担保障责任的做法。特别是个人责任的适度回归，不仅使社会保障的责任分担更为合理，促进了国民权利与义务的紧密结合，更加符合平等、互助的原则，并具有了相应的激励功能。其次，实现了新旧制度的整体转型。我国选择的不是福利国家的道路，而是以权利义务结合型为特征的、社会保险为主体的中国特色发展道路。国家主导、责任共担、社会化、多层次、权利义务相结合的国家—社会保障制度，已经全面地替代了原有的国家负责、单位包办、板块分割、封闭运行、福利型的国家—单位保障制度。再次，实现了独特的统账结合型基本养老保险模式的制度创新。在基本养老保险制度中引入了个人账户，构建了当今世界独一无二的社会统筹与个人账户相结合的基本养老保险模式，为世界提供了新鲜的经验。此外，社会保障法制建设与体制改革取得重要进展。《社会保险法》于2011年7月1日正式实施；而经过1998、2008年两次大的机构改革，则使一直处于过度分散的社会保障管理体制得到调整。原来由多个政府部门分割管理的社会保险事务先后被整合到劳动和社会保障部、人力资源和社会保障部，使社会保险管理走向集中。民政部的社会救助与福利职能由过去仅仅针对城乡孤寡老幼扩充到面向全体国民，从而完成了从分散管理到适度统管的初步进程。

我国社会保障体制改革的巨大进展，为化解社会风险、实现社会稳定与保障人民权益、实现共同富裕起到了重要作用。一方面，社会保障制度改革较好地化解了市场经济改革特别是国有企业改革带来的巨大社会风险，维护了整个社会的基本稳定，为经济改革与经济发展创造了有利的条件。另一方面，新型社会保障制度保障了全体人民的基本生活权益。以最低生活保障制度为核心的社会救助已经覆盖城乡居民，医疗保障制度已经惠及95%以上的人口，基本养老保险在2012年能够实现制度全覆盖，社会保障制度普惠全民的愿景即将实现。这是我国在创造国民经济持续高速增长30多年的奇迹后，继续创造的中国式的社会发展奇迹。

二、社会保障制度改革的成功经验

第一，中国社会保障制度是中国特色社会主义事业的有机组成部分，必须坚持走中国特色的社会保障道路。在我国的社会保障改革进程中，借鉴与吸收了许多国家行之有效的经验，如起源于德国的社会保险模式，发端于新加坡的公积金模式与智利公共养老金私有化的个人账户模式等。但我国没有照搬、照抄国外模式，而是在尊重国情的基础上，采取了一种混合型模式的政策取向，并在一定程度上实现了制度创新。事实证明，充分重视中国传统的家庭保障功能、充分发挥农村土地对农村居民基本生活的保障功能，以及采取独特的过渡性改革措施等做法，符合我国国情，取得良好效果，坚持走中国特色的社会保障道路是完全正确的。

第二，坚持渐进改革，逐步实现从原有社会保障制度到新型社会保障体系的全面转型。我国的社会保障改革牵涉面极广，对利益分配格局的调整力度极大，必然涉及到复杂的相关体制、机制及政策体系。采取渐进式的改革方式推进，从单项突破到综合改革，从局部探索到全面推广，从弥补缺失到促进公平，是客观环境与形势综合影响的结果。总体而论，渐进改革因其震动较小、出现问题较易得到纠正、制度建设可以在不断总结经验教训中逐渐成熟，确实成为一条值得借鉴的中国经验。

第三，与国民经济发展保持协调，在经济增长的同时实现社会保障改革的目标。在改革开放前一个时期，国民经济保持了持续高速增长，城乡居民收入水平持续大幅度提升，绝大多数城乡居民的收入增长要大于福利下降所付出的代价，这是我国社会保障改革初期能够平稳推进的重要因素。从1998年起，中央政府加大对社会保障改革的直接投入，强力推进“两个确保、三条保障线”，即确保离退休人员按时足额领取养老金，确保下岗职工按时足额领到下岗职工基本生活保障金，并建立最低生活保障制度，充分发挥失业保险的功能，社会保障制度逐步建立健全，切实解决了亿万劳动者及城乡低收入家庭的最低生活保障问题。2008年，面对国际金融危机及低迷的世界经济格局，党和政府又进一步加快了社会保障体系建设步伐，在社会救助、医疗保险、养老保险与住房保障等方面加大投入，促使社会保障制度进一步普惠全民，国民经济迅速摆脱危机，继续保持在高速增长的轨道上运行。与国民经济发展保持协调，既是国民经济持续发展的要求，也是社会保障制度自身发展的内在要求。改革开放30多年的发展实践，已经证明了这条宝贵经验。

三、有序优化社会保障体制

党和政府对社会保障体系建设的高度重视，表明建立健全社会保障制度已经取得共识。改革30多年的经济发展成就积累了丰厚的公共资源、社会资源与市场资源，建立健全社会保障体系已经具备了相应的经济基础。以往20多年的社会保障改革探索，为这一制度从长期试验性状态走向定型、稳定、可持续的成熟阶段提供了丰富的经验与教训。因此，与前一个时期侧重社会保障项目建设、加大公共投入、扩大覆盖面不同，当前社会保障制度改革的重要任务是加快社会保障体制改革，理顺决策体制、监管体制与实施机制的关系，合理界定政府责任，并优化各项制度。

第一，理顺决策体制、监管体制与实施机制的关系。按照我国社会保障体制改革深化的目标，在遵循规范、有效的原则下，理顺决策体制、监管体制与实施机制之间的关系，真正让立法机关承担起确立社会保障制度及修正、完善制度的决策之责，让行政机关与司法机关分别承担起制度运行的监督之责，让实施服务或者经办业务的机构承担起制度运行的服务或供给之责，实现决策机关、管理机关与实施机构各归其位、各负其责、相互配合、相互制衡，逐步实现全部社会保障事务运行在科学发展的轨道上。

第二，要不断完善社会保障领域的立法，决策体制逐步由行政机关决策向立法机关决策转化。我国迄今仅制定了《社会保险法》、《军人保险法》，大多数社会保障事务基本上是行政主导和政策主导。由于社会保障制度的任何调整都会涉及相关主体利益结构的调整，其决策过程只有在公开、透明的条件下，才能确保各社会阶层和相关利益主体的有序参与，因此，应该由立法机关对社会保障制度负最终之责。同时，社会保障制度只有通过上升到法律规范的层次，才能确保其具有权威性、稳定性、可靠性。此外，国家立法机关的决策权不仅是制定社会保障法律，还表现在对社会保障预算的监督上，需要尽快建立社会保障专项预算制度，以进一步强化对社会保险基金的监督与约束。

第三，构建行政、司法、社会监督三位一体的监管体系。行政监督是社会保障监管体制的核心。我国目前需要进一步整合相关部门的管理职责，设置尽可能统一的大社会保障部门，以集中监督管理全国主要的社会保障事务，同时确保财政、审计、监察等部门在法定职责范围内对有关社会保障事务及当事人进行监督。在这方面，维护主管部门的权威并切实推行行政问责制尤为重要。司法监督是社会保障制度运行中的最后监督机制，也是最严厉的监督机制，我国需要尽快改变社会保障监督体制中司法机关缺位的状态，各级人民法院应当配备熟悉社会保障事务的法官，并探索设置专门的社会保障法庭，这是矫治现阶段社会保障领域中的违法犯罪现象和维护社会保障制度规范、健康运行的必要举措。与此同时，还有必要建立相应的社会监督机制，让工会、雇主组织、媒体及其他社会组织、个人都可以监督社会保障制度的运行。

第四，据需设置、适度集中、社会参与，推进实施机制改革。据需设置，是根据不同社会保障项目的特征与要求设置相应的实施机构。社会救助是政府的责任，要建立专门的社会救助经办机构。社会保险则应根据不同保险项目的内在要求，分别建立起养老保险、医疗保险经办机构。而各项社会福利事业宜遵循公助民办的原则。适度集中社会保障实施系统，有利于确保实施机构及其工作人员的服务标准与服务质量；有利于发挥规模优势，提高政策执行的效率；有利于方便保障对象、提高公众的满意度。因此，面向基层的社会保障服务机构应当尽可能统一，构建综合性的社会保障服务平台。同时，在政府主导下，应当充分调动民间组织、社会团体的积极性，坚定不移地走社会化道路，以提高福利事业的运行效率。总之，社会保障实施机制应当按社会保障类别设置，遵循适度集中实施原则，发挥政府与民间的积极性，共同构筑一个严密、高效的社会保障服务网络。

（作者：全国人大常委会委员、中国人民大学教授）

（选自《求是》2012年第13期）

西方发达国家残疾人社会保障的成功经验对我国的启示

章　程　宋宝安

一、我国残疾人社会保障的现状

残疾人是社会中的一个特殊的弱势群体，由于其特殊心理、特殊需求以及特殊的生存手段，使他们成为社会中的一个困难群体。

2006年4月开始的我国第二次全国残疾人抽样调查结果显示："截至2006年4月1日，我国残疾人数为8296万，占全国总人口的比例为6.34%。"虽然我国的残疾人群体在人口总数中占有较低的比例，但是，由于我国人口基数巨大，因此，事实上残疾人的数量也不少。并且，这8296万残疾人加上其直系亲属，涉及全国近3亿的人口。不仅如此，我国残疾人数量的增长速度也很快。由于遗传、事故、疾病等难以避免的原因，我国的残疾人口以每年70～80万的速度增长，也就是说，每天都要增加2000多名残疾人，每40秒钟左右就要增加1名残疾人。这部分人在社会主义市场经济的竞争中，处于弱势地位，他们承受着物质及精神支柱匮乏所造成的巨大压力。这一弱势群体现象的存在是不容忽视的，其负面影响已渗透到社会整体的方方面面，给社会的政治、经济、道德、伦理和秩序带来不可小觑的压力。

残疾人是我国社会成员的组成部分，重视残疾人社会保障就是尊重残疾人的自身价值和潜能，也是衡量我国经济发展与文明进步的一个重要标志。

在我国漫长的残疾人发展历史中，残疾人社会保障一直存在，只是到了新中国成立之后这种制度才被真正确定下来，并在改革开放过程中逐步得到了重视。我国残疾人社会保障制度建立以后，国家开始扮演残疾人社会保障的主导角色，运用强制性的手段对国民收入进行重新分配，以制度的形式为残疾人提供社会保障与社会服务，并且给予残疾人社会补偿，降低残疾人群体的边缘化程度，以维护社会稳定与发展。虽然目前我国已经初步建立起了残疾人社会保障与服务体系，但是随着经济的飞速发展和社会结构的变迁，残疾人群体边缘化程度日益严峻。我国残疾人社会化程度较低，不仅由于我国存在的传统家庭观念和独立的照料模式，而且由于在传统家庭责任逐渐削弱的同时社会责任缺失，以及政府作为责任主体未能建立起完善的保障系统、未能协调各责任主体来满足残疾人的生存与发展需求。对此，在法律层面，我国对残疾人权利的保障进行了倾斜性的配置，颁布并实施了《残疾人保障法》、《残疾人教育条例》、《残疾人就业条例》等保障残疾人权益的专门性法律法规。《中华人民共和国国民经济和社会发展第十二个五年(2011 ~ 2015)规划纲要》中也提出了有关残疾人社会保障体系与公共服务体系的建设，体现了对残疾人事业的特别关注和重视。虽然国家为扶助残疾人陆续制定了一些法律法规以保障残疾人的生活，但是很多法律制度不够完善，不够明确。我国残疾人社会保障与社会服务体系处于起步阶段，政策的实施效果还未完全显现出来，基层政府执行效果不明显，同时也缺乏对社会保障与服务运转的监管系统等。

目前，我国残疾人社会保障存在很多根源性问题，主要包括：残疾人社会保障理念依然强调立足于家庭的自我保障而忽视了残疾人社会化的广泛参与；残疾人社会保障责任主体单一且缺乏有效的互动性；政府还未针对残疾人的特殊性制定专项的社会救助和相关的法律保障。这些问题使得残疾人的特殊需求得不到很好地满足，残疾人的社会保障存在较大的随意性等。

首先，狭隘而传统的残疾人社会保障观念。目前我国残疾人社会保障受传统家庭观念的影响，强调家庭的自我保护功能，很多残疾人家庭都愿意由家庭本身来承担对残疾人的照料护理，而很少有家庭会诉诸社会救助和托养机构。家庭对残疾人的过度保护给家庭自身造成了很大的经济负担，很多家庭因残致贫，在一定程度上抹杀了残疾人参与社会的机会。多数残疾人无法参与到正常的社会生活中去，从而也失去了接受社会帮扶的机会。帮扶包括经济救济、特殊教育和就业培训等。除了残疾人以及残疾人家庭自身观念的狭隘导致残疾人社会保障的不到位之外，充满救助色彩的残疾人社会保障的传统观念也使得残疾人社会参与程度不高。现如今，我国对残疾人的社会保障政策存在一定的局限性，其保障更多地倾向于对残疾人基本生存需求的满足，而忽视了残疾人社会化的广泛参与。譬如，我国的无障碍设施普及率比较低，只有几个大城市拥有较为完善的无障碍设施，并且，对于广大的农村残疾人来说无障碍设施几乎闻所未闻。无障碍设施的建设能够为残疾人参与社会生活架起桥梁，我国残疾人社会保障在这一方面的缺失使得许多残疾人无法参与社会生活。总之，狭隘而传统的残疾人社会保障观念，已无法适应我国社会发展的客观要求，严重制约了残疾人社会化的广泛参与，使得残疾人在经济领域缺乏竞争优势，无法参与经济活动来改善经济状况；在社会领域缺乏便利设施，无法参与同他人的互动来实现社会交流。

其次，单一的残疾人社会保障责任主体。传统上中国社会的家庭观念有别于西方强调个人主义的思想。家庭的团结支撑着整个家庭成员的生产生活，家庭对于残疾人的社会保障是无可替代的，家庭给予残疾人所需的物资与情感支持，相应地加重了家庭的精神压力和经济压力。家庭作为残疾人社会保障的责任主体，自身同时也存在局限性，单一的家庭自我保障观念使得残疾人与社会组织、政府的互动不够，导致家庭负担加大，有时也会错过了残疾人的有效治愈期，造成无法逆转的结局。比如，自闭症儿童的训练期必须越早越好，越早发现，越早参与治疗训练，适应社会能力就越强，反之，错过了最佳训练阶段会影响他们的一生。因此，如果残疾人家庭只注重自身的保障功能而忽略了很多社会资源，对残疾人自身也会有很多不利的影响。

从另一方面来讲，残疾人家庭之所以很少求助于其他责任主体，是因为我国还没有完善的残疾人保障体系与社会服务体系。受儒家思想的影响，我国早期针对残疾人的社会保障是以社会稳定为目的的，政府只是在一些特殊时期制定了一些安抚、优待政策，从而给予残疾人一些临时性的救助。新中国成立以后，在计划经济体制下，政府包揽了一切社会责任的同时也拥有了所有的社会资源，在残疾人社会保障中占有主导地位。改革开放以后，计划经济体制被市场经济体制所替代，但政府依然占有大量的社会资源，但在残疾人社会保障这部分显然投入有限。对于残疾人的政策往往在层层传达的过程中得不到真正的落实，受经济条件的制约，很多基层政府组织对残疾人社会保障工作力不从心。虽然，国家在“十二五”规划中体现了对残疾人两个服务体系（残疾人社会保障体系与服务体系）建设的关注，但是，目前我国政府在残疾人社会保障这一方面的主导作用还没有完全体现出来。政府对于其他责任主体之间的协调未到位，使得公共社会领域的资源动员活动也没有很好地展开。就我国的社会团体而言，其自身力量薄弱，许多针对残疾人的社会组织最初都是由几个残疾人家庭建立组织起来的，之后，政府给予关注与经济支持，然而在市场经济的大背景下，少量且短期的经济支持是无法增强社会团体抵御风险的能力的。另外，一些大型的民营组织机构，也只能解决城市的一部分残疾人的需求，无法解决广大农村的残疾人的需求。

最后，随意性的残疾人社会救助。目前我国对于残疾人的社会救助往往是依托某项政策的实施，然而，在政策实施的过程中，却无法给予残疾人高于普通人的特殊待遇。譬如就最低生活保障而言，它主要是针对所有生活贫困群体的经济救助，而这部分贫困群体中有很大一部分是残疾人群体，这部分残疾人得到的是与正常贫困人群一样的最低生活保障金，并且接受同类的救济款，部分地区残疾人可以获得上浮 20% 的低保金，但这种有限的特惠无法满足贫困残疾人的特殊需求。除了经济救济外，在住房方面，“保障房”、“经济适用房”等住房政策是我国政府为城市弱势人群和低收入者制定的，无法完全覆盖到农村贫困残疾人群体。东北三省农村实行的“泥瓦房”改造，虽然也在一定程度上照顾到了农村残疾人的住房条件，却因为农村监督机制的缺失，存在很多操作上的随意性。目前我国还没有专门针对残疾人的医疗保险方案，在广大的农村地区都只是把残疾人纳入到了农村合作医疗体制中，现有的大病医疗普及率也不高；相对于城市发达的医疗系统，农村医疗网点缺失，造成目前我国农村残疾人看病难和看病贵等问题。另外，残疾人康复也存在服务资源有限、服务水平低等问题，甚至有些贫困的农村地区，根本不存在康复服务，残疾人对康复知识也是知之甚少，大部分农村地区的残疾人对康复几乎闻所未闻。教育方面，政府建立的残疾人特殊教育资源也很匮乏，残疾人家庭对教育的投入也很有限。尽管义务教育的普及解决了早期的基本教育问题，但是昂贵的高中乃至大学的教育费用却没有相应的专项教育基金提供资助。除了在大学入学初给予一次性的补助之外，没有可持续的救助来源，残疾人教育补助缺乏长效机制。残疾人教育培训没有就业针对性，高学历的残疾人大学生未必能够享受平等的就业机会，残疾人大学生面临就业难的问题。譬如，我国未在公务员体制中为残疾人预留报考岗位，加之每年的公益岗位也很少，导致高学历的残疾人失去了平等的报考机会。因此，无论是在主要的经济救助还是在与残疾人生活息息相关的衣食住行方面，政府只是一再强调残疾人的贫困特殊性，而未能为残疾人设立单独的保障项目，专款专用的政策始终没有落实下来。我国关于残疾人的立法起步较晚，发展至今未能形成系统的法律法规，有关残疾人社会保障的法规也未受到应有的重视。法律法规的缺失也导致了残疾人的社会救助存在很大的随意性。

二、西方发达国家残疾人社会保障的成功经验

西方发达国家很早就开始重视残疾人社会保障问题的研究和实践。西方发达国家残疾人社会保障取得了很大的成就，经历了一个理念上从“人道主义”到“人本主义”，责任主体上从“一元”到“多元”,项目和法规上从“一般”到“专门”的发展过程，并在这一过程中积累了丰富的经验。

1. 基于“人本主义”理念

当代西方发达国家关于残疾人社会保障的观念可以追溯到基督教的人道主义传统。在基督教看来，天地万物，皆是上帝对人类的恩赐，每个人都是上帝的子民，都有权利得到上帝的恩宠和垂怜。因此很多西方国家秉承人道主义理念，对遭遇不幸的人们给予帮扶救济，举办各种慈善事业来帮助那些陷入困境的人们，对残疾人的救济只是停留在人道主义层面，因而使得在这一群体的政策实践中存在着一定的局限性，也使得接受了救助的人会被贴上“无能者”的标签，继而被主流社会所排斥，受助者自身也会受到尊严与人格的打击，其代价匪浅。以人道主义为基础的社会政策本身也是补偿型的社会政策，是一种应急的不定期的措施，以缓解相应的社会问题，而残疾人这一特殊群体，有着特殊的生存困难，不可能在短期的扶持下就能帮助他们脱离贫困的生活，这是一项长久的社会政策，因此，从人道主义层面思考而制定的政策太过单薄有限，不足以有效地解决问题。

在西方社会思想史上，人本主义与神本主义是相对立的，随着人类社会的不断发展与进步，“人本主义”的内涵也得以完善。现代意义上的人本主义指的是“一切以人为中心，一切为了人的利益，强调人是政策思考的逻辑起点的一种社会价值体系，其根本出发点是为了人的权利、尊严、需要、成长、发展以及最终实现人的价值”，笼统的来说，可以归纳为人的生存权与发展权的实现。启蒙运动的人权观念则认为，人生而平等，作为公民，享有基本的不可剥夺的权利，包括公民的政治、经济、社会、文化、生活等基本权利。既然残疾人作为社会公民当然也能够享有在政治、经济、社会、文化、生活等领域的基本权利。马歇尔是第一个阐述公民权利的福利思想家，他的主张“摒弃了把福利视为施舍和慈善之举的偏见，从法律、政治和社会平等的立场肯定了福利作为公民基本权利的合法性与合理性。”为了公民的基本生存权利，以人权观念为基础的福利思想引导着西方发达国家走入“制度型”社会政策，为民众提供了广泛的社会服务。“制度型”社会政策具有长期性和普遍性的特征，因为它通过优先原则在制度层面上给予社会中弱势群体长期的关注，并且针对该群体的特殊需要制定相应的实施细则，保护这一特殊群体作为公民所应有之权利,保证其基本生存需求得到满足。由此可见，残疾人的社会保障政策已从一般道德要求提升到政治道德要求的高度，由同情、怜悯的人道主义关怀转变为保障残疾人应有的社会与经济权利。20世纪90年代以来，基于“人本主义”中人的发展权理念，产生了“发展型”社会保障政策，继而受到发达国家的追捧，这主要归因于其主张经济发展与社会发展的同等重要性，支持经济发展所带来的成果的普惠性，强调社会保障政策应该重视人力资本和社会资本的投资，以提高人们的参与能力等。因此，“发展型”社会政策不仅是帮助残疾人个人实现个体的生存权与发展权，更是一种增进全体社会成员经济和社会能力的资源配置。

2. 多元的责任主体

在工业革命以前的农业社会里，社会救助

作为一种慈善事业，是对陷入困境的人们的一种施舍。到了欧洲中世纪末期，随着工商业的发展，“一方面，科学技术的进步与生产力的解放大大改善了人类福利的总体水平；另一方面，社会转型所带来的负面性也将人类暴露于更大的风险下，因病致残或因外界因素致残的情况在现代社会里已不足为奇。”对此，社会各界最初还是秉持传统的慈善观念，沿用过去的救助方式。但是，随着市场经济的日益成熟，政府作为利益集团的代表，迫切需要对这一现状做出政策回应，以维持其政治合法性，并维护社会的安定。1601年英王室通过了一个新法案：《济贫法》，它的颁布与实施标志着对残疾人的社会保障由最初的慈善救济、地方贫困救济等转变为政府的行政管理事务，同时非正式的慈善事业开始步入由政府政策主导的正式的社会保障轨迹。1834年，英国又通过了《济贫法(修正案)》，标志着已有的以慈善观念为基础，由一部分人出资，另一部分人接受施舍的救助的终结，政府承担起社会财富再分配的职责。

19世纪末20世纪初，随着垄断资本主义的出现，资产阶级与无产阶级矛盾日益突出，原有的社会福利制度已经无法起到稳定器的功能，更无法满足日益增加的新需求，“亟须建立一种既体现国家责任也包含着个人权利与义务的新型社会福利制度”。在这样的历史背景下，《贝弗里奇报告》响应当时的福利需求产生了，它为政府提供了一种新的福利方案，即“福利国家”。《贝弗里奇报告》提出以社会保险来缓和社会矛盾，达到稳定社会的目的，主张就失业、残疾、疾病、养老、生育、寡妇、死亡等7项来实行相应的社会保险。因此，在《贝弗里奇报告》产生之后，各国便强制建立了残疾人社会保险，即由政府、雇主、残疾人个人共同承担并缴纳保险费用，形成了有效的责任分摊机制，也使得受保人享受抚恤金的权利与义务统一起来。

随着西方国家社会福利制度的逐步发展，各国政府在社会福利财政支出方面的压力增加。一方面刚性的福利保障居高难下，另一方面政府财政拨款已经无法满足高额的福利支出需要，从而面临新的困境。瑞典堪称世界首屈一指的福利国家，但是由于社会福利增长过快，社会福利已大大超过生产的增加，结果使政府难以承受巨大的财政支出，经济陷入发展的困境。因此，这几年西方社会福利制度改革趋势逐渐转向对政府作用的弱化，转变为由政府主导非政府机构共同参与(即保持政府主导地位，同时让更多的非政府志愿机关、工人合作社及其他社会团体参与到社会福利中来)，从而使社会福利制度日臻完善。“社会人”的广泛接受也增强了人们的社会价值和社会责任感，使得社会保障的责任主体向着以政府为主导，社会支持网络、个人、家庭、社区共同承担的方向发展。政府主要负责政策的制定和相关立法，具体的细则由地方政府来承担。地方政府负责联络社会上的服务机构，有偿或者无偿地为残疾人提供相关救助，包括生活、教育、医疗康复、就业指导等，并且实行有效地监管。“美国有许多非政府组织(NGO)从事社会福利工作，开办老人院、福利院、康复中心和儿童中心，提供社会公共服务。这些机构大多是非营利或微利的，政府为鼓励非政府组织从事社会福利工作，给予减免税收优惠。”随着社会服务机构的日益完善，更多的残疾人家庭愿意让残疾人接受服务机构的照顾，随之而来的便是家庭责任的逐渐外化，由传统的家庭照顾模式蜕变成为居家社区照顾的社会福利供给模式。

3. 完善的专项保障制度和专门法律条例

残疾人是一个有着特殊需求的弱势群体，同时也是我们社会大家庭里的平等成员，在人身、财产、政治、婚姻家庭等权利方面与其他社会成员一样是平等的；但又因其特殊性，许多西方发达国家为残疾人提供了专项社会服务与保障。第二次世界大战之后，以《贝弗里奇报告》为先导，西方各国都对原有的社会保障制度进行了进一步的完善，随之而来的是残疾人社会保障的蓬勃发展，残疾人社会保障项目日益趋向具体化、多元化。发达国家制定了社会保险和社会救助以外的福利项目来满足残疾人群体在教育、医疗康复、职业培训指导、无障碍建设等领域的特殊需求。国家依法在这些领域对残疾人采取了特别帮扶措施。例如，福利国家丹麦为残疾儿童设立了专项的教育保障，建立适应各种残疾儿童的特教学校，满足各类残疾儿童的学习需求，特别是在重症残疾儿童的教育、训练、治疗、托养等方面投入了很大的财力、物力。

针对残疾人的专项保障固然可以给予残疾人福利特惠，但是，如果得不到相应的法律保障，其专项性也就难以维系，因此，很多西方发达国家就专项的残疾人社会保障出台了相应的法律法规，为保障残疾人的福利特惠提供立法支持。以德国为例，"'铁血宰相'俾斯麦时期的医疗和工伤保险立法可以看做是较早的残疾人法律保障，"它以强制保险的形式保障了一部分因工伤致残的残疾人的利益。另外，瑞典自由党政府制定了老年人和残疾人年金法案，并于1913年在议会通过。这部法规是瑞典为残疾人社会保障的首次立法。诸如此类为残疾人专项保障的立法还有很多，其中由美国联邦政府于1968年至1979年制定的《建筑无障碍法》、《城市公共交通法案》等，为残疾人参与社会生活提供了必要的桥梁。

三、启示与借鉴

我国的改革和发展迎来了新的历史阶段，建设和平、共享、参与的和谐社会成为新的主题。在这一新的历史时期下，社会政策的调整与变革成为各级政府和社会共同关注的焦点。自2003年以来，弱势群体的社会保障问题已经成为公众关注的重点，而残疾人作为特殊的弱势群体其相关的政策研究并不多见。总体而言，我国在残疾人的社会保障方面的针对性政策调整没有受到广泛的关注，对残疾人的社会保障政策的制定仍然处于摸索阶段，现有的残疾人社会保障政策仍然处于比较初级的阶段。因此，总结西方发达国家残疾人社会保障的成功经验，并从中获取有益的启示和借鉴，是促进我国残疾人社会保障政策的制定和实施，从而推动我国残疾人社会保障事业顺利发展的有效途径。西方发达国家残疾人社会保障的成功经验对于我国残疾人社会保障事业的发展具有非常重要的启示和借鉴意义。

首先，我国的社会保障应重视残疾人社会化的广泛参与。家庭对残疾人的情感支持与照料是残疾人基本生活所需的基础，但是残疾人也需要广泛的社会参与来满足自身的更高需求。西方发达国家有关残疾人社会保障理念由人道主义向人本主义的转变，启发我们应该以"人本主义"理念为基础制定和实施残疾人社会保障。具体而言，在满足残疾人基本生活需要的基础上，增加其发展权，重视残疾人人力资本与个人潜能的开发，主要包括残疾人的职业培训、就业指导、消除残疾人参与社会生活的障碍与促进残疾人社会资本的形成等，最终提升残疾人社会化的广泛参与能力。残疾人社会化的广泛参与主要包括：在政治领域参与平等的选举与被选举权，在社会领域参与到与他人的互动中，在经济领域拥有自己的资产，参与经济活动，在公民领域参与社会性服务。残疾人社会化的广泛参与是残疾人自我实现的有效路径，应该受到政府、社会的广泛重视。

其次，我国的残疾人社会保障应强调责任主体的多元化。发达国家的残疾人社会保障是以应对不同时期残疾人问题为目标的，演变至今，强调在残疾人社会保障中政府、社会、残疾人个体及家庭的权利与职责，以及非营利组织的参与等。目前，我国的残疾人社会保障责任主体单一，特别是在公民社会领域涉足不深，只是停留在政治动员层面,社会动员不足。因此，应以善治的理念，加强政府与公民社会以及经济组织的合作。政府保持主导地位不变，承担主要责任，同时家庭及残疾人个体、社会团体组织也同样参与政策行动，起到了分摊责任的作用。总的来说，在残疾人社会保障这条大船上，政府是掌舵人同时也是服务者，其他社会组织、家庭及个人都是划桨人，他们之间彼此互动、协作，才能够使得这条大船安全航行。

最后，我国的残疾人社会保障应注重专项性和法制化。我国残疾人社会保障项目单一，也没有根据残疾人自身存在的特殊性制定专项的社会保障项目。另外，由于城市化的发展，城乡二元结构的瓦解，农村残疾人社会保障渐渐地向城市残疾人社会保障过渡，也形成了很多新的保障问题。鉴于西方发达国家为残疾人制定的专项福利项目，我国也应当根据残疾人的特殊性设立专项保障项目，除了基本的养老和医疗保险，在残疾人教育、康复、就业、住房、无障碍建设等方面应该衍生出更多的专项救助，为这一部分群体提供专款专项的救助与服务。当然，完善的法律体系是残疾人社会保障项目实施的前提与基础。西方发达国家残疾人社会保障立法起步较早，发展至今，已具备一定的稳定性与规范性，并且其法令针对性强、目的性明确。西方发达国家在法律体系的保障下对残疾人群体提供特殊扶持，为其制定了专项制度。我国的残疾人社会保障政策起步较晚，上世纪 90 年代以来陆续建立了残疾人法律援助制度。1990 年，我国通过了《中华人民共和国残疾人保障法》。2003 年国务院还颁布实施了《法律援助条例》。2004 年中国残疾人联合会联合下发了《关于为残疾人提供无障碍法律援助的通知》。这些法律法规、法律援助条例都是从无障碍公共设施建设与残疾人维权方面制定的，但在残疾人社会保险、医疗康复、教育、就业等领域的法律化程度不高。长期以来，我国的残疾人社会保障通常只是一种行政式的条例，在实践中容易随意变化，影响政策的执行效果。因此，从长远意义上来考虑，应该注重残疾人社会政策的法制化，确保残疾人社会保障政策实施的稳定性。

（作者单位：吉林大学哲学社会学院）

（选自《东北亚论坛》2012 年第 2 期）

坚定不移走中国特色社会主义教育发展道路

袁贵仁

一、中国特色社会主义教育发展道路是教育优先发展之路

当今世界，随着综合国力竞争日益激烈和科技进步日新月异，人力资源成为推动经济社会发展的战略性资源，人才成为国家竞争力的关键。面对更加激烈的挑战，我们只有坚持教育优先发展，才能实现人力资源的先行开发，培养造就数以亿计的高素质劳动者、数以千万计的专门人才和一大批拔尖创新人才，把我国沉重的人口压力转化为人力资源优势，为推进经济社会科学发展提供强大的人才保证和智力支撑。以胡锦涛同志为总书记的党中央，从全面推进改革开放和社会主义现代化的战略高度出发，提出了“人才资源是第一资源”、“强国必先强教”的科学论断，制定了科教兴国战略、人才强国战略，作出了优先发展教育、建设人力资源强国的战略部署，颁布了《国家中长期教育改革和发展规划纲要（2010—2020年）》，作出了切实保证经济社会发展规划优先安排教育发展、财政资金优先保障教育投入、公共资源优先满足教育和人力资源开发需要的工作部署，明确把是否坚持优先发展教育作为检验各级党政领导班子是否真正贯彻落实科学发展观的重要内容。

党的十六大以来，在全党全社会的共同努力下，教育优先发展的战略部署得到有效实施。国家财政性教育经费支出占国内生产总值4%的目标正在实现，推动教育优先发展的合力已逐步形成。学前教育加快发展，2011年全国幼儿园比2002年增加5.42万所，在园人数增加了1388万人，学前教育“短板”状况大为改善。义务教育实现历史性跨越，2011年全国31个省（区、市）和新疆生产建设兵团全部实现“两基”（基本普及九年义务教育、基本扫除青壮年文盲）。中国领先于其他发展中人口大国实现“两基”意义重大，这是我国教育发展史上的重要里程碑，是建设人力资源强国的标志性成果。高中阶段教育加快普及，毛入学率从2002年的42.8%提高到2011年的84.0%。职业教育取得突破性进展，中等职业教育和高等职业教育分别占到高中阶段教育和高等教育总规模的半壁江山。高等教育大众化水平进一步提高，2010年，我国具有大学（指大专以上）文化程度的人口为1.19亿人，每10万人中具有大学文化程度的由2000年的3611人上升为2010年的8930人，从业人员中有高等教育学历的人数已位居世界前列。我国已经从人口大国转变成为人力资源大国，正在向人力资源强国迈进。

实践表明，教育是国家和民族发展最根本的事业，优先发展教育是党和国家提出并长期坚持的重大方针，也是中国特色社会主义教育发展道路的根本任务。必须坚持党对教育工作的领导，明确政府发展和管理教育的责任，落实教育优先发展的战略地位，实现教育和经济社会协调发展，充分发挥教育在党和国家事业中的基础性、先导性、全局性地位和作用。

二、中国特色社会主义教育发展道路是育人为本之路

培养什么人、怎样培养人是我国教育事业发展中必须解决好的根本问题。青少年要担负起中华民族振兴的历史使命，必须全面提高素质。当前，我国青少年的素质总体上是好的。但是，在新的形势下，青少年成长成才面临着许多新情况新问题。建立完善社会主义市场经济体制、建设创新型国家，给青少年提出了新要求；互联网等传媒中传播的一些有害信息，给青少年带来不良影响。在这种情况下，学校教育必须把育人为本放在首位。以胡锦涛同志为总书记的党中央，把育人为本作为教育工作的根本要求，把坚持以人为本作为教育改革和发展的战略主题，把促进人的全面发展、适应社会需要作为衡量教育质量的根本标准，把促进学生健康成长作为学校一切工作的出发点和落脚点。强调要坚持德育为先、立德树人，帮助学生树立崇高理想和远大志向，从小打牢思想道德基础；坚持能力为重，优化知识结构，丰富社会实践，强化能力培养；坚持全面发展，促进德智体美有机融合，提高学生综合素质。

党的十六大以来，中央专门就加强和改进未成年人思想道德建设和大学生思想政治教育、加强青少年体育工作等下发文件，对把社会主义核心价值体系融入国民教育全过程、深入实施马克思主义理论研究与建设工程、加强思想政治理论课建设、深入开展学雷锋活动、加强社会实践、培养创新型人才、减轻中小学生课业负担等作出专门部署。各级各类学校深入推动中国特色社会主义理论体系进教材、进课堂、进头脑，着力引导学生形成共同理想和道德规范，着力提高学生的学习能力、实践能力、创新能力。大学生思想政治教育工作取得新进展，涌现出一批先进典型，大学生入党踊跃，仅2010年一年就发展大学生党员123.6万人，占全国当年新发展党员总数的40.2%。

实践表明，培养德智体美全面发展的社会主义建设者和接班人是我国教育的本质要求，也是中国特色社会主义教育发展道路的根本使命。必须全面贯彻党的教育方针，引导青少年学生树立远大理想，刻苦学习，艰苦奋斗，开拓创新，以高尚的道德情操、过硬的专业素养、健康的身心素质，担负起崇高的历史使命。

三、中国特色社会主义教育发展道路是改革创新之路

我国教育事业已经取得巨大成就，但还不完全适应经济社会发展和人民群众渴望接受良好教育的要求。要进一步解决好教育体制机制还不完善、学校办学活力还不足、教育结构和布局还不尽合理等问题，实现教育事业的科学发展，根本出路在于改革创新。以胡锦涛同志为总书记的党中央，坚持教育发展为了人民、教育发展依靠人民、教育发展成果由人民共享，对教育改革创新作出总体部署，提出了改革创新的基本思路和具体举措。强调深化教育体制改革，关键是更新教育观念，核心是改革人才培养体制，目的是提高人才培养水平。提出以改革推动发展，以改革提高质量，以改革增强活力，加快重要领域和关键环节改革步伐，加快形成与社会主义市场经济体制和全面建设小康社会相适应的教育体制机制。明确以体制机制创新为重点，深化教育质量评价和人才评价制度改革，深化办学体制和教育管理体制改革，推进协同创新，扩大教育开放，通过改革创新办出具有中国特色的现代教育。

党的十六大以来，中央加强对教育改革创新的顶层设计，组织实施重大项目和改革试点，人才培养体制、考试招生制度、现代学校制度、办学体制、管理体制、扩大教育开放等方面的改革向纵深推进。逐步形成了国务院领导、省级人民政府负责统筹规划实施、以县级人民政府管理为主的义务教育管理体制；在国务院的领导下、分级管理、地方为主、政府统筹、社会参与的职业教育管理体制；中央和省级人民政府两级管理、以省级人民政府管理为主的高等教育管理体制。理顺和规范政府与学校的关系，形成了学校面向社会依法自主办学、自我发展、自我约束的机制。鼓励和引导社会力量兴办教育，形成了以政府办学为主体、公办学校和民办学校共同发展的格局。教育投入体制改革逐步推进，建立健全公共教育财政制度，强化政府对公共教育的保障责任；改革非义务教育阶段成本分担机制，形成了义务教育由政府负全责、非义务教育阶段以政府投入为主、多渠道筹措教育经费的体制机制。加强教育国际合作交流，形成了全方位多层次宽领域、出国留学和来华留学同步发展的教育对外开放格局。

实践表明，改革创新是教育事业取得巨大成就的最根本原因，是教育发展的最鲜明标志，是推动教育事业发展的强大动力，也是中国特色社会主义教育发展道路越走越宽广的根本保证。必须始终按照面向现代化、面向世界、面向未来的要求，立足社会主义初级阶段基本国情，坚持继承和创新相结合，不断深化教育体制改革和教育教学改革。

四、中国特色社会主义教育发展道路是促进教育公平之路

教育涉及千家万户，惠及子孙后代，是人民群众最关注的民生问题之一。教育公平始终是我国教育的重要目标，但资源配置还不够合理，教育发展还不够均衡，群众接受高质量教育的愿望与优质教育资源供给短缺的矛盾比以往更加突出。建设惠及全民的公平教育，是广大人民群众的强烈呼声，是我国教育改革发展的价值取向。以胡锦涛同志为总书记的党中央提出把促进公平作为国家基本教育政策，强调坚持教育的公益性和普惠性。明确了促进教育公平的总体要求，强调以促进教育机会公平为关键，以合理配置教育资源为根本措施，以保障公民依法享有受教育权利为基本要求，以促进义务教育均衡发展和资助家庭经济困难学生为重点，不断加大推进教育公平的力度。明确了基本思路，强调教育公平的主要责任在政府，以发展促公平，以改革促公平，以政策支持促公平，不断满足广大群众日益增长的多层次、多样化教育需求。提出了保障教育公平的重要举措，强调要着力促进公共教育资源配置公平，加快缩小校际、城乡和区域教育发展差距；着力完善国家助学体系，切实解决特殊群体的上学问题，保障人民群众享有接受良好教育的机会；着力促进教育制度规则公平，全面推进依法治教和依法治校，坚持用规范管理维护教育公平。

党的十六大以来，我国教育公平迈出重大步伐。全面实现了全国范围内的九年免费义务教育，惠及1.6亿多名适龄儿童。这一重大举措，与取消农业税、终结农民种田交税的历史一样，都是惠及民生、载入史册的巨大成就。各学段家庭经济困难学生资助体系初步建立，每年资助近1.8亿名学生，保证了每个学生不因经济困难而失学。2600万名农村义务教育阶段学生受益的营养改善计划启动实施，农民工随迁子女在城市接受义务教育的问题初步解决。公共教育资源向农村地区、边远贫困地区和民族地区倾斜，西部和少数民族地区的主要教育发展指标与全国平均水平差距正在缩小。覆盖城乡的基本公共教育服务体系建立健全，基本公共教育服务均等化逐步实现。义务教育均衡发展取得实质性进展，教育乱收费现象得到有效遏制，普通高校招生“阳光工程”取得明显效果。残疾人受教育权利得到切实保障。

实践表明，教育公平是社会公平的重要基础，是最基本最重要的公平，是实现社会公平“最伟大的工具”。促进教育公平，是中国共产党人始终不懈的追求，是中国特色社会主义教育发展道路的根本目标。必须抓住机会公平这个关键，满足保障公民依法享有受教育权利的基本要求，合理配置教育资源，促进义务教育均衡发展和扶持困难群体。

五、中国特色社会主义教育发展道路是提高教育质量之路

追求规模、搞外延扩张而对教育质量重视不够，是我国教育事业科学发展面临的突出问题之一。立足我国现代化建设阶段性特征，顺应国际教育发展潮流，把提高教育质量确立为教育改革发展的核心任务，是时代的要求。以胡锦涛同志为总书记的党中央，把握世界教育发展趋势，提出了提高教育质量的总体框架：树立科学教育质量观，把提高质量作为教育改革和发展的核心任务，坚持规模与质量的统一，注重教育内涵发展。建立健全教育质量保障体系，加快教育信息化进程，把教育资源配置和学校工作重点集中到强化教学环节、提高教育质量上来，建立以提高教育质量为导向的管理制度和工作机制。紧紧依靠教师，努力造就一支师德高尚、业务精湛、结构合理、充满活力的高素质专业化教师队伍，为提高教育质量提供强大的人才支持和保障。

党的十六大以来，党和政府全面规划提高教育质量的发展战略。进一步完善了人才培养质量体系，建立国家教育质量标准和质量监测评估制度，推动实现义务教育学校标准化、高中教育多样化和高等教育特色化发展。学校以人才培养为中心，深化教育教学改革，创新教学理念和模式，创新教学方法和手段，创新学习方式，努力提高人才培养水平。把教师队伍作为决定教育质量的关键环节，作为最重要的基础工程来抓。以农村教师为重点，深入实施“师范生免费教育政策”、“中小学教师国家级培训计划”等，全国农村小学大专及以上学历、初中本科及以上学历教师比例分别从2007年的63.4%、41.4%提高到2011年的78.6%、62.8%。教育服务经济社会发展能力不断增强，2010年的国家三大奖项中，高校获奖比例均超70%。高校科研成果转化率进一步提高，为建设国家创新体系、提升产业核心竞争力发挥了支撑和引领作用。高校集中了全国哲学社会科学领域80%以上的研究人员和成果，在党的理论创新和国家重大战略决策中“思想库”、“智囊团”的作用更加凸显。

实践表明，实现我国从教育大国向教育强国转变、从人力资源大国向人力资源强国转变，规模是基础，质量是关键。提高教育质量，是教育改革发展的核心任务，也是中国特色社会主义教育发展道路的根本方针。必须树立以提高质量为核心的教育发展观，坚持规模和质量的统一，注重教育内涵发展。

（作者：教育部党组书记、部长）

（选自《求是》2012年第12期）

教育改革成功的基础

吴康宁

改革开放以来的中国教育改革已经持续了30多年,并将继续进行下去。2010年颁布的《教育规划纲要》,便是必须全面推进与深化教育改革这一国家意识与国家意志的集中体现。在这个意义上,中国教育改革正处于一个重要关口。在这个重要关口,特别需要用心思考“成功的教育改革究竟何以可能”的问题,以便为教育改革本身的不断反思与改进提供必要启示。作为这种思考的一点努力,本文旨在对教育改革成功的基础进行初步的社会理论探讨。从社会理论的角度来审视,教育改革能否成功取决于能否满足三个基本条件:一是能否促进所有学生的发展,它涉及教育改革的道德正当性问题;二是能否对积极支持并参与教育改革者予以合理的利益回报,它涉及教育改革的社会合法性问题;三是能否采取民主的推进方式,它涉及教育改革的过程有效性问题。

一、所有学生的发展:教育改革道德正当性的来源

“教育改革”只是一个总体性概念,裹挟在这一总体性概念之中的,是教育的不同阶段(学前教育、基础教育、高等教育等)、不同领域(知识教育、道德教育、政治教育、职业教育、农村教育、教师教育等)、不同层面(教育体制、学校管理、课程体系、教学方式、教育评价等)的各种各样的改革。

显然,由于这些改革的任务担当及构成要素不同,因而都可以各自有其而且也必须有其直接的工作目标。譬如,初中课程改革的一个直接工作目标,可以是改变教材内容偏多、偏难的状况,减轻学生的学习负担;农村义务教育学校布局改革的一个直接工作目标,可以是整合教育资源,改变教育机会不公平的现象;公办幼儿园改革的一个直接工作目标,可以是平衡学前教育公共资源的配置,促进学前教育财政投入的公平等。

同样显而易见的是,不论具体教育改革有着怎样的直接工作目标,其最终目的都应是促进作为教育对象的学生的发展。这是因为,教育的原点便在于“育人”,教育的根本价值也在于促进学生的发展。只有学生的发展,才是学生自身未来生活幸福的内在保证,也才是社会未来发展的根本保证。更何况,社会发展的最终目的,也是为包括学生在内的所有社会成员的发展与生活幸福提供良好环境。因此,不论什么阶段、什么领域、什么层面的教育改革,若无促进学生的发展这一最终目的,便不能称之为“好的”教育改革,便不具有道德上的正

当性。这可以说是对教育改革进行价值判断的一条根本标准，也是教育改革领导者与组织者必备的一种基本常识。相信及至今日，很少有人会明确否认这一基本常识。

但我们需要知道的是：当人们宣称其所进行的教育改革旨在促进学生的发展时，此时的“学生”这一概念究竟有着怎样的外延？换言之，这里的所谓“学生”究竟指的是“谁”？是“所有学生”还是仅为“部分学生”？

从教育理念上讲，这样的发问似乎纯属多余。因为，任何学生在国家的眼里，都是民族的未来；任何学生在父母的眼里，都是家庭的希望；任何学生在他自己的眼里，都是独特的存在；即便从教育工作者自身的价值实现来说，任何学生的发展状况都是对教育工作者的情感与智慧加以验证的基本依据。因此，作为教育改革最终目的的“促进学生的发展”这句话中的“学生”，自然应是指“所有学生”。于是我们说：如果教育改革的最终目的确实在于促进所有学生的发展，那么，这样的教育改革便具有道德正当性。

然而，一旦将视线移向教育改革实际，问题马上就变得复杂起来。我们会发现，若用促进所有学生的发展这个尺度来衡量，迄今的教育改革可大致见有三种不同类型。

第一种类型的教育改革确实以促进所有学生的发展为最终目的。这些教育改革所针对并企图解决的，便是现行教育存在的对所有学生的发展均起阻碍作用的严重问题。而且，促进所有学生的发展这一最终目的，不是仅仅见之于一些空泛虚浮的宣传口号上，而是更多地体现在具体实施方案中，落实在日常行动过程中。这种教育改革可以说具有完全的道德正当性。

第二种类型的教育改革也考虑到促进学生发展的问题，但其实际指向却只是部分学生（某类学生）的发展，而非所有学生的发展。当然，由于教育公平理念在公众舆论上的不断扩展与强化，现今已很少有人会明言自己之所以倡导、推进、参与或支持某项教育改革，目的只在于促进部分学生的发展，而非所有学生的发展。然而，只要客观地审视教育改革实际，就不难发现，有些教育改革虽然公开宣称的目的是要促进所有学生的发展，但由于改革者清楚意识到不同层次的学生之间毕竟存在差距，而受种种条件的限制，又难以在教育资源（师资、课程、经费、设施等）的配置与教育方式的选择上真正做到“因层而异”，于是其教育改革实际过程便会自觉或不自觉地偏离促进所有学生的发展这一价值准绳，有意无意地偏向某类学生而忽视其他学生。其结果，或者更多地照顾到少数能力差的学生的状况，或者更多地满足大部分能力一般的学生的需要，或者更多地适应少数能力强的学生的特点。而不论哪一种情况，都会以在一定程度上“牺牲”其他层次的学生的可能发展空间为代价。这里的要害之处在于：改革者对其发动与推进的教育改革并不可能促进所有学生的发展这一点在一开始就心知肚明，对改革的结果或许会导致牺牲部分学生的可能发展空间这一点同样在一开始就心知肚明。在这个意义上，这种类型的教育改革虽然因其并非丝毫也未考虑促进所有学生的发展的问题，而不能说它完全不具有道德正当性，但又因其实际指向只是部分学生的发展，而非所有学生的发展，所以也就并不完全具有道德正当性。

第三种类型的教育改革则几乎完全不考虑能否真正促进所有学生的发展的问题。事实上，在这种类型的所谓“教育改革”中，“改革者”或者只是借改革之名，行牟利之实；或者只是为了通过改革获得管理上的某些便利，哪怕明明知道这些管理上的便利其实并不利于学生的学习，并因此而不能促进学生的发展；或者只是应景式的一系列花拳绣腿，没有促进学生的发展的具体筹划与实际措施。这些改革在其出发点上便已背离教育之本义——育人，因而完全不具有道德正当性。

教育改革如果不将促进所有学生的发展作为明确的最终目的，那是不可思议的。这样的所谓"教育改革"，不是糊涂的改革，便是"反教育的"改革。与此同时，教育改革如果只是促进部分学生（不论是能力强的学生，还是能力一般的学生，抑或是能力弱的学生）的发展，而不能促进所有学生的发展，以至于实际上要以忽视、"牺牲"其他学生的发展空间为代价，则会成为畸形的改革，导致出现因改革而造成妨碍部分学生发展的问题。

因此，促进所有学生的发展是教育改革的一条根本的价值准绳，也是教育改革的道德正当性的来源。舍此，所谓教育改革的成功便是一个没有意义的命题。我们总不能说，一项不能促进所有学生的发展、不具有道德正当性的教育改革获得了巨大成功。

将促进所有学生的发展作为教育改革的最终目的与价值准绳，便意味着在促进所有学生的发展的问题上，不存在"少数服从多数"的原则。任何学生——即便是少数学生，不论是少数能力差的学生，还是少数能力强的学生——都不能成为教育改革的牺牲品，哪怕改革的结果可以使大部分学生得到发展。这对教育改革而言无疑是一项难度很大、却又不得不完成的任务，因为教育本身的最终目的与最大难题，也就在于促进所有学生而不只是部分学生健康、顺畅的发展。

二、合理的利益回报：教育改革社会合法性的前提

尽管若无道德正当性，教育改革的成功便无从谈起，但如果以为只要具有道德正当性，教育改革就必定成功，则会掉入不切实际的浪漫主义陷阱。30 多年的教育改革历程表明，由于作为最大利益相关者的学生最期盼、最享受的，便是自己的身心自由活泼的发展，因而对于旨在促进所有学生的发展，并因此而具有道德正当性的教育改革，学生通常会几无例外地普遍欢迎。然而，同样作为利益相关者的其他社会成员却未必如此。这是因为，对于其他社会成员来说，学生身心的自由活泼的发展并不像对学生自身那样成为强烈的内在需要，制约着他们对教育改革支持与否之态度的，还有其他种种原因，尤其是是否符合他们所关切的对他们自身而言的重要利益。教育改革首先必须受到学生的普遍欢迎，但同时也要得到其他利益相关者的普遍支持，否则便难以顺利启动，启动了也难以顺利推进以至成功。这就涉及教育改革的社会合法性问题了。

首先，作为利益相关者的学生家长对教育改革未必会积极支持。

按理说，一项教育改革如果确实有利于学生的发展，那就符合学生及其家庭的长远利益。就此而论，这样的教育改革理应得到家长的积极支持。但一个明摆着的事实是，并非所有家长都能清楚认识到孩子的发展对其自身及家庭长远利益的重要性。进一步来看，就大多数家长而言，即便认识到这一重要性，也不会就此便无条件支持旨在促进学生的发展的教育改革。其原因在于，牵缠在这些家长心头的，不只是孩子能否发展的问题，而且还有孩子能否顺利通过升学考试、今后能否谋得一份待遇不错的体面工作的问题。在他们看来，这关系到家庭名声及孩子与家庭的未来生活质量，是孩子与家庭的核心利益所在。因此，在许多家长心中，对于孩子升学考试及今后工作的牵挂，往往要重于甚至远重于对孩子眼下发展的牵挂。这样，如果家长感到教育改革虽然能促进孩子的发展，但却未必能保证甚至有可能影响孩子的升学考试乃至今后就业的话，那就不会对教育改革持支持态度，就会质疑、反对乃至在行动上抵制教育改革。这不是单纯的理论推断，而是已为教育改革实践反复表明。即是说，家长对教育改革的支持是有条件的，大多数家长所认可的教育改革，或者说在大多数家长心目中具有“合法性”的教育改革，乃是既能促进孩子的发展、又不影响孩子的升学考试乃至今后就业的教育改革。更确切的表达或许是：在大多数家长心目中具有“合法性”的教育改革，乃是不会影响孩子的升学考试乃至今后就业，同时也能促进孩子的发展的教育改革。

家长对于教育改革的要求未必全都合理，但家长对于孩子顺利通过升学考试、从而顺利就业的这份期盼无可非议。而且，这份期盼也不应被教育改革领导者与组织者所忽视甚至所鄙视。恰恰相反，它是教育改革领导者与组织者有必要坦然面对并妥善应对的一个现实。一方面，升学考试及社会用人机制本身应不断改革，从而成为引导学校教育教学工作在促进学生的发展方面下工夫的一种有效“指挥棒”；另一方面，在升学考试及社会用人机制本身也在不断改革、逐步改善的情况下，教育改革领导者与组织者也不能完全不考虑改革是否会影响学生升学考试乃至今后就业的问题。这无论是从争取家长对教育改革的支持的角度来看，还是从拓宽验证教育改革效果的途径来看，都是必要的。

这意味着，教育改革一方面必须促进所有学生的发展，另一方面，也应有助于、至少不影响学生的升学考试乃至今后就业。当然，有必要再次强调的是，如果升学考试只是检测一些死记硬背的东西，并不能有效了解学生的发展状况，如果社会用人机制只看重学历（或者只看重“纵向学历”，即学历层次；或者既看重“纵向学历”，也看重“横向学历”，即毕业学校）的话，那么，旨在促进学生的发展的教育改革同所谓有助于学生升学考试乃至今后就业之间便存在着不可调和的矛盾，期盼教育改革既能促进学生的发展，又不影响学生升学考试乃至今后就业，便纯属天方夜谭；反之，如果升学考试本身对于学生发展状况的检测功能不断强化，如果社会用人标准也在不断改善、越来越注重应聘者的实际能力与精神面貌的话，那么，教育改革与学生的升学考试乃至今后就业之间的矛盾便会逐步缩小，便可越来越多地体现出既能促进学生的发展，又不影响甚至有助于学生升学考试乃至今后就业的作用。这也已为一些学校的教育改革效果所证明。

其次，作为利益相关者的教师对教育改革也未必会积极支持。

诚然，我们的社会对教师的职业操守有一系列要求，如《中小学教师职业道德规范》（教育部 2008 年修订）明确规定教师应“关爱学生”、“促进学生全面发展”。既然要促进学生全面发展，那就应积极支持并参与旨在促进学生全面发展的教育改革。这是再浅白不过的道理，再简单不过的逻辑。但“人”及其“实践”的复杂性，恰恰在于常常并不遵循近乎于常识的“浅白道理”与“简单逻辑”。确切地说，在“浅白道理”与“简单逻辑”之外，还另有“其他道理”与“其他逻辑”。在教师是否会积极支持并参与教育改革的问题上，这种“其他道理”便是：教师也是活生生的人，他会努力寻求自己的切身利益。这里所说的切身利益，包括晋升职称、增加薪酬、获得奖金、争取荣誉、提升地位、享受机会，等等。只要教师对于这些切身利益的寻求合理得当，那就天经地义。与之相应的“其他逻辑”则是：对绝大多数教师而言，如果他们认为教育改革不可能增加甚至有可能减损自己的切身利益，那就不会积极支持并参与其中，哪怕教育改革具有道德正当性。对于这样的“道理”与“逻辑”，迄今为止的教育改革实践同样也一再证明。

当然，需要特别说明的是：第一，笔者此处所说的是教师对于教育改革的“积极支持并参与其中”，而非“消极同意乃至被迫参加”；第二，笔者此处所说的是“绝大多数教师”，而非“所有教师”。笔者并不否认，不论什么时候，总会有少数教师，他们全然不去考虑个人利益得失，所思所虑只是学生的发展。他们是钟情于学生发展的爱神，是教育的天使，是其他教师的楷模。然而，万万不可把教育改革成功的希望仅仅寄托在少数教师的无私奉献及其模范作用上。从“教师”这一要件来说，教育改革成功的最厚实的基础，乃在于绝大多数教师的积极支持并参与其中。

这就不得不回答一个问题：这“绝大多数教师”究竟凭什么去积极支持并参与教育改革呢？笔者同样并不否认少数楷模教师对于绝大多数教师的引领作用的重要性，并不否认绝大多数教师应当向少数楷模教师学习，从而更多地具有爱心、更多地思考如何促进所有学生发展的问题。但这也只能是对于绝大多数教师之道德境界的一种期待，作为教育改革领导者与组织者来说，不能因为抱有这一期待便否定乃至鄙视教师对其切身利益的合理寻求。事实上，对绝大多数教师而言，如果仅仅向其提出道德期待，不去关注与满足其对切身利益的合理寻求，那么，这样的道德期待也很难得到预期回应；即便起初有所回应，也很难得以持续。更何况，仅仅对教师提出道德期待，而不关注与满足其对切身利益的合理寻求，这本身也存在道德上的问题。换言之，教育改革的发动与推进本身不能完全建立在要求绝大多数教师无私奉献、无条件牺牲的基础上，尤其当教育改革需要教师进行持续的艰苦探索、需要教师付出超常规努力时，更是如此。

于是，在要求教师更多地具有爱心、更多地思考如何促进所有学生发展的问题的同时，切实关注与满足其对切身利益的合理寻求，也就成为教育改革在教师心目中获得普遍的“合法性”认可的必要前提。教育改革只有在教师心目中获得普遍的“合法性”认可，才有可能得到教师的广泛的积极支持并参与。

关注与满足教师对其切身利益的合理寻求，也就意味着对积极支持并参与教育改革的教师应予以必要的利益回报。尽管作为教师本人来说不宜也不应锱铢必较，但作为教育改革领导者与组织者来说，却理应主动考虑对积极支持并参与教育改革的教师予以合理的利益回报。

对积极支持并参与教育改革的教师予以合理的利益回报需要有相应的物质基础。前面谈到，教师的切身利益包括晋升职称、增加薪酬、获得奖金、获取荣誉、提升地位、享受机会等。不用说，薪酬的提高、奖金的发放、机会的给予等本身都需要经费投入，而且在当前中国的评价体系中，职称、荣誉、地位等的提升，也并不只是一种“名分”的变化，而是或迟或早会转化为相应的物质性利益的获取，这也同样会产生经费投入的需求。

因此，只要实事求是地承认教师作为“人”对其切身利益的合理寻求无可非议，只要真正意识到教育改革本身也确有一个需对支持并参与教育改革的教师予以合理的利益回报的道德问题，那么，调动教师支持并参与教育改革的积极性这件事，也就并非只是精神引领、思想动员的任务，也离不开经费支持、资源配置的具体计划与实际行动。换言之，教育改革在教师心目中的合法性地位的获取，也需要付出相应的经济成本。

除了家长与教师之外，教育改革的其他利益相关者还有许多，包括教育研究者、教育行政人员、教育图书（教材、教参、学习辅导材料等）编写出版发行人员、教育媒体从业者、教育产业投资人、人才消费者等。限于篇幅，本文不能逐一分析，但可简要提出以下三点。

第一，在一个关系日趋丰富、结构日趋复杂的社会场域中，教育改革的成功不可能仅凭教师与学生两方面努力便可实现，而是需有诸多外部条件的保障。诸如科学研究的正确指导、相关资源的持续配置、评价机制的合理建立、舆论环境的积极建构、人才市场的健康需求，等等。而这些外部条件，正是由上述其他利益相关者提供的。没有其他利益相关者的广泛支持，教育改革同样难获成功。

第二，这些其他利益相关者同样不会无缘无故地支持教育改革。对于绝大多数其他利益相关者而言，他们是否会支持教育改革，很大程度上要取决于、在许多情况下甚至首先取决于他们对教育改革可能结果的预估，即预估教育改革最终结果是否对自己有利。假如他们预估教育改革最终结果未必能让自己有利可图，甚至可能会损害自己的既有利益，那就难免会选择逍遥旁观、消极抵触或者积极抵制的态度与行为。

第三，虽然教育改革的根本价值标准是促进所有学生的发展，教育改革绝不能以能否满足这些其他利益相关者的利益需求为准绳，但由于没有这些其他利益相关者的广泛支持，教育改革也难以获得成功，因而，在坚持促进所有学生的发展这一根本价值标准的前提下，使积极支持并参与教育改革的其他利益相关者也能得到合理的利益回报，便成为保证教育改革取得成功之总体策略的必要组成部分。至少就中国现状来看，真正成功的教育改革，其最终结果不会只是所有学生的发展，而积极支持并参与教育改革的其他利益相关者以及上面所说的家长和教师却一无所获。真正成功的教育改革，必定是所有学生的发展以及积极支持并参与教育改革的利益相关者也有合理的利益回报这两种效果并存，即所谓实现“多赢”，尽管在这“多赢”的局面中，首先必须确保的是所有学生的发展这一对学生自身及整个民族而言的根本利益。

当然，在强调对积极支持并参与教育改革者予以合理的利益回报的同时，也有必要注意到中国教育改革出现的一个日趋明显的现象，即随着教育改革衍生利益的形成与增加，一些个人、群体及机构（甚至包括一些政府部门）以支持并参与教育改革的名义进行不正当牟利。他们的不正当牟利行为破坏着教育改革的环境，干扰着教育改革的进程，甚至败坏着教育改革的名声。这就不属于对积极支持并参与教育改革者予以合理的利益回报的范畴了。这也正是笔者之所以强调“合理”的利益回报的主要原因。既然是“合理”的利益回报，也就意味着对于“不合理“的利益寻求乃至“贪婪的”牟利企图的否定与拒绝。

三、民主的推进方式：教育改革过程有效性的保证

具有道德正当性与社会合法性的教育改革是否就必定会成功呢？仍然未必！因为，对于教育改革来说，还有一个过程有效性的问题。

教育改革过程是否具有有效性，是指改革过程的进行能否相应带来改革的不断拓展或深化，能否相应取得预期的实质性成果。如果能，改革过程便是有效的；如果否，改革过程便是无效的。假如教育改革的过程总是处于一种无效状态，那么，所谓教育改革的成功仍是一种可望而不可即的事情。事实上，迄今的有些教育改革也确实存在着这样一种现象：改革方案所设想的某个时段结束了，但预定的改革任务并未真正完成，预期的改革目标并未真正实现。

教育改革过程是否有效，关键在于以何种方式来推进。这就不能不说到教育改革的启动问题了。按照改革的启动路径，教育改革大致可分为两种不同的基本类型。

一种是“自下而上”的教育改革，即起初是教育一线实践工作者自发地独立进行或通过一定方式自发地组织起来进行教育改革的民间探索；经过不懈努力，终于开花结果，取得成功，从而展现出教育教学、教育管理的某种新方向或新模式，继而得到政府（教育行政部门）的关注、认可、倡导乃至推广，于是成为一种“民间自主”同时又得到“官方支持”的教育改革。在这里，教育改革的启动者在“民间”。

对于这种“自下而上”的教育改革来说，改革过程的有效性通常不是问题，至少不是一个严重的问题。因为，在这种教育改革中，“自发行动”是一种基本样态。而大凡自发的改革，改革者通常都有一种无需外部强制的内在欲望，都有一种切实解决问题的迫切愿望，并都有一种与更多的志同道合者携手攻关的真诚期望。于是，改革过程的基调便是自主探究的、共同探索的、平等探讨的；没有强硬的行政命令，没有僵直的评价标准；一切都是公开的、透明的、开放的、自然而然的、因情而异的。所有这些，都保证着教育改革过程的有效性。

另一种是“自上而下”的教育改革，即政府认为教育存在严重问题，面临严峻挑战，于是确定改革目标、制订改革计划、颁布改革文件、下达改革任务、启动改革进程等。当然，这种“自上而下”的教育改革未必没有民意基础。事实上，政府发动的教育改革只要确实针对了严重问题与严峻挑战，通常在很大程度也符应了教育一线实践工作者对教育存在问题的痛切感受及改变现状的迫切愿望。但与“自下而上”的教育改革不同的是，“自上而下”的教育改革的启动者是政府，它不是民间自发的改革，而是“官方布置”的改革。

于是，在这种“自上而下”的教育改革中，“行政要求”便成为一种基本标识。与行政要求如影相随的，则往往是不容置疑的目标、方针、政策乃至方式的直接告知，是尺度统一的评价标准的明确规定，是明示完成期限的时间表的事先给定，以及逐层逐级的上传下达。这在客观上容易有“强拉硬拽”之嫌，容易导致行政要求的对象产生被迫的感觉。即便这种“自上而下”的教育改革原本在很大程度上也符应了教育一线实践工作者的痛切感受与改革愿望，可是，一旦行政要求的特征过重，布置任务的色彩过浓，也会在相当程度上扰乱教育一线实践工作者的心思与心态，导致他们对参与教育改革过程的体验在相当程度上从原本应有的“发现自己、发挥自己、发展自己”，变为“按照上面的要求完成规定的任务”，导致他们对自己与教育改革的关系的体验，从原本已有的“我要改革”在相当程度上变为“要我改革”。再加上行政要求特征较重的教育改革本来就有着诸多明文规定，这就更容易导致他们感到缺少自由探索、发挥潜能的足够空间。所有这些，都难免会影响教育一线实践工作者参与教育改革的积极性、主动性，使得原本可以充满动力与激情、富有活力与创新的改革过程反而变得谨小慎微、机械呆板，甚至疲沓懈怠、敷衍了事，使得改革过程常常处于“无效状态”，结果也就大大增加了教育改革取得成功的难度。

因此，改革过程的有效性问题主要是针对”自上而下”的教育改革来说的。解决这个问题的关键，在于采用民主的方式来推进改革过程，包括民主决策与民主实施两个基本方面。

首先是民主决策，即通过民主的方式优化改革决策的形成过程。教育改革的任何重要决策都应建立在认真调查研究、广泛征求意见的基础之上。即便教育改革领导者与组织者已经将促进所有学生的发展作为改革的最终目的，即便教育改革领导者与组织者已充分考虑到对于积极支持并参与教育改革者的合理的利益回报问题，换言之，即便教育改革领导者与组织者认定所欲作出的改革决策具有道德正当性与社会合法性，也还是需要在决策最终形成之前通过必要的民主方式在民间展开充分讨论，广泛听取各种意见和建议。其理由不仅在于民间智慧往往可为官方决策提供重要启迪甚至关键思路，而且在于民主方式本身可使改革决策在相当程度上成为教育改革领导者与组织者同尽可能多的利益相关者作出的一种“联合决定”，从而促成他们对教育改革进一步的心理认可。

其次是民主实施，即通过民主的方式改善教育改革的实施过程。民主实施的涉及面很广，其中最根本的问题，还是把作为普通参与者的教师切实放到“教育改革的主人”的位置上来。没有广大教师普遍的深度参与，没有广大教师的聪明才智主动的充分发挥，即便有正确的科学的教育改革决策，其实施过程也注定会有气无力、流于形式、久滞不前。而要想使教师主动地深度参与教育改革的实施过程、积极地充分发挥聪明才智，除了前面所说的对于积极支持并参与教育改革的教师予以合理的利益回报之外，还应使教师感到自己作为教育改革主人的地位与权利确实得到尊重，感到作为一线实践工作者的想象力与创造性确实有发挥与展示的广阔空间。在教育改革实施过程中，如果不是把既定实施方案乃至行动计划视为不可置疑的权威与一成不变的教条，而是随时准备在真诚听取教师的率直批评与合理建议的基础上予以必要修正；如果对于教师自由探索与大胆创新不是预先设定过多的条条框框，而是予以积极的支持与鼓励；如果对于教师自由探索与大胆创新的支持与鼓励不是形式主义或权宜之计，而是切实希望能激发教师不断产生自由探索与大胆创新的欲望和激情——一句话，如果不是把教师当成一个纯粹被动的“服从者”、“缄默者”、“操作者”，而是将教师视为一个自主能动的“创造者”、“协商者”、“行动者”；不是一味采取行政布置的手段，而是着力通过民主协商的方式来推进改革实施过程的话，那么，即便是“自上而下”的教育改革，也能最大限度地祛除强硬行政命令、僵直评价标准的色彩，教育改革的实施过程便会同“自下而上”的教育改革相类似，即更多地具有一种自主探究、共同探索、平等探讨的基调，体现出诸如公开、透明、开放、自然而然、因情而异之类的特征。如此这般的局面与氛围方可使教育改革的实施过程成为一种有效过程。也正是在这样的有效过程中，教育改革才得以有条不紊地顺利展开，从而不断有所拓展或深化。

（作者：南京师范大学教育社会学研究中心教授、博士生导师）

（选自《教育研究》2012 年第 1 期）

教育发展浪潮与中国教育政策的多层设计

秦玉友

在教育发展实践和教育发展研究中，只有依据教育宏观发展脉络的研究才能判断一个问题到底是重大长期性问题还是短期过渡性问题，从而有效地对教育资源进行战略布局并科学确定教育发展研究关注的重点。因此，教育的宏观发展脉络问题成为一个亟待研究的课题。从教育发展的宏观脉络看，一个区域的教育发展会依次经历第一次教育发展浪潮、第二次教育发展浪潮和第三次教育发展浪潮。中国作为教育大国，区域间教育发展极不均衡，区域内教育发展水平也存在较大差异。因此，在当前和未来一段较长的时间内，中国教育将处于三次教育发展浪潮的交叠之中，这就在客观上增加了中国教育发展战略定位的复杂性，需要我们在面对和认识这一复杂性的基础上，对不同层面的教育政策进行系统设计。

一、三次教育发展浪潮的归纳与分析

一个教育发展水平比较均衡的国家或地区大致会先后经历第一、第二和第三次教育发展浪潮。这三次教育发展浪潮分别以教育机会普及、教育质量提升和教育特色发展为主导性教育发展任务。这些不同的主导性发展任务的逐渐完成，客观上满足着或创造着处于三次教育发展浪潮中社会的不同教育发展需求，或者产生新的教育发展需求，并呈现不同的教育发展特征。

（一）第一次教育发展浪潮：教育机会普及

创建更多学校，给所有学龄儿童提供方便和充分的教育机会，让接受教育成为个体发展的一个阶段和个体权利的一个部分，是第一次教育发展浪潮的最终目标。其有三大表征，即学校数量增加、教师数量增加和学生数量增加。

教育机会普及的开始时间在不同国家并不相同，这一过程所经历的时间长短也因国家而异。一般而言，较早进行教育普及的发达国家都经历了一个较长的教育普及过程，而较晚提出教育普及的国家普及教育所用的时间相对较短。这可能是因为较早提出普及教育主要是宗教传播和经济发展的要求，教育普及伴随宗教传播和经济发展逐渐展开；而较晚提出普及教育的国家除了经济发展的要求、教育作为经济发展工具的认识推动外，还与教育民主化的潮流有关。美国在 17 世纪殖民地时期 (1647 年)，马萨诸塞州就通过了学校法，开始普及教育。20 世纪前期，美国公立学校数量达到最高峰。20 世纪 50 年代末，美国国家层面开始重视教育质量。中国自 1951 年提出普及小学教育以来，小学和初中学校的数量快速增加。即使在最难进行教育普及的农村地区，也形成了村有小学、乡镇有初中的学校布局。20世纪60、70年代，中国小学和初中学校的数量达到顶峰。不过由于受当时社会环境等因素的影响，教育质量提高问题没有提上日程。从国家和地区来看，一个国家或地区的学校数量在达到最大值后且学龄人口绝大多数都能入学时，第一次教育发展浪潮就基本结束了。

在教育发展的第一次浪潮中，学校数量经历了从少到多再到饱和的过程，满足了人们对教育的粗放性需求；同时，精英教育又走向普及教育，核心是提供教育机会，解决公民的受教育机会均等问题。但到了后期，人们开始普遍感到教育质量的下降。这既与在这一次教育发展浪潮中教育发展以教育机会普及为主导性任务，学校教育质量难以在短时间内全面提高有关，也与教育走向大众化有关，与精英教育时期通过选拔入学的占学龄人口很小比例的处于“精英”水平的学生素质相比，教育普及时期“大众”平均水平的学生素质肯定有一定差距。

（二）第二次教育发展浪潮：教育质量提升

第二次教育发展浪潮的核心任务是提高教育质量。从世界教育发展的实践来看，第二次教育发展浪潮在完成提高教育质量这一主导性任务的同时，往往还要对边缘群体（marginal group）进行最终的教育普及。从第一次教育发展浪潮进入第二次教育发展浪潮，既是教育发展的必然，也是国际竞争的需要。有定量研究指出，在回归模型（只包含“初始收入”和“教育年限”两个自变量的回归模型）中加入自变量“教育质量”，因变量“经济增长”的变异程度就得到了更大程度的解释（决定系数从25%增加到73%）。

对于国际社会，特别是发展中国家而言，2000年《达喀尔行动纲领》（The Dakar Framework for Action）可以视作国际社会把教育质量问题提上日程的标志性事件。2000—2015年，国际社会致力于教育质量提高，其间国际社会密切关注教育质量这一主题。《达喀尔行动纲领》引爆了人们对教育质量的关注，各国陆续出台教育政策，促进教育质量公平，有质量的教育公平成为公共教育政策的主导性目标。由于各国教育发展进程的不同，不同国家在把提高教育质量作为教育发展核心任务的关键性事件和时间点上也有不同，很难确定一个世界公认的进入第二次教育发展浪潮的时间。

在第二次教育发展浪潮中，学校教育从以机会普及为主导任务转向以质量提高为主导任务，核心是充分考虑受教育者的时间成本，提供优质教育，解决有质量的教育公平问题。2003年第32届UN－ESCO大会教育部长圆桌会议的主题就是“有质量的教育”（Quality education）；2005年UNESCO全民教育全球监测报告关注的也是教育质量，报告主题为《全民教育：提高质量势在必行》（Education for All：the Quality Imperative）。《世界发展报告2006：平等与发展》（World Development Report2006：Eq-uity and Development）也指出，在教育机会方面，“不平等程度在世界各地一直在下降，在多数国家内部和大多数国家之间，不平等程度都在下降，这也是一个良好的变化趋势，但学校教育质量依然令人担忧，因此现在还没有理由自满自足。”在第二次教育发展浪潮中，当教育机会得到饱和性满足之后，人们不再那么（放宽对质量的要求）热衷于“珍惜”教育机会，而是开始算计教育机会的时间成本，普遍关注教育对自己生活和工作方面的实际效用以及教育质量。从国家或地区来看，进入第二次教育发展浪潮后，一个国家和地区会推进和加强学校的标准化建设，进行学校布局调整；增加教育投资，提高教师职业吸引力，加强师资（教师数量和质量）建设；促进教育均衡发展，提高有质量的教育公平。

兼顾对边缘群体的最终教育普及是处于第二次教育发展浪潮之中的国家的一个重要任务。正因为如此，2005 年 UNESCO 全民教育全球监测报告把报告主题定位于“全民教育：提高质量势在必行”之后，边缘群体仍然是教育发展所关注的重要问题。2008 年 UNESCO 世界教育大会的最终报告是《全纳教育：未来之路》(Inclusive Education：the Way of the Future)，2010 年 UNESCO 全民教育全球监测报告把报告主题定位于“普及到边缘化群体”(Reaching the marginalized)。

（三）第三次教育发展浪潮：教育特色发展

《达喀尔行动纲领》提出，确保在 2015 年以前，所有的儿童，尤其是女童、各方面条件较差的儿童和少数民族儿童都能接受和完成免费的和高质量的义务初等教育。当然，这个纲领更多的是针对发展中国家。从这个纲领性文件看，如果《达喀尔行动纲领》确定的目标可以按时实现，我们可以推断，2015 年之后，国际社会将基本完成提高教育质量的任务，从而进入第三次教育发展浪潮。当然，2015 年以后，很大比例的不发达国家和发展中国家的部分欠发达地区仍然要以提高教育质量作为教育发展的主导任务，仍然处于第二次教育发展浪潮之中，极不发达国家和地区甚至仍处于第一次教育发展浪潮之中。

第三次教育发展浪潮，超越了提高教育质量这一教育发展任务。从个体角度讲，学生的个性化教育需求被广泛考虑，为特定的教育需求人群提供更适合他们的教育成为教育服务的重要特点。从学校教育层面来看，学校将发展特色教育，关注服务人群的需求，为学生提供更加多样化的教育选择。从国家单元和地区单元来看，提供特色教育，满足多元教育需求成为教育政策的一个指向，满足多元教育需求被提上教育发展的重要议程。一个国家或地区在完成全面提升教育质量的任务之后，就要进入第三次教育发展浪潮，解决教育的特色发展问题。

在第三次教育发展浪潮中，教育超越“提供”取向，开始考虑满足服务人群特点的“需求”取向。在第三次教育发展浪潮中，学校由标准化教育的提供者变成一个特色教育的提供者，一所学校与其他同类学校的关系，往往跳出简单的个别和一般的关系，由不同学校组成区域内学校群体，不同学校间更多的是互补关系，它们不是在追求“你有我也一定要有”，而是突出自己的办学特色，努力创造性地满足学生的个性需求，走特色发展之路。在第三次教育发展浪潮中，特色学校建设的核心任务是高效而相对规模化地满足有特定教育需求的受教育者的需要。

二、浪潮交叠给中国教育发展带来的挑战

从教育发展的宏观脉络来看，每个国家或地区的教育发展都经历了或正在经历着不同的教育发展浪潮，不同发展水平国家或地区的教育发展处在不同的教育发展浪潮之中。我国或不同发展水平地区的教育发展也经历了或正在经历着不同的教育发展浪潮或教育发展浪潮的交叠，这给我国或不同经济发展水平地区的教育发展带来了挑战。

（一）区域间差异积重：普及、提高与特色多重重任并行

以国家作为分析单元，我国已经经历了第一次教育发展浪潮，当前正处于第二次教育发展浪潮之中，提高教育质量是国家层面教育发展的主要矛盾，是我国教育发展的战略重点，

是当前我国教育发展的主导性任务。但是，中国教育发展在整体进入第二次教育发展浪潮的同时，边缘群体的教育普及问题依然没有彻底解决，国家需要继续关注边缘群体的教育普及。虽然这一群体数量占学龄人口的比例极小，但这一群体的教育普及任务却非常艰巨。

当然，从中国教育发展的区域不均衡性看，中国教育发展面临着前所未有的复杂局面。中国社会发展存在着较大的城乡和区域差异，区域教育发展不均衡也不同程度地存在着。不同区域面临着不同教育发展浪潮带来的挑战。这里按照相关文件分为三类地区对不同经济发展水平地区面临的挑战进行分析。在完成“两基”任务时间不长的贫困地区，教育发展处于第一次教育发展浪潮或由第一次教育发展浪潮向第二次教育发展浪潮的过渡期，虽然教育普及的任务基本完成，但是提高教育质量的工作刚刚开始,同时还面临巩固“普九”成果的严峻问题。

在教育发展水平较高的大中城市和发达地区，教育发展处在第二次教育发展浪潮之中或从第二次教育发展浪潮向第三次教育发展浪潮的过渡期。这些地区在教育的硬件设施方面已经达到前所未有的水平，校际之间办学条件基本实现了高标准的均衡化。但在师资水平方面存在较大的校际差距，特别是校际软实力差距明显，此外，屡禁不止的择校问题又是学校之间教育质量差距的一个重要标记。在应试教育推动下教育质量标准的纠结，使大城市和发达地区学校进入第三次教育发展浪潮的路径受阻，难以倡导特色发展理念和推进特色发展目标。另外，大城市和发达地区都面临学校扩容以接纳务工人员随迁子女入学的任务，这就增加了大城市和发达地区教育发展的工作量和资源压力。

除了上述贫困地区以及大中城市和发达地区之外的已经完成“两基”任务时间比较早的农村地区，教育发展处于第二次发展浪潮之中，这些地区比较早地完成了教育普及任务，但这些地区教育质量府际差异较大，提高教育质量面临严峻挑战。我们对县域学生成绩的测验发现，县城、乡镇、村屯教育质量差异较大，县城高于乡镇，乡镇高于村屯。教育资源在县城、乡镇、村屯层面也存在不同程度的差距。如果监督得力，办学条件和教育投入的府际差距控制起来相对容易，而控制县城、乡镇、村屯间的师资差距将是更大的挑战，特别是在计划经济下的单位留人体制被打破之后，村屯优秀教师流向乡镇，乡镇优秀教师流向县城的向城型教师流动加大了实现有质量的教育公平这一战略任务的难度。

（二）理性与发展异步：理性水平与发展需求的层次落差

教育理性是对教育改革和教育实践的建设性批判能力，它对宏观教育改革和微观教育实践意义重大。在宏观教育发展中，在由一次教育发展浪潮进入下一次教育发展浪潮的过程中，教育理性可以使人们反思新的教育发展浪潮中所倡导的教育实践与当前教育实践的条件落差，以及教育理念与教育实践背后的教育理念之间的意义空间。在微观教育实践中，教育理性可以保证以建设性批判的立场对待教育改革与实践，在反思当下教育实践的过程中，把日常生活中人们普遍认为正确但实际上是错误的认识和做法纠正过来，把人们普遍认为是错误但实际上是正确的认识和做法坚持下去，并在这一过程中，进一步积累教育理性，使辩证认识和思考成为智慧型教育实践的一种基本态度。

教育改革与实践的诸多问题都与教育理性缺乏不无关系。教育理性缺乏在教育实践中主要表现为两种不良倾向：蒙昧主义和短期功利主义。

教育理性是理性教育发展的基础，是形成合理教育需求的前提，而合理的教育需求又是教育健康发展的动力。反之，缺乏教育理性，就不会形成对教育的合理需求，教育也就失去了健康发展的动力。在教育改革与发展中，由于教育理性积累不足，人们对教育提出了一些不合理的教育需求；由于各类教育机构无视作为教育改革与发展动力的教育需求，使教育实践往往受扰于不合理的教育需求。因此，教育改革与发展必须正视和克服教育理性缺乏与合理教育动力不足的困境，这是教育改革与发展过程中面临的又一需要各类教育改革主体给予充分重视的重大问题。

（三）结构与文化混搭：结构重组与文化重构的时序错位

混搭是当前时尚界流行的一个专用名词，意思是指材质、风格和价位不同的东西按照着装者的偏好或品味拼凑在一起。从一致性上看，混搭特别是风格不同的混搭，实际上在更多的情况下是"不搭"的。文化与结构混搭，是指教育结构与支持教育结构的文化搭配的时序错位。在一次教育发展浪潮中，教育应该有特定的结构性存在和支持这些结构性存在的文化。只有结构和文化是匹配的，在一次教育发展浪潮中的教育活动的表现才是理想的。当结构与结构背后支持其功能实现的以价值系统为核心的文化不一致时，结构与文化的矛盾就产生了。

在不同教育发展浪潮中，教育发展的结构性特征是不同的，也最容易改变。在业绩驱动下，人们急于想完成一次教育发展浪潮的任务，在从前一次教育发展浪潮走向后一次教育发展浪潮的过渡阶段，人们又会紧追新的教育发展浪潮，其中最简单的行为就是追求表面的结构变迁。在资源饱和的追赶型教育改革与教育发展中，人们往往把更多精力放在结构改变上，而对结构背后支持其功能展现的文化则关注不够、缺乏敏感，甚至被忽略了，以致造成文化重组落后于结构重建。在教育实践中，一些大中城市和发达地区在结构层面已进入第三次教育发展浪潮，但却缺乏支持其功能展现的文化支持。当一种结构缺乏实现其功能的文化支持时，结构的功能就无法实现。

在有些情况下，也完全可能出现相反的情况，但同样是事倍功半。在教育改革与发展中，当文化先行被过分强调时，人们就会在结构不具备的情况下在文化层面"超前"完成某一次教育发展浪潮的任务。而在资源不足的追赶型教育改革与教育发展中，更多的努力则会过分集中于文化改变上，从而夸大文化的作用，而对文化所依托的支持其意义表达的结构则缺乏关注。一些农村地区的教育机构从文化层面"先行"进入第三次教育发展浪潮，但常常面临缺乏表达其意义的结构支持的困境。当文化没有支持其意义表达的结构依托时，文化的意义就无法表达。

三、应对挑战中国教育政策的多层设计

三次教育发展浪潮交叠给中国教育发展带来的复杂性和丰富性，是中国教育发展战略布局必须面临的客观现实。同时，当前国际社会教育发展的主题也给中国以巨大的发展压力。三次教育发展浪潮的交叠和中国教育面临的发展压力要求中国国家层面的教育政策作出相应调整，也向区域层面和学校层面的教育实践提出了新的要求。我们需要基于中国教育发展的现实与挑战，充分考虑国际教育发展的主题，体现"国际视野，本土改进"，思考中国教育发展的战略定位，在国家层面、区域层面和学校层面进行系统的政策设计，促进中国教育的科学、有序、内涵、均衡与特色发展。

(一) 国家战略抉择：抓住教育质量公平，促进全纳教育

以国家作为分析单位，中国国家层面的教育发展战略应该如何定位？《2010年全国教育事业发展统计公报》显示，到2010年年底，全国2856个县（市、区）全部实现“两基”，全国“两基”人口覆盖率达到100%。从中国教育发展的主导任务看，中国大多数地区处于第二次教育发展浪潮之中的现实决定了提高教育质量是当前和未来较长一段时间内中国教育发展的主导性任务。

是通过公平取向来提高教育质量，还是通过放任差异来提高教育质量？这是当前中国提高教育质量实践所关注的重要问题，也是国际社会早已关注的重要问题。对教育公平的价值追求和国际社会促进教育公平的努力给各国教育发展以伦理压力。近年来，中国越来越强调教育公平对社会公平与和谐发展的重要意义。随着中国社会经济实力的迅速增长和社会各项事业的平衡快速发展，中国在综合国力完全可以保障有质量的教育公平的情况下，国家应该提供必要的人力、物力和财力，以保障有质量的教育公平的逐步实现。

教育发展的最大不公平，莫过于一些地区的义务教育尚未普及或教育条件十分简陋，而另一些地区却在追求奢华的义务教育，这是有质量的教育公平所不允许的。世界各国，特别是发展中国家还应该彻底完成在第一次教育发展浪潮中尚未完成或可能受经济衰退威胁的教育普及任务。在第二次教育发展浪潮中，边缘群体的教育问题依然是中国教育发展中的一个战略要点，这为边缘群体接受教育提供了必要的经济社会基础，国家应该彻底解决边缘群体的教育普及问题。同时，国家层面应该通过有力的教育发展监测系统来严格监控教育的普及情况和学生的保留情况。这是教育公益性的必然要求，也说明第二次教育发展浪潮是对第一次教育发展浪潮的超越这一教育发展基本的逻辑。

对中国而言，有质量的教育公平不仅是个体的权利诉求和国家的责任，而且是提高综合国力和学生素质的杠杆。前文已对发展教育之于国家的意义和国家发展教育的责任进行了讨论，此外，当前国家还应把引导包括学生家长在内的多元利益相关群体的教育需求作为教育发展的一项重要任务。完成这一任务的基本思路是，国家加强科学教育知识的传播，引导教育知识的深度消费，提高包括学生家长在内的多元利益相关群体的教育理性，形成对学校教育更加合理的教育需求。这可以保证国家在积极承担发展学校教育职责的同时，解决中国教育发展的合理动力问题。

(二) 区域政策定位：制止教育资源失衡，减少不当竞争

三次教育发展浪潮的交叠，不仅是中国整个国家教育发展战略定位的现实基础，也是作为国家组成部分的各区域教育发展的现实基础和宏观背景。以中国国内区域为分析单元，尽管我们大体上可以判断一个区域处于哪一次教育发展浪潮之中，但一个区域内部仍然存在教育发展的不均衡问题。因此，在国家保障义务教育质量底线的基础上，地方政府要努力促进区域内教育的均衡发展。教育均衡问题是目前区域教育发展中的重要问题，教育发展不均衡除与学校所在地区的经济社会发展水平相关外，也与教育资源分配的不合理有关。学校所在地区经济社会发展水平的提高是一个系统工程，需要较长一段时间才能得到实质性的改变，而改变区域内教育资源分配不合理的问题应该成为区域教育政策的一个重要目标。

地方政府应该保障教育资源在区域内分配的公平性。教育资源公平，不仅包括办学条件等硬件维度的物力资源公平，也包括师资层面的人力教育资源的公平。在物力资源公平方面，应该以推进区域学校标准化建设为切入点，平等提高区域内学校的建设标准；在人力资源公平方面，区域内教师分配要打破简单的以生均为标准的师资配置政策，而要依据教学工作量相等的原则进行师资配置的政策设计，基于教师实际的教学工作量进行教师配置，并逐步实现优质师资的区域内均衡配置。学生特别是优秀学生择校，是区域内教育均衡发展的重要指标，择校率越高说明区域内教育质量的差异越大。区域内教育均衡发展的最终目标是实现区域内教育投入、办学条件、师资力量和教育质量的均衡，学生不会因为追求优质教育而择校。同时，应该采取强有力的措施制止学校之间对优秀生源的争夺，鼓励学校把主要精力放在提高教育质量上。

中国国内不同区域教育处于不同的教育发展浪潮之中，面临的主导性发展任务不同。但在区域教育发展中，由于区域教育发展的不均衡，无论在发达地区或大中城市，还是农村地区和贫困地区，总是存在相对薄弱的学校。为此，实现区域内教育均衡发展的宏观思路是：加快薄弱学校的发展速度，实现薄弱学校的跨越式发展。在实现路径上，区域内教育均衡不能采取削峰填谷的做法，而应该稳妥推进。具体来讲，区域内教育的均衡发展可以采取这样的实现思路：增加薄弱学校投入，或把新增教育投入优先用于薄弱学校，把更多的教育资源用于这些学校的发展，改善这些学校的办学条件；采取措施促进区域内校际师资的均衡配置，使校际教育质量基本均衡；增加薄弱学校的吸引力，留住优质生源。

区域教育政策要着眼于本区域所处的教育发展浪潮，力促区域内教育的均衡发展，这就决定了不同区域的教育发展目标定位是不同的。处于第一次教育发展浪潮向第二次教育发展浪潮过渡的贫困地区，应该在把教育发展的主导性任务转向提高教育质量的同时，把巩固普九成果作为重要的发展任务。而处于第二次教育发展浪潮的农村地区，其主导任务是缩小县城、乡镇和村屯间的教育资源分布差距，通过鼓励性措施而非控制性措施减少教师的向城型流动，全面提高教育质量。处于第二次教育发展浪潮向第三次教育发展浪潮过渡的大中城市和发达地区，则需要全面提高教育质量，引导有条件的学校努力实现特色发展。

地方政府不仅应该明确基于本区域教育所处的不同教育发展浪潮确定本地区教育的发展目标，而且应该认真设计在不同教育发展浪潮中，特别是由一次教育发展浪潮进入另一次教育发展浪潮时在结构重组与文化重构上的思路，进行结构层面和文化层面的努力，使结构与文化协调发展。

（三）学校发展规划：重视目标人群特点，强化特色教育

满足多元教育需求是第三次教育发展浪潮对以提高教育质量为主导任务的第二次教育发展浪潮的一个超越。在这一发展目标的驱动下，特色学校发展问题成为教育实践的一个重要问题，成为教育理论研究的重要命题。因此，一些处于第三次教育发展浪潮之始的发达地区和大中城市的有条件的学校需要重视学校层面的政策设计，重视其服务人群的特征，通过分析服务人群的教育需求，发现其教育需求的特点，并对自己的教育能力进行深入系统的分析，诊断学校满足其教育需求的能力，然后不断明晰服务人群的教育需求和尽量发展学校有针对性

的教育服务，从而推进特色学校建设。

当然，作为专业教育机构的学校为其服务人群提供教育服务，是在对服务人群教育需求理性判断的基础上提供的专业性教育服务，而不是简单迎合服务人群的短期功利主义教育需求或对教育服务的片面需求，更不是迎合蒙昧主义的教育需求。对教育需求的满足往往会有这样的趋势，我们在以合适的方式满足了当前的合理教育需求后，教育利益相关群体对教育服务的建设性批判能力会进一步提高，之后更容易产生更高层次的更加合理的教育需求。因此，学校在尽力满足其服务人群教育需求时的一个重要前提是区分服务人群的合理教育需求与不合理教育需求，精致地满足这些合理的教育需求，并引导家长参与到满足这些教育需求的过程之中，不断提高家长的教育能力，和学校一起努力促进学生潜力的充分发展。

（作者：东北师范大学农村教育研究所教授）

（选自《教育发展研究》2012 年第 21 期）

我国医改的创新实践与探索

孙志刚

深化医改是贯彻落实科学发展观的重大实践行动，是维护13亿中国人民健康福祉的重大民生工程，也是协调推进经济社会建设、扩大内需的重大发展工程。2009年3月，党中央、国务院颁发《关于深化医药卫生体制改革的意见》，提出到2020年实现人人享有基本医疗卫生服务的目标。3年来，深化医改探索了路子，积累了经验，取得了重大阶段性成效，为持续深入推进改革打下了坚实基础。同时，也要看到，医改取得的成就还是初步的、阶段性的，离实现2020年人人享有基本医疗卫生服务目标还有很长的路要走。必须进一步统一思想，加大力度，打好医改攻坚战，继续探索医改——这一世界性难题。

一、我国医改的主要特点

《关于深化医药卫生体制改革的意见》颁布后，国务院出台了《医药卫生体制改革近期重点实施方案（2009—2011年）》，重点推动加快推进基本医疗保障制度建设、初步建立国家基本药物制度、健全基层医疗卫生服务体系、促进基本公共卫生服务均等化、推进公立医院改革试点等5项重点改革。目前，这些重点改革任务全面完成，阶段性预期目标基本实现。

第一，坚持“三个基本”。在改革中，中央提出了坚持将基本医疗卫生制度作为公共产品向全民提供的基本理念，坚持保基本、强基层、建机制的基本原则，坚持统筹安排、突出重点、循序推进的基本路径。“三个基本”是医改的中国式解决办法的核心。我国一些医药卫生体制改革的创新举措和实践，都源于“三个基本”。例如，按照基本理念的要求，政府办的医疗卫生机构是提供公共产品的主要载体，应该是公益性的，而不是营利性的。因此，必须增加政府投入，破除“以药补医”机制，建立起维护公益性、调动积极性、保障可持续的运行新机制。

第二，坚持从基本入手、从基层改起。医改涉及的利益关系错综复杂，只有找到突破口，才能顺利推进。深化医改把医疗卫生服务分为基本和非基本，政府的主要职责是履行好“保基本”，非基本医疗主要交给社会去办，政府对医疗市场进行必要的监管和调节。改革选择从基本入手，从最薄弱的环节改起，把大量的资金、财力投向基层，把更多的人才、技术引向基层，使广大人民群众能够尽快从改革中得到更多实惠，从而激发对医改的拥护、支持和信心。

第三，坚持把增加投入与建新机制结合起来。深化医改必然伴随大量的投入，但是，如果增加的投入没有和体制机制的改革创新结合起来，不仅不能促进改革，还很可能会固化原有的利益格局，为下一步改革增加阻力。因此，强调增加投入，必须和新机制的建设结合起来，用投入促改革、建机制。随着新机制的逐步建立，广大医务人员切实感受到条件的改善和待遇的提高，从而更加支持、拥护改革。同时，新机制也为建立中国特色基本医疗卫生制度打下了坚实基础。

第四，坚持从实际出发，谋划整体设计。我国医改只能从中国的实际出发，照抄照搬任何一个国家的模式都不可能取得成功。因此，必须坚持从实践中来、到实践中去，在中央确定改革的方向、原则和基本框架之后，鼓励各地进行试点、探索，取得成功经验再总结、提炼，上升为国家政策，再向全国范围推开，保证改革的整体方案符合我国实际、符合人民利益、符合医疗卫生事业发展规律。

第五，坚持建立强有力的领导体制和推进机制。新医改的强大推力，首先来自于党中央、国务院的坚强领导。为推进改革，国务院成立了由20个部委组成的医改领导小组，李克强副总理亲自担任组长，领导全国的医改工作。各地相应成立医改领导小组和办事机构，建立医改目标责任制，层层分解落实改革任务，加大督促检查力度。这种领导体制和推进机制，为全国医改的推进提供了强大而有效的组织保证，也充分体现了社会主义的政治优势和制度优势。

二、我国医改的主要成效

3年医改起步稳健、进展顺利、成效显著，基本医疗卫生制度建设取得重大进展，是党的十七大以来民生改善的最大亮点，国际社会也给予了积极评价。特别是地方基层医改实现重大突破，建成了一个世界上覆盖人口最多的医疗保障网，构筑了一个崭新的基层医疗卫生服务平台，取得了“四提高、一降低”的显著成效，即城乡居民基本医疗保障水平明显提高；基本公共卫生服务均等化水平明显提高；基层医疗卫生服务能力明显提高；基层医疗卫生机构服务效率明显提高以及基本药物价格明显降低。这些都有力地促进了基本医疗卫生服务的公平性、可及性和便利性，扩大了社会共识和信心，在实现人人享有基本医疗卫生服务目标上迈出了坚实的步伐。

一是人民群众得到了明显实惠。城乡居民基本医疗保障水平明显提高。到2011年年底，基本医保已覆盖全国13亿人口，参保率超过了95%。政府对城乡居民医疗保障的补助标准逐年提高，政策范围内报销比例大幅提升。同时，积极探索大病救助办法，切实解决群众因病致贫、因病返贫问题。积极为城乡居民做好预防保健工作，在保持原有公共卫生服务经费不变的基础上，3年期间中央又专门安排300多亿元预防保健资金，开展了十大类基本公共卫生服务和七大类重大公共卫生服务项目，提升全民族健康素质。这在我国历史上是第一次。在基层机构普遍建立了基本药物制度，基本药物全部实行零差率销售，结束了几十年基层“以药补医”的历史，基本药物价格平均比改革前下降了30%，大大减轻了老百姓看病负担。在公立医院广泛开展便民惠民措施，有效改善人民群众看病就医的感受。

二是有力调动了基层医务人员的积极性。医改把基层医疗卫生机构定位为公益性事业单位，政府加大财政投入，建立了长效性多渠道补偿机制，运行和发展费用有了保障，解除了医疗机构的后顾之忧，医务人员的职业价值得到体现，事业有了广阔的发展空间，也赢得了社会的尊重。同时，推进人事制度和分配制度改革，建立以服务数量、质量、效果以及居民满意度为核心的考核和激励制度。新机制的建立，使基层医疗卫生人员的待遇普遍提高，关键岗位、业务骨干收入水平大幅提升，医疗机构服务效率也明显提高。

三是推进了医疗卫生事业的快速发展。3年医改是新中国成立以来基层医疗卫生服务体系投入最多、建设规模最大、条件改善最明显的时期。国家安排630多亿元重点支持了3.3万多个基层医疗卫生机构建设，大力推进基层卫生信息化建设和人才队伍培养，基层医疗卫生服务体系面貌焕然一新，服务能力有了明显提高。

四是为推动经济平稳较快发展作出了积极贡献。3年医改，国家加大对基层医疗服务体系建设的投入力度，带动了各地对医疗卫生行业的大规模投入，从而为扩大有效投资、拉动经济增长起到了积极作用。3年医改明显提升了人民群众基本医疗保障水平，逐步解除了老百姓的后顾之忧，正在有效地释放出大量的消费需求，为扩大内需、拉动经济增长起到日益重要的作用。这次医改把医疗卫生服务分为基本和非基本，正确处理了政府和市场的关系，为社会资本投入医疗服务业，进而推动医疗服务业繁荣发展创造了条件。

五是促进了社会和谐稳定。基层医改让老百姓直接享受到改革的好处。在偏僻农村，一些老年人享受免费体检激动得热泪盈眶。不少陷入困境的大病患者因为新医改看到了生活的希望。基层医疗服务模式的转变，促进了医患关系的和谐，社区居民把基层医务人员比作贴心人。新医改密切了党群干群关系，促进了社会和谐。

三、我国医改的主要任务

当前，医改已经进入“深水区”，体制性结构性矛盾不断凸显，改革面临一系列重大挑战，任务依然艰巨而繁重。同时，也要充分认识到，与起步阶段相比，深化医改具备了更多有利条件，改革的认识更加深化，改革的基础更加扎实，改革的方向更加明确，改革的组织保障更加健全，改革的社会环境更加有利。“十二五”期间，是实现人人享有基本医疗卫生服务目标的关键时期。今年初，国务院颁布出台了“十二五”医改规划，对未来4年医改目标和任务作出了全面部署，深化改革跨入了新阶段，要从打好基础向提升质量转变，从形成框架向制度建设转变，从试点探索向全面推进转变，要突出抓好三方面重点改革。

第一，进一步健全全民医保体系。全民医疗保障体系是以基本医疗保障为主体，以多种补充保险和商业保险为辅助，以大病救助为兜底的全民医保体系。前3年改革基本建成了全民基本医保制度框架，今后要全面推进全民医保体系建设。继续提高政府对基本医保的补助标准，巩固扩大覆盖人群，继续提高政策范围内医保报销的比例，推进支付方式改革，控制医疗费用过快增长。积极开展城乡居民大病保险，完善医疗救助制度和发展社会慈善事业，积极发展各类补充保险和商业健康保险，从制度上进一步筑牢、织密社会安全网。

第二，巩固完善基本药物制度和基层运行新机制。要加大督促检查力度，全面推动经常性收支差额补助、基本公共卫生服务经费、机构发展建设支出、化债资金、绩效工资实施资金、村医补助等各项政策落实到位。完善基本药物招标采购机制，完善长效性、多渠道的补偿机制，完善对基层医务人员的绩效考核办法等。扩大基本药物制度实施范围，细化在村卫生室和非政府办基层医疗卫生机构实施基本药物制度的政策。同时，要继续推进基层卫生信息化建设，加大力度培养以全科医生为重点的人才队伍，加强村医队伍建设，筑牢基层医疗服务网底。

第三，积极推进公立医院改革。公立医院是服务人民的医院，必须切实承担公益性责任，促进人人平等地获得医疗服务。公立医院改革主要做好破除“以药补医”、创新体制机制和调动医务人员积极性等3项工作。今后4年，要把县医院作为改革的重点，2015年要基本完成县医院阶段性的改革。积极鼓励社会办医，力争到2015年社会办医占整个医疗卫生的比例达到20%左右。同时，还要继续推进基本公共卫生服务均等化，加大药品生产流通领域的改革力度，积极推广中医适宜技术，发挥好中医药在疾病预防控制和医疗服务中的作用，积极探索医药卫生监管体制改革，强化医疗卫生服务行为和质量监管等。

（作者：国家发展改革委副主任、国务院医改办主任）

（选自《宏观经济管理》2012年第11期）

中国特色医疗保障制度战略思考

马 力　桂江丰

一、战略思路

1. 总体思路

以邓小平理论和“三个代表”重要思想为指导，深入贯彻落实科学发展观，从中国国情出发，建立广覆盖、保基本、多层次、可持续的城乡居民统一的国民健康保险制度，针对“看病贵、看病难”，加快管理体制一体化进程，推进医疗保障制度整合，完善医疗保障筹资、支付机制，促使医疗保障与公共卫生服务有机结合，不断提高医疗保障水平，增强医疗保障制度公平性、流动性，解除全民疾病医疗、健康保障的后顾之忧，最终实现人人享有基本医疗保障，迅速提升国民健康素质，促进经济社会战略转型，实现持续、健康发展。

2. 思路内涵

——普及性。医疗保障制度覆盖全体国民，强制参保，困难群体实施医疗救助，满足多样化基本医疗保障需求。

——公平性。国民健康受益平等，消除城乡、职业、区域间差距，每个社会成员享有同等医保待遇和医疗服务。

——扩展性。医疗保障以疾病治疗为主转为健康受益为导向，将疾病预防和健康维护作为重心，促进国民身体素质提高。

——基础性。坚持政府主导，提供基本医疗保障，确保医疗卫生服务有能力提供、医疗保障基金有能力支付。

——可持续性。医疗保险基金合理分担，实施社会积累制，调节医保基金平衡，确保医疗保险基金可持续。

——约束性。医疗保障制度管理高效率，控制医疗费用过快增长及风险聚集，约束医疗服务治疗行为和保障对象就医行为。

——实效性。实现城乡居民医疗保障制度一体化，医疗费用结算、报销手续便捷，异地就医衔接顺畅。

——可及性。优化医疗资源配置，推动医疗服务体系结构合理，群众获得质优价廉的公共卫生和基本医疗服务。

二、战略构架

医疗保障管理体制改革核心是政府职能转换，重点是实现职能整合和管办分离。

1. 机构设置

——大部制改革，实现职能整合。成立国家社会与家庭发展部门，将国民享有的各项社会福利保障相对集中，统筹管理。构建促进人的全面发展和家庭能力建设、贯穿生命全过程的福利保障体系，设计中国特色社会与家庭发展整体规划、实施路径、运作模式；建立福利保障引导的统计系统，通过福利保障领取，动态采集基础数据，确保数据及时、准确。

——医疗保障管理体制改革，实现管办分离。国务院医改办在大部制改革未到位、医疗卫生体制改革期间，由协调部门改为实体部门，对宏观、微观部门统一监管；劳动社会保障和卫生部门利用制定发展规划、规范标准、政策法规等实施行业管理，由医疗保障和医疗卫生服务的直接提供者转变为管理者，以确保各方利益平衡及政策中立；分别建立独立的医疗保障基金管理和医院管理部门，为国有资产管理运营机构，对医疗保障基金和医疗卫生服务的机构准入、设备配备许可、绩效评估等具体管理；分别下设第三方支付的医疗保险经办机构和法人治理结构的公立医疗卫生服务、医疗卫生检测、低价药品销售机构，法人负责制，取消行政级别，人事管理与绩效挂钩。形成购买服务与提供服务相互制约、政府监管与市场竞争相互协调的格局。

2. 制度设计

——整合医保制度，形成医保基金全国统一运作机制。在构建普惠全民的基本医疗保障体系，初步满足全体人群基本医疗保障需求的基础上，整合三大医疗保障制度，实现筹资方式、保障重点、报销比例和方式、资金管理模式统一。由城乡间、城镇内分割的三元制度整合为城乡融合的二元制度，再发展为区域统一的一元制度，最终建立全国统一的国民健康保险制度。同时，伴随医疗保障制度改革，尽快实现医疗保障、养老保障、失业保险、工伤保险、生育保险等社会保障整合，共同运作。

整合步骤如下：

2011—2012 年为第一阶段。实现城镇居民医保和新农合并轨，省级统筹；实施强制参保，扩展医疗救助制度至参保筹资，参保率达 90%；实行医药分开，药品收入占比降至 50%，检阳率升至 20%；延展报销至门诊，个人看病报销比例不低于 50%；医疗保障补偿封顶线不低于人均年收入的 6 倍；卫生总费用 GDP 占比升至 5%；遏制“倒三角”医疗卫生投入结构。

2012—2015 年为第二阶段。实现省级城乡居民医保和城镇职工医保并轨基础上的全省国民健康保险制度统一，国家级统筹；参保率达 95%；改现收现付制为社会积累制，弥补转轨基金 30%；取消起付线，个人看病报销比例不低于 60%；医疗保障补偿封顶线不低于人均年收入的 8 倍；实施医疗分开，检阳率升至 30%；药品收入占比降至 40%；卫生总费用 GDP 占比升至 8%；改变医疗卫生投入结构，实现由“倒三角”向“矩形”转变。

2016—2020 年为第三阶段。实现国民健康保险制度全国统一，全民公平享有基本医疗保障，由基本保障型向质量保障型转变；将公费医疗纳入国民医疗保障体系；参保率达 100%；弥补转轨基金 70%；个人看病报销比例不低于 70%；医疗保障补偿封顶线不低于人均年收入的 10 倍；实现医、药、疗独立运作的格局，药品收入占比降至 30%，检阳率升至 50%；卫生总费用 GDP 占比升至 13%；优化医疗卫生投入结构，实现由“矩形”向“金字塔形”转变。

2021 年到本世纪中叶为第四阶段。建立中国特色高质、高效的健康保险体系，由医疗普惠型向健康公平型发展；弥补转轨基金 100%；个人看病报销比例稳定在 70%；实现医、药、疗协调配合的格局，实现药品收入占比降至 20%、检阳率升至 50%；医疗保障补偿封顶线不低于人均年收入的 15 倍；卫生总费用 GDP 占比稳定在 15%，实现医疗卫生服务体系结构功能统一、优势互补。

基金管理：整合三大医疗保险基金，统一使用，制度分割时实行分账管理，制度整合后过渡到统账管理，实施收支两条线；5年实现医疗保险基金由省级统一集中至中央统一管理，推动制定整合，建立医疗保险调剂金，完善医疗保险基金风险分担机制；整合医疗保险经办机构和职责,集中扮演医疗服务“大卖家”角色。

——多渠道筹措资金，形成医疗保障投入长效机制。

医疗保障筹资模式：由现收现付制改为社会积累制，设立社会统筹资金池和社会积累资金池，社会统筹资金池的主要职能在于区域间调节，实现即期支付；社会积累资金池的主要职能在于生命历程内调节，实现延期增值，最终实现动态互补、时空平衡。优先实现社会积累资金池全国统筹基础上，尽快实现全资金池全国统筹。

医疗保障缴费方式：按工资比例缴费的一元标准和待遇。职工和雇主按工资比例以1 ：3缴费；居民按平均工资与职工同等比例缴费，财政按1 ：3补贴；医疗救助承担参保困难人群个人缴费部分。

医疗保障财政补贴资金来源：征收遗产税，主要用于基本社会保障，医疗保障按比例提取，缩小贫富差距；利用巨额外汇储备，建立“主权社会保障基金”，将国际资金市场利润返回医保等民生领域。

医疗保障中央、地方财政补贴比例：东部地区二八开、中部地区五五开、西部地区八二开。

医疗保障基金整体运作：整合“医疗保障基金”，扩大资金池，由地方汇集中央，利用金融手段、资本市场使之保值增值，确保医疗保障积累基金增值率不低于GDP增长率。

——改革医疗保障支付方式，形成医疗服务竞争制约机制。

医疗保障支付制约机制：医疗保险机构实现被动性“埋单者”向战略性“购买者”的转变，精细化管理、测算，建立指标体系，定期对医疗服务机构进行评估，医疗服务机构通过竞争，取得医保定点资格、医疗费用支付额度、顾客；医保费用补给需方，需方通过用脚投票对供方服务进行补偿转移，补给供方，通过服务契约、承包合同支付补偿，医疗保障机构对医疗服务实施监督，对违规医疗服务行为利用定点资格、支付补偿等手段进行处罚。

医疗保障补偿需方：建立城乡统一医保支付制度、待遇标准。医疗保障基金主要用于门诊和住院医疗费用支出；医疗保障待遇设立报销比例、最高限额；医疗保障实施医院档次高低与报销比例成反比制度。

医疗保障补偿供方：实施医疗服务费用预付制。以门诊医疗为主的基层卫生服务机构，实施“按人头”购买服务为主的支付方式；以住院医疗为主的公立医院服务机构，推行“按总额”、“按病种”等承包制为主的支付方式；病人实行“先治病、后缴费”只缴纳自付部分的支付方式。形成招标、谈判、评估等服务购买的竞争、制约机制，降低医疗服务费用，提高质量和效率。

——统一医疗体系，形成分区分级、医疗药分离运行机制。

统一医疗服务体系：实现定点医疗服务机构和定点零售药店统一审批、统一管理、统一考核，公立医院、血库、实验室、医疗科研机构、药品销售企业及聘用的私立、非营利医疗机构和网点并存，由国务院医改办监管，劳动社会保障和卫生部门与各级政府尤其是县级政府共同承担保障公民健康的责任。

医疗保障“一卡通”：劳动社会保障、卫生、民政部门建立统一的六级信息网络，掌握各医疗服务和药品销售机构接待量、药品使用和需求、业务人员水平和工作量，合理分配资源、采购药品、培训人员，实现资金运行、病情通报、管理监督自动化。

医疗服务“分区分级”制：建立医疗资源均衡布局的基本医疗服务体系。初诊在社区服务机构建档就诊的“首诊制”；就诊事前预约的“预约制”；据病情下一级负责预约设备和医疗水平较高的上一级医院、大病返回社区服务机构康复治疗的“双向转诊制”。“分区”便于基层医疗服务机构随时掌握当地居民健康状况，及时开展健康教育，防治、控制病源；“分级”按病情合理配置医疗、设备和人力资源，节约开支，避免集中至大医院奢侈就诊。

综合疾病检测：实施医、疗分开。区域、公立医院医疗设备资源汇集，组建综合疾病检测机构，独立核算。对医疗设备使用、维护、更新进行合理配置，降低运营成本。设备由政府专项资金投入，仅收取服务等成本费，采取收支两条线，检查结果资源共享，改变诱导使用高昂设备、过度检查现象，提高基层医院医疗水平和就诊率。

低价药品销售：实施医、药分开，恢复药品使用者选择权。政府制定基本药物目录，推广常见病的国产药、仿制药，医院及低价药品销售网点根据药物目录以成本价销售，政府进行专项补贴，医疗保险机构对医疗服务机构实施医药费用限额偿付，打破公立医疗机构药品销售垄断地位，同时推动降低市场、品牌药价格，使药品费用得到良性控制，减轻患者负担。

三、战略原则

医疗保障制度遵循从全局出发、统筹兼顾、渐进式改革原则。

1. 远期与近期相结合。依据长远发展趋势，建立中国特色医疗保障制度的战略构架；依据近期基本国情，进行与生产力发展相适应的基本医疗保障制度改革。实现城乡、区域医疗保障与经济社会的协调，统筹医疗保障、公共卫生、医疗服务、药品供应、卫生监督等的均衡，统筹政府及相关部门、社会、个人在医疗保障制度中的权利与义务。

2. 局部与全局相结合。稳步推动管理体制、运行机制、缴费标准、待遇水平等统一。第一步建立统一管理体系，整合管理部门，侧重体制建设；第二步建立统一运行机制，医疗保障基金统一运作，分层运行，侧重机制建设；第三步建立统一管理制度，在多元医疗保险制度向一元国民健康保险制度整合过程中，根据财力和相关主体责任，不断调整以户籍、就业、部门划分缴费和待遇的多元标准，逐步缩小制度间补偿和保障水平差异，最终过渡到按工资比例缴费的一元标准和待遇，侧重制度建设。

中国区域差异大，区域制度整合切忌“一刀切”：东部地区三项制度的筹资水平较接近，可将三项制度并轨；中部地区三项制度筹资水平存在一定差距，先将居民医保和新农合并轨；西部地区三项制度的筹资水平差距较大，先将管理体制、机制统一，三项制度纳入一个体系，逐渐实现制度统一。

3. 公平与效率相统一。公平是医疗保障追求的最终目标，效率是实现目标的手段，实现低负担且普惠的医疗保障制度。

——“公平”主要体现在医疗保险筹资、补偿和医疗卫生服务获得上。医疗保障筹资、报销中补贴比例相同、个人缴费水平由个人收入水平决定，意味高收入者比低收入者承担更多负担，低收入者比高收入者享受更多补贴，尤其对最需要基本医疗服务的贫困人群提供医疗救助，免除医保和医疗个人缴费部分，彰显基本医疗保障和基本医疗服务的公平性。

——“效率”主要体现在医疗保障和医疗服务制度管理、运行上。对管理者，强调资源配置效率，整合医疗保障体系，促进医疗服务机构竞争；对参保者，建立医疗保障筹资、报销特别是大额医疗费用风险分担机制；对医疗保障机构，建立统一运作机制，提高保障水平、资金使用效率和制约能力；对医疗服务机构，利用医疗费用支付制度，建立提高技术水平和生产效率的激励机制。

四、建立基本医疗卫生服务公益性改革理念

基本医疗卫生基础性地位和公益性性质，要求财政对医疗卫生投入的增长幅度不低于经常性财政支出增长幅度，医疗保障投入适度超前。确立普遍性和公平性的价值取向，是医疗保障制度发展的重大变革，也是完善医疗保障制度的核心，政府投入主要提供公共卫生服务和初级医疗服务，医疗保障基金主要作用在“公共物品”和“准公共物品”上。

1. 公共卫生服务属“公共物品”。公共卫生服务投入，完全政府主导。公共卫生是一个国家国民健康的基石，以预防保健为基础，不具有竞争性、排他性，以公共卫生机构、城乡社区卫生机构为载体，基本药物和适宜医疗技术为手段，居民公平享有为目标。群体普适性公共卫生服务，通过政府税收融资，由政府统一组织，免费提供；孕产妇保健、精神卫生、个人保健等个体选择性公共卫生服务，由政府投入为主，医疗保障等社会保障购买服务，加强针对性防治，提高公共卫生的干预效率。

2. 基本医疗卫生服务属“准公共物品”。基本医疗服务投入，政府回归主导地位。社会和个人与政府按比例分担，强化政府责任同时发挥市场作用。政府为基本医疗卫生服务管理者：政府投入用于公立医疗服务机构的基本建设、设备购置、学科发展、离退休人员、政策性亏损等领域，实行全成本核算管理；基层乡镇、社区医疗服务机构，政府承担基本建设、设备购置、人员和公共卫生服务等经费；原村级私营卫生服务机构、人员纳入乡镇医疗服务机构管理，采用购买服务方式核定投入。

医疗保障费用建立恢复医疗服务机构社会公益性的服务购买激励机制，购买常见病、多发病、慢性病等基本医疗服务，大病重病、疑难杂症等特别医疗卫生服务，医疗保障超出部分，医疗救助发挥作用；建立基本药物目录、基本医疗项目目录、临床路径制度，由政府价格主管部门组织医疗保障机构、医疗服务机构协商，对目录实行成本定价，与有偿服务实行收支两条线。

建立医疗服务数量、质量、群众满意度等指标体系，实行医院绩效评估及奖惩制度，将考核结果与财政投入、医疗保障补偿相结合，与医务人员收入挂钩，有效约束和规范医疗服务行为。

3. 特需医疗卫生服务属“私人物品”。特需医疗服务投入，国家政策引导，个人和商业保险支付为主。随着生活水平提高，医疗卫生服务需求多元化，引导民营医疗服务向高、精、尖、专方向发展，特需供给由社会成员自己承担，优化市场环境和秩序，建立规范、公开和透明的运作机制，降低个人风险。同时，国家鼓励发展商业医疗保险，通过减免税收等优惠政策，促进企业、农村集体组织为职工和农民购买补充形式的商业医疗保险。

五、构建医疗保障制度“社会积累制”模式。

我国医疗保障制度采取社会统筹与个人账户相结合的“现收现付”制，主要依靠统筹基金，而个人账户由于缺乏统筹，仅用于门诊，作用发挥有限。

1. 人口老龄化使“现收现付”制不堪重负

——稳定人口结构是现收现付制必要条件。人口结构剧变尤其是人口快速老化是未来中国最基本国情。人口老龄化尤其高龄化，使完全或部分失能老人由2000年2260万人增至2006年2834万人，上涨25.4%，老年人病残率是全人群的3.6倍，残疾人中52%是老年人，对医疗卫生服务和护理等特殊需求迅速增加，对医疗保障费用收支产生直接、实质的影响，老年人均带病生存时间长达9年，老年阶段医疗费用支出占一生近80%。医疗保障费用将随老年人口迅速增加，“以收定支、收支平衡”的支付模式和“当年筹资、当年使用”的现收现付体制将面临巨大挑战。

——现收现付制隐性债务风险巨大。现收现付的医保制度将面临巨大缺口，医疗保障是劳动价值的重要组成部分，工资为即期支付部分，为劳动力生产部分，而社会保障是递延支付部分，为劳动力再生产部分。随着老年人口增长、参保人口结构转变，隐性债务将在未来10～20年内面临“显性化”，每年需提取GDP3%左右的资金进行弥补平衡，医疗保障风险巨大。

——现收现付制不可持续。现收现付制基本特征是当期医保基金收支平衡，在人口不断老化情况下，医疗保障缺口逐渐凸显，为确保收支平衡，只有“开源”提高筹资水平和“节流”降低保障水平两条路。目前城镇职工医疗保险、养老保险、失业保险、住房基金等“三险一金”个人总缴费率达23%，负担较重；医疗保障属社会福利保障，只满足基本需求，具有只升不降的刚性特征。因此，“开源”、“节流”空间狭小，现收现付制难以运行。

2. 建立医疗保障基金自平衡机制

——抓住“现收现付”改“社会积累”制最有利时机。目前总负担系数仅为34.2%，2013年降至最低点，2016—2026年劳动年龄人口达高峰平台10亿人，处于劳动力最为丰沛、老年人口规模相对不大的深度人口红利期，为医疗保障“现收现付”制改“社会积累”制最有利时机。科学设定公平医疗保障缴费和补偿水平，取消个人账户，分设统筹资金池和积累资金池，保障与投资双重功能，建立“新人”生命历程医疗保障自平衡机制。

——建立社会积累和社会统筹资金池互补机制。加强医疗保险基金收支预算管理，按总和医疗费用支出和总和收入，测算适宜缴费比例，避免出现总和医疗保障金收支赤字和收支盈余，按年龄精算积累资金池和统筹资金池的分配比例，实现个人财富创造黄金时期积累、疾病多发老年时期消费间的平衡，实现社会积累资金池和社会统筹资金池的动态互补、平衡，当人口年龄结构趋于稳定时，社会积累资金池趋于零，实质的“积累制”表现为“现收先付”制。实现占人口70%以上的劳动年龄人口医疗保障费用个人、社会资金积累转移，实现医疗保障制度可持续。

——逐步清偿医疗保障转制成本。改全人群缴费为18～59岁工作年龄人群缴费，对于60岁及以上退出缴费年龄没有个人积累的“老人”和处在工作年龄阶段缴费积累不充分的“中人”，形成的医疗保障历史负债由财政承担，将“老人”、“中人”医疗保障补偿金欠账列入当年财政预算，防止和化解医疗保障隐性债务的累积和风险，实现医疗保障制度公平性。建立医疗保险基金成效评价指标体系，实施基金运行动态分析和风险预警制度。

3. 建立转移接续过渡机制。医保基金统筹、医保制度统一是医保制度接续问题解决的前提，实现医保基金全国统筹和三项医保制度全国统一迫在眉睫，力争5年内完成，使转移接续问题从根本上解决。因此，在尚未实现全国医保基金统筹之前，实施流动人口医疗保障现居住地属地化管理，建立“统筹管理、信息共享、区域协作、双向考核”的工作机制，避免重复缴费和报销，实施当年缴费地与报销地统一；尚未实现医保制度统一之前，实施当年缴费标准与报销比例统一。异地就医推行一卡通结算制度，构建医保基金付费向就医地转移的实时支付机制。

六、利用多元手段、开辟多种渠道筹集医疗保障资金

尽快实现医疗保障制度整合、实施“社会积累制”、坚持医疗卫生机构公益性质等改革，使政府融资责任增加、投入加大，寻求政府融资新路子，以形成加大医疗保障投入的长效机制。

1. 拓宽医疗保障基金筹措新路子。结合经济全球化、市场化和财税、金融体制改革，逐渐形成多元化医疗保障筹资渠道，建立稳定的基金筹措机制，调整财政支出结构，提高财政预算中社会保障性支出比例。

——医疗保障基金统一运作。整合医疗保障基金，扩大资金池，解决统筹层次低带来的资金风险，将医保积累基金池资金投入货币和债券市场，制定医保基金购买股权、债权和再保险等管理运营配套制度，确保医保基金通过投资运作增值。

——建立“主权社会保障基金”。外汇储备是央行通过超发货币，换回企业、个人持有外汇，国民缴纳由超发货币带来的隐形“通货膨胀税”，成为外汇储备债权人。因此，外汇储备用于“主权社会保障基金”，产生的利润返还医疗保障等民生领域。

——征收遗产税。改革30年实现一部分人先富起来的同时，收入差距不断拉大，0.4%的家庭占有70%的国民财富。开征遗产税、赠与税、特种消费税等，专项用于医疗保险在内的各项社会保险筹资，通过二次分配实现改革成果共享、共同富裕。

——变现国有资产。国有企业占有国家资源、国有垄断等优势，在目前提取利润5%的基础上提高比例；探索从股份制企业中划拨国有股，利用股票、资本市场变现，筹集医保资金。

——发行医疗保障国债。世界很多国家通过发行医疗保障国债，分散债务高峰压力，医疗保障国债用财政收入和基金运营收益分期偿还，实现债务的时间转移。

——发行医疗福利彩票。在现定社会福利彩票和体育彩票发行额基础上，扩大发行规模和品种，新增收入补充医保资金。

2. 完善财政分权和转移支付制度。财政分权体制不完善和转移支付制度效率不高，导致“事权下移，财权上移”，医疗保障基金和医疗卫生服务投入主要来自地方财政，中央与地方财政收入各半，但财政支出二八开，地方政府财力难以支撑不断增长的公共服务需求，导致补贴不足，弱化医疗服务机构公益性。

——完善财政分权制度。精算医疗保障财政预算，实现中央与地方财政收入各半、支出各半，赋予地方政府与责任相匹配的财力，确保医疗保障的财政投入。

——完善政绩考核机制。将事关基本民生的医疗保障等指标纳入地方政府绩效考核，改变单纯以经济指标考核的制度。

3. 引入社会资本进入医疗保障领域。充分发挥市场作用，利用社会资源，采取低息、贴息贷款等优惠政策，引入国际、民间资本，兴办商业医疗保险机构和医疗服务机构，形成多层次医疗保障体系和多元化医疗服务格局，打破垄断，强化竞争，降低医疗费用，提高医疗质量和效率。

七、构建新型基层医疗卫生保障和服务管理体系

医疗保障通过医疗卫生服务实现，“看病贵”主要是看大、重病贵，“看病难”主要是大医院看病难。将医疗卫生服务战略前移、下移，预防为主、早期诊治、控制病情，是遏制小病演变成大、重病，患者大量涌向大医院的治本之策。

1. 以健康为先导建立社区医疗卫生保障和

服务模式。

——构建金子塔式的医疗卫生保障和服务结构。为了适应由传统生物医学模式向生物—社会—环境综合医学模式转变，由个人“有病治病”的治疗为主消极医疗保障向大众“无病防病”的预防为主积极健康保障转变，国际经验表明，70%以上病例是公共卫生所能预防的传染病和慢性病，而每投入1元公共卫生预防费用，可节约8元治疗费用，强化城乡基层医疗保障和医疗服务，按照人口分布合理规划、配置医疗卫生服务机构和医疗卫生资源，是提高基层医疗卫生服务可及性，减少疾病发病率、降低治疗成本最有效的途径。

——优先发展社区医疗保障和医疗卫生服务。县级医院有9200家，占全国医院45.5%，覆盖9亿人口，但看病难现象仍未根本改变，社区卫生服务具有安全、有效、方便、价廉的特征，目前仅承担20%～30%医疗卫生服务，建立医疗保障门诊统筹、医疗费用梯度报销、取消医疗保障门诊起付线等制度，大力发展社区尤其是农村乡村级医疗服务机构。实证表明，补偿住院费用50%、80%，个人医疗负担仅下降15%、34%，而门诊、住院均补偿55%、80%，医疗负担可降低40%、67%，对减轻群众医疗负担、引导居民到社区门诊就医作用明显，随着医保制度实现全覆盖，医疗保障逐步从保大病，到兼顾小病，进而到保障公民健康，实现“预防在基层、小病在社区、大病到医院、康复回社区”的良好格局。

2. 以全科医生组为枢纽建立自下而上竞争传导机制。

——组建全科医生组是社区卫生服务改革的核心。随着社区卫生服务功能拓展，医疗卫生服务需求由低层次“疾病需求”转向高层次“健康需求”，需求诉求更为原始和模糊，需要具有全面专业知识的医生进行初始化鉴别，形成明确的需求表达，将健康咨询、预防保健、疾病诊疗、康复护理等全面横向扩展的需求与专业纵向深入的供给结合，提供综合性医疗卫生服务。社区卫生服务供给从“传统医疗服务”模式转向“全科医疗服务”模式，以居民医疗需求为导向，以健康档案为抓手，以契约合同为手段，走向社区、走进家庭，构建新型“伙伴式”和谐医患关系，形成以“全科医生组”为核心、社区卫生服务机构为支撑的新型基层卫生服务管理体系。

——全科医生组是医疗保障的“守门人”。医疗保障基金通过社区卫生服务机构，以预付制方式支付全科医生组费用，由全科医生组进行费用控制，形成由居民自愿选择、全科医生组相互竞争、社区卫生服务机构统一管理、医疗保障基金购买服务的新型管理和竞争机制，促进全科医生与居民结成利益共同体。设置多个全科医生组供居民选择，切断社区卫生服务机构业务收入与全科医生个人收入间的利益链条，医生薪酬主要依赖为社区居民提供服务的数量和技术含量、风险程度、工作强度等质量，形成优质、优惠服务的竞争机制，实现以创收为中心的多收多得向以患者为中心的多劳多得转变；通过全科医生组和社区卫生服务机构双向选择，促进社区卫生服务机构为全科医生组提供更为优质的辅助和支持服务，建立快捷、高效的预防、倡导、诊治、转诊、康复服务系统。由全科医生组竞争，推动社区卫生服务机构竞争，初始动力和最终决定要素是社区居民，自下而上竞争传导模式，使各方让利社区居民，使居民获得质优价廉的服务。

（作者：马力系国务院参事、全国人大教科文卫委员）

（选自《经济研究参考》2012年第1期）

不同类型流动人口的医疗保障需求差异研究

盛　昕

流动人口是一个十分庞大且不断变化的复杂群体，基本医疗保障作为保障公民生命健康权益的社会制度，在各种流动人口社会问题中显得尤为突出，也是十分迫切需要解决的问题。综合各种分类依据，更多地从流动人口群体相似性考虑，比较适合医疗问题研究的流动人口分类可以是：流动儿童和青少年、农民工群体、随迁老年人群体。随着经济社会的发展，流动人口出现了二次分层，各类流动人群呈现出不同的特点，分析和把握其医疗卫生需求的差异，有针对性地采取措施，是实现高效的全民医疗保障的重要环节。

一、不同类型流动人口的特点及医疗保障需求

（一）流动儿童、青少年

流动儿童、青少年是指跟随父母外出但不改变户口登记的学龄儿童、青少年，包括学前儿童、学龄儿童和学龄青少年。调查显示，流动人口中14岁及以下儿童比例较高，占流动人口总体的20.8%。低年龄儿童随父母流动现象比高年龄更为普遍，0～5岁学龄前儿童流动的比例为75.7%，6～11岁小学阶段儿童的流动比例为68.2%，12～15岁中学阶段儿童的流动比例降为60.4%。这一群体处于生长发育的旺盛期，可以说他们的健康将影响他们的一生，影响整个国家未来的人口素质。因此，其医疗保障需求有其特殊性。

1.社会基本医疗保障需求。在现有制度中，中小学生和学龄前儿童作为“农民”或“居民”的一部分，其参保是“自愿”的，而流动中的儿童和青少年，这种“自愿”也成了不可能。通常来说，条件较好的城市儿童可以购买商业医疗保险，而流动儿童面对疾病时只能依靠父母，如果家庭经济困难，则只能四处求助亲友、“好心人”，或者是“听天由命”。可见，流动的儿童、青少年对基本社会医疗保障有着强烈需求。

2.免疫需求。大部分流动儿童居住不稳定、流动性大，甚至有的家长为躲避当地的计划生育检查而居无定所，更别说在当地流动人口管理部门登记，所以他们游离在免疫计划和可控范围之外。常规的计划免疫宣传难以深入，预防接种无法到位，加之一部分流动儿童的家长文化素质不高，经济收入有限，所以或者根本不了解免疫，或者漠视免疫的重要作用，导致出现免疫接种的漏种现象，甚至是盲区。

免疫接种是预防相应传染病的最有效措施，流动儿童接种率直接影响他们的生长发育，

同时由于他们流动性强、居住条件差，容易造成传染病的流行，所以，免疫需求是流动儿童，尤其是6周岁以下幼儿的医疗保障需求，也是全社会的医疗保障需求。

（二）农民工群体

流动人口中90%以上依然是农民工群体。

据国家统计局网站公布的“十一五”经济社会发展成就系列报告显示，2010年农民工总量达到2.42亿，已经发展成为经济建设的生力军。但是这样一组简单的数据之后隐藏着复杂的社会分层，并不是一个“流动人口”或者“农民工”就可以简单概括的，二次分层是农民工分类的源头。流动人口从原籍（农村）、从原来的群体（农民）中分离出来，到城镇从业，脱离或者部分脱离农业生产，成为一个特殊的群体，这是第一次分层。随着社会的发展，这些流动人口逐渐形成了自身相对固定的特点，在经济地位、社会声望等方面出现群体内部的差异，形成一定的层级。这是第二次分层。经过这样的二次分层之后，农民工形成三种主要典型类别：城市化程度较高的农民工、长期处于流动状态的农民工、季节性流动的农民工。由于农民工的分层较为复杂，不同群体的医疗保障需求有所不同，所以需要根据农民工二次分类的不同特点考虑其医疗保障需求的差异。

1．城市化程度较高的农民工的医疗保障需求。经过二次分层以后，城市化程度较高的农民工更多的是“居民”或“工人”，收入水平在整个农民工群体中处于中层或上层，相对稳定地工作在城市基础服务行业以及教育、金融、房地产、行政领域。他们工作的体力投入相对较小，医疗保障需求上与其他城镇职工相似，不管大病小病都能及时得到医治。城镇职工医疗保险对他们来说无疑是目前最合适的医疗保障，但是，由于城镇职工医疗保险的主要筹资渠道是企业（用人单位），所以一些用人单位为了自身利益而不与这些农民职工签订劳动合同，不缴纳医疗保险费用。因此，对城市化程度较高的这部分农民工来说，加入城镇职工医疗保险、摆脱“医疗无保障”困局是当前最迫切的需要。

2．流动性较强的农民工的医疗保障需求。一是大病（住院）和慢性病保障需求强烈。流动性较强的农民工在年龄上的特点是，他们平均年龄30岁上下，处于身强力壮的阶段，小病发病率远低于社会平均水平；职业上多从事建筑业或者是做零工的自主就业者（无雇主）。他们或者生活条件相对较差、生活习惯欠佳，或者劳动强度较大、危险性因素较多，因此一些重大疾病、慢性疾病在他们中间呈现出年轻化的趋势。慢性疾病虽然并不能立即对他们的身体造成致命的影响，但如果不能得到及时的控制和治疗，后期治疗会更为艰难、费用更高，同时，长期的治疗对他们来说也是不小的经济负担。二是对流动性医疗保障的需求迫切。由于他们“居无定所”，虽然家在农村，但自己长期在外漂泊，有病了无法到定点医院诊治，无法按时回乡报销，所以农村的医疗保障制度很难惠及他们；城镇居民医保则因为户籍、流动性的原因将他们拒之门外。因此，一种可以流动的，同时能够着重保大病的医疗保障制度是他们所急需的。

3．季节性农民工的医疗保障需求。季节性农民工由于流动时间相对较短，与城市的联系只是短暂的，更多的是“农民”，在医疗保障需求上与农民无甚区别。可喜的是，新型农村合作医疗制度已经成规模地在广大农村地区构建和实施起来，并且取得了显著的成效，能够满足绝大多数农民的医疗卫生需求，得到了农民的欢迎。但是，繁杂的报销程序对农民和农民工来说仍是比较头疼的事，报销程序的简化、效率的提升是他们对医疗保障制度的要求。另外，随着生活质量的提高，农民越来越关注自身的健康，定期体检的需求也在近年愈加突出。

（三）随迁流动老人群体

目前，从实行计划生育以来的独生子女群体普遍已成人、成家，并且不局限地域地“立业”，加之当前中国养老机构还不健全、不完善，多数父母需要与子女同住或者就近居住，所以潜在的随迁流动老年人群是十分庞大的。

当前，由于缺乏必要的社会医疗保障，流动老年人中不得不依靠家庭，由子女或亲属负担医疗费用的，城市占15.7%，农村达到47.4%。这47.4%的农村老年人中，现如今身在农村的有农村医疗保险作保障，而已经流动到城市的则医无所保，缓解他们的医疗费用压力迫在眉睫。这不仅是保障老年人生命健康权利的需要，也是减少其子女（青年人）家庭经济负担，促进社会发展的需要。

总体来说，“保慢性病”是流动老年人口首要的医疗保障需求。中国老年人慢性病患病率自20世纪90年代以来居高不下，1993年卫生部调查表明，老年人群中60%～70%有慢性病史，人均患有2～3种疾病。近些年生活条件大大改善，而以往一些不良的生活习惯还没有走出人们的生活，慢性病发病率日益增大，到2003年65岁以上城市老年人慢性病患病率已经达到777.1‰。目前，已有部分省市开通了“慢性病医保卡”，这对于老年人口健康起到了保障作用，应该扩大到流动老年人群。而对于占少数的有严重疾病、需要依靠子女救治的流动老年人，将他们纳入社会医疗保障体系中并加大大病补偿力度，是缓解他们及其子女家庭经济困境的当务之急。

二、对不同类型流动人口医疗保障需求的思考

基于对流动人口的分类，本文分析了不同类型流动人口的医疗保障需求差异，同时也引发了笔者对解决这些差异和问题的几点思考。

第一，加大政府投入，升级统筹层次是首要条件。解决不同类型流动人口的医疗保障问题的关键是资金，加大政府投入是实现全民医保的前提条件。当前，农民工的筹资能力依然有限，要加大大病保障的力度，缓解农民工大病医治的经济压力，惠及流动农民工，逐步形成全国范围内统筹的医疗保障系统，才能排除因为流动而造成的困难。同时，加强医疗保障信息化办公的能力是满足全民医疗保障需求的重要保证，更是解决流动人口异地就医难、报销难等一系列问题的决定性因素。医疗保障的信息化办公可以将每一个公民、流动人员的健康情况、就医历史、医保资助报销情况建档保存，并且“如影随形”，将医保关系的转移、医疗费用的报销等简化，也为全国统一的医疗保障提供了可能。

第二，建立全国性基金会，实现流动性农民工医疗保障是关键环节。城市化程度较高和季节性流动的农民工的医疗保障需求都能在现有的医保制度内得以一定程度的满足，唯有长期处于流动状态中的这些农民工的医疗保障需求（一种可以流动的，同时能够着重保大病的医疗保障制度）难以找到现成的制度加以满足。笔者思考，可建立一种过渡性的互助医疗保险制度，采用多层次基金的方式。(1) 建立全国性的基金会，专项管理农民工医疗保障问题，主要由政府出资，同时筹集社会资金和农民工资金，农民工与农民缴纳同样多的保费（可以考虑为全国新农合交费标准的平均值），享有基本的医疗保险待遇。(2) 这种待遇的实现参照城镇职工医疗保险的“医保卡”方式，但医保费用的发放应采取“小额勤补”的办法，就是要每月发放一次，每次发放的额度要比城镇职工医保少，毕竟农民工交费标准远远低于城镇职工，这样一来也可以缓解农民工频繁流动给

各地基金会造成的筹资压力。(3) 农民工可根据自身特殊医疗需求参与基本保障之外的更高层次的社会医疗保险，缴纳更多一些经费，获得更高层次的保障待遇；或是政府根据农民工对社会的贡献大小，设置不同层次的待遇标准，对大病给予更大额度的保障。(4) 这张医保卡在较大区域甚至全国范围内是通用的，流动中的农民工"一人一户"，"户随人动"。(5) 这一制度是过渡性的，一旦农民工稳定下来（可以签订劳动合同或购房为参照）就需要退出这一医保制度，再将账户过渡到其城镇职工医保或城镇居民医保。

第三，实现流动幼儿免疫、流动老人医疗全覆盖是有效补充。针对幼儿免疫的户籍所在地限制，可以采取发放计划免疫票（卡）的形式，在婴儿出生时发放，只要持票（卡）在任何地区一定级别的医院或者妇幼保健站（院）都可以注射和服用免疫针药。拓宽基本医疗社会保险的覆盖面，进一步完善社会保障制度，将流动老人、儿童纳入城镇医保范围，减轻家庭经济负担。逐步把老年人全部纳入医疗保障制度覆盖范围，在完善城镇职工基本医疗保险制度、城镇居民基本医疗保险制度和新型农村合作医疗制度的同时，充分考虑流动老年人特殊的医疗需求，在政策措施上有所倾斜，保障老年人的基本医疗服务。民政部门对符合条件的困难流动老年人，纳入城乡医疗救助范围，满足多样化医疗卫生需求，逐步为老年人建立健康档案。同时，应对老年人的慢性病进行防控，有效防止慢性病的发生。在不断加强流动老年人医疗卫生保障的同时，积极开展老年健康教育，开展长寿科学研究，普及健康知识，大力开展全民健身活动，提高流动老年人的体质。

（作者：黑龙江省社会科学院、社会学研究所研究员）

（选自《黑龙江社会科学》2012 年第 5 期）

社会管理当中的政府职能

应松年

社会管理是政府及社会组织对各类社会公共事务实现的管理活动。社会管理与国家发展阶段相联系，当前我们既处于发展的重要战略机遇期，又处于社会矛盾的凸显期，社会管理任务更为艰巨繁重。经济社会的迅速发展使我国原有的社会结构和经济结构发生了深刻的变化。城市化进程加速，我国城镇人口比例已经达到50%，对外开放进程也加快，我国经济实力和综合国力不断加强，为不断满足人民日益增长的物质文化需要奠定了重要基础。同时，我国处于并将长期处于社会主义初期阶段的基本国情没有改变，人民日益增长的物质文化需要同落后的社会生产之间的矛盾这一社会主要矛盾没有改变。

经济社会发展和变化给社会管理带来很多问题和挑战，我国社会管理理念思路、体制机制、法律政策、方法手段等方面还存在许多不适应的地方，需要创新社会管理。谈到政府在社会管理中的职能，要充分认识到我国正处于民生问题凸显、社会矛盾多发的时期，必须着力解决民生问题，从源头上减少和化解矛盾。解决民生问题，一要靠投入，二要靠创新。从创新来讲，应该包括收入分配机制的创新、就业渠道的创新、社会保障机制的创新，还有社会管理的创新。将社会管理建立在以民为本的基础上，更新社会管理理念，扩大社会管理主体，转变社会管理方式，将社会管理纳入依法治国、依法行政的轨道。

（一）*社会管理理念要从管理理念向服务理念转变，建设服务型政府。*建设服务型政府的关键是深入推进政府职能转变，我国政府主要职能是经济调节、市场监管、社会管理和公共服务。经济调节和市场监管明确了政府经济职能的重心是通过宏观调控和市场监管等手段培育公平有序的市场，维护经济的稳步健康发展。社会管理和公共服务为政府职能转变明确了方向，即政府职能重心要由经济转向社会，以社会为本位，最终实现管理型政府向服务型政府的转变。建设服务型社会的关键是有效地动员社会的力量，提供政府无力单独负担的社会服务，只有动员社会持续广泛坚持服务，才能建立起自律自治的服务型社会。

（二）*社会管理主体要充分发挥各类主体在社会管理中的作用，实现社会管理的多样化。*社会是由各个社会组织、企事业单位、基层自治组织组成的，事实证明社会组织和企事业单位的管理、基层居民组织自治是达成社会管理的总体方面，现代社会管理绝不可能单独依靠政府完成，因此政府在这方面的重要内容是培育社会组织、促进社会责任。

（三）社会管理方式要综合应用多种社会管理手段，转变社会管理的模式。传统的一元社会管理模式已经不能应对现代社会的经济变革中社会管理领域出现的新问题、新情况，单独依靠行政手段很难有效完成社会管理的目标。社会管理的多元化，不同利益诉求的产生，必然要求社会管理方式的多元化。今后的社会管理应该是参与理的社会管理，不同的利益群体或者代表参与到社会管理当中。首先，充分发挥各种力量优势，实现由单一的行政管理模式向综合应用行政、经济、法律、政策、道德、科技等多种手段进行社会管理模式的转变。其次，社会管理中更多运用服务手段，保护各方的权益，特别是弱势群体的合法权益，尽可能选择对公民权益影响最小的方式进行社会管理，能够运用说服教育等实现管理目标就不用强制性的管理手段。社会管理过程中要把被管理对象当成平等主体对待。再次，社会管理的有效手段和制度，应该常态化。社会经济变革给社会管理带来挑战的同时，也为管理创新带来了机遇，通过多媒体、信息化等技术手段可以建立信息化社会管理模式。

（四）以法治手段创新社会管理。使社会管理成果长期稳定有效，只有通过法律手段。首先，要健全社会管理的法律体系，社会管理体系首先应当从民生入手，整合现有的社会管理法律法规，在充分调查研究的基础上，以宪法相关规定为核心，以现代服务性政府理念为指导，完善我国的社会管理法律体系。其次，要完善社会管理主体立法，包括行政机关的组织法体系、有关社会组织立法和基层自治组织立法。再次，完善行政程序立法，为行政机关合法行使职权提供程序规则，保证行政机关民主、科学、依法决策，保障公民享有充分的知情权、参与权、表达权和监督权。最后，要完善解决行政纠纷的法律体系，保障社会纠纷在法律上得到有效解决。

（作者：中国政法大学终身教授、中国法学会行政法学研究会会长）

（选自《行政管理改革》2012年第1期）

法治思维：创新社会管理的基本思维模式

蒋传光

一、思维方式创新：创新社会管理的根本

观念作为人们对事物的看法和认识，对"人们的思维过程起着指导、定向的作用，制约着人们的思维路线和思维结果"。先进的观念是科学行为的先导。社会管理的创新，首先应是管理观念的创新，思维方式的转变。在我国目前的社会管理中，各类社会管理组织机构和管理制度并不缺失。这主要表现为，一方面，随着强化社会管理职能的深入推进，社会管理部门越来越多，条块结构越来越复杂；另一方面，在各类社会管理制度建设方面，成就巨大。特别是到2010年年底，涵盖社会关系各个方面的法律部门已经齐全，各法律部门中基本的、主要的法律已经制定，相应的行政法规和地方性法规比较完备，法律体系内部总体做到科学和谐统一，一个立足中国国情和实际、适应改革开放和社会主义现代化建设需要、集中体现党和人民意志的中国特色社会主义法律体系已经形成，我国各类社会管理的基本制度已经较为完备。

在上述情况下，社会管理如何创新，创新的落脚点在哪里？如何走出"社会管理越是加强，社会问题越是增多"的怪圈，避免社会管理中的"内卷化"现象？答案是创新社会管理观念，转变思维模式。在社会管理中，完善的社会组织机构和完备的管理制度固然重要，但管理的理念和思维模式更重要。因为观念不同，思维模式不同，社会管理追求的价值目标就不同，把社会公众作为管理的对象，还是作为服务的对象，与此相适应而设置的国家管理机构和设计的各项制度，其功能的发挥就会截然不同。

从哲学意义上讲。思维模式（方式），是指思维主体在社会实践的基础上，借助思维形式认识事物的手段、途径和思路。但从社会学或者说从人们行为方式的意义上讲，思维模式"是指人们在实践过程中形成的、比较稳定的、植根于心灵深处的价值标准、思维习惯和活动程式"。思维模式和一定的文化背景有关，在不同的文化背景下，人们的思维模式表现出很大的不同。由于人的行为总是受一定的思想支配，因而思维模式又直接影响着人们的行为方式。不同的思维模式则决定着人们的行为方式也有很大的差异。思维模式引导着个体思维和群体思维的路向。有学者认为，思维模式表现为一种"全社会总体共同遵守的观念框架"。"这种共同的思维模式，作为全社会主体思维的最普遍规则、标准和方式，产生一种极大的规范

力量，框定着人们的思维路向和方式。”由于思维模式和人们的行为方式密切相关，因此，创新社会管理，转变思维模式至关重要。

转变思维模式，创新社会管理观念，核心是确立法治思维模式。近年来，我国法学界主要是法理学界，对属于法律方法范围的法律思维有较多的探讨，但对“法治思维”这个概念很少涉及。“法治思维”与法学方法论意义上的“法律思维”，这两个概念的内涵有一定的关联性，但也有明显的不同，两者有宏观和微观的差异。法律思维强调法律职业的具体法律方法，侧重的是法律方法论对职业思维的影响。法治思维则是一种整体性的思维，是一种社会思维，是一种国家治理的理念、视角和思路。从社会管理的角度看，法治思维的概念主要是从治国方略的层面上使用的。它不仅是社会管理中的价值追求，更主要的是一种治国方法、手段的选择，在社会治理的各种手段中，更侧重于法律规则和法律手段的运用，强调依法办事。法治思维是在坚持法治理念的前提下，与道德思维、政治思维、经济思维、行政思维等其他思维不同的一种思维模式。法治的实现，不仅仅是建立一套完备的法律体系，更重要的是使法治成为一种普遍的行为模式。而要做到这一点，就必须存在一种与之相适应的社会思维模式，即法治思维。有学者认为，法治实质上就是一种思维模式，这种思维模式表现为人们自觉地、经常地按照法治的理念来思考问题，并采取与法治理念相一致的普遍行为方式，其重心“在于合法性的分析，即围绕着合法与非法来思考和判断一切有争议的行为、主张、利益和关系”。具体而言，化解各种社会矛盾，把法治思维模式作为创新社会管理的基本思维模式，就是要注重法律方法和手段的运用，全面落实依法治国方略，完善各种具体法律制度，确立公民和各级政府机关的规则意识和契约意识，引导公民对待各种涉及自身利益的纠纷，寻求理性的解决手段。

二、法治缺失：导致社会矛盾凸现和激化的重要因素

当前我国既处于发展的重要战略机遇期，又处于社会矛盾凸显期，社会管理领域存在的问题还不少。根据相关研究，目前因社会冲突影响社会不稳定的因素主要有以下几类，一类是人们期望通过体制内的途径来解决冲突的一种基本形式，是社会冲突的最普遍、最常见的形式，包括信访、民间纠纷、劳动争议、民事诉讼、行政诉讼等五种情况。一类是违法犯罪活动，是致使社会不稳定的重要因素。一类是游行示威等群体性的请愿或抗议活动。自20世纪90年代中期以来，我国的群体性事件（静坐示威、非法游行、围堵公路铁路交通、非法冲击党政机关等）呈现出数量增多、涉及面广、规模不断扩大、参与人数多、行为越发激烈等特点，对社会稳定造成了严重的消极影响。

社会矛盾高发和凸显，与经济社会发展但又不够发展密切相关，也与依法治国方略在落实但又未全面落实有关。上述影响社会稳定的各种现象产生的原因固然非常复杂，有经济因素、政治因素和社会发展等多种多样深层次的原因，但法治的缺失不能不说是一个非常重要的因素。公共权力滥用、对权力缺乏监督和制约、权大于法，对违法犯罪打击不力、法纪不张，司法不公、徇私枉法，公民表达自己利益诉求和不满情绪的合法渠道不畅等，这些因素的存在，是导致目前社会矛盾凸显和激化的重要原因。下面以频繁发生的群体性事件为例，来分析因法治缺失而导致的社会矛盾凸显和激化的各种表现。

在我国目前社会转型的过程中，人们的思

想观念、伦理道德、文化意识等都发生了巨大的变化，原有的利益观、价值观、伦理观正受到越来越强烈的冲击与碰撞，新旧观念交织，矛盾错综复杂。在这种背景下，当前由人民内部矛盾引发的各类群体性事件，已经成为影响社会稳定的突出问题。导致群体性事件的直接原因很多，但最主要的原因是群众的正当利益遭到非法侵害或合理的利益没有得到依法保护，而且公民表达自己利益诉求和不满情绪的合法渠道不畅。因法治缺失而导致群体性事件的具体表现为以下几个方面：

1．政府滥用权力侵害公民合法权益

根据现代政治管理理论，政府管理权力首先是一种规范性的权力，要严格按照既定的规则去运行，不能随心所欲地滥用。从价值层面说，政府的权力来自于人民的授权，因而政府应认真行使权力，更好地为人民提供服务和谋取福利，要自觉维护人民利益。从制度层面说，政府的权力来自于宪法及相关法律的设定，因而政府在履行法定职责，制定政策和规则、处理各种社会问题等管理活动中，要以公平、公正为宗旨，严格依法办事。

但在目前社会现实中，一些地方政府部门，无视法律尊严，挑战法律权威，滥用权力，不依法行政，甚至以权压法的事件经常见诸媒体。这些现象是导致一些社会矛盾形成和激化的重要原因。陕西国土资源厅败诉后否决生效法院判决而引发的群体性械斗，就是一个典型案例。2010 年 7 月 17 日，陕西省榆林市横山县波罗镇山东煤矿和波罗镇樊河村发生了群体性械斗，此事被当地称为“7．17 事件”。记者调查发现，这一事件根源是矿权纠纷，直接导火索就是陕西国土资源厅不依法行政，滥用权力，违法操作导致纠纷。在当事人提请行政诉讼，一审、二审法院审理败诉后，省国土资源厅以会议决定否定生效的法院判决，纠纷最终导致矛盾激化，事态升级。实际上，只要陕西省国土资源厅履行法院裁决，纠正违法行政造成的错案，恢复原告的合法权益，这起群体性械斗事件就可避免发生。

2．有法不依使公民的合法权利得不到法律的有效保障

有法不依等于无法。我们现在面临的问题和困境不是无法可依，而是有法不依、执法不严、违法不究，视法律为装饰门面的道具和滥用公权侵犯私权的工具，需要时就拿出来粉饰门面，甚至打着合法的旗号作出不法的行为；不需要时根本无视法律的存在。需要就用，不需要就不用。一些执法部门机械执法，对一些侵害公民权益问题的出现，不是认真履行职责，积极维护公民合法权益，反而以法制不健全作为自己不作为、推托责任的借口。有的执法部门滥用权力或者非法执法，以维护社会公共利益为由，无视法律的存在，随意侵犯宪法、法律赋予公民的权利和自由，把法治视为“治民”（把法律视为治民工具）。说明上述情况存在的案例在现实生活中大量存在。

以各地曝光的强拆案件为例，这些恶性案件出现，都是严重违规违法造成。事实表明，一些社会矛盾的产生，都是有法不依、执法不严、违法不究的结果，也是社会矛盾激化的重要原因之一。因企业改制、征地、拆迁、执法司法不公等问题导致的社会矛盾，公民的合法权利得不到法律有效保障，只能寻求法律之外的手段维权，并导致群体性事件的发生。

3．公民通过法定渠道表达利益诉求的制度设计流于形式

一些地方政府片面追求经济增长，决策脱离实际，不考虑群众的承受能力和不同利益需求，对人民群众正常的利益诉求、权利要求和

不满情绪的表达不认可、不适应、不习惯，视为不稳定因素，是对政府权威的冒犯，是麻烦的制造者，甚至是“刁民”、“精神病患者”，公民通过法定渠道表达利益诉求的制度设计得不到落实，对正常的民意表达不是依法进行疏导而是堵，维持表面的稳定，短暂的稳定，使矛盾越积越严重，最后酿成群体性事件。

4.不习惯运用法律手段维护社会稳定

（1）一些地方官员法治理念缺乏。我国已确立了依法治国，建设社会主义法治国家的治国方略，并上升为宪法原则。同时，我国也走上了市场化的经济发展道路，法治是市场经济的内在要求。社会的这些发展变化都要求每一个公民，特别是各级官员要逐步树立法治观念，养成依法办事的思维模式。但事实是，目前一些官员的法治理念仍然非常缺失。这从一些官员不能适应民主政治建设的要求，发表违背法治精神的言论，引起舆论广泛关注，产生不良社会效果的事例也能得到证明。近年来，因言不当引发的公共事件不断发生，如湖南永州双牌县政协委员发言惹怒县委领导事件，反映出该县主要领导对有关政协章程和相关法律法规，以及我国政体、国体和基本政治制度等方面知识的缺乏。根据《中华人民共和国信访条例》第三条规定：“各级人民政府、县级以上人民政府工作部门应当做好信访工作，认真处理来信、接待来访，倾听人民群众的意见、建议和要求，接受人民群众的监督，努力为人民群众服务。”“各级人民政府、县级以上人民政府工作部门应当畅通信访渠道，为信访人采用本条例规定的形式反映情况，提出建议、意见或者投诉请求提供便利条件。”“任何组织和个人不得打击报复信访人。”由此可见，信访是每个公民的法定权利。国务院颁布的《信访条例》没有“正常上访”与“非正常上访”之分，也没有规定到北京上访属“非法上访”，更没有规定可以进行罚款、拘留或者劳教。

（2）不习惯运用法律手段化解社会矛盾。当前绝大部分社会矛盾，都是涉法性的问题。在维护社会稳定的过程中，不习惯运用法律手段化解社会矛盾，消极维稳，表现在对这些涉法性的社会矛盾的解决手段走向两个极端，缺乏规则意识和契约意识。一是压制控制。一些地方政府和部门片面地理解“稳定”就是“不出事”，对当前社会中存在的矛盾，不是积极引导，而是一味压制，不问缘由，采取简单粗暴的行政方式等。在社会管理中，虽然强调依法管理，但把法律视为一种管理工具，更多地强调用法律来治理和惩治被管理者，而忽视对公共权力运行的规范、约束和制衡。对一些社会群体性事件，不加理性分析，随意使用各种强制手段，其结果只能是，以暴制暴激发更多的暴力。二是无原则迁就，满足不合理要求。这具体表现在，一些地方政府和部门，遇到群体性事件，不是积极寻找产生问题的根源，不善于运用法律手段解决问题，而是采取息事宁人的态度，只要不闹事，什么事情都好商量，导致有些群众遇到困难问题，或者自身权益受到侵害，也不愿意运用法律手段解决，群体性事件的组织者和参加者出于“大闹大解决”、“小闹小解决”的心理，越来越多地采取各种极端的方式或违法行为发泄不满情绪，如报复、伤害、闹事等，有的甚至采取暴力性、破坏性的行为。

5.执法、司法公信力下降

执法、司法公信力下降，对社会管理造成了严重的消极影响。近年来，出现了一些在全国引起广泛关注并产生重大影响的案件，有些案件因制度缺陷给当事人的合法权利造成了无法弥补的侵害，但暴露出的问题和漏洞，经过社会舆论的推动，对相关法律制度的完善和推进法治建设产生了较好的结果，如孙志刚事件、佘祥林案件、赵作海案等；有些案件在法院审理后，其判决结果在社会上产生了很大的负面影响。南京彭宇案则是一个典型的案例。自南京彭宇案发生后，行人在路遇老人跌倒时出现了不敢扶起的现象，以致有人称“13亿人已扶不起一个跌倒的老太太”，彭宇案“让国人道德观倒退50年”。上述案件的出现，使执法和司法的公信力下降，尤其是对司法的不信任，导致一些案件的当事人或者是不服判决结果，案件的处理往往是案结不了，胜败皆不服，甚至酿成更大的事端；或者是不愿走司法渠道，寻求私力救助，使矛盾更加激化，进而出现一些不稳定事件。

对上述问题的解决，除社会建立多渠道、多层次的利益协调和矛盾纠纷解决机制外，还要建立政府严格依法行政，加强对政府权力的监督和制约，防止权力滥用的机制；建立公平公正执法的机制；建立高效、廉洁、公正司法体制。同时公民还应有确立规则的意识和契约意识，学会运用法律武器保障自己的权益，在保护自己的权益时，不能滥用权利，故意超越权利界限损害他人利益；在行使自由和权利的时候，不能损害国家的、社会的、集体的利益和其他公民的合法的自由和权利。简言之，社会的各类主体都要适应社会的发展变化，转变思维模式，确立法治思维，并把其固化为一种社会共同的思维模式，习惯于把法律手段作为解决社会矛盾和问题的主要手段。

三、法治思维：社会管理创新的必然要求

法治思维的核心是重视和充分发挥法律手段在维持社会秩序、协调各种利益关系、化解各种社会矛盾和解决各种社会纠纷的功能和作用，构建社会管理的法治化模式。法治思维是达到社会管理创新目的，实现社会管理任务，转变社会管理理念的必然要求。

1. 法律手段是达到社会管理创新目的的保障

胡锦涛在中央党校举行的省部级主要领导干部社会管理及其创新专题研讨班开班式上的讲话中指出：“我们加强和创新社会管理，根本目的是维护社会秩序、促进社会和谐、保障人民安居乐业，为党和国家事业发展营造良好社会环境。社会管理的基本任务包括协调社会关系、规范社会行为、解决社会问题、化解社会矛盾、促进社会公正、应对社会风险、保持社会稳定等方面。”

为实现上述目标和任务，如何创新社会管理，胡锦涛从八个方面提出了要重点做好的工作。第一，进一步加强和完善社会管理格局，切实加强党的领导，强化政府社会管理职能，强化各类企事业单位社会管理和服务职责，引导各类社会组织加强自身建设、增强服务社会的能力，支持人民团体参与社会管理和公共服务。第二，进一步加强和完善党和政府主导的维护群众权益机制，形成科学有效的利益协调机制、诉求表达机制、矛盾调处机制、权益保障机制，统筹协调各方面利益关系，加强社会矛盾源头治理，妥善处理人民内部矛盾，坚决纠正损害群众利益的不正之风，切实维护群众的合法权益。第三，进一步加强和完善流动人口和特殊人群的管理和服务，建立覆盖全国人口的国家人口基础信息库，建立健全实有人口动态管理机制，完善特殊人群管理和服务政策。第四，进一步加强和完善基层社会管理和服务体系，把人力、财力、物力更多投到基层，努力夯实基层组织、壮大基层力量，强化城乡社区自治和服务功能，健全新型社区管理和服务

体制。第五，进一步加强和完善公共安全体系，健全食品药品安全监管机制，建立健全安全生产监管体制，完善社会治安防控体系，完善应急管理体制。第六，进一步加强和完善非公有制经济组织、社会组织管理，明确非公有制经济组织管理和服务员工的社会责任，推动社会组织健康有序发展。第七，进一步加强和完善信息网络管理，健全网上舆论引导机制。第八，进一步加强和完善思想道德建设，持之以恒加强社会主义精神文明建设，加强社会主义核心价值体系建设，增强全社会的法制意识，深入开展精神文明创建活动，增强社会诚信。

从上述加强和创新社会管理的根本目的及社会管理八个方面的基本任务可以看出，在目标上，加强和创新社会管理，提高社会管理科学化水平，维护人民群众权益，规范社会行为，促进社会公平正义，保持社会良好秩序，建设中国特色社会主义社会管理体系，确保社会既充满活力又和谐稳定，这与法治社会建设的目标是一致的，秩序、利益、公正、和谐等，都是法治社会的基本构成要素，都是法律所要实现的基本价值，是达到社会公共的善良和幸福的基本要求和基础。

从操作层面上看，制度问题不解决，没有完善的法律制度作保障，社会管理创新的目标根本无法实现。上述做好创新社会管理八个方面的重点工作，最终都是以完善相应的机制、体制为要求的，都涉及到制度问题，而相应的机制、体制又是以相关法律制度为主要表现形式的。即使是加强思想道德建设，增强全社会的法治意识，增强社会诚信等看似精神层面的内容，没有相应的制度支撑和机制保障，也是很难实现的。因此，加强各个方面的法律制度建设并有效实施，是实现社会管理体制创新的重要途径。

2．转变社会管理理念的核心是确立法治理念

创新社会管理，要求要顺应经济社会发展的形势新要求，切实转变社会管理理念，树立与社会主义初级阶段基本国情相适应，与社会主义市场经济体制和我国政治体制相适应，与开放、动态、信息化社会环境相适应的管理理念，具体而言，就是要树立以人为本、服务为先的理念，树立多方参与、共同治理的理念，树立关口前移、源头治理的理念，树立统筹兼顾、协商协调的理念，树立依法管理、综合施策的理念。

上述这些理念的确立和转变，虽然需要各级党委和政府、各部门各单位及各种社会组织，从不同的角度开展工作，履行各自的职责，但最终都要落实到法治的层面。因为在上述各种理念指导下进行的社会管理工作，在各种手段和方法的运用上，法律手段是最主要和基本的手段与方法。

以树立以人为本的理念为例，坚持人民主体地位，以人民群众利益为重，以人民群众期盼为念，最根本的是以人民（公民）的权利为本。公民权利的保障，法律保障毫无疑义是最基本和最可靠的保障手段。只有通过立法分配权利，通过执法和司法补偿和恢复权利，权利的实现才是真实可靠的。

例如，多方参与、共同治理被认为是一种有效的社会治理。但多方参与、共同治理的基础是法治。多方参与、共同治理的理念是，一方面发挥好党委领导核心作用和政府主导作用，不断提高政府的社会管理能力和成效，另一方面发挥好各种社会力量在社会管理中的协同、自治、自律、他律、互律作用，不断增强社会自我管理能力。这一理念的实现，就要求

管理方和被管理方都要有严格的按规则办事的规范意识。在现代社会，按规则办事，主要是按法律规则办事；确立规范意识，主要是确立法律规范意识。把社会管理纳入到法治的轨道上运行，则是现代社会管理的主要特征。因而，依据现代社会管理的要求，政府向社会提供公共服务，必须要有完备的法律制度保障，政府对有关社会事务进行规范和调节，要依法依规进行，做到严格依法行政。各种社会力量在自我服务的过程中，做到协同、自治、自律、他律、互律，在充分发挥道德规范、社会团体规范等社会规范功能的同时，也必须要有完善的法律规范作保障。

把关口前移、从源头上主动解决问题、减少矛盾，统筹兼顾、协商协调处理各种利益诉求，离开法律手段，也很难达到预期效果。法律规范的主要特点是其具有普遍性、可预测性。建立完善的法律制度体系，规范各种社会行为，把各种基本社会关系纳入法律调整的范围，为人们提供行为模式和行为判断标准，增强行为的可预测性，使之有法可依，有据可循，是减少矛盾、化解矛盾的有效手段。

党委领导、政府负责、社会协同、公众参与的社会管理格局，是我们的政治优势和制度优势，是创新社会管理的根本。把法治思维作为社会管理创新的基本思维模式，与发挥我们的政治优势和制度优势并不矛盾，而是完全一致的。全面推进依法行政，建设法治政府，是依法治国最重要的组成部分，也是提高行政管理效能，降低管理成本，创新管理方式的目标要求。

四、法律手段：创新社会管理的最基本手段

加强社会管理，构建社会主义和谐社会，已成为当前我国社会发展的一个重要目标。构建和谐社会，面对各种社会矛盾和问题，最迫切的任务是协调好社会各阶层利益之间的关系。如何建立健全社会利益的沟通渠道和协调机制，通过何种手段妥善解决新形势、新条件下的群众内部利益矛盾，避免社会各个阶层利益关系的冲突，从而实现社会的和谐，手段和方法是多样的，诸如政策、法律、经济和行政、教育、协商、调解等。但在各种手段和方法中，法律是社会关系的最基本和主要的调整手段和方法。法治是构建和谐社会的基础。从和谐社会的特征来分析，和谐社会实际上内在蕴涵着人与人、个体权利与公权力及人与自然之间的三种关系的和谐，因此，构建和谐社会实际上就是依据何种方式来协调好这三种关系，法治作为一种现代社会的控制方式，在调整上述三种关系中起着基础性的作用。

从社会控制的理论来看，和谐社会首先应是一个安定有序的社会。良好社会秩序的建立是和有效的社会控制密切联系在一起的。当代中国社会因巨大的社会变迁正在进入一个“风险社会”甚至是“高风险社会”。在各种社会风险中，其中有一个因体制转轨所造成的特殊风险，就是社会控制的弱化。因而，健全社会组织机制，完善社会管理，建立完备的社会控制体系，防范社会风险，维护社会安全，形成良好的社会秩序和稳定的外部环境，是构建和谐社会，实现全面建设小康社会目标的重要保障条件。

社会控制的手段是指保证人们遵守社会规范的各种社会力量的总称。社会之所以能够对社会成员进行控制，保证人们遵守社会规范，维护社会秩序，关键在于社会掌握了各种有效的控制手段。这些手段主要包括经济利益、政治权利、教育机会、舆论工具和宗教组织等。具体地说，社会控制的主要手段可简要概括为法律手段、行政手段、习俗手段、道德手段、艺术手段、舆论手段及宗教手段等。社会控制的方式和途径，就是指在具体的社会运行过程中，社会规范如何作用于社会成员，亦即社会秩序生成、确立和维护的具体机制。

综合社会控制的手段，途径和方式，包括一些社会学家在论及社会控制的工具和方法时，所涉及的诸如舆论、劝导、理喻、信仰、教训、惩罚、命令等，在社会控制中发挥作用的可归结为如庞德所说的三种主要手段：道德、宗教和法律。道德、宗教和法律这三种手段在社会控制中并不是一成不变的，有其演变的过程。在开始有法律时，这三者是很难分开的。但是“从16世纪以来，法律已成为社会控制的首要工具”。所有其他社会控制的手段被认为只能行使从属于法律并在法律确定范围内的纪律性权力。布莱克认为，随着传统社会向现代社会的过渡，其他社会控制在减弱，而法却相应地增强。

法律是进行社会控制的强有力手段，也是最高层次的社会控制手段。“作为社会控制的一种高级专门形式的法律秩序，是建筑在政治组织社会的权力或强力之上的。”“法律之所以具有拘束力，是由于或者是当有一种强加于一切其他力量之上的强力作为它的支持。”法律是由国家制定和认可的，并通过国家强制力保证其有效实施的一种社会规范。它一经产生，便超越个人而具有相对稳定性，因而无论在古代社会还是在现代社会，都是强有力的社会控制手段。由于法律出自国家，具有肯定性、普遍性、可预测性、结构完整性和国家强制性等优点，所以，它不仅能够调整个人行为，而且首先具有调整阶级关系、重大利益关系，使统治秩序合法化、固定化的功能；不仅能够调整社会成员的普遍社会关系，而且能够负担巨大的政治、经济、文化的组织任务，因而是实现国家职能，推动经济和社会发展的最重要的、经常的、不可缺少的手段。具体地说，法律控制的社会作用主要表现为，作为由国家制定的社会规范，它具有告示作用、指引作用、评价作用、预测作用、教育作用和强制作用等。通过法律的这些作用的实现，使每个法律主体都能忠实地履行法定义务，积极而正确地行使和维护法定权利，从而建立有条不紊、充满生机的良好的法律秩序。

在现代社会中，相比较道德和宗教而言，法律手段之所以逐渐成为一种主要的社会管理手段，除了法律具有权威性、可操作性、可预测性和确定性等优点之外，也是由法治思维的特征决定的。法治思维的特征不完全等同于法律思维的特征。从社会管理的角度来看，法治思维具有如下思维特征。

1. 法治思维是一种理性思维

考察西方现代法治文明的思想源流，从古希腊、古罗马、中世纪到文艺复兴以后的古典自然法学派，一些对后世产生重要影响的思想家，都把法律视为一种理性的命令和体现。如古希腊思想家柏拉图说法律“就是理性的命令”，亚里士多德认为法律“是不受欲望所影响的理性”。古罗马思想家西塞罗说“法律是最高的理性”。在中世纪最有权威的神学家、经院主义哲学的代表托马斯·阿奎那对法的定义是：“法是人们赖以导致某些行动和不作其他一些行动的行为准则和尺度。”“但人类行动的准则和尺度是理性，因为理性是人类行动的第一原理。”中世纪后期产生的、作为资产阶级反封建斗争思想武器的自然法理论，高举理性主义大旗，以人的理性作为法律的基础和衡量的主要尺度。古典自然法的理性主义在西欧促成了法典化的巨流，为法典编纂提供了智力资源。法律是理性的命令和体现的思想，一直是西方法律思想史的主线，并奠定了现代西方法制文明的思想理论基础。

法律是理性的体现，理性能使人们更公正、更平和。作为一种理性规则，法律的重要功能之一就是抑制私力救济，把各种社会冲突和纠纷的解决纳入秩序化和程序化的轨道上。作为现代法治社会基础的公民社会，理性规则秩序是其存在的前提和基础。现代社会是一个呈现多元利益冲突、互动与整合图景的复杂社会。在现代社会里，不同的利益主张和权利要求在此间互动交融，而且日益呈现一种应得权利和供给、政治和经济、公民权利和经济增长的对抗。因此，现代社会并不希望也不可能通过减少多样性或压制冲突而谋求一致的道路。为此，现代社会要接受这种利益和理想的多样性。它允许个人及机构追求多样化的目标，但并不允许不择手段地追求这些目标，而是要对冲突进行合理的控制来达致公民认同、社会整合的理性规则秩序。这就意味着，“公民社会多元复杂的利益冲突与协调，必然导致高度的法律需求与创设”。也就是说，要建立对冲突进行合理控制的理性规则秩序，就必须要建立完备的法律制度体系，从而确立现代社会“自主自律、宽容共存的自由理性诉求”。因为，“没有规范性约束的自我利益的追求使所有有关各方的自我利益大都遭到挫折”。为此，大家都必须遵从共同的、保障每个人权利的和自由的理性规则——法律。这种自主自律的现代社会规则秩序，不仅奠定了法治社会的基础，同时也是法治社会的重要保障。

现代社会的多元利益冲突、互动与整合，孕育了自生自发的理性秩序规则。这种理性秩序规则功能和作用的发挥，其中一个重要前提条件就是仰赖于公民的规则意识。因为不同的利益主体在市场经济竞争与合作中，既要竭力主张其自身利益和自由平等权利，同时又必须作出必要的妥协、让步与合作，而这种妥协、让步与合作的基础就是理性规则。

2．法治思维强调以权利义务为中心

从一般意义上说，权力是法律赋予权利主体作为和不作为的许可或认可，义务则是法律规定的对法律关系主体作为或不作为的约束。或者说，“权利就是一项具有合法性的理由，持有这个理由，相应的行为、利益、主张和期待就会在法律上被视为正当，从而得到法律支持。与权利相关联，法律义务就是一种被动的法律地位，居于此种地位，即须被某种权利或合法的权力所约束和支配，并按照约束和支配他的那个合法的理由去做什么或不做什么，否则会引起某些法律责任”。有学者说，以权利义务分析为线索，是法治（法律）思维的一个重要特征。法治（法律）思维方式的实质就是从权利与义务这个特定的角度来观察问题、分析问题和解决问题，其具体表现为以权利和义务为线索的不断追问：某主体是否有权利作出此种行为、享有此种利益和作出此种预期？与之相对的主体是否有义务如此行事或以此种方式满足对方的请求和预期？简言之，以权利义务分析为线索，就是为人们的行为正当与否、合法与非法设定了一条边界。

从社会管理创新的视角看，以权利义务分析为中心，就是以公民的权利保护为核心，坚持以人为本，真正做到以人民利益为重，尊重人民的主体地位，依法保障人民群众经济、政治、文化、社会等各项权益，促进社会公平正义，使人民群众切实感受到权益受到保障，从而自觉接受管理、主动配合管理、积极参与管理。

当前一定要避免陷入一个认识误区，即社会管理创新就是要强化政府管理和控制，用强化政府权力的方式来面对日益复杂化的社会生活。社会管理不是社会问题管理和社会危机管理，而是要转变重管理轻服务的状况，要以人为本，尊重和保障人权，寓管理于服务中，有效保障公民的合法权益。

3. 法治思维要求公民要确立规则意识

社会管理创新，确立法治意识和理念，最重要的是要在整个社会确立规则意识和契约意识。确立规则意识，对为社会提供公共服务的政府行政机关来说，行政机关工作人员特别是领导干部要自觉养成依法办事的习惯，切实提高运用法治思维和法律手段解决经济社会发展中突出矛盾和问题的能力；对社会组织来说，要在符合社会整体利益的前提下，通过合法渠道，依法依规维护公民权益；对每个公民来说，要确立规则意识，依法理性表达自己的合理诉求，依法维护自己的合法权益，认为只有"闹"才能解决问题，并以此作为有效解决问题的思维方式，不是法治社会对理性公民的要求。

确立契约意识，就是通过完善的法律法规及相应的规章制度，明确各种社会主体的权利义务，确立行为正当性和合法性的边界。这种既定规则的产生，应当是通过发扬民主，广泛听取、充分吸收各方面意见的结果，是民意的体现，是具有普遍约束力的社会"契约"，任何社会主体都要接受这种"契约"的约束。一旦出现纠纷和利益冲突，无论是管理者还是被管理者，都按既定的规则办事，在规则面前地位平等，违背了规则，都要承担相应责任。确立契约意识，按规则办事，一些较难处理的事情也容易得到解决。

现在中国人缺乏规则意识，希望别人遵守规则，按规则办事，自己则不愿受规则的约束。法治最基本的价值目标是秩序。良好社会秩序的建立，有赖于规则的遵守，规则意识的确立。如果全体公民，尤其是各级领导干部和国家机关缺乏规则意识，缺乏法治理念，制定再多的法律，也都是毫无意义的空文，有法反而不如无法。公民的规则意识（或者说程序规则意识）应是公民意识中最基本的层面，或者说是公民意识的核心内涵。塑造公民意识，首要的是要确立公民的规则意识，这是建立法治秩序的基础。

在目前的公民文化、公民意识研究中，对公民文化、公民意识在我国法治秩序建构中的重要作用，以及现实生活中的公民意识淡薄或者严重缺失，已成为共识，并认为在现实生活中，公民意识淡薄或缺失的主要表现为法律意识不足、道德意识滑坡、信仰缺失、缺乏公民的责任感、缺乏参政议政的监督意识等。这些分析应当说都是符合实际的。如果对我国公民意识的现状再作进一步具体分析的话，规则意识淡薄或缺乏也是一个重要方面。

公民规则意识应是公民意识中的最基本或核心的要素。公民规则意识可以有广义和狭义的理解。广义的公民规则意识是公民对各种社会规则（规范）诸如法律、道德、宗教、风俗习惯等规则的认同、自觉服从与遵守，所形成的自主自律意识。狭义的公民规则意识是指公民在法治状态下通过对法律规范内在价值的认同，进而把法律有效地内化为其自觉的价值尺度和行为准则，形成一种自觉的程序规则意识和自觉服从与遵守法律的自主自律意识。本文是从狭义上使用公民规则意识这一概念的。

强调公民规则意识与强调权利意识并不矛盾，也不意味着要求每个公民缺乏自主地奴性服从法律，成为法治理的对象，而是要求每个公民在对法律规范的内在价值认同的基础上，能够理性地行使权利，积极主动地服从规则。

公民规则意识的确立，是由法治社会的性

质决定的。公民的规则意识体现着对法律规则的自觉服从、遵守和对法治秩序的认可，而秩序则是法治社会的基本价值目标，法治就是规则之治，法治是以理性规则秩序为运行的基础的，法治就意味着秩序。

作为公民意识内涵的一个基本或核心层面，公民规则意识的培养应着重体现在以下方面：(1) 权利意识。权利意识包括积极的权利主张与合法权益的保护两个方面。(2) 权利行使的正当性意识，或正当程序意识。这种正当性的要求，就是公民在维护自己的合法权益时要讲程序，遵循一定的规则，不能滥用权利。(3)权利的节制意识，即控制权利的"超前消费"意识。对权利的节制，控制权利的"超前消费"就是要合理限制某些权利，使之符合所处时代所处社会的道德、法律、经济发展状况、文化等多种价值取向。当然，人们的权利随着社会的不断进步是不断发展变化的，对权利的"超前消费"的控制需要在不断的社会发展进程中合理地进行。(4) 自觉守法意识。守法意识，即尊重法律、遵守法律、严格依法办事的意识。不管人们基于何种理由遵守法律，守法主体良好的守法意识是法律遵守的前提条件，也是法律被遵守的关键因素。(5) 社会公德意识。遵守社会公德既是一项道德要求，也是宪法规定的公民的一项基本义务。

（作者：上海师范大学法政学院教授、博士生导师）

（选自《上海师范大学学报·哲学社会科学版》2012 年第 6 期）

基层社会管理创新的探索与思考

龚维斌

基层社会管理，主要是指以乡镇街道和城乡社区为地域范围和载体的社会管理，包括乡镇街道以政府社会管理为主和城乡社区以居（村）民自治管理为主、两个层次且管理模式有所差异的社会管理。近年来，基层在社会管理创新中的重要性越来越受到各级领导干部的重视，人们逐渐认识到基层社会管理是社会管理的重点，基层社会社会管理的水平和效果直接关系到社会管理的好坏。各地在社会管理创新实践中探索出很多有益的做法，积累了很多宝贵的经验。

一、基层社会管理创新的做法

根据各地提供的基层社会管理创新案例，目前各地基层社会管理创新的做法主要有以下8个方面。

（一）强化公共服务

各地在基层社会管理实践中，坚持以人为本、服务为先的理念。一是加大为社区居民服务的工作力度，着眼于方便社区群众，改进服务方式，建立社区家政服务中心、政务服务中心，开展“为老”、“为小”爱心服务；二是加大资源投入力度，在社区街道建立“爱心超市”，建设社区文化娱乐活动中心，为基层群众交流、娱乐提供公共平台。三是改善对外来人口的服务和管理，建立外来人口活动之家，为外来人口子女教育、家庭生活提供帮助和服务，一些地方还从外来农民工中选出代表参与基层社区管理；一些乡村利用群团组织、志愿组织等力量，开展对农村留守老人、留守妇女、留守儿童的帮助和服务。四是改进对社区矫正人员、吸毒人员、劳改释放人员、有不良行为的闲散青少年的帮教工作，在掌握他们的基本信息和活动轨迹，定期组织他们学习、劳动的同时，帮助他们解决工作和生活中的实际困难，开展心理咨询和心理辅导，帮助他们树立正确的人生观、价值观、世界观，培养劳动生活技能，树立生活信心。

（二）建设基层组织

基层组织包括基层党的组织、基层自治组织、社会组织等。党的基层组织是加强和创新基层社会管理的组织保证和重要力量，基层自治组织和各类社会组织是基层社会管理创新的主要组织形态和依靠力量。河北省肃宁县近年来在全县全面加强基层组织建设，探索推行了农村社会管理“四个覆盖”工作模式，即：基层党组织全覆盖、基层民主组织全覆盖、农村经济合作组织全覆盖、农村维稳组织全覆盖，就是以基层党组织为核心，以村代会为平台，以农村经合组织和维稳组织为骨架，以服务群众和协调、整合农村各方利益为职能，打造一张覆盖整个农村和广大农民的管理服务网络。北京、上海、深圳、广州等地改进社会组织发展和管理模式，探索建立枢纽型社会管理培育模式，建立社会组织培育孵化基地，利用政府购买公共服务发展社会组织。南通市崇川区大力培育社区社团，开展“百团大建”。

（三）改进工作方法

坚持以人为本、依法管理、综合施策的原则，改进工作方法。重视源头治理、多元治理，充分发挥人民调解、司法调解、行政调解等作用，发挥道德约束、村规民约、厂规厂法、乡风民俗的作用，寓管理于服务之中，实行人性化和柔性化管理。利用专业社会工作方法进行公共服务和社会矛盾调处。发挥现代科技在社会管理中的作用，积极探索信息化和网格化管理方法。江苏省海门市利用视频会议系统开设远程矛盾调处和信息反馈，每天通过网络进行社会矛盾和纠纷排查“零”报告，编写社会问题和社会矛盾情况分析报告，保证第二天早晨上班时市里主要领导能够看到。还有一些地方通过开设视频信访，方便了信访人反映问题，节约了群众反映诉求和政府行政的成本，提高了行政效率，方便了群众解决问题。

（四）创新体制机制

一些城市探索区政府直管社区居委会，以减少管理层级，推进管理扁平化。具体来说就是撤销街道办事处，由区政府直接管理社区居委会。例如，贵阳市小河区、湖北省黄石市铁山区、安徽省铜陵市铜管山区等开展了这方面的探索；也有一些城市选择一个区的一个街道开展区政府直管居委会改革试点，如北京市石景山区鲁谷社区、南京市白下区淮海路街道、青岛市北区浮山后社区、上海浦东新区潍坊街道等。这些改革取得了一定的积极效果。另有一些沿海发达地区镇街根据外来人口多、常驻人口多的实际，探索如何进一步加强镇街管理，改革基层政府机构设置，强化社会管理服务和管理职能。在区街体制改革之外，各地都在积极探索如何进一步理顺街居关系，设立社区工作站，减少镇街对居（村）民自治组织的行政干预，减轻居委员会和村委会的行政负担，强化居（村）民自治。各地社区工作站的性质和设置方式不尽相同，主要有“一站多居模式”、“合署办公模式”、“接受委托任务模式”等几种形式。

（五）整合基层资源

城市社区中分布和驻扎着各种单位和组织，这些单位和组织联系和服务各种不同的人群，掌握着各种各样的资源。如何有效调动这些单位和组织的积极性，挖掘它们的潜力、整合它们的资源，共同参与社区建设和发展，是各地都在着力破解的重要课题。一是以行政为主导改革街道社会管理体制，整合基层管理和服务资源，例如，广州市以“业务归并、人员整合、服务前移、管理落地”为主线，对街道机构、人员、职能、业务以及服务设施进行整合，并在实践中进一步形成了“大民生”、“大综治”、“大城管”治理格局。二是培育民间组织，发挥它们联系广泛和服务便捷高效的优势。三是搭建平台，为驻区单位和组织提供参与管理和服务的平台。一些地方建立社区居民议事制度，由社区居委会主任、居委会专职社工带领，以社区片长、楼长、层长为骨干，设立“居民议事厅”，对社区事务进行协商、议事。

（六）使用专门人才

基层社会管理是一项技术和艺术性、情感性很强的工作，既有普遍的规律，也有地域人文特色。因此，既要培养和使用专业的社会工作者队伍，发挥他们服务管理基层群众的专业性和技术性优势，同时也要充分挖掘和利用乡土基层社会管理人才的特长，利用他们熟悉当地文化和风土人情，熟悉基层社会、联系群众广泛的优势。深圳、广州、上海、江西等地积极发展专业社会工作者队伍，在基层单位设置专业社工岗位或者通过政府购买服务的方式提供公共服务管理。与此同时，不少地方注重发挥退休老干部、老劳动模范、老党员、老教师等社会贤达的作用。江阴市不少社区成立“夕阳红”爱心服务组织，江苏省海门市各乡镇街道普遍建立“老娘舅”矛盾纠纷调解员。

（七）推进基层民主

河北省肃宁县在建好村党支部和村委会的同时，设立村代会和村民监督委员会。村代会为常设性议事、决策机构，由村民代表组成，每5—15户推选1名村民代表，是村民参政、议政的主要平台。整合村务公开监督小组、村民理财小组职能，成立村民监督委员会，负责对村务管理进行监督。由此，形成了党支部领导、村代会决策、村委会执行、村民监督委员会监督的组织新架构。组织创新让改革开放以后分散的农民重新组织起来，行使当家做主的民主权利，农村工作好开展了，干群关系、村民关系更和谐了，农村社会更稳定了。近年来，成都市大力推进以“村民议事会”为核心的新型村级治理机制。通过成立村民议事会，将村民自治的决策权、执行权和监督权既相互分离又相互制衡，形成“村支部领导、议事会决策、村委会执行、监事会监督”的治理新模式，在真正意义上实现以民事民议、民权民定，村民享受公共服务更加均衡、更加充分，有效促进了基层矛盾化解，农村社会更加和谐稳定。

（八）重视思想文化

一是重视基层公共文化服务体系建设，城市社区普遍建立了图书室、阅览室、文化活动室，农村普遍建立农家书屋，搞起文化大院，组织各种群众文化活动，有的组织文化广场活动，有的组织歌咏比赛，有的组织秧歌排练，有的组织摄影、绘画等才艺展览，有的组织体育比赛。南通市崇川区近两年每年都组织开展“社区文化艺术节、社区社团风采节、社区体育节”。二是开展道德文明评比活动，开展精神文明创建，努力形成共同的价值追求。三是开展志愿活动，让人们在服务他人和为别人服务中体验助人的乐趣和团结的力量。四是开展心理咨询和心理辅导，很多社区建立了心理咨询室，配备专业咨询师。

二、基层社会管理创新的经验

各地基层社会管理创新的成功经验表明，社会管理不是一项单打一的工作，需要统筹兼顾，理顺各种关系，发挥多种力量作用，改革和完善体制机制，多方面协调利益关系，从源头和根本上减少矛盾，减少社会冲突，增强基层活力和凝聚力，全面促进基层社会和谐稳定。

（一）统筹管理与服务

寓管理于服务之中的理念已经逐渐深入人心，而且逐步落实到基层社会管理实践创新之中。社会管理不仅需要管理，更要做好服务，在服务中实现管理，在管理中加强服务。各地一方面加强基层社会管理力量建设，充分利用现代科技手段采集信息，加强社会治安的人防、物防、技防，创新社会矛盾化解方式，加强对重点场所和人群的管理，推行社区网格化管理和农村社区化管理方式；另一方面，把为辖区居民提供和改善基本公共服务作为创新社会管理的前提条件和重要手段。各地加大对社会服务的投入，建立基层社区居民服务中心，使基层有钱为群众办实事，有人为群众解难事，有地方方便群众办事情。加大对困难家庭、残障人士、未成年人、流动人口、农村留守老人留守妇女留守儿童等群体的服务，对基层群众和特殊人群开展专业化服务和志愿服务。

（二）统筹民生与民主

党的十七大以来，各地加快以改善民生为

重点的社会建设，就业、教育、医疗卫生、住房、社会保障等问题得到前所未有的重视，民生事业得到了长足的发展和进步，老百姓的衣食住行水平和质量得到了较大提高。但是，在民生改善的过程中，与民生有关的社会问题、社会矛盾却屡屡发生。究其原因，解决民生问题需要有充足的财力作保障，但是大部分地区财力有限，因此要分清轻重缓急分步骤解决不同领域的民生问题，按照不同的优先投入顺序，有些领域的民生问题先解决，有些领域的民生只能后解决；有些人群先解决，有些人群后解决。如何让民生决策科学合理，使民生政策得到绝大多数利益相关群众的理解和支持，这就不是民生政策本身所能解决的。一些地方把民主和民生结合起来，以民主促民生，在加强党的基层组织建设的同时，扎实开展村民自治、居民自治，落实村（居）民民主选举、民主决策、民主管理、民主监督的权利，让群众参与民生问题的讨论，发动群众献计献策。群众参与民生政策制定，既是集中民智、优化决策的过程，也是保证民生政策得到群众理解和支持的途径。群众参与决策过程有利于他们全面、准确地了解真实情况，理解决策背后的各种因素和决策者的苦衷。了解了决策者的难处后，有些事情一时办不到，群众也会理解。民主和民生的结合避免了领导干部替民作主，好心办事却得不到群众理解和认可的尴尬局面。随着社会需求结构的变化，人民群众的民主意识会越来越强烈，因此，民主是改善民生的重要保障，也是推进社会管理的重要举措。

（三）统筹德治与法治

“礼法融合”一直是我国历史上社会管理的重要经验。现代社会管理也需要把德治与法治结合起来，在运用法律规范公共权力、保护公民权利的同时，发挥思想道德的教化作用，既注重对行为的管理，也注重对人心的管理。近年来，一些地方在社会管理创新实践中，一方面，注重加强政府自身建设，严格依法办事、依法行政，用法律规范和约束公职人员的行为，保障人民群众的合法权益；另一方面，加强对普通群众的普法教育，教育群众遵纪守法，履行公民义务，做合法的公民，引导群众依法维护自己的权益，依法有序表达利益诉求、参与公共事务。在推进依法进行社会管理的同时，各地十分重视思想道德在社会管理中的重要作用，在居民和农村村民中倡导文明新风，进行文明户、文明村（镇）和“好人好事”评选，树立道德榜样，从儿童和青少年抓起，教育和引导形成开放包容、民主平等、互助友爱的价值观，努力形成正确的是非、善恶、美丑观念、努力形成健康向上的精神风貌。

（四）统筹维权与维稳

过去相当长一段时间，人们普遍认为社会管理就是社会控制，维护社会稳定就是管控压罚，限制人们的自由，规定了太多“不许”、“不准”。在这种消极维稳观的指导下，一些干部往往以不出事为目的，注重事后管控，不太注意事先预防和源头治理。随着社会的开放进步，越来越多的领导干部深刻认识到，维护好群众的合法权益，是实现社会长治久安的根本所在。当前，最重要的就是要尊重和维护群众的知情权、参与权、表达权、监督权。不少地方积极探索开拓居民诉求表达渠道，畅通民意反映机制，发挥工会、共青团、妇联等各类人民团体在维护居民和职工权益中的重要作用。人民群众合法权利的维护和实现，是实现社会和谐稳定的重要保障，也是激发社会活力，推进社会发展进步的重要保障。

（五）统筹政府与社会

社会管理说到底是包括政府在内的多种社会主体对社会事务、社会关系的服务、调节、监控和管理。因此，社会管理既需要加强和改善政府的社会管理，同时也要扩大和改进政府之外的多种社会主体的社会管理。长期以来，我国国家和社会不分、政府和社会不分，党政包办和代替社会，行政吸纳社会，包揽事务过多，越位、缺位、错位现象十分普遍，管了很多不该管、管不了、管不好的事务，社会管理效率低下，造成社会萎缩，发育不良。随着改革开放的深入，人们越来越清醒地认识到，政府不是万能的，也不能是万能的，现代社会需要大力发展社会组织，建设公民社会，与政府共同承担起服务和管理社会的重任。不少地方改革镇街体制、街居体制，政府做该做的事，扩大居（村）民自治，让群众真正享有自我管理、自我服务、自我监督的民主权利，让各类社会组织成为真正意义上的社会组织，有能力承担政府转移的一些社会管理责任。

（六）统筹体制与方法

很多地方基层探索把改革完善社会管理体制机制与创新社会管理方式方法结合起来，统筹体制改革和方法创新，取得了很好的社会管理效果。一定的社会管理体制决定了社会管理方法可以发挥作用的范围和幅度，而恰当的社会管理方法则可以放大科学合理社会管理体制的积极作用。很多地方改革街居、镇村体制的同时，探索注重发挥传统资源和传统文化在社会管理中的作用，利用乡土人情资源开展公共服务和社会管理，改善干群、邻里关系，化解社会矛盾；利用现代科技手段采取社会管理基础信息，方便沟通联络，缩短办事、交流时间，提高社会管理效率；研究新形势下群众工作的新要求、新特点，用群众工作推进社会管理。

（七）统筹社区与单位

在人口流动和社会流动不断加大的今天，过去的熟人社会越来越成为一个陌生的社会，原来通过单位组织和连接起来的社会越来越成为原子化的社会，城镇新建小区不断增多，小区居民来自四面八方，互不认识、互不往来，他们彼此隔离，只是生活在一个共同的地域范围之内，并没有强烈的归属感和认同感，社区的社会联系淡漠，社会资源难以转化为社会资本，不利于个人生活服务和精神家园的建设，也不利于和谐社区的建设。

近年来，在各级地方党政部门的领导下，特别是在民政部门的直接推动下，城乡社区建设取得了不小的成绩。但是，仅有社区建设和社区社会管理是不够的，因为绝大多数成年人口工作甚至生活在各种企事业单位中，既有国有企事业单位，更有各类非公有制企业，单位也是社会管理的重要主体和载体，单位社会管理状况的好坏直接影响着社会管理的水平和效果。因此，社会管理也需要注重单位的社会管理，强化单位的社会管理责任，一方面要促使单位很好地维护职工的合法权益，构建和谐劳动关系；另一方面，要鼓励和支持单位参与社区建设，为社区服务管理贡献力量。

三、进一步推进基层社会管理创新的思考

各地基层社会管理创新的实践经验表明，多元参与，统筹兼顾，源头治理，多策并举，是基层社会管理创新取得良好效果的保证。为了推进基层社会管理创新工作，实现基层社会管理创新的可持续发展，取得更加明确的成效，需要在以下几个方面进一步下功夫。

（一）加强社会建设，创新社会管理

社会建设是社会管理的前提和基础，社会管理是社会建设的重要保证和必然要求，两者既有一定的区别也有必然的联系。社会建设至少包括五个方面：一是建设民生。要大办社会事业，促进基本公共服务均等化，千方百计解决好就业、教育、医疗、社会保障、住房、收入分配等与老百姓工作生活息息相关的问题。二是建设社会。发展社会组织，特别是要大力发展公益类、经济类、慈善类、社区性社会组

织，规范和引导各类社会组织积极履行社会责任，参与社会服务和管理。三是建设社区。要加强城乡社区建设，因地制宜、分类施策，整合社区资源，平等对待各类居民，强化驻区居民意识，扩大社区居民参与，加强社区居民自我管理、自我服务，建设人们共同生活的和谐美好家园。四是建设结构。要畅通社会流动渠道，培育和壮大中产阶层，调整和优化社会结构。要妥善协调各方面利益关系，着力缩小城乡、地区和群体之间收入差距。五是建设规范。要加强社会基础设施建设，大力倡导先进文化，加强基层群众文化工作，加强社会规范体系建设，加强法制和道德教育，树立社会主义核心价值观。从社会良性运行的角度看，社会建设比社会管理更具有基础性、根本性和战略性的意义。因此，在加强和创新社会管理的同时，应该更加重视社会建设，为社会管理奠定更加坚实的基础。

（二）改革管理模式，促进社会自治

现代社会管理的本质是多元治理，基层社会管理也是如此。计划经济时期，我们习惯于由党政包揽一切，国家力量十分强大，社会空间狭小，只见“国家”不见“社会”。随着社会开放程度越来越高，社会流动越来越快，社会阶层越来越多元化，社会需求越来越多样化，需要由国家、市场和社会等多种力量、多种主体共同参与社会服务管理，以满足日益多样化、差别化、个性化的社会需求。长期以来，政府掌握着各种主要资源，社会力量弱小，无法独立承担自我管理、自我服务的自治功能，也无法承担政府转移的公共服务和社会管理职能。因此，基层社会管理创新首先要加快政府行政体制改革和政府职能转变的步伐，培育多种社会力量，强化企事业单位社会管理的责任，畅通和拓宽公民参与社会管理的渠道，提高社会自治能力和水平，实现多元治理、共建共享。

（三）立足公平正义，维护群众权益

公平正义是社会管理的价值准则，是衡量一切社会管理手段和措施合理性和合法性的价值尺度。公平正义与群众合法权益的维护密不可分，维护群众合法权益是公平正义的体现。当前，群众反映比较强烈的公平正义问题有收入分配公平、教育公平、城乡居民公民身份平等、司法公正等问题。实现公平正义和维护群众权益，一方面需要领导干部树立正确的执政理念，另一方面需要建立科学合理的体制机制。在体制机制方面，一是要畅通诉求表达渠道，二是要建立公众参与公共事务的机制，三是要建立科学民主的政府决策机制，四是要严格依法行政。要防止强势群体在公共政策制定中影响过大，要扩大弱势群体在公共政策制定中的发言权。在基层社会管理中，要妥善处理好精英群体与普通群体的利益关系，要特别注意保护弱势群体的权益，要对困难群体给予一定的倾斜保护。要妥善处理好本地人口与外来人口的利益关系，逐步解决因为户籍身份等造成的经济社会政治不平等，注意解决好外来人口在就业服务、子女教育、住房租购、医疗卫生、社会救助、社会保障等方面的困难，创造条件促进外来人口的社区融入。

（四）掌握基层信息，整合管理资源

准确的信息是社会管理的前提和基础。由于基层单位特别是城市社区中人口成份复杂、流动性强，单位众多，一直以来社区的人口信息、住房信息一是不健全，二是被各种单位所分割，既不全面也没有实现互连互通。信息不全、不准影响了基层社会管理决策的准确性，影响了基层社会服务的针对性和有效性，也不利于基层社会管理资源的整合和充分有效利用。一要建立社区人口基础信息库，覆盖常住人口和流动人口，动态监测、及时更新，使劳动就业、社会保障、社会救助、治安管理、房屋租购、计划生育等方面的信息能够联网共享，避免多头采集、重复采集、互相分割。二要利用现代科技信息手段，加强对基层道路、街面、重点区域和重点部位进行实时监控。三要合理规划、调整和整合基层社会管理资源，使之有序衔接、相互配合，做到资源效用最大化。

（五）坚持因地制宜，实行差异管理

各地情况千差万别，城乡之间、地区之间、城市之间、乡村之间的情况都不相同。在城市社区要建设好社区居民委员会，妥善处理好街道、政府机构与居委会的关系，减少居委会承担的过多行政性事务，引导居委会加强居民自治，为充分发挥居委会的自治作用创造条件。要理顺驻区单位的关系，调动驻区企事业单位、物业公司、群团组织、社会组织、业主委员会等各方面的力量，构建各个方面力量参与社区服务管理的平台。在城乡接合部，要注重改善住房、环境卫生、道路交通等生活条件，加强对外来人口的权益保护，提升公共服务水平和质量，创造和谐稳定的工作和生活环境。在城市社区要鼓励和支持使用专业社会工作者，充分利用市场、社会组织承接政府转移的服务和管理职能，实行政府购买公共服务。在农村，要加强农村基层组织建设，加强农村基本公共服务基础设施建设，解决农业人口大量外流以及发展现代农业所需要的公共服务难题，让农民重新组织起来，开展农村文化活动，解决好农村留守老人、留守妇女、留守儿童问题。

（六）完善政绩考核，改进群众工作

加强党政部门在基层社会管理中的作用，最重要的是转变各级领导干部的理念，要真正使各级干部把加强和创新社会管理作为一个自觉的行动，以科学发展观为指导，研究基层社会管理的思路和办法。现代社会管理的本质是做好新时期的群众工作，要以群众工作统揽和推进基层社会管理。因此，要研究制定符合科学发展观和建设和谐社会要求的社会管理政绩考核体系和办法。以基层社会管理政绩考核办法为抓手，切实转变领导干部的执政理念和思路，带着对人民群众的深厚感情做好群众工作，改善和密切党群、干群关系，为构建和谐社区、和谐村镇奠定坚实的基础。

（作者：国家行政学院社会和文件教研部主任、教授、博士生导师）

（选自《国家行政学院学报》2012年第3期）

第七部分

理论·生态文明建设

当代生态文明理论的三个争论及其价值

王雨辰

当代生态文明理论主要可分为生态中心论、现代人类中心论和生态学马克思主义三种类型，它们围绕着生态文明的理论基础、生态文明的本质和生态治理路径三个核心理论问题展开了激烈的理论争论，回顾和反思他们的理论争论，对于推进马克思主义哲学研究，对于推进我国的生态文明理论研究与建设实践具有重要的价值。

一

当代生态文明理论对生态文明理论基础的不同理解和争论，本质上反映了它们理论建构的不同价值立场和理论性质。

生态中心论者把"自然价值论"和"自然权利论"作为生态文明的理论基础，其核心是要颠覆传统的人际伦理学和主观价值论，把道德关怀的对象拓展到人类之外的自然上，鲜明地体现了他们理论的后现代性质。在他们看来，当代生态危机产生的根源在于近代人类中心主义的价值观。正是由于近代人类中心主义价值观把人看作是宇宙中心、把人看作是唯一具有内在价值的存在物、把人之外的存在物仅仅看作是服从人类需要和利益的工具这种主观价值论，造成了人和自然之间关系的紧张和生态危机，生态危机的本质是人类生态价值观的危机，重建人类的生态价值观由此成为他们理论建构的重点。

生态中心论重建生态价值观的核心是要求树立"自然价值论"和"自然权利论"的生态价值观。这是因为如果立足于人类中心主义价值观和主观价值论，不仅无法改变人类对自然的工具性态度，而且也无法把道德关怀的对象拓展到自然身上，这就意味着生态危机还会进一步强化。由此它们借助功利主义伦理学、道义论伦理学以及生态学科所揭示的整体性规律，一方面强调应该颠覆传统的人际伦理学，将道德关怀拓展到人类之外的自然那里，另一方面强调自然具有不依赖于人的需要的内在价值和维系自身生存的的权利。在他们看来，人类并非是宇宙中的唯一的评价者，离开了人类的存在，自然依然具有其自身存在的内在价值。而根据生态科学所揭示的生态整体性规律，人类不过是生态共同体和生态系统中的普通一员，这就意味着人类并不具备比其他物种更多的权利，当然也就不应该把自然仅仅看作是满足人类需要的工具。生态中心论强调，只有确立了"自然价值论"和"自然权利论"的生态价值观，人类才会恢复对自然的敬畏，从而最终解决生态危机。

针对生态中心论的诘难，现代人类中心论者一方面为人类中心主义价值观展开辩护，另一方面又反思了近代人类中心主义价值观的内在缺陷。在他们看来，人类中心主义价值观本身并没有问题，因为任何物种总是以自身的利益为中心的。同时，生态运动的最终目的正在于保护人类的整体利益和长远利益，否定和抛弃了人类中心主义价值观，生态运动将丧失其内在的动力而无法持续下去。因此，需要反思和批判的并非是人类中心主义价值观本身，而是近代人类中心主义价值观。在他们看来，近代人类中心主义价值观的问题在于：它把人类任何感性欲望的要求都看作是合理和应该满足的，由此导致对自然的滥用和生态危机，因此必须对近代人类中心主义价值观进行改造，把它所说的“感性欲望”改造成“理性欲望”，从而避免对自然的滥用和生态危机。

虽然生态中心论和现代人类中心论的生态文明理论在如何看待人类中心主义价值观和生态危机之间的关系问题上是对立的，但它们的共同点是把生态问题看作是一个价值观的问题，认为只要通过对人类生态价值观展开调适，生态问题就可以迎刃而解。对此，生态学马克思主义者明确表示反对。他们探讨生态危机解决途径的基本思路是：人和自然关系的性质取决于人和人关系的性质，只有调适好人和人之间的关系，才能真正调适好人和自然之间的关系。因此，生态学马克思主义明确把历史唯物主义作为其生态文明的理论基础。强调历史唯物主义理论在解决生态问题上的优势在于，它一方面看到了社会制度和社会组织的变化对于人类社会和自然界物质与能量交换关系的决定性影响，另一方面它看到了人类对自然的看法和态度的变化同样也取决于一定社会制度和社会组织的性质。基于以上认识，生态学马克思主义者在指认资本主义制度和生产方式是生态危机产生的根源，明确提出了“资本主义制度在其本性上是反生态的”命题的同时，对人类中心主义价值观展开了辩护，并赋予它新的内涵。在他们看来，生态中心论所倡导的自然价值论和自然权利论不仅在理论上难以得到严密的科学论证，只能使自然神秘化，而且在实践中又必然陷入到反人道主义、反科学技术和反经济增长的结局，这不仅不利于生态保护和生态文明建设，相反只能使人们以破坏自然的方式维系其生存。因此，生态文明建设必须坚持人本主义和人类中心主义的价值观，只不过他们所说人类中心主义价值观不是建立在资本基础上的，而是建立在生态社会主义社会基础上的，其核心是生产必须以穷人的基本生活需要为本。

当代三种类型的生态文明理论围绕生态文明理论基础的争论反映了它们不同的价值立场和理论性质。其一，从价值立场上看，它们反映的是西方中心主义和反西方中心主义之间的争论。生态中心论和现代人类中心论虽然在具体理论观点上存在着区别，但是它们都拘泥于生态价值观的维度探讨生态危机的根源及其解决途径，看不到当代生态危机的形成和发展同资本以及资本主义现代化之间的内在联系，客观上起到了为资本推卸当代环境治理责任的作用，在价值立场上具有西方中心主义的倾向。生态学马克思主义则明确肯定资本主义制度和生产方式、资本所支配的全球权力关系是当代生态危机产生的根本原因，只有变革资本主义制度和全球权力关系，建立生态社会主义社会，生态危机才能得到根本解决，在价值立场上具有明显的反西方中心主义的特点。其二，从理论性质上看，它们反映的是后现代主义和现代主义之间的争论。对于这一点，生态学马克思主义明确宣示自己的理论是对生态中心论的现代主义批判。“生态主义（主流以及一个公开的无政府主义的版本），被输灌了大量的无政府主义的因素，而后者与后现代主义有着诸多一致，尽管它是一种旧的政治哲学。生态主义的红色批评是把它推向一个更现代主义视野的尝试。”生态中心论要求以“自然价值论”和“自然权利论”作为生态文明的理论基础，但他们或者是借助生态科学所揭示的生态整体性规律，或者是借助于人的直觉和道德境界的提升作为论证，不仅存在着如何从“事实判断”直接推出“价值判断”的理论难题，而且存在着相对主义和神秘主义的倾向，同时生态中心论强调地球优先性，具有反人道主义、反物质主义和反科学技术的特点，这与后现代思潮具有明显的契合性，因此，生态中心论从理论性质上看秉承的是后现代主义的立场。现代人类中心论和生态学马克思主义则始终坚持以人类利益为本位，对生态中心论所秉承的后现代主义立场持坚决的批判态度。所不同的只是现代人类中心论所说的人类整体利益是同资本依然联系在一起的，本质上仍然是“资本中心论”、“阶级中心论”和“地区中心论”，而生态学马克思主义所说的“人类整体利益”恰恰是以破除资本及其全球权力关系为前提的，它关注的是真正意义上的人类整体和长远利益。

二

如何理解生态文明的本质和内涵是当代三大类型的生态文明理论争论的另一个核心问题，这种争论本质上反映了是坚持自然主义、还是坚持人本主义的区别。

生态中心论的生态文明理论虽然倡导有机论的世界观和自然观，但却片面强调“地球优先性”，认为正是人类文明的发展，科学技术的运用造成了生态危机，进而把人类文明与生态保护对立起来，把人类生存和发展的权利同生态保护两者对立起来，因此，在生态中心论那里，“自然”被理解为“一种未被污染的、未被人类之手接触过的、远离都市的东西。”也就是说，“自然”实际上在很大程度上被理解为“荒野”，生态文明因此被理解为人类顺应自然的一种自然主义的生存状态，因此它表达的不过是一种反抗工具理性弥漫的浪漫主义情感。这种对生态文明本质的理解引发了一种激进的环境保护运动，这种激进的环境运动不仅反对经济增长和技术的运用，甚至把人类基于生存需要改造自然的活动也看作是对自然环境的破坏，不懂得一旦人类无法满足其基本生存的需要的时候，就必然会以破坏环境的方式维系自身的生存。

现代人类中心论者和生态学马克思主义者都坚持生态文明建设应该立足于人类的整体利益和根本利益，但是他们对生态文明本质和内涵的理解却存在着根本区别。具体说，现代人类中心论者虽然反对把生态文明理解为向人类自然生存状态的回归，主张通过改造近代人类中心主义价值观，强调生态运动和生态文明应该建立在人类整体利益和长远利益的基础上，进而提出了可持续发展理论。但问题在于：这种可持续发展本质上依然是建立在工业文明的机械自然观的基础上的，同时他们所谈论的人类整体利益和长远利益也必然是抽象的、无法实现的。这是因为：第一，由于他们是在资本主义制度框架内谈论生态价值观的变革的，这就意味着他们所说的现代人类中心主义生态价值观依然是建立在资本和工业文明的基础上，所谓人类的“整体利益”和“长远利益”本质上不过是资本的利益，所谓可持续发展本质上也不过是资本主义工业文明的可持续发展。第二，他们把生态文明理解为工业文明基础上的可持续发展，但支配工业文明的是机械论的哲学世界观和自然观，其核心是把人类和自然的关系仅仅归结为控制和被控制、利用和被利用的工具性关系。而且在资本追求利润和注重短期利益回报的本性的支配下，“自然”必然只能被看作是满足资本和个人追逐利润的工具和手段，所谓生态文明建设不过是保护以资本为基础的工业文明所必需的生产条件而展开的环境保护而已，决非真正意义上的生态文明建设。第三，他们所谓的人类“整体利益”和“长远利益”，虽然看到了随着全球化的深入人类共同利益不断增加的发展趋势，但是他们没有看到在全球化进程中资本的利益，同发展中国家的民族利益之间的矛盾也呈现出日益突出这一发展趋势。这主要体现在资本通过空间生产和不公正的国际政治经济秩序对发展中国家进行资源掠夺和转嫁生态危机，并以所谓的人类共同利益为借口否定发展中国家的发展权和环境权，其结果是强化了发展中国家和资本之间在生态资源上的利益冲突，这就决定了人类中心论所说的人类整体利益和长远利益必然是抽象的，以此为基础的生态文明建设必然流于空谈而无法落实到现实实践中。

生态学马克思主义者则既批评生态中心论者把生态文明看作是人类向自然生存状态复归的看法，同时也批评现代人类中心论者混同生态文明同工业文明的本质区别、把工业文明下的环境保护等同于生态文明的做法，对生态文明的本质和内涵做了独特的阐发。他们认为生态文明建设不是要回到那种穷乡僻壤的生存状态，更不认为这种生存状态下人类和自然的矛盾得到了真正意义上的解决，同时又分析了当代资本主义企业重视环境保护的原因和本质。他们认为，当代资本主义企业之所以重视环境保护，主要是基于两方面的原因：一是保证资本主义企业生产所必需的自然条件；二是对自己所生产的产品进行“绿色”包装，获得更高的利润，进而把环境保护的成本转嫁给消费者。因此，当代资本主义企业的环境保护是服从和服务于资本追求利润这一目的的。因此，生态学马克思主义强调生态文明本质上是一种超越工业文明的新型文明形态，它一方面继承了工业文明的技术成就，另一方面又是对工业文明的根本扬弃，这种扬弃主要体现在三个方面：第一，在如何看待人类和自然的关系问题上，生态文明和工业文明秉承的世界观不同。工业文明秉承的是机械论的世界观，进而把人类和自然的关系归结为控制和被控制、支配和被支配的关系，自然被看成是单纯满足人类需要的被动客体。生态文明秉承的是有机论的世界观，强调人类和自然的关系是一个相互联系、相互作用和相互影响的关系，他们共同构成了地球生态系统。因此，人类在改造和利用自然的过程中，不应该超越自然的极限对自然进行掠夺式的开发和利用，而是应当尊重自然的本性，保持对自然的敬畏。第二，发展方式不同。工业文明是通过大量投入不可再生资源和人力维系高生产，因此，以工业文明为基础的环境保护是同“先污染，后治理”的工业化发展模式以及“增长第一”的发展价值观紧密联系在一起的，其目的在于维持工业文明所必需的生产条件，只能在一定程度上缓解生态危机，却不能从根本上克服生态危机。而生态文明则强调应从主要使用不可再生资源转向使用可再生资源，如太阳能、风能，并采用循环经济的可持续发展模式，追求绿色增长，实现人类社会和自然界的和谐共同发展。第三，倡导的生活方式不同。以资本为基础的工业文明的生产目的不是为了满足人们对使用价值的需要，而是为了满足资本对利润的追求，因此它倡导高消费的生活方式，以支撑其高生产的发展模式。工业文明所倡导的“高消费”不是人们基于自身而产生的真实需要，而更多地是由社会制造出来的、用来证明人们地位和幸福的“主观欲望”和“虚假消费”；生态文明从其生产目的看是为了满足人们的基本生活需要，它倡导低碳生活方式，反对把消费活动异化为人们获得满足和幸福的唯一方式以及人生的目的，主张人们的消费活动应当建立在其真实需要的基础上，强调人们应当追求绿色消费和绿色生活，在积极的创造性活动中寻求满足和幸福。因此，生态学马克思主义者所谓的生态文明既不反对经济增长，也不反对技术进步和运用，而是把经济增长、技术进步与人的全面发展和自然的进化有机地结合起来。

从上述争论可以看出，生态中心论立足于自然主义，把自然凌驾于人类之上，把生态文明同人类现代文明对立起来，生态文明被他们理解为人类对自然生存状态的回归，这显然是一种浪漫主义的乌托邦。现代人类中心论和生态学马克思主义则坚持用人本主义反对自然主义，两者的区别在于：现代人类中心论把生态文明混同于以工业文明为基础的环境保护，而生态学马克思主义则强调生态文明是超越了工业文明的新型文明形态。

三

如何展开生态治理，根除生态危机，当代三大生态文明理论展开了激烈的争论，这种争论本质上反映的是无政府主义、自由主义和马克思主义之间区别。

生态中心论者在生态治理问题上主要形成了生态主义和生态无政府主义两种观点。生态主义理论强调，实现生态价值观的变革、确立“自然价值论”和“自然权利论”是根除当代生态危机的关键。生态自治主义则是把生态运动、无政府主义和社会主义结合起来，把实现社区生态自治等地方性变革看作是解决生态危机的关键。他们的共同点是脱离资本主义制度和生产关系，立足于价值观和个人生活方式的变革来探讨解决生态危机的途径。所不同的是，由于生态主义把人类中心主义价值观看作是造成当代生态危机的根本原因，因此他们主要探讨的是如何实现人类生态价值观的变革。生态自治主义者则认为人类社会发展过程中形成的等级制权力关系以及在此基础上形成的统治意识，导致人们把这种统治意识扩展到对自然的征服性统治上，从而造成了生态危机。因此，他们一方面认同生态中心主义的价值观，要求确立生物圈的平等主义价值观，进而反对科学技术和经济增长；另一方面他们反对通过激进的阶级运动来解决生态危机，主张通过示范性的生态社区建设和个人生活方式的渐进性变革，建立一个以超越民族国家、分散化、地方自治和直接民主为主要特征的人类社会与自然和谐一致的绿色社会，强调建立生态示范社区、价值观和个人生活方式的变革对于解决当代生态危机的重要性。总的来看，他们的共同点是“缺乏对现代大规模技术、技术与官僚精英的信任，而且他们憎恨中央集权和物质主义。”

现代人类中心论者的生态文明理论主要主张以自由主义为基础的环境主义的生态治理理论。环境主义主张“一种对环境难题的管理性办法，确信它们可以在不需要根本解决目前的价值或生产与生活方式的情况下得以解决。”在他们看来，人口过快增长和技术的失控使用，特别是把“自然”看作是上帝免费的馈赠这种观念是造成当代生态危机的根本原因。基于以上原因，他们主张在现有制度框架范围内，通过限制人口增长、发展更好的替代技术、实现自然资源的市场化来解决当代生态问题。之所以把现代人类中心论的生态治理理论归结为自由主义的理论谱系，其原因在于他们不仅不认为资本主义制度和生产方式同生态之间存在着矛盾冲突，而且其理论目的在于维系资本主义经济的可持续发展。

生态学马克思主义者对生态中心论和现代人类中心论的生态治理论提出了批评，在此基础上提出了自身的生态治理论。他们对生态中心主义的批评主要集中在三个方面：第一，生态危机的产生虽然与人类生态价值观的缺失存在着联系，但生态危机的本质在于人类社会和自然界之间物质和能量交换关系的中断，而人类社会和自然界之间的物质和能量交换过程总是在特定社会制度和生产方式基础上的劳动中完成的。因此，不能脱离制度维度探讨生态问题。第二，生态中心论所倡导的“自然价值论”和“自然权利论”不仅无法获得严密和科学的论证，而且他们所谓的自然道德必然不仅将自然神秘化，而且将人类生存的权利与保护生态绝对对立起来，这种反人道主义的做法无法真正解决生态危机。第三，生态中心论反对中央集权，主张通过生态社区自治等地方性的生态运动来解决当代生态问题，没有认识到地方性的生态危机本质上与资本的全球化之间的内在联系，脱离对资本所支配的全球体系的改造，地方性的生态危机不可能得到真正解决。

对于现代人类中心论者的生态治理论，生态学马克思主义者则批评他们不仅找错了生态危机的根源，而且也开错了解决生态危机的药方。这是因为：现代人类中心论认为人口增长和技术运用是生态危机的根源，但问题在于所谓人口“爆炸”主要出现在发展中国家，但造成生态危机的根源却主要在于发达国家。因为发达国家不仅是当今世界自然资源的最大消费者，而且他们还利用其支配的不公正国际政治经济秩序剥削发展中国家的自然资源，造成发展中国家的环境问题。同时，技术本身并无生态后果，问题的关键在于必须分析决定技术运用方向的社会基础和价值观的性质。现代人类中心论主张不改变现行的制度框架，技术运用依然是建立在以逐利为本性的资本基础上的，这就决定了他们所谓通过技术革新运用更好的替代技术不仅不可能真正解决生态危机，而只会使资本对自然的剥削进一步升级，进而强化生态危机。对于现代人类中心论者所提出的将自然市场化的主张，生态学马克思主义者一方面指出部分自然物品很难用市场价格加以衡量，另一方面批评这种做法不过是资本金钱至上的价值观的体现，它必将强化把那种将人和自然的关系看作是单纯的占有关系的看法，当然也无法解决当代生态危机。

通过对生态中心论和现代人类中心论的批评，生态学马克思主义者提出了自己的生态治理论，其核心是要实现制度和价值观的双重变革。所谓制度变革，主要是指变革资本主义制度和生产方式，代之以生态社会主义社会。在他们眼里，实现制度变革是根治生态危机的前提。他们之所以秉承这一看法，是因为他们认为资本主义制度和生产方式从本性上是反生态的，是造成当代生态危机的根源。其理由主要在于三个方面：一是资本主义生产的目的在于生产交换价值而不是使用价值，它从根本上说是服从和服务于资本追求利润的要求的。在资本逐利本性的驱使下，资本主义生产体系必然会不断扩张，从而与有限的自然界之间必然发生矛盾冲突。二是资本承载的以经济理性为基础的物欲至上的价值观，它与资本的逐利本性具有完全的一致性。在这种价值观的指导下，必然会导致技术的非理性运用和滥用。同时为了支撑资本主义的扩大再生产、维系资本统治的合法性，资本必然要宣传消费主义价值观和生产方式，把人们牵引到消费领域寻求满足和幸福，这意味着生态危机在当代具有不断强化的趋势。三是资本主义现代化的历史不仅是资本对落后国家殖民掠夺的历史，而且在当前资本还利用其支配的国际政治经济秩序剥削发展中国家的自然资源，并将生态问题通过国际分工和产业转移的方式转嫁给发展中国家，造成全球性的生态问题。因此，生态学马克思主义力图将生态运动引向变革资本主义制度和全球体系的激进阶级运动，建立生态社会主义社会。因为在生态社会主义社会里，生产的目的不再是交换价值，而是为了满足人的基本生存需要，其生产也不再是以经济理性为基础，而是遵循旨在以人和自然和谐的生态理性。这就需要实现价值观的变革。所谓价值观的变革，在生态学马克思主义那里主要包括三重内涵。一是在为人类中心主义价值观辩护的基础上重新阐释其内涵。生态学马克思主义所说的人类中心主义价值观的核心是以集体的长远利益，特别是以穷人的基本生存需要为本，因此，这种人类中心主义价值观不会与生态之间构成矛盾，相反其目的就在于实现自然的发展与人的生存和发展之间的和谐。二是要建立一种新的技术伦理。近代以来的以科学技术为基础的社会进步观把技术看作是控制自然、满足人的欲望的工具，其结果造成了技术的滥用以及人和自然关系的紧张。生态学马克思主义在强调技术运用的积极作用时，认为应当对技术加以限制。这种限制不是对技术的排斥，而只能理解为把技术看作是使自然服从人的非理性欲望的工具转换到运用技术来控制人的非理性欲望，使技术进步与人的道德进步和全面发展相一致，从而避免浪费性生产和对环境的破坏。三是要建立一种生物多样性伦理。生态学马克思主义所谓的建立生物多样性伦理不是要赋予自然以道德地位、使自然神秘化，而是要求人类在运用技术的过程中超越狭隘的人类中心主义，充分考虑自然的限制和技术运用的风险，尊重自然的本性，进而恢复对自然的敬畏，最终实现人类需要和自然的共同发展。

四

当代生态文明理论围绕生态文明的理论基础、本质和生态治理之间的争论对于当前我国的生态文明理论研究和建设实践有何价值，这是我们应该思考的问题。本文力图从三个方面探讨其价值和意义。

第一，如何突破西方生态文明理论的霸权话语，立足于中国现代化发展的实际，建立后发国家的生态文明理论，是我国生态文明理论研究应当考虑的问题。应该承认，西方的生态中心论和现代人类中心论在当代西方依然占据着主流话语地位，同时对我国的生态文明理论研究产生了重要影响。但是，从当代生态文明理论的争论我们可以看出：生态中心论和现代人类中心论不仅具有理论的抽象性和文化价值决定论的缺陷，而且在价值立场上又具有西方中心论的特性，不可能找到解决当代生态危机的真正出路。当前围绕着全球生态治理，发展中国家和发达国家在承担全球生态治理的责任和义务问题上正展开着激烈的争论，这场争论既是如何看待当代全球生态问题的根源和治理途径的问题，实际上也关涉到要不要变革现存的不公正国际政治经济秩序、要不要尊重发展中国家的发展权和环境权的问题。这场争论也把人类整体利益与民族国家利益之间、资本与发展中国家之间的矛盾充分地突显出来了。发达国家将当代生态危机的根源归结为发展中国家的发展，并以保护人类的整体利益为借口，干涉发展中国家的发展权和环境权，其目的在于推卸资本在当代全球生态治理中应当承担的历史责任和义务，以捍卫资本的既得利益。而生态中心论和现代人类中心论生态文明理论的出发点正在于抽象的人类整体利益和长远利益，其理论虽然对于我们反思人类实践行为的后果具有积极意义，但却不能成为我国生态文明理论研究的出发点，而这正突显了生态学马克思主义理论的价值。因为生态学马克思主义不仅自觉坚持历史唯物主义的阶级分析法和历史分析法来探讨生态问题，而且对于资本逻辑与生态危机之间的内在联系展开了深入分析，将生态文明理论的制度维度和哲学价值观维度有机地结合起来，是我们建立以历史唯物主义为基础的后发国家的生态文明理论的重要理论资源。

第二，如何处理工业文明与生态文明、经济发展与生态文明建设之间的关系，是生态文明理论研究和建设实践必须面对的重要问题。在如何看待工业文明与生态文明的关系问题上，存在着两种错误认识。一是把生态文明与工业文明绝对对立起来，不懂得生态文明本质上是对工业文明积极成果的继承，两者本质上是扬弃的关系而不是绝对对立的关系。在这一错误认识的支配下，部分论者或者把生态文明建设与经济发展对立起来；或者把生态文明理解为对现代技术的排斥、否定，是对自然状态的回归。在理论研究上，甚至认为中国传统文化中的儒、释、道早已对现代意义上的生态文明有过系统的论述。二是把工业文明下的环境治理混同于生态文明，抹杀生态文明与工业文明在发展方式上存在的本质区别。事实上，生态文明决不是像西方中心论所说的那样要排斥技术进步、技术运用和经济增长，更不是他们所主张的回归自然的状态。恰恰相反，生态文明强调对工业文明积极成果的继承，它既不反对技术进步和技术运用，更不反对经济增长，甚至认为没有技术进步和经济增长就不会有生态文明。它所反对的是以资本为基础的工业文明把技术运用和经济增长用来非理性地控制自然，用来无限度地满足人的欲望而不是满足人的真实需要的发展方式和生存方式。它所强调的是技术进步和经济增长应当服从于人类基于需要而不是欲望的生存和全面发展。同样地，生态文明与工业文明的环境保护之间也是存在本质区别的。工业文明的环境保护虽然对于缓解生态危机具有积极意义，但它本质上是与机械世界观和自然观、增长第一、物欲至上的发展价值观和“先污染、后治理”的发展方式联系在一起的，因而无法根除生态问题。生态文明则在哲学世界观和自然观、发展价值观和发展方式上根本上超越了工业文明，是继工业文明之后的新型人类文明形态。

第三，当代西方生态文明理论交织着西方中心论和非西方中心论、人道主义与自然主义、自由主义与马克思主义之间的争论，如果我们认同以历史唯物主义为基础建立生态文明理论的思维路径的话，那么中国的生态文明理论研究就应当在探讨诸如资本逻辑与生态危机、技术、人口与自然的极限等理论问题的同时，也必须处理好生态文明理论研究中的全球性维度和地方性维度两者之间的关系。所谓全球性维度，主要是指中国的生态文明理论研究和建设实践必须在全球化这一宏观历史视野中展开，从而使中国的生态文明理论能够观照到全球利益和人类利益，获得道义上的话语权。所谓地方性维度是指中国的生态文明理论研究和建设实践又必须立足于中国现代化的实际，着力捍卫中国的发展权和环境权，切实促进中国的现代化建设实践。全球性维度和地方性维度本质上是人类利益和民族国家之间、民族国家之间的矛盾利益关系，它同时反映的又是民族国家在全球环境治理中责任、义务和权利之间的关系，只有关注并处理好这些关系，才能真正超越西方生态文明理论的霸权话语，确立环境正义，从根本上彰显中国形态的生态文明理论的当代性。

（作者：中南财经政法大学哲学院教授、博士生导师）

（选自《哲学动态》2012 年第 8 期）

生态文明建设的道德思考

马永庆

生态文明建设是以人与自然、人与人、人与社会和谐共生、可持续发展为宗旨的。对生态文明建设进行道德研究，意在从文化价值观的视角为正确生态文明观的树立、环境友好型社会的实现提供理性的梳理和道德支撑，同时在实践上给予方法论的指导。

一

生态文明建设是一项系统工程，涉及到各种因素形成的复杂生态环境，同时又是多种社会关系的结合体。在此意义上，生态文明建设蕴含着道德问题。

生态文明建设具有道德蕴意，依据之一是其中存在着多种道德关系。“人们自觉地或不自觉地，归根到底总是从他们阶级地位所依据的实际关系——从他们进行生产和交换的经济关系中，获得自己的伦理观念。”生态文明建设是对社会存在的一种反映或是一种主观的诉求，也可以说是一种人的活动。有人的活动，就必然产生一定的道德关系。道德关系就是基于一定的道德意识，通过相应的道德活动所体现的人们之间特殊利益的关系。生态文明建设中的各种道德关系简单而又复杂。其简单在于道德关系无非划为两种，即人与自然中的道德关系和人与人中的道德关系。但其中各种要素之间的相互交融、相互渗透，构成了生态文明建设的盘根错节的复杂道德关系。对此，需要给予科学而深入的认识和了解。

第一，对人与自然道德关系的把握。人与自然存在道德问题已为大多数人所认同，但如何正确把握其中的道德蕴意则存在着一些不同的观点。其争议点在于，一是人与自然的关系是否可以全部纳入道德领域。二是人与自然道德关系的特点是什么。三是人在与自然道德关系中的地位和作用如何。实际上就是人与自然关系中对道德的定性和定量问题。

人与自然的关系是生态文明建设中需要关注的重点，因为这里的生态是包含人的因素的生态，是人参与其中且以一定的活动方式与自然本身的运动相结合而构成的一种环境和运行态势。这也确立了我们研究生态文明建设道德问题的前提。研究生态文明建设无疑不能撇开人的自然属性，因为对人的研究，“第一个需要确认的事实就是这些个人的肉体组织以及由此产生的个人对其他自然的关系”。人首先是作为自然的组成部分而形成了人与自然的关系。在此意义上，人与自然的关系是一种具有生物学意义上的自然联系。人与其他生物同处自然生态圈中，相互作用、相互凭借而构成生命的链接系统。但这种意义上自然与人之间并不存在道德关系，道德是社会范畴。只有当自然进入社会领域，人与自然的生态关系具有了一定的人与人关系属性的时候，才可能从道德意义上去把握人与自然的道德关系。

人与自然的关系一旦具有了道德意义，就要清楚其中的道德主体，以及人在其中的作用及其力度如何。一般意义上，道德关系中的各方都应是道德主体，都有一定的道德义务和道德权利。这是道德关系存在和发展的要求。但在人与自然的道德关系中，自然是一种名义上的道德主体，自然的道德权利和道德义务都是由人为其代言的。其在于自然既无法以主体之名行使自己的权利，也无法履行义务。就道德权利而言，自然有什么样的权利及其内在的价值要求，在一定意义上是由人的认识水平和实践能力所决定的，或者说是由人的标准来衡量和界定的。在客观上，自然作为与人的道德关系不可缺少的要素，与人是平等的。但实际上其自身不能提出一定的权利要求，更不能作为主动的方面维护自己的权利，而只能通过一定反作用力让人们了解自然的发展需求，即便是自然具有了一定的人的属性也是如此。而人们也只能是依靠自己的力量对自然诉求作主观上的把握，并由此而检点自身，并根据自然和人自己的发展需要，通过认识自然规律来矫正和调整自己的行为，至于自然的义务只能是人代替承担了。

第二，生态文明建设中人与社会的关系问题。生态文明建设中人与人是以自然为中介而发生的道德关系。也可以说，生态文明建设是通过解决人与自然的关系，而达到人与社会、人与人关系和谐的活动过程。在其中有一个如何处理人与社会、人与人的利益关系的问题。在社会生活中，人们为了生存与发展总要首先满足一定的物质需求以及由此产生的各种精神需求。每一个个人、一个群体、一个社会都要有不同的需求，且都要通过各种手段来满足需求。其中不仅要依靠各种社会条件，而且要以自然提供的各种物质生活资源作为基础。由此而产生了人与人、人与社会的各种矛盾，也带来了人的各种权利和社会义务。在生态文明建设中，由人的社会性及社会发展要求决定了个人与社会都是生态文明建设的主体，人的个性与社会性的结合就成为了需要认真对待的问题。当人与自然相对时，这里的人应是一个整体的人，是一个需要以不同个体的共同利益为基点的社会主体。但这并不是说在自然与人的关系中不存在社会与个体的矛盾。以自然为中介既可发生个人与社会的关系，也可有个人与个人的关系，都要涉及到物质生活资料的满足问题，由此产生不同利益之间的冲突。而解决这一问题的关键是怎样发挥人与社会的共同作用，其中社会整体的作用更为重要。因为在与自然的关系中个人的作用固然重要，但毕竟是要与强大的自然相面对，只有依靠整体的力量才能更好的进行生活。

在生态文明建设中，作为整体的社会必须担负起主要责任。生态文明建设不是一个个体能够完成的任务，而是人类发展赋予一定历史时期社会整体的使命。社会不仅要为生态文明建设作出规划并进行宣传，起到引路人的作用，而且要承担组织者、协调者、监督者和管理者的职责。从生态文明建设的发展历程来看，那个历史时期的国家、社会整体能够认真地完成这一历史任务，那就会很好的协调人与自然、人与社会的关系，就会有较为显著的生态文明成果。反之，就会带来生态危机。就个人来说，同样需要为生态文明建设做出贡献。因为生态文明建设的实施是一个全民的合力，要依靠每一个人的共同努力，个人也是生态文明建设的一分子。这不仅是在于个人是社会整体的组成部分，而且个人利益的满足也需要以社会整体和个人的共同努力才能得以实现。“我们存在于世界之中，自我和世界之间的关系是首要的，生活就是连接和改善这种关系的一种过程。”

第三，生态文明建设中道德关系的复杂性或矛盾性。生态文明建设既是社会领域的事情，也需要涉及到自然领域的的因素，其复杂的道德关系显现出与其他领域不同的特点。从其涉及的范围来看，道德关系是多层面的，不仅包括人与自然、人与人的道德关系，而且人与自然的关系中涉及到人与人的关系，在人与人的关系中还有个人与他人、个人与社会、群体与整体等各种各样的道德关系，在深度和广度上是其他领域所不及的。

从协调处理的视角，对生态文明建设道德关系的把握，不但面临着复杂的各种关系，而且在方式、承担主体等方面也是非常特殊的。作为道德主体的人，协调生态文明建设中的各种道德关系，需要考虑到人的自身利益的实现，也要从自然的生态平衡出发，更需要搞好人与自然的和谐，人与社会的和谐。而且在调节各种关系时所用的手段是不一样的。对人与自然的道德关系的调节，就不能像对人与人和人与社会的道德关系的处理。如采用沟通、评价等方式只能是对人，对自然是没有也不可能使用的方式。

从发展的过程来看，在生态文明建设中尽管各种道德关系的处理需要协调一致，但是人与自然关系的发展同人与人的关系的发展是不同步的。这不仅在于这两种关系的发展趋向及整个过程有一定的区别，而且这两种关系的解决路径有较大的差异。就是在人与人关系的处理中，由于所面对的复杂因素也要与其他领域有所不同。生态文明建设中的各种道德关系都有着自己特有的发展脉络和规律，而且也会因发展的不平衡带来各式各样的矛盾及不同时期解决的重点问题。

从实现的结果来说，生态文明建设的总体目标是一致的，就是为了实现人的生态环境的有序协调发展。但在各种具体道德关系的处理过程中，其目标又有特殊性。就人与自然的道德关系而言，它要遵循自然规律，考虑人的自身利益的满足，而达到自然的和谐发展，人的需要的实现，更为重要的是实现人与自然的交流融通和和谐统一状态。因为以自然为中介发生着各种社会主体的矛盾。生态文明建设中人与人道德关系的实现目标是，通过很好的解决人与自然的矛盾，有序合理地利用自然，以此充分地考虑各种社会主体的利益的实现，较好地把握人类的可持续发展。

二

生态文明建设衍生着各种道德关系，生态文明建设的实现也需要道德的作为。如何处理其中的各种道德关系，从道德视角进行生态文明建设，这既是生态文明建设的重要任务，也是道德建设不可或缺的组成部分。生态文明建设中的道德操作需要把握以人为本、公正、科学发展等原则。

以人为本的原则。这既是生态文明建设的指导思想，又应是其中道德关系处理的一般方法论原则。也许人们会说，以人为本是否会导致人类中心主义，因为生态文明建设的重要内容是解决人与自然的关系。实际上以人为本与生态文明建设并不矛盾。这不仅在于生态文明建设的目标是人与自然、人与社会的和谐有序，而且还在于生态文明建设所涉及的几乎所有的因素都与人有关。这其中包括人所要承担的责任、实施的道德行为、解决的各种问题等等。

可以说，生态文明建设是人的社会活动，其主体是人，人也是一定意义上的客体。以人为本就是要在生态文明建设的整个过程中，既要发挥人的作用，充分显现人的价值，又要把人的问题处理好。人是整个操作过程的管理者、实施者，又是整个活动的最终受益者。在当前生态文明建设，尤其是人与自然的关系中所出现的问题，恰恰是没有真正做到以人为本。

以人为本不能导致人类中心主义，主要是基于四个层面。一是以什么人为本。一般意义上，对人的认识有多种含义，但无论从哪一视角，人总是具体的、现实的和历史的。“整个所谓世界历史不外是人通过人的劳动而诞生的过程”，人及其自身的存在和活动方式“已经变成实践的、可以通过感觉直观的”。在生态文明建设中，既要以社会整体形式的人为本，又要关注个体形式的人的利益实现。在其中，作为人的类主体的利益更为根本。当然，由于社会现实状况及生态文明建设的复杂性，生态文明建设不能简单地说以人为本，而需要根据现实人们关系发展的需要而做出正确的道德选择。

二是以人的什么为本。以人为本中的“本”，其有“根本”、“基础”、“出发点”等意。生态文明建设中的人，是处于人与自然关系中的人，更是置身一定社会关系中的人，人本身及其人的各方面构成要素是一个复合体，对他的认识也是复杂的。从发展的视角，人的科学而全面、自由而全面、和谐而全面的发展，就是人的活动的根本目的。因而，以人的什么为本，就是要以人的根本利益和需求、以人的全面发展为本。

三是谁以人为本。这里有一个以人为本的主体的问题。在生态文明建设中，任何人都要面对各种问题，都必须处理好人与自然、人与社会、与他人等的关系，在此意义上，生态文明建设中以人为本的主体应是处于一定社会关系中的所有人，而且这里的人也是有着不同的形式。从社会的层面，社会、群体、个体都要以人为本。实际上只要存在着人与人的关系，处于关系的各方都要把他人当成人来看待，都要有一种以人为本的责任意识。

四是怎样以人为本。这里主要是一个树立以人为本理念的问题。生态文明建设中时时处处都要以人为本，要关注人的需要、利益的实现，要从各种人的关系的整体，从公正处理人的关系的视角，认识问题、解决问题。要避免以往只见物不见人，或以维护某种利益而完全无视另外一些人的利益的做法，应该体现以人为本的全面性、科学性、规范性。在这里，全面性就是指生态文明建设要对各种关系中的利益问题有一个系统整体的考虑，以在道义上对各种利益关系有一个公正的把握；科学性是指生态文明建设要以科学方法论为指导，充分认识社会利益关系的发展规律，以期正确的处理各种利益关系；规范性是指生态文明建设是按一定规则而进行的活动，整个过程需要遵循一定的要求，克服主观随意性。

就此说，生态文明建设中的以人为本并不是一切都以人的利益，或仅仅从人的需要出发解决问题，“我们必须寻找一个以人为本的方式来保护环境”，以更好地实现人与自然的和谐，人自身的全面发展。就此讲，生态文明建设中的以人为本与人类中心主义是有着本质区别的。

公正原则。这是要求人在与自然的活动中，需要保持自然按照自身规律正常有序的运转，使人与自然达到和睦相处，同时较好地处理人与人的关系，为人的共同促进和相互发展创造较好的环境。在生态文明建设中，公正原则首先要求人们要公正地对待自然，树立全新的人与自然观。一定意义上人与自然的关系是互为依存、平等共生的。人既是自然的组成部分，需要自然提供资源而生存和发展，又是与自然相对的，是自然平衡协调的重要力量。我们需要以尊重、感恩的态度对待自然。在双方的关系中，虽然有主次之别、主客之分，但绝无主仆贵贱的差异。过去人类一直想当自然主人的一些做法让我们吃尽了苦头，不但没有主宰自然，把握自然，相反得到了自然的报复，造成了人与自然的尖锐矛盾，产生了严重的生态危机。

面对由人类自身失误带来的各种生态问题，人们已经在思索探究如何处理人与自然，包括人与生态环境的关系问题。但是在怎样尊重自然上存在着一个尺度的把握问题。人对自然的尊重、适应是必然的，这是客观的规律。但不能由此否定人的主观能动性。人对自然需要尊重，同时人又不同于其他生物，他有理性，有实践能力，可以在遵循自然规律的前提下对自然的发展做出一定的贡献。正由于如此，人是世间生灵中最为可贵的。由此，人对自然的尊重是平等的、是人的本质力量的理性体现。另一方面，人对自然要合理的利用与改造。人要在保护自然、维护自然的过程中，合理地利用自然资源，以此提高人类的生活质量。人在与自然关系中的特殊地位，又使人人能够凭借自身的智慧使人与自然关系呈现出自觉发展状态。既可以避免自然盲目性带来的不利因素，又能够为人类自身的发展铺设较为坚实的基础，同时也为自然的平衡有序做出努力。只有达到人的发展与自然环境的有机统一，人的发展才有强大的生命力。在对自然的公正中，我们也要公正的把握人对自然的适应与改造的关系，适应是改造的前提，改造也是为了更好的适应。

生态文明建设中人与人之间的公平原则，就是要求对生活在现实中的每个人都需要公平的相待，保护他们生存和发展的权利，不能任意的破坏生存的空间。社会整体不能以所谓的整体需要任意的剥夺个体的利益需求，并要按照社会发展赋予的使命为每一个社会成员提供良好的生态环境。生态文明建设中，我们所要面对的人是各种利益关系中的主体，人们以自然为中介形成了各种复杂的关系。生态文明建设需要不同利益主体之间的和谐，需要人们作为一个类整体协调自身与外在环境、处理好人类内部的各种关系，统筹个人利益和社会整体利益、局部利益和整体利益、当前利益和长远利益，公正地处理好代内关系和代际关系。就同时代人来说，人们都有义务和权利积极地参与生态文明建设。在利用、开发自然资源的过程中，要很好地维护生态平衡、协调人与自然关系，同时又要为人类的整体利益、长远利益负责，决不能以个人利益、眼前利益为本。当然，也不能剥夺他人或其他国家和民族对自然的利用及自身的发展和生存权。在现实世界，任何人在与自然的关系中，都“必须具有相同的权利，否则，在他们之间就不存在需要由契约来调节的权利争端”。对同未来人的关系来讲，生态文明建设需要有远大目标和未来意识。需要着眼于人类的未来，为后一代人创造良好的生存空间和发展环境。现实的人及其所处环境是人类整个发展过程中的一个环节，不能为了眼前的生活质量而损害人类赖以生存和发展的自然环境。“这不仅仅是出于当代人的需要，更是出于未来后代的需要。”因此，公正地对待现时代的人、公正地对待未来的人，合理地利用自然，为我们的后代子孙留下发展的空间和自然资源，这是生态文明建设需要遵循的重要法则。

科学发展原则。科学发展就是求真求实，遵循客观规律，实现对现实世界的把握。在生态文明建设中，需要按照客观规律办事，这是我们科学发展的第一步。在其中人们所要认识的规律又是多方面的，包括自然规律、社会规律，生态文明建设的规律等等。这就要求人们进行生态文明建设必须从客观实际出发，正确的探究其中各种因素之间的内在联系，不仅要厘清人与自然的关系，还要正确地对待人自身的各种利益关系。遵循客观规律，就是要不断深化对事物本质的认识，形成对规律的科学把握，以此指导我们的生态文明建设。任何主观随意的行动，带来的必然是人与自然、人与人的生态矛盾。当然，探索和遵循客观规律也是一个艰苦的过程，生态文明建设充满着挑战，有许多新的问题、新的情况需要我们去了解，有着更为艰巨的任务需要我们去完成。同时，只有认认真真、脚踏实地地从我们身边的现实问题入手，科学地把握生态文明建设的发展规律，我们才能处理好各种生态关系。

科学发展是规范发展。生态文明建设应是一个有计划、有目的、有序建设的过程。我们要有一个总体规划，确立长远发展目标，同时又要制定规范要求，约束人们的行为。人们在任何时候都需要对自己的行为负责任，始终把自己的行为保持在一个合理有序的范围内。在生态领域人们不可能也不应该随心所欲为所欲为。人们要遵循自然法则，按规律办事，也需要有一个居于内心的道德法则，指导自身很好的处理生态关系。这些道德法则并不是人们主观滋生的，也不仅仅是个人的思想意识，而是一定社会要求在人们头脑中的反映。这就要求我们一方面正确的把握事物的发展规律，认清社会发展赋予的历史使命，另一方面，形成正确反映社会发展必然性的各种规范原则，根据规则要求，解决各种矛盾，实现生态文明建设和谐发展。事物是不断发展的，社会是不断进步的，生态文明建设的原则规范也是不断调整的。规范发展就是使生态文明建设由基本和谐到不和谐，再到新的基本和谐的过程。

科学发展也是可持续发展。生态文明建设是人与自然、人与社会环境不断和谐统一的过程。可持续发展要求人们认识到生态文明建设是一个长期的任务，是人类与自然共生共存的整体过程，因而需要坚持循序渐进、步步递增的原则。在指导思想上，不能凭一时的热情，更不能依靠一两次的活动，解决生态文明建设中的所有问题，要注意生态文明建设的长期性、复杂性、艰巨性。人类需要不断的提升自身，人类社会需要一步一步地向更高的层次迈进，每个道德个体更需要伴随着社会历史的发展而可持续的发展。人类对待自然也要有一个长远的利用规划，不能竭泽而渔，物种有一个可持续存在和可持续发展的问题，人类自身的发展必须维持在自然资源和环境的承载能力的范围之内，以保证其可持续存在和可持续发展。“只有在人类与自然和睦相处的地方才会出现美好的生活。”

三

生态文明建设是一个复杂的系统工程。从道德的视角，生态文明建设就是社会道德建设和个体道德操作的有机统一，是道德建设的崭新领域和具体实施。

在社会层面上，生态文明建设中的社会道德操作需要解决的主要问题是：第一，实现生态文明建设与道德建设的有机统一、有机融合。生态文明建设需要道德要素，需要道德操作的过程。在道德视角上，生态文明建设也是道德建设的重要领域，道德也必须涉足生态文明建设中各种道德关系的调整。生态文明建设为道德拓展了更为广阔的空间，道德建设的顺利展开是生态文明建设的重要一环。生态文明建设和道德建设结合的关键在于，如何把道德很好的嵌入到生态文明建设过程中，在道德应有的范围内发挥作用。这就需要很好地把握生态文明建设的规律，深入地了解生态文明建设出现的新情况，以作出较为科学的道德规划和操作进程，并行之有效的实施。

第二，形成包括道德在内的较为系统的社会生态规约体系。生态文明建设是人们的活动过程，需要从不同层面以各种规范对人们的行为加以约束。作为体系，生态规约不仅要有刚性规范，而且还要有柔性要求。在社会生态规约体系建构的过程中，既要根据刚性规范和柔性规范的不同特点，采取宽猛相济、刚柔并举的方式，对生态文明建设进行全方位的制约监督，又要看到人们的认识觉悟水平及实践能力的差异，注意规约体系的层次性，把广泛性与先进性相结合。同时还要使各种规约相互照应、相互补充、相辅相成，发挥出规约机制的合力作用。

第三，建构生态文明建设的道德运行机制，包括调控机制、监督机制、赏罚机制、反馈机制等。社会道德调控机制是指社会按照生态文明建设的要求和道德发展规律，对社会生态道德活动和社会成员的生态道德行为，不断进行调整、约束的活动过程。道德监督是指在生态文明建设过程中，社会通过舆论、习俗等形式，按照一定的道德要求检查督促社会成员遵循生态道德规范的活动过程。道德赏罚机制则是社会按照道德标准对人们的生态行为进行评判，奖掖道德榜样，对人们良好生态行为价值予以表彰，以激励人的道德积极性和创造性，同时对不良的生态行为予以道德谴责，进行相应的制裁。道德反馈机制是社会对生态道德效果进行评价，并通过一定方式向全社会进行通报处理结果，促使人们不断按照社会生态道德要求调整行为，从而保障生态道德的顺利实现。

在主体的层面上，生态文明建设需要解决主体道德素质提升的问题。首先，创设全新的生态道德理念，实现人与自然、人与人关系的交流融合。也就是说，人“必须首先具有文明的精神”，坚持一种新的理念去把握生态文明问题。在生态文明建设中，道德主体需要从双向的视角认识问题。既要把人融进自然的发展过程，又要把自然当成社会领域中的必备要素。也就是说，生态文明建设要有宽阔的视野，不能仅仅局限于人自身去认识问题，更不能以人为中心，陷于人类中心主义的樊笼。当然，生态文明建设毕竟是社会活动，是社会文明建设的重要组成部分，不能把其当成生物学意义上的事情来对待。对此，作为生态文明建设的主体应有超越意识，要超越自然更要超越人自身，一切以人与自然的和谐以及由此带来的人与人的和谐为基点。主体也要有未来意识，要着眼于人的全面发展，人与自然的可持续发展，不能仅以眼前利益或局部利益为出发点。

其次，道德主体要有责任意识，要构建生态文明建设的道德责任落实机制。在生态文明建设中，道德主体需明确自身的道德责任，要确立生态文明建设是社会全体成员的共同任务。对社会主体来说，生态文明建设是社会发展的有机组成部分，社会要从总体上对之进行规划，制定行之有效的措施和科学的方法，以保证生态文明建设的顺利开展。从个体的角度，生态文明建设也是每个社会成员需要承担的义务和职责。只要在现实中生活，每一个人“就有使命，就有任务”，“这个任务是由于你的需要及其与现存世界的联系而产生的”。生态文明建设是由一定主体担当的，事关社会生活中每个人利益的实现，对于社会的发展都是密切相关的。因而，对于每个社会成员而言，参加生态文明建设是一种规定，而且也需要在这种活动中使自己不断由自发到自觉，从而充分发挥道德主体的积极性创造性。

再次，抓好主体成长过程全覆盖的生态伦理教育，探索不同时期生态教育的规律。主体形成良好的生态文明观不是自发的，需要有一个不断培养教育的过程。对于一个人来说，其成长过程具有阶段性，在每一个阶段上有着不同的生态文明建设内容，对人们的行为规范要求也是不同的。对于整个社会来讲，由于认识水平和实践能力的差异，不同成长年龄段的人们的生态文明意识是有着不同层次的。因而，在生态文明教育的内容及要求也应是不一致的。由此，要使生态文明建设卓有成效，就要对不同的主体及主体发展的不同阶段进行全方位的协调，而且要不断地探索我们所面临的新问题新情况，以把握其内在规律。同时也要协调不同道德群体主体的生态道德建设，以保持整个社会生态文明建设的同步发展。

最后，生态文明建设也是社会道德主体和个体道德主体的有机统一。在社会层面上，生态文明建设的主体是社会，其主体的职责是统揽全局，把握方向，但如何实施需要与个体主体结合起来。一定意义上，在生态文明建设中，社会与个人都是有着平等义务和权利的主体，从双方利益的实现及在生态文明建设中的目的性，平等是协调二者关系的最基本要求。但这种平等又是相对的。与个人相比，社会处于主动地位，是生态文明建设的第一推动力，个人可以发挥主体能动性，在二者关系也可中起决定性作用。因而，在生态文明建设中，社会需要加强协调，理顺各种主体之间的关系，在保证社会整体利益、长远利益的前提下，尽最大限度的满足不同主体的利益需求，以提高其生态文明建设的积极性和创造性。最为个体，也需要认真履行自己的责任，自觉地完成历史赋予地使命，为生态文明建设作出应有的贡献。

（作者：山东师范大学政法学院教授）

（选自《伦理学研究》2012 年第 1 期）

论生态化社会主义价值观

王遐见

全球性的生态危机催生着生态化时代的到来，生态时代呼唤生态化社会价值观。一元主导与多样性发展相结合的社会主义价值观正是生态化社会价值观在当代中国的特殊表现形态，是生态学主导性与多样性原理在我国社会价值观上的具体反映，体现为我国现时代精神的精华。

1.生态化时代呼唤生态化社会主义价值观

由资源过度消耗、环境污染严重、气候恶化、生物多样性受到侵害等引发的生态危机，正日益严重地威胁着人类的生存发展环境，使社会生态化革命成为历史的必然，呼唤着生态化价值观的导向。

(1) 社会生态化革命。直至 20 世纪 70 年代生态环境恶化，人们才意识到生态危机的威胁及其灾难性后果，意识到生态危机需要生态化革命。西方生态社会主义将生态学理论同马克思主义结合，企图找到一条既能解决生态危机、又能走向社会主义的道路。这种努力尽管有其局限性，如用“生态危机论”取代“经济危机论”等，但它从理论到实践初步探索了社会生态化路径，产生了重要的积极影响，为我们探索生态化社会主义价值观提供了有益的启发。

生态化革命是对生态性主体的社会责任的诉求。人作为环境的主体，应当自觉地成为实现生态环境和社会环境动态平衡与可持续发展的促进派和保护者，同时应对自身经济社会行为的失误和负面影响承担责任，并及时采取有效措施加以消解。

(2) 生态化时代精神的特征。生态化时代精神呈现出以下六种基本特征：

其一，开放性。20 世纪 70 年代以来，各国各地区都在探索体制改革创新，突破地界的封锁及旧体制、旧思想的束缚，谋求招商引资，扩大对外贸易，强化合作与交流，整个世界呈现为开放的景象。

其二，多样性。由各国生产力多层次、发展不平衡规律所决定，经济结构必然通过改革而趋向多种经济形式和组织形式共同发展的格局，伴随着各国市场和国际市场的开放，以及传统单一化生产模式的改变，人们在多样性消费需求的实现中推进着价值选择的多样性发展。

其三，个体性。稳定发展的社会生态环境为个体身心健康成长提供了良好的条件，开放竞争的市场经济和文明进步的物质技术手段又为个体自主发展提供了必要的工具。西方后现代建构主义所倡导的重视青年人的个性成长特点和多样化个性发展要求以及美英等西方发达国家现代化教育的经验，表明强化青年个性特长的素质教育和育人为本，不仅可能而且必要，是我们应当加以借鉴的。

其四，创新性。在社会生态环境中，各种新生事物层出不穷，为更好地适应社会发展环境和生产力发展要求，社会主体必须发扬改革创新精神，遵循社会发展规律，善于改革社会管理体制，科学地开发利用资源和环境，自觉地与时俱进、开拓创新，在社会竞争中充分发挥自身的潜能和优势。

其五，主导性。尽管不同的主体追求着不同的价值目标，然而社会基本矛盾遵循着社会发展的一般规律，因此，必须按照大多数人所认同的主导性的价值取向，为实现一定的共同理想和目标而奋斗。

其六，整合性。世界经济的一体化和地球公民利益的整体性，要求人们必须求同存异，注重世界文化的互补性、思维方式的综合性、经济交往的互利性、外交政治的包容性、技术资源和人才资源的共享性，从而联合推动世界的和谐、协调、可持续发展。

(3) 生态化社会主义价值观。生态化时代精神的特征与建构社会主义和谐社会的要求相一致。要做到民主法治、公平正义、诚信友爱、充满活力、安定团结、人与自然和谐相处等社会主义和谐社会的要求，就必须既做到和谐统一又和而不同，即充分体现生态化时代精神的特征，这样才能确保实现政治运行、经济发展、生态环境的动态和谐与良性演进。

生态化时代精神凝结为生态化社会主义价值观。时代主题的和平性与发展性及时代特征的主导性与整合性，表明一定社会中主流价值导向一元化的必然性；时代特征的开放性、多样性、个体性与创新性，表明一定社会中主体价值实现形式多样性的必要性；时代的生态化规律本质上是主导性与多样性的辩证统一。现代生态学主导性与多样性的原理就是时代生态化规律的正确反映。一元主导与多样性发展相结合的社会主义价值观正是时代主题和时代特征的综合性产物。

2.生态化社会主义价值观孕育丰富的科学内涵

生态化社会主义价值观的基本要求是以马克思主义和当代先进科学的文化意识为主导，以人的个性特长充分发展和多样化价值选择为手段，通过人的知识、能力和素质的正确发展和全面发展，自觉为社会主义事业尽责尽力。在发展趋势上，它是社会主义方向的一元性与体现国情民情特点的多样性发展模式的结合体。

这种新型价值观在不同层面上有不同的内涵，主要包括：第一，在政治制度层面上，要求以符合社会主义基本制度为根本的价值取向，同时又鼓励和允许各部门和个体根据自身的特点和战略目标，采取切实可行的实施方案，形成具有自身特色的发展模式；第二，在意识形态层面上，既要求始终坚持马克思主义的指导地位，又允许在具体实践基础上积极开展理论创新，大力推进马克思主义中国化、时代化和大众化；第三，在社会伦理道德层面上，既要求个体以对社会作贡献和尽责任的社会价值为主导，又要求政府和企事业单位通过合理有效的投入与引导，包括通过公正公平的收入分配机制，及时满足主体多样性利益需求；第四，在经济运行层面上，既允许各种经济形式采取多样性的实现方式促进自身经济增长，积极提升本单位的经济效益，又要求企业承担社会责任，以追求企业的长期价值和社会综合价值为主导，制定和实施可持续发展战略；第五，在生态环境层面上，既承认作为"自然人"的人类应当平等地对待各种生物，维护生物多样性发展，又承认作为"社会人"和"经济人"的人类在环境中的中心主体地位，在人与自然的物质变换中实现社会与环境的同生共荣。

3.生态化社会主义价值观体现科学的世界观

我国的生态化社会主义价值观建立在科学的世界观基础上，同马克思主义哲学所拥有的实践基础上的科学性与革命性相统一的基本特征相一致，体现为科学的自然观、认识观和历史观。

(1) 体现世界多样性统一的自然运动观。我们必须尊重世界的客观发展规律，在大是大非问题上形成统一的思想意识，注重原则的坚定性，这是坚持唯物主义本体论的要求；同时，任何事物都具有特殊个性，我们必须用联系的、发展的和全面的观点看待客观对象的多样性特征，具体问题具体分析，注意策略的灵活性，这是坚持客观辩证法的要求。

(2) 体现认识主体的主导性功能与多样性差别相统一的社会认知观。首先，个人或群体可以在自组织的对象性活动中作为反映、改造的主体为追求一定的目的，对客体发挥主导支配作用，达到实践的成功和主体需要的满足。这不仅促进了客观事物的发展，也有效提高了自己的认知能力和实践能力。其次，个人或群体又可以在他人主持组织的对象性活动中作为被反映、被改造的客体，接受教育、引导、改造、调控、评价，处于被支配从属的地位，然而其承受能力和客观效果亦可对主体产生制约、反馈、调节作用。最后，作为组织成员的个人在主体间性的群体活动中，往往会随着特定系统自组织的运动所呈现的形式多样化、功能综合化、要素现代化、运作规范化和目的多元化等征象，自主地履行系统要素的职能，并与其他元素协同推动系统整体性功能的发挥。

(3) 体现一元性自然过程与多样性主体选择相统一的历史发展观。社会历史的运行是一元性主导规律与多样性主体选择相统一的曲折前进过程，这就要求我们在认识和处理历史事件中坚持历史标准与价值标准的统一。在社会主义制度下，对各种社会变动现象及主体行为是非得失的衡量，应当也能够实现将是否有利于社会进步特别是生产力发展的历史标准，同是否有利于实现主体利益的价值标准相一致。前者决定后者，后者又能动地反作用于前者，对社会历史发展起促进或阻碍作用，制约着前者。在实际工作中，就是要求我们注重历史规律性与主体目的性相一致，将历史标准客观性原则与主体选择人文性策略辩证地统一起来。

4.生态化社会主义价值观可化作科学的方法论

一元主导与多样性发展相统一的生态化社会主义价值观既体现为思想导向的理论体系，又在实际应用中可具体化作方法论原则。

(1) 坚持正确把握一元主导与多样性发展相统一的主体价值规律。一方面，在思想认识上应明确：首先，人们价值观念上的多样性差别以及个性之间的差异是主体利益多样化的合理反映，并非是真理与谬误的对立。其次，多样性发展以承认社会主义价值观的一元性为前提，并以发展为主体多样性为旨归，其实质是强调社会主义价值观应随着时代发展和实践需要将坚持与发展相结合，促进社会和个人的全面发展。再次，该新型价值观所强调的一元主导包括两种作用：一是对于由社会主义思想观念一脉相承所派生的多样性表现、多层次形态提供基本的原则、立场、观点和方法的主导作用；二是对于我国社会主义条件下不同主体和流派的思想观念发挥方向指导性、规范表率性、合理批判性、宏观调控性的主导作用。

另一方面，在行为导向上应做到：一是在路径选择上，倡导科学社会主义一般本质基础上的多样性发展模式的探索，鼓励根据国情、地情、行情或个情，走适合自己的发展道路；

二是在具体实际工作中，坚持一元性真理指导与多样性实践效应的具体的历史的统一；三是在现实生活中，对于一切承认并服从于社会主义意识形态一元化主导的各种价值观念都允许其存在和发展。

(2) 坚持意识形态的一元化主导与反对多元化相统一的原则。在意识形态领域里，必须坚持马克思主义的一元主导地位，坚持唯物主义一元论党性原则，同时批判一切反马克思主义的思想和倾向；要让马克思主义科学思想体系占领网络、新闻媒体、课堂以及各单位的宣传窗口，采取一切有效措施抑制西方社会思潮和资产阶级利己主义价值观对当代青年的负面影响，尽量减少市场经济中拜金主义和价值多元化的不良影响；特别是要防止以改革为名、行私有化和自由化之实的新自由主义误导。

(3) 坚持社会主义本质一元性与中国化发展模式探索相统一的原则。共产党人必须在社会主义一元化原则指导下积极探索多样性发展模式。社会主义的一般本质和根本目标任务是要“解放生产力，发展生产力，消灭剥削，消除两极分化，最终达到共同富裕”（《邓小平文选》第 3 卷，第 373 页），在此基础上形成区别于资本主义制度的基本特征，即：具有发达的生产力和高于资本主义的劳动生产率、公有制、按劳分配、人民当家作主、共产党领导、马克思主义思想指导等优势，这是现实社会主义国家发展的基本趋势和基本原则；同时，由于现实社会主义机体的内部与外部、主观与客观、局部与整体、必然与偶然等因素的制约，社会主义道路是在曲折中艰难前进的。也正因为这些复杂的历史与现实原因，我国才必然经历一个改变经济文化不发达状态的社会主义初级阶段。为了达到社会主义共同富裕目标和实现建设社会主义现代化强国的共同理想，我们既要扩大对外开放，借鉴人类创造的一切文明成果特别是当代发展市场经济和现代化经营方式的多种形式和措施，增强综合国力和自力更生能力，又必须根据时代多样性特征、中华民族文化和人口资源环境特点，及民众多样性价值取向，积极探索具有中国特色的社会主义发展道路，形成中国化的发展模式。

总之，全球性的生态环境问题使人类面临着日益严重的危机和挑战，迫切需要人类对自己的行为失误或负面影响承担起责任。生态化革命运动已经并将更加深入地在社会各领域展开。生态化时代精神的特征已经显现，并以生态化社会主义价值观形态指导着生态化社会实践。随着生态化社会运动的广泛延伸和深入发展，生态化社会主义价值观将得到进一步的丰富和提升。

（作者单位：南京财经大学马克思主义学院）

（选自《哲学研究》2012 年第 7 期）

怎样认识和破解“碳排放”

陆健健

二氧化碳必然导致温室效应吗

目前社会上比较流行的观点是，城市化和工业化导致二氧化碳含量加剧。二氧化碳有一个负面效应，就是对地球大气产生“温室效应”，因此二氧化碳被扣上“危害地球气候”的帽子。事实果真如此吗？

人类发展既离不开含碳能量，又要应付含碳能量的利用带来的负面影响，怎样妥善应对？我想从个人的研究实践角度，提出一些思考，与大家一起探讨。

我们知道，人类社会的发展离不开能量，目前我们的主要能源还是含碳能源（煤、石油和天然气等）。特别像我国，非碳能源（核能、水能、风能等）所占的分量不多，如核能在我国只占总能源的2%左右，水能也不占主要地位，主要还是用含碳能量。含碳能量被利用时，会产生二氧化碳和甲烷等温室气体。此外，我们人类的各种社会活动过程，也会放出大量的二氧化碳。地球上所有生物的代谢过程，都会释放二氧化碳。植物是双重性的，当有光的时候吸收二氧化碳，进行光合作用；当没有光的时候，其呼吸还是会放出二氧化碳。工业生产过程基本上是纯粹的二氧化碳排放过程，还没有发现哪类工业生产是吸收二氧化碳的。

有一个很简单的化学反应式：二氧化碳＋水＝碳水化合物＋氧气。这个反应式其实是双向的。二氧化碳加上水变成碳水化合物加上氧气，同时把太阳辐射能转变成生物化学能，这被称为“光合作用”，是生物特有的负熵过程。反过来就变成了“呼吸作用”，放出二氧化碳和水，并把化学能转变成热能，耗散在周边环境中，是增熵过程。这是基本的科学知识。

让我们再把思路转向宏观环境。近10多年来，整个地球好像不是很太平，火山、地震、海啸、飓风、台风等自然灾害发生的频率比以前多了不少。还有资料表明，地球上很多地方的冰山和冰川在融化，格陵兰的冰川在萎缩，欧洲北海的海冰分布在缩小等等。所有这一切，都是什么原因造成的呢？

目前社会上比较流行的观点是，城市化和工业化导致二氧化碳含量增加。二氧化碳有一个负面效应，就是对地球大气产生“温室效应”。通俗地说，“温室效应”就是在一个封闭系统中，辐射短波进得来长波出不去，使得系统内温度不断升高所致。因此二氧化碳被扣上“危害地球气候”的帽子。按这个观点推论：温室气体排放导致气温上升、海平面上升、全球气候急剧变化、地球环境恶化、生物物种消亡，最后将导致人类无法生存而灭绝，地球变成无生命的死球，回归到40亿年前寂静的世界。

这个观点有些是基于事实的描述，有些是基于目前无法改变的趋势的推导，当然，也有人认为是别有用心的假设。我提醒大家注意三个问题：一是时间尺度，二是空间尺度，三是发展（发生）程度。很多学者从这三个方面做研究来否定或修正上述观点。但是，假如这个推论是正确的，碳能利用的负面影响确实存在，我们该如何妥善应对，破解问题？

众所周知，人类社会的发展主要是人口、经济和能源利用的发展。由于发展中国家人口一直在上升，能耗总量也在急剧上升。从百万人口的平均能耗来看，我国人均能耗是世界的二分之一，美国人均能耗是我国的12倍，日本是我们的5～6倍。再看一下地球大气中温室气体浓度的资料。大气中的甲烷浓度总体一直在升高，上世纪80年代后期到2000年还有一个爬升过程，但从2000年后增长比较慢，一些学者认为这与通过宣传减少了稻田面积有关，我不认同这个观点。实际上，我们看一下，这个坐标实际区间总共是100个单元，测点也不同。再看二氧化碳，还在往上升，跟全球温度升高同步。温室气体的排放，2010年中国占第一位，美国是第二位，新的资料显示2011年中国占全球的22%，美国超出我们，是22.4%，中美两个国家占了全世界二氧化碳排放的44%左右。资料显示，我国二氧化碳排放总量这几年还在上升，但从人均排放量来说，我们排在日本后面。从人口角度讲，印度的人口跟我们差不多，但他们总的排放量比较少，这跟印度现代化程度较低有关。上面这些数据表明：我们的含碳能量使用在逐年增加，我们的社会能源需求在逐年升高，全球二氧化碳排放量还在逐年增大。

用运动的眼光认识碳排放

我们是要认真考虑二氧化碳排放给人类社会带来的负面影响，但全球气候是否因人类活动（包括二氧化碳排放）而产生变异目前仍只是一个推论，而不是科学结论，还有待进一步实证研究。我们要在一个系统的绝对的变与相对的不变之间，找到人类最能适应的可持续的生存方式。

接下来的问题是，碳排放是否直接影响到全球气候变化？抑或只是“温室效应”实验的类推？如果你在封闭的系统中做一个实验，人工模拟地球环境，随着二氧化碳排放量的增加，温度会慢慢升高，二者的因果关系非常明确。但从全球角度看，各地二氧化碳的排放是不均匀的，地球上城市和工业区的分布也是不均匀的，排放点呈不规则分布。这些点上的二氧化碳排放会不会造成整个地球的“温室效应”，国际上越来越多的学者对此产生了怀疑。比如有些学者认为，局部地区的二氧化碳排放不一定跟全球气温升高有关系，而仅仅是影响了局部地区的气温。一些地区的二氧化碳大量排放影响了该区域的气温，大气的流动造成了全球气候的异常。这是一个否认“全球变暖说”的论点。

还有，温室气体排放增加，是不是必然导致全球温度升高？全球气候变化是否一定导致自然灾害频繁？这些问题都是需要打问号的。

首先，冰山融化和海平面上升的速率是多少，目前还仅仅是推论。按照某些学者的推算，气温每10年增加2摄氏度，或每年海平面升高几毫米。海平面升高几个毫米，对做海洋学的人来说，有时可以忽略不计。像中国沿海，包括长江口，是强潮地区，每天涨潮落潮，平均潮差3米，一年中最高潮差可达5米多。在这样的情况下，增减几毫米，大大小于系统误差和测量误差，一般是不会考虑即时影响的。当然，作为长周期的影响应该予以重视。另外，像美国墨西哥湾沿海，是弱潮地区，每天涨潮落潮50厘米，那里的影响可能稍微大一点。所以，二氧化碳排放导致海平面上升的推论仅供长期影响研究参考。我们是要认真考虑二氧化碳排放给人类社会带来的负面影响，但全球气候是否因人类活动（包括二氧化碳排放）而产生变异目前仍只是一个推论，而不是科学结论，还有待进一步实证研究。

其次，我们的确看到一些不正常的现象，但从长时段的角度来考虑的话，是不是到了频发期，是值得研究的。比如，在地球发展过程中的某些时间段，地震、火山、海啸等是会集中发生的，那么这又跟什么因素有关呢？有人认为原因有二：一个是跟我们所处的宇宙的位置变动相关。地球不是孤立存在的，它旁边有卫星、行星，还有其他星系等等，这些相邻星球的运动变化轨迹自然会影响到地球。同时，地球内部也是在不断变化中的。这些都是自然因素。所以，我认为，目前的自然现象、气候变化的原因，至少应该从两个方面来看。一个是自然因素，另一个是人类活动的影响。如果我们将自然因素暂时忽略不计，就算气候变化全部是人为所引起，也有一个问题：哪些推测是可以用科学方法来验证，哪些推测是虚假的。现在我们的很多推测，除了气候变化以外，把其他所有事物都看成是静止的，这就产生问题了。在我看来，万事万物都在变，生物在变，地球在变，包括地球在内的整个宇宙也在变。因此，我们要在一个系统的绝对的变与相对的不变之间，找到人类最能适应的可持续的生存方式。

回过头来，让我们再一起来看看有关二氧化碳浓度的历史。在1亿年前，地球上的二氧化碳浓度是非常高的，然后有个逐渐下降的过程，到了约6000万年前到达一个低点，然后又逐渐上升。从这个斜率趋势可以看出，近60年来二氧化碳浓度的上升应该是有人为的因素，有学者认为，与二次世界大战后全球经济的迅猛发展有关。理由一是，历史上人类的能力比较小，影响也小，气候变化以自然波动为主，该阶段二氧化碳浓度波动幅度很大；二是，根据自然综合因素的影响分析，大气中二氧化碳的浓度应继续下降，但实际情况却是在上升。这就说明确实有人类影响的成分，但由于人类历史相对还比较短暂，影响还不是很大。

通过碳同位素测年技术确定，全球气温与二氧化碳浓度确实线性相关。资料显示，历史上大气中二氧化碳含量是周期性变化的，而且有大周期和小周期之分，大小周期主要都是自然因素造成的。另外，有学者认为，距今46亿年到10亿年间，地球上的二氧化碳浓度的变化源于自然；10亿年前，自从地球上有了生物，二氧化碳浓度的变动还可能与地球上的生物量有关。人类活动对大气二氧化碳浓度的影响，主要是近200年的事。换句话说，近200年来，二氧化碳排放对气候的影响至少有三个原因：一是宇宙和地球运动变化，二是生物量的变化，还有就是我们人类的经济社会活动。这三个部分如果分不清楚，现在下很多结论都为时过早。

如何真正实现“零碳”

目前我们通过节能减排等措施可以做到“低碳”，但还不能做到“零碳”。真正的“零碳”设想是：师法自然，在碳循环的碳汇库上做文章。在认识自然碳循环客观规律的前提下，通过生态建设的措施，增强全球（或地球局部地区）的碳汇能力，特别是海洋及海洋生物的碳汇能力，从实现局部区域的“零碳”做起，促进人类可持续发展。

现阶段有很多研究数据确实都证明了：地球上二氧化碳浓度是有周期性波动的，现在到了一个小周期的高峰，但是还没有超过小周期波动的峰值。当然有些人说超了，或到警戒线了，有的甚至认为到了灾难的临界点，这都需要进一步的科学论证。人类用了很多方法，包括地质的、物化的、模拟分析的等等，力图证实地球气温升高、二氧化碳浓度升高会不会给人类带来灾难等问题。上世纪90年代，有不少全球气温预测资料，有的还发表在国际顶尖学术刊物《科学》上，引起了全球各方关注。但是近20年的实际情况证明，不少预测是不正确的。联合国下属的气候专家组织（IPCC），常组织召开各种会议来探讨如何应对这个问题。该组织的不少专家认为，现在温室气体排放太多了，应该马上减少二氧化碳类温室气体的排放，如果现在不降下来的话，全球气温会形成指数型上升趋势，会很快导致地球不适合人类居住，换句话说，地球毁灭的日子快要到了。实际情况好像并不是那么回事。

如果我们从生态学的角度来讨论这个问题的话，可以发现，碳循环是生态系统物质循环的一种系统，属沉积型循环物质类型。据专家检测，整个地球碳的含量并不是太高。地球结构的0.027%是碳，而且大部分储存在石灰岩中。广西桂林地区的大量溶洞由溶岩构成，溶岩也是石灰石，石灰岩中储存了大量的碳。地球的碳库是溶岩，可惜，现在我们的教科书中没有强调这点。教科书中的碳循环模型大都遗漏了石灰岩碳库这一主要组成部分。大部分碳存在石灰岩中，是把碳循环归为沉积型循环物质的依据，以此区别于氮为气体型循环物质等。在岩石中，碳主要以碳酸盐的形态存在，在水体中主要以碳酸氢根的形态存在，在大气中主要以二氧化碳的形态存在。碳及其化合物，在地球圈包括生物体内不断转变形态，形成不同类型的循环圈。大气中的碳目前是380单位，在水中少一点，160单位。如果含碳能源利用多了，二氧化碳排放就多，大气中的浓度就会上升，除了温室效应，还会引起酸雨现象。在很多工业发达地区，下的雨不少是酸雨，这也是造成有些绿化植物生长不好的重要原因。同时，二氧化碳也会溶入水中，如果水中碳多了就会出现水体酸化现象，现在很多专家都关注到了这个问题。由此可见，目前全球生态系统的几个重大生态问题中，不少都与碳循环相关。

由于碳循环引发了不少生态问题，事关全球人类发展，大家很自然地认为，应该想办法控制碳排放。目前主要有三个观点：不排碳、少排碳、使用无碳能源。不排碳行不行？不排碳的地区就是不发展的地区，甚至是没有生命的地区，所以完全不排碳是不可能的。少排碳，就是现在普遍提倡的“低碳社会”，这到底是怎么回事呢？所谓“低碳社会”主要是通过四方面达成：一是节能减排，尽可能提高能量的使用效率，特别是通过一些措施，提高工业生产的能效；二是“低碳”建筑业，提倡热传导率低的建筑，冬天保暖，夏天通风散热；三是“低碳”城市规划和区域规划，通过合理布局产业、居民区和交通来节约能量，这一块也包括产业结构调整在内；四是行为“低碳”。去年复旦大学在校园中做了一个实验，让每一个同学在开学时填一个低碳契约，设计了几十条，比如随时关灯、关水龙头等，能够做的勾上，到了学期结束再看看，哪些承诺做到了，哪些没做到。通过这种方式，的确给学校节约了不少能源。

当前社会更感兴趣的，是寻找无“碳”能量。比如法国用得最成功的是核能，约占了本国能源使用的64%左右；日本也用得很成功，可惜去年福岛核泄漏出了事故。我们曾经想学法国和日本，大力发展核电技术，但现在发现，核能的弊病越来越大，甚至比含碳能量造成的危害更多。不仅会有各种核泄漏事故，就是核电的废料处理也还没有特别好的方法。还有一种是太阳能。我看到一个报道，最近我国有个地方建成了“太阳谷”，主要运用光伏电池，直接利用太阳光，住宅区的电能都是太阳能。这有点模仿英国伦敦或阿联酋的低碳示范区。问题是，安放光伏电池还是要占很多地方的。现在很多地方都在规划建设低碳城，但是实际上不少规划是借建低碳城，向中央和地方财政要钱。

实际上，一个区域既要发展，又不改变碳能利用方式，是不可能达到“零碳”效果的。再节能减排，还是会释放二氧化碳。不管是传统工业，还是未来要发展的新工业，包括“迪士尼”那样的游乐业，都不可避免消耗能源。前面讲到的四条“低碳”路子是有可能的，但目前不可能做到完全“零碳”。国际上敢打出“零碳”这个旗号的，一个是英国伦敦的太阳村，另一个就是阿联酋马斯达尔的“零碳城”。后者建设的预算是1000多亿美元，在沙漠里广阔的土地上，安装太阳能发电装置。现在总共花费200多亿美元，建设完成四分之一不到，吸引了大批游客去参观，形成当地一个新的旅游景点。但是不少参观者回来说那是富人的玩意儿，我们玩不起。

现在很多地方搞太阳能发电，规划很好，但实施过程中发现了不少问题。比如太阳能光板的制作过程，一方面要消耗大量能源，另一方面也会产生大量污染，尤其是重金属污染。还有储能问题，因为太阳不是每天准时出来，即使出来了亮度也不固定。光能多时要把能量储存起来，而高效率的储能电池就成为新的发展瓶颈。还有，太阳能发电占地面积很大。尽管我国沙漠也很多，可没人去，如何输出电力也成问题。除此之外，我们还有风能，风能发电厂全国都在造，特别是沿海地区。也有人提议做潮汐发电，但是潮汐发电需要建坝，而建坝对环境的破坏很大，所以这项技术没能推广。现在技术有了发展，比如美国人在研究洋流发电，欧盟研发出一种新的潮汐发电装置，据说在水流360度变化的情况下都能发电，而且这个装置不用建坝。最近我们通过中欧清洁能源中心与欧盟在洽谈，希望在长江口做示范。这也就是说，在新能源上，我们是可以有所作为的。

总而言之，目前我们通过节能减排等措施可以做到“低碳”，但还不能做到“零碳”。我们可以用无碳能源局部替代含碳能源，但由于开发无碳能源的设施装备还摆脱不了含碳能源的消耗，因此不能被称作是真正意义上的“零碳”。那么，是否有真正能做到“零碳”的设想呢？换句话说，我们在未来100年至200年内还要使用含碳能源，我们如何来使得地球环境在这个阶段不受损害，确保我们的经济和社会继续发展？或者我们如何来创造人类社会继续发展的动力，实现真正的“零碳”？我的设想是：师法自然，在碳循环的碳汇库上做文章。在认识自然碳循环客观规律的前提下，通过生态建设的措施，增强全球（或地球局部地区）的碳汇能力，特别是海洋及海洋生物的碳汇能力，从实现局部区域的“零碳”做起，促进人类可持续发展。

（作者：华东师范大学生态学专业教授、博士生导师）

（选自《解放日报》2012年12月1日）

延伸阅读

恩格斯劳动视域中的生态伦理观

——对《劳动在从猿到人转变过程中的作用》的伦理解读

陈爱华

《劳动在从猿到人转变过程中的作用》是恩格斯在研究自然辩证法过程中撰写的一篇论文，同时也是一篇未完成的论文。这篇论文写于1873—1886年，尽管距今已有100多年，又是一篇未完成的论文，但却是恩格斯关于"劳动在从猿到人转变过程中的作用"较为系统的阐释，尤其是揭示了"劳动创造了人本身"中所蕴涵的人—自然—社会的多元伦理关系以及由此阐发的生态伦理观，对于我们认识"我能够认识什么？""我应当想什么？""我能期待什么？"以及"人是什么？"这些由康德提出的悬而未决的一组问题进而建构生态伦理学，具有重要的启示。

一、劳动与人的手、足、脑、语言以及伦理关系的产生

恩格斯首先从批驳当时政治经济学家关于"劳动是一切财富的源泉"的观点指出，"劳动和自然界一起才是一切财富的源泉，自然界为劳动提供材料，劳动把材料变为财富。但是劳动还远不止如此。它是整个人类生活的第一个基本条件……劳动创造了人本身。"这就表明，与当时政治经济学家只看到劳动—财富这对经济关系不同，恩格斯揭示了这对经济关系中蕴涵的劳动—自然—人—财富多元的生态伦理关系及其辩证法。接下来他着重从自然和社会两个层面系统地考察了"劳动"如何"创造了人本身"，以及人—社会伦理关系何以产生。

1．劳动促进人的手、足及其他机能的演变

在几十万年以前，地质学家称之为第三纪的某个时期，在热带的某个地方——大概是现在已经沉入印度洋底的一片大陆，生活着一种高度发展的类人猿。这些类人猿，也许由于其生活方式的影响，使手和脚从事不同的活动，因而在平地上行走时就开始摆脱用手帮助的习惯，渐渐直立行走。恩格斯认为，"这就完成了从猿转变到人的具有决定意义的一步"。因为直立行走有利于类人猿手和脚的分工，让手"愈来愈多地从事于其他活动"，比如摘取和拿住食物、在树林中筑巢、拿着木棒抵御敌人，或者以果实和石块向敌人投掷。尽管这些动作最初只能是非常简单的，但当"用手把第一块石头做成刀子"时，从猿转变到人的历程便产生了一次重大飞跃，因为"没有一只猿手曾经制造过一把哪怕是最粗笨的石刀"。恩格斯认为，猿手转变为人手，完成了具有决定意义的一步："手变得自由了，能够不断地获得新的技巧，而这样获得的较大的灵活性便遗传下来，一代一代地增加着。"

恩格斯进一步指出："手不仅是劳动的器官，它还是劳动的产物。"由于劳动，手必须与日新月异的动作相适应，这样便引起肌肉、韧带的发展，经过更长的时间亦引起了骨胳的发展并且被遗传下来，这些遗传下来的灵巧性又以愈来愈新的方式运用于新的愈来愈复杂的动作，进而人的手才达到现在这样高度的完善。

恩格斯不仅阐释了劳动对手的肌肉、韧带甚至骨骼的影响，而且还根据达尔文提出的"生长相关"律，即一个有机生物的个别部分的特定形态总是和其他部分的某些形态相联系的，揭示了手的演变不是孤立的。因为手"仅仅是整个极其复杂的机体的一个肢体。凡是有利于手的，也有利于手所服务的整个身体"，而且两者相互作用。这样恩格斯就将人的手足的演变与人的机体其他部分的相应演变联系起来。在方法论上，他打破了非此即彼的思维模式，运用相互联系的辩证法揭示了劳动在从猿到人转变过程中对于人的手足的演变以及人体其他部分机能演变的作用。

2. 劳动促成语言产生及人与人、人与社会、人与动物之间关系的演变

恩格斯指出，尽管我们的猿类祖先是一种社会化的动物，而人作为一切动物中"最社会化的动物"，显然不可能从猿类祖先直接发展而来。这正如马克思在《1844年经济学哲学手稿》中指出的那样，"动物和它的生命活动是直接同一的。……人则使自己的生命活动本身变成自己的意志和意识的对象"。作为动物的类人猿"只是在直接的肉体需要的支配下生产，而人甚至不受肉体需要的支配也进行生产，并且只有不受这种需要的支配时才进行真正的生产；动物只生产自身，而人再生产整个自然界；动物的产品直接同它的肉体相联系，而人则自由地对待自己的产品。动物只是按照它所属的那个种的尺度和需要来建造，而人却懂得按照任何一个种的尺度来进行生产，并且懂得怎样处处都把内在的尺度运用到对象上去；因此，人也按照美的规律来建造"。随着手的发展，人通过劳动而开始建构的人与自然的伦理关系——人对自然的统治，在每一个新的进展中，都会扩大人的眼界，在自然对象的探索中不断地发现新的属性。与此同时，劳动的发展必然促使社会成员更紧密地结合起来，进而开始建构人与人、人与社会的伦理关系及其交往方式。人在劳动交往与合作的活动中，"已经到了彼此间有些什么非说不可的地步了"。这一需要产生了自己的器官，人逐渐学会发出一个个清晰的音节——语言产生了。因此，"语言是从劳动中并和劳动一起产生出来的"。

恩格斯还从动物与动物、人与动物交往方式及其比较中进一步说明语言产生的作用。他指出，动物之间，甚至在高度发展的动物之间，彼此要传达的信息很少，不用分音节的语言就可以互相传达信息。在自然状态中，没有一种动物因为不能说或不能听懂人的语言而感觉到是一种缺陷。然而，如果经过人驯养的动物，情形就完全不同了。狗和马在和人的接触中所养成的对于分音节的语言的听觉是这样敏锐，以致它们在自己想象所及的范围内，能够容易地学会懂得任何一种语言。此外，它们还获得了如对人依恋、感谢等等表现感情的能力，而这种能力是它们以前所没有的。这说明，语言不仅能够促进人与人之间的相互交流，构建人与人、人与社会之间的交往和伦理关系，而且也能促进人与动物之间的相互交流。

3. 劳动与人脑的演变、感觉器官的完善以及人—自然—社会伦理关系的发展

恩格斯认为，正是在劳动和语言这两个最主要因素的推动下，猿脑就逐渐地变成人脑。尽管后者和前者十分相似，但是就大小和完善的程度来说，后者远远超过前者。随着脑的进

一步发展，人的感觉器官也逐步发展起来。正如语言的逐渐发展使得听觉器官相应完善一样，脑的发展则是和所有感觉器官的完善同时进行的。

脑及其相应的感觉器官的发展使人愈来愈具有意识以及抽象能力和推理能力，这反过来又对劳动和语言起作用，为二者的进一步发展提供新的推动力。这种进一步的发展，并没有因人最终同猿分离而停止，而是大踏步地前进了。而社会的出现使得这种发展一方面获得了有力的推动力，另一方面也获得了更确定的方向。

二、劳动及其工具的生产与多元伦理关系的形成

在恩格斯看来，人类社会区别于猿群的根本区别是劳动，而劳动是从制造工具开始的。劳动及其工具的生产促使人与自身的自然和外在于人的自然关系发生变革，这一变革不仅使人的需要与活动方式多样化，而且形成了人与自身、人与自然、人与社会的多元伦理关系。然而，随着劳动本身向脑力劳动发展，尤其是向上层建筑、意识形态的发展，使人产生了认识的误区，进而产生了劳动的计划性及其悖论。

1. 劳动工具的生产促使人与自身的自然和外在于人的自然关系的变革

恩格斯认为，真正的劳动是“从制造工具开始的”。那么人类最早制造的工具是什么呢？根据当时所发现的史前时期的人的遗物来判断，同时根据最早历史时期的人和现在最不开化的野蛮人的生活方式来判断，最古老的工具是打猎和捕鱼的工具，它们同时又是武器。

首先，打猎和捕鱼的前提是猿转变到人的重要的一步——食物结构的变化。这种变化包括以下两个方面：一是可食用植物中可食用的部分愈来愈多，食物愈来愈复杂，进而输入身体内的材料也愈来愈复杂；二是从只食用植物转变到同时也食用肉。

其次，人通过自己制造的工具打猎和捕鱼，就可以食用更多的肉类食物，从而为其超越动物界奠定了生理基础。一方面，这些肉类食物包含着为身体新陈代谢所必需的最重要的材料；另一方面，食用肉类食物可以缩短消化过程以及身体内其他植物性过程的时间，因而便“赢得了更多的时间、更多的材料和更多的精力来过真正动物的生活。这种在形成中的人离植物界愈远，他超出于动物界也就愈高”。既吃植物也吃肉的习惯，大大地促进了正在形成中的人的体力和独立性。

再次，在恩格斯看来，最重要的是食用肉类食物对于脑的影响——脑因此获得了比过去多得多的为本身的营养和发展所必需的材料。因此，人的脑就能在人类一代一代繁衍的过程中，更迅速而完善地发展起来。讲到这里，恩格斯不无调侃说：“请素食主义者先生们原谅，如果不吃肉，人是不会发展到现在这个地步的。”

最后，食用肉类食物引起了两种新的具有决定意义的进步，即火的使用和动物的驯养。一是火的使用，由于为人提供了几乎是已经半消化了的食物，这样就使得消化食物的过程大大缩短；二是动物的驯养，使得人类的肉类食物更加丰富，因为它和打猎一起开辟了新的更为经常的食物来源。从养分来说，动物的驯养还供给了至少和肉相等的乳制品等新食物。恩格斯认为，“这两种进步就直接成为人的新的解放手段”。

从以上四个方面可以看出，劳动及其工具的生产促使人与自身的自然和外在于人的自然关系发生变革。前者表现为人类食物结构的变化与发展促进了正在形成中的人的体力和独立性，进而促进了脑髓的发展；后者则表现为正在形成中的人及其自身自然的变革使其远离了植物界，也超越了动物界，进而引发了人与植物、

动物关系的变革：从单纯的食用相关植物到有意识地种植相关植物，从与动物为伍到打猎和驯养动物。这不仅导致正在形成中的人的食物结构的变化、消化系统的变异，而且意味着人与自然关系由无意识地适应自然状态，转变为一种有意识地改造与被改造、控制与被控制的伦理关系。

恩格斯在文中这样描述了猿群在食物方面对于自然的无意识适应："猿群满足于把它们由于地理位置或由于抗拒了附近的猿群而分得的地区内的食物吃光。它们为了获取新的食物地区而进行迁徙和斗争，但是除了无意识地用自己的粪便来施肥，它们没有能力从这块食物地区得到比自然界所供给的更多的东西。一旦所有可能占据的食物地区都被占据了，猿类就不能再扩大繁殖了。"不仅如此，在食物结构的变异中，动物也是出于无意识的被动适应："希腊的山羊不等幼嫩的灌木长大就把它们吃光，它们把这个国家所有的山岭都啃得光秃秃的。"他把动物的这种行为，称之为"滥用资源"。他认为，这种行为在物种的渐变过程中起着重要作用，在某种意义上说，它也促进了类人猿转变成人。"因为它逼迫着动物去适应和平常吃的不一样的食物，因此它们的血液就有了和过去不一样的化学成分，整个身体的结构也渐渐变得不同了。"而那些无法改变食物结构的动物就灭绝了。恩格斯明确指出，动物这种无意识的改变和被动适应还不是真正的劳动，真正的劳动是"从制造工具开始的"。因为"动物在消灭某一地方的植物时，并不明白它们是在干什么。人消灭植物，是为了在这块腾出来的土地上播种五谷，或者种植树木和葡萄，因为他们知道这样可以得到多倍的收获"。为此，人们把有用的植物和家畜从一个国家带到另一个国家。不仅如此，植物和动物经过人工培养以后，改变了它们的模样，甚至已认不出它们本来的面目。这种劳动不仅使人对自然有了更强的适应性，而且使人改造自然的活动越来越多元化，劳动工具越来越多样化，改造自然的能力越来越强，进而形成了越来越多元化的人与自然、人与人、人与社会的伦理关系。

2．劳动促使人的需要与活动方式多样化以及伦理关系多元化

恩格斯指出，劳动不仅使人学会了吃一切可以吃的东西，而且也使人学会了在任何气候下生活。这样，人就分布在所有可以居住的地方。在他看来，"人是唯一能独立自主地这样做的动物"。对于其他的动物而言，尽管它们也能习惯于各种气候，但它们或者靠本能无意识地适应气候变化，或者由于被人驯养而跟随人生活。

劳动使人从物种关系方面获得提升。当人们从原来居住的较为炎热的地带，迁移到比较寒冷的、在一年中分成冬夏两季的地带，或者从较为干燥的地带，迁移到较为湿润的地带，这样，为了抵御寒冷或者潮湿，人就产生了新的需要：住房和衣服等。而新的需要引发了新的劳动领域以及由此而来的新的活动。这就使人与动物的关系发生了质的变化：人在其物种关系方面愈来愈远离动物。

劳动使得人与自身的关系以及人与社会的关系越来越密切。恩格斯指出，每个人的手和脑只有"在社会中共同作用，人才有能力进行愈来愈复杂的活动，提出和达到愈来愈高的目的"。一是随着人们需求增加，劳动不仅在时间上"一代一代地变得更加不同、更加完善和更加多方面"，而且在空间上范围不断扩大，活动的领域日益多样化。这样，劳动除了最早产生的打猎和畜牧外，后来又有了农业，其后又有了纺纱、织布、冶金、制陶器和航行等。二是随着商业和手工业的兴起，出现了艺术和科学。这意味着劳动本身由以体力劳动为主的劳动，开始向脑力劳动发展。三是随着部落发展成为民族和国家，“法律和政治发展起来了，而且和它们一起，人的存在在人脑中的幻想的反映——宗教，也发展起来了”。这不仅意味着劳动本身向脑力劳动发展，而且向上层建筑、意识形态发展。

3. 脑力劳动的发展使人产生了认识的误区

恩格斯清晰地看到，随着脑力劳动的发展，尤其是向上层建筑、意识形态的发展，“在所有这些首先表现为头脑的产物并且似乎统治着人类社会的东西面前，由劳动的手所制造的较为简易的产品就退到了次要的地位”。特别是在原始社会后期（例如，在原始的家庭中），能计划怎样劳动的头脑，已经能不通过自己的手而是通过别人的手来执行它所计划好的劳动。随着文明的迅速推进，人们产生了一种误认：“习惯于以他们的思维而不是以他们的需要来解释他们的行为。”人们常常把文明的迅速推进完全归功于头脑，归功于脑的发展和活动。这样，随着时间的推移，便产生了唯心主义的世界观。这种世界观从古代世界到恩格斯所处的时代，一直统治着人的头脑。由于唯心主义世界观的影响，甚至连最富有唯物精神的自然科学家们也弄不清人类是怎样产生的，因为他们“没有认识到劳动在这中间所起的作用”。

恩格斯接着从相互联系的辩证法方法论视域，指出了上述误区的认识论根源：“自然界中没有孤立发生的东西。事物是互相作用着的，并且在大多数情形下，正是忘记了这种多方面的运动和相互作用，阻碍我们的自然科学家去看清最简单的事物。”他还通过分析动物与环境、人与环境之间的相互关系，说明其相互作用。恩格斯指出，尽管动物不如人所做的那样，但是它们也通过它们的活动而改变外部自然界。同时，由动物改变的环境，又反过来作用于原先改变环境的动物，使它们起变化。而“人离开动物愈远，他们对自然界的作用就愈带有经过思考的、有计划的、向着一定的和事先知道的目标前进的特征”。

三、基于劳动的计划性及其悖论反思的生态伦理观

恩格斯通过分析人的劳动的计划性及其悖论，反思其悖论产生的直接的思想与认识根源及深层的唯心主义方法论与认识论根源，提出了以历史唯物辩证法的相互联系性为核心的、协调人—自然—社会的生态伦理观，以及超越历史上生产方式处理人—自然—社会关系的局限的生态伦理方略。

1. 劳动的计划性及其悖论

恩格斯通过将动物的计划性与人的计划性加以比较指出，这两者的本质区别是劳动。尽管动物具有从事有计划的、经过思考的行动的能力。在哺乳动物那里，这种计划性则已达到了相当高的阶段。人们在猎狐时，可以观察到，狐是怎样正确地运用地形来躲避它的追逐者，怎样出色利用一切有利的地势来中断它的踪迹。但是，“一切动物的一切有计划的行动，都不能在自然界上打下它们的意志的印记”，它们“仅仅利用外部自然界，单纯地以自己的存在来使自然界改变；而人则通过他所作出的改变来使自然界为自己的目的服务，来支配自然界。这便是人同其他动物的最后的本质的区别，而造成这一区别的还是劳动”。

与此同时，恩格斯指出了人的劳动计划性的内在悖论。尽管人“能在自然界上打下它们的意志的印记”，“通过他所作出的改变来使自然界为自己的目的服务，来支配自然界”，但是“我们不要过分陶醉于我们对自然界的胜利。对于每一次这样的胜利，自然界都报复了我们。每一次胜利，在第一步都确实取得了我们预期的结果，但是在第二步和第三步却有了完全不同的、出乎预料的影响，常常把第一个结果又取消了”。与动物相比，人由于劳动——有计划

地改造自然、利用自然，为自己的目的服务——而远远超过了动物基于本能的有计划的活动，然而，人的这种劳动的计划性在时间上蕴涵近期（或者短期）与长期的悖论；在空间上蕴涵局部与整体的悖论；在认识维度上蕴涵特殊与普遍、单一与多元的悖论。恩格斯以具体的实例生动地说明了上述悖论：美索不达米亚、希腊、小亚细亚以及其他各地的居民，为了得到耕地，把森林都砍完了，尽管他们的确在短期内得到了其想要的耕地——局部的、特殊的、第一目标实现了，但是他们却破坏了这些地区长远的、整体的普遍性的生态平衡——这些地方由于他们的作为，失去了森林，失去了积聚和贮存水分的中心，进而在今天成为荒芜的不毛之地。

2. 悖论的反思与协调人—自然—社会的生态伦理观

恩格斯不仅进一步揭示了上述悖论存在的普遍性，而且通过反思提出了以辩证法的相互联系性为核心的生态伦理观。他列举了阿尔卑斯山的意大利人，由于砍伐松林，摧毁了其所在区域的高山畜牧业的基础，进而使山泉在一年中的大部分时间内枯竭了，但在雨季又使更加凶猛的洪水倾泻到平原上。在欧洲传播栽种马铃薯，也把瘰疬症和多粉的块根一起传播过来了。在这里，恩格斯揭示了人与自然关系的多元性，其中包括人—地（山）关系、人—林关系、人—畜关系、人—水关系、人—植物及其病虫害关系等。同时这些多元关系之间又是相互联系的，一旦其中一种关系被破坏，就会产生类似“多米诺骨牌”的连锁反应，不仅危及自然生态系统的协调发展，同时也危及作为自然产物的人类的生存与发展。由此，恩格斯从人与自然密切联系的多元伦理关系中警示我们：“必须时时记住：我们统治自然界，决不像征服者统治异民族一样，决不像站在自然界以外的人一样，——相反地，我们连同我们的肉、血和头脑都是属于自然界，存在于自然界的；我们对自然界的整个统治，是在于我们比其他一切动物强，能够认识和正确运用自然规律。”在这里，他反思了上述悖论产生的直接的思想与认识根据：其一，“像征服者统治异民族”那样统治自然的人类中心主义；其二，未能认识和正确运用自然规律。而恩格斯生态伦理观的深刻性就在于进一步反思了上述两者的认识论与方法论根源——古典时代崩溃以后在欧洲发生并在基督教中得到最大发展的“把精神和物质、人类和自然、灵魂和肉体对立起来的”、“反自然的”唯心主义观念。

如何才能超越上述悖论呢？恩格斯认为，一是我们要学会更加正确地理解自然规律，学会认识我们对自然界的惯常行程的干涉所引起的比较近或比较远的影响。特别从 19 世纪自然科学大踏步前进以来，我们就愈来愈能够认识到，因而也学会支配至少是我们最普通的生产行为所引起的比较远的自然影响。因此，人们愈会重新感觉到，同时也认识到人自身和自然界的一致性，进而处理好人—自身—自然的伦理关系。二是要学会处理好人—社会的伦理关系。因为处理好人—社会的伦理关系要比处理好人—自身—自然的伦理关系复杂得多。正如恩格斯指出的那样，“如果我们需要经过几千年的劳动才稍微学会估计我们生产行动的比较远的自然影响，那么我们想学会预见这些行动的比较远的社会影响就困难得多了”。他以上述列举的马铃薯以及随它而来的瘰疬症的传播作为案例展开分析。他认为，尽管传播栽种马铃薯带来了瘰疬症的传播，但是和工人的生活降低到吃马铃薯这一事实所产生的影响比起来，瘰疬症算得了什么呢？1847 年，爱尔兰因马铃薯受病害的缘故发生了大饥荒，饿死了 100 万吃马铃薯或以吃马铃薯为主的爱尔兰人，并且有200万人逃亡海外。和这种饥荒比起来，瘰疬症算得了什么呢？接着他又列举了近代地理学的伟大成果——哥伦布发现美洲——所引发的社会伦理问题：复活了在欧洲久已绝迹的奴隶制度，并奠定了贩卖黑奴的基础。17世纪和18世纪物理学和动力技术的革命——蒸汽机的发明——造成了巨大的社会伦理效应：它"比其他任何东西都更会使全世界的社会状况革命化"，但与此同时也引发了一系列社会伦理问题——在欧洲，"由于财富集中在少数人手里，而绝大多数人则一无所有，起初是资产阶级获得了社会的和政治的统治，而后就是资产阶级和无产阶级之间发生阶级斗争"。对于这一阶级斗争，恩格斯坚信，"只能以资产阶级的崩溃和一切阶级对立的消灭而告终"。但是，他也意识到，要学会处理好人—社会的伦理关系，必须"经过长期的常常是痛苦的经验，经过对历史材料的比较和分析，我们在这一领域中，也渐渐学会了认清我们的生产活动的间接的、比较远的社会影响，因而我们就有可能也去支配和调节这种影响"。

3. 超越历史上生产方式处理人—自然—社会关系的局限的生态伦理方略

恩格斯回顾了到目前为止存在过的一切生产方式，在协调人—自然—社会的伦理关系方面，"都只在于取得劳动的最近的、最直接的有益效果。那些只是在以后才显现出来的、由于逐渐的重复和积累才发生作用的进一步的结果，是完全被忽视的"。就原始的土地公有制而言，在协调人—自然—社会的关系上，一方面完全局限于眼前事物及人们的发展程度，另一方面则有一定的剩余的可用土地，进而为应对这种原始经济的不虞灾祸提供了一定的活动余地。但是一旦其剩余的可用土地用尽了，公有制也就衰落了。而一切较高的生产形式，都导致其居民分为不同的阶级，形成统治阶级和被统治阶级之间的对立。因此，恩格斯指出，"只要生产不局限于被压迫者的最必需的生活用品，统治阶级的利益就成为生产的推动因素。在西欧现今占统治地位的资本主义生产方式中，这一点表现得最完全"。在这种资本主义生产方式中，支配着生产和交换的每一个资本家所关心的，只是他们的行为最近的最直接的有益效果——出售时要获得利润。这成为其行为的唯一动力。甚至连其所制造的或交换来的商品的效用也已完全退居次要地位了。

在这里，恩格斯阐释了历史上处理人—自然—社会伦理关系的三种生产方式下的三种逻辑：（原始社会）完全局限于眼前事物及人们发展程度的逻辑、（奴隶社会与封建社会）统治阶级利益成为生产推动因素的逻辑和资本主义生产方式的资本运作逻辑。事实表明，这三种处理人—自然—社会伦理关系的逻辑都无法超越上述生态伦理悖论，甚至还会加剧这些悖论。在资本主义生产方式的大多数情形下，需要和供给之间的协调，变成二者的绝对对立。不仅如此，劳动者丧失了财产，而同时财富却愈来愈集中到少数资本家手中。即便是资产阶级社会科学，即古典政治经济学，也"主要只研究人在生产和交换中的行为所产生的可以直接预期的社会影响"。由此，恩格斯指出，要协调人—自然—社会的伦理关系，仅仅依靠认识是不够的，"还需要对我们现有的生产方式，以及和这种生产方式连在一起的我们今天的整个社会制度实行完全的变革"。

四、恩格斯劳动视域中的生态伦理观的几点启示

恩格斯的《劳动在从猿到人转变过程中的作用》尽管是一篇没有完成的论文，但毋庸置疑，它是一篇历史唯物主义的奠基之作。马克思恩格斯在《德意志意识形态》中指出，"任何人类历史的第一个前提无疑是有生命的个人的存在。

因此第一个需要确定的具体事实就是这些个人的肉体组织，以及受肉体组织制约的他们与自然界的关系”。然而，尽管他们深谙“任何历史记载都应当从这些自然基础以及它们在历史进程中由于人们的活动而发生的变更出发”，但由于他们的主要任务是批判费尔巴哈、鲍威尔和施蒂纳所代表的德国哲学，因而没有深入研究人们自身的生理特性，也没有深入研究各种自然条件——地质条件、地理条件、气候条件——以及人们所遇到的其他条件。后来马克思恩格斯都由于领导工人革命，批判形形色色的错误思潮，一直没能对这一问题进行系统阐发，而恩格斯这篇论文运用唯物史观和唯物辩证法，从人类发展史、自然史的视角，系统地考察了“劳动”如何“创造了人本身”，人—自然—社会伦理关系何以产生，进一步论证了“历史可以从两方面来考察，可以把它划分为自然史和人类史。但这两方面是密切相联的；只要有人存在，自然史和人类史就彼此相互制约”。这填补并完善了他与马克思共同创立的历史唯物主义。

恩格斯运用唯物史观和唯物辩证法相互联系的方法论，以劳动在从猿到人转变过程中的作用为研究主线，论证了劳动何以促进了人—自然—社会多元伦理关系的形成，以及对人—自然—社会伦理关系多维度的影响。恩格斯首先肯定了劳动把人从动物界提升出来，因而“创造了人本身”，是“整个人类生活的第一个基本条件”。同时他反驳了当时政治经济学家关于“劳动是一切财富的源泉”的观点，阐述了劳动和自然界之间的辩证关系。更重要的是，他揭示了人的劳动计划性的内在悖论：在时间上蕴涵近期与长期的悖论；在空间上蕴涵局部与整体的悖论；在认识维度上蕴涵特殊与普遍、单一与多元的悖论。因此，他警示道：“必须时时记住：我们统治自然界，决不像征服者统治异民族一样，决不像站在自然界以外的人一样，——相反地，我们连同我们的肉、血和头脑都是属于自然界，存在于自然界的；我们对自然界的整个统治，是在于我们比其他一切动物强，能够认识和正确运用自然规律。”实际上，马克思在《1844经济学哲学手稿》中也有相关的思想，他指出，“自然界，就它本身不是人的身体而言，是人的无机的身体。人靠自然界生活。这就是说，自然界是人为了不致死亡而必须与之不断交往的、人的身体。”只不过马克思是以一种人本主义诗意般的哲学思辨语言进行阐释，而恩格斯的告诫则是基于历史唯物辩证法和实证分析基础之上的哲学论证。这对我们认清人与自然的关系，协调促进人—自然—社会的可持续发展，具有理论与实践的指导意义。

恩格斯通过反思人的劳动的计划性及其悖论产生的直接的思想与认识根源及其深层的方法论与认识论根源，提出了以辩证法的相互联系性为核心的协调人—自然—社会的生态伦理观：要学会更加正确地理解自然规律，学会认识我们对自然界的惯常行程的干涉所引起的比较近或比较远的影响；要学会处理好人—社会的伦理关系，学会预见这些行动的比较远的社会影响。恩格斯意识到，协调人与自然的关系离不开协调人—社会的伦理关系，而且后者比前者更复杂。这种复杂性在当代表现得日益明显，正如阿多诺指出的那样：“我们在支配自然上的进步或许正日益促成那种据说这种进步会保护人类免遭的灾难，或许正在编织社会粗鄙地长成第二自然”，其结果却越来越表现为主体的人自身的自我沦丧，同时人的生存条件越来越转变成一种统治人的异己力量。这不仅进一步加剧了人与人之间关系的紧张，而且导致人与自然关系的紧张。恩格斯回顾了到目前为止存在过的一切生产方式在协调人—自然—社会的伦理关系方面的三种逻辑。事实表明，这三种逻辑“都只在于取得劳动的最近的、最直接的有益效果。那些只是在以后才显现出来的、由于逐渐的重复和积累才发生作用的进一步的结果，是完全被忽视的。”为了超越这三种逻辑的局限，他提出了协调人—自然—社会的伦理关系的生态伦理方略：要学会更加正确地理解自然规律，学会预见人们改造自然、利用自然行为的比较远的自然—社会影响，仅仅依靠认识是不够的，“还需要对我们现有的生产方式，以及和这种生产方式连在一起的我们今天的整个社会制度实行完全的变革”。恩格斯认为，只有通过这种变革，产生的新型的社会生产组织及其生产方式才能实现人的“第二次提升”：“只有一种能够有计划地生产和分配的自觉的社会生产组织，才能在社会关系方面把人从其余的动物中提升出来，正像一般生产曾经在物种关系方面把人从其余的动物中提升出来一样。”他认为，历史的发展将使这种社会生产组织日益成为必要和可能。他乐观地预期，一个新的历史时期将从这种社会生产组织开始，人们自身及其活动的一切方面，包括自然科学在内，都将出现前所未有的突飞猛进。

尽管恩格斯在《劳动在从猿到人转变过程中的作用》中提出的思想距今已有100多年，但是在当前全球化、市场经济、高技术信息化的条件下，重温其中的生态伦理思想对于我们建构当代生态伦理学，协调人—自然—社会的伦理关系，推进人—自然—社会的可持续协调发展仍然具有十分重要的指导意义和理论价值。

（作者：东南大学哲学与科学系教授、博士生导师）

（选自《马克思主义与现实》2012年第3期）

生态文明建设：十七大以来科学发展观新发展的重要内容

祝黄河　吴瑾青

科学发展观是关于发展的科学世界观和方法论，其目标就是通过发展去真正实现人与自然的和谐。落实科学发展观，需要树立一种科学的思维方式，找到一种具体的实践途径。党的十七大明确提出，“建设生态文明，基本形成节约能源资源和保护生态环境的产业结构、增长方式、消费模式，循环经济形成较大规模，可再生能源比重显著上升，主要污染物排放得到有效控制，生态环境质量明显改善，生态文明观念在全社会牢固树立”，并使之成为实现全面建设小康社会奋斗目标的新要求，深入贯彻落实科学发展观的重要内容。党的十七届四中全会又把生态文明建设提升到与经济、政治、文化和社会建设同等的战略高度，作为建设中国特色社会主义事业的有机组成部分。生态文明建设以科学的思维方式合理地处理人与自然的关系，解决了“什么是发展，采用什么理念指导发展，运用何种模式实现发展，以及如何评价发展”等事关科学发展的重要问题。生态文明建设体现和丰富了科学发展观的基本内涵。生态文明建设是实现经济社会科学发展的必然选择，是中国特色社会主义的应有之义，也是中国特色社会主义建设的必由之路。

一、生态文明建设是实现经济社会科学发展的必然选择，标志着我们党对文明的认识达到新的阶段

生态文明是人类文明发展的新阶段。生态文明建设是在借鉴并吸收发达工业化国家反思工业文明的理论成果、总结国内改革开放经验教训的基础上提出的，是我们党对文明认识新阶段的集中反映。

（一）生态文明建设是全面反思工业文明发展道路的理性选择

18 世纪，以蒸汽机的发明和使用为标志的英国工业革命，翻开了人类文明发展的新篇章——工业文明。在工业文明阶段，人类利用飞速发展的生产力和科学技术提高改造和利用自然的能力，大规模“征服”自然，创造了比过去一切时代创造的财富总和还要多的物质财富，极大地提高了自身的生活水平。与此同时，由于无视自然的价值，将原本充满灵性的有机自然沉沦为机械的、僵死的被征服与掠夺的对象并对其过度“索取”。据有关统计资料，整个 20 世纪，人类消耗了约 1420 亿吨石油、2650 亿吨煤、380 亿吨铁、7.6 亿吨铝、4.8 亿吨铜。其中，占世界人口 15%的工业发达国

家，消费了世界56%的石油和60%以上的天然气、50%以上的重要矿产资源。人类为此付出了惨痛代价，遭到了大自然的无情报复，资源枯竭、环境危机和生态恶化日甚一日，空气、水、固体废物、噪声、化学等各种污染，物种灭绝、水土流失、湿地退化、土地沙化、森林草原退化、矿产资源枯竭、臭氧层漏洞、酸雨、气候变暖等众多生态环境问题时有发生。自20世纪初期开始，最早享受工业文明的发达工业化国家环境污染的"公害事件"层出不穷，比如马斯河谷污染事件、伦敦烟雾事件、洛杉矶光化学烟雾事件、切尔诺贝利核泄漏事件以及日本的水俣病事件等。特别是20世纪中叶以后，全球性的生态环境恶化问题不但没有得到根本的缓解，而且还呈现出日益加剧的趋势。人类面临着前所未有的各种危机，如人口危机、环境危机、粮食危机、能源危机、原料危机等。在尝到了工业化带来的环境恶化苦果之后，这些发达工业化国家意识到资源是有限的，增长不等于发展，开始了对"先污染后治理"、"先破坏后恢复"、"先开发后保护"发展模式的深刻反思，英国马尔萨斯曾警告指出人口指数增长的潜在性危险，美国乔治·马奇指出地球的"毁灭"与物种的消亡是人类对自然"犯罪"的结果。在反思的同时，也对新发展理念与新发展模式进行了艰难探索。1962年，美国海洋生态学家蕾切尔·卡逊出版《寂静的春天》，现代环境保护运动兴起。1972年，联合国召开了第一次人类环境会议，揭开了人类共同保护环境的序幕，唤起了各国政府对环境问题的关注。同年，罗马俱乐部发表了著名的研究报告《增长的极限》。1983年11月，联合国成立了世界环境与发展委员会，该委员会于1987年在报告《我们共同的未来》中提出了可持续发展理念。1992年，联合国在巴西里约热内卢国际环境与发展大会上又形成和发布了《21世纪议程》。1997年，世界各国通过了《京都议定书》，达成了各国减排温室气体的协议。在此基础上，生态文明发展道路应运而生。生态文明既保持了工业文明的优点和长处，又克服了它的弱点和短处。生态文明发展道路的提出是人类价值观念、生产方式、生活方式等方面的重大变革，是人类文明形态与文明发展理念、道路和模式的重大进步，是人类文明发展的必然结果和新趋势。中国作为一个发展中国家，目前正处于工业化中期。中国共产党人通过总结发达国家工业化进程中的经验教训，对工业化所带来的严重生态环境问题进行了深刻反思，清醒地认识到了发展已不能再牺牲环境这个问题，并吸收可持续发展、循环经济理论等西方生态文明理论成果，在自己的发展理念中及时提出建设生态文明的新要求。

（二）生态文明建设是解决当前我国经济社会发展面临的突出矛盾和问题的迫切要求

新中国成立后，为了改变贫穷落后的面貌，让人民富裕起来、让国家强盛起来，我国集中力量抓经济建设，取得了举世瞩目的发展成就，国家面貌发生了翻天覆地的变化。特别是改革开放后，生产力得到进一步解放，国民经济进入高速发展轨道，国民生产总值增长速度一直居于世界前列，综合国力大幅提升。但这种高速度是建立在高能耗、高投入基础之上的，我们在社会主义现代化建设中取得巨大成就的同时，也付出了能源资源过度消耗、生态环境破坏的沉重代价。非再生性资源储量和可用量不断减少，环境隐患增加，环境突发事故增多。而且，随着工业化进程的推进，环境问题从区域性、局部性逐步向全国性、整体性转变。生态环境恶化和能源资源短缺成为经济社会发展的主要制约因素。人民日益增长的物质文化需求不仅与落后的社会生产力存在矛盾，也与落后的生产方式即牺牲环境求发展存在矛盾。可以说，日益严重的环境问题严重影响了人民的生存安全和生活水平提高，也对我国经济社会持续健康发展提出了挑战。面对现阶段我国比较突出的环境问题，我们如果不去改变高消耗、高投入、粗放型的发展模式，不去寻找新的发展模式、发展路径，而是继续沿着高投入、高消耗、高污染、破坏生态平衡的发展道路走下去，那么，我国的能源资源与生态环境容量将难以长久支撑现在的产业结构、增长方式和消费模式，我们已经取得的发展成果也会遭到破坏，我们及子孙后代的生存与发展也会受到威胁。生态文明建设的提出正是基于对走传统发展道路给我国资源环境所带来的破坏与危机的深刻反省。生态文明建设，从指导经济社会发展的指导思想层面上实现新的转变，从人们的世界观、道德观、价值观、政绩观、消费观的层面上实现新的转变，是解决经济社会发展与生态环境之间矛盾的治本之举。生态文明建设的目的就是想通过调整经济结构和转变经济发展方式，解决当前我国经济社会发展面临的突出矛盾和问题，避免环境问题演变成环境危机，最终实现速度和质量相统一、经济和生态相协调。

（三）生态文明建设是应对国际社会种种挑战的客观需要

节约资源能源、保护环境、应对气候变化已成为国际社会高度关注的问题，是当前国际形势新变化的主要表现。国际形势的新变化给我国经济社会发展和对外交往带来了种种挑战。首先，能源资源安全已经成为各国经济安全和国家安全的重要组成部分。当前，世界能源资源供求关系日益趋紧，能源资源供应安全问题更加突出，各国对能源资源的争夺也变得更加激烈。随着工业化进程的不断深入，我国对石油、铁矿石等能源资源产品需求不断增长。一些国外舆论便以此为借口，趁机故意制造新的“中国威胁论”——环境资源威胁论。其次，面对日益严重的温室效应、臭氧层破坏以及其他破坏性气候、环境灾难，一些发达国家将气候变化问题作为获取竞争新优势的手段。作为排放大国，我国在气候变化问题上也面临着较大的国际压力。在气候变化有关中国的议题部分，西方大国指责我国的巨大碳排放量，要求中国承担过高的减排责任，并不断制造舆论、施加压力。第三，在国际产业链中，我国由于自主知识产权产品较少，处于不利的分工地位，许多时候成为低端产品的“世界工厂”，并承受着随之而来的资源和环境的巨大代价。与此同时，一些西方发达国家却打着“保护有限资源、环境或人民健康”的旗号，实行贸易保护主义，对我国商品出口设置绿色贸易壁垒，给我国进出口贸易造成了不利影响。在这样的背景下，我国既要切实有效回应挑战，又要保护人类赖以生存的自然环境，肩负起应尽的国际责任，展示“负责任大国”的形象。生态文明建设战略目标的提出顺应了国际形势的新变化，是应对这些变化所带来的种种挑战的有力举措，有利于我国提高发展的质量与效益，抢占国际竞争的制高点，赢得发展的主动权。

二、生态文明建设是中国特色社会主义的应有之义，标志着我们党对社会主义建设规律的认识达到新的高度

中国特色社会主义是一个全面开放、协调发展的社会。以胡锦涛同志为总书记的党中央着眼于丰富发展内涵、创新发展观念、拓展发展思路、破解发展难题提出了生态文明建设，用一系列新思想、新观点、新论断丰富和发展了中国特色社会主义理论体系，标志着我们党对社会主义建设规律认识的逐步深化。

（一）生态文明建设是对中国特色社会主义事业总体布局的完善

改革开放以来，我们党在探索中形成了关于中国特色社会主义事业总体布局的一系列新认识。1982年，邓小平同志第一次提出“建设有中国特色的社会主义”，指明建设社会主义的正确道路，提出了中国特色社会主义事业总体布局的科学命题。此后，随着理论和实践的不断发展，中国特色社会主义事业总体布局也不断得到拓展和完善。党的十七大以后，胡锦涛同志《在新进中央委员会的委员、候补委员学习贯彻党的十七大精神研讨班上的讲话》强调，“贯彻落实全面协调可持续的基本要求，必须按照中国特色社会主义事业总体布局，全面推进经济建设、政治建设、文化建设、社会建设，积极推进生态文明建设。”生态文明建设开始与其他四项建设一起统一于中国特色社会主义的伟大实践之中，成为“五位一体”中国特色社会主义事业总体布局的构成部分之一。其中，生态文明建设是基础和保障，没有良好的生态环境，其他一切建设都无从谈起。2008年1月29日，胡锦涛同志在中共中央政治局第三次集体学习时又把实现全面建设小康社会奋斗的五个新要求和中国特色社会主义事业总体布局的“五大建设”有机统一起来，明确提出“贯彻落实实现全面建设小康社会奋斗目标的新要求，必须全面推进经济建设、政治建设、文化建设、社会建设以及生态文明建设，促进现代化建设各个环节、各个方面相协调，促进生产关系与生产力、上层建筑与经济基础相协调。”自此，生态文明建设成为中国特色社会主义发展道路的一个基本点和社会主义现代化建设的主要领域，中国特色社会主义道路由此得到进一步拓宽，中国共产党人对中国特色社会主义建设规律的认识也由此得到进一步丰富。

（二）生态文明建设是对中国特色社会主义文明认识的深化

中国共产党对中国特色社会主义文明的认识是在长期实践中不断丰富和逐步深化的。从十二大提出物质文明、精神文明两手抓，到十六大提出政治文明，又到十七大提出生态文明，社会主义文明的内涵越来越丰富。而且，生态文明与其他三种文明形态之间紧密联系，相辅相成。一方面，生态文明是物质文明、政治文明、精神文明这三种文明形态的前提和基础，没有良好的、安全的生态环境，物质文明、政治文明、精神文明这三种文明形态就会失去载体，人们就会陷入生存危机；另一方面，物质文明、政治文明和精神文明深刻地影响生态文明的水平和状况。生态文明是实现物质文明、政治文明和精神文明后的必然结果。物质文明涵盖着实现经济与生态协调发展、人与自然和谐共处的物质生产方式和物质生活进步，政治文明包含着实现经济与生态协调发展、人与自然和谐共处的制度安排和政策法规，精神文明则提供着实现人与社会、人与人、人与自然之间全面和谐所需的精神动力、智力支持和思想保证。总之，物质文明、精神文明、政治文明和生态文明这四种文明形态及其相互之间的密切关系，构成了一个内容丰富、系统完整的中国特色社会主义文明体系。只有协调好这四种文明形态之间的相互关系，全面推进“四大文明”建设，才能使中国真正走上经济发展、政治稳定、文化繁荣、社会和谐、人民群众安居乐业的科学发展道路。这是在中国特色社会主义理论创新方面取得的又一个重要成果，标志着对中国特色社会主义的认识达到了新境界。

（三）生态文明建设是对社会主义现代化建设奋斗目标的拓展

生态文明建设的明确提出是中国共产党对社会主义现代化建设规律认识的进一步深化。社会主义现代化建设，不仅要体现在全社会中经济的发展、物质的充裕、政治的民主、文化的繁荣、精神的丰富上，也要体现出人与自然、人与社会和谐共生。十七大在充分总结党的三代中央领导集体关于社会主义现代化奋斗目标的现实基础上，把社会主义现代化奋斗目标进一步拓展为“富强民主文明和谐”。建设富强民主文明和谐的社会主义现代化国家的过程，也就成为一个反映物质文明、精神文明、政治文明和生态文明的相互影响、全面推进、协调发展、有机统一的历史进程。其中，物质文明建设为精神文明、政治文明和生态文明的发展提供经济基础，精神文明为物质文明、政治文明、生态文明的发展提供思想保证、精神动力和智力支持，政治文明建设为物质文明、精神文明和生态文明的发展提供法制和政策保障，生态文明建设则为物质文明、精神文明和政治文明的发展提供生存条件。社会主义现代化建设奋斗目标的进一步拓展，有助于我们从我国社会主义初级阶段的基本国情出发，清醒认识和把握社会主义主要矛盾在新世纪新阶段的发展变化，深刻认识中国特色社会主义发展中遇到的重大理论与现实问题，更加自觉、更加深入地贯彻落实科学发展观，更加自觉、更加坚定地走生产发展、生活富裕、生态良好的科学发展道路。

三、生态文明建设体现和丰富了科学发展观的基本内涵，标志着我们党对科学发展的认识达到新的境界

科学发展观是我们党对社会主义发展理论的一次系统总结和理论升华。科学发展观源自中国特色社会主义的伟大实践，又指导和引领着这一实践。作为一个开放的、发展的理论，科学发展观需要从理论创新和实践创新中不断汲取营养来丰富和发展自身。生态文明建设不仅吸收和体现了马克思主义生态思想的精髓，也对中国共产党长期生态环境建设实践进行了理论升华，更是对科学发展观的实践检验。

（一）生态文明建设是马克思主义生态思想在当代中国的创新性发展

人类社会的发展，特别是社会主义社会的发展问题，始终是马克思主义经典作家孜孜探索的重大课题。马克思主义经典作家通过对资本主义生产方式、生产关系的剖析，揭示了人类社会的未来发展方向，创建了科学社会主义理论。该理论中蕴涵丰富的生态文明思想。生态文明建设是在马克思主义生态思想逻辑框架上构筑起来的，是将马克思主义理论方法运用于中国当代实际所形成的理论成果。生态文明建设致力于创建一种人与自然、人与社会、人与人和谐相处、协调发展的新发展模式和新生活方式，构造一个“以环境资源承载力为基础、以自然规律为准则、以可持续社会经济文化政策为手段”的资源节约型、环境友好型社会。生态文明的深层内涵在于，在满足人的基本需要的同时强调人与自然的和谐共生，进而促进人的全面发展和社会全面进步。生态文明建设的核心观点反映了马克思主义生态思想中关于人与自然关系的论述。

（二）生态文明建设是中国共产党长期生态环境建设实践的理论升华

一切经济社会的发展都要依托于良好的生态环境。“良好的生态环境是社会生产力持续发展和人们生存质量不断提高的重要基础。”新中国成立后，历代中央领导集体在社会主义建设的伟大历程中，以战略眼光高度重视生态环境建设，对人与自然的关系、经济与生态如何协调发展进行了不断探索，作出过许多努力。党的第一代中央领导集体在积极推进国家工业化的同时，也从经验教训中领悟到生态环境建设的重要性，开展了保护环境、植树造林等工作。党的第二代中央领导集体充分认识到了生态环境保护的重要性，积极借鉴和吸收世界各国环境保护与建设的有益经验，并在此基础上形成了“可持续发展”思想。党的第三代中央领导集体将“可持续发展”思想上升到战略地位，确定为我国经济社会发展的重要指导方针。在此基础上，以胡锦涛同志为总书记的党中央提出了科学发展观，在十七大报告中又进一步明确提出了建设生态文明的新要求，并将到2020年成为生态环境良好的国家作为全面建设小康社会的重要目标之一。总之，在长期社会主义建设实践和思想探索的过程中，中国共产党在资源环境问题、可持续发展问题上取得了一系列成果。建设生态文明，正是在这些成果的基础上，以科学发展观为指导，结合我国全面建设小康社会的具体实践而进行的一次重要理论创新。生态文明理念强调将经济社会发展的一切活动都放在自然界的大格局中考量，在改造客观世界的同时又主动保护客观世界，在考虑人类生存与繁衍需要的同时又顾及生态环境的承载力，以实现社会发展与环境保护双赢、人与自然和谐共生。生态文明建设的提出，把环境建设从实践层面上升到党和国家发展目标和发展战略的高度，是我国多年来在环境保护与可持续发展方面所取得成果的理论升华，反映了我们党对人与自然、经济与生态关系认识的不断深化，表明了我们党对生态环境建设在经济社会发展全局中重要作用的认识达到了新境界。

（三）生态文明建设是科学发展观基本内涵的实践检验

科学发展观是中国特色社会主义理论体系的最新成果，回答了“什么是发展”、“为什么发展”和“怎样发展”等一系列重大问题。科学发展观的第一要义是发展，核心是以人为本，基本要求是全面协调可持续，根本方法是统筹兼顾。党的十七大提出的生态文明建设与科学发展观之间具有内在的一致性。生态文明建设既追求经济发展，又要求保护生态，强调要在保护生态环境的前提下发展，在发展的基础上改善生态环境，做到经济发展和生态保护两者都不误，这充分反映了“发展”这个科学发展观的第一要义。生态文明建设要求以维护广大人民群众的根本利益，实现人的自由全面发展为出发点和落脚点，把人的生存和发展作为最高价值目标，统筹人与自然的和谐发展，做到发展成果由人民共享，不断满足人们日益增长的物质文化需要，让人们在优美的环境中工作和生活，反映了“以人为本”这个核心。生态文明建设还充分考虑环境、资源和生态的承载能力，促进经济发展和人口、资源、环境相协调，坚持“代际公平”、“代内公平”等公平原则，统筹了自然资源的永续利用和社会的永续发展，反映了科学发展观“全面、协调、可持续发展”的基本要求和“统筹兼顾”的根本方法。科学发展观与生态文明的内在一致性决定了生态文明建设必须以科学发展观为指导思想。生态文明建设是对科学发展观的具体实践和真正落实，体现了科学发展观的基本内涵。科学发展观不仅用生态文明来调节人与人之间、人与社会之间的关系，而且也用来调节人与自然之间的关系。

中国共产党在发展中国特色社会主义的过程中，充分认识到了生态文明的重要性和紧迫性，在总结历史经验教训的基础上，作出了建设生态文明的战略部署。生态文明建设指明了实现全面建设小康社会宏伟目标的基本途径，作出了对日益严峻的环境问题主动承担大国责任的庄严承诺。生态文明建设是从科学发展观角度提出的，适应了完善科学发展观的理论诉求，符合了贯彻落实科学发展观的现实需要。总之，生态文明建设是十七大以来科学发展观新发展的重要内容。

（作者：祝黄河系江西师范大学教授、博士生导师）

（选自《中国特色社会主义研究》2012年第2期）

美丽中国：更具包容的增长之道

李志青

党的十八大报告提出，“要把生态文明建设放在突出地位，融入经济建设、政治建设、文化建设、社会建设各方面和全过程，努力建设美丽中国，实现中华民族永续发展。”美丽中国，赋予我国生态文明建设前所未有的广度和深度。

社会主义生态文明包含以下几层涵义：第一，生态环境是一切生产力的源泉，“建设美丽中国”旨在保护我国的生产力源泉，为社会主义经济、政治、文化、社会各方面的建设与可持续发展保驾护航。第二，生态环境是一切社会生活和生产场所的源泉，“建设美丽中国”有利于优化和改善人们生活与生产的自然环境和条件，更好地为社会主义劳动者与建设者服务；第三，生态环境还是一切社会认知与精神世界发展的根源，“建设美丽中国”可以丰富和深化本土精神领域的探索与挖掘，为建成富有底蕴和幸福感的小康社会服务。

从生态文明出发，“建设美丽中国”也对中国的经济增长和发展道路提出了更高要求。首先，它意味着中国不赞成西方发达国家在生态环境上曾经主张并实践的“先污染，后治理，再转移”的理念，社会主义生态文明注重的是“尊重自然、顺应自然、保护自然的生态文明理念”。在新的全球化、城市化和工业化背景下，中国既没有“污染环境，治理环境和转移污染”的资本与空间，更没有这样的主观意愿。

其次，它意味着中国将不再继续走粗放式的经济增长老路。粗放增长的结果必然是高投入、高排放和高退化，同步体现为资源利用低效、环境保护无力、公众健康日下、社会福利受损。社会主义生态文明建设要求“坚持节约资源和保护环境的基本国策，坚持节约优先、保护优先、自然恢复为主的方针”，其实质在于实现经济的集约化高质增长，以及实现生态环境的更好保护和能源资源的更高效利用。

最后，它更深层地意味着中国有必要改变“唯增长速度”和“唯政绩”的发展观念。节约资源和保护环境可能会在一定程度上和一定时期内降低经济的增长速度。但研究表明，由此产生的更高质量的生态环境必定会在长期给公众带来更强的幸福感和满意度，实现社会经济的长治久安。在新的发展阶段里，生态代表着健康与美好，美丽则寓意为更加全面而平衡的发展。所以，与其说生态文明对经济增长是一种约束，还不如说是一个抵御增长风险、实现科学发展的有力保障。也正是在这个意义上，“美丽中国”不是水中月、镜中花，它象征的是一个更加健康、全面、科学以及更具包容的经济增长之道。

具体来看，“建设美丽中国”有以下几条路径。一是要优化资源与环境的配置。无论是作为资源的土地、水、能源、矿产等，还是作为环境的生态、排放等，都必须做到物尽其用，要在科学研究和规划的基础上，本着集约的原则，严格保护和充分利用，进一步提高各种资源利用与环境保护的经济性与生产效率。只有这样，经济增长的同时才有可能为美丽中国腾出足够的空间。

二是要建立和健全各种资源配置方式，做到硬的更“硬”，软的更“软”。要进一步强化节约资源和保护环境的法律制度约束，要以更加灵活和富有弹性的市场机制有效推进全社会节能减排，激励社会主体更加积极而主动地开展资源节约和环境保护。

三要兼顾资源环境利用的效率性与公平性。生态环境与自然资源条件在各地存在差异，既要做到服从节约资源和保护环境的基本国策和大局，同时，有必要兼顾不同地区的发展权利和利益诉求，通过生态的补偿机制，实现地区间资源利用与环境保护上的有机平衡。尤其是先发展地区，有必要从全局出发，对后发展地区的资源和环境进行合理补偿。如此，所有地区才有可能真正建设成社会主义生态文明，实现共同美丽。

（作者：复旦大学环境经济研究中心副主任）

（选自《解放日报》2012年12月1日）

统筹兼顾：生态文明建设的战略思维

张云飞

方法是推动内容前进的动力。作为中国化的马克思主义根本方法，统筹兼顾深刻地反映了坚持全面协调可持续发展的必然要求，深刻地揭示了实现科学发展、促进社会和谐的基本途径。在生态文明建设中，只有坚持运用统筹兼顾的根本方法，善于从战略思维的高度处理好人与自然的关系以及各种利益关系，才能真正促进我们走上生产发展、生活富裕、生态良好的文明发展道路。

一、统筹兼顾的科学根据

统筹兼顾，既有科学的理论依据，又有坚实的实践基础，是事物的整体和部分、均衡（平衡）和非均衡（非平衡）的辩证法在发展观上的具体运用和在方法论上的创造性发展，反映了事物的辩证属性，是一个典型的马克思主义中国化的科学概念，是中国化的马克思主义的思想方法、工作方法和价值方法的高度的有机的统一，不仅对于社会主义革命、建设和改革开放事业始终具有指导意义，而且对于经济、政治、文化、社会、生态等社会主义事业的各个方面都具有指导意义。

（一）统筹兼顾的理论依据

将唯物辩证法的总特征（普遍联系、永恒发展）用通俗的语言表述出来就是统筹兼顾。统筹兼顾就是通盘筹划、全面照顾的意思。统筹强调的是重点，兼顾突出的是全面。首先，它体现的是整体和部分的辩证关系。无论是客观世界还是主观世界，无论是实体还是关系，都是由整体和部分构成的有机整体。就事物的辩证属性来看，“不同要素之间存在着相互作用。每一个有机整体都是这样。”于是，在认识世界和改造世界的过程中要正确处理好整体和部分的辩证关系，就必须坚持统筹兼顾。一方面，统筹就是要抓住整体对部分的制约，要有全局性的视野，防止迷失大的方向。另一方面，兼顾就是要看到部分对整体的影响，要照顾到方方面面，避免孤军作战。因此，统筹兼顾事实上就是唯物辩证法的系统方法。其次，它体现的是均衡和非均衡的辩证关系。就矛盾的发展状况来看，事物总是处在均衡和非均衡的此消彼长的过程中。例如，“社会主义国家的经济能够有计划按比例地发展，使不平衡得到调节，但是不平衡并不消失。‘物之不齐，物之情也。’因为消灭了私有制，可以有计划地组织经济，所以就有可能自觉地掌握和利用不平衡是绝对的、平衡是相对的这个客观规律，以造成许多相对的平衡。”这样，就要求人类在认识世界和改造世界的过程中，必须坚持统筹兼顾。一方面，只有保持均衡状态，事物才能维持其规定性。另一方面，均衡是相对的，只有不断地打破均衡状态，事物才能向前发展。因此，统筹兼顾就是既要在非均衡的过程中实现均衡，又要在均衡的过程中促进非均衡的形成。在这个意义上，统筹兼顾就是唯物辩证法的协同方法。显然，统筹兼顾是重点论和两点论的统一。统筹就是要求人们要看到整体、长远和根本，要抓住主要矛盾或矛盾的主要方面，保证总体方向的正确性。兼顾就是要看到局部、眼前和具体，要注意其他矛盾对主要矛盾的影响、矛盾的其他方面对主要方面的影响，保证行动的有效性。在认识世界和改造世界的过程中，如果没有统筹，那么，就会被枝节所困扰。如果没有兼顾，那么，重点不仅不能解决，而且会产生新的问题。只有既突出重点又照顾其他，才能保证认识和实践正常有序地进行。当然，坚持统筹兼顾，还必须将反对一点论和反对均衡论统一起来，避免形而上学。

（二）统筹兼顾的实践依据

统筹兼顾是我国社会主义革命、建设和改革实践的重要经验，是正确处理各方面矛盾和问题的战略方针，是中国共产党人一贯坚持的科学有效的工作方法。社会主义建设必须调动各方面的能动性、积极性和创造性，在各项工作中都要坚持统筹兼顾的方针。毛泽东在1957年1月指出：“统筹兼顾，各得其所。这是我们历来的方针。”统筹兼顾“就是调动一切积极力量，为了建设社会主义。这是一个战略方针。实行这样一个方针比较好，乱子出得比较少。这种统筹兼顾的思想，要向大家说清楚”。因此，作计划、办事、想问题，都要从我国有人口多这一点出发，千万不要忘记这一点。在开辟中国特色社会主义道路的新时期，我们看到，现代化建设的任务是多方面的，存在着相互依存的关系，不能顾此失彼，不能单打一。这样，就要求各个方面的综合平衡，就要求统筹兼顾。根据这种考虑，我们形成了一系列“两手抓”的方针政策。例如，一手抓经济建设，一手抓精神文明。其实，两手抓就是统筹兼顾。同时，我们提出，必须按照统筹兼顾的原则来调整各种利益的相互关系。例如，要按照“两个大局”的设想来推进区域协调发展。同样，在推进社会主义现代化建设的过程中，必须处理好各种关系，特别是若干带有全局性的重大关系。因此，我们党提出，所有的政策措施和工作，都应该正确反映并有利于妥善处理各种利益关系，都应认真考虑和兼顾不同阶层、不同方面群众的利益。只有这样，社会主义建设和改革才能始终获得最广泛、最可靠的群众基础和力量源泉。正是在此基础上，科学发展观明确地把统筹兼顾方法从总体上或全局上确立为指导整个经济社会发展的方法论：“必须坚持统筹兼顾。要正确认识和妥善处理中国特色社会主义事业中的重大关系，统筹城乡发展、区域发展、经济社会发展、人与自然和谐发展、国内发展和对外开放，统筹中央和地方关系，统筹个人利益和集体利益、局部利益和整体利益、当前利益和长远利益，充分调动各方面积极性。统筹国内国际两个大局，树立世界眼光，加强战略思维，善于从国际形势发展变化中把握发展机遇、应对风险挑战，营造良好国际环境。既要总揽全局、统筹规划，又要抓住牵动全局的主要工作、事关群众利益的突出问题，着力推进、重点突破。”在这个意义上，统筹兼顾不仅是中国化的马克思主义的根本方法，而且是整个社会主义革命、建设和改革开放必须坚持的基本方法。

二、统筹兼顾的生态指向

统筹兼顾不仅是辩证法在发展观上的具体运用和在方法论上的创造性发展，也是我国生态建设实践经验的科学提升，要求我们用系统视野（总体性视野）来把握人与自然的关系。

因此，统筹兼顾具有明确的生态指向，适用于生态建设领域。

（一）统筹兼顾是我国生态建设实践经验的科学提升

我国在现代化起飞的过程中，就对统筹人与自然的和谐发展给予了高度的关注，形成了“三同时”和“三同步”为主要内容的环境管理制度。1972年6月，在国务院批转的《国家计委、国家建委关于官厅水库污染情况和解决意见的报告》中第一次提出了工厂建设和三废利用工程要“同时设计、同时施工、同时投产”的要求。1979年，《中华人民共和国环境保护法（试行）》对“三同时”制度从法律上加以确认：在进行新建、改建和扩建工程时，必须提出对环境影响的报告书，经环境保护部门和其他有关部门审查批准后才能进行设计。其中防止污染和其他公害的设施，必须与主体工程同时设计、同时施工、同时投产。各项有害物质的排放必须遵守国家规定的标准。可见，“三同时”的实质就是要求将经济建设与生态建设在时间安排上统筹起来考虑。1983年召开的第二次全国环境保护会议，提出了经济建设、城乡建设和环境建设要同步规划、同步实施、同步发展的方针。1996年第四次全国环境保护会议，把这一方针与国家的发展战略紧密联系起来阐述为：推行可持续发展战略，贯彻“三同步”方针，推进两个根本性转变，实现“三个效益”的统一。同步规划是前提。这就是要求在规划阶段就要将“三个建设”作为一个整体同时考虑，通过规划实现三者之间的合理布局。同步实施是关键。这就是要将“三个建设”作为一个系统整体纳入到实施过程中，协调推进。同步发展是归宿。这就是要在经济建设、城乡建设和环境建设之间实现“三赢”。其实，这已包含有物质文明、社会文明和生态文明共同发展和协调发展的意思。在总体上，“三同时”和“三同步”落脚于生态效益、经济效益和社会效益的统一上。它们不仅是社会主义中国最早的环境管理制度，而且是统筹兼顾方法在环境管理上的具体运用和创新发展。

（二）统筹兼顾是把握人与自然的系统关联的总体视野

在人类实践的基础上，人（社会）和自然已经构成了一个巨大的复合生态系统即“人——自然”系统。必须看到，在现实中，现代技术和社会变得很复杂，人与自然的系统关联最终是通过可持续发展表现出来的。可持续发展具有以下辩证特征：一是整体性和非线性的统一。作为系统的人和自然的关系，最基本的属性就是其整体性。但是，人和自然的相互作用不是预先形成的，系统行为是由存在的条件的非线性相互作用决定的，行为可能性的实现在某种偶然情况下带有某种偶然性。这样，关键问题就取决于人类在自己活动的过程中究竟做出怎么样的选择。因此，生态文明所要求的可持续性只能在系统内部的选择过程中实现，可持续性并不是要限制甚至是取消人的活动，而是要促使人通过自主性的选择达到系统的均衡和发展的持续。二是持续性和自主性的统一。自然生态系统构成了可持续发展的基础，同时也是其基本的限制系统，这就使整个社会发展系统必须具有持续性的特征。但是，发展系统本身又具有增长的趋向，具有自主性。可持续发展的自主性主要是系统内部的自主选择，是人类利用制度、社会和技术的选择方式在维持系统的可持续性和整体性的同时，扩展系统的涵容量和承载力，从而增强发展自身的可持续性的过程。三是竞争性和有序性的统一。“人——自然”系统的竞争性源于发展的差异性，是差异性的一种强化的表达。它有可能激活系统的行为，使发展系统的行为具有可持续性。但是，也有可能使整个系统导向无序。这就要求发展系统的行为要在整个系统中得到有效的传播，在竞争中走向协调和合作，使整个系统趋向有序。为了克服系统的无序趋向，避免无序性的出现，人类必须自觉调整自己的行为。这样，才能保证信息在系统中的增加。这就是要通过定向控制的方式，使发展的行为得以有效的传播，最终实现人与自然的和谐、人与人的和谐以及人与社会的和谐。四是层次性和公平性的统一。层次性是一种客观存在的事实，从而为发展系统内部的物质变换提供可能。但是，长期的不均衡性必然会引起发展系统内部的无序，这就要求发展系统在其内部进行调整，使现有的利益格局趋于全面的公正，使发展的差异性的绝对比值逐步缩小。为了防止这种层次性成为发展的无序之源，公平就成为一种重要的调节机制。这里，层次性是发展的效率性的体现，公平性就是发展的人道性的体现，可持续发展是公平与效率相统一的发展模式，生态文明是自然主义和人道主义相统一的文明形式。因此，我们必须用系统视野（总体性视野）来把握人与自然的辩证关系。在人与自然关系上的这种系统视野（总体视野性），其实就是统筹兼顾的方法。

在总体上，将统筹兼顾作为生态文明建设的战略思维有其自身的稳固的实践基础（生态建设的实践经验）和认识基础（人与自然辩证关系的系统把握），统筹兼顾包括统筹人与自然和谐发展的原则和要求。生态文明是统筹人与自然和谐发展的积极进步的成果。

三、统筹兼顾的生态价值

在一般科学方法论的意义上，统筹兼顾的总要求是：总揽全局，统筹规划；立足当前，着眼长远；全面推进，重点突破；兼顾各方，综合平衡。无论在哪一个意义上，统筹兼顾都适用于人与自然的关系领域，即生态文明建设的领域。将统筹兼顾方法运用在生态文明建设上，就是要自觉树立和运用科学的战略思维，从总体上来看待和处理人与自然的多方位关系，在各项工作中努力实现生态效益、经济效益和社会效益的统一。

（一）统筹兼顾是正确处理人与自然关系的科学方法

在“人——自然”系统中，人和自然的关系存在着理论（反映和被反映）、实践（改造和被改造）和价值（需要和需要的满足）三种类型。与之相适应，人的对象化活动存在符号性、实在性和创价性三种形式。统筹兼顾在这三个方面都是有效的。首先，统筹兼顾是正确处理人与自然之间理论关系的科学的认识方法。人与自然的关系在总体上是世界系统中的部分之间的关系。这样，当人类运用符号化对象化活动把握人与自然的关系的时候，就面临着一个如何处理整体和部分的关系的问题。机械思维割裂了二者的关系，最终导致了生态危机。随着科技进步向辩证思维的复归，“人们就越是不仅再次地感觉到，而且也认识到自身和自然界的一体性，而那种关于精神和物质、人类和自然、灵魂和肉体之间的对立的荒谬的、反自然的观点，也就越不可能成立了”。其实，这种向辩证思维复归的过程就是用统筹兼顾方法处理人与自然关系的过程。作为一种认识方法，统筹兼顾要求既要从全局出发，通盘考虑，又要照顾对立统一的双方，兼顾其它。具体到人与自然的关系，就是要将之看作系统中的部分之间的关系，要维护人与自然之间的相互联系、相互作用和相互推进的不可分割性。其次，统筹兼顾是正确处理人与自然之间实践关系的科学的工作方法。劳动是人与自然之间的物质变换过程。这样，如何处理人与自然的关系就成为工作方法的一个重要方面。例如，减灾救灾既是民政工作的一项重要内容，也是生态建设工作的一个基本方面。由于这个问题涉及到方方面面一系列复杂的因素，因此，只能采用统筹兼顾的方法。“任何矛盾不但应当解决，也是完全可以解决的。我们的方针是统筹兼顾、适当安排。无论粮食问题，灾荒问题，就业问题，教育问题，知识分子问题，各种爱国力量的统一战线问题，少数民族问题，以及其他各项问题，都要从对全体人民的统筹兼顾这个观点出发，就当时当地的实际可能条件，同各方面的人协商，作出适当的安排。”作为一种工作方法，统筹兼顾要求，既要抓住中心工作，同时又要做好其他方面的工作。只有坚持统筹兼顾，才能将人与自然的和谐、人与人的和谐、人与社会的和谐有机地统一起来。再次，统筹兼顾是正确处理人与自然之间价值关系的科学的价值方法。协调人与自然的关系事实上是一个利益调整的问题。这样看来，在人类的创价性对象化活动的过程中，就必须将价值方法的统筹兼顾作为科学地处理人与自然关系的重要原则。在人与自然的多重利益关系中，尽管人们可以根据其偏好做出各种选择，但是，对于我们来说，“人口资源环境工作，都是涉及人民群众切身利益的工作，一定要把最广大人民的根本利益作为出发点和落脚点。”在这个问题上，引导人们在正确处理个人利益和集体利益、局部利益和整体利益、眼前利益和长远利益、具体利益和根本利益的过程中来实现自身的需要和利益，是统筹兼顾要解决的核心问题。这是统筹兼顾对于生态文明建设的价值方法意义。总之，在统筹人与自然的和谐发展方面，统筹兼顾是科学的认识方法、工作方法和价值方法的统一。因此，必须从认识、实践和价值三个方面促进生态文明建设，必须将生态认识、生态实践和生态价值统一起来。

（二）统筹兼顾就是要实现生态效益、经济效益和社会效益的统一

“三同时”和“三同步”最终要体现在生态效益、经济效益和社会效益的统一上。效益一般是指生产中投入和产出的比率。效益一般有生态效益、经济效益和社会效益三种形式。这样，如何妥善处理三者的关系，不仅影响和制约着经济增长的质量，而且影响和制约着整个社会发展的质量。生态效益在环境保护工作中也被称为环境效益，反映的是人类活动尤其是经济建设中能源资源的集约利用程度以及生活和生产对环境和生态的损益情况。用同样的能源资源消耗获得更多的产出，或者用较少的能源资源消耗获得同样的产出；在同样产出的情况下产生较少的废弃物，或在提高产量的情况下保持同样的废弃物的排放的水平，都是生态效益好的表现。经济效益是指通过商品和劳动的对外交换所取得的社会劳动节约，一般表现为资金占用少、成本支出少、有用产品和有效服务多。社会效益是指人类活动促进人的发展和社会进步的情况。在经济建设中，社会效益是指产品和服务对社会所产生的增益情况。在一般意义上，生态效益是实现经济效益和社会效益的条件和基础，经济效益是实现生态效益和社会效益的中介和手段，社会效益是生态效益和经济效益的目的和方向。在现实中，三者往往是不一致的，甚至是冲突的。关键取决于经济增长的目的，即是为了增长而增长还是为了发展而增长。归结到一点，要看是否将保证和提高人民的福祉作为经济建设的最终目标。在资本主义条件下，生产的目的是为了保证资本家获得剩余价值，这样，在所谓的提高经济效益过程中，一切进步都成为榨取工人血汗技巧的提高，同时也成为剥削和掠夺自然的技术的进步。显然，在经济效益背离生态效益和社会效益的背后，折射出的是严重的社会问题和政治问题。在社会主义条件下，生产的目的是为了满足人民群众日益增长的物质文化需要，这样，就为实现三个效益的统一提供了现实的制度上

的保障。但是，即使在社会主义条件下，三个效益也不可能自发地实现，因此，我们必须自觉地调控三个效益的关系。统筹兼顾就是实现三个效益相统一的科学方法。

（三）生态建设也必须追求生态效益、经济效益和社会效益的统一

提高生态效益是生态建设的直接目的。除此之外，生态建设还有其专门的生态效益的要求和指标。例如，林业的生态效益是指发挥利用树木的净化空气、调节小气候、涵养水源、保持水土等功能来达到改善生态环境的目的。在生态建设中，应该将二者统一起来，既注重提高整个社会经济发展的生态效益，也应该注重提高生态建设自身的生态效益。例如，如何防止年年种树不见树的情况，就成为林业建设中必须引起高度重视的问题。尽管生态效益是实现其它效益的基础和条件，但是，它不是也不可能是生态建设的唯一目的和方向，所以，应避免将追求单纯的生态效益作为生态文明建设甚至是整个社会发展的惟一、最终目的的倾向。显然，对于仍然处于社会主义初级阶段的当代中国，第一位的任务仍然是生存和发展。因此，生态建设也要讲求经济效益。在一般意义上，生态建设不能影响甚至是冲击经济建设的主题，而应该自觉地服从和服务于经济建设的大局。在具体的意义上，生态建设在提高自身生态效益的基础上，也应该注意提高自身的经济效益。生态建设的经济效益是指采用控制人口、节约能源资源、保护环境、治理生态、防灾减灾等生态建设的具体措施后，自然生态环境质量得到改善所带来的经济效益。它可分为直接经济效益和间接经济效益两种。直接经济效益是指通过生态建设活动直接取得的经济利益。间接经济效益是指通过生态建设使自然生态环境得到改善而带来的效益。例如，在林业中，其直接经济效益是指对林木本身的直接开发利用，如采伐树木、采摘果实、利用树木的药用价值、培植食用菌等；其间接经济效益是指对林木的间接利用，如利用树木的生态作用来降低沙尘暴的发生频率以减轻自然灾害带来的经济损失。现在，人民群众生态建设的积极性之所以不够高，一个重要的原因是他们没有从生态建设中得到切实的直接的经济利益。因此，只有把经济效益和生态效益统一起来，才能充分调动人民群众参与生态建设的积极性、能动性和创造性。事实上，提高经济效益，可以提高投资效益和资源利用效益，从而有利于缓解我国人口多与资源相对不足、资金短缺的矛盾。此外，生态建设也有其社会效益。这是指生态建设活动所取得的直接的社会效果。现在，生态建设在增加社会就业岗位、改善人们生产和生活环境、陶冶人们热爱自然的情操等方面，都有其固有的社会效益。总之，不能将生态建设看作是一个单纯的保护环境、建设生态的活动，而应该看作是一个促进生态效益、经济效益和社会效益相统一的过程。

显然，统筹人与自然的和谐发展，既是统筹兼顾方法的具体运用，又丰富了统筹兼顾原则的思想内容。在总体上，统筹人与自然和谐发展的过程，就是一个自觉地建构生态文明的过程。因此，统筹兼顾是当代中国生态文明建设必须坚持的根本方法。只有坚持统筹兼顾，我们才能真正走上生产发展、生活富裕、生态良好的文明发展道路。

（作者：中国人民大学马克思主义学院教授、博士生导师）

（选自《理论学刊》2012年第4期）

优化国土空间开发格局研究

肖金成 欧阳慧

国土空间是一个国家进行各种政治、经济、文化活动的场所，是经济社会发展的载体，是人们生存和发展的依托。国土空间开发就是以一定的空间组织形式，通过人类的生产建设活动，获取人类生存和发展的物资资料的过程。国土空间开发格局是一个国家的人们依托一定地理空间通过长时间生产和经营活动形成的经济要素分布状态。国土空间要素主要包括土地、人口、矿产资源、产业等。理想的国土空间开发格局应该是能够促进要素充分流动和优化配置，空间中人的发展机会和福利水平相对公平，生态环境可持续发展，经济、社会、环境发展与人的发展相协调。

一、我国国土空间开发格局的基本特征

新中国建立之初产业和城市集中于沿海一带，到上世纪70年代末期，内地产业和经济占全国的比重已有较明显提升。改革开放后，经济活动在沿海地区的集中度较改革开放之前明显提高。进入本世纪后，伴随着区域协调发展战略的实施，国土空间开发格局出现了新的变化。形成了“三核多极、三轴四区”为主体的多核、多轴、片区型的国土空间开发格局。

1. 产业向东部地区集中的趋势有所改变。2009年，东部地区的工业总产值占全国的比重为69%，与1999年相比，占全国的比重下降1个百分点。中西部地区工业发展加快。分省区来看，四川、安徽、内蒙古、江西、陕西工业总产值在各省区中的排名均有明显提高。从2007年起，西部地区的经济增长速度也超过了东部，连续几年领先于东部、中部与东北。

2. “三核多极”的发展格局基本形成。改革开放以来，随着社会主义市场经济的发展，我国经济活动开始向区位条件优越的特定区域集聚，都市圈、城市群日益成为经济活动的主要平台。2009年，珠三角、长三角、京津冀地区经济总量占全国的比重达到36.8%。从2006年开始其他七大城市群发展明显加快，在全国的经济份额2006～2009年以年均1个百分点提高。内地城市群开始逐步成长为区域性乃至全国的经济增长高地，经济发展多极化的态势开始显现。

3. 经济要素向“三轴”集中的态势明显。东中西部和南北部地区的综合运输通道主骨架，强化了对全国性经济要素流动的组织和运输能力，推动了我国国土空间开发轴线的形成。经济要素向沿海轴线、长江轴线、陇海—兰新轴线、京广轴线、哈大轴线等重要开发轴线不断聚集，沿线城市和产业集中发展，以点—轴为标志的

空间开发格局基本形成。

4. 四大地区成为区域战略和政策的空间载体。新世纪以来，我国先后实施了西部大开发战略、振兴东北等老工业基地战略和促进中部地区崛起战略，并出台了一系列相关政策措施，由此形成了我国区域发展的总体战略。区域发展总体战略的实施，使我国的国土开发形成了在四大地区分别展开的空间格局。

我国的国土空间开发在为国民经济快速发展和社会进步提供有力支撑的同时，也存在一些影响经济社会可持续发展的突出问题，工业分散发展，行政区经济影响要素合理流动，人口与经济的空间分布严重不匹配，区域内部产业分工体系尚未形成，社会经济与自然环境的适应关系趋于恶化，城乡建设用地规模的过度扩张，已导致我国耕地总量逐年下降。

5. 空间拓展与国土整治同步推进。改革开放以来，经济空间拓展主要通过以下方式实现。一是通过设立各类开发区集聚产业，包括改革开放初期设立的经济技术开发区、高新技术开发区等，也包括一些新兴产业集聚区，如科技产业园、创意产业园、外包产业园等，目前国家批准的各类开发区面积近1万平方公里。二是通过城市新区或新城实现城市空间拓展，如浦东新区、天津滨海新区、重庆两江新区以及西咸新区等。虽然这些新区像开发区一样具有产业集聚区的特征，但相较于传统的开发区，这些新区功能更为综合，对城市空间拓展的作用更为显著。

与此同时，我国也逐步加强了国土整治和生态修复。一是资源枯竭地区的综合治理。二是生态恢复和建设以及环境治理工程，包括三北防护林体系建设、退耕还林、退牧还草、天然林保护、京津风沙源治理、青海三江源保护、石漠化治理、淮河水污染治理、滇池治理、二氧化硫排放控制和治理行动等。这些活动在减轻历史上国土空间粗放式开发对于资源环境所造成的破坏之外，也起到了优化国土空间开发格局的作用。

二、优化我国国土空间开发格局的基本思路

经过改革开放30多年的发展，支撑我国国土空间开发的土地资源、水资源、矿资源及生态环境等基础条件发生了巨大变化。世界经济格局的调整、我国经济规模持续扩大、经济发展方式的转变、居民环境保护意识的增强等对我国国土空间格局的调整与优化提出了新的要求。

1. 集中发展，多极化协同集聚。在区域发展上各国均强调均衡发展和分散发展，认为集聚是国家和区域发展中一个长期没有解决的问题。近年来，人们发现集聚是世界多个国家或区域经济发展普遍存在且对经济社会发展有正面效应的地理现象。

世界银行《2009年世界发展报告》认为：不平衡的经济增长和和谐性发展可以并行不悖，相辅相成。世界上鲜有平衡的经济增长，随着一个国家城市化进程的推进，经济活动会更趋于集中。发展成效最为卓著的国家往往能制定合理的政策，在实现生产集中的同时，促进不同地区人们生活水平的趋同。

改革开放后，我国也有集中发展的趋势，但不应排斥集中，而应通过加快人口集中和加快区域之间公共服务均等化等途径使欠发达地区的民众提高生活水平和公共服务水平。集中发展并非仅仅是向沿海地区集中。交通条件的显著改善为我国国土空间开发向纵深发展创造了条件。未来的国土空间开发可进一步向中西部地区拓展，在大型综合交通走廊形成新的发展轴，在交通最为发达的区域形成新的城市群。未来，应促进经济要素向发展轴和城市群集中。实现多极化协同集聚。

2. 集约发展，高效利用国土空间。我国国土空间很大，但适宜人居住和发展的空间并不大，山地多，平原少，适宜工业和城市建设及耕作的土地仅有180多万平方公里。我国生态脆弱区域面积广大，中度以上生态脆弱区域占全国国土空间的一半以上。脆弱的生态环境，使大规模高强度的工业化城镇化开发只能在有限的国土空间展开。

今后十几年是我国工业化城镇化快速推进的重要时期，也是空间结构调整的重要时期。既要满足人口增加、人民生活改善、经济发展、基础设施建设对国土空间的巨大需求，又要为保障粮食安全而保护耕地，还要保障生态安全和人民健康，因此，必须调整开发思路，确立集约发展的理念。必须集约利用土地，加倍珍惜土地，提高城市建筑容积率，提高城市的人口承载力，积极稳妥地推进城镇化，逐步减少农村人口，逐步减少生态脆弱区的人口，实现土地的集约利用，实现可持续发展。

3. 人口与GDP相匹配，产业集中和人口集中相同步。改革开放以来，我国国土空间开发与经济布局的重点主要集中在沿海地区，沿海地区的经济实力和自我发展能力大大增强。沿海地区的长三角、珠三角、京津冀三大城市群也成为我国经济发展的核心区和引领区。沿海地区的城市群在大规模集聚产业的同时，并没有起到同比例大规模集聚人口的作用，由此导致人口分布与经济活动严重悖离。人口与经济活动的非协同集聚，是与现行的劳动力只能“流动”而难以安家落户的人口迁移政策密切相关。经济要素的集中与人口的集中不匹配，才造成了人均GDP和人均收入的较大差距。农民工的就业地和家庭分居两地，造成在全国范围内形成大规模的周期性人口流动，不仅造成巨大浪费，也出现了诸如留守儿童、婚姻家庭等社会问题。

在自然条件、发展基础存在巨大差异的情况下，实现经济总量和经济比重的均衡是很难做到的，但通过劳动力的转移、人口的流动，使人口与GDP相匹配，产业集中与人口集中相同步，就能够使各地区人均GDP差距缩小，使各地区居民的收入水平与生活水平大体相同。

4. 因地制宜，不同区域采用不同的开发模式。我国国土面积很大，但各区域的自然条件差异巨大。应因地制宜，不同发展条件采用不同的开发模式。适宜人类发展的地区应加快发展，集聚更多的产业和人口；不适宜人类发展的地区应加强保护，逐步减少产业和人口，维护生态脆弱地区的生态功能。在经济发达的产业和人口密集地区采用网络式开发，在经济欠发达的人口较密集地区采用点轴式开发，在人口稀疏、产业基础薄弱的地区采用据点式开发，对生态脆弱地区加强保护，减少人类活动。

5. 点、线、面耦合，构建“城市群—发展轴—经济区”区域空间体系。“中心城市—都市圈—城市群”是区域空间拓展的基本趋势。城市是区域的中心，区域是城市的腹地。当工业化、城市化迅速推进的时候，中心城市的规模迅速扩大了。在其辐射带动下，形成了城市圈。当一个城市成为“大都市”时，城市圈就演变为“都市圈”。都市圈和周边的城市圈相互融合，彼此覆盖，城市群就形成了。城市群内，由于交通基础设施比较完善，小城市和小城镇获得了前所未有的发展机遇，因为非常便捷的交通，使小城市和小城镇的区位劣势在“弱化”，而成本优势在“强化”，劳动力密集型的零部件产业开始向大城市周边的小城市和小城镇转移。大城市尤其是特大城市，由于要素成本不断提高，其制造业不堪其压力，而向周边“二级城市”转移，促使大都市的产业高度化。原来功能健全的区域性中心城市转变为功能性城市，城市之间出现了分工，集聚优势又转变为分工优势。城市内部的产业集群转变为城市群内部的产业集群，城市的竞争力提升为城市群的竞争力。城市群的出现大大提高了对农村人口的吸纳能力和承载能力。过去，大城市由于产业链长，就业岗位多，收入水平高，所以，吸引了大量的劳动力，人口增长难以控制。小城镇由于产业层次低，产业链条短，就业岗位少，收入水平低，难以吸纳更多的劳动力和农村人口，但在城市群里的小城市和小城镇，由于聚集了大量从大中城市转移来的劳动力密集型产业，对劳动力的吸引力增强了，人口规模就会迅速扩大。中国特色的城镇化道路即大中小城市和小城镇协调发展的道路只有在城市群里才能行得通。

中心城市—都市圈—城市群既是区域空间拓展中城市发展的三个阶段（中心城市是初级阶段，都市圈是中级阶段，而城市群是高级阶段），也是经济不断发展所形成的比较合理的空间结构。都市圈、城市群内部经济联系紧密，分工协作的程度高，较易实现城乡统筹，因此，城市群区域一般也是经济较发达的区域。

未来，应构建“城市群—发展轴—经济区”国土空间开发体系。目前，我国经济带与城市群和经济区正在相互耦合，如沿海经济带从北向南依次串联了辽中南、京津冀、山东半岛、长三角、海峡西岸、珠三角六大城市群。依托城市群和发展轴形成的经济区将成为我国国土空间开发格局最重要的子系统。城市群、发展轴与经济区的耦合，形成了以“城市群为核心、发展轴为引导、经济区合作为重点”的国土开发空间组织模式。这种空间组织模式，不仅顺应了我国经济社会发展在空间上集聚成点、扩散于带、辐射为面的客观趋势，也有利于在一定程度上改变我国人口与产业不匹配、大城市过大、小城镇过小、中等城市过少的空间结构不合理状况，优化我国的国土空间开发格局。

三、优化国土空间格局的基本设想

根据以上的发展思路，我国国土空间开发格局的优化，应重点打造承东启西、连南贯北的发展轴，发展联系紧密、带动力强、影响力大的城市群，选择宜居宜业、具有战略意义的地区培育新的经济增长极，构建经济联系相对紧密、受到城市群辐射带动的规模较大的经济区，建设有较大规模、经济实力较强、有一定辐射带动能力的区域性中心城市，实现城乡统筹、东中西互动、经济社会与自然和谐发展。

1. *打造承东启西、连南贯北的发展轴。*发展轴就是沿主要交通干线集聚了大量城市、城镇和产业，形成了比较明显的经济隆起带。我国已形成若干条纵横全国的发展轴，如沿海发展轴、长江发展轴、陇海兰新发展轴和京广京哈发展轴。这四条发展轴在“十一五”规划中表述为“两横两纵”，即以沿海及京广京哈线为纵轴，长江及陇海线为横轴。在《全国主体功能区规划》中增加了一条“包昆发展轴”，成为“两横三纵”。这几条发展轴已成为承东启西、连南贯北的“经济主骨架”，在其上云集了大量的城市和产业。

前述五条发展轴已基本成型，还有一条尚未成型，但在国家空间格局中和国家战略中极为重要，且在未来应予重视和扶持的新的经济带——沿边经济带。这条经济带南自广西的东兴，北至辽宁的丹东，是一条环形经济带。在这条经济带上，分布有丹东、图们、绥芬河、黑河、满洲里、二连浩特、巴彦淖尔、阿勒泰、塔城、伊宁、阿克苏、喀什、日喀则、瑞丽、河口、凭祥、东兴等城市。这些城市都不大，但战略地位非常重要。

2. *发展城市群，加快经济一体化和加强辐射力。*根据我们的研究，我国已形成京津冀、长江三角洲、珠江三角洲、辽中南、山东半岛、海峡西岸、中原、长江中游、川渝、关中十大城市群。

十大城市群土地面积仅占全国总面积的10.47%，2009年，人口所占比重为37.02%，GDP所占比重为64.40%。也就是说，以1/10多一点的土地面积，承载了1/3以上的人口，创造了将近2/3的GDP。从资源环境承载能力和未来发展潜力来看，十大城市群的范围将不断扩大，将聚集更多的人口，创造更多的GDP。因此可以说：十大城市群是支撑我国国民经济发展的十大支柱。

十大城市群的GDP占全国比重将近2/3，而人口仅占1/3，表明在城市群之外的2/3地区的人口只有1/3的GDP，意味着集聚的物质要素和人口存在着严重的不匹配现象，意味着区域差距还很大。从促进区域协调发展的角度出发，一方面应促进产业向城市群之外的地区转移；另一方面，应促进城市群内各城市吸纳更多的人口，以使物质要素与人口相匹配。与产业转移相比，人口转移的成本更低，所以，应加强城市群对人口的吸纳能力。

除上述十大城市群之外，以长珠潭为中心的湘东地区，以合肥为中心的江淮地区，以长春、吉林为中心的吉林中部地区，以哈尔滨为中心的黑龙江西南部地区，以南宁为中心的北部湾地区，以乌鲁木齐为中心的天山北坡地区等都有希望发展成为新的城市群。据不完全统计，2009年，这六大城市群面积占全国的6.08%，人口占11.67%，市域GDP占10.71%。

*3.在中西部和边疆地区有选择地培育经济增长极。*随着国际国内经济环境的变化，特别是国家经济实力的增强和发展水平的提高，沿海地区要素成本的攀升，全国综合交通运输网络体系的形成，以及西部开发、东北振兴和中部崛起战略的实施，要构建一个安全、有序、和谐的国土空间开发新格局，就必须改变过去国土空间开发过于集聚东部的做法，合理引导人口和产业在中西部集聚，通过在中西部地区培育经济增长极，促进国土空间开发向纵深推进。

在中西部地区，应选择区域内水资源和能矿资源丰富、靠近交通要道、空间比较广阔的中小城市，将其作为区域经济增长极进行重点培育，通过资金支持、政策支持和人才支持，打造承接国际和国内产业转移的平台，在较短的时间内发展起来，发展质量大幅度提高，城市规模迅速扩大，就能够辐射带动周边广大的地区，使周边区域得到发展。

加快边境地区的发展，不仅是富民固边的要求，也是进一步提升边境地区开发开放的要求，是促进区域协调发展和国家安全的重大战略举措。边境地区的丹东、珲春、绥芬河、黑河、满洲里、塔城、伊宁、阿克苏、喀什、瑞丽、东兴等城市是前述沿边经济带上的重要节点，发展基础相对较好，建议有重点地选择若干城市，加快基础设施建设，壮大经济实力，扩大城市规模，带动边境地区经济发展。对边境口岸和靠近口岸的新疆霍尔果斯、广西龙州、黑龙江省靠近黑瞎子岛的乌苏镇、云南省西双版纳州的磨憨或打洛等给予重点支持，将其作为经济增长极进行培育，利用国际国内两大资源，开拓国际国内两大市场，逐步发展成为边境地区规模较大的城市。

*4.以城市群为核心构建跨省市的经济区。*随着全国性发展轴的打造，城市群不断向外拓展，其辐射力和影响力将不断扩大。建议以城市群为核心，构建经济区。如以辽中南、吉林中部、黑龙江西南部城市群为核心构建东北经济区；以京津冀、山东半岛为中心构建泛渤海经济区；以长三角、江淮城市群为核心构建泛长三角经济区；以海峡西岸城市群为核心构建海峡经济区；以珠三角、北部湾城市群为核心构建泛珠三角经济区，以长江中游、中原、湘

东城市群为核心构建中部经济区，以川渝城市群为核心构建西南经济区，以关中和天山北坡城市群为核心构建西北经济区。这种空间组织模式，不仅顺应了我国经济社会发展在空间上集聚成点、扩散于带、辐射为面的客观趋势，也有利于在一定程度上改变我国人口与产业不匹配、大城市过大、小城镇过小、中等城市过少的城市空间结构不合理状况，优化我国的国土空间开发格局。

5. 在城市群之外建设区域性中心城市。我国16大城市群占全国国土面积不到20%，尚有80%的国土面积在城市群之外。这些区域的城市数量少，规模小。没有中心城市的辐射和带动，经济很难发展起来，居民也很难富裕起来。为带动区域发展，必须根据因地制宜的原则和据点式开发模式，加快建设区域性中心城市，使之能辐射带动更大的区域范围，形成梯次性城市结构，构建比较合理的城市体系。应把城市群之外的地级城市的大多数发展成为区域性中心城市，一些城市数量少的地区，应将区位条件好，腹地比较大的县级市培育为区域性中心城市。据不完全统计，总数约有150多座。

6. 强化粮食、能源和生态安全保障，刚性控制农田保护区、资源储备区、生态保护区。我国人口众多、关键性资源短缺，着眼未来，为确保国家安全和经济社会可持续发展，必须明确事关我国粮食、能源和生态安全的保护空间，对全国范围内的基本农田保护区、战略性资源能源储备区及重点生态保护区实行刚性控制。严格控制基本农田保护区，切实加强基本农田保护工作，确保15.8亿亩的基本农田数量不减少、质量有提高；建立战略性资源储备区，除了挖掘国内资源潜力提高资源利用效率外，有必要建立战略性资源能源储备体系，划定战略性资源能源储备区。对涉及国计民生的、稀缺的重要矿产资源，主要是指稀缺矿种、关键矿种、重要矿种的稀缺品种三个方面的战略资源储备。对战略性资源储备区的建设要统筹规划，切实从可持续发展角度考虑资源储备以及资源的开发时机，建立一批矿产资源战略储备基地，对优势矿产地“留而不开”。建立生态安全保护区，保护自然生态系统及生物多样性，重视自然环境的支撑能力和生态系统承受能力建设，为全国可持续发展提供生态保障。对于生态保护区提高人民生活水平的问题，必须采取政府扶持为主体，加大财政转移支付力度，建立区域间生态补偿机制，健全公共服务体系，并逐步减少人口数量。

四、优化国土空间开发格局的政策建议

1. 完善以促进农民工市民化为核心的人口政策。推进农民工市民化、促进人口与产业协同集聚，是优化国土空间开发格局的重要途径。应按照“放开户籍”与“提高待遇”并行推进的原则，小城市（镇）本地的农民工可以在自愿基础上通过转户成为城镇居民；对于在大城市务工的农民工，可以结合农民在城镇就业和居住的稳定性，先使其享受城镇的公共服务，并根据城市经济能力，不断提高待遇水平。在公共卫生、子女义务教育、就业扶持服务等领域以及权益维护方面，力争实现农民工与本市市民平等对待，在城镇最低生活保障和住房保障领域则逐步扩大对稳定就业群体的覆盖面。

2. 完善城乡建设用地增减挂钩的土地政策。完善现行的城乡建设用地增减挂钩政策。城乡建设用地增减挂钩方式是工业化和城镇化加快发展时期，现行土地用途管制和建设用地管理体制内生的制度安排，可以实现农民居住条件改善和节约土地的共赢。今后要贯彻国务院关于严格规范城乡建设用地增减挂钩试点的文件精神，对城乡建设用地增减挂钩加以规范和完善，趋利避害，核心是保护农民利益。

保护农民土地权益和提高土地资源配置效

率的根本途径在于健全土地市场体系。建立竞争性土地市场的关键是改变土地管理的城乡二元结构。建立开放的土地市场需要改革目前的征地制度，严格限定征地范围，即使是公益性征地也需要按市场价格补偿给农民，同时必须建立和健全第三方评估的机制。

3. 实行有利于产业转移的差别化产业政策。对西部地区实行有差别的产业政策，支持西部地区发展特色优势产业。一是在资源环境承载能力和市场允许的情况下，依托能源和矿产资源的资源加工业项目，优先在中西部国家重点开发区域布局，促进中西部地区重点开发地区制造业发展。二是在中西部资源开发地区，引导“嵌入型”企业特别是国有大企业的发展与当地经济发展相融合，还需要通过直购电、分段电价和运费补贴等特殊政策支持西部地区资源加工业的发展。三是严格市场准入制度，对不同主体功能区的项目实行不同的占地、耗能、耗水、资源回收率、资源综合利用率、工艺装备、“三废”排放和生态保护等强制性标准，防止资源浪费和环境破坏。四是建立市场退出机制，对限制开发区域不符合主体功能定位的现有产业，要通过设备折旧补贴、设备贷款担保、迁移补贴、土地置换等手段，促进产业跨区域转移或关闭。

4. 健全引导城市紧凑发展的城市规划和管理政策。一是需要修定《城市规划建设用地标准》，适度降低我国现行的城镇综合用地标准，提高土地利用强度，通过提高建成区人口密度，而非扩大城市面积提升城市人口容量。二是提高城市规划的科学性和约束力，保证城市内部及组团之间公共绿地、农业用地、防护林以及自然和人工水体不被侵占。三是制定城市综合整治、升级改造、拆除重建等方面的政策法规，防止主观随意性。四是制定加强城市管理的政策法规，使城市管理更加现代化和人性化。

5. 制定对粮食主产区和生态功能区的补偿政策。加强对于粮食主产区和生态功能区的保护是规范国土空间开发秩序，优化国土空间开发格局的重要举措。中央政府应逐年加大对粮食主产区的一般性转移支付力度，并逐步加强对于农田水利设施建设等支持力度。在此基础上，探索建立粮食主销区对于主产区的利益补偿机制。

目前我国已针对多类生态功能区域建立了利益补偿机制，今后应逐步将生态补偿制度化。一是需要中央财政加大对于生态补偿的支持力度，进一步健全森林生态效益补偿基金制度，不断提高国家级公益林补偿标准。二是在总结试点的基础上，全面实施草原生态保护补助奖励政策，推进资源型企业可持续发展准备金制度，不断扩大湿地生态效益补偿试点。三是在借鉴国内外实践经验的基础上，制订颁布《生态补偿条例》。

6. 完善环境保护的政策。在社会主义市场经济体制的背景下，需要综合运用法律、技术和必要的行政力量加强环境保护，制定完善环境保护的政策。一是建立以市场为基础的环境资源价格政策。二是积极引入市场机制，促进排污权交易市场的发展。完善交易市场、交易规则、纠纷裁决、责任追究等制度，逐步规范企业排污行为。三是加快开征环境保护税。我们建议以企业碳排放为对象征收环境保护税，并将全部税收转入环境保护基金，用于碳吸收领域的生态补偿，如按森林面积、草场面积、湿地面积、农田面积等给予生态补偿。既是对生态脆弱区政府和居民保护生态的一种补偿，也是对维护生态，积极进行植树造林的政府和居民的一种鼓励。

（作者单位：国家发改委宏观经济研究院）

（选自《经济学动态》2012 年第 5 期）

《国家环境保护“十二五”规划》的政策创新

洪亚雄

《国家环境保护“十二五”规划》(以下简称《规划》)的突出特点之一，就是注重政策创新。主要创新之处包括：

注重过程控制的污染减排政策。“十一五”期间，工程减排对实现减排目标作出了重大贡献。“十二五”期间工程减排的潜力收窄。为实现减排目标，《规划》将减排重点从生产活动的末端向前端延伸，大力推进结构减排，提出一系列调控经济发展方式的总量控制政策。一是制定重点行业污染物排放的总量控制政策。严格把握污染物排放指标，在确保重点行业或区域生产规模稳定的同时，污染物排放量大幅度下降。二是实施煤炭消费量、机动车保有量控制政策。《规划》要求在大气联防联控重点区域开展煤炭消费总量控制试点，探索调控特大型和大型城市机动车保有总量。三是建立污染物产生量评价制度。评价单位产品的污染物产生量，并同时驱动淘汰、准入、标杆三套标准，促使污染物控制政策的倒逼机制从生产活动的末端逐步延伸到中端和前端。

注重突出重点的污染防治政策。《规划》坚持全面推进、重点突破，力图在环境质量差、风险高、人民群众反映强烈的区域或领域取得突破性进展。一是深化淮河、海河等八大重点流域水污染防治工作，实施以控制单元为基础的精细管理，确保优先控制单元水质明显改善。二是在京津冀、长三角、珠三角等区域实施大气污染联防联控，努力解决细颗粒物($PM_{2.5}$)、臭氧、酸雨等突出大气环境问题，切实改善区域大气环境质量。三是以重点区域为核心积极推进重金属污染综合防治，在产业密集、污染严重或存在潜在风险的重点防控区内，实施包括源头减量、过程阻断、清洁生产、综合治理、生态修复在内的全过程防治。四是在农村环境保护领域，以连片整治区域为重点，加大“以奖促治”政策力度，带动农村环境综合整治。

*注重强化基础的环境管理政策。*环境规划、环境功能区划和环境影响评价等环境保护的基本制度在《规划》中得到进一步发展强化。一是深化发展城市环境规划制度。《规划》提出探索编制城市环境保护总体规划，这是城市环境规划制度的重大发展。二是充分发挥环境影响评价制度综合决策、源头控制作用。《规划》将环境影响评价作为参与综合决策的重要渠道，一方面要求严格依法开展重点流域、区域开发和行业发展的规划环评，建立规划环评和项目环评的联动机制；另一方面要求加强对环境影响评价审查的监督管理，对环保重点城市的城

市总体规划开展环境影响评估。三是实行以环境功能区划为基础的分类指导、分区控制政策。《规划》提出要结合全国主体功能区划，编制国家环境功能区划。在不同区域实施差别化的环境治理、污染减排、环境政绩考核评估等指导性政策。在重点生态功能区、陆地和海洋生态环境敏感区、脆弱区等区域划定“生态红线”，实施严格保护。

注重市场调节的环境经济政策。《规划》在总结“十一五”经验的基础上，充分利用市场机制，进一步突出了建立健全环境经济政策体系的基本导向。一是出台脱硝电价政策。“十二五”期间，火电行业在落实燃煤电厂烟气脱硫电价的基础上，要“研究制定脱硝电价政策”，激励电力企业建设脱硝设施。二是推动排污权交易。要不断提高单位排污权的产出效益，健全排污权有偿取得和使用制度，发展排污权交易市场。三是实质性启动生态补偿政策。《规划》提出“探索建立国家生态补偿专项资金”，对生态保护良好区、重要生态功能区给予生态补偿。四是完善环境污染责任保险政策。当前我国环境污染事故频发，群众利益受损、政府买单局面普遍存在。为改变这一局面，《规划》提出“健全环境污染责任保险制度”，尤其是对重金属排放等高环境风险企业，要实施强制保险制度。五是推进环境税费改革。全面落实污染者付费原则，将环境污染和生态破坏的社会成本，以环境保护税、排污费等方式内化到生产成本和市场价格中去，通过市场机制实现环境资源的合理分配。

注重公平的环境公共服务政策。建立环境基本公共服务体系，促进环境基本公共服务均等化是《规划》的重大创新。在教育、医疗等逐步纳入基本公共服务范畴十余年后，环境作为公共产品的基本属性得到认同，环境保护首次被纳入公共服务体系，成为体现社会公平正义的重要内容。《中华人民共和国国民经济和社会发展第十二个五年规划纲要》将环境基础设施建设、环境监管能力建设等作为基本公共服务重点，要实现“县县具备污水、垃圾无害化处理能力和环境监测评估能力”，“保障城乡饮用水水源地安全”。《规划》还提出了推进区域环境保护基本公共服务均等化的具体要求和措施，确定了环境保护基本公共服务的范围和标准。

注重落实责任的环境行动政策。环境保护，人人有责，但要明确责任。《规划》坚持政府引导、协力推进的原则，明确企业主体责任，强化部门协调合作，加强环境信息公开，建立全民参与的环保社会行动体系。

（作者：环境保护部环境规划院院长）

（选自《求是》2012 年第 8 期）

中国低碳发展战略和政策制定的六维路线图

王建国　周建慧

工业革命以来，工业化程度较高国家所追求的经济增长模式，多以使用一次能源为基础，以牺牲环境和自然资源为代价，结果造成了全球能源危机、气候变暖、环境污染和生态失衡，严重威胁到人类生存和可持续发展。改变人类的生存与发展模式已势在必行。在资源与环境双重制约下，尤其是在气候变暖日益成为国际政治、经济博弈主题的背景下，发展低碳经济成为我国转变粗放经济增长模式，加强能源安全、应对全球气候变暖的重要战略措施。

一、世界各国的低碳经济战略与政策趋势

面对能源危机和气候变暖威胁，英国于2003年率先在全世界公布"低碳经济"这一概念，取得全球共识。低碳经济是个绿道理，其实质是能源高效利用、清洁能源开发、追求绿色GDP的问题，解决生存发展与生态环境之间的矛盾。核心是人类生存发展观念的根本性转变，是能源技术和减排技术创新，是产业结构和制度创新，是当代经济发展模式的革命性转型，是人类从工业文明转向生态文明的一场革命。

随后英国、美国、日本、德国、法国、瑞典等国，纷纷制定了低碳发展战略，明确目标，出台一系列法律与指标，逐渐推出政府强制型与市场导向型的政策工具。

2007年，英国发布《2007年能源白皮书》，制定了中长期减排目标。2009年7月15日，英国能源与气候变化部公布了《英国低碳过渡计划》，该计划标志着英国正式启动向低碳经济转型，这是主要发达国家中应对气候变化最为系统的政府白皮书。2008年1月23日，欧盟公布有关能源和应对气候变化的一揽子目标方案。

2007年6月，日本内阁会议制定的《21世纪环境立国战略》中指出：为了克服地球变暖等环境危机，实现可持续社会的目标，需要综合推进低碳社会、循环型社会和与自然和谐共生的社会建设。

2009年2月，瑞典执政的温和党、人民党、中央党和基督教民主党四党派，就瑞典可持续发展的能源政策达成一致并发布了政策文件。该政策文件指出，瑞典的能源和气候政策应该建立在环保、竞争力和安全三大基石之上。随后，瑞典制定了具体目标和措施。

在美国，过去十五年基于信息披露的环境政策发展很快，最为明显的是《紧急计划和社区知情权法案》下的《有毒物质排放目标》，要求企业将有毒化学物质的使用、排放和存放等信息及时报告给政府，在美国的《能源法案》中，要求电子产品和日常用品加贴能源效用标签；在

《饮用水安全法修正案》中，要求所有社区饮用水系统要将有关水源和污染物含量年度报告向社区消费者公布。欧盟要求上市公司公布碳信息披露指标等。

发达国家在明确本国核心竞争力的基础上，凭借低碳领域的技术、制度、管理创新优势，出台一系列法律和配套措施，加紧实施低碳经济发展战略，构筑世界新一轮产业和技术竞争新格局。

各国在打造低碳经济核心竞争力方面也不遗余力。英国的绿色经济，主要体现在绿色能源、绿色生活方式和绿色制造等方面。德国发展绿色经济的重点是发展生态工业。法国的绿色经济政策重点是发展核能和可再生能源。美国选择以开发新能源、发展绿色经济，作为此次全球金融危机后重新振兴美国经济的主要动力。巴西的生物燃料技术目前居于世界领先地位，从20世纪70年代开始，巴西政府十分重视对绿色能源的研究。日本注意宣传推广节能减排计划，提出建设低碳社会。

在法律、技术、激励机制和碳交易制度方面，美国立法推动温室气体减排，发展清洁能源，向低碳经济转型。2009年6月通过的《美国清洁能源法案》，是美国在这个方向上迈出的重要一步。欧盟推进低碳经济转型，要引领世界低碳技术发展。以英国为例，2009年7月，英国政府首次将温室气体量化减排指标，进行预算式控制和管理，确定“碳预算”指标，并分解落实到各领域。

在效益—成本分析方法评估政策方面，部分国家得到有效适用。以美国为例，早在1936年，在《洪水防治法案》首次要求应用成本效益分析的法律条文。对于收益分配的关注，是制度制定和经济分析中必须考虑的因素。美国政府就要求联邦机构核查并处理由于采取的各项计划、政策对少数民族和低收入人口造成的不当和不利健康及环境影响。1996年《小企业公平管制法案》，要求环保部用小规模经济实体的显著性的经济指标来分析管制措施造成的影响，以保证政策有效、公平。

在碳税市场方面，日本以碳税政策对应对气候变化、发展低碳经济。日本的碳税方案，充分体现了其周密性和计划性。日本2004年提出碳税方案，之后历经7年，不断吸纳各方意见，迄今修改4次。

德国在可再生能源(RES)领域中，风力发电和光伏发电装机能力世界领先。这些成功不是因为德国的自然资源基础优厚，而主要是创新的国家扶持政策的成果，包括《德国可再生能源法案》中的有利规定，市场为主导的可再生能源推广综合政策，对欧洲和国际的承诺和积极的气候变化政策，德国人民对可再生能源的积极态度，以及支持整个发展过程的技术因素。

二、我国低碳发展的态度、差距和国际借鉴

面对国际气候变化引发的低碳发展问题，中国始终以负责任的态度积极应对。中国是最早签署该国际公约国之一，《联合国气候变化框架公约》的签署，是我国积极参与国际环境政策制定、进行环境外交的重要标志，中国也是《京都议定书》的积极倡导者和响应者。但在政策的制定和执行中仍缺乏应有的积极性、主动性、灵活性和前瞻性。通过对气候变化治理结构的分析，可发现我国的气候变化治理结构，存在着缺乏明确的决策机构和执行机构，国家相关机构尚未发挥积极的领导作用，科学研究对政策制定的支持能力不足、公众参与薄弱、企业减缓气候变化的动力不足等问题。由此可见，尽快制定一套有中国特色的低碳发展国家战略和政策，有效实现中国经济发展模式的转型，做到既发展又环保，是中国实现十二五规划成败的关键！

世界各国制定的低碳发展战略和政策，对

我国具有十分重要的借鉴意义：1. 政府强有力的低碳发展战略和政策措施，对解决生存发展与生态环境之间的矛盾具有决定性的作用；2. 制定法律、法规和政策的思路和方法，是执行力和效果的关键；3. 不同的国家在制定低碳发展的法规政策时，必须注重自己的文化个性和具体国情，强调打造核心竞争力；4. 政府必须把强制型与市场导向型的政策工具有机结合。

然而，当我们详细分析这些国家的低碳发展战略，法律、法规和政策制定的时候，我们会发现这些国家在制定这些战略、法律与政策的时候，仍缺乏全面系统性的思维和方法。他们在政策制定方式仍沿袭传统的战略管理和战略规划方法，强调具体目标，国家战略基本上是目标指导下的数字化刚性战略，忽视了全方位的思考，尤其忽视了文化价值观及其制度化。例如，英国的《英国低碳过渡计划》虽然提出了经济发展的核心目标，是把英国建设成为更干净、更绿色、更繁荣的国家，但没有把这一目标基于对低碳文化价值追求之上，仅限于程式化战略制定所必要的步骤。

三、制定中国低碳发展战略和政策六维分析方法和路线图

要制定一套超越其他各国的中国低碳发展战略、法律和政策，必须在制定战略、法律和政策的思维方式和制定方法上有所超越。我们应该用六维分析方法，从文化、信息、知识、权变、艺术和整合六个维度，全面系统地研究有中国特色的低碳发展战略和政策的制定方法、路径，以及结构和要素，并把低碳文化作为低碳发展的核心！为我国提供制定低碳发展战略和政策的路线图，以供政府参考。

为什么要用六维方法制定低碳发展的战略和政策？为什么要把低碳文化作为核心？因为文化决定战略和政策制定方向的正确性；信息决定战略和政策制定的可靠性；科学知识决定战略和政策制定方法的正确性；权变决定战略和政策制定的变通性；艺术决定战略和政策制定的对象变通性；整合决定战略和政策制定协同性。这六个维度环环相扣，缺一不可，逻辑井然，自洽闭环。而其中只有低碳文化，才能激发全社会追求低碳生活方式和生产方式的使命、动力、激情和凝聚力！中国的环保文化底蕴深厚，自古追求天人合一，道法自然和适应自然。因此低碳文化必将成为我国低碳发展的核心竞争力，成为制定我国低碳战略和政策的个性和核心。这就是中国的低碳发展战略和政策制定的路线图，以及如何保证这一路线图的科学性，可行性，有效性，操作性和执行力。

发展低碳的国家战略与政策制定，第一要用文化激发低碳发展的使命、动力和激情；第二要用信息提供科学低碳发展的依据；第三要用科学知识寻求有效低碳发展的方法；第四要用权变的方法根据环境的变化对低碳发展做变通；第五要用艺术的方法根据对象的不同对低碳发展做调整；第六要用整合协同一致地对低碳发展做统筹。这六个方面环环相扣，缺一不可。

第一步，低碳文化制度化、政策化。

只有低碳的追求，才会有低碳的发展。要向低碳的生产方式和生活方式转型，首先必须转变思维方式和价值观念。只有当人们把低碳生产和低碳生活作为新文化新生活去追求，才会主动积极的接受和创造低碳生活、生产和环境。因此，低碳发展路线图的第一步，是牢固树立人与自然和谐共生的绿色价值观，把追求低碳思维方式、生活方式和生产方式，变成我们的文化、使命和追求，并使之制度化、政策化。要让代表自然的利益比代表人类的利益先进，代表下代的利益比代表本代的利益高远，人和自然的和谐发展是人类发展的最高的境界这些理念深入人心。

中国经济长期以来盲目追求 GDP，走的是

“先发展，后治理，高耗能，高排放”路子，在实现快速增长的同时，付出了巨大的资源和环境代价，造成经济发展与资源、环境日益尖锐的矛盾。国家发改委2004年发布的《节能中长期专项规划》指出：2000年按现行汇率计算，每百万元美元国内生产总值的能耗是1274吨标准煤，比世界平均水平高2.4倍，比美国、欧盟、印度和日本分别高出2.5倍，4.9倍，0.43倍和8.7倍。2006年11月13日《中国青年报》曾报道，某省环保局日前公布一项问卷调查显示，在接受调查的人群中，93.31%的群众认为，环境保护应该与经济建设发展同步，然而有高达91.95%的市长、司局长认为加大环保力度会影响经济增长。有些地方抓污染防治的力度加大，但侧重点是上了多少项目，观念上还是重经济轻环保。追求GDP总量也体现在中央政府对地方政府和官员的考核指标中，单一GDP增长目标造成了环境破坏与节能减排措施难以实施。

只有转变观念，用低碳发展的文化价值观彻底“洗脑”，才可保证中央政府和地方政府保护步调一致，协调发展，顺利实施经济转型。

第二步，建立低碳测评标准、数据库、信息管理系统和信息披露制度。

2009年11月，国务院提出我国2020年控制温室气体排放行动目标，至2020年单位GDP能耗下降45%。2010年7月，国家发展与改革委员会又下发了《开展低碳省区和低碳城市试点工作的通知》。低碳经济已经由探索阶段进入了全面试点阶段。由于所处社会经济发展阶段不同，中国发展低碳经济必然需要结合国情。但是，中国发展低碳经济面临诸多障碍，尤其是尚未建立低碳测评标准、数据库、信息管理系统和信息披露制度。信息是科学决策的依据，只有对产业发展、地区发展、生活消费和环境变化的碳排放信息了如指掌，我们才可能把低碳发展的科学决策、法律法规、发展战略、政策流程和科学技术基于可靠的信息依据之上。因此，克服低碳发展障碍的核心步骤，是必须建立完整的低碳发展测评标准、数据库和信息管理系统，搜集、处理和分配可靠的碳排放信息，保证低碳发展的真实可靠性。

因此，一方面，低碳经济发展新阶段迫切需要梳理已有的低碳经济体系，研究我国低碳经济发展趋势与发展模式，加强总体布局与顶层设计，制定具有我国特色的低碳经济发展路径和政策体系，以引领、带动我国低碳经济技术创新的全面发展，这将对国家低碳经济重大产业政策制定、重大科技项目与工程部署具有重大指导意义，将有力推动新一轮的低碳经济产业革命在我国形成。另一方面，迫切需要对适合我国国情的低碳经济评价体系，进行标准化、集成化研究，形成综合考虑经济、技术、资源、环境、社会等因素，并针对区域、产业、城市等不同对象的低碳经济评价标准体系与集成工具，提供准确、丰富、及时的数据和信息统计以及信息披露平台，建立“可评价、可集成、可看见、可推广”的低碳经济评价标准集成平台。开展低碳经济评价标准体系与可视化集成工具研究，将对我国健全完善促进低碳经济发展的法律、政策提供依据，不但会有力推动我国低碳经济的试点开展与产业化推广，支撑低碳经济大规模发展；而且将进一步推动我国低碳经济标准化工作的开展，形成具有我国特色的低碳经济发展模式与产业体系。

第三步，制定正确的低碳发展战略和政策。

正确的低碳文化价值观，能保证低碳发展的正确方向和动力，确定的碳排放信息，能保证低碳发展的可靠决策依据，这就保证了低碳发展的效果。而正确的即科学的低碳发展战略和政策就能保证低碳发展的效率。

在制定正确的低碳发展战略和政策中，关键是制定正确的低碳科技发展和低碳市场发展战略和政策。根据《中国人类发展报告2009/2010——迈向低碳经济和社会的可持续未来》，中国碳排放最多的是电力、交通、建筑、黑色冶金、水泥、化工与石油化工六大部门，涉及低碳关键技术有62项，其中有43种中国目前并不掌握其核心技术，这表明我国低碳科技在碳排放最多的行业有大约2/3的核心技术还没有掌握。由于技术水平的差距，使得我国能源密集工业产品的单位耗能，大大高于世界先进水平。

除了低碳科技水平低和低碳科技创新能力不足外，新的低碳技术在市场中的发展也有很大障碍。例如，风力发电技术、新能源汽车技术都需要在形成新的市场的过程中不断创新和不断发展。然而，这些低碳技术进入市场，既有技术本身的障碍，又有价格的障碍。

可见，要克服我国低碳科技发展的障碍，政府必须制定一整套行之有效的低碳科技和低碳市场发展战略和政策，大力促进低碳科技研发和创新，促进低碳市场发育和壮大。

第四步，根据环境变化权变发展低碳的方法。

碳排放的状况，在不同时间、不同的空间和不同的情景各有不同。我们必须根据国情和环境的变化调整我们的低碳发展方法，以适用不同的和变化的环境，否则就会僵化教条。

第一，在制定低碳发展战略和政策时必须考虑在时间上权变。根据美国环境经济学家Grossman-Krueger和Shafik-Bandylpadhyay在对全球66个国家的不同地区内14种空气污染和水污染物质12年（空气污染物：1979—1990；水污染物：1977—1988）的变动情况研究，环境质量在经济发展的初期随着经济的增长先恶化，当经济发展到较高水平时，环境恶化的趋势逐渐转缓，并随着经济的继续增长，环境质量不断得到改善。这说明，低碳发展战略和政策必须根据经济发展阶段不同而做出调整，即时间权变。

第二，在制定低碳发展战略和政策时必须考虑在空间上权变。我国地域广阔，各省各地区经济发展水平很不一致，不仅能源需求有很大差别，而且能源供给、能源利用效率也有很大的差别。这就要求我们不能用“一刀切”的战略和政策思路，制定低碳经济发展的战略和政策及执行体系。应该在对能源效率的空间差异研究的基础上，提升战略和政策执行的针对性和有效性。

第三，在制定低碳发展战略和政策时，必须考虑在情景上的权变。在同一地区，行业不同，农村和城市的情况不同，以及特殊情况等情景差异，能源供求和能源利用效率有不小的差别。这就要求我们在制定政策时要根据不同行业特点，农村与城市差异等情景的不同，而制定针对性的适用性的发展战略。

第五步，根据不同的对象艺术变通发展低碳的方法。

在同一时空和情景环境下，不同对象如企业和消费群体的碳排放的前提条件和状况是不一样的。例如，同一产业链上的不同企业，有的碳排放高，有的碳排放低，使用同一碳税率显然是不合理不公平的；例如，不同收入水平的消费群体，碳税率也应区别对待；又例如，高碳产业企业和低碳产业企业之间存在严重的碳税和补贴既得利益冲突，如何艺术地使用歧视低碳政策才能有效地克服高碳利益障碍？总之，我们必须根据对象的不同，调整变通我们的低碳发展政策和方法，以适用不同的对象，否则就会出现严重的利益冲突，造成低碳经济发展的不和谐。

第六步，整合发展低碳的方法。

应对气候变化、发展低碳经济，不是选择一项政策就可以达成目标的，必须综合运用多种政策组合。在整合协同地运用低碳经济政策方面，英国是一个比较成功的案例，英国是世界上控制气候变化最积极的倡导者和实践者之一。根据欧盟内部的“减排量分担协议”，英国的目标，是到2012年在1990年水平上减排12.5%，但是英国制定的国内目标是力求在2010年将二氧化碳减排20%，到2050年削减60%。通过激励机制促进低碳经济发展，是英国气候政策的一大特色。英国为实现减排,使用了多种政策工具，比如著名的英国排放贸易体系UKETS，此外还实施了气候变化税(CCL)。

温室气体减排是一个需要全民参与的系统工程，因此应该注重发挥政府、企业和公众等各类主体的积极性。英国的经验证明，激励手段的广泛采用对推进实现政策目标，意义尤其重大。在中国目前的现实国情条件下，尤其要注意政策统筹和机制协同，采用综合手段推进节能减排、实现低碳发展，在行政手段为主的环境下，逐渐加强运用经济杠杆，尤其是引入和强化激励与约束均衡的碳交易机制的作用。

发达国家环境管理的机构都较强，环境主管部门统一管理环境相关事务。绝大多数发达国家都采取环保部门牵头、其他部门参与的体制，统筹管理环境保护和应对气候变化相关工作。欧盟、德国等各部门事权划分，采取了以环保部门为主的融合管理体制；日本由环境省统一环境管理，环境省从环保的观点出发，具有制定或规定基准、指针、方针、计划等的职能，并通过发挥该职能与有关府、省共同管理；与综合科学技术部门紧密联系，充分发挥在环境行政方面的横向调整职能。

美国环保署(EPA)与各个州建立所谓的伙伴关系，而不是领导关系。即EPA出台的各项政策是以项目的形式与各个州签订工作协议的形式进行。一般是EPA先确立项目目标，由各个州先自己提出州实施计划(简称为SIP)，然后由EPA审批。审批通过后，就以协议的形式固定下来。协议包括EPA所提供的技术支持、资金援助、能力建设，当然也包括各州将实现的环境目标。而EPA的区域办公室就起着就地监督各个州项目实施的作用，包括进度、效果、资金使用等。如果一个州不遵守EPA的管理，那么这个州将失去它对本州许可证颁发的控制，其所在地的区域办公室将向EPA建议取消其相应的资金援助等措施。甚至该区域办公室制定出联邦实施计划(简称为FIP)来代替SIP，由联邦政府在此州直接实施环境保护项目，这将对该州的声誉以及工业企业是一个沉重的打击。

总之，全面的低碳发展是一盘棋，必须统筹兼顾，协同统一，整合发展，否则就会产生短板效用。没有低碳文化,就没有低碳发展的使命、动力和激情；没有低碳发展的信息，科学的低碳发展就没有前提和依据；没有科学的低碳发展，低碳发展就缺乏效率；没有权变的低碳发展，低碳发展就会僵化教条一刀切；没有艺术的低碳发展，低碳发展就会制造和激化利益冲突，导致社会动荡和不稳定。只有低碳发展的文化、信息、科学、权变和艺术的协同统一，统筹兼顾，低碳发展才能具有全面执行力。

本文运用六维分析方法全面分析了制定中国低碳发展战略和政策的路线图。我们的研究表明，只有用文化激发低碳发展的使命、动力和激情；用信息提供科学低碳发展的依据；用科学知识寻求有效低碳发展的方法；用权变的方法根据环境的变化对低碳发展做变通；用艺术的方法根据对象的不同对低碳发展做调整和用整合协同一致地对低碳发展做统筹，才能有效克服中国低碳发展的障碍，完成中国经济发展模式的转型。

(作者：王建国系北京大学光华管理学院教授)

(选自《北京大学学报·哲学社会科学版》2012年第3期)

我国碳交易法律促导机制研究

曹明德　崔金星

一、我国碳交易发展基本态势和市场潜力

碳交易，又称碳排放权交易、碳配额交易、碳信用交易，是指在气候变化背景下，一国或特定区域，为削减本国或本区域温室气体排放，在总量控制或基准排放水平确定的基础上，以温室气体排放权或排放配额节余指标为交易对象，在纳入交易体系范围内的排放实体或减排主体间进行交易的市场化温室气体减排机制和政策工具。其目的是降低减排成本、促进减排技术研发和实现经济发展模式低碳转型。气候变化背景下，各国政府皆承受着国际减排义务和国内低碳转型的双重压力。碳交易减排机制和制度，由于具有信息成本低、减排效果明确、能激励和促进清洁技术发展等多重优势，被视为一种可持续的长效减排机制。

与一般性商品交易不同，碳交易是外部性产品交易，是法律拟制的产物，需要较严格的外部环境和政策条件。理论上，只要碳排放权通过立法拟制具备稀缺性和可流通性，碳交易可以在不同层面上和不同主体间进行。但在事实上，囿于认识观念、公众意识、技术条件及政策水平等方面的不足，我国碳交易呈现以清洁发展机制（CDM）项目减排额开发为绝对主导，并严重依赖于国际买方市场的发展态势。一方面，得益于国际 CDM 市场成熟的管理机制和运作规程，我国 CDM 项目批准注册和 CERs 签发连续多年居世界前列，交易额更是多年居世界第一，已经成为清洁发展机制下最大的温室气体排放权供应国；另一方面，我国在国际上长期处于碳市场最底端，是国际碳规则的被动接受者和 CERs 市场的低端提供者，交易规则和减排标准的缺位限制了中国全面开展强制性碳配额交易的可能性。与此同时，我国各种类型的碳交易已经初步行动，碳中和、碳抵消等自愿性碳交易开始试水；我国亦已准备在特定区域和领域试行碳排放强度考核制度，并将能耗和减排指标分解落实到各个地方或行业；碳监测和碳资产经营咨询服务行业也获得迅猛发展，产生了一批以碳市场发现、碳风险防范和碳投资咨询为主业的碳交易服务机构。凡此种种无疑都在表明，碳交易政策缺失、市场需求不足、碳计量监测能力和机构不健全、核证机制匮乏等各个制约碳交易良性发展的瓶颈因素正在逐渐被克服，我国碳交易正处于全面市场化发展的前夜。

（一）我国碳交易发展的基本态势

1．碳交易市场潜力和价值得到产业界广泛认可，碳资产管理意识和经营意识、碳风险防

范意识普遍增强；碳交易使碳具备了“货币”属性，通过碳交易，使得企业减排行为具有资产管理和价值创造的功能，并能有效防范未来碳强制减排约束下的碳风险和国际市场机制下的碳壁垒，进而引领企业在低碳发展和转型上的更高层次的竞争，促使企业技术更新和产业升级。

2. 各种碳交易形式开始试水，碳交易处于市场化过程中。继我国2009年首例自愿碳减排交易：上海天平汽车保险股份有限公司通过购买奥运期间北京绿色出行活动产生的8026吨碳减排指标，成为第一家通过购买自愿碳减排量实现碳中和的中国企业之后，各地自愿交易“碳中和”、“碳抵消”业务活动层出不穷。天津排放权交易所推出“企业自愿减排联合行动”，上海环境能源交易所2010年1月推出“世博自愿减排平台”，广州环境自愿交易所设立公益性的“广州碳中和基金”等等。2010年8月深圳大运会推出“我为大运碳抵消”首次向普通公众推出可自助购买抵消第26届世界大学生夏季运动会场馆和赛事中产生的碳排放的交易平台。随着大运会“碳中和”活动的兴起，更多的人参与到自愿减排行列中，各种形式的碳交易众采纷呈。

3. 后京都气候谈判中我国碳交易发展面临巨大的挑战和机遇。后京都气候谈判围绕的焦点之一就是发展中国家的强制性减排义务。作为温室气体排放总量第一的中国，面临巨大的减排压力和挑战，同时也由于技术水平落后，发展模式粗放，我国具有巨大的减排潜力。在国际气候框架下，积极利用国际减排机制，利用碳交易市场，引进外来资金和技术，推动我国产业低碳转型和经济发展模式革新。

但同时我们也应看到，我国碳市场当前高度依赖CDM机制，而CDM项目开发又受到繁琐的注册和认证程序的束缚，难以为我国巨大的减排潜力提供有效的市场空间。(1) 碳交易参与行业领域范围较窄，若干重要领域尚未开展。我国碳市场总体上处于国际市场最低端，项目以技术水平低的资源依赖型水电、风能、沼气等为主，申请企业又以中小民营企业为主(占我国碳交易项目80%)。而减排弹性大、效益明显，代表一国低碳发展核心竞争力的新能源开发、能效项目、能源替代、交通运输、建筑、废弃物管理、农林及土地利用等领域项目比例过小，尚不具备广泛参与碳交易的减排技术水平和管理能力，对我国企业今后融入国际碳市场、形成碳交易规则制定话语权和碳价格谈判能力极为不利，也导致当前我国碳交易利益空间被严重压缩、甚至倒挂。低水平重复的项目开发能力，不仅因丧失示范效应往往被联合国CDM执行委员会EB拒签，而且加剧了我国减排行业在国际碳市场中的不利地位，限制了我国企业在国际碳市场讨价还价的能力和水平，进一步挤压了我国企业参与国际碳交易的利益空间。(2) 碳交易市场规则尚处于自发状态，交易监管严重缺位。自愿性碳市场公信力不足，缺乏强有力的权威核证机构和规范的核证管理程序。供需双方信息不透明，交易双方和中间商缺乏共同认可的减排标准和资质。(3) 企业参与碳交易市场预期不明显，面临较大的政策风险，亟待立法加以确认和保障。(4) 国家奖励措施和激励机制单一，申请程序复杂，过程不透明，限制了企业参与热情。(5) 碳市场价格风险较大。我国碳交易以企业间场外交易为主，缺乏价格形成机制，市场价格波动较大，不利于稳定企业参与预期。

(二) 我国碳交易发展的市场潜力

从交易类型上看，碳交易分为强制性配额交易和自愿性减排量交易。当前我国能源消耗量和温室气体排放量均居世界第一。根据EIA提供的国际碳排放量数据，2006年我国碳排放量为16.4亿吨，已成为世界碳排放量最大的国家。根据我国到2020年单位国内生产总值（GDP）二氧化碳排放强度相比2005年下降40%—45%的减排目标，等于中国需要在160.4亿吨的基础上减排64.16亿～72.18亿吨当量。我国当前提供的碳减排量已超过全球市场的1/3，成为世界上最大的碳排放权提供方。而据世界银行的研究，中国具有每年减排1亿至2亿吨CO_2的潜力，不久将可为全球提供一半以上的CDM项目。在自愿市场上，碳风险已经被广为认知，参与碳交易，已成为各企业或行业进行碳资产管理，跻身碳减排市场的首选。企业为规避即将到来的碳风险和碳壁垒，增强碳资产管理和运营能力，在未来的碳竞争中占据一席之地，纷纷转变发展战略，进行低碳转型。参与碳交易，已经超出企业单纯树立企业形象、扩大企业影响的初衷，成为培育未来碳资产管理能力、增强碳竞争能力的试验场。CDM框架下的碳交易机制由于面临较多的注册和核证约束，参与程序较为繁琐，而更为便捷、灵活的自愿性碳交易，与CDM框架下包括政府、业主、中间机构的复杂利益链相比，参与程序简洁，更容易让减排项目进入，核证程序更简单，在当下可形成对CDM机制的有效补充，尤具发展空间。

二、我国碳交易促导机制的法律解析

（一）我国碳交易市场化进程中面临的瓶颈约束与风险

碳交易的最大特征在于其与人类应对气候变化的行动密切相关，具有极强的政策依赖性，并与外界有着错综复杂的联系。减排政策、能源市场的变化与波动，以及减排技术、减排市场的发展情况，都会影响碳交易的发展与构成。碳交易还会对金融市场产生巨大的拉动效应，金融市场强烈的趋利性会随着碳金融工具的衍变与创造加剧碳交易的复杂性。

碳交易系统的复杂性使得交易规模的扩大和交易创新面临一系列的瓶颈约束：(1) 政策缺失。当前除了CDM市场形成较明确的政策法律框架外，在区域性碳市场、强制性配额市场、自愿交易市场上都没有具体明确的政策指导和法律规定，或存在政策内容笼统、模糊，难以对碳交易进一步发展提供有效指引。(2) 碳监测、碳计量机制和机构的不健全。制约碳交易发展最重要的技术瓶颈来自于碳监测能力建设和机构设置方面的不足。碳监测包括对GHG常规性或临时数据的收集、监测和计算，碳监测应遵循一定的标准方法和原则。同时还包括政府监测职能与机构设置，企业碳信息披露报告的法律义务与法律效力等内容。碳监测还需要软硬件的支持。硬件用于监测具体排放源或相关指标（如电力和燃料消耗），软件用于信息搜集、计算、统计分析等。(3) 市场需求不足约束。碳交易市场需求来自于可交易碳配额管理制度、企业自愿减排信用额的财政奖励、企业减排量的存储与结转功能，以及碳标识碳标签制度商业价值的创造过程。当前我国碳市场需求不足原因来自于激励机制不确定、不透明，注册及核查暗箱操作多，市场化运作少；强制性交易安排进度表不明确，与自愿减排信用额之间的结转关系没有法律保障；低碳消费的市场环境尚未形成“碳标签”标识制度的市场示范效用和价值尚待进一步挖掘；企业碳资产价值实现路径和机制尚待法律确认。

碳交易市场化还面临来自国内外碳交易机制本身所带来的风险：(1) 市场分割。交易过程中减排标准、认证标准的不统一造成各区域形成不同的交易市场。产业界出于环保和自身形象宣传需要进行的自愿性碳交易，随机性较大，不仅交易规则不统一，而且难以形成稳定的市场份额。各个分割碳市场的交易规则差异性阻碍了同质碳交易市场规模的扩大。(2) 政策风险。政策风险来自于国际 CDM 市场前景的不明确，和国内强制性碳交易政策出台的不确定性。目前国内关于碳交易促进的政策和措施，尚未上升为法律，政府主导的碳交易从何产生、从哪开始、交易模式、市场路径、交易激励等碳交易市场化关键性问题何去何从不得而知。(3) 认证风险。在项目型交易市场中，减排项目能否获得预期核证减排单位是最主要的交易风险。并且，核证减排单位签发又是由专门监管部门按既定标准和程序进行，项目能否获得成功，能否通过认证并获得核证减排量的签发，带有很大的不确定性。(4) 交易成本巨大。碳交易的交易成本包括市场信息成本、指定经营实体（第三方核证）项目注册与核证费用以及因信息不对称产生的道德风险等。由于当前缺乏中介机构管理规范和作用流程规范，在项目设计和核查过程中存在一定的道德风险。交易成本的巨大阻碍了碳交易规模的扩大。

碳交易市场化瓶颈克服与风险防范，需要法律和政策进一步明确碳交易市场预期和法律地位，利用法律制度在市场创造、规范设定、技术路线确定、碳权保护等方面的优势，构建我国碳交易市场化的法律促导机制。

（二）我国碳交易法律促导机制的含义与内容

有学者指出，一个交易机制的形成与维持必须满足三个前提条件：独立经济体能够达成一致有效的共识；必须按照“历史档案”原则体现公平；必须建立具有足够约束力的惩罚机制。

碳交易本质上为发展低碳经济的动力机制和运行机制，低碳经济必须通过实体经济的技术革新和优化转型来减少对化石燃料的过度依赖，降低温室气体排放水平。

碳交易市场化进程法律促导机制包括两部分内容：一为交易规则和市场监管法律制度体系的完善；二是创造及扩大市场需求，根据碳交易运行规则，建构碳交易有序运转的保障系统的法律过程。依据国内外碳交易运行模式及内在规律，碳交易有序运转保障系统包括注册系统、清算及结算平台系统、交易平台系统和核证机制。具体来讲，碳交易法律促导机制包括：市场化创造的制度供给、碳交易有序运行的程序保障、碳交易运转的物质条件——交易平台及注册结算系统、碳交易合格性及合规性审定的核证机制、碳交易主体参与的激励和约束机制（碳权保障机制）等五个方面。

（三）我国碳交易的市场类型和交易标的的法律属性

碳交易从总体上看分为强制性的基于配额的交易（allowance-based market）和自愿性的基于项目的交易（project-based market）两种。以配额为基础的交易因存在总量约束，又称总量－配额交易模式（Cap-trade）；以项目为基础的交易因存在基准线测定，又称基线－信用交易模式（Base-line-credit）。

首先，在两种交易形态中，交易对象或标的分别为碳排放配额和减排信用。其中可交易的配额产生前提是企业实现了排放指标节余，减排信用产生的前提是企业实现了基准线以下的碳排放。二者均需要一定的核证机构依据核证程序和工作指引对其减排行为进行核证。因此核证机构设置及准入限制、资质标准和作业规范是保证交易有效进行的前提。

其次，核证机构进行减排量核证／减排项目合格性审查，以及实际排放量计量核实时，均须依据一定的方法学和核证标准进行。对于强制性配额交易体系，配额分配和排放量计算均需依据法律确立的方法学进行计算统计。基于不同行业、不同排放设施所采用的不同方法学均需法律予以明确以确保配额分配及减排量核证的公平性和标准的一致性。对于自愿性基于项目的碳交易，供核证机构采用的减排标准有多种。依据减排标准的完备程度，分为完整标准和不完整标准。前者对碳减排项目从审核、注册到核查、认证等一系列过程均作出规定，可独立实施；后者只涉及其中一个或几个程序，需要与其他标准配套使用。完整的标准由三部分组成：核算标准，监测、核查与核证标准、注册和实施制度。核证作业须遵循双方共同采用或认可的减排标准，同时鉴于不同碳交易核证程序的专业性，为保证信用额产生的一致性、确定性、透明性，各交易所大都推出格式化的交易合约，往往需要法律对此进行指导，并对标准化的交易合约效力予以确认。

再次，由于我国碳交易处于国际碳市场的低端，而各减排标准又多依据发达国家要求，体现发达国家意志。因此应构建我国碳交易法律促导机制，制定我国指导性减排标准，整合各区域市场的减排标准，以利用我国碳市场的巨大潜力，发挥碳交易市场发育的"后发优势"，并由法律对减排标准予以引导和推行，扩大市场影响力，增加我国企业市场谈判的话语权。

（四）我国碳交易法律促导机制的价值和作用

综上，我国碳交易法律促导机制的构建，具有以下价值和作用：

1. 降低政策风险。碳交易发展面临的政策风险主要包括因国际气候谈判碳市场发展的不确定性导致的政策风险和国内对碳交易发展模式和路径选择不确定性导致的政策风险。通过立法将我国培育国内碳市场政策目标和发展路线予以明确，可以极大地增强产业界的市场预期，尽快促使产业界从观望到积极参与的转变；通过立法将中国参与国际碳市场的合作机制及参与途径予以明确，加强与国外主要碳市场认证体系和减排标准之间的相互认可与互信，增强国外市场各方主体对中国碳市场发展的政策预期和市场信心，以积极姿态参与国际碳市场分工，并形成我国较强的市场谈判能力和参与能力，逐步改变我国在国际碳市场竞争中的不利地位，赢得更为有利的市场空间。

2. 降低认证风险。在碳市场培育中，交付风险（delivery risk）即减排项目无法获得预期的核准减排认证的风险是阻碍碳交易发展的重要因素。过去，由于技术发展的不稳定性以及政府发展碳贸易的政治意图不明确，有关碳减排额认证、核准标准及程序一直处于变动之中。通过立法将我国发展碳交易的核证、认证机构资质和准入条件予以确定，并对核证作业程序予以规范，可以有效降低项目实施后有关减排额度通过认证顺利获得经核证的减排单位过程的风险，提高市场预期和各方参与碳交易的积极性。

3. 降低交易成本。在国际碳市场交易中，因项目报批和技术认证等因素产生的交易成本巨大，并且核证体系的不规范、不发达，极容易引发指定经营实体（DOE）的道德风险。通过立法加强对核证机构的监管，规范在材料准备和核查中的操作程序，可以有效抑制碳配额交易过程中因不规范操作程序和信息不对称等导致的交易成本，降低道德风险发生的可能性，增强碳市场发育的稳定性和确定性。

三、构建我国碳交易法律促导机制的思考和建议

从各国碳交易发展和促进立法实践来看，我国碳交易法律促导机制的构建，需要立法在以下环节或方面做出应对，发挥法律的规范和指引作用：

（一）市场需求的法律创造

碳交易运行的市场需求的法律创造，是碳交易实施与运行的制度基础和前提。从各国碳交易实践和立法经验来看，总量控制制度和碳排放许可制度是碳交易实施的前提性制度。具

体而言，各国在确定本国大气温室气体环境容量和实施排放许可制度的实践中，立法发挥促导作用的目标和领域有：

（1）立法确定排放总量控制目标。如欧盟排放指令确定的排放总量控制目标，德国《温室气体排放国家分配法》、《美国清洁能源安全法案》以及《京都议定书》引入的排放权交易计划都通过明确的约束性减排指标确定排放总量控制目标。（2）排放权许可的法律厘定。各国及国际排放权交易立法皆规定：从事排放温室气体活动的排放实体，必须申请排放许可，在排放许可范围内排放。（3）排放许可申请与授予条件和程序的立法规定和保障。各国及经济体对申请和授予排放许可规定的法律程序一般包括排放许可申请的报告，对报告包含的排放源、排放量和排放的预期水平的审查；申请许可的审核和材料审查；排放实体排放监测及排放量、排放种类的监测报告要求。（4）各排放实体排放监测报告的法律确认程序；各排放实体排放配额分配的程序与方法的法律确认；各排放实体排放配额的分配方案；各排放实体排放许可证发放、账户管理、变更与注销、撤销管理的法律规定；违反排放许可证规定内容的排放配额的收回、处罚及责任机制等。

（二）程序保障

碳交易机制运行是一个系统工程，从排放实体减排额度产生到碳信用签发，从减排项目的注册到减排信用额度的登录，到碳信用额度的交易，涉及到不同的市场主体和监管主体，以及行业部门，各环节产生的利益关系及其变动需要法律加以确认并对各方主体权益关系变动程序予以规定，这是碳交易机制有效运行的基础和程序性保障。区别于碳交易机制运行实体性法律保障的内容，对碳交易运行保障的程序性规定和规范内容有：（1）排放实体制定减排项目或计划的申报程序及碳交易行政主管机构审核通过的管理规范；（2）排放实体减排项目与计划的核证程序与管理规范。排放实体实施减排项目之前，项目计划需要独立第三方查验机构的核证，以审查是否符合交易项目的合格性要求或减排额的额外性（或购买资金）要求；（3）核证及查证机构作业程序管理规范；（4）温室气体自愿性减排项目申请、注册及自愿性减排交易管理程序规定；（5）交易平台账户管理及注册登记管理规范，排放实体经查实后减排量的登录、交易、结算交割及账户变动规范等。

（三）交易平台建设的法律规定

碳交易运行交易平台建设主要指碳交易运行交易平台建设、信息平台、中介服务实体机构建设及其法律保障。碳交易运行，需要建立统一的交易平台和账户管理的基本要求和规范，以及对从事碳交易运行起着关键“润滑剂”作用的核证实体的管理规范和作业规范。交易平台的重要作用，不仅是国内碳市场运行的交易基础需要，而且是辅助参与国际碳交易的清洁发展机制或联合履约机制的企业实现碳经营与碳资产管理良性运转，顺利与国际市场和联合国认证相衔接的需要（减排额通过 UN 认证），是促成减排企业实现“废气变黄金”至国际市场关键“惊艳一跃”不可或缺的一环。根据京都议定书和后续法律文件的规定，各国应建立温室气体登录系统和核查系统，作为执行 GHG 管理和京都机制的基础。COP7 会议否决了使用单一全球登录系统，要求各个国家自行建立登录系统。

从交易平台建设机制立法保障角度，建立碳交易运行物质保障的法律需求包括：（1）交易平台建设主管机构及管理职能规定；（2）交易平台软硬件建设、账户管理、服务范围、服务程序、运营管理；（3）交易平台管理规范及减排额／信用额登录管理规范；（4）核证和查证机构作业规则；（5）交易平台交易标准化合约管理规范及登录管理等。

除交易平台之外，还应构建碳交易信息平台。因为碳市场一方面是与虚拟资本、金融创新、绿色技术（产权）、低碳信息咨询、新经济所需人力资源和教育培训等等相关的信息经济市场，另一方面是与低碳经济的生产要素和产品市场以及现代服务业的市场相关的企业经济和产业经济的市场；因此，只有构建真实而强大的信息平台，才能最终构建碳市场。

（四）技术保障的立法规定

碳交易运行的技术保障是指碳交易运行和碳排放管理过程中排放监测统计制度、报告制度所采用的技术规范、方法学指南等。碳交易运行的前提是存在可交易的减排额或碳信用额度。为确保碳减排额度和碳信用额度产生的环境效益的完整性、数据的一致性和可比性，符合从事碳交易的合格性标准，需要建立一套有效的、透明的和可操作的方法学指南和温室气体排放监测统计制度。国际和区域碳市场发展形成的共识是，标准化的温室气体监测和统计方式，是开展温室气体减排查验和数据比较的基础；碳交易作为开展国际和区域温室气体减排的重要措施，必须建立透明和灵活的系统管理规范，为基于合作机制的碳交易运作和发展提供基准。

方法学是能力建设的重要内容。对于基于项目的碳交易来说，方法学包括项目监测计划编制、项目额外性评价（评价内容有两类，CDM 项目资金义务的额外性、减排环境效益的额外性）、项目边界的设定和碳“泄露”估算、减排量和减排成本效益计算、项目基准线的设定等。

建立、完善碳交易技术保障法律制度体系，立法应对以下诸方面予以规范：(1) 排放配额申报中的历史数据报告及自我监测的法律要求；(2) 减排项目核证及减排额查证申请中的排放监测、统计的法律要求；(3) 抵换交易模式下减排量报告中的监测统计的法律要求；(4) 减排项目合格性标准采用的方法学，监测统计制度采用的方法学，基线信用交易模式下减排量监测统计报告的方法学等领域的方法学准则和指南。

（五）碳权保护的法律规定

碳权保护的法律规定指排放实体碳权保护及利益实现的法律保障机制和制度。碳交易本质上是权益资本交易，权威金融机构研究已证明：在不久之未来的国际金融期货市场中，“碳交易”将成为比石油期货还要大宗的交易。以低碳为核心的“绿色经济”正重塑企业的经营理念，未来企业面临非常多的碳风险，企业的碳权经营能力和低碳发展能力将成为企业未来经营的核心竞争力。碳权经营，指企业利用碳交易市场进行碳资产管理，降低碳风险同时达到维护股东价值与实现政府碳管制的目标，是市场、社会与企业三赢的策略。碳交易过程中的碳权保护，也是企业碳权经营能力的确认和保护。碳权利益法律保护的核心是建立碳排放权和碳信用与碳资产之间资金流动的通道，利用碳金融市场，创造和开发碳资产，降低交易成本，简化流程，保障碳排放权向碳资产转化的顺利和通畅，使得资本流动更为有效，更具有确定性。根据发达国家和地区碳交易运行过程中碳权利益保护和实现的实际做法和立法经验，通过法律有效保护交易主体碳权利益的立法需求包括：(1) 自愿性碳减排交易管理办法，规范自愿性碳交易试点交易流程，发布“自愿性减排协议”指导文本。在此可以借鉴台湾地区做法，政府出资聘请节能减排专业辅导机构，推动节能措施与协助计算节能减排量，并成立专家委员会，审议减排量，为参与方提供技术指导和中介服务，为项目实施方减排额上市交易创造条件。(2) 企业先期减排方案和抵换方案未来、抵减承诺。为鼓励企业参与碳交易，政府可以发布《温室气体减排先期计划或抵换计划抵减办法》，引导企业率先制定和实施减排计划，经审核和查证的减排量，可以在今后实施碳交易机制的时候，奖励减排信用，抵减企业的排放量，并可以交易，鼓励企业为未来投资。先期方案和抵换方案都可以作为企业碳权产生的渊源。(3)规划“温室气体减排额度交易平台”建置，出台自愿性碳减排注册登录规程，减少流转环节，简化审批程序，完善企业排放和减排数据的保存和信息平台。(4)碳金融和碳融资。政府发布推行碳交易的优先领域和行业、指导目录，为实施企业和行业提供优惠贷款和融资服务，并制定奖励措施，如通过碳资产抵押或信托业务，鼓励参与碳融资。(5) 国际及国外碳市场信用额度认可及确认规则。排放实体碳权利益包括国内碳权利益和国际碳权利益，经国际或国外碳市场减排标准认证的减排额，在一定范围内根据我国参加的国际或区域碳减排协定，给予一定程度的认可，建立国内和国际碳权共通和衔接的渠道，这是维护企业碳权利益的根本途径。(6) 发布中国的自愿碳方案指引 (VCS Program Guidelines)。借鉴国际标准化组织发布的 ISO14064-2 标准、国际碳排放交易协会 (International Emission Trading Association，IETA) 与世界经济论坛 (World Economics Forum，WEF) 倡导的自愿碳标准 (Voluntary Carbon Standard，VCS) 和黄金标准基金会 (Gold Standard Foundation) 发布的黄金标准 (Gold Standard，GS)，发布我国与国际碳标准相互承认的自愿性碳方案，引导我国企业遵循该指引，通过差异分析 (Gap Analysis) 向 VCS 委员会申请认证后，若 VCS 承认我国温室气体方案符合自愿碳方案指引要求，则在我国温室气体方案下登录进行的减排项目，通过第三者查验机构确证、查证后，即可通过登录平台向 VCS 申请核发 VCU 信用额度，因此在国内进行的项目减排所产生之减排额度，即可向全球任一个 VCS 所承认之温室气体方案进行交易。北京环境交易所 2009 年底和 BlueNext 发起的适用于我国的熊猫标准，是我国迈向碳标准建设的第一步，当下需要加强我国自愿性标准与国际标准的共融性和相互承认，逐步扩大影响和适用范围。

（作者：曹明德系中国政法大学教授、博士生导师）

（选自《江淮论坛》2012 年第 2 期）

从“里约+20”看绿色经济新理念和新趋势

诸大建

如果说20年前里约联合国环境与发展大会确立的核心概念是可持续发展，那么2012年“里约+20”联合国可持续发展大会提出的新概念就是绿色经济。从1962年开始，世界绿色运动至今已有50年历史，许多人想知道提出绿色经济有什么特别的新内涵和新意义。2008年金融危机以来，笔者有机会参加联合国环境署有关绿色新政和绿色经济的研究咨询。2012年6月16—22日也应邀赴巴西参加了“里约+20”金砖国家与绿色经济和国际生态经济学大会的有关研讨。本文概括了“里约+20”大会绿色经济的三个关键问题，对中国绿色经济发展提出一些探索性的看法。

1 为什么要发展绿色经济：呼吁第三次绿色浪潮

近年来崛起的绿色经济，直接与2008年以来的金融危机有关。许多人认为，当前的气候危机和金融危机预示了以追求无限增长为目标的旧经济模式正在进入终结。更进一步说，从1970—2010年40年左右的褐色经济发展，导致了地球资源环境压力的持续加大，地球生态足迹已经大大超过承载能力。这种资源环境压力的加大不可能依赖现有的经济发展模式来改变。联合国环境署的《迈向绿色经济》报告写道：“最近对绿色经济概念的关注，很大程度上是由于人们对现行经济模式的失望，以及对新千年第一个十年中的诸多并发危机及市场失灵产生了疲惫感，尤其是2008年的财政和经济危机。而与此同时，另一种经济方式日益彰显，这是一种全新的经济模式，在这种经济模式下，物质财富的实现不需要以环境风险、生态稀缺和社会分化的日益加剧为代价。”下一个40年即2010—2050年是沿袭褐色经济的老路还是开辟绿色经济的新路，正是当前绿色经济崛起的基本背景，也是2012年6月20—22日联合国在巴西里约召开可持续发展20周年世界峰会的中心话题。

绿色经济的概念，最早是在1989年由英国环境经济学家Pearce提出，但是2008年金融危机以来由联合国等国际组织以及金融危机相关国家推进的绿色新政和绿色经济，具有全新的意义。从1962年卡逊《寂静的春天》以来，经过1972年的《只有一个地球》和联合国人类环境会议，经过1987年《我们共同的未来》和1992年联合国里约环境与发展大会，一直到2011年的《迈向绿色经济》和“里约+20”联合国可持续发展会议，世界性的绿色浪潮需要分出三季。当前的绿色经济是世界绿色浪潮发展演进的新成果，具有与以往的绿色思潮不同的时代背景，具有对传统的褐色经济进行范式更替的革命意义。但是，目前学术界和决策层对这个问题的认识和论述不是很清晰，经常存在着将传统环保主义与当前的绿色经济混为一谈的状况，因此急需加强深入细微的理论辨析、研究和传播。

(1) 第一次绿色浪潮——环境主义的浪潮。第一次绿色浪潮发生在1960—1970年代，实践上是经济增长对资源环境的负面影响被发现，理论思考以《寂静的春天》和《只有一个地球》等著作为代表，制度性的事件是1972年的斯德哥尔摩联合国人类环境会议，提出环境保护应该成为发展的重要方面。第一次绿色浪潮的理论成果，一是对追求无限增长的经济增长模式提出了批评和反思，指出褐色经济在经济增长的同时没有带来所期望的环境和社会的发展。二是强调从末端治理的角度消除经济增长的负面环境影响，具有先污染后治理的特征，环境保护部门开始成为环境治理的体制力量。总体上，第一次绿色浪潮是在经济系统之外考虑环境问题，没有涉及经济发展模式本身，本质上属于对传统经济的补救。1972年出版的《增长的极限》，超前性地提出用强可持续性的模式替代无限增长的褐色经济模式，但是经济增长的生态极限尚没有显现，因此难以成为理论思考和政策制定的主流。

(2) 第二次绿色浪潮——弱可持续的浪潮。第二次绿色浪潮发生在1980—1990年代，实践上是要制止经济增长与资源环境退化的分裂状况,理论思考以《我们共同的未来》和《倍数4》等著作为代表，制度性的事件是1992年的里约联合国环境与发展会议，确立了可持续发展战略。第二次绿色浪潮的理论成果，一是提出了基于弱可持续发展的绿色思想,强调经济、社会、环境等三个支柱总和意义上的非减发展，认为只要经济增长的成果能够充抵资源环境退化，发展仍然是可持续的。二是从末端治理进入生产过程，提出了经济增长的绿色化改进，重点是提高资源环境的生产效率。总体上，第二次绿色浪潮要求在经济模式不变的情况下提高效率，没有考虑经济模式本身需要变革。1989年Pearce出版《绿色经济的蓝图》，区分弱可持续性和强可持续性，指出前者强调经济、社会、环境三个支柱的总和进步，只要经济增长能抵消环境和社会损失，就是可持续发展；而后者强调可持续发展是关键自然资本如地球生态服务等的非减化，如果不是，那么即使有很大的经济增长，也不是可持续发展。但是当时的主流采纳了弱可持续发展作为政策依据。

(3) 第三次绿色浪潮——强可持续的浪潮。第三次绿色浪潮发生在本世纪以来的2000—2010年代，实践上发现过去40年的经济增长已经超越了地球的生态承载能力，要求环境非下降的经济增长的声音趋向强烈，气候问题和低碳经济即是典型，理论思考以联合国环境署2008年的《全球绿色新政》和2011年的《迈向绿色经济》等为代表，制度性的事件是2012年的“里约+20”联合国可持续发展大会，在呼吁经济范式变革的意义上提出了绿色经济新理念。绿色经济新理论有两个特征。一是提出了基于强可持续发展的绿色思想，强调地球关键自然资本的非减发展，意味着人类经济社会发展必须尊重地球边界和自然极限。二是提出了包含自然资本在内的生产函数，要求绿色经济在提高人造资本的资源生产率的同时，要将投资从传统的消耗自然资本转向维护和扩展自然资本，要求通过教育、学习等方式积累和提高有利于绿色经济的人力资本。总体上，与前二次浪潮相比，当前的第三次绿色浪潮或绿色经济浪潮具有强烈的经济变革意义，认为过去40年占主导地位的褐色经济需要终结，代之以在关键自然资本非退化下的经济增长即强调强可持续性的绿色经济新模式。可惜的是，当前许多人没有注意到“里约+20”的绿色经济概念与1992年提出的可持续发展概念在这个问题上的重大不同。

2 什么是真正的绿色经济：三种不同深度的理解

从第三次绿色浪潮和强可持续性的角度看，新倡导的绿色经济内在地包括了经济高效、规模有度、社会包容等要素，相对于以往不涉及经济模式变革的浅绿色改进，是一种深绿色的变革。“里约+20”会议上通过的49页283条的文件《我们憧憬的未来》，辟有“可持续发展和根除贫困语境下的绿色经济”专章，强调绿色经济对传统以效率为导向的经济模式增加了两个重要维度。第一，绿色经济试图将空气、水、土壤、矿产和其他自然资源的利用计入国家财富预算，强调经济增长要控制在关键自然资本的边界之内；第二，绿色经济试图将“公平”或包容性变成与传统经济学中的“效率”同等重要的基本理念。不过，当前在学术界和决策层，可以发现对绿色经济的理解存在着三种不同的深度和角度，人们或者从自己的认知习惯去解读绿色经济，或者潜移默化地受到传统环保主义或传统绿色思潮的影响。更精细的观察，可以发现从浅绿到深绿的理解不仅是认知差异问题，更是利益冲突问题。我们需要深入讨论对绿色经济的三种理解及其思考问题的深度差别。

(1) 基于效率的理解。最流行的绿色经济概念是效率导向的。类似于研究劳动、资本等其他生产要素对经济增长的贡献，如果简单地把经济产出看作自然资本投入和资源生产率的乘积（GDP=GDP/EF×EF，其中EF表示所投入的生态足迹），那么绿色经济就是要从粗放性地投入自然资本，转向集约性地提高资源环境的利用效率或资源生产率。这样的绿色经济观点持有弱可持续性的看法，认为只要经济增长能够抵消资源环境的损失，财富总和实现非减增长就是绿色经济的。在具体政策上，效率导向的绿色经济一般强调两个创新。一个是要把稀缺的自然资本的价格搞正确，把外部成本内部化，例如对煤、石油等化石燃料等消耗减少补贴、增加税收等等。另一个是用绿色GDP或者包容性财富指数衡量经济发展，识别GDP的组成结构并扣除自然资本的损失，其中自然资本用货币来衡量。在利益问题上，从“里约+20”会议上可以发现，发展中国家一般会抵制前者，因为担心发达国家以绿色税收的名义设置贸易壁垒，例如欧洲提出的航空碳税等；而用自然消耗获得经济增长的国家会担心后者，因为平常强调的高的经济业绩因此大幅度缩水，从宽泛意义上的可持续性变成严格意义上的不可持续性。这样的绿色经济观念，虽然相对于粗放型的拼资源拼环境的褐色经济有进步意义，但是进步有多大是存疑的。因为存在着两个关键性的难题。一是微观意义上的效率提高没有考虑宏观上的反弹效应，例如更多的人拥有低排放的小汽车，导致更多的能源消耗和二氧化碳排放，因此无法保证经济增长是在地球边界之内。二是用总和财富增长表示绿色经济和可持续性，意味着关键自然资本是可以替代的，这与新的绿色经济强调关键自然资本具有一定的不可替代性矛盾。

(2) 基于规模的理解。更深层的绿色经济概念，强调经济增长的物质规模受到自然边界的限制，因此无限制的经济增长是需要控制的。一般可以运用EF=GDP×EF/GDP进行分析，其中EF/GDP表示物质强度的高低，虽然技术效率改进可以导致强度降低，但是无限制的经济增长导致反弹效应，因此总的自然资本消耗是增大的。而关键自然资本是不可替代的。

世界自然基金会(WWF)有关生态足迹的研究，表明地球生态能力从1970年代就已经出现透支，到2008年地球生态足迹超过地球生物供给能力已高达50%。最近，瑞典学者罗克斯特仑等2009年发表在《自然》杂志上的研究成果《人类的安全操作空间》被广泛引用，更是证明了人类经济增长面临着10种地球边界，其中气候变化、生物多样性流失、磷和氮产生等三种边界已经透支或超越。因此在具体政策上，基于规模的深绿色经济概念，强调地球上经济增长的物质规模是有限制的，类似于人体的发育过程，经济系统依赖的物质增长是阶段性的事情。在地球自然资本充裕的满的地球状态下，经济增长的物质规模可以大幅度扩张；但是在接近地球自然资本边界的空的地球状态下，经济增长的物质规模应该控制，从追求物质资本的扩展转向追求人类福利的发展。基于规模的绿色经济观念把1972年提出的增长的极限问题以新的证据和逻辑提了出来。面对这个严峻的问题，“里约+20”会议上，可以发现发达国家、新兴经济体国家与发展中国家之间，存在着严重的利益分化和观点分歧。发达国家希望用生态规模问题限制新兴经济体国家的经济增长，但是回避自己的过度消费问题；发展中国家批评发达国家的过度消费导致了地球边界的突破，但是不希望用地球边界的名义约束自己的必要增长。

表 1 地球边界和人类活动的安全空间

地球系统 Earth system	参数 Parameter	建议值 Suggested values	实际值 Actual value	工业化前 Before industrialization
气候变化	大气碳含量二氧化碳浓度(ppm)	350	387	280
	辐射强度变化(wpm)	1	1.5	0
生物多样性流失	每百万中的年灭绝率	10	> 100	0.1 ~ 1
氮循环	循环利用率(百万吨/年)	35	121	0
磷循环	流入海洋的量(百万吨/年)	11	8.5 ~ 9.5	−1
平流层臭氧消耗	臭氧量(多布森单位)	276	283	290
海洋酸化	全球海面霰石平均饱和度	2.75	2.90	3.44
全球淡水消耗	淡水消耗量(立方千米/年)	4,000	2,600	415
发展农业造成的土地使用变化	全球土地转化为农田的百分比	15	11.7	低
空气污染	整体大气颗粒物浓度(区域值)	待定		
化学污染	污染物，塑料，重金属，核废料的化学污染排放量对全球环境、生态系统、地球系统的影响	待定		

(3)基于公平的理解。最深刻的绿色经济概念，强调在生态规模受到限制的情况下，经济增长需要关注公平，要保证地球上的每个人特别是穷人具有公平享受自然资本的权利。一般可以运用HDI=HDI/GDP×GDP/EF×EF进行分析(其中HDI表示人类发展水平，HDI/GDP表示单位GDP的人类发展水平，后者是由合理的财富分布决定的)，表明在一定的生态

足迹和一定的生态效率下，社会福利的最大化取决于对经济增长成果的公平分配。有研究表明，只要用3%的粮食，就能让占当前全世界13%的营养不良人口免于饥饿，而富裕人口每年食品链中浪费的都比这多。同样，要让当前19%还没有用上电的人口都摆脱能源贫困，付出的代价只是让现有的二氧化碳排放增加1%，但目前世界上一半的碳排放是由11%的富裕人口造成的。因此，让地球面临巨大生态压力的不是脱贫，而是财富分布的极端不公。这就是说，在生态公平的情况下，不需要超越地球极限的生态足迹就可以养活所有地球人，正是富裕人群的过度占有和奢侈消费导致了地球边界的突破。在具体政策上，基于公平的绿色经济理论认为，发展中国家仍然需要有物质性的增长解决基本需求问题，新兴经济体到了自然极限边界需要稳定增长，而超过地球边界的发达国家需要减少物质增长为前两者腾出发展空间。在利益问题上，在“里约+20”会议上，可以发现新兴经济体和发展中国家一般强烈地强调公平观点，认为绿色经济首先是具有包容性的绿色经济。但是发达国家特别是美国等消费主义国家一般抵制这样的说法，因为这意味着需要大幅度地减少个人、组织和国家的消费增长。

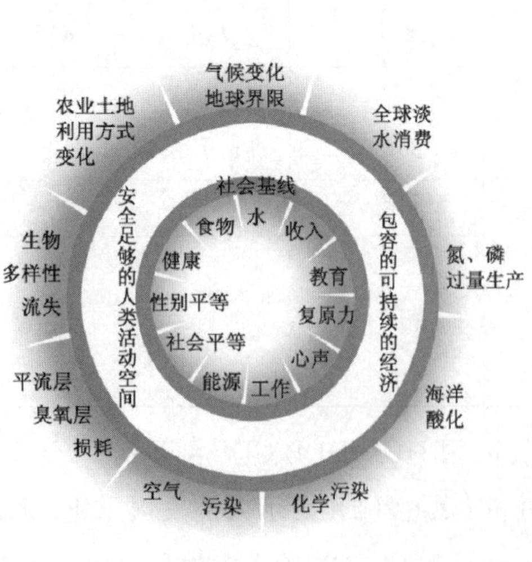

图1　安全和公平的甜甜圈概念

3　怎么样发展绿色经济：共同的原理不同的战略

在具体实施中，绿色经济常常被理解为，不同发展水平的国家和地区用绿色的方式继续促进经济增长。然而这是又一个需要深入辨别的问题。按照前述的绿色经济包括经济效率、生态规模、社会公平的概念，不同的国家搞绿色经济，首先是考虑多大的经济增长是必要的。在“里约+20”会议上，乐施会的高级研究员凯特·拉沃斯在“里约+20”会议上提出了一个多纳圈或甜甜圈的理论（《人类的安全和公平的发展空间》，2012年3月），认为如果说地球有一个资源利用的最大上限，超过这个上限就会导致无法挽回的环境退化，那么同样应该有一个资源利用的社会基线，低于这一基线人类就无法生存。按照安全和包容的绿色经济的概念，所谓的“多纳圈”就是指这两个界限之间的空间，前者是地球边界，后者是社会边界：在这里，每个人都能获得满足生活需要的资源，但人类整体又生活在地球的承载能力范围内。目前，发达国家大多数有高的经济社会发展水平，但是生态足迹超过了地球人均，处于甜甜圈的外圈；发展中国家大多数生态足迹低于地球人均，但是经济社会发展水平不足，处于甜甜圈的内圈。发达国家和发展中国家均需要走向地球边界和社会边界之间的中间圈。笔者多年来在研究中，针对传统褐色经济的A模式和发达国家绿色经济的B模式，提出过中国绿色发展的C模式。这次在金砖国家与绿色经济的研讨会中，进一步提出了绿色经济发展应该有共同的原理和不同的战略的设想。

(1) 发达国家的减少增长（B模式）。发达国家目前处于甜甜圈的外层，人均GDP普遍在2万美元以上，人类发展指数在0.8以上，但是人均二氧化碳排放超过了10t，人均生态足迹超过了地球平均2倍以上（5个全球公顷以上）。

由于在这个水平上的经济增长依赖互相攀比的消费，并不会给人类福利带来持续的增长，而进一步追求经济增长总是伴随着更多的资源环境消耗，因此发达国家的绿色经济就是要在保持经济社会发展水平的同时减少物质消耗的增长，实行地球边界内的生态足够战略，或绿色经济学家倡导的减增长战略(degrowth)和生态学家所谓繁荣的退却。即在保持和提高人类发展指数不减少的情况下，通过存量资本的折旧而不是增量的物质增长(例如经济增长在1%左右的水平)，减少资源环境的消耗回到地球边界以内。

(2)新兴经济体的绿色增长(稳态经济)。新兴经济体的目标应该是进入甜甜圈中间层，维持在地球人均生态足迹和发达国家人均生态足迹之间，实施地球边界和社会边界内的生态效率战略。以巴西为例，2010年巴西的人均GDP已经达到1万美元以上，有向更高水平人均GDP增长的可能和必要，但是重点是提高人类发展水平。在人均生态足迹方面要保持在地球人均生态能力(1.8个全球公顷)和地球人均生态足迹2.7个全球公顷之间，二氧化碳排放保持在5～10t之间。不要走发达国家用无限的地球物质消耗追求经济增长的老路，超过地球边界进入超越地球极限的外圈。

(3)发展中国家的绿色增长(C模式)。发展中国家目前大多数处于甜甜圈的内层，虽然人均生态足迹低于地球人均的2.7个公顷，但是人均GDP低于1万美元、人类发展指数低于0.8，远远没有超过社会边界的要求。因此主要任务是，通过有生态效率的聪明增长，进入甜甜圈的中间层，用可以接受的地球自然资本消耗实现高的经济社会发展。就中国而言，目前仍然属于典型的发展中国家水平，人均GDP、人类发展指数均低于社会边界，因此未来仍然需要有20年左右平均为7%的经济增长。但是中国目前的人均生态足迹和人均二氧化碳(以及能源消耗)已经达到或者接近世界平均水平，因此未来的发展需要大幅度提高绿色增长的效率，否则很容易冲破地球边界，沿袭发达国家的褐色经济增长模式。中国未来发展的基本要求是经济社会应该上、资源环境应该降，上是从人口占世界的20%，升华到经济总量占世界的20%实现不低于世界的人均经济水平和相应的人类发展水平；降是从自然资本消耗超过世界的20%退回到20%左右及其以下。

4 绿色经济对于中国转型发展的意义

绿色经济对于中国未来10～30年的转型发展具有重要意义。对1949年以来新中国的发展，可以有一个三个版本的说法。到2010年为止的60年，中国的发展可粗略分为两个阶段两个版本。第一阶段是1949—1979年的30年，这可看作是中国发展的1.0版和政治版；第二阶段是1979—2010年的30年，即改革开放以来的30年，可视作中国发展的2.0版和经济版。从2010年起的未来30～40年，可视为中国发展的3.0版和民生版，而绿色转型将是民生版的主旋律。

(1)绿色经济与突破中等收入陷阱。中国发展1.0的大多数时候，没有环境保护的概念，即使参加了1972年的斯德哥尔摩会议，也一度认为环境问题是资本主义的事情，与社会主义没有关系；中国发展2.0的中间时期有了可持续发展的观念，但是只是在弱可持续性的意义上推进可持续发展，认为只要以人造资本为主体的经济增长抵消人力资本的社会损失与自然资本的环境损失，就是可持续发展的；现在的绿色经济，要求在关键自然资本非减的意义上实现经济和社会发展，这样的概念对于中国发展3.0即从现在开始的20～30年，有实质内容地推进科学发展具有重要意义。许多人基于传统的经济增长概念，强调中国发展3.0的主要任务是人均GDP翻番突破1万美元大关，从绿色经济的角度看，这虽然是重要的，但却是不够的。如果我们以拼资源拼环境的方式、以贫富差距拉大的代价，实现这样的目标，就不能算真正突破中等收入陷阱。绿色经济意义上的突破中等收入陷阱，应该具有经济高效、规模适度、社会包容的特征，应该是人均生态足迹保持在发达国家水平之下，有与人均GDP1万美元相匹配的人类发展水平（例如达到0.9以上），同时大幅度降低穷富之间的差距。

(2) 中国推进绿色经济的三个政策。中国这样的人口大国和经济大国的绿色转型，没有经验可以借鉴。但是可以运用绿色经济中自然资本消耗规模要控制、资源分配要公平、资源生产率要提高的一般原理和量变关系，倒逼经济模式实现绿色转型。应当基于绿色经济的原则，构建三位一体的政策体系，推动绿色转型。第一是绿色经济的生态规模政策。对耕地、能源等重要的自然资本，要实行总量控制，形成倒逼机制，限制GDP的规模和速度过快增长。第二是绿色经济的分配公平政策。每个人都有发展的机会，要把资源环境总量按照人口平均分配到各区域。初始分配体现公平，特别是贫穷人口的生态权利。第三是绿色经济的效率提高政策。通过提高技术和管理水平，提高资源环境的生产率，自然资源要通过市场机制配置到最有效率的地方去。目前，我国只强调基于强度的效率政策，这远远不够。生态规模、公平分配、高效配置这3条政策要相互配合，形成系统，才能真正推动绿色转型。

(3) 绿色经济与中国发展差异化战略。从全国看，中国离世界人均生态足迹水平还有一段距离，但发展空间已经不大。按照现在的速度发展，不用10年左右的时间，我国人均生态足迹就会超过世界人均水平，因此中国转型时间紧迫。中国的绿色发展应当是生态足迹适度往上走，在不超过世界平均水平和发达国家平均水平的空间内，实现经济增长和社会福利的过程。从区域看，沿海发达地区是生态优化功能区，应该在提高经济社会水平的同时降低生态足迹；中部地区是重点发展功能区，要尽可能提高生态效率，用较少的生态足迹增加实现有质量的经济社会发展；而在生态禁止发展和限制发展功能区，重点是降低贫穷人口比例，提供均等化的公共服务。以属于东部沿海优化发展区的上海为例，上海当前的人均GDP为1万多美元，但是人均能源消耗和二氧化碳排放已经达到发达国家平均水平，因此未来的发展需要更多地从关注经济增长转向关注福利发展。

（作者：同济大学可持续发展与管理研究所教授、博士生导师）

（选自《中国人口·资源与环境》2012年第9期）

试析全球气候变化谈判格局的新变化

于宏源

2011年底召开的德班会议对于全球气候变化谈判来说是一个重要节点。《京都议定书》第一承诺期将于2012年底到期，未来何去何从面临两种选择：要么延长以《京都议定书》和“共同但有区别的责任”原则为基础的“南北格局”，要么逐渐改变《京都议定书》中既有的穷国、富国两分法模式，建立新的全球减排框架。出于不同利益考虑，各谈判方为此展开了激烈的外交博弈。本文将分析研究德班会议后全球气候谈判格局的新动向及其发展趋势。

一、德班会议后的新动向

一直以来，全球气候谈判主要围绕着两大议题展开：一是发达国家如何减少温室气体排放，二是如何帮助发展中国家解决环境与发展的矛盾。由于发达国家的承诺与发展中国家的期望之间始终有着较大差距，谈判形成了所谓“南北格局”。这种格局的基础是《联合国气候变化框架公约》和《京都议定书》规定的发达国家与发展中国家在应对气候变化问题上承担“共同但有区别的责任”，其主要谈判模式是2005年蒙特利尔会议开启的“双轨制”。从2007年的巴厘岛会议到2009年的哥本哈根会议再到2010年的坎昆会议，“南北格局”始终是谈判的主线。但从德班会议前后情况看，这种格局正在发生某种变化。

其一，《京都议定书》或将逐渐边缘化。1997年通过的《京都议定书》规定了发达国家必须承担减排和促进发展中国家可持续发展双重责任，并针对发达国家减排提出了具体时间表、量化目标和法律性约束章程，减排的第一承诺期将于2012年底到期。对于《京都议定书》的存续问题，国际气候谈判至今没有明确结论，其前景令人担忧。德班会议虽然要求从2013年起执行议定书的第二承诺期，但对第二承诺期的时间跨度以及各缔约方的量化减排限排目标和批准方式都没有明确规定，这些问题被留待2012年继续讨论。就在德班会议闭幕后仅一天，加拿大宣布正式退出《京都议定书》，并称该协议不能帮助解决气候危机。俄罗斯、日本等国也表示反对《京都议定书》第二承诺期。美国早在2001年就已退出该协议，它不仅反对《京都议定书》第二承诺期，而且似乎不希望看到任何具有法律约束力的协议。以此推算，当2013年《京都议定书》第二承诺期开始时，其量化减排责任所涵盖的范围将不到目前全球总排放量的13%、不到发达国家总排放量的40%。此外，欧盟国家虽然愿意执行《京都议定书》第二承诺期，但提出要自愿承诺，不接受以往的量化目标。据此，西方国家普遍认为《京都议定书》已是一个徒有其表而无实质内涵的机制。

其二，"共同但有区别的责任"原则出现松动。这项原则强调，发达国家应对其历史排放和当前的高人均排放负责，率先采取措施减少温室气体排放，并向发展中国家提供资金和技术支持，帮助它们采取措施减缓或适应气候变化。该原则在过去的气候谈判中一直被坚持下来，如哥本哈根大会将美国纳入承诺温室气体强制减排的轨道，坎昆会议要求发达国家承诺到 2020 年减排温室气体 25% ~ 40%(以 1990 年为排放基准年)，期间发展中国家仅承担自愿减排义务。但这项原则在德班会议上出现了松动。德班会议启动了新的谈判进程——"德班增强行动平台"，它被授权就 2020 年后的适用于所有缔约方的"议定书"、"其他法律文书"或"经同意的具有法律效力的成果"进行谈判。"德班增强行动平台"没有再强调"共同但有区别的责任"原则，它提倡单一的全球减排体系，即一个涵盖中国和印度的所有排放大国参与的"具有法律约束力"的机制，该机制或将于 2015 年后生效。在单一减排体系中，发达国家与发展中国家的减排责任界限将变得模糊，减限排义务将可能趋同。尽管发达国家一再申明这是对"共同但有区别的责任"原则的动态理解和调整，如英国媒体认为德班气候大会打破了"共同但有区别的责任"造成的工业化国家与发展中国家间 16 年之久的鸿沟，美国谈判代表认为不应该对"共同但有区别的责任"老调重弹，等等，但印度学者认为，德班会议放弃了"共同但有区别的责任"原则，牺牲了发展中国家国民的福利。

其三，"双轨制"谈判模式将被取代。所谓"双轨制"即："一轨"是在《京都议定书》下设立一个特设工作组，谈判发达国家后续承诺期的减排义务；另"一轨"是在《联合国气候变化框架公约》下的特设工作组，负责发展中国家就促进国际应对气候变化长期合作行动进行对话。在"双轨制"模式下，参加《京都议定书》的发达国家需要确定其 2012 年以后的量化减排指标，美国要承担与其他发达国家具有可比性的量化义务，发展中国家要在发达国家的资金和技术支持下应对全球气候变化。"双轨制"在制度上保证了发达国家与发展中国家"有区别的责任"。"德班增强行动平台"决定 2012 年结束原有"双轨制"的谈判，在 2013—2015 年，所有谈判将集中于德班平台。因此，在不久的将来，发展中国家特别是发展中大国将与发达国家在"德班增强行动平台"下共同承担义务，从减排范围和法律效力来看，"双轨制"将合二为一。

其四，排放大国与排放小国的区分被突出强调。排放大国与小国的划分最早是由美国提出的，并得到了欧盟及其他一些国家的支持。这种划分的依据是排放量、减排能力和潜力。美国小布什政府在退出《京都议定书》后，推出了所谓亚太六国"清洁发展与气候变化合作伙伴关系"(APP)，强调"大国减排"思想，并在此后的 2003 年 20 国集团峰会与 2005 年八国集团峰会中继续推动"大国减排"概念。2007 年，加拿大前总理马丁提出了"L20 计划"，希望通过主要排放大国的直接行动来解决陷入僵局的气候政治问题。美国进步协会主席(CAP)帕斯塔提出了中美两个排放大国共同治理气候危机的主张。在哥本哈根会议上，欧盟开始把美国和发展中大国定位为需要量化减排的排放大国，即所谓的"排放三大国"(美国、中国和印度)。欧盟认为，印度和中国的排放量将会急剧上升，它们的人均排放量将可能与欧洲持平。丹麦首相提出，中国和印度等发展中排放大国也需要作出到 2020 年减排 15% ~ 30%

的承诺。德班会议之后，欧洲和美国都认为过去按照穷国和富国来划分减排责任的方式应逐渐被排放大国和排放小国的区分法所取代。英国能源和气候变化大臣认为，欧盟气候外交使得排放三大国——美国、中国和印度都做出了减排的承诺。欧洲学者认为，德班会议将美国、中国、印度这三个主要排放国纳入路线图，是一个完美的全球气候协议。最不发达国家和小岛国联盟也表示，德班成果是让欧盟、美国以及中国等新兴经济体尽可能明确排放目标。

二、新变化形成的主要因素

从上述分析可以看出，全球气候谈判原有的“南北格局”正在开始淡化，同时排放大国与排放小国的矛盾被突出出来，由此可能演变出一种新的谈判格局——“排放大国与小国的格局”。两方面因素促成了这种变化：一方面，以排放潜力为标准的全球排放格局在近20年出现了较大变化；另一方面，发达国家随之调整了谈判策略，将国际减排焦点集中到发展中大国身上。

全球排放格局一直处于动态变化中。在20世纪90年代确定以“共同但有区别的责任”原则以及《京都议定书》等为谈判基调的时候，发展中国家二氧化碳排放量只占全球总排放量的32%，其中中国占11%，而发达国家在减排潜力、排放量等方面占绝对多数，因此，发达国家率先承担减排义务、为发展中国家提供资金和技术支持是全球共识。经过20多年，各谈判方的减排能力和潜力以及经济实力等都发生了巨大变化，全球排放格局的焦点逐渐转移到发展中大国身上。中国1997年的温室气体排放水平已经达到3367.7万吨，约占全球年度排放总量的14.23%，居世界第三位，仅次于美国和作为整体的欧盟。2009年，中国新增化石燃料二氧化碳排放量约占全球新增量的70%。到了2010年前后，中国排放量已经超过欧盟和美国。世界银行报告认为，到2030年，大部分新增的全球能源消费将来自新兴发展中大国，其中，中国占55%，印度占18%。印度2005—2030年能源消费将增长3～4倍，排放量增长40亿～70亿吨，在2001—2025年期间，其排放量将从占全球的4%上升到6%。

当前全球排放格局的主要特点是，发展中国家内部的排放量差异性扩大，发展中大国排放量增长超过了发达国家，未来发展中大国整体排放量也将超过发达国家。全球排放格局的这种变化趋势使传统发达国家率先减排的意愿减弱，同时也造成“共同但有区别的责任”原则和《京都议定书》受到质疑。正是在此背景下，发达国家不断要求处于工业化进程中的发展中大国承诺中长期减排目标，要求将《京都议定书》下发达国家中期减排目标的谈判和《联合国气候变化框架公约》下长期目标的谈判“双轨”并轨。

面对全球排放格局的发展变化，发达国家不断调整谈判策略。发达国家是延续《京都议定书》机制的主体，掌握着资金和技术的主动权。它们把发展中国家分成两类，一类是需要资金援助的气候变化“脆弱国家”（所谓排放小国），另一类是需要承担减排责任的发展中大国（所谓排放大国）。美国实施“抓大”策略，欧盟侧重“联小”策略。美国的“抓大”就是要将所有排放大国都纳入同一个减排框架，主张以“小多边主义”和“大国减排”取代“发达国家减排”，否定“共同但有区别的责任”原则，从而否定《京都议定书》模式的谈判框架，其最终目的就是落实发展中国家量化减排目标。欧盟的“联小”就是试图通过把中国和印度等新兴国家定义为“发达的”发展中国家，联合其他发展中国家一起要求新兴国家承担量化减排责任。欧盟还利用最不发达国家和小岛屿国家的诉求，通过资金和技术援助许诺，分而施压，并将中国等新兴国家的减排与欧盟资金援助承诺相挂钩。欧盟的做法使得很多发展中国家认为，新兴国家是它们获得资金和技术援助的障碍，只有与这些国家“划清界线”，才能从发达国家那里获得更多好处。小岛屿国家联盟(AOSIS)和最不发达国家(LDCs)极端气象灾害频发，排放小国的生存危机日益加重，这些国家希望缓解气候变化影响并得到国际资金支持，它们在发达国家的拉拢下，表示支持对发展中大国设定减排目标和“法律约束”。此外，发达国家还对气候谈判大会东道国进行利诱分化。据国际媒体报道，英国在德班会议前夕出资10亿欧元对非洲进行气候援助，南非和埃塞俄比亚是最大的受益国，德班大会的非洲会议中心(African Pavilion)就是英国资助建造的。这可以解释为什么在德班会议后期，南非在许多议程中不顾多个发展中国家的反对，全力推进欧盟的减排路线图，甚至表示要“不惜代价取得成功”，这必定与英国等发达国家的利诱分化有关系。

三、发展中大国面临的挑战及其应对

全球气候变化谈判格局的变化是一个长期过程，在这个过程中，发展中国家与发达国家之间的矛盾以及排放大国与排放小国的矛盾将同时存在，并呈犬牙交错状，不确定因素很多。“南北格局”虽然出现弱化趋势，但它仍将是未来谈判的主线之一。德班会议后，“共同但有区别责任”原则仍受到广大发展中国家的坚决支持，七十七国集团亦明确表示反对将发达国家的义务和发展中国家的义务捆绑到一起，《京都议定书》本身的原则和规则也被延续下来，“双轨制”还会维系一段时间。鉴于“德班增强行动平台”强调了“排放大国—排放小国”的分类，而《京都议定书》中的附件一国家（发达国家）和非附件一国家（发展中国家）的分类仍具法律效力，在未来全球气候变化谈判中，“发展”与“排放”两种标准的博弈将越来越激烈。

在这种态势下，发展中大国由于自身经济迅速发展，能源消费不断扩大，其碳排放将急速增长，势必成为全球减排的焦点。政府间气候变化专门委员会(IPCC)2007年的评估报告就认为，发展中大国的减排潜力正日益增加，2000—2030年基于能源消费的碳排放量增长将有2/3甚至3/4来自发展中国家。国际能源署(IEA)的预测是，到2020年，发达国家的总排放量相对1990年将减少4%，其中美国减少3%、欧盟23%、日本10%、俄罗斯27%；而发展中国家的总排放量相对于1990年则会有大幅度上升（预计将增加107%），其中，中国将增加275%、印度224%。显然，在今后一个时期，发展中大国特别是中国和印度，将受到更多的、来自不同方向的减排压力。一是来自发展中国家阵营内部的压力。在德班会议前，“小岛屿发展中国家可持续发展行动计划”提出，发展中大国应实行可衡量、可报告、可检查的减排措施。在德班会议上，非洲国家支持为达成具有法律约束力的全球统一减排协议制订时间表，小岛国联盟批评印度反对全球法律减排框架。中国气候变化谈判代表团副团长苏伟认为，在应对气候变化问题上，发展中国家内部立场存在很大差异，中国正承受着来自发展中国家内部越来越大的压力。二是受到发达国家与其他发展中国家的共同施压。在德班会议中，欧盟拉拢拉美国家、最不发达国家和小岛国支持其立场，推动包括美国、中国、印度在内的主要碳排放国接受减排约束，在参会的190多个国家中，有120多个发展中国家支持了欧盟的立场。一些发展中国家还与欧盟组建了卡塔赫纳论坛(Cartagena Dialoguefor Progressive Actions)，目的就是要共同对美国和发展中大国的减排施压。印度官员指出，许多最不发达国家和小岛屿国家认为它们的利益与欧盟一致，并且要求发展中大国接受欧盟的立场。

与此同时，发展中大国内部的分歧也将越来越明显。发展中大国在排放水平上有较大差异，巴西是世界上最大的生物燃料生产国，也是世界森林和物种保护最好的国家之一，实施全球统一减排协议并不会拖累巴西的经济发展，相反将有助于巴西拓展“热带雨林”项目。墨西哥早在2009年就提出从2012年开始实施绝对减排，并承诺到2050年将其排放水平减至2000年水平的50%。南非也公开声称，只有支持欧盟提出的全球气候变化法律框架，南非及其他非洲国家才能持续获得“大量的、可预计的资金援助”。上述三个发展中大国与中国和印度在全球减排法律框架方面立场存在分歧，以至于印度气候谈判代表抱怨，发展中大国的协调机制——“基础四国”，不仅不能给印度带来回报，反而增加了对印度的压力。

当前及未来一段时期内，发展中大国仍面临着国内发展经济、提高人民生活水平的艰巨任务，这与全球温室气体减排形势形成了矛盾。中国目前有1.5亿人口生活在贫困水平线（联合国标准）以下，中国人均GDP仅为发达国家的1/10；印度83%的农村以及24%的城市居民仍未能得到现代化的能源供应。因此，它们如果过早承担与发达国家同等的减排义务，必将付出巨大的经济和社会成本。根据部分模型计算，对于一个国家来说，过早减排将可能导致其年GDP损失4.8%，年新增资本投入1500亿—2000亿欧元以上。在发达国家不愿意转让其低碳技术或提供相关援助的情况下，大量固定基础设施的“锁定效应”将可能迟滞发展中国家的经济发展。因此，德班会议之后出现的谈判新形势和新变化，不仅涉及国际气候制度的构建进程，也影响到发展中大国的基本发展权益。

对于中国，显然需要通过积极的气候外交来应对国际气候谈判出现的复杂变化，在有效维护发展中国家基本发展权益的基础上，推动全球气候变化治理进程的发展。首先，应充分把握当前发达国家气候议题在其政治中权重下降的时机。2012年对于欧盟来说，主权债务危机及内部矛盾取代了气候变化和低碳问题，成为欧洲最突出的问题和最受关注的议题。目前，欧盟在20%中期减排目标问题上止步不前，欧洲民众和舆论对气候变化问题的关注大幅度下降，欧洲政治层面在全球气候变化问题上的政策动力出现相对弱化。同期，美国的气候变化立法已经停止，加拿大政府也借口无力支付违反减排目标罚款而宣布退出《京都议定书》，日本则因核电事故而放弃了原定的减排目标。上述现象或许将降低发达国家对小岛屿国家和最不发达国家在气候变化问题上的道德感召力，从而削弱发达国家分化发展中国家谈判阵营的战略。比如，德班会议确定“气候变化绿色基金”为联合国《公约》框架下金融机制的操作实体，成立了基金董事会，并要求董事会尽快进入实际操作。但出于维护技术优势和自身利益等考虑，发达国家不仅没有采取积极行动，反而在技术转让方面设置了诸多贸易壁垒和前提条件，引起了最不发达国家、小岛国和其他发展中国家的不满。欧盟气候谈判高级顾问贾格布承认，由于欧盟缺乏资金，“气候变化绿色基金”问题将会让发展中国家重新团结起来，并削弱欧盟在气候变化问题上的领导作用。

其次，可从欧美分歧中寻找突破口。欧盟目前仍然是《京都议定书》的主要推动者，美国则是坚定的反对者。由于欧盟和“七十七国集团+中国”在全球排放量份额、投票国家数量等方面都占多数，因此发展中大国可与欧盟共同推进《京都议定书》第二承诺期，并使“共同但有区别的责任”原则继续维持。在绝对量化减排问题上，美国与欧洲国家不同，美国内很难认同德班会议强调的自上而下的强制性全球气候减排体系。美国已经宣布，只认同在“政治上和技术上可以实现的”减排，并力主自下而上的自愿性减排。同时，美国也不希望因国内气候立法失败而成为“全球气候谈判的破坏者”。发展中大国也在回避绝对量化减排的时间表。这些共同点可以成为这些国家相互协调政策的重点，使未来国际气候机制可以更好地兼顾排放大国的利益需求。最新的实例是，欧盟从2012年开始，计划把所有国家的航空业排放纳入其碳排放交易权体系，实行单边航空业碳税，为此中国、美国、印度、俄罗斯等排放大国签署了《莫斯科宣言》，共同抵制欧盟的单边主义措施。

第三，寻求扩大与发展中大国的合作基础，争取更大的发展空间。在2012年2月新德里“基础四国”会议上，中国、印度、巴西和南非的代表反思了四国在德班会议上出现的立场不一致问题，强调了“维护共同利益基础”的重要性，这一基础就是必须维护发展中大国在经济快速发展中的排放空间。据联合国预测，如果基年设为1990年，该年全球温室气体排放约394亿吨二氧化碳当量，发达国家排放182亿吨（人均排放15.6吨），发展中国家排放212亿吨（人均排放5.2吨），那么到2050年若要实现全球减排50%的目标，全球的排放空间则为200亿吨，其中发达国家36亿吨，比1990年减排80%，发展中国家164亿吨，比1990年降低22.6%。如果考虑到届时发展中国家人口将比1990年增长一倍，则发展中国家的人均排放量就会比1990年减少61.5%。此外，推动发达国家贯彻坎昆会议成果（即以1990年为排放基准年，承诺到2020年减排温室气体25%～40%）、落实“气候变化绿色基金”等，都是“基础四国”可以继续团结合作的重要基础。可喜的是，2012年以来，“基础四国”联手推出了“公平获取可持续发展空间”主题，以此强化“共同但有区别的责任”原则，更有效地融入并参与全球气候变化治理进程。

（作者：上海国际问题研究院比较政治与公共政策所副所长、研究员）

（选自《现代国际关系》2012年第6期）

国际碳减排合作公平性问题研究

彭水军　张文城

一、引言

在最近几次世界气候会议中，发达国家和发展中国家之间的立场存在很大的分歧。美国、欧盟、日本等发达经济体认为中国、印度等主要发展中国家已经成为碳排放大国，因此应该承担减排义务，否则全球减排无法取得成功。而发展中国家则认为发达国家对气候变化负有历史和现实责任且减排能力较强，因此发达国家应该率先减排，并向发展中国家提供减排资金和技术援助。由此可见，南北方国家立场冲突的关键在于如何看待减排的公平性问题。发展中国家强调减排合作的公平性原则，而发达国家则强调减排成本和效率，有意淡化、忽视发展中国家提出的公平性诉求。分歧背后实际上是两大阵营之间的利益冲突：发展中国家的公平性诉求与其当前经济发展需要相吻合，并且在道德上站得住脚，发达国家的抵制则是因为公平性意味着发达国家需要承担大部分的减排成本，有损其经济利益。南北方国家在减排合作中的这种立场冲突导致国际气候谈判步履艰难、屡陷僵局。2009 年哥本哈根世界气候变化大会的目标是商讨《京都议定书》一期承诺到期后的后续方案，并就未来应对气候变化的全球行动签署新的协议，但由于各国家阵营之间的立场分歧，会议最终只是达成没有法律约束力的《哥本哈根协议》。2010 年坎昆气候大会上，各方意见分歧仍然很大，会议最终也未取得突破性进展。

与水污染、土壤污染等区域性环境问题不同，碳排放对气候的影响是全球性的。不管碳排放产生于哪个国家，都会产生相同的环境效应。因此，如果只有部分国家参与减排，势必会存在较严重的“搭便车”(free riding) 现象，将很难解决气候变化问题。因为非减排国家增加的碳排放量可能超过减排国家的减排量，从而使全球碳排放总量仍然继续上升。而且这种不对称的减排政策还会通过碳密集型产品的国际贸易、能源密集型产业的国际转移和化石能源价格波动导致“碳泄漏”(carbon leakage) 问题，进一步削弱减排的有效性 (IPCC, 2007)。因此，解决气候变化问题需要发达国家和发展中国家进行密切合作，共同行动。但是，南北方国家积极合作并不意味着它们相同地分配减排责任，而应该充分考虑碳减排合作的公平性问题。因为南北方国家在气候变化的历史和现实责任、经济发展阶段、减排能力等方面存在巨大差异，若不充分考虑南方国家的公平性诉求，很难让其积极参与国际减排合作。但反过来，过于严苛和缺乏灵活性的减排公平性原则也容易遭到发达国家反对，导致合作的失败。因此，全球碳减排目标的实现有赖于南北方国家公平性立场的进一步协调和相应减排合作框架的合理设计。

二、国际碳减排合作的公平维度

（一）历史排放与代际公平

当前的气候变化源于历史上人类排放的温室气体在大气中不断地累积，而工业革命以来发达国家的生产消费活动是温室气体历史排放的主要来源。Grübler 和 Fujii（1991）研究表明，自 1800 年以来大气累积的二氧化碳中，有 85.9% 来自发达国家的生产消费活动。

基于以上事实，大部分发展中国家和众多学者都认为，发达国家必须为其历史排放负责，承担主要的减排责任。例如，学者 Shue（1991）指出，发达国家的工业生产活动以及相伴随的生活方式对地球气候造成了破坏，让所有国家都承担了这种环境成本，但是发达国家却是其收益的主要获得者。根据公平原则，发达国家应该充分地承担气候变化的责任以纠正发达国家和发展中国家之间在收益分配上的失衡。Neumayer（2000）则认为，“污染者付费”原则要求发达国家承担历史排放责任，以确保让污染者而不是污染的受害者付费。该学者还认为，每个人不管生于何时何地，都应该平等地享有全球气候资源，忽视历史排放责任等于优待发达国家过往排放者而歧视发展中国家当前和未来的排放者。此外，还有学者从“跨代搭便车行为”(transgenerational free-riding) 的角度指出了当前发达国家承担历史排放责任的合理性（Gosseriers，2004）。发达国家的当代人从他们祖辈的历史排放中获得收益，而没有付出相应的成本，发展中国家却为此遭受损害，因此发达国家的当代人是“跨代搭便车者”，发展中国家有权向发达国家要求相应的补偿，并无需考虑后者对其祖辈的历史排放有无道德上的责任。

但是，一些学者对历史排放责任的观点提出质疑（例如 Traxler，2002；Caney，2005；Posner，2008）。归纳起来，这些质疑的观点包括：第一，历史排放者对温室气体排放的环境效应并不知情。第二，历史排放者已经死亡，追究历史排放只会让没有过错的当代人承担责任，而不是让实际排放者负责。第三，发展中国家也享受了部分工业革命的成果，如更好的医疗和技术等。最后，质疑者认为历史排放原则不具有政治可行性，因为发达国家不太可能接受包含历史排放责任的气候协议。其实，仔细分析一下可知，以上几点质疑并不能成为忽略历史排放责任的充分理由，而只是说明现实中发达国家历史排放责任可能需要作出适当的调整和修正。首先，正如当前普遍的法律原则，对排放后果的“无知”只是说明排放者没有道德上的过错，但不意味着他们不需要为排放造成的损失承担经济责任。第二，即使发达国家的当代人不是实际排放者，但从历史排放中获得诸多收益，这体现在当前他们比发展中国家高得多的生活水平上。第三，虽然发达国家的一些科技、经济成果确实也使发展中国家获益，但发达国家无疑是主要受益者。最后，发达国家对历史排放责任的排斥其实只是反映当前发达国家还不愿意充分考虑发展中国家提出的减排公平性诉求而已。

（二）人均排放与代内公平

与公平原则密切相关的第二个核心问题是，不同国家尤其是发达国家与发展中国家在人均排放上存在巨大差异，造成代内不公平。以 2007 年为例，美国的人均二氧化碳排放为 19.1 吨，日本人均为 9.9 吨，而中国和印度人均排放分别仅为 4.95 吨和 1.43 吨。

学者 Singer（2002）指出，地球大气对温室气体的吸收与净化能力为全人类共同拥有，不管在哪个国家，每个人都应该拥有相同的排放权。而值得注意的是，在当前必须控制排放总量的情况下，人均排放权平等不但要考虑当代人之间的平等，而且要考虑各代人之间的平等，即必须与历史排放责任相结合（Neumayer，2000）。因此，如果发达国家的历史排放超出其应得的排放量，则发达国家当代人的人均排放权应该相应减少，或为其超额历史排放付费。由于大部分发展中国家人均排放低，人均排放权原则可能获得发展中国家的广泛支持。Baer（2002）认为，这有助于在全球建立一个大规模、高效的碳排放权交易市场，从而有效降低全球减排成本。

（三）减排能力与收入差异

各国经济发展水平不同，应对气候变化问题的能力也存在很大的差异。发达国家无论是在资金还是技术上都领先于发展中国家，其率先减排不但较为容易，也比较公平。因此，根据减排能力确定各国减排责任的原则，也即“支付能力”原则（ability to pay principle）也受到很多学者的推崇。不过，大部分学者在讨论减排能力时往往不是考虑各国之间整体减排能力的差异，而是落实到个人减排能力差异。个人收入水平反映了其减排的支付能力，收入水平越高的个人需要承担的减排责任越大，而低于某一收入水平的个人则无需支付减排成本，这一原则适用于所有国家，因为每个国家都存在穷人和富人（Baer et al.，2008）。

学者 Shue（1993）认为，支付能力原则体现了基本的公平要求，因为贫穷国家碳排放的上升往往是为了满足其基本生活需要，这种排放属于“生存性排放”，而富裕国家的碳排放往往是过度消费带来的“奢侈性排放”。因此，为了维持某些人的奢侈性排放而限制其他人满足其基本需求所需排放的任何做法都是难以容忍的不公平。此外，有意思的是，一些学者如 Risse（2008）、Caney（2005）虽然反对历史排放责任，但支持根据“支付能力”原则分配减排责任。他们认为，最可行的减排方案是让那些最有能力这样做的国家对生产进行调整，而“能力”体现在各国的人均财富拥有量上。但他们也指出，让富人承担减排责任的合理性不是因为他们有义务，而是因为他们更容易做到。不过，仅仅注重减排“能力”而忽视“责任”实际上是软化了发达国家的减排约束。因为强调“能力”就把发达国家的减排责任变成一种国际道义行为，就像发达国家对发展中国家的经济援助一样，其结果比强调“责任”更具有灵活性和不确定性，并且可能是有条件的，这从发达国家对发展中国家的经济援助现状可见一斑。

（四）贸易的碳排放转移与消费者责任

在经济全球化的背景下，出口成为中国等众多发展中国家经济发展的重要引擎，但出口产品的生产也成为碳排放的重要来源。例如，中国大约有三分之一的二氧化碳排放产生于出口产品的生产（Weber et al.，2008）。中国对美国、日本、德国等大部分发达国家同时存在大额的商品贸易顺差和“碳贸易顺差”，即中国出口在国内造成的碳排放高于进口在国外造成的碳排放，因此对外贸易增加了国内碳排放（Pan et al.，2008）。事实上，这种现象在很多发展中国家都存在。据估算，仅 2004 年全球贸易中隐含的二氧化碳排放占当年全球总排放的 23%，这些碳排放主要源于中国等新兴经济体对发达国家消费者的出口，而大部分发达国家都是碳净进口国，造成发达国家消费而发展中国家污染的问题（Davis and Caldeira，2010）。

因此，国际贸易具有国际碳排放转移效应，这对各国碳排放具有重要的影响。对于大部分发达国家，贸易不但满足其国内日益膨胀的消费需求，而且还把消费所需的资源消耗、碳排放转移至发展中国家。因此，贸易的碳排放转移效应对南北方国家碳减排具有重要的公平含义。学者 Rise（2007）认为这种现象体现了南北方国家之间生态上的不平等交换。因此不少学者提出，公平起见，在考虑各国的碳排放时，有必要考虑贸易产生的碳排放转移，让进口国消费者承担部分减排责任（Ferng，2003；Pan et al.，2008）。在 2009 年哥本哈根世界气候大会上，我国政府也指出，工业化国家将大量碳排放“外包”给了中国等发展中国家，后者实际上替西方消费者进行着大量碳密集型的生产制造，因此发达国家消费者应该对产品制造过程中产生的碳排放负责。但在当前多边减排框架下，一个国家的碳排放是根据该国的生产活动所产生的碳排放来核算的，因此出口生产导致的碳排放由出口国（生产国）负责，而不是消费国负责，即这种以“生产原则”来测算一国碳排放的做法完全忽视了贸易碳排放转移带来的不公平性。很多学者已经指出，后京都全球减排合作框架有必要改变这种情况，采用“消费原则”或“生产原则”和“消费原则”的某种加权方式来评估一国碳排放和相应的减排责任，从而避免或减轻碳排放转移效应产生的不公平问题（Peters，2008；Munksgaard and Pedersen，2001）。

（五）气候谈判中的程序公平

国际碳减排合作另外一个重要的公平维度是气候谈判的程序公平（procedural justice）问题。程序公平的核心就是要保证气候变化问题的利益相关者能够公平参与碳减排决策制定与规划过程，谈判中各方的利益都能够得以体现（Paavola and Adger，2006）。程序公平对于其他公平维度的实现具有重要的影响。不公平的气候谈判过程很可能使一些国家或团体的利益被忽视，从而产生不公平的气候协议。

虽然程序公平很重要，但现实中很多因素往往导致程序公平难以充分实现。对于气候变化问题，实现程序公平的一个重要障碍就是各个国家和团体之间往往存在很大的“背景性不平等”（background inequality）。例如，贫困国家往往是气候变化的主要受害者；发达国家在应对气候变化上处于优势地位，发展中国家则缺乏资源和能力；发达国家的经济发展水平较高，能源依赖度降低，而发展中国家还需要增加排放来解决贫困问题。这些不平等对各国气候谈判能力、政策空间和执行能力等都具有重要的影响，最终影响程序公平。Albin（2003）形象地指出，由权力非常不平等的各方参与全球公共物品的谈判，谈判的过程和结果很可能只是各方不平等权力的“镜像”。因此，在气候谈判前，有必要纠正各国源于经济发展水平、谈判能力、人才以及其他资源可获得性等方面的不平等性，同时有必要让更多的非政府组织参与谈判过程。

事实上，为了保证程序公平，《联合国气候变化框架公约》做了很多努力，例如规定缔约方会议只有在不低于三分之二的成员方出席时才能够进行决策，并采取“一个缔约方，一个投票权”原则。公约还为发展中国家参与气候谈判提供援助，帮助其进行能力建设（capacity building）以减少其参与谈判的障碍，并允许一些非政府组织以观察员的身份参与气候会议。尽管如此，现实中南北方国家在参与气候谈判时仍然存在诸多不平等问题。Kandlikar 和 Sagar（1999）指出，虽然有关气候变化问题的研究进展非常迅速，但是大部分的研究来自于工业国家，研究重点往往集中于工业国家直接相关的问题；相反，发展中国家的研究人员和资金支持则非常缺乏，导致南北方国家在气候问题研究能力上的巨大差距，并反过来影响国际气候政策的制定。实际上，发展中国家在气候问题研究、气候制度谈判等方面能力的缺乏也是其各种公平诉求在气候谈判中经常被忽视的重要原因之一（Sagar and Banuri，1999）。由此可见，程序公平也是发展中国家利益在国际碳减排合作中得以充分体现的重要保证。

三、为何要重视发展中国家的公平性诉求

上述五个公平维度是发展中国家在国际减排合作中提出的主要公平性诉求，但是现实中发达国家对这些诉求往往反应冷淡，认为它们不切实际。很多情况下，发达国家反对以上公平性诉求的理由只是其拖延、逃避应有减排责任的借口而已。因为发达国家非常清楚，满足发展中国家的公平性要求，意味着发达国家要承担大部分减排成本，有损其经济利益。最近发达国家还一直试图利用其他手段向发展中国家施压，设法让发展中国家接受不公平的减排义务。例如，在最近的哥本哈根气候会议和坎昆气候会议等国际谈判中，发达国家总是千方百计模糊“共同但有区别的责任”原则，并且以资金为筹码对发展中国家提出种种限制。另外，美国、欧盟等发达经济体还试图通过“碳关税”等贸易政策对中国、印度等主要发展中国家施压。

当前发达国家可能或已经采取的单边行动提醒我们去思考一个基本的问题：撇开减排公平性问题的考虑，而仅仅通过某些奖惩机制真的能使各国尤其是发展中国家积极合作吗？实际上，已有不少经济学者在不考虑前文阐述的各种公平维度下进行这方面的探索。他们假设各国像理性经济人一样行动，当合作的经济收益大于成本时，合作就会产生。但由于大气具有公共物品性质，减排收益具有非排他性，因此每个国家都存在“搭便车”激励。减排成本越高，搭便车激励越强。Carraro 和 Moriconi（1997）基于博弈模型的理论分析发现，搭便车激励的存在使得所有国家都参与的减排合作协议几乎不可能存在。

在这种情况下，不少学者认为可以通过某些激励措施来解决搭便车问题（Barrett，1994；Kemfert，2004；Tian and Whalley，2010）。例如，利用配额、关税等惩罚性措施对搭便车者进行制裁，降低搭便车的收益，或者是通过资金、技术转移等“胡萝卜”政策来提高合作的收益，再或者是以上“大棒”和“胡萝卜”政策的组合。这或许也是美国、欧盟等发达经济体试图采用碳关税政策的理论依据。然而即使理论上可能成立，以上奖惩机制的现实可行性也非常值得怀疑。首先，发达国家为了让发展中国家合作而采取的贸易限制措施很可能受到后者的强烈抵制和报复，最终不但未能促进合作，还可能引起贸易战，并且 WTO 规则也可能对这类贸易措施进行限制。其次，若忽视历史排放等公平性问题，即使采用资金和技术转移等激励措施，其转移力度也会显著低于考虑公平因素的情形，很可能无法有效提高发展中国家的减排能力和补偿其减排成本，最终使发展中国家不能积极合作。所以，任何忽视公平问题的碳减排合作机制都会受到发展中国家的强烈反对，导致国际减排合作的失败。正如 Brown（2003）指出的，除非我们对气候变化问题中涉及的伦理、正义、公平等问题进行明确的分析，否则解决该问题的任何方案都不大可能被众多国家所接受。实际上，《联合国气候变化框架公约》和《京都议定书》能被发展中国家广泛支持，就是其“共同而有区别责任”原则充分体现了发展中国家的公平性诉求。当然，当前该原则的具体内涵有必要拓展，除了考虑历史和现实责任、减排能力差异等因素，还要考虑贸易对碳排放的影响。可以预见，后京都国际碳减排合作机制中涉及的公平性问题将更加突出，也将更加复杂。而发达国家充分重视公平因素，对于国际气候谈判取得突破无疑是至关重要的。

四、南北方国家的立场协调问题

为了实现全球减排目标，后京都国际碳减排合作必须找到相应机制来充分协调南北方国家公平性立场，最终使二者都能积极主动地参与碳减排。事实上，近年来国内外的一些学者已经开始提出不同的后京都国际碳减排合作方案，这些方案大都体现了某种公平性要求。Bodansky 等（2004）对截至 2004 年的各种方案进行了归纳和总结。之后，又有学者提出了各种新的方案、其中代表性的方案如“共同但有区别的趋同”方案（Höhne et al.，2006）、“温室发展权”方案（Baer et al.，2008），以及国内学者潘家华、陈迎（2009）提出基于人文发展理念的碳预算方案等。这些方案都考虑了历史排放责任、减排能力以及人均排放差异等因素，因此不同程度上体现了发展中国家的公平性诉求。当然，很难说这些方案能否被各国普遍接受。因为各种不同的减排责任分配方案往往只是反映研究者对于公平性的不同看法，而并非代表被普遍接受的公平标准。

一国之内，相同或相似的法律和道德规范可以使个人和企业对“公平”达成基本的共识。但在国与国之间，各国对公平的看法往往存在差异，并且公平观念常常因国家利益的影响而产生扭曲。在不存在超主权世界政府和全球道德标准的情况下，对一个国家的道德或法律约束往往很弱甚至是缺失的。在这种情况下，即使发达国家在伦理道德上认同发展中国家提出的公平标准，但如果这种公平诉求将导致其国家利益较大的损失，也意味着这种道德认同在政治上却是不可行的，最终发达国家很可能拒绝接受这种公平性要求。美国不顾国际舆论压力而退出《京都议定书》的做法就是最好的例证。因此，更为现实的问题是：如何设计一个在伦理上被普遍认同且在政治上可行的公平减排方案？正如 Müller（1999）所指出的，我们需要寻找的是一个既能够被普遍认为足够公平又可以接受的解决方案。很多学者指出，“正义”(justice)，包括分配正义 (distributive justice) 和矫正正义 (corrective justice) 将在未来气候谈判中发挥重要的作用，因为它们有助于解决气候变化问题中的各种公平性问题（Grasso，2007）。但是学者们同样没有给出一个能够被普遍接受并且具有较强约束力“国际正义”标准。更为重要的是，在存在国家利益的情况下，正义尺度本身也很难解决问题，因为要考虑政治可行性。另外，正义和政治二者是相互影响和制约的，但是对于国际正义与政治如何相互作用，目前还很少进行深入的讨论，而这或许是回答上述问题的关键。

在普遍具有约束力的国际正义缺失的情况下，学者们提出的各种合作方案的可行性最终很大程度上取决于国际气候谈判中各国或国家集团之间的讨价还价过程。而这种讨价还价很可能只是赤裸裸的国家利益博弈，并无多少正义可言。当前国际减排合作面临的主要困难正源于此。一方面，发展中国家坚决维护其发展权利，从公平的角度要求发达国家率先减排，承担主要减排责任。而发达国家同样出于国家利益考虑，对发展中国家提出公平诉求反应冷淡，甚至抵制，转而强调发展中国家履行减排义务的必要性，对其提出一些不切实际的减排要求。

在缺乏超主权政府的情况下，南北方国家在减排问题上的利益冲突短时期内很难解决，但是解决气候变化问题的时间却非常紧迫。因此，成功应对气候变化挑战或许需要南北方都保持一定的灵活性，并作出适当的让步，使减排公平性和政治可行性达到某种平衡。如果双方都不愿作出让步，当前的谈判僵局将很难取得突破，一个有效的、能被广泛参与的国际减排合作机制将难以形成。而多边减排合作失败的结果可能有两种：一是继续拖延时间，最终可能导致我们未能及时、有效地稳定大气温室气体水平而遭受气候变化带来的各种环境灾难，而发展中国家尤其是贫穷国家将首当其冲遭受损失；另一种可能是，一些国家或国家集团另起炉灶，进行区域性减排合作或单边减排。对于后者，由于只有部分国家进行自愿性质的减排，同样很难保证全球减排目标的实现；同时，区域性或单边减排安排有可能导致减排区域或国家对未履行减排义务的国家采取配额或关税等惩罚措施，从而引起国际政治与经济冲突。可见，这两种结果对于人类的可持续发展和国际政治经济环境的稳定都极为不利，应尽量予以避免。

五、结语

国际碳减排合作的一个核心问题是如何公平地分配各国的减排责任。减排公平性涉及到历史排放、人均排放、减排能力、贸易的碳排放转移、气候谈判程序等诸多的方面，充分考虑这些公平性问题是使发展中国家积极参与国际减排合作的关键。因为忽视公平性意味着牺牲发展中国家的经济发展空间，这是发展中国家难以接受的。反过来，严苛而缺乏灵活性的公平要求往往意味着发达国家必须让渡较大的国家利益，从而遭致发达国家的抵制。所以，后京都的国际碳减排合作成功的关键就是充分协调南北方国家在减排公平性上的立场。近年来，国内外很多学者一直致力于这种协调问题的研究，并提出各种后京都时代国际碳减排合作方案，这些研究对于促进南北立场协调具有重要的作用。

笔者认为，当前亟待进一步深入研究的问题包括以下几个方面：

首先，在公平性讨论中，各种不同的公平维度之间如何建立联系并融入具体的减排合作方案还有待进一步深入探索。目前已有研究主要强调发达国家的历史排放责任和不公平的人均排放，而近年来国际贸易产生的碳排放转移对减排公平性的影响也日益凸显。如何综合考虑这些公平维度，并形成合理、清晰、可操作的国际碳减排责任分配方案，是一个值得研究的重大课题。

其次，目前对于程序公平的研究相对较少，但它对于碳减排的其他公平维度的实现具有重要的影响，甚至是前提条件。例如，美国、欧盟等发达经济体可能利用碳关税等手段对发展中国家施压，这种做法显然有失公平，但很多发展中国家对于这些政策可能缺乏足够的反制力，最终可能被迫接受一些不公平的谈判结果。这正是背景不平等所导致的不公平现象。如何减少和避免南北方国家在气候变化问题上的研究能力、谈判能力等方面存在的背景性不平等，也是未来有必要深入研究的重要问题。

最后，值得一提的是，与碳减排相关的学术研究成果是各国政府参与国际气候制度谈判的重要信息支持，往往也是决策者确立其基本立场的理论依据。但目前有关国际碳减排合作公平与效率问题的研究成果大部分来自国外学者，尤其是欧美发达国家的学者和研究机构。这些研究可能受所在国家立场的影响，而未能充分体现发展中国家的权益诉求。因此，我国政府和相关科研机构有必要加大这方面科学研究的支持力度，鼓励相关领域学者的广泛参与，在科学、严谨的学术研究基础上构建中国等发展中国家减排公平性诉求的理论逻辑和有效的合作机制，从而提高我国减排合作立场的说服力和国际影响力。

（作者：彭水军系厦门大学经济学院国际经济与贸易系教授、博士生导师）

（选自《厦门大学学报（哲学社会科学版）》2012 年第 1 期）

气候变化与国家利益博弈的哲学思考

郭 刚 侍晓倩

随着科技的猛进和经济全球化进程的加快，处于不同价值观、文化、传统、意识形态、社会制度的国家和地域的人们，日益卷入一个相互依赖的全球网络之中，不断享受着高科技和相互合作的成果，同时也在不时忍受着全球化引发的一系列“危机性事件”，共同承担着自然界的“惩罚”，目前最令人关注的便是气候变化问题。它是一种在人类社会发展过程中愈来愈受重视的含有科技性、基础性而急需在当前以及未来不断加以解决的，并越来越受国际社会关注的共同问题。鉴于此，注重国际间的交流与合作，达成一致协议，共同抵御气候变化给人类造成的损害，具有重要的国际战略意义。然而，当今世界仍处于政治、经济、文化等不平衡的状态下，各国从各自经济利益最大化的角度出发，对于解决人类共同关心的气候变化问题很难达成一致，气候变化已经从经济问题转化为政治问题，成为国家利益博弈的焦点。

一、气候变化在国家利益扩大化的基础上，成为国际社会关注的焦点

正当学者们在谈论如何科学利用人类共有资源(open access resource)——大气之际，气候变化问题已成为当今人类面临的最为严重的全球性问题之一，因为气候问题最终会落实到人的生存问题上来。鉴于此，联合国政府间气候变化问题专门委员会在布鲁塞尔发布了题为《2007 年气候变化：气候变化的影响、适应和脆弱性问题》的报告，该报告明确指出：全世界大部分海洋和五大洲的自然生态体系都显现出了气候变化所造成的影响，全球变暖将使地球上数十亿人面临水和食物短缺的局面，洪涝、干旱、台风等自然灾害发生的频率也将增加。其中，最引人关注的报告结论之一是，在未来的 60—70 年内，气候变化会导致大量的物种灭绝。如果全球平均气温上升 1.5—2.5 摄氏度，20%—30% 被评估过的动植物物种都可能濒临灭绝，而人类社会可能难以适应因气候变暖而带来的冲击。该报告是迄今为止联合国针对气候变化发出的最强烈的警告，其结论得到所有国家和政府的一致认可，并将成为联合国今后政策制定的理论依据。

目前，全球气候变化已是不争的事实，伴随着全球化的进程，世界各地气候变化异常、全球气温上升、极端灾害频发等现象成为国际关注的焦点，成为国际谈判、合作互动的基础。一些诸如洪水灾害、河流污染、水资源匮乏、沙漠化、沙尘暴、土壤侵蚀和地方空气污染等紧迫的环境威胁对人们的生存有明显和直

接的影响，这些问题能否解决对于人类的发展来说迫在眉睫。气候变化可能造成的威胁更长久、更严重，也是造成经济危机的主要原因之一，并直接影响到国家的政治稳定与社会和谐，是国际利益干涉、协调的基石之一。归根结底，气候变化对自然生态系统和人类生存环境产生了严重影响，加强气候变化的研究、商榷及国际间的合作显得极为重要。

鉴于此，全球举行了众多世界性的会议商讨气候变化问题，世界经济论坛、G8+5 领导人会议以及联合国环境规划署等，都高度重视气候变化。为此，《联合国气候变化框架公约》和《京都议定书》都明确规定了控制气候变化方面的国际合作条款。哥本哈根世界气候大会的主要议题是如何消减各国二氧化碳的排放量，以减轻人类对环境的影响，在会议结束后，这一任务已经有了一定的部署。气候变化问题已经成为国际政治、经济和外交领域的主要话题。

二、利益共享并维护国家利益，是目前各国处理气候变化的基本原则

利益最大化是各国博弈所追求的目标，但利益共享是达成合作协议的基础和底线。根据《联合国气候变化框架公约》、《京都议定书》以及哥本哈根世界气候大会所明确规定的控制气候变化方面的国际合作条款，以及各国政府首脑所达成的协议，专家们不约而同地认为，没有实现利益共享是现实合作中产生分歧的症结之所在，解决这一问题的有效方法正是博弈论模型。博弈论模型研究在国际气候公约谈判中能够使各国利益达到社会整体最优，渐趋消弭不同利益集团之间的对抗，达成一致的协议，缓解气候变化，以便控制气候变化造成的损害。为此，《联合国气候变化框架公约》和《京都议定书》都明确规定了控制气候变化方面的国际合作条款，各国应积极参与控制气候变化方面的事务，并通过合作共同致力于解决环境问题。

气候变化问题是环境问题，根本上是发展问题，这是胡锦涛同志在 2005 年的 G8 与五国领导人对话时阐明中国政府对待气候变化问题的立场时提出的观点。发展问题实质上是利益追求问题，围绕此问题展开各国际经济集团的利益纷争。每个国家在全球利益分配与控制方面都是理性的，都在努力实现自己利益的最大化。为此，《联合国气候变化框架公约》和《京都议定书》等从利益共同体的设定出发，制定出各国能够普遍遵循的框架，即坚持在可持续发展框架下应对气候变化，坚持广泛合作，坚持“共同但有区别的责任”，坚持减缓与适应并重，坚持综合治理等。

西方发达国家在实现工业化的过程中，走了一条只考虑当前需要而忽视后代利益、先污染后治理、先开发后保护的道路。近百年来，人与自然的紧张关系在全球范围内呈现出扩大的态势，全世界每年排放到大气中的 CO_2、CO、CH_4、SO_2 等逐年增加。大量温室气体排放超过了大气的自净能力，影响了大气环流的自然平衡，增加了局部气候条件变化的不确定性。当前通过市场化和经济全球化，发达国家的生产方式和消费模式在全球扩散。由于国家与区域间经济社会发展的不平衡，发展中国家往往难以摆脱以牺牲资源环境为代价换取经济增长的现实，不得不面临资源被进一步掠夺、环境被进一步破坏的严峻局面。由于人类燃烧煤、石油和天然气等化石能源，向地球大气排放大量温室气体，对气候产生巨大的影响，再加上世界人口不断增长，人类对自然资源的开发利用日趋加剧，各国经济和基础设施不断发展，人类在面对和处理极端气候事件时的脆弱性也在不断增长。这些都是工业革命以来，人类以控制、支配自然为目的，以自然的“征服者”的姿态来改变地球，使我们的家园变得满目疮痍的结果。

应对全球气候变化是国际社会共同面临的重大挑战，必须要依靠世界各国的共同努力。但在国际社会中，不同国家及国家集团间的利益冲突上升为主要矛盾，而利益共享是不同国家合作的基础。其中，国际气候公约就是各方为维护各自利益而相互斗争、相互妥协合作的产物。在气候变化问题上，便出现外交上的不断交涉，环境外交就是此问题的产物，表现为大国或强国对全球环境机制中领导权的争夺，环境市场中资源利用和经济发展以及政治博弈等方面的较量。尤其是发达国家利用自己在技术和资金方面的优势，通过环境外交手段对其他国家施加影响。同时，发达国家以破坏环境为理由，反过来限制发展中国家的发展。气候变化谈判焦点最终落在能否在未来能源发展和经济竞争中占有优势，体现出各国在政治、经济和科技等综合实力上的较量，影响着国家间的技术合作程度和经济贸易紧密程度，关系到未来各国在国际格局中的地位。

三、从国际立法角度管理气候变化，成为国家利益追逐的焦点

随着社会的发展，国际社会的各种危机在增加，各国均已进入危机的高发阶段。有效、及时地处理各种类型的危机，是各国政府乃至国际社会必须高度重视的重大问题。这不仅是对各国政府治理结构和治理能力的严峻考验，而且关系到利益的分配，世界和平的维系以及全球的长治久安。在某些领域以立法形式加强合作，成为各国的愿望。

气候变化不仅仅是自然力的作用，很大的原因在于人为因素。特别是气候变暖问题，是全人类活动造成的，全体地球公民都负有共同的责任，区别在于责任大小不同。随着温室气体特别是 CO_2 浓度在大气中的增加，地球气候系统的自然变化率逐渐加快，地球表面平均温度和海平面均呈现上升趋势，极端气候事件（如强降水和干旱）的强度和发生频率在全球许多地区不断攀升。减缓气候变化是全人类的职责。人们渴望通过立法加强减轻气象灾害风险的国际合作，促进减少有害气体排放的活动与社会发展规划、实践相结合。

目前，各国在气候变化问题上达成了“共同但有区别的责任”原则。所谓“共同”，是指无论是发达国家还是发展中国家都有责任应对气候变化；所谓“有区别”，是指由于历史累积的排放不同、当前的人均排放不同、发展阶段和国情不同、能力不同，发达国家与发展中国家在应对气候变化方面应履行的责任、应承担的义务和应采取的措施也是不同的。这一原则反映了各国在经济发展水平、历史责任、当前人均排放上的差异，凝聚了国际社会共识，是开展国际合作的基础。只有坚持“共同但有区别的责任”原则，各国才能全面地、公平地履行自己在应对气候变化方面的责任和义务。

从长远的视角而言，从国际立法角度，加强国际间的通力合作，延缓气候变化，应该做到以下三方面。首先，加强各国之间在气候变化管理研究方面的交流，相互学习，彼此借鉴；其次，加强各国之间与国际组织之间关于气候变化管理的合作互助、资源共享，包括人力、物资、知识等；最后，加强减排和节能意识，减缓气候变化，加强环境保护，遏制危机的蔓延与发展。总而言之，制定真正行之有效的遏止气候进一步恶化、保持大气资源良性循环的立法措施是极为重要的。正是由于地球的整体性以及各子系统之间的相互依存性，才使得世界各国在气候变化问题上具有共同利益，能够达成较多共识，易于进行合作。因为只有合作才能够降低交易成本，减少不确定性，更有利于实现各国的国家利益。

国际公约、协议的合法性意味着各国对该组织、团体权力的认同和支持，对既定规则和权威的自觉认可和服从的良好状态。组织要代表各国的意志（公意），为实现公共利益而满足各国的要求和愿望，实现利益共享。各国与该协议的互动性越来越强，联合国才能更有效地处理公共问题，管理公共事务，实现公共利益，才会具有更充分的合法性基础。同样，各国只有参与到公共管理的过程中去，才能达成与该组织的良好合作，才会主动对管理结果和自身负责，这是国际公共管理事务政治合法性的必然趋势。

中国政府本着国家利益和国际利益，在解决气候变化的问题上做出了积极的表态，提出了有效的应对策略。只有更好地理解中国气候政策的变化，才能明白发展中国家更广泛参与《联合国气候变化框架公约》的潜力，以便清除其中的障碍。中国在气候方面遭受的灾害是巨大的，面对气候变化的态度是认真的、诚恳的，应对气候变化的措施是可取的。中国积极响应联合国人类环境问题的大讨论，早在1990年便成立了国家气候变化协调小组，并随后建立了工作组，负责气候变化的影响评价，对《联合国气候变化框架公约》做出策略回应。而且，在国际气候谈判中，中国一直是积极主动、活跃度高的参与者。

四、气候变化引发国家利益博弈，同时力促世界各国加强合作

在经济全球化、信息全球化促使世界各国相互联系、相互依存的背景下，在一个国家和一个地区发生的巨灾，不可避免地会给周边国家或全球的社会稳定、可持续发展和安全带来严重危机，产生国际性的影响。例如，2005年美国卡特里娜飓风袭击美国，造成世界原油价格急剧上升。此外，跨国界的自然灾害还因灾民流动而引起传染性疾病的爆发和扩散，威胁周边国家的社会稳定。所以，国际危机国内化、国内危机国际化的情况将越来越多，有效加强国际合作，共同解决危机势在必行。因此，近年来世界范围频发的巨灾已引起国际社会的高度关注，《京都议定书》的签订说明国际社会在气候变化方面已经达成共识。尽管在控制气候变化的国际法律机制上出现趋于合作而又互相牵制的现象，但却展现出国际社会在气候变化方面合作的必要性和可能性。

首先，气候变化是全方位、整体性的国际问题，具有广泛性和不确定性等基本特点，不是某一个国家单独就能够解决的，必须力促各国寻求合作。而且，这同时决定了在国际社会中，不可能依据各国的实际标准制定相关的法则，即所谓的一个世界各国公认的标准是不切合实际的。

其次，各国政治、经济、科技、文化等领域发展的不平衡以及地理因素的差异，要求人们相互合作，进行广泛的气候监测等研究的交流，掌握充分的气象信息，以便取长补短、求同存异，共同探索有效控制全球气候变化的办法。

再次，由于发展理念的差异和利益趋势的不同步，造成各国对控制全球气候变化的立法架构和实施意见时有冲突。为了协调各国意志，克服政治观念、司法制度等方面的差异，唯有合作，才能有效地保障《联合国气候变化框架公约》和《京都议定书》等的顺利实施。

因此，只有世界各国通力合作，才能解决气候变化问题。当世界各国共同面临同样或类似问题时，最佳解决方案便是国际合作。

五、气候变化的继续升级，将打破国家间政治冲突之壁垒，趋向“大同”治理

《京都议定书》的最终签订和哥本哈根世界气候大会的召开，既说明了国际社会在控制气候变化国际法律机制上的合作与牵制，同时又展现出国际社会在气候变化方面合作的全球性；从某种意义上说，随着气候变化的继续升

级，解决气候变化问题将打破国家间政治冲突的壁垒，趋向“大同”治理。

在当今乃至未来，生存环境和生态平衡的问题将引起人们更多的注意，不仅未来的治理和恢复需要更多的时间和资金投入，而且人类的关注程度必定会逐渐加强。一旦生态和环境超出一定的破坏程度，那么，对人类，甚至对一切生物而言，都将会大难临头。到那时，以智力最优者自居的人类的本能就是如何生存下去，想尽一切办法来保护环境。环境对包括人类在内的一切生物而言，都是生命的第一要素，环境给生物直接提供了生存环境和养料。有理由说，气候变化的继续升级是打破国家间政治冲突壁垒的直接动力。

因此，在目前，非政府组织的广泛介入是打破国家间政治冲突壁垒的主要人为因素。非政府组织更加关注气候变化问题，他们关心的不再是短期的盈利问题，而是人类自身的生存问题，考虑的是长远的利益。可以说，企业、商界已经开始积极行动起来，在投资上考虑长远，而不仅仅考虑短期盈利；而且，这些单位着手组成非政府性跨学科组织，开展诊治气候变化活动，积极推动国际间合作与交流，为政府建言献策，共同关注生态平衡和环境保护，不断调整生产结构，以实现发展低碳经济，走保护生态的环保型发展道路。

总之，从国际危机的角度而言，为了维护人类共同的家园——地球，各国有着共同的利益；从解决国内危机的角度而言，国与国之间达成科技合作协议，有利于科技水平的提升，减少危机的发生，促进经济的发展。但是，现实的问题在于，不少国家陷入强调经济利益而忽视环境效益的怪圈。针对这种现象，我们不仅急切呼吁各国政府都要加大对气候变化的重视，增进国际交流，加强政府危机管理的多边合作和国际合作，还要号召全球各国的民众尽快寻找办法，提高对气候环境危机的认识，深化对全球变暖问题的研究，为人类共同的利益而携手共进。这是保护我们生存家园的历史使命。

（作者：郭刚系南京信息工程大学气候变化与公共政策研究院教授）

（选自《阅江学刊》2012 年第 3 期）

延伸阅读

欧盟低碳发展的典型经验与借鉴

孙 钰 李泽涛 姚晓东

气候变化正在深刻的影响着世界经济，以低碳经济为主要特征的低碳发展成为国家未来发展的必然趋势。在推动全球低碳发展的过程中，欧盟起到了不可忽视的作用。欧盟作为国际气候谈判的最初发起者，从1979年瑞士日内瓦第一次世界气候大会，到1997年达成《京都议定书》的京都会议，直到最近结束的德班世界气候大会，都是国际社会提倡应对气候变化的最有力的行动者和领导者。同时欧盟也是全球减排最主要的推动力量，在2007年3月的欧盟首脑会议上，欧盟确定了今后的低碳经济发展目标，即以1990年为基础到2020年碳排放量减少20%，可再生能源占能源结构的20%和能效提高20%。进一步，在各发达经济体同意相当水平减排力度的前提下，承诺减排幅度提到至30%。其中欧盟的部分国家提出了更加严格的减排目标，如德国计划2020年在1990年的基础上减排40%，是欧盟目标的两倍；英国最新公布的温室气体减排目标是在21世纪中期将温室气体排放水平削减80%。这些目标展现出欧盟低碳发展决心的同时，也显示出其作为低碳经济领导者的综合实力。通过自上而下的政策调控和自下而上的市场机制，欧盟的经济发展模式已经从高碳工业经济转向低碳经济，并体现出较高的整体发展水平，其固有的文化优势，也使民众更易于接受低碳理念，从而进一步的巩固了低碳发展的成果。下面通过绘制欧盟及其部分国家的碳排放库兹涅茨曲线来分析欧盟低碳经济发展现状，在此基础上，加深对欧盟的低碳政策的理解，剖析推进欧盟低碳发展的经济和文化要素，这些无疑对于我国未来的低碳发展具有一定的指导意义。

一、欧盟的低碳经济现状分析

本文采用碳排放库兹涅茨曲线对欧盟及其部分国家的低碳经济现状进行研究。通过对一些国家经济发展中的碳排放数据进行研究，不难发现人均排放随着人均收入的增加，呈现出先增长后减少的趋势，这个表现符合库兹涅茨曲线的倒“U”特征，反映出了碳排放和经济发展之间的关联效应。出于以上考虑，假设人均碳排放可能随着人均收入变化呈现先上升后下降的倒“U”型的变化趋势，这就形成了碳排放库兹涅茨曲线(Carbon Emissions Environmental Kuznets Curve，简称CKC)。分析仅通过碳排放库兹涅茨曲线来识别区域低碳经济的发展阶段，不去讨论曲线形成的原因。

本文选择欧盟的27个成员国进行碳排放库兹涅茨曲线分析，数据来自世界银行2009年世界发展指标数据库中欧盟及其成员国1972—2008年的人均碳排放和人均收入的统计数据。通过绘制27个成员国的碳排放库兹涅茨曲线可以发现，部分欧盟国家显现出显著的倒"U"趋势，也有部分欧盟国家仍处在碳排放库兹涅茨曲线的起始阶段，还有部分国家的人均碳排放保持平稳或徘徊趋势。我们根据碳排放库兹涅茨曲线对欧盟国家进行大致分类：第一类是低碳经济发展国家，这些国家的碳排放库兹涅茨曲线呈倒"U"型，随着人均收入的增加，碳排放开始明显下降，人均收入已达到40000美元以上的英国、法国、德国、比利时等属于这种类型；第二类国家是中碳经济发展国家，根据低碳经济的评价标准又细分为两种。一种国家的人均碳排放趋于平稳或上下徘徊，可以理解为处于碳排放库兹涅茨曲线的顶点，人均收入达到40000美元以上的丹麦、荷兰、芬兰等国家属于这种类型；另一种国家的碳排放库兹涅茨曲线呈现出明显的倒"U"型，人均收入在30000美元以下的保加利亚、匈牙利等国家属于这种类型；第三类国家是尚未达到碳排放库兹涅茨曲线的顶点，人均碳排放和人均GDP呈现单调递增关系，这些国家的人均收入在20000～30000美元之间，仍处于高碳经济发展阶段，葡萄牙、西班牙、希腊、塞浦路斯属于这种类型。

我们根据1972—2008年的历史数据绘制欧盟及部分成员国的碳排放库兹涅茨曲线，选取的成员国包括丹麦、意大利、法国、英国和西班牙，基本可以代表三种不同类型国家的人均碳排放变化趋势。虽然欧盟的各成员国所处的阶段具有很大的差异，但欧盟整体的碳排放已经越过库兹涅茨曲线的顶点，呈现出逐渐下降的趋势，到2008年欧盟的人均碳排放降至7.8吨二氧化碳／人。欧盟的低碳政策已初见成效，整体碳排放呈现出下降趋势，按照现在的发展趋势欧盟完全有可能超前实现2020年的低碳经济发展目标。现有的减排成果为其进一步制定气候政策、推进欧盟整体低碳发展建立了信心。

二、欧盟的低碳发展的要素研究

在2006年发表的《斯特恩报告》中指出，一个国家如果没有足够的政策干预，碳排放的拐点不会自动出现，人均碳排放与人均收入之间的正向关系有可能长期持续下去。由此可见，欧盟人均碳排放所展现出的逐年下降的趋势，验证了欧盟在低碳发展方面取得的成效，而欧盟之所以可以快速实现地区的低碳转型，与欧盟的气候政策、碳市场机制和低碳理念是密不可分的：

（一）严格的气候政策

欧盟长期以来通过制定并执行严格的气候政策来推动经济的低碳转型。2008年12月，由欧盟提出的一系列气候政策立法建议获得了欧盟理事会和欧洲议会的批准，为欧盟实现2020年低碳经济发展的三大目标奠定了法律和制度基础。这些欧盟气候政策立法包括改革欧盟碳排放贸易体制(EUETS)、修订可再生能源资源利用指令、制定清洁轿车发展新规则及燃料和生物燃料新的环境质量标准、确立"碳捕捉与封存技术"的法律框架、实施"建筑物节能执行指令"等。此后为了将欧盟内外的气候政策紧密连接起来，强调欧盟对全球气候协议的立场，同时也为了巩固欧盟在全球气候政策的领导地位，欧盟又先后发布了《走向哥本哈根气候变化全球协议》和《后哥本哈根国际气候政策：重振全球气候变化行动刻不容缓》两份政府文件。在2009年12月1日生效的《里斯本条约》中首次将欧盟在国际层面上的气候变化行动、节能及提高能效与发展新能源正式写入《欧洲联盟条约》，从而显示了欧盟持续应对气候变化的决心，将低碳发展提高到了前所未有的战略高度。由于欧盟气候政策具有很强的法律约束力，欧盟成员国必须依据欧盟的总体低碳目标来确定自身低碳发展的行动计划，但同时又给予成员国在低碳发展过程中足够的自由度，从而形成了各成员国低碳经济的多元化发展。

完善碳排放交易体系、发展可再生能源和提高能效一直是欧盟气候政策的主要目标。围绕着这些目标，欧盟不断对气候政策实施的效果进行评价，并在此基础上持续改良和推进气候政策的实施。例如2007年1月，欧委会对可再生能源发展状况进行及时总结，指出法律和体制方面的缺陷和不足是欧盟可再生能源发展缓慢的主要原因，从而促进欧盟进一步加强对其成员国发展可再生能源的法律约束力。欧盟在严格的气候政策框架下，通过实施制度和技术创新自上而下的推进欧盟各个成员国的低碳经济发展，并在此过程中及时的反馈和改进气候政策，将气候政策构建成欧盟低碳发展的基石。

（二）逐渐完善的碳市场机制

欧盟十分重视发挥市场在低碳发展中的作用，期望依靠市场的力量弥补气候政策的缺陷，推动区域低碳经济的持续发展。自上世纪90年代欧盟签订《京都议定书》以后，欧盟就开始计划通过市场机制来实现未来的低碳发展。经过长时间的筹划欧盟于2005年1月1日正式启动的EUETS，作为欧盟实行节能减排的重要市场化措施，期望建立起完善碳排放交易体系，通过价格机制刺激私营经济体加大节能、新能源和“碳捕捉与存封”(CCS)的投资力度，从而自下而上的实现2020年的低碳发展目标。碳交易市场加快了欧盟成员国企业间资金和技术的流动，促进了欧盟区域的协调发展。根据对欧盟及其成员国的碳排放库兹涅茨曲线的分析，欧盟的大部分成员国都已处在低碳经济或是中碳经济发展阶段，其中部分中碳国家，例如保加利亚、匈牙利、捷克共和国等，通过欧盟的碳交易市场获得低碳转型所需资金和技术，在相对较低的人均GDP下已经出现人均碳排放的拐点，可见欧盟的碳交易市场加快了欧盟各成员国的经济转型并推进了欧盟经济一体化。与此同时，由于EU ETS允许与其他减排机制相互连接，EU ETS正在和国际气候机制紧密的联系在一起。如EU ETS与《京都议定书》下的清洁机制(CDM)市场建立起的直接联系，允许欧盟通过购买一定比例的CER来抵消自身的碳排放，为欧盟的减排实体提供更多配额购买渠道的同时，也激发了其他国家尤其是发展中国家的节能减排热情。通过与不同碳交易体系相互连接已经使EU ETS成为一个真正意义上的国际碳交易市场。

此外，为了推进欧盟自身碳排放市场的持续发展，同时使EU ETS成为后京都时代全球碳市场的中枢。欧盟对EU ETS进行了一系列的修改，这些修改包括扩大EU ETS的覆盖范围，除了目前包含的电站、钢铁、水泥等10个部门的二氧化碳排放外，还将包含石油化工、氨、铝部门中的二氧化碳排放，以及制酸中的氮氧化物排放和制铝中的全氟化碳排放；在欧盟的层次上建立行业限额交易体制以取代原有的各成员国的国家配额分配计划；逐步取消免费的配额许可由拍卖许可代替等。完善碳市场将是未来推动欧盟自身低碳经济发展及巩固欧盟在全球气候政策中领导地位的主要途径。

（三）改变民众理念的低碳文化

民众在区域低碳发展过程中发挥着不可忽视的作用，一方面从政府的宏观政策来看，民众的积极态度可以推进气候政策的制定及实施，巩固低碳发展的成果；另一方面从市场消费的角度来看，民众的消费理念和生活方式决定着低碳产品的消费及推广，将低碳发展的主要动力由政府推动转化为市场拉动。对欧盟公民的一项调查显示有 64% 的公民认为自身应该更积极的应对气候变化，有 28% 的公民对自己现在的努力感到满意，2% 的公民认为为应对气候变化付出过多，另有 6% 的公民表示不清楚答案。总体上欧盟的民众对应对气候变化持积极态度，为欧盟气候政策的制定和实施创造了条件，同时拉动了低碳产品的消费。但更值得注意的是，欧盟成员国中一些低碳文化要素的兴起正在颠覆着民众原有的生活方式，产生了关于低碳发展的新的思考和实践。

伴随着欧洲进入后工业化时代，民众开始对工业革命两百年以来所形成的逐渐趋同的生活方式进行反思，开始追求传统和多元化的生活方式。其中最具有代表性的就是在“慢食运动”(Slow Food Movement) 基础上逐渐兴起的“慢城运动”(Slow Citiesor Citta’slow Movement)。“慢城运动”于 1999 年 10 月由意大利城托斯卡纳基安蒂地区的小城市 Greven-Chanti 的市长 Paolo Saturnini 与另外三个城市市长联合发起，通过会议成立了“国际慢城组织”,并对“慢城”进行了初步定义,发表了《国际慢城宪章》。近十年的实践发展表明慢城运动可以有效的协调城市经济、环境和公平发展之间的关系，从而为城市发展提供了一种新的可持续发展策略。“慢城运动”所倡导的“慢”文化期望把现代人从过度追求高速、高效的疲惫状态中释放出来，去感受人与人，人与自然间和谐而平静的生活，通过减少交通流量、增加绿地与徒步区，保护美食传统，建立科技环保等种种措施，为城市居民建立起回归自然的生活方式。此外，“慢城运动”的“慢”与全球化的“快”并不矛盾，慢城通过利用全球化的积极成果 (例如互联网) 来推广营销自身的特色，促进了地方特色产品的销售并加快了地区旅游业发展，推进地区经济的可持续发展。“慢城运动”是基于居民文化理念的转变，由市政府策划组织城市居民积极推动形成的兼顾城市环境和经济发展的新的城市低碳发展策略。虽然《国际慢城宪章》对于申请城市存在着诸多限制，但“慢城运动”依旧发展迅速，自 1999 年“慢城运动”开展以来，慢城由原来最初意大利的四个城市发展到现今 25 个国家的 140 多个城市，可见基于低碳文化的低碳生活理念在传播速度上是惊人的。欧盟的成员国通过积极挖掘自身的文化优势展开了一系列的文化创新实践，从“慢食”到“慢城”再到“慢活”，所倡导的低碳文化理念正在深刻影响着欧洲乃至世界居民的生活方式，这些文化实践正在通过引导居民逐渐建立起自然的生活方式来保持和推进地区的低碳发展。

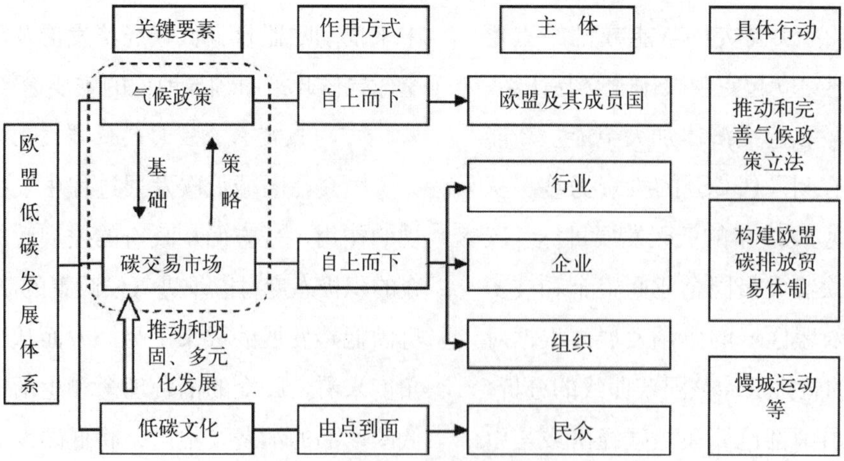

图 1　欧盟低碳发展体系的系统构成

综上，如果将欧盟的低碳发展体系视为一个系统，则欧盟的气候政策、碳排放交易市场和高度认可的低碳文化是这个系统的三个关键要素。这三个要素间相互依存、相互制约，共同推动着欧盟整体的低碳发展（如图1）。首先，严格的气候政策是欧盟低碳发展体系的基础。欧盟将政策同法律结合在一起，对气候政策进行严格立法，要求成员国根据欧盟整体的减排目标确定自身低碳发展的可行方案，从而自上而下的拉动欧盟总体减排目标的实现。虽然全球气候谈判具有很强的不确定性，使得欧盟必须在综合自身内部战略和对外政策的基础上不断的修改和完善气候政策，但从欧盟最新制定的一系列气候政策来看，完善碳排放交易体系、发展可再生能源和提高能效的依然是其气候政策的主要目标。此外，新一轮的气候政策并没有受到经济衰退的影响，后京都时代的欧盟将继续执行严格的气候政策，为EU ETS第二阶段的正常运行提供了牢固的法制基础；其次，碳交易市场是实现欧盟气候政策的主要策略。通过近十年的发展，EU ETS已成为全球最先进的碳交易体系，EU ETS中不同类别的碳价已成为最具参考价值的碳交易市场价格。通过成熟的碳交易市场，欧盟正在将交易盈利投入到低碳技术研发和低碳技术创新当中，例如欧盟近期启动的碳捕捉和碳封存项目以碳交易盈利作为后续资金。同时，EU ETS为私营经济体提供了广阔的平台，使得私营经济体参与到欧盟的低碳转型当中，将他们同欧盟的气候政策密切连接起来，以此形成低碳发展的市场推力自下而上的推动着欧盟减排目标的实现。此外，EU ETS作为欧盟气候政策的主要策略，在加快推动欧盟低碳转型的同时也缩小了欧盟各成员国间的经济差异，促进了欧盟经济一体化；最后，低碳文化作为低碳发展中的文化要素，通过对民众理念的影响推动着气候政策的实施，巩固低碳发展成果的同时又促进了低碳发展的多元化。重视低碳文化使欧盟的低碳发展体系不局限于“生产”领域，同时也扩展到“消费”领域，随着产品碳核算体系的完善，低碳文化将对产品市场和能源市场产生更加深远的影响。通过席卷欧洲的“慢城运动”，不难发现，当基于文化创新的低碳理念融入到居民生活和城市建设当中时，为欧盟的低碳发展扩充了更加丰富的内容。

三、对我国未来低碳发展的启示

和欧盟的经济发展状况不同，近几十年来我国的人均碳排放量与人均收入之间一直保持单调递增的关系，碳排放库兹涅茨曲线仍没有到达拐点，整体上仍然处于“高碳经济”发展阶段。此外由于我国现阶段仍处于高速城市化时期，区域经济发展极不均衡，经济转型中缺乏必须的资金和技术，给经济转型来了巨大的挑战，也决定了我国未来低碳发展的特殊性。虽然两者之间在政治经济文化等诸多领域存在着较大的差异，但在应对全球气候变化，减少经济发展对能源进口的依赖程度，能源安全等方面两者面临着共同的挑战。此外，欧盟期望通过经济低碳转型实现区域的可持续发展、缩小区域差距和增加就业等都是我国经济发展的长期目标。欧盟通过自身构建起的低碳经济体系为实现这些目标提供了平台，并取得了良好的效果，这些发展经验为我国推动经济低碳转型带来了一些启示：

1．完善气候政策，为低碳经济的发展建立法制保障。在欧盟的经济低碳转型的过程中，气候政策一直作为低碳经济发展体系的基础，引导着欧盟的低碳发展。我国为了应对气候变化和促进区域的可持续发展，近十年相续出台了一系列政策法规，例如2002通过的《中华人民共和国清洁生产促进法》、2005年颁布的《中华人民共和国可再生能源法》、2007年出台的

《节能减排综合性工作方案》和《中国应对气候变化国家方案》等，虽然这些政策法规为我国的节能减排起到了关键的推动作用，很好的针对了我国能源和工业行业“能耗高，能效低”的现状，但低碳经济所关注的“碳减排”并未上升到法制化阶段。所以我国应该借鉴欧盟的经验，以气候政策为基础来构建低碳经济体系，将自身的内部战略和对外政策结合起来继续完善自身的气候政策，同时关注气候政策的法律跟进和配套政策的制定，自上而下的促进和规范我国的低碳经济发展。

2. 加快构建碳排放交易体系。从欧盟的发展经验来看，碳排放交易体系在其经济转型过程中发挥着巨大的作用：首先，碳交易可以激励私营经济体实施技术创新，并为其构建起获取资金和技术的平台，将低碳经济的主要推动力量由“政府”转向“企业”；其次，不同区域间的碳交易可以加快资金和技术的流动，加快经济落后区域的经济转型缩小的同时促进了欧盟经济一体化；最后，通过构建和完善自身的碳排放交易体系，欧盟进一步的巩固了其在应对全球气候变化中的领导地位。相对欧盟，我国的碳排放交易体系仍处于起步阶段，碳排放交易主要集中在《京都议定书》所构建的CDM市场，自愿减排市场(VER)、碳金融仍然处于探索阶段，面对国内巨大的减排市场，我国应加快碳排放交易体系的构建，并建立起严格的市场监管体系。此外国际上由于EU ETS的快速发展，带动起全球碳市场的构建，也需要我国建立起自身的碳排放交易体系以获得未来全球碳市场中更多的发言权。

3. 积极倡导和实践低碳文化。除了积极发展低碳经济外，也应该关注低碳文化的创新实践在低碳发展中的作用，将低碳文化作为我国低碳发展体系的重要组成部分。在低碳文化的培育上，除了经常展开类似科普的低碳教育宣传以外，可以尝试将传统文化同低碳文化相互融合进行文化创新，更深层次的激发民众自身对低碳理念的认知，通过将我国传统文化所提倡的系统思考、天人合一等生态文明理念同现代的科技文明有机结合，引导民众形成低碳的生活方式。例如欧盟部分国家兴起的“慢城运动”，利用传统文化中的积极成分激发民众的低碳理念，在此基础上将文化创新同现代科技文明相结合起来，构建起人与人、人与自然间和谐的城市空间，从而在“消费”领域实现低碳发展。

（作者：孙钰系天津商业大学公共管理学院长、教授、博士生导师）

（选自《经济问题探索》2012年第8期）

第八部分

理论·党的建设

新时期党的建设总体布局的形成发展与实践创新

刘昀献

党的建设总体布局，是中国共产党新时期党的建设实践上不断探索、理论上不断创新的成果，体现了以改革创新精神加强党的建设的新要求。提高党的领导水平和执政能力、巩固党在中国特色社会主义事业中的领导核心地位，必须深入研究新时期党的建设总体布局形成和发展的脉络，准确把握其科学内涵和特点，按照党的建设总体布局的要求，稳步推进党的各项建设。

一、党的建设总体布局的形成和发展

新时期党的建设总体布局是党的十一届三中全会以来，全党一直在努力探索和回答的重大理论问题；是我们党在国际国内形势发生重大变化的情况下，围绕"建设一个什么样的党、怎样建设党"，对执政党建设规律长期探索形成的重要成果。

(一) 对"建设什么样的党"的探索和党的建设总目标的形成

从十一届三中全会到党的十五大，经过近20年的探索，我们逐步明确了要"建设什么样的党"，即新时期党的建设的总目标是什么。但当时对党在不同时期建设的特点的认识还不清晰；对党在革命时期和建设时期具有的不同要求的认识还不明确；还没有认识到党的建设在执政后的特点和规律。

在1980年2月党的十一届五中全会第三次会议上，邓小平针对"文化大革命"给党的思想、作风和组织建设造成的严重危害，旗帜鲜明地提出要研究解决"执政党应该是一个什么样的党"的问题。在1983年党的十二届二中全会上，邓小平根据十二大精神提出"把我们党建设成为有战斗力的马克思主义政党，成为领导全国人民进行社会主义物质文明和精神文明建设的坚强核心"这一党建目标，这成为我们党对新时期党的建设目标的第一次明确表述。

1994年召开的党的十四届四中全会，明确提出了党的建设新的伟大工程的总目标；党的十五大对这个总目标作了更加全面、更加准确的表述，这就是："要把我们党建设成为用建设有中国特色社会主义理论武装起来、全心全意为人民服务、思想上政治上组织上完全巩固、能够经受住各种风险、始终走在时代前列的马克思主义政党"。这一党建目标包含了思想、政治、组织、宗旨、先进性、领导能力六个方面的要求。思想上以邓小平理论为指导；政治上贯彻党的基本路线，领导全国人民建设有中国特色社会主义；组织上完全巩固；宗旨方面要全心全意为人民服务；先进性方面要始终走在时代前列；领导能力方面要能够经受住各种风险。

至此，在党的建设目标问题上，我们党不仅完成了拨乱反正，否定了以“阶级斗争为纲”的“左”的路线，而且根据新时期党的任务的需要，制定了与党的基本路线相适应的、适合社会主义现代化建设需要的党的建设总目标。党的建设总目标完整、科学地回答了“建设一个什么样的党”的问题，为新时期党的建设指明了方向。但怎样建设这样的党呢？通过什么途径来建设这样的党呢？这一问题仍在探索中。

（二）对“怎样建设党”的探索和党的建设总体布局的形成和发展

党的十六大以来，我们党在不断推进理论和实践创新的基础上，逐步明确了“怎样建设党”的问题，即党的建设的主线和途径是什么；形成了包括党的建设总目标、主线和实现途径的，完整、科学的党的建设总体布局。

20世纪80–90年代的苏联东欧剧变，使世界社会主义运动陷入低潮。苏联东欧剧变的重要原因在于苏联东欧共产党丧失了先进性和执政能力。这就迫使我们党不得不深入思考这样一个重大问题：即在新的历史条件下怎样建设党，怎样提高党的执政能力、保持党的先进性、巩固党的执政地位。

2001年，江泽民在纪念建党80周年讲话中首次提出了党所处的历史方位的变化问题。他指出，“我们党已经从一个领导人民为夺取全国政权而奋斗的党，成为一个领导人民掌握着全国政权并长期执政的党；已经从一个在受到外部封锁的状态下领导国家建设的党，成为在全面改革开放条件下领导国家建设的党”。这里指出的第一个变化说明我们党的主要任务发生了变化，即由领导革命斗争变为领导建设工作，需要提高执政能力；第二个变化说明我们党面临的环境发生了变化，即在市场经济条件下，由于利益多元化的出现，我们党面临着产生消极腐败现象的危险。这一重要论述为我们思考执政党建设的特点和规律开拓了新的思路，促使我们开始围绕领导革命的党与执政党的不同之处来思考和探索党的建设的总体布局。这一论述告诉我们，基于党所处历史方位的根本性变化，我们必须继续围绕建设什么样的党和怎样建设党的基本问题，“进一步解决提高党的领导水平和执政水平、提高拒腐防变和抵御风险能力这两大历史性课题，全面推进党的建设新的伟大工程”。这一重要思想的提出，突出了“执政”这一新时期党的建设带有全局性的根本特点。基于此，2002年召开的党的十六大，根据党的历史方位的变化及党所面临的新的历史课题，首次提出了“加强党的执政能力建设”这一重大任务。

2003年2月，胡锦涛在党的十六届二中全会上对加强和改进党的建设提出了总的要求，这就是“以加强党的执政能力建设为重点，从思想上、组织上、作风上和制度上全面推进党的建设新的伟大工程”。2005年10月，胡锦涛在党的十六届五中全会上的工作报告中更加明确地提出了“以加强党的执政能力建设和先进性建设为重点，全面推进党的思想建设、组织建设、作风建设和制度建设”这一党的建设的总体布局，从而比较完整地回答了“建设什么样的党，怎样建设党”这一重大问题，使新时期党的建设的总目标及其实现途径有了比较全面而科学的概括。但这个时候我们党关于党的建设途径的表述还是四大建设，即思想建设、组织建设、作风建设和制度建设，还没有提出反腐倡廉建设问题。

党的十七大运用战略思维谋划党的建设问题，进一步发展了全面推进党的建设新的伟大工程的总体布局。胡锦涛在党的十七大报告中指出：“必须把党的执政能力建设和党的先进性建设作为主线，坚持党要管党、从严治党，贯彻为民、务实、清廉的要求，以坚定理想信念为重点加强思想建设，以造就高素质党员、干部队伍为重点加强组织建设，以保持党同人民群众的血肉联系为重点加强作风建设，以健全民主集中制为重点加强制度建设，以完善惩治和预防腐败体系为重点加强反腐倡廉建设，使党始终成为立党为公、执政为民，求真务实、改革创新，艰苦奋斗、清正廉洁，富有活力、团结和谐的马克思主义执政党。”对党的建设总体布局的这一全面、科学、精辟的阐述，标志着我们党在“建设什么样的党、怎样建设党”这个根本问题认识上的升华。在新的历史时期要以改革创新精神来加强党的建设，就必须准确地把握党的建设总体布局的科学内涵、主线、各项建设的重点、党的建设总目标及其内在的必然联系。

2009年9月党的十七届四中全会通过的《中共中央关于加强和改进新形势下党的建设若干重大问题的决定》（以下简称《决定》）重申了党的十七大报告中提出的党的建设总体布局，并对贯彻实施这个总体布局提出了明确要求。

党的建设总体布局，是在不断认识执政党建设的特点，不断继承、发展与创新的过程中，逐步完善和确立起来的。党的建设总体布局的形成，充分体现了党的建设理论与实践的创新和发展，它将保证我们党在建设中国特色社会主义的历史进程中始终走在时代前列，成为坚强的领导核心。

二、党的建设总体布局的科学内涵及其内在联系

党的建设总体布局由三个组成部分构成一个崭新体系，形成一个完整结构。其中，先进性建设、执政能力建设是主线，贯穿并联通其他各项建设，是搞好党的建设的关键和根本；思想建设、组织建设、作风建设、制度建设、反腐倡廉建设是基础，是党保持先进性、提高执政能力、把党建设好的保障，它们既相互依存又各有重点；把党建设成为立党为公、执政为民，求真务实、改革创新，艰苦奋斗、清正廉洁，富有活力、团结和谐的马克思主义执政党，是党的建设的总目标，是党的各方面建设的努力方向，它动态地联结着先进性建设、执政能力建设、思想建设、组织建设、作风建设、制度建设、反腐倡廉建设，使党的各方面建设在共同追求、统一目标下相互作用、紧密联结。

（一）先进性建设、执政能力建设是执政党建设的主线

先进性建设、执政能力建设在党的建设中的主线地位不是主观赋予的，是先进性建设、执政能力建设自身的价值、作用、意义、影响所决定的。作为一个执政党，当前，我们党要着力解决的根本问题是执好政、长期执政问题，党的各方面建设都必须围绕提高党的执政能力来进行，以此巩固党的执政地位、完成党的执政使命。而执好政、长期执政的关键，在于保持好、发挥好党的先进性，在于党以其先进性而始终站在时代发展的前列，这就要求党的各方面建设都必须体现先进性的要求。党的十七届四中全会《决定》进一步指出，要“把执政能力建设和先进性建设作为执政党建设的根本任务”。以先进性建设、执政能力建设为主线来加强党的建设，就是把先进性建设、执政能力建设置于党的建设的中心地位，以是否促进和有助于党保持先进性、提高执政能力来衡量党的建设的优劣得失，使党的各项工作紧紧围绕保持先进性、提高执政能力这个主线去努力和奋斗。

同为“主线”，先进性建设与执政能力建设既有共同的追求和价值取向，又各有特点、各有侧重，但从根本上说，二者是有机结合、辩证统一的。这表现在：其一，先进性建设是执

政能力建设的基础。党只有用先进的理论武装自己,具有先进的组织和制度,保持优良的作风,廉洁从政,一句话,只有保持先进性,才能不断提高执政能力和水平,做到执政为民。其二,执政能力是党的先进性的现实体现。在执政的条件下,党的先进性主要表现在执政为民,为人民谋幸福。党只有不断提高领导能力和水平,为人民执好政、掌好权,才能不断提高人民的物质文化生活水平,体现出党的先进性;党的执政能力的提高,会极大地促进党的先进性的保持、实现和发展。其三,保持党的先进性,内在地蕴含着对提高党的执政能力的明确要求;党的先进性要依赖执政能力建设,只有为人民执好政、掌好权,得到人民的拥护,才能使自身获得强有力的支持并得到更加充分的发展。同时,党的执政能力建设要依靠先进性建设来引领,只有保持党的先进性,廉洁奉公、勤政为民,才能不断提高执政能力,使自身的功能和价值得到有效发挥和充分实现。

我们只有把握好二者辩证统一的关系,才能够在保持党的先进性的实践过程中,始终把党的执政能力建设放在重要地位并使之不断得到加强;才能够把提高党的执政能力作为保持党的先进性的重要内容,寓于党的先进性建设之中;也才能够真正突出先进性建设与执政能力建设的主线地位,使之贯通于党的建设的各个方面和各个环节,进而创造出以先进性建设和执政能力建设统领和带动党的各方面建设协调发展的局面。

(二)现阶段党的五大基础建设及其重点

在党的建设总体布局中,相对于先进性建设、执政能力建设的主线地位,思想建设、组织建设、作风建设、制度建设、反腐倡廉建设处于基础、保障地位。所谓基础,即它们是党的最基本建设,是不可或缺的基础性建设;所谓保障,主要指它们对党的先进性建设、执政能力建设的保证作用,是必不可少的建设内容。无论是作为主线的先进性建设、执政能力建设,还是作为基础或保障的思想建设、组织建设、作风建设、制度建设、反腐倡廉建设,都是围绕着党的建设全局来展开,都是服务于党的建设整体来推进的,并且它们相互之间又是不可分割的,是凝结为一体而共同发挥作用的。事实上也是如此。先进性建设、执政能力建设不可能孤立地进行,需要贯穿于思想建设、组织建设、作风建设、制度建设和反腐倡廉建设之中,才能落到实处,取得实质性效果;而思想建设、组织建设、作风建设、制度建设和反腐倡廉建设,必须以保持党的先进性和提高党的执政能力为主题、按照先进性建设和执政能力建设的要求去推进,才能确保自身建设的成效并发挥应有作用。

在这个五位一体的党的建设中,思想建设是党的根本建设,它为党的组织建设、作风建设、制度建设和反腐倡廉建设提供思想基础;党的组织建设为思想建设、作风建设、制度建设和反腐倡廉建设提供组织保证;党的作风建设、反腐倡廉建设关系党的形象和肌体健康,既为党的建设提供纪律和作风保障,又反映思想建设、组织建设、制度建设的成效;党的制度建设为党内生活提供运行机制,为党的思想建设、组织建设、作风建设、反腐倡廉建设提供制度保证。实施这个总体布局,要求我们在部署党的建设工作时要着眼全局,统筹兼顾党的各方面建设,使之相互配套、相互促进,既突出重点、又整体推进,从总体上提高党的建设工作水平。

(三)执政党建设的目标定位

党的十七大把马克思主义执政党建设的总目标分解为四个方面,这四个方面是紧密结合、有机统一的。其中,立党为公、执政为民,是党的根本宗旨方面的要求;求真务实、改革创新,是党的思想路线方面的要求;艰苦奋斗、清正廉洁，是党的优良作风方面的要求；富有活力、团结和谐，是党的生动活泼的政治局面方面的要求。这四个方面的目标要求与党的各方面建设虽然不完全具有对应关系，却也体现出某一方面建设侧重某一方面要求、某一方面要求需要某一方面或几方面建设来支撑的关系。如执政能力建设、先进性建设以及思想、组织、制度建设等联接“立党为公、执政为民”和“富有活力、团结和谐”的目标要求，作风建设联接求真务实、改革创新的目标要求，反腐倡廉建设联接艰苦奋斗、清正廉洁的目标要求等。

党的十七届四中全会《决定》在重申这一目标的同时，提出要“确保党始终是中国工人阶级的先锋队、同时是中国人民和中华民族的先锋队”。这就进一步强调了党的建设总目标与作为“主线”或作为“基础”的各方面建设，不是互相隔离，而是密切结合的。我们只有突出主线，加强五大建设，才能实现党的建设总目标，达到“两个确保”。

三、以改革创新精神实践党的建设的总体布局

党的建设总体布局是新时期党的建设理论创新的重要成果。党的十六大以来，以胡锦涛为总书记的党中央总揽全局、协调各方，以改革创新精神贯彻落实党的建设总体布局，准确把握党的各项建设在总体布局中的地位和相互关系，突出“主线”、抓住“重点”、明确“目标”和方向，注重实践创新，夯实执政基础，全面有序地推进了党的建设新的伟大工程。

（一）突出执政能力建设和先进性建设在党的建设中的“主线”地位

党的执政能力建设是党执政后的一项根本建设，同时，它也是一个动态的过程。根据党面临的形势和任务的变化，党的执政能力建设的主要任务也会发生变化。在建国初期，我们党提出要学会自己不懂的东西，主要讲的是提高领导经济建设、管理城市的本领。在改革开放新时期，我们面临着复杂多变的国内外环境及大量的矛盾和问题，因而，党的执政能力建设的任务也更加繁重。2002 年党的十六大报告明确指出，要“加强党的执政能力建设，提高党的领导水平和执政水平”，对各级党委和领导干部提出了五个方面的能力要求，即不断提高科学判断形势、驾驭市场经济、应对复杂局面、依法执政、总揽全局的能力。2003 年党的十六届三中全会通过的决议又再次明确了这五个方面的能力。2004 年党的十六届四中全会对加强党的执政能力建设做出了全面部署，明确了当前和今后一个时期加强党的执政能力建设的主要任务，即不断提高“驾驭社会主义市场经济的能力、发展社会主义民主政治的能力、建设社会主义先进文化的能力、构建社会主义和谐社会的能力、应对国际局势和处理国际事务的能力”，还明确提出“以提高党的执政能力为重点，全面推进党的建设新的伟大工程”。2006 年党的十六届六中全会进一步提出，要“以党的执政能力建设和先进性建设推动社会主义和谐社会建设，为构建社会主义和谐社会提供坚强有力的政治保证”。

先进性是马克思主义政党的根本特征，是马克思主义政党的生命所系、力量所在。党的先进性建设是关系党的生存、发展和壮大的根本性建设。党的先进性主要体现在先进的理论、先进的阶级基础、先进的党员队伍、先进的组织原则、坚强的中央领导集体和核心、科学的领导方法和方式等方面，党的先进性建设也主要围绕这几个方面来开展。过去先进，不等于现在先进；现在先进，不等于永远先进。前苏联共产党曾经是一个先进的党，它不仅领导人民建立了世界上第一个社会主义国家，而且领导人民战胜了不可一世的德国法西斯，取得了卫国战争的伟大胜利。但后来由于不注意加强先进性建设，落后于时代发展，脱离人民群众，最后亡党亡国，教训是深刻的。所以我们党必须用发展的眼光审视和评估自己，以改革的精神加强和完善自己，跟上时代步伐，站在时代前列，永不自满，永不懈怠。根据党的十六大和十六届四中全会的精神，2005年1月至2006年6月，我们党在全党开展的以实践“三个代表”重要思想为主要内容的保持共产党员先进性教育活动，取得了重大的实践成果、制度成果和理论成果。2006年，在庆祝中国共产党成立85周年暨总结保持共产党员先进性教育活动大会上，胡锦涛第一次提出党的先进性建设是党的建设的主线的重要命题，提出“更加突出地把党的先进性建设作为党的各方面建设的主线”。

党的执政能力建设和先进性建设都是党的根本性建设。党的执政能力建设更加突出执政党的特点和要求，党的思想建设、组织建设、作风建设、制度建设、反腐倡廉建设，只有同党的执政能力建设相联系，围绕党的执政能力建设来加强，并贯穿党的执政能力建设这一主线，才能巩固党的执政地位、实现党的执政使命。党的先进性建设更加突出党的本质属性，党的思想建设、组织建设、作风建设、制度建设、反腐倡廉建设，只有围绕党的先进性建设来加强，并贯穿党的先进性建设这一主线，才能永远保持党的性质，顺应时代发展的潮流，不被时代潮流所淘汰。党的执政能力建设和先进性建设离不开党的思想建设、组织建设、作风建设、制度建设、反腐倡廉建设，又在更高的层次上把党的思想建设、组织建设、作风建设、制度建设、反腐倡廉建设融为一体。

党的执政能力建设和先进性建设紧密联系、相互促进。一方面，执政能力建设必须体现先进性建设的根本要求；另一方面，先进性建设必须体现在提高党的执政能力、巩固党的执政地位上。把党的执政能力建设和先进性建设作为主线，全面推进党的建设新的伟大工程，这是新形势下党的建设的总体要求和根本思路，是党的建设新布局的逻辑起点。

党的十七届四中全会《决定》指出，“坚持以执政能力建设和先进性建设为主线，保证党始终走在时代前列”。我们只有把执政能力建设和先进性建设作为执政党建设的根本任务，坚持科学执政、民主执政、依法执政，着力提高党总揽全局、协调各方的能力和水平，建设高素质干部队伍，凝聚各方面人才和力量，充分发挥党委领导核心作用、基层党组织战斗堡垒作用、共产党员先锋模范作用，才能使党始终代表中国先进生产力发展要求、中国先进文化前进方向、中国最广大人民根本利益，始终走在时代前列。

（二）着力抓好党的建设的“五大重点”

为了搞好思想建设、组织建设、作风建设、制度建设、反腐倡廉建设这五项基础建设，发挥其保障作用，党的十七大报告明确指出了各项基础性建设应当抓住的重点，即：思想建设要以坚定理想信念为重点，组织建设要以造就高素质党员、干部队伍为重点，作风建设要以保持党同人民群众的血肉联系为重点，制度建设要以健全民主集中制为重点，反腐倡廉建设要以完善惩治和预防腐败体系为重点。重点明确了，各项建设的任务就更有针对性了，努力方向就更加清晰了。为此，在深化理解党的建设总体布局时，在把握思想建设、组织建设、作风建设、制度建设、反腐倡廉建设在党的建设中的基础、保障地位时，我们必须紧紧抓住各自的重点。抓住了这些重点，就抓住了各项基础性建设的要害和根本，就抓住了各项基础性建设在总体布局中各自承担的责任以及应当扮演的角色，就能有效促进党的建设总体布局的贯彻落实。

1. 以坚定理想信念为重点，着力用马克思

主义中国化最新成果武装全党

思想建设是党的根本建设。十六大之后，以胡锦涛为总书记的党中央，为实现全党思想的统一，保持党的先进性，增强党的创造力，着力用马克思主义中国化最新成果武装全党，在全党兴起了学习贯彻“三个代表”重要思想新高潮。同时，党中央紧密结合新世纪新阶段国际国内形势的发展变化，坚持解放思想、实事求是、与时俱进，不断推进马克思主义中国化，创造性地提出了以人为本、全面协调可持续的科学发展观，提出了构建社会主义和谐社会等一系列重大战略思想。这些重大战略思想，是我们党的又一理论创新成果，对我国社会主义现代化建设和党的建设具有重大指导意义。

在理论创新的同时，党中央坚持用发展着的马克思主义指导实践，在全党树立和落实科学发展观，用科学发展观武装全党、教育群众，增强全党贯彻落实科学发展观的自觉性和坚定性，使之体现到党和国家的各项工作中和具体政策措施上，这是加强党的思想建设的一项重要任务。

党的十七大把改革开放以来形成的，包括邓小平理论、“三个代表”重要思想以及科学发展观等重大战略思想在内的党的理论创新成果，统一概括为中国特色社会主义理论体系，这是十七大的一个重要历史贡献。

党的十七届四中全会《决定》进一步提出要“按照科学理论武装、具有世界眼光、善于把握规律、富有创新精神的要求”，建设马克思主义学习型政党；为此，必须大力推进马克思主义中国化、时代化、大众化，用中国特色社会主义理论体系武装全党，开展社会主义核心价值体系学习教育，建设学习型党组织。

崇高的理想、坚定的信念，历来是推动党和人民事业前进的力量源泉。建设马克思主义学习型政党，在全党深入学习中国特色社会主义理论体系，着力用马克思主义中国化最新成果武装全党，是我们党加强思想建设，教育全党同志树立共产主义远大理想，坚定中国特色社会主义信念的重大战略举措。

2．以提高素质为重点，加强党政领导班子、干部队伍和人才队伍建设

十六大以来，党中央围绕建设高素质的领导干部队伍，形成朝气蓬勃、奋发有为的领导层的重要任务，大力推进党的各级组织建设，进一步提高了各级党组织的凝聚力、影响力、向心力、战斗力。

首先，坚持把领导班子和干部人才队伍建设摆在突出位置。党中央坚持把领导班子的思想政治建设放在首位，加强对领导干部的政治思想教育，提出了“德才兼备、以德为先”的用人标准，加强对省区市、中央直属机关、中央国家机关、国有企业、高校等领导班子的思想政治建设。

与此同时，进一步深化干部人事制度改革。先后颁布了《深化干部人事制度改革纲要》、《公务员法》等法律法规，并制定下发了一系列相关文件。在干部队伍建设方面，制定下发了《公开选拔党政领导干部工作暂行规定》、《党政机关竞争上岗工作暂行规定》、《党政领导干部选拔任用工作条例》等文件，强调要在改革和建设的实践中考察、识别干部，真正把政治上靠得住、工作上有本事、作风上过得硬、人民群众信得过的干部及时选拔配备到各级领导班子中来。党中央还特别强调按照科学发展观要求考核、评价和使用干部，制定下发了体现科学发展观要求的地方党政领导班子和领导干部综合考核评价办法。在人才队伍建设方面，制定下发了《党中央、国务院关于进一步加强人才工作的决定》，加强对人才工作和人才队伍建设的宏观指导。

党中央还加大干部教育培训力度，大规模

培训干部。中央政治局率先垂范，在党的十六届二中全会上，提出建立集体学习制度，有力地带动了全党的学习活动。为了更好完成大规模培训干部、大幅度提高干部素质的任务，党中央在原有的中共中央党校、国家行政学院的基础上，新成立了中国浦东、井冈山、延安干部学院和大连高级经理学院，形成了“一校五院”的国家级干部教育培训格局。先后印发了《2006—2010年全国干部教育培训规划》、《2010—2020年干部教育培训改革纲要》。中央还先后举办了省部级主要领导干部学习贯彻落实科学发展观、提高构建社会主义和谐社会能力等专题研讨班。

其次，大力加强党的基层组织建设，不断提高基层党组织的凝聚力和战斗力。党的基层组织是党全部工作和战斗力的基础，是落实党的路线方针政策和各项工作任务的战斗堡垒。十六大以来，党中央高度重视抓基层、打基础的工作，先后制定下发了《关于深入开展农村党的建设“三级联创”活动的意见》、《关于加强和改进中央企业党建工作的意见》和《关于进一步加强和改进街道社区党的建设工作的意见》等文件，对农村、企业、城市社区等地区、部门的党建工作作出全面指导。

特别是在发展社会主义市场经济的新形势下，党中央十分重视扩大基层党组织的覆盖面，全面推进各领域党的基层组织建设，实现党组织和党的工作全社会覆盖，做到哪里有群众哪里就有党的工作、哪里有党员哪里就有党组织、哪里有党组织哪里就有健全的组织生活和党组织作用的充分发挥，并以党的基层组织建设带动其他各类基层组织建设。

党的组织建设的生动实践，使我们党形成了充满活力的选人用人机制，促进优秀人才脱颖而出，为社会主义现代化建设培养造就了大批高素质干部队伍，从而为党和国家事业的发展提供了人才保障。

3. 着眼于保持党同人民群众的血肉联系，坚持不懈地抓好党的作风建设

我们党高度重视执政党的党风问题。1990年3月党的十三届六中全会作出了《中共中央关于加强党同人民群众联系的决定》，2001年9月党的十五届六中全会作出了《中共中央关于加强和改进党的作风建设的决定》，明确提出党的作风建设的核心是保持党同人民群众的血肉联系。十六大以来，以胡锦涛为总书记的党中央，围绕保持党同人民群众的血肉联系这个核心问题，继续加强和改进党的作风建设。

其一，要求全党牢记“两个务必”的思想。1949年3月，在中国共产党七届二中全会上，面对革命即将在全国胜利的形势，毛泽东同志指出：“因为胜利，党内的骄傲情绪，以功臣自居的情绪，停顿起来不求进步的情绪，贪图享乐不愿再过艰苦生活的情绪，可能生长。因为胜利，人民感谢我们，资产阶级也会出来捧场……可能有这样一些共产党人……在糖弹面前要打败仗。”为了预防这种情况的发生，他要求全党必须认识到：“中国的革命是伟大的，但革命以后的路程更长，工作更伟大，更艰苦。”“务必使同志们继续地保持谦虚、谨慎、不骄、不躁的作风，务必使同志们继续地保持艰苦奋斗的作风。”为了使全党牢记“两个务必”，保持良好精神风貌，党的十六大闭幕后，胡锦涛就率领中央书记处的同志一起到西柏坡学习考察，重温毛泽东在党的七届二中全会上的重要讲话，要求全党同志特别是领导干部要牢记毛泽东的教导，无论在成绩面前还是在困难面前，都要始终保持谦虚谨慎、不骄不躁的作风，保持艰苦奋斗的作风，为实现党确定的目标和任务开拓进取、团结奋斗。

其二，大兴密切联系群众之风。十六大以来，党中央要求全党认真贯彻党的群众路线，

坚定不移地依靠群众，虚心向群众学习，热心为群众服务，诚心接受群众监督。坚持问政于民、问需于民、问计于民，作决策、定政策充分考虑群众利益和承受能力，统筹协调各方面利益关系，切实办好顺民意、解民忧、惠民生的实事，让人民共享改革发展成果。健全联系群众制度，创新联系群众方式。领导干部要定期深入基层特别是经济落后、问题较多的地方调查研究，了解群众疾苦，倾听群众呼声，帮助解决困难。领导干部下基层要轻车简从，不扰民。认真解决群众反映强烈的教育医疗、环境保护、安全生产、食品药品安全、企业改制、征地拆迁、涉农利益、涉法涉诉等方面的突出问题。完善矛盾纠纷排查化解机制，引导群众依法表达合理诉求，切实维护群众权益。

其三，在全党大力弘扬求真务实精神，大兴求真务实之风。党中央号召全党要把求真务实贯彻到治党治国各个方面各个环节，真正做到真抓实干、开拓创新。使党员、干部真正把心思用到干事业上，把工夫下到察实情、出实招、办实事上，努力在推动科学发展、促进社会和谐等方面不断取得实效。坚决制止搞劳民伤财的"形象工程"和沽名钓誉的"政绩工程"。对作风飘浮、敷衍塞责引发重大事件或造成重大损失的，对弄虚作假、虚报浮夸的，必须严肃追究责任。

其四，大兴批评和自我批评之风。党中央提出要增强党内生活原则性和实效性，坚决反对上下级和干部之间逢迎讨好、相互吹捧，坚决反对党内生活庸俗化。领导班子要开展严肃认真的批评和自我批评，做到知无不言、言无不尽，言者无罪、闻者足戒，有则改之、无则加勉。完善领导干部双重组织生活会制度，提高民主生活会质量，发挥民主生活会开展思想交流、提高党性修养、增进班子团结的重要作用。建立健全通过民意调查等征求群众批评意见制度，自觉接受批评，积极进行整改。领导干部特别是主要领导干部要坚持原则、敢抓敢管，勇于揭露和纠正缺点错误，及时提出改进工作的要求和建议，反对和克服好人主义。保护坚持党性原则的党员，不准压制批评，严禁打击报复。

这些重要思想，是在深刻总结党的作风建设的历史经验，科学分析我们党现阶段的历史任务和党的队伍现状的基础上提出来的。在这些重要思想中，都特别强调了维护人民群众的根本利益、保持党同人民群众血肉联系的核心地位。

4．坚持和完善民主集中制，积极发展党内民主

民主集中制是我们党的根本组织原则。十六大以来，党中央继续坚持和完善民主集中制，坚持民主基础上的集中和集中指导下的民主相结合，以保障党员民主权利为根本，以加强党内基层民主建设为基础，在推进党内民主制度建设方面进行了一系列探索。

在保障党员民主权利方面，2004年颁布了《中国共产党党员权利保障条例》，明确了充分保障党员权利的措施和责任，规定了正确行使党员权利的程序和要求。党的十七届四中全会《决定》进一步提出，要"保障党员主体地位和民主权利"。要以落实党员知情权、参与权、选举权、监督权为重点，进一步提高党员对党内事务的参与度，充分发挥党员在党内生活中的主体作用。同时要扩大党内基层民主，发挥党的基层组织在保障党员民主权利方面的作用。

在完善党的代表大会制度方面，在一些县（市、区）试行党代会常任制，实行党的代表大会代表任期制，积极探索党的代表大会闭会期间充分发挥党代表作用的途径。

在完善党内民主决策机制方面，党的各级委员会按照集体领导、民主集中、个别酝酿、

会议决定的原则决定重大事项。发挥全委会对重大问题的决策作用，完善常委会议事规则和决策程序，推行和完善地方党委讨论决定重大问题和任用重要干部票决制，健全和规范党委常委会向全委会定期报告工作并接受监督制度。严格实行民主集中制，健全集体领导与个人分工负责相结合的制度，防止和反对个人专断，防止和反对极端民主化。

以健全民主集中制为核心加强制度建设，切实推进党内民主，广泛凝聚了全党意愿和主张，充分发挥了各级党组织和广大党员的积极性、主动性、创造性，维护了党的集中统一。

5. 建立健全惩治和预防腐败体系，深入开展党风廉政建设和反腐败斗争

在对外开放和发展社会主义市场经济的条件下，加强反腐倡廉建设，提高拒腐防变和抵御风险能力，对党和国家的事业至关重要。十六大以来，党中央高度重视党风廉政建设和反腐败斗争，逐步建立健全惩治和预防腐败体系，取得了显著成效。

针对消极腐败现象在一些领域仍然易发多发的态势，党中央从实现经济社会发展的战略任务和巩固党的执政地位的全局出发，作出了建立健全惩治和预防腐败体系的重大战略决策。2003年10月，胡锦涛在党的十六届三中全会上，首次提出了建立健全与社会主义市场经济相适应的教育、制度、监督并重的惩治和预防腐败体系的目标。2005年1月，党中央颁布了《建立健全教育、制度、监督并重的惩治和预防腐败体系实施纲要》，这是新形势下深入开展反腐倡廉工作的重要指导性文件。

党的十七大提出以完善惩治和预防腐败体系为重点加强反腐倡廉建设的重大任务。第一次把“反腐倡廉建设”同党的思想建设、组织建设、制度建设和作风建设并列起来，使党的四大建设任务变成了五大建设任务，这不仅提升了反腐倡廉建设在加强党的执政能力建设和先进性建设中的地位和作用，还明确了反腐倡廉建设的重点。

十七大之后，党中央为夺取全面建设小康社会新胜利，围绕推动科学发展、促进社会和谐的伟大实践，以改革创新精神全面推进党的建设新的伟大工程，对反腐倡廉建设作出了新的部署。党的十七届四中全会《决定》明确指出，必须“把反腐倡廉建设放在更加突出的位置，坚持标本兼治、综合治理、惩防并举、注重预防的方针，严格执行党风廉政建设责任制，在坚决惩治腐败的同时加大教育、监督、改革、制度创新力度”，并为此提出了四项措施。一是加强廉洁从政教育和领导干部廉洁自律。在全党深入开展党性党风党纪教育，有针对性地开展示范教育、警示教育、岗位廉政教育。完善党员领导干部报告个人有关事项制度，把住房、投资、配偶子女从业等情况列入报告内容。二是加大查办违纪违法案件工作力度。严肃查办发生在领导机关和领导干部中滥用职权、贪污贿赂、腐化堕落、失职渎职案件。完善重大案件剖析制度和通报制度，发挥查办案件的惩戒功能和治本功能。三是健全权力运行制约和监督机制。建立健全决策权、执行权、监督权既相互制约又相互协调的权力结构和运行机制，推进权力运行程序化和公开透明。推行党政领导干部问责制、廉政承诺制、行政执法责任制。坚持党内监督与党外监督、专门机关监督与群众监督相结合，发挥好舆论监督作用，增强监督合力。四是推进反腐倡廉制度创新。坚持用制度管权、管事、管人，完善防治腐败体制机制，提高反腐倡廉制度化、法制化水平。加强反腐倡廉制度执行情况监督检查，提高制度执行力，维护制度权威性。

反对和防止腐败，是我们党的一项重大政治任务。近年来，我们党坚决查处违纪违法案件，

惩治腐败力度进一步加大。2011 年，全国纪检监察机关共接受信访举报 1345814 件（次），立案 137859 件，结案 136679 件，给予党纪政纪处分 142893 人，涉嫌犯罪被移送司法机关处理 5334 人。严肃查处了刘志军、张家盟、刘卓志、宋晨光等一批大案要案，同时重点查办了一批涉案人员职级不高但涉案金额巨大、影响恶劣的案件。在查处的同时，积极开展案件剖析和警示教育，惩治和预防腐败的综合效应逐步显现，维护了改革开放的良好环境，推动了中国特色社会主义事业的健康发展。

（三）明确执政党建设的总目标，切实做好各项党建工作

党的十七大把马克思主义执政党建设的总目标分解为立党为公、执政为民，求真务实、改革创新，艰苦奋斗、清正廉洁，富有活力、团结和谐四个方面的要求。只有真正实现了这四个方面的有机统一的党，才能称得上是一个先进的马克思主义执政党。

党的十七届四中全会《决定》立足当前实践，统筹未来发展，全面贯彻党的十七大关于党的建设的总体目标，提出要着眼于继续解放思想、坚持改革开放、推动科学发展、促进社会和谐，着眼于提高党的执政能力、保持和发展党的先进性，着眼于增强全党为党和人民事业不懈奋斗的使命感和责任感，着眼于保持党同人民群众的血肉联系，突出重点，突破难点，全面推进思想建设、组织建设、作风建设、制度建设和反腐倡廉建设，“提高党的建设科学化水平，进一步把党建设成为立党为公、执政为民，求真务实、改革创新，艰苦奋斗、清正廉洁，富有活力、团结和谐的马克思主义执政党”；并就按照新时期党的建设总目标的要求推进党的建设新的伟大工程作了具体部署：即建设马克思主义学习型政党，提高全党思想政治水平；坚持和健全民主集中制，积极发展党内民主；深化干部人事制度改革，建设善于推动科学发展、促进社会和谐的高素质干部队伍；做好抓基层打基础工作，夯实党执政的组织基础；弘扬党的优良作风，保持党同人民群众的血肉联系；加快推进惩治和预防腐败体系建设，深入开展反腐败斗争。这些新要求和新举措，鲜明地体现了改革创新精神，充分反映了广大党员和人民群众对我们党的热切期盼，为加强和改进党的建设提供了基本遵循思路和原则。只要全党扎扎实实地做好各项工作，朝着党的建设总目标不断推进党的建设新的伟大工程，中国特色社会主义事业就能不断从胜利走向新的胜利。

（作者：中国浦东干部学院中国特色社会主义研究院副院长，教授、博士生导师）

（选自《中国浦东干部学院学报》2012 年第 4 期）

战略思维、创新思维、辩证思维与党的建设科学化

齐卫平

以科学方法推进党的建设，是提高党的建设科学化水平的一项重要任务。党的建设方法的科学性取决于思维方式的科学性。确立党的建设的科学方法，需要从思维方式上加以研究。改革开放新时期，党中央多次提到战略思维、辩证思维、创新思维这三个概念，研究提高党的建设科学化水平，应从方法论角度深入研究这三大思维的科学价值。

一、战略思维对党的建设方法科学化的价值

将战略思维运用于党的建设实践是党中央提出的明确要求。胡锦涛同志指出，在世界深刻变动的情况下，全党必须“不断提高科学判断形势、进行战略思维的能力”。习近平同志指出，各级领导干部要不断提高“善于审时度势、进行战略思维的本领”。我们党向来具有进行战略思维的优良传统。毛泽东写过《中国革命战争的战略问题》、《抗日游击战争的战略问题》、《战争和战略问题》等著作，留下了战略谋划的丰富思想财富。党领导新民主主义革命取得胜利，很大程度上取决于卓越的战略思维能力。改革开放新时期党的建设实践中，新情况新问题不断涌现，不从战略上谋划，党的建设必然局限于头痛医头、脚痛医脚的短视眼光，难以适应不断变化的国内外形势。进行战略思维是党保持和发展先进性，永远站在时代前列引领中国发展进步的保证。

战略思维在科学方法上的一个基本特征是宏观性。毛泽东在阐述军事思想时指出：“能够把战争或作战的一切重要的问题，都提到较高的原则性上去解决。达到这个目的，就是研究战略问题的任务”。可见战略是一种宏观层面上的总体把握。从战略思维的宏观性特征看，党的建设战略思维主要表现在以下三个方面。

第一，确立党的建设目标。战略思维形成对全局的指挥，目标就是战略的指向。根据形势变化不断调整党的建设目标，是党的建设宝贵经验之一。延安时期，毛泽东提出了“建设一个全国范围的、广大群众性的、思想上政治上组织上完全巩固的布尔什维克化的中国共产党”的建设目标。改革开放新时期，党中央提出了使党始终成为立党为公、执政为民，求真务实、改革创新，艰苦奋斗、清正廉洁，富有活力、团结和谐的马克思主义执政党的新目标。这是党自身建设和发展战略的全局要求，党的建设各项工作都是围绕建设目标的全局要求开展的。

第二，把握共产党执政规律。战略思维体

现对事物客观规律的把握，只有在深刻把握规律的基础上才有可能进行战略思维。党中央强调要深刻把握共产党执政规律。随着执政实践的延伸，执政规律得到丰富的展示。20世纪末东欧和苏联社会主义国家共产党纷纷丧失执政地位的事实，演示了政党兴衰存亡的规律，改革开放后中国社会转型需要党摸索执政新规律。这些因素促使党的战略思维必须落脚在对执政规律的深刻把握上。

第三，与时俱进地推进党的建设。战略思维着眼的是长远利益和终极目标，推进党的事业发展是一个长远的过程，需要经过许多循序渐进的阶段。世情、国情、党情的变化迫使党的建设必须与时俱进，着眼长远利益和终极目标的战略思维要求党的工作任务不断更新，党的思想理论不断发展。改革开放实践中，从邓小平理论、"三个代表"重要思想、科学发展观，到中国特色社会主义理论体系，党的指导思想与时俱进的发展轨迹，鲜明地展现了党的建设的战略思维。

战略思维需要拥有世界胸怀和全球意识。国家不能在封闭中搞建设，政党也不能关起门来求发展。对中国来说，坚持党的领导、坚持马克思主义、坚持社会主义、坚持人民民主专政，这四项基本原则决不能动摇。在意识形态、国家性质、政党制度上，党的建设必须始终坚持自主选择的独立性。但在政治文明、民主潮流、科学技术、现代管理等世界共通性的问题上，则应积极汲取国外有效经验和先进成果。世界胸怀和全球意识的战略思维可以使党的建设视野更宽广，道路更宽阔。

战略思维需要有历史眼光。"历史是继续前进的基础，是开创未来的启示"。战略思维着眼未来就必须尊重历史。无论是一个民族、一个国家还是一个政党，谋求发展都不能割断历史。过去的现实就是今天的历史，今天的现实就是明天的历史，历史记载着人们所走过的路，告诉人们自己从哪里来、将到哪里去。历史积淀经验，历史提供动力。历史眼光的战略思维运用于党的建设，要求明确党的历史方位，科学总结历史经验，坚持一切从实际出发，使党的建设不断向前推进。

二、创新思维对党的建设方法科学化的价值

创新思维，指的是人们突破既有的经验局限，打破常规，在前人理论和实践基础上实现超越的一种思想活动方式。中国共产党具有创新的光荣传统，"创新是我们党的鲜明特征，也是党和人民事业不断取得胜利的重要保证"。

马克思主义指导思想赋予党与时俱进的理论品格，坚持将马克思主义基本原理与中国革命、建设和改革的具体实践相结合，是贯穿于党的理论和实践全部历史的创新表现。以毛泽东、邓小平、江泽民同志为核心的三代党中央领导集体，以胡锦涛同志为总书记的党中央，一以贯之的创新思维构成了从新民主主义革命到社会主义建设，再到中国特色社会主义建设的历史发展脉络，在这个过程中，党从理论和实践上实现了马克思主义中国化的两次飞跃。在九十余年的历史实践中，农村包围城市、武装夺取政权的中国革命道路的形成，市场经济与社会主义相结合的社会主义市场经济体制的建立，是党的创新思维的典型杰作。它以事实说明，党的事业发展离不开创新思维，不能进行创新思维的党就不是一个真正意义上的马克思主义先进政党。

中共十一届三中全会就是因为进行了创新思维而具有历史转折的重大意义，可以说没有创新思维就没有改革开放。回眸改革开放循序渐进地向纵深发展的历程，不断创新的实践提升了认知创新思维的高度和深度。邓小平同志反对和抵制"两个凡是"的思想是创新思维的

体现，他在社会主义认知上形成的一系列新判断新结论刻上了创新思维的烙印。十三届四中全会后，江泽民同志将创新思维与国家命运、民族前途和政党活力相联系，指出："创新是一个民族进步的灵魂，是一个国家兴旺发达的不竭动力，也是一个政党永葆生机的源泉"。中共十六大后，胡锦涛同志提出"把创新作为党必须长期坚持的治党治国之道"，从保持和发展党的先进性角度阐述创新思维，提出建设"创新型政党"的观点，"只有创新型的国家才能实现繁荣富强，只有创新型的民族才能兴旺发达，只有创新型的政党才能永葆先进性"。习近平同志指出："任何一个政党，无论实力多强、资格多老、执政时间多长，如果因循守旧、故步自封、保守僵化、不思进取，其创造力就会衰竭，生命就要停止"，马克思主义政党的先进性本质要求"不断以新的理论、新的经验、新的方法切实推动党的建设"，"树立创新意识、焕发创造激情、激发创造活力"。这些论述贯穿着一个基本精神：党的建设离不开创新思维，党的建设科学化水平的提高要依赖于创新思维能力的发挥。

创新虽然是党的传统，但党进行创新思维的历程并不是一帆风顺的。实践表明，在党的历史上，既有照搬马克思主义基本原理、思想束缚于条条框框的教条主义发生，又有沿袭战争年代的思维方式，习惯性地将阶级斗争、群众运动等革命方法延续到社会主义建设实践的失误出现。在党的建设实践中，如何消除创新思维的障碍是一个不可忽视的问题。对于一个建党九十余年、执政六十余年的老党大党而言，创新思维尤其重要。世界政党政治的实践中，政党生命规律和执政周期现象警示我们：年资越老，执政时间越长，越容易陷入精神懈怠、满足现状、拘泥成规、滞步不前的保守泥潭。政党创新思维的弱化催生组织功能老化、思想理论僵化、能力本领固化等老态病症。当年在延安窑洞里，毛泽东曾用"民主"来回应民主人士黄炎培关于"周期律"的拷问，当党度过一个甲子执政期后，在"民主"之外还要加上"创新"。创新思维是防止老党大党功能衰退的思想法宝。一个不善于进行创新思维和不能从创新思维中提升自身的党，必然会遭遇被时代淘汰的命运。

从方法论角度看，创新思维的科学价值体现在思想解放的含义上。新陈代谢的社会演进，永无穷尽的事物变化，不断制造出未知的新领域，不断展露着等待发现和认知的"自由王国"。思维方式科学化，要求以思想解放实现实践创新和以实践创新促进思想解放的必由路径，创新思维是遵循事物发展法则的科学方法之体现。中共十七大提出了"以改革创新精神推动党的建设新的伟大工程"的任务，使提高创新思维能力和本领成为迫切的要求。思想解放不充分，创新思维能力不够、本领不强，必然影响党的建设科学化水平的提高，阻碍党的事业的顺利发展。

三、辩证思维对党的建设方法科学化的价值

辩证思维是马克思主义科学方法论的基本要求。辩证思维最显著的特征是克服"用孤立的、静止的、片面的观点去看世界"（毛泽东语），强调用联系的、发展的、全面的观点看待世界一切事物。

辩证思维要求党的建设树立整体性的观念。党的建设整体性的辩证思维是由党的建设具有工程意义所决定的。工程的意思是指由各种内部构造组成的一个系统，支撑系统正常运转的关键，是其内部各种构造的功能合力能够得到发挥，任何一种功能的失衡都会影响工程的整体。从延安时期开始，思想建设、组织建设、作风建设形成了党的建设系统工程的基本

构造，并在以后执政党建设中得到坚持和发展。改革开放后，在这三大建设的基础上，又将制度建设和反腐倡廉建设纳入党的建设工程系统之中，形成“五位一体”的党建新格局。在新时期党的建设实践中，党中央形成了“总揽全局，协调各方”的领导原则，提出了党的建设“全面发展、整体推进”的指导方针，强调“以党的执政能力建设为重点，从思想上、组织上、作风上和制度上全面推进党的建设”。党中央反复要求全党尤其是领导干部要树立“全局意识”、“大局意识”，以科学发展观为指导，“从千头万绪、纷繁复杂的事物和事物的普遍联系中抓住主要矛盾和矛盾的主要方面，同时又必须善于统筹协调、把握平衡，在事物的普遍发展中形成有利于突破主要矛盾和矛盾主要方面的合力，不断提高驾驭复杂局面、解决复杂问题的能力，不断推动经济社会向前发展”。这些思想显示了科学方法的价值。

辩证思维要求党的建设树立协调性的观念。党中央强调“坚持辩证思维，注重统筹兼顾”。统筹兼顾就是各种关系的协调，体现了主要与次要、整体与局部、全面与重点相统一。胡锦涛同志指出：“坚持统筹兼顾、突出重点。越是工作头绪多，越是任务艰巨繁重，越是要统筹兼顾、科学谋划，增强工作的系统性和协调性，既要突出重点，又要全面推进，不能顾此失彼”。新时期党的建设实践中协调性的辩证思维得到充分的体现。党中央始终坚持统筹国内国际两个大局的思想，辩证处理国内建设与国际发展的关系。在国内建设上形成“统筹城乡发展、统筹区域发展、统筹经济社会发展、统筹人与自然和谐发展、统筹国内发展和对外开放”的“五个统筹”发展思路。既强调整体推进，又注重突出重点。如道德建设强调“以增强诚信意识为重点，加强社会公德、职业道德、家庭美德、个人品德建设”；社会建设突出以民生为重点；党的思想建设突出以坚定理想信念为重点；组织建设突出以造就高素质党员、干部队伍为重点；作风建设突出以保持党同人民群众的血肉联系为重点；制度建设突出以健全民主集中制为重点；反腐倡廉建设突出以完善惩治和预防腐败体系为重点等。这些协调性思想正是辩证思维在党的建设中的运用。

辩证思维要求党的建设树立可持续性的观念。改革开放初期，邓小平同志在阐述“发展是硬道理”、“两手抓，两手都要硬”、加强环境保护和生态建设、政治体制改革与经济体制改革相协调等思想中，已经包含着可持续发展的思想。以江泽民同志为核心的第三代党中央领导集体突出强调了可持续发展问题，指出：“在社会主义现代化建设中，必须把贯彻实施可持续发展战略始终作为一件大事来抓”。中共十六大后，以胡锦涛同志为总书记的党中央提出的科学发展观将可持续发展作为基本要求，强调贯彻落实科学发展观“既要关注发展不够的问题，又要注重可持续发展的问题”。国家建设要坚持可持续发展，党的建设同样有一个可持续发展的问题。党中央强调要不断巩固党的阶级基础，不断扩大党的群众基础，不断增强党的执政能力，不断提高党的建设科学化水平，都蕴含着党的建设可持续发展的观念。2005 年至 2006 年，党中央领导全党开展保持和发展党的先进性教育活动，就是推进党的建设可持续发展的典型事例。这次教育活动中形成的许多重要观点，如党的先进性不是一劳永逸的，过去先进不等于现在先进，现在先进不等于永远先进；必须着力构建保持和发展党的先进性长效机制，都在党的建设理论中注入了可持续发展的概念，体现了辩证思维的特征。

（作者：华东师范大学政治学系主任、教授）

（选自《中共中央党校学报》2012 年第 2 期）

党的建设理论创新的几个特征

吴向伟

一、理论性与实践性的辩证统一

改革开放以来党的建设理论，首先以理论的形态存在，具有鲜明的理论性。

改革开放以来党的建设理论有着自己特定的主题、范畴、内涵和逻辑结构。从特定的主题看，它紧紧围绕探讨和解决在长期执政、改革开放和发展社会主义市场经济条件下“建设什么样的党、怎样建设党”而展开；从其特定的范畴看，最基本的是“解放思想、实事求是、与时俱进”，“党的基本路线”，“民主集中制”，“党的历史方位”，“科学执政、民主执政、依法执政”，“执政能力建设”，“先进性建设”，“党内和谐”，“反腐倡廉建设”，“立党为公、执政为民”，“学习型政党”等。在其特定的内涵上，它包括邓小平党建理论、江泽民党建思想和胡锦涛党建思想；当然，这一理论是开放的发展的理论，它不是终极真理，还应包括未来的中国特色社会主义建设实践中对马克思主义建党学说的新发展。

从改革开放以来党的建设理论特定的逻辑结构看，它包括理论基石、理论主线、基本内容、理论精髓等方面。理论基石包括党的建设总目标、党的基本路线和基本纲领理论、党的历史方位理论。三者的有机统一，构成了对“建设什么样的党”的科学回答。理论主线包括党的执政能力建设理论和党的先进性建设理论。理论基本内容包括党的思想建设理论、组织建设理论、作风建设理论、制度建设理论和反腐倡廉建设理论等。它们是以党的建设总目标理论、党的历史方位理论、党的基本路线和基本纲领理论为立论前提和基础，以党的执政能力建设和先进性建设为主线，阐明了新的历史条件下“怎样建设党”的一系列基本思路，是具有中国特色执政党建设的基本方法。理论精髓，即党的实事求是思想路线。一方面，正是由于把握和运用了这个精髓，才有党的建设理论的创立和发展；另一方面，这个精髓又体现在党的建设理论成果基本内容的各个方面。

同时，改革开放以来党的建设理论还具有很强的实践性。其理论来源和依据，就是把马克思主义党建理论运用于党的建设实践，是以改革开放以来党的建设实践为基础和依据的。其理论的检验和发展，也是依赖于改革开放以来党的建设实践，即以改革开放以来党的建设实践作为检验真理的标准，是通过党的建设实践的检验而不断发展的。其理论的目的，并不在理论本身，而在于实践，即推动党的建设新的伟大工程和中国特色社会主义伟大事业取得成功。

改革开放以来党的建设理论的理论性和实践性是辩证统一的，其统一的基础是改革开放以来党的建设实践。“实践的观点是辩证唯物论的认识论之第一的和基本的观点”。一方面，实践使理论得以产生和发展，理论要发挥自己的社会作用，也必须通过实践。另一方面，实践需要正确的理论指导，实践又为理论的发展提供了用之不尽的力量源泉。

二、继承性和创新性的辩证统一

改革开放以来党的建设理论的继承性主要表现在两个方面。

一是对于马列主义建党学说和毛泽东建党学说来说的。马克思、恩格斯在创建工人阶级政党的活动中，科学地阐明了党的性质、党的指导思想、党的纲领、党的策略原则和组织原则等问题，奠定了马克思主义建党学说的理论基础。列宁领导俄国十月革命取得胜利，使社会主义从理论变为现实，也使马克思主义建党学说在实践中得到检验、丰富和发展。毛泽东在领导中国新民主主义革命和社会主义建设实践中，形成了具有中国特色的毛泽东建党思想，丰富了马克思主义建党学说。改革开放以来，我们党紧紧围绕在长期执政、改革开放和发展社会主义市场经济条件下“建设什么样的党、怎样建设党”这个根本问题，全面推进了党的建设新的伟大工程，形成了改革开放以来党的建设理论。这一理论“生动而具体地坚持了马克思列宁主义、毛泽东思想关于党的建设的基本原则”，是马克思主义建党学说中国化的最新成果。

二是从改革开放以来党的建设理论自身的演进来说的。改革开放以来，在中国共产党加强和改进党的建设过程中，相继产生了邓小平党建理论、江泽民党建思想和胡锦涛党建思想。改革开放以来党的建设理论，是一个动态的发展过程，凝聚了几代中国共产党人的智慧和心血，“是我们党励精图治、探索真理、开拓进取的结果，标志着我们党对共产党执政规律、对自身建设规律的认识达到了新的历史高度”。邓小平党建理论、江泽民党建思想和胡锦涛党建思想，在理论渊源、理论依据、理论主题、理论精髓、理论目标等方面一脉相承。其理论渊源，都是从马克思列宁主义、毛泽东思想关于党的建设基本原理和基本观点出发的；其客观依据，都是党现在所处的历史方位下党的建设面临的国情、世情和党情；其理论主题，都是建设什么样的党，怎样建设党；理论精髓，都是坚持解放思想、实事求是、与时俱进；其理论目标，都是坚持以人为本，把实现好、维护好、发展好最广大人民的根本利益作为全部理论的出发点和落脚点。

改革开放以来党的建设理论，“又具体而生动地丰富和发展了马克思列宁主义、毛泽东思想关于党的建设的基本理论”，创造性地提出党的建设一系列新思想、新观点、新论断，具有鲜明的创新性。其主要体现在以下方面：

第一，党的制度建设理论。1980 年，邓小平在总结国际共产主义运动和文化大革命的历史教训的基础上，明确提出，制度问题“更带有根本性、全局性、稳定性和长期性。这种制度问题，关系到党和国家是否改变颜色，必须引起全党的高度重视”。1987 年党的十三大第一次使用“制度建设”概念，明确提出在党的建设上，要走出一条不搞政治运动、而靠改革和制度建设的新路子。此后，制度建设就和党的思想建设、组织建设、作风建设一起，构成了党的建设的四大领域。2002 年，党的十六大报告提出“一定要把思想建设、组织建设和作风建设有机结合起来，把制度建设贯穿其中”。在此基础上，党的十七大明确把制度建设纳入党的建设总布局，强调要“以民主集中制为重点加强党的制度建设”。党的十七届四中全会在制度建设上提出了一系列新举措、新论断，把制度建设提高到了前所未有的战略高度。

第二，党的执政能力建设理论。1999 年 1 月，江泽民在省部级主要领导干部金融研究班结束时讲话中，首次提出“党的执政能力”概念。2002 年，党的十六大明确提出了“党的执政能力建设”思想，并对各级党委和领导干部提出了五种执政能力的要求。这样，加强党的执政能力建设，就成为十六大以来党的建设的重点。2004 年，党的十六届四中全会阐述了党的执政能力的内涵、党的执政能力建设的重要性和紧迫性、党执政的主要经验，以及加强党的执政能力建设的指导思想、总体目标、主要任务和基本途径等问题，在马克思主义党的建设史上第一次阐述了党的执政能力建设理论。

第三，党的先进性建设思想。这一思想，在马克思主义党的建设理论发展史上第一次明确提出了党的先进性建设的科学命题，深刻阐述了党的先进性建设的重要地位和重大意义，科学总结了党成立以来加强先进性建设的宝贵经验，深刻阐明了党的先进性建设的科学内涵、目标任务、指导原则、实现途径、衡量标准等一系列问题，以新的思想丰富和发展了马克思主义关于党的先进性的重要思想。

第四，反腐倡廉建设理论。惩治和预防腐败，一直是党和政府高度重视的问题。改革开放以来，党对腐败的危害，产生原因，预防和惩治方针和措施，都进行了阐述，也查处了一大批腐败分子。但过去一般把反腐败列入党的作风建设之中，党的十七大报告第一次提出了“反腐倡廉建设”的新概念，并把它与党的其他方面专项建设并列在一起，构成了党的建设五大领域，将反腐倡廉工作提升到一个更为显著的地位。

第五，“科学执政、民主执政、依法执政”的执政理念。2004 年，党的十六届四中全会通过的《中共中央关于加强党的执政能力建设的决定》明确提出:“必须坚持科学执政、民主执政、依法执政,不断完善党的领导方式和执政方式”,努力使党“成为科学执政、民主执政、依法执政的执政党”。尊重和运用科学规律,发扬民主,依法执政、依法行政、依法办事，这些提法和概念，我们党过去都提过，但是把它们作为一个整体与执政联系起来，并作为执政党建设的目标之一鲜明地提出来，这还是第一次。

另外有些新观点，是在深刻汲取了包括前苏联、东欧国家的共产党在内的外国政党兴衰成败经验教训基础上提出的，如：“党的先进性和执政地位都不是一劳永逸、一成不变的，过去先进不等于现在先进，现在先进不等于永远先进；过去拥有不等于现在拥有，现在拥有不等于永远拥有。”

改革开放以来党的建设理论的继承性和创新性是辩证统一的。它在继承中创新，在创新中继承；以继承为基础，以创新为主导，在实践中把二者有机结合起来，不断深化对新时期共产党执政规律、自身建设规律的认识，不断丰富和发展了马克思主义建党学说。

三、时代性与民族性的辩证统一

改革开放以来党的建设理论具有鲜明的时代性，这主要表现在：

第一，改革开放以来党的建设理论是时代的产物。江泽民指出“：当今世界和我们所处的时代，同过去相比发生了很多深刻的变化。无论从国际还是从国内看，我们都面临着许多新情况新问题，必须从理论和实践上作出回答并加以解决。我们必须与时俱进，继续丰富和发展马克思主义。如果因循守旧，停滞不前，我们就会落伍，我们就有丧失先进性和领导资格的危险。”改革开放以来党的建设理论是在正确认识和把握党所在的历史方位，科学把握世情、国情、党情的新变化对党和国家工作的新要求的基础上而形成和发展起来的。它深刻反映了我国及其他社会主义国家执政党建设的历史经验教训，同时也包含着对中国改革开放以来党的建设新经验的提炼和深化，具有浓郁的时代气息。

第二，改革开放以来党的建设理论是随着时代的发展而不断发展的。与时俱进是马克思主义的理论品质，也是改革开放以来党的建设理论的基本特征。改革开放以来，中国共产党首先围绕“执政党应该是一个什么样的党”的问题，正确把握和平与发展的时代主题，自觉适应从“以阶级斗争为纲”到以经济建设为中心，从封闭半封闭到全面对外开放，从计划经济到市场经济的重大转变，提出了比较完整的执政党建设思想。当苏联东欧发生巨变、世界社会主义运动进入低潮，中国加入 WTO 而面临新的挑战，国内经济体制改革呼唤推进政治体制改革和加强、改善党的领导之时，中国共产党创造性地回答了“建设什么样的党、怎样建设党”的问题；当世界多极化、经济全球化深入发展，中国发展呈现出一系列新的阶段性特征，出现一系列新情况新问题，党面临执政考验、改革开放考验、市场经济考验、外部环境考验复杂、严峻时，中国共产党提出了加强党的执政能力建设和先进性建设等战略思想。在适应时代的变化中，改革开放以来党的建设理论实现了自我完善和发展。

第三，改革开放以来党的建设理论是在回答时代提出的课题的过程中逐步形成的。一个时代有一个时代的课题，不同的时代对一个政党提出的任务和要求也不同。当今时代向党提出的全局性、战略性的课题是，如何适应革命党向执政党的转变，如何适应从计划经济体制向市场经济体制的转变，如何适应从农业社会向工业社会、后工业社会的转变，如何适应世界范围内的政府管理革命、科技革命和新的民主浪潮的挑战。这四个课题归结到一点，即党的执政能力建设和先进性建设已经成为党的建设的主线。围绕这一主线，产生了三个基本问题：党政关系问题，即党如何领导国家政权；党内关系问题，即执政党在改革开放和市场经济条件下如何保持自身的生机和活力；党群关系问题，即如何在新形势下巩固党执政的社会基础，构建和谐社会。每一个基本问题又派生出一系列重要问题。改革开放以来党的建设理论就是针对这些问题，提出符合实际的新观点，并由此逐步深入和展开，把握各个观点的有机联系，从量的积累到质的飞跃而形成的科学体系。以时代发展的要求审视自己，以改革创新的精神完善自己，这是新时期党的建设的鲜明特色，也是党的理论不断发展创新的关键。

改革开放以来党的建设理论又具有鲜明的民族性。这一理论主要不是回答世界无产阶级政党建设问题，而是回答在长期执政、改革开放和发展社会主义市场经济条件下，执政的中国共产党建设的理论和实践问题。中国共产党建设的历史经验和改革开放以来中国现代化建设和党的建设新鲜经验，是它形成和发展的主要历史和现实依据。同时，这一理论对其自身的范畴和原理做出了“具有中国特色”的表述，如“实事求是”、“与时俱进”、“立党为公、执政为民”等，体现出鲜明的民族特点，具有中国老百姓所喜闻乐见的中国品味、中国作风和中国气派。

改革开放以来党的建设理论的时代性和民族性是辩证统一的。一方面，时代性是以民族性为基础的，党的建设理论，只有与中国国情和党情相结合，与中国共产党领导的中国特色社会主义伟大事业相结合，才有生命力和现实意义；只有扎根于中华民族文化的土壤之中，才能获得广泛的社会支持和拥有取之不尽的力量源泉。另一方面，民族性要以时代性为发展导向。“世界潮流浩浩荡荡，顺之者昌，逆之者亡”。党的建设理论，必须敏锐把握时代脉搏，紧跟时代步伐，才能永葆“时代精神的精华”本色。

四、科学性与价值性的辩证统一

恩格斯指出：“科学愈是毫无顾忌和大公无私，它就愈加符合工人阶级的利益和愿望。”坚持理论的科学性和政治性（价值性）的统一，是马克思主义的基本特性和根本要求。

党的十七大报告指出，中国特色社会主义理论体系是一个“科学理论体系”。习近平指出，中国特色社会主义理论体系是“实现中华民族伟大复兴唯一正确的理论”。作为这一理论体系重要组成部分，改革开放以来党的建设理论同样是科学的理论。因为，这一理论是在科学判断党的历史方位，敏锐把握世情、国情和党情新变化的基础上形成和发展起来的；它既坚持了马克思列宁主义、毛泽东思想关于党的建设的基本原则，又不从书本、概念和抽象的原则出发，而是一切从实际出发，以党的建设面临的实际问题为中心，坚持解放思想、实事求是，与时俱进，创造性地提出党的建设一系列新思想、新观点、新论断，丰富和发展了马克思列宁主义、毛泽东思想关于党的建设的基本理论，标志着我们党对共产党执政规律、对自身建设规律的认识达到了新的历史高度。

改革开放以来党的建设理论不但具有科学性，而且具有价值性。主要表现在：

其一，理论的出发点和落脚点，在于为人民谋利益。改革开放伊始，邓小平就指出：“按照历史唯物主义的观点，正确的政治领导的成果，归根结底要表现在社会生产力的发展上，人民的物质生活的改善上。”在1992年南方讲话中，他提出要把“是否有利于提高人民生活水平”，作为判断党的各项工作是非得失的标准。2001年7月1日，江泽民在庆祝中国共产党成立80周年大会的讲话指出：“党除了最广大人民的利益，没有自己的特殊利益。党的一切工作，必须以最广大人民的根本利益为最高标准。”2003年7月1日，胡锦涛在召开的“三个代表”重要思想理论研讨会上，明确要求党的各级领导干部都要“做到心里装着群众，凡事想着群众，工作依靠群众，一切为了群众，坚持权为民所用、情为民所系、利为民所谋”。2004年，党的十四届四中全会提出要使党“始终成为立党为公、执政为民的执政党”。党的十七大报告中，胡锦涛再次阐明了我们党一贯坚持的基本立场：“要始终把实现好、维护好、发展好最广大人民的根本利益作为党和国家一切工作的出发点和落脚点”。改革开放以来党的建设理论就是在这一价值原则的指引下，逐步形成和发展起来的。

其二，理论来源，在于人民群众的实践。改革开放以来，中央对党的建设做出的每一个重大部署、出台的每一项重大措施，都要先行试点，放手让基层大胆探索、大胆试验，以便创造经验，为发现规律、实现理论创新提供充分的实践依据。同时，每一个思想和理论观点，都是在调查研究，总结基层创造性实践，广泛征求各方面意见，集中全党智慧基础上提出来的。实践表明，亿万人民群众和广大党员的实践，是党的建设理论创新的源头活水。

改革开放以来党的建设理论的科学性和价值性是辩证统一的。其中，科学性是价值性的基础，不讲科学，无视客观规律，无视实际情况变化，就会导致思想僵化和教条主义，就不可能体现人民的利益和愿望；价值性是科学性的目的。

（作者：武汉大学马克思主义学院副教授）

（选自《理论探索》2012年第3期）

延伸阅读

深刻认识信息化对党的建设的影响

——关于信息化与党的建设研究综述

刘红凛　张垚

当今时代，科技进步日新月异，信息化快速推进，人类社会正从工业社会迈入信息社会。信息化不但给人类生产生活方式带来深刻变革，也给各国政党发展带来深刻影响。如何利用信息化带来的机遇、应对信息化带来的挑战，是在加强和改进党的建设过程中必须认真思考的重大问题，也是学术界研究的热点问题。

信息化深刻改变着政党的生存发展环境

信息化是与信息网络技术紧密联系在一起的。以信息网络技术为基础的互联网作为一种新型传播媒体，具有开放性、交互性、虚拟性、便捷性等特点和实时更新、信息量大、覆盖面广、传播迅速、功能全面、成本低廉等优势。

面对信息化，几乎没有哪个国家、哪个政党能够摆脱其影响，各国政党都面临着信息化所带来的机遇与挑战。早在上世纪80年代，美国学者阿尔温·托夫勒就指出："一枚信息炸弹正在我们中间爆炸，这是一枚形象的榴霰弹，像倾盆大雨向我们袭来，急剧地改变着我们每个人内心世界据以感觉和行动的方式。"信息化不但深刻影响人们的思想观念与生活方式，改变着经济社会发展模式，而且深刻改变着政党的生存环境和执政环境，影响着政党建设的方式与方法，影响着政党的执政理念、执政方式与领导方式。面对信息化，西方国家一些政党较早作出反应。比如，德国社会民主党于1995年在互联网上建立了网页，允许在网上登记入党。此后，欧洲和北美洲一些国家的政党建立了政党网站。随着政党网站的建立，像"电子化政党"、"网络党"等概念逐渐成为学术界关注和研究的热点。

对我们党而言，党的建设是与党所处的历史方位、所面临的客观环境紧密联系在一起的；根据时代发展和环境变化加强和改进党的建设，不断提高党的领导水平与执政水平，是党的建设的一条基本经验。信息化是当今时代的一个显著特征，它深刻地改变着我们党的生存发展环境，给我们党带来了新的考验。这种考验不仅体现在技术层面对党建方式方法的影响，如建立党建网站、推行电子党务等；还涉及党的建设的理念、思路等深层次内容。我们党高度重视信息化对党的建设的影响。早在2001年，江泽民同志就指出，"对信息网络化问题，我们的基本方针是积极发展，加强管理，趋利避害，为我所用，努力在全球信息网络化的发展中占据主动地位。""各地各部门的领导干部，必须加紧学习网络化知识，党的建设工作、思想政治工作、组织工作、宣传工作、群众工作，也都应适应信息网络化的特点。”随着信息化的深入发展，我们党对利用信息化推进党的建设不断提出明确要求。比如，党的十七大提出，“在全国农村普遍开展党员干部现代远程教育”；党的十七届四中全会进一步提出，“推进基层党组织工作信息化”，“健全反腐倡廉网络举报和受理机制、网络信息收集和处置机制”。这些要求，拓展了利用信息化开展党建工作的领域、内容和方式方法。

信息化推动党建方式方法创新

从我国实际情况来看，目前信息化对党建的影响主要表现在技术层面，即广泛运用信息网络技术创新党建方式方法、提高党建工作效率，突出表现为推行电子党务、建立党建网站、创新党建手段等。

推行电子党务。主要表现为在各级党委内部系统运用信息网络技术开展电子党务工作，实现办公信息化，提高办公效率。这是信息化对党建方式方法相对初步和直接的影响。这一工作从20世纪90年代开始起步，目前全国范围内的电子党务工作平台已经建立，初步实现了党务工作的信息化、网络化、自动化和无纸化。在这一过程中，国内有关学者对电子党务的相关基础理论，如发展电子党务的意义、电子党务与电子政务的关系、发展电子党务需要解决的基本问题等，进行了比较深入的研究，形成了一批理论成果。

建立党建网站。2000年以后，我国开始建立党建网站。党建网站的建立，经历了一个从自发到自觉、从地方到中央、从分散到整体的发展过程。2000年7月，北京市委组织部率先开通了组织工作专业网站——“北京党建”网。同年9月，南京市鼓楼区党委在上级部门的指导和支持下，创建了涵盖组织、宣传、纪检、统战、党史、群团等党建工作，包括党史文献、经典著作检索、党建理论探讨、基层党建与精神文明建设经验、先锋模范人物介绍等内容的综合党建网站。目前，从中央到基层、涵盖各级党委各个部门的“四级党建网站”已经建成。从内容与功能看，党建网站的内容从最初的党的路线方针政策、相关文献、规章制度、党建理论研究等的展示、宣传，向多功能、全方位方向发展。从总体上看，党建网站大致可以分为六类，即动态新闻型网站、党务工作型网站、理论型网站、宣传型网站、基层党建型网站、综合型网站。

创新党建手段。推行电子党务，建立党建网站，为广泛运用信息网络技术开展党建工作奠定了基础、搭建了平台。近年来，有关部门利用这一平台不断创新党建手段，取得了明显成效。建立网上党校，探索运用在线学习、“红色”短信、手机报等手段开展党员教育培训与管理，都是创新党建手段的体现。目前，网上理论学习宣传阵地基本形成，各级党报党刊、各级理论研究与宣传部门在网上开辟了理论学习宣传阵地；党员干部网络教育平台基本形成，网络教育资料库已形成一定规模；网上监督平台开始形成，不少地方纪检监察部门设立了网上举报邮箱；利用信息网络技术推行党务公开渐成趋势。

信息化对党建的深层次影响

信息化在技术层面对党建方式方法的影响是比较直接、浅层次的。目前，学术界的研究也主要集中在这一方面，探讨比较充分，相关成果比较丰富，但大多还没有把研究拓展到信息化对党的执政理念、执政能力的影响等方面。实际上，信息化对经济、政治、文化、社会等各个方面都会产生重大影响，进而会给政党建设带来深层次的长远影响。西方国家信息化水平较高，政党建设受信息化的深层次影响表现得相对突出。比如，信息化、信息产业革命引发了产业结构、社会阶级与阶层结构的变化，传统产业工人的规模逐渐缩小，中产阶级迅速崛起并成为社会中坚力量。因此，西方一些政党大力争取中产阶级和“中间选民”。信息化也使广大民众参政议政的方式更加便捷、政治参与的热情有所提高。这也促使一些政党进行民主化改革，大力推进党内民主，并努力把官僚化、多层级的组织结构改造成扁平化、网络化的组织结构。从我国的情况来看，信息化的进一步发展必将给我们党的建设提出许多根据以往经验难以解决的新问题，带来更多深层次的影响。当前，在研究中尤其需要关注以下几个方面。

信息化对党的先进性建设的影响。先进性是马克思主义政党的本质属性。我们党之所以能始终保持先进性，就是因为始终代表中国先进生产力的发展要求，代表中国先进文化的前进方向，代表中国最广大人民的根本利益。信息化带来的信息革命是一场深刻的技术革命、产业革命，带来了先进生产力。在这种时代背景下，我们党如何始终代表先进生产力的发展要求，不仅仅是一个经济发展方面的重大问题，而且是党的建设中的重大问题。此外，信息化导致网络文化方兴未艾，给我们党始终代表先进文化前进方向提出了新要求。

信息化对党的执政能力建设的影响。执政能力建设是党执政后的一项根本建设。加强党的执政能力建设，要具体分析党所处的历史方位、所面临的外部环境，审视新的历史方位、外部环境对党的执政能力建设提出的新要求。信息化对经济社会各方面的影响都是巨大的，将使整个社会步入信息社会，这对党的执政能力建设提出了新要求，如提高党的社会整合能力、利益协调能力、应对网络媒体能力、维护信息安全能力、创新驱动能力等。

信息化对党的意识形态建设的影响。在信息时代，文化多元、思想多元的趋势更加明显。西方一些国家利用信息网络技术的优势进行文化渗透、思想渗透，无疑会影响我们党的意识形态建设。在信息化的大背景下如何坚持马克思主义、发展马克思主义，抵御西方错误思潮的影响，增强社会主义意识形态的吸引力；如何加强网上思想舆论阵地建设，掌握网上舆论主导权，提高思想理论教育的有效性，这些都对党的意识形态工作形成了新挑战，值得高度关注。

信息化对党内民主建设的影响。党内民主是党的生命。信息化对发展党内民主提出了更高要求，同时为发展党内民主、广泛凝聚全党意愿和主张提供了更好条件。如何应对网络民主的要求，更好满足广大党员参与党内事务的需求？如何利用信息网络技术推进党务公开，畅通党内信息互通渠道？如何进一步营造党内民主讨论、民主监督环境，保障党员民主权利，尊重党员主体地位？诸如此类的问题，都是信息化时代党内民主建设需要更加关注的。

（作者：上海市委党校政党研究室教授）

（选自《人民日报》2012 年 9 月 14 日）

试析后危机时代构建和谐党群关系的影响因素

麻秀荣

党群关系问题是关系政党生存和发展的重大问题，是马克思主义政党建设的核心问题。中国共产党最大的政治优势是密切联系群众，最大的危险是脱离群众。在后危机时代，中国社会呈现出经济体制深入变革、社会结构深入变动、利益格局深入调整、思想观念深入变化的新状况、新特点，这既对党群关系的健康发展产生了积极的影响，也对和谐党群关系的构建带来严峻挑战。因此，清醒认识和客观把握党群关系的现状，对实现党群关系的和谐发展具有重大的现实意义。

一

党群关系是动态、变化的，既不是自发生成的，也不是僵化不变的。执政党的党群关系受历史方位、执政使命和社会关系等因素影响，不同时代呈现出不同的特点。后危机时代是社会急剧变化和体制深化完善的特殊时期，表现为社会权力和利益的重新分配、政党运行机制的深刻转变、民众价值观念的重新定位、社会心理的重大调适，这种深刻而复杂的新变化不可避免地对党群关系产生深刻影响。

1. 经济社会的巨大发展，利益关系的重新整合，极大地增强了群众的积极性、创造性，提高了人民群众对党执政绩效的认同度。有效的利益代表和整合，是执政党与群众形成和谐、密切关系的核心问题，是获得执政合法性的关键。执政党要赢得民心，获得群众的拥护、支持与认可，既要提高推动经济社会发展的能力，满足人民群众物质文化的需求，又要提高利益代表的广泛性，维护社会利益的公平分配，实现群众的最大利益认同。首先，执政党的经济绩效是密切党群关系的保证。中国共产党作为执政党承担着推进社会进步的历史责任，能否始终代表中国先进生产力的发展要求，不断满足人民群众的物质利益需要，是实现党群关系健康发展的根本前提。改革开放30多年来，党始终坚持以经济建设为中心不动摇，推动了经济社会的巨大发展，极大地提高了人民群众的物质文化生活水平。据国家统计局2008年“社会各阶层思想动态调查”显示，认为中国“能够实现经济又好又快发展”和“基本能实现又好又快发展”的分别占45.4%和35.5%，合计占80.9%；有91.5%的人表示对中国的发展方向、发展前景“很有信心”和“较有信心”。这表明群众对中国经济的发展前景充满信心。其次，利益认同是群众选择执政党的决定性因素。

群众的选择是动态的，依据的标准是“能否代表自己的利益”。党在60多年的执政实践中，始终坚持以人民利益作为制定路线、方针和政策的出发点和落脚点，不但解决了13亿人的温饱问题，使数以亿计的人摆脱了贫困，并且带领人民全面向小康社会和更高的目标迈进，这使群众增强了对党的信任感，增加了对未来的发展信心。据美国皮尤研究中心的民意调查数据显示，2002年中国人对国家方面表示满意的为48%，到2008年提高到86%。另外，全国人大“中国民生指数”课题组的《2010年中国城市居民幸福感调查报告》对24个不同级别城市的4800名居民的主观幸福感的调查显示：非常幸福的占14.9%，比较幸福的占59.2%，两项相加为74.1%，这充分说明党的突出成就使群众得到实惠，推进了党群关系的巩固和发展。

2. 民主政治建设步伐的加快，公民社会的孕育和发展，唤醒了群众主体意识和民主观念，增强了群众对党的信任度和认可度。改革开放以来，中国经济社会经历深刻的变革，唤醒了人民的主体意识和民主观念，促进了群众政治参与不断向自主化和理性化发展，党群关系的政治基础不断扩大。首先，民主政治建设使党群关系呈现出新的特点。中国共产党联系政府和民众的桥梁纽带作用越来越明显，坚持依靠民主和法制来实现对国家和民众的领导，有力地推进了政治生活民主化和法制化，为公民社会发展提供了适宜的土壤，充分创造了群众政治参与的机会。该课题组调查问卷中“你对选区所选的候选人了解吗”的调查结果显示，非常了解的占17.6%，基本了解的占71.6%，合计占被调查者的89.2%；而“你认为人大代表是否必须是劳模”的调查结果显示，91%的选民认为选人大代表是不是劳模或先进工作者并不重要，重要的是看能否替选民说话、为选民办事。这些反映了民众政治参与意识的增强。其次，民间组织的兴起拓宽了党联系群众的渠道。市场经济的健康发展，人民富裕程度的不断提高，不断催生民众的利益和权利要求，民众政治参与积极性的提高促进了人民群众团体和社会组织逐步扩大，推动了民间组织的不断发展。目前，中国已经建立起以农村村民委员会、城市居民委员会和企业职工代表大会为主要内容的基层民主自治体系，人民群众在城乡基层群众性自治组织中依法直接行使民主选举、民主决策、民主管理和民主监督的权利，促进了民主政治实践的发展。据统计：截至2009年底，全国工会基层组织数达到184.5万个，涵盖法人单位395.9万个，全国工会会员总数达到2.26亿人；在华世界500强总部建会率也达到了87%。截至2010年底，全国共有社会组织44.6万个，其中社会团体24.5万个，民办非企业单位19.8万个，基金会2200个。民间组织的迅速发展，增强了群众的民主意识，提高了群众参政议政的积极性，实现了党群关系的良性发展。

3. 增强执政党意识形态的包容性和开放性，提高群众对执政党的广泛认同。密切党群关系不仅体现在物质利益和权利保障上，也体现在意识形态实现思想引领和共同价值观认同上。执政党意识形态建设要顺应时代和形势发展的要求，避免意识形态的僵化，既要体现意识形态的创新性，又要体现意识形态的包容性。首先，坚持马克思主义的指导地位，实现意识形态的创新与发展，增强群众对主流意识形态的认同感。改革开放以来，面对经济社会深刻变化，人们的思想观念和价值追求多元化、多样性的特点，党逐步改变了过去以政治划线简单排斥的思维，承认和正视社会意识形态多样性和复杂性特点，在坚持对民众进行马克思主义思想教育的基础上，不断推进党的思想理论创新，形成了马克思主义中国化的最新理论成果，赋予执政党意识形态新的时代内涵。党的意识形态的创新发展实现了对社会思想的强大引领，为社会提供了更宽松、开放的思想环境，从而赢得了广大群众的拥护和赞同。其次，充分发挥主流意识形态的导向作用，提高意识形态的包容性和开放性，引导和规范群众的社会行为。执政党的意识形态是制定路线、方针、政策的理论基础，是民众对其制度和意识形态发自内心的认同和信仰，是实现党群关系协调发展的思想前提。当前，各种思想文化和价值观念的深刻影响，民众思想活动的独立性、选择性、多变性、差异性明显增强，这些变化改变了群众对主流意识形态的一味服从的态度。执政党要巩固主流意识形态的地位，必须积极主动地发挥意识形态的灵活性、整合性特点，适应非公有制经济迅速发展，新的阶层不断壮大、中间社会阶层逐步增加的客观形势，实现意识形态从对立、排斥向尊重差异、包容多样，从强调阶级性向重视社会普遍性的转变，真正发挥意识形态凝聚人心、增强团结、统一思想的“黏合剂”作用。

4. 社会阶层结构的变迁，新的社会阶层的发展壮大，扩大了党的执政基础的，拓宽了党联系、沟通群众的渠道，实现了党群关系的良性互动。任何政党都是以特定的阶级或阶层作为自己的执政基础的。中国共产党的阶级基础和群众基础是其赖以生存和发展的两大依托，党群关系的和谐稳定有赖于“两个基础”的增强与扩大。改革开放以来，中国“群众”的范畴在不断扩大，新的社会阶层成为党的群众基础的重要组成部分，促进了“两个基础”的巩固和发展，增强了党群关系的双向良性互动。首先，社会阶层结构的变迁，实现了社会各领域劳动力资源的合理配置，有力地促进了经济健康发展。中国社会阶层结构的变迁，实现了社会不同阶层间劳动力的自由、合理、高效的流动，促进了社会主义市场经济的发展、新兴产业的繁荣和产业结构的调整，对中国经济发展起到了极大的促进作用。据统计，2007年，中国新社会阶层大约5000万人，加上在相关行业所有从业人员，总人数约1.5亿，他们掌握或管理着10万亿左右的资本，使用着全国半数以上的技术专利，直接或间接贡献了全国近1/3的税收，每年吸纳半数以上新增就业人员。一项网络调查显示，有58.5%的人认为新阶层对中国经济社会贡献非常大或者比较大。在党的富民政策的指引下，社会各阶层都获得了实惠，普遍地增强了对党的感情和认可程度。其次，党加强对新阶层的积极引导，从而扩大和拓宽了党的群众基础。不断增强党对新阶层的组织和引导，是增进党群联系的重要途径。党加强对新的经济组织和新的社会组织的工作力度，扩大工作的覆盖面，拓宽和畅通党联系群众的新途径，极大地推动了新阶层的健康发展。目前，中国非公企业已达900多万家，增加值占国内生产总值的60%，非公企业职工在中国工人阶级队伍中已占多数。截至2010年底，全国非公企业有中共党员350多万名，党组织近30多万个。同期，全国共有389.2万个基层党组织，8026.9万名党员，比1978年增加了177.6万个基层党组织和4336.9万名党员。基层党组织的发展进一步促进了中国的政治稳定，对密切党群关系发挥了十分重要的作用。

二

后危机时代受国际经济、政治格局的重大变化和国内改革发展的深刻影响，中国经济、政治、文化和社会生活等方面呈现出新的显著特征，社会阶层的分散化、利益关系的复杂化、社会矛盾的尖锐化、政治稳定的严峻化，使党群关系面临新的挑战和考验。

1. 社会阶层的嬗变重组，利益矛盾的显性化，党群联系、沟通渠道不畅，降低了党在群众中的影响力和政治认同感。当前，改革已进入攻坚阶段，发展处于关键时期，中国社会阶层和利益分化重组加剧，阶层利益矛盾凸显，这严重地影响了党群关系的和谐。首先，社会阶层结构的变化、新兴阶层经济实力的增强和社会地位的提高，对党群关系发展造成了严重的冲击。工人阶级、农民阶级是党执政基础的核心组成部分，但阶层位序降低、经济实力不强、社会影响力下降，动摇了其原有的主人翁地位；而新的社会阶层的不断兴起，经济实力的大幅度提高，政治诉求、参政意识的不断增强，社会地位的不断上升，使被边缘化的下岗职工和农民产生了被剥夺感。这种错位现象势必影响中国的稳定大局，进而使党失去这部分群众的拥护和支持，严重影响党群关系的健康发展。其次，社会阶层结构的分化重组，导致社会利益关系复杂化，使党群关系发展面临许多新情况、新问题。党群关系归根到底是利益代表关系，党要代表好群众的利益，本质上也就是要整合好各阶层民众的利益。然而，社会阶层分化导致人们的利益需求多样化、利益差别扩大化，增大了党整合社会利益的难度。加之市场机制不健全，改革开放中利益格局、权力格局的调整，使一些人心理失衡、党群隔阂增强，特别是社会收入差距的加大，使贫困群众产生不满情绪，导致其对社会敏感问题产生巨大的观念冲突，增加了对党的不信任感，加大了党的执政风险，使党群关系面临新的考验。最后，社会阶层间流动的加速，使党原有整合、联系群众的方式、沟通渠道面临新的挑战。随着传统单位体制的解体，原有的社会整合和政治调控模式、单位党建模式都面临新的挑战。职工从“单位人”向“社会人”转变，人们生活和社会交往的公共空间不断扩大，动摇了党联系群众的原有稳定基础，使党群关系建设的任务尤为紧迫。

2. 社会贫富悬殊加剧，党群、干群矛盾激增、激化，参与主体增多，严重地影响了党群关系的健康发展。执政党是人民利益的忠实代表者，但如何满足不同利益群体需求是摆在党面前的紧迫任务。首先，单纯追求经济增长和物质利益、效率观念淡薄，影响了群众长远利益的发展。目前，中国的基尼系数远远超过了国际警戒线，已由改革开放前的 0.16 上升到目前的 0.47。地区差距呈扩大化趋势。从 1978 年到 2010 年，中国东部地区 GDP 占全国比重从 51.2% 上升到 53.0%，中部地区从 29.6% 下降到 19.7%，西部地区从 19.2% 下降到 18.7%，这表明中国存在两极分化的危险。这种现象加剧了贫困阶层的生活难度、心理落差以及对党的政策的疑虑，势必会影响群众对党的感情，削弱党群的密切联系。其次，党群关系在总体向好的基础上，也呈现出群体性、突发性矛盾增多，冲突强度增大，影响加剧的态势。据统计，1993 年中国群体性事件 8709 起，10 年后的 2003 年就达到 6 万起，2007—2009 年不包括上访的群体性事件都在 9 万起以上。这种状况如得不到有效处理，就会导致非常严重的后果，造成极大的经济损失，影响安定团结的政治局面，破坏党与群众的密切关系。最后，党群矛盾更加复杂多变，解决难度增大，利益协调和疏导方法有待增强。计划经济时期执政党依靠行政权力分配社会资源，利益矛盾隐蔽、弱化，党群矛盾冲突较小；而市场经济条件下市场对资源的配置发挥基础性作用，这使社会成员拥有和分享的资源呈现出极大的差异，造成利益矛盾的复杂化、尖锐化。比如，企业倒闭破产、职工下岗待岗、拖欠职工工资、农民负担过重、土地承包中的问题、征地拆迁安置中的问题、医保改革中的问题等，严重影响了党群关系的稳定、良性发展。

3. 受外来文化冲击和中国社会转型文化冲突的影响，主流意识形态地位受到冲击，功能被弱化，极大地影响了党群关系的稳定发展。当前，在各种思想文化和价值观念的冲击下，中国民众思想、价值观念呈现出多元化倾向，这对党的意识形态主导地位形成严重挑战。首先，市场化取向的价值观念对执政党主导意识形态建设形成了巨大的冲击。市场经济唤醒了社会各阶层民众的利益意识，赋予其追求自身利益的合理性。人们不再盲目追求主流意识形态的绝对权威，而是以更实际、更理性的态度衡量和评判一切现实问题，使党昔日所积累起来的强大社会凝聚力逐渐削弱，也弱化了民众对执政党的认同感。其次，社会群体意识多元化对执政党主流意识形态建设形成挑战。在中国社会大变革的时代，不可避免地产生了多种思想意识和价值观念，人们的独立意识、民主意识、权利意识增强，追求公平、公正理念得到提升，各阶层成员的价值评价标准和价值取向也出现了务实、功利和多元化趋势，传统的主流意识形态的社会整合功能日渐微弱。加之受西方各种思潮和价值观念的影响，一些民众中不同程度地出现信仰危机、信念动摇、信心丧失的倾向，导致其对党和政府产生了不同程度的疑问和困惑，使执政党的政治权威受到冲击。

4. 政党组织功能被无限夸大，导致政党的引导整合功能受到限制，群众的离心倾向和漠视程度积聚。政党作为公共权力与社会民众的桥梁纽带，在政府和社会之间发挥着利益诉求、荟萃精英人物、政治思想的输送与传导功能，从而实现其引导、促进社会发展的作用。但现实中群众的利益表达常常受阻，群众的利益诉求无从倾诉，导致群众对执政党产生不满情绪和离心倾向。首先，执政党利益代表功能体现不明显，出现利益表达渠道虚置，群众不满情绪增加的问题。党组织是群众利益诉求表达的主渠道，但其利益代表功能并没有得到充分体现，而且共青团、妇联、工会等也没有发挥其应有的作用。一份关于“贫困群体利益表达渠道调查”的问卷显示，在动迁、矛盾冲突及民事纠纷、个人利益或权益遭受侵害等问题选项中，被调查者找人大代表或政协委员的基本为0，找基层党组织的为0.2%，找工、青、妇组织的不到1.5%，找市委的平均为0.4%，找区委的平均为1.1%，找政法干部及律师的平均为2.75%，找街道的平均为6.5%，找居委会的平均为11.8%。作为执政党的重要利益表达渠道——政协、人大、基层党组织的利益表达功能出现萎缩或弱化，这势必造成执政党利益表达功能的弱化，增加执政成本，使群众动摇了对党的信任和支持。其次，执政党的行政管理体制和政治架构影响群众利益表达渠道的拓宽。计划经济体制下形成的行政官员管理制度和政治管理体制，只有自上而下的管理，缺乏自下而上的监督机制，造成了民众利益表达渠道不畅的体制性障碍。而行政官员实行的选任制，又导致官员只对上负责，而对群众尤其是社会弱势群体的利益不负责任的问题。这使得下层市民的利益诉求无从上达，执政党政治决策与下层利益诉求分离，加剧了党群关系的矛盾和分化。最后，公民社会的不断发展，市场经济的不断完善，给党的传统执政方式和社会治理模式带来严峻的挑战。以往执政党通过行政权力来影响、约束群众，然而在当前，这种强制性的社会管理方式已经行不通了，执政党必须通过自己的政策、服务来影响群众，否则就会置于广大人民群众的对立面，影响党政策的贯彻执行效果，极大地伤害群众的思想感情。

5. 执政党组织结构和运行机制不完善、监督制约机制不健全，党群隔阂加深，冷淡和不信任情绪增长，造成了党群关系的不和谐。首先，政治参与的不均衡性对执政党政治权威形成严重的冲击。在计划经济体制下，执政党组织结构强调整体性和统一性，党的领导无所不在、无所不包，群众完全依赖于党的领导，服从强制性的调控。这就形成了以党代政、政企不分、权力失去监督等问题。改革开放后，随着多元利益主体的出现，人民群众在经济生活中的主体地位和主体意识逐步提高，社会成员自愿政治参与意识日益增强，大量民间组织因此产生，这使个人和团体的代表选择自由度增大，而执政党则面临不被选择的可能。其次，权力运作不规范，资源配置多元化对党群关系形成严峻挑战。市场经济条件下执政党不再占据资源配置的支配和主导地位，传统"政治资源"、"政治优势"在流失，社会上一部分人因为体制变迁带来的分配不公、期望受挫、政治参与无望而成为"边缘群体"，他们对国家上层建筑无疑形成一种威胁，群众无力监督和缺乏制约致使腐败滋生，严重损害群众的主人翁意识，加深了党群隔阂程度。最后，党员管理松散和党组织建设的新挑战影响党群关系的健康发展。计划经济时期，党组织对党员管理采取属地化管理形式，由党员所在单位基层组织实行管理、教育和引导，呈现出单一、固定的管理模式。而单位体制又把各级党组织、党员和群众有机地联系在一起，人们自我独立意识、竞争意识不强，社会成员享受几乎同等的福利待遇，人们心理不平衡因素较少，隔阂和矛盾也很小。而市场经济打破了计划经济体制单位固定终身的情况，社会成员的流动性增强，党员流动呈现出数量增多、范围增大、频率加快、流向多元的现象，这就在客观上增加了党组织教育和管理党员的难度，造成相当部分党员难以纳入稳定规范的管理。特别是新经济组织的蓬勃发展，原有党组织的设置模式已不适应新变化要求，出现了党建的"空白点"和党组织的"盲区"，使党组织联系群众的覆盖面缩小，影响力下降，党群干群沟通不畅问题日益突出。

综上所述，在后危机时代，中国经济社会生活继续发生深刻而重大的变化，这既给密切党群关系带来许多积极的影响，也对构建和谐党群关系提出了严峻的挑战。执政党对此必须保持清醒的认识，既不能麻痹大意、掉以轻心，也不能盲目乐观、听之任之，要切实采取有效措施化解消极影响，使党的政策更能体现群众意愿和利益要求；要加快推进民主政治建设步伐，扩大意识形态的包容性，为密切党群关系、实现党和国家事业的健康发展奠定良好的基础。

（作者：中共黑龙江省委党校党史党建教研部教授）

（选自《学习与研究》2012 年第 7 期）

坚持以人为本 执政为民 始终保持党同人民群众的血肉联系

崔少鹏

以密切党同人民群众的血肉联系为重点加强党的作风建设，始终是党的建设的一项重大任务。党的十八大报告明确提出“坚持以人为本、执政为民，始终保持党同人民群众的血肉联系”，并对进一步加强新形势下党的作风建设作出重要部署。我们要认真学习贯彻党的十八大精神，坚持以人为本、执政为民，切实加强党的作风建设，始终保持党同人民群众的血肉联系，以优良党风凝聚党心民心、带动政风民风，为党和国家事业发展提供有力保证。

一、以人为本、执政为民是检验党一切执政活动的最高标准

党的十八大报告强调：“为人民服务是党的根本宗旨，以人为本、执政为民是检验党一切执政活动的最高标准。任何时候都要把人民利益放在第一位，始终与人民心连心、同呼吸、共命运，始终依靠人民推动历史前进。”这一重要论述，深刻揭示了我们党一切执政活动的根本目的、依靠力量和评价标准，进一步深化了对共产党执政规律的认识，对于加强和改进新形势下党的建设特别是作风建设具有十分重要的指导意义。

第一，以人为本、执政为民是践行党的性质和宗旨、保持和发展党的先进性和纯洁性的必然要求。人民群众是历史的创造者，是推动社会进步的根本力量。国际国内经验反复表明，一个政党、一个政权，其前途和命运最终取决于人心向背，失去人民的拥护和支持，迟早都会垮台。相信谁、依靠谁、为了谁，是否始终站在最广大人民的立场上，是区分唯物史观和唯心史观的分水岭，也是判断马克思主义政党的试金石。马克思主义政党坚持历史唯物主义基本观点，把为人民谋利益作为自己的生命根基和价值追求。马克思、恩格斯在《共产党宣言》中庄严宣告：“过去的一切运动都是少数人的或者为少数人谋利益的运动。无产阶级的运动是绝大多数人的、为绝大多数人谋利益的独立的运动。”这“两个绝大多数”明确了无产阶级运动的主体和目的，揭示了无产阶级政党的本质和宗旨。中国共产党是中国工人阶级的先锋队，同时是中国人民和中华民族的先锋队，全心全意为人民服务是党的根本宗旨。党的性质和宗旨，决定了党除了工人阶级和最广大人民群众的利益，没有自己的特殊利益。来自人民、植根人民、造福人民，是我们党先进性和纯洁性的集中体现，也是我们党永远立于不败之地的根本。只有坚持以人为本、执政为民，把实现好、维护好、发展好最广大人民根本利益作为一切工作的出发点和落脚点，我们党才能始终保持和发展先进性和纯洁性，始终得到全国人民的衷心拥护并带领群众不断前进。

第二，以人为本、执政为民是弘扬党的优良传统、发挥党的政治优势的必然要求。我们党是在同人民群众的密切联系中成长、发展和壮大起来的，以人为本、执政为民是我们党一贯的政治主张和执政理念。毛泽东同志早在新民主主义革命时期就提出了全心全意为人民服务的思想，阐发了我们党形成的理论联系实际、密切联系群众、批评与自我批评三大作风，并鲜明提出“共产党是为民族、为人民谋利益的政党，它本身绝无私利可图”。邓小平同志强调，群众路线和群众观点是我们的传家宝，党的组织、党员和党的干部，必须同群众打成一片，绝对不能同群众相对立，并告诫全党要把人民拥护不拥护、赞成不赞成、高兴不高兴、答应不答应作为衡量党的各项方针、政策和工作的根本标准。江泽民同志指出，我们党最大的政治优势是密切联系群众，党执政后的最大危险是脱离群众，党的作风建设的核心问题是保持党同人民群众的血肉联系，强调“党的一切工作，必须以最广大人民的根本利益为最高标准”。胡锦涛同志号召全党同志坚持权为民所用、情为民所系、利为民所谋，切实做到为民务实清廉，要求把以人为本、执政为民贯彻落实到党和国家全部工作之中，并提出将其作为指引、评价、检验我们党一切执政活动的最高标准。在革命、建设、改革各个历史时期，我们党是这样说的，也是这样做的。正因为如此，我们党的执政地位才能牢不可破，我们的事业才能蓬勃发展。同样因为如此，习近平同志郑重指出，我们党在长期奋斗中形成了自己的理论优势、政治优势、组织优势、制度优势和密切联系群众的优势，其中密切联系群众是我们党的最大优势，我们任何时候都不能削弱和丢掉这个优势。

第三，以人为本、执政为民是提高党的执政能力、完成党的执政使命的必然要求。我国是社会主义国家，国家的一切权力属于人民。我们党是受人民委托、代表人民行使领导国家权力的。这就要求，党在执政过程中，必须忠实地代表全国各族人民的利益，坚持全心全意为人民服务的宗旨，把维护和实现最广大人民根本利益作为党治国理政的出发点和落脚点，体现在党的大政方针和各项部署中，落实到经济建设、政治建设、文化建设、社会建设和生态文明建设的各个方面。这既是应对各种考验、化解各种风险的现实需要，更是提高执政能力、实现执政使命的根本途径。我们党执政 60 多年来，带领全国各族人民战胜各种困难和挑战，把四分五裂、贫穷落后的旧中国建设成为日益走向繁荣富强的新中国，取得了举世瞩目的成就。人民群众从党服务人民的实际行动中深刻认识了党的伟大，更加坚定了跟党走的信念。但是也要看到，在长期执政和改革开放的条件下，我们的党员干部中也存在不少不容忽视的问题。突出的是，一些党员干部宗旨观念不强，群众观念和群众感情淡薄，形式主义、官僚主义和铺张浪费严重，有的甚至以权谋私，腐化堕落。这些问题，损害了党群干群关系，干扰了党和国家事业发展，必须下大气力加以解决。当前，我国已进入全面建成小康社会决定性阶段，世情、国情、党情发生深刻变化，党和国家各方面工作任务繁重。我们要深入学习贯彻党的十八大精神，继续推动科学发展、促进社会和谐，继续改善人民生活、增进人民福祉，为全面建成小康社会而奋斗，就必须坚持以人为本、执政为民，进一步密切党同人民群众的血肉联系，进一步提高党科学执政、民主执政、依法执政水平，以党同人民更加坚强的团结战胜前进道路上的一切艰难险阻，不断开创中国特色社会主义事业新局面。

二、准确把握新形势下加强党的作风建设、密切党群关系的主要任务

党的十八大报告围绕全面建成小康社会的宏伟蓝图和奋斗目标，针对当前党的作风建设中的重点和难点问题，在坚持我们党长期形成的作风建设成功经验和有效做法的同时，明确提出了当前和今后一个时期加强党的作风建设的主要任务。我们要准确把握这些任务，继承优良传统，弘扬新风正气，不断把党的作风建设引向深入。

（一）坚持问政于民、问需于民、问计于民，从人民伟大实践中汲取智慧和力量

密切联系群众还是脱离群众，不仅是思想方法、工作方法问题，还是态度问题、感情问题，更是政治立场、政治本色问题。各级党组织和广大党员干部要牢固树立群众观点，时刻摆正自己和人民群众的位置，坚持思想上尊重群众、感情上贴近群众、工作上依靠群众，真正把群众当主人、当亲人、当老师，真诚倾听群众呼声，真实反映群众愿望，真情关心群众疾苦，始终把实现好、维护好、发展好最广大人民根本利益作为一切工作的出发点和落脚点。要自觉贯彻群众路线，坚持一切为了群众、一切依靠群众，从群众中来、到群众中去，真心实意拜人民为师，从人民伟大实践中汲取智慧和力量，使各项决策和工作符合人民群众的愿望和要求。要高度重视改善民生，深入了解群众的生产生活状况，悉心体味群众的喜怒哀乐，认真解决人民群众最关心最直接最现实的利益问题，千方百计为群众排忧解难，让人民群众更多享受改革发展成果。要认真做好群众工作，深入研究和把握新形势下群众工作的新特点新要求，在密切联系群众上下功夫、在增进信任上下功夫、在解决实际问题上下功夫、在增强法制观念上下功夫、在搞好示范引导上下功夫、在运用现代科技手段上下功夫，不断提高群众工作的针对性和实效性。

（二）坚持实干富民、实干兴邦，敢于开拓、勇于担当，多干让人民满意的好事实事

求真务实是党的思想路线的核心内容，真抓实干是做好一切工作的根本途径。实现党的十八大提出的宏伟蓝图和奋斗目标，关键在于狠抓落实。各级党组织和广大党员干部要增强工作责任感和紧迫感，克服浮躁情绪，抛弃私心杂念，脚踏实地，埋头苦干，把心思用在干事业上，把精力投到抓落实中，重实际、讲实话、办实事、求实效，特别是要坚决克服主观主义、个人主义和“官本位”意识，坚决克服形式主义、官僚主义。要在掌握实情上下功夫，深入实际、深入基层、深入群众开展调查研究，切实了解基层的真实情况，找准制约发展的突出矛盾，解决工作中的难点问题。要在真抓实干上下功夫，定下来的事情雷厉风行、抓紧实施，部署了的工作加强督查、一抓到底，重点任务身先士卒、靠前指挥，一步一个脚印地推进各项工作。要在攻坚克难上下功夫，直面困难、勇于担当，主动到条件艰苦、环境复杂、矛盾集中的地方去，同干部群众一起研究办法、采取措施，努力打开工作局面。要在务求实效上下功夫，树立正确的政绩观，坚持一切从实际出发，自觉按客观规律办事，既立足当前又着眼长远，既积极进取又量力而行，坚决防止急功近利、急于求成的短期行为和不良心态，不搞脱离实际的“政绩工程”和劳民伤财的“形象工程”，多办顺民意、解民忧、惠民生的实事好事，努力做出经得起实践、人民、历史检验的实绩。要在开拓创新上下功夫，解放思想，大胆探索，不断研究新情况、解决新问题、提出新举措，不断提高工作质量和水平。

（三）坚持艰苦奋斗、勤俭节约，始终与人民群众同甘共苦

“历览前贤国与家，成由勤俭败由奢。”艰

苦奋斗、勤俭节约是中华民族的传统美德，是我们党的传家宝，是凝聚人心、战胜困难的强大力量。虽然我国综合国力增强了，各方面条件改善了，但还是一个发展中国家，仍处于并将长期处于社会主义初级阶段，人口多底子薄，人均资源少，国家建设需要办的事情还很多，在前进道路上还会遇到种种可以预料和难以预料的困难和风险，艰苦奋斗、勤俭节约的好传统不仅不能丢，而且要结合新的实际发扬光大；不仅现在不能丢，就是将来富裕了也不能丢。各级党组织和广大党员干部要始终保持谦虚谨慎、奋发进取的精神状态，把握基本国情，牢记“两个务必”，戒骄戒躁、再接再厉，团结带领人民群众艰苦创业、不懈奋斗，不断开辟新的发展前景。要着力培养厉行节约、勤俭办事的工作作风，精打细算，严格把关，削减一切不必要的开支，真正把有限的资金资源、财力物力用在刀刃上，用在发展经济和改善民生上；特别是要下决心改进文风会风，严格控制发文数量和范围，严格控制会议数量、经费和规模，努力降低行政成本、提高工作效率。要自觉养成艰苦朴素、勤俭节约的生活习惯，陶冶高尚道德情操，培养健康生活情趣，审慎对待社会交往，带头反对铺张浪费和奢靡之风，永葆共产党人政治本色。

三、采取有效措施加强党的作风建设、密切党群关系

加强党的作风建设，是党的十八大提出的一项重要任务，也是完成党的十八大提出的宏伟蓝图和宏伟目标的重要保证。我们要按照中央要求，把自律和他律有机结合起来，以思想教育、完善制度、集中整顿、严肃纪律为抓手，督促党员干部加强理论学习，注重实践锻炼，增强党性修养，推动党的作风建设取得新的成效，进一步密切党同人民群众的血肉联系。

（一）深入开展以为民务实清廉为主要内容的党的群众路线教育实践活动，引导党员干部增强党性修养、弘扬优良作风

作风问题实质是党性问题、根源是思想问题，加强和改进党的作风建设，必须从加强教育这个基础抓起。党的十八大报告明确提出，要“围绕保持党的先进性和纯洁性，在全党深入开展以为民务实清廉为主要内容的党的群众路线教育实践活动，着力解决人民群众反映强烈的突出问题，提高做好新形势下群众工作的能力”。这是中央总结以往在全党开展集中教育活动的成功做法、根据形势任务发展对党的建设提出的新要求作出的一项重大战略决策，也是当前和今后一个时期全党的一项重要政治任务。各级党组织和广大党员干部要认真贯彻中央部署，扎实做好相关工作，确保取得应有成效。要坚持把加强理论学习、提高思想境界作为首要任务，以坚定理想信念和增强宗旨意识为重点，认真开展马克思主义基本理论和中国特色社会主义理论体系教育、党的优良传统教育、党纪条规教育和从政道德教育，引导广大党员干部树立正确的世界观、权力观、事业观，模范践行社会主义荣辱观。要坚持把加强实践锻炼、增强服务能力作为重要途径，选派党员干部到基层和艰苦地方锻炼，着力解决群众反映强烈的问题和涉及群众切身利益的问题，在服务群众、造福百姓过程中陶冶道德情操、锤炼意志作风，增长解决复杂问题、做好群众工作的本领。要结合各自实际开展丰富多彩的主题实践活动，把作风养成与履职尽责结合起来，促使广大党员干部在推动科学发展、促进社会和谐的实际工作中自觉弘扬党的优良作风。

（二）加强保持党同人民群众血肉联系的制度建设，以完善的制度保障党的作风建设

完善法规制度，是加强党的作风建设的重要保障。各级党组织和广大党员干部要以改革创新精神推进党的作风方面的制度建设，努力

形成有利于党员干部作风养成的制度环境。要完善党员干部直接联系群众制度，认真落实领导干部定期接待群众来访、到基层调研和党组织定期组织干部下访等制度，建立健全党和政府主导的维护群众权益机制，督促广大党员干部真正做到想群众之所想、急群众之所急、为群众谋利益。要建立健全党员党性定期分析制度，把党性分析作为民主生活会主要内容，把作风状况作为党性分析重点内容，对照党章要求和群众意见开展批评与自我批评，切实把党性党风方面存在的问题找出来、分析透、解决好。要建立健全领导干部作风状况评价机制，把作风情况纳入党风廉政建设责任制考核范围，并将考核结果作为选拔任用干部的重要依据，褒奖重用作风正派、群众拥护的党员干部，进一步树立正确的行为导向和用人导向。要拓宽监督渠道，把党内监督与党外监督、专门机关监督和群众监督等结合起来，发挥舆论监督的积极作用，形成监督合力，增强监督实效。要加强对制度执行情况的监督检查，严肃查处违反制度的行为，提高制度的执行力，使各项制度真正成为党员干部改进作风的刚性约束。

（三）加大对党的作风方面突出问题的整顿力度，不断以实际成效取信于民

针对突出问题开展集中整顿，是加强党的作风建设的有效手段和重要经验。各级党组织要坚持正面引导与刹风整纪相结合，顺应群众期待、回应社会关切，加大对党的作风方面突出问题的整顿力度，不断以党的作风建设新成效取信于民。要重点加强对领导机关和领导干部的管理监督，教育引导各级领导干部以身作则、率先垂范，坚决克服形式主义、官僚主义等不良风气。要注重加强对基层党员干部的管理监督，教育引导基层党员干部增强党性观念、群众观念和法制意识，着力解决办事不公、作风粗暴等突出问题。特别是要按照党的十八大报告提出的“着力整治庸懒散奢等不良风气”的要求，认真开展专项整治活动，切实以治庸提能力、以治懒增效率、以治散正风气、以治奢树威信。要坚持把督促整改问题与严格执行纪律结合起来，对作风不正、不负责任并造成严重后果的要按照党纪政纪严肃处理。

加强党的作风建设、保持党同人民群众的血肉联系，是全党同志的共同责任，需要全党共同努力。各级党委要把加强党的作风建设作为一项重点任务，承担起加强党的作风建设的领导责任，严格执行党风廉政建设责任制，不断完善党的作风建设领导体制、工作机制、总体部署和相关措施，切实加强对党员干部作风状况的监督，充分发挥领导班子内部监督的作用，及时发现和解决存在的问题。要支持工会、共青团、妇联等人民团体充分发挥桥梁纽带作用，更好反映群众呼声，维护群众合法权益。广大党员干部特别是领导干部要把改进作风、联系群众作为立身为政之本，自觉加强党性修养，大力弘扬良好作风，切实做到为民务实清廉，在密切联系和真诚服务群众中发挥应有作用、实现人生价值。

（作者：中央纪委常委、秘书长）

（选自《求是》2012 年第 24 期）

马克思主义党群关系理论的新发展

韩振峰

胡锦涛同志在省部级主要领导干部专题研讨班开班式上发表的重要讲话中强调：我们必须继续加强工作，多谋民生之利，多解民生之忧，解决好人民最关心最直接最现实的利益问题，在学有所教、劳有所得、病有所医、老有所养、住有所居上持续取得新进展，使改革发展成果更多更公平地惠及全体人民，保证人民过上更好生活。

为什么要这样重视民生问题？这与我们党全心全意为人民服务的宗旨，与我们党一贯重视党群关系是有内在联系的。去年，胡锦涛同志在庆祝中国共产党成立90周年大会上的讲话中系统论述了当代中国马克思主义的群众观点，强调了始终保持党同人民群众血肉联系的重要性、必要性和紧迫性，把“始终保持党同人民群众的血肉联系”既作为保持和发展马克思主义政党先进性的“根本点”，又作为新的历史条件下提高党的建设科学化水平的一项重要任务。

胡锦涛同志的重要论述，是对党的建设历史经验尤其是对新中国成立以来我们党执政经验的科学总结，也是马克思主义关于党群关系理论在当代中国的新阐释和新发展。

一、全心全意为人民服务是我们党的根本宗旨

中国共产党是中国工人阶级的先锋队，同时也是中国人民和中华民族的先锋队。党的根本性质和根本宗旨决定了它除了代表最广大人民的根本利益外，没有自己的特殊利益。一切为了人民、一切依靠人民，是我们党一切工作的根本出发点和落脚点；来自人民、植根人民、服务人民，是我们党永远立于不败之地的根本；始终坚持以人为本、执政为民是我们党的性质和全心全意为人民服务根本宗旨的集中体现，是指引、评价、检验我们党一切执政活动的最高标准。

马克思、恩格斯在《共产党宣言》中指出：“过去的一切运动都是少数人的或者为少数人谋利益的运动。无产阶级的运动是绝大多数人的、为绝大多数人谋利益的独立的运动。”中国共产党从它登上历史舞台的那一天起，就代表了中国最广大人民群众的根本利益，并为之进行了最英勇、最顽强、最坚韧的斗争。早在六十多年前，毛泽东同志发表了《为人民服务》这篇著名讲演，第一次用最通俗而又最深刻的语言表明了中国共产党的根本宗旨。后来，毛泽东同志又在不同场合多次论述过全心全意为人民服务这一党的根本宗旨。改革开放以后，邓小平同志反复强调要把人民拥护不拥护、赞成不赞成、高兴不高兴、答应不答应作为衡量我们党的各项方针、政策和工作的标准。作为党的第三代中央领导集体核心的江泽民同志，结合世纪之交党的建设的新形势、新任务，将“立党为公、执政为民”作为践行“三个代表”重要思想的本质要求。党的十六大以来，以胡锦涛同志为总书记的党中央明确提出了以人为本的科学发展观，强调发展为了人民，发展依靠人民，发展成果由人民共享等重要思想。所有这些都充分说明，我们党在领导革命、建设和改革的过程中始终坚持了党的根本性质和全心全意为人民服务的根本宗旨，坚持了以人为本、执政为民的根本要求，并把它们始终贯彻于党的全部工作和全部活动之中。正因为这样，我们党才真正代表了中国社会发展的前进方向，进而也得到了中国最广大人民群众的真诚拥护。在新的历史条件下，要想始终保持党同人民群众的血肉联系，就必须不断强化全党的宗旨意识，不断夯实以人为本、执政为民的思想基础，自觉做到权为民所用、情为民所系、利为民所谋，自觉把实现好、维护好、发展好最广大人民的根本利益作为一切工作的出发点和落脚点。

二、密切联系群众是我们党的最大政治优势

胡锦涛同志强调，全党同志必须牢记，密切联系群众是我们党的最大政治优势，脱离群众是我们党执政后的最大危险。这是总结我们党发展历程所得出的一个基本结论。

人民是历史的创造者，群众是真正的英雄。党和人民的事业能不能顺利发展，关键在于我们党能不能始终保持同人民群众的血肉联系。毛泽东同志早就说过：“党群关系好比鱼水关系。如果党群关系搞不好，社会主义制度就不可能建成；社会主义制度建成了，也不可能巩固。”毛泽东同志还把马克思主义关于党群关系的理论中国化，概括并形成了“从群众中来，到群众中去”的党的群众路线。在新的历史条件下，邓小平同志多次强调：“党离不开人民，人民也离不开党，这不是任何力量所能够改变的。”江泽民同志结合新时期党的建设实际也明确指出：“坚持和改善党的领导，提高党的执政水平和领导水平，一个重大问题是不断巩固和加强党同人民群众的血肉联系。”党的十六大之后，胡锦涛同志反复强调：“群众是真正的英雄，是我们党的力量源泉和胜利之本。党和人民的事业能不能顺利发展，关键在我们党能不能始终保持同人民群众的血肉联系。”在新的历史条件下，进一步密切党群关系、始终保持党同人民群众的血肉联系，是我们党永远立于不败之地的根本保证。

密切联系群众是我们党的最大政治优势，脱离群众是党执政后最大的危险。胡锦涛同志把“脱离群众的危险”作为“四大危险”之一是有很强的现实针对性的。在现实生活中，确实有部分党员和干部对这种“危险”认识不足，个别人甚至把党群关系、干群关系由“鱼水关系”变成了“油水关系”、“火水关系”，严重影响了党在人民群众心目中的形象。所有这些都与我们党的性质和宗旨是格格不入的，必须引起全体党员尤其是党的各级领导干部的高度重视。我们的每一个党员尤其是党的领导干部，必须把人民放在心中最高位置，自觉做到尊重人民主体地位，尊重人民首创精神，拜人民为师，把政治智慧的增长、执政本领的增强深深扎根于人民的创造性实践之中。要牢固树立并自觉实践党的群众路线和群众观点，深刻认识权力就是责任、干部就是公仆、领导就是服务，自觉做到思想上尊重群众、感情上贴近群众、工作上依靠群众，始终与人民群众同呼吸、共命运、心连心。

三、做好群众工作是密切党群关系的关键环节

加强党同人民群众的血肉联系，必须高度重视并切实做好新形势下的群众工作。创新性

地做好新时期群众工作是密切党群关系的关键性环节。党的各级领导干部必须像胡锦涛同志所要求的那样，坚持问政于民、问需于民、问计于民，真诚倾听群众呼声，真实反映群众愿望,真情关心群众疾苦,依法保障人民群众经济、政治、文化、社会等各项权益。

我们党历来非常重视做好群众工作。早在革命战争时期，毛泽东同志就要求必须“解决群众的穿衣问题，吃饭问题，住房问题，柴米油盐问题，疾病卫生问题，婚姻问题”等“一切群众的实际生活问题”。在改革开放和社会主义现代化建设新时期，邓小平、江泽民、胡锦涛等党的领导人也反复强调要带着深厚的感情做好群众工作,千方百计把群众工作做深、做细、做实。正是因为我们党始终重视并善于开展群众工作，既站在群众的前面引导群众，又时刻关心群众的切身利益，并不断给人民群众带来看得见、摸得着的实惠，人民群众才真心实意地拥护党，无怨无悔地跟党走。

在当前新的历史条件下，党同人民群众的关系面临着许多新情况，人民内部矛盾也呈现出许多新特点，党的群众工作也面临许多新挑战。这就要求我们必须深入研究新形势和新任务的发展变化对群众工作提出的新要求，积极探索加强和改进新时期群众工作的新途径和新办法，切实把群众工作贯穿到社会管理各个方面和各个环节中去。胡锦涛同志指出，只有我们把群众放在心上，群众才会把我们放在心上；只有我们把群众当亲人，群众才会把我们当亲人。为了进一步密切新时期党群关系，我们的每一个党员尤其是党的各级领导干部，必须自觉把最广大人民的根本利益作为观察和处理问题的基本准则，想问题、作决策、办事情都要从人民群众的根本利益出发，努力使我们的路线方针政策更好地体现人民群众的根本利益。要经常深入实际、深入基层、深入群众，自觉做到顺民意、知民情、解民忧、暖民心。要以保障和改善民生为重点，着力解决好人民最关心最直接最现实的利益问题。

四、把人民放在最高位置是每个共产党员的行为准则

党与人民群众的血肉联系必须通过每一个党员尤其是每一个党的领导干部的行动来具体体现。心中是否有人民、眼里是否有群众，是每一个党员尤其是党的领导干部能否发挥先锋模范作用、能否做好群众工作的基础和前提。

党群关系是一个辩证统一体。只有我们把群众放在心上，群众才会把我们放在心上；只有我们把群众当亲人，群众才会把我们当亲人。每一个党员尤其是党的各级领导干部都要牢记，我们手中的权力是人民赋予的，只能用来为人民谋利益。行使权力就必须为人民服务、对人民负责并自觉接受人民监督，决不能把权力变成牟取个人或少数人私利的工具。人民赋予你权力而你却不能用它来为人民服务，那就必然要遭到人民的唾弃。为了进一步密切新时期党群关系，我们必须把以人为本、执政为民的理念具体、深入地贯彻落实到党和国家制定的各项方针政策中去，落实到每一位党员领导干部的思想和行动中去，落实到关心群众生产生活的工作中去；我们的每一个共产党员都要把人民群众放在心中最高位置，自觉做到尊重人民主体地位，尊重人民首创精神，虚心拜人民为师，从人民群众的劳动创造中汲取营养，增长政治智慧，增强执政本领。唯有这样，我们党与人民群众的血肉联系才能更加紧密！

（作者：北京交通大学马克思主义学院院长、教授）

（选自《北京日报》2012 年 10 月 22 日）

社会转型期党群关系新探析

侯晋雄

任何政党一经产生，都必然存在处理其与广大群众的关系问题。中国共产党作为执政的马克思主义政党，其最大的政治优势是密切联系群众，最大危险是脱离群众。目前我国正处于社会转型期，出现了利益分化。中央在多次会议上这样描述社会转型期："我国已进入改革发展的关键时期，经济体制深刻变革，社会结构深刻变动，利益格局深刻调整，思想观念深刻变化。"社会转型要求我们以新的视角来看待党群关系。

一、党群关系的理论探微

"党群关系指的是党与群众之间相互作用、相互影响的状态，具体表现为党与群众之间联系和连接的方式。"中国共产党自成立以来，不断推进民族解放和社会进步，在长期的革命、建设和改革过程中，建立了良性和谐的党群关系，具有坚实的历史基础和深厚的理论基础。对于二者的关系，归纳为以下几点：

（一）党源自群众，依靠群众的支持而存在。列宁说，共产党是无产阶级的先锋队组织，但先锋队只是整个无产阶级的一小部分，而无产阶级又只是全体民众中的一小部分。政党是由党员组成，党员来源于哪里？党员生活在人民群众中。如果政党的理论路线和党员的实际表现适应了群众的需要，满足了群众的利益要求，人们就会参加和拥护这个政党。反之，得不到群众的拥护和支持，政党就不能发展，甚至无法存在下去。

（二）党员觉悟应高于一般群众。《中国共产党党章》规定："中国共产党党员是中国工人阶级的有共产主义觉悟的先锋战士。中国共产党员必须全心全意为人民服务，不惜牺牲个人的一切，为实现共产主义奋斗终身。"党员觉悟应高于一般群众，主要是指共产党员的先进性，始终走在时代的前列，始终走在群众的前列。共产党员必须经受理想信念和党纪观念的考验，必须经受模范性的考验，他们是党的路线方针政策的组织者和执行者，在现实生产生活中是党服务群众、联系群众、组织群众的纽带和桥梁。

（三）党的任务是靠人民群众的支持和拥护完成的。党是工人阶级的有组织的先进部队，是工人阶级和其他一切群众组织的领导者。然而，党毕竟只是由广大人民群众中的少数人组成，在社会实践过程中，党只有依靠广大人民群众的力量，才能完成自己的历史使命。人民群众的积极性越高，党的任务就会完成得越好，党的事业就会发展得越兴旺。

（四）党是人民群众在特定历史时期完成特

定历史任务的工具。从党与群众的关系看，党是人民群众实现自己利益的工具。邓小平同志在党的八大修改党章的报告中指出："同资产阶级的政党相反，工人阶级的政党不是把人民群众当作自己的工具，而是自觉地认定自己是人民群众在特定的历史时期为完成特定的历史任务的一种工具。"因此，党的一切活动必须服从于群众的利益要求，而不是群众服从于党的政治需要。如果颠倒了二者的地位，那就意味着"全心全意为人民服务"这一根本宗旨的扭曲与丧失。

二、和谐党群关系的主要特征

（一）彼此合作。任何和谐关系都是各个主体之间的自愿合作，党群关系亦是如此。要实现新时期的宏伟目标，不能只靠群众的自觉努力，必须要有党的正确领导；而党的正确科学的路线方针政策，又必须依靠全体中国人民的共同努力才能得以实现。党群合作是和谐党群关系的重要表现和基本特征。群众不是被动的被代表者，出于自己的选择。同时，群众也需要引导，群众可以创造历史，但往往以眼前利益为导向，因此需要党在政治上的引导。此外，还要发挥人民群众作为党的监督力量的重要作用，党群之间的合作才能实现良性发展。

（二）党群互信。党群互信包括党要相信群众和党要取信于民两个方面。毛泽东同志说："我们应当相信群众，我们应当相信党，这是两条根本的原理。如果怀疑这两条原理，那就什么事情也做不成了。"关于相信群众，邓小平同志说，群众是我们力量的源泉，群众路线和群众观点是我们的传家宝。过去搞革命，要相信和依靠广大人民群众；今天建设有中国特色社会主义，同样要相信和依靠广大人民群众。党群互信最主要的是要取信于民。党在自己的纲领、理论、路线、方针、政策中反映人民群众的利益要求，并在实践中密切联系群众、服务群众、引导群众，从而取信于民。

（三）民主互动。党群关系之间，既有自上而下的执政党的领导，也有自下而上的群众政治参与和有效的沟通。群众利益表达渠道多样并畅通，政治参与途径健全而透明，可以使群众与党之间相互沟通、了解，增强群众对党的认同感、信任度、支持率。党群之间的民主互动是党群关系和谐的具体体现和重要特征。

（四）党群同利。马克思说："人们奋斗所争取的一切，都同他们的利益有关。"利益是一个关涉到人的存在和发展的根本问题。因此，党群同利是和谐党群关系的根本保证和核心特征。江泽民同志在论述"三个代表"重要思想时指出，代表最广大人民的根本利益是中国共产党一切工作的出发点和落脚点，要不断实现好、维护好、发展好广大人民群众的根本利益。

三、社会转型期党群关系的现实分析

在社会转型期，各级党委加大了做群众工作的力度，党群关系、干群关系总体上呈现出良好的发展态势，但也存在一些不容忽视的问题。这些现实问题在很大程度上影响着社会转型期党群关系的和谐与执政基础的巩固，主要有以下几个方面：

（一）社会利益群体多元化格局危及党群关系共同利益的基础。当前，在社会分层、主体多元化的趋势下，利益也趋于多元化。改革开放以来，"全民分享型"的收入增长模式，逐渐转变成为"部分获益型"。随着社会收入差距的迅速拉大，人民群众之间的物质利益矛盾日益突出，不同地区、不同阶层、不同产业、不同行业收入差距的矛盾，损害了党群关系共同利益的基础。

这一点首先表现在城乡利益分化方面：改革开放使城乡居民收入都有了很大增长，但城乡居民之间的收入差距始终存在并呈扩大趋势。1978 年城镇人均可支配收入为 343 元，农村居民人均纯收入为134元。但30多年来，非但没有缩小，反而差距拉得更大。到了2009年，温家宝在十一届全国人大三次会议上所作的《政府工作报告》中讲得很清楚，城镇居民人均可支配收入为17175元，农村居民人均纯收入为5153元。此外，由于农民不能享受城镇居民的隐性福利，如住房补贴、物价补贴、公费医疗、各种社会保险等，因此实际收入差距更大。根据世界银行估计，世界各国工业化过程中城乡相对收入差距一般在1.5倍以下，很少超过2倍，而当前我国城乡收入总体差距却在4倍左右。国家统计局表示，从总体上看，目前农村居民的消费水平只相当于上世纪90年代初城市居民的消费水平，落后10年还多。城乡利益分化不可谓不严重。

利益分化的第二种表现，就是阶层利益的分化。比如，改革开放以来，我国原有的“两个阶级、一个阶层”的社会结构发生了深刻的变化。陆学艺在《中国社会阶层研究报告》中将中国社会分为十大阶层，即国家与社会管理者阶层、经理人员阶层、私营企业主阶层、专业技术人员阶层、办事人员阶层、个体工商户阶层、商业服务员阶层、产业工人阶层、农业劳动者阶层和城乡无业失业半失业者阶层。各个不同的社会阶层处于不同的地位，在利益获取上存在着很大差异。中国社会新阶层的人数已超过1.5亿，约占总人口的11%，使用着全国半数以上的技术专利，贡献着全国近1/3的税收。

利益分化的第三种表现，就是区域利益的分化。这些年来，中国东部地区以及沿海地区发展步伐日益加快，被国人公认为“发达地区”。近几年虽然加大了对西部开发的力度，但中西部地区相比之下在发展速度上依然显得过于缓慢，差距仍呈扩大趋势。目前，西部的10个省市区加上内蒙古、广西两区，国土面积约占全国71%，但GDP占不到18%，而经济发达的广东、江苏、上海、山东和浙江五省市的GDP就占全国总量的45%左右。

最后，就是行业利益的分化，这是利益整合面临的又一个重要考验。改革开放以来，垄断性行业、高科技行业、金融业等行业的职工收入大幅度上涨，与传统行业职工收入拉开差距，如电信、电力、金融、保险等行业收入，远高于纺织、机械、农林等行业。以2004年为例，年平均工资最高的是金融业当中的证券业为50000多元，最低的是农林牧渔业当中的林业不到7000元，二者相差7倍多。

利益主体分化、收入差距拉大是社会转型期最广泛、最深刻的变化，是转型时期不可逆转的社会现实。如果利益分化过于严重，就会对党群关系、干群关系带来挑战。利益分化严重，容易激起不同利益主体的不满情绪，从而削弱执政党的群众基础。人们评价社会进步及个人对社会进步的满意度，既看纵向的历史对比，也看横向的现实对比。不同阶层和群众在改革开放中所获得的利益存在比较大的差距，尤其是非法致富造成的收入差距，虽然是局部现象，但它却会给全社会带来极坏的影响。这种利益分化必然加剧大众社会心理的价值冲突，怀疑改革开放路线的正确性。此外，中国历来就有“不患寡而患不均，不患贫而患不安”的思维定势，在这种情况下很容易引发人们的不平衡心理、攀比心理，许多群众越比越不平，越比越失望，导致心理失衡，产生相对被剥夺感甚至被遗弃感，尤其是处于弱势的利益主体更加容易出现不满，这也就是为什么社会上频频出现“端起碗来吃肉，放下碗来骂娘”的怪异现象。这种不满情绪不利于凝聚人心，不利于和谐党群关系的维系与巩固。对执政党而言，所有的政策措施都应该正确反映各种利益关系，都应该认真考虑不同阶层、不同方面群众的利益要求。如何代表好、平衡好社会最大多数人的利益，这是党群关系面临的一个实质问题、也是最大问题。

（二）党内不正之风和腐败现象成为影响党群关系的突出障碍。党的各级组织和党员领导干部是党做群众工作的主体，其观念、素质和作风如何，直接影响和决定着党群关系的状况。应当承认，在市场经济条件下，大部分党员领导干部能牢记党的宗旨，保持党的优良作风，然而，一部分意志薄弱者却经不起金钱、权力、美色、人情的考验，利用手中的权力和工作便利侵害国家和人民的利益，从而使本来融洽的党群、干群关系变得紧张起来。据中组部的调查显示，作风问题和腐败问题是当前影响党群关系的重要因素。

社会转型时期，由于市场角色的缺失不得不凭借国家权力来创造市场，市场在资源配置中还未能发挥主导作用，在缺乏完善的监督规范机制的情况下，出现了较为严重权力寻租现象和贪污腐化行为。我国腐败现象从对象上讲，主要是各行各业各个领域中掌握一定权力并利用这种权力进行“权钱交易”牟取私利的人，尤其是那些窃居要职、掌握大权的贪污受贿分子。腐败的主要表现是贪赃枉法、行贿受贿、敲诈勒索、权钱交易、挥霍人民财富、腐化堕落等现象。新时期新形势下，我国经济保持蓬勃发展的势头，围绕建立社会主义市场经济体制的各项改革和对外开放取得新的进展，其它各项事业也取得了新的成绩。然而，形势越好，越要头脑清醒，及时发现和解决前进中出现的矛盾和问题。

腐败如寄生在各个政治共同体内的一种“病毒”，总是千方百计地来寻找其适合的环境。环顾当今世界，无论是发达国家也好，发展中国家也好，总会不时地受到腐败“病毒”的侵蚀，从而引起人们的忧虑和关注。尽管由于各国政治制度的不同，反腐败的出发点和目的也会有所不同，但是腐败现象所造成的结果却是相同的，这就是导致人们丧失对政治体系的信心，失去执政的合法性，从而引起秩序性和制度性的不稳定，甚至会招致严重的危机。腐败的负面影响是广泛的：“从金钱效益上看，腐败是对分配制度的破坏；从法律角度看，腐败是对法律的公然蔑视与践踏；从道德层面看，腐败与共产党人的品德格格不入，是对共产主义信念的背叛；从党群关系上看，腐败严重影响了党的形象与诚信，使党的承诺受到怀疑，恶化了党同人民群众的关系，削弱了党的执政基础。”由此可见，党内不正之风、局部腐败现象是影响党群关系的突出问题。

（三）党群沟通渠道、信息反馈渠道不畅是影响党群关系的体制障碍。“党群关系的亲疏、好坏在很大程度上取决于党群沟通渠道是否畅通。因为党群沟通渠道畅通了，人们才能自由地表达其利益和要求，且社会各阶层的利益要求与广大人民群众的意见建议才能有效地传输到政治中枢，政治中枢也才能真正地了解民情、体察民意。”改革开放以来，人民群众的独立性、公民意识、人权意识、民主意识、法治意识逐渐觉醒，比以前大大增强了，人民群众有了很强的参政议政的愿望，对当前社会问题有自己的判断，对自身利益和社会事务表现出了密切的关注，主动要求介入国家政治生活，参与国家和社会事务管理的愿望越来越强烈和迫切。维护广大人民群众当家作主、管理国家事务的权利，通过民主选举、民主决策、民主管理和民主监督，保证人民群众享有法律赋予的民主权利，切实尊重和保障公民的人权，是中国共产党执政的份内之事。但在现实生活中，宪法和法律赋予公民的民主权利有一些没有得到有效落实，人民群众参政议政的渠道还不很畅通，尤其是广大农民和下岗职工等弱势群体在表达自己的利益和呼声方面，缺乏必要的手段和能力，党有效地广纳民意、接受群众监督的政治运行机制并不健全，对此，部分群众对党有意见，产生了不满情绪。这使不同阶级和阶层的人民群众的内部矛盾更容易以公开的方式显露出来，党群干群之间的矛盾，也从隐性状态走向了显性状态。“政治参与的供需矛盾，使得相当一部分人在其政治参与诉求在体制内不能得到满足的情况下，必然选择体制外的途径甚至以反叛的形式、沉默之后爆发的形式来谋求其诉求的实现”，从而导致社会冲突，冲击社会的正常秩序，影响社会稳定，党群关系、干群关系自然会受到很大负面影响。

此外，“我国的沟通模式更多地表现为自上而下的政策指令而缺乏自下而上的信息反馈。在政策的下达过程中，领导干部往往将自己的想法自上而下一味传递，并不知道群众是否了解自己的真实意图；对于政策执行后的反馈，群众这一政治行为主体的信息又被排斥在沟通范围之外”。目前，不少地方和单位党群沟通主体缺乏有力的保障，存在弊端，部分沟通主体如人民团体、群众组织尤其是公民的合法权益又缺乏有力的制度保障，使得沟通与反馈依然只是镜中花、水中月。群众的诉求得不到及时有效的表达，人们只是被动地接受和执行国家的路线方针政策，民情民意不通畅，群众的利益诉求及其对国家政策执行的建议得不到及时、有效反馈，导致党难以了解到群众的需求，难以保证党在社会管理决策中体现群众的利益，难以及时、有针对性地解决群众反映的问题，导致人们对党丧失信心与认同感。长此以往，党就有可能丧失民心、民意，甚至动摇执政地位。总之，人民群众不断增强的民主参与意识、参与能力与目前我国民主政治发展水平还不高、党群沟通渠道不畅、信息反馈渠道不畅的矛盾，是影响党群关系和谐的体制障碍。

四、社会转型期密切党群关系的新途径

在社会转型期，密切党群关系应切实把握着力点，从理念、反腐、机制等方面入手，齐抓共管、积极探索，以保证党的性质和宗旨始终符合人民群众的根本利益。

（一）党员干部要牢固树立正确的群众观和执政为民的理念。人民群众是历史的创造者，这是历史唯物主义的一个基本原理，也是马克思主义政党的群众观点、群众路线和群众工作的理论前提。党员干部只有以正确的群众观作为认识基础和价值约束，才能真正做到立党为公、执政为民。立党为公、执政为民是马克思主义政党的根本价值取向，是共产党执政的本质。树立正确的群众观和执政为民的理念，不能仅仅停留于思想意识和理论认知层面上，更重要的是体现在行动上、贯彻于实践中。党员干部要切实做到从群众中来，到群众中去，倾听群众呼声，反映群众意愿，努力地使我们制定和实施的各项方针政策更好地体现人民群众利益，切实解决好广大群众的民生难题。只有这样，密切党群关系才能有牢固的思想基础。

（二）始终坚持维护群众根本利益，有效促进社会公平正义。利益是个总体性概念，是政治经济文化等方面各种利益的复合体。利益问题是现阶段影响、制约、导向社会各类矛盾的主导性矛盾。在利益格局剧烈变动的时期，我们党坚持维护群众根本利益，促进社会公平正义，这既是改善民生的基本要求，也是建立和谐党群关系的最有效手段。对于执政党来说，要维护大多数人民群众的利益，首先需要紧紧抓住经济建设这个中心，紧紧抓住发展这个党执政兴国的第一要务。只有经济发展了，“蛋糕”做大了，民生问题解决好了，才能为改善党群关系奠定坚实的物质基础。其次，通过制定政策进行利益整合与协调，促进社会公平正义。社会公平正义是协调社会各个阶层相互关

系的基本准则，也是党群关系和谐的基本条件。党和国家应采取有力措施，按照效率和公平兼顾的原则，调节社会收入分配问题。着力提高低收入者的收入，逐步提高扶贫标准和最低工资标准，建立职工工资正常增长机制和支付保障机制，逐步扭转收入分配差距扩大的趋势。

（三）切实加强党的作风建设，加大反腐败斗争的力度。“从政治学的意义上讲，党的作风和腐败是两个范畴的问题。党的作风是党的性质的外部表现，而腐败的实质是权力的滥用。但在实践中，作风和腐败又是联系在一起的问题，滥用权力本身就是作风不正的表现。”我们党必须把为群众谋利益作为党风建设和反腐倡廉的出发点和落脚点，一要坚决反对和纠正形式主义、官僚主义、享乐主义、弄虚作假等行为，要将党风建设与严格执行廉洁从政的各项规定结合起来，从具体事情抓起。二要建立结构合理、配置科学、程序严密、制约有效的权力运行机制，保证权力沿着制度化、法律化的轨道运行，保证人民赋予的权力始终用来为人民谋利益。三是纪检监察部门要整合各种政治资源，形成整体合力，承担起反腐倡廉的组织协调职责，不断探索和完善党委统一领导、党政齐抓共管、纪委组织协调、依靠群众支持和参与的反腐败领导体制和工作机制。

（四）建立健全保障人民群众参政议政、利益表达的制度和机制。“建立健全保障人民群众参政议政的制度和机制，不仅可以拓宽人民群众的利益表达渠道，扩大人民群众有序的政治参与，为人民群众当家作主创造良好的制度环境，而且能够妥善协调和正确处理人民群众的利益诉求，推动社会公平和正义的实现。”此外，和谐党群关系本身就具有民主互动的特征，人民群众的政治参与原本也是中国共产党的政治优势。需要强调的是：第一，改革干部人事制度，在干部的选拔任用、政绩考核等环节中充分发扬民主，走好群众路线。第二，完善信访制度，畅通民意表达渠道。切实保证下岗职工、农村贫困人口、城市贫困居民和农民工等困难群体的话语权，带着深厚的感情帮他们解决实际问题。第三，在党与群众之间，充分发挥民间组织的作用，使各种社会团体依法运作，成为他们所代表的群众意志和利益的表达渠道。

（作者：中共重庆市委党校党建教研部讲师）

（选自《求实》2012 年第 7 期）

延伸阅读

回顾·反思·展望

——党群关系研究述评

蔡建国　蒋维兵

中国共产党带领全国各族人民历经革命、建设和改革，取得了举世瞩目的成就。我们在高度赞扬成绩时，不能忽视当前社会中存在的矛盾和问题，需要对党的执政基础进行再考量，这关乎党和国家的兴衰存亡。

一、回顾：党群关系研究的主要成果

党群关系研究是理论界和学术界重大的理论和实践问题，任何政党为了实现长期执政都需要研究怎样处理与人民群众的关系。改革开放以来，特别近几年，面对中国社会急剧转型，社会矛盾和冲突凸显的情况，国内学者加大了党群关系研究力度，所取得的研究成果主要集中在以下三个方面。

（一）中国共产党处理党群关系的基本经验

中国共产党的成长壮大是一个渐进过程，党在刚刚成立、力量相当弱小的情况下，要壮大自己力量只能依靠广大人民群众。在长期的革命、建设、改革实践过程中，党积累了丰富的处理党群关系的经验。认真总结和研究这些经验，对当前密切党群关系，实现党群关系和谐化具有重大的理论和实践意义。

中组部党建所课题组对党的群众工作问题进行了专项调研，邀请中央编译局、中共江苏省委组织部等全国22家单位组成22个分课题组进行协助研究，采取座谈、走访、实地考察、查阅资料和发放问卷等多种形式，形成了具有较大理论和实践价值的调研报告。该课题组把中国共产党密切党群关系的经验概括为：第一，始终坚持全心全意为人民服务的宗旨，在不同历史阶段都制定并坚持符合人民群众要求的纲领、路线、方针、政策。第二，坚持马克思主义唯物史观，丰富和发展马克思主义群众观点，形成并始终坚持一条从群众中来、到群众中去的群众路线，将党和人民群众紧紧地联系在一起。第三，始终高度重视党的作风建设，不断探索作风建设的有效途径，逐步形成一整套独具特色的优良作风，锻造出人民群众拥护和支持我们党的基本政治优势。第四，不断根据形势的变化和实践的要求，继承和创新党的群众工作方法，疏通和拓宽同人民群众联系的渠道，探索并形成一系列密切联系群众的制度。

王海军在回顾马克思主义经典作家党群关系思想的基础上，指出毛泽东、邓小平、江泽民、胡锦涛等共产党人经过理论创新，形成了中国化的马克思主义党群关系理论，并把中国共产党密切党群关系的经验概括为：第一，确立立党为公，执政为民的执政理念，密切党同

人民群众的联系。第二，确立人民群众主体论，坚持马克思主义的群众观点和群众路线。第三，建立密切联系群众的机制，通过制度化途径构筑党群关系新模式。第四，加强党的利益整合功能，让人民群众共享经济发展成果。第五，把尊重人民群众首创精神同加强和改善党的领导相结合，使二者之间形成一种良性互动。第六，加强党风廉政建设，保持党同人民群众的血肉联系，体现党的先进性要求。

中国共产党从一成立就非常重视广大人民群众的支持、理解和拥护，把全心全意为人民服务作为立党的根本宗旨。张传鹤在肯定要充分认识人民群众在党执政中的重要性、树立“为民”理念、加强党的自身建设等经验之外，还特别指出党的另外两条重要经验：第一，拥有高超的执政能力是党赢得群众拥护和密切党群关系的重要条件。中国共产党要赢得广大人民群众的衷心拥护，仅有全心全意为人民服务的宗旨，仅有高尚的动机是不够的，还必须拥有高超的执政能力，能够把高尚的动机转化为广大人民群众的物质利益、政治利益和文化利益。第二，制度建设是密切党群关系的根本。要密切党群关系，建立党和人民群众的血肉联系，广大党员干部的思想政治觉悟固然重要，但相应的制度保证才是长期起作用的根本因素。

（二）当前党群关系面临的挑战

我国社会正处于转型期，社会主义市场经济还未达到成熟和完善，民主政治建设仍相对滞后，马克思主义大众化还任重道远，党群关系建设面临许多新情况新挑战。学术界经过多年努力探索，从不同方面对党群关系建设面临的挑战进行了梳理。

中组部党建所课题组认为，当前党群关系面临的挑战主要表现在以下六个方面：第一，党群干群之间思想隔阂不断加深。第二，党群干群矛盾日益复杂化。第三，党群干群利益矛盾逐步凸显。第四，党组织在群众中的向心力有所下降。第五，不同社会群体的群众对党的感情差异较大。第六，党组织对部分新领域新阶层群众的影响力和凝聚力不足。

有学者从宏观层面分析，认为党在密切党群关系方面受到的挑战主要表现在以下四个大的方面：第一，长期执政的环境使党存在脱离群众的危险，使党群关系存在疏远的隐忧。第二，党的群众工作方式方法与社会现实不相适应。第三，社会阶层结构变化以及社会利益矛盾的复杂化，给党群关系带来一系列深刻影响。第四，国际环境的发展对党群关系带来挑战。也有学者指出党群关系面临四大考验：一是执政的考验，二是改革开放的考验，三是市场经济的考验，四是外部环境的考验。

有学者从微观层面分析党的基层组织和地方政权在处理党群关系方面受到的挑战：第一，党的基层组织影响力弱化。第二，党员干部的先锋模范作用弱化。第三，地方政权“苏丹化”现象恶化了党群关系。第四，领导干部手中的权力缺乏必要的约束和监督，各级政府决策的随意性和高失误率，导致决策脱离群众的实际需要。第五，基础秩序缺失。

任何政党都面临着加强自身建设问题，有学者认为，执政党与人民群众的关系，是党的建设中一个历久常新的课题，随着中国社会转型以及社会关系、社会结构的变化，人民群众对党的认同感也在发生变化，这种变化使党群关系面临着新的问题和考验。一是党内官僚主义和形式主义使党脱离群众的危险在增长；二是腐败现象蔓延严重损害党的政治权威；三是贫富分化、分配不公使弱势群体对党的感情受到伤害；四是民主政治建设滞后使人民群众对党的满意度降低。

有学者从协商民主、公民社会、信息网络等视角分析党群关系。协商民主要求党的领导方式从“为民作主”向“支持人民当家作主”、“由民作主”转变，构建同构共赢、良性互动的党群关系；公民社会使社会结构呈现多元化，党能否随着社会结构的变化使不同利益群体或阶层成为党的执政基础，是对党的执政能力的重要考验；网络的开放性向党对意识形态的控制能力提出挑战，网络的自由性给党群关系的构建增加了难度，网上信息垃圾对人民的价值观念及其对党的信仰提出了挑战。有学者专门分析了社会转型对党群关系的挑战，并在此基础上指出党的群众工作应该赋予新的内容：第一，当前的社会阶层分化，提出执政党如何代表这些不同群体的不同利益问题。第二，社会贫富悬殊加剧，出现贫富对立、社会断裂等现象，执政党如何代表并综合这些彼此对立的利益诉求。第三，当前社会流动加快，如何代表和保护海外公民利益。第四，在全球化、国际化背景下，如何提高人民群众尤其是青年一代对国家意识形态的认同。第五，信息化对党群关系的挑战。第六，民间组织迅速发展，如何处理好与民间组织的关系，是党群关系的新内容。

有学者指出，改革开放以来，中国从计划经济开始转向市场经济，从农业社会转向工业社会，并向信息社会转型，使党群关系变得更为复杂化。构建和谐党群关系面临六大挑战：一是社会阶层复杂化和群体利益多元化带来的挑战；二是非政府组织大量出现的挑战；三是公民的现代意识不断增强的挑战；四是现代信息通讯技术发展的挑战；五是腐败滋生蔓延的挑战；六是严重民生问题的挑战。

马克思主义政党的最大政治优势是密切联系群众，执政后最大危险是脱离群众。有学者从党长期执政、公共权力、执政环境分析党群关系面临的挑战：第一，执政时间长了，执政党容易忽视群众的情绪。第二，执政权力硬了，容易引起党群关系紧张。第三，执政环境变了，容易出现人民内部矛盾激发，进而影响党群关系。

党和国家领导人高度重视党群关系建设的紧迫性和艰巨性，胡锦涛在庆祝中国共产党成立90周年大会上的讲话中总结了党的自身建设存在的四大危险：精神懈怠的危险，能力不足的危险，脱离群众的危险，消极腐败的危险。这些问题更加尖锐地摆在全党面前，落实党要管党、从严治党的任务比以往任何时候都更为繁重、更为紧迫。

（三）密切党群关系的路径选择

密切党群关系、实现党群关系和谐化是一个长期的系统工程。理论界和学术界围绕实现党群关系和谐化这一主题进行了大量研究，提出的政策建议主要包括以下几个方面：

“机制建设”说。彭穗宁通过总结基层实践经验，在分析新阶段党群关系的特点和影响党群关系若干因素的基础上，指出密切党群关系运行机制建设的目标、原则、基本要求、政治意义、实践基础，并给出构建密切党群关系的组织机制和工作机制的政策建议。也有学者从“为民”视角，把人民群众作为党群关系和谐化建设的主体，要求建立人民群众的权利和利益得到有效保障的体制和机制：一是健全群众利益表达机制；二是改革和完善群众动员机制；三是建立健全党群和谐程度的考评机制；四是建立、健全和完善群众对干部政绩的评价机制；五是建立健全权力授予机制。

“制度建设”说。有学者强调通过加强制度和法制建设，为构建和谐党群关系提供制度保障：一是加强党的基层组织建设；二是加强制度创新，保障人民真正成为国家的主人；三是要建立健全对党的各级干部有效监督制度和惩罚制度；四是加快建立保障市场经济正常运行的基础秩序。

“重视人民群众”说。构建和谐党群关系，

执政党需要长远的战略思维和探索党群关系和谐的规律。有学者以党群关系研究中的“人民群众”作为问题切入点，分析新形势下党的群众工作的特点，指出党的群众工作的规律：第一，必须牢固树立马克思主义群众观，始终坚持党的群众路线。第二，必须坚持科学发展观，切实维护和发展群众根本利益。第三，必须坚持发展人民民主，切实保障人民群众的民主权利。第四，必须牢记“两个务必”，用优良的作风取信于民。

“规范公共权力”说。党群关系实际上是政党与群众以公共权力为载体展开的互动关系，也就是政党如何行使公共权力，人民如何监督公共权力，在双方的共同作用下使权力在“为民”的终极目标上实现效用最大化。有学者围绕公共权力，指出密切党群关系的路径：第一，尊重群众的主体地位，坚持在党的领导下积极稳妥地推进选举制度改革。第二，致力于发展，不断提高经济、政治、文化、社会和生态建设的发展水平。第三，完善制约和监督机制，保证人民赋予的权力始终用来为人民谋利益。第四，坚持立党为公、执政为民，努力做好新形势下的群众工作。

“党的自身建设”说。“政治问题，从根本上说，就是对人民群众的态度问题和与人民群众的关系问题。”要密切新时期的党群关系，有学者认为：第一，党必须从执政的角度来认识和完善处理党群关系的方式，执政合法性的获取应遵循一定的执政规律。第二，党必须从利益代表的角度把握党群关系的本质，不与民“争利”。第三，党必须从自身建设的角度把握处理党群关系的主动，尤其要加强自身的廉政建设和执政能力建设。还有学者指出：第一，坚持党的群众路线，做好新形势下的群众工作。第二，发挥好党的利益整合功能。第三，必须贯彻落实科学发展观，让发展成果惠及全体人民群众。第四，深入开展反腐倡廉建设。

“执政党主导”说。贺先平提出：第一，密切党群关系，必须紧紧抓住发展这个党执政兴国的第一要务。第二，密切党群关系，必须坚持全心全意为人民服务的宗旨。第三，密切党群关系，必须深入持久地开展反腐败斗争。第四，密切党群关系，必须健全完善人民群众政治参与的执政机制。第五，密切党群关系，必须正确处理人民内部矛盾。赵士红提出：第一，拓宽沟通渠道，把握群众思想脉搏，是密切党群关系的前提。第二，协调利益关系，使全体人民共享改革发展的成果，是密切党群关系的基础。第三，监督制约权力运作，做到权为民所用，是密切党群关系的关键。第四，建立健全各项制度，保证干部密切联系群众，是密切党群关系的保障。

二、反思：党群关系研究存在的问题

我们要充分肯定党群关系研究取得的成果，但也存在一些不容忽视的问题。概括起来，主要表现在以下四个方面：

（一）基础理论研究薄弱

学界在研究党群关系时存在一个最大的弊病是，很多人在没有搞清楚党群关系“是什么”的情况下，就急于分析“为什么”；更有甚者，在没了解“病情”的情况下，就给病人“下药方”，直接提出“怎么办”的政策建议。当前，学界应加强以下几个方面的基础理论研究：

一是精确定义党群关系研究中的概念。对概念进行精确定义，是科学研究方法的一个重要方面。科学研究规律表明，不能进行证伪的概念绝不是科学概念，要使概念能够证伪，必须使概念明确化、可操作化和可量化。我们在党群关系研究中对概念进行定义时，往往存在大而空的现象，导致所定义的概念无法进行证伪，使研究成果缺乏科学性。需要进一步厘清党群关系研究中的很多概念：如“政党”概念的内涵和外延？“群众”概念的内涵和外延是什么？西方语境中的“群众”概念和中国语境中的“群众”概念存在哪些共同之处，它们的差异又在哪里？“群众”不仅仅是个空间概念，同时也是个“时间”概念，在不同的历史时期，它的所指存在哪些不同？党群关系究竟是一种什么样的关系？党群关系的本质和核心是什么？什么是影响党群关系的最重要因素等等。

二是加强与党群关系有关的“元理论”研究。人们总是在世界观的指导下去认识世界和改造世界，科学的世界观能指导人们的实践，推动客观事物的发展。毋庸置疑，马克思主义是科学的世界观和方法论，研究党群关系需要马克思主义基本原理作理论支撑。特别是作为马克思主义基本原理重要组成部分的历史唯物主义和辩证唯物主义，它既是一切科学包括自然科学的理论基础，也是认识世界和改造世界的根本方法，我们要探寻马克思主义基本原理与党群关系研究的契合，用发展着的马克思主义基本原理解决党群关系中面临的问题。

三是在研究党群关系的方法、途径和分析技术上加大研究力度。在基本方法方面，要大胆应用经济分析法、阶级分析法、历史分析法、比较分析法、计量方法等；在研究途径方面，可借用系统理论、集团理论、精英理论、过程理论、制度理论、公共选择理论、博弈论等；在分析技术方面要加强定性和定量分析相结合，研究结果应实现真理和价值的高度统一。

（二）学术创新不足

党的十七大报告指出：“繁荣发展哲学社会科学，推进学科体系、学术观点、科研方法创新，鼓励哲学社会科学界为党和人民事业发挥思想库作用，推动我国哲学社会科学优秀成果和优秀人才走向世界。”《中华人民共和国国民经济和社会发展第十二个五年规划纲要》，首次把“实施哲学社会科学创新工程，繁荣发展哲学社会科学”列入规划纲要。学术研究本来是一个继承与创新相结合的过程，对研究成果进行梳理，借鉴已有的研究成果应该得到鼓励和提倡，但应尽量避免不必要的重复劳动。

笔者在回顾党群关系的研究成果时，很多论著都是围绕前面列举的几个问题展开，而且观点、内容大面积雷同，真正遵循学术规范，作出具有创新价值的深度研究鲜为人见。学界在对待学术创新上容易走向两个极端：一是为创新而创新。如有学者在研究党群关系时，为了吸引读者的眼球，采取历史虚无主义态度，否定执政党在密切党群关系中取得的成果，绞尽脑汁、挖空心思来列举党群关系中存在的冲突和矛盾，这实际上违背马克思主义辩证法中关于应全面地看问题的观点。这样“创新”出来的产品表面上给人耳目一新的感觉，实际上是在哗众取宠。二是全盘否定创新。在党群关系研究中，真正称得上具有学术创新的论著的确不多，很多成果都遭到诟病和轻视。但我们还需要关注另外一种现象，那就是一些学者对别人的研究成果不屑一顾，把别人的一切研究都斥为应景之作、学术“伪产品”，而自己又保持“沉默”，拿不出像样的研究成果。以上两种情况都是我们要反对的“伪学术创新”现象。

（三）“路径选择”情结严重

马克思在《关于费尔巴哈的提纲》中指出：“哲学家们只是用不同的方式解释世界，问题在于改变世界。”进行理论研究的目的在于通过关照现实来改变世界，马克思批判经院哲学家在学术研究中存在的误区，但马克思在强调改变世界的同时并没有否定解释世界，因为在没有解释清楚世界的前提下是不可能改变世界的。综观学术界研究党群关系所取得的成果，“路径选择”情结相当严重，在还没有解释清楚世界的情况下就急于改造世界。

与此同时，不少论文给出的所谓路径选择

缺乏微观的深度论述，更不具有成为具体政策的可操作性，只是流于表面的“高谈阔论”。大部分党群关系研究论著中，很多都给出了解决问题的措施，建立了宏大的路径选择体系，而真正关注现实的成果简直是“凤毛麟角”，这使得和现实联系相当紧密的党群关系问题成了学者们的“自娱自乐”。

（四）批判精神缺乏

党群关系研究具有很强的现实性，研究党群关系主要目的是化解政党与人民群众中的冲突与矛盾。目前，学术界在研究党群关系时，有的学者除了回避现实之外，也回避其他学者的研究成果，在不了解研究现状的情况下，写了很多自以为是首创的“学术论文”。同时，学界召开的很多研究党群关系的学术会议也缺乏批判精神。正如有学者指出，很多学术会议在讨论时，“学者们常常是自我表扬与互相表扬相结合，演讲和讨论则成了学者们的口头表演。”研究党群关系的学术会议，也没有跳出中国哲学社会科学学术会议的共同弊病。

笔者以“党群关系”为题名在中国期刊网上搜索，没有一篇论文以“商榷”方式对别人的观点提出质疑。很多学者在导师、同学、朋友的小圈子里“同舟共济”、“患难与共”，圈子之间也尽量维持“和平共处”，避免不必要的“冲突”和“争端”，因为在中国学界的学术批判中，经常出现不是针对学术本身进行探究，而是演变成对个人的指责和谩骂，出现这种现象的深层次原因需要我们专门进行深入探究。任何理论都离不开现实，都是在现实中不断发展的理论，都存在问题和缺陷，需要通过批判来不断完善，批判精神的缺乏是我们在研究党群关系中很难出有价值成果的又一重要原因。

三、展望：党群关系研究的未来出路

为了实现党群关系和谐化，进而实现整个社会和谐，党群关系研究中以下几个方面应该成为下一阶段广大理论工作者和学界关注焦点。

（一）党群关系研究的科学化

现代科学哲学认为，研究方法是否成熟是衡量研究成果科学性的重要标准之一。方法论是人们认识世界和改造世界的根本方法，如果说世界观要解决世界“是什么”的问题，方法论就是要解决“怎么办”的问题。方法创新是学术创新的前提，没有方法的创新就不可能有概念的创新，也就不可能有理论的创新，更不可能有理论体系的创新，创新性的研究成果就会流于空谈。美国等西方国家能够在社会科学研究方面处于世界前列，与这些国家的学者重视方法论研究，探索新的解决问题的方法和技术有关，特别是二战后获得迅速发展的行为主义革命，使得西方国家的社会科学研究的科学化水平大大提高。事实表明，我们与这些国家在社会科学研究上有较大差距。

要实现党群关系研究的科学化，必须加大对“研究党群关系的方法论”的研究。为什么学界在党群关系研究方面存在低水平重复现象，这和我们缺乏科学的研究方法自觉有很大关系。具体来说，在党群关系研究中，我们要分析理论构建中的主观性与客观性、科学性与意识形态、规范研究与实证研究的关系问题。在研究中要大胆应用数学、统计学、经济学、计算机科学等学科的知识，尽量对研究对象进行科学的定量分析，提高研究成果的科学性。

可喜的是，学界在研究党群关系时已开始了这方面的探索。姚桓的《建立和谐党群关系科学化评价指标体系的构想》一文，在分析和谐党群关系的内涵、特征和考量意义的基础上，给出了和谐党群关系评价指标体系的设置原则和内容框架，运用定量分析法，论证了和谐党群关系科学化评价指标体系的整体构想。这仅仅是良好的开始，我们还需要在党群关系研究科学化的道路上走得更远一些。

（二）党群关系研究要关照现实

学术研究的目的是要解决现实问题，党群关系研究本身就是一个现实性很强的问题。伴随着我国改革开放的深入发展和社会大转型，整个社会中的矛盾不断涌现，中国共产党作为中国惟一的执政党，民众面对出现的矛盾和问题往往寄厚望于执政党身上，党群关系中有许多问题需要我们去研究，并提出解决问题的办法。从目前的研究现状来看，我们的研究成果“三重”、“三轻”现象非常严重：重宏观研究，轻微观研究；重规范研究，轻实证研究；重应景研究，轻深度研究。尤其是应景之作现象突出，很多论著普遍采取“以不变应万变”的写作方式，跟中央的表述保持“高度一致”，或者干脆对中央领导人说过的话进行高度赞扬，当“好好先生”，缺乏一个学者应该担当的社会和历史责任，更不用说对某一问题进行深度研究。

对党群关系进行研究的主要目的是为化解政党与人民群众之间的矛盾和冲突，构建和谐党群关系提供理论支持，因此关照现实是党群关系研究中的应有之义。党群关系研究取得的成果来源于现实生活实践，最终要回到现实为政党执政、国家建设和发展服务。我们承认学界所取得的研究成果并没有完全脱离现实，但又有多少“成果”具有很重的分量，可以为执政党提供决策依据。总的来说，必须改变过去那种只注重书斋里“埋头苦想”、“闭门造车”的研究方式，而是要走出书房，深入调查，实证分析，找到具有可操作性的解决问题的方案，真正发挥研究成果的价值和意义。

（三）采用跨学科研究方法

现代科学技术的发展，使得学科之间的分科越来越精细，但这并不意味着学科之间开始成为彼此毫不相关的独立个体，要真正深入研究某一问题，必须寻求不同学科之间的融合，包括自然科学和社会科学的杂交，才能得到更加科学的研究成果。学术研究是对科学问题进行假设、分析、得出结论的过程，这一过程应该是开放的，而不是“画地为牢”，在一个狭小的空间中“自娱自乐”。

笔者经过梳理发现，学界很少有人专门研究政党政治的研究方法，马克思主义理论的研究方法，党群关系的研究方法。即使在有些硕士、博士论文出现了党群关系的研究方法，很多也是采取“以不变应万变”的方式，罗列一些社会科学通用的研究方法。在已发表的党群关系论文中，研究方法意识淡薄，缺少研究方法的自觉，甚至连问题意识都没有，很多论文给人“不知所云”的感觉，好像进行学术研究就是“写文章”。

党群关系研究绝不是仅仅依靠党建学科、马克思主义理论学科就可以解决的问题，我们要实现多学科之间的对话，大胆借用政治学、国际关系学、经济学、社会学、哲学、人学等学科的知识，力争对这一问题的研究得出符合事物发展规律的结论。例如，我们不能把党群关系仅仅看成是个政治问题，在本质上它还是个经济问题，利益代表问题是党群关系的本质。我们还可以应用心理学中的个体心理与行为，分析党群关系中作为个体的公民与政党的关系，是什么因素导致个体心理的变化，从而支持或反对政党，影响到党群关系的变化。党群关系中的很多问题需要我们采取跨学科的研究方法，才能取得具有科学性的研究成果。

相信在党委政府的领导支持和学界的努力下，大批有价值的党群关系研究成果会不断涌现，为中国共产党的领导和执政提供强有力的理论和实践支撑，党群关系将会趋于更加和谐。

（作者：蔡建国系同济大学亚洲太平洋研究中心主任、教授、博士生导师）

（选自《理论学刊》2012 年第 4 期）

论党内民主与人民民主的良性互动与有效衔接

尹学朋　龙志芳

党内民主与人民民主关系研究由来已久，但自从江泽民在“七一”重要讲话中强调“通过发展党内民主，积极推动人民民主的发展”这一论断以来，党建主流学者多从发挥党内民主示范带动作用的角度来思考问题，着重探索发展党内民主对推进人民民主的意义。随着党的十七大报告进一步指出“人民民主是社会主义的生命”，学界关于二者关系的研究也相应得到了深入开展。有研究者指出党内民主与人民民主的互动与结合应该代表着中国民主政治发展的方向。这些研究为我们理解中国式民主政治制度建设提供了一个好的视角。本文拟对党内民主与人民民主的互动关系及其衔接机制进行一些初步探讨，以供方家斧正。

一、价值定位：党内民主与人民民主的各自阐释

党内民主和人民民主是社会主义民主政治的两个重要内容，也是社会主义政治文明的两个关键范畴，二者统一于中国特色社会主义民主建设中。然而，它们又是两种不同类型的民主，在各自的界域中发挥着不同的价值和功能。

（一）党内民主是执政党的生命线

党的十六大指出，“党内民主是党的生命”。这是对党的本质要求和历史经验得出的科学总结。党内民主“是执政党的生命线，这是共产党执政后的一条规律。对于规律，我们只能认识和运用，不能漠视和违抗”。我们必须从“党的生命”的高度认识和发展执政党建设问题。

1．党内民主是中国共产党执政地位的必然要求。作为执政党，中国共产党肩负着光荣历史使命，是领导全国各族人民建设中国特色社会主义的坚强核心，也是政治体制改革和民主政治建设的关键。巩固中国共产党的执政地位，加强党的执政能力建设，使党始终成为中国特色社会主义事业的领导核心，其内在基础就在于发展党内民主。党内民主的重要性是由党作为中国唯一的执政党和领导党的地位及其所发挥的政治功能决定的，它是党不断完善自我、持续提高执政能力和执政水平的重要路径。通过发展党内民主，实现党内权力资源的有效配置，才能形成科学民主的决策机制，才能调动广大党员干部的积极性，才能密切加强同人民群众的联系，进一步树立党的权威和巩固党的执政地位。社会实践证明：只有充分发扬党内民主，才能形成强有力的政党政治，执政党的权威和合法性才能得到真正的维护并不断扩大，才能永葆青春和活力。

2．党内民主是中国共产党自身发展的内在

规定。马克思主义政党从成立之日起，就要实现民主并不断充实和完善民主。民主是共产党人一贯追求并为之奋斗的目标之一。中国共产党作为唯一的执政党，其党内民主建设不仅需要不断完善自身来提高合法性，而且必然对于整个国家民主建设起到推动的作用。通过以党内民主带动人民民主的发展路径，是我国民主政治发展的战略选择。在新的历史条件下，中国共产党要肩负起自己的重大使命，全面推进社会主义伟大事业，全面推进党的建设新任务，就必须面对世情、国情、党情的发展变化，抓住机遇适应时代要求，充分发展党内民主，最大限度地调动全党的积极性、主动性、创造性，把全党的智慧和力量凝聚到落实科学发展观、促进社会和谐上来，为实现党的路线、方针和政策而努力奋斗。

3．党内民主是中国共产党历史经验的科学总结。中国共产党自身的民主性在历届党章中都有所体现，各项民主原则都在党章中有所规定。但由于种种复杂的原因，长期忽视民主政治建设，特别是党内民主政治建设，对民主宣传得不够，实行得不好，制度上也有许多不完善。由此而来，便形成了一种与民主制相悖的个人高度集权的人治型体制以及与此相应的思想观念，其结果是导致了给中华民族带来惨重灾难的“文化大革命”的发生。历史的经验充分证明，党内民主是党的生命线，直接关系到党和国家的政治生命，关系到党和国家事业的兴衰成败。在新的历史条件下，我们党要肩负起中华民族复兴的伟大历史使命，全面推进建设中国特色社会主义伟大事业，全面推进党的建设新的伟大工程，就必须不断发展党内民主，进一步巩固和发展党内生动活泼的良好局面。

（二）人民民主是社会主义的生命线

党的十七大报告指出，“人民民主是社会主义的生命”。这是中国共产党在实践中进一步深化发展社会主义民主的一个根本性的观点。它的价值不仅仅在于宣示民主对于社会主义的意义，而且反映了人民民主是社会主义的本质属性、价值追求、活力之源，是社会主义的生命线。

1．人民民主是社会主义的本质属性。在社会主义中国，人民是国家的主人，是决定国家前途命运的根本力量。对于自身来说，人民民主不是外来的“附加物”，而是其与生俱来的本质要求，没有民主就没有社会主义，就没有社会主义的现代化。相对自由民主来说，人民民主诉求“先进政党的领导，通过人民在历史上逐渐形成的、对于先进政党的政治领导地位的认可与拥护，来实现人民的选择”。在中国共产党领导下。中国人民争取民主的斗争始终是反帝反封建革命运动的重要组成部分。新中国的成立，开辟了中国历史上从未有过的人民当家作主的新时代。改革开放以来，中国共产党积极稳妥推进政治体制改革，人民民主的内容不断丰富、形式不断创新、实践不断深化，中国社会主义民主政治展现出更加旺盛的生命力。社会主义从登上历史舞台之日起，就以广大人民的拥护、支持和参与为其根本政治基础的。也正是这些因素促成了人民当家作主是社会主义民主政治的本质和核心。

2．人民民主是社会主义的价值追求。在民主制中，人民成为国家的主人。只有实现真正的民主，人类才能获得彻底的解放。人民民主作为社会主义本质要求，不仅是中国共产党人奋斗的目标，也是社会主义始终贯彻的价值追求。党提出“人民民主是社会主义的生命”的论断，这意味着人民民主不能仅仅被理解为中国特色社会主义政治系统中的一项内容，而是中国特色社会主义政治建设的根本与灵魂。它不仅是属于政治建设领域的问题，而且与社会主义的兴衰存亡息息相关。人民民主的实现和发展，不仅关系到社会主义的前景，而且直接影响到社会主义的价值。从人类历史的视角来看，社会主义的价值目标是实现人的全面发展。而人民民主，则是实现这个价值目标的关键所在。离开了充分实现并不断发展着的人民民主，社会主义就难以到达这一价值目标的彼岸。在社会主义不断向更高境界发展的过程中，人民民主的实现和发展水平，始终是衡量社会主义现实价值的重要尺度。

3．人民民主是社会主义的活力之源。人民群众是历史的创造者，是建设社会主义的主体力量。尊重人民的历史主体地位和首创精神是创立科学社会主义的力量源泉。实际上，马克思、恩格斯早在《共产党宣言》中就指出："工人革命的第一步就是使无产阶级上升为统治阶级，争得民主。尽管实现这一民主的道路和方式在各国有所不同，但其实质是一样的，就是通过工人阶级的领导，实行人民主权和实现人民意志，亦即实现人民真正当家作主的人民民主。人民是这一民主的最广泛的物质力量和深厚的社会基础，是民主的主体。在社会主义建立和发展中，这一民主是实现社会主义的必由政治道路，同时只有在社会主义制度下，这一民主才具备真正实行的社会历史条件，并且为经济的、文化的和社会的进步与发展，奠定相应的政治基础。离开人民群众的根本利益和当家作主的权利，党的领导就会成为无源之水、无本之木。国家一切权力属于人民，一切为了人、民、一切依靠人民。离开人民当家作主，社会主义民主政治就失去了活力之源。

二、有机统一：党内民主与人民民主的良性互动

中国式民主的发展离不开党内民主和人民民主的充分发展。"正确认识和处理党内民主和人民民主的关系，是共产党人政治哲学的一个重大课题。在中国共产党执政的条件下，党内民主与人民民主既是相互联系的。又是可以协调发展的，两者是一种互动的关系。

1．党内民主是人民民主的先导和保障。中国共产党作为执政党，在国家政治生活中居于核心地位。执政党党内民主的发展水平状况，直接决定和影响着人民民主的进程和发展状况，党内民主决定着人民民主的发展方向。从这个意义上说，党内民主是人民民主的先导，党内民主应当走在社会前列，只有积极发展党内民主，坚持立党为公、执政为民，才能引领和带动人民民主向前发展。中国共产党的执政和领导地位决定了党内民主对人民民主具有先导性的作用，决定了党内民主化程度对国家政治生活民主化程度具有最直接的影响。中国共产党作为中国工人阶级、中国人民和中华民族的先锋队，具有高度的组织性和纪律性，党为了提高自身的组织性和战斗力，保持自身的先进性，必然通过党内民主制度创新，探索加强党内民主的各种有效途径和方法，不断地充实和完善自己从而为人民民主的发展提供了组织保障和制度保障。同时发展党内民主，有助于提高党的执政能力，使党做到民主执政，更好地保障人民的各项民主权利。

2．人民民主是党内民主的目标与动力。人民民主作为社会主义民主政治的本质和核心，也是党内民主的根本目的，从而为党内民主的发展树立了前进的目标，为党内民主建设提供了强大的推动力。从根本上说，发展党内民主，是推进人民民主的途径和条件。党内民主不是中国民主政治的根本目标，人民民主才是最终目标。人民民主是中国共产党的价值追求，人民民主内在地影响和促进党内民主，党内民主必须以人民民主为出发点和归宿，必须与人民民主相适应：党内民主的动力，源于人民根本利益的驱使和推进。中国共产党之所以发展党内民主，也是为了更好地代表人民群众的利益和意志。没有这一出发点，党就失去动力去推行党内民主。因此，我们还需要着眼于人民民主及其发展来认识党内民主，以获得对党内民主及其发展问题的全面理解。离开人民民主的目标及其动力作用，党内民主不可能充分发展，甚至不可能有实质性的突破。

3. 党内民主与人民民主有机统一，相辅相成，相互促进。党内民主和人民民主统一于中国式民主的伟大实践之中。二者都以辩证唯物主义和历史唯物主义基础上的民主观作为指导思想，都以民主集中制作为组织原则，都坚持平等、选举、公开和监督相同的民主原则，都坚持与时俱进的理论品质。两者在本质上的一致性，决定其最终目标都是要实现真正意义上的人民当家作主，维护和保障人民的民主权利。一方面，党内民主是人民民主的导向和条件，党内民主推动人民民主的发展，党内民主是人民民主的政治、思想和组织资源，它的政治取向、指导思想、基本原则以及党内权力结构与权力授受关系等，成为人民民主制度遵循的准则。党内的民主思想、民主制度、民主作风等对于国家和社会有着直接的影响。另一方面，作为国家根本制度的人民民主对党内民主也有着重要的规范作用。尤其是新时期，随着人民民主意识的不断增强，人民民主制度的不断完善，民主政治得到快速发展，人民民主对党内民主的制约和影响也日益增强。可见，党内民主在影响人民民主发展中显示带动作用，人民民主在促进党内民主发展中显示压力作用，党内民主与人民民主的良性互动，是社会主义民主政治健康发展的要求。

因此，以党内民主推动人民民主，既体现为党内民主对人民民主的带动性作用，又体现为人民民主对党内民主的渗透、规约作用。应该说，党内民主与人民民主之间的有效互动、共同发展，是共产党领导的社会主义国家民主政治建设的重要动力资源。实现二者之间的良性互动，对社会主义民主政治的建设和发展无疑具有重要战略性意义。

三、考量民主化进程：实现党内民主与人民民主的有效衔接

探索中国式民主发展道路，需要坚持党的领导、人民当家作主和依法治国有机统一。这种共同的、一致性的特点是党内民主与人民民主发生联系、行使良性互动的内在依据。然而，党内民主与人民民主之间并非决定与被决定的关系，二者之间不是自发的直接转化关系，而是一种非直接耦合式的关联与互动关系。需要不断丰富和发展各种民主形式，找准实现党内民主与人民民主良性互动的连接点，把党的民主与人民民主有机衔接起来产生合力效应，以期促进中国式民主的发展。为此，要在以下几个方面努力。

1. 要实现党内民主与人民民主的有效衔接，就必须推进代议民主建设。从民主政治发展的一般规律来看，代议民主是现代国家制度的主要表现形式。所谓代议民主是经由选举产生的官员在严格界定的地域内行使权力以代表公民的利益或主张并坚持法治。代议民主制的出现一定程度地化解了现代国家的规模和复杂性给实施民主带来的困境，在现实政治生活中，代议民主已经成为了民主的主旋律和主导模式。在我国，一些学者也将人民代表大会制度概括为“社会主义代议民主共和制。这样，通过改革人民代表大会制度和完善代议民主形式来推进中国的政治体制改革，其优势可以充分发挥人大这一制度平台，认真落实和完善人民代表大会制度，从而实现党内民主与人民民主有效对接，达到党内民主对人民民主的示范和引导作用，这是一条符合中国实际的主要路径。

2. 要实现党内民主与人民民主的有效衔接，就必须拓展协商民主建设。尽管协商民主理论主要是对西式代议民主实践反思的产物，但其对实质民主的追求为中国式民主的发展提供极富创造性的启发。有研究者指出，“协商民主是中国特色社会主义的主要民主形式，是中国共产党保证人民当家作主而对民主形式的伟大创举。由于协商民主本身蕴涵着协调与团结的功能，在与民主集中制的碰触时具有深刻的内在契合性，协商民主理论所体现的民主精神与发展党内民主的理念是一致的，它们内在统一于公共理性、参与政治和民主的主体意识。因此，加强协商民主，既是发展党内民主并由党内民主带动人民民主的前提，也是由党内民主带动人民民主的不可或缺的中介。可以说，中国共产党领导的多党合作与政治协商制度运行中建立起的协商政治框架体系，通过党际民主这一外变量，充分利用自身的优势能够承担这一任务而成为从党内民主通向人民民主的桥梁，从而促进多党合作和人民政协的理论与实践的发展

3．要实现党内民主与人民民主的有效衔接，就必须强化宪政民主建设。宪政是依据一国宪法进行治理，以行使一系列民主原则为主要内容，以厉行法治为基本保障，以充分实现最大数人的权利为宗旨的制度安排。可以看出，宪政民主是“为了解决对政治权力的制约而被追求的一种旨在限制政府权力，以有效地保障人权、自由和社会公正的民主政治形式”。考虑到中国的实际，体制外民主的缺陷及由此导致的弊端等方面因素，体制内民主成为我国民主政治发展的战略选择，党内民主与社会民主（人民民主）是推动我国民主政治发展的动力，宪政民主则是党内民主和社会民主互动的制度保障。所以，要构建党内民主和人民民主良性互动有效机制，一定要坚持党的领导、人民民主和依法治国有机统一，坚持以宪法和法律为依据，坚持中国共产党的领导这一宪法和事实前提，渐进改革，稳步前进。

4．要实现党内民主与人民民主的有效衔接，就必须巩固基层民主建设。基层民主建设是整个国家民主建设的重要组成部分，是发展社会主义民主政治的基础性过程。中国共产党领导和支持人民当家作主，发展党内基层民主建设的意义不仅限于自身，更在于为基层民主提供示范，发挥带头作用，使党真正成为建设中国特色社会主义民主政治的领导核心。因此，要让党内基层民主健康发展，必须实现与基层人民民主的有效对接和良性互动，通过不断完善基层民主制度，因地制宜地进行基层党建活动，加强党与人民群众的血肉联系促进基层民众进行民主选举、民主管理、民主决策和民主监督的制度建设，达到基层群众性自治组织自我教育、自我管理、自我服务的目的。因此，基层民主建设（包括党内基层民主）是党内民主与人民民主的基础性工程，是中国特色社会主义民主新路的关节点，应该引起重视、并大力推进。

总之，民主不仅是党的生命，也是社会主义的生命，是中华人民共和国的生命。我们进行政治体制改革、发展中国式民主政治，就是要坚持党的领导、人民当家作主和依法治国有机统一，要不断丰富、完善民主形式，促进党内民主与人民民主衔接机制，实现二者的良性互动，共同推动中国特色社会主义民主政治建设。

（作者单位：西华师范大学政治学研究所）

（选自《求实》2012年第2期）

论转型期中国共产党党内民主的选择与建构

张 纯

一、中国共产党发展党内民主必须坚持以马克思主义为指导，推进社会主义民主政治建设

任何一个国家和政党的组织架构与运行机制的选择和确立都与这个国家和政党所处的国际环境、政治制度、历史基础、文化传统等国情紧密相关。中国人民和中国共产党在追求民主的过程中选择了社会主义，坚持了马克思主义民主理论的指导地位，促进了社会主义民主政治建设的发展。

第一，中国共产党领导中国人民选择了社会主义民主。从鸦片战争开始，中华民族遭受了外来侵略。中国共产党成立后，带领全国各族人民经过28年的浴血奋战，建立了工人阶级领导的、以工农联盟为基础的人民民主专政，即“对人民内部的民主方面和对反动派的专政方面，互相结合起来”的民主政权，实现了全国绝大多数人的民主，这是继巴黎公社和十月革命之后一种全新的民主制度，符合世界民主化潮流和中国国情，在中国革命、建设和改革的各个历史时期最大限度地保护了人民当家做主的权利。我国的人民民主专政、人民代表大会等政治制度是马克思主义民主理论与中国实际相结合的产物，同西方各种资产阶级民主具有本质区别。历史表明，只有社会主义民主才能实现中华民族的独立和中国人民的解放。

第二，中国共产党必须发展党内民主，通过党内民主带动人民民主。人民民主制度的建立和运行是同中国共产党的领导紧密联系在一起的。中国共产党不但是民主制度的设计者，而且还是实施民主制度的领导核心。党内民主和人民民主在精神实质、运行机理、制度建设上有许多相似之处，并且由于中国共产党处于政治权力的核心位置，所以党内民主在中国民主政治建设中具有极其重要的地位和作用。建党后，中国共产党在组织架构和建设路径的选择上，确立了民主原则，选择了马克思列宁主义建党学说同中国国情、中国共产党党情相结合的道路。中国共产党相继提出并建立了党的代表大会制度、集体领导制度、党员权利保障制度、民主监督制度等党内民主制度，构建了以民主集中制为核心的党内民主制度框架。新中国成立后，中国共产党把民主集中制的组织原则运用到国家政治生活中，确立了实行民主集中制的人民代表大会制度、中国共产党领导的多党合作和政治协商制度等人民民主的基本政治制度框架。总之，在中国革命、建设和改革的过程中，中国共产党把党内民主与人民民主紧密联系在一起，并且通过二者的互动主导着中国民主政治的发展方向和历史进程。

二、必须正确处理民主与集中、党内民主与人民民主、党的民主化与科学化的关系，实现发展党内民主和促进党的团结统一

在世界民主化潮流中，中国民主政治建设的基础和前提不同于其他任何国家，中国共产党的党内民主也不同于世界其他政党的党内民主。因此，必须从中国国情、中国共产党党情出发，处理好民主与集中、党内民主与人民民主、党的科学化与民主化的关系，保持党的先进性和提高党的执政能力，探索具有中国特色的党内民主建设道路。

第一，发展党内民主必须正确处理民主与集中的关系，坚持民主集中制的组织原则。“民主”是与“专制”、“独裁”、“家长制”相对立的，而“集中”是与“极端民主化”、“无政府主义”相对立的。虽然民主与集中分别属于不同的领域，但在党内二者之间又是矛盾的，表现为党员领导干部与普通党员、党的上级组织和党的下级组织、党组织的书记与委员之间的矛盾。矛盾处理得当，就能够既发扬党内民主，又实现党的团结统一。反之，就会走向“家长制”或极端民主化。解决这对矛盾的办法就是坚持民主集中制的组织原则，即“坚持民主基础上的集中和集中指导下的民主相结合”的原则。民主基础上的集中是指党的权力来自全体党员，党的领导机关由选举产生，领导机关集体决定重大问题，实行少数服从多数的原则，权力的行使必须体现大多数党员的意志和利益。集中指导下的民主是指党员或下级机关讨论决定问题时，必须以党的代表大会或中央委员会的决议为指导，在行动上必须坚持下级服从上级，部分服从整体、少数服从多数，全党服从党的全国代表大会和中央委员会，同中央保持高度一致。党的十七届四中全会强调指出“党内民主是党的生命”，同时还强调指出“集中统一是党的力量保证”。中国共产党不但需要扩大党内民主，而且更需要党的集中统一。当前，发展党内民主的最基础、最根本的工作是在科学发展观等重大战略思想的指导下，保障和落实广大党员的知情权、参与权、选举权和监督权，发挥党员在党内生活中的主体作用。同时，还必须坚决贯彻执行“四个服从”，在思想上、政治上、行动上同党中央保持高度一致。只有真正做到既民主又集中，贯彻落实民主集中制，才能够保持党的先进性和提高党的执政能力，保证党成为中国特色社会主义事业的领导核心。

第二，党内民主是党的生命，人民民主是社会主义的生命，发展党内民主必须与人民民主有机联系、相互协调、相互促进。中国共产党必须通过发展党内民主，增强自我更新能力，保持党的先进性和提高党的执政能力。中国共产党发展党内民主的效果还直接关系到人民民主的成败，“如果不加强党内民主建设，就会阻塞民主渠道，无法实现经济、政治、文化和社会的协调发展，现代化最终无法持续下去；而如果削弱党的集中统一领导，犯激进主义的错误，导致政治不稳，现代化更无法持续发展下去”。经过几十年的社会主义经济建设，社会主义市场经济体制下产生的新兴阶层参与民主政治建设的愿望日益增强，广大公民的权利意识、自主意识和政治参与热情不断高涨。在这种情况下，既要大力发展人民民主，实现人民当家做主的各项权利，体现社会主义制度的优越性，更需要党的集中统一领导，调整社会各个阶层的利益关系，规范社会秩序、维护社会稳定、应对国内外的各种挑战。一方面可以通过党员的民主生活影响和带动公民的政治参与，促进人民民主的发展、成熟和公民社会的形成；另一方面可以将党内民主的好经验、好做法传导到人大、政协、基层民主，改善和加强党的领导，进一步完善现行的政治体制，更好地开展中国特色社会主义现代化建设。

第三，必须把握执政党建设客观规律，把党的民主化建设同党的科学化建设结合起来，提高发展党内民主的科学化水平。加强党的民主化建设就必须坚持党员是党的主体，综合运用党的思想教育、制度建设、机制建设等手段，保障各级党组织和广大党员的各项民主权利，调动各级党组织和广大党员的积极性、主动性和创造性。加强党的科学化建设就必须以党的科学理论指导党的建设、以科学的制度保障党的建设、以科学的方法推进党的建设。无论是加强党的民主化建设，还是加强党的科学化建设，目标都是要保持党的先进性和提高党的执政能力，使党更好地担负起领导全面建设小康社会和实现中华民族伟大复兴的历史责任。只有充分保障党员民主权利，发挥各级党组织和全体党员的聪明才智，才能够集思广益、群策群力，促进马克思主义与中国实际相结合、推动党的理论创新、制度创新、机制创新和方法创新，形成党的决策的科学化、党的管理的科学化、党的组织运行的科学化，不断提升党内民主建设的科学化水平。只有加强党的建设的科学化，才能够为党的建设的民主化提供理论指导。党的民主化建设需要科学理论、科学制度、科学方法的指导，没有党的建设的科学化，就难以实现党的建设的民主化。总之，必须把党的建设的民主化和党的建设的科学化结合起来，统一到执政党建设和中国特色社会主义现代化建设的伟大实践中，促进人民民主和实现经济社会的科学发展、协调发展和可持续发展。

三、必须坚持保障党员民主权利、完善党务公开、促进民主决策、推进差额选举和民主选拔、加强民主监督等制度，切实推进党内民主建设

中国共产党作为中国工人阶级的先锋队，坚持全心全意为人民服务的宗旨，必须逐步完善党务公开、适当扩大党员有序参与、实行民主选举与民主选拔相结合、党内监督和制约相结合的方式，保障党员民主权利。

第一，完善党务公开制度，保障党员对党内事务的知情权。党务公开是党内民主和人民民主的前提，是落实党内监督和反腐倡廉的重要手段。列宁曾经指出："没有公开性而谈民主制是很可笑的，并且这种公开性还要不局限于对本组织的成员。"在信息化社会中，党员即使不从党的主渠道获得真实有效的信息，也会从其他渠道中获得相应的信息，但这种先入为主的信息不但不全面、不准确，而且还会冲淡党对意识形态的控制，妨碍发展党内民主。党的十六届四中全会提出了"逐步推进党务公开，增强党组织工作的透明度，使党员更好地了解和参与党内事务"的任务，并在全党范围内进行了一系列探索，取得了较好的成效，但是还存在着一些问题，这严重损害了党员的知情权，削弱了党组织的凝聚力和战斗力。分析其原因，一是对党务公开存在不同的认识；二是党务公开制度不够健全。因此，推进党务公开必须围绕这些问题展开，要克服各种思想障碍，认清党务公开的重要意义，增强党务公开的积极性、主动性，构建一个党的地方和基层组织实行党务公开的法规性文件，对公开内容、时间、程序、责任等问题做出详细规定。

第二，深入探索党员对党内事务的有序政治参与，促进党内决策的科学化、民主化。决策民主是党内民主的重要内容，是加强党的先进性建设和执政能力建设的重要组成部分，是实现全面建设小康社会的重要保证。广大党员干部参与党内事务，不仅能够集中全党的智慧和力量，提高党的战斗力，而且还会增强党员对党的认同感，提高党的凝聚力。中国共产党历来高度重视党员对党内事务的有序政治参与，制定了一系列党内民主决策制度，推进了党内决策的科学化、民主化。党的十七届四中全会指出，要不断提高科学决策、民主决策、依法决策的水平，广泛听取党员、群众、基层干部意见和建议，发挥咨询研究机构、专家学者、社会听证在决策过程中的作用。

第三，推进差额选举和民主选拔，深化党内选举制度改革，提高选人用人的公信度。是否能够真正保障党员的选举权和被选举权，建立健全科学的民主选举制度是衡量现代民主政治的重要标准。著名学者胡伟曾经指出："对于现代民族国家而言，有选举不一定意味着成熟的民主，但没有选举就连民主的门槛也没有进入。"这对于一个政党来说，也是同样适用的。中国共产党章程规定"党的各级代表大会的代表和委员会的产生，要体现选举人的意志"。但就实际情况而言，中国共产党在民主选举上还存在着部分地方"民意失真"、任人唯亲、用人腐败等问题。解决这个问题，从长远上讲，必须建立全面科学高效的民主选举的制度设计和制度安排，合理界定民主选举的岗位和民主选拔的范围，使党代表和党员领导干部的候选人更具竞争力，使民主选举更加体现党员选举人的意志。就目前而言，由于中国实行民主选举的历史还很短，长时期实行自上而下的官员选拔制度，必须把民主选举和民主选拔结合起来，改进候选人的提名方式，扩大党代表和广大党员对候选人提名的参与，改进候选人介绍方式，使选举人了解候选人，在此基础上扩大差额选举的范围。只有这样，才能顺应民主化的潮流，促进中国共产党党内民主和中国民主政治的发展。

第四，改善党内权力结构，加强党内民主监督制度建设，增强党的先进性。中国共产党在组织体制的构建上遵循了马克思主义的"议行合一"原则，中国共产党党章规定"党的最高领导机关，是党的全国代表大会和它所产生的中央委员会。党的地方各级领导机关是党的地方各级代表大会和它们所产生的委员会"。这就从根本上保证了党的集中统一和高效运行。我们在坚持"议行合一"的组织原则的前提下，必须深入探索和改善党内权力结构的配置，加强党内民主监督制度和机制建设。在坚持党的代表大会的领导地位的前提下，对党委会的决策权、执行权、监督权进行适当分工，使这三种权力既相互制约又相互协调，形成科学、高效、廉洁的党内权力运行机制。在党内民主监督制度建设上，要以《中国共产党党内监督条例》为指导，加强廉洁从政和党员领导干部廉洁自律教育，不断强化中央和各级纪律检查委员会的地位和职能，充分发挥各级纪检机关、党代表和广大党员的作用，彻底解决"上级监督太远，同级监督太软，下级监督太难"的问题，形成一个严谨科学的惩治和预防腐败体系。

（作者：东北林业大学马克思主义教研部副教授）

（选自《马克思主义与现实》2012 年第 4 期）

十六大以来党内民主的创新发展及其启示

祖金玉

十六大以来，党的建设的各个方面都取得了长足进展，其中党内民主建设的成就尤为显著，形成了党的建设中引人注目的亮点。这在党内民主理论创新、实践探索和制度建设等方面都有明显的表现，并带给我们许多有益的启示。

一、党内民主的理论创新

十六大以来，党内民主的理论创新取得突破性进展。

在思想认识上，关于党内民主的价值，十六大提出了“党内民主是党的生命”的著名论断，这是新世纪新阶段中国共产党人对党内民主极端重要性的全新表述。把党内民主提升到党的生命的高度，在党的历史上还是第一次。关于党内民主与人民民主的关系，十六大明确提出党内民主“对人民民主具有重要的示范和带动作用”，从而突出了党内民主在整个社会主义民主建设中的垂范作用。党的十六届四中全会通过的《中共中央关于加强党的执政能力建设的决定》提出：“发展党内民主，是政治体制改革和政治文明建设的重要内容”，从而理顺了党内民主与政治体制改革的关系，使党内民主成为衡量我国政治文明发展程度和水平的重要标准。关于党员的地位，十七大提出了“尊重党员主体地位”的新命题，厘清了党内权力和权利主体，深化了对党内民主内涵的理解。2006年，党的十六届六中全会首次提出了“党内和谐”的命题，十七大明确提出要“以增进党内和谐促进社会和谐”，强调党内和谐对于构建社会主义和谐社会的引领和促进作用。

在发展党内民主的基本思路上，十六大规定：“要以保障党员民主权利为基础，以完善党的代表大会制度和党的委员会制度为重点，从改革体制机制入手，建立健全充分反映党员和党组织意愿的党内民主制度。”这里，既指出了发展党内民主的基础、重点、切入点，又强调了党员主体地位和制度建设为核心的发展取向，勾画出一个脉络清晰的发展蓝图。十六大以来的党内民主建设，都是在这一思路的指导下展开的。十六大还对党内民主的发展提出了总体要求：“扩大在市、县进行党的代表大会常任制的试点。积极探索党的代表大会闭会期间发挥代表作用的途径和形式。按照集体领导、民主集中、个别酝酿、会议决定的原则，完善党委内部的议事和决策机制，进一步发挥党的委员会全体会议的作用。改革和完善党内选举制度。建立和完善党内情况通报制度、情况反映制度和重大决策征求意见制度。”十七大突出强调了对于党自身而言，党内民主建设的目标取向是“增强党的创新活力、巩固党的团结统一”。2009年，党的十七届四中全会通过《中共中央关于加强和改进新形势下党的建设若干重大问题的决定》，继续强调积极发展党内民主与党的集中统一的关系，提出：“以保障党员民主权利为根本，以加强党内基层民主建设为基础，切实推进党内民主，广泛凝聚全党意愿和主张，充分发挥各级党组织和广大党员的积极性、主动性、创造性，坚决维护党的集中统一。坚持以党内民主带动人民民主，以党的坚强团结保证全国各族人民的大团结。”全会还具体部署了党内民主建设的重点，主要包括保障党员主体地位和民主权利、完善党代表大会制度和党内选举制度、完善党内民主决策机制等几项内容。

这些党内民主理论创新的成果，对十六大以来党内民主的实践和制度创新起到了引领的作用。

二、党内民主的实践探索

在实践中，各级党组织在党内选举、党代表大会常任制、健全集体领导制度、党务公开等方面都有了不少创新之举。

党内选举制度改革成效显著。其中，基层党组织选举制度改革最为引人注目。党内选举制度，对于从根本上改变领导者和普通党员的关系，理顺党内权力授受关系，监督和制约党内权力行使者，增强党的领导机关的合法性，意义重大。党内民主发展要有根本性和实质性突破，必须着力改革党内选举制度。20世纪90年代以来，基层特别是农村基层党组织选举制度改革一直在持续。党的十六大之后，这一改革进一步深化。扩大选举过程中的民主、充分体现党员和群众的意志是改革的出发点和落脚点。改革具体表现为改进候选人提名制度、扩大基层党组织领导班子直选范围、扩大差额的幅度和层级、增强竞争性等等。在2006－2007年基层党组织领导班子换届中，几乎每个省份都进行了基层党组织领导班子成员直接选举的试点。选举中普遍采取了党员、群众与上级党组织共同推选候选人的做法，对候选人的组织考察也在党员群众的充分参与下进行；同时，普遍采取了差额推荐、差额考察的办法，一些地方还在此基础上进一步探索实行差额表决。基层干部群众在实践中创造出“两票制”、“两推一选”、“公推直选”等选举形式，得到中央充分肯定。在农村，党内竞争性直选从村支部向乡镇党委班子延伸，乡镇党委直选改革步入快车道，成为十六大以来党内选举制度改革的一大亮点。

党代会常任制的探索蓬勃发展。到十六大召开前，从1988年起进行党代会常任制试点的12个市县区，除了浙江省绍兴市、瑞安市、台州市椒江区和山西的晋中市榆次区、和顺县等5个市县区还在试点外，其余地区均已停止。十六大提出要扩大在市、县进行党的代表大会常任制的试点，为党代会常任制的探索在理论上和政治上都提供了强有力的支持。之后，第二轮党代会常任制试点如雨后春笋般蓬勃发展起来。四川雅安市、眉山市、自贡市等近20个市县区进行党代会常任制试点的工作。在全国，除了四川以外，山东乳山市、山西石楼县、广西象州县、广东惠州市、湖北宜都市、江苏射阳县等加入了试点的行列。短短几年间，党代会常任制取得了骄人的成果。十六大后开始探索的四川“雅安模式”、湖北“宜都模式”等模式取得了一些新的突破。比如，四川雅安市对党代表实行直接选举；湖北宜都对部分党委委员实行公推公选制；特别是一些试点（如湖北罗田、四川雅安雨城区等）单位对党内分权制衡进行了尝试性探索。这些突破性的探索产生了广泛而热烈的反响。党的十七大明确规定实行党的代表大会代表任期制，选择一些市县区试行党代表大会常任制。至此，长期的党代会常任制实践探索取得了阶段性成果。

健全集体领导制度方面，中央率先垂范。在党代会闭会期间，党的各级委员会负责党的日常领导工作。党委制的实质和根本，是强调集体领导的作用，防止个人或少数人专断。党的委员会包括全委会和常委会。长期以来，存在着全委会权力流失的现象。要建立健全科学的领导体制和工作机制，必须充分发挥党的全委会在重大决策中的作用。2003年，在党的十六届三中全会上，“中央政治局向中央委员会报告工作”被列为首项议程。胡锦涛总书记代表中央政治局向中央委员会报告了自一中全会以来将近10个月内所做的工作。这样的报告带有述职的性质，与通常领导人带指示性质的“重要讲话”大不相同。这是新一届党中央领导集体带头推进党内民主的一项重大举措。在中央的带动下，各级地方党委在健全党的集体领导制度、充分发挥党的委员会全体会议的作用方面进行了积极探索。

党务公开从基层组织到中央，自下而上、循序渐进、稳步实施。所谓党务公开，是指党内事务、党的工作和活动，尤其是党内权力的运行，除了极少数需要保密的之外，应该让其在阳光下运作。党的十六届四中全会提出：“逐步推进党务公开，增强党组织工作的透明度，使党员更好地了解和参与党内事务。”这是党的文献中首次明确提出要实行党务公开。十七大报告在论述党内民主问题时进一步指出：“尊重党员主体地位，保障党员民主权利，推进党务公开，营造党内民主讨论环境。”十七大通过的党章修正案增写了“党的各级组织要按规定实行党务公开”的内容，从而将党务公开问题提到一个很重要的地位。由于党的领导核心地位，党务公开的对象往往并不只是党组织和党员，有些党务还需要向社会公开。十六大以来，党中央建立和发展了党内情况通报制度、情况反映制度、重大决策征求意见制度、社会公示和社会听证制度、决策的专家咨询和论证制度等实行党务公开的有效路径。2009年9月，党的十七届四中全会又首次提出“建立党委新闻发言人制度”。同年10月至年底，中共四川眉山市委、长沙市委、贵阳市委、南京市委等一批地方党委相继试行。2010年6月28日，中组部举行专题新闻发布会，详细披露党内统计数据。中组部秘书长邓声明第一次以新闻发言人身份与媒体见面，并表示，今后将举办各种各样的新闻发布会，推进党务公开、提高组织工作透明度。2010年6月30日，中央11个工作部门的新闻发言人首次在北京集体亮相，回答百余家中外媒体记者提问。到2012年初，13个党中央部门和单位，31个省（自治区、直辖市）和新疆生产建设兵团党委设立了新闻发言人，五个计划单列市和各省会城市党委也基本上建立了新闻发言人。同时很多省级党委主要工作部门普遍设立了新闻发言人，公布了本地新闻发言人的名单。市（地、州）的党委正在上级党委指导下逐步建立新闻发言人制度。2010年9月，中共中央印发《关于党的基层组织实行党务公开的意见》，对基层党务公开的内容、程序、方式及保障制度作了全面且较具体的部署。此举预示着党务公开已经从理念层面、决策层面走向操作层面，已经从局部试验阶段逐步走向全面实践阶段。2010年11月，中纪委、中组部印发《关于开展县委权力公开透明运行试点工作的意见》，对各省（区、市）开展县委权力公开透明运行试点工作作出部署，全国共有11个市（县级）、15个区、40个县、3个旗成为试点单位。

三、党内民主的制度建设

十六大以来，党内民主的制度建设，在党员权利保障、党内监督、党代表任期制、干部人事制度等领域都取得了重大进展。

党员权利保障制度是党内民主制度建设的基础。党内民主的实质是全体党员当家作主。发展党内民主的基点，在于确立党员的党内主体地位，切实保障党员的民主权利。2004年9月，《中国共产党党员权利保障条例》颁布，它是在1995年颁布实施的《中国共产党党员权利保障条例（试行）》的基础上修订而成的。与“试行条例”相比，它在内容上主要做了三方面的修改和完善：一是对党员的知情权、参与权、选择权和监督权等各项权利作了更加规范、完善的规定；二是对党员权利的保障措施作了进一步规范；三是对党的各级组织、各级纪检机关和党的组织、宣传等工作部门以及党的各级领导干部在保障党员权利方面应承担的责任作了明确界定。《党员权利保障条例》充分保障党员权利的措施和责任，使对党员权利的保障具体化、制度化，同时又包括了正确行使党员权利的程序和要求，使权利与义务统一起来。

党内监督制度是党内民主制度建设的保障。十六大以来，党内监督制度建设成效特别突出。2004年2月，《中国共产党党内监督条例（试行）》（以下简称《监督条例》）全文公布。《监督条例》不仅仅限于反对腐败，它是党内第一个系统的关于权力制约和监督的法规，标志着党内监督进一步走上了制度化、规范化、程序化的轨道。《监督条例》不仅以制度的形式规定了监督的对象、内容、重点，而且以界定党内不同层次的组织、机构、人员监督职责的形式，进一步规范了党内的权力关系，确认了党的各级委员会、纪律检查委员会、党员以及党的各级代表大会代表在监督方面的职责、责任和权利，即所拥有的权力。尤其是，《监督条例》从十个方面详细地制定或规范了党内监督的各项制度，使党内监督形成了一个比较完整的体系，党内监督以及深层次的党内权力关系走上了一个更加规范的道路。《监督条例》有许多突破性的制度设计，如首次以法规的形式确立党内监督的重点对象是党的各级领导机关和领导干部，特别是各级领导班子主要负责人；首次以党内法规的形式规定了党的委员会、党的委员会委员、党的纪律检查委员会、党的纪律检查委员会委员、党员、党的代表大会代表这六种主体在党内监督方面的职责或责任、权利，特别突出了各级党代会代表的监督职责；首次在党内法规这个层面上专门就舆论监督问题作出规定；首次以党内法规的形式明确党的各级纪律检查委员会是党内监督的专门机关；明确规定“中央政治局向中央委员会全体会议报告工作”，并明确了对中央政治局委员、常委的意见如何反映的问题，初步解决了中央政治局如何监督的重大问题；确立了“罢免或撤换要求及处理制度”，规定地方党委委员、纪委委员可以要求罢免或撤换不称职干部；确立了巡视、述职述廉、询问和质询等新制度。

为推动和规范党内询问和质询工作，发挥党的地方委员会委员、纪律检查委员会委员在党内监督中的作用，根据《监督条例》有关规定，2007年4月，中共中央办公厅印发《地方党委委员、纪委委员开展党内询问和质询办法（试行）》。为加强对领导干部的制约和监督，完善党内监督制度，2009年7月，《关于实行党政领导干部问责的暂行规定》、《中国共产党巡视工作条例（试行）》公布实行，十七大党章第13条增写了党的中央和省、自治区、直辖市委员会实行巡视制度的内容；2010年2月，《中国共产党党员领导干部廉洁从政若干准则》颁布实施；2010年7月，中共中央办公厅、国务院办公厅印发了《关于领导干部报告个人有关事项的规定》。

对于党内民主发展来说，干部人事制度方面的重大突破，主要体现在两个方面。一是基本废除了党内干部领导职务实际上的终身制。2006年8月，中共中央颁发了《党政领导干部职务任期暂行规定》，明确规定：党政领导职务每个任期为5年。党政领导干部在同一职位上连续任职达到两个任期，不再推荐、提名或者任命担任同一职务。党政领导干部担任同一层次领导职务累计达到15年的，不再推荐、提名或者任命担任同一层次领导职务，等等，正式宣告持续80多年的领导干部职务终身制终结。二是扩大了干部选拔任用工作中的民主。2002年7月，中共中央印发《党政领导干部选拔任用工作条例》；2004年3月，《公开选拔党政领导干部工作暂行规定》、《党政机关竞争上岗工作暂行规定》、《党的地方委员会全体会议对下一级党委、政府领导班子正职拟任人选和推荐人选表决办法》等相继颁布，这些干部人事制度法规对于扩大干部选拔任用工作的民主起到了积极作用。

十七大报告提出，要完善党的代表大会制度，实行党的代表大会代表任期制，选择一些县（市、区）试行党代表大会常任制。十七大通过的党章修正案增写了党的各级代表大会代表实行任期制的内容。至此，党代会常任制改革取得阶段性成果。为落实党代会代表任期制，2008年7月，《中国共产党全国代表大会和地方各级代表大会代表任期制暂行条例》公布实施，该条例对党代表大会代表的权利与职责、开展工作的方式、履行职责的保障、代表资格的终止和停止等内容作出了具体规定。

四、几点启示

综上所述，十六大以来党内民主的创新发展是全方位的，在理论、实践、制度三大板块，中央、地方、基层三个层面，都取得了明显的进步。这带给我们有益的启示。这些启示对于今后党内民主的持续健康发展，具有重要的借鉴意义。

第一，要以制度建设为核心，全面协调地推进党内民主建设。十六大以来，党内民主建设之所以能取得显著成效，很大程度上是因为确立了“从改革体制机制入手，建立健全充分反映党员和党组织意愿的党内民主制度”的发展思路，大力进行党内民主制度的建立、健全和配套工作，制度建设在党内民主建设中发挥了核心的作用。党内民主是一个内涵丰富的概念，可以从思想观念、组织原则、工作作风、工作方法、领导方式等角度来理解，但从根本上说是一种党内的制度安排。长期以来，我们偏重于把党内民主当作一种政治作风来看待，例如把民主看作让大家讲话，或者是领导者的开明等，而在规范性的制度建设上进展不大。这是长期以来党内民主未能持续发展的重要原因。仅仅停留在思想、观念、作风层面上的党内民主，其发展程度主要取决于领导者的雅量和修养，带有很大的主观性和不稳定性。而制度“带有根本性、全局性、稳定性和长期性”。发展党内民主，关键在于推进制度建设。只有走制度化、法制化的道路，党内民主才能实现可持续发展。

当然，以制度为核心推进党内民主建设，并不意味着忽视党内民主意识、民主精神、民主习惯的培育，轻视党内健康的政治生活的营造，轻视党员干部的表率作用。十六大以来，“中央政治局向中央委员会全体会议报告工作”、“地方各级党委常委会、纪委常委会分别向委员会全体会议每年报告工作一次”之所以能成为一项制度，很大程度上得益于党中央的率先垂范。一些地方尝试了“两推一选”、“公推直选”等做法探索基层党组织直选，大都与当地党委主要领导干部大力支持、亲自督促分不开。对于党内民主建设来说，科学的制度安排是根本，健康的政治生活是基础。如果没有健康的党内政治生活，没有一大批真正具有民主素养的党员干部的自觉实践，制度再好都难以真正运行起来。这在党的历史上有过深刻的教训。在这个过程中，领导干部特别是高级领导干部起着特别重要的作用。我们高度重视制度建设，但绝不能陷入“制度决定论”的误区。

第二，既要以改革创新的精神积极推进党内民主建设，又要把握好党内民主建设应有的边界。十六大以来，党内民主不断发展的过程，就是一个不断改革、不断创新的过程。而改革创新的过程往往会伴随着与原有法律和制度的冲突。十六大以来，党的基层干部群众大胆探索，创造出“公推直选”、“两推一选”等新的基层党组织选举方式。但新的选举方式是与《中国共产党基层组织选举工作暂行条例》、《中国共产党农村基层组织工作条例》的有关规定相冲突的。在这个问题上，党中央表现出勇于改革创新的精神，对基层的改革给予有力支持，并适时地把一些基层创造的好经验好做法上升为政策和法律。党的十六届四中全会决议明确提出要扩大基层党组织领导班子成员直接选举的范围。党的十七大报告提出：“推广基层党组织领导班子成员由党员和群众公开推荐与上级党组织推荐相结合的办法，逐步扩大基层党组织领导班子直接选举范围。”十七大通过的党章修正案第 29 条第 2 款关于党的基层委员会、总支部委员和支部委员会选举办法的规定，增写了“提出委员候选人要广泛征求党员和群众的意见”的内容；第 30 条中关于“基层委员会、总支部委员会、支部委员会选出的书记、副书记，应报上级党组织批准”，修改为“基层委员会、总支部委员会、支部委员会的书记、副书记选举产生后，应报上级党组织批准。”党章是党的根本大法，党章做这样的修改，有利于给扩大党内基层民主的探索留出空间。

我们认为，要从是否得到了党员群众的支持和拥护、是否有利于党的执政地位的巩固这个高度来决定是否推进党内民主改革，而不能拘泥于改革举措与某些具体制度规定的冲突与否。基层党组织选举制度改革保障了党员群众的选举权，增强了党的基层组织的民意基础，因此，这项改革具有政治学意义上的“合法性”，应给予肯定。现有的制度规定往往存在时滞性，不能让文本上的规定束缚符合现实需要的改革创新，而应按照实际的情况去合理修改现行规定。否则，任何改革都无法向前推进，创新发展就成为一句空话。

在大胆探索、努力创新的同时，必须在政治上和理论上保持清醒的头脑，把握好党内民主建设应有的边界。党内民主与一般民主不同，它是以党组织作为前提和载体的。如果党组织没有了，也就谈不上什么党内民主了。党内民主建设必须有利于党的生存和发展，有利于党实现自己的政治使命，而不是相反。这就是党内民主建设的边界。在当今中国，这种边界集中表现为保持党的领导地位和执政地位不动摇。为此，要正确处理党内民主与集中的关系，党内民主与党的团结统一的关系。十六大以来，党中央在发展党内民主的取向上，特别突出了发展党内民主要有利于增强党的创新活力和团结统一。党的十七大报告第十二款第三条标题是：“积极推进党内民主建设，着力增强党的团结统一”。众所周知，党的团结是党的生命，党内民主也是党的生命。两个都是党的生命。这就在党的文献史上，第一次将这两个“生命”放在一起论述。这表明了党中央决不允许发展党内民主导致党内派别化和政党分裂的态度，为党内民主的发展划定了最重要的边界，有利于党内民主建设沿着正确的方向健康发展。这也是今后党内民主建设必须把握好的一个原则问题。

第三，要围绕规范党内权力、保障党员民主权利这两大要素推进党内民主建设。十六大以来，党内民主建设取得重大进展的一个重要原因，就是在发展的过程中抓住了两大要素，一是规范党内权力；二是保障党员民主权利。十七大报告中“确保权力正确行使，必须让权力在阳光下运行”的表述体现了党加强权力制约和监督的决心。十六大报告提出，要“尊重和保障人权”。这一提法后被写进宪法。十七大报告第一次把人民的四项权利(知情权、参与权、表达权、监督权）写进党代会报告，表明党更加重视人民的民主权利。体现在党内民主方面，就是更加重视党员的权利。十七大报告明确提出要尊重党员主体地位,保障党员民主权利。《党员权利保障条例》、《党内监督条例》等党内法规，基层党组织直选改革的实践，都把这两大理念如两根红线一样贯穿其中。特别是选举制度改革，下可以动员党员，上可以约束领导；既实现党员的权利，也规范党内的权力，最具有综合效应。

党员是党内权力的主体，也是民主权利的主体。发展党内民主，归根结底就是要充分实现党员直接或间接地决定党内事务的民主权利，监督制约党内权力，防止个人或少数人专断。党内民主有着不同于一般民主的特点之一，就是党内的权力结构不等同于国家权力结构，党组织不必要也不可能像国家政权一样构建为立法、行政、司法这样完备的权力系统，这就决定了党内权力制约虽然也有以权力制约权力的形式，但更多的是以权利制约权力。从这个意义上讲，对党员权利的保障，党员权利的充分行使，就是对党内权力的最高制约。也就是说，规范党内权力和保障党员权利是紧密相关的有机统一体。规范党内权力，为党内政治生活的规范化和制度化提供必要的前提；保障党员权利，为形成生动活泼的党内政治生活奠定必要的基础。只有紧紧围绕这两大要素推进，发展党内民主才能具有正确的价值取向而不至于误入歧途。当前，党员权利与党内权力之间的关系在党内制度安排中有所体现，但还不够细致和深入，党内党员民主权利与领导权力之间的不平衡仍相当明显，党员权利实现机制不够顺畅，无法真正有效地控制党内权力。为此，需要根据党内权力与权利的互动规律来进行一整套制度安排，使各项制度之间有机结合、相互补充、配套衔接，同时，着力健全权力运行机制，使授权、决策、管理、监督等各个环节环环相扣，以科学合理的党内权力结构和权力运行机制，来保证党员民主权利的充分实现，保证党内权力在党员的有效控制下科学运行。

（作者：南开大学马克思主义教育学院副教授）

（选自《马克思主义研究》2012年第11期）

党政领导干部的分类选用、考核和管理探析

罗中枢

为什么党管干部原则和群众公认原则被普遍认可，而在实际操作中往往难以两全？为什么强调党管干部就容易出现少数人说了算，而强调群众公认就容易出现拉票甚至贿选现象？为什么干部选用的公信度成为“易碎品”？为什么群众抱怨“该选的不选，不该选的认认真真走程序”？为什么干部抱怨“考核又宽又泛又软又难又没有用”？为什么干部群众对各类干部选用方式的认同度都不很高？所有这些问题，归根结底都与干部分类选用、考核和管理没落到实处有关。

一、科学的干部管理必须重视职位分类和人岗相适

中国古代在衙门里做事的人横向分为官、僚、吏三类，纵向分为九品。官是正职，僚是副职，吏是办事员。西方国家吸取中国古代政治文化精华，采用了“政事分类”、“两官分途”为主要特点的文官制。19世纪以后，英国政府官员逐步形成两大类，一类是政务官，由执政党直接或间接推举产生和确定，并随政党竞选胜败和内阁变更而进退，主要职责是参与制定国家政策，执行执政党的政纲及其首脑制定的方针政策，维护执政党的地位和利益。另一类是事务官，主要职责是在政务官所制定的政策指导下依法行政，贯彻并落实政策。事务官不由选举或任命产生，多数是通过考试和选拔取得职位，在政党轮流执政期间保持“中立”，不参与政党的竞选活动，不与执政党内阁共进退。

目前我国干部的选用、考核和管理尚处于转型阶段，总体比较粗放。深层次原因主要是在一些基础环节如党政分工、依法行政、简政放权、组织机构设置和职能规范、职位分类和责权利明晰、任期制的健全、人才选拔和考核评价的科学化和专业化、能上能下等方面，尚未获得实质性的突破。如“党管干部”原则中规定的“推荐和管理好重要干部”之“重要干部”，类似于西方文官制度中的政务官，但并未明确区分什么类型的干部是“重要干部”，什么类型的干部是“非重要干部”，也没有明确与事务官类别相对应的干部群体。对于选任制干部、委任制干部、考任制干部、聘任制干部，以及正职与副职、党委的“一把手”和政府的“一把手”、党政机关和国有企事业单位干部等，各地大体都是采用同一原则、模式和程序进行选用、考核和管理，过分地在干部选任的权力设计上下功夫，而不是努力在职位的设置、考核、管理、监督上提高科学化水平。

自古以来，我国有许多关于如何选人用人

的经验积累和真知灼见，其中一条重要的原则就是以岗择人、人岗相适："为人择官者乱，为官择人者治。""择天下之士，使称其职；居天下之人，使安其业。"时至今日，职位分析已成为现代人力资源管理的基础工作。只有进行科学的干部职位分析，才可能具有高效的干部管理，但是，目前我国尚未形成干部职位分析的制度和运行机制。问卷显示，在回答"干部选拔任用实际工作中如何处理人与岗位的关系"时，55.1%的县委书记和县长倾向于选择"以岗为本"，39.2%的倾向于"以人为本"。可见县委书记和县长在干部选拔任用过程中的职位意识并不强，更强的还是从谋求干部职位的那一群体出发的身份意识。

在深化干部人事制度改革中，剥离笼罩在干部身份上的衍生物，变"官位"为"职务"，变"干部"身份为"管理者"岗位，变"人职一体"为"人职匹配"，使干部清清楚楚、明明白白地站好岗、履好职、担好责并获得应有的回报，是提高管理效率、防治腐败现象的根本之举。

二、无分类选用、考核和管理干部存在的问题

（一）无分类无区别选用干部，干部授权主体不明晰

近年来各地积极探索公开选拔、竞争上岗、公推直选、公推公选、三票制、两票制等干部选拔任用方式，在扩大选人用人民主方面进行了卓有成效的探索。深入了解发现竞争性选拔的对象无分别地扩展到了村级党组织干部、乡镇党政干部、科级干部、县处级干部、厅局级干部等；参与竞争性选拔推荐和投票的主体也无区别地扩展到了党委常委、党委全委、两代表一委员、全体党员、群众代表、全体群众。这种无分类无区别的干部选拔方式给人们带来种种困惑。

选任制体现的是以民意为主，其授权主体为民众，适用于代表大会制和委员会制的干部。委任制体现的是遵从上级组织和领导人的意旨，其授权主体是上级组织及其代表，适用于职能部门的干部。在干部选拔任用的实践中，事实上对于委任制和选任制的适用范围缺乏明确界定，运行中的具体环节不规范，工作责任不够落实，常常有意无意地混淆了选任制和委任制干部的适用范围，出现两者交叉、重叠甚至互换的现象。一位省委组织部副部长说："干部有委任、选任，还有考任、聘任，严格意义上是要区分的。而现在是不分的，职位上没有分开，方法上也是乱用的。法律规定必须通过选举产生的干部，可能还清楚一点。但其中的选举也有问题，好多都是党委讨论以后，再请人大代表来选。我估计这个问题会越来越凸显。人大代表素质提高了以后，政治上的诉求也会越来越强。"

各地对于选任制干部，尤其是本应由党组织内的全体党员（或党员代表），以及辖区内的广大公民（或公民代表）选举授权的"一把手"，主要还是沿用自上而下的方式，由上级党组织直接委任之后再选举、走程序，因而其授权"主体"依然掌握在少数人甚至个别人手中；对于本应由上级组织或领导授权的委任制干部，尤其是理应根据班子结构情况进行搭配的副职干部和业务类干部，却普遍采取了公开选拔、竞争上岗的方式，在过程中又过多地考虑了"民意"，甚至在民主推荐和测评中出现了简单地"以票取人"的现象。对于副职干部的选拔，很少注意到领导班子内部不同职位角色所需要的年龄结构、知识结构、专业结构、能力结构、气质结构等方面的相宜性和匹配性。由于"一把手"对班子副职的选拔缺少话语权，组织考察时又重在把握共性标准而缺乏对不同类别、不同层次、不同岗位干部的个性特征和综合情况进行

比较分析，所以看似民主、公开、竞争、择优的选拔，实质上却造成不少领导班子的结构性缺陷。有县委书记抱怨说："我有三个不能选择。一不能选择上级，二不能选择同事，三不能选择部下。"再有，委任制和选任制干部随意调动，致使干部任期制有名无实。"西方国家的选任制和委任制干部在任期内一般是不动的。我们国家和西方不一样，今天我委任一个干部当厅长，明天我也可以让他去当书记"。在调研中还发现，同一个职位有时候是选任制干部，有时候又是委任制干部，"县委书记、乡镇党委书记，在换届的时候，组织上派下去再经由选举产生，他就是选任制干部；然后中途把他调走，换另一个书记去接任，这个时候就只能是委任。所以党委书记一个职位，可能是两种含义"。这种必须选举的却直接任命（即委任了选任制干部），该任命的却又公开选拔（即选任了委任制干部）的做法，随意性太大，不仅使各类党政干部的授权主体不明、责任不清、权力无边，导致跑官要官、买官卖官等腐败现象，而且影响干部选拔质量和选人用人公信度，也在干部的考核评价、优化配置等方面带来诸多连环性问题。

（二）重身份选人，轻职位择人

长期以来，我党十分重视把最优秀的人才汇聚到干部队伍中，按照统一的标准选用最优秀的人，成为各级党委和组织部门选人用人的理想目标。然而在实际操作上，过分看重在人中选人，而不太重视人职匹配；用规定的框框去"挑选"最优秀的人，而不是在实践中去"发现"与职位适应度较高但不一定十全十美的人；偏重以身份选人，重资格、重文凭、重年龄，而不是重职位特征、重职位职责、重职位需求；自觉不自觉地把党政领导职务荣誉化、待遇化，当作一种政治待遇或向上流动的阶梯，因而选用干部表现出的主流价值观就是授人以特权，给人以好处，而不是用人之专长，取人之德才。更不是像刘备三顾茅庐那样，求贤若渴，"请出"事业最需要的人。

目前，人岗相违、人事相悖、责权利不一致的现象普遍存在。在现有体制下，党的组织部门几乎统揽了党政和国有企业、事业单位、社会团体等数千万干部的选拔、评价、定级、授权、培训等工作，这如同政府包揽所有的社会经济活动一样，包揽了太多自己干不了也干不好的事情。于是，在一些地方和单位出现职位空缺时，不得不采取大规模的轰轰烈烈的竞争上岗换届。而公开选拔竞争上岗又缺乏职位的具体描述，职位所需资格、资历条件和能力的要求也过于宽泛，职位的责权利规定多数是空白。于是报考者只能跟着感觉走，未能也不可能认真思考自己是否适合所报考的职位，以及职位的责权利是否适合自己的能力和要求等。其结果往往是选拔者昏昏，被选者亦昏昏，履职效果大打折扣。

（三）重干部选拔，轻分类管理

选用和管理是干部工作的两个轮子，两者同样重要。一些地方、单位的党委和组织部门并没有投入足够的时间和精力去研究如何加强干部管理的问题，组织部门平时与干部主动交流沟通也不多。如果干部没有职务变动或群众反映，组织部门一般不会找干部，干部的日常管理缺乏，分类管理更有许多的空间。长此以往，干部管理便形成"上级管不到，同级不好管，下级不敢管，群众管不了"的状况。

问卷调查显示，在回答"您认为当前县委书记队伍建设存在的突出问题是什么"时，县级主要领导回答频次前三位的依次是："职责不清，承担无限责任"、"组织理解关爱不够，缺乏激励机制"和"任期制执行力度不够"，分别占 47.5%、32% 和 31.9%。这些问题显然都直接涉及领导干部的管理，反映出长期以来组织工作"重选拔、轻管理"的倾向。在回答"当前干部工作中存在一些问题，您认为主要表现在哪些方面”时，选得最多的也是“重选拔，轻管理”。

在实际工作中，科学规范党政干部的职位职责显得十分困难，各地对不同层次、不同类型的党政干部几乎都缺乏明确具体的职位职责和任职条件规定。一位县委书记在访谈中谈到：“县里选任科局长时没有岗位职责描述，选任乡镇长时也没有岗位职责说明。”具体到县委书记职位职责的规范化，有县委书记说：“我有三大任务，第一是发展，第二是稳定，第三就是安全。”另一位县委书记则认为：“我这个岗位有四个最重要的事情，第一是抓腐败，第二是抓班子，第三是抓民生，第四是抓和谐。”可见县委书记对同样的职位也还没有一致的认识。

（四）干部的考核评价缺乏科学性和准确性

由于对各类领导干部的特点和现状认识不足，目前对于以职位职责为基础的干部考核制和以目标责任为基础的实绩考核制的研究还不够深入，在考核主体、考核内容、考核方法、考核的组织实施等方面存在不少问题。如考核工作的公开性、透明度不够，加上通常采用一次性集中考核，缺乏平时工作绩效分析，不能根据地区和单位的主要任务、职能以及领导干部的职位职责灵活调整考核方法，因而对干部实绩的综合性评价不够，也很难形成全方位的个性化的考核评价。“马伏皂而不用，则驽与良而为群；士齐僚而不职，则贤与愚而不分”。由于考核评价缺乏科学性和准确性，考核结果往往难以作为干部奖惩和升降的依据，一些不称职的干部也难以通过现有的考核界定出来，结果如一些基层干部所说：苦干实干，做给天看；东混西混，一帆风顺。

各地针对领导干部的考核方法可谓五花八门。一位县委书记说：“我们现在实行了一个双线考核的办法，即组织考核和群众考核相结合，群众占50%，组织占50%。所有的领导，包括‘一把手’和乡镇党委书记都在电视上进行公开承诺。承诺之后如果没有做到，群众不满意，这种干部到年终考核的时候就是一个不称职的干部。”同一个地区的另一位县委书记讲：“每年年初在制定考核标准的时候，大家把脑壳都抠烂了，尽量考虑得周全完善。但是，到年底考核时，始终还是有很多漏项。干部考核很多还是定性的，比如德的考核。我们现在尽量通俗化、量化为权重制打分。主要领导要打分，分管领导要打分，牵头部门要打分，服务对象要打分，还有就是社会要打分。西部一位县委书记谈到考核时说：“县委书记的考核？那就看平时的工作了，看县委或者市委安排的工作完成得怎么样，比如说完成的财政收入、GDP指标、计划生育指标、安全生产事故率或者是死亡人数、贪污受贿案件……就通过这些来考核。”

三、积极探索构建分类选用、考核和管理干部的格局

（一）构建选任制、委任制和考任制相结合，选举制与选拔制相衔接的干部分类选拔格局

不少县委书记和组织部长认为，干部选用必须把握好“党管干部”和“群众公认”关系的度，而通过合理区分“委任制和选任制”干部并形成分类选用，便可找到二者之间的适度结合点。

在坚持党管干部原则的前提下，可参照中国古代“官、僚、吏”的分类和西方现代“政事分类”、“两官分途”的办法，探索构建党政干部分类选拔格局。对哪些职位的干部实行选任、哪些职位的干部实行委任，应进行严格的科学的分类。基本思路是“选官、配僚、考吏”，或“选主官、配副官、考事官”，即：精心优选正职干部——地方党政“一把手”在较大范围

内由民主选举产生，实行选任制，以更好地贯彻共产党的执政宗旨；组阁搭配副职干部——班子副职由“一把手组阁”，实行委任制，以进一步促进领导班子的整体优化；考试录用业务干部——业务干部通过考试录用，实行考任制，以有效坚持人岗相适原则。

干部人事制度改革如今已进入重点突破阶段，探索构建党政干部分类选拔格局已成为理论和实践的必然要求。随着民主政治建设的推进，应坚持和完善选任制，实行真正的差额选举，并大力推行公开选拔、竞争上岗、公推公选等竞争性选拔方式。“由于没有对领导干部进行分类管理，所有的党政官员都采取类似于西方文官制度中以年龄为标准强制退休的办法，并且提拔干部时往往也在年龄上‘一刀切’，造成普遍的‘天花板效应’，使干部制度显得很不合理。纵观各国的官员去职方式，主要有年龄去职、选举（任期）去职和问题去职等……一般来说，对于事务官（文官）采用的是年龄去职，而对于政务官则采用选举或任期去职，不受年龄的限制。中国长期以来缺乏选举淘汰的手段，于是只能主要依靠年龄淘汰的单一方式，其弊端是显而易见的。而推行差额选举，就可以有效解决这一问题，让一部分党政主要领导干部通过选举竞争产生而不受年龄的局限，只规定任期。这就可以建立一种民主的、开放的干部进退机制，并为中国公务员制度的分类管理奠定基础”。

问卷调查结果显示，80.1%的县委书记和81.9%的县长认为应合理区分“委任制和选任制”干部的选用。县委书记和县长普遍赞同“精心优选正职领导”(99.5%)、组阁搭配副职干部”(90%)和“考试录用业务人员”(95.5%)。目前，乡镇公推直选已积累了一定的经验，在此基础上将选举制扩展至县级层面，可有效解决主要领导干部产生的民意基础和身份合法性问题。江苏省在无锡、南通、宿迁三个省辖市市委书记的选配中，集中多数领导干部的政治经验和智慧，积极探索组织评价和群众意愿的一致性，通过两轮推荐、差额考察、差额票决等程序，对三位市委书记人选进行了公推票决。这个动向，既反映了干部选用的实践趋势，也表达出干部群众的人心所向。

（二）强化编制管理、科学设置各级干部职位并加强职位管理

马克思主义的精髓是具体问题具体分析具体处理。党政各级各类领导干部的工作性质、特点和具体要求各不相同，每一个谋求职位的人也都具有独特的能力、经验、知识和品格。因此，在干部选用、考核和管理中应高度重视人岗相适、人职匹配、量才用人、合理搭配的原则。古人说得好：“量力而任之，度才而处之。”“将相分职，而各以官名举人，按名督实，选才考能，令实当其名，名当其实，则得举贤之道也。”“凡吏胜其职，则事治，事治则利生；不胜其职，则事乱，事乱则害成。”泱泱中华，人才济济，当务之急是科学系统地设置各级党政干部的职位及责权利范围，并通过建立和完善科学、透明、有序的选举制和选拔制，使优秀人才脱颖而出——不是选完人、选全才、选全能冠军，而是选最适合岗位的干部、选单项冠军或亚军、季军。问卷调查结果显示，99%的县委书记和县长赞成“上岗的干部应知道本岗位的责权边界”，96.6%的赞同“应对关键岗位设定明晰的职位说明书”，95.9%的认为“应向社会公开干部所在岗位的责权范围”。由此可见县委书记和县长对深化干部职位管理在上述三个方面具有强烈的一致性要求。

领导干部选用、考核和管理的科学化和精细化，迫切需要做好三项基础工作：一是深化干部分类管理改革。要高度重视编制工作，这是配置党的执政资源和国家行政资源的重要基

础性工作，干部的选用、考核和管理，与机构设置、编制设定、职位要求有重要关系，应根据组织的战略目标和需要，逐层分解组织职能，本着粗细结合的原则，把性质相近的职位进行合并，进一步明确职务设置与级别设置。二是适应职位分类与品位分类交叉融合的新趋势，尽快实行职务与职级并行制。三是普遍建立领导干部《职位说明书》及干部履职分析报告制度。要按照十七届四中全会关于“深化干部分类管理改革”的要求，深入分析研究各种领导职位的工作内容及必需的知识、能力、技术和责任，明确描述党政干部各种职位的责权利，建立健全决策权、执行权、监督权之间既互相制约又互相协调的权力结构和运行机制。

（三）健全分类、科学、常态化的干部考核评价体系

在深化干部人事制度改革中要积极推进考核评价理念、主体、内容、方法、技术等方面的创新，把“德才兼备、以德为先”的用人标准具体化为可观测、可操作的指标并落实到干部考核的全过程，体现到干部选、用、管、育、退等各个方面。

明确考核评价主体是建立干部考核评价体系的首要问题。根据“委托－代理”理论，权力受体必须对权力授体负责。问卷显示，84.6% 的县委书记和县长赞同“考核监督干部，无论是选任制还是委任制干部，都应该实行谁授权向谁述职并接受其考核监督的原则”。其次是干部考核评价的内容。问卷显示，在回答“您认为当前干部考核评价中特别需要注意的是哪些方面”这一问题时，74% 的县委书记和县长首选“加强对‘德’的考核，把‘德’的标准具体化”；70.1% 的选择“突出科学发展政绩”；50.5% 选择“加强考核结果运用”。有的县委书记和县长还补充了干部考核评价需要注意的其它问题，如重分类，依岗位职责进行考核；重条件，考核干部在什么条件下干成了什么事；重长远，特别关注隐形政绩及考核结果的真实性问题等。另外，在回答“考核评价一个干部应当着重注意哪些方面”这一问题时，82.4% 的县委书记和县长认为应注重从“履行岗位职责的情况”对干部进行常态管理，并辅以“在关键时刻的表现”、“完成急难险重任务的情况”、“工作实绩”和“社会评价”四个维度予以奖惩。

科学的干部考核评价体系应以职位职责为基础、以目标任务为方向、以工作业绩为核心、以社会评价和组织评价相结合为手段。健全党政领导班子和领导干部的分类考核评价体系，需要从偏重经济建设考核向注重经济社会全面发展考核转变，从偏重 GDP 考核向注重以人为本、改善民生考核转变，从偏重单一发展的考核向注重协调发展的考核转变，从偏重短期效应的考核向注重长期效应的考核转变。在操作上，应根据不同区域、不同层次、不同类型领导班子和领导干部的特点，建立健全各有侧重、符合职位特点的考核内容和考核指标体系，以平时考评、年度考评为基础，以换届考察、任前考察为重点，把日常考评、立体考评、动态考评结合起来。还应运用社会调查方法、统计分析和现代信息技术对不同干部类型和个体的基本信息进行搜集、整理、分析、研究，建立动态的干部管理信息系统。

（作者：四川大学公共管理学院教授）

（选自《四川大学学报·哲学社会科学版》2012 年第 1 期）

党政领导干部队伍的结构性缺陷探析

王　卓

为什么不少基层干部感到一些政策不切合实际情况？为什么"彼得效应"、"天花板"现象和"官场年龄焦虑症"在干部中普遍存在？为什么乡镇公务员严重不足？为什么一些领导班子整体功能不强？为什么不少领导班子内部存在不同程度的不和谐甚至矛盾？究其实质，这些问题都与干部队伍的结构性缺陷相关。当前，优化干部队伍结构作为推进干部队伍建设的一项重大改革，已势在必行。

一、优化干部队伍结构具有举足轻重的意义

组织结构在很大程度上决定组织的功能，组织结构发生变化，其功能与作用也必然随之变化。干部队伍需要完善的结构来支撑，结构规定了组织中的角色关系，也规定了干部职能的发挥。优良的干部队伍结构有利于实现优势互补，增强班子活力，激发干部创业热情，可以使国家管理有序而不乱，可以支撑政府大厦稳固而不垮。干部队伍的结构性缺陷会导致组织内耗、降低班子活力、影响干部队伍整体功能的发挥。

按照唯物辩证法观点，量变引起质变有两种基本形式，一是事物在数量上的增减，如在大小、速度、程度和规模等方面的变化引起质变；二是构成事物的成分在结构和排列次序上的变化引起质变。在战争中，同等数量和同样素质的军队，由于战略和组织的不同，会引起战役结果的质的不同。在企业中，同等人数同样素质的劳动力，由于组织和安排的不同，也会引起生产结果的差异。因此，善于从量的结构或结构的量去考察事物如何由量变引起质变是唯物辩证法的重要方法之一。

优化干部队伍的结构不仅关系到干部队伍功能的有效发挥，关系到干部队伍的可持续建设，而且关系到保持党的先进性和巩固党的执政地位。尤其是在新的形势下，当组织的战略和目标发生变化时，组织的结构和队伍的结构必须与时俱进，随着新的战略和目标而进行调整。上世纪80年代初邓小平提出干部队伍"四化"方针，主要就是从解决当时的干部队伍结构性问题提出来的。进入21世纪，面对市场经济复杂格局、社会转型矛盾多发态势，干部队伍的结构性问题日益凸显，并已影响到国家的发展和政权的建设，解决好干部队伍的结构性缺陷问题已成为深化干部人事制度改革的当务之急。

二、目前干部队伍结构方面存在的突出问题

问卷显示，目前县级主要领导干部的人口

学特征是五多五少：一是男性多，女性少，男女性别比约为20∶1，其中女性县委书记占比仅为3.4%；二是中年多，青年少，县级主要领导干部的平均年龄为46.1岁，46岁以上的占60.8%，40岁以下的占4.7%；三是汉族多，少数民族少，县级主要领导干部中，少数民族干部占20%；四是文科多，理工农科少，本科以上的县级主要领导干部中，文科专业背景的占78.3%；五是异地任职多，本地干部少，异地任职的县级主要领导干部占比94.8%。

实地调研发现，当前干部队伍结构上的问题突出表现在以下几个方面。

（一）在来源背景上，年轻干部的基层工作经验较少。领导干部总是在一定环境中“造就”而成的。实践证明，地域特色、家庭背景、生活环境、工作经历、知识结构等背景不同，领导干部的风格、作风、行为会有较大的差异，其价值判断也会有所不同，进而会在利己与利他、物质与精神、短期与长期等维度上具有不同的倾向，甚至做出不同的决策。改革开放以来，党政干部队伍（包括县乡基层干部队伍）结构发生了根本性变化。过去的公社干部乃至县级干部大多来自农村，并且是从生产队长做起，自下而上一级一级地提拔起来的，大多数的干部熟悉农村、熟悉农业、熟悉农民、熟悉基层。“往前推十年，乡镇干部好多都是种田人出身，他是一步一个脚印干出来的。从生产队长到大队长，到副乡长，再到乡长。这些干部的实干性很强，解决问题的能力很强”。随着干部队伍“四化”方针的贯彻和农村各项改革的推进，尤其是随着《公务员法》的实施和“凡进必考”准入机制的运行，一大批高校毕业生不断充实进了各级党政机关。从“家门”到“校门”再进“机关门”的“三门干部”，逐渐成为干部队伍主体，并与社会其他领域的人才相对分离。这批“三门”干部大都有长期的应试教育背景，理论知识强、文化素质高、思想活跃，视野较宽，其思维方式、话语方式、办事方式、决策方式、处理矛盾方式、对国情民情的理解和把握等等，都与过去的工农干部有明显差异。但是，这些干部的工作经历、成长途径、知识结构趋同，社会实践经验严重不足，比较缺乏严格的党内生活锻炼，不太会与群众打交道，处理群体性事件和突发事件的能力显得不足，对工农大众和社会现实也比较隔膜，尤其是未能很好阅读“人民群众”这本书，缺乏基层工作经历和对基层群众的感情。问卷结果显示，有47%的县级主要领导干部没有基层工作经历，其中，县委书记没有基层工作经历的比例比县长要高14.7%。另外，在基层锻炼上，不同年龄段的县级主要领导干部也有明显差异，其中年龄越小的县级主要领导干部在基层工作的比例越低，51岁以上的县级主要领导干部在乡镇（街道）担任过职务的占66.7%，46～50岁的占58.5%，41～45岁的占54.8%，40岁及以下的占40%。这种状况值得高度重视。“夫治国犹如栽树，本根不摇，则枝叶茂荣”。反之，根浅则本薄，也就难保枝叶茂荣了。西部的一位县委书记发出了这样的感叹：“中国是一个农业大国，如果我们上面的干部在制定政策时不懂中国的农业，不懂中国的农村，不懂中国的农民，那么出台的政策就很可能与基层有距离。一些部委的司局长或者省厅的处长来基层指导工作，灵活性不强，不了解我们基层。”

（二）在任职年龄上，干部队伍的梯队搭配不合理。实践证明，无论哪个层级，适合中国社会复杂性的领导班子年龄结构应该是老中青结合的梯队型结构。为解决“文革”后复出的许多领导干部年龄偏大的问题，干部队伍年轻化曾作为“四化”方针中最为刚性的指标。30多年过去了，现在严重的问题是干部队伍建设过分强调年轻化，忽视不同级别间的年龄组合，忽视各级别内干部队伍尤其是领导班子的年龄组合。年龄杠杆就好像是一把利剑，在干部任职年龄上搞“一刀切”和层层递减，好使又好用。“35岁以上的不再进入乡镇党政班子，40岁以上的不再进入县级党政班子”在一些地方成为公式，“提不上去，就退下来”被当作经验推广，“30当官，40靠边，50赋闲”的说法在基层流行。这些带有年龄歧视的做法，看似简便易行、公平合理，实质上是与德才兼备、以德为先、唯才是举的干部路线相悖的，是另一种形式的“简单粗暴”和“政治偷懒”。扭曲干部年轻化的做法还引发了干部的“更年期综合症”和“连锁负效应”，致使干部队伍的稳定性减弱、干部任期制形同虚设。问卷调查结果显示，目前县级主要领导干部任现职时间平均为3.25年，61.2%的任现职时间在3年及以下，71.8%的任现职时间在4年及以下，5年以上的只有14.5%。受访者的前一任在此职位上工作时间不到1年的占10.8%，工作时间在1.1～2年的占26.3%，工作时间在2.1～4年的占48.7%，没有一位受访者的前任任职时间在5年以上。研究表明，每年都有20%的县级主要领导干部在任期内流动。

除此之外，还存在各层级领导班子的“年龄挤压”现象。如省部级大多都是“40后”，厅局级大多是“50后”，县处级大多都是“60后”，乡科级大多都是“70后”。问卷结果显示，目前县委书记平均年龄47.13岁，标准差3.6；县长的平均年龄44.94岁，标准差3.51。县级主要领导干部的年龄搭配显然是全国一盘棋的干部管理方式的反映。与这种干部管理方式相关的还有“干部异地任职”的规定。问卷显示，当前县委书记异地任职的占94.8%，县长异地任职的占94.7%。其实，“回避制度是我们古代吏治的一个传统，古时候信息不发达，交通也不发达，在那种情况下搞回避是很有必要的。现在进入21世纪，处于信息时代、高速公路时代、高速铁路时代，回避还有没有作用呢？我想大家是有许多疑问的”。“年龄挤压”和“异地任职”导致干部队伍中普遍存在“彼得效应”和“天花板”现象，这也在很大程度上反映出我国干部管理粗放、人才资源浪费、行政成本太高等严重问题。

（三）在专业知识结构上，偏人文轻理工。对于干部知识化、专业化的理解，在很长一段时间被异化为“学历化”，于是领导干部纷纷进入党校、高校以各种方式获得学士、硕士甚至博士学位，掀起了“文凭热”。问卷调查结果显示，目前97%的县级主要领导干部拥有大学本科以上学历，其中35.7%的县级主要领导干部拥有硕士学位，4.7%的县级主要领导干部拥有博士学位。近年来随着手持文凭的“三门”干部大规模地加入干部队伍，干部群体的专业背景出现了文科化现象。接受本次调查访问的县级主要领导干部，接受文科专业教育的占78.3%，其中县委书记占79.7%，县长占76.6%，理、工、农学科专业的干部占比相对较少。在文科专业的分布上，又以经济管理、行政管理、中文等专业为主。21世纪的中国已进入工业化、城镇化、市场化、信息化、国际化发展的快车道，更加需要各级领导班子，尤其是在国家政权运行中极为重要的县级领导班子具有驾驭市场经济的能力、社会协调发展的能力、城市规划与管理的能力、自主创新的能力以及国际交往能力的搭配。在干部选拔任用中，片面地将干部专业化等同于学历，把能说会写等同于治国理政之才华，很容易滋生出这种干部队伍“素质高”的虚浮现象。

（四）在职位布局上，各方面的干部交流不顺畅。流水不腐，户枢不蠹。干部之间的交流有利于干部成长，有利于增强整个干部队伍的活力，也有利于防止腐败。近年来我国在促进干部交流方面做了大量工作，但普遍的现象是：自下而上晋升冷，自上而下空降热；从发达地区到不发达地区冷，从不发达地区到发达地区热；党政正职干部交流多，副职干部交流少；强势部门交流多，弱势部门交流少；块块交流多，条条交流少；地方干部交流多，条块之间干部交流少；部门内部轮岗多，跨单位交流少。问卷调查结果显示，现任县委书记和县长从副科级晋升到正县级，平均用时13.56年，标准差为4.07，其中最长的用了26年。10～15年晋升三级的占46.6%，15～20年晋升三级的占30.5%。从副县级晋升到正县级，平均用时6.29年，标准差为2.95，其中最长的用了21年，用5～10年完成这一级晋升的居多，占81.8%。另外，土生土长的基层干部晋升通道十分狭窄，“三支队伍”之间的交流渠道也不畅通。由于干部交流的配套制度不健全，不同部门、不同地区之间，不同性质、不同编制之间干部的工资、津贴、待遇差别大，也形成了新的干部交流壁垒。县级主要领导干部在回答“如果有机会，您愿意到哪些单位任职”时，43%的选择到大型国有企业，18.8%的选择到民营企业或合资企业，10.7%的选择到外资企业，6.3%的选择到事业单位，5.3%的选择到群团组织，2.7%的选择到一般国有企业。由此选择意向，可见干部交流的障碍显著存在。

（五）在数量分布上，乡镇干部严重不足。我国干部队伍的整体结构类似橄榄型，中层干部数量较多，仅县处级干部就约24万人。有研究表明，中国社会结构呈倒“丁”字型，其中构成丁字型一横的是巨大的农村社会阶层，构成丁字型一竖的更多的是城市社会阶层。面对巨大的农村社会阶层，目前我国干部队伍建设上存在的一个十分突出的问题是乡镇干部数量严重不足。现在很多乡镇严重缺少35岁以下的年轻干部，致使建立来自基层一线的干部培养选拔链成了无源之水、无本之木。四川一位县委书记谈到这个问题时，激动地说：“我们国家是一个农业国，主要人口都在农村，很多社会矛盾都是从农村开始爆发的。乡镇干部每天要和群众生产生活在一起，要通过做一系列好事，干一件件小事，如修桥铺路、平常的帮助教育等，来把一线的工作做好。把基层干部削减了，谁来做这些事情？中央一定要重视基层，否则农村就没有人做工作了。基础不牢，地动山摇。”贵州一位县委书记指出：“我们乡镇这一块公务员岗位是空起的，现在没得人去干。前几年乡镇就开始‘只进不出’，像我们一个乡镇23个编制，可能只有6～10个人在岗，大量的空缺。只要有一个稍微优秀的，就往县直机关或者市直机关走了，乡镇这块就成了一个真空。”

问卷显示，70.2%的县级主要领导干部表示本辖区乡镇基层一线公务员的配备“有缺口”，18.3%的认为“缺口很大”，还有1.8%的认为目前基层一线公务员中有“很多闲人”，只有6%的表示目前本辖区乡镇基层一线公务员的配备“刚好合适”。一方面基层一线不少公务员不适宜担任现职，另一方面又存在基层一线公务员匮乏现象，这既反映出公务员招聘、管理等方面的问题，也反映出我国基层干部队伍配备上的结构性失衡。进一步的统计分析显示，乡镇基层公务员的配备情况与所在县人口数量的相关系数为0.018。也就是说，目前“乡镇基层公务员配备情况”与县域大小关系不大，即乡镇干部匮乏是一个普遍的问题。

基层干部不仅数量不足，而且还有结构上的配置问题。上海市一个区委组织部长谈到：“领导班子配备改革以后，街镇只配备一名专职副书记。这个副书记怎么定位？职责是什么？没有明确。某区原来对专职副书记的定位是一岗双责，一是负责稳定，二是负责党群工作，后来明确副书记的职责就是协助党委书记处理日常事务，对涉及多个部门的重大事务负责牵头协调。尽管如此，现在很多副书记都反映，自己的工作职责与党委委员的工作职责界限不太清晰，不知道自己到底该管什么。乡镇一级党委，原来是一个副书记管党群，一个副书记管政法。现在改为一个副书记以后，要么管党群，要么管政法。你管了政法，把党群削弱了；管了党群，政法就削弱。稳定工作交给了副镇长，副镇长原来是一正四副，现在削弱到一正三副，三副里面还要确定一个来管稳定。从目前的情况来看，党的建设要有人来抓，党的建设任务那么重，社会矛盾又那么多，如果不强化的话，那真要（出问题的）。现在做基层工作真是苦不堪言！"

三、采取切实措施优化完善干部队伍的整体结构

（一）高度重视从基层一线发现和选拔领导干部。不熟悉基层，不管什么年龄层次的干部，其领导与管理能力都会是无本之木。

问卷显示，对于《2010—2020年深化干部人事制度改革规划纲要》提出的11个重点突破项目，53%的县委书记和县长选择了"坚持和完善从基层一线选拔干部制度"，排在11个重点突破项目的第二位。一个县委书记建议："要从老中青三代掌握一批干部，并给予一定数量的相应台阶，层层提拔。可以按比例进行控制，运用信息网络对人才进行精细化管理。我很看重村干部、优大生，要从村官抓起，其中肯定有未来的骨干。要有两年以上的基层一线工作经历，这样才了解基层，知道基层在想什么、在做什么；在基层工作时就要有大局意识，能够关心相关政策、读懂政策，并思考在执行过程中存在的问题，不断寻求更创新的更易落实的方案。"

还有县委书记建议："国家机关公务员的招考，原则上应从县、乡、村的干部队伍中遴选，应规定在县、乡、村工作3年以上，才有资格考市、省、中央国家机关公务员。因为公务员的工作经验，好些东西是在书本上学不到的。你到乡里去，到村里去，你在处理问题干工作时和群众交流，在交流过程当中与老百姓在一起，增加感情、交流感情、了解农民、知道农村、懂得农业。

"选派地方中青年干部到中央机关交流任职，是改善中央机关干部队伍结构的迫切需要，也是中青年干部锻炼成长的有效途径"。有县委书记还建议："国家也可以每年在每个省选拔2～3个县委书记，全国就是100个县委书记，到市级机关、到省级机关、到国家机关任职，这对县委书记是一个极大的激励。"在班子换届过程中，应及时进行干部建设梯队格局调整，注意从基层一线发现和选拔善于做群众工作、能妥善应对复杂局面、有处理实际问题能力的干部，以及懂经济和社会管理的不同年龄段的干部，努力给那些想干事、能干事、干成事的优秀干部开辟一条制度化的脱颖而出的通道，为巩固党的执政地位和建设现代化强国提供源源不断的人才支持。

（二）科学把握干部年轻化的内涵。人们在生命的不同阶段有着不同的生理机制，在体力、智力、心理素质等方面具有不同的特点，并由于不同社会环境和社会教育的影响而被打上不同的社会烙印。事实证明，由老、中、青组成的班子结构是干部队伍最合理的结构，老中青相结合的班子能够在知识、经验、心理、体能等各方面形成互补，使班子新老交替有序、稳定持续发展。在干部选拔任用中，要破除单纯以年龄大小论上下的观念。古人说得好："选士用能，不拘长幼，明矣。"干部年轻化不是目的，要防止狭隘的年轻化倾向及其负面影响。

干部队伍建设应努力探索干部成长规律，

算干部成长的年龄账和干部资源的成本账，尽可能保持干部在基层工作的活力，尽可能延长干部对工作投入的兴奋期，尽可能避免陷入“彼得原理”的陷阱。领导人才资源是非常宝贵的资源，国家培养一个合格的领导干部，需要经过选拔、锻炼、交流等诸多环节，到四五十岁逐渐成熟，正是年富力强可担重任的时候，如果实行片面的年轻化政策，这些干部差不多就得靠边站。于是，又开始新一轮的选拔培养。这样的循环往复会使基层、中层干部队伍始终处于培养和不成熟之中，造成国家资财和人力资源的巨大浪费。成熟的干部制度，应该是激励各个不同年龄段的干部始终以饱满的政治热情、昂扬向上的精神状态投入工作，而不因年龄的增长而消减。因此，要掌握年龄结构梯次原则，注意适当拉开年龄距离，使每个干部都在最佳年龄得到最佳使用。既要注重领导班子的年龄、知识、能力等结构的合理搭配，又要注重领导干部队伍的稳定性和新老更替的良性化循环。再过20～30年，“80后”、“90后”干部必然登上政治舞台，并成为我国各级干部的主体。随着“80后”干部成批进入建设梯队，当前就应高度重视对“80后”干部特点的研究，了解和把握他们的政治思想状况、价值取向、主要优势和明显缺点，有针对性地做出制度安排。

（三）统筹兼顾社会各阶层各领域人才的从政机会。“有贤不能知，与无贤同；知而不能用，与不知同；用而不能信，与不用同”。面对十分复杂的社会经济格局和中国社会特点，干部队伍建设应根据实际需要，合理配置各种不同学科的专业人才，既要有懂经济的干部，又要配备懂政治、社会、文化建设的干部，要注意工科类、文科类、管理类等专业人才的相互搭配，使各个“专才”汇集成领导班子整体的“通才”，增强领导干部治国理政的专业水平和能力。

更为重要的还在于，中国共产党是立党为公、执政为民、代表最广大人民群众的根本利益的党，应当也必须在干部的选拔任用过程中通过广聚人才，体现执政理念、巩固执政基础。因此，必须坚持公平原则，打破体制性障碍，五湖四海选人，给各阶层各领域的人才提供可以进入仕途的均等机会。古人说得好：“唯贤是求，何贱之有？”“野无遗贤，万邦咸宁”。在西方发达国家，在最重要、最关键的部门和岗位上任职的，大多是最聪明、最能干的精英。一个社会，如果能够通过某种机制，优胜劣汰，把德才兼备的人才推上重要岗位、关键岗位，当领导、当精英、管事情，这种社会的事业一定会兴旺发达。深化干部人事制度改革说到底，就是要形成这样一种选拔、汇聚精英人才的体制、制度和机制，形成群贤毕至、人才辈出的生动局面。“一个社会如果不能给寒门英才以应有的机会，这个社会将是充满危机和不稳定的。有本事的人不被使用，不仅是埋没了人才，而且会酿成社会不安定的祸根，……因此，给平民精英参与政治的平等权利、渠道和机会，及早发现和使用人才，对社会的安定和发展至关重要”。

四川省遂宁市大胆尝试从农民工中选拔干部，遂宁市委组织部一位干部在访谈中说：“我们的五大公选，一是面向村支部书记村主任公选，二是面向乡镇企业人员公选，三是面向大学生村官公选，四是面向规模以上工业企业中层以上管理人员公选，五是面向遂宁百万农民工公选。五大公选的基本思路就是面向基层和生产一线，激励优秀人才到生产一线去，再从一线选择优秀人才，以此来形成一个良性循环。”

在实际操作上，还应特别注意将新出现的社团组织、中介组织、非公企业、慈善机构以及农村社区基层组织管理人员中的优秀人才，纳入执政党干部的选拔培养视野，使之成为选拔任用干部的一个重要来源，彻底打破封闭内循环和近亲繁殖所带来的活力不足的被动局面。还应更加重视女干部、少数民族干部和党外干部资源的开发和利用，充分激发“人尽其才、才尽其用”的内生动力。

（四）切实做好干部的交流工作。干部交流可以从总体上优化干部队伍结构。通过交流干部，把在不同地区、不同行业工作过的领导干部选配进一个领导班子里，让各方面的优秀人才集中到一个领导班子里，有助于提高领导班子应对新形势下复杂局面的能力。针对各个班子的实际，按照复合互补的原则，既要注意配备熟悉党务、意识形态、纪检、政法工作的干部，又要注意配备熟悉经济、社会管理和善于做群众工作的干部。尤其值得重视的是，应努力构建“三支队伍”融会的立交桥，把领导干部、科技人才和企业经营管理者身份转换的渠道连接起来，明确“三支队伍”交流的原则、条件、方式和管理办法，使一些适合从事党政领导工作的科技、教育、企业、金融、商贸等行业乃至新经济和社会组织之中的优秀人才，通过顺畅的渠道转换身份，进入党政干部队伍，实现党政机关与企事业单位之间以及行业、系统、部门之间干部交流的制度化、规范化和经常化，逐步形成能官能企、能官能教、能官能研的态势。这种人才交流是多岗位培养锻炼能力素质、改善领导班子结构、促进机关作风转变的重要途径，也是消除“官本位”现象的有效措施。

访谈中一个县委书记建议，“尽快由各省建立从村干部、乡镇干部、部门领导到县级领导的信息干部管理系统，建立县委书记、县长的后备人才库，并进行大跨度的干部交流”。陕西省统筹集中一定的职位资源，打破部门限制，切实加强厅级非领导职务管理，选拔配备一批干部担任巡视员和副巡视员，这些做法就是从实际出发优化干部队伍的有效举措。当然，大跨度异地交流干部，会涉及到交流干部的家属就业、子女上学、老人赡养、购买住房、日常生活等实际问题，需要及时总结这方面的经验教训，完善出台相关办法和配套措施。

（五）加大干部资源开发的力度。领导干部资源是经济发展、社会环境、政治生态、文化氛围、实践锻炼等综合作用的结果。干部管理工作要从机械的“管”转变为主动地进行开发，从注重个体选拔任用转变为领导班子的整体搭配，从一个地区、单位的班子搭配转变为通盘考虑、统筹兼顾，最大程度地开发不同年龄、性别、学历、职业背景下的干部资源。比如，开展对干部资源的调查；加强对青年干部的培养，建立后备干部信息库；选派年轻干部到条件比较艰苦、环境比较复杂、工作比较繁重的地方和岗位上锻炼培养；在干部换届或调整时充分考虑年龄结构的合理性，确保干部队伍始终保持动态的梯次结构；破除性别、年龄、学历等人为限制因素，实现党政干部资源管理的法治化与科学化的有机结合，为不断提高领导干部能力建设与资源开发提供体制机制保障；对干部结构实行动态监控，建立领导班子结构预警系统；全面推进干部培训理念、机制、内容和方式的改革创新，促进领导干部队伍知识结构转型升级；引导领导干部在“博采众长”的基础上，逐步成为某一领域和某一行业的领导学专家。

（作者：四川大学公共管理学院教授）

（选自《四川大学学报·哲学社会科学版》2012年第1期）

当前我国干部退出机制存在的问题与对策论析

姜晓萍　史云贵

完善干部退出机制是深化干部人事制度改革的重要内容和关键环节，也是积极稳妥推进政治体制改革的关键点和突破口。2000 年 6 月中央办公厅印发的《2001—2010 年深化干部人事制度改革纲要》把“建立起能上能下、能进能出、有效激励、严格监督、竞争择优、充满活力的用人机制”作为干部人事制度改革的目标之一。但是，十年过去了，干部“能上不能下”问题至今依然是制约我国领导干部人事制度改革的“瓶颈”和“短板”。为什么下？凭什么下？怎么下？下来以后怎么对待？这些都是干部工作中长期存在的重点、难点问题。据 2008 年中组部委托国家统计局在全国 31 个省区市开展的“全国组织工作满意度民意调查”，关于干部人事制度改革需要解决的突出问题，48.10% 的干部群众认为是“干部能上不能下”，占多项选择的第一位。另据 2010 年四川省委组织部调查，在“当前选人用人中存在的突出问题”的多项选择中，“干部队伍能上不能下、‘出口’不畅，活力不足”成为 63.46% 受访者的首选。这些情况表明，我国干部工作还普遍存在着“重选拔，轻退出”的问题。本课题通过对 30 多个市县进行调研、对 47 位县委书记进行访谈，了解到虽然我国已初步建立了以退休退出、领导干部届满到期退出、引咎辞职退出为主的党政领导干部退出机制，但由于各种利益和矛盾的交织，目前我国在完善领导干部退出机制方面还存在着一些迫切需要解决的问题。

我国干部退出机制的现状

当前，我国干部退出机制改革已取得了较大的成绩：现有的法律、政策为干部退出机制提供了有力的法律支撑，中央一系列的重大举措为干部退出机制率先垂范，干部人事制度改革实践为进一步完善干部退出机制奠定了良好的社会思想基础和群众基础。

1. 我国现行的法律、政策为完善领导干部退出机制提供了基本的实施依据。首先，我国现行宪法第 98 条规定了地方各级人民代表大会的任期。《中华人民共和国地方各级人民代表大会和地方各级人民政府组织法》第 58 条规定了地方各级人民政府的任期。这实际上已从我国宪法和相关法律的角度规定了地方各级人大和政府领导干部的任职年限。其次，《党章》第 21 条、26 条对中央和地方各级党委任期都作了明确规定。第 36 条还进一步指出，“党的各级领导干部，无论是民主选举出来的，还是由领导机关任命的，他们的职位都不是终身的，都可以变动或解除”。再次，《党政领导干部选拔任用工作条例》第55、61条对我国领导干部的免职、辞职、降职的条件和程序作出了明确的规定。中央办公厅印发的《深化干部人事制度改革纲要》第8条就调整不称职干部、不胜任现职干部等方面提出了明确的要求。

2．新中国成立以来，尤其是改革开放以来，中央所采取的一系列重大举措为建立领导干部退出机制起着很好的率先垂范作用。早在1956年9月党的七届七中全会上，毛泽东就提出，到适当的时候就不当主席了。到1959年，刘少奇接替毛泽东成为了国家主席。早在1962年，邓小平就深刻指出，“多少年来，我们对干部就是包下来，能上不能下”，“要说服我们的干部，造成一种能下的空气”。改革开放初期，邓小平明确指出“，要健全领导干部的选举、招考、任免、考核、弹劾、轮换制度，对各级各类领导干部职务的任期以及离休、退休要按照不同情况作出适当的、明确的规定”；“要让群众来监督干部，特别是领导干部，凡是搞特权、特殊化，经批评教育而仍不改正的，人民群众就有权依法进行检举、控告、弹劾、撤换、罢免，要求他们在经济上退赔，并使他们受到法律处分。”在邓小平的大力推进和身体力行下，党和国家事实上的领导职务终身制被废除，实现了领导干部的新陈代谢。以江泽民同志为核心的党的第三代领导集体，进一步加快了领导干部正常更替的步伐，在完善领导干部退出机制方面走出了继往开来的关键一步。

3．改革和完善干部退出机制已取得了良好的初步成果。自2000年中央实施《深化干部人事制度改革纲要》以来，尤其是2006年中组部发出《体现科学发展观要求的地方党政领导班子和领导干部综合考核评价试行办法》以来，中央部门和很多地方在完善干部退出机制方面做了不少积极有效的探索：近年来，中央和地方在大力推行试用期制、探索全额竞争上岗、任职年龄划杠、调整不称职干部、公开招聘干部、群众满意度测评末位淘汰干部等方面做出了积极探索。如中组部自2009年开始在全国推行通过“上评下议”的综合满意度来“上、下”干部；浙江省出台对不称职干部的调整“回炉”制度、“慢跑干部”扣分制度、领导干部辞职13条标准等，就是其中的典型代表。

4．干部人事制度改革不断推进的实践，为建立领导干部正常退出机制奠定了良好的社会思想基础和群众基础。随着干部人事制度改革的不断推进，领导干部和人民群众的传统思想观念正发生着深刻的变化。对干部人事制度改革，尤其是中央和地方出台的一系列重大举措，不少干部已由开始的不理解、不习惯、甚至对抗，逐步转变为理解、拥护和支持。实际上，人们对那些思想保守、不求进取、政绩平平；对那些素质不高、能力不强、不称职或不胜任现职的；对那些热衷于搞形式主义、形象工程、劳民伤财的；对那些因官僚主义、没有很好地履行职责而给国家、集体造成重大损失的；对那些以权谋私或个人生活不检点，在群众中造成不良影响的领导干部，意见很大，也希望加大对他们的处理力度。人民群众对领导干部的良好期望，也促使我国要进一步加快领导干部退出机制改革与完善工作。

当前我国干部退出机制存在的主要问题

1．领导干部退出存在着“一刀切”现象。目前，我国领导干部到了法定退休年龄后，不管实际健康情况和领导能力状况如何，一般通过“一刀切”的退休制，让他们离开现有领导岗位。更有甚者，不少地方在任职年龄上层层递减，有的规定市一级干部45岁、县一级干部40岁、乡镇一级干部35岁，有的要求进乡镇班子的年龄在30岁以下，有的将40岁的干部就转为非领导职务干部。这些做法在一定程度上挫伤了不少年富力强的优秀干部的积极性与创造性，实际上是对干部资源的极大浪费。

2．对不适宜担任现职领导干部的调整存在着操作困境。组织部门在对现职领导干部进行日常调整时，对“不适宜现职”的领导干部不好界定。而且对那些与岗位“水土不服”的官员，尤其是对一些工作“不在状态”的“懒官”、“庸官”，组织部门很难把握让他们适时退出的“火候”与“尺度”。

3．领导干部“问责”退出在很大还程度上存在着形式化现象。长期以来，我国领导干部的辞职形式主要是上级党委政府责令下级领导干部辞职，而下级领导干部自愿辞职和主动引咎辞职者并不多见。在一些重大事故或事件中，不少领导干部虽然存在着明显不称职，甚至严重失职、渎职的问题，但他们却通过各种关系力图“保位”，甚至还有一些领导干部推三托四，乱找“替罪羊”。即使是因“问责”而“退出”的干部，也会在很短的时间内在另一个地方或部门“复出”。

4．绩效考核“末位”退出缺乏操作的科学性。政绩是调整领导干部的基本依据。科学的执政观、政绩观对不同地区、不同部门、不同岗位的领导干部要求不同。一些地方部门依然把“GDP”的增长看作是领导干部考核的最重要，甚至是唯一指标。而有些地区、系统、部门的领导工作很难进行具体量化，尤其是在一些条件艰苦、生态脆弱的环境下，用经济绩效考核领导干部明显是非科学的。当前，个别地方还不分青红皂白地要求各系统、各部门都要进行招商引资，并把招商引资的成绩作为干部“上、下”的基本依据。

5．领导干部“变相”长期任职问题依然比较严重。改革开放后，我国虽然通过建立任期制、退休制基本解决了领导干部任职“终身制”问题，但任期满的领导干部，除非到了法定退休年龄或犯有比较严重的错误，一般都会得到组织部门的提拔或平级调动到另一个相关单位部门。在党政部门任职届期满的领导干部，如果还没有到法定的退休年龄，一般都会被安置到人大、政协里面；而一些领导干部也在一定程度上把各级人大、政协当成自己的“养老院”，从而造成了我国领导干部任期制的“虚化”。

6．领导干部退出渠道不畅，“下”和“出”制度不够配套。干部“能上不能下”，有观念的问题，有制度的问题，也有机制、文化的问题。特别是在仕途“独木桥”、一切都和职务相联系的情况下，除了用年龄来卡、用换届来卡、用是否犯错误、用健康状况来“下”，似乎缺少更多有效的办法。由于目前缺乏对退出后领导干部的后续保障制度，如安置渠道、社会保障机制、工资福利制度、干部转岗或再就业相关的培训制度等等，导致即使有些不适应担任现职的干部想要离开现任岗位，也会因没有合理的补偿或妥善安置的办法而放弃“辞官”。往往出现“有能力的进不来，想出去的走不动”的尴尬局面。

完善干部退出机制的对策建议

1．完善领导干部任期制，健全常态化退出机制。要进一步完善领导干部任期制，明确各级干部连续任职以及担任同一职级的领导职务不得超过的最高年限，干部任期一到，按照法定程序免除职务，对因特殊情况需连任的，须经任免机关重新办理任命手续，切实解决干部“不犯错误不下来”的问题，使干部“能下”的问题逐步制度化，常态化。要加大各级人大、政协改革的力度，大力推进人大、政协“专职化”、“专业化”，严格党政领导干部进入人大、政协的“标准”与程序，努力避免人大、政协成为党政部门领导干部届期满后的“清谈馆”、“养老院”。

2．严格落实领导干部试用期制，试用期间不胜任者下。为防止试用期制度流于形式，每一个领导干部试用期满时，都应事先书面征求纪检、监察部门意见，同时通过民主测评、个别谈话、实地考察等形式深入了解领导干部在试用期间的表现。对试用期内出现重大失误或犯有严重错误，不宜继续任职的，终止试用期；对不胜任的，免除职务。

3．健全不适宜现职岗位的领导干部的调整机制。要加大治懒治庸力度，对那些不负责任、不思进取、碌碌无为的领导干部，及时进行降职、免职、待岗、离岗培训等调整，及时将干劲不足、表现平平但无“硬伤”的干部调整出去。如河北承德市出台的《关于调整不胜任现职领导干部的实施办法（试行）》等文件，对不适宜现职的领导干部，分别采取调离、改任、降职、待岗、辞职、免职等措施进行惩罚性调整。建议在全国范围内尽快制定并实施《不适宜现职领导干部的调整办法》，逐步实现不适宜现职领导干部调整工作的常态化、制度化。

4．实行问责制，完善领导干部引咎辞职退出机制。重庆、四川是我国在实践中推行领导干部引咎辞职制度较早的省份。重庆市于2002年1月通过了《重庆市党政领导干部辞职实施办法》。2004年4月，依据《四川省党政领导干部引咎辞职暂行规定》，成都公交公司董事长、总经理李祥生、朱纪常等因城市公交安全事故引咎辞职。当前，要严格执行《党政领导干部辞职暂行规定》，对因工作失误造成严重负面影响的领导干部必须引咎辞职。另外，负有政治领导责任的各级党委“一把手”也应引咎辞职或提请罢免，如原石家庄市委书记吴显国就因三鹿奶粉事件被罢免。同时，必须进一步完善《党政领导干部辞职规定》，规范引咎辞职干部“复出”的法律法规，对引咎辞职干部必须达到“复出”的期限、标准后，方能重新使用，原则上不能平级调动，应采取重新竞争性选举的方式让其依法重新上岗；对不主动引咎辞职的领导干部，各级人大、党委政府应及时启动弹劾、罢免等机制，对当事人进行问责处理。

5．完善党委常委会、全委会对领导干部的“票决”退出机制。在理顺党代会、全委会、常委会关系的基础上，应健全常委会、全委会对领导干部“票决”退出的党内民主环境。江苏、四川、福建、海南等省份已逐步把领导干部的退出，从“常委会”票决发展到“全委会”票决，票决的对象也从“县（区）级”过渡到了“地（厅）级”。同时，应充分发挥党内民主，创新党员民主选举、民主评议、民主质询机制，建立健全党内弹劾制。早在2004年，江苏滨海县就开始试点党员代表“民主弹劾干部制”：10名以上党员代表就可以向县党代会提议弹劾，弹劾动议案经表决形成决定后，被弹劾人将被解职。当前，可积极稳妥地引导党员代表对县、乡两级党委工作进行评议、质询，并在此基础上视情况对党委书记进行弹劾。

6．完善人大对领导干部的弹劾退出机制。我国现行宪法和相关法律对人大“罢免”领导人的规定过于笼统，应通过必要的法律使宪法规定的罢免程序制度化。可从制度设计上把各级审计部门隶属于各级人大；而各级人大应根据审计部门审计出的问题，及时启动对相关领导的质询或弹劾机制。人大弹劾领导干部，应与纪委、组织部门协同推进。如2005年6月，湖南省临武县就试点了人大“民主弹劾干部”制：县、乡两级人大代表10人以上联名，可对该县股级以上干部提出弹劾动议，县纪委、人大办、组织部负责联合调查，一经查实，弹劾案将提交县人大表决，被弹劾人自弹劾通过之日起被解除职务。

7．完善“上评下议”的领导干部考评退出机制。建立健全领导干部公开承诺，组织部门科学考“诺”机制。2010年8月，《成都市区（市）县党政领导班子和领导干部考核工作图》规定，不愿公开承诺、敷衍承诺、虚假承诺的领导干部在“上评下议”的初期就可被诫勉、调整、退出。该市进一步综合日常考察和年终考核等情况，对不能履行“承诺”的领导干部，责令其辞职或免去其领导职务。应积极引导基层群众进行制度化评“诺”。近年来，成都市在对乡镇负责人的民主评议中，明确规定：参加民主评议的群众代表不少于60%，满意率不到70%的由上级党委诫勉，不到50%的责令引咎辞职或提请罢免；而对区（市）县、市级部门党政领导班子开展满意度调查，党代表、人大代表、政协委员应占参加民意调查会人数的90%以上。

8．积极创造条件，加快领导干部“裸退”步伐。我国领导干部对从“党政部门到人大政协”、“从领导岗位到非领导岗位”式的退休制度已形成了严重的路径依赖。建议借鉴西方国家民选政务官的“裸退”方式，逐步解决我国领导干部在退休过程中的“隐退”、“半退”现象。在试点的基础上逐步推行领导干部届满“裸退”制度。

9．畅通干部退出渠道，加强退出后的制度保障与激励。首先，要加大干部职务与职级相结合的干部人事制度改革步伐，加大从大专院校、科研院所选聘干部的步伐，以专业技术干部补充领导干部，可以缓解干部退出的压力。其次，要进一步完善对退出干部的教育培训力度，着力提高退出干部的自身素质和岗位适应能力；对系统接受科学培训的退出干部，组织人事部门可按照“人岗相适、人尽其才”的原则，科学安排他们适时“复出”或就业安置。再次，要进一步完善党政机关社会保障体系，加快推进党政机关工作人员工资福利、养老、医疗等保险制度建设，切实解决好“下来”和“退出”干部的保障问题。最后，要加快推进干部福利制度改革，逐步实现福利货币化、透明化和规范化，当前可借鉴企业“买断工龄”和军转干部“货币化安置”的办法，对部分退出干部实行“一次性”市场化安置。

10．加强思想教育和舆论引导，破除“官本位”，完善干部“退出环境”。完善“能上能下、能进能出”的干部退出机制，就必须破除“官本位”这个“痼疾”。首先，要进一步加强对领导干部立党为公、执政为民的服务宗旨教育，树立领导干部科学的执政观和政绩观。其次，要通过思想教育，让领导干部明确“领导干部是为人民服务的公职岗位，而不是终身任职的就业岗位”；通过舆论引导让广大干部群众树立“干部的升降去留是常态”、“干部正常退出是人力资源的优化和科学配置”等观念。再次，通过组织关怀和科学安置，疏解退出干部的“压力”、增强他们的大局意识和责任意识，消除他们退出后的压抑感、挫折感和失落感。

11．充分利用集中换届的契机，加大领导干部集中退出的力度。集中换届，是加大领导干部流动、大力调整不适宜现职领导干部、治懒治庸的最好时机。今明两年，我国正值省、市、县、乡四级领导班子集中换届之际，建议各级党委政府及其组织部门在集中换届进程中，充分发挥民主，科学运用好退休、考核、票决、评议、辞职等退出机制，加快领导干部新陈代谢，打造一批高素质的领导干部队伍。

（作者：姜晓萍系四川大学公共管理学院院长、教授、博士生导师）

（选自《新视野》2012年第5期）

延伸阅读

不断增强党员队伍的生机活力

——关于党的十七大以来党员队伍建设情况的调研报告

中央组织部组织一局

十七大以来，党中央高度重视党员队伍建设，从加强党的执政能力建设和先进性建设的战略高度，作出统一部署、提出明确要求、切实加以推进。在党中央坚强领导下，各级党组织以改革创新精神推进党员队伍建设，发展党员质量不断提高、党员队伍结构不断优化、整体素质不断提升、先锋模范作用充分发挥，为推进党的建设新的伟大工程和中国特色社会主义伟大事业提供了坚强保证。

党员是党的肌体的细胞和党的活动的主体，党员队伍建设是党的建设的基础工程。党的十七大和十七届四中全会对抓好党员队伍建设，增强党员队伍生机活力作出全面部署；胡锦涛总书记和习近平同志等中央领导同志多次作出重要指示，提出明确要求，为推进党员队伍建设指明了方向。各级党组织结合实际情况，认真贯彻中央部署要求，扎实推进党员队伍建设，取得了丰硕成果。为全面总结十七大以来党员队伍建设取得的成效和经验，我们组织力量深入地方和基层，采取问卷调查、蹲点调查、座谈研讨、个别访谈、专题研究等方式深入调研，听取党员、干部和群众的意见建议。在此基础上，形成了调研报告。

党员队伍建设扎实推进

党的十七大以来，各级党组织牢牢把握党的执政能力建设和先进性建设这条主线，以改革创新精神推进党员队伍建设，突出重点、狠抓落实，扎实做好党员发展和教育管理服务各项工作。

1. 严把入口，着力提高发展党员质量

各级党组织按照“坚持标准、保证质量、改善结构、慎重发展”的方针，认真做好发展党员工作。一是坚持党员标准。严格执行党章规定，把政治标准放在首位，做到成熟一个，发展一个。天津市按照党章规定的党员标准，结合不同行业、不同群体的特点，严格把握入党的具体条件，使党员标准具体化。青海省坚持未经入党积极分子培训的不发展，培训考察不满一年的不发展，政治审查不合格的不发展，政治思想一般、工作成绩不突出的不发展，手续不齐全的不发展，保证了新党员质量。二是严格工作程序。各地普遍实行发展党员推荐制、公示制、票决制和责任追究制，认真履行入党手续，从制度上保证发展党员质量。黑龙江、山东等省推行发展党员全程公示、全程记实、全程审核、全程问责制度，统一规范发展党员流程，对入党积极分子的推荐确定、培养教育，发展对象的政治审查、公示，预备党员的接收、教育、考察和转正等作出明确规定。三是突出发展重点。加大在工人、农民中发展党员力度，重视在高知识群体、在大学生等各领域优秀青年中发展党员，积极做好在非公有制经济组织、社会组织中发展党员工作。十七大以来，全国发展生产、工作一线党员584.2万名，占发展党员总数的44.2%，其中发展工人党员87.8万名、农民党员253万名；发展35岁以下党员1083.4万名，占发展党员总数的81.9%。

2. 实施规划，大规模开展党员教育培训

着眼于提高党员素质，加强规划指导，实施重点工程，推广新鲜经验，不断增强党员教育培训的工作效果。一是研究制定党员教育培训规划。根据党员教育培训的实际需要，2009年6月，中央办公厅印发中组部制定的《2009—2013年全国党员教育培训工作规划》，对党员教育培训工作目标、主要任务、重点工程和工作措施等提出明确要求。各地各部门结合实际，制定贯彻《规划》的实施办法，有计划有步骤地推进党员教育培训工作。二是组织实施重点培训工程。各地结合实际，大力实施农村党组织书记、新党员、大学生村官党员培训和党员创业就业技能培训四项重点工程，大规模开展党员轮训工作。中组部直接举办示范培训班，发挥了示范带动效应。五年来，全国共培训农村党组织书记139.6万人次、新党员420.4万人次、大学生村官党员32.8万人次，开展党员创业就业技能培训147.4万人次。三是积极推广“双育”模式。中组部总结河北、内蒙古等地以党性教育与技能培育为主要内容的党员“双育”模式，指导各地整合人事、农业、教育等有关部门培训资源，拓宽培训渠道，丰富培训内容，创新培训形式，促进党员觉悟和本领双提高。河北省唐山市通过实施“双育工程”，有效提高了党员的政治素养和创业能力，1200多名受训党员被纳入村级后备干部队伍，8037名党员获得技术等级证书，24625名党员成功实现就业创业，带动15万名群众就业创业。

3. 破解难题，不断改进流动党员管理服务

各级党组织针对流动党员数量不断增多、流向趋于分散的情况，从建好组织、强化服务、落实责任、健全机制入手，着力破解流动党员摸清底数难、开展活动难、管理对接难等问题，努力把流动党员纳入党组织的管理服务之中。一是加强流动党员党组织建设。一些地方依托驻外办事处、服务机构以及商会、行业协会等建立党组织，许多地方采取在流动党员较为集中的项目工地、商务楼宇、集贸市场等建立党组织的办法，扩大流动党员党组织的覆盖面。截至2011年年底，全国共建立流动党员党组织1.1万个。广东省深圳市以地籍、行业、企业和驻深单位为依托，建立“同乡型”、“同业型”、“同企型”等不同类型党组织，加强对流动党员的有效管理。二是完善流动党员管理制度。各级党组织认真落实城乡一体、流入地党组织为主、流出地党组织配合的流动党员教育管理服务工作制度，积极探索流动党员信息登记、定期联络和流动党员联系帮扶流动人员等办法，努力形成“资源共享、组织共建、活动共抓、作用共促”的流动党员双向共管格局。北京、上海、山西等省市组织部门通过签订“双向共管协议”，使流入地与流出地党组织的责任得到较好落实。三是强化流动党员关爱服务。各级党组织把流动党员教育管理寓于服务之中，认真开展流动党员就业帮助、创业服务、法律援助、权益保障等工作。福建省宁德市驻沪党组织采取党支部委员或党小组长与流动党员结对子等方式，积极帮助他们解决融资、子女入学、就医、租房、节日返乡等实际困难。河南省信阳市实施“金桥工程”以来，为流动党员

协调解决工资拖欠、工伤赔偿等问题，先后办理各类维权事项6000多件，协助处理工伤事故和其他侵权案件1680多件。四是推进党员管理信息化。适应党员动态化、信息化管理的需要，认真总结吉林、湖南等地经验，中组部研究提出建设以全国党员信息管理网、全国党员教育服务网、党员信息卡“两网一卡”为框架的全国党员信息库，推进纳入“十二五”国家政务信息化工程建设规划，做好可研报告报审、技术设计研发和信息资源整合等工作。指导各地运用现代信息技术手段，强化动态管理，提高服务效能。重庆市大渡口区2007年开通“12371党建信息平台”，建立党员电子活动证制度，实现对所属党组织和党员的精细化管理服务。

4. 强化服务，真诚关爱老党员和生活困难党员

各级党组织认真做好党员服务工作，从思想、工作、生活上关心党员，重点加强对老党员和生活困难党员的帮扶救助，切实增强党员归属感、荣誉感和责任感。一是建立老党员生活补贴正常增长机制。落实建国前入党的农村老党员和未享受离退休待遇的城镇老党员生活补贴制度，五年来中组部下拨代中央管理的党费1.8亿元，为170.1万人次发放老党员生活补贴；协调民政部、财政部连续4次提高生活补贴标准，并于2011年“七一”前向全国23.3万名老党员每人发放一次性生活补助2000元。二是普遍开展走访慰问活动。中组部每年都下发通知，对元旦春节期间开展走访慰问生活困难党员、老党员和老干部活动作出部署。十七大以来，中组部下拨代中央管理的党费2.17亿元，走访慰问生活困难党员、老党员和老干部1181万人次，产生“慰问一人、温暖一户、带动一片”的效果。三是强化党员关怀帮扶保障。各级党组织普遍采取与生活困难党员结对子，设立党内帮扶资金和关爱资金等方式，及时帮助他们改善生产生活条件。贵州、西藏、甘肃等省区探索建立党员创业项目扶助机制，实行困难党员创业就业“绿色通道”，从政策、信息、资金等方面帮助困难党员创业就业。大力推进党员服务中心建设，全国已建立各级党员服务中心（站、点）44.1万个。

5. 注重激励，精心做好党内表彰工作

各级党组织坚持集中表彰和经常表彰相结合，加大对先进典型的表彰宣传力度，注重发挥先进典型的示范引领作用。一是加大党内表彰力度。十七大以来，根据中央部署，中组部在建党90周年之际进行了集中表彰；今年“七一”前夕，对全国创先争优先进集体和优秀个人进行了专项表彰；先后对抗御雨雪冰冻灾害、四川汶川抗震救灾、青海玉树抗震救灾、防汛抗洪救灾、上海世博会、广州亚运会中涌现出来的先进基层党组织和优秀共产党员进行专项表彰，共表彰1721个先进基层党组织、304名优秀共产党员、200名优秀党务工作者，追授106名优秀共产党员。各地各部门共表彰147万个先进基层党组织、748.1万名优秀共产党员和128.3万名优秀党务工作者。二是提高表彰工作公信度和影响力。严格评选标准和程序，创新推荐评选方式，扩大推荐评选中的民主，确保表彰的先进典型立得住、过得硬、叫得响。纪念建党90周年评选表彰工作中，首次开展网上推荐全国优秀共产党员活动；今年组织网上推荐全国创先争优优秀共产党员活动，4369.5万网民参加投票、4.6亿人次点击，产生了良好的社会效果。三是发挥先进典型示范引领作用。十七大以来，中组部先后10次单独或与中宣部等有关部门联合下发通知，组织动员全体党员学习先进典型的感人事迹和崇高精神；采取在主要新闻媒体开辟专栏，组织报告会、宣讲团，拍摄电影和专题片，出版图书等多种形式，集中宣传先进典型，引导广大党员见贤思齐、

付诸行动。吴大观、沈浩、杨善洲等先进事迹报告会和《第一书记》、《杨善洲》、《雨中的树》等电影，在党员群众中产生强烈反响。

6. 创先争优，积极搭建党员发挥先锋模范作用有效平台

各级党组织在创先争优活动中，积极探索党员发挥作用的有效途径和管用办法，促进党员履职尽责创先进、立足岗位争优秀，以优异成绩向党的十八大献礼。一是机关党员下基层直接联系服务群众。各地区各部门广泛开展"下基层、接地气"、"结对帮扶"、"民情家访"等活动，组织机关党员深入基层、深入群众，促进党和政府惠民政策的落实，兴办利民惠民的好事实事，做好生活困难群众的帮扶工作。创先争优活动以来，各级党组织和党员与生活困难群众结成帮扶对子 2097.8 万个，为群众办实事 4962.8 万件，落实帮扶资金 1283.6 亿元。二是窗口单位和服务行业党员为民服务创先争优。全国 467 万个窗口单位广泛开展"三亮三比三评"活动，广大党员带头亮标准、亮身份、亮承诺，比技能、比作风、比业绩，争创群众满意窗口、优质服务品牌和优秀服务标兵，让群众切身感受到创先争优带来的好处。卫生系统深入开展以"服务好、质量好、医德好，群众满意"为主要内容的"三好一满意"活动，全国 1200 多所三级医院实行预约诊疗和分时段就诊，3800 多所医院开展优质护理服务，推行同级医疗机构检查互认等，方便了群众，赢得了好评。三是企业党员立足岗位争创佳绩。采取成立项目党支部、党员技术攻关小组，设立党员先锋岗、党员示范岗、党员责任区等方式，引导党员在推动企业生产经营、技术改造和转型升级中创造一流业绩。创先争优活动以来，全国非公有制企业党员提出合理化建议 203 万多条，开展技术革新 353 万多项，完成急难险重任务 82 万多件。四是农村和社区党员认岗履责承诺践诺。根据农村和社区党员实际，采取为无职党员设政策宣传、致富帮带、舆情反映、矛盾调解和维护稳定等岗位，开展依岗承诺活动，引导党员承诺践诺，促进新农村和文明和谐社区建设。创先争优活动以来，基层党组织和党员普遍开展了 3 轮公开承诺，每轮参加承诺的党员都在 95% 以上。

党员队伍建设成效显著

经过各级党组织的共同努力，党员队伍建设较好适应了经济社会发展和党的建设要求，广大党员在推动科学发展、促进社会和谐、服务人民群众中充分发挥了先锋模范作用。

1. 党员队伍力量进一步壮大

一大批优秀分子加入到党组织中来，为党注入新鲜血液。十七大以来发展党员 1322.8 万名，截至 2012 年 6 月，全国党员总数达 8342.7 万名。五年来，在农村和企业生产一线发展党员 435.5 万名，为解决农村党员队伍老化、党组织领导班子后继乏人和企业生产一线党的力量薄弱等问题创造了条件；在非公有制经济组织和社会组织中发展党员 96.7 万名，为不断扩大这些领域党的组织和工作覆盖打下了坚实基础。一大批申请入党的积极分子凝聚在党的周围，扩大了党执政的群众基础。截至 2012 年 6 月，全国申请入党人数达 2186.2 万名，其中入党积极分子 1053.1 万名。

2. 党员队伍素质进一步提高

通过大规模开展党员教育培训，特别是深入开展学习实践科学发展观活动和创先争优活动，广大党员进一步坚定了理想信念，增强了贯彻落实科学发展观的自觉性和坚定性，树立了创先争优的价值理念，提高了履行岗位职责、推动中心工作、服务人民群众的能力。科学发展是第一理念、群众满意是第一标准、创先争优是第一追求，日益成为广大党员的共识。据对 3.2 万名党员群众的问卷调查，有 77.6% 的

群众认为身边的党员素质能力“很强”和“较强”。

3. 党员队伍管理进一步加强

管理理念更加科学，尊重党员主体地位，保障党员民主权利，寓教育管理于服务之中，增强了党员的归属感和责任感，调动了党员参与党内事务的积极性和主动性。管理制度更加健全，建立教育管理服务党员长效机制，创新城乡一体党员动态管理机制和党内激励关怀帮扶机制，探索党员队伍纯洁机制，推进了党员管理工作制度化、规范化。管理手段更加有效，开通“12371”党员咨询服务电话，建设以“两网一卡”为框架的全国党员信息库，运用现代信息技术为党员提供便捷服务，党员管理信息化水平不断提高。据对3.2万名党员群众的问卷调查，88.5%的党员认为所在支部组织生活开展得“好”和“较好”。

4. 党员队伍作用进一步发挥

广大党员牢记宗旨、心系群众，履职尽责、创先争优，在本职岗位和日常生活中走在前、做表率，在抗御重大自然灾害和完成重大任务中冲锋在前、勇挑重担，成为人民群众的主心骨和贴心人。2011年组织工作满意度民意调查显示，对所接触党员发挥作用的评价分值为80.67分，比上年提高2.09分。2012年全国13个重大表彰项目表彰的4548人中，党员占75.9%。特别是汶川特大地震发生后，全国4550多万名党员自愿交纳“特殊党费”97.3亿元，充分彰显了新时期共产党员的先进性。

启示与思考

十七大以来党员队伍建设的生动实践，创造和积累了宝贵经验，为今后工作提供了有益借鉴。

1. 必须坚持围绕中心、服务大局，始终把握党员队伍建设的正确方向

党的组织路线服从和服务于党的政治路线，是党的建设的重要原则。十七大以来，党员队伍建设始终围绕和服务党的中心任务，在推动科学发展、促进社会和谐的伟大实践中不断加强和改进，为提高党的执政能力、实现党的历史任务提供了组织保证。实践证明，只有紧紧围绕党和国家工作大局来谋划，紧密联系科学发展这个主题和加快转变经济发展方式这条主线来推进，努力把党员队伍的组织优势转化为科学发展优势，把党员队伍的组织资源转化为科学发展资源，把党员队伍建设成果转化为科学发展成果，党员队伍建设才有强大动力，才能大有作为。

2. 必须坚持用马克思主义中国化最新成果武装党员，始终把坚定理想信念作为党员队伍建设的首要任务

思想理论建设是党的根本性建设，坚定理想信念是党员队伍建设的关键。十七大以来，党员队伍建设把思想建设摆在突出位置，坚持理论创新每前进一步，理论武装就跟进一步，以学习实践科学发展观为主题，深入开展学习实践活动和创先争优活动，大力推进学习型党组织建设，着力用马克思主义中国化最新成果武装头脑、指导实践，广大党员受到深刻的马克思主义教育，思想政治水平不断提高，贯彻落实科学发展观的自觉性和坚定性明显增强。实践证明，只有坚持高举中国特色社会主义伟大旗帜，坚持不懈地用马克思主义中国化最新成果教育党员，才能使广大党员坚定理想信念，坚守精神家园，夯实保持党员队伍先进性和纯洁性的思想基础。

3. 必须坚持党员教育管理监督服务融为一体，不断增强党组织对广大党员的凝聚力

对党员既严格教育、管理和监督，又真情关心和服务，是保持党员队伍生机活力的必然要求。十七大以来，党员队伍建设坚持以人为本、强化服务，着力建立健全教育管理服务党员长效机制，使广大党员真正感受到不仅有义

务、有责任、有贡献，同时也有权利、有温暖、有荣誉，激发了党员为党分忧、为民奉献的内生动力。实践证明，只有尊重党员主体地位，把保障党员行使权利和促进党员履行义务统一起来，把教育管理监督和服务结合起来，才能不断增强党组织对党员的凝聚力，不断增强党员的归属感和责任感。

4. 必须坚持党员队伍建设和党的基层组织建设统筹推进，切实做到哪里有党员哪里就有党的组织，哪里有党组织哪里就有党员充分发挥作用

巩固和加强党的基层组织，建设高素质的党员队伍，是发挥党的组织优势的重要基础。广大党员充分发挥作用，基层党组织才有战斗力；基层党组织坚强有力，党员队伍建设才有依托。十七大以来，党员队伍建设与党的基层组织建设统筹推进，既着眼于扩大党的组织覆盖和工作覆盖，不断加强和改进发展党员工作，壮大党员队伍，优化党员分布；又着眼于发挥党员作用，优化组织设置，健全工作机制，创新活动方式，实现了党员队伍建设和党的基层组织建设相互促进、相得益彰。实践证明，只有坚持党员队伍建设和党的基层组织建设同步谋划、同步部署、同步推进，才能建设高素质的党员队伍，健全严密的组织体系，不断巩固党的执政基础。

5. 必须坚持与时俱进、改革创新，使党员队伍建设始终做到体现时代性、把握规律性、富于创造性

改革创新是增强党的创造力、凝聚力、战斗力的必由之路，也是加强党员队伍建设的重要法宝。十七大以来，党员队伍建设在改革中探索，在创新中发展，在管理理念、工作机制、活动载体、方法手段等方面进行了有益尝试，开创了新的局面。实践证明，只有主动适应世情、国情、党情的深刻变化，紧紧围绕保持党的先进性纯洁性这个党的建设的战略任务，坚持解放思想、与时俱进、改革创新，才能使党员队伍建设始终符合时代发展的要求，始终符合人民群众的意愿和期待，始终保持旺盛的生机与活力。

（选自《光明日报》2012 年 10 月 29 日）

从党的建设总体布局看先进性和纯洁性问题

——兼论党的先进性和纯洁性的辩证统一关系

商志晓

自胡锦涛总书记于2012年初在中央纪委十七届七次全会上强调在新形势下保持党的纯洁性具有极端重要性和紧迫性之后，党的纯洁性问题就为人们所关注和重视。而由于党的纯洁性问题与党的先进性问题紧密相连，我们往往又是把二者结合起来一并进行思考研究或工作部署。在笔者看来，为科学准确地把握党的先进性和纯洁性及其辩证统一关系，以在新形势下为推进党的先进性和纯洁性建设提供理论指导，我们应当也必须把先进性和纯洁性问题纳入党的建设的整体构架中来认识，尤其是纳入新时期党的建设的总体布局中来探讨。

一、党的建设总体布局及其方法论意义

新时期党的建设的总体布局，是伴随着改革开放实践进程，特别是党的建设的实践进程而逐步形成并确立起来的。它继承并延续了我们党在战争年代就确立的由思想建设、组织建设、作风建设构成的“三位一体”架构，经过改革开放初中期因加入制度建设而形成的“四大建设”基本格局，在我们党进一步提出并阐发执政能力建设、先进性建设、反腐倡廉建设的基础上，到党的十七大得以明晰并确立起来。十七大报告指出：“必须把党的执政能力建设和先进性建设作为主线，坚持党要管党、从严治党，贯彻为民、务实、清廉的要求，以坚定理想信念为重点加强思想建设，以造就高素质党员、干部队伍为重点加强组织建设，以保持党同人民群众的血肉联系为重点加强作风建设，以健全民主集中制为重点加强制度建设，以完善惩治和预防腐败体系为重点加强反腐倡廉建设，使党始终成为立党为公、执政为民，求真务实、改革创新，艰苦奋斗、清正廉洁，富有活力、团结和谐的马克思主义执政党。”

十七大报告的这一段具有经典意义的论述，既阐明了新时期党的建设的整体部署，又揭示了新时期党的建设的总体布局。就整体部署来说，其中有党的建设主线，也有各方面建设重点；有基本原则，也有根本要求；有当前建设内容，也有为之奋斗目标，涉及问题广泛，部署全面完整。而从总体布局的角度看，其中主要是对现有党的建设中的七个方面建设内容或核心要素进行构架，揭示各自地位和相互关系，予以统筹把握并使之有序运行，形成了新时期党的建设的总体布局，即：党的建设由先进性建设、执政能力建设与思想建设、组织建设、作风建设、制度建设、反腐倡廉建设，构

成一个完整体系；以先进性建设和执政能力建设为主线，以思想建设、组织建设、作风建设、制度建设和反腐倡廉建设为基础，形成一种基本格局。这个总体布局，处于党的建设整体部署中的核心，成为我们认识、把握、推进党的建设新的伟大工程的关键。

新时期党的建设的总体布局，是我们党结合新的时代要求对党的建设的崭新认识，具有重要的理论地位。这个总体布局，既是我们党研究新情况、解决新问题的实践产物，又是我们党把握党的建设规律、提炼新认识的理论结晶；不仅汇集了我们党在90多年历程中随时代发展和任务变化不断实施和加强的党的各方面建设内容，而且凝聚了党的各方面建设的实践经验、探索成就及其一系列伟大创造；不仅集结了我们党在90多年历程中不断总结实践经验所获得的一系列认识成果，而且结合新的条件、新的任务使党的建设理论获得了极大的丰富和发展。作为党的建设的创新思维和崭新认识，总体布局凝结着我们党执政得失的历史经验，遵循着当代世界其他政党兴衰成败的规律，标志着我们党对自身建设的实践探索与理论创新进入到了一个新的境界，昭示着我们党对共产党执政规律的认识和把握达到了一个新的高度。

新时期党的建设的总体布局，是我们党在新形势下加强和改进党的建设的科学指南，具有重要的方法论意义。改革开放新时期以来，我们党围绕"建设一个什么样的党、怎样建设党"这一根本问题，积极探索，成果丰硕。与此同时，我们党从整体上、全局上把握党的建设，把各方面经验和认识作为一个整体来考察，作为一个新的体系来思考，逐步形成并确立起"党的建设总体布局"的思维和认识。这样的思维和认识，系统揭示了党的各方面建设的基本联系和内在结构，在理论上搭建起一个包括党的各方面建设在内的、相互关系清晰而又各自地位明确的党建学科框架，大大拓宽和深化了对党的建设的理论思考和研究视野。当我们以新的总体布局的思维、从新的总体布局的高度来思考、认识、推进党的建设时，党的建设的实践就进入到了宽领域、深层次，就会全面展开、协调运作。在实践上发挥重大指导作用的同时，新时期党的建设总体布局的思维和认识，也为我们把握党的建设中的各方面内容、各方面关系、各方面要素及其结构提供了方法论指导和理论支撑。

二、党的先进性和纯洁性在党的建设总体布局中的地位

既然新时期党的建设总体布局为我们提供了科学的理论基础和方法论指导，我们就应当也必须把先进性和纯洁性问题纳入其中予以审视和思考。因为无论是先进性问题还是纯洁性问题，都不是单一孤立的。如果只是就党的先进性来谈先进性问题，就党的纯洁性来谈纯洁性问题，我们的认识就难免片面化，说到底可能会使先进性建设、纯洁性建设受到损害。而把先进性和纯洁性问题纳入党的建设总体布局中去认识和探讨，将有助于我们对先进性和纯洁性问题的系统思维和全面把握，有助于我们准确揭示二者各自在党的建设整体构架中的地位和作用，也有助于我们在新形势下推进党的建设伟大工程，不断提高党的建设的科学化水平。

党的先进性问题

党的先进性是指政党这样一种政治集团比之其他政治集团和群体组织所具有的先进性特征，是一个政党能够走在社会发展前列、带领社会前进并为全社会做出榜样和表率的一种性质、素养和能力。马克思和恩格斯在《共产党宣言》中曾指出："在实践方面，共产党人是各国工人政党中最坚决的、始终起推动作用的部分；在理论方面，他们胜过其余无产阶级群众的地方在于他们了解无产阶级运动的条件、进程和一般结果。”在这里，马克思和恩格斯指出了共产党之先进性的两项基本内容，即“始终起推动作用”和“胜过其余无产阶级群众”。这说明，共产党的先进性就表现为党所具有的、在组织的内在本质以及其他方面体现出来的、为社会公认的优秀之处和独特优势。具体到我们中国共产党，我们的先进性除了要在性质、素养、能力上进步或优秀外，更要在指导理论、执政理念、目标追求、群体精神、行为方式、领导水平等各方面展示出来，使之符合社会进步要求、符合国家民族利益、符合人民群众意愿。只有这样，我们党才能够站在时代发展前列、走在社会进步前头、处于人类文明前沿，才能够发挥表率作用、产生榜样影响、带领人民前进。正如胡锦涛总书记在新时期保持共产党员先进性专题报告会上所指出的：“开展党的先进性建设，就是要通过推进思想建设、组织建设、作风建设和制度建设，使党的理论和路线方针政策顺应时代发展的潮流和我国社会发展进步的要求、反映全国各族人民的利益和愿望，使各级党组织不断提高创造力、凝聚力、战斗力、始终发挥领导核心作用和战斗堡垒作用，使广大党员不断提高自身素质、始终发挥先锋模范作用，使我们党保持与时俱进的品质、始终走在时代前列，不断提高执政能力、巩固执政地位、完成执政使命。”

党的先进性及先进性建设的这样一种使命和责任，决定了它在新时期党的建设总体布局中的“主线”地位。这种主线地位，不是随意指定的，不是主观赋予的，是建设自身的价值、作用、意义、影响所决定的。当前，我们党要着力解决的根本问题是执好政、长期执政问题，党的各方面建设都必须围绕致力于提高党的执政能力来进行，以此巩固党的执政地位、完成党的执政使命。而执好政、长期执政的关键，在于保持好、发挥好党的先进性，在于党以其先进性而始终站在时代发展的前列，这就要求党的各方面建设都必须体现先进性的要求。也正是在这样一种意义上，新时期党的建设总体布局是把先进性建设、执政能力建设共同置放于“主线”地位上，要求以先进性建设、执政能力建设为主线来加强党的建设。这样做，就是使先进性建设、执政能力建设处于党的建设的中心，以是否促进和有助于党保持先进性、提高执政能力来衡量党的建设的优劣得失；就是把先进性建设、执政能力建设作为党的建设的根本任务，使党的各项工作紧紧围绕保持先进性、提高执政能力这个主题去努力和奋斗。

需要进一步指出的是，党的先进性建设与党的执政能力建设虽然同为“主线”，但二者在作用、地位上是有区别的。从作用范围来看，执政能力建设专注于执政党、专注于执政党在执政方面的能力、专注于执政党执政能力的提高，指向性强，针对性强；先进性建设则立足于党的建设全局，涉及先进的政党应当具有的一切优长，内容非常广泛，其功能作用具有宽广性和普遍性。从适应时效上看，执政能力建设是党在夺取政权、处于执政地位之后的一项建设，未取得政权时，党也有一个能力问题、能力建设问题，却不是也不能称为执政能力；而先进性建设则贯穿于党的建设的始终，与党本身共存亡，无论是执政还是不执政，党始终存在一个获得、保持、发展先进性的问题。从主体承担者与施加对象上看，除了要充分肯定两项建设都是向全党提出的战略任务，需要全党齐心协力、共同努力之外，执政能力建设更侧重于各级党委和领导干部，与各级党委和领导干部的领导活动、决策活动、组织活动等关系更为密切些，与不担任领导职务的普通党员的关系则远一些。而先进性建设则关系到每一级组织和每一位党员，每一级组织和每一位党员都是先进性建设的主体承担者与施加对象，不论是中央组织还是基层支部，不论是领导干部还是普通党员。综合起来，从地位和根本意义上看，执政能力建设是党在执政条件下的一项建设，是党的一个领域、一个方面的建设，具有专门性、具体性、针对性；先进性建设则伴随党的创建发展的历史，贯穿于党的建设的全过程和各方面，具有综合性、概括性、统领性。因此，在新时期党的建设总体布局中，先进性问题更具高度，先进性建设更具根本性。先进性建设在“主线”中具有“核心”意义，执政能力建设在“主线”中处于“重点”位置。

党的纯洁性问题

从字面上看，纯洁性问题虽然没有被纳入新时期党的建设总体布局中，但这并不妨碍我们从总体布局的视角来分析和考察。因为目前作为基本要素被纳入党的建设总体布局中的，还只是处于第一层次的七个方面建设内容，其他一些内容或要素如干部队伍建设、基层组织建设等，因属于比七大建设低一层次的建设内容且能够被某一方面建设（如组织建设）包容在内而未能一一罗列，可这并不意味着它们就不能纳入党的建设总体布局中思考，更不意味着它们就不重要或被舍弃掉了。党的纯洁性问题是我们党在确立了总体布局之后才提出并备受重视的，在总体布局中自然不会有直接的文字阐述。这种情况，与党的建设总体布局具有的方法论意义并无矛盾，与以“总体布局”的思维和认识去分析研究党的建设中新出现的问题、新发生的情况没有冲突。

党的纯洁性一如党的先进性，是一个从建党之初就被高度重视的问题。新民主主义革命时期，毛泽东同志就提出要夺取全国革命的胜利，“就要有一个有纪律的、思想上纯洁的、组织上纯洁的党”。我们党在长期革命、建设、改革过程中开展的一系列重大运动和教育活动，根本目的也是为了保持党在思想上组织上作风上的纯洁。当前我们重提纯洁性问题并予以高度重视，是因为党面临执政、改革开放、市场经济、外部环境“四大考验”，是因为党目前存在精神懈怠、能力不足、脱离群众、消极腐败“四大危险”，是因为党内还存有不少不适应新形势新任务要求、不符合党的性质和宗旨的问题，而这些问题严重削弱党的创造力、凝聚力、战斗力，严重损害党同人民群众的血肉联系，严重影响党的执政地位的巩固和执政使命的实现。说到底，我们党目前存在的种种问题，都与党内思想不纯、组织不纯和作风不纯相关。从这样一个背景来看，纯洁性问题可谓至关重要。

把纯洁性问题纳入新时期党的建设总体布局中，它具有怎样的地位和作用呢？要说明这一点，我们需先对纯洁性问题作一个简要分析。在与政党相联结、与党的建设相联结的意义上看，“纯洁性”是一个目标性指向，是一种统括性要求，具有虚化性特征。目标性指向，是说它提出了目标、设定了方向；统括性要求，是说它提出的要求带有统领性、概括性；虚化性特征，是说它本身不实，尚未达到具体。这样讲，并不是贬损纯洁性问题，而是说它就是处在这一层次上、处在这种状态中，这是它的优势和长处，并非它的不足和缺陷。纯洁性问题提出的意义，就是向人们明晰了“纯洁性”目标、提出了“纯洁性”要求、营造了“纯洁性”声势、强化了“纯洁性”意识。至于说要把纯洁性目标实现出来，把纯洁性要求落到实处，使纯洁性本身由虚到实，那还需要“纯洁性”与客观实践、具体措施结合才能做到，那就需要借助党的建设中的思想建设、组织建设、作风建设、反腐倡廉建设等来完成。

基于上述分析，在新时期党的建设总体布局中看纯洁性问题的地位和作用，我们可以把握这么几点。第一，纯洁性问题与总体布局中处于“基础”地位的五方面基本建设密切联系，特别是与思想建设、组织建设、作风建设、反腐倡廉建设直接相关，只有这样，纯洁性的目标和要求才能实现出来，才能落到实处。但即便这样，纯洁性也不能作为一项建设内容纳入基本建设序列之中。因为五方面基本建设分属于不同的领域，相互之间边界清晰、界限分明，处在一种并列的直线关系中，各自的任务也具有单一性、具体性，而纯洁性则更多地体现为综合性、统领性、概括性。比较而言，它们在层次高低上有所不同。第二，纯洁性问题的综合性、统领性、概括性特征，使之与先进性建设、执政能力建设接近或一致，能否以独立的建设内容的身份进入到总体布局中的“主线”行列呢？目前看也不适宜。这是因为，是否有必要把纯洁性视为一项独立的建设内容，尚需论证；而即便可以，又能否作为第八项建设内容纳入到党的建设第一序列中呢？这从其是否具有无可替代的独立价值方面分析，理由也不充分。在这个问题上，首先要解决的最根本一点，是先进性与纯洁性、先进性问题与纯洁性问题、先进性建设与纯洁性建设是一种什么关系？是并列关系、处于同等地位呢，还是包容关系、主从角色清晰呢？以笔者看，应当是后者而非前者。如是，那么，第三，纯洁性在总体上是从属于先进性的，纯洁性在党的建设总体布局中的地位和作用也应当是由先进性决定的。这样一来，纯洁性问题就因先进性问题而处于总体布局中的上端，纯洁性建设因先进性建设而进入到总体布局中的“主线”行列，并被赋予了从属于先进性建设而具有的特殊价值和特别意义。这样的定位，应当说，没有低估纯洁性问题的作用，而是真实地揭示和再现了它与先进性的基本关系，客观地反映了纯洁性问题在党的建设总体布局中的基本面貌。

三、党的先进性和纯洁性的辩证统一关系

对先进性问题、纯洁性问题在新时期党的建设总体布局中地位的揭示，已经触及二者之间的一些基本联系。而要全面准确地把握先进性和纯洁性问题，我们必须进一步阐明先进性问题与纯洁性问题既有区别又有联系、各有侧重又紧密相关的辩证统一关系。对此，总体上的把握是：纯洁性是先进性的前提和基础，先进性是纯洁性的保障和归宿；先进性包含着纯洁性，纯洁性从属于先进性。

首先，先进性和纯洁性是马克思主义政党的本质属性，是我们党执政的深厚基础和根本依赖。

在性质定位上，先进性和纯洁性是一致的，都是马克思主义政党特别是我们党的本质属性。党的本质属性可以说是党的生命，关系到党的生死存亡。这一点，从政党兴衰得失的历史教训中即可得到印证。20 世纪 90 年代初期，苏联解体、东欧剧变，这些国家的共产党倒台、社会主义事业终止，究其原因，固然有诸多方面，但其中最重要的一个因素，是在这些国家执政的共产党逐渐丧失了其先进性、纯洁性。先进性和纯洁性的逐渐丧失，必然会失去人民群众的支持，必然会成为孤家寡人，其执政地位的动摇以致丧失也就是不可避免的了。与之相区别，我们党尽管也走过一段弯路，但我们在克服自身缺点和错误的基础上，带领全国人民成功地走出了一条中国特色社会主义道路，获得了改革开放的巨大成功，根本原因是我们党重新恢复了固有的先进性和纯洁性并使之不断增强。

作为本质属性，先进性和纯洁性为马克思主义政党的执政提供了强有力的支撑，是我们党能够科学执政、民主执政、依法执政的坚固保障。任何马克思主义政党，只有时刻保持、充发挥先进性和纯洁性，才能得到人民群众的

拥护和支持，其执政地位才会坚如磐石。谁丢掉了先进性、纯洁性，谁就丢掉了执政资格，谁就丢掉了存活基础，谁就必然垮台和灭亡。对于马克思主义执政党来说，先进性和纯洁性有，则执政地位有；先进性和纯洁性无，则执政地位无。与其他性质相比，先进性和纯洁性最根本；对执政而言，先进性和纯洁性最关键；在社会大众面前，先进性和纯洁性最受关注。

其次，先进性和纯洁性具有内涵、指向、要求等方面的不同，其作用发挥和实现机制也各有特点。

党的先进性，从内涵、指向、要求上看，其要义是“走在社会发展前列、带领社会前进并为全社会做出榜样和表率”，归结到最根本的一点，是“站在时代前列”。所谓“站在时代前列”，是说党必须紧紧追随时代前进的步伐，密切注视时代风云的变幻，在时代的大背景下搞好自身建设；是说党必须认清历史和社会的发展趋势，适应时代要求，走在其他政治集团或社会团体的前列，带领广大民众前进；是说党必须解放思想，勇于开拓进取，引导社会实践的发展方向，做时代的代言人和领导者；是说党必须顺应时代大势，从时代的要求出发去组织民众号召民众，完成时代所提出的任务，做时代的“弄潮儿”。党唯有站在时代前列，唯有始终站在时代前列，它才是先进的。凡是不能站在时代前列的党，不可能是先进的党，充其量是自我标榜为先进的党。进一步讲，即便是先进的党，如果它不是始终站在时代前列，那么它的先进性也难以一以贯之，坚持到底。

党的纯洁性，从内涵、指向、要求上看，其要义是党的整个肌体包括党员队伍、干部队伍以致每一名党员个体纯洁、纯正、无私、可靠，符合党的纪律要求和党员标准，达到整体纯洁和个体纯洁的统一。这种纯洁性，要在党的思想、政治、组织、作风、廉洁自律等方面体现出来。其中，思想纯洁是根本，要用马克思主义及马克思主义中国化创新成果来武装，坚定理想信念，牢固树立正确的世界观、权力观、事业观；政治纯洁是前提，要立场坚定，增强政治纪律、政治敏锐性和政治鉴别力，坚决执行党的纲领、章程和路线方针政策；组织纯洁是基础，要严格党员标准，贯彻党的民主集中制原则，遵守党的组织纪律；作风纯洁是关键，要全心全意为人民服务，立党为公，执政为民，理论联系实际、密切联系群众、批评与自我批评，品行端正，作风务实；廉洁自律是保证，要淡泊名利、干净干事，绝不贪赃枉法、利用公权谋私利，始终保持清正廉洁，不断提高拒腐防变能力，坚决同一切腐败行为作斗争。

对比先进性与纯洁性的内涵、指向与要求，可以看出：保持党的先进性，更多的是针对全社会、全体民众而言，党要发挥模范带动作用，要引领社会前进，要跟上时代步伐；而保持党的纯洁性，更多的是针对党自身、党的队伍内部而言，党要有标准规范，党内人员要克己奉公，个个合格优秀，克服滥竽充数，去除虚假丑恶，树立优良形象。这样一种侧重向“外”与侧重向“内”的不同，使得二者在作用发挥上、在实现机制上、在现实效果上都带有各自不同的特点。

再次，先进性和纯洁性是主从、种属、包容被包容关系，具有层次高低甚至是质与量的区别与不同。

进一步分析先进性和纯洁性的区别与联系，在把握二者辩证统一这一大关系的前提下，实事求是地说，先进性和纯洁性既有对等、并列的一面，更有主从、高低的一面。说二者对等、并列，是因为各自着眼点有所不同，各有存在的必要，各有对方不能包含或不能完全包含的东西；是因为在当前党的建设中可以把二者同时提出，可以并列表述，作为两方面任务进行部署。说二者有主从、高低之分，是在二者两相比较的意义上看，先进性为主，层次更高一些。先进性既是对党自身的要求，更是对党在人民群众、整个社会所处地位的要求，是对党在国家利益、民族事业中发挥作用的要求，是对党在历史进程、时代前进中产生影响的要求。这样的要求，显然要高于主要对党自身提出的纯正无私、清正廉洁的要求；以这样的要求达到的境界和状态，那就不只限于党的事业，而是扩展到党所领导的人民事业、国家事业、民族事业。如此来看，比之纯洁性，先进性内涵更宽泛、底蕴更深厚、目标更高远、境界更辽阔。

从根本上说，先进性源于纯洁性，但又高于纯洁性。源于纯洁性，在于纯洁性是先进性的重要前提，一个政党只有始终保持党的纯洁性，才能永葆党的先进性，在坚持纯洁性的基础上才能真正达到先进性。高于纯洁性，在于先进性包含着纯洁性，纯洁性的进一步追求才是先进性。一个政党有了纯洁性并不必然具有先进性，而保持了先进性的政党，应当是必然坚持了纯洁性的。而且，无论对于一个政党还是对于一名党员来说，仅仅提出纯洁性的要求，还是低标准的要求，尽管真正做到也不容易；而先进性的要求则要高于纯洁性，是包含纯洁性在内的要求。在一定意义上去比较，甚至可以说，纯洁性偏于“量”，先进性重在“质”。从综合考察的结果上看，我们可以说，先进性和纯洁性之间带有主从、种属关系的意蕴，有一种包容和被包容的联系特点，具有层次高低的区分，甚至有“质”与“量”的差别。这是我们把握先进性和纯洁性及其关系不能不注意到的。

最后，先进性和纯洁性有着共同的指向和目标追求，都是当前党的建设不可忽视的重要内容。

联系很明确，差别也清晰。但结合当前党的建设，我们还不能把先进性和纯洁性二者区别对待甚至割裂开来，我们必须看到，先进性和纯洁性对搞好当前党的建设都是不可缺少、至关重要的。在当前加强和改进党的建设进程中，无论是保持先进性还是坚持纯洁性，都是朝向同一个目标，有着共同的追求，那就是：使我们党始终代表先进生产力的发展要求，代表先进文化的前进方向，代表最广大人民的根本利益；使我们党在世界形势深刻变化的历史进程中始终走在时代前列，在应对国内外各种风险和考验的历史进程中始终成为全国人民的主心骨，在建设中国特色社会主义的历史进程中始终成为坚强的领导核心。

这样一种共同指向和目标追求，要求我们在推进党的建设新的伟大工程、大力实施新时期党的建设总体布局时，必须把先进性和纯洁性建设有机结合、共同推进；要把先进性和纯洁性要求贯穿于党的性质、宗旨、任务和全部工作中，体现在各级党组织和全体党员的实际行动上；要充分认识到，保持党的先进性和纯洁性，是党在改革开放和社会主义现代化建设进程中应对和经受住各种考验、化解和战胜各种危险的重要法宝。而马克思主义政党的先进性和纯洁性，又不是固定不变的，而是与时俱进、随着形势和任务的发展变化而不断丰富与发展的；不是一劳永逸的，而是必须通过坚持不懈地加强党的自身建设才能保持与发展的。我们必须为保持、发挥和强化先进性和纯洁性而不懈努力。

四、在总体布局中推进党的先进性和纯洁性建设

以新时期党的建设总体布局为理论基础和方法论指导，我们获得了有关先进性、纯洁性的地位作用和辩证关系的认识，进一步，我们也需要在党的建设总体布局中，考察如何科学推进先进性建设和纯洁性建设。

首先，要立足于总体布局，在“主线”地位上推进先进性和纯洁性建设。

作为新时期党的建设的“主线”，先进性建设在党的建设整体和全局中处于核心地位，诚如胡锦涛总书记指出的：“抓住了先进性建设，就抓住了党的建设的根本，就抓住了加强党的执政能力建设、巩固党的执政地位的关键。”保持党的纯洁性的要求与任务，在从属于先进性建设的意义上，是可以也是能够进入到“主线”之中、在“主线”地位上参与到党的建设总体布局中的。之所以如此，是因为新时期党的建设要着力解决的根本问题是执好政、长期执政问题，而执好政、长期执政的关键则是保持和发挥好先进性与纯洁性。这是一方面。另一方面，党的先进性和纯洁性建设所关注和强调的，是在新的历史条件下党怎样把先进性和纯洁性贯彻到底、坚持始终、发扬光大，使党的执政地位因先进性和纯洁性的支撑而更加稳固。以新时期党的建设的“主线”来看，可以说，先进性和纯洁性建设贯穿于党的建设的各个方面，是党的建设坚定不移的追求；引导着党的建设的基本方向，是党的建设始终不渝的目标；衡量着党的建设的是非得失，是党的建设优劣强弱的标志；展示着党的建设的效果效能，是党的建设发挥作用的关键。

其次，要联结党的执政能力建设，在把握“核心”与“重点”关系中推进先进性和纯洁性建设。

在党的建设总体布局中，先进性建设与执政能力建设虽然同为“主线”，但前者具有“核心”意义，贯穿于党的建设的全过程和各方面；后者则处于“重点”位置，是党在执政条件下的根本任务和现实要求。推进先进性和纯洁性建设，必须联结党的执政能力建设，在总体布局的“主线”中把握“核心”与“重点”的关系，使之协调一致、有序开展。联结党的执政能力建设，就要着眼于执政能力建设的现实要求，把它放在“党执政后的一项根本建设”的位置上来对待；就是不单单局限于执政能力如何提高，而拓展到如何执好政问题的方方面面，涉及执政理念、执政基础、执政方略、执政体制、执政方式、执政资源、执政环境等宽广内容。把握“核心”与“重点”的关系，就是要充分认识到：先进性建设是执政能力建设的深厚基础，是党提高执政能力的根本取向；执政能力建设是党在执政条件下先进性建设的重要内容，是党的先进性的现实体现；党的执政能力在执政条件下党的先进性中具有举足轻重的地位，同时又依靠先进性建设的引领使自身的功能和价值得到有效发挥和充足实现。

再次，要联结党的思想建设、组织建设、作风建设、制度建设、反腐倡廉建设，在把握“主线”与“基础”关系中推进先进性和纯洁性建设。

在新时期党的建设总体布局中，相对于建设、执政能力建设这条“主线”，思想建设、组织建设、作风建设、制度建设、反腐倡廉建设处于“基础”地位。所谓基础，强调它们是党的最基本建设，是不可或缺的基础性建设，对党的建设起保障作用，是必不可少的建设项目和建设内容。相对于先进性建设、执政能力建设的综合性、全局性特点，思想建设、组织建设、作风建设、制度建设、反腐倡廉建设带有具体性、专门性特征，是某一领域的、属于专项内容的建设。而无论是作为主线的先进性建设、执政能力建设，还是作为基础的思想建设、组织建设、作风建设、制度建设、反腐倡廉建设，都是党的建设中不可缺少的重要方面和重要内容，都是围绕着党的建设全局来展开，都是服务于党的建设整体来推进，并且它们相互之间又是不可分割的，是凝结为一体而共同发挥作用的。先进性建设、执政能力建设不可能孤立地进行，需要贯穿于思想建设、组织建设、作风建设、制度建设和反腐倡廉建设之中，才能得以落到实处，取得实质性效果。而思想建设、组织建设、作风建设、制度建设和反腐倡廉建设，必须以保持先进性和提高执政能力为主题、按照先进性建设和执政能力建设的要求去推进，才能确保自身建设成效并发挥应有作用。推进先进性和纯洁性建设，离不开思想建设、组织建设、作风建设、制度建设和反腐倡廉建设等各项基础性建设。

最后，要联系党的建设的根本目标，在总体布局各要素关系及其网状结构中推进先进性和纯洁性建设。

党的建设的根本目标，就是党的十七大指出的，把党建设成为一个立党为公、执政为民，求真务实、改革创新，艰苦奋斗、清正廉洁，富有活力、团结和谐的马克思主义执政党。这样一个根本目标，是我们党科学布局党的建设的努力方向，是保持先进性与纯洁性的努力方向。为此目标，党的建设总体布局中的各个要素、各方面内容必须协调共进、齐心协力。而推进先进性、纯洁性建设，必须按照党的建设根本目标指明的方向和要求，在总体布局各要素关系及其网状结构中来实施、开展。党的建设在主要由思想建设、组织建设、作风建设、制度建设构成的时候，其内在关系比较单一、相对简单，因为这几方面建设处在一种并列的直线关系中，分属于不同的领域，相互之间边界清晰、界限分明，由以形成的党的建设的布局就呈现出平面化、队列化的一种特征。现在则不同了。由于先进性建设、执政能力建设这两项重要建设内容被纳入到党的建设体系之中，党的建设的结构就变得更复杂了，相互关系也多样性了。而且由于执政能力建设、先进性建设具有综合性、统括性，思想建设、组织建设、作风建设、制度建设、反腐倡廉建设等具有单一性、具体性，它们分别处于不同的层次上，有了上下高低的不同，有了包容与被包容的关系，相互之间有了交叉和重叠，就打破了党的建设原有内部要素之间的并列、直线的关系格局，呈现出带有立体、多样、丰富等特征的一种新的状态。在总体布局各要素关系及其网状结构中推进先进性和纯洁性建设，就是要把握党的建设这样一种新的状态，使先进性和纯洁性建设进入到一个更宽广的境地中，进入到一个内容更丰富、关系更紧密、结构更完备的立体化、交叉化的综合式推进的实践体系之中。

（作者：山东师范大学党委书记、教授、博士生导师）

（选自《江西社会科学》2012 年第 9 期）

以高度的政治自觉加强党性修养和党性锻炼

刘 涛

注重党员的党性修养和党性锻炼，是马克思主义政党加强自身建设的重要环节、鲜明特色和成功经验。切实加强党性修养和党性锻炼，是我们党对党员领导干部的一贯要求。面对纷繁复杂的国际形势和艰巨繁重的国内改革发展稳定任务，面对日益增多的风险和挑战，党员领导干部必须进一步强化党性意识，坚持不懈地加强党性修养和党性锻炼。

坚定正确的理想信念是加强党性修养和党性锻炼的核心内容

坚定正确的理想信念在党的建设中具有特殊重要作用。我们党自成立那天起，就把实现共产主义作为自己的崇高理想和奋斗目标。共产主义理想和社会主义信念，是共产党人的精神支柱和力量源泉。它既指引党员的奋斗方向，激励党员的士气，鼓舞党员的意志，增强党的凝聚力，又在人民群众中亮明了党的政治纲领，树立了党的鲜明形象，是团结引导全国各族人民的精神旗帜和政治基础。

理想信念问题是共产党员加强党性修养和党性锻炼的根本问题。正确的理想信念是党实现最终目标的思想基础，是党坚持立党为公、执政为民理念和全心全意为人民服务宗旨的思想基础，也是共产党员保持党的先进性和纯洁性、加强党性锻炼和党性修养的思想基础。树立坚定的共产主义理想和中国特色社会主义信念，自觉投身于建设中国特色社会主义伟大实践，是当代共产党人先进性和坚强党性的内在要求和本质特征。

坚定正确的理想信念是一个不断学习、不断实践、不断完善的党性修养和党性锻炼过程。学习马克思列宁主义，学习马克思主义中国化的成果，不断坚定共产主义理想信念，是同共产党人的一生相伴随、共始终的，既不能一蹴而就，也不能一劳永逸。就当前而言，作为党的中高级干部，必须坚持学习马克思主义中国化的最新成果，用中国特色社会主义理论体系武装头脑，践行社会主义核心价值观，坚守共产党人的精神家园。

始终保持党的纯洁性是加强党性修养和党性锻炼的重要目标

良好的党性修养，是品质、能力、行为三者的内在统一。党的领导干部特别是中高级领导干部，要带头做好保持党的纯洁性各项工作，以高度的政治自觉进一步加强党性修养和党性锻炼，始终做到善于学习、注重实践、长期坚持，努力达到思想纯洁、行为规范、作风优良的目标要求。

加强政治修养，增强政治坚定性。这是保持党的纯洁性对加强党性修养和党性锻炼提出的首要任务。党的领导干部，要正确认识社会主义发展的历史进程，不为共产主义运动中出现的挫折和曲折而彷徨动摇。要深化对中国特色社会主义理论体系的学习理解，坚定走中国特色社会主义道路的信心和决心。要树立正确的世界观、人生观、价值观和科学的事业观、政绩观，始终保持政治上的清醒和坚定，始终与党中央保持高度一致。

加强理论修养，提高实践能力。这是保持党的纯洁性对加强党性修养和党性锻炼提出的根本要求。作为一名党员干部，要根据中央要求和实际工作需要，系统学习掌握马克思主义基本理论和基本原理，不断推进马克思主义中国化、时代化、大众化，着力提高思想政治水平和认识世界、改造世界的能力。始终保持理论上的清醒和坚定。要着眼于马克思主义的运用，着眼于对现实问题的理论思考，着眼于新的实践和发展，研究新情况，解决新问题。

加强道德修养，提升人生境界。这是保持党的纯洁性对加强党性修养和党性锻炼提出的内在要求。党的领导干部要加强“官德”修养。共产党人为“官”的价值就在于为人民做了什么，为社会奉献了什么。要加强人格修养，强化自律意识，学会自控、自省、自警。要加强诚信锤炼，必须做到言行一致，杜绝说一套做一套。

加强作风修养，塑造崇高品格。这是保持党的纯洁性对加强党性修养和党性锻炼提出的必然要求。党的领导干部要着力增强宗旨观念，密切联系群众，始终做到权为民所用、情为民所系、利为民所谋。要切实践行胡锦涛总书记关于加强作风建设“勤奋好学、学以致用，心系群众、服务人民，真抓实干、务求实效，艰苦奋斗、勤俭节约，顾全大局、令行禁止，发扬民主、团结共事，秉公用权、廉洁从政，生活正派、情趣健康”八个方面的要求，积极改造自己的主观世界，永葆共产党人的政治本色。

加强纪律修养，维护团结统一。严明的纪律，是我们党的显著标志和政治优势。对党的领导干部来说，纪律修养集中体现在能否自觉坚持民主集中制原则，自觉遵守党章和党内法规，自觉遵守国家法律法规，自觉维护党的团结统一。要本着对党、对社会主义事业高度负责的态度，坚决维护中央权威，切实保证中央政令畅通。要注重筑牢思想防线，守住法制底线。

领导干部做表率是加强党性修养和党性锻炼的根本要求

领导干部能否自觉加强党性修养和党性锻炼，直接关系党风乃至社会风气的状况。党是整个社会的表率，党的各级领导干部又是全党的表率；党风在客观上是民风的楷模，对民风具有重要的引导和制约作用。因此，欲正民风必须先正党风，欲正党风必须先搞好领导干部的作风。胡锦涛总书记曾明确指出，加强党性修养，树立和弘扬良好作风，对于进一步加强和改进党的建设，更好地推动科学发展、促进社会和谐，具有重要的现实意义，强调要把加强领导干部党性修养、树立和弘扬优良作风作为重大政治任务抓紧抓好。

做读书学习的表率，在学习理论中加强党性修养和党性锻炼。党员领导干部应该把学习作为坚定理想信念和树立正确世界观、人生观、价值观的必修课，把学习理论作为自己毕生的政治任务。通过学习，不断完善自我，使共产主义的思想道德情操、党性原则和全心全意为人民服务的宗旨化作自己的信念和行动。通过学习，不断增长才干，提高为人民服务的本领和能力。要坚持理论联系实际，善于用理论指导实践，不断提高分析和解决实际问题的能力，增强工作的系统性、前瞻性、预见性和创造性。

做社会实践的表率，在丰富的社会实践中

加强党性修养和党性锻炼。加强党性修养和党性锻炼，最根本的途径和方法是实践。党员干部只有从事实际工作、处理具体事务，才能从中学到书本上未曾有过的知识，不断拓宽视野，开拓思路。只有积极投身工作实践、社会实践，才能积累新经验，增长新本领，在改造客观世界的同时改造自己的主观世界，增强党性意识。

做党内生活的表率，在严格的党内生活中加强党性修养和党性锻炼。我们每个党员都是在党的一个组织中生活和工作的，只要积极参加党内生活，就可以得到组织和同志们经常性的教育和帮助，不断完善自我。同时，还可以在党内生活中参与管理党内事务，对党组织的工作和决议进行讨论、发表意见，对党组织工作的失误提出有根据的批评与建议，对党员和党员干部中的违法乱纪行为、不良倾向进行检举、揭发和开展批评，从而强化党员的权利意识、义务意识和组织纪律观念。

做践行宗旨的表率，在服务人民群众中加强党性修养。牢记党的宗旨，全心全意为人民群众谋利益，是对党员干部党性原则的根本考验。作为党员领导干部，必须始终坚持党的群众路线，真正做到权为民所用、情为民所系、利为民所谋。要牢固树立科学的政绩观，把工作的着力点真正放到研究解决改革发展稳定中的重大问题上，放到研究解决人民群众生产生活中的实际问题上，多做打基础、利长远的工作，以实际行动树立良好形象，从而赢得人民群众的信赖和支持。

（作者：中央国家机关工委委员、宣传部部长）

（选自《光明日报》2012年5月6日）

再论求真务实

——读《朱镕基讲话实录》的启示

王炳林　冯留建

求真务实是一种追求真理的科学精神，是一种优良的政治品格，是党永葆青春和活力的关键所在。《朱镕基讲话实录》（以下简称《实录》）完整翔实地记录了朱镕基同志在担任国务院领导期间关于政治、经济、文化和外交等方面的重要言论。其中，无论是批语、信件、文章，还是讲话、报告、谈话都真实地反映了朱镕基同志"不唯上、不唯书、只唯实"的求真务实的高尚品质和忠诚谋国的赤子情怀。《实录》体现的核心精神就是求真务实。弘扬求真务实的科学精神，对于切实转变工作作风，解决新时期的工作难点和社会热点问题，具有十分重要的现实意义。

一、求真务实的内涵

何为求真务实？作为一个哲学概念，"求真务实"高度地综合了马克思主义世界观和方法论的主要特征，表达了人类认识世界与改造世界的统一、知和行的具体的历史的统一。胡锦涛总书记指出："求真务实，是辩证唯物主义和历史唯物主义一以贯之的科学精神，是我们党的思想路线的核心内容，也是党的优良传统和共产党人应该具备的政治品格。"具体来说，"求真"即"求是"，侧重认识世界，即是遵循马克思主义的世界观，依照党长期以来形成的解放思想、实事求是、与时俱进的思想路线，求得对事物的真知，研究事物发展的规律性。"务实"侧重于改造世界，侧重于实践，是要在找到规律性后去指导行动，获得实效。因此，"求真"与"务实"相辅相成、密不可分，"求真"是"务实"的前提和基础，"务实"是"求真"的目的和归宿。求真务实，就是认识规律求得真知，真抓实干获得实效。办事要抓住事物本质，把握规律，就必须"求真"；要解决问题，产生实效，就必须"务实"。具体来说"求真务实"包括四个方面的涵义。

（一）求真务实是一种探索规律、追求真理的科学精神

求真务实体现马克思主义哲学的世界观和方法论的特征。从产生之日起，马克思主义就是要寻求人类发展的规律，在人类发展的历史长河中，马克思主义散发出的耀眼的科学光芒正是体现在对变化规律和历史发展逻辑的一种客观把握。马克思主义把伟大的认识工具给了人类，也赋予了工人阶级政党带领广大人民群众改造旧世界、建设新世界的历史使命。求真务实作为一种科学精神，要求我们运用无产阶级的科学的世界观和方法论不断探索规律，并按照这些规律去改造世界。胡锦涛同志指出："在全党大力弘扬求真务实精神、大兴求真务实之风，关键是要引导全党同志不断求我国社会主义初级阶段基本国情之真，务坚持长期艰苦奋斗之实；求社会主义建设规律和人类社会发展规律之真，务抓好发展这个党执政兴国的第一要务之实；求人民群众的历史地位和作用之真，务发展最广大人民根本利益之实；求共产党执政规律之真，务全面加强和改进党的建设之实。”

(二) 求真务实是中国共产党思想路线的本质特征

中国共产党在领导革命和社会主义建设的过程中，逐步形成了一条科学的思想路线。毛泽东同志在新民主主义革命时期，把马列主义普遍原理同中国革命的具体实践相结合，创造性地提出了“实事求是”的思想路线。在社会主义建设和改革开放实践中，邓小平同志把解放思想和实事求是结合起来，是对党的思想路线的丰富和发展。在此基础上，江泽民同志在党的十六大报告中强调“与时俱进”的精神，对社会主义市场经济条件和对外开放背景下的党的思想路线作出了新概括。胡锦涛总书记继承和发扬中国共产党人的民本思想，在党的思想路线中，提出了“求真务实”的问题，更好地实现了中国共产党人在思想路线上的理论和实践的统一。求真务实是中国共产党思想路线的本质特征，而解放思想、实事求是、与时俱进体现着求真务实的精神，也是求真务实的根本要求。

(三) 求真务实是中国共产党人的一种崇高的政治品格

胡锦涛同志在中央纪律检查委员会第三次全体会议上的讲话中，根据新时期党面临的任务以及党建中存在的突出问题，把“求真务实”上升到我们党的思想路线的核心内容，同时，要求共产党员和领导干部把求真务实作为自己“应该具备的政治品格”。

求真务实的政治品格给共产党人提出了更高的要求，既要求得事物的客观真实，更要脚踏实地的耕耘，要务人民利益之实，要给人民群众带来实实在在的利益，而不是华而不实的政绩。朱镕基同志指出：“政府所做的事情必须是务实的，不搞什么‘形象工程’，不搞那些形式主义的东西，每一件事情都要为了老百姓，对老百姓有利。”作为一种政治品格，求真务实要求各级领导干部自觉地遵守马克思主义哲学中的世界观和方法论，在工作中不断学习和运用毛泽东思想和中国特色社会主义理论体系，用科学理论指导实际工作。

(四) 求真务实是一种良好的工作作风

首先，求真务实是对领导工作作风的一种根本要求。如果背离了它，或走向了其反面，是遗患无穷的。求真务实的对立面，就是弄虚作假和形式主义。从现实来看，大部分领导干部在工作中是能够做到求真务实的，但不可否认个别领导由于种种原因在工作中仍然存在着背离求真务实的表现。如某些地方和部门，规章制度多如牛毛，却是高高挂起，形同虚设；各种检查评比层出不穷，耗费了大量的资源，却没有实质性意义；热衷于看风向、喊口号、追求高指标、“规模效应”，其结果仅仅是催生出了“形象工程”和“政绩工程”；下基层走马观花、蜻蜓点水，不去深入了解民众真实的情况和要求等等。朱镕基同志《在二○○一年中央经济工作会议上的讲话》就提到这种现象：“现在‘文山会海’确实是不得了，国家计委、财政部一个部门一年要发几千份文件，恐怕要专门找一批人看文件啊，结果贯彻文件的人就没有了。所以就出现这样一种风气，就是‘以会议贯彻会议，以文件来落实文件’。”这些形式主义的东西有一个共同特征，就是重理论轻实践，重宣传轻行动，重数量轻质量，重短期轻长远，造成资源的巨大浪费，更助长了弄虚作假的心理和好大喜功的浮夸作风，其结果是既损害了人民的利益，又降低了党和政府的威信。

其次，发扬求真务实的作风必须从小事做起。在一些地方和部门，许多问题存在着，却看不到、抓不住，一个重要原因就在于失之于“粗”，失之于“虚”，工作抓得不够具体和扎实。古人曰，天下大事必作于细。这就要求领导干部必须把服务群众、改善民生作为工作的根本出发点，把促进社会公平正义放在突出的位置，务实办成一些让人民群众得实惠的好事实事。朱镕基同志1998年3月24日《在国务院第一次全体会议上的讲话》指出:“主意可以出很多，可以天上地下，博古通今，引经据典；定个政策也不是很难，只要你虚心听取各部门的意见，群策群力，也可以出台一个好政策，但是要落实就难得很。”落实是求真务实的根本，抓落实的过程，就是一个积小胜为大胜、积跬步致千里的过程。从小处入手，落实才会日见成效。有些领导干部对自己的工作性质的理解存在着偏差，误以为自己的职责仅仅是一种宏观上的管理，工作中习惯发指示，而忽略了所谓的“小事”，缺乏对基本事实的了解，导致工作成效难以提高。

二、求真务实的根本要求

求真务实是一项复杂的认识和实践活动。要做到求真务实，有很多环节的要求，但是，求真务实的关键在于“真”和“实”，根本要求就是要求得规律性，突出实效性。

（一）坚持求真务实，必须不断开拓创新

人类追求真理、改造世界的过程，是一个不断超越自我、不断创新、不断发展的过程。改革开放的伟大时代呼唤创新精神，创新精神进一步推动时代的进步和发展。当今时代新情况、新问题纷至沓来，新思想、新文化层出不穷，新思维、新观念不断涌现，如果我们仍然囿于旧模式、旧观念、旧思想，靠老经验、老办法对待新事物，墨守成规、抱残守缺、思想保守、行动落后，缺乏开拓创新的勇气和突破常规的思路，就必然会落后于高速发展的时代潮流，贻误改革发展的大好时机，求真务实就势必因此而落空。因此，我们只有把思想认识从不合时宜的错误观念、封闭落后的思维方式和对马克思主义的教条式理解中解放出来，从形而上学和主观主义的桎梏中解放出来，坚持求真务实和开拓创新的辩证统一，不断推进理论创新、制度创新和科技创新，才能把建设中国特色社会主义事业进一步推向前进。

（二）坚持求真务实，必须遵循和运用客观规律开展工作

认识规律的目的是为了更好地遵循和运用规律。求真务实的根本目的在于付诸实践，取得实效。各级领导干部要紧紧围绕落实党和国家的各项具体工作，紧密联系全面建设小康社会的实践，紧紧抓住发展这个党执政兴国的第一要务，真正树立和落实科学发展观和正确的政绩观，自觉地坚持以经济建设为中心，不断促进社会主义物质文明、精神文明、政治文明和生态文明的协调发展。“把工作的着力点真正放到研究解决改革发展稳定中的重大问题上，放到研究解决群众生产生活中的紧迫问题上，放到研究解决党的建设中的突出问题上。”只要各级领导干部都能坚持说实话、出实招、办实事、务实效，并在工作中不断提高求真务实的能力，就一定能够扎扎实实地把改革开放和现代化建设推向前进。

（三）坚持求真务实，必须不断健全各项工作制度

制度建设是求真务实的体制保证，我们必须以改革创新精神，不断完善相应的制度和机制，力促求真务实经常化、制度化。为此，胡锦涛同志指出：“要坚持和完善各项学习制度、调查研究制度、联系群众的制度、民主集中制

的各项制度、民主决策制度、各项公开办事制度，特别是要认真执行并进一步完善干部选拔任用工作制度，以制度建设和创新来保证在全党大力弘扬求真务实精神、大兴求真务实之风。”坚持和完善学习制度，就是要持续不断地学习马克思主义、毛泽东思想和中国特色社会主义理论体系，不断吸取其精神，运用其立场、观点和方法来分析问题，指导工作；坚持和完善调查研究制度，深入民众、深入基层，对拟决策的问题进行周密细致的调查研究，深入分析，把握事物的发展趋势，认识问题的本质，为正确决策提供可靠的依据，不断提高根据实际情况解决问题的能力；不断完善民主集中制，充分发展党内民主和党外监督，坚持集体领导和个人负责相结合；完善民主决策制度，不断提高决策的科学性和民主性。重大问题集体决策制度、专家咨询制度和社会听证制度需要进一步得到健全。全局性的决策，要得到跨学科、跨行业、跨部门的专家研究论证。与人民群众利益密切相关的决策，要实行社会公示和社会听证，提高决策的透明度和公众参与度；坚持和完善各项公开办事制度，不断提高为人民服务的质量和水平；深化干部人事制度改革，努力形成求真务实的选人用人机制，完善干部政绩考核机制，全面、客观、公正地评价干部。扩大民众在干部选拔中的参与度，落实民众对干部工作的知情权、参与权、选择权和监督权。通过制度建设，树立正确的政绩观，真正使政绩经得起实践和历史的检验，实行问责制，坚决制止和惩治违背求真务实的不良现象和行为，对作风漂浮、敷衍塞责引发重大事件或造成重大损失的，要坚决追究到底。在《信访工作是联系群众的重要渠道》一文中，朱镕基同志指出：“光看报纸、报告，那是根本无法工作的。不久前我到安徽省南陵县去察看粮食仓库，在我没去之前粮库都是空的，后来他们把一些粮站的粮都搬过来，摆得整整齐齐。连我都敢骗，真是胆大包天。”

三、如何做到求真务实

要养成和坚持求真务实的工作作风，一要培养求真务实的政治品格；二要提高求真务实的工作能力；三要锻炼求真务实的胆识勇气。

（一）培养求真务实的政治品格

求真务实是共产党人必备的政治品格。它不仅是做事的要求，更是做人的准则。一个领导干部能否始终坚持求真务实，是衡量他是否坚持马克思主义的世界观和方法论，是否坚持党的思想路线和政治路线的重要试金石。丢掉了求真务实的品格，不仅会损害个人前途，更重要的是会葬送党的事业。同时，求真务实作为一种品格操守，是衡量领导干部思想道德水平和政治觉悟的重要标准。比如，一些领导干部虽然懂得求真务实的重要，也具备实事求是的方法和能力，但是在利益驱动下使其放弃了求真务实的基本准则，追名逐利、弄虚作假、奢侈浪费、以权谋私，这些官僚主义和极端个人主义现象严重违背了求真务实的科学精神。因此，必须把求真务实作为工作作风来弘扬，作为道德操守来把持。朱镕基同志说：“我过去几年里每晚是一定要看《焦点访谈》，我觉得我作为总理，如果不去关心人民的疾苦，我当什么总理！我看完后必定打电话，不是打给部长就是打给书记。尽管我知道打电话只是针对几个农民或者几个百姓的问题，但是我能为这几个农民、几个老百姓申冤，能够解决问题，我觉得好受一些，大事办不了，办了一点小事也好。”只有将党和人民的利益放在第一位，将人民的安危冷暖系于心头，才会千方百计地去“求真”，才能满腔热情地去“务实”。

（二）提高求真务实的工作能力

在实际工作中要真正做到求真务实，绝非易事。一方面，“真”隐藏于事物的内部，需要付出艰苦的劳动才能把握。求真务实的“求”，就是“去研究”。要把握“真”，做到“实”，仅靠良好的愿望和满腔的热情是不够的，还必须下“求”的功夫，去伪存真、由表及里探寻事物的本质。另一方面，从现实来看，要做到求真务实，还可能面临着许多意想不到的阻力和压力，这就要求领导干部必须提高工作能力，掌握正确的工作方法和科学的领导艺术，善于调动各方面的积极性、主动性和创造性。求得“真”就要增强创新思维能力，务到“实”必须提高实践创新能力。从现实来看，绝大多数领导干部是重视和善于求真务实的，但也有一些同志虽然下了不少功夫，主观上也十分努力，可就是对事物的本质吃不透，致使许多好的想法和做法在实践中变了形、走了样。也有的领导干部缺乏办实事的能力，即使有了正确的决策和方案，也无法付诸实施。这些从根本上来说还是由于坚持求真务实的能力不够所致。大力弘扬求真务实精神、大兴求真务实之风，不但要坚决反对脱离群众、追名逐利、作风漂浮、弄虚作假等违背求真务实的做法，更要从工作机制和制度、干部队伍素质和能力、领导水平和艺术的角度着力提高坚持求真务实的能力。可以说，求真务实，既要实干，又要巧干；既要真抓实干，又要开拓创新。因此，在认识方面，必须不断提高辩证思维、战略思维和创新思维的能力，抓住事物的“真”，才能达到“务实”的目的。在实践方面，要提高发展经济、管理社会、服务群众、维护稳定的本领，提高推动科学发展、构建和谐社会的能力。

（三）锻炼求真务实的胆识勇气

从现实情况看，有的领导干部不是不知道求真务实的重要性，也不是不知道如何做到求真务实，而是顾虑太多，缺乏勇气和胆识。可见，把求真务实落实到行动中并长期坚持，既要有热情，更要有胆识和勇气。要有与弄虚作假、急功近利、言行不一的作风作斗争的勇气；要有不怕吃亏、不怕非议的精神。坚持求真务实的勇气来源于共产党人的信仰和追求，无私才能无畏。古人云：“吏不畏吾严，而畏吾廉；民不服吾能，而服吾公。公则民不敢慢，廉则吏不敢欺。公生明，廉生威。”1992年3月25日，朱镕基同志在七届全国人大五次会议上海代表团讨论会上作了《全面正确地理解邓小平同志南方谈话精神》的重要讲话。在讲话中，朱镕基同志坚持独立思考，从中国国情的现实出发，对如何发展、如何科学发展、如何可持续发展进行了深入剖析，从而得出了要全面正确地理解邓小平南方谈话精神，不失时机地加快改革和开放的速度、经济结构调整的速度、提高企业经济效益的速度、科技进步的速度的正确结论，找准了贯彻落实邓小平南方谈话精神的着力点。朱镕基同志的这个论断有力地校正了当时社会上对邓小平南方谈话精神理解上的片面性以及“只唯上、不负责”的错误态度，纠正了片面强调发展是硬道理的思想观点，澄清了广大干部的认识，有力地统一了加快发展的思路。

求真务实不仅是行事的风格，也是做人的要求。《实录》不仅教会我们做事，也教会我们如何做人，那就是“讲实话、办实事、求实效”。只要我们大力弘扬求真务实精神，大兴求真务实之风，把各项工作的立足点放到真抓实干上，就一定能够一步一个脚印地做好工作，把中国特色社会主义建设事业推向前进。

（作者：王炳林系北京师范大学教授、博士生导师）

（选自《中国特色社会主义研究》2012年第2期）

着力推进党的“生命工程”

——中共十六大以来作风建设的回顾与思考

邸乘光

党的作风是党的性质、宗旨、纲领、路线的重要体现，是党的创造力、战斗力和凝聚力的重要内容，反映党的精神风貌，关系党的形象，关系人心向背，关系党的生命。尤其是执政党的作风，更是攸关党的生死存亡。因此，党的作风建设实乃党的“生命工程”。中共十六大以来，以胡锦涛为总书记的党中央，在推进中国特色社会主义伟大事业和党的建设新的伟大工程的实践中，高度重视和切实加强党的作风建设，并收到了明显的成效。继续推进中国特色社会主义伟大事业和党的建设新的伟大工程，必须以改革创新精神继续加强党的作风建设，着力推进党的“生命工程”。

一、中共十六大以来积极推进党的作风建设

中共十六大以来，以胡锦涛为总书记的党中央，从保持党的先进性、提高党的执政能力、完成党的执政使命的高度，对党的作风建设内涵和具体路径作出了新的探索和创新，逐步形成了以弘扬党的优良传统作风为基础，以密切党群血肉联系为核心，以健全制度机制为保证，以集中性教育活动和经常性党性分析相结合为主要途径的党的作风建设理论体系和实践思路，党的作风建设理论和实践进入到科学发展、全面发展的新阶段。

（一）高度重视党的作风建设

中共十六大是在新世纪新阶段召开的第一次全国代表大会。这次大会在中共十五届六中全会对加强和改进党的作风建设作出全面系统部署的基础上，又对加强和改进党的作风建设提出了明确要求。中共十六大闭幕不久，胡锦涛就带领中央书记处成员到西柏坡学习考察，重温毛泽东在中共七届二中全会上倡导的“两个务必”，并号召全党同志在新世纪新阶段要继续大力发扬谦虚谨慎、艰苦奋斗的作风。2004 年 1 月，胡锦涛在中央纪委第三次全体会议上提出要在全党大力弘扬求真务实精神、大兴求真务实之风。2007 年 1 月，胡锦涛在中央纪委第七次全体会议上又强调，要根据新形势新任务的要求，全面加强思想作风、学风、工作作风、领导作风、干部生活作风建设，弘扬新风正气，抵制歪风邪气，并在领导干部中大力倡导“八个方面良好风气”。同年 10 月，中共十七大进一步强调要以保持党同人民群众的血肉联系为重点加强作风建设，并就如何加强作风建设作出了新部署。2009 年 9 月，中共十七届四中全会提出要在全党大兴密切联系群众之风、求真务实之风、艰苦奋斗之风、批

评和自我批评之风，以坚强的党性保证党的作风建设，使广大党员永葆蓬勃朝气、昂扬锐气、浩然正气。2012年1月，胡锦涛在第十七届中央纪委第七次全体会议上又强调指出，要加强换届后领导班子和领导干部作风建设，引导和督促各级领导班子和领导干部特别是新任职干部树立正确的政绩观，更好地坚持以人为本、执政为民的理念，努力展示新面貌新形象。所有这些，充分表明了以胡锦涛为总书记的党中央对党的作风建设的高度重视。

（二）注重创新党的作风建设

中共十六大以来，以胡锦涛为总书记的党中央，认真总结我们党加强和改进作风建设的历史经验，坚持解放思想、实事求是、与时俱进的精神，推动了党的作风建设的多方面创新。一是创新了党的作风建设的指导思想。即提出了科学发展观，并坚持用科学发展观统领党的作风建设。二是创新和发展了党的作风建设理论。即在党的作风建设方面提出了一系列新思想、新观点。其中主要包括"要以保持党同人民群众的血肉联系为重点加强作风建设"的思想和观点；要"不断把人民群众的利益维护好、实现好、发展好"，"做到权为民所用，情为民所系，利为民所谋"的思想和观点；领导干部要"牢固树立艰苦奋斗的思想，磨练艰苦奋斗的意志，不断为党和人民建立新的业绩"的思想和观点；要"大力发扬求真务实精神、大兴求真务实之风"的思想和观点；"领导干部作风建设是党的建设的一项战略任务，必须常抓不懈"的思想和观点；"要大力保持党员、干部作风纯洁"，"把实现好、维护好、发展好最广大人民根本利益作为检验纯洁性的试金石"的思想和观点；等等。三是传承与创新了党的作风建设的内容。理论联系实际、密切联系群众、批评与自我批评，是中国共产党在长期的革命斗争中形成的"三大优良作风"。中共十六大以来，面对改革开放的新任务，适应党员队伍的新变化，依据时代发展的新要求，不断发展党的优良作风，赋予其新的内容。如在理论联系实际方面，针对一些党员甚至党员领导干部重视经济工作、放松理论学习的实际状况，突出强调理论学习的重要性，从而提出建设学习型政党的要求，用建设学习型政党的具体行动来带动全党重视理论学习，在全党倡导"勤奋好学、学以致用"的良好风气。同时还提出要"大兴求真务实之风"，要"自觉做到为民、务实、清廉"，要求在领导干部中大力倡导"八个方面"的良好风气等，这些都是对党的作风建设内容的创新。四是创新了党的作风建设的方法和措施。在方法上，坚持围绕中心、服务大局来加强作风建设；在措施上，更加重视领导干部作风建设，并把它作为党的建设的重点来抓。

（三）扎实推进党的作风建设

中共十六大以来，党的作风建设在不断加强和改进中扎实推进。一是在全党开展了一系列重要活动，以其为平台扎实推进党的作风建设。中共十六大以来，先后在全党集中开展的有关活动有：2003年6月起，在全党兴起了学习贯彻"三个代表"重要思想新高潮；2005年1月起，在全党开展了以实践"三个代表"重要思想为主要内容的保持党的先进性教育活动；2008年9月起，在全党开展了深入学习实践科学发展观活动；2009年12月起，在全党大力推进学习型党组织建设；2010年4月起，在党的基层组织和全体党员中深入开展了创先争优活动。这些活动虽然不是专门围绕党的作风建设开展的，但其中都直接涉及党的作风建设的内容，因而也都在一定程度上推进了党的作风建设。二是通过建立健全相关方面的制度，以其为保障扎实推进党的作风建设。中共十六大以来，在党的作风建设方面，始终坚持把制度建设摆在突出的位置，在总结以往经验教训的基础上，建立健全党内法规、条例、规则等各项制度，初步形成了比较完备的制度体系。包括建立和完善了集体领导和分工负责、重要情况通报和报告、述职述廉、民主生活会、巡视、谈话和诫勉、询问和质询等监督制度；健全了领导干部联系基层、联系群众制度；等等。这些制度对于调节党内关系，指导党内生活，规范领导行为，加强党风建设，保证党的事业健康发展，起到了重要作用。三是通过各级纪检监察机关的工作，以其为基础扎实推进党的作风建设。抓党风建设是各级纪检监察机关的重要职能。中共十六大以来，各级党委、政府和纪检监察机关按照中央和中央纪委的统一部署，以改革创新精神推进党风建设各项工作，立足自身实际，积极探索实践，通过坚持围绕中心、服务大局，把党风建设工作放在党和国家工作大局中来谋划和部署；坚持党要管党、从严治党，严明党的政治纪律；坚持点面结合、以点带面，积极稳妥推进工作；坚持立足当前、着眼长远，解决党风方面人民群众反映强烈的突出问题；坚持各司其职、齐抓共管，形成抓党风建设的整体合力，扎实有效地推进了党的作风建设。

（四）党的作风建设成效显著

中共十六大以来，在以胡锦涛为总书记的党中央领导下，紧紧围绕保持党同人民群众血肉联系这个核心，党的作风建设进一步加强，成效显著。从总体上说，一是牢牢把握立党为公、执政为民的本质要求，广大党员干部为人民服务的宗旨意识进一步增强；二是大力弘扬求真务实精神，党内重实际、说实话、办实事、求实效的风气日益浓厚；三是带头践行社会主义核心价值体系，党员干部的道德风尚进一步改善；四是加强对领导干部作风状况的考察考核和监督，为全面加强党的作风建设营造了良好氛围。

二、在党的作风建设方面仍然存在一些问题

党的作风是政党通过其组织及党员在思想上、政治上、组织上、工作上和生活上等方面表现出来的态度和行为，是一个政党的世界观、人生观、价值观在实践中的集中表现。政党不是存在于真空中，而是存在于复杂多变的社会中的。因此，一个政党要想保持良好的作风，就必须不断坚持不懈地进行作风建设。特别是对于一个马克思主义政党来说，作风建设更是一个永恒的课题，既不可能一蹴而就，更不可能一劳永逸。在中共十六大召开的前一年，中共十五届六中全会作出《关于加强和改进党的作风建设问题的决定》，对党的作风方面存在的一些问题有一个基本的认识和估计，即确认"在一些地方、部门和领导干部中，教条主义、本主义滋长，形式主义、官僚主义盛行，弄虚作假、虚报浮夸严重，独断专行、软弱涣散问题突出，以权谋私、贪图享乐现象蔓延"。中共十六大以来，以胡锦涛为总书记的党中央，根据十五届六中全会的总体部署和十六大提出的新要求，切实加强和改进党的作风建设，并且取得了明显成效。但是，我们在充分肯定这10年来党的作风建设取得显著成效的同时，也必须正视党的作风方面仍然存在的一些不容忽视的问题。

（一）思想作风方面的问题

一些党员和领导干部理想缺失、信念动摇，党员意识和宗旨意识淡薄，缺乏事业心、责任感和积极性，更缺乏应有的政治理论素养及政治敏锐性和政治鉴别力；一些党员和领导干部安于现状，不思进取，不求有功，但求无过，缺乏奋发向上的动力和奋发有为的精神；一些党员和领导干部思想僵化，因循守旧，缺乏解放思想的锐气、与时俱进的朝气和开拓创新的

勇气，满足于贯彻上级的指示精神，习惯于依葫芦画瓢，不善于根据本地区、本部门、本单位的实际创造性地开展工作，不善于适应新形势的变化，研究新情况解决新问题；等等。

（二）学习作风方面的问题

一是学习氛围不浓。一些党员和领导干部缺乏学习自觉性、主动性，业余时间多忙于应酬，以致脑子空空，能力平平，不能适应新形势新任务的需要。二是学习动力不足。一些党员和领导干部在学习中摆样子，做表面文章，学习不求效果，只为“包装”，满足于应付检查。三是学用脱节。一些党员和领导干部不能坚持理论联系实际的学风，有的党员和领导干部学用“两张皮”，学归学、用归用，不会指导实践、解决问题，甚至说一套、做一套。有的党员和领导干部没有把学习的成果转化为谋划工作的思路、促进工作的措施、做好工作的本领。四是理想信念动摇，党性意识淡化。有的党员和领导干部淡漠了对理想信念的追求，缺乏应有的政治理论素养及政治敏锐性和政治鉴别力，等等。

（三）工作作风方面的问题

一方面，是存在着严重的形式主义。文件多、会议多、检查多、达标多、评比多，一些党员和领导干部的工作应付的多、真抓实干的少，务虚的多、务实的少，以文件贯彻文件，以会议落实会议。有的党员和领导干部工作漂浮，只会说空话，喊口号，做表面文章，弄虚作假，欺上瞒下；有的领导干部做工作贪图政绩，热衷于搞面子工程、形象工程，往往导致资源浪费、劳民伤财；等等。另一方面，是存在着严重的官僚主义。一些机关，门难进、脸难看、话难说、事难办；一些党员特别是领导干部，习惯于当官做老爷，高高在上、作威作福，脱离实际、脱离群众，滥用职权、专横跋扈，讲排场、摆阔气，不讲效率、不守信用、不负责任、推诿扯皮，不能深刻体会群众的疾苦，更不用说想群众之所想、急群众之所急了。此外，在一些机关和党员干部的工作中，还存在纪律松弛、办事看人等现象。有的机关考勤制度形同虚设，有的党员干部迟到、早退、脱岗、出工不出力，甚至工作时间上网炒股、玩游戏。有的机关干部打着依法办事、按程序办事的幌子“不作为”；有的遇到熟人办事就特事特办，遇到不熟悉的或一般群众就随意刁难；等等。

（四）领导作风方面的问题

有的领导干部民主意识淡薄，不坚持民主集中制，搞“一言堂”、个人说了算，独揽大权、驾空组织、压制民主、强迫命令；有的领导干部大局观念淡薄，在执行上级决策和政策上搞实用主义，甚至有令不行，有禁不止，从部门小团体利益出发，搞上有政策、下有对策；有的领导干部群众观念淡薄，官僚主义严重，脱离实际，脱离群众，同群众的关系不是“鱼水关系”，而是“油水关系”，甚至是“水火关系”；还有少数领导班子软弱涣散，过于“民主”，难以集中，遇到问题议而不决、决而不断、相互掣肘；还有少数领导干部不能正确使用手中的权力，不能利用手中的权力很好地为人民群众服务，而是利用手中的权力为自己或小团体谋取私利；等等。

（五）生活作风方面的问题

生活作风方面的问题突出地表现在一些党员特别是领导干部，在物质生活上追求享乐，在精神生活上空虚颓废，在社会生活上陷于庸俗。有的心理失衡，个人功利主义思想严重，过于看重金钱名利，把权力和地位视为牟取私利的工具，哪里有好处就把权力伸向哪里，哪里能赚钱就把权力投向哪里；有的忘记了立党为公、执政为民的党性原则，把庸俗作风、市侩习气带进党内和干部队伍，在生活中傍大款，耍老板做派，摆官架子、装腔作势；有的忘掉了艰苦奋斗的优良传统，贪图享受，追求奢华，利用职权搞权钱交易，利用公款游山玩水，吃喝玩乐，颠倒了生活中的是非界限；有的丧失了共产主义的理想信念，背离了正确的世界观、人生观和价值观，迷失人生的奋斗目标和前进方向，萎靡不振、消极颓废，或热衷于搞封建迷信，或追求西方腐化的生活方式，沉溺于声色犬马之中，流连于软玉温香之间；有的耐不住寂寞，经不住金钱、美色的诱惑，在推杯换盏、灯红酒绿中醉生梦死、纵欲成性，堕落成腐败分子；等等。

党的作风方面存在的这些问题，归根到底都是脱离实际、脱离群众造成的。这些问题虽然发生在少数党员和领导干部身上，但如果不警惕、不治理，听任不正之风侵蚀党的肌体，就会损坏党群干群关系，就会影响党和国家的各项工作，就会干扰党和人民事业的发展进程。因此，我们一方面要正视问题的存在，另一方面又要以积极的态度，通过进一步加强和改进党的作风建设来解决这些问题。

三、中共十八大将继续致力推进作风建设

中共十七届六中全会决定，中共十八大将于2012年下半年(11月8日)召开。这次大会，是中国共产党在全面建设小康社会的关键时期和深化改革开放、加快转变经济发展方式的攻坚时期召开的一次十分重要的会议，将对党和国家事业的未来发展图景进行规划，并对今后5年中国特色社会主义经济、政治、文化、社会、生态文明建设和党的建设等各项工作作出全面部署，因而将具有重大而深远的意义。关于党的建设，2012年7月23日，中共中央总书记、国家主席、中央军委主席胡锦涛在省部级主要领导干部专题研讨班开班式上的重要讲话明确指出："新形势下，党所处历史方位和执政条件、党员队伍组成结构都发生了重大变化，来自外部的风险前所未有，党的建设方面特别是党员、干部队伍出现了许多亟待解决的突出问题。全党要增强紧迫感和责任感，坚持党要管党、从严治党，全面加强党的思想建设、组织建设、作风建设、反腐倡廉建设、制度建设，确保党始终成为中国特色社会主义的坚强领导核心。"由此我们有理由相信，中共十八大必将就全面加强党的思想建设、组织建设、作风建设、反腐倡廉建设、制度建设，继续推进党的建设新的伟大工程，进一步作出全面部署。我们也同样有理由相信，中共十八大以后，在全面加强党的建设、继续推进新的伟大工程的实践中，党的作风建设作为党的建设的一个重要方面，也必将会得到切实加强和扎实推进。

（一）以解放思想、实事求是、与时俱进为引领，扎实推进党的作风建设

坚持解放思想、实事求是、与时俱进的思想路线，是党在长期执政条件下保持先进性和创造力的决定性因素，也是党的作风建设的思想基础和活的灵魂。加强和改进党的作风建设，要求我们在思想上、理论上、实践上与时代同步，不断推进党的作风建设的理论创新与实践创新，赋予新时期党的作风建设以时代特色。在当今全球化时代背景下，世情、国情、党情都发生了深刻变化，一些社会矛盾复杂多样，新情况和新问题层出不穷，使得党员个体的价值判断、行为标准、生活方式和心理特征与以往相比都发生了重大变化，如接受知识能力强、思维活跃、思想开放、主体意识强等，这些都对党的作风建设提出了新的要求。因此，加强党的作风建设必须坚持解放思想、实事求是、与时俱进，正视这些变化了的新情况，从新的视角审视和探索加强和改进党的作风建设的新方法、新途径。以解放思想、实事求是、与时俱进为引领扎实推进党的作风建设，必须勇于和善于创新。创新是一个民族进步的灵魂，是国家兴旺发达的不竭动力，是政党永葆生机与

活力的法宝。要自觉把创新精神贯穿于加强和改进党的作风建设的各个方面和环节，以创新的思路来谋划，以创新的载体来推动，以创新的途径来实践，以创新的举措来落实，以创新的制度来保障。

（二）以保持党同人民群众血肉联系为重点，扎实推进党的作风建设

党的作风问题，归根结底是对人民群众的态度问题和同人民群众的关系问题。在长期执政条件下，党要跳出历史“周期律”，夯实执政基础，巩固执政地位，就必须以保持党同人民群众的血肉联系为重点加强作风建设。首先，必须树立以人为本、执政为民的理念。努力做到权为民所用、情为民所系、利为民所谋，把实现好、维护好、发展好最广大人民的根本利益，作为党的全部工作的根本出发点和落脚点。其次，必须坚持群众观点和群众路线。坚持相信群众、为了群众、向人民群众负责、向人民群众学习的观点，坚持一切为了群众、一切依靠群众和从群众中来、到群众中去的路线。要把人民放在心中最高位置，尊重人民主体地位，尊重人民首创精神，拜人民为师，把政治智慧的增长、执政本领的增强深深扎根于人民的创造性实践之中。再次，必须高度重视并切实做好新形势下的群众工作。坚持问政于民、问需于民、问计于民，真诚倾听群众呼声，真实反映群众愿望，真情关心群众疾苦，依法保障人民群众经济、政治、文化、社会等各项权益。要坚持工作重心下移，经常深入实际、深入基层、深入群众，做到知民情、解民忧、暖民心。此外，各级领导干部还要特别坚持忠于人民、扎根人民、奉献人民，牢记手中的权力是人民赋予的，只能用来为人民谋利益；行使权力就必须为人民服务、对人民负责并自觉接受人民监督。只有这样，我们党才能始终保持同人民群众的血肉联系，真正赢得人民群众的拥护和爱戴，始终立于不败之地。

（三）以解决群众反映的突出问题为突破口，扎实推进党的作风建设

当前，党风建设面对的主要问题是形式主义和官僚主义，许多腐败现象，归根到底也是形式主义与官僚主义造成的，这也是群众反映最突出的问题。加强和改进党的作风建设，可以选择从破除形式主义与官僚主义入手，从制度上铲除它。通过精简机构和改革干部人事制度，加强人民群众对领导的监督制约，使其在社会中无法立足，没有生长和繁殖的土壤。同时，各级纪检监察机关在统筹兼顾和整体推进各项长期性、基础性工作的同时，要把长期性目标与阶段性任务相结合，积极回应社会关切，针对群众反映集中的热点问题进行专项治理，突出重点、突破难点，分阶段、分步骤推进，通过反复抓、抓反复，有针对性地解决突出问题。

（四）以抓好领导干部的作风建设为着力点，扎实推进党的作风建设

政治路线确立之后，干部就是决定的因素。党的领导干部是党和国家的骨干力量，是广大党员和人民群众的带头人，领导干部的作风如何，不仅对整个党的作风建设影响巨大，而且直接影响党群干群关系，影响党的凝聚力、号召力和战斗力，影响党和人民事业的成败。因此，必须把加强干部队伍特别是领导干部的作风建设，作为推进党的作风建设的着力点。要从提高党的执政能力、保持和发展党的先进性的战略高度，从贯彻落实科学发展观、构建社会主义和谐社会的高度，反复强调党员领导干部作风建设问题，号召广大党员特别是党员领导干部，要模范地发扬党的优良传统和作风。这是党的建设的一项战略任务，必须常抓不懈。在新世纪新阶段，党风建设面临着严峻考验。各级党委都应坚持把领导干部作风建设作为党风建设的关键工作来抓，要建立健全

领导干部作风建设的领导机制和工作机制，以加强和改进党的作风建设。领导干部必须从党和人民事业兴衰成败的高度，讲党性、重品行、作表率，以强烈的使命感和责任感，奋发向上、一往无前的精神状态，不畏艰难、百折不挠的坚强意志，自强不息、开拓进取的思想品格，脚踏实地、锲而不舍的坚韧毅力，兢兢业业、无私奉献的工作态度，奋力推进中国特色社会主义经济、政治、文化、社会和生态文明建设又好又快发展，在全面建设小康社会的新征程中交出让人民满意的优异答卷。

（五）以健全和完善相关制度和机制为保障，扎实推进党的作风建设

制度问题是带有根本性、全局性、长期性、稳定性的问题。作风建设必须与制度建设相配合，把制度建设贯穿于作风建设之中，把党在长期实践中探索形成的优良作风加以理论化、系统化，用制度的形式固定下来，建立健全一套系统管用的制度和机制，逐步走出一条依靠健全制度来加强党的作风建设的新路子。一是要建立健全作风建设领导体制。各级各部门的领导班子要明确分工，形成主要领导负总责、领导班子成员中有专人负责、其他班子成员分工负责的领导体制。二是要强化作风建设的责任机制。建立和完善领导干部作风建设的责任机制，进一步加大责任考核和责任追究力度，促使各级领导班子和领导干部更好地担负起作风建设方面的组织领导责任。三是要完善作风建设的教育机制。各级各部门要始终把党员干部的学习教育当作一项重要工作来抓，建立和完善相关的制度，推动党员干部学习和教育的经常化、制度化、规范化，通过强化学习教育，增强党员干部自觉践行八个方面良好风气、坚决抵制各种歪风邪气的能力，始终保持振奋的精神和良好的作风。四是要创新作风建设的评价机制。研究建立科学的党员干部作风考核评价体系，改进考核办法，扩大考察范围，把对党风、政风和干部作风进行评议的权利交给广大群众，把考核评议结果作为干部年度考核、提拔任用的重要依据，形成好的用人导向，从根本上推动党员干部作风建设的深入开展。五是要健全作风建设的监督机制。进一步拓宽监督途径，把党内监督和群众监督、舆论监督、社会监督等结合起来，不断畅通群众信访监督渠道，积极构建全方位、多层次的监督网络，逐步形成管用、到位的监督机制；进一步扩大监督的视野和范围，切实做到领导干部的权力行使到哪里、活动延伸到哪里，监督就跟踪到哪里，将领导干部的行为置于党纪国法和社会道德的严格约束之下。

（作者：安徽省社会科学院马克思主义研究所所长、中国特色社会主义研究中心主任、研究员）

（选自《毛泽东邓小平理论研究》2012 年第 10 期）

创新基层党建工作　夯实党执政的组织基础

郭声琨

党的十八大报告从战略和全局的高度，对新形势下加强党的基层组织建设作出了全面部署，强调要“创新基层党建工作，夯实党执政的组织基础”，这对于充分发挥基层党组织的战斗堡垒作用，进一步巩固党的执政地位、实现党的执政使命，具有重大而深远的意义。我们一定要认真贯彻落实，努力开创基层党建工作新局面。

一、适应新形势新任务推进基层党建工作，充分发挥基层党组织的战斗堡垒作用

党的十八大报告指出，“党的基层组织是团结带领群众贯彻党的理论和路线方针政策、落实党的任务的战斗堡垒”，科学阐述了党的基层组织在党的建设和党的事业中的重要地位和作用，为我们加强基层党组织建设明确了任务、指明了方向。

党的基层组织是党的全部工作和战斗力的基础。我们党有400多万个基层党组织、8260多万名党员，这是世界上任何其他政党都不可能具有的强大组织资源和组织优势。正是充分发挥党的基层组织的战斗堡垒作用，我们党获得了应对各种困难和风险、永远立于不败之地的最可靠的力量源泉，团结带领人民群众在革命、建设、改革各个历史时期取得了一个又一个胜利。新世纪新阶段，世情、国情、党情深刻变化，“四大考验”和“四大危险”尖锐复杂，工业化、信息化、城镇化、市场化、国际化深入发展，社会经济成分、组织形式、就业方式、思想观念、价值取向日趋多元，迫切要求改进基层党组织设置方式、活动形式和发挥作用的途径，迫切要求创新基层党组织管理模式和党员教育方式，迫切要求增强基层党组织协调社会利益关系和做好群众工作的能力，对党的基层组织和党员队伍提高执政能力、保持党的先进性和纯洁性提出了新要求新挑战。总体上看，党的基层组织和党员队伍能够肩负起党的历史使命，但也存在不少与新形势新任务新要求不适应不符合的问题，主要是：一些基层党组织战斗堡垒作用不强，有的甚至软弱涣散；一些领域党组织覆盖面不广，党的力量薄弱；一些党员党的意识淡化，先锋模范作用不明显；一些地方基层党建工作责任制落实不到位，保障不足；等等。对这些问题，我们必须高度重视，采取有效措施切实加以解决。

适应新形势新任务加强基层党建工作，建设深入贯彻落实科学发展观的坚强战斗堡垒，我们必须充分发挥党的理论优势、政治优势、组织优势、制度优势和密切联系群众的优势，坚持以加强党的执政能力建设、先进性和纯洁性建设为主线，坚持围绕中心、服务大局、拓宽领域、强化功能，始终把抓基层、打基础摆在更加突出的位置，努力把基层党组织的组织资源转化为科学发展资源、组织优势转化为科学发展优势、组织活力转化为科学发展活力，充分发挥推动发展、服务群众、凝聚人心、促进和谐的作用。我们必须始终坚持把改革创新精神贯穿于基层党建工作的全过程和各方面，努力推进组织设置创新、工作机制创新、党员教育管理创新，积极探索党的基层组织发挥作用的有效途径和方式，加强组织体系、骨干队伍、活动载体、工作制度、场所阵地建设，不断增强党员队伍生机活力，全面提高基层党建工作科学化水平。

二、以服务群众、做群众工作为主要任务，加强基层服务型党组织建设

党的十八大报告明确提出“以服务群众、做群众工作为主要任务，加强基层服务型党组织建设”，深刻表明我们党更加注重强化基层党组织的服务功能、密切联系群众的行动指向，充分体现了党对执政规律的科学把握，对尊重人民主体地位、发挥人民主体作用的政治自觉；深刻表明我们党更加注重顺应时代要求和人民期盼，在联系和服务群众中推动基层党组织建设的转型升级和创新发展，充分体现了新的历史条件下党在基层执政方式和工作方法上的根本转变；深刻表明我们党更加注重抓基层、打基础、强服务，在提升服务水平中增强执政能力，充分体现了党始终以巩固阶级基础、扩大群众基础来实现长期执政、永续执政的根本要求和政治智慧。我们必须紧紧围绕这个新定位新要求，扎实推进基层党建工作。

（一）坚持把服务群众作为基层党组织建设的根本价值取向

来自人民、植根人民、服务人民，是我们党永远立于不败之地的根本。密切联系群众是我们党的最大优势，是党的宝贵资源和传家宝。基层党组织和党员扎根于群众之中，是党联系群众的桥梁和纽带，是做好群众工作最基本、最直接、最有效的力量。宣传群众、发动群众、组织群众的过程实质就是服务群众的过程，围绕中心、服务大局最终要落实到引导群众、服务群众上来。坚持把服务群众作为根本价值取向，是适应党所处历史方位变化、提升党在基层执政能力的必然要求，是践行全心全意为人民服务根本宗旨、落实以人为本执政为民理念的具体体现。我们要始终坚持这一根本价值取向，自觉把基层工作重心转移到服务上来，把一切为了群众、一切依靠群众的要求落实到基层党建工作的各方面，努力实现好、维护好、发展好最广大人民根本利益，使党的一切工作获得最广泛最可靠最牢固的群众基础和力量源泉。

（二）以建设基层服务型党组织为目标，全面推进各领域基层党建工作

建设基层服务型党组织，核心在服务，关键在把功能定位从管理转到服务上来，寓管理于服务之中，根本要求是服务发展、服务民生、服务群众，检验标准是群众欢迎、群众受益、群众满意。要坚持分类指导、突出重点、统筹推进，在推动科学发展、解决民生疾苦、化解基层矛盾、维护社会稳定、密切党群关系、夯实执政根基上下功夫，努力建设服务意识增强、服务功能完善、服务内容丰富、服务形式多样、服务机制健全的基层党组织。农村基层服务型党组织建设，主要围绕发展现代农业、培养新型农民、带领群众致富、维护农村稳定，在建设社会主义新农村中发挥领导核心作用。国有企业服务型党组织建设，主要围绕建设高素质经营管理者队伍、人才队伍、党员队伍、职工队伍和增强国有经济活力、控制力、影响力以

及构建和谐劳动关系，在参与决策、带头执行、有效监督中发挥政治核心作用。街道社区服务型党组织建设，主要围绕服务群众、凝聚人心、优化管理、维护稳定，在建设文明和谐社区中发挥领导核心作用。机关服务型党组织建设，主要围绕服务中心、建设队伍，在本部门完成各项任务中发挥协助和监督作用。高等学校服务型党组织建设，主要围绕全面贯彻党的教育方针、培养社会主义建设者和接班人，在推进教育改革、搞好教书育人、加强教师队伍建设中发挥领导核心作用。事业单位服务型党组织建设，主要围绕做好思想政治工作、促进事业发展，在履行本单位职责中发挥政治核心作用。非公有制企业服务型党组织建设，主要围绕宣传贯彻党的路线方针政策、维护职工群众合法权益、推进企业先进文化建设、促进企业完成中心任务和健康发展，在职工群众中发挥政治核心作用，在企业发展中发挥政治引领作用。社会组织服务型党组织建设，主要围绕贯彻党的方针政策、引导和监督遵守国家法律法规、团结凝聚职工群众、维护各方合法权益、促进健康发展等职能做好服务、发挥作用。

（三）切实提高服务群众、做群众工作的能力水平

新形势下群众工作面临许多新情况新问题，基层党组织和广大党员干部要积极创新工作理念、思路和方法，不断提高服务群众、做群众工作本领。着力提高服务大局、推动科学发展的能力，顺应人民群众求发展、盼富裕、奔小康的迫切愿望，紧紧扭住第一要务，理清发展思路，破解发展难题，把各项富民惠民便民政策落到实处，让人民共享改革发展成果，成为科学发展的组织者推动者实践者。着力提高服务群众、凝聚人心的能力，完善党员干部直接联系群众制度，拓展服务群众工作平台，深化结对帮扶等活动，切实解决人民群众最关心最直接最现实的利益问题，把群众的智慧和力量凝聚起来，形成改革发展的强大合力。着力提高协调关系、维护社会和谐稳定的能力，创新社会管理机制，畅通民意表达渠道，维护群众合法权益，把矛盾和纠纷化解在基层，进一步密切党群干群关系。一些地方在城市社区推行网格化管理、组团式服务，在乡村推行“文建明工作法”、“农事村办”，这些来自实践、务实管用、深受群众欢迎的做法要认真总结推广，努力增强群众工作的针对性和实效性，使各项工作更加符合人民群众的意愿和要求。

三、进一步健全党的基层组织体系，不断增强党的生机活力

党的十八大报告强调“健全党的基层组织体系”，这对加强和改进党的基层组织建设提出了新的更高的要求。我们要与时俱进创新基层党组织设置形式，着重抓好带头人队伍建设、推进城乡统筹、强化物质保障、落实领导责任等工作，推动分布广泛、完善严密、富有活力的基层党组织体系进一步健全。

（一）扩大党组织和党的工作覆盖面

不断扩大党组织和党的工作在全社会的覆盖面，是基层党建工作的重点。贯彻落实党的十八大报告关于“扩大党组织和党的工作覆盖面”的部署要求，要强化农村、城市社区党组织建设，加大非公有制经济组织、社会组织党建工作力度。当前，全国非公有制企业和社会组织数量庞大，加强这些领域的党建工作十分重要而紧迫。必须抓紧在非公有制经济组织建立党组织，具备组建条件的要做到应建尽建，暂不具备组建条件的要积极开展党的工作，采取挂靠建、联合建、派驻党建工作指导员等形式加快组建。继续加大在中介机构、协会、学会以及各类社会组织中建立党组织力度，推广在农民专业合作社、专业协会、产业链、外出务工经商人员相对集中点建立党组织的做法，

实现“有形”覆盖和“有效”覆盖的统一，做到哪里有群众哪里就有党的工作、哪里有党员哪里就有党组织、哪里有党组织哪里就有健全的组织生活和党组织作用的充分发挥。抓好党群共建，以党的基层组织建设带动其他各类基层组织建设，活跃基层，打牢基础。

（二）加强基层党组织带头人队伍建设

基层党组织带头人是基层党组织发挥领导核心和政治核心作用的关键。党的十八大报告提出“加强基层党组织带头人队伍建设”，更加凸显了“抓书记”在基层党组织建设中的重要位置。围绕建立完善基层党组织领导体系，按照守信念、讲奉献、有本领、重品行的要求，选优训强基层党组织带头人。创新培养选拔机制，注重从农村致富能手、回乡大中专毕业生、外出务工人员、转业退伍军人等群体中选拔优秀党员担任村党组织书记。推进选聘高校毕业生到村任职工作，注意培养选拔优秀大学生村官担任村党组织书记。对矛盾突出、工作薄弱的村，下派得力党员干部担任“第一书记”。加强乡镇党委书记队伍建设，选好配强街道社区、非公有制经济组织和社会组织等党组织负责人。落实教育培训制度，全面开展基层党组织书记轮训工作。加强对基层党组织领导班子管理，完善实绩考核办法，总结推广农村党组织书记“一定三有”（定权责立规范、工作有合理待遇、干好有发展前途、退岗有一定保障）激励关爱机制。加大从农村、社区优秀基层干部中考录公务员力度，切实解决基层组织负责人基本报酬和社会保障问题，增强基层党组织带头人队伍建设的动力活力。

（三）加强城乡基层党建资源整合

党的十八大报告提出“加强城乡基层党建资源整合”，对于构建以城带乡、城乡互促、资源共享、功能互补、共同提高的基层党建工作新格局，具有很强的现实针对性。围绕建立完善城乡基层党建工作运行体系，实行组织联建，积极探索村企联建、村居联建、跨区域联建等新模式，建立健全城乡基层党组织统筹设置机制。实行共育共管，推动城乡党员在日常管理、教育培训、服务群众等方面互动融合，建立健全城乡一体的党员教育管理机制。实行活动同创，积极探索城乡基层党组织结对帮扶的有效形式，建立健全城乡互帮互助机制。实行资源共享，推动城市和机关优势资源向农村流动，建立健全城乡互促的党建工作机制。

（四）建立稳定的经费保障制度

党的十八大报告强调“建立稳定的经费保障制度”，充分体现了党中央对解决基层实际问题的高度重视。着眼于建立完善基层党组织建设保障体系，各级党委、政府要加大财政支持力度，将党建工作经费纳入财政预算，积极探索建立财政投入为主、社会各方支持、基层党组织自我补充的多元化经费保障机制。大力发展壮大村级集体经济，保障农村基层组织活动正常开展，增强为群众办实事能力。多渠道多途径解决非公有制经济组织、社会组织工作经费问题。加大对革命老区、民族地区、边疆地区、贫困地区基层党建工作的财政支持和帮扶力度。

（五）落实党建工作责任制

党的十八大报告强调“落实党建工作责任制”，这是把党要管党、从严治党方针落到实处的根本保证。着眼于建立完善基层党组织建设责任体系，强化党委管党建、书记抓党建的责任，完善党委统一领导、组织部门牵头协调、行业系统具体指导、有关方面齐抓共管，一级抓一级、层层抓落实的基层党建工作领导体制。各级党组织书记牢固树立“抓党建是本职、不抓党建是失职、抓不好党建是不称职”的理念，真正担负起本地区本部门本单位基层党建工作第一责任人的职责。建立完善市、县、乡镇（街道）三级基层党建工作“联述联评联考”制度，切实做到述职述党建、评议评党建、考核考党建、任用干部看党建，确保各级党组织书记抓基层党建工作领导责任真正落实到位。

四、以增强党性、提高素质为重点，加强和改进党员队伍教育管理

党的十八大报告提出“以增强党性、提高素质为重点，加强和改进党员队伍教育管理”，这是新形势下加强党员队伍建设的根本要求，我们要切实抓好这项工作。

（一）健全党员立足岗位创先争优长效机制

两年多来，各级党组织深入开展创先争优活动，取得了显著成绩，积累了宝贵经验。党的十八大报告提出“健全党员立足岗位创先争优长效机制”，这是深化和拓展创先争优活动成果的必然要求。要认真总结提升创先争优活动的成功经验，把设立党员先锋岗、党员示范岗、党员责任区等有效做法以制度形式固定下来，使创先争优贴近岗位实际、融入岗位职责、化为岗位行动，形成常态化长效化。牢固树立创先争优理念，把创先争优作为中国共产党人的价值追求，融入基层党组织和党员的日常工作，健全党组织晋位升级和党员承诺践诺机制、接受群众监督评判机制、树立和表彰先进典型机制，不断激发基层党组织和党员追求先进和优秀的内生动力。

（二）严格党内组织生活，健全党员党性定期分析、民主评议等制度

严格党内组织生活，是加强党员教育、提高党员素质、强化党员管理的经常性工作。贯彻落实党的十八大报告关于“严格党内组织生活，健全党员党性定期分析、民主评议等制度”的部署要求，必须完善和落实党内组织生活制度，健全党内组织生活长效机制，认真开展批评与自我批评，坚决反对党内组织生活庸俗化，不断提高党内组织生活质量。必须健全党员党性定期分析和民主评议制度，保障党员主体地位，落实党员民主权利，提高党性分析和民主评议的实际效果。必须坚持领导点评、党员互评、群众评议相结合，使党员始终置于组织和群众的监督之下。

（三）改进对流动党员的教育、管理、服务

随着越来越多的党员由“单位人”变为“社会人”、“农村人”变为“城里人”、“外地人”变为“本地人”，我国2.5亿农民工中流动党员达350多万名，为保证党员“离乡不离党”、“流动不流失”，迫切需要改进和创新流动党员教育管理服务机制。贯彻落实党的十八大报告关于“改进对流动党员的教育、管理、服务”的要求，要探索建立“一方隶属、多重管理”模式，加强进城务工人员中党的工作，建立健全城乡一体党员动态管理机制。建立全国党员信息库，健全流入地党组织为主、流出地党组织配合的流动党员教育管理服务工作制度。强化各项服务措施，成立流动党员党支部，建设党员服务中心，规范“12371”党员咨询服务电话受理工作，探索利用互联网、手机等信息手段，保证党员不管流动到哪里都能有效纳入组织管理、参加党内生活、发挥先锋模范作用。

（四）提高发展党员质量，重视从青年工人、农民、知识分子中发展党员

马克思主义政党的力量和作用，既取决于党员的数量，更取决于党员的质量。党的十八大报告提出“提高发展党员质量，重视从青年工人、农民、知识分子中发展党员”，紧紧抓住了发展党员工作的重点和薄弱环节，对建设高素质党员队伍具有重要指导意义。按照“控制总量、优化结构、提高质量、发挥作用”的总要求，正确处理好党员数量与质量的关系。重视党员质量，加强思想上入党教育，把好入口关，成熟一个发展一个，把社会各领域各阶层先进分子吸收到党内来。保持发展党员适度规模，加大在青年工人、农民中发展党员力度，

重视在高知群体、大学生等领域优秀青年中发展党员，积极做好在非公有制经济组织、社会组织中发展党员工作，着力解决农村党员队伍青黄不接、非公有制经济组织党员严重不足问题。切实加强入党积极分子队伍建设，全面推广发展党员公示制、票决制。

（五）健全党员能进能出机制，优化党员队伍结构

党的十八大报告明确提出“健全党员能进能出机制，优化党员队伍结构”，这是保持党员队伍生机活力的创新之举，是永葆党员队伍先进性和纯洁性的必由之路。健全党员能进能出机制，就是要坚持严格质量进、严肃政策出，形成党员队伍吐故纳新、自我纯洁、充满活力的机制。严格执行党章和有关规定，切实贯彻“坚持党员标准、严格掌握政策、严格履行程序、加强教育管理”的原则，探索建立定期分析评议的党员考核评价体系，及时处置不合格党员，疏通出口，纯洁队伍，健康肌体，使我们党始终充满蓬勃生机和旺盛活力。

“合抱之木，生于毫末；九层之台，起于垒土”。只有切实加强党的基层组织建设，才能不断夯实党的执政根基。让我们紧密团结在以习近平同志为总书记的党中央周围，高举中国特色社会主义伟大旗帜，以邓小平理论、“三个代表”重要思想、科学发展观为指导，认真学习贯彻党的十八大精神，同心同德，奋发图强，充分发挥基层党组织的战斗堡垒作用和共产党员的先锋模范作用，为全面建成小康社会、推进中国特色社会主义伟大事业作出新的更大的贡献。

（作者：公安部党委书记、部长）

（选自《人民日报》2012 年 12 月 19 日）

适应新变化改进完善基层党建运行方式

黄　林

党的十一届三中全会以来，我国成功实现了从高度集中的计划经济体制到充满活力的社会主义市场经济体制、从封闭半封闭到全方位对外开放的伟大历史转折，我国经济社会生活发生了前所未有的巨大变化。党的基层组织建设积极跟进、主动作为，做了大量基础性、保障性、服务性的工作，为社会主义市场经济的建立和完善提供了有力的支持。但是，相对市场经济的快速发展，以及伴随而来的社会价值观念的显著变化，基层党建工作的适应性调整，还显得被动，在一些领域、一些方面还显得滞后。从深层原因分析，实质是原先适应传统计划经济体制需要的基层党组织建设模式，还不能适应市场化、城市化、信息化发展趋势和完善社会主义市场经济体制的需要。从根本上来说，我们还没有真正完全建立一套与市场经济体制相适应的基层党建工作运行体系，在具体工作实践中还会自觉不自觉地用计划经济体制下的惯性思维和运行模式，来指导推动市场经济条件下的基层党建工作。

面对市场经济条件下党的作用和任务的变化、党所处环境的变化、以及党员队伍的变化，还需要立足于基层党组织在经济社会发展中的角色，从观念转变、制度设计、机制完善、工作调适、方法改进等方面着力，不断提升基层党建工作的科学化水平。

1　适应市场化城市化信息化加快发展的新趋势，推动促进基层党建发展格局：由以属地化单位制为基础，向以区域化联合制为基础转变

市场经济的发展和社会开放程度的扩大，加速了产业分工和组织分化，城乡之间、地区之间的人口、要素流动加速，“单位人”逐步向“社会人”转变。传统单一的依照单位职能、行政区划、条块管理的基层党组织设置模式往往在各自封闭的系统内就党建抓党建，分散了党建资源，难以适应经济社会多元化开放式发展。为此，应当实施党建布局的战略性调整，对区域内基层党组织和党员队伍进行重新分类和动态调整，建立适应生产要素跨地区、跨行业、跨所有制流动需要的党组织体系，并按照产业布局和区位功能整合单位党建、行业党建和区域党建资源，积极创新党组织设置方式，使党的基层组织与社会形态相互契合，党的组织构架与生产力布局体系和生产关系变化的状况相适应，使党的影响力覆盖到经济社会各个领域，形成点线面结合、资源共享的立体式区域化基层党建新格局。

城市社区功能的拓展，必然要求实行区域

化的协同治理。适应社会的转型和变迁，建立在传统单位制基础上的城市治理模式开始逐步向以社区为基础的管理模式转变，大量社会管理和社会服务职能从企业和政府中剥离、转移出来，地区性、群众性、社会性工作日益要求由街道、社区来承担，社区活动范围已经大大超越单纯的“老人俱乐部”现象。城市行政管理的重心逐渐下移到了最基层的社区，城管、维稳、民政、社保、医保等众多部门的工作都在向社区延伸，社区的工作职责在不断扩张，给党建工作带来新的挑战。街道社区的党建工作不再是传统意义上“党建工作”，党务工作者也不是传统的“党务工作者”，社区党组织在调整优化自身单位角色的同时，社会角色的作用日益显现，在社会矛盾化解、群众利益表达、社区文化培育以及社会力量整合等方面发挥着越来越重要的作用，成为引导和凝聚各类社会组织参与社区建设的主导性力量。如何突破街道社区和机关、企事业单位党建工作相对分离的状态，建立社区各类组织共同参与的开放式、网络状的区域化大党建新格局；如何针对城市经济社会结构趋向多样，构建以社区党组织为基础、区域性党组织为节点、功能型党组织为补充的新型组织体系，推动城市基层党组织动态延伸、全面覆盖，是基层党建工作面临的迫切任务。为此，应当按照区域化党建要求，打破条块分割、封闭运行的组织管理模式，创新街道社区党组织的网格化设置、扁平化管理、规范化运行方式，使社区党建领导方式由“封闭式”的小社区向“开放式”的大社区拓展，活动方式由“社区单干”向“资源共享”拓展，促进社区党建工作水平全面提高。根据一些地方的实践，今后探索的主要方向是：以城市社区大党委为统揽，积极在楼院小区、集贸中心、专业市场、项目工地等灵活组建党组织，着力实现网格化管理；建立区域党组织、公共服务中心和区域共建协商议事机构“三位一体”、互为补充的工作体系，健全区域民主协商、共驻共建机制，切实强化基层党组织服务意识和区域统筹协调能力；整合各类服务中心，作为区域共享的服务平台和教育阵地，为区域内党组织和党员群众提供相关服务；以区域为单位实行开放式组织生活，大力推行党员“身份”管理，实施在职党员由所在单位党组织和所在社区党组织双重管理，积极探索党组织和党员“双报到”制度，使党员发挥作用的空间从具体单位拓展到整个区域；深化“网格化管理、组团式服务”，动员和组织区域内各类专业人员，以双向选择的形式组建各类志愿者服务队伍，为居民群众提供更专业优质的服务。

农村经济社会的发展，必然要求推进地域性的统筹协作。随着市场经济的加快发展，农民专业合作社、专业协会、农业产业基地遍地开花，农民在经济、社会生活中的主体性和自由度明显增强，迫切需要从组织结构、产业发展、服务体系、利益分配、文化建设等多个层面进行融入和整合，及时调整农村基层党组织设置方式。目前农村党建亟待解决的问题主要有三个方面：党组织设置如何跟进产业的发展？主要是按照地域相邻、行业相近、自愿互利、优势互补的原则，探索在产业基地、行业协会、专业经济组织以及劳务输出群体中建立党的组织的有效形式，大力推进村企联建、村村联建，实现人力资源、经济资源、社会资源、党建资源优化组合。如何面对农村劳力大量流出的情况？随着大批农村青壮年人口向城市流动和集聚，“农村空心化”、“农民老龄化”、“农业副业化”现象大面积出现，应当结合现有工作对象、工作状态和实际需要，制定出新的工作思路和办法措施。如何突破农村和城市党建工作相对分离的状态？因区域经济基础的不同和交通条件等因素的限制，城乡党建资源难以充分互补，党建阵地等资源还不能真正实现共驻共建、资源共享。今后应当积极探索在城乡结合部和新农村建设成片推进区域，建立跨城乡界限和所有制类型的融合性党组织，实现党组织设置从农村区域联合向城乡纵向联合延伸。

非公企业的竞相发展，必然要求加强园区化的资源整合。目前，适应集约化、规模化经营管理的需求，许多地方成立的经济开发区，积极引进龙头企业，拓展延伸产业链条，形成产业集聚效应，吸引了一大批外资企业和民营企业落户，使开发区成为非公企业的聚集区域。为此，应当把开发区、高新区、工业园区等作为非公企业党建工作的重点区域，实行重点指导。一方面积极探索“条块结合、以块为主”的园区党建新体制，在传统的属地管理的基础上，增加行业的力量，充分整合党建资源，通过划片布点连线，推行网格化管理，灵活设置联合型、园区型和行业型党组织，实现组织全覆盖。一方面在“两新”组织和流动人口相对集中或者联系紧密的区域建立区域性综合党组织，按照“区域统筹、集中配备、集约共享”的理念配置党建资源和党务工作力量，统一考虑党组织设置、党建阵地建设、党员发展和教育管理等工作。比如，统筹开展党组织活动，组织不同类型非公企业之间、以及不同领域基层组织之间共同开展活动，丰富活动形式，浓厚活动氛围，提高活动效果；又如，统一规划、建设和管理区域党员活动中心，承担党组织“孵化器”和党员队伍“蓄水池”的功能，确保企业党员都能方便地参加活动，共享区域党建资源，避免党建和服务设施分散建设和重复浪费，降低基层党建工作成本，提高整体运行效益。

2 适应市场经济条件下创新社会管理的新任务，推动促进基层党建工作内容：由以开展党内自身建设活动为主体，向以引领经济社会发展为主体转变

加强和创新社会管理，是市场经济发展到一定阶段后的必然要求。充分发挥基层党组织在社会管理中的重要作用，为市场经济的健康发展营造良好的社会环境，是基层党建工作的一项重要任务。

基层党组织在基层社会治理中发挥引领带动作用，是夯实党的执政基础的必然要求。在市场经济条件下，我们党作为执政党的中心任务就是经济建设，党的建设的内容理应涉及政治经济社会生活的各个方面。但在具体实践中，有的把“党建”工作理解成单纯的党内自身建设活动，甚至仅仅定位于接转党员组织关系、保持正常党组织生活等单一的党务工作内容，这与党在现阶段所承担的中心任务是很不相称的。在现有的基层社会治理格局中，各级各类行政组织、经济组织、社会组织、民间组织，都在其中纷纷充当角色、发挥作用，而且都有不同的载体手段，都或多或少有一定的影响势力。在这种境况下，基层党组织如果不能积极主动地介入其中，扮演一定的角色，发挥一定的作用，或者停留于就党建抓党建，只满足于完成党内自身事务，就可能与现实社会脱节，甚至被“边缘化”。因此，无论是从现实状况、社会需求，还是从职能调整、角色转变，基层党组织都必须更多地参与基层社会事务管理，发挥党的政治优势和组织优势，发挥政治引领和社会整合功能，赢得话语权、掌握主动权，提高社会认同程度，增大党建工作影响力，把各阶层各方面的组织和群众团结凝聚在党的周围，使党的执政基础更加牢固。为此，基层党组织必须走出“自我体系”，从内容到形式都要体现开放社会的特点，努力把党的执政使命与基层党建的基础性地位、把党建工作要求与基层的各项建设发展任务有机结合起来，使党建工作渗透、融合到经济社会发展的各个层面，增强对改革发展的推动力及贡献度。而在事实上，现代社会发展的趋势和要求已经使基层党组织承担了越来越多的社会管理职能。基层党建的工作对象已从单一的党员群体，延伸拓展到了众多具有复杂多向构成的党外群众乃至整个社会群体；基层党建的工作内容已从单纯封闭的党内建设活动，转化为更多地注重引领带动基层民众发展经济、改善民生、追求幸福的行动。基层党组织参与社会管理的范围越来越广泛，在社会服务、反映诉求、协调利益、规范行为、化解矛盾、应对危机的作用，特别是在环境保护、扶贫开发、社会福利、慈善救济、疾病救治等社会问题比较集中的公益性领域的作用越来越明显。在基层社会治理格局中，基层党组织已不再是单纯的政治组织、政党组织，而是什么事情都要抓、都要管，基层的党务、政务、经济、社会等事务的管理协调都要承担起来，是一种多元化、多重性、多维度的角色。因此，从这种意义上来说，基层社会建设水平的高低、社会管理能力的强弱，在很大程度上是衡量和检验基层党组织执政能力、执政水平的一个重要标志。基层党的建设具有开放性、全面性，不仅涉及党的自身建设，而且涉及党如何服务群众、如何凝聚引领其他基层组织为完成党领导的伟大事业而共同奋斗。这就要求基层党组织要善于总揽全局、牵头抓总，注意各个方面和各个环节的平衡协调，形成基层党组织与社会力量互联、互补、互动的社会管理和公共服务网络。要有效整合方方面面的力量和资源，注重引导社会组织资源、社会人力资源、社会资本资源向党建资源转化，统筹推进城乡基层党建工作，实现基层党建工作全面、协调、可持续发展。

基层党组织在基层社会关系中发挥利益整合作用，是党的服务宗旨和执政效能的直接体现。代表、维护和发展广大群众的根本利益，是我们的立党之本，是基层党组织存在的必然逻辑，也是基层党组织活动的价值归宿。改革开放启动了人们解放和发展生产力的利益机制，各阶层间利益和矛盾更加复杂与多样化。在此情势下，基层社会迫切需要基层党组织成为“公正的化身”，对不同群体的利益进行有机整合、有效协调，在推动社会公平正义中增强亲和力和凝聚力。如果基层党组织不能充分代表人民群众利益，群众就会寻找新的利益代表，就会失去党心民心，动摇党的执政基础。在既有的政治框架下，基层党组织如何正确运用政治优势、组织优势，善于凝聚各方力量、平衡各方利益、协调各方矛盾、满足各方需求，既处理好群众的具体利益与国家根本利益的关系，又最大限度地代表最大多数人的利益，而不被某一利益群体所左右，这是新的历史条件下加强党的基层组织建设亟待解决的重大问题。以往基层党组织的主要职责是“完成本单位的任务”，缺乏关注社会民生、注重社会民主发展的定位。在当今社会，执政党要巩固和扩大群众基础，就必须把基层党组织的工作重心转到服务功能上来，融入到为各类群众提供物质文化服务的需求之中。为此就要努力改变传统的以“做好群众工作”为导向的党建工作模式，形成以“代表群众利益”为导向的新型工作理念，更加自觉地表达反映民意，更加主动地归纳消化民意，代表好维护好发展好最广大人民群众的根本利益。

基层党组织面向经济社会发展开展自身建设活动，是增强党的生机活力的当然逻辑。随着社会经济成分、社会组织形式、社会就业方式和社会生活方式的日益多样化，基层党建的工作方式已从单一的思想教育、理论灌输模式，转化为对生动活泼、丰富多彩的教育管理模式的渴求和营造；基层党建的工作趋向已由长期以来倡导和强调党员尽义务、作奉献，转化为更加注重保障党员的主体地位，维护党员合理的经济、政治利益追求。当前，一些基层党组织依然延用老办法开展活动，如开开会议、学学文件等，不能把党的工作与中心工作、业务工作有机结合，组织党员发挥作用的方式不活、渠道不宽、措施乏力，大量的制度落实在墙壁上、停留在口头上，削弱了党组织在群众中的号召力、影响力。为此，必须认真思考组织生活的时代性、规律性和开放性，积极探索不同领域、不同行业基层党组织的活动方式，增强针对性、实效性。一方面要坚持围绕中心工作开展活动，坚持推进党的基层组织建设与加快经济社会发展、与做好当前工作和谋划长远建设有机结合，实现党内学习教育、组织生活等活动同党的中心工作的有效对接。目前一些企业结合实际改进完善“三会一课”制度，实行支部党员大会与“政治理论学习会”相结合、支部委员会与“党企沟通协调会”相结合、党小组会与“献计献策会”相结合、支部党课与“技术创新会”相结合，避免了“两张皮”现象，收到了很好的效果。另一方面要探索实行开放式组织活动，在活动的具体要求、内容、方式以及时间安排等方面，要注意切合实际、科学合理，做到经济活动与党建活动相结合、相对集中与分散活动相结合、工作时间与业余时间相结合、教育活动与娱乐活动相结合。要主动适应互联网、手机通讯等现代信息技术迅速发展的趋势，积极探索开展党组织活动、加强党员教育管理、凝聚影响群众的有效方法，使党组织工作形态由有形扩展到无形，工作范围由现实空间拓展到网络空间。

3 适应加强党的执政能力建设提高科学化水平的新要求，推动促进基层党建运行方式：由以安排部署任务为主导，向以提供支持保障为主导转变

长期以来，由于执政地位的巩固和强势，我们已经习惯了自上而下的工作推进方式，而对于居处下方的纵向尊重，以及对于左右各方的横向沟通，还做得很不够。在实际工作中，往往表现为：上级党组织对下级党组织过多地强调任务与责任，而对实际困难和问题关心重视不够；党组织对党员过多地强调义务，而对权利强调不够，党员个体往往被动参与，组织与成员之间的互动性不够。随着社会主义市场经济体制的不断完善，基层原有的管理体制、工作手段已不适应社会环境的变化，我们必须从实际出发，进一步解放思想、更新观念，摆脱固有模式和习惯做法，走出思维定势和工作定势，推动党的基层组织建设的创新发展。

善于运用非权力因素来开展工作、争取支持。一项政策、一个主张要得到大家的拥护支持、并积极贯彻落实，不是靠简单的行政命令、组织服从就能奏效，更多是要靠春风化雨般的以情动人、循循善诱般的以理服人，注重强调精神的、道德的、人格的感召力和示范力，强调内心认同和道义服从。只有真正让基层理解了、信服了，才会自觉地变被动为主动、变“要我干”为“我要干”。为此，应当突出基层党组织的特征和作用，把增强基层党组织的“权威”而非“权力”作为工作的出发点和着力点，在工作方式上着力实现三个转变：从“命令型”向“指导型”转变。从传统的任务导向型思维向目的导向型思维转变，在安排布置工作时更多是方向性指点、目标性设定，而不是程序步骤上的耳提面命、照搬照套，把创造发挥的空间更多地留给基层。从“要求型”向“说服型”转变。注意充分运用说服教育、示范引导、提供服务、关怀激励的方法，更多运用集思广益、兼容并蓄、求同存异、和谐包容的方法，最大程度求得各方理解支持配合，齐心协力抓好工作落实。从“管理型”向“关爱型”转变。树立理解基层、关爱基层、服务基层、激活基层的导向，积极面对基层的合理愿望，充分考虑基层所面临的现实环境，找准党组织活动与各类组织发展、各类人员利益诉求的结合点，更多注重为推进落实基层党建工作各项任务提供机遇、拓展空间，以良好的人际环境和发展环境帮助支持他们干事创业。在党员队伍管理上，要从“教育管理党员”向“关爱帮助党员”转变，更加注重保障党员主体地位，更多地关心爱护党员，不仅要求党员兢兢业业、无私奉献，同时也要把维护保障党员权益、促进广大党员的全面发展作为目标，为党员提供学习教育的机会和实现价值的舞台，不断提高自身的工作业务实践能力和社会生存发展能力，使其在社会生活各个方面都显现出良好的竞技水平、发展能力和比较优势，从而真正增强党员身份的光荣感、自豪感，提升党组织自身的凝聚力、吸引力。

善于运用分类指导、差别管理的方法来激发基层活力、抓好工作落实。各地情况千差万别，地缘交通、经济发展、社会文化等等各有不同，我们推进工作不可能搞“一刀切”、“齐步走”。基层在话语上重复中央、上级的说法是必要的，但更需要落实操作规则和程序，而不是上下一般粗地搞一种模式，简单对应、机械翻版。为此，要注重发挥基层治理的能动性、独立性、自主性，注意尊重基层党组织和广大党员群众的主动精神和首创精神，更多地允许基层结合实际创新工作方式方法，大胆探索、大胆实践，提高自主解决本地区问题的能力。要鼓励基层紧密结合各自的特点，探索适应不同地方、部门和单位的领导体制、工作机制和方式方法。比如，非公有制经济组织与传统国有企事业单位相比，在产权结构、运行机制、管理体制等方面存在诸多不同，“体制外要素”要想变为“体制内需求”，就不宜照搬国有企业党建工作的做法，必须有针对性地进行指导，探索更加灵活有效的新模式、新路子。

善于更多地通过优质高效的服务保障，来为基层党建工作的开展提供积极支持、营造良好环境。市场取向的改革，强化了人们在社会经济生活中的自主性、契约性和平等性，要求基层党组织改变依靠行政手段进行管理的做法，更多地寓管理于服务之中，把基层党建工作的着力点从一般性政治鼓动、任务安排，转变到切切实实为基层组织提供有力的支持、为党员群众提供有效的服务上来。为此，应当从工作思路、政策措施、资金投入等方面，给基层组织一些平台、一些手段，让他们有能力为老百姓办事。健全权力匹配机制。在权能职责设计上要做到责权利相称，赋予基层党组织履行职责所必须具有的权力，过去一些上收的权力也应当根据社会管理工作重心下移的趋势和需要，实行“权随事走，费随事转”，逐步回归基层、还权于基层，为基层开展工作创造良好条件。健全干部培养机制。要按照“社会化招聘、契约化管理、专业化培训、职业化运作”思路，强化对基层党务工作者的激励，既要让他们能够比较体面地生存发展，也要能够得到能力上的锻炼提升、事业上的成长进步，从而心甘情愿、竭尽所能地为党做事。健全物质保障机制。要大力推进经费投入法制化，把基层党组织工作、活动经费列入各级财政预算，通过财政转移支付，建立稳定规范的基层组织工作经费保障和正常增长机制。

（作者：四川省委党建办副主任）

（选自《组织人事报》2012年8月23日）

新社会组织的基层党组织建设：挑战与策略

卢福营

改革开放以来，随着经济社会的发展，社会团体、基金会、民办非企业组织、中介机构等各新社会组织在我国大量涌现，日益成为经济社会生活中的一支重要力量。因此，如何加强新社会组织的基层党组织建设，逐渐成为新形势下党建工作的一项重要课题。

一、新领域：新社会组织的基层党组织建设

现阶段中国的新社会组织是在改革开放的过程中逐渐成长起来的，有其独特的中国特色。到底哪些组织属于新社会组织？目前尚未形成共识。一般而言，新社会组织是指在民政部门登记或者挂靠工商联，介于政府、企业及个人之间起桥梁和纽带作用，为经济、社会活动提供服务的，不以赢利为目的的各种组织和机构。主要包括社会团体、基金会、民办非企业组织和部分社会中介组织等。截止 2009 年 9 月的统计，全国依法登记的新社会组织数量已经超过 41 万个。其中，社会团体 22.97 万个，民办非企业单位 18.24 万个，基金会 1597 个。目前，新社会组织仍以每年 10% –15%的速度在发展。

从一定意义上说，作为一股新生的社会力量，当代中国的新社会组织充满了生机和活力，在经济社会发展中的作用越来越突出，但也带来了一些社会问题，引起了社会的广泛关注。一方面，新社会组织可以发挥重要的桥梁作用，把党、国家与社会密切联系起来，实现党、国家和社会的良性互动。社会能够通过新社会组织反映自己的诉求，参与国家和社会管理；反之，党和国家可以通过新社会组织实施对社会的有效管理。另一方面，新社会组织的发展也对党的建设提出了挑战。因而，把新社会组织纳入党的建设领域，加强党对新社会组织的政治领导，是新时期党的建设必须高度关注的重要课题。

然而，由于新社会组织在我国是一件新生事物，新社会组织中的党建工作尚处于起步、探索阶段。应当肯定，在各地党组织的领导和推动下，新社会组织的基层党组织建设取得了重大成就。但也需要理性地认识到，目前新社会组织的基层党组织建设显然还存在着中央指出的“党组织覆盖面不广”的问题，而且在不同地区、不同类型新社会组织中，基层党组织建设的发展情况极不平衡。总体而言，与新时期新社会组织迅速发展的现实，以及新社会组织在促进社会和谐与发展中的地位、作用极不相称。

不难预见，随着社会主义市场经济体制的不断完善，对外开放的不断扩大，社会建设和社会管理的不断推进，各项改革的不断深化，新社会组织将呈现出快速发展的趋势。新社会组织的迅猛发展，势必对党的基层组织建设提出一系列新问题与新挑战、新要求与新任务，成为新形势下党的建设新的重要领域。

二、新挑战：新社会组织基层党组织建设面临的突出问题

从一定意义上说，新社会组织是一种新型的组织形式。既不同于传统的党政部门，又有别于事业单位、企业单位，也与村庄等基层社区和地方共同体不同。而且新社会组织本身复杂多样，其内部存在着各种差异。因此，作为一种新兴的社会组织，其基层党组织建设并无现成的经验可循，面临着一系列新的问题与挑战。

1、党员流动性大，党员教育与管理面临着新的难题。在现阶段中国，新社会组织具有民间组织性质，极大部分新社会组织的从业人员流动性较大，进出较为自由，并且存在着大量兼职工作人员。正是在这种特殊背景下，新社会组织从业人员中虽有很多党员，但相当部分是“流动党员”。故此，符合独立建立党组织条件的新社会组织较少，组建基层党组织的难度大。即使组建了党组织，那些“流动党员”与新社会组织中的基层党组织并无隶属关系。如此，新社会组织中的部分党员不同程度地处在“游离”状态，产生了一系列党员管理的新问题。一方面，“流动党员”因缺乏组织依托无法有效地行使党员的权利，难以充分发挥党员的先锋模范作用；另一方面，“流动党员”因脱离组织管理无法实施有效的组织教育，难以进行必要的组织监控，甚至出现管理的“真空”。

2、组织情况特殊，党组织活动面临着新的情况。目前，我国的新社会组织形式多样，情况不一。大致可分为“实体”性新社会组织和“虚体”性新社会组织两类。“实体”性新社会组织主要是一些民办非企业组织等，如：民营医院，这些组织与其他事业单位的类同性较高，借鉴传统的党建经验开展党组织活动相对较为顺利和正常。但是，那些“虚体”性新社会组织，如：社会团体、社会中介组织等，情况较为特殊，按照传统的党建经验开展组织活动往往存在着相当大的困难，面临种种新情况：(1)党员工作时间不统一，难以统一组织全体党员活动。(2) 部分业主对党的建设缺乏正确的认识，没有给党组织充裕的活动时间以及足够的经费和活动场所。(3) 部分新社会组织规模小、党员少，没有达到建立党组织的条件，致使党员长期不能参加党组织生活。(4) 一些联合支部，因所辖新社会组织情况差异大，管理松散、协调困难，难以有效开展组织活动。(5) 党组织活动缺乏经验，形式陈旧、单调，内容枯燥，缺乏针对性和吸引力。

3、党建机制不顺，基层党组织建设面临着新的挑战。近些年来，中央十分重视新社会组织的基层党组织建设，先后出台了一系列的文件，对新社会组织的基层党组织建设提出了具体要求。如:2000年,中共中央组织部出台的《关于加强社会团体党的建设工作的意见》明确规定：“各社会团体党组织原则上隶属于其业务主管单位党组织。业务主管单位党组织负责社会团体党组织的建立，并领导其工作。”但是，由于新社会组织涉及面广、种类多,在实际操作中，对新社会组织的认定上存在一定分歧，导致了一部分新社会组织难以“对号入座”。各级地方党组织也在积极探索新社会组织的基层党组织建设工作，并取得了瞩目的成绩。

然而，不可否认，新社会组织的基层党组织建设工作的管理机制尚未完全理顺。目前，各地新社会组织的党组织管理体制，大多采用“属地”、“属业”两种形式。所谓“属地”，就是新社会组织的党组织关系挂靠在所在地的区、

街道、乡镇，或挂靠在注册、经营地的有关党组织；所谓“属业”，就是新社会组织的党组织关系归本行业的党组织管理。部分地区正在探索“属条”(即隶属于上级主管部门党组织)、“属资”（即以资产为纽带，由投资、主办新社会组织的单位党组织主管这些组织的党建工作）等多种方法。但是，也有一些没有明确主管部门也不“属地”的新社会组织，一时找不到上级组织，出现了组织管理空白；有些新社会组织的党组织关系既隶属于业务主管单位又因为就近原则在邻近的社区内参加组织活动。党组织隶属关系的不明，使得一些新社会组织的党建责任难以落实，出现了管理缺位、管理交叉的现象。如何与时俱进，开拓创新，理顺新社会组织党建管理机制，成为了新形势下新社会组织基层党组织建设面临的新挑战。

4、党建目标和任务不明确，党建工作面临着新的问题。加强党的自身建设，是我党的优良传统。长期以来，对于机关、事业单位、国有企业、基层社区和农村等领域的党组织和党建工作有明确的目标定位。比如,党组织是“领导核心”、“战斗堡垒”，加强以提高执政能力为核心的党建工作，思想建设、组织建设、作风建设相统一，等等。然而，对于新社会组织中基层党组织的定位和党建工作的目标至今尚不明确。理论和政策不明晰，致使党务工作者开展新社会组织的基层党组织建设缺乏依据。

三、新选择：新社会组织基层党组织建设的重要策略

近些年来，新社会组织的基层党组织建设得到了中央和地方党组织的高度重视。党中央对新社会组织的健康发展和这一领域党的基层组织建设工作高度重视，作出了一系列重要部署，提出了明确要求。根据中央的决定和指示精神，中央有关部门加大了工作指导力度，各地结合实际贯彻落实，新社会组织的基层党组织建设取得了明显进展，创造和积累了成功的经验。但是，新社会组织的基层党组织建设尚处在探索阶段，必须从新社会组织的发展实际出发，拓宽思路，打破成规。坚持改革创新精神，选择新的基层党组织建设工作策略。

为了加强对新社会组织的领导，促进其健康发展，更好地发挥其在推动社会和谐与发展中的积极作用，党的十七届四中全会通过的《中共中央关于加强和改进新形势下党的建设若干重大问题的决定》对新形势下新社会组织的基层党组织建设给予了特别关注，提出了新的要求和任务。强调：“全面推进各领域党的基层组织建设，实现党组织和党的工作全社会覆盖，做到哪里有群众哪里就有党的工作、哪里有党员哪里就有党组织、哪里有党组织哪里就有健全的组织生活和党组织作用的充分发挥。在以地域、单位为主设置基层党组织的基础上，按照便于党员参加活动、党组织发挥作用的要求，探索完善基层党组织设置形式。”“加大在中介机构、协会、学会以及各类新社会组织中建立党组织的力度。”“党的基层组织要适应新形势新任务要求，创新活动内容方式，找准开展活动、发挥作用的着力点，在扩大党员参与面、提高实效性上下功夫，增强创造力、凝聚力、战斗力。”“新社会组织中的党组织要围绕贯彻党的方针政策、引导和监督遵守国家法律法规、团结凝聚职工群众、维护各方合法权益、促进健康发展等职能探索发挥作用的途径和方法。”这些论述为下一步新社会组织的基层党组织建设指明了方向。结合新社会组织的基层党组织建设工作的客观实际，我们认为，新形势下新社会组织的基层党组织建设，需要着力做好以下工作。

第一，坚持实效原则，理清新社会组织基层党组织建设的思路。新社会组织的基层党组织建设必须坚持以邓小平理论和“三个代表”

重要思想为指导，深入贯彻落实科学发展观，按照加强党的执政能力建设和先进性建设的要求，优化组织设置，扩大组织覆盖，创新活动方式，充分发挥新社会组织中党组织推动发展、服务群众、凝聚人心、促进和谐的作用。通过采取切实的措施和开展有效的工作，使新社会组织的基层党组织建设为新社会组织发展所需要，为党员所欢迎，为业主所支持，为群众所拥护，促进新社会组织健康快速发展。

第二，抓住工作关键，明确新社会组织基层党组织建设的定位。与其他领域党的建设一样，新社会组织的基层党组织建设是一项系统工程，头绪纷繁，内容复杂，任务艰巨。在党建工作实践中，务必要求紧紧抓住新社会组织基层党组织建设的工作关键，搞清楚新社会组织基层党组织建设"建什么""由谁建""怎样建"的问题，明确新社会组织基层党组织建设的主要内容和任务、管理和领导者、路径和方法等。

宏观地说，新社会组织的基层党组织建设应当主要着眼于两个方面：一是有效整合新社会组织中的党员；二是充分发挥新社会组织中基层党组织的战斗堡垒作用和党员的先锋模范作用。应当将新社会组织的基层党组织建设工作纳入地区经济社会发展全局之中，纳入党委领导、政府负责、社会协同、公众参与的社会管理格局之中，纳入党的建设总体布局之中，努力形成党委统一领导、有关方面密切配合、齐抓共管的新社会组织基层党组织建设工作格局。努力解决新社会组织中党的力量薄弱问题，特别是要积极探索新社会组织中流动党员教育、管理和服务的有效途径。不断扩大新社会组织中的组织覆盖、工作覆盖，扩大新社会组织党的建设的作用力。

第三，立足组织特点，创新新社会组织基层党组织建设的方式。新社会组织基层党组织建设是党的组织建设的新领域，面临着一系列新的情况和问题，需要不断探索、创新。一方面，要认真贯彻落实中央精神，特别是《中共中央关于加强和改进新形势下党的建设若干重大问题的决定》的指示，抓好新社会组织基层党组织建设工作的落实。比如，在新社会组织中壮大党的力量，加大组建党组织的工作力度，理顺新社会组织中党组织的隶属关系，帮助指导新社会组织中的党组织充分发挥作用等。另一方面，要立足新社会组织的具体实际，从组织自身的特点出发，不断推进基层党组织建设的工作机制和工作方法的创新。比如：针对党员分布广泛、流动性大的实际，创新党组织设置形式，积极探索利用信息化技术对党员实行快速、便捷的网络教育和管理的新机制、新方法。根据新社会组织中兼职党员一人拥有多重单位身份，部分党员多种角色集于一身的实际，积极探索一位党员参与多个基层组织活动的新机制、新方式。从新社会组织分属不同地区、部门、行业的特点，积极探索不同地区、部门和单位分工协作，组织共建、资源共享、党员共管的新机制、新办法。从新社会组织的公共服务特点出发，积极探索新社会组织中的党员通过提供公共服务彰显党员先进性和党组织先锋队作用的新路径、新方法。从新社会组织多样性出发，积极探索灵活多样、切实有效的基层党组织建设新路子，创建新型、多样的组织载体和活动形式。从新社会组织发展及其党建工作缺乏经验和理论指导的实际出发，倡导理论工作者与实际工作者相结合，积极探索协作开展新社会组织基层党组织建设理论研究的新途径、新方式，把实践经验升华为党建理论，更加自觉地认识和把握新社会组织基层党组织建设的规律，指导新社会组织基层党组织建设工作的实践。

（作者：杭州师范大学政治经济学院教授）

（选自《中共福建省委党校学报》2012年第2期）

推进反腐倡廉建设科学化的内生障碍及其消解

蔡　娟

党的十七届四中全会根据世情、国情、党情的新变化和新形势，提出了“提高党的建设科学化水平”的重大命题和重大任务。胡锦涛以居安思危的忧患意识，在庆祝中国共产党成立90周年大会上提出了“四大考验”和“四种危险”，并要求全党“不断提高党的建设科学化水平”。这充分体现了我们党对自身历史方位的科学把握和清醒认识，体现了我们党直面现实考验，勇担历史使命的自觉和自信。反腐倡廉建设作为党的建设的重要组成部分，提高反腐倡廉建设科学化自然应该成为党的建设科学化的内在要求和题中之义，也是警惕消极腐败危险的重要举措。当前消极腐败现象依然不同程度地存在，成为破坏党的形象、损害党执政公信力的严重问题。因此，充分认识反腐倡廉建设科学化的重点，理性分析推进反腐倡廉建设科学化的内生障碍，深刻把握廉政建设和反腐斗争规律，采取有效的策略消解影响反腐倡廉建设科学化的各种内生障碍，提高反腐倡廉建设科学化水平，既十分必要，又意义重大。

一、反腐倡廉建设科学化的重点

科学化就是指人们能够普遍地、自觉地运用科学的理论和方法认识事物发生发展的客观规律，按照规律办事。反腐倡廉建设科学化就是要认识和遵循反腐倡廉建设发展的客观规律，以科学的理论指导反腐倡廉建设，以科学的制度保障反腐倡廉建设，以科学的方法推进反腐倡廉建设，从而使反腐倡廉建设体现时代性、把握规律性、富于创造性，实现反腐倡廉建设效应最大化，不断提高党的建设科学化水平。因此，从理念上看，反腐倡廉建设科学化，“就是要坚持以马克思主义的科学认识论为指导，不断探索和遵循反腐倡廉建设规律，保证中国共产党始终以科学的理论、科学的制度、科学的方法组织一个清正廉洁、高效务实的政府以带领全国人民共同建设中国特色社会主义”。从内容上看，反腐倡廉建设科学化主要包括反腐倡廉建设教育科学化、反腐倡廉建设制度科学化、反腐倡廉建设监督科学化、反腐倡廉建设惩治科学化、反腐倡廉建设绩效评价科学化等。而反腐倡廉建设教育科学化、制度科学化、监督科学化、惩治科学化是反腐倡廉建设科学化的基本要求，绩效评价科学化是反腐倡廉建设科学化的成果体现，这五个方面构成了反腐倡廉建设科学化的重点。

二、推进反腐倡廉建设科学化的内生障碍

（一）反腐倡廉宣传教育的形式化，内生反腐倡廉建设教育科学化的障碍

反腐倡廉建设教育科学化，是以教育为手段，筑牢拒腐防变的思想道德防线，这是从源头上预防和治理腐败的重要举措。

长期以来，基于实践探索和反思总结，我们积累了多种教育方式，如理论灌输、典型塑造以及各种警示教育等。毫无疑问，这些方式方法的综合运用使反腐倡廉教育在预防腐败过程中发挥了不可或缺的作用，但也存在着诸多问题与教育科学化的障碍：一是形式主义凸显，表面文章严重。“从文件中来，又到文件中去”，从理论到理论，造成理想信念教育简单化、庸俗化，不贴近实践、不贴近生活、不贴近群众，造成学习积极性、主动性不强，导致言行不一、表里不一的“两面人”和“两层皮”的问题。二是单兵作战有余，兵团作战不足。反腐倡廉教育仅仅被视为是纪检监察机关的事情，造成纪检监察机关“单兵作战”，而没有把反腐倡廉教育与整个宣传工作和社会教育，包括家庭美德、社会公德、职业道德、传统美德等教育有机结合起来，形成“大宣教”格局，达到兵团作战的效果，致使反腐倡廉教育的广泛性、深入性、综合性大打折扣。三是教育研究不够，缺乏生动的教育方式。反腐倡廉教育研究不够，缺乏对表率示范作用的宣传以及对腐败后果严重性的深刻分析；缺少生动形象、丰富多彩的反腐倡廉教育方式，反腐倡廉教育缺乏吸引力、感染力，有时以轰轰烈烈的形式替代实实在在的内容。四是标本定位不准，本末倒置。重视法律、制度等“治标”方面的建设，对“治本”层面的教育抓得不够有力，导致治标与治本的定位不准，从而将预防与惩治的关系也倒置了。

（二）反腐倡廉制度的缺陷，内生反腐倡廉建设教育科学化的障碍

“制度好可以使坏人无法任意横行，制度不好可以使好人无法充分做好事，甚至会走向反面”。在这个意义上说，制度科学化是反腐倡廉建设的基本路径。

当前，中国腐败问题的一个重要原因就在于制度的缺陷，主要表现在：一是逻辑思路不清，体系尚不完整。当下，制定制度的依据是从源头上防治腐败的工作领域，而非逻辑进路，这导致了在治本抓重点的时候缺失系统性。二是制度执行不力，效果有待凸显。“有制度不执行，比没有制度更糟糕”，因为有制度不执行影响了制度的威信与权威。三是制度针对性不强，隔离机制缺乏。现行的一些反腐倡廉制度过于概括化和抽象化，忽视了不同腐败现象的特殊生成机制，从而影响了制度的有效性。如领导干部廉洁自律各项规定就有待于进一步明确与细化等。另外，尚未形成体系化的权力与经济利益的隔离机制，仍然停留在“头痛医头，脚痛医脚”的层面，这导致反腐倡廉制度的系统性不强，诸多制度仍具有临时性、应急性等特点。

（三）反腐倡廉监督的缺位，内生反腐倡廉建设监督科学化的障碍

廉政监督也是反腐倡廉建设的重要途径之一。但从目前来看，我们的廉政监督离科学化还有一段距离，主要表现在：一是反腐倡廉监督主体缺位，政出多门。现行的反腐倡廉建设领导体制与机制是“党委统一领导、党政齐抓共管、纪委组织协调、部门各负其责、依靠群众支持与参与”。虽然这看起来主体很明确，但在具体实行中，却表现为权限不明、职责不清、推诿扯皮、效率低下。纪委往往有其名无其实，所谓组织协调是心有余而力不足，最终导致反腐倡廉主体缺位。二是反腐倡廉监督反馈信息渠道分散，降低反馈效率。当下，党务系统、政务系统等国家机关及其职能机构都设有信访部门，于是信息一般都向其所属上级机关传递和反馈。虽然反腐信息收集的触角广泛，但也造成了反馈渠道的分散，难以迅速反映廉政政

策的作用结果，从而妨碍廉政反馈信息及时有效地作用于廉政政策的输入。

（四）反腐倡廉惩治的偏颇，内生反腐倡廉建设惩治科学化的障碍

加强惩治建设，始终保持惩治腐败高压态势，是反腐倡廉的关键。但依据科学化的标准，目前的反腐倡廉惩治与科学化存在不小的差距，主要表现在：一是惩处重点偏失。惩处偏重于撤消职务、限制自由等手段，而对腐败分子非法获得的财产追究不力，致使犯罪分子即使受到惩处，也会获得巨大的经济利益。二是惩处力度偏弱，腐败成本太低。三是惩处的法律界定模糊，自由裁量度过大，致使同一犯罪金额处理不同、量刑不同，甚至还有犯罪分子借此逃脱惩处。四是抓大放小，或者抓小放大，剑走偏锋，而对中轻度的腐败行为打击不力。

（五）反腐倡廉绩效评价的片面，内生反腐倡廉绩效评价科学化的障碍

反腐倡廉建设绩效评价是对反腐倡廉建设科学化程度的信息反馈和过程监督，它是指不同评价主体运用科学的理论和方法，对反腐倡廉建设绩效进行科学评价，以进一步构建惩治和预防腐败体系，提高反腐倡廉建设的科学化水平。目前，尽管我国已逐步建立了政风行风评议、领导干部党风廉政建设责任制考核体系、领导干部的述职述廉、党风廉政建设问卷调查和巡视等制度，但尚未建立健全反腐倡廉绩效评价体系。突出的问题有：一是反腐倡廉建设绩效评价主体缺乏广泛性和代表性；二是评价的内容和形式缺乏系统性，如党风廉政责任制考核侧重于书面材料，缺乏深入实际的调研，难以有实际成效；三是许多评价方法缺乏可操作性，评价结论没有说服力，如政风行风评议中的形式主义现象明显，或评议过程中潜在的各种不正之风，因而评价结论有失客观性也就难以避免。

三、反腐倡廉建设科学化内生障碍的消解

（一）消解反腐倡廉建设教育科学化的内生障碍，增强反腐倡廉宣传教育的说服力

第一，要把握反腐倡廉教育的本性，增强深入性。显然，要使人理智地运用权力，不滥用权力，就必须通过教育克服人性的“弱点”。在这个意义上说，反腐倡廉教育是一种使受教育者保持廉洁的特殊教育活动。通过教育者施加的一定“教育影响”，使受教育者具有符合社会要求的价值判断能力，最大限度地消除其出于实现个人利益的考虑而偏离社会角色与人生本色的要求，从而提高其拒腐防变的意识与能力，构筑预防腐败的“防火墙”。

第二，要把握反腐倡廉教育效果的形成机理，注重特殊性。反腐倡廉教育所具有的导向、警示、激励等心理调节功能的发挥，关键取决于内力与外力。通过理论教育、自省教育等，可以让内力发挥作用，形成“我要廉洁”、“我愿廉洁”、“我想廉洁”的自律机制；通过警示教育、风险教育等，让外力发挥作用，形成“我不得不廉洁”、“我不敢不廉洁”的他律机制。最终实现内力与外力、自律与他律的有机结合。

第三，要创新反腐倡廉教育方式方法，增强有效性。反腐倡廉教育不是万能的，但离开反腐倡廉教育，则是万万不能的。为此，必须端正学习教育态度，狠抓反腐倡廉教育不放松，创新反腐倡廉教育方式方法，在提高教育实效上下功夫：首先，要切实形成“大宣教”格局；其次，要加强自省的道德伦理教育，增强自律意识和责任意识；其三，要实现制度运行与教育的统一、监督与教育的融合。

第四，要深入探讨人的成长规律，体现反腐倡廉教育的全程性。人的一生受家庭、学校、社会等多方面的影响，因此，反腐倡廉教育必须关口前移，不能仅仅把反腐倡廉教育局限在领导干部身上，而要使反腐倡廉教育“进家庭、

进学校、进社会”，贯穿于人生全过程。只有如此，才能形成反腐倡廉教育的全天候、全方位、全过程格局，从而筑起反腐倡廉教育的铜墙铁壁。

第五，要建立健全教育、监督、制度相辅相成的预防惩治腐败体系，提升系统性。不能单纯地就教育为教育，就监督为监督，就制度为制度，应使之有机结合，环环相扣，形成合力。推进反腐倡廉科学化的核心是教育，制度、监督、惩治的目的都要以教育为中心，围绕教育来进行。只有这样，才可以变“惩治预防”体系为“预防惩治”体系，做到标本兼治，“防惩并举”。

（二）消解反腐倡廉建设制度科学化的内生障碍，增强反腐倡廉各项制度的约束力

第一，要把握反腐倡廉的逻辑进路，提升反腐针对性。腐败行为的生成机理是：腐败动机＋腐败机会＝腐败行为。客观地说，由于人天生的自利性，腐败动机几乎人人都有，很难通过教育彻底消除。在这个意义上说，消除腐败机会，就成了消除腐败行为的关键。所谓腐败机会，就是指腐败者利用公共权力谋取私利的空间，而空间的大小是与权力受到制约的程度成反比的。权力越是受到制约，腐败的机会就越小。因而切断滋生腐败行为的通道就必须依靠消除腐败机会，即最大限度地制约权力。因此，如何分制权力、限定权力、监督权力就成为制度科学化的重要环节。尤其需要指出的是，反腐机构本身也存在着权力结构和配置科学化的问题。除了要尽量保持这一机构的独立性，使其权威性得以维护和保障外，还要构建一套较为科学的反腐机构管理制度。

第二，要加强制度制定者的选择，提升内容的科学性。要保证反腐倡廉制度的科学性，就要力避部门利益个人化、个人利益法规化的现象。因此，就必须加强制度制定者的选择，防止为腐败制度制造所谓的“合法”空间。加强制度制定者的选择：一是要保持中立与独立的立场，这就要求做到专业化与职业化的结合，没有专业化，无法体现科学化；没有职业化，无法体现中立化，保证可持续性。二是要使精英化与大众化相结合，精英化可以使制度具有前瞻性；大众化可以使制度具有针对性与现实性，两者有机结合，才具科学性。当然，在制度内容的安排上，要注重刚性与柔性的结合，突出刚性；要注重质量与数量的结合，突出质量；要注重规范与效能的结合，突出效能。三是要注重制度制定的链条性，提高制度的成效性。要考虑反腐倡廉教育、监督、预防、惩治、保障等一系列制度的协调性，形成内容科学、程序严密、配套完备、有效管用的反腐倡廉制度体系。另外，还要考虑人们对制度的认同。制度认同的前提是制度的公正性、合理性和合法性。因此反腐倡廉制度设计要注重制度在社会层面具有的法理性与价值基础，使之成为廉政意识维系与巩固的心理条件，从而使反腐倡廉各项制度具有权威性，增强人们对制度的认同感，提高执行制度的自觉性与成效性。四是要突出制度的制约性，发挥监督的强制性与阳光性，增强制度的执行力，真正做到靠制度管人、用制度管权、按制度办事，提高反腐倡廉各项制度的科学化水平，增强约束力。

（三）消解反腐倡廉建设监督科学化的内生障碍，增强反腐倡廉民主监督的制衡力

第一，要进一步整合反腐倡廉监督系统。党委的纪检机关与政府的监察部门合署办公，一套班子两块牌子，是反腐倡廉监督系统整合的典范。同时还需将各个分散在国家不同部门中的监督机构进一步加以整合。

第二，要构建统一的反腐倡廉信息反馈渠道。如在中央纪委成立全国纪检监察信访工作办公室，将政府、公检法等内设的信访机构统一纳入管理。客观地说，将一般信访与廉政信访的职能加以合并是可行的，也是必要的。因

为信访问题一般都与腐败有关。这种合并统一无疑可以提高反腐倡廉的效率。

第三，要发挥人民群众的民主监督作用。要认真制定人民群众监督条例，使群众监督规范化、程序化和法制化；要积极探索加强基层民主监督的有效措施，改进党代表、人大代表、政协委员的监督工作；要发挥舆论监督、媒体监督的积极作用，尤其要加强反腐倡廉网络信息收集、研判和处置工作，健全网络举报受理、线索运用和信息反馈机制，不断深化信访举报工作，提高人民群众的民主监督能力，保证民主监督的持续有效和理性科学。只要拓宽民主监督的渠道，创造条件保障人民群众的知情权、参与权、表达权和监督权，反腐败就可以做到低成本，甚至在很多时候实现“零成本”。

（四）消解反腐倡廉建设惩治科学化的内生障碍，增强反腐倡廉预防惩治的威慑力

要消解反腐倡廉建设惩治科学化的内生障碍，需要借鉴国内外反腐廉政建设的经验，需要本着“零容忍”的原则，加强反腐倡廉制度创新，打造使各级官员“不敢腐败”的惩治机制。所谓“零容忍”，是指不容许任何轻微的腐败行为。1982年，美国预防犯罪学家凯林和威尔逊发表了一篇题为《“破窗”——警察与邻里安全》的文章，提出如果一幢大楼的一扇窗户被打破而无人修理，那么肇事者就会误认为整幢大楼缺乏管理，从而得到可以任意破坏的心理暗示，紧接着各种破坏就会接踵而至。这就是所谓的“破窗理论”。“破窗理论”告诉我们，要有效消除犯罪现象，对轻微的犯罪行为也必须有力惩治，实行“零容忍”原则。如果对轻微的腐败行为不及时坚决制止，不仅会助长腐败分子的胆量，而且会激发其他人的腐败欲望。在这个意义上说，要提高反腐倡廉惩治科学化水平，也必须植入“零容忍”的理念。

当下，以“零容忍”的理念提高反腐倡廉建设惩治科学化水平需要从以下四个方面着手：一是在坚持中国共产党领导的前提下，逐步建立有中国特色的政治竞争机制，着重在领导干部个体之间引入竞争机制，以便通过领导干部个体之间的竞争，有效消除个人对权力的垄断，消解党内腐败的制度环境，最大限度地减少腐败现象滋生的土壤和条件。二是构建有效的权力制约和监督制度，推进权力制约和监督科学化，提高制度的执行力。“从新中国60多年权力制约和监督的实践看，制度和机制不完善不健全，往往是权力失控、决策失误、行为失范的深层原因。”因此，要着力解决权力制约和监督中的深层次问题，从制度上规范公共权力的运行，斩断腐败的欲望与动机，使其不敢触碰腐败的“高压线”。三是推行各级领导干部财产申报制度，这是现代国家惩治官员腐败的必要手段，是防治腐败顽疾的实质性措施。尽管从目前来看，“推行官员财产申报制度面临着两难选择：如果全面推行财产申报制度，就可能带来政治稳定问题；反之，腐败‘零容忍’就永远难以实现。面对这一难题，可以考虑在新提拔的领导干部中率先推行官员财产申报制度，凡是不愿申报财产的，一律不能提拔，如是坚持若干年，官员财产申报制度就能建立起来，实现腐败‘零容忍’也会指日可待”。四是在坚持新闻报道党性原则的前提下，扩大新闻媒体依法监督的自主权。马克思曾指出：“报刊按其使命来说，是社会的捍卫者，是针对当权者的孜孜不倦的揭露者，是无处不在的耳目，是热情维护自己自由的人民精神的千呼万应的喉舌。”新闻媒体监督，不仅可以促进社会良心、公民道德和政治意识的觉醒，而且对腐败分子也能起到一定的震慑作用。中共十七届中央纪委七次会议提出，“发挥互联网等新兴媒体在促进反腐倡廉建设中的积极作用”，进一步拓宽媒体监督的渠道。目前，全国新闻战线的“走转改”

活动也应成为反腐倡廉媒体监督不可或缺的重要环节，真正营造一种廉政廉洁的社会环境。如果一个官员的腐败行为一经媒体披露，政法部门就进行认真的调查和严格查处，使腐败者受到应有的法律制裁，那么，反腐倡廉建设的惩治工作才算落到实处。

（五）消解反腐倡廉建设绩效评价科学化的内生障碍，增强反腐倡廉绩效评价的公信力

第一，要解决“谁来评价”的问题，注重评价主体的广泛性和代表性，保证评价的公正性和客观性。比较科学的设想就是要坚持反腐倡廉内部评价主体——各级党委、政府及纪检监察机关和外部评价主体——人民群众，包括各类社会评价机构和非政府组织的有机结合，“要允许和鼓励外部社会主体特别是民间机构参与反腐倡廉建设的绩效评价，要借鉴国外各种机构对我国反腐倡廉建设的评价经验，客观看待国外反腐倡廉建设绩效评价的结果，形成多元评价相互竞争、相互补充、相互促进的评价机制和格局”。

第二，要解决“评价谁”的问题。根据《中国共产党章程》和国家有关法律法规，各级党委、政府及相关部门和纪检监察机关所开展工作的过程及结果都应纳入反腐倡廉绩效评价的范围。

第三，要解决“评价什么”的问题。反腐倡廉绩效评价应包括落实党风廉政建设责任制、抓职责范围工作情况，整体推进反腐倡廉建设、狠抓制度落实情况，开展惩治和预防腐败、有效降低腐败发生率情况，反腐倡廉工作创新、运用科技反腐的能力情况，加强调查研究、实行科学决策情况等。

第四，要解决“如何评价”的问题。最根本的就是要坚持“三结合”原则，全方位、多层次、宽视域、多视角开展绩效评价：一是要坚持定量分析与定性分析相结合的原则，既要依据统计数据了解客观评价，又要通过问卷调查、实地考察、个别访谈、材料分析等方式了解不同人群对腐败现状及治理成效的主观评价，比较分析，综合权衡。二是要坚持过程分析和结果分析相结合的原则，既要对落实各种反腐倡廉政策措施后“群众满意度”、“腐败发案率”等结果进行评价，又要对“领导干部廉洁自律”、“纠正损害群众利益的不正之风”等反腐倡廉实施过程、相关规章制度的完备程度等进行评价。三是要坚持内部评价和外部评价相结合的原则，既要发挥党委、政府和纪检监察机关自上而下的评价作用，又要发挥人民群众、专业调查机构，特别是专家学者组织的研究机构的评价作用，力求评价结果更加科学客观。四是要坚持传统评价方式与现代信息科技手段相结合的原则。尤其要开发和完善网络舆情收集、研判系统，健全反腐倡廉网络监管信息系统，实现预防腐败信息以电子化、数字化形式自动采集、交流和再现，实现信息技术与反腐倡廉绩效评价的有机融合。

第五，要解决“评价何为”的问题。绩效评价是为了形成有效的奖惩机制。因此，要将绩效评价结果作为党风廉政建设责任制考核的重要内容，作为机关部门评优评先和领导干部业绩评定、提拔任用的重要依据，从而形成有效的导向机制，充分发挥绩效评价的“指挥棒”、“度量衡”和“推进器”作用，提升反腐倡廉建设科学化、规范化、制度化水平。

腐败是危害党的肌体健康的毒瘤。坚决惩治和有效预防腐败，关系人心向背和党的生死存亡，是中国共产党必须抓好的重大政治任务。勇于直面当前推进反腐倡廉建设科学化的种种内生障碍，积极寻找消解之策，是推进反腐倡廉建设科学化的必然选择。

（作者：南通大学政治学院教授）

（选自《毛泽东邓小平理论研究》2012 年第 3 期）

决策腐败及其基于决策过程控制的治理

陈国权　周　盛

腐败是公共权力的非公共运作，在我国社会经济迅速发展的社会背景下，腐败现象也呈现出明显的变化，突出表现在党政机关的一些主要领导（简称“一把手”）存在决策领域的腐败现象并呈蔓延趋势。党政部门“一把手”的职位特点是掌握决策权，而决策权承载着对公共资源进行权威性分配的功能，一旦出现背离公共利益的非公共运用，将扭曲规范经济社会发展的规则体系和公平正义的治理目标，直接危及政权的合法性权威。结合当前我国反腐倡廉面临的党政部门“一把手”腐败频发且难以治理的突出问题，深入剖析决策腐败的内在机理，提出相应的治理对策，对真正落实从源头上预防和解决腐败问题具有重要的意义。

一、决策腐败：一个新的分析视角

任何政治系统都存在如何有效解决决策、执行和监督“三事分工”的问题。分工是提高人类活动效率的基本途径，政务体系同样需要实行决策、执行和监督“三事分工”，而公职人员从事任何一项政务活动都需要承担相应的责任，于是决策、执行和监督“三事分工”就发展到决策责任、执行责任与监督责任“三责分置”。责任的实现需要相应的制度化岗位和具体的个人来承担，因此，就需要机构的“三职分定”。再进一步，公职人员履行责任必须要有相应的权力，于是从决策责任、执行责任和监督责任发展到“决策权”、“执行权”和“监督权”的“三权分立”。而权力容易产生腐败，正如阿克顿勋爵所说的，“权力导致腐败，绝对的权力导致绝对的腐败”，于是决策权、执行权和监督权的分立又进一步引申出决策腐败、执行腐败和监督腐败。建立健全决策权、执行权、监督权既相互制约又相互协调的权力结构与运行机制是我国政治体制建设的重要目标，依据“决策—执行—监督”这一权力应有的逻辑结构，将腐败分为决策腐败、执行腐败、监督腐败具有重要的理论价值与实践意义。

决策是政治与管理过程中的关键环节，赫伯特·A·西蒙甚至认为，“管理就是决策”。“决策腐败”概念的提出是对当前我国党政部门“一把手”腐败现象易发多发且造成严重危害的一种抽象和概括。“一把手”工作的重点是决策，对“一把手”腐败的案情进行分析后发现，“一把手”腐败愈来愈多地表现为决策腐败。

党政部门“一把手”的权力制约监督与腐败问题一直是党和国家领导人关注的重要问题，《中国的反腐败和廉政建设》白皮书和《建立健全惩治和预防腐败体系 2008—2012 年工作规划》等反腐倡廉纲领性文件，都将“加强对各级领导班子主要负责人的监督”作为反腐败和廉政建设制度设计的重要内容。但“一把手”腐败并未得到有效控制，从近年查处的腐败案件来看，“一把手”正逐渐成为贪污腐败渎职犯罪的重灾区，其犯案比例超过50%；仅以广东省为例，“2003—2009年，广东省查处的地厅级党政干部‘一把手’达151名，占被查处地厅级干部人数的79.9%；而被查处的县处级党政‘一把手’达1284名，占被查处县处级干部人数的69.3%”。“一把手”腐败缘何成为难以治理的顽疾？大部分学者认为，其症结在于“一把手”的权力过于集中且没有得到有效制约监督。笔者研究发现，党政部门“一把手”的决策权没有得到有效制约监督是“一把手”腐败问题愈演愈烈的主要根源。因此，“决策腐败”概念的提出更切中这一腐败形态的本质特征，据此设计的治理对策不再囿于对决策主体的限权，而着眼于决策权的运行过程，为公共利益输入到决策系统进而在决策结果中得到充分体现创设制度化的渠道。

二、决策腐败：内涵与特征

对中国知网（CNKI）的检索结果表明，“决策腐败”一词在中文学术文献中的使用首现于20世纪90年代中期，近年来部分研究腐败问题的专家开始用这一术语描述特定类型的腐败现象，但相关学者对这一概念的内涵、外延、特征等基本问题缺乏深入研究，也尚未达成共识，“决策腐败”仍是一个有待系统论证的概念。本文讨论的决策腐败，是指决策过程中公共权力的非公共运作，具体表现为公共决策权力主体在法规政策制定、发展规划设计、干部选拔任用、公共投资等事项决策过程中背离公共利益，为其自身或利益相关者谋取不当利益的腐败行为。它既在主观要素上与“决策失误”存在显著的差异，又在权限、效力等行为的客观表现上呈现出有别于执行腐败和监督腐败的特征。

（一）决策腐败与决策失误的差异

赫伯特·A·西蒙认为，“每个决策都包含两种要素，分别称为事实要素和价值要素”，两者之间存在“是”与“应该是”的基本逻辑差异。据此，公共决策偏离“合理有效配置资源从而实现公共利益最大化”之目标，原因有二：一是有限理性限制了决策主体对决策所包含的事实作出正确的判断，从而不可能按照“效率最大化”和“选择最优化”原则作出完全理性并经得起检验的选择；二是自利性促使决策主体利用决策权背离公共利益以实现私人利益或小团体利益，从而使公共决策背离公共价值目标。我们将基于第一种原因产生的决策偏离行为称之为“决策失误”，基于第二种原因产生的决策偏离行为称之为“决策腐败”。换言之，决策腐败首先是一种腐败行为，决策主体必须在行为前明确地认识到自身利益的实现是以牺牲决策的公共价值为代价的。区别决策腐败与决策失误的标志在于决策主体是否具备“背离公共利益谋取私人利益或小团体利益”的主观动机。这种不正当利益既包括金钱等物质利益，也包括其他利益如权力、荣誉等。在有利益相关人的交易型决策腐败中，决策主体大都存在与利益集团直接的权钱交易，其主观恶性的辨识较为容易。在不存在行贿者等直接的利益相关人的非交易型决策腐败中，决策主体也可能基于对自身政绩、政治晋升机会、下属忠诚度等非物质利益的考虑使决策偏离公共利益的价值取向，其主观动机较为隐蔽，因此，必须在决策输出环节通过政策评估或公众参与的合法化过程判断决策主体是否选择了更能满足社会的公共需求、实现社会的共同目的、代表社会的共同意志、使社会共同受益的方案。

（二）决策腐败与执行腐败、监督腐败的区别

同是腐败行为，决策权区别于执行权、监督权的特质决定了决策腐败与执行腐败、监督腐败在表现上存在显著的差异。(1) 从行为的权限看，决策腐败大多源于裁量行为而非羁束

行为。一般而言，法律对执行权和监督权的权限范围、行使方式以及程序都予以明文的规定；而决策目标的权变性、决策情境的复杂性使法律不可能以“明晰规则”的形式来约束决策权，而只能以原则性规定来指导决策。法律为决策权设定的这种弹性的制度框架是一把“双刃剑”，决策主体既可以运用这种自由裁量权因地、因时制宜，使公共决策尽可能地满足公共利益最大化的要求，也可以据此为决策腐败行为披上合法的外衣，而这也正是决策腐败较之执行腐败、监督腐败更具隐蔽性、更难以查处的原因所在。(2) 从行为的效力看，决策腐败输出的结果具有反复适用性。无论是规范一个地区或一个部门经济运转和社会发展的法规政策，还是城市规划或重大投资项目，决策腐败的危害都将随决策成果的反复适用而不断复制，在一段时间内持续侵害经济社会秩序和公共利益。因此，与“一事一议”的执行腐败和监督腐败不同，决策腐败的危害难以局限于个案，且多为派生其他腐败行为的“腐败之母”，其危害性因决策腐败的持久性和重复性被不断放大。

将腐败分为决策腐败、执行腐败与监督腐败，再以这个分析框架分析我国腐败现象的蔓延与反腐败的政策措施，就会发现我国反腐败的政策措施主要集中在对执行腐败的遏制，在这个领域建立的反腐败政策措施相对比较完善，成效也比较明显，而在遏制决策腐败方面的政策措施相对较少，从目前我国查处的腐败案件来看，决策腐败在腐败案件中占据的比例在上升。

三、决策腐败的系统分析

政治学的系统分析学派突破了传统的静态分析模式，为人们从动态上理解各类政治现象提供了概念工具和分析方法，也为解释决策腐败的形成提供了理论框架。正如戴维·伊斯顿所言，政治生活是“一系列复杂的过程，某种输入由此而被转换为我们称之为官方政策、决策和执行行动的输出”。作为一种非偶发的政治现象，决策腐败也是一种“输入—输出”的政治过程，它始于输入端公共利益表达的式微，成于输出端对决策结果公共性校验的缺失，同时与决策系统内公共利益与非公共利益的博弈息息相关。

（一）输入端：利益表达缺乏制度规范

伊斯顿将政治系统外部以一切可能的方式改变、修改或影响系统的事件抽象概括为“要求”和“支持”。决策系统亦然，输入系统内不仅有政府、利益集团和社会公众的利益诉求，也有相应的资源，只有两者结合，即行动者掌握并运用一定的行动资源时，其利益诉求才能有效地输入决策系统。就“要求”而言，任何参与决策的主体既可能因个人利益所驱使而提出要求，也可能为最大的公共动机所激发而愿意付出最崇高的牺牲，所以理论上以实现公共利益最大化为价值目标的公共决策随时存在被异化的风险。对此，我们无法期待依赖道德的教化使每一个决策主体都以“先天下之忧而忧，后天下之乐而乐”自律，从而确保公共决策权始终运行在公共性的轨道之上；只有通过制度的设计，保障公共性的“支持”输入，才能有效影响决策的利益取向。反观我国决策实践，缺乏的正是对利益表达的制度规范。一方面，社会公众在议题设置、方案设计与选择、决策评估等各个环节都没有参与到决策系统中的制度化渠道和平台，现有决策实践中输入决策系统的公共偏好实际上是被决策权主体主观概括的结果，而不是真正的利益主体理性真实的表达，这种公共偏好失真的输入为决策权主体自利性的实现预留了第一层制度空间。另一方面，随着利益集团的成长，其影响决策的愿望与能力也迅速膨胀，但现有制度体系内缺乏对他们利益表达行为的刚性约束，特别是“重受贿轻行贿”的反腐策略，使部分强势资本集团为了谋取超高甚至是非法利益回报，千方百计对决策主体实施影响。一旦决策权主体经不起利益的诱惑，与强势集团合谋和交易，必然影响乃至左右公共政策的公共性，从而导致决策腐败的发生。

（二）系统内：利益博弈缺乏横向抗辩

无论是开放式的决策系统还是封闭式的决策系统，无论是决策目标的设定环节还是备择方案的选定环节，决策权力主体的决策过程实质是不断进行利益分配的过程，其背后是公共利益与非公共利益的艰难博弈。之所以艰难，是因为“凡是属于最多数人的公共事物常常是最少受人照顾的事物，人们关怀着自己的所有，而忽视公共的事物”，公共利益由于缺乏相应的组织资源、经济资源和文化资源支持，即使进入了决策系统，仍需要完备的程序设计使其有机会在平等的平台上与非公共利益相抗衡。依据“正当程序”要求，这种程序应是“交涉过程的制度化”，其主旨不在于规范和强制，而是“营造一种特定的时空和气氛，用来保证程序参加者进行直接、充分、平等的对话。这样做的好处在于使各种不同的利益、观点和方案均得到充分比较和推敲，都能够得到充分考虑和斟酌”，从而实现决策的公共性目标。决策权主体自利性的实现只有在横向抗辩的程序设计中才能因作为对立面而存在的公共利益得以有效遏制。虽然我国决策权的运行正朝着民主化、科学化、法治化的方向发展，其间也颇为注重程序的完善，但已有的程序性规范多为行政系统内部、上下级之间的“手续”，而不是现代意义上强调对立面之间交涉关系和理性选择的“程序”。以土地征用审批决定权为例，现行《中华人民共和国土地管理法》是依据政府级别高低赋予不同面积的土地审批权，而不是根据面积的大小来设定不同的决策程序，其隐藏的假设前提是“官员职级越高，决策越正确”，所以越重要的事务越应由高一级的官员处理。事实上，级别越高的官员管理幅度越大，其获取与决策相关的信息越容易失真，这种纵向的抗辩难以确保决策结果的合理性，更无从体现公共利益的真正诉求。且“面积越大，审批权收得越高，权力越集中”的制度设计，也使越高级的决策权主体越容易成为利益集团竞相俘获的对象，决策腐败的风险不降反升。

（三）输出端：公共利益的实现缺乏甄别救济

政治生活是一个系统，稳定和发展的政治系统应该具有灵敏反馈机制的闭环回路。党政机关作为决策主体要及时获得政策输出的效果信息，调整下一次的政策输入。只有这样，政治系统才能在稳定或变化的外部环境中不断输出有效的公共政策。具体到决策过程，决策系统周而复始的生命力来源于系统在反馈环中不断应对环境压力的能力。所以，当“要求”和“支持”自输入端进入决策系统并转化成“决议”和“行动”有待输出时，决策的输出端理应承载着检验和校正的安全阀功能，若在此处缺少权力制约监督的制度设计，也就丧失了防止自利性转化为实体性不当利益的最后一道防线。具体到我国的决策体制中，首先是决策合法化环节的过度简化与缺乏刚性。以原国家药监局局长郑筱萸的腐败案为例，虽有“三重一大”的党内制度约束，但郑筱萸仍然可以在未经局党组和局务会议集体讨论、未上报国务院的前提下，擅自启动“全国范围统一换发药品生产文号专项工作”并修改药品审核标准。这一案例暴露的正是政策输出环节刚性约束机制的缺失。其次，决策评估环节重体系内评估、轻社会公众参与，评估内容与指标设计中重形式合理和程序规范、轻公共性的实质审查，引导决策权主体更注重“对上负责”，没有动力回应公共需求，尤其是对披着合法性外衣的决策腐败行为，现有评估机制难以发挥应有的甄别和诊断功能。最后，我国《行政诉讼法》将抽象行政行为排除在受案范围之外，导致社会公众对绝大部分的不当决策投诉无门，因决策腐败受到侵害的公共利益没有实现救济的制度化渠道，公众也就无法借由行政系统以外的力量将公共利益的诉求反馈给决策系统并迫使其及时加以纠正，偏离了公共利益目标的决策腐败行为因此得以持续运行。

四、基于决策过程控制的腐败治理

决策是由多个环节构成的过程，起于社会问题进入公共决策议程，继而进入决策方案设计，再而进行决策方案选择。新制度主义认为“制度形塑行为”，对决策腐败行为的控制要从决策制度的合理设计入手。上述引入制度变量对决策腐败进行的系统分析显示，决策权运行过程中权力制约监督机制的种种缺失为自利性转化为现实的不当利益营造了必要的制度空间。因此，所谓决策权的过程控制，就是以公共利益为导向，建立健全与决策各环节相匹配的权力制约监督结构与运行机制，一方面使决策权的制约监督形成环环相扣的完整链带，尽可能挤压自利性实现的制度空间，更重要的是要为公共利益输入到决策系统进而体现在决策结果中创设制度化的渠道，使决策结果不断逼近公共利益最大化的目标。

（一）完善公共利益表达机制，遏制利益集团控制公共决策议程

在议程设置环节偏离公共利益选择有利于自身利益的议题是决策腐败的起点，相应地，在这一环节用制度保障公共利益表达就是治理决策腐败的开端。在20世纪80年代中期，我国提出了决策民主化的主张，但相关的配套制度建设一直将重点放在不同身份的决策参与者在方案设计和选择过程中扮演怎样的角色，而“将问题变成议题并输入决策系统”的权力依然集中在公权力主体手中。社会公众要依赖自身力量引起权力主体的关注，要么通过信访模式，要么通过外压模式。前者对议程设置的有效影响具有极大的偶然性，后者存在沦为群体性事件的风险且动用和耗费的成本极高，所以，在当前背景下两种模式都不宜成为公共利益影响议程设置的主要模式。随着大众传媒的发展，特别是“出现具有公共性、开放性、交互性、多元性、瞬时性的网络媒体后，公众议程的设置逻辑也开始发生变化”，社会公众要有效影响议程设置就应当以成熟的媒体或社会组织为中介。为此，一方面，应尽快培育具有较高公信力的大众媒体和社会组织，使其成为各种利益表达和辩论的公共空间，并通过与政府决策前置的民意调研机制对接，使决策主体从民众关心的议题中提炼公共议题成为可能；另一方面，应进一步规范利益集团的利益表达机制，通过完善公职人员的回避制度、财产申报制度、经商兼职等行为限制制度，屏蔽强势利益集团与决策权力主体的合谋。两个方面合力才能真正在议题的选择上突出“着力解决经济社会发展中涉及全局和人民群众关注的重点问题”。

（二）健全决策方案设计的公共利益整合机制，防止私人利益非法进入

决策方案设计的过程是将不同个体或群体的意愿聚合成集体决策的过程，这种聚合是“通过制度形成新的理念、重新界定个人偏好”，它是利益诉求的重新塑造，而不是简单的删选和叠加。因此，决策备选方案理应是在多元利益主体共同协商、民主沟通的过程中形成的。事实上，决策的科学化、民主化、法治化是确保决策公共性的必然要求，也是应当贯彻决策过程始终的动态要求，任何一个环节的缺失都可能为决策腐败留出空间，终将危及决策公共性的实现。公共政策听证制度是公共决策科学化、民主化的重要举措，但要在实践中不断改革和完善。首先，要将听证前移至方案设计环节。

若听证只是对既定方案进行非此即彼的选择，显然不足以表达参与主体的利益诉求，听证也难免流于“听而不证”的形式。要让听证成为不同利益群体理性辩论的平台，通过对话“改变、修正和明确政治过程参与者的各种信仰与偏好”，最终达成对公共利益的共识。其次，对听证代表的遴选应突出“交往资质”和多元性。现有行政决策听证会的参加者主要是以推选或者自愿报名抽签的方式产生，未考虑到听证代表是否具有“在交往关系的意义背景下对规则的反思并论辩的资质”，对其代表性的保证也缺乏完备的程序保证。应按照“交往资质”的要求明确遴选标准，确保听证代表具备为相关群体表达利益并进行利益博弈的能力；并按照“横向抗辩”的要求设计遴选方法，让每一方利益的表达都有对立面的牵制，确保方案设计的过程不易被单方意见主导。

（三）决策方案选择过程充分运用民主议决机制

公共决策以有限资源为边界条件，所以在方案选择中“不同的价值之间冲突实所难免，即使是出于善意或公心的目的以及具体诉求，相互之间也有抵牾之处，需要适当的权衡和调整”。能否在利益权衡后选择更益于实现公共利益的方案，既取决于选择的主体，也取决于选择的方式。就主体而言，由多元利益主体参与的议决机制在遏制决策腐败方面显然优于公权力主体擅自决定的机制。在决策腐败严重蔓延的背景下，应充分发挥各级人大审议备案等现有制度的作用，为不同利益的表达和博弈提供平等可及的制度化平台，形成以公共利益为导向的校验机制，在决策出台之前特别是决策的合法化环节对可能的决策腐败行为进行甄别和矫正，确保并激励决策权集中高效地为实现公共利益而运作。就方式而言，中立、客观、有效率的议决程序设计是促进每个决策参与主体维护和争取正当权益、确保决策公共性的可靠路径。对比被孙中山视为民权基石的“罗伯特议事规则”，现有的强调“少数服从多数”的议决程序设计亟待在以下细节加以完善：一是明确区分“一把手”作为议决参与者和主持人的权利，方案一旦提交会议讨论，“一把手”要么作为参与者与其他参会人员享有平等的发言和表决权利，要么作为主持人仅履行分配发言权等与会议相关的程序性权利，在会议中尽可能回避发表自己的意见或在参会人员发言辩论后再表明自己的态度，避免议决过程中“一把手”左右其他参会人员的理性选择。二是细化表决的程序规范，既要严格实行“法定人数生效原则”，明确规定出席者在没有达到法定人数的情况下作出的表决没有效力；也要灵活运用“多数票决定原则”，降低强势利益集团将集团意志强加于公共利益的风险。

公共决策的科学化、民主化和法治化是社会进步的重要保障，而决策腐败必然将其全面颠覆，给公共治理造成巨大危害，给公共利益带来严重损失。可以说，廉洁决策是决策科学化、民主化和法治化的底线要求和基本前提。党政部门“一把手”的主要职责是决策，“一把手”腐败现象易发多发，反映了我国现行制度中对决策腐败控制的缺失，有效控制决策腐败对于解决“一把手”腐败问题意义重大。基于决策过程控制的腐败治理也是我国现行体制下监督“一把手”的有效路径。“一把手”的领导地位决定了对其进行监督的难度，而从控制决策过程切入，将对领导(人)的监督转换为对决策(事)的监督，从而论“事”不论“人”，这对于规避领导人的权威地位给监督带来的负面影响无疑具有重要意义。

（作者：陈国权系浙江大学公共管理学院教授、博士生导师）

（选自《浙江大学学报》2012 年第 2 期）

互联网背景下
影响制度反腐体系形成的要因分析

孔繁玲

网络反腐与制度反腐是“天然盟友”，这已成为中国学术界乃至全社会的共识。然而，应沿着怎样的路径促进网络反腐有效地融入制度反腐，从而推动中国反腐倡廉建设达到一个新的高度，是值得深思的一个重大的现实问题。从系统理论角度出发，运用交叉研究方法，创建网络反腐与制度反腐复合研究框架来探讨互联网背景下制度反腐体系构建模式，对于回应这一问题将具有实用性价值。然而，正处于转型期的中国社会存在着多种社会矛盾与冲突，借助网络反腐建立健全制度反腐体系尚存在多种错综复杂的阻力因素。要对这些因素追根溯源，必须坚守客观性原则才能对其作出科学分析与判断。为此，本文以网络反腐实例为蓝本，采用实例分析和理论探讨相结合的方法，分析这些因素对制度反腐体系建设的危害性，并通过其外在表现挖掘其内在根源，以便为这一体系模式构建的后续研究提供更富有理论价值与实践意义的参考。

一、根基性影响因子权力反腐失衡

在廉政理论视野下，权力反腐与权利反腐相结合是推动制度反腐创新的重要基础。然而，由于种种原因，当前的权利反腐尚属稀缺性制度资源。网络反腐的崛起使众多网民成为“维权人”，由此，许多学者断言，“网络权利反腐时代已经到来”。但是，网络权利反腐在现实中仍然处于弱势地位，这种局面若不改变，将有损于互联网背景下制度反腐体系建设之基。

1. 实际例证：网络权利反腐的消沉

2006 年以来，某市纪委书记经常关注网络舆论，他发现有些网帖记录着检举腐败的信息。为了取得网民信任，他在网络论坛上实名注册，公开自己的真实身份，表示愿意接受网络举报。从此，网络成为他业余时间的办公室，每天晚上都要直接受理多个网络反腐举报。为了鼓励民众参与网络反腐，该市纪委颁布了《关于建立网络反腐倡廉工作机制的暂行办法》，利用“红网论坛”创建了“网络反腐中心”，并与该市监察局联合创立了“廉政网”，设立举报信箱，而且向社会公开承诺：从网络投诉之日起，受理期限不超过 3 天，公布调查结果期限不超 3 个月，凡是受理的网络投诉都会公布处理意见。例如，该市管辖的某县下属乡镇的一个村委会收支不公开，不搞全村水利维修，却擅自组织党员干部半公费旅游，引起村民强烈不满，村民委托网友给市纪委发帖举报。这位纪委书记接到举报信息两天后组织调查,两个月后该市“廉政网”通报了处理结果。来自基层的投诉能够如此迅速地直达市纪委书记并得到回应出乎村民意料,村民们开始相信网络可为“草根”说话,为此有的村民经常跑网吧学习发帖。在这位纪委书记的主持下，该市粮食局长、质监局质监处处长、人大副主任等多名官员被网民“拉下马”,“超生妇女主任”、“城管暴力执法”、“村干部贿选”、“村路豆腐渣工程”等多起“窝案”、“串案”被网络曝光，并得到及时处理。在网络舆情的冲击下，当地许多部门主要领导告诫其下属要注意行政作风，否则随时都可能被挂到网上，并指定专门人员每天都要上网查看有无本部门投诉并及时回复。然而，在该市网络反腐热潮迭起之时，这位纪委书记却被调到异地其他岗位工作。此后一段时间，该市网络反腐一度呈现出低迷状态。

2．实例分析：网络权利反腐过度倚重权力反腐

上述这位纪委书记主动将网络举报纳入自己的工作职责范围，用实际行动赢得当地网民信任与响应，产生了权力反腐与网络权利反腐的协同效应，使当地网络权利反腐取得了良好绩效。但是，当这位纪委书记调离后，当地网民的反腐败热情急剧下降，网络权利反腐一度趋向消沉。面对这种局面，不禁令人产生疑问：当地网络权利反腐的主要支柱是什么？是这位纪委书记制定的“暂行办法”，还是其手中掌握的权力？值得肯定的是，这个“暂行办法”在实践中发挥了很大的积极作用，可它仅是政府办公的一般性临时文件，不属于制度范畴，不可能充分地产生反腐制度的强制性和诱致性效应。即使形成一种机制，也是简易性的，不可能具有深度的作用。同时,这个“暂行办法”沿袭了传统的行政方式，仅制定了权力反腐部门如何接受和处理网络举报方面的要则，而未作出保障网民有效行使反腐权利的规定。这种单向的网络反腐管理机制易使网民在权力反腐部门工作发生非连续性变化时不知所措、甚至丧失信心，因此，这个“暂行办法”在当地网络权利反腐中难以产生制度功效。影响当地网络权利反腐作用力下降的真正因素是网络权利反腐过度倚重权力反腐所致。

在当前的网络反腐实践中，越来越多的政府官员主动接受网络举报。例如，江苏省宿迁市委书记、江西省 72 名县委书记和县长开通博客，河南省新密市委书记、江西省万安县纪委书记等公开了个人 QQ 号。目前，中国已有 21 个省纪检部门建立了专门的举报网站，而且山东省纪委还与山东新闻网等单位联合开通了“山东纪委书记在线”，17 个市纪委书记按时轮流做客“纪委书记在线”演播大厅与网民在线交流。应该承认，权力反腐机构为网络权利反腐提供渠道是十分必要的，但通过实际调研可以发现,这些举措的重点是受理网民投诉,而不是帮助网民增强反腐的自治性实力，其实质仍然是权力反腐支配网络权利反腐。如果这种倾向得不到改变，将难以扭转网络权利反腐的弱势地位。

3．理论分析：网络权利反腐消沉将加大制度反腐“短板”

强调网络权力反腐不能依附于权利反腐并不是否定权力反腐的功效，而是主张权力在反腐中的运用要适当。如果片面注重加大权力反腐力度,而忽视引导网络权利反腐能力的提高,那么权力反腐就可能产生扩张性，压缩网络权利反腐力量的成长空间，使网民的权利仅限于传递举报信息，网络权利反腐成为权力反腐的辅助,这就加剧了网络权利反腐的被动性。“一

切有权力的人都容易滥用权力，这是万古不易的一条经验。”在中国转型期，权力反腐至少存在着难以预料的两种变数：一方面，权力反腐容易“演变为靠掌权者即领导人的讲话、报告、批示或上级机关的督促来推动反腐败工作，一个地方或一个部门领导人的更换或领导人的看法和注意力的改变”，都可能使网络权利反腐陷入低谷；另一方面，权力反腐存在着被异化为权力腐败的可能。在这种情形下，网络“举报者主动站上PK台，所面临的便是一场危险的对决，双方根本不在一个量级上，他们所面临的危险来自已知和潜在的各个方面”。这会使网络权利反腐很容易受到创伤、甚至遭到折戟沉沙的打击。“当下腐败滋生蔓延，易发多发，实质在于权力结构出了问题，从权力反腐过渡到制度，必须与公众的权利反腐相结合，才能跳出反腐败的周期困境。”同理，权力反腐与网络权利反腐只有形成既相互独立又相互合作的治理模式，才能产生良好的制度反腐势能。从现代治理理论视角而言，反腐机构的重要职责不仅在于处理网络反腐案件，更重要的是建立具有网民自治意义的引导机制，帮助网络权利反腐群体提高抗击各种干扰的自控能力与自主能力，使权力反腐机构与网民之间形成合理的指导与被指导关系。否则，权力反腐与网络权利反腐难以共同举起制度反腐利剑，产生厚积薄发的制度反腐效应。

二、根源性影响因子：法制反腐失控

互联网“在信息交流上空前的开放性、互动性所带来的自由与平等感，使其与人类的民主化理想产生了天然的联系”。由此，越来越多的网民积极表达政治意愿、参与政治事务。然而，这些网络民主的践行者并非一帆风顺，在有些情况下因受到干扰而陷入困境。长此以往，网络民主将逐渐趋向枯萎，制度反腐体系建设将失去新的动力源。

1. 实际例证：法制天平的倾斜

2009年，某县农民（在外地打工）听说老家新任县委书记提出开发“七夕文化”战略，要投资14亿筹建25个“七夕工程”。他发表一系列网帖，以犀利的语言给予强烈抨击。他认为，家乡是国家重点扶持的贫困县，当务之急是改善民生，耗费巨资兴建“牛郎织女乡”是劳民伤财、官商勾结的“形象工程”。为此，他发布网帖“某县靠美女招商引资——×××是个吃软饭的县伪书记”，而这个网帖也令他身陷囹圄。这位县委书记和一位副县长向当地公安机关报案，指控他“侮辱诽谤”。2010年初，当地公安局正、副局长亲自带领八名干警，专程赶赴他在外地的临时租住房将其带走，并处以行政拘留八天。令人感到奇怪的是，他竟被提前一天释放，并被要求发帖，“我对公安局行政拘留无异议，在网上发帖对他人侮辱、诽谤表示道歉”。更出乎意料的是，当地警方不久宣布撤销对该网民行政拘留的决定，向其赔礼道歉并予以国家赔偿，而且追究了相关人员的法律责任。同时，当地县委与政府还发表了向该网民及社会公开道歉的声明。后经记者采访才知道，该事件之所以迅速逆转主要得益于两个因素：其一是网络救赎。在一次被押送审讯途中，该网民用藏在内衣中的手机拨通一位网友电话，请其代向中纪委求救。尽管手机随后被收缴，但他已经向五家媒体发出了求救信，由此，网络声援不断放大。其二是特殊的政治背景。当时正值全国“两会”期间，网络舆论使这个事件引起了代表们的关注。当地领导因在北京参加会议时被记者采访后，才致电当地相关部门重新复核此案，该网民因此得以释放。

2. 实例分析：法制失控威胁网络民主生存

在部分“惠民工程”不断被演变成耗资巨

大的“政绩工程”的背景下，该网民作为普通公民关心家乡建设、质疑家乡“七夕工程”无可厚非，理应属于正当行使网络民主权利。然而，为什么他会遭到异地抓捕？为什么这个事件的平反竟是来自“上级命令”，而这个“上级命令”又为什么是来自网络舆论和“两会”的压力、而不是法律救赎或正常的执法程序呢？对这些问题的回答可以概括为地方反腐败法制化建设的偏颇。首先，对该网民的异地抓捕属于非法执法。异地抓捕不仅要求警察身着警服、出示逮捕证，而且必须有抓捕地警方人员陪同，否则，警方无权异地抓捕他人。而警方异地抓捕该网民时并不具备这些条件。其次，该网民是地方“权大于法”的受害者。当地警方不是依法律程序拘捕嫌疑人，而是因为“官告民”而超越法律程序抓人；不是依法律规定释放嫌疑人，而是服从上级命令放人；“诽谤罪”是否成立不是由法律来裁定，而是由“权力”说了算。虽然该网民已经重获自由，但是，据记者跟踪调查，涉嫌干预司法公正的政府官员并未得到严肃查处，而是调到异地继续做官。正因为如此，该网民曾经忧心忡忡地对记者说以后不会再采取在网络上以公开的方式批评政府了。可见，法制反腐失控严重损伤了网民问政的意愿与勇气。

该网民“因帖获罪”绝不是孤例。近年来，政府官员干预司法机关办案、网络举报人身陷囹圄的事件并不少见。例如，在沪工作的河南灵宝网民因发帖“河南灵宝老农的抗旱绝招”，举报家乡所在地政府违法征地问题，遭到家乡警方跨省追捕；河南临颍网民因发帖“大屈村委换届选举不公开唱票”，控诉乡干部插手此事“黑幕”而被拘留；宁夏吴忠市网民因多次发帖举报“官二代”在公务员考试中舞弊，不仅被“跨省抓捕”，而且遭到刑讯逼供等等。这些案件处理过程几乎形成一个模式：“先是由警方追究‘诽谤者’，然后激起媒体与公众共鸣不平，最后是警方或撤案，或道歉，或赔偿，为‘诽谤者’洗刷‘罪名’，直至追究办案者责任。”诚然，网民“公开批评势必影响地方政府、尤其是直接责任官员的声誉和利益，所以一些官员就会利用手中的权力，甚至动用国家机器来限制和剥夺公民自由批评的权利。”对网民的质疑不作出正面回应，“未查清事实真相，就对公民采取强制措施与审判，这不排除背后是受‘问题’官员的权力驱使，把‘诽谤’当成掩盖官员腐败真相、打击报复异己者的幌子”，使冲在网络反腐前列的问政者受到不公正待遇，挫伤网民反腐败的锐气。

3. 理论分析：网络民主受挫将错失制度反腐创新良机

网络民主的自发性、民间性、直接性可为制度反腐体系建设提供新的思路与手段。过去，网民反映的问题大多是个人权利受到侵害，属于个人申诉。现在，大多数网民不再限于个人诉求，而是关注公共利益乃至地方、国家大事，开始步入网络问政领域，这是网络民主增量进步的标志。在这个过程中，无论是网民为了个人利益行使申辩权和陈述权，还是为了公共利益行使知情权、参与权和监督权，都会使大量的腐败行为被网络曝光。这对于制度反腐体系建设而言，不仅补充了迫切需求的民众力量，也为反腐制度设计、执行与监督提供了良机。但网络民主并非完美，它存在许多内在的局限性，如非理性的网络舆论或网络表达会使一些社会矛盾升级、问题复杂化、时局失稳等。这意味着网络民主推动制度反腐建设必须依靠坚实的法治基础，需要用公平与正义的法治精神维护网络反腐言论自由的秩序性，使网民在行使民主权利时切勿超越法律警戒线，从而促使网络空间形成动态的稳定有序格局，而不是强行“封口”、“删帖”或“抓人”，采取以“堵”为主的手段，使网络空间变成凝固的静态稳定局面。在网络民主法治化过程中，若过分追求网络民主而忽视法律约束，有可能会产生多数人的暴政；反之，若过度推崇法制效力而轻视网络民主作用，就有可能形成束缚网民的桎梏。如果把真实的举报信息中混杂的发牢骚、发泄不满、排解郁闷、冷嘲热讽等非理性言论与网络谣言、网络恐吓等混为一谈，不加区别地运用法制手段处理，或者实施带有权力干预或授意色彩的强行执法，失控的法制将有可能演变成打击和压制网络民主的专政工具，网民行使知情权、参与权、监督权的主动性和积极性将因此衰退，从而难以为互联网背景下制度反腐体系建设注入新的生机与活力。

三、根本性影响因子：防腐体制失调

防腐体制是指以预防腐败管理职责权限划分为基础而设置的组织机构、运作体系以及各种法律制度规范的总称。防腐体制是协调网络反腐与制度反腐相互融合及其相互协调发展的制度保证，也是互联网背景下制度反腐体系丰富与完善的孵化器。假若防腐体制失调，将对网络反腐产生排斥反应，有害于互联网背景下制度反腐体系建设的根本。

1．实际例证：防腐体制的非兼容性

2009年初，某省的一个县警方对外宣称，一位在押的农民与狱友玩“躲猫猫”游戏时意外死亡。这种“无厘头”式的说法引发了强烈的网络质疑。该省省委宣传部为了满足民众知情权，从上千报名者中选定八位（多数是互不相识的外地人）作为网民代表，组成网民调查团，并选派三名记者和四名懂法者参与其中。为保障网络调查团的自主性，省委宣传部不参与调查。调查过程按照计划展开：先请当地警方介绍事件经过，在此当地警方仍然强调当地看守所无过失；然后参观死者出事的监舍，查看死者拘留时的体检表、医学死亡证明及民警对死者生前的询问记录，对此网民调查团未发现疑点。最后，网民调查团提出查看出事现场的监控录像，但被拒绝，理由是出事地点未安装录像设备，并强调监控录像属于保密范围，不能对外播放。此外，网民调查团要求询问事发现场在押人员目击者和肇事者，也被拒绝，理由是对办案侦查和看守管理不利。虽然调查过程尚存在许多未尽事宜，但是，网民调查团成员还是将调查情况在网上发布。网民对其调查结果议论纷纷，甚至怀疑网民调查团是在“作秀”。质疑“躲猫猫”事件的网络舆论不断升级，引起最高检察院关注此事，派专员赶赴事发地指导办案，并很快查清案件事实。当地警方在新闻发布会上承认，死者生前曾被同监舍“牢头狱霸”以各种借口多次殴打，使其头部和胸部多处受伤。死者遇难过程是其狱友以玩游戏为名将其眼睛蒙上，然后进行凶狠的群殴，致使其头部撞墙后倒地昏迷，经医院抢救无效死亡。经法医尸检鉴定，死者因多次遭受钝性外力打击致严重颅脑损伤而死亡。至此，“躲猫猫”事件的“意外死亡”之说得以终结，原来是犯罪嫌疑人为逃避罪责而共谋编造的虚假“事实”。

2．实例分析：防腐体制失调困扰网络反腐

该省省委宣传部从引导网络舆论角度，以组织网民调查团的形式帮助网民通过其代表将视线深入到案发现场，以获取第一手信息，这种普通公民介入案件调查的举措不仅是中国反腐败历史中的首创，而且对于探讨互联网背景下制度反腐体系建设的理论研究与实践探索具有创新性启示。然而，网民调查团的结果却出乎网民意料，可谓收效甚微。网络调查团的失

败使网民产生了种种猜测。从网民调查团应有的保障机制分析，其受阻主要有两点原因：其一，网民调查团合法性受到司法体制挑战。依照中国的法律程序，司法部门处理的案件受到质疑时，应由第三方人民代表大会针对其具体问题需要，提议组织专门的调查委员会并授以全权质询资格，即有资格要求司法部门释疑任何相关问题以及对事件关键性问题重新进行调查核实，并对违纪司法人员具有弹劾权、罢免权。而网民调查团属于临时性志愿组织，并未获得当地人大的支持或授权，深入现场调查必然会受到"合法性"限制，只能得到当地警方的"有限"配合。其二，警情通报体制封闭。在许多场合下"出于保密和政治需要，或是为了维护部门的利益和政府的形象，警情只是少数人知道的秘密"。显而易见，网民调查团仅能凭借自身道德水准和经验常识推理来质疑警方的种种说法，以此作为依据进入现场调查就不可避免地要陷于被动。

近年来，网络反腐遭遇"尴尬"的事例并非仅网民调查团一例。例如，民间网站"中国举报网"刚一成立，便以个人无权受理公民举报及核实举报内容为由遭到关闭；"中国百姓喉舌网"创办人、站长因投身网络反腐，拍照的相机被砸、妻子胳膊被打伤，险遭"非法传唤"，在没有得到任何通知情况下其网站被封；"女检察长开豪车盖豪楼"事件被网民用大量事实"狂轰"以后，得到的回应却是"女检察长开豪车盖豪楼与事实不符"。这种就事论事的结论具有明显的敷衍网民乃至社会的意味，令网民极其不满。闻名全国的"局长日记"作者、广西烟草专卖局销售处原处长韩峰曾付出20万重金买"删帖"，以此愚弄网民、掩盖罪恶。凡此种种事例令人反思，网络调查团未能收获真实信息，其过错在于当地人大未出面支持吗？民间网站被封、女检察长事件未"掘地三尺"、问题官员买"删帖"完全在于司法不当吗？经过深入分析可发现，其答案是否定的。如果说这些错误成立，那么这些错误源于中国现行防腐体制未能对网络反腐的受理职责范围与权限作出明确的安排，问题出在防腐体制调整与改革远远滞后于网络反腐发展的需要上。

3．理论分析：网络反腐受困使制度反腐瓶颈难破

尽管中国各级政府已经公开承认网络反腐的存在价值，但是，网络反腐并没有融入现行防腐体制之中，迄今仍然处于游离状态。中国现行的反腐权力机构主要包括纪委、检察院、公安、人大、政协等，这些机构都分别设立了信访办公室，党政机关内部还有举报机制。对于网络反腐而言，由于权力反腐机构职责范围划分不清，导致网民重复举报，反腐机构重复受理，因此产生了一拥而上、多头办案的冲突；由于权力反腐机构权限界定模糊，有时会产生互相推诿"踢皮球"现象，甚至网络举报案件无人问津，形成没有任何反馈的行政"黑洞"。更严重的是，"中国纪检和检察机关在领导体制上面临共同的困境：监督者处于被监督者的领导之下。"这些反腐机构仅在业务方面隶属各自的上级部门，在人、财、物方面都不同程度地受制于地方党委或政府的决定。这种受双重领导的反腐机构在发挥职能作用时，呈现出以横向领导为主、纵向领导为辅的倾向，因而有些地方权力反腐机构履行公务时，要调查哪个腐败案件、查到什么程度，都要受到地方同级党委、政府决定及其领导建议的影响。在处理网络反腐案件时，一旦权力介入，有些地方权力反腐部门不作为、乱作为的现象便随之发生，

或者采取“鸵鸟政策”逃避现实，有意识地纵容腐败，或者公开包庇腐败，肆意降低腐败门槛，使地方权力反腐机构的公正性（参见2010年12月29日中华人民共和国国务院新闻办公室发布的《中国的反腐败和廉政建设》白皮书）大打折扣。此外，有些反腐机构如纪委不具备拘捕权、扣留权、特殊侦查权，如果所办理的案件涉及违法问题，需要移交到司法部门处理，这在无形中要扩大案情接触面，增大举报者风险。这正是有些网络举报者宁愿在大众论坛中发布揭露腐败的信息，也不愿意到官方网站投诉的缘故。如果防腐体制改革在容纳网络反腐方面没有大的突破，长期低位徘徊，那么保护和约束网络反腐发展的法律体系就难以得到合理完善，一些网络维权者、网络申诉者、网络问政者遭遇挫折、蒙受冤屈就在所难免，网络反腐也将无法有效地辅助制度反腐。

综上所述，“网络反腐是时代进步的必然产物，是信息条件下推动社会建设的鲜明标志，是不可逆转的趋势与潮流，只可重视而不能忽视，只可利用而不能排斥。”只有及时地辨别并排除网络反腐发展的多重阻力，才能为网络反腐持续发展奠定坚实的基础，才能使网络反腐在制度反腐体系建设中产生强大的推动力。必须说明的是，一些以网络反腐为名来掩盖其违法犯罪之实的卑劣行径不属于网络反腐范畴，需要采取法制手段加以制止，我们必须将两者严格区别开来，不能因此排斥或削弱网络反腐的作用。我们期待，随着网络法治建设的不断推进，网络反腐必将产生更多、更大的制度反腐功效。

（作者：华南农业大学公共管理学院教授、硕士生导师）

（选自《学习与探索》2012年第12期）

九十年来中国共产党推进反腐倡廉建设科学化的八大战略转向

郝俊杰

中国共产党成立以来，历经了90个春秋。不论是战争与革命年代，还是和平和发展时期，党始终心怀忧患意识，强调自身建设。尤其是在拒腐防变、保持党的先进性方面进行了艰苦的探索：认真总结反腐败实践中的经验和教训，及时调整和创新反腐败的思路和手段，实现了反腐败工作的八大战略转向，使党的反腐倡廉建设逐渐步入科学化轨道。

一、由靠领导意志反腐到靠法制建设反腐

从成立到建国初期，中共就先后发出《关于坚决清洗贪污腐化分子的通告》、《中华人民共和国惩治贪污条例》等一系列惩治腐败的文件。但是，在早期惩治腐败过程中，大多带有领导的政治情感和主观判断。如1932年5月9日，中华苏维埃共和国成立后枪毙的第一个贪官——叶坪村苏维埃政府主席谢步升。对谢的处理，时任瑞金县委书记的邓小平表态：这是苏维埃临时中央政府成立以来发生的第一桩腐败案，此风不刹，何以了得！1937年10月，延安发生红军干部黄克功因逼婚不成而枪杀少女刘茜一案，毛泽东针对此案在给边区高等法院院长雷经天的信中明确指出："他犯了不容赦免的大罪。"1952年2月10日，针对天津地委前书记刘青山及书记张子善因盗用公款、贪污挥霍等罪行而被判处死刑，毛泽东指出："正因为他们两人的地位高、功劳大、影响大，所以才要下决心处决他们。"由此可见，建国前后，我党对腐败分子的处理上，深深打着领导干部的主观印记。

改革开放之后，中共深刻地认识到，制度在反腐倡廉建设中起着根本性和决定性作用。邓小平在分析了过去反腐败的历史教训时指出："克服特权现象，要解决思想问题，也要解决制度问题。""制度好可以使坏人无法横行，制度不好可以使好人无法充分做好事，甚至会走向反面"。"廉政建设要作为大事来抓，还是要靠法制，搞法制靠得住些。"这些重要论述对反腐倡廉制度建设具有十分重要的指导作用。实践层面上，中共制定了《关于党内政治生活的若干准则》、《中国共产党纪律处分条例》、《中国共产党党内监督条例（试行）》、《中国共产党党员领导干部廉洁从政若干准则（试行）》等一系列的党内法规，使反腐倡廉建设迈向法制化、规范化轨道。

二、由大搞运动反腐到建立长效机制

中共在建国前后，以运动形式进行反腐倡廉建设曾经取得过巨大的成效。早在1932年3月，中央苏维埃政府成立了检举委员会，提出

"把检举运动造成广大的群众运动"。1941年5月至1945年4月,为了反对主观主义、宗派主义、党八股,以树立马克思主义的正确学风,中共在全党范围开展整风运动。建国初期,又掀起了反贪污、反浪费、反官僚主义的"三反"运动和"五反"运动、"四清"运动。以上运动对保持党性纯洁、抵制贪污腐化思想的侵蚀有着至关重要的作用。但在十年"文化大革命"期间,不恰当地将"以阶级斗争为纲"作为反腐倡廉工作的指导思想,致使在阶级斗争扩大化的"一打三反"运动中相当一批优秀的党员干部遭到打击和迫害。"党规国法及正常的执纪执法程序遭到忽视,很容易形成冤假错案"。显然,靠运动反腐,解决不了根本性的问题,有时还会出现混乱局面,影响到整个社会的稳定和发展。

改革开放之后,中共深刻认识到靠搞群众运动进行反腐倡廉建设的弊端。邓小平认为群众运动往往破坏安定团结的政治局面,使党、政府和人民不能安下心来搞建设。他指出,"我们过去在社会主义改造完成以后,仍然搞这个运动、那个运动,一次运动耽误多少事情,伤害多少人。"他认为实现四个现代化"要有一个安定团结的政治局面。"他强调完善制度,建立反腐倡廉长效机制,才是解决问题的最根本出路。他认为:"领导制度、组织制度问题更带有根本性、全局性、稳定性和长期性。这种制度问题,关系到党和国家是否改变颜色,必须引起全党的高度重视。"他强调"不能采取过去搞政治运动的办法,而要遵循社会主义法制的原则"。1987年10月25日召开的党的十三大明确提出:在党的建设上走出一条不搞政治运动,而靠改革和制度建设的新路子;必须把反腐蚀寓于建设和改革之中。同时,中共积极推行行政审批制度、财政金融管理体制、干部人事制度、监督检查制度以及控告检举制度等各项改革,初步建立起反腐倡廉建设的长效机制,逐步铲除腐败滋生蔓延的土壤和条件。

三、由严厉惩处腐败到注重标本兼治

中共在反腐败过程中,经历了一个由严厉惩处腐败到注重标本兼治的战略转向。一方面,在惩处腐败方面,有人性化的趋势。如1930年3月,我党通过的《政府工作人员惩办条例》规定:凡侵吞公款在300元以上者……,轻则撤职,重则枪决。1933年12月15日,中华苏维埃共和国中央政府发布的《关于惩治贪污浪费行为》的第26号训令规定:利用自己的地位贪污公款在500元以上者……处以死刑。1939年9月,陕甘宁边区政府制定的《惩治贪污条例(草案)》规定:贪污数目在500元以上者,处死刑或五年以上有期徒刑。从1930年到1939年不到10年间,判处死刑的前提条件即从贪污300元,500元必判死刑,到500元可能判死刑,由此可以看出建国前我党对腐败惩处有逐渐放松放宽的趋势。自改革开放以来,因贪污受贿被枪毙的第一个县委书记——王仲,受贿总金额仅6.9万元。2000年7月31日,全国人大常委会原副委员长成克杰被判死刑,受贿赂款物合计达人民币4109万余元。而到2008年4月11日,陈良宇涉案金额数十亿,仅判处有期徒刑十八年。以上案例说明,我党在改革开放后,对公职人员经济类犯罪的还是进行了惩处,但逐渐有减轻或从轻的趋势。

另一方面,党在反腐败过程中,有一个从严惩处,到惩治与预防并重的转折过程。理论层面上,改革开放之初,邓小平曾提出,纠正不正之风应当靠加强法制和社会教育来解决。他认为,中国廉政建设的根本出路在于改革政治、经济体制,发展社会主义民主,健全社会主义法制,使人民群众真正拥有选举、监督、弹劾、罢免党和政府各级领导干部的权力,杜绝腐败现象的滋生。江泽民同志强调"要坚持标本兼治,既要治标,更要治本。坚持教育、法制、监督相结合，坚持预防和惩治相结合”。实践层面上，从十五大起，我党就提出反腐败工作要坚持标本兼治、综合治理，并逐步加大从源头上预防和治理腐败的力度。十六大以来，中央提出要“加强教育，发展民主，健全法制，强化监督，创新体制，把反腐败寓于各项重要政策措施之中，从源头上预防和解决腐败问题”。2005 年中共颁布的《建立健全教育、制度、监督并重的惩治和预防腐败体系实施纲要》，提出了拓展从源头上预防和治理腐败工作领域的要求，标志着我国反腐倡廉工作进入了新的发展阶段。

四、由强调体内反腐到强化体外监督

中共在反腐败方面，经历了一条从党和政府自身反腐败到由异体监督和异体查处的转向。一是同级纪委与党委的监督关系上。1950 年中共中央发出《关于各级党的纪律检查委员会与党委关系的指示》，明确各级纪委是各级党委的一个工作部门，直接在各级党委的领导下进行工作。1982 年党的十二大在理顺党委与纪委关系，健全双重领导体制，增强纪委工作独立性方面取得重大进展：一是改变了各级纪委由同级党委选举产生的做法，规定各级纪委由同级党的代表大会选举产生，纪委的地位获得提高；二是取消双重领导体制中“以同级党委领导为主”的原则，规定“党的地方各级纪律检查委员会在同级党的委员会和上级纪律检查委员会的双重领导下进行工作”。至此，各级纪委的双重领导体制格局基本形成。这种体制下，纪委已不再是党委的一个工作部门，而是一个与其平行的机构，相应地提高了纪委监督的独立性和权威性，使体内监督向体外监督迈进了一步。

从上下级监督的角度来看，中共通过建立巡视制度和改革省级纪委书记提名权和任命权，加强了对地方的垂直监督力度。在 2006 年省级党委换届中，全国十省市纪委书记不是由本地产生或由副书记兼任，而是由中央委派或外地调入，这一举措实际上表明中央掌握了省纪委书记的提名权和任命权，纪委书记的独立性进一步加强。同时，党的十六大提出“建立和完善巡视制度”。2004 年，中央纪委会同中央组织部制定了《巡视工作暂行规定》，正式组建了专门的巡视机构，派出巡视组。由于巡视制度在一定程度上割断了监督者与被监督者的利害关系，有利于取得监督工作的实效和完善党内监督制约机制。另外，在司法实践上，为了避免地区保护主义，自 2001 年 10 月异地审理“慕马案”以来，90%以上的高官腐败案开始实行异地审判。而且，随着国际化步伐的加快，人民民主意识的觉醒，群众反腐已登上历史舞台。近年来，人民群众凭借网络，曝光了湖南“网络反腐第一案”、铁岭 20 个政府副秘书长案、“出国考察门”等大量案件，而且网络反腐以其群众性以及证据的确凿真实性（照片、录象）使腐败分子无处藏身。以上措施，有力地推进了体内监督向体外监督的进程。

五、由着重反腐倡廉到服务经济建设

中共在反腐倡廉建设方面，经历了离开经济建设抓廉政到以经济建设为中心进行廉政建设的转向。上世纪 50 年代末期以后，由于把意识形态与阶级斗争提高到了不适当的位置，甚至提出“以阶级斗争为纲”，并且将廉政建设与抓阶级斗争联系起来以至等同起来，使廉政建设逐渐走向了“以阶级斗争为纲”的歧途。这样，以阶级斗争群众运动的形式进行的廉政建设，严重冲击、影响了经济建设，致使我国在“文化大革命”后期，整个国民经济濒临崩溃的边缘。改革开放以来，以邓小平、江泽民、胡锦涛为核心的党中央，深刻总结我国社会主义建设的历史经验教训，率领全党顺利实现了工作重心的战略转移，把经济建设作为我国社会主义初级阶段的中心任务去抓，形成了“一个中心、两个基本点”的党在社会主义初级阶段的基本路线。邓小平多次强调，社会主义现代化建设是我国当前最大的政治,并再三强调“一切工作都要围绕、服从、服务于经济建设”。江泽民认为，反腐败必须坚持党的基本路线，紧紧围绕经济建设这个中心，为推进改革、建设和发展服务。

六、由权力暗箱运作到权力信息公开

这里的权力信息公开，也就是公权力信息公开，指党务公开、政务公开和公职人员个人事项的公开。公开的目的就是为了便于对权力运行的制约和监督。但任何监督没有党政事务的信息公开，都是不可能的。长期以来，我们曾错误地将党务和政务作为国家机密不予公开，导致权力的暗箱操作，致使腐败丛生和蔓延。对此，党和政府有着深刻的认识。

在党中央和国务院的积极推动下，2007 年 1 月国务院通过了《中华人民共和国政府信息公开条例》，促进了各级政府的政务公开，对方便群众办事、推动群众参政议政发挥了积极作用。2009 年，四川省巴中市白庙乡带头在网上公开财政接受群众监督，透明程度之高，被网友称为“政府全裸第一例”。今年，中央政府开始实施财务公开，并要求省以下各级政府比照执行。而且,各地也在探索政务公开、村务公开,积极打造“透明政府”，为人民群众的监督提供了更加便利的条件。在公职人员个人信息公开方面，1995 年以来，中共先后发布了《关于党政机关县(处)级以上领导干部收入申报的规定》,《关于省部级现职领导干部报告家庭财产的规定（试行)》、《关于领导干部报告个人有关事项的规定》,强化了党和政府预防腐败的力度。2009 年 1 月阿勒泰地区官员财产申报制出台，将官员财产公布于众，使群众对公职人员的监督成为了可能。2012 年 3 月，监察部部长马馼称,我国正在起草“官员财产公示法”的建议稿，对“即将提拔的官员先行先试”。官员财产申报法的出台，将让权力在阳光下运行，使公职人员在众目睽睽之下不能贪，也不敢贪。这必将成为我国反腐倡廉建设中的里程碑。

七、由惩治积极腐败到问责消极腐败

长期以来，由于认识的误区，我党的反腐败工作重心一直放在“积极腐败”上，即针对那些明显触犯法律规范的贪污贿赂型的腐败犯罪行为，而对“消极腐败”却没有给予足够的重视：如部门利益优先、官僚主义作风、铺张浪费的盛行、选用人才上的“任人唯亲”和宗派主义等。但实质上,与“积极腐败”相比,“消极腐败”所造成的损失和危害可能会更大，如近年来深受大家关注的“三公消费”(公车消费、公款吃喝、公款出国）问题，每年挥霍国家财产达万亿以上。有的因官僚主义而造成的决策失误则往往造成大量国有资产流失，严重损害人民群众的利益。而这些问题曾经在很长时间内没有引起足够的重视。还有一些领导干部党性原则不强，奉行好人主义，对班子和干部队伍中一些苗头性、倾向性问题不敢抓、不敢管，对一些违纪违法现象不斗争、不批评、不制止，致使党组织纪律松散、软弱涣散，从某种意义上说，这种消极腐败比积极腐败危害更大，它严重地损害了党在群众中的影响力。

随着反腐斗争的深入，消极腐败的危害逐渐为人们所重视，对消极腐败进行责任追究，开始成为廉政建设的重要内容。治理消极腐败问题，实质是加强勤政和廉政建设，着手治理贪官和庸官，其手段主要采用问责制。因消极腐败中的不作为、乱作为，最终容易导致重大事故或群体性事件的发生。如果出现这些情况，即便相关官员没有贪污、受贿等违纪违法行为，也照样追究责任。我国的官员问责制于 2003 年非典期间启动。包括卫生部部长张文康和北京市市长孟学农两名省部级高官在内的上千名官

员，因隐瞒疫情或防治不力而被查处。非典过后，从中央到地方加快了问责制的推进。到目前为止，中石油总经理马富才、国家环保总局局长解振华、国家质量检验检疫总局局长李长江等一大批官员受到了问责而引咎辞职、被免职或被撤职。问责制的实施，标志着我国反腐倡廉建设向深层次迈进。

八、由单打独斗反腐到加强交流合作

中共在推动反腐倡廉建设进程中，逐渐走出一条由单打独斗、多部门协作到国际合作的路径上来。改革开放以来，我国不断健全监督检查体制，恢复和设立了中央纪律检查委员会、监察部、国家审计署、国家预防腐败局、反贪污贿赂局等反腐败机构，不断加大巡视工作力度，加强对派驻纪检监察组织的管理，注重发挥纪检监察、审计等专门机关的力量，不断加强对领导机关、领导干部的监督，增强权力行使重要领域和关键环节的监管。2010 年 1 月，中纪委、监察部与中组部、公安部、司法部、外交部等多个部门，共同建立了防范违纪违法公职人员外逃工作协调机制部际联席会议制度。一些省（区、市）牵头单位和协办单位制定了联系合作的工作规范。这样，逐渐形成了由纪委专职反腐到多部门协调合作的反腐运行机制，有力地推动了党风廉政建设。

我国各部门协调反腐确实给腐败分子以高压态势，然而，一些贪官为规避风险，通过各种途径逃往国外。几年前，有媒体称，据商务部统计，改革开放以来我国外逃贪官数量约为 4000 人，携走资金约 500 亿美元，人均卷走近 1 亿元人民币。据北京大学李成言教授分析，“这些外逃贪官，在国企，一般是‘一把手’。在政府则多为厅局级以上的官员”。对付贪官外逃，我国必须走国际合作共同反腐之路。2003 年 12 月 10 日，中国政府在墨西哥签署了联合国历史上第一个指导国际反腐的法律文件《联合国反腐败公约》。2005 年 10 月 27 日，十届全国人大常委会审议批准了公约，并组织协调有关部门全面启动公约与我国法律制度相衔接工作，建立健全执法合作、司法协助、人员遣返、涉案资产返还等方面的工作机制。目前，监察部已与 70 多个国家和地区的监察和反腐败机构建立了工作联系。这样，就使我国加大了国际合作反腐败的力度，并取得了显著的成效。2006 年 5 月 23 日，公安部、审计署首次就打击经济犯罪工作联合召开的新闻发布会称，我国外逃的经济犯罪嫌疑人陆续缉捕到位的有 320 人，直接涉案金额近 700 亿元人民币。

结语

共产党的性质和宗旨决定了党和腐败是水火不相容的。从中国共产党成立以来，就认识到拒腐防变、保持党的先进性不仅关系到人心向背，更关系到党的生死存亡，从而与腐败进行着艰苦卓绝的斗争。在与腐败作斗争的过程中，中共取得了丰富的经验，也总结出了深刻的教训，进行了不断的创新和改革，实现了由靠领导意志反腐到靠法制建设反腐、由大搞运动反腐到建立长效机制、由严厉惩处腐败到注重标本兼治、由强调体内反腐到强化体外监督、由着重反腐倡廉到服务经济建设、由权力暗箱运作到权力信息公开、由惩治积极腐败到问责消极腐败、由单打独斗反腐到加强交流合作等八大战略转向，推进了反腐倡廉建设的科学化进程，也为反腐倡廉建设指明了方向。虽然当前反腐败形势还不容乐观，有时还相当严峻，但只要沿着这个方向不断创新和完善，相信我国的反腐倡廉建设将会取得更显著的成效。

（作者：重庆工商大学廉政研究中心研究员）

（选自《理论与改革》2012 年第 4 期）

第九部分

中国思想理论大事记

中国思想理论大事记

（2012）

坚定不移走中国特色社会主义文化发展道路 努力建设社会主义文化强国 1月1日出版的新年第1期《求是》杂志，发表了胡锦涛的文章：《坚定不移走中国特色社会主义文化发展道路，努力建设社会主义文化强国》。这是胡锦涛在党的十七届六中全会第二次全体会议上讲话的一部分。

胡锦涛强调，文化建设是中国特色社会主义事业总体布局的重要组成部分，文化繁荣发展是全面建设小康社会的重要目标。全会通过的决定，全面总结党领导文化建设的成就和经验，深刻分析文化建设面临的形势和任务，在集中全党智慧的基础上，阐述了中国特色社会主义文化发展道路，确立了建设社会主义文化强国的战略目标，提出了新形势下推进文化改革发展的指导思想、重要方针、目标任务、政策举措，是当前和今后一个时期指导我国文化改革发展的纲领性文件。全党要认真学习、深刻领会，共同把全会精神落到实处，为实现全会提出的目标任务而奋斗。第一，深刻认识推进文化改革发展的重要性和紧迫性；第二，坚定不移走中国特色社会主义文化发展道路；第三，以改革创新精神落实好全会提出的各项任务。

《"走基层、转作风、改文风"活动优秀新闻作品第一辑》和《"走基层、转作风、改文风"活动优秀评论和理论文章选辑》出版 1月1日，为展示新闻战线"走基层、转作风、改文风"活动成果，推动广大新闻工作者进一步加强学习交流，提高思想认识，广泛深入开展"走基层、转作风、改文风"活动，中共中央宣传部新闻局组织选编《"走基层、转作风、改文风"活动优秀新闻作品第一辑》和《"走基层、转作风、改文风"活动优秀评论和理论文章选辑》，由学习出版社出版发行。

两书分别收录了"走基层、转作风、改文风"活动开展以来各地各新闻单位刊播的部分优秀新闻作品和评论理论文章。收录的新闻作品采访深入、内容鲜活、文风清新，真实记录了基层一线的火热实践，真实反映了人民群众的意愿呼声；评论和理论文章对"走基层、转作风、改文风"活动的重大理论和实践意义进行了深入思考、深刻剖析，对开展活动提出了很好的思路和办法。

第二十次全国高校党建工作会议在京召开 1月4日，中共中央组织部、中共中央宣传部、中共中央教育部党组在北京召开第二十次全国高等学校党的建设工作会议。习近平在会前会见会议代表并讲话。他强调，高校是教育培养青年人才的重要园地，也是用社会主义核心价值体系武装青年的重要思想阵地。高校党的建设要紧紧围绕培养中国特色社会主义事业合格建设者和可靠接班人这个根本任务，为建设能够培养高质量大学生的社会主义大学提供坚强的思想、政治和组织保证。

习近平指出，教师是人类灵魂的工程师，是青年学生成长的引路人和指导者。他们的思想政治素质和道德情操，对青年学生具有很强的影响力和感染力，在思想传播方面起着十分重要的作用。这就要求我们的高校教师以高度的社会责任感坚持教书育人、为人师表，以良好的思想道德品质给大学生以潜移默化的影响。青年教师作为高校教学的重要力量，与学生沟通互动多，对学生影响很大。要把加强青年教师队伍思想政治建设作为高校党的建设一个重大问题来抓，深入细致地做好青年教师的思想引导工作，加大在青年教师中发展党员的工作力度，优化高校党员队伍结构。

宣传思想文化战线要高举旗帜、围绕大局、服务人民、改革创新　1月4—5日，全国宣传部长会议在北京举行。李长春出席会议并讲话。他强调，宣传思想文化战线要按照高举旗帜、围绕大局、服务人民、改革创新的总要求，坚持中国特色社会主义文化发展道路，坚持贴近实际、贴近生活、贴近群众，紧紧围绕党和国家工作大局，紧紧围绕学习宣传贯彻党的十七届六中全会精神和中央经济工作会议精神，紧紧围绕迎接宣传贯彻党的十八大，着力为稳增长、控物价、调结构、惠民生、抓改革、促和谐，实现稳中求进营造良好的氛围，着力推进社会主义核心价值体系建设，着力巩固壮大积极健康向上的主流思想舆论，着力深入推进文化改革发展，为迎接党的十八大胜利召开，为推动科学发展、促进社会和谐，为夺取全面建设小康社会新胜利、开创中国特色社会主义新局面提供强大思想保证、精神动力、舆论支持和文化条件。

全国新闻出版工作会议召开　1月4日，为进一步深入贯彻党的十七届六中全会和中央经济工作会议精神，学习全国宣传部长会议精神，总结2011年工作，部署2012年任务，全国新闻出版工作会议在京召开。李长春、刘云山、刘延东作出批示，对2011年新闻出版工作给予高度评价，希望新闻出版系统继续高举旗帜，巩固发展思想文化主阵地；深化改革，当好改革创新的排头兵；科学发展，成为文化产业的主力军；强化管理，创造繁荣发展的好环境；更好地服务党和国家工作大局和人民群众精神文化需求，以更加优异的成绩迎接党的十八大胜利召开。

新闻出版总署党组书记、署长、国家版权局局长柳斌杰出席会议并作了题为《落实党的十七届六中全会精神　推动新闻出版业跨越发展》的主题报告。柳斌杰在报告中指出，要用十七届六中全会精神全面推动2012年新闻出版工作；切实加强精品力作的创作和传播；大力推进新闻出版惠民工程的建设；推动新闻出版业跨越式发展；进一步创新新闻出版单位体制机制；开拓国际市场渠道，加快新闻出版“走出去”步伐；进一步提高依法行政水平，加大版权保护力度，坚持不懈地开展“扫黄打非”工作。

“南方谈话”与中国特色社会主义新发展学术研讨会在京举办　1月5日，中国社会科学院马克思主义研究院马克思主义中国化研究部召开"第二届马克思主义中国化学术论坛:'南方谈话'与中国特色社会主义新发展"学术研讨会。2012年是邓小平同志"南方谈话"发表20周年。来自中国社会科学院、中央文献研究室、北京大学、中国人民大学等单位专家学者参加会议。

研讨会上,学者们围绕着"南方谈话"的思想内涵、理论创新、重大意义等展开热烈讨论。大家认为,"南方谈话"深刻总结了中国改革开放的根本经验,极大地解放了人们的思想,标志着中国改革开放和现代化建设事业进入了一个新阶段,对于中国社会主义现代化建设事业具有长远的战略性指导作用;消除了"左"和右的错误思想,坚定了社会主义信念,坚持了社会主义发展道路,保证了改革开放和社会主义现代化建设继续前行;为推进马克思主义中国化,形成和发展包括邓小平理论、"三个代表"重要思想以及科学发展观等重大战略思想在内的中国特色社会主义理论体系奠定了理论基础,为坚持中国特色社会主义道路指明了正确方向。今天,我们纪念"南方谈话"发表20周年与中国特色社会主义新发展,就要继续高举中国特色社会主义伟大旗帜,坚持中国特色社会主义道路和中国特色社会主义理论体系,不断推进马克思主义中国化,向着全面建设小康社会的宏伟目标、向着实现中华民族伟大复兴的光辉前景奋勇前进!

认真履行党和人民赋予的职责 奋发有为地做好宣传思想文化工作 1月6日,中宣部在京召开新任省级党委宣传部长培训会议。刘云山出席会议并讲话,他强调,宣传思想文化工作是我们党的优良传统、政治优势,宣传思想文化战线责任重大、使命光荣。要认真贯彻高举旗帜、围绕大局、服务人民、改革创新的总要求,以对党负责、对人民负责的态度履行职责,以奋发有为、开拓进取的精神开展工作,不断创造新业绩、开创新局面。

刘云山强调,求真务实体现着共产党人的思想作风和党性修养。做好宣传思想文化工作,要坚持从实际出发,弘扬求真务实的精神,脚踏实地,重实际、鼓实劲、求实效。要多做利长远、打基础的工作,保持连续性、稳定性,日积月累、久久为功。对认准的事情,要狠狠地抓、一天不放松地抓,一抓到底、抓出成效,使我们的工作经得起历史、实践和人民的检验。

积极借鉴海外当代中国研究的有益成果 1月6日,中央编译局举行"海外视阈下的当代中国问题研究研讨会暨《海外当代中国研究丛书》新书发布会"。与会者围绕会议主题进行了研讨。会议发布了《海外当代中国研究丛书》(中央编译出版社出版)首批新书,包括《奇迹的建构——海外学者论中国模式》、《增长的迷思——海外学者论中国经济发展》、《民主的长征——海外学者论中国政治发展》、《执政的转型——海外学者论中国共产党的建设》。

与会者认为,深化当代中国问题研究,需要国内学者不懈努力,也需要借用外脑,积极吸收海外学者的研究成果。随着我国综合国力不断增强、国际影响力不断扩大,海外学者对我国的研究也不断深入,取得了众多积极成果。《海外当代中国研究丛书》收录了近年来海外学者关于中国模式、中国经济发展、中国民主政治建设和执政党建设的最新研究成果,视角独特、方法新颖、见解深刻,能为我们开展相关研究提供启示和借鉴。

与会者一致认为,在国际形势发生深刻变化、我国改革开放进入新的发展机遇期这一宏观背景下,系统了解海外理论界关于我国改革发展的路径、成就、前景与挑战等关键问题,对于我们深入研究中国改革发展战略，积极推进我国经济、社会、政治改革与发展，具有十分重要的意义。

教改要在关键环节突破　1月6—7日，2012年全国教育工作会议在京举行。刘延东出席会议并讲话。刘延东强调，要认真贯彻党的十七届六中全会和中央重大决策部署，大力推进社会主义核心价值体系建设，深入实施教育规划纲要，坚持育人为本，着力深化改革，促进教育公平，全面提高质量，奋力开创教育改革发展的新局面，以优异成绩迎接党的十八大胜利召开。

教育部党组书记、部长袁贵仁在会上强调，2012年要不断把教育规划纲要贯彻落实工作推向前进。一是加强改进党建和思想政治工作，着力维护教育系统和谐稳定，把营造和谐稳定的环境作为今年的首要政治任务。二是加强重点领域和薄弱环节，着力推进各级各类教育协调发展。三是深入推进教育体制改革，着力在关键环节取得突破。四是优化配置资源，着力提高教育改革发展保障水平。

袁贵仁要求，当前教育改革发展任务十分繁重，要转变观念，更加注重人民群众关切；要因地制宜，更加注重创造性开展工作；要稳中求进，更加注重防范风险隐患；要改进作风，更加注重深入基层一线；要凝心聚力，更加注重教育宣传工作。

全国金融工作会议在京召开　1月6—7日，全国金融工作会议在北京举行。温家宝出席会议并讲话，他在讲话中系统总结近几年来的金融工作，分析当前金融改革开放发展面临的新形势，对今后一个时期的金融工作作出部署。

温家宝强调，做好新时期的金融工作，要坚持金融服务实体经济的本质要求，牢牢把握发展实体经济这一坚实基础，从多方面采取措施，确保资金投向实体经济，有效解决实体经济融资难、融资贵问题，坚决抑制社会资本脱实向虚、以钱炒钱，防止虚拟经济过度自我循环和膨胀，防止出现产业空心化现象。坚持市场配置金融资源的改革导向，进一步明确政府作用的领域和边界，做到该放的坚决放开、该管的切实管好，激发各类金融市场主体的活力。坚持创新与监管相协调的发展理念，支持金融组织创新、产品和服务模式创新，提高金融市场发展的深度和广度，同时要防止以规避监管为目的和脱离经济发展需要的“创新”。坚持把防范化解风险作为金融工作生命线，加强金融监管和调控能力建设，严厉打击金融犯罪，加强金融机构网络信息安全。坚持自主渐进安全共赢的开放方针，在确保国家经济金融安全的基础上提高金融对外开放水平。

建设创新型国家，夯实企业的创新主体地位　1月7—8日，由中国城市经济学会、清华大学创新型国家战略研究课题组主办的“第四届建设创新型国家大会”在北京国家会议中心召开。本届大会的主题是：破局、增长、共赢。大会主要就国际国内经济格局、美元与人民币的汇率走势、社会管理创新与依法治国理念、中小企业如何确立创新增长等全社会关心的热点焦点问题，从政府层面、学术层面、管理层面、企业层面等进行一一破解与对话，以求寻找到发展的新思维、新模式，实现当今世界形态下中国经济发展的健康与可持续。陈昌智出席大会并在大会上发表讲话。

陈昌智指出，建设创新型国家，夯实企业的创新主体地位是重点。他要求企业家一定要牢记企业创新的主体地位，紧紧将科技创新与企业发展拧成一股绳，努力突破核心技术，拥有自主知识产权，实现自主创新。陈昌智强调，要构筑创新型人才的战略高地。能不能在2020年如期实现创新型国家，关键的关键是人才。因此，全社会要形成尊师重教的良好风气，形成尊重知识分子、尊重科技人才的良好风气。

大会公布了由清华大学国情研究中心发布的《2011建设创新型国家战略报告》。

加强马克思主义理论学科建设，深化思想政治理论课教学 1月8—10日，北京高校中国化马克思主义教学研讨会在京举行。来自北京60多所高校的百余名专家和马克思主义中国化专业理论教师在研讨"加强马克思主义理论学科建设，深化思想政治理论课教学"主题时指出，马克思主义文本教学与研究不能离开社会实践，只有从时代课题入手才能有说服力和感染力，才能推进马克思主义理论学科建设。

与会者认为，高校思想政治理论课教师既承担着教育教学任务，又承担着马克思主义理论学科建设的任务。推进马克思主义中国化、时代化、大众化，需要高校思想政治理论课教师在课程教学中以马克思主义为指导，对教学内容进行深入研究，这样才能达到引领学生学习、提高学生素质的目的。高校应充分认识思想政治理论课在帮助学生树立正确的世界观、人生观、价值观方面的重要作用，高度重视马克思主义理论研究，并及时将研究成果运用于学科建设中。为此，应坚持以学科建设支撑教育教学，以教育教学促进学科建设，使教学与科研相结合。在学科体系建设中，坚持马克思主义指导地位，把中国特色社会主义理论体系贯穿到哲学社会科学各学科中，把社会主义核心价值体系体现到学科建设的方方面面。同时，不断加强教师队伍建设，进一步提高教师素质，引导他们钻研业务、加强修养，用良好的道德形象影响学生，用优良的思想作风带动学生，用高尚的人格力量感染学生；深化教学方法改革，采用多种教学方式帮助学生真正理解党和国家的路线方针政策，增强教育教学的针对性、实效性和吸引力、感染力。

与会者提出，马克思主义理论学科建设要坚持两条腿走路的方针，一是要提高马克思主义理论学科研究水平，二是要加强思想政治理论课的教学，着力培养合格的中国特色社会主义接班人。同时，要将评价马克思主义理论学科建设的程度与是否促进马克思主义理论课教学效果与教学内容的深化相结合。

切实做好保持党的纯洁性各项工作 深入推进党风廉政建设和反腐败斗争 1月8—10日，中国共产党第十七届中央纪律检查委员会第七次全体会议在北京举行。全会审议通过了贺国强代表中央纪委常委会所作的《统一思想认识，加大工作力度，坚定不移将党风廉政建设和反腐败斗争引向深入》的工作报告。胡锦涛出席全会第二次大会并发表了重要讲话。

胡锦涛强调，党风廉政建设和反腐败工作要以邓小平理论和"三个代表"重要思想为指导，深入贯彻落实科学发展观，坚持标本兼治、综合治理、惩防并举、注重预防的方针，严明党的纪律，加强党的作风建设，推进惩治和预防腐败体系建设，着力解决反腐倡廉建设中人民群众反映强烈的突出问题，突出工作重点，狠抓任务落实，以党风廉政建设和反腐败斗争的新成效迎接党的十八大胜利召开。

胡锦涛强调，当前要重点抓好以下工作。第一，加强对中央重大决策部署贯彻落实情况的监督检查，继续抓好贯彻落实党的十七届五中、六中全会精神情况的监督检查，继续开展对中央关于民族地区经济社会发展政策和民族政策落实情况的监督检查，加强对党的政治纪律执行情况的监督检查，保证中央政令畅通。第二，严格执行组织人事工作纪律特别是换届纪律，坚持正确用人导向，贯彻民主集中制，加强对干部选拔任用全过程的监督，提高选人用人公信度，匡正选人用人风气。第三，加强换届后领导班子和领导干部作风建设，引导和督促各级领导班子和领导干部特别是新任职干部树立正确政绩观，更好坚持以人为本、执政为民，努力展示新面貌新形象。第四，按照建立健全惩治和预防腐败体系要求全面推进反腐倡廉各项工作，加强调查研究和科学论证，注重顶层设计和总体规划，建立健全惩治和预防腐败长效机制。第五，继续解决好反腐倡廉建设中人民群众反映强烈的突出问题，抓好专项治理工作，着力在健全长效机制上下功夫，深入治理党员领导干部在廉洁自律方面存在的突出问题，扎实推进基层党风廉政建设。第六，认真总结党风廉政建设和反腐败工作的有益经验，努力把握新形势下反腐倡廉建设的特点、规律、发展趋势，以战略眼光、改革精神、创新思路谋划今后工作。

胡锦涛强调，在新的形势下保持党的纯洁性，要坚持党要管党、从严治党，坚持强化思想理论武装和严格队伍管理相结合、发扬党的优良作风和加强党性修养与党性锻炼相结合、坚决惩治腐败和有效预防腐败相结合、发挥监督作用和严肃党的纪律相结合，不断增强自我净化、自我完善、自我革新、自我提高能力，始终坚持党的性质和宗旨，永葆共产党人政治本色。要大力保持党员、干部思想纯洁，加强思想建设，教育引导广大党员、干部坚定理想信念、坚守共产党人精神家园，认真学习和实践中国特色社会主义理论体系，坚持不懈加强党性修养和党性锻炼，牢固树立正确的世界观、权力观、事业观。要大力保持党员、干部队伍纯洁，把好党员入口关，加强思想上入党教育，选好干部配好班子，加强日常教育管理，建立健全党员党性定期分析制度。要大力保持党员、干部作风纯洁，教育引导党员、干部坚持群众路线，把实现好、维护好、发展好最广大人民根本利益作为检验纯洁性的试金石，坚持奋发向上、百折不挠的精神，弘扬勤俭节约、艰苦奋斗的作风。要大力保持党员、干部清正廉洁，严格执行廉洁自律各项规定，坚决查办腐败案件，加大从源头上防治腐败工作力度，加强警示教育。要大力加强监督和严明纪律，加强党内民主监督，推进党务公开，发挥舆论监督积极作用，严格执行党的纪律。

全国党建研究会五届二次理事会召开 1月9—10日，全国党的建设研究会在北京召开第五届理事会第二次全体会议。

中央组织部副部长、全国党建研究会副会长王秦丰作总结讲话。他表示，2012年是党的十八大召开之年，加强党建研究工作，具有不同寻常的重要意义。要坚持突出主线开展党建研究，确保党建研究会各项工作服从和服务于迎接十八大的各项部署，落实十八大的各项任务；要坚持政治坚定开展党建研究，坚定马克思主义信仰和中国特色社会主义共同理想，同党中央在思想上政治上行动上保持高度一致；要坚持服务大局开展党建研究，围绕深入贯彻落实科学发展观、提高党的建设科学化水平深入开展理论研究；要坚持改革创新开展党建研究，总结提炼新实践新经验，推进党建理论和实践创新；要坚持提升素质开展党建研究，努力培养政治素质过硬、理论水平高、研究能力强的党建研究人才。

扎实深入开展“扫黄打非”工作　为党的十八大胜利召开营造良好文化环境　1月9日，第二十五次全国“扫黄打非”工作电视电话会议在京召开。刘云山出席会议并讲话。他强调，要坚持以邓小平理论和“三个代表”重要思想为指导，深入贯彻落实科学发展观，贯彻落实党的十七届六中全会精神，扎实开展“扫黄打非”工作，坚决打击各种非法出版活动，坚决遏制各类侵权盗版行为，坚决扫除淫秽色情等文化垃圾，着力保护知识产权，着力规范文化传播秩序，促进文化繁荣发展，维护社会和谐稳定，为党的十八大胜利召开营造良好文化环境。

刘云山强调，深入推进“扫黄打非”工作，要坚持打防并举、标本兼治、综合治理，总结运用成功经验，不断创新思路办法，进一步净化社会文化环境。要以日常监管和专项行动为抓手，把事后监管与事先预防结合起来，加强源头治理，严格整治整顿，持续清查清理，努力在打击非法出版活动上取得明显成效，在解决人民群众反映强烈的突出问题上取得明显成效，在遏制侵权盗版行为上取得明显成效。要加强组织领导，加强统筹协调，细化目标任务，落实工作责任。要健全工作网络，加大投入力度，改善工作条件，完善执法体系，切实做到有机构、有队伍、有经费、有装备，为“扫黄打非”工作提供可靠保障。要树立一盘棋思想，加强协同配合，充分发挥相关职能部门作用，发挥社会监督和舆论监督作用，积极探索“扫黄打非”和社会管理综合治理紧密结合的有效办法，群防群治、形成合力，不断提高“扫黄打非”工作水平。

以党风廉政建设和反腐败工作新成效为保持党的纯洁性作出贡献提供保证　1月10日，贺国强出席新任纪委书记、纪检组组长座谈会并讲话，强调要认真学习贯彻十七届中央纪委第七次全会特别是胡锦涛总书记的重要讲话精神，努力提高思想政治素质和履职能力，切实履行好肩负的职责和使命，不断以党风廉政建设和反腐败工作新成效为保持党的纯洁性作出新的贡献、提供有力保证。

贺国强指出，各级纪检监察机关和广大纪检监察干部要认真学习贯彻胡锦涛总书记重要讲话精神，切实把保持党的纯洁性要求贯穿于纪检监察工作全过程和各方面，扎实做好保持党的纯洁性各项工作。要加强反腐倡廉教育，引导党员、干部坚定理想信念、加强党性修养、践行党的宗旨，保持党员、干部思想纯洁；加强对党员、干部行使权力的监督，严肃处理不合格党员，保持党员、干部队伍纯洁；加强和改进作风建设，引导和督促党员、干部坚持党的群众路线、弘扬党的优良作风，保持党员、干部作风纯洁；严格执行党员干部廉洁自律有关规定，加大查办违纪违法案件工作力度，保持党员、干部清正廉洁；加强纪检监察机关自身建设，为深入推进党风廉政建设和反腐败斗争提供坚强组织保证。

贺国强在讲话中对新任纪委书记、纪检组组长提出6点希望和要求：一是增强党性、胸怀全局。二是加强学习、提高本领。三是恪尽职守、秉公执纪。四是求真务实、改革创新。五是发扬民主、增强团结。六是严于律己、清正廉洁。

扎实做好保持党的纯洁性各项工作　全面提高机关党的工作科学化水平　1月11日，中央直属机关党的工作会议在京召开。令计划出席会议并讲话。他强调，中直机关各级党组织要以邓小平理论和“三个代表”重要思想为指导，深入贯彻落实科学发展观，坚持以保持党的纯洁性为重要目标和有力抓手，扎实推进机关党的各项建设，全面提高机关党的工作科学化水平，以优异成绩迎接党的十八大胜利召开。

令计划强调，在刚刚结束的十七届中央纪委七次全会上，胡锦涛总书记深刻阐述了保持党的纯洁性的重要意义，并就做好保持党的纯洁性各项工作提出了明确要求。这是党中央从党和国家事业发展全局出发，着眼于经受“四种考验”、化解“四种危险”提出的重大战略命题。中直机关各级党组织和广大党员干部一定要扎实做好保持党的纯洁性各项工作，始终坚持党的性质和宗旨，永葆共产党人政治本色。在工作中，一要把握大局；二要突出重点；三要注重实效；四要转变作风；五要严格纪律。

努力探索长效机制　推动活动深入开展　1月12日，深化“走基层、转作风、改文风”活动座谈会在京举行，李长春作出重要批示，刘云山出席座谈会并讲话。

李长春在批示中指出，中央重点媒体开展“走基层、转作风、改文风”活动，是推动新闻宣传更加贴近实际、贴近生活、贴近群众的好形式，是新闻宣传的重大创新，受到了全社会广泛赞誉。李长春强调，要努力探索“走转改”的长效机制，新闻战线各级班子、业务骨干要带头“走转改”，从中总结经验，为研究建立长效机制取得第一手资料。宣传思想文化战线各个部门都要结合自己的业务特点，从基层群众的伟大实践中汲取营养，产生“接地气”、“有底气”、“聚人气”的精品力作，把贯彻党的十七届六中全会精神引向深入。

刘云山在讲话中指出，一切有理想、有抱负、有作为的宣传文化工作者都应把“走转改”当作一种理念、一种追求，更加自觉主动地深入基层、深入群众。深化“走转改”活动，要以作风锻炼为根本，弘扬党的宣传思想文化工作优良作风，带着感情、带着理想追求“走转改”，永不割断与人民群众的情感脐带，始终保持对人民群众的赤子情怀，树立和维护宣传文化工作者良好形象。要以多出成果为目标，无论新闻报道还是理论文章、文艺作品都应注重思想含量，从大局着眼、从基层落笔，用基层的生动实践来展示社会进步，用群众的真切感受来说明深刻道理，给人以启迪、给人以教益、给人以力量。要以制度建设为保障，建立完善卓有成效的组织领导机制、工作机制和激励保障机制，推动更多的理论、新闻、文艺、出版工作者到一线、到基层，推动“走转改”活动向深度广度发展，努力实现“走转改”的常态化。当前，要精心组织好今年的“新春走基层”、“送欢乐下基层”等各具特色的活动，努力营造欢乐祥和、喜庆热烈的浓厚节日氛围。

深入推进精神文明建设各项工作　为迎接党的十八大凝聚强大精神力量　1月13日，中央精神文明建设指导委员会召开全体会议，研究部署今年精神文明建设工作。李长春主持会议并讲话。他强调，精神文明建设要认真贯彻落实中央决策部署，按照高举旗帜、围绕大局、服务人民、改革创新的总要求，着力推进社会主义核心价值体系建设，着力加快文化改革发展，着力深化群众性精神文明创建，着力提升公民思想道德素质和社会文明程度，更好地统一思想、凝聚力量，为迎接党的十八大胜利召开，为推动科学发展、促进社会和谐，开创中国特色社会主义事业新局面提供强大思想保证、精神动力和文化条件。

李长春强调，精神文明建设是中国特色社会主义事业的重要组成部分。各级党委和政府要把精神文明建设工作纳入重要议事日程，纳入科学发展考核体系，进一步健全完善党委统一领导、党政群齐抓共管、文明委组织协调、有关部门各负其责、全社会积极参与的领导体制和工作机制，最大限度地动员和凝聚各方面力量参与，不断提高精神文明建设工作科学化水平。要坚持贴近实际、贴近生活、贴近群众，多解决群众反映强烈、社会普遍关注的突出问题，多办得人心、暖人心、稳人心的好事实事，让精神文明建设成果更好地惠及广大人民群众。要深入研究新情况新问题，狠抓薄弱环节，建立长效机制，努力开创精神文明建设工作新局面。

会议指出，2011 年精神文明建设工作紧紧围绕党和国家工作大局，深入贯彻落实科学发展观，以社会主义核心价值体系建设为根本任务，以提高公民思想道德素质和社会文明程度为重要目标，以改革创新为强大动力，扎实工作、开拓进取，保持了积极向上、蓬勃发展的良好态势，为党和国家事业发展作出了重要贡献。

中央文化体制改革和发展工作领导小组召开全体会议 1 月 13 日，中央文化体制改革和发展工作领导小组召开第一次全体会议，深入学习贯彻党的十七届六中全会精神和全国宣传部长会议精神，总结 2011 年文化体制改革和发展工作，部署 2012 年文化体制改革和发展工作，部署落实国家“十二五”时期文化改革发展规划纲要。刘云山主持会议并讲话，刘延东出席会议并讲话。

会议指出，2012 年，要深入贯彻党的十七届六中全会精神，按照胡锦涛总书记“三加快、一加强”的要求，全力抓好国家“十二五”时期文化改革发展规划纲要的组织实施，全力推进文化体制机制改革创新，全力推进文化事业文化产业繁荣发展，以优异成绩迎接党的十八大胜利召开。要抓住机遇、乘势而上，更加自觉更加主动地推动文化改革发展。如期完成既定的阶段性改革任务，不断深化国有文化单位改革。加快推进公共文化服务体系建设，不断提高公共文化服务效能。着力优化布局结构，不断提升文化产业发展的规模化、集约化、专业化水平。创新文化宏观管理体制，以管理促发展、促繁荣，引导文化单位始终把社会效益放在首位，努力实现社会效益和经济效益的有机统一。要抓好组织落实，加强督促检查，确保文化改革发展的各项任务落到实处。

坚定研究、发展与实践马克思主义的方向，以推进马克思主义中国化、时代化和大众化为己任 1 月 14 日，北京大学马克思主义学院、北京大学中国文化发展研究中心等主办的“《北大马克思主义研究》和《北大中国文化研究》出版座谈会”在京举行。与会者围绕这两份刊物的基本定位、主要内容、学术价值等问题进行了研讨。与会者认为，从内容与宗旨上看，两刊物坚定研究、发展与实践马克思主义的方向，以推进马克思主义中国化、时代化和大众化为己任，同时弘扬了中华文化。

与会者认为，在新的历史条件下坚持和发展马克思主义，应将马克思主义文本研究与社会实践结合起来，将经典理论与时代问题结合起来，不断推动马克思主义中国化、时代化、大众化，努力构建科学、完整、严密的马克思主义思想理论体系，科学解读和有效解决当代中国和世界面临的一系列重大理论和实际问题。

与会者指出，每一个国家和民族的文化都有自己的特性和长处，加强不同文化的相互学习和借鉴是文化发展的必要条件。发展社会主义先进文化，应积极开展与世界其他文化的交流和对话，努力实现不同文化形式的交融碰撞、优势互补、综合创新，积极吸收和借鉴其他文化的有益成果。

纵论中国农业和农村的发展道路 1月16日出版的今年第2期《求是》杂志，发表温家宝的文章：《中国农业和农村的发展道路》。

文章系统回顾总结了党的十六大以来农业农村发展取得的巨大成就，重点对农业和农村发展中关于现代农业、新农村建设和城镇化等重大问题的指导思想和政策要求作了深入阐述。

文章指出，做好新形势下的“三农”工作是一篇大文章，既需要具有较高的理论和政策水平，又需要有丰富的实践经验，还要对农民有深厚的感情。从事“三农”工作的同志，要善于把握农业农村发展的客观规律，统筹协调好各方面关系，更加科学有效地推动农业农村发展。

文章分四个部分：一、充分肯定农业农村发展的巨大成就；二、准确把握农业农村发展中的几个重大问题；三、努力确保2012年农业农村发展好势头；四、不断提高做好“三农”工作的能力和水平。

全面落实司法体制改革各项措施 把改革成果更多地惠及人民群众 1月20日，中央司法体制改革领导小组第四次全体会议暨司法体制机制改革第十一次专题汇报会在北京召开，周永康主持会议并讲话，他强调，要深入贯彻中央关于深化司法体制机制改革的决策部署，全面落实已出台的各项改革措施，把改革成果更多地惠及人民群众，以优异成绩迎接党的十八大胜利召开。

周永康强调，2012年是全面实现这一轮司法体制机制改革实际成效的关键一年。从这次到各地督促检查的情况看，各项改革措施要真正落实到基层，还需要做大量艰苦细致的工作。各地各部门要从坚持中国特色社会主义政治发展道路、建设社会主义法治国家的高度，进一步增强责任感、紧迫感，毫不懈怠地做好各项工作。一要抓紧推进未完成的改革事项，牵头单位主要领导要亲自出面推动，及时协调解决存在的问题，争取尽快出台实施意见。二要抓紧把已出台的各项改革措施落实到基层一线，落实到执法司法各环节，确保一一见到实效。三要注意总结经验、加大宣传力度，系统回答“为什么改”、“改了什么”、“为什么这样改”、“效果如何”等社会关注的热点问题，进一步坚定人民群众走中国特色社会主义法治道路的信心和决心。四要加强调查研究，及早谋划今后一个时期的司法体制机制改革，使中国特色社会主义司法制度适应时代的发展进步而不断完善和发展。

以创先争优加强组织的新成绩迎接党的十八大胜利召开 2月7日，中组部召开在创先争优活动中开展基层组织建设年视频会。李源潮指出，要以创先争优为动力，扎扎实实做好基层组织建设年各项工作，以创先争优、加强组织的新成绩迎接党的十八大胜利召开。

李源潮指出，要坚持解难题、办实事，为基层组织解决几个突出问题，留下一些基层组织建设年之后还能长期起作用的成果。每个党支部都要建立一项创先争优长效制度；新建一批非公企业和社会组织党组织；保证流动党员能够有效纳入组织管理、参加党内生活。要加大基层组织建设人力、物力、财力投入，使基层党组织工作有力量、办事有经费、活动有阵地。领导干部要下基层、抓基层、直接联系基层，把基层组织建设年任务落到实处。

推动“走转改”活动持续深入开展　把新闻写在大地上写在人民心坎上　2月7日，刘云山出席中央电视台“新春走基层”活动座谈会并讲话，强调要认真总结经验、完善长效机制，推动“走基层、转作风、改文风”活动持续深入开展，引导新闻工作者把新闻写在大地上、写在人民心坎上，努力使新闻队伍建设取得新的成效，使新闻宣传工作呈现新的气象。

刘云山指出，“新春走基层”是“走转改”活动的一次集中行动，是“走转改”成果的一次集中展示。“走转改”活动启示我们：做一名优秀新闻工作者最根本的是要解决好“为了谁、依靠谁、我是谁”的问题，深刻理解新闻工作者的根基所在、价值所在，更好地肩负起宣传群众、动员群众、服务群众的职责使命。

刘云山强调，“走转改”是创新新闻宣传工作、落实“三贴近”原则的根本举措，要在“走转改”中拓宽报道视野，抓好队伍建设，探索新闻宣传规律，更好地推动中国特色社会主义新闻事业发展。

推进社会管理创新综合试点　从整体上提高社会管理科学化水平　2月7—8日，全国社会管理创新综合试点工作座谈会在北京召开，周永康出席座谈会并讲话。他强调，要深入推进社会管理创新综合试点工作，加强整体规划设计，因地制宜搞好典型培育，积极探索具有中国特色、地方特点、时代特征的社会管理新路子，不断提高社会管理科学化水平。

周永康要求，各地区各部门要按照中央的决策部署，根据大中小城市、县城、乡镇、农村的不同特点，对加强和创新社会管理进行整体探索创新，为建设与社会主义市场经济体制相适应的中国特色社会主义社会管理体系创造新经验。一要统筹经济社会发展，为加强和创新社会管理创造有利条件。二要统筹城乡、区域发展，逐步使大多数流动人口在城市和农村各得其所。三要统筹服务与管理，努力向服务型管理转变。四要统筹条块关系，加强社会管理基层基础建设。五要统筹当前与长远，把社会管理服务提升到新的层次和水平。六要统筹物质文明与精神文明建设，为加强和创新社会管理营造良好社会环境。

纪念七千人大会坚持和发展民主集中制　2月7日，由中国社会科学院当代中国研究所和中华人民共和国国史学会联合主办的“纪念七千人大会召开50周年”学术座谈会在京召开。中国社会科学院副院长兼当代所所长、国史学会常务副会长朱佳木作了题为“纪念七千人大会坚持和发展民主集中制”的致词。

朱佳木在致词中说，50年前召开的七千人大会是在国民经济由于“大跃进”等原因出现严重困难而进入调整阶段但困难仍然很大的情况下召开的，目的在于总结经验、统一思想、动员全党更坚决地执行调整方针，为战胜严重困难而奋斗。会议初步总结了“大跃进”以来在社会主义经济建设问题上的经验教训，开展了批评和自我批评，在很大程度上统一了全党认识，增进了全党团结，振奋了全党精神，对推动国民经济全面调整、扭转经济困难局面起到了积极作用。七千人大会为我们留下丰富的精神财富，特别是毛泽东等党和国家领导人在会上关于民主集中制问题的重要讲话，这些闪光的思想大大丰富了马克思列宁主义和我们党的理论宝库，不仅产生了重要的历史影响，同时也具有重要的借鉴意义。

明确责任狠抓落实努力取得反腐倡廉建设新成效 2月10日，中央和国家机关贯彻落实2012年反腐倡廉工作任务分工会议在北京召开。何勇出席会议并讲话。他强调，中央和国家机关要认真贯彻十七届中央纪委第七次全会精神，按照《关于中央和国家机关贯彻落实2012年反腐倡廉工作任务的分工意见》安排，振奋精神、开拓进取、扎实工作，以党风廉政建设和反腐败斗争的新成效迎接党的十八大胜利召开。

何勇强调，2012年下半年，将召开党的第十八次全国代表大会，党和国家各方面工作任务十分繁重，做好反腐倡廉工作意义重大。要严明党的纪律，加强对中央重大决策部署落实情况的监督检查；加强党的作风建设，进一步密切党群干群关系；加强惩治和预防腐败体系建设，深入推进反腐倡廉各项工作；进一步加大专项治理力度，切实解决反腐倡廉建设中人民群众反映强烈的问题；继续加大查办案件工作力度，始终保持惩治腐败的强劲势头。中央和国家机关各部门要切实加强对反腐倡廉建设的组织领导，对涉及本部门的任务进行再分解，明确时间进度、工作要求和具体责任，完成好职责范围内的工作。派驻纪检监察机构要切实履行职责，积极协助驻在部门党组（党委），抓好反腐倡廉任务的责任分解、责任考核、监督检查和责任追究，确保各项任务圆满完成。

中国社会保障改革与发展战略研讨会举行 2月11—12日，以“城乡统筹：走向公平的社会保障”为主题的中国社会保障30人论坛2012年年会在中国人民大学举行。会议旨在全面展示中国社会保障改革与发展战略研究成果，并进行理论学术界与政策层面的直接交流。

与会专家认为，社会保障在社会财富分配格局中扮演着越来越重要的角色，在社会保障体系建设步伐显著加快、普惠全民愿景即将实现的条件下，国家应当更加注重社会保障制度的公平性，积极促进城乡统筹与制度整合，不断缩小不同群体之间的待遇差距，确保社保制度发挥社会财富分配格局的正向调节功能，并促使其尽快从长期试验性状态进入定型、稳定发展阶段。

与会专家认为，我国社会保障体系建设已经进入了快车道，近几年无论是社会保障制度建设的速度，还是公共投入的力度、惠及民生的广度，均前所未有。一个具有中国特色并覆盖城乡居民的新型社会保障体系已经形成，并开始从长期试验性状态走向定型、稳定发展的新阶段。中国社会保障体系建设取得的重大的、实质的进展，充分体现了党和政府以人为本、民生为重的政策取向，也是国家发展进步的重要方面。

与会专家呼吁，在即将实现社会保障制度普惠全民的目标的背景下，国家宜更加注重社会保障制度的公平性，要从城乡统筹的视角促进相关制度的整合与协调，缩小不同群体之间的社会保障待遇差距，并依靠公平的社会保障体系来促进整个社会的公平，真正实现让全体人民共享国家改革与发展成果。在这方面，与会者还提出了许多有益的政策建议。

深入学习领会党的文化建设理论 兴起社会主义文化建设新高潮 2月15日，中宣部在京召开《论文化建设——重要论述摘编》出版座谈会。刘云山出席座谈会并讲话，强调党的文化建设理论是党的整个理论体系的重要组成部分，是推进文化繁荣发展的强大思想武器，要紧密联系文化改革发展的生动实践，不断深化党的文化建设理论的学习，进一步统一思想、凝聚共识，推动党的十七届六中全会精神深入落实，推动兴起社会主义文化建设新高潮。

由中央宣传部、中央文献研究室组织选编出版的《论文化建设——重要论述摘编》(以下简称《摘编》)，分专题选编了毛泽东、邓小平、江泽民和胡锦涛同志关于文化建设的一系列重要论述，集中反映了党的文化建设的重要思想和基本精神。

刘云山强调，要把学习《摘编》作为推进学习型党组织建设的重要内容，纳入中心组学习计划，作为高校党校进行思想理论教育的重要材料，作为向基层干部群众进行宣讲的重要内容。要组织专家学者深入研究文化领域的重大理论和现实问题，研究关系文化发展的全局性战略性前瞻性问题，及时把实践经验升华为理论成果，为推进文化建设提供学理支撑。各级各类新闻媒体要结合《摘编》的学习使用，采用丰富多样的形式，加强对党的文化建设理论的宣传阐释，加强对中央关于文化建设决策部署的宣传阐释，加强对文化改革发展进展成效的宣传阐释，为推动文化繁荣发展营造良好舆论环境。

深化经济体制改革八重点确定　2 月 15 日，温家宝主持召开国务院常务会议，研究部署 2012 年深化经济体制改革重点工作。

会议强调，我国经济体制改革仍处于攻坚克难的关键阶段。要按照科学发展观要求和社会主义市场经济规律，尊重群众的首创精神，大胆探索、勇于实践，通过改革解决制约科学发展的深层次矛盾和体制性问题。当前和今后一段时期改革的重点领域和关键环节：一是进一步转变政府职能，理顺政府与市场的关系，改善宏观调控，健全市场体系，深化垄断行业改革，更好地发挥市场配置资源的基础性作用。二是推进财税体制改革，理顺中央与地方及地方各级政府间财政分配关系，更好地调动中央和地方两个积极性。三是深化土地、户籍、公共服务改革，理顺城市与农村的关系，推动工业化、城镇化和农业现代化协调发展。四是推进社会事业、收入分配等改革，理顺经济与社会发展的关系，扭转收入差距扩大趋势，努力提高资源配置效率，有效保障社会公平正义。五是推进依法行政和社会管理创新，理顺政府与公民和社会组织的关系，深化政务公开，健全监督制度，建设服务、责任、法治、廉洁政府。

会议明确了今年改革的重点工作：(一)推动多种所有制经济共同发展。(二)加快财税体制改革。(三)深化金融体制改革。(四)深化电力、成品油和水资源价格改革。(五)推进社会领域改革。(六)推进行政体制改革。(七)深化农村改革。(八)深化涉外经济体制改革。

把握宏观政策实现稳中求进 深化财税改革激发经济活力　2 月 16—17 日，李克强在上海召开经济发展和财税重点改革座谈会。他强调，要按照“十二五”主题主线和中央经济工作会议的要求，坚持稳中求进的总基调，下力气实施好积极的财政政策，落实和完善结构性减税措施，推进财税重点改革，保持经济平稳较快发展和物价总水平基本稳定，促进创新驱动和转型发展。

李克强指出，做好今年经济工作，在保持“稳”的同时，还要在推动“进”上下功夫，在转方式、促改革、惠民生方面取得新进展、新突破。面对国际市场低迷、资源环境约束加剧等多重挑战，传统增长模式已难以为继，转型发展刻不容缓。中国经济要保持长期平稳较快发展，关键在于扩内需、调结构、促转型。扩内需是发展的战略基点，也是转型的重点方向。城镇化是扩内需最大的潜力所在，服务业是调结构最大的新兴领域，创新驱动是转型发展最大的活力源泉。要在进一步扩大开放的条件下深入扩大内需，外向型经济比重高的地区也应注重在竞争中拓展国内市场。要面向实体经济，推动技术创新、产品创新、管理创新、制度创新和战略创新，促进产业优化升级，提升市场竞争力，以创新引领转型，使经济社会发展向更高水平迈进。

在改革开放进程中深入实施扩大内需战略 2月16日出版的第4期《求是》杂志，发表李克强同志的文章：《在改革开放进程中深入实施扩大内需战略》。

文章分五部分：一、在新的形势下继续处理好速度、结构、物价三者关系，为在改革开放进程中深入实施扩大内需战略创造良好环境；二、以扩大内需为战略基点加快推进经济结构调整；三、把发展的出发点和落脚点放在保障和改善民生上；四、坚定不移推进重点领域和关键环节改革；五、在稳中求进中促进经济社会协调发展。

文章指出，突出把握好稳中求进的工作总基调，统筹处理好速度、结构、物价三者关系，对于做好今年经济工作具有重大意义。处理好三者关系，关键在于保持经济平稳较快发展和物价总水平基本稳定，必须下大力气推进发展方式转变和经济结构调整，推动科学发展。

文章强调，调整经济结构最重要的是扩大内需。扩大内需是我国经济社会发展的战略基点。我国正处于重要战略机遇期，市场空间大，内需潜力大，对发展具有持久的拉动作用。扩内需的最大潜力在城镇化。城镇化不仅可扩大投资，而且能促进消费，对扩大内需具有重要推动作用。要在充分尊重农民意愿、切实维护农民权益、严格保护耕地的基础上，积极稳妥地推进城镇化，培育新的经济增长极；在工业化、城镇化发展的同时，同步推进农业现代化，实现“三化”并举。扩内需的最大产业潜力在服务业。服务业也是最大的就业容纳器，是科技创新重要的驱动力量。要在积极推动战略性新兴产业、高技术产业和先进制造业发展的同时，促进服务业特别是现代服务业加快发展，使经济发展更多依靠创新推动。消费需求是最终需求。要在保持投资合理规模的同时，完善政策，改善环境，尤其要增强居民消费能力，有效释放我国巨大的消费潜力。

文章指出，保障和改善民生，是扩大内需的重要举措和有效途径。加大民生投入，本身就是结构调整，是转方式的应有之义。要适应群众新期盼，把民生工作放到经济工作的重要位置，把重大民生工程摆在发展工程的优先序列，努力在保障和改善民生上取得新成效。

文章强调，扩内需、促发展、转方式，需要体制机制创新做保障。要把发展与改革更好地结合起来，加强顶层设计和统筹协调，尊重基层和群众的首创精神，在深化改革开放上取得新突破。

进一步兴起社会主义文化建设新热潮 2月17—18日，全国文化体制改革工作会议在太原举行。李长春对会议作出重要批示，强调要深入学习贯彻党的十七届六中全会精神，认真落实胡锦涛总书记“三加快一加强”要求，以组织实施《国家“十二五”时期文化改革发展规划纲要》为重要抓手，加大力度、加快进度、巩固提高、重点突破、全面推进，毫不动摇地把文化改革发展继续推向前进。

李长春强调，2012年是贯彻落实党的十七届六中全会精神、在新的历史起点上深入推进文化改革发展的关键一年。要按照既定的路线图和时间表，加快推进文化体制机制改革创新，力争在党的十八大前如期完成既定的改革阶段性任务，努力增强文化发展活力和竞争力。要突出抓好农村和基层这个重点，深入推进重大文化惠民工程，加快完善公共文化服务体系，努力形成城乡文化一体化发展格局。要统筹速度与质量、结构与效益，加快构建现代文化产业体系和现代文化市场体系，加大骨干文化企业培育力度和国际文化市场开拓力度，努力推动文化产业成为国民经济支柱性产业。要坚持社会主义先进文化前进方向，牢固树立以人民为中心的创作导向，切实加强对文化产品创作生产的引导，努力推出更多思想性艺术性观赏性相统一、经得起历史和人民检验的精品力作。各级党委政府要更加自觉更加主动地肩负起文化改革发展的领导责任，坚持一手抓改革发展、一手抓科学管理，不断提高工作的科学化水平，努力以文化改革发展的优异成绩迎接党的十八大胜利召开。

中共中央政治局召开会议讨论政府工作报告　2月20日，中共中央政治局召开会议，讨论国务院拟提请第十一届全国人民代表大会第五次会议审议的《政府工作报告》稿。胡锦涛主持会议。

会议强调，今年是“十二五”时期承前启后的重要一年。各级党委和政府要高举中国特色社会主义伟大旗帜，以邓小平理论和“三个代表”重要思想为指导，深入贯彻落实科学发展观，坚持稳中求进，加强和改善宏观调控，继续处理好保持经济平稳较快发展、调整经济结构、管理通胀预期的关系，加快推进经济发展方式转变和经济结构调整，着力扩大国内需求特别是消费需求，着力加强自主创新和节能减排，着力深化改革开放，着力保障和改善民生，全面推进社会主义经济建设、政治建设、文化建设、社会建设以及生态文明建设，努力实现经济平稳较快发展和物价总水平基本稳定，保持社会和谐稳定，以经济社会发展的优异成绩迎接党的十八大胜利召开。

会议指出，今年要继续实施积极的财政政策和稳健的货币政策，根据形势变化适时适度预调微调，进一步提高政策的针对性、灵活性、前瞻性，坚持突出主题、贯穿主线、统筹兼顾、协调推进，把稳增长、控物价、调结构、惠民生、抓改革、促和谐更好结合起来。全党全国要在以胡锦涛同志为总书记的党中央领导下，同心同德，开拓创新，扎实工作，奋力开创社会主义现代化建设新局面。

实施更加积极的就业政策　努力实现社会就业更加充分　2月20日，中共中央政治局就实施更加积极的就业政策进行第三十二次集体学习。胡锦涛在主持学习时强调，实施更加积极的就业政策，把促进就业放在经济社会发展的优先位置，努力实现社会就业更加充分，关系亿万人民群众切身利益，关系改革发展稳定大局，对推动科学发展、促进社会和谐具有十分重要的意义。

胡锦涛指出，就业是民生之本。促进就业是保障和改善民生的头等大事。党和政府高度重视就业工作，制定出台了一系列政策措施，千方百计扩大就业，保持了就业形势基本稳定。同时，我们必须清醒认识到，我国是人口大国，劳动者充分就业需求和劳动力总量过大、素质不相适应的矛盾是长期的。当前乃至整个“十二五”时期，在就业总量压力持续加大的同时，就业结构性矛盾更加突出，就业形势依然严峻。各级党委和政府要牢固树立以人为本、执政为民理念，增强实施更加积极就业政策的自觉性和主动性，把促进充分就业作为全面建设小康社会的重大战略任务，继续贯彻劳动者自主择业、市场调节就业、政府促进就业的方针，坚持不懈做好就业工作，努力实现就业规模持续扩大、就业结构进一步优化、劳动者素质明显提高、失业风险有效控制的目标，积极构建和谐劳动关系。

胡锦涛强调，要重点抓好以下工作。一是切实落实就业优先战略。二是切实支持劳动者多渠道就业。三是切实做好重点人群就业工作。四是切实加强就业服务和管理。

“纪念邓小平南方谈话发表二十周年学术座谈会”在京召开 2月21日，“纪念邓小平南方谈话发表二十周年学术座谈会”在当代中国研究所召开。座谈会由中国社会科学院马克思主义研究学部、当代中国研究所、中国社会科学杂志社、中国社会科学网和中华人民共和国国史学会联合主办。中国社会科学院副院长兼当代所所长、国史学会常务副会长朱佳木出席会议，并作了题为“重温邓小平南方谈话坚持党的基本路线一百年不动摇”的致词。

朱佳木强调，南方谈话的突出特点是，既强调抓住时机、加快发展，又要求讲求效益、稳步协调地发展；既强调改革开放胆子要大一些，又阐释改革开放必须坚持四项基本原则的道理。因此，它是对党在社会主义初级阶段基本路线认识上的深化，是“一个中心、两个基本点”在新形势下的展开。我们纪念南方谈话发表20周年，就要紧紧抓住这篇谈话的核心思想，深刻领会和继续贯彻党的基本路线，全面理解和准确阐释“不坚持社会主义，不改革开放，不发展经济，不改善人民生活，只能是死路一条”的道理，切实做到坚持党的基本路线一百年不动摇。

树立正确舆论导向和用人观念 营造年轻干部成长良好环境 2月21日，由光明日报社举办的“营造年轻干部成长良好环境”研讨会在京举行。研讨会旨在树立正确的舆论导向和用人观念，引导全社会正确看待年轻干部成长进步问题，进一步营造年轻干部良好成长环境。8位党建、人才领域的权威专家围绕“敢为事业用人才”的主题进行了深入讨论。

光明日报副总编辑何东平在致辞中强调“不拘一格降人才”，进一步解放思想、解放人才，让年轻优秀干部脱颖而出的问题非常重要而且迫切。全国党建研究会会长虞云耀强调，要从全局和战略高度培养选拔优秀年轻干部，保证党的事业后继有人。中国航天科技集团公司科技委主任、院士包为民结合集团人才队伍建设和自身体会表示，大力培育、大胆使用年轻优秀人才，造就一大批堪当重任的领军人才和创新型人才，是中国航天事业之所以成就辉煌的根本所在。中国人事科学院院长吴江指出，登高望远才能自觉地营造年轻干部成长的良好环境。中央党校党建部副主任戴焰军说，党的历史经验告诉我们，培养、选拔、任用年轻干部，不仅是一项具有战略意义的工作，同时也是一项非常艰巨、非常繁复、非常浩大的工程。中国人民大学党史党建部主任杨德山就干部人事制度改革中贯彻“民主、公开、竞争、择优”方针做了深刻探讨。中央党校马克思理论部教授李俊伟指出要进一步确立对干部的最终评价准则，即为群众掌好权、办好事。

幸福文化是社会主义核心价值观的组成部分 2月21日，由光明日报社、中国人口福利基金会联合主办、理福文化产业公司协办的幸福文化价值观建设座谈会在北京举行，幸福文化价值观建设引起与会专家热议。专家普遍认为，幸福文化价值观应是中国文化大发展大繁荣的主流价值观。

与会专家认为，改革开放以来，中国经济社会发生了巨大变化，但是我国民众的幸福感与物质财富的增长并不完全同步，一个很重要的原因在于，经济转型中复杂多样的社会矛盾导致了人们幸福感的降低。受一些不良社会风气的影响，心灵空虚、心态浮躁等负面情绪在一定程度上导致部分人精神财富相对缺失，幸福指数下降。

与会者表示，判定一个社会的幸福程度，除了看物质层面，还要看精神层面。离开精神文明层面就不会有真正的幸福社会的来临。构建幸福社会，不但要摆脱物质的空虚，而且要摆脱精神的空虚。研究幸福文化，建立幸福文化产业体系，能够让幸福的概念具象化，让幸福看得见、摸得着、感受得到。

中共中央印发《关于加强新形势下党外代表人士队伍建设的意见》 新华社北京2月23日电，中共中央最近印发了《关于加强新形势下党外代表人士队伍建设的意见》。《意见》以邓小平理论和“三个代表”重要思想为指导，深入贯彻落实科学发展观，适应党和国家事业发展、统一战线巩固壮大的新要求，结合党外代表人士的新特点，对进一步加强新形势下党外代表人士队伍建设作出全面部署，提出明确要求，是指导新形势下统一战线事业发展的纲领性文件。

《意见》明确了党外代表人士队伍建设的总体要求。党外代表人士是与中国共产党团结合作、作出较大贡献、有一定社会影响的非中共人士，包括民主党派代表人士、无党派代表人士、少数民族代表人士、宗教界代表人士、非公有制经济代表人士、港澳台海外代表人士等。政治坚定、业绩突出、群众认同，是党外代表人士的基本标准，也是加强党外代表人士队伍建设的根本要求。要适应新形势下坚持和完善社会主义政治制度、巩固和壮大爱国统一战线的要求，着眼贯彻实施《国家中长期人才发展规划纲要（2010—2020年）》，努力建设一支数量充足、结构合理、素质优良、作用突出的党外代表人士队伍。

《意见》还对加强和改善党对党外代表人士队伍建设的领导提出明确要求。各级党委要高度重视党外代表人士队伍建设，把党外代表人士培养选拔使用作为政治责任，从坚持和完善社会主义政治制度、实现国家长治久安的高度抓好落实。要健全工作机制，加强统筹协调，完善党委统一领导、统战部门牵头负责、各有关部门和社会团体密切配合的工作机制。要支持民主党派、工商联和有关社会团体在党外代表人士队伍建设中发挥作用。

大力弘扬雷锋精神　共建文明道德风尚　为科学发展社会和谐提供有力思想道德支撑 2月28—29日，中宣部在京举行第九届中国公民道德论坛。刘云山出席论坛并讲话，强调要认真贯彻党的十七届六中全会精神，在全社会深入开展学雷锋活动，大力弘扬雷锋精神，激扬人民心中蕴藏的美好思想品德，焕发人们建设文明风尚的巨大热情，把公民道德建设不断引向深入，为推动科学发展、促进社会和谐提供有力的思想道德支撑。

刘云山指出，弘扬雷锋精神是知与行相统一、教育与实践相结合的过程。要着眼扩大认知认同，大力宣传雷锋事迹和雷锋精神，宣传雷锋式的道德模范和先进典型，宣传各地弘扬雷锋精神的生动实践，使雷锋精神走进千家万户、深入人们心灵。要广泛开展以“学雷锋、树新风”为主题的道德实践，开展扶老助残、帮困解难、便民利民等方面的志愿服务，把学雷锋活动覆盖到企业、社区、农村、机关、学校、军营，推动形成践行雷锋精神的热潮，推动形成我为人人、人人为我的良好氛围。要适应社会生活新变化，深入挖掘雷锋精神的当代价值，丰富学雷锋活动的形式载体，建设弘扬雷锋精神的网络平台，不断增强时代感和吸引力。学雷锋、做好事，人人可学、处处可为，要引导人们从自己做起、从身边做起，从日常小事做起，使学雷锋活动多样化、具体化、生活化。要建立学雷锋活动常态化的保障机制，把学雷锋活动作为推动社会文明进步的一项重要任务，融入国民教育、精神文明建设和党的建设全过程，体现到经济社会建设各领域，纳入文明城市、文明村镇、文明单位测评体系，充分发挥政策、法规的导向作用，形成齐抓共管、合力推进的工作格局，推动学雷锋活动持续深入开展。

扎实做好保持党的纯洁性各项工作 3月1日，习近平出席中央党校2012年春季学期开学典礼并讲话。他指出，胡锦涛同志在十七届中央纪委七次全会上发表重要讲话，突出强调在新形势下保持党的纯洁性问题，具有重大而深远的意义。各级党组织要认真贯彻落实胡锦涛同志重要讲话精神，坚持不懈地做好保持党的纯洁性各项工作，不断交出党和人民满意的答卷。

习近平强调，保持党的纯洁性是马克思主义政党的本质要求。中国共产党在革命、建设、改革各个历史时期，始终把保持党的纯洁性作为党的建设的根本问题和重要目标。我们党90多年来的历史证明，党的坚强有力和事业发展取决于多种因素，党的纯洁性对党的创造力、凝聚力、战斗力有着根本性影响。什么时候党的纯洁性保持得好，党就更加坚强有力，党的事业就能健康发展；什么时候党的纯洁性受到影响和削弱，党的战斗力就会下降，党的事业就会遭受损失。

习近平指出，党的纯洁性体现在党的思想、组织、作风等各个方面。保持党在思想上的纯洁性，是保证党的正确政治方向和党的团结统一的思想基础。在新的历史条件下，要大力弘扬我们党注重思想建党的优良传统，坚持对党员和党的干部加强思想政治教育特别是中国特色社会主义理论体系教育，帮助他们牢固树立正确的世界观、权力观、事业观，保持对共产主义的坚定信仰、对中国特色社会主义的坚定信念，始终坚守共产党人全心全意为人民服务的精神家园。保持党在组织上的纯洁性，是保持全党步调一致和推进党的事业发展的组织保证。要严格管理党员队伍和党的干部队伍，严把入口、加强教育、强化监督、畅通出口。发展新党员，要严格掌握标准和程序，确保质量。培养和任用干部，也要严格把关，坚持五湖四海、任人唯贤，坚持德才兼备、以德为先用人标准。保持党在作风上的纯洁性，是保持党同人民群众血肉联系和不断从人民群众实践中吸取经验、智慧和力量的固本之道。要不断加强党的宗旨教育和群众路线教育，引导党员和党的干部牢固树立立党为公、执政为民理念，把实现好、维护好、发展好最广大人民根本利益作为检验作风纯洁性的试金石，切实做好宣传群众、组织群众、服务群众、团结和带领群众前进的工作。

习近平强调，保持党的纯洁性，关键在党的各级领导干部。领导干部要时时、处处用党的纯洁性要求对照自己、检点自己、修正自己、提高自己，要求别人做的自己带头做到，要求别人不做的自己带头不做，以率先垂范的实际行动充分体现党的纯洁性。要自觉加强党性修养和党性锻炼，秉公用权、廉洁从政，坚决抵制拜金主义、享乐主义、极端个人主义，做到为官一任既要发展一方、又要始终保持清正廉洁。要增强主动接受监督的意识和依法依规保护监督的意识，自觉把自己置于党和人民事业所要求的各种监督之下。要增强纪律意识，切实把党的各项纪律规定转化为行为规范，尤其要严格遵守党的政治纪律，在思想上、政治上、行动上自觉同党中央保持高度一致。

习近平指出，是否具有担当精神，是否能够忠诚履责、尽心尽责、勇于担责，是检验每一个领导干部身上是否真正体现了共产党人先进性和纯洁性的重要方面。要在推进干部队伍建设和人才队伍建设中大力倡导担当精神，努力形成勇于担当、敢于负责的用人导向。要全面考察干部的德才表现，特别注意选拔那些原则性强、对群众感情深、一身正气、敢抓善管和工作中有思路、有激情、有韧劲、有实绩的干部。

习近平同志的讲话全文以《扎实做好保持党的纯洁性各项工作》为题，于3月16日在《求是》杂志发表。

《做纯洁的共产党员》一书出版　3月1日，《做纯洁的共产党员》一书由中国方正出版社出版发行，在社会上引起了良好反响。

《做纯洁的共产党员》对党的纯洁性进行了深刻阐述，围绕保持党的纯洁性这一主题收录了郭明义、杨善洲、李林森、沈浩等10余位先进人物的感人事迹，充分展现了优秀共产党员思想纯洁、作风纯洁、清正廉洁的一面，为广大党员、干部保持党的纯洁性树立了一面面镜子，扬起了一面面旗帜，引导、教育广大党员、干部以先进为榜样，做一名纯洁的共产党员。该书语言深入浅出，内容形象生动，具有很强的可读性、教育性和示范性。

以改革为动力推进事业单位科学发展　3月2日，国家行政学院2012年春季开学典礼暨省部级领导干部“分类推进事业单位改革”专题研讨班开班式在京举行，马凯出席并讲话。他强调，要积极稳妥分类推进事业单位改革，以改革为动力促进事业单位实现科学发展。

马凯强调，各地区、各部门要准确把握中央要求，扎实做好分类推进事业单位改革工作。一要准确把握不断满足人民群众公益服务需求这一根本目的，真正建立起基本服务优先、供给水平适度、布局结构合理、服务公平公正的中国特色公益服务体系。二要准确把握科学划分事业单位类别这一重要基础，对现有事业单位进行全面清理，根据其社会功能进行分类。三要准确把握创新体制机制这一核心要求，建立既能强化事业单位公益属性、又能激发其生机与活力的管理体制和运行机制。四要准确把握构建公益服务新格局这一重要目标，发挥政府主导作用，引导社会力量广泛参与，引入市场竞争机制，形成提供主体多元化、提供方式多样化的公益服务新格局。五要准确把握“分类指导、分业推进、分级组织、分步实施”这一基本方针，紧密结合各地区、各部门的自身特点，区别情况、因地制宜、分步推进，确保改革顺利进行。

十一届全国人大五次会议在京举行　3月5—14日，第十一届全国人民代表大会第五次会议在北京举行。3月5日，会议举行了开幕式。温家宝代表国务院向大会作政府工作报告。政府工作报告共分三部分：一、2011年工作回顾；二、2012年工作总体部署；三、2012年主要任务。温家宝说，过去的一年，面对复杂多变的国际政治经济环境和艰巨繁重的国内改革发展任务，我国改革开放和社会主义现代化建设取得新的重大成就，巩固和扩大了应对国际金融危机冲击成果，实现了“十二五”时期良好开局。

温家宝从五个方面总结了2011年的工作：加强和改善宏观调控，遏制物价过快上涨，实现经济平稳较快发展；加快转变经济发展方式，提高发展的协调性和产业的竞争力；大力发展社会事业，促进经济社会协调发展；切实保障和改善民生，解决关系群众切身利益的问题；深入推进改革开放，为经济社会发展注入新的活力和动力。温家宝指出，成绩来之不易，显示了中国特色社会主义的优越性和生命力，增强了中华民族的自豪感和凝聚力。这是以胡锦涛同志为总书记的党中央科学决策、正确领导的结果，是全党全军全国各族人民齐心协力、顽强拼搏的结果。

温家宝报告了2012年经济社会发展的主要预期目标：国内生产总值增长7.5%；城镇新增就业900万人以上，城镇登记失业率控制在4.6%以内；居民消费价格涨幅控制在4%左右；进出口总额增长10%左右，国际收支状况继续改善。

温家宝指出，综合考虑各方面情况，要继续实施积极的财政政策和稳健的货币政策，根据形势变化适时适度预调微调，进一步提高政策的针对性、灵活性和前瞻性。他强调，全面做好今年的工作，必须坚持突出主题、贯穿主线、统筹兼顾、协调推进，把稳增长、控物价、调结构、惠民生、抓改革、促和谐更好地结合起来。

温家宝报告了2012的主要任务：促进经济平稳较快发展；保持物价总水平基本稳定；促进农业稳定发展和农民持续增收；加快转变经济发展方式；深入实施科教兴国战略和人才强国战略；切实保障和改善民生；促进文化大发展大繁荣；深入推进重点领域改革；努力提高对外开放的质量和水平。温家宝还就民族、宗教和侨务工作，国防和军队建设，香港、澳门发展和两岸关系，以及我国的外交政策作了阐述。

必须把科学发展观贯彻落实到经济社会发展全过程和各领域　3月5日，胡锦涛参加十一届全国人大五次会议江苏代表团审议时强调，要高举中国特色社会主义伟大旗帜，以邓小平理论和“三个代表”重要思想为指导，深入贯彻落实科学发展观，继续牢牢把握科学发展这个主题，紧紧扣住转变经济发展方式这条主线，锐意进取，埋头苦干，以优异成绩迎接党的十八大胜利召开。

胡锦涛指出，在当代中国，坚持发展是硬道理的本质要求就是坚持科学发展。解决当前我们面临的发展不平衡、不协调、不可持续的突出矛盾和问题，必须把科学发展观贯彻落实到经济社会发展的全过程和各领域。要牢牢扭住经济建设这个中心不动摇，按照稳中求进的工作总基调，保持经济平稳较快发展，不断提升综合经济实力，不断增强国际竞争力。要更加注重以人为本，坚持从最广大人民根本利益出发谋发展、促发展；更加注重全面协调可持续发展，不断增强发展的平衡性、协调性、可持续性；更加注重统筹兼顾，充分调动全社会的发展积极性，形成现代化建设强大合力。

做好今年各项工作既要坚定信心　稳中求进又要攻坚克难开拓前进　3月5日，习近平参加他所在的十一届全国人大五次会议上海代表团，同代表们一起审议政府工作报告。

在认真听取代表们的意见和建议后，习近平指出，温家宝总理所作的政府工作报告，充分体现了中央经济工作会议精神和“十二五”主题主线要求，充分体现了以人为本、执政为民和对人民高度负责精神，凝聚人心、催人奋进。他表示完全赞成这个报告。

习近平说，过去的一年，上海坚决贯彻党中央、国务院各项决策部署，深入贯彻落实科学发展观，扎实推进创新驱动、转型发展，在发展方式转变和经济结构调整上取得新成效，在发展成果惠及全体人民上取得新进步，在提高党的建设科学化水平上取得新进展。他对上海去年各项工作取得的新成绩新进步表示祝贺。

习近平指出，今年，我们党将召开十八大，上海市委也要换届。做好今年各项工作，要全面把握中央提出的稳中求进的工作总基调，坚定信心、攻坚克难、开拓前进。上海在国家改革发展稳定大局中占有重要位置，希望上海的同志们再接再厉，扎实工作，保持经济平稳较快发展，保持物价总水平基本稳定，保持社会大局稳定，在转变经济发展方式上取得新进展，在深化改革开放上取得新突破，在改善民生上取得新成效，以经济社会发展的优异成绩迎接党的十八大胜利召开。

习近平要求上海坚定不移走科学发展之路，继续扎实抓好转型发展。进一步在全市各级干部中形成一个共识：不能以牺牲环境和资源为代价、不能以积累社会矛盾为代价、不能以增加历史欠账为代价一味追求快速发展；进一步在全市各级干部中坚定一个信念：在坚持科学发展道路上即使遇到的困难有千万重，抓好创新驱动、转型发展一刻也不能松，在保持经济平稳较快发展过程中，加快建设"四个中心"，加快智慧城市和郊区新城建设以及生态文明建设。

习近平要求上海加快改革创新步伐，把创新驱动真正落到实处。要抓住和用好重要战略机遇期，总结和运用成功经验，保持敢闯敢试劲头，坚持社会主义市场经济改革方向，围绕建立有利于科学发展和转变经济发展方式的体制机制，尽快在一些重要领域和关键环节的改革上取得突破，努力形成上海发展新优势。要进一步形成以深化改革带动创新发展的鲜明导向，着力培育创新文化，推动创新型经济蓬勃发展、创新型人才加速集聚、创新环境不断优化、创新活力充分释放。要突出科技创新，突出高端引领，突出企业在技术创新中的主体地位，突出制度创新。他还要求上海在实现创新驱动方面，着力抓好创新人才培养，坚持面向现代化、面向世界、面向未来，花大气力、下硬功夫从基础教育抓起，从孩子抓起。

在完善中国特色社会主义法律体系上迈出新步伐　3月9日，吴邦国向十一届全国人大五次会议作全国人大常委会工作报告时指出，今年的立法工作，要按照完善中国特色社会主义法律体系的总体要求，紧紧围绕党和国家中心工作，适应经济社会发展实际需要，统筹安排好立法项目，更好地发挥法律的规范、引导、保障和促进作用。

吴邦国强调，提高立法质量是加强和改进立法工作的永恒主题，也是完善中国特色社会主义法律体系的必然要求。总结这些年的好经验好做法，在具体工作中我们要着重把握好以下几点：一是切实加强对立法工作的组织协调，深入论证立法项目的必要性和可行性，科学编制立法规划和年度计划，着力督促有关方面认真解决立法中涉及的重大问题，使法律更好地适应经济社会发展的现实需要、回应人民群众的热切期盼。二是更加注重把修改完善法律同加强监督工作有机结合起来，在开展执法检查、专题调研时，深入分析现行法律规定不适应不完善的问题，为修改完善法律提供重要依据，使法律的修改更具针对性，使法律的规定更具可操作性。三是积极推进科学立法、民主立法的制度化、规范化、程序化，进一步改进和完善法律草案公开征求意见的方式方法，更加注重深入实际、深入基层调查研究，直接听取群众意见，正确反映和统筹兼顾不同方面的利益，使公民参与立法的过程成为广泛集中民智、凝聚社会共识的过程。

凝聚力量建设中国特色社会主义 3月9日，中国社会科学院在北京召开“雷锋精神与社会主义核心价值体系建设理论研讨会”，与会者围绕会议主题进行了研讨交流。

与会者提出，雷锋在22年的短暂生命中，以对党的无限忠诚、对祖国的真情挚爱、对人民群众的深厚感情，积极投身于社会主义建设火热实践，模范践行党的根本宗旨，用青春和生命诠释了“为共产主义而奋斗”的人生誓言，在亿万人民心中树立起一座不朽丰碑。以他的名字命名的雷锋精神，顺应了社会进步潮流，代表了社会主义先进文化前进方向，体现了中华民族传统美德，彰显了我们党先进性和纯洁性的品格。

与会者认为，党的十七届六中全会明确提出要“深入开展学雷锋活动，采取措施推动学习活动常态化”，这是中央从国际国内环境和时代特征出发，为加强社会主义核心价值体系建设采取的一项重要举措。不断推进中国特色社会主义事业，不但需要创造强大的物质力量，而且需要凝聚强大的精神力量。深入开展学雷锋活动，是践行社会主义核心价值体系的有效载体。在新的历史条件下，开展学雷锋活动，赋予雷锋精神新的时代内涵，对于强化道德自律，提升全社会道德水平，引导社会成员自觉践行社会主义核心价值体系，汇聚起建设中国特色社会主义的强大合力，具有重要意义。

以比较视野研讨马克思主义当代发展 3月10日，“马克思主义当代发展”学术研讨会暨《美学与马克思主义》、《跨文化齐泽克读本》新书发布会在沪召开。

此次会议由上海交通大学人文艺术研究院、北京大学出版社和上海人民出版社主办，来自多所高校马克思主义、哲学、美学及文学等研究领域的学者围绕“比较视野中的中西马克思主义”、“跨文化对话与解读：齐泽克与中国”、“中国当代文化及社会问题的研究路径反思”等议题进行学术交流与讨论。

与会者认为，由上海交通大学人文艺术研究院院长刘康所著的《美学与马克思主义》从比较视野出发，以中国发展为案例，分析美学与现代马克思主义之间的关系，同时强调中国与西方美学马克思主义者之间的关联、差异，对现代中国审美话语的形成（特别是中国马克思主义的美学传统）进行历史研究，并对包括现代性、现代性的不同选择和后现代性等政治和文化问题作出理论的反思。上海交通大学访问特聘教授徐钢主编的《跨文化齐泽克读本》通过选摘齐泽克最有代表性的论文及专著章节，展现齐泽克批评理论的发展脉络。此外，与会者认为，刘康、张颐武与齐泽克在美国某重要期刊上的文章“切磋”，表明了当代中西方学者在“中国崛起”的语境下，从各自理论立场出发，进行理论交锋和对话，具有重要的现实意义和理论价值。

部队建设坚持三个“更加注重” 3月12日，胡锦涛在出席十一届全国人大五次会议解放军代表团全体会议时强调，全军和武警部队要高举中国特色社会主义伟大旗帜，以邓小平理论和“三个代表”重要思想为指导，深入贯彻落实科学发展观，着眼有效履行新世纪新阶段我军历史使命，紧紧围绕国防和军队建设主题主线，坚持稳中求进总基调，更加注重从思想上政治上建设部队，更加注重拓展和深化军事斗争准备，更加注重维护社会大局稳定和保持部队自身安全稳定，扎实推进部队全面建设，坚决完成担负的各项任务，以优异成绩迎接党的十八大胜利召开。

胡锦涛强调，全军要坚持以推动国防和军队建设科学发展为主题、以加快转变战斗力生成模式为主线，不断增强履行新世纪新阶段我军历史使命的能力。贯彻国防和军队建设主题主线，必须始终把思想政治建设摆在各项建设首位，毫不动摇地坚持党对军队绝对领导的根本原则和制度。要扎实开展“讲政治、顾大局、守纪律”学习教育活动，严肃政治纪律和组织纪律，确保政令军令畅通。要加强军队反腐倡廉建设，保持军队党组织和干部队伍的纯洁性。贯彻国防和军队建设主题主线，必须始终扭住核心军事能力建设不放松，持续兴起军事训练热潮，不断提高我军基于信息系统的体系作战能力。必须狠抓依法治军、从严治军方针落实，加大经常性基础性工作力度，推动基层建设全面进步。

马克思主义理论研究与传播要有新角度、新方式　3月15日，2012年度北京马克思主义理论研究与传播基地（以下简称马研基地）工作会议召开。

会议首先就马研基地近两年的工作情况及理论研究成果进行了回顾。与会专家还围绕马研基地今后的理论研究与传播进行探讨：马研基地的发展要立足于自身的特点和优势，大家都做的选题，不一定做，人家不做的选题，可以从一个新的角度来做；要主动转换话语系统，敢于和善于说实话、说新话，在理论表述上要深入浅出，结合实际，让理论成果能够真正为人民群众接受；在探索理论传播方式上，要充分发挥传统媒体与新媒体的传播优势，加强沟通，开展理论成果大众化的新尝试。

稳定经济发展　推进结构调整　3月17—19日，经国务院批准，由国务院发展研究中心主办、中国发展研究基金会承办的“中国发展高层论坛2012”年会在北京举行。论坛主题为“中国和世界：宏观经济和结构调整”，会议围绕宏观经济稳定与结构调整、财政政策与财税体制改革、经济内外均衡、科技创新等议题展开多视角、深层次讨论。李克强出席开幕式并致辞。他指出，要坚持稳中求进，立足扩大内需，强化创新驱动，依靠改革开放，加快转方式、调结构，保持经济长期平稳较快发展。

李克强指出，当前世界经济复苏与增长前景尚不明朗，不确定和不稳定因素较多。中国经济继续保持平稳较快发展，长期向好的基本面没有改变，但发展中不平衡、不协调、不可持续的问题依然突出。要按照“十二五”发展主题主线的要求和十一届全国人大五次会议批准的政府工作报告的部署，把握好稳中求进的总基调，保持经济平稳较快发展和物价总水平基本稳定，努力在转变经济发展方式、深化改革开放、保障改善民生上取得新突破。

李克强指出，当前我们将在以下几个重点方面，作出进一步的努力：一是立足扩大内需。二是强化创新驱动。三是依靠改革开放。

党的干部要做全社会思想道德的模范　3月20日，中国浦东、井冈山、延安三所干部学院举行2012年春季开学典礼。李源潮出席开学典礼并讲话，强调党的干部要按照胡锦涛总书记要求，保持思想纯洁，坚定理想信念，带头践行社会主义核心价值体系，做社会主义思想道德的自觉遵守者、示范引领者和坚定维护者。

李源潮指出，中国共产党人的高尚思想道德，是我们党赢得人民群众拥护的重要法宝。干部的思想道德对全社会具有重要的示范和导向作用。党的干部要做追求社会进步的模范，坚定中国特色社会主义理想信念，牢固树立科学发展观，积极追求先进生产力、追求先进文化、追求中国人民的根本利益。要做为人民服务的模范，自觉与人民群众打成一片，对群众的酸甜苦辣、安危冷暖感同身受，尽心竭力为群众排忧解难。

李源潮指出，不计名利、甘于奉献是中国共产党人的高尚品格。党的干部只有追求奉献，才能立信于人、立功于民、立德于世。市场经济承认个人利益、等价交换，但党的干部为党和人民工作不能搞等价交换，不能向党斤斤计较职务、计较报酬、计较待遇。要坚决抵制拜金主义、享乐主义，以艰苦奋斗为荣，以骄奢淫逸为耻，始终保持艰苦创业的革命精神。要严格执行廉洁自律各项规定，在任何情况下都稳得住心神、管得住行为、守得住清白。

李源潮同志强调，改革创新是时代精神的核心，是一个国家、一个地区发展进步的不竭动力。实践是创新的源泉，学习是创新的前提。党的干部要解放思想、知难而进、勇于担当，用改革创新的思路和办法破解前进道路上的各种难题。要做学习的表率，不断开阔眼界、开阔思路、开阔胸襟，带动全社会形成热爱学习、勇于创新之风。

加强非公企业党的建设夯实党的执政基础　3月21日，全国非公有制企业党的建设工作会议在北京召开。李源潮指出，要认真贯彻落实中央办公厅印发的《关于加强和改进非公有制企业党的建设工作的意见（试行）》，以改革创新精神加强非公企业党的建设，扩大组织覆盖和工作覆盖，充分发挥党组织在职工群众中的政治核心作用和对企业发展的政治引领作用，促进非公企业健康发展，增强党的阶级基础，扩大党的群众基础。

李源潮指出，非公企业党组织是党在企业中的战斗堡垒，要紧紧围绕企业生产经营管理开展党的活动，积极宣传贯彻党的路线方针政策，引导企业遵守国家法律法规，诚信经营、规范管理，自觉履行社会责任。要切实维护职工群众合法权益，积极协调各方利益关系，构建和谐劳动关系，促进企业和社会稳定。要围绕企业发展目标组织带领党员和职工群众创先争优，促进企业提高产品质量、提高技术创新和经营管理水平。要把党建工作与企业文化建设互通共融，引领企业建设先进文化，培育积极向上的企业精神。

以更大的工作力度扎扎实实抓好全国非公企业党建工作　3月21日，习近平会见全国非公有制企业党的建设工作会议代表并讲话。他强调，非公有制企业是发展社会主义市场经济的重要力量。非公有制企业的数量和作用决定了非公有制企业党建工作在整个党建工作中越来越重要，必须以更大的工作力度扎扎实实抓好。

习近平指出，加强和改进非公有制企业党建工作，抓好“两个覆盖”、发挥好党组织“两个作用”、加强“两支队伍”建设很重要。抓好“两个覆盖”，就是要抓好党组织覆盖和党的工作覆盖，加大党员发展力度，做好流动党员管理服务和引进党员职工工作，不具备建立党组织条件的要采取多种方式积极开展党的工作，增强党的影响力。发挥好党组织“两个作用”，就是党组织要在职工群众中发挥政治核心作用，在企业发展中发挥政治引领作用，把贯彻党的路线方针政策、维护职工群众合法权益、引领建设先进企业文化、创先争优推动企业发展贯穿党组织活动始终。加强“两支队伍”建设，就是要加强党组织书记和党建工作指导员队伍建设，为开展非公有制企业党建工作提供组织保障。

习近平强调，非公有制企业面广量大、类型多样，各级党委要切实加强领导、落实责任，健全机构、配强力量，对民营、外资等不同规模、不同类型企业要注重分类指导，增强工作的针对性和实效性。

中华书局成立100周年庆祝大会在京举行　3月22日，中华书局成立100周年庆祝大会在北京举行。胡锦涛致信祝贺。胡锦涛在贺信中指出，优秀传统文化是中华民族的宝贵精神财富，是发展社会主义先进文化的深厚基础。希望中华书局以成立百年为新的起点，认真贯彻党的十七届六中全会精神，大力推进体制和机制创新，始终坚持古为今用、推陈出新的出版方向，继续保持笃实谨严、精审细校的科学态度，不断推出更多代表国家最高水准的优秀出版物，在传播中华民族优秀传统文化、建设社会主义文化强国的进程中再创新的辉煌。

刘云山出席大会并讲话，刘云山希望中华书局和出版界按照胡锦涛总书记贺信提出的要求，认真贯彻党的十七届六中全会精神，树立高度的文化自觉和文化自信，以强烈的责任感、使命感，推动出版业实现新的发展、新的跨越。要坚守民族文化立场，珍视厚重的文化传统，更好地肩负起传播和弘扬中华优秀传统文化的历史责任。要把推进社会主义核心价值体系建设作为根本任务，塑造兴国之魂，礼赞高尚情操，更好地发挥引领社会发展进步的独特作用。要坚持以人民为中心的出版导向，推出更多思想性、知识性、可读性相统一的优秀出版物，更好地满足人民群众多样化的需求。要大力推进体制机制改革创新，加快转变发展方式，优化出版结构、合理配置资源，拓展发展优势和发展空间，不断增强出版业可持续发展能力。要进一步深化“走基层、转作风、改文风”活动，引导出版工作者在深入基层、深入群众中不断开阔视野、汲取营养、提升境界，弘扬职业精神和职业道德，为人民做出版、为社会出好书。

不断增强政法宣传工作覆盖面和传播力　为政法机关履行法定职责创造良好舆论环境　3月22日，全国政法宣传工作会议在上海召开。周永康致信对做好当前政法宣传工作提出要求，王乐泉出席会议并讲话。

周永康指出，近年来，在以胡锦涛同志为总书记的党中央正确领导下，政法、宣传两条战线的同志们团结协作，创造性地做好政法宣传工作，为政法机关忠实履行法定职责创造了良好舆论环境。面对新形势，望坚持正确的舆论导向，深入宣传社会主义法治理念，统筹把握新闻传播规律和政法工作规律，统筹建设好、运用好传统媒体和新兴媒体，不断增强政法宣传工作的覆盖面和传播力，更好地满足人民群众对政法工作的知情权、参与权、表达权、监督权，为促进政法事业发展进步、维护社会和谐稳定、保障社会公平正义、推动社会主义法治国家建设作出新贡献。

王乐泉强调，各地各部门要充分认识新形势下加强政法宣传工作的重要性紧迫性，切实增强责任感使命感，着眼于维护社会和谐稳定大局，紧紧围绕政法中心工作，坚持团结稳定鼓劲、正面宣传为主，唱响主旋律、打好主动仗，努力实现新闻舆论效果与法律效果、社会效果的有机统一。要深入开展社会主义法治理念宣传和普法教育活动，加强先进典型宣传，加强政法信息发布，适应信息化条件下政法工作面临的新形势，满足人民群众对政法工作的新期待新要求。虚心接受社会各界和新闻媒体的监督，加强重大主题宣传，使广大人民群众通过全面认识政法工作，进一步增强对党和政府的信任和信心，为促进社会和谐稳定提供有力的思想保证、舆论支持、精神动力。

以人才培养为中心　以改革创新为动力　全面提高高等教育质量　3月23日，刘延东出席全面提高高等教育质量工作会议时强调，要深入贯彻胡锦涛总书记在清华大学百年校庆上重要讲话精神，全面落实教育规划纲要，树立科学的高等教育发展观，深化教育体制机制改革创新，坚定不移走以质量提升为核心的内涵式发展道路，推动我国高等教育事业迈上新台阶，实现从高等教育大国向高等教育强国的转变。

刘延东指出，提高高等教育质量是立足我国现代化建设阶段性特征和国际发展潮流提出的深刻命题，是当前我国高等教育改革发展最核心最紧迫的任务。要围绕培养什么人、怎么培养人的问题，确立人才培养的中心地位，抓住一切为了学生成长成才这一关键，系统推进，务求实效。一要打造高水平师资队伍。二要加快教育教学改革。三要提高高校科学研究、社会服务和文化传承创新能力，形成相互支撑、整体提升质量的格局。四要建设优良校风教风学风。

创造条件让人民群众监督政府　3月26日，国务院召开第五次廉政工作会议，温家宝发表讲话。他强调，要全面贯彻落实中央关于党风廉政建设和反腐败斗争的决策部署，深化改革和加强制度建设，深入推进政务公开，创造条件让人民群众监督政府。

温家宝强调，当前反腐倡廉建设与人民群众的期待仍有较大差距，腐败现象在行政权力集中的部门和资金资源管理权集中的领域易发多发，社会事业、国有企业等领域腐败案件逐渐增多，发生在领导干部中的腐败问题依然突出。温家宝强调，执政党的最大危险就是腐败。这个问题解决不好，政权的性质就可能改变，就会“人亡政息”。这是我们面临的一个极为严峻的重大考验。今年要重点抓好以下几方面工作。(一)深入推进行政审批制度改革。(二)推进公共资源配置市场化改革。(三)深化财政管理体制改革。(四)推进行政经费使用管理改革。(五)加强行政机关和国有企业事业单位财务管理。(六)扎实抓好反腐倡廉长期性基础性工作。

温家宝强调，要把反腐倡廉建设与政府各项业务工作和制度建设紧密结合起来。严格落实党风廉政建设责任制，做到有部署、有督查、有落实。要进一步加强民主监督，对群众举报、社会舆论和新闻媒体反映的问题，要及时回应，认真调查核实，依法处理，结果要反馈或向社会公布。

温家宝同志的讲话经整理后以《让权力在阳光下运行》为题，于4月16日在《求是》杂志发表。

加强学习培训提高政法领导干部素质　不断开创政法事业科学发展的新局面　3月26—31日，全国政法委书记首期培训班在京开班。周永康出席开班式并讲话。他强调，要积极适应形势的发展变化，大力加强政法领导干部的学习培训，切实提高领导政法工作和政法队伍的素质水平，不断开创政法事业科学发展的新局面，为巩固党的执政地位、维护国家长治久安、保障人民安居乐业、服务经济社会发展作出新贡献。

周永康强调，各级党委政法委是党领导管理政法工作的职能部门。加强党委政法委建设，是加强和改进党对政法工作的领导、深入实施依法治国基本方略、加快建设社会主义法治国家的迫切需要。各级政法委书记要带头加强理论学习，认真研究现实问题，切实解决好“干什么”、“怎么干”的问题，与时俱进地推进政法工作。

为此，周永康提出六点希望：一要把好政治方向。二要服从服务大局。三要带头依法办事。四要密切联系群众。五要狠抓基层基础。六要带好政法队伍。

组织部长要选贤任能公道正派　3月26日，省委组织部副部长和市委组织部长任职培训班在全国组织干部学院举办。李源潮在学员座谈时指出，组织部长要把公道正派作为立身之本，提高为党和人民选贤任能的本领，及时发现、合理使用各方面优秀干部，保证党的事业朝气蓬勃、兴旺发达。

李源潮说，组织部长是管干部的干部，管干部首先要公道。公道才能服众，才能出风清气正、出干部积极性、出群众满意度。识别人要公道，出于公心、实事求是。评价人要公道，坚持德才兼备、以德为先标准，不以个人喜好定优劣。选拔人要公道，重用那些敢于坚持原则、敢于担当责任、敢于改革创新，埋头苦干不搞歪门邪道的干部。处理人要公道，以事实为依据、以法规为准绳，惩前毖后、治病救人，在纪律面前人人平等，最大限度地化消极因素为积极因素。组织部长要正正派派地做人，坚持五湖四海、不分亲疏，坚持原则、不徇私情，甘为人梯、不妒不忌，严守纪律、不谋私利。

李源潮指出，组织部长要敢于和善于选贤任能。选贤首先要看干部的政治立场，听其言、观其行；看干部的品德，首先是政治品德，同时还要了解干部遵守职业道德、社会公德、家庭美德的情况；看干部的作风，是否求真务实、联系群众、艰苦奋斗、清正廉洁；看干部关键时刻的表现，在大事难事、急事危事面前是否经得起考验，对名利地位特别是进退留转的态度。任能要看干部的实绩，重点是科学发展的实绩、造福百姓的实绩、打基础利长远的实绩；看干部的经验，鼓励干部到基层去、到一线去、到艰苦复杂环境中去，砥砺意志、增长才干；看干部的公论，扩大干部工作中的民主，充分尊重民意；看干部攻坚克难的本领，善于发现那些有激情、有韧劲，勇于迎难而上、开拓创新的干部。

四大名刊提出马克思研究新路径　学术刊物要推动马克思主义发展　3月27日，《中国社会科学》、《哲学研究》、《马克思主义与现实》、《中国人民大学学报》四大刊物在中共中央编译局召开联席工作会议，针对回归文本和回归哲学史的倾向，提出“思想史与现实中的马克思”研究路径。与会编辑围绕“学术期刊的学术使命”、“学术期刊如何引领学术研究”、“马克思主义研究的两个维度”等问题结合具体工作展开讨论。

与会者认为，在新的历史时期，作为学术理论文章的发布平台，学术刊物要主动承担起发展和繁荣中国学术、为中国学术走向世界铺路架桥的历史使命。在这当中，学术刊物如何推动马克思主义发展尤为重要。在新的时代重新解读马克思的文本无可厚非，但用西方哲学或西方马克思主义哲学文本反哺对马克思文本的理解，必然导致马克思思想体系的支离破碎。马克思主义哲学如果只是设定为西方哲学史发展中的一个环节，这就从根本上否定了马克思主义哲学革命的意义。马克思主义哲学的性质是改变世界的哲学，马克思主义哲学终结思辨哲学的秘密在于，真正的思想是源自对历史逻辑和现实矛盾的深刻把握，这种在思维中被把握的时代也正是理论自觉的最本质的内涵。

会上，有编辑提出，期刊要引导研究者深入到思想产生的时代背景之中，超越文本，发现文本中的“问题”，真实地理解马克思思想的精神实质，从而为推动马克思主义的时代化提供思想资源。要在马克思主义的研究中深入到中国面对的重大现实问题中，在理论逻辑与现实逻辑的统一中对中国的现实问题做出“中国的回答”，从而在世界学术理论的发展中赢得地位和尊严。

理论研究须突出问题意识　3 月 28 日，马克思主义理论学科建设与理论研究 2012 年度工作会议在北京举行。与会者围绕会议主题进行了广泛交流。

会议指出，马克思主义理论研究必须深刻领会马克思主义的精神实质，关键是善于运用它的立场、观点和方法。马克思主义是人类文明的瑰宝，是马克思主义政党的精神支柱和强大思想武器。加强马克思主义经典著作的学习与研究，对学习、掌握、运用马克思主义立场、观点和方法，对深化各学科的科研工作，具有决定性和基础性的作用。哲学社会科学工作者应认真学习研究马克思主义经典著作，不断提高用马克思主义立场、观点和方法进行哲学社会科学研究工作的能力和水平。

会议指出，马克思主义理论研究要突出问题意识，深入研究实践提出的重大理论和现实问题。当前，在马克思主义理论研究中存在着两种值得注意的倾向：一是书斋化，片面强调文本，削弱了理论的实践性；二是实用化，削弱了理论的科学性和前瞻性。马克思主义理论研究应深入研究坚持和发展中国特色社会主义的重大理论和现实课题，深入研究国际重大理论、重大战略、重大事件和热点焦点问题，不断推出高质量研究成果，为党和国家决策提供及时有效的对策建议。

深入推进党的理论创新成果宣传阐释　为党的十八大召开营造良好思想理论氛围　3 月 30 日，中宣部在京召开理论宣传工作座谈会。刘云山出席会议并讲话，强调理论创新每前进一步，理论武装就跟进一步，理论宣传就应深入一步。要深入贯彻党的十七届六中全会精神，按照高举旗帜、围绕大局、服务人民、改革创新的总要求，唱响主旋律、打好主动仗，扩大影响力、增强说服力，更好地用党的理论创新成果统一思想，为党的十八大胜利召开营造良好思想理论氛围。

刘云山强调，在当代中国，中国特色社会主义是引领中国发展进步的旗帜，是全党全国各族人民团结奋斗的旗帜。做好新形势下的理论宣传工作，最根本、最核心的，就是要牢牢把握正确方向，坚持用中国特色社会主义伟大旗帜凝聚力量，在多元中立主导、多样中谋共识，坚定人们的共同理想追求。要紧密联系马克思主义中国化的历史进程，认真实施中国特色社会主义理论体系普及计划，大力推进中国特色社会主义理论体系的宣传阐释，不断增强人们坚持中国特色社会主义旗帜、道路、理论体系和制度的自觉性坚定性。科学发展观是中国特色社会主义理论体系的最新成果，是十六大以来党的理论创新成果的集中体现。开创中国特色社会主义事业新局面，迫切需要加强科学发展观的宣传教育，在新的高度和广度上进一步深化对科学发展观的认识，凝聚推动科学发展的共识，把科学发展观贯彻落实到经济社会发展各个方面。

“中国人的发展经济学学会”成立　3月31日，世界经济发展学会的专业学会，“中国人的发展经济学学会”成立大会在南京举行。来自全国各地46所大学和科研机构的近70位专家学者出席了成立大会。

大会讨论通过了“中国人的发展经济学学会”南京宣言。宣言指出：人的发展经济学是经济学的重要分支，人的全面自由发展是马克思主义经济学研究的主要内容和终极价值目标。马克思主义经济学对人的发展问题的研究，为分析当代世界经济问题提供了最好的理论基础，同时也为人类实现社会经济和谐健康发展指明了方向途径。经济发展实质应该是人的自由全面程度（状况）的发展；人的自由全面发展水平决定着一个社会经济的发展程度；经济的发展程度制约、影响人的自由全面发展程度。所以，人的发展经济学有助于从根本上化解当代世界范围内的经济危机和目前中国经济发展中存在的一系列经济社会问题。促进人的发展经济学的研究，是时代赋予“中国人的发展经济学学会”的历史使命。

与会者一致认为，一个国家的发展并不简单地等同于经济发展，经济发展只是手段，人的发展才是目的；同时，一个繁荣的社会必须建立在无数个人的潜能得到充分发挥和自由全面的发展之上，一个社会如果能使每个人的才能都得到自由全面的发展、创造性得到充分的发挥，这个社会就将获得文明发达的持久生命力。

《科学发展观重大战略思想述要》正式出版　3月，由周忠高主编的《科学发展观重大战略思想述要》（中共中央党校出版社出版）一书正式出版，这部著作全面系统地梳理、归纳、概括和凝练党的十六大以来以胡锦涛同志为总书记的党中央领导集体关于科学发展的重要思想，理清其思想脉络，构建其理论框架，是研究普及中国特色社会主义理论体系最新成果的重要参考著作。此书在深入阐释科学发展观的科学内涵、历史定位、重大意义，在研究思路、理论框架、编写方法等方面形成了比较鲜明的特色。

理论框架科学。科学发展观作为中国特色社会主义理论体系的最新成果，通过一系列新思想、新观点、新论断深化和拓展了中国特色社会主义理论体系。该书从中国特色社会主义的根本任务、发展动力、总体布局、发展目的、依靠力量等角度，系统阐述了科学发展观在促进国民经济又好又快发展、坚定不移发展社会主义民主政治、推动社会主义文化大发展大繁荣、推进以保障和改善民生为重点的社会建设、开创国防和军队现代化建设新局面、推进“一国两制”实践和祖国和平统一大业、始终不渝走和平发展道路、以改革创新精神全面推进党的建设新的伟大工程等一系列重大问题上的基本观点，能使读者对科学发展观的主要内容以及科学发展观在中国特色社会主义理论体系中的地位有更加深刻的理解。

阐述较为深刻。科学发展观是十六大以来党的理论创新成果的集中体现，涉及改革发展稳定、内政外交国防、治党治国治军各个方面，有着丰富的思想内涵和严密的内在逻辑。在认真研究和全面把握党的十六大以来相关重要文献资料的基础上，该书对科学发展观的新思想、新观点、新论断进行了梳理，科学阐释其基本内涵和内在联系。该书采用概括、引证、分析相结合的表述方法，既突出了科学发展观的科学性，又增强了论述的灵活性和生动性，能使读者对科学发展观的主要观点、重要背景、思想脉络、重大意义等有较全面的认识和把握。

中共中央党校出版社已将这部著作作为向党的十八大献礼和“双百”工程的重点著作报国家新闻出版署。

博鳌亚洲论坛2012年年会在海南举行 4月1—3日，博鳌亚洲论坛2012年年会在海南博鳌举行。年会主题为“变革世界中的亚洲：迈向健康与可持续发展”。论坛围绕“探究世界经济不确定性的根源”“寻求变革与转型”和“创新与亚洲的可持续发展”三条主线开展讨论。探求在一个快速和深刻变革的世界中，如何推进亚洲各经济体转变发展方式、调整经济结构，走更加健康和可持续发展的道路。李克强在开幕式发表题为《凝聚共识，促进亚洲健康可持续发展》的主旨演讲。李克强提出，应加快转型，促进中国经济社会发展。李克强指出，当今时代，国际形势正在发生深刻复杂的调整和变化。亚洲的发展，机遇和挑战并存，希望和困难同在；但机遇多于挑战，困难可以克服。在世界调整与变革的大势下，我们愿与亚洲各国一道，共同推动亚洲健康与可持续发展。推动亚洲健康可持续发展，应当凝聚共识，携手努力。一是立足内生增长。二是秉承开放包容。三是实现互利共赢。四是促进团结和谐。五是坚持和平发展。

意大利总理蒙蒂、哈萨克斯坦总理马西莫夫、巴基斯坦总理吉拉尼分别在开幕式上讲话。伊朗副总统穆罕默迪扎德、泰国副总理吉滴叻、越南副总理黄中海等贵宾出席开幕式。博鳌亚洲论坛理事会副理事长、中方首席代表曾培炎出席开幕式。来自亚洲和世界的2000多名政界、工商界人士和专家学者等出席了年会。

正确认识我国社会现阶段道德状况 今年以来，《求是》杂志在第1期（1月1日）、第4期（2月16日）、第7期（4月1日）相继刊发《正确认识我国社会现阶段道德状况》、《认清道德主流 坚定道德信心——再论正确认识我国社会现阶段道德状况》、《正视道德问题 加强道德建设——三论正确认识我国社会现阶段道德状况》共三篇署名“秋石”的文章。“道德三论”引起读者广泛关注。

一论：考察道德现象，离不开具体的价值观立场、认识方法论和历史视野。

文章认为，从正确价值观立场、科学认识方法论和历史视野出发来分析当前我国的道德状况，必然会得出这样的结论：我国道德状况的主流是发展进步的。生产方式和上层建筑的变革，经济社会的全面进步，为新中国成立特别是改革开放以来中国道德的发展进步，奠定了坚实的基础，注入了持续的动力；在新的经济、政治、文化制度基础上生长起来的崭新道德，以及不断开展的群众性道德建设活动，又反过来为社会的全面发展进步，营造了良好的精神道德环境，提供了强大的精神支撑和动力。经济的发展进步和道德的发展进步之间存在的作用和反作用的相辅相成关系，决定了经济的发展进步，决不可能建立在社会道德总体滑坡的基础之上。

二论：认清道德领域的成绩与问题、主流与支流，坚定道德信心。

《认清道德主流　坚定道德信心——再论正确认识我国社会现阶段道德状况》一文认为，2011年我国社会出现的一系列道德事件，勾勒出“感动与疼痛并存，谴责与反思交织，忧虑与希望同在”的图景。从一定意义上说，一个社会真正危险的道德状况，不是人们对失德现象的义愤，而是对道德滑坡的冷漠。无论是感动还是疼痛、谴责还是反思、忧虑还是希望，都传递着社会公众的善良意识和德性本质，反映出干部群众的道德自省和道德愿景，也充分证明我国社会的主流道德观念、主流道德行为和主流道德舆论的积极、进步、向善。

文章说，在当前中国社会道德领域，一些时段、一些领域、一些人群的局部道德滑坡是客观存在的现象，有些道德问题还相当突出。但无论怎样高估问题的严重性，失德现象仍属支流，社会道德积极、进步、向善的主流地位无可撼动。

以腐败问题为例。一方面，在一些地方、部门和单位，在少数党员干部身上，风气的败坏到了相当严重的地步。另一方面，从中央到地方，从高层到基层，许许多多的党员干部锐意改革，勇于探索，致力发展，开拓进取，带领群众干事创业，不断开创工作的新局面；许许多多的党员干部忠于职守，敬业奉献，不计报酬，不辱使命，在自己的岗位上建功立业；许许多多的党员干部舍小家，顾大家，没有节假日，没有星期天，负重前行，超负荷工作，甚至牺牲了健康和生命；许许多多的党员干部严格自律，清正廉洁，用一身正气坚守着党性，保持着共产党人的本色。如果不是这样，如果没有一大批这样的党员干部，如果没有一大批这样的中坚和骨干在团结带领群众奋斗，我们的党和政府就不可能成功推进并驾驭这30多年来波澜壮阔的大变革，我们的国家就不可能有这30多年来突飞猛进、举世惊叹的发展和进步。

以诚信问题为例。一方面，商业欺诈等现象屡禁不止，假冒伪劣产品层出不穷。食品安全问题尤为突出，毒奶粉、地沟油、瘦肉精，等等，让一些群众发出了“还能放心吃什么”的责问。另一方面，绝大多数的企业和商家是好的，越来越多的企业和商家把诚信当作自己的生命和无形资产。如果不是这样，中国就不可能成为世界制造业大国，中国商品就不可能涌向世界每个角落，成为西方发达国家也离不开的从主要日用品到高端电子产品的供应基地。

以公德问题为例。一方面，扶贫济困、见义勇为的传统美德遇到了新情况、新挑战，一个“小悦悦”事件，似乎颠覆了不少国人的道德观念，要不要救助不相识的人，成为一些人心中纠结不清的问题。另一方面，勇敢徒手接住坠楼女童的杭州“最美妈妈”吴菊萍，以德报德、坚决拒收上万元补偿金的合肥两位农妇，在看到孩子躺在马路上抽动的那一刻“只想着救人”的陈贤妹，这一个个平凡的道德模范，这些在中国大地上天天都会出现的义举，为中国社会牢牢地支撑起扶危济困、见义勇为的道德蓝天。这些年，每遇大灾大难，中国社会都会出现“一方有难，八方支援”的感天动地的场面。蔚为壮观的志愿者队伍，已成为今天中国社会一道真善美的风景线。志愿者如同一面镜子，折射出中国社会大多数人对社会的责任感和赤诚心，折射出中国社会道德状况的主流。

三论：正视社会转型大背景下的道德发展变化，动员起全社会的力量，共建我们的道德家园。

《正视道德问题　加强道德建设——三论正确认识我国社会现阶段道德状况》一文认为，当今中国社会存在的道德问题，是在社会转型大背景下发生的，具有鲜明的社会转型期特征。毫无疑问，道德问题的主观成因是十分重要的。但是，正如马克思、恩格斯所说：“人们的观念、观点和概念，一句话，人们的意识，随着人们的生活条件、人们的社会关系、人们的社会存在的改变而改变，这难道需要经过深思才能了解吗？”在人类历史的本源意义上，是人们的社会存在决定人们的意识，而不是相反。因此，分析道德问题的客观成因，对于我们加强道德建设、治理道德问题，有着更为重要的意义。

文章指出，在对各种失德现象同声谴责的批评声中，我们听到的是对加强道德建设、改善道德环境、治理道德领域突出问题的强烈呼唤。对道德问题，既要回答“怎么看”，更要思考“怎么办”。

文章强调，加强道德建设，要在思想上提高觉悟，在行动上加大力度。改革开放初期，邓小平同志就告诫全党：“经济建设这一手我们搞得相当有成绩，形势喜人，这是我们国家的成功。但风气如果坏下去，经济搞成功又有什么意义？会在另一方面变质，反过来影响整个经济变质，发展下去会形成贪污、盗窃、贿赂横行的世界。”我们党确立社会主义市场经济的改革目标之初，江泽民同志就严肃指出：“如何充分发挥市场机制的积极作用，同时有效地防止拜金主义、享乐主义和极端个人主义的滋长蔓延，帮助人们树立社会主义的理想、信念和道德风尚，这是一个重大的历史课题。”党的十六大以来，思想道德建设的力度进一步加大。在分析腐败的思想道德根源时，胡锦涛同志指出：“一些人认为道德修养方面的问题是‘细节问题’，没有必要在这个问题上小题大做。这种认识是十分错误的、有害的。‘千里之堤，溃于蚁穴’。从近年来查处的领导干部违纪违法案件看，腐败分子走上违法犯罪的道路，大都是从道德品质上出问题开始的。”他强调，一定要把加强党员、干部的道德修养作为反腐倡廉抓源头的一个重点。他向全党和全社会提出以“八荣八耻”为主要内容的社会主义荣辱观，作为社会主义道德的根本要求。

文章说，国际国内的教训一再证明，道德败坏了，一定会反过来损害经济社会的发展。一个“三鹿奶粉”事件，不仅彻底毁掉了一个著名的企业，而且伤害了全行业，伤害了相关地区，甚至伤害了国家形象。这样的教训，可以促使人们进一步认清新形势下加强道德建设的重要性和紧迫性。正视和治理各类道德问题，一个重要的先决条件，就是要在思想上进一步觉醒起来，决不能对道德建设有丝毫的轻视和懈怠；就是要在行动上进一步加大力度，决不能说起来重要、做起来次要。没有道德领域的进步和发展，就不是全面协调可持续的科学发展。在道德建设上，要做实功而不要务虚名，要日积月累而不能急功近利。

文章强调，加强道德建设，要让法制建设成为道德建设的坚强后盾。道德的后盾在法律，道德的底线在法律。使法治和德治紧密结合、相辅相成，是加强道德建设、有效治理道德问题的根本途径。道德主要依靠良心的自觉发挥作用。人的良心不是天生的，而是后天形成的。从根本上说，良心就是内化的社会道德规范。在这个过程中，符合社会道德规范的言行会受到肯定和奖励，违反社会道德规范的言行会受到否定和相应程度的惩罚，人们在激励与约束相辅相成的机制中经受着道德磨练。道德良心既是“奖励”出来的，也是“惩罚”出来的。人们往往只看到发达国家公共秩序良好的一面，却忽略了发达国家社会公德背后的法律支撑，当闯红灯、乱停车、随地吐痰等轻微违法行为的代价都高昂到承受不起时，人们自然就会变得更加“有道德”。中国自从实行“醉驾入刑”以来，酒后驾车的人数陡然下降。这是道德觉悟提高了，还是惩戒机制奏效了？答案显然是：双赢！治乱当用重典，治理当前的道德突出问题，必须更加重视发挥法治的作用。

文章强调，加强道德建设，要从我做起，从现在做起，从小事做起。加强道德建设，治理道德问题，是一项全民共建共享的民心工程，需要全社会共同担当。每一位公民都应该成为道德建设的参与者，而不能只当旁观者；都应该成为良善道德环境的维护者，而不能只当享受者；都应该成为躬身行德的实践者，而不能只当评头论足的“批评家”。强调道德建设从我做起、从现在做起、从小事做起，就是强调道德建设人人可为、时时可为、处处可为、事事可为。每个公民都负有道德建设的责任，都是道德建设的主体；道德建设的成就人人有一份功劳，道德领域的问题人人有一份责任。一滴水能够反映太阳的光辉，一个人的德行能够折射整个社会的道德风貌。“我为人人，人人为我”，是我们理想的道德家园。

掌握好文献是党史研究的基础　4月6—8日，由中国中共文献研究会刘少奇思想生平研究分会、武汉大学马克思主义学院、武汉大学刘少奇研究中心联合主办的“《建国以来刘少奇文稿》的研究利用”研讨会在武汉大学召开。会议集中研讨了新中国成立初期刘少奇的思想理论。

有会者指出，座谈需要思考两个问题：如何认识“党书”研究及其利用价值，如何正确客观地看待党的文献的利用作用。陈晋强调，掌握好党的文献是做好刘少奇研究工作的基础。首先，文献是推进党的理论研究和理论利用的基础。其次，文献是深化党史和共和国史研究的基础，概括地讲，就是“揭开原貌、总结规律、重视经验”。最后，文献是科学总结党治国理政的经验基础，即“总结经验，统一思想，团结一致向前看”。

有会者认为，党史资料在党的历史研究中非常重要。随着历史的变化，党史资料已经从过去的单一化发展为现在的多元化，涵盖了各类档案、重要回忆录以及文稿等。从文稿中，我们不仅可以读出党的重大决策，还能读出领导人重要思想的形成过程。作为研究者，要善于从历史研究中吸取经验教训，析出智慧；要掌握研究的方法和技巧，以及足够的史料，独立思考，不断反思。

不断深化思想认识　努力把握工作规律　推动学习型党组织建设向广度深度拓展　4月7日，学习型党组织建设理论研讨会在海口召开，刘云山出席会议并讲话，强调推进学习型党组织建设是新形势下加强党的建设的创新举措，需要从理论和实践结合上不断深化探索、不断深入推进。要认真贯彻落实中央决策部署，进一步加深对学习型党组织建设重要意义、内涵特征、目标任务等基本问题的认识，努力把握工作规律、提高学习成效，为推动科学发展、促进社会和谐提供有力思想保证和智力支持。

刘云山指出，加强学习型党组织建设，必须按照马克思主义学习型政党的总要求来推进。要紧紧围绕科学理论武装的要求，推动广大党员干部深入学习马克思列宁主义、毛泽东思想，学习包括邓小平理论、“三个代表”重要思想和科学发展观在内的中国特色社会主义理论体系，不断提高全党马克思主义理论水平。要紧紧围绕具有世界眼光的要求，拓展国际视野、培养战略思维，努力掌握和运用一切科学的新思想、新知识、新经验。要紧紧围绕善于把握规律的要求，引导党员干部在向历史学习、向实践学习、向群众学习中不断升华规律性认识，把执政本领的增强扎根于人民群众的实践之中。要紧紧围绕富有创新精神的要求，以勇于开拓进取的态度研究新情况、解决新问题，提高谋划和推动科学发展的能力。要坚持党员领导干部带头，加强制度建设，加强宣传引导，加强组织协调，形成学习型党组织建设的强大推动力。

民族理论研究要重视现实问题 4月7—8日，由中央民族大学民族理论与政策研究中心、国家民委重点研究基地当代民族问题与中国特色民族理论研究基地、中央民族大学中国民族理论与民族政策研究院共同举办的“民族理论研究热点问题学术研讨会”在京召开。与会专家针对近年来民族理论研究热点问题进行了深入讨论。

与会专家认为，民族理论争鸣可以使我们提高警惕，关注不足，去伪存真；重视当前中国民族工作中出现的一些问题，不断完善民族区域自治制度；坚定不移地坚持中国特色社会主义民族理论和民族政策，实现各民族共同团结奋斗、共同繁荣发展。

坚定走中国特色社会主义道路信念 牢牢把握中国工运事业正确方向 4月10—12日，“中国特色社会主义工会发展道路”专题学习班在中央党校召开。学习班系统研讨了中国特色社会主义工会发展道路有关理论和实践，并听取当前我国经济形势及政策走向、国际工运形势、管理创新与社会和谐、新形势下国家安全等课程。全总副主席、书记处第一书记、党组书记王玉普首先为学习班授课，强调要深刻认识中国特色社会主义工会发展道路的重大现实意义，自觉地运用这条道路统一思想、坚定信念、指导实践，努力推动工会工作创新发展，更好地发挥工会组织在党和国家大局中的重要作用。

王兆国会见了“中国特色社会主义工会发展道路”专题学习班全体学员并讲话。他强调，要进一步坚定走中国特色社会主义道路的信念，始终与党中央保持高度一致，牢牢把握稳中求进的总基调，坚定不移地走中国特色社会主义工会发展道路，在推进中国特色社会主义伟大事业中充分发挥工会作用，为迎接党的十八大胜利召开营造良好的社会环境。

王兆国强调，中国特色社会主义工会发展道路来之不易，必须倍加珍惜，始终坚持，毫不动摇。工会领导干部要从内心实实在在地去认识、去理解、去实践、去发展，做到真学真懂真信真用，努力把自己锤炼成中国特色社会主义工会发展道路的坚定拥护者、积极传播者、自觉践行者。要着眼于我国目前所处的改革关键期、矛盾凸显期对工会工作提出的新要求，努力破解构建和谐劳动关系、维护职工合法权益、加强工会组织建设、激发基层工会活力等方面面临的突出问题，大胆探索、开拓创新，不断丰富完善中国特色社会主义工会发展道路，使这条道路永葆生机和活力。

用心走基层 用情转作风 用功改文风 4月11日，新闻战线“三项学习教育”活动领导小组在京召开发扬“走转改”精神、深化“走转改”活动研讨会。刘云山出席会议并讲话，强调“走基层、转作风、改文风”活动是对党的新闻工作优良传统的继承发扬，是新形势下改进新闻宣传工作的创新举措。新闻战线要深入总结“走转改”的成功经验，推动“走转改”活动常态化，引导广大新闻工作者带着紧迫感自觉“走转改”，带着责任感坚持“走转改”，带着使命感深化“走转改”，以优异成绩迎接党的十八大胜利召开。

刘云山指出，“走转改”是马克思主义新闻观的鲜活实践，是实现“三贴近”的有效途径，进一步深化了对新闻宣传工作的规律性认识。要深刻认识新闻工作的主体和服务对象是人民，只有深入人民群众、贴近普通百姓，才能赢得广泛共鸣、发挥应有的作用；深刻认识新闻报道的源头活水是实践，只有深入基层一线、深入火热生活，新闻报道才会有现场的温度、有思想的深度；深刻认识真实是新闻的生命、导向是新闻的灵魂，做好新闻宣传必须坚持马克思主义唯物史观，把宣传党的主张和反映人民心声统一起来。在“走转改”活动中，要注意把感性认识上升到理性思考，把好的实践成果转化为工作遵循，更好地用中国特色社会主义新闻理论指导实践。

做对党负责为民服务的好书记 4 月 11 日，全国基层党组织书记示范培训班在北京开班。李源潮出席开班式并讲话，希望广大基层党组织书记对党负责、为民服务，爱岗敬业、甘于奉献，不断提高能力素质，当好基层科学发展、和谐稳定的带头人，以优异成绩迎接党的十八大胜利召开。

李源潮指出，全面建设小康社会，基础在基层，重点难点也在基层。基层党组织书记要以推动科学发展、造福百姓为己任，带领党员、群众创先争优，发展农村经济，建设和谐社区，完成好本单位中心任务。要心系群众，加强与群众的沟通交流和直接联系，真心实意帮扶困难群众。要办事公道，公平公正处理基层矛盾纠纷，公开办事程序、结果，以公开求公道，让群众满意。要有民主作风，认真听取群众意见，遇事多同大家商量。要不怕吃亏、甘于奉献，一心为群众谋利益，不斤斤计较个人得失，追求问心无愧、大家公认的好名声。

坚持走中国特色社会主义民主发展道路 4 月 13—14 日，由中国人民大学国际关系学院政治学系主办的“比较视野下的国家建设与民主学术研讨会”在北京举行。与会专家学者就国家建设、民主发展等问题进行了研讨。

一些专家学者指出，近年来，国家建设问题是国内学术界比较关注的一个重要理论问题。国家建设涉及中央和地方两个层面，涉及党、人大、政府等之间的关系，涉及政府内部机构设置和部门之间的关系等，其研究目的主要是提高国家治理能力，维护国家权威，促进国家统一和社会稳定。一些专家学者认为，提高国家治理能力是当前我国国家建设的重要内容，主要包括建设深入人心的社会主义核心价值体系、形成权威的决策系统、确立有效的政府执行体制、培养国家与社会的良性互动、维持可持续的经济发展、建立健全社会保障体系等。

一些专家学者认为，在多民族国家中，不同的语言和文化背景造成了人们思维习惯、思维方式和价值观念的差异。从实际情况来看，西方的多党竞争、轮流执政在一些多民族国家加剧了这种差异，不利于国家整合与社会和谐。因此，西方的民主制度并不适合我国的国家建设和民主发展。一些专家学者认为，民主协商过程能够使人们的偏好更加趋于集中，也有助于提升人们对公共事务的认知能力和对公共事务的参与意识，从而促进人们在公共事务上形成共识。从这个角度看，协商民主能够更好地化解冲突、达成共识。当前，我们应始终坚持走中国特色社会主义民主发展道路，不断推进我国国家建设和民主发展。

城市与生活发展研讨会于北京举行 4 月 13 日，由半月谈杂志社和《中国名牌》杂志社联合主办的“城市与生活发展研讨会”在北京举行。与会者以“探寻幸福路径、构想未来城市”为主题，就城市发展如何关注人的健康和幸福进行了研讨。

与会者指出，城市是人类文明发展进步的重要成果，是现代经济社会发展和社会活动的主要载体。人因城市而聚集，城市因人而精彩。新中国成立特别是改革开放以来，我国城市建设取得了长足进步，但也面临各种问题和挑战。当前，城市环境、城市交通、城市文化等问题已经成为制约我国城市发展和市民生活质量提高的重要问题。

与会者认为，健康幸福的生活是每个人的追求。健康是生命的质量，幸福是生活的质量。城市发展应紧紧围绕人的健康和幸福来进行。一是以经济建设为中心，为人的健康幸福生活提供坚强的物质保障。虽然经济实力不是城市发展的唯一指标，但它却是城市发展的必要基础。二是以低碳、绿色、可持续发展为目标，为人的健康幸福生活营造良好的环境。包括良好的自然环境、顺畅的出行环境、安全的社会环境等。三是大力推动城市文化发展。一个城市的独特魅力最终要体现在它的文化上。城市文化的发展不是简单地建一些文化设施，搞一些文艺演出。应以深厚的中华文化为依托，积极吸收融合世界文化发展成果，形成富有自身特色的城市文化，让人们在文化中感受城市的精彩。

把党外代表人士队伍建设工作提高到新水平　4月16日，全国市地以上新任统战部长培训班在京开班。杜青林在开班式上强调，要深入贯彻中共中央《关于加强新形势下党外代表人士队伍建设的意见》精神，高层次谋划，全方位推动，努力把党外代表人士队伍建设工作提高到新的水平，以更大作为向党的十八大献礼。

杜青林强调，《意见》充分体现了坚持和完善我国基本政治制度的内在要求，有力彰显了我们党治国理政的政治优势，深刻揭示了发挥统一战线法宝作用的根基所在，鲜明指出了加强统一战线战略性基础工程的着力方向。领会《意见》精神，基点是充分发挥社会主义政治制度的特点和优势，根本是培养一支与我们党同心同德、同心同向、同心同行的党外代表人士队伍，关键是把握党外代表人士的成长规律和工作规律，重点是抓住党外代表人士发现、培养、使用、管理四个环节，要义是掌握联谊交友的工作方法。要深刻理解、准确把握《意见》新的重要理论观点和政策完善，切实增强学习贯彻的主动性自觉性。

推动县级机关党建工作科学化　4月19—20日，中央国家机关工委《紫光阁》杂志社、江苏省级机关工委联合主办，江苏省宜兴市级机关工委承办的“第二届全国县级机关党建工作研讨会”在江苏省宜兴市召开。与会者围绕“加强基层党建、服务科学发展”这一主题，就推动县级机关党建工作科学化、探索新形势下县级机关党建新路径等问题进行了研讨。

与会者提出，县级机关既是党和国家方针政策的执行机关，又是管理县域经济、政治、文化、社会事务的领导机关，发挥着承上启下、沟通条块、联结城乡、统筹发展的重要作用。县级机关党组织直接面向基层、面对群众，具有推动发展、服务群众、凝聚人心、促进和谐的重要功能。搞好县级机关党建对于推动地方经济社会发展、促进县域基层党组织建设、巩固党的执政地位具有重大意义。

与会者提出，努力推动县级机关党建工作走前头、作表率，是加强基层党组织建设的重要内容。应抓住中央把2012年确定为基层组织建设年的契机，在加强县级机关党建工作的规范化、制度化上下功夫；在构建县级机关党建服务农村、服务非公企业、服务社区的互动平台上下功夫；在建设务实型党组织，强化考评、落实责任上下功夫；在健全党内激励、关怀、帮扶机制，不断提升服务党员能力上下功夫。

“发展先进军事文化与培育当代革命军人核心价值观”理论研讨会召开 4月19日，由总政宣传部指导、国防科学技术大学主办的“发展先进军事文化与培育当代革命军人核心价值观”理论研讨会在长沙举行，来自总部机关、全军各大单位及有关院校的100多名领导和专家学者与会，围绕发展先进军事文化与培育当代革命军人核心价值观的重大意义、发展路径、方法手段等进行深入研讨交流。

与会代表一致认为，胡主席提出坚持把培育当代革命军人核心价值观作为发展先进军事文化的根本任务，这一重要论断深刻揭示了先进军事文化与当代革命军人核心价值观的内在联系，抓住了发展先进军事文化的关键所在，赋予了我军军事文化鲜明的时代特征，为深化核心价值观培育、推进军事文化建设打开了新视野，提出了新要求。新形势下推进我军军事文化建设，必须深刻认识把当代革命军人核心价值观作为发展先进军事文化根本任务的极端重要性，深入领会和把握其内涵要求，以扎实有力的举措把培育当代革命军人核心价值观这个根本任务落到实处。

与会者指出，先进军事文化是提高我军战斗力的重要因素，是滋养官兵的精神沃土。推动军事文化繁荣发展，必须紧贴时代要求和军队任务使命，进一步强化教育引导，创新方式方法，健全制度保障，把培育当代革命军人核心价值观融入文化建设全过程、军队建设各领域，体现到军队精神文化产品创作生产传播各方面，抓好思想教育，坚持舆论引导，注重文化熏陶，搞好典型示范，强化实践养成，完善制度保障，推动学习培育工作不断向深度和广度发展，培养当代革命军人的“精气神”，切实帮助官兵把正人生航向、筑牢精神支柱、实现全面发展，成为忠诚于党、热爱人民、报效国家、献身使命、崇尚荣誉的新时代革命军人。

中国政法大学成立“西方马克思主义研究中心” 4月21日，北京地区首家“西方马克思主义研究中心”在中国政法大学正式宣布成立。来自中国社科院、中央编译局、北京大学、中国人民大学、清华大学、北京师范大学、首都师范大学、中国政法大学等在京高校和哲学、马克思主义理论学科的著名科研机构的20多位专家学者与会祝贺，并围绕学术议题“马克思意识形态概念在中国的理解史及其现实意义”展开讨论。

与会学者认为，20世纪的马克思主义发展表现为三大路径，其一是苏联马克思主义，其二是西方马克思主义，其三是中国马克思主义。中国学者应该在了解各种思潮的基础上，更科学地构建当代中国自己的马克思主义学派、问题与研究路径。而马克思的意识形态概念，无疑是西方马克思主义的一个核心议题。学者们提出，要区分宏观意识形态与微观意识形态，区分意识形态与意识形态功能，区分文化与意识形态，区分意识形态现象与意识形态管理，并对之采取不同的理论与实践对策。学者们希望，中国的西方马克思主义学界能够不跟风，能够深入浅出地表述深刻的哲学道理；以西方马克思主义意识形态概念、理论与实践问题为着力点，能够成为“西方马克思主义研究中心”今后发展的特色和独树一帜之处。

着力解决发生在群众身边的10个方面腐败问题 4月23日，贺国强出席在济南召开的加强基层党风廉政建设座谈会并讲话。他强调，要贯彻落实十七届中央纪委第七次全会特别是胡锦涛总书记重要讲话精神，按照以人为本、执政为民的要求，在继续加大力度查办大案要案特别是高中级干部违纪违法案件的同时，把着力解决发生在群众身边的腐败问题摆上更加重要的位置来抓，以反腐倡廉建设的新成效取信于民、造福于民。

贺国强强调，当前和今后一个时期，各地区各部门要在查处面上各类案件的同时，着力查处以下发生在群众身边的腐败问题：一是要严肃查处征地拆迁中的腐败问题。二是要严肃查处矿产资源开发等领域的腐败问题。三是要严肃查处各类学校办学中乱收费问题。四是要严肃查处医药购销和医疗服务中的腐败问题。五是要严肃查处食品药品制假售假的腐败问题。六是要严肃查处国有企业领导人员侵占国家、集体利益和侵害职工群众权益的腐败问题。七是要严肃查处基层干部吃拿卡要、收受财物的腐败问题。八是要严肃查处执法不公、为黑恶势力充当“保护伞”的腐败问题。九是要严肃查处基层干部买官卖官、拉票贿选等腐败问题。十是要严肃查处基层干部作风粗暴、欺压群众、奢侈浪费等腐败问题。

贺国强强调，加强基层党风廉政建设、解决发生在群众身边的腐败问题，既要注重治标，更要注重治本。要加强教育、管理、监督，深化改革，完善制度，不断从源头上铲除基层滋生腐败现象的条件。要认真落实党风廉政建设责任制，加强基层党组织和基层纪检监察组织建设，为深入推进基层党风廉政建设提供有力组织保证。要真正重视、真情关怀、真心爱护基层干部，充分调动他们的工作积极性和主动性，为他们创造良好的工作生活环境和条件。

贺国强同志的讲话经适当删减后，以《着力解决发生在群众身边的10个方面腐败问题 不断以反腐倡廉建设新成效取信于民造福于民》为题，于6月1日在《求是》杂志发表。

中国马克思主义研究基金会举办“理论视野读书会” 4月24日，由中国马克思主义研究基金会和《理论视野》杂志社共同主办的“理论视野读书会”（第一期）在中央党校举行。中国人民大学校长陈雨露教授作了题为“人民币国际化战略”的主题演讲，分别从人民币国际化的战略目标、进程、挑战及其应对办法等方面进行了具体阐述。

会议认为，人民币国际化不可能一蹴而就，需要稳步推进。人民币国际化是一个长期过程。从根本上看，人民币成长为国际货币取决于我国的综合国力。当前，我国已经具备推动人民币成为国际货币的基本条件。但也要看到，我国经济发展与发达国家相比仍存在差距。推动人民币国际化应与我国综合国力的上升相适应，同时必须保持国家的控制力。近期以来，人民币国际化有所加快，总体上应沿着先周边化、再区域化、最终国际化的步伐，由易到难地推动人民币在贸易结算、国际投资和国际储备中的使用。这一进程，可能需要30年甚至更长时间。

深入贯彻党的十七届六中全会精神 推动哲学社会科学大发展大繁荣 4月25日，2012年度国家社科基金项目评审工作会议在京召开。刘云山出席会议并讲话，强调哲学社会科学战线要深入贯彻党的十七届六中全会精神，坚持以马克思列宁主义、毛泽东思想、邓小平理论和“三个代表”

重要思想为指导，深入贯彻落实科学发展观，立足中国特色社会主义伟大实践进行新的理论创造，推动哲学社会科学大发展大繁荣，以优异成绩迎接党的十八大胜利召开。

刘云山强调，面对新形势新任务新要求，哲学社会科学必须紧扣时代脉搏、聚焦中国问题，推出更多高水平的研究成果，更好服务党和国家事业发展全局。要深化党的理论创新成果研究，认真实施中国特色社会主义理论体系普及计划，着力推进马克思主义中国化时代化大众化；深化社会主义核心价值体系研究，探索引领多样化社会思潮的有效途径和办法，着力增强全党全国人民团结奋进的精神力量；深化改革发展稳定重大问题研究，积极回答社会普遍关注的热点难点问题，着力推动科学发展、促进社会和谐；深化中国特色社会主义文化发展道路研究，不断丰富发展社会主义文化建设理论，着力推动社会主义文化强国建设；深化重大国际问题研究，着力维护国家利益和安全。要深入实施哲学社会科学创新工程，推进以问题为导向的研究体系创新、学术话语体系创新、科研组织管理体系创新，着力建设具有中国特色、中国风格、中国气派的哲学社会科学。要创造性地做好国家社科基金工作，把坚持正确导向、突出国家水准、注重科学管理、服务专家学者贯穿工作始终，充分发挥国家社科基金的示范引导作用。

不断深化专题研究　努力推动成果转化　为加强和创新社会管理做出积极贡献　4月25日，王乐泉在全国地方法学会参与创新社会管理工作会议上强调，各级法学会要紧紧围绕社会管理领域带有全局性、前瞻性、战略性的重大问题，集中力量攻坚克难，力争形成一批高水平、高质量的研究成果，并努力推动研究成果上升转化为法律制度和政策措施，为加强和创新社会管理做出积极贡献。

王乐泉强调，各级法学会要在谋划推动社会管理创新实现整体突破上做贡献，认真研究提出如何从政策制度层面解决社会管理领域重大问题的办法和措施；要在谋划破解社会管理创新重点难点问题上做贡献，围绕社会管理领域热点难点问题开展深入研究，提出对策建议；要在谋划推动出台社会管理创新法律法规和政策措施上做贡献，以创新思维提出社会管理方面的法律法规立、改、废工作建议，通过多种形式参与社会管理立法活动，努力推动社会管理研究成果和重大意见建议转化为法律、政策、措施，推动社会管理法治化、规范化进程；要在谋划推进社会管理创新法制宣传教育上做贡献，积极组织动员广大法学工作者参与社会管理创新法制宣传教育活动，特别要结合“六五”普法规划和社会主义法治理念教育活动，在全社会弘扬社会主义法治精神、树立社会主义法治理念，引导群众依法处理社会关系、规范社会行为、表达利益诉求，为加强和创新社会管理营造良好的法治氛围。

2012年中国经济形势分析与预测春季座谈会举办，2012年我国经济仍将保持平稳较快发展　4月25日，中国社会科学院经济学部和社会科学文献出版社联合举办的“2012年中国经济形势分析与预测春季座谈会暨2012年《经济蓝皮书春季号》发布会”在北京举行。来自中国社会科学院、国家发改委、国家统计局、国务院发展研究中心、国家信息中心等单位的20多名经济专家参加会议。与会者普遍认为，虽然当前我国发展面临不少困难和挑战，但我国经济运行的基本面是好的，在较长时期内继续保持经济平稳较快发展具备不少有利条件。只要坚持稳中求进的工作总基调，继续实施和完善积极的财政政策和稳健的货币政策，大力推动改革攻坚，着力扩大消费需求，继续优化投资结构，2012 年我国经济仍将保持平稳较快发展和物价总水平基本稳定。

"中国经济形势分析与预测"课题组强调，目前制约我国经济增长的长期因素主要是国民收入分配结构失衡、投资与消费结构失衡、经济发展与资源消耗失衡等结构失衡问题。从根本上说，这些失衡是改革滞后于发展的反映，只有深化改革以消除制约科学发展的体制机制障碍，加快经济结构调整和经济发展方式转变，才能实现经济长期平稳较快发展。从可持续发展看，稳中求进的关键在于"进"，即在转变经济发展方式上取得新进展，在深化改革开放上取得新突破，在改善民生上取得新成效。为此，当前应特别注重加快推进财税、金融、价格、企业、收入分配等方面的改革。

组工干部要坚持原则清正廉洁　4 月 26 日，李源潮与新任县委组织部长培训班学员座谈。他指出，县委组织部长要向李林森、王彦生等优秀组织部长学习，对党忠诚、为民负责，选贤任能、公道正派，坚持原则、清正廉洁，以改革创新精神做好组织工作，以优异成绩迎接党的十八大胜利召开。

李源潮指出，坚持原则是选贤任能、公道正派的前提和保证。要求干部坚持原则，首先组织部长要坚持原则。在干部工作中坚持原则，一要正确对待上级和领导同志的要求，实事求是反映干部的真实情况，严格按照事业需要选人、按照干部标准选人、按照规定程序选人。二要正确对待部内同志的要求，不搞"近水楼台先得月"，引导大家比工作、比学习、比奉献，而不是比条件、比提拔、比待遇。三要正确对待熟人和下面同志的要求，不符合原则的事不能迁就照顾，不该办的事坚决不能办。

李源潮指出，清正廉洁是当好组织部长的底线，只有自己严守清廉，才能敢于坚持原则。新任组织部长如"一袭白袍"，要防止白袍点墨终不可洗净。组织部长清正廉洁要把好"三关"。一是公权不能为自己私用。二是公权不能被家属借用。三是公权不能被亲朋好友利用。

不断扩大马克思主义理论学科的影响力　4 月 27 日，"北京大学马克思主义学院建院 20 周年庆典暨全国高校马克思主义学院院长论坛"在北京举行。会议围绕加强马克思主义理论学科建设、推进马克思主义理论创新进行了研讨。

与会者认为，马克思主义理论学科是从整体上研究马克思主义基本原理和科学体系的学科，是我国哲学社会科学的基础学科。各高校马克思主义学院的成立和发展推动了我国马克思主义理论研究，壮大了马克思主义理论研究队伍，促进了学科建设发展。随着我国经济社会不断发展和学术研究深入推进，马克思主义理论学科建设面临一系列新情况、新问题。为此应不断扩大马克思主义理论学科的影响力，完善马克思主义理论学科的框架，拓展马克思主义理论学科的研究领域，提升马克思主义研究服务中国特色社会主义实践的能力。高校马克思主义学院承担着马克思主义理论学科建设的重大任务，推进马克思主义中国化、时代化、大众化，需要高校马克思主义学院继续自觉创新马克思主义理论研究的思维方式和研究范式，探究马克思主义理论学科的建设规律，努力造就一批学贯中西的马克思主义理论大家、学科领军人物和素质较高的骨干人才，不断提升马克思主义理论研究的学术水平。

各民主党派学习践行社会主义核心价值体系活动经验交流会在京举行 4月28日，实践“同心”思想，深化政治交接——各民主党派学习践行社会主义核心价值体系活动经验交流会在北京举行。贾庆林作出重要批示。

贾庆林指出，两年来，各民主党派通过开展多种形式的学习践行社会主义核心价值体系活动，取得了阶段成果，积累了宝贵经验。将这项事关多党合作事业发展的长期战略任务继续推向深入，责任重大，意义深远。希望认真总结经验，以“同心”思想为指导，着眼增进政治共识，深入搞好政治交接，不断丰富和展示学习践行活动的成果。

杜青林出席会议并讲话。他指出，开展好学习践行活动，必须坚持思想教育与发挥作用相统一，继承传统与弘扬时代精神相结合，政治引导与自觉自主自为相促进，典型示范与整体推进相统筹。希望各民主党派以“同心”思想为引领，深化学习践行活动的丰富内涵，在充分讨论中析事明理，在交流碰撞中深化认识，使核心价值真正深入人心。把握学习践行活动的着力重点，突出弘扬优良传统、搞好政治交接，把各民主党派与中国共产党“同心”的理念和事业一代一代传下去，不断发扬光大。丰富学习践行活动的内容形式，着力服务科学发展、促进民生改善、推进民主政治建设、增进社会和谐，提升活动的价值和成效。进一步加强理论研究和科学谋划，发挥好先进典型带动作用，确保学习践行活动全面深入、扎实有效推进，更好地展现参政党的进步品质，有力彰显中国特色社会主义政党制度的独特优势。

会上，民革中央主席周铁农、民盟中央主席蒋树声、民建中央主席陈昌智、民进中央主席严隽琪、农工党中央主席桑国卫、致公党中央常务副主席王钦敏、九三学社中央主席韩启德和台盟中央主席林文漪分别就本党派开展学习践行活动情况做了发言。大家一致表示，要以“同心”思想为统领，继续推进学习践行活动深入开展，不断提高自身建设和履行职能的水平。

“新时期党的建设科学化书系”出版座谈会在京举行 4月28日，“新时期党的建设科学化书系”出版座谈会在京举行。“新时期党的建设科学化书系”由党建读物出版社策划并组织出版，历时两年，是迄今为止最大规模研究介绍党的建设科学化最新研究成果的出版工程，也是国家出版基金重点资助项目和“十二五”国家重点出版规划项目。书系分为“理论研究”、“制度研究”、“方法研究”3个系列，共26册，全面反映党建研究与实践的最新成果和新鲜经验。

“资本主义危机与社会主义未来”学术研讨会举行 4月28日，由中国社会科学院信息情报研究院主办，中共杭州市委党校、《国外社会科学》杂志社承办的“资本主义危机与社会主义未来”学术研讨会在杭州举行。

与会学者认为，此次金融危机是由资本主义自身无法克服的矛盾所致。危机的发生为世界社会主义运动提供了机遇，同时，超国家垄断资本主义的出现也为世界社会主义运动带来了严峻挑战。正确分析此次危机，加深对资本主义本质的认识，对坚定社会主义信念有着重大而深远的意义。

有会者认为，此次危机是全球化背景下资本主义矛盾的一次集中爆发，它促使国家垄断资本主义向超国家垄断资本主义转变，对这种垄断资本主义新形态进行及时研究具有重要的理论和现实意义。这次危机直接影响到包括中国在内的社会主义国家，面对超国家垄断资本主义的兴起和金融危机的挑战，中国应采取正确的方针、政策加以应对，

国务院常务会议讨论通过《社会保障“十二五”规划纲要》 5月2日，温家宝主持召开国务院常务会议，讨论通过《社会保障“十二五”规划纲要》。

会议指出，“十一五”时期是建国以来社会保障体系建设发展最快的时期，制度建设取得突破性进展，覆盖城乡居民的社会保障体系框架基本形成，保障水平较大幅度提高，社会保障管理服务体系初步建立。颁布了社会保险法，修订了工伤保险条例；建立新型农村社会养老保险制度并开展试点，全面建立企业职工基本养老保险省级统筹制度；全面实施城镇居民基本医疗保险制度、新型农村合作医疗制度和城乡医疗救助制度，职工基本医疗保险制度进一步完善；建立和实施农村最低生活保障制度、城市生活无着流浪乞讨人员救助制度，完善了灾害救助、临时救助等制度；推进了社会慈善、社会捐赠、群众互助等社会扶助活动和志愿服务活动的制度化建设。社会保障事业的历史性进步，是改革开放以来经济快速发展、综合国力大大增强的结果，是以人为本执政理念和科学发展观的集中体现。

会议指出，目前我国城乡社会保障发展还很不平衡，农村地区明显滞后，一些基本保障制度覆盖面较窄。随着城镇化的推进，迫切需要加强制度整合与衔接，加快实现管理服务一体化。“十二五”时期，要坚持“广覆盖、保基本、多层次、可持续”的基本方针，以增强公平性、适应流动性、保证可持续性为重点，更加注重保障公平，更加注重统筹城乡发展，更加注重优质高效服务，更加注重可持续发展，加快建立健全覆盖城乡居民的社会保障体系。力争到“十二五”期末，形成基本完备的社会保障制度，比较健全的管理服务体系，并稳步提高保障水平，基本解决历史遗留问题，为全面建设小康社会提供水平适度、持续稳定的社会保障网。

会议确定了以下主要任务：（一）推进制度建设。（二）加快城乡社会保障统筹。（三）扩大社会保障覆盖范围。（四）逐步提高保障标准，缩小城乡、区域、群体之间的差距。（五）加强社会救助体系建设，大力发展社会福利和慈善事业。（六）加强社会保障管理与监督。

纪念中国共产主义青年团成立90周年大会在京隆重举行 5月4日是全国各族团员青年的节日——五四青年节，纪念中国共产主义青年团成立90周年大会在北京人民大会堂隆重举行。胡锦涛出席大会并发表重要讲话。胡锦涛强调，当代青年是无比幸运的一代，又是责任重大的一代。祖国发展的巨大成就为青年成长进步创造了良好条件，祖国建设的艰巨任务为青年大展身手提供了广阔舞台。广大青年要以邓小平理论和“三个代表”重要思想为指导，深入贯彻落实科学发展观，牢记光荣使命，珍惜宝贵机遇，以坚定的信念、宽广的胸怀、创造的激情、务实的态度，踊跃投身改革开放和社会主义现代化建设伟大实践，努力做科学发展的奋力推动者、和谐社会的积极构建者，用自己的双手为全面建设小康社会、建成富强民主文明和谐的社会主义现代化国家奉献力量，谱写中国青年运动浓墨重彩的新篇章。

胡锦涛指出，90年前，在中国革命风云激荡的历史变革中，在伟大五四运动的深刻影响下，

中国共产主义青年团宣告成立。这是中国共产党为动员广大青年投身中国社会伟大变革而采取的重大行动，表明我们党充分认识到青年在中国社会发展进步中的重要地位和作用。从此，在党的领导下，在中国人民争取民族独立、人民解放和国家富强、人民富裕的长期奋斗中，中国青年运动展开了浩浩荡荡的发展征程。实践充分表明，广大青年确实是我国社会最积极、最活跃、最有生气的一支力量，确实是值得信赖、堪当重任、大有希望的；共青团不愧是党的忠实助手和后备军，不愧是党联系青年的牢固桥梁和纽带，不愧是社会主义国家政权的重要社会支柱。

胡锦涛强调，中国青年运动 90 年的历史发展，留下了极为宝贵的经验和启迪：必须始终坚持中国共产党的领导，必须始终弘扬爱国主义精神，必须始终走在时代前列，必须始终投身人民伟大实践，必须始终尊重青年主体地位。

胡锦涛给当代青年提出 5 点希望：希望广大青年坚持远大理想，高举中国特色社会主义伟大旗帜，坚定不移走中国特色社会主义道路，努力掌握和运用中国特色社会主义理论体系，坚信中国特色社会主义制度具有巨大优越性和强大生命力，不为任何风险所惧、不为任何干扰所惑，在为党和人民事业的奋斗中创造人生辉煌；希望广大青年坚持刻苦学习，面向现代化、面向世界、面向未来，以只争朝夕的紧迫感，不断充实自己、提高自己、丰富自己，同时自觉到基层一线去，到艰苦环境中去，到祖国和人民最需要的地方去，在实践的熔炉中增长见识、砥砺品质、强化本领；希望广大青年坚持艰苦奋斗，敢于吃苦、勇挑重担，从小事做起、从基础做起，迎难而上、百折不挠，依靠自己的辛勤努力开辟人生和事业的前进道路，用埋头苦干的行动创造实实在在的业绩，在千磨万击中历练人生、收获成功；希望广大青年坚持开拓创新，大力发扬以改革创新为核心的时代精神，有那么一种勇立潮头的浩气，有那么一种超越前人的勇气，有那么一种与时俱进的朝气，立足岗位、立足实际，讲求科学、讲求方法，为推动理论创新、制度创新、科技创新、文化创新以及其他各方面创新贡献聪明才智；希望广大青年坚持高尚品行，把正确的道德认知、自觉的道德养成、积极的道德实践紧密结合起来，提高品德修养，弘扬传统美德，倡导新风正气，争当诚实守信的模范，争当奉献社会的模范，争当促进和谐的模范，通过自己的实际行动，让爱国主义、集体主义、社会主义思想更加深入人心，让社会主义荣辱观更好引领社会风尚。

胡锦涛强调，共青团组织一定要适应新形势，以改革创新精神推进各项工作和自身建设，着力把牢正确政治方向，着力提高服务青年能力，着力创新活动方式，着力夯实基层基础，更好履行组织青年、引导青年、服务青年、维护青少年合法权益的职能，不断提高共青团工作科学化水平。要以增强政治意识、提高业务本领、转变工作作风、坚持严格自律为重点，加强团干部队伍建设，努力打造一支让党放心、让青年满意的高素质团干部队伍。

胡锦涛要求各级党委务必把青年工作作为一项带有根本性、战略性的工作，倾听青年心声，关心青年疾苦，鼓励青年成长，支持青年创业，及时制定和完善政策措施，尽力为青年身心健康、事业发展、生活幸福提供良好环境和条件。要加强对共青团的领导，及时研究解决共青团事业发展中的实际问题，关心帮助共青团干部锻炼成长，更好发挥共青团组织在改革发展稳定各项工作中的重要作用。

胡锦涛最后说，伟大的时代召唤着青年，辉煌的事业期待着青年。党和人民坚信，我国各族青年一定会不负重托、不辱使命，在全面建设小康社会、坚持和发展中国特色社会主义、实现中华民族伟大复兴的征程上创造更加壮美的青春业绩。

《思想的历程》赠送仪式暨马克思主义大众化座谈会召开　5月5日，教育部、中央编译局联合举办的大型电视文献纪录片《思想的历程》赠送仪式暨马克思主义大众化座谈会在京召开。来自中央党校和北京大学、清华大学、中国人民大学等高校马克思主义学院的相关领导和专家，以及北京市学联代表共60余人参加赠送仪式和座谈会。

《思想的历程》由中央编译局、黑龙江省委宣传部和黑龙江电视台共同策划、制作，全片共8集，每集时长40分钟。该片全景式地展示了100年来马克思主义经典著作在中国翻译和传播的光辉历史。为帮助全国高等院校广大师生学习马克思主义经典著作、马克思主义基本理论和中国特色社会主义理论，中央编译局决定向全国高等院校赠送《思想的历程》光盘及图书。教育部专门下发通知，把《思想的历程》作为全国高等院校广大师生学习马克思主义理论的辅助教材，以推进高等院校的马克思主义理论教育和人才培养工作。

主流文化决定文化发展方向　5月8日，“主流文化与文化之争”高层论坛在北京大学举办。论坛由北京大学新闻与传播学院、北京大学文化产业研究院、商务印书馆和《英才》杂志社共同主办。

严隽琪在会上指出，主流文化决定着文化发展的方向，将真正影响着广大国民的思维方式和生活方式，而优秀的文化之所以能成为主流文化，还必须走出精英的殿堂，为大多数人所接受，在大众中广为传播。

严隽琪认为，当前国际竞争格局已不仅局限于地理版图、政治版图，而且包括文化版图，美国文化在其中已占据了主要位置。同时，其他国家文化也正在崛起，这就形成了各国与美国竞争的基本格局。各国文化都面临在国内守住民族文化，也要到国际上甚至美国本土与美国文化展开竞争、扩大影响的问题，中国当然无法置身事外。提升我们的“软实力”绝不仅仅意味着经济价值的增长，而且是对中国文化话语权的架构。

文化建设“敲定”量化指标　5月10日，《文化部“十二五”时期文化改革发展规划》发布，在完善图书馆评估标准、文化产业增值、城市文化遗产保护、重大涉外文化活动等方面作出了量化指标。

《规划》说，保证公共财政对文化建设投入的增长幅度高于财政经常性收入增长幅度，提高文化支出占财政支出比例。

“十二五”期间，文化部门管理的文化产业增加值年平均现价增长速度高于20%，2015年比2010年至少翻一番，实现倍增。建成10家左右具有重大影响的国家级文化产业示范园区，培育100个左右特色鲜明、主导产业突出的特色文化产业集群，培育30家左右上市文化企业，形成10家左右全国性或跨区域的文艺演出院线，打造3至5个具有国际影响的文化产业展会。

根据《规划》，“十二五”期间推出100部以上深受人民群众喜爱、久演不衰的优秀保留剧目和精品剧目，保护和扶持60个左右全国重点地方戏曲院团，扶持创作60台左右优秀地方戏剧目，30台左右优秀京剧剧目，挖掘整理改编20台左右优秀昆曲剧目，重点扶持20台左右交响乐、15

台左右歌剧（音乐剧）、10台左右舞剧（芭蕾舞剧），扶持10个左右全国重点美术馆。

到“十二五”期末，全国60%以上图书馆达到部颁三级以上评估标准，全国60%以上省市群艺馆、文化馆达到部颁三级以上评估标准。基本实现全国所有地市级城市均有设施达标、布局合理、功能完善的公共图书馆、文化馆。全国人均拥有公共图书馆藏书达到0.7册左右。各级公共图书馆，文化共享工程乡镇、街道、社区基层服务点基本建有公共电子阅览室。文化信息资源共享工程资源量争取达530百万兆字节以上，入户率达50%左右。国家数字图书馆资源总量争取达到1000百万兆字节以上，并提供全媒体服务。中西部地区争取每县配备1台流动文化车，中西部地区已完成转制的县级剧团每团配备1辆流动舞台车。

《规划》指出，到“十二五”期末，第一至六批全国重点文物保护单位的重大文物险情排除率达到100%，全国博物馆总数达3500个，免费开放博物馆总数达2500个，文化遗存较丰富的地市级以上中心城市拥有1个功能健全的博物馆。国有博物馆一级文物的建账建档率达100%。文物博物馆一级风险单位中文物收藏单位的防火、防盗设施达标率达到100%。“十二五”期间，新设立20个国家级文化生态保护区，在非物质文化遗产资源丰富的地区建设100个非物质文化遗产保护利用设施。

《规划》指出，强化文化在国家对外工作大局中的独特作用，树立“文化中国”新形象。“十二五”期间，在国际、多边、双边等场合举办国家级重大涉外文化活动30项以上，邀请500名国际文化名人与1000名青少年文化使者来华访问，对外文化援助的受援国家达20个以上。海外中国文化中心形成合理布局，到“十二五”期末总数达25至30所。

加强和改进中央和国家机关纪检监察组织建设，为推进党风廉政建设和反腐败工作提供组织保证　5月11日，中央纪委监察部在北京召开学习贯彻《关于加强和改进中央和国家机关纪检监察组织建设的意见》（以下简称《意见》）座谈会，贺国强出席会议并讲话。他强调，要大力加强中央和国家机关纪检监察组织建设，为全面推进党风廉政建设和反腐败工作提供坚强组织保证。

贺国强指出，中央和国家机关在党和国家工作全局中处于重要地位、承担着重要职责，做好中央和国家机关党风廉政建设和反腐败工作，直接关系到党的路线方针政策和中央重大决策部署的贯彻落实，关系到党的领导水平和执政能力的提高，关系到党和政府的形象。长期以来，中央和国家机关各部门及其纪检监察组织为推进党风廉政建设和反腐败工作、促进党和国家事业健康顺利发展作出了重要贡献，自身的反腐倡廉建设也得到不断加强。但是也要看到，中央和国家机关党风廉政建设和反腐败工作面临许多新情况新问题新挑战，纪检监察组织建设在机构设置、体制机制、职责任务、人员力量等方面还存在一些薄弱环节和问题。经中央批准，2012年2月中办、国办下发了《意见》，就加强和改进中央和国家机关纪检监察组织建设提出了一系列新要求新举措。我们要认真学习、准确把握、全面贯彻《意见》要求，切实把中央和国家机关纪检监察组织建设提高到一个新水平。

道德领域突出问题专项教育和治理活动视讯会议召开　5月14日，中央精神文明建设指导委员会在京召开道德领域突出问题专项教育和治理活动视讯会议。刘云山出席会议并讲话，强调要深入贯彻党的十七届六中全会精神，以建设社会主义核心价值体系为根本，紧紧抓住道德领域存在的突出问题开展专项教育和治理活动，推动形成文明道德风尚，为党的十八大胜利召开营造良好社会环境。

会议认为，党的十六大以来，以胡锦涛同志为总书记的党中央高度重视思想道德建设，并作出一系列重要部署。各地各部门认真贯彻中央精神，深入开展社会主义荣辱观宣传教育，不断深化精神文明创建和志愿服务，组织开展全国道德模范评选表彰，切实加强未成年人思想道德建设，有力促进了公民道德素质的提升，巩固发展了积极健康向上的思想道德主流。同时，当前社会道德领域还存在不少亟待解决的突出问题，人民群众反映强烈，必须采取有力措施及时加以解决。要从推动科学发展、促进社会和谐的高度，从维护群众切身利益、创造人们美好生活的高度，充分认识开展道德领域突出问题专项教育和治理的重大意义，以强烈的责任感使命感做好工作，推动形成知荣辱、讲正气、促和谐的良好风尚。

刘云山指出，开展道德领域突出问题专项教育和治理，是顺应群众期待、回应社会关切的重要举措。要围绕增强道德荣誉感，广泛开展公民道德教育，引导人们牢固树立有德光荣、失德可耻的理念，使基本道德规范成为全体公民的自觉遵循。要围绕加强诚信建设，集中治理群众反映强烈的突出问题，切实纠正行业不正之风，大力营造恪守诚信的社会环境。要围绕发挥重点人群的示范作用和基础作用，深入推进道德实践活动，引导广大党员干部努力做全社会的表率，引导广大青少年树立正确的道德观念，推动形成我为人人、人人为我的良好氛围。要围绕树立正确的道德取向，继续实施以净化荧屏声频和强化文化市场监管为重点的文化环保工程，大兴网络文明之风，为推进道德建设创造良好社会文化环境。

刘云山强调，开展道德领域突出问题专项教育和治理活动是道德建设的一项新探索。要遵循道德建设规律，坚持重在建设、正面引导，坚持抓住关键、重点突破，坚持区别情况、分类指导，坚持为了群众、依靠群众。要探索建立常态化工作机制，把专项教育和治理活动中的成功经验转化为制度规范和管理规章，促进公民道德建设持久深入发展。全国文明城市、文明城区要以更大的力度、更有效的措施推进工作，努力走在前列、发挥示范带头作用。

雷锋精神时代化与学雷锋活动常态化　5月14—15日，由中国社会科学院、共青团中央、解放军总政治部、求是杂志社、光明日报社、中共湖南省委主办，中共湖南省委宣传部、中共湖南省长沙市委承办的“雷锋精神论坛”在雷锋的家乡湖南省长沙市举行。

本次“雷锋精神论坛”，深入贯彻落实党的十七届六中全会精神，以传承和弘扬雷锋精神为主题，着眼于推进雷锋精神时代化和学雷锋活动常态化，回顾总结近50年来学雷锋活动的巨大成就和宝贵经验，深化对雷锋精神时代内涵的认识，积极探讨学雷锋活动常态化的方式方法，进一步推动学雷锋活动广泛、持续、深入开展，更好地在全体人民中牢固树立社会主义核心价值体系。中共湖南省委书记周强出席了开幕式并致辞，中国社会科学院常务副院长王伟光、共青团中央书记处书记周长奎等领导同志出席论坛并发言。120多名来自各地区各部门的党政干部、专家学者和模范人物汇聚一堂，围绕主题，踊跃发言，饱含深情地畅谈学习雷锋精神的体会和收获，探讨回答新形势下学雷锋活动中的热点和难点问题，取得了可喜的成果。

始终贯彻执行党的实事求是思想路线，对于推动科学发展、促进社会和谐至关重要 5月16日，中共中央党校举行2012年春季学期第二批入学学员开学典礼，习近平出席并讲话。他强调，实事求是作为党的思想路线，始终是中国共产党人认识世界和改造世界的根本要求，是我们党的基本思想方法、工作方法和领导方法，是党带领人民推动中国革命、建设、改革事业不断取得胜利的重要法宝。

习近平指出，实事求是是马克思列宁主义的精髓和灵魂，是毛泽东思想的精髓和灵魂，是包括邓小平理论、"三个代表"重要思想以及科学发展观在内的中国特色社会主义理论体系的精髓和灵魂。坚持实事求是，就是坚持一切从实际出发来研究和解决问题，坚持理论联系实际来制定和形成指导实践发展的正确路线方针政策，坚持在实践中检验真理和发展真理。党员干部特别是各级领导干部要深刻理解实事求是的科学含义和精神实质，始终按实事求是的要求办事。

习近平强调，坚持实事求是，最基础的工作在于真正摸清楚本地区本部门本单位的实际情况，真正摸清楚影响改革发展稳定的突出问题，真正及时了解人民群众的所思所盼，这样才能真正掌握客观实际，真正做到耳聪目明、心中有数。这里最重要的，是要清醒认识和准确把握我国社会主义初级阶段的基本国情和基本特点，全面看待和辩证分析我国经济社会发展出现的新情况新变化，真正做到既尽力而为又量力而行，推动经济社会又好又快发展。坚持实事求是，关键在于探求和掌握事物发展的规律。作决策、抓工作、办事情、谋发展，都要认识规律、遵循规律，这样才能使我们的工作真正取得主动权，保证改革发展不断取得胜利。

习近平指出，群众路线是我们党的根本工作路线，它同党的实事求是思想路线是相辅相成、在本质要求上完全统一的。要把坚持实事求是与坚持从群众中来、到群众中去紧密结合和统一起来，把对上级负责与对群众负责紧密结合和统一起来，深入基层了解情况，深入群众听取意见，使各项决策和各方面工作符合实际情况、符合客观规律、符合人民意愿。

习近平强调，领导干部对党和人民事业肩负着光荣而重大的领导责任，始终贯彻执行党的实事求是思想路线，对于推动科学发展、促进社会和谐至关重要。各级领导干部要把实事求是贯彻到领导工作全过程，自觉做坚持实事求是的表率。这就必须打牢马克思主义理论功底，在学习中国特色社会主义理论体系上下功夫，切实掌握认识世界、认识客观规律的思想武器，打牢坚持实事求是的思想理论基础；必须加强党性修养，坚持一切以人民利益和党的事业为重，自觉践行全心全意为人民服务的根本宗旨，以坚强的党性来保证做到实事求是；必须坚持求真务实，大力弘扬党的优良作风，做到讲实情、出实招、办实事、求实效，为坚持实事求是提供作风保证；必须与坚持解放思想、开拓进取有机统一起来，勇于变革、勇于创新，永不僵化、永不停滞，在深入研究新情况、不断解决新问题的实践中努力开创各项工作新局面。

全国城乡共建精神文明座谈会召开 5月17—18日，全国城乡共建精神文明座谈会在山东省烟台市召开。刘云山对会议作出重要批示，强调各地区各部门要进一步增强责任感、使命感，深入贯彻落实党的十七届六中全会精神，贯彻落实中办、国办印发的《关于进一步加强新形势下农村精神文明建设工作的意见》，以社会主义核心价值体系建设为根本，坚持依靠群众、动员群众、服务群众，把推动城乡共建精神文明作为加强农村精神文明建设的重要举措，摆上重要位置，采取有效办法，推动农村精神文明建设工作迈上新台阶，取得新成效，以优异成绩迎接党的十八大胜利召开。

会议指出，党的十六大以来，各地各部门深入贯彻落实科学发展观，按照中央关于加快形成城乡经济社会发展一体化新格局的战略部署，大力开展以城带乡、城乡共建工作，通过机关、企业、学校、社会组织与农村结对共建等形式，引导资金、技术、人力、智力等社会资源向农村倾斜，着力改善农村生产生活环境，丰富农民精神文化生活，有力地促进了农村改革发展各项事业，推动了社会主义新农村建设。

会议强调，推进城乡共建精神文明，是贯彻落实科学发展观、统筹城乡发展、推动形成城乡经济社会发展一体化新格局的迫切需要，是加快城乡文化一体化发展，满足农民精神文化需求、保障农民基本文化权益的迫切需要，是广泛动员社会各方面力量、整合各方资源、共同关心支持农村精神文明建设的迫切需要，是发挥群众性精神文明创建活动优势、切实改变农村相对落后状况的迫切需要。要把社会主义核心价值体系建设的各项要求，融入城乡共建精神文明活动中，通过生动具体的实践，使人们潜移默化地感悟、践行社会主义核心价值体系。要围绕道德建设、促进发展、改善环境、文化引领等，进一步创新共建载体、拓展共建领域，广泛开展党政机关、企事业单位、大专院校、社会团体以及新经济组织与农村结对共建活动，形成常态化工作机制。要把城乡共建精神文明的工作情况作为文明城市、文明单位测评的重要内容，组织动员大中城市特别是文明城市、文明单位带头支持农村精神文明建设，努力开创城乡共建精神文明工作的新局面。

首批国家级文化和科技融合示范基地公布　5月18日，由中宣部、科技部召开的文化与科技融合座谈会上，科技部、中宣部、文化部、广电总局、新闻出版总署等五部门联合发布了首批国家级文化和科技融合示范基地。北京中关村国家级文化和科技融合示范基地等16家被认定为首批国家级文化和科技融合示范基地。

科技部、中宣部等部门要求，各地要加强对文化和科技融合示范基地发展的指导和支持，建立健全文化科技创新工程工作机制，形成推动文化科技创新合力，保障示范基地健康快速发展；加速技术、人才、资金、政策等要素聚集，促进文化科技成果产业化；加快推动文化科技产业新兴业态的形成和发展，促进区域产业结构调整和优化升级；加强文化科技产业集群建设，探索集群式创新发展的新模式，切实发挥示范基地的示范、辐射、带动作用。

认真总结和运用创先争优活动经验，切实加强党的先进性和纯洁性建设　5月21日，全国创先争优理论研讨会在北京召开。习近平出席会议并讲话。他强调，创先争优活动是在新的形势下保持党的先进性和纯洁性的一次有益探索。通过开展创先争优活动，提高了基层党组织的战斗力和党员队伍的素质，密切了党群、干群关系，增强了各级党委聚精会神抓党建和重视基层、加强基层、服务基层的自觉性，为加强党的先进性和纯洁性建设提供了新的经验和重要启示。

习近平指出，先进性和纯洁性是马克思主义政党的本质属性，贯穿于党的性质、宗旨、任务和全部工作中，体现在各级党组织和全体党员的实际行动上。这种先进性和纯洁性，不是固定不变的，而是与时俱进、随着形势和任务的发展变化而不断丰富与发展的；不是一劳永逸的，而是必须通过坚持不懈地加强党的自身建设才能保持与发展的。正反两方面历史经验深刻表明，保持、发展先进性和纯洁性始终是马克思主义政党根本的思想政治任务，关系党的生死存亡和前途命运。

习近平强调，我们党90多年的历史，是党领导中国人民不断赢得革命、建设、改革胜利的历史，也是党不断实现、保持、发展自己先进性和纯洁性的历史。90多年的历史说明，我们党始终保持、发展先进性和纯洁性，党在人民群众中就会有崇高的威望，党和人民事业就兴旺发达。90多年的历史也说明，党的先进性和纯洁性的保持和发展，不断面临着各种困难和风险的挑战与考验。过去如此，现在和将来也会如此。各级党组织和领导干部务必保持清醒认识，认真总结和运用这次创先争优活动的经验，以更大力度继续加强党的先进性和纯洁性建设。

习近平强调，要从思想上政治上加强党的先进性和纯洁性建设，坚持从思想教育入手，教育引导党员和干部认真学习并实践中国特色社会主义理论体系特别是科学发展观，加强党性修养和党性锻炼，模范践行社会主义核心价值体系，做共产主义远大理想和中国特色社会主义共同理想的坚定信仰者和忠实执行者；要从巩固党的阶级基础和群众基础上加强党的先进性和纯洁性建设，始终把实现好、维护好、发展好最广大人民根本利益作为检验先进性和纯洁性的试金石，进一步建立健全联系群众、服务群众的长效机制，在时时处处为群众排忧解难、造福人民的实践中体现党的先进性和纯洁性；要从提高领导骨干素质上加强党的先进性和纯洁性建设，建设好领导干部队伍，坚持在实践中培养、考察、锻炼、使用干部，推动领导干部以率先垂范的实际行动体现党的先进性和纯洁性；要从夯实组织基础上加强党的先进性和纯洁性建设，把抓基层、打基础作为一项永久的战略任务坚持不懈地抓下去，不断提高基层党建工作科学化水平，充分发挥基层党组织的战斗堡垒作用和党员的先锋模范作用；要从完善党内制度及工作机制上加强党的先进性和纯洁性建设，坚持党要管党、从严治党，增强自我净化、自我完善、自我革新、自我提高能力，健全以党章为根本、以民主集中制为核心的制度体系，为保持党的先进性和纯洁性提供制度保证。

习近平指出，保持党的先进性和纯洁性是党的建设一项长期而又常新的战略任务，需要不断地结合新形势新任务从理论和实践结合上进行研究。他希望各级党组织和广大理论工作者加强和深化这方面研究，不断取得新的成果。

把握时代要求，提升能力素养，履行好宣传思想文化工作的职责使命　5月21日，刘云山在同第三十七期地方党委宣传部长培训班学员座谈时强调，要深入贯彻党的十七届六中全会精神，按照高举旗帜、围绕大局、服务人民、改革创新的总要求，紧跟时代步伐，深入探索实践，更好地履行职责使命，不断提高做好宣传思想文化工作的能力和水平，以优异成绩迎接党的十八大胜利召开。

刘云山指出，重视并善于做宣传思想文化工作，是我们党的优良传统，也是一大政治优势。现在，我国社会主义现代化建设进入新的阶段，党和国家事业站在一个新的起点上，宣传思想文化的重要作用进一步凸显。推动科学发展、加快转变经济发展方式，迫切需要强有力的思想舆论支持；促进社会和谐、维护社会稳定，迫切需要广泛凝聚社会思想共识；保障改善文化民生、满足人民群众日益增长的精神文化需求，迫切需要加快文化改革发展步伐。新的形势和任务，赋予宣传思想文化战线特殊使命和重要职责。

刘云山强调，宣传思想文化工作始终同国际国内形势的变化联系在一起，同党和国家事业的发展联系在一起。做好宣传思想文化工作，必须树立全局意识，深刻认识当今世界的形势、国内发展的趋势、社会思想变化的态势，始终保持清醒的政治头脑，坚决贯彻中央决策部署，切实做到以经济建设为中心不动摇、服从服务于改革发展稳定大局不动摇。要牢牢把握正确导向，坚持团结稳定鼓劲、正面宣传为主，唱响主旋律、打好主动仗，多做统一思想、凝聚力量的工作，多做振奋精神、坚定信心的工作，把正确导向要求贯穿到工作的各个方面。要坚持以人为本、利民惠民，面向基层、服务群众，顺应群众的愿望开展工作，深入回答人们关心的热点难点问题，深入实施重点文化惠民工程，加快发展文化事业文化产业，努力提供群众喜闻乐见的文化产品和文化服务，让文化改革发展的成果惠及全体人民。

刘云山强调，时代的发展和实践的推进，对宣传思想文化工作者的能力素养提出了更高要求。要勤于学习，把学习作为一种政治责任、生活方式，突出实践特色、注重实际效果，不断提高理论素养、丰富知识积累、完善知识结构，使学习真正成为提升精神境界、提高工作水平的不竭动力。要勇于创新，牢记文化是引领风气之先的工作，积极适应社会结构的新变化、发展社会主义市场经济的新要求，切实推进内容形式创新、体制机制创新、传播手段创新，增强宣传思想文化工作的吸引力感召力和针对性实效性。要善于务实，大力弘扬求真务实精神，走基层、转作风、改文风，一分布置、九分落实，把工作往深里做、往实里做、往群众心坎里做，使各方面工作经得起历史、实践和人民的检验。

全国政府信息公开工作会议召开　5 月 24 日，国务院在京召开全国政府信息公开工作电视电话会议，马凯出席并讲话。他强调，各地区各部门要深入贯彻党中央、国务院关于政府信息公开工作的决策部署，突出重点，抓好落实，保障人民群众对政府工作的知情权、参与权、表达权和监督权，提高政府的公信力和执行力。

马凯强调，推进政府信息公开，是人民政府的本质要求，是建设法治政府和服务政府的重要内容，是加强反腐倡廉建设的重要举措。各地区、各部门要认真贯彻落实国务院办公厅印发的《2012 年政府信息公开重点工作安排》，重点做好以下五方面工作：一是着力推进公共财政资金管理与使用的政府信息公开，继续抓好预算决算、“三公”经费和行政经费的公开，力争取得更大进展。二是着力推进民生领域的政府信息公开工作。要把保障性住房的规划、建设、分配、管理等各环节和全过程向社会公开；继续加大生产安全事故应对、处置、调查、处理信息的公开力度；所有征地拆迁项目，都要严格依法履行公告、告知、论证和听取意见等程序，全面公布补偿方案、补偿标准和补偿结果等各环节信息；推进食品安全和环境保护信息公开。三是着力推进招投标信息公开。政府投资项目以及国有资金占控股或者主导地位、依法必须进行招标的项目，其招投标信息、投标单位及从业人员信用信息等，都要向社会公开。四是着力推进价格和收费信息公开。政府制定的价格和收费标准调整时，要公开调整的原因、标准、执行期限等，依法举行听证，严格执行经营服务性收费、行政事业性收费公示制度。五是着力推进政府信息公开制度和公开渠道建设。健全依申请公开工作机制，充分发挥政府网站、广播电视、报刊杂志等信息渠道的作用，方便社会公众及时获取政府信息。

马凯要求，各地区各部门务必把政府信息公开工作摆在重要位置，充分认识这项工作的重要性和紧迫性，按照统一部署，加强组织领导，落实工作责任，健全工作机构，配齐工作人员，扎扎实实地把这项工作推向深入。

通过深化改革增强创新能力 5月27日，中国经济体制改革研究会、北京改革和发展研究会、北京国际城市发展研究院举办的“2012中国改革发展论坛暨《中国改革报告2012》首发式”在北京举行，来自相关部门和研究机构、高等院校的专家学者围绕当前改革发展中的热点难点问题进行了研讨。

与会者认为，我国经过30多年的改革开放，追赶型经济发展阶段即将结束，改革发展面临新的形势和挑战。在追赶型经济发展阶段，由于可以跟踪引进发达国家的成熟技术和产业，推动经济发展最重要的能力是资本动员能力和要素聚集能力。随着发展水平的提高，可供学习引进的技术和产业空间越来越小，同时发达国家的技术转让限制越来越严格，这就对增强自主创新能力提出了紧迫要求。适应经济发展的这种阶段性变化，我们应当加快推进企业组织形式、要素配置方式、财政金融体制等方面的改革，增强自主创新能力。

《中国改革报告2012》一书由北京改革和发展研究会组织编写、陈剑主编。该书论述了2011年度我国经济、政治、文化、社会等领域的改革发展状况，包括中国改革主报告、经济体制改革、政治和法律体制改革、社会和文化体制改革、地方改革实践五个方面内容。

深化科技体制改革，加快国家创新体系建设 5月28日，中共中央政治局召开会议，研究深化科技体制改革、加快国家创新体系建设。胡锦涛主持会议。

会议指出，建设创新型国家，加快转变经济发展方式，实现我国发展的战略目标，最根本的是要靠科技的力量，最关键的是要大幅提高自主创新能力。当前，我国进入全面建设小康社会的关键时期和深化改革开放、加快转变经济发展方式的攻坚时期。科技在经济发展中的作用日益凸显，新科技革命和全球产业变革步伐加快，我国科技发展既面临重要战略机遇，也面对严峻挑战。必须在深化科技体制改革上取得新的重要进展，建立健全科学合理、富有活力、更有效率的创新体系，激发全社会创造活力，实现创新驱动发展。

会议强调，深化科技体制改革，要高举中国特色社会主义伟大旗帜，以邓小平理论和“三个代表”重要思想为指导，深入贯彻落实科学发展观，大力实施科教兴国战略和人才强国战略，坚持自主创新、重点跨越、支撑发展、引领未来的指导方针，全面落实科技规划纲要，以提高自主创新能力为核心，以促进科技与经济社会发展紧密结合为重点，着力解决制约科技创新的突出问题，充分发挥科技在经济发展方式转变和经济结构调整中的支撑引领作用，加快建设国家创新体系，为2020年进入创新型国家行列、全面建成小康社会和新中国成立100年时成为世界科技强国奠定坚实基础。

会议要求，深化科技体制改革要突出重点、务求实效。要围绕科技与经济紧密结合这个核心问题，强化企业技术创新主体地位，加快建立企业主导产业技术研发创新的体制机制。要提高科研院所和高等学校创新服务能力，强化协同创新，加强统筹协调，优化结构布局，推进科研院所分类改革，强化科技资源开放共享，建立基础研究、应用研究、技术创新、成果转化协调发展的机制，提高国家创新体系整体效能。要统筹发挥政府调控作用和市场在资源配置中的基础性作用，完善科技项目、经费管理制度和科技评价、奖励制度，形成激励创新正确导向。要加强高水平领军人才和青年科技人才培养，引进海外优秀人才，支持归国留学人才创新创业。要建立健全科学合理的人才评价标准，加强科研诚信建设，营造科学民主、宽松包容的学术氛围，进一步激发广大科技人员积极性和创造性。要落实和完善相关法律法规和政策措施，为科技创新发展提供有力保障。

温家宝主持召开国务院常务会议，讨论通过《"十二五"国家战略性新兴产业发展规划》 5月30日，温家宝主持召开国务院常务会议，讨论通过《"十二五"国家战略性新兴产业发展规划》。

会议指出，发展战略性新兴产业是一项重要战略任务，在当前经济运行下行压力加大的情况下，对于保持经济长期平稳较快发展具有重要意义。《"十二五"国家战略性新兴产业发展规划》面向经济社会发展的重大需求，提出了七大战略性新兴产业的重点发展方向和主要任务。（一）节能环保产业要突破能源高效与梯次利用、污染物防治与安全处置、资源回收与循环利用等关键核心技术，发展高效节能、先进环保和资源循环利用的新装备和新产品，推行清洁生产和低碳技术，加快形成支柱产业。（二）新一代信息技术产业要加快建设下一代信息网络，突破超高速光纤与无线通信、先进半导体和新型显示等新一代信息技术，增强国际竞争力。（三）生物产业要面向人民健康、农业发展、资源环境保护等重大需求，强化生物资源利用等共性关键技术和工艺装备开发，加快构建现代生物产业体系。（四）高端装备制造产业要大力发展现代航空装备、卫星及应用产业，提升先进轨道交通装备发展水平，加快发展海洋工程装备，做大做强智能制造装备，促进制造业智能化、精密化、绿色化发展。（五）新能源产业要发展技术成熟的核电、风电、太阳能光伏和热利用、生物质发电、沼气等，积极推进可再生能源技术产业化。（六）新材料产业要大力发展新型功能材料、先进结构材料和复合材料，开展共性基础材料研究和产业化，建立认定和统计体系，引导材料工业结构调整。（七）新能源汽车产业要加快高性能动力电池、电机等关键零部件和材料核心技术研发及推广应用，形成产业化体系。《规划》还提出了20项重大工程。

会议强调，推动战略性新兴产业健康发展，要充分发挥市场配置资源的基础性作用，注重优化政策环境，激发市场主体积极性。加强自主创新，增强自主发展能力。加强国际交流合作，走开放式创新和国际化发展道路。

首届和平发展论坛开幕 5月30日，首届"和平发展论坛——制度文明对话"在北京开幕。全国政协副主席、中国和平发展基金会理事长孙家正出席开幕式并致辞。

孙家正说，进入21世纪，世界面临前所未有的挑战，也面临难得的发展机遇。中国积极致力于推动建设和谐世界，主张不同国家政治上相互尊重、平等协商，共同推动国际关系民主化，经济上相互合作、优势互补，共同推动经济全球化朝着均衡、普惠、共赢方向发展，文化上相互借鉴、求同存异，尊重世界多样性，共同促进人类文明繁荣进步。中国和平发展基金会主办首届和平发展论坛，就是希望通过深入探讨制度文明对各国和世界和平发展的作用和影响，为推动建设持久和平、共同繁荣的和谐世界做出智力贡献。

美国政治学会前主席、康奈尔大学国际关系学院教授彼得·卡赞斯坦表示，中国的发展令人瞩目，中国制度文明建设在中国发展中发挥重要作用。

美国前国务卿基辛格在对论坛发来的贺信中表示，中国和平发展基金会主办的首届和平发展论坛开启了思想交流的渠道，提供了文化和知识交换的框架，为加深中国与国际社会的理解与合作搭建了新平台。

纪念胡乔木同志诞辰100周年座谈会在京举行 6月1日，纪念胡乔木同志诞辰100周年座谈会在北京人民大会堂举行。李长春出席座谈会。

胡乔木同志是中国共产党的优秀党员，久经考验的忠诚的共产主义战士，无产阶级革命家，杰出的马克思主义理论家、政论家和社会科学家，思想理论宣传文化战线的卓越领导人。

刘云山在座谈会上讲话。他指出，胡乔木同志的一生是英勇奋斗、无私奉献的一生，是追求真理、光明磊落的一生。在长达60多年的革命生涯中，胡乔木同志坚定理想信念，忠诚于党，热爱祖国和人民，把毕生精力奉献给中国革命、建设和改革事业。胡乔木同志为党和国家许多重大决策的确立竭尽智慧才华，为党的思想理论建设和宣传文化工作作出卓越贡献，为党的文献编纂和党史研究工作倾注大量心血，为推动新时期哲学社会科学事业繁荣发展发挥了重要作用。我们纪念胡乔木同志，就要学习他坚持真理、献身理想的崇高追求，学习他实事求是、勇于创造的探索精神，学习他求知若渴、好学不倦的高尚志趣，学习他尊重知识、爱才惜才的远见卓识，学习他无私奉献、谦虚谨慎的优良品德。刘云山强调，要大力弘扬胡乔木等老一辈革命家的崇高精神，更加紧密地团结在以胡锦涛同志为总书记的党中央周围，坚持以马克思列宁主义、毛泽东思想、邓小平理论和“三个代表”重要思想为指导，深入贯彻落实科学发展观，开拓进取、扎实工作，以良好的精神状态和优异的工作业绩，迎接党的十八大胜利召开，为中国特色社会主义事业作出新的更大贡献。

马克思主义理论研究和建设工程工作会议召开 6月2日，马克思主义理论研究和建设工程在京召开工作会议，对8年来的工作进行系统总结，对深入推进工程进行全面部署。李长春出席会议并讲话。他指出，要深入贯彻党的十七届六中全会精神，以高度的理论自觉和理论自信深入推进工程，更好地推动党的思想理论建设，推动哲学社会科学繁荣发展，为党的十八大胜利召开营造良好的思想理论氛围。

李长春指出，实施马克思主义理论研究和建设工程，是以胡锦涛同志为总书记的党中央，从深入推进马克思主义中国化时代化大众化、坚持和发展中国特色社会主义事业的战略高度，作出的一项重大决策。工程实施8年来，在党中央的高度重视和直接领导下，取得了重要阶段性成果，为推进党和国家事业发展作出了贡献。实践证明，党中央作出实施马克思主义理论研究和建设工程的决策是完全正确的。通过工程实施，进一步高扬了马克思主义旗帜，创新了理论工作机制，打开了繁荣发展哲学社会科学的突破口，搭建了培养马克思主义理论人才的重要平台，有力促进了党的思想理论建设和哲学社会科学繁荣发展。马克思主义理论研究和建设工程，不愧是关系中国特色社会主义事业发展全局的战略工程、生命工程、基础工程。

李长春强调，深入推进马克思主义理论研究和建设工程，是新的历史起点上我们党坚持和发展马克思主义的重要举措，也是贯彻落实党的十七届六中全会精神的必然要求。我们党成立91年、在全国执政63年、领导改革开放34年以来，推动中国经济社会发生了深刻变革和快速发展，开辟和拓展了中国特色社会主义道路，创立和发展了中国特色社会主义理论体系，形成和完善了中国特色社会主义制度，这是中国共产党领导全国各族人民进行的重大创新，是人类文明史上的伟大创举。如何在学习借鉴人类文明成果的基础上，用中国的理论研究和话语体系解读中国实践、中国道路，不断概括出理论联系实际的、科学的、开放融通的新概念、新范畴、新表述，打造具有中国特色、中国风格、中国气派的哲学社会科学学术话语体系，是理论界和学术界面临的重大而紧迫的时代课题。

李长春强调，必须充分认识深入推进工程对党和国家事业长远发展的战略意义，以对党对人民对历史高度负责的精神，把马克思主义理论研究和建设工程不断引向深入，加强理论创新和学术创新，继续推进充分反映马克思主义中国化最新成果的哲学社会科学学科体系和教材体系建设；加强对重大理论和现实问题的研究阐释，引导干部群众更好地统一思想、凝聚共识；进一步加大工程的宣传力度，充分展示党的思想理论建设的丰硕成果；深入开展对外交流，努力扩大我国在国际学术领域的话语权和影响力；继续发挥工程的纽带和桥梁作用，大力加强马克思主义理论队伍建设。各级党委和有关部门要把工程摆在重要位置，加强领导，作出部署，精心组织，使这项重大战略部署得到更好的贯彻落实。

《国家人权行动计划（2012—2015年）》出版 6月11日，经国务院授权，国务院新闻办公室发布《国家人权行动计划2012—2015年）》。《国家人权行动计划（2012—2015年）》已由人民出版社出版，即日起在各地新华书店发行。

《国家人权行动计划（2012—2015年）》是我国第二个以人权为主题的国家规划，对今后4年中国人权发展的目标、任务和具体措施作出了规划。《行动计划》分为导言，经济、社会和文化权利，公民权利和政治权利，少数民族、妇女、儿童、老年人和残疾人的权利，人权教育，国际人权条约义务的履行和国际人权交流与合作，以及实施和监督等7个部分。制定新一期《行动计划》是中国政府落实尊重和保障人权宪法原则的一项重大举措，对于推动科学发展，促进社会和谐，推动中国人权事业全面发展，努力使每一个社会成员生活得更有尊严、更加幸福，努力实现全面建设小康社会宏伟目标，具有重要意义。

党史部门党史资政工作经验交流会召开 6月12—13日，中央党史研究室在南京召开全国党史部门党史资政工作经验交流会，认真总结交流近年来党史资政的有效做法和成功经验，研究部署当前和今后一个时期的资政工作，进一步推动党史资政工作更好地为党和国家工作大局服务。

中央党史研究室主任欧阳淞强调，要从党史资政的内容和形式，从提高党史资政研究主体的素质和水平等方面，进一步深化对资政工作规律性的认识，真正做到“党有所需、‘史’有所为”，更好地发挥资政成果对理论创新的借鉴作用、对党委和政府决策制定的参谋作用、对组织群众动员群众实施决策的助手作用、对经济社会发展的促进作用。各级党史部门要加强领导、统筹谋划，建立健全党史资政工作体制机制；继续抓好党史基本著作编写出版工作，为党委和政府提供基础性资政服务；围绕党委中心工作和社会热点问题开展专题研究，促进重大现实问题的解决；创新方法手段，提高党史资政的质量和效果；加强资政研究人才队伍建设，提高资政能力，努力把党史资政工作提高到新水平。

学习时代楷模座谈会在京举行 6月13日，中央宣传部、中央文明办、教育部、解放军总政治部、全国总工会、共青团中央、全国妇联在京召开学习时代楷模座谈会。刘云山出席并讲话，强调要深入贯彻党的十七届六中全会精神，以社会主义核心价值体系建设为根本，兴起学习宣传时代楷模热潮，发挥榜样引领作用，培育文明道德风尚，为党的十八大胜利召开营造良好氛围。

刘云山强调，向时代楷模学习，就要学习他们热爱祖国、热爱人民的思想境界，自觉把个人的价值追求与党和人民的事业紧紧联系在一起，把个人的奋斗融入到国家富强、民族振兴的历史进程，为实现全面建设小康社会目标贡献智慧和力量；学习他们乐于助人、无私奉献的高尚品格，树立助人使人幸福、奉献使人快乐的幸福观，追求高尚人生价值，弘扬利他精神，以春天般的温暖促进社会和谐和睦；学习他们立足平凡、追求崇高的美好情怀，“勿以善小而不为”，认认真真做好身边事，自觉做中华民族传统美德的传承者、社会主义道德规范的实践者；学习他们爱岗敬业、忠于职守的职业精神，干一行爱一行，钻一行精一行，立足本职、扎实工作，在推进改革发展中创造一流业绩。

刘云山强调，要把宣传时代楷模作为大众传媒的一项经常性工作，以发现的眼光和关爱的情怀，大力营造崇尚先进、学习先进的浓厚氛围，唱响思想道德建设的主旋律；要坚持知行统一，广泛搭建平台、丰富渠道载体，积极开展道德实践活动，使时代楷模的崇高精神转化为人们的自觉行为；要礼敬时代楷模、关爱时代楷模，形成好人好报的社会风尚；要加强组织领导，建立长效机制，推动学习宣传时代楷模活动深入持久开展下去，使社会更加文明祥和、更加温暖和谐。

努力创建中国特色创新创业人才开发体系 6月15日，以“创新创业人才开发理论与实践”为主题的第二届中国人才发展论坛在深圳开幕。李源潮出席开幕式并与专家座谈。他指出，科技创新创业是现代经济社会发展最重要的驱动力，要按照科学人才观的要求，努力创建中国特色创新创业人才开发体系，更好地培养、引进、使用创新创业人才，推动加快建设创新型国家和人才强国。

李源潮指出，创新创业人才开发是一项系统工程。要根据国家经济发展转型、产业结构升级和参与国际竞争需要，确定人才开发的目标和重点。要以用为本，建立有利于人才潜心研究和创新创业的人才评价、流动、激励、保障科学机制。要高端引领，大力培养、引进领军人才、骨干人才、青年拔尖人才和重点领域急需紧缺的高层次人才。要产学研紧密结合，充分发挥企业在人才开发中的主体作用，不断提高学校和科研院所人才培养质量。要大力引进海外高层次人才，提高人才的国际化水平和国际竞争力。要不拘一格，鼓励人人成才。要加大政府人才投资，积极引导企业和社会加大人才资本投入，形成多元化的人才投入机制。

年轻干部要加强党性修养和基层实践锻炼　6月17日，李源潮在延安干部学院与年轻干部党性教育专题培训班学员座谈，勉励他们加强党性修养、理论学习和基层实践锻炼，为民、务实、清廉、谦虚谨慎，为党和人民作出经得起实践检验、人民检验和历史检验的贡献。

李源潮说，大力培养年轻干部是党和国家事业发展的需要。在改革开放和长期执政的历史条件下，我们党需要德才兼备、以德为先的干部，实干为民、群众公认的干部，改革创新、眼界开阔的干部，了解实际、经验丰富的干部。年轻干部任重道远，要以此为努力方向，按照党和人民事业发展的需要塑造自己。

李源潮指出，年轻干部要以邓小平理论和“三个代表”重要思想为指导，按照科学发展观的要求，选择正确的成长途径。要加强党性修养，坚持先进追求、增强宗旨意识、培养群众作风、服从组织需要，提高思想道德素质。要加强理论学习，深入学习马克思主义尤其是中国特色社会主义理论，学习经济、科技、文化、社会和工作所需的专业理论知识，养成理性思维习惯，提高政治领导水平。要加强实践锻炼，到基层去、到艰苦地区、复杂环境、关键岗位砥砺品质、积累经验，提高解决实际问题的能力。

李源潮指出，年轻干部要严以律己，自重、自省、自警、自励。要防止贪欲缠身的陷阱，慎始慎微，自觉抵制官名利、权钱色的诱惑；防止骄傲自满的陷阱，任何时候都不能把自己做出的成绩作为向组织伸手的资本；防止心浮气躁的陷阱，保持实干精神，耐得住寂寞、受得住委屈、经得起考验；防止脱离群众的陷阱，从感情上、行动上保持与人民群众的密切联系。要继承党的优良作风，始终坚持实事求是、群众路线、艰苦奋斗、谦虚谨慎。

我国行政体制改革不断深化　6月17日，第三届中国行政改革论坛于北京举行，此次论坛的主题为“十年来中国行政体制改革回顾与展望”。全国政协副主席李金华出席论坛并致辞。

李金华在致辞中说，经过多年努力，我国政府职能转变迈出重要步伐，社会管理和公共服务职能有所加强；政府组织机构逐步优化，法治政府建设全面推进，行政管理方式不断改进，决策科学化、民主化水平不断提高，行政监督、行政问责不断增强，我国行政体制改革取得了显著成绩。深化行政体制改革，要加强顶层设计，特别需要解决好4个方面的问题：一是进一步切实转变政府职能；二是进一步加强法治政府建设；三是进一步推行政务公开；四是进一步推进反腐倡廉工作。

此次论坛由中国行政体制改革研究会、中国行政管理学会、中国机构编制管理研究会主办。此次论坛围绕转变政府职能、优化政府结构、深化政府自身改革、推进事业单位改革4个主题展开了深入研讨。

道德领域突出问题专项教育和治理活动现场推进会召开　经中央领导批准，中央文明办6月18—19日在江苏常州召开道德领域突出问题专项教育和治理活动现场推进会，总结交流前段工作情况，研究部署下步工作。

会议认为，中央文明委5月部署开展道德领域突出问题专项教育和治理活动以来，各地各部门把这项工作作为贯彻落实党的十七届六中全会精神、深入推进社会主义核心价值体系建设的重要举措，作为当前精神文明建设的一件大事，摆到突出位置，采取有力措施，迅速组织实施。有关职能部门开展专项整治，加大执法力度，查办违法犯罪行为，有力震慑了不法分子。总的看，专项教育和治理活动进展顺利，取得了良好开局。

会议指出，道德领域突出问题专项教育和治理关系到精神文明建设全局，关系到社会和谐、人民幸福。要进一步增强政治意识、大局意识、责任意识，继续把中央决策部署落实到位。要坚持教育为本、以德育人，把道德教育贯穿全过程，推动讲道德、做好人的观念深入人心。要大力宣传推广常州建设“道德讲堂”的经验，引导人们修身律己、净化心灵，打牢道德修养基础。要尊重群众主体地位，开展自查自纠、市民志愿者巡查、文明引导、道德评议等活动，在引导群众自我教育、自我提高上下功夫。要把道德建设寓于有效管理之中，发挥有关职能部门作用，依法依规解决突出问题。要积极运用广播、电视、报纸等媒体和网络传媒，推介成功经验，开展舆论监督，引导活动健康发展。

会议强调，要加大统筹协调力度，建立常态化运行机制，逐一抓好工作项目落实，确保专项教育和治理活动取得预期目标，使公民道德水平和社会文明程度不断提升，为党的十八大胜利召开营造和谐社会氛围。

紧密联系实际　透彻剖析问题　为深入回答当前干部群众普遍关注的热点问题，中央宣传部理论局组织编写了《辩证看 务实办——理论热点面对面·2012》一书。6月20日，该书由学习出版社、人民出版社联合出版，在全国各地新华书店发行。

该书紧密联系经济社会发展新形势，紧密联系干部群众的思想实际，透彻剖析问题的背景成因、现实状况，深入解读党和国家的方针政策、对广大群众的利益安排，对八个方面的热点问题作了有针对性、有说服力的回答，有助于人们更好理解中央各项决策部署，进一步增强推动科学发展、促进社会和谐的共识，把智慧和力量凝聚到全面建设小康社会、开创中国特色社会主义事业新局面上来。该书观点权威准确，文风清新朴实，图文并茂，可读性强，是干部群众、青年学生进行理论学习和开展形势政策教育的重要辅导读物。

由中宣部理论局和中央电视台联合制作的大型理论宣传片《辩证看 务实办 理论热点面对面·2012》，从8月13日起晚8点起在央视财经频道播出。

防范社会风险 解决社会问题　6月21日，中央党校科学社会主义教研部暨社会发展研究所主办的“中国社会发展问题高端论坛·2012研讨会”在北京召开。与会者围绕会议主题进行了研讨。

与会者指出，当前，我国已经进入改革攻坚期、发展关键期、矛盾凸显期。空前的社会变革在给我国社会经济发展进步带来巨大活力的同时，也带来一系列新情况新问题。我国仍面临着错综复杂的国内外环境，影响社会稳定、社会安全的因素依然存在。同经济快速发展相比，社会发展相对滞后，社会问题较多。重视社会安全，防范和化解社会风险，成为构建社会主义和谐社会的重要内容。

与会者指出，关乎社会和谐、稳定、安定、安全的因素是综合的、多层面的，包括经济基础、社会自身以及与社会领域相关的政治、文化等层面。因此，探寻社会和谐、稳定、安定、安全之道，也应该是综合的、多层面的。研究解决社会问题，就个别具体问题而言，应具体问题具体分析，抓住其主要矛盾和主要因素，寻求具体的应对措施；就整体的社会和谐、长治久安问题而言，应从经济基础、社会自身和与社会领域相关的政治、文化等层面作综合、系统的研究。

与会者指出，面对新形势新任务，广大理论工作者应坚持以马克思主义为指导，立足我国基本国情，在深入分析我国发展阶段性特征、把握世界发展趋势、借鉴国外发展经验的基础上，正确分析和判断当前我国社会发展的基本状况；深入探讨当前影响我国社会安全的主要因素；积极探索促进社会科学发展、安全运行的思路和措施等一系列重大问题，为推进中国特色社会主义事业贡献聪明才智。

共同推动世界经济复苏和增长　6月22日，中国国际跨国公司促进会与联合国开发计划署、联合国贸易和发展会议等共同主办的"第五届跨国公司领袖圆桌会议"在北京举行。会议以"促进跨国公司投资、强化企业社会责任、推动可持续发展"为主题，围绕当前世界经济复苏形势、跨国公司对外投资、跨国企业社会责任等问题进行了研讨和交流。

与会者认为，近年来，中国经济快速平稳发展，在推动世界经济增长中发挥了十分重要的作用。在这种背景下，许多跨国公司和中国企业开展合作，取得了良好业绩，实现了互利共赢。当前，国际金融危机尚未结束，世界经济格局正在经历深刻复杂的变化，迫切需要中外跨国公司继续扩大双向投资，不断提升合作层次，更好履行社会责任，努力实现可持续发展，共同推动世界经济复苏和增长。

与会者认为，目前中国企业在"走出去"过程中还存在一些问题，特别是竞争能力不强、领先企业较少、高端技术缺乏、适用人才不足，同时面临各种风险。这就要求中国企业注重立足国内打好国际化经营的根基，尤其是通过建立培训中心、与高校合作等方式培养适应国际化经营的人才；在对外投资时，既注意选择好投资地以规避风险，又注意通过就地采购和招工以及援助医疗、教育、基础设施建设等方式，促进项目所在地社会事业发展，增加当地居民福利。

历史文献纪录片《信仰》开播　6月24日，历史文献纪录片《信仰》在中央电视台综合频道首播。该片由中央组织部、中央文献研究室、中央党史研究室、中央电视台联合摄制，分"只要主义真"、"壮志换新天"、"时代先锋行"3集，通过讲述革命、建设、改革各个历史时期优秀共产党员的感人故事，深刻阐述了共产党人的核心价值观。

中组部发出通知，要求各级组织部门认真组织广大党员、干部和入党积极分子学习观看该片，基层党组织要结合主题党日活动、组织生活会等组织集中学习观看并进行讨论交流，党员领导干部要带头学习观看，确保学习取得实实在在成效。

《党史讲堂》正式开讲　6月27日，为了深入贯彻落实《中共中央关于加强和改进新形势下党史工作的意见》、全国党史工作会议和中央领导同志关于党史工作的一系列重要指示精神，进一步推动党史学习和宣传教育，由中国中共党史学会和北京市社科联共同主办的《党史讲堂》在中央党史研究室会议中心正式开讲。

中共中央党史研究室主任，中国中共党史学会会长、中国中共党史人物研究会会长欧阳淞作第一场报告，题目是“党的全国代表大会与党和国家事业发展”。

据介绍，《党史讲堂》拟每2—3个月举办一次，由党史界的专家学者主讲，讲解的内容尽可能围绕党和国家的中心工作，选择党史方面的某个专题进行讲解，既面对党史系统的专业研究人员，也面向社会上的党史爱好者和干部群众，力求成为干部群众学习、了解党的历史的一个重要讲坛和平台。

全国创先争优表彰大会召开　6月28日，全国创先争优表彰大会在北京人民大会堂召开。胡锦涛代表党中央，向全国8200万名共产党员表示诚挚问候，向受到表彰的创先争优先进基层党组织和优秀共产党员表示热烈祝贺。

习近平在表彰大会上讲话时说，两年多来创先争优活动围绕推动科学发展、促进社会和谐、服务人民群众、加强基层组织这个总要求，在全国基层党组织和党员中广泛而深入地开展，取得了丰硕成果。在中国共产党成立91周年即将到来之际，中央决定召开大会，表彰全国创先争优先进集体和优秀个人，就是号召各级党组织和广大党员向先进学习，在改革发展稳定中充分发挥各级党委的核心领导作用、基层党组织的战斗堡垒作用和共产党员的先锋模范作用，为夺取全面建设小康社会新胜利而奋斗。

习近平系统阐述了新的形势下充分发挥党的独特优势问题。他指出，中国共产党在91年的奋斗中形成了自己的理论优势、政治优势、组织优势、制度优势和密切联系群众的优势。这种独特优势，具有决定性的意义和力量，是我们党始终保持先进性和纯洁性的根本法宝。正是这种优势的坚持发挥，使我们党能够由小到大、由弱到强，团结带领全国各族人民谱写了中国革命、建设、改革的壮丽篇章，根本改变了中国人民和中华民族的前途和命运。

习近平强调，在新的形势下，我们要十分珍惜这些优势，在建设中国特色社会主义历史进程中始终坚持和充分发挥这些优势。他指出，充分发挥党的理论优势，最重要的就是必须坚持马克思主义，不断推进马克思主义中国化时代化大众化，努力提高广大党员和干部的思想理论素质，从理论上保持和发展党的先进性和纯洁性；充分发挥党的政治优势，最重要的就是必须通过强有力的思想政治工作，教育广大党员和干部坚定中国特色社会主义信念，坚持贯彻艰苦奋斗、勤俭建国的方针，从政治上保持和发展党的先进性和纯洁性；充分发挥党的组织优势，最重要的就是必须坚持健全党的组织体系和完善党的组织方式，努力建设高素质干部队伍和人才队伍，切实做好抓基层打基础工作，从组织上保持和发展党的先进性和纯洁性；充分发挥党的制度优势，最重要的就是必须坚持民主基础上的集中和集中指导下的民主相结合，不断巩固党的团结统一和增强党的创造活力，从制度上保持和发展党的先进性和纯洁性；充分发挥党密切联系群众的优势，最重要的就是必须坚持党的根本宗旨，贯彻党的群众路线，使党的一切工作充分体现人民群众的意志、利益和要求，从作风上保持和发展党的先进性和纯洁性。

习近平同志的讲话全文以《始终坚持和充分发挥党的独特优势》为题，于8月1日在《求是》杂志发表。

创新发展模式　缩小区域差距　6月29日—7月1日，中国人民大学《经济理论与经济管理》编辑部、广西师范大学经济管理学院等单位联合主办的“第六届中国经济理论与管理前沿论坛暨中国区域经济发展专题研讨会”在广西壮族自治区桂林市举行。与会者围绕促进区域经济发展、缩小区域发展差距这一主题进行了研讨。

与会者认为，缩小区域发展差距，既需要发挥市场配置资源的基础性作用，也需要政府积极发挥作用。当前，推进财税体制改革，理顺中央与地方及地方各级政府间财政分配关系，更好地调动中央和地方两个积极性，特别是完善县级基本财力保障机制，是促进中西部地区县域经济发展，从而缩小区域发展差距的一个重要举措。

与会者提出，我国各地区发展水平、资源禀赋和人文环境差异较大，各地区在谋划和推动经济发展时，应注意将普遍要求与自身实际结合起来，因地制宜地探索科学的经济发展模式。改革开放以来，我国许多地区大胆实践、不懈探索，逐渐形成了苏南模式等区域经济发展模式。这些模式相互借鉴、融合，共同推动了我国经济发展模式创新。

《人民日报“任理轩”系列理论文章》出版　5月、6月，人民日报社理论部围绕中国特色社会主义道路、理论体系、制度和“中国奇迹”等理论热点，连续发表了4篇“任理轩”文章，引起热烈社会反响，几十家中央和省级党报以及重点新闻网站全文转载。这组文章立意高远、观点鲜明，论述深刻、文风清新，具有丰富的思想理论内涵和很强的现实指导意义。应广大读者要求，人民日报社理论部将其汇编成《人民日报“任理轩”系列理论文章》，7月1日由人民日报出版社出版发行。

激发全社会创造活力 加快建设创新型国家　7月6—7日，中央召开全国科技创新大会，胡锦涛发表重要讲话，深入分析国内外经济科技发展新形势，认真总结国家中长期科学和技术发展规划纲要实施以来科技改革发展取得的成就，动员全党全社会贯彻落实党中央、国务院《关于深化科技体制改革　加快国家创新体系建设的意见》，加快推进创新型国家建设，为全面建成小康社会、推进社会主义现代化提供更加有力的科技支撑。温家宝总理着重就增强企业创新能力发表重要讲话，强调深化科技体制改革的中心任务是要解决科技与经济相结合的问题，推动企业成为技术创新主体。这集中体现了我们党对当代经济社会和科技发展规律的深刻认识，体现了中央关于科技工作的最新要求，对于凝聚全社会共识，激发全社会创造活力，加快创新型国家建设具有重大而深远的意义。

习近平出席“世界和平论坛”开幕式并致辞　7月7日，习近平在北京出席“世界和平论坛”开幕式并以“携手合作·共同维护世界和平与安全”为题致辞。论坛由清华大学主办，中国人民外交学会协办。来自22个国家的专家、学者和36个国家的驻华使节等中外来宾近500人出席开幕式。

习近平说，“世界和平论坛”是中国举办的第一个高级别非官方国际安全论坛，论坛的主题“各方共赢：和平、安全、合作”，是攸关当今世界前途命运和各国人民幸福安康的重大课题，就此展开深入研讨和交流，将为促进世界和平与安全提供新思路、探索新方法、作出新贡献。

习近平指出，当今世界正处于大发展大变革大调整时期，国际形势正发生着极为深刻复杂的变化。和平与发展仍然是时代的主题。与此同时，国际社会也面临更加复杂多样的安全挑战，维护世界和平、促进共同安全依然任重而道远。

习近平指出，当今世界，不同制度、不同类型、不同发展阶段的国家利益交融、相互依存日益紧密。各国不仅利益与共，而且安危与共。在这样的新形势下，安全问题的内涵既远远超越了冷战时期对峙平衡的安全，也超越了传统意义上的军事安全，同时也超越了一国一域的安全。面对复杂多样的安全挑战，任何一个国家都难以置身事外而独善其身，也不可能靠单打独斗来实现所谓的绝对安全。各国必须坚持以合作的胸怀、创新的精神、负责任的态度，同舟共济、合作共赢，共同应对各种问题和挑战，携手营造和谐稳定的国际和地区安全环境。为此，我们应该恪守以下理念和原则：第一，必须以发展求安全；第二，必须以平等求安全；第三，必须以互信求安全；第四，必须以合作求安全；第五，必须以创新求安全。

习近平强调，正处在快速工业化、城镇化进程中的当代中国，始终致力于聚精会神搞建设、一心一意谋发展，同时始终致力于维护世界和平、促进人类共同发展。中国谋求的发展，是和平的发展、开放的发展、合作的发展、共赢的发展。实践证明，中国已成为国际体系的积极参与者、建设者、贡献者。中国持续快速发展得益于世界和平与发展，同时中国发展也为世界各国提供了共同发展的宝贵机遇和广阔空间。中国将继续坚持走和平发展道路，继续坚持推动构建新型大国关系，继续坚定维护亚太地区和平稳定，继续坚持承担应尽的国际责任和义务。

习近平表示，当今世界总体和平稳定与局部冲突动荡并存、发展与安全的机遇和挑战同在，唯有同舟共济、合作共赢，才能逐步实现世界的普遍和平与安全，使21世纪成为各国共享和平安宁、共同发展繁荣的世纪。

坚持和发展社会主义民主政治 7月13——15日，中国政治学会、贵州师范大学联合举办的“中国特色社会主义民主话语体系学术研讨会”在贵州省贵阳市召开，与会专家学者围绕如何推进社会主义民主政治建设等问题进行了研讨。

与会者认为，发展社会主义民主是我们党始终不渝的奋斗目标。保证我国社会主义民主政治始终沿着正确的方向发展，必须坚持党的领导、人民当家作主、依法治国的有机统一。人民当家作主是社会主义民主的本质和核心。在我国，发展社会主义民主的一切行动都是为了实现人民当家作主。党的领导是人民当家作主的根本保证。只有在党的领导下，人民群众才能形成自觉的意识、采取有效的行动，成为掌握国家、社会和自己命运的主人。依法治国是人民当家作主的重要途径和手段。只有坚持依法治国这一基本方略，人民群众才能切实行使当家作主的权利，保护自身民主权利不受侵犯。将三者有机结合起来，是我国社会主义民主政治建设的基本规律，是社会主义民主健康发展的内在要求。

与会者强调，社会主义民主是一个实践的过程，也是一个发展的过程。必须毫不动摇地坚持社会主义民主的基本原则、基本精神，同时结合新的实践不断研究新情况新问题，使社会主义民主随着经济社会发展而不断发展。应不断提高党科学执政、民主执政、依法执政水平，完善和发展人民代表大会制度、中国共产党领导的多党合作和政治协商制度、民族区域自治制度，从各个层次、各个领域扩大公民有序政治参与，完善基层群众自治制度。

充分发挥智囊团和思想库作用，用法治服务群众、维护正义、促进和谐 7月14日，中国法学会研究会会长会议在京举行。会议提出，各法学研究会要积极组织法学专家和法律工作者投身到建设社会主义法治话语体系工作中，用中国的法学理论研究解读中国法治实践、中国法治道路，打造具有中国特色的法治话语体系。

王乐泉在会上强调，中国法学会各研究会以及广大法学法律工作者要主动顺应人民群众对法治建设的新期待，紧紧围绕党和国家中心工作，围绕改革发展稳定大局开展研究，充分发挥智囊团和思想库作用，真正用法治保障科学发展、服务人民群众、维护公平正义、促进社会和谐。

王乐泉说，长期以来，中国法学会各研究会团结引领广大会员，围绕中国特色社会主义法治建设实践，加强法学基础理论研究和应用对策研究，立足国情学习借鉴国外有益法治经验，取得了一大批高质量的研究成果，为建立和完善中国特色社会主义法律体系，推动立法、执法、司法、法制宣传工作，提供了坚实的法学理论支撑。当前我国法治建设正处于新的发展阶段，完善中国特色社会主义法律体系任重道远。中国法学会各研究会要团结引领广大会员，始终在复杂的形势面前保持清醒的政治头脑，进一步坚定走中国特色社会主义道路的决心和信心。要坚持马克思主义在法学研究中的指导地位，不断提高运用马克思主义的立场、观点、方法分析、解决中国法治问题的能力。要始终树立社会主义法治理念，坚持党的领导、人民当家作主和依法治国的有机统一，确保法学研究正确的政治方向。广大法学、法律工作者只有坚持从实际出发，深深扎根于社会主义法治建设的伟大实践，密切关注具有全局性、战略性、前瞻性的重大法学问题，深入思考、勇于探索，才能取得丰硕的研究成果。希望中国法学会各研究会把广大会员的智慧和力量凝聚起来，牢牢把握我国法治建设面临的重要发展机遇，充分发挥智囊团和思想库作用，努力为建设中国特色社会主义法治国家贡献力量。

王乐泉要求，中国法学会各研究会要始终把思想政治建设放在首位，进一步加强组织建设，选好配强会长，倡导实事求是、扎实严谨的研究风气，特别要大力发扬理论联系实际的优良传统和良好学风，真正使研究成果能用、管用，更好地服务于中国特色社会主义法治国家建设。

新版《马克思画传》《恩格斯画传》《列宁画传》出版座谈会在京召开 7月17日，新版《马克思画传》、《恩格斯画传》和《列宁画传》出版座谈会在京召开。刘云山致信祝贺，充分肯定画传出版的意义和作用，并对加强马克思主义经典著作的学习、研究和宣传提出要求。

刘云山在贺信中指出，我们党历来重视马克思主义经典著作的学习，重视经典作家生平事迹的研究。由中央编译局编纂、重庆出版集团和中央编译出版社联合出版的三部画传，以《马克思恩格斯文集》、《列宁专题文集》的编译成果为基础，用生动的图片、朴实的文字，全面展示了马克思、恩格斯和列宁的卓越贡献，有助于读者特别是青年读者深切感悟他们的光辉品格、深刻领会他们的宝贵思想，是宣传普及马克思主义经典著作的重要读物，是推进马克思主义大众化的有益尝试。

会议认为，马克思主义经典著作深刻蕴含和集中体现着马克思主义基本原理，包含着经典作家汲取人类探索真理的丰富思想成果。十六大以来，我们党在学习运用马克思主义经典著作、推动马克思主义中国化时代化大众化方面做了大量工作，取得了显著成效。巩固马克思主义在意识形态领域的指导地位，巩固全党全国各族人民团结奋斗的共同思想基础，迫切要求我们立足于新的时代条件和社会实践，切实加强马克思主义经典著作的学习、研究和宣传，推动研究解决改革发展中的实际问题，进一步增强理论自觉和理论自信，把中国特色社会主义事业不断推向前进。

会议强调，加强马克思主义经典著作的学习运用，始终是党的思想理论建设的一项根本战略任务。要坚持突出重点、精选精学，加强对经典著作的选编，推出适合不同读者对象的读本，帮助干部群众有重点地进行学习，努力掌握贯穿其中的马克思主义立场观点方法。要坚持联系实际、学以致用，把学习的收获转化为推动实践的能力，把解决实际问题作为促进学习的动力，增强经典著作学习的针对性实效性。要坚持深入研究、科学阐释，继续深化经典著作基本观点研究，推出更多有分量、有影响的研究成果，为学习掌握马克思主义基本观点提供坚实支撑。要坚持改进文风、创新形式，用群众听得懂、听得进的话语阐释经典著作，用群众乐于接受的形式展现经典著作，着力推进经典著作的宣传普及，深化马克思主义中国化最新成果的宣传教育，为迎接党的十八大胜利召开营造良好的思想理论氛围。

《中国法治建设年度报告》发布 7月17日，由中国法学会组织撰写的《中国法治建设年度报告（2011）》公布，这是经中央政法委员会批准，中国法学会连续第四年发布关于中国法治建设的年度报告。

报告全文共约3.5万字，全面地反映了2011年我国社会主义法治建设的实践和取得的成就。报告指出，2011年，中国的法治建设围绕科学发展这个主题和加快转变经济发展方式这条主线，服务国家工作大局，促进了经济持续增长与社会和谐稳定；加强立法工作，提高立法质量，中国特色社会主义法律体系进一步完善；继续推进依法行政，深化司法体制和工作机制改革，法治政府建设和公正廉洁执法取得了新的成效；法制宣传、法学教育和法学研究创新发展，全社会的法律意识和法治观念进一步增强。2011年的中国法治建设，向着“依法治国、建设社会主义法治国家”目标又迈出了坚实的步伐。

报告指出，2012年是实施“十二五”规划承上启下的重要一年，在中国特色社会主义法律体系形成后如何完善这个体系，如何保障宪法和法律的有效实施，如何把法治建设的注意力更多地放到依法执政、依法行政、公正司法、依法办事上，将是中国法治建设面临的更加紧迫和现实的任务。中国将在提高立法质量、增强法律监督实效、加快法治政府建设以及提高司法公信力等方面，继续改进和加强，以回应中国经济社会发展的新要求和人民群众的新期待。

推进社会主义核心价值体系大众化 7月18日，中宣部宣教局、浙江省委宣传部在杭州召开“我们的价值观”主题实践活动工作座谈会，总结交流杭州“我们的价值观”主题实践活动的经验做法，发挥杭州经验做法的示范带动作用，进一步推进各地社会主义核心价值体系建设。

近年来，杭州市委、市政府着眼于推进社会主义核心价值体系大众化，开展了“我们的价值观”主题实践活动。坚持集思广益，面向全国征集“我们的价值观”主题核心词。注重发动群众参与，广泛开展“行业价值观主题与实践大讨论、大提炼、大行动”。将主题实践活动与创建学习型城市相结合，推出一条“运河学习长廊”、十个学习港，培育市民大学堂、国学一字堂等百个国学传承基层点。建设“书香社区”，设立上千个“学习书屋”，推动社会主义核心价值体系内化于心、外化于形。

会议认为，杭州开展“我们的价值观”主题实践活动，坚持强化主流价值导向、广泛凝聚社会共识，坚持突出群众主体、融汇文化元素、注重典型引领，为推进社会主义核心价值体系大众化做出有益探索，创造了新鲜经验。吴斌、吴菊萍等时代楷模在杭州不断涌现就是社会主义核心价值体系建设成效的直接体现。要深刻把握党的十七届六中全会关于社会主义核心价值体系建设的重要论述和重大部署，深入开展社会主义核心价值体系宣传教育，深化先进典型学习宣传活动，在推动党员干部、青少年、新社会群体、社会公众人物等重点人群学习践行社会主义核心价值体系方面下功夫，把社会主义核心价值体系要求有效融入人们的生产生活中。

推动哲学社会科学更好地为人民服务 7月20日，“中国社科院‘走基层、转作风、改文风’活动经验交流会”北京召开。据了解，中国社会科学院在“走转改”活动中，以科研任务为中心，精心设计特色鲜明、形式多样的活动载体，涌现出一批优秀的调研成果。与会者围绕“走转改”活动取得的经验进行了交流。

与会者指出，哲学社会科学工作者“走转改”是坚持马克思主义群众观的集中体现，是贯彻“二为”方向和“双百”方针的迫切需要。“走转改”活动将马克思主义群众观和世情国情党情民情教育贯穿始终，将职业精神、职业道德教育融入各个环节，进一步提升了科研人员坚持马克思主义指导地位的自觉性和坚持为人民服务、不做“空学问”的宗旨意识。活动的全面开展，为科学研究积累了大量鲜活生动的一手资料，推出了一大批高质量的学术成果，推动解决了一些关系群众切身利益的突出问题。

与会者指出，研究回答好时代提出的问题，是哲学社会科学工作的基本任务，也是哲学社会科学工作者展现自身优势、实现自身价值的基本途径。从根本上说，只有走下去，深入实践，才能发现真问题；只有走进去，深入生活，才能找到解决问题的方法。坚持人民至上、服务党和国家工作大局，是对以马克思主义为指导的哲学社会科学工作的本质要求，也是哲学社会科学工作者的优良传统和价值追求。

全党全国各族人民更加紧密地团结起来 沿着中国特色社会主义伟大道路奋勇前进 7月23日，省部级主要领导干部专题研讨班开班式在京举行。胡锦涛发表重要讲话。胡锦涛强调，高举中国特色社会主义伟大旗帜，以邓小平理论、“三个代表”重要思想为指导，深入贯彻落实科学发展观，解放思想，改革开放，凝聚力量，攻坚克难，坚定不移沿着中国特色社会主义道路前进，为全面建成小康社会而奋斗。

胡锦涛指出，中国特色社会主义是当代中国发展进步的旗帜，也是全党全国各族人民团结奋斗的旗帜，我们必须毫不动摇以邓小平理论、“三个代表”重要思想为指导，深入贯彻落实科学发展观，坚持和发展中国特色社会主义。我们必须抓紧工作，抓紧落实，在未来5年为到2020年如期实现全面建成小康社会目标打下具有决定性意义的基础，进而到本世纪中叶基本实现社会主义现代化。我们必须毫不动摇走党和人民在长期实践中开辟出来的正确道路，不为任何风险所惧、不为任何干扰所惑。解放思想始终是推动党和人民事业发展的强大思想武器，改革开放始终是推动党和人民事业发展的强大动力，我们必须毫不动摇推进改革开放，永不僵化、永不停滞，团结一切可以团结的力量，调动一切可以调动的积极因素，信心百倍战胜前进道路上的一切困难和风险。

胡锦涛指出，综合分析当前国内外形势，我们面临前所未有的机遇，也面对前所未有的挑战，我国发展仍处于可以大有作为的重要战略机遇期。能否牢牢把握机遇、沉着应对挑战，关键取决于我们的思想认识，取决于我们的工作力度，取决于我们推进改革发展的步伐。我们要全面审视当今世界和当代中国发展大势，全面把握我国发展新要求和人民群众新期待，科学制定适应时代要求和人民愿望的行动纲领和大政方针，更加奋发有为、兢兢业业地工作，继续推动科学发展、促进社会和谐，继续改善人民生活、增进人民福祉，奋力完成时代赋予的光荣而艰巨的任务。

胡锦涛强调，党的十六大以来，我们走过了很不平坦的道路。综观这 10 年，国际形势风云变幻，国内改革发展稳定任务繁重，我们紧紧抓住和用好我国发展的重要战略机遇期，战胜一系列严峻挑战，奋力把中国特色社会主义事业推进到一个新的发展阶段。我们之所以能取得这样的历史性成就和进步，最重要的就是坚持以马克思列宁主义、毛泽东思想、邓小平理论、“三个代表”重要思想为指导，勇于推进实践基础上的理论创新，形成和贯彻了科学发展观，为全面建设小康社会、加快推进社会主义现代化提供了有力的理论指导。深入贯彻落实科学发展观仍然是一项长期艰巨的任务，面临着一系列极具挑战性的矛盾和困难。我们必须以更加坚定的决心、更加有力的举措、更加完善的制度来贯彻落实科学发展观，真正把科学发展观转化为推动经济社会又好又快发展的强大力量。

胡锦涛强调，经过长期努力，我们坚持和发展中国特色社会主义取得了重大理论和实践成果，最重要的就是，开辟了中国特色社会主义道路，形成了中国特色社会主义理论体系，确立了中国特色社会主义制度。这是党和人民 90 多年奋斗、创造、积累的根本成就，必须倍加珍惜、始终坚持、不断发展。新的历史条件下，我们继续推进中国特色社会主义，必须不断丰富中国特色社会主义的实践特色、理论特色、民族特色、时代特色。

胡锦涛指出，全党同志必须牢记，我国过去 30 多年的快速发展靠的是改革开放，我国未来发展也必须坚定不移依靠改革开放。只有改革开放才能发展中国、发展社会主义、发展马克思主义。我们一定要坚持党的十一届三中全会以来的路线方针政策，坚持把改革创新精神贯彻到治国理政各个环节，更加自觉、更加坚定地推进改革开放，不断在制度建设和创新方面迈出新步伐，奋力把改革开放推向前进。

在谈到加快转变经济发展方式时，胡锦涛强调，以经济建设为中心是兴国之要，发展仍是解决我国所有问题的关键。在当代中国，坚持发展是硬道理的本质要求就是坚持科学发展。以科学发展为主题、以加快转变经济发展方式为主线，是关系我国发展全局的战略抉择。全党同志一定要统一思想、提高认识，坚决执行中央加快转变经济发展方式的重大决策部署，把推动发展的立足点转到提高质量和效益上来，扎扎实实抓好实施创新驱动发展战略、推进经济结构战略性调整、推动城乡发展一体化、全面提高开放型经济水平等战略任务的贯彻落实，着力激发各类市场主体发展新活力，推动工业化、信息化、城镇化、农业现代化同步发展，全面深化经济体制改革，不断增强长期发展后劲。

在谈到推进政治体制改革时，胡锦涛强调，改革开放以来，我们始终把政治体制改革摆在改革发展全局的重要位置，坚定不移加以推进，取得了重大进展，成功开辟和坚持了中国特色社会主义政治发展道路。推进政治体制改革，必须坚持党的领导、人民当家作主、依法治国有机统一，发展更加广泛、更加充分的人民民主，保证人民依法实行民主选举、民主决策、民主管理、民主监督，更加注重发挥法治在国家和社会治理中的重要作用，维护国家法治的统一、尊严、权威，保障社会公平正义，保证人民依法享有广泛权利和自由。

在谈到建设社会主义文化强国时，胡锦涛强调，建设社会主义文化强国，是我们党把握时代和形势发展变化、积极回应各族人民精神文化需求作出的重大战略决策。我们要坚定不移走中国特色社会主义文化发展道路，坚持为人民服务、为社会主义服务的方向，坚持百花齐放、百家争鸣的方针，坚持贴近实际、贴近生活、贴近群众的原则，树立高度的文化自觉和文化自信，推动社会主义精神文明和物质文明全面发展，建设面向现代化、面向世界、面向未来的，民族的科学的大众的社会主义文化。

在谈到改善民生和加强社会建设时，胡锦涛指出，在经济发展基础上逐步提高人民物质文化生活水平，是改革开放和社会主义现代化建设的根本目的。改革开放以来特别是近些年来，我们在改善民生方面作出极大努力，取得明显成效。同时，我们也要看到，人民群众对过上更好生活的要求也在增强，对加快解决民生领域突出问题的期盼也在提高。我们必须继续加强工作，多谋民生之利，多解民生之忧，解决好人民最关心最直接最现实的利益问题，在学有所教、劳有所得、病有所医、老有所养、住有所居上持续取得新进展，使改革发展成果更多更公平惠及全体人民，保证人民过上更好生活。

在谈到推进生态文明建设时，胡锦涛指出，推进生态文明建设，是涉及生产方式和生活方式根本性变革的战略任务，必须把生态文明建设的理念、原则、目标等深刻融入和全面贯穿到我国经济、政治、文化、社会建设的各方面和全过程，坚持节约资源和保护环境的基本国策，着力推进绿色发展、循环发展、低碳发展，为人民创造良好生产生活环境。

胡锦涛强调，改革开放以来，我们紧紧围绕中国特色社会主义伟大事业，全面推进党的建设新的伟大工程，取得了明显成效。新形势下，党所处历史方位和执政条件、党员队伍组成结构都发生了重大变化，来自外部的风险前所未有，党的建设方面特别是党员、干部队伍出现了许多亟待解决的突出问题。全党要增强紧迫感和责任感，坚持党要管党、从严治党，全面加强党的思想建设、组织建设、作风建设、反腐倡廉建设、制度建设，确保党始终成为中国特色社会主义的坚强领导核心。要继续推进党的建设新的伟大工程，坚定理想信念，保持党同人民群众的血肉联系，积极发展党内民主，深化干部人事制度改革，夯实党执政的组织基础，坚定不移反对腐败，自觉维护党的集中统一。

胡锦涛最后指出，各级党委和政府要以高度负责、奋发有为的精神做好改革发展稳定各项工作，继续脚踏实地、扎扎实实抓好落实，认真贯彻稳中求进的工作总基调，保持经济平稳较快发展势头，为大局稳定奠定坚实基础。要切实做好关心群众生产生活工作，时刻把群众安危冷暖放在心上，特别是要做好关心困难群众工作，千方百计帮助他们排忧解难。要加强宣传舆论工作，大力宣传改革开放以来特别是党的十六大以来我们党带领人民推进改革开放和社会主义现代化建设取得的伟大成就，增强全党全国各族人民坚定不移走中国特色社会主义道路的信心。全党要更加紧密地团结在党中央周围，扎扎实实做好各方面工作，以优异成绩迎接党的十八大胜利召开。

习近平在主持开班式时指出，胡锦涛总书记的讲话十分重要。讲话科学分析了当前我国面临的新形势新任务，深刻阐述了事关党和国家全局的若干重大问题，深刻回答了党和国家未来发展的一系列理论和实践问题，对进一步统一党的高级干部思想认识具有十分重要的指导意义。希望同志们认真学习总书记重要讲话，深刻领会讲话精神。

《简明中国历史读本》《中华史纲》出版座谈会举行　7月30日，中国社会科学院在京举行《简明中国历史读本》和《中华史纲》出版座谈会。刘云山出席会议并讲话，强调要认真贯彻中央关于加强历史知识学习的重要指示，按照江泽民同志在《简明中国历史读本》序言中关于提高历史素养的明确要求，坚持以史育人、以史资政，推动形成重史学史用史的浓厚氛围，在学习历史知识、借鉴历史经验中获得开拓前进的强大动力。

刘云山指出，中华民族有着五千多年生生不息、薪火相传的悠久历史，有着治史、学史、用史的优良传统。我们党一贯重视学习历史，在领导革命、建设和改革的过程中，注重从历史中总结经验、汲取智慧，在自觉把握历史潮流中开辟事业成功之路。新的历史条件下加强历史知识学习，要注重科学把握历史的发展规律，认清中华民族从哪里来、到哪里去的历史走向，认识历史和人民是怎样选择了马克思主义、选择了中国共产党、选择了社会主义道路、选择了改革开放，增强对中国特色社会主义道路、理论体系和制度的自觉自信。要善于借鉴历史的经验教训，从现实的基本国情出发，加强对历史经验的学习运用，以强烈的忧患意识加强和改进我们的工作，不断提高治国理政的能力和水平。要把历史知识作为学习型党组织建设的重要内容，通过多种渠道多种方式，推动广大党员干部加强对中国历史特别是近代史、革命史、党史、新中国史、改革开放史的学习。要把历史知识作为国民教育的重要内容，融汇于学校教育教学和课外实践活动之中，让广大青少年从小接受历史知识的熏陶。要把历史知识作为社会宣传教育的重要内容，充分利用各级各类大众传媒，充分发挥爱国主义教育基地和红色旅游作用，加强历史知识的宣传普及，不断提高全民族的历史文化素养。

中共中央政治局召开会议，讨论研究当前经济形势和经济工作　7月31日，中共中央政治局召开会议，分析研究上半年经济形势和下半年经济工作。胡锦涛主持会议。

会议认为，今年以来，国际政治经济环境复杂多变，国内经济发展面临的困难增多。各地区各部门在党中央、国务院正确领导下，按照稳中求进的工作总基调，正确处理保持经济平稳较快发展、调整经济结构、管理通胀预期的关系，加强和改善宏观调控，加大预调微调力度，经济社会发展总的形势是好的。经济增速保持在预期范围之内，农业形势进一步向好，物价涨幅回落，经济结构调整继续推进，改革开放不断深化，城乡居民生活进一步改善，社会保持和谐稳定。同时，我国经济发展面临的国际环境仍然严峻，影响我国经济平稳运行的不利因素仍然较多，经济发展面临诸多困难和挑战。我们既要看到经济运行中的问题和风险，增强忧患意识，做好应对准备；也要看到经济发展的基本面是好的，切实增强责任意识，坚定做好经济工作的信心，促进经济保持平稳较快发展。

会议指出，下半年经济工作要全面贯彻党的十七大和十七届三中、四中、五中、六中全会精神，以邓小平理论和“三个代表”重要思想为指导，深入贯彻落实科学发展观，以科学发展为主题，以加快转变经济发展方式为主线，坚持稳中求进的工作总基调，把稳增长放在更加重要的位置，以扩大内需为战略基点，以发展实体经济为坚实基础，以加快改革创新为强大动力，以保障和改善民生为根本目的，统筹当前与长远，更加注重拓宽增长空间，更加注重提高增长质量，更加注重激发发展活力，更加注重共享发展成果，着力破解经济社会发展中的难题，促进经济平稳较快发展，保持社会和谐稳定，努力实现经济社会发展预期目标，以优异成绩迎接党的十八大胜利召开。

会议要求，各地区各部门要切实把思想和行动统一到中央对经济形势的分析判断和各项决策部署上来，齐心协力，真抓实干，确保经济社会发展各项工作取得更大成绩。要加强和改善宏观调控，继续实施积极的财政政策和稳健的货币政策，加大结构性减税政策力度，保持货币信贷平稳适度增长；着力扩大国内需求，改善居民消费能力和环境，积极促进绿色产品和服务消费，在优化投资结构的同时扩大有效投资，落实促进民间投资的政策措施，加大对国家重大项目建设的支持；加快推进经济结构调整，强化创新驱动作用，促进产业升级，毫不放松抓好节能减排，大力支持小微企业和服务业发展，推进区域协调发展和城镇化；加强农业基础地位，抓好粮食等主要农产品生产，努力实现农业再获丰收；做好重要商品供需调节，保持物价总水平基本稳定；促进对外经济稳定发展，落实和完善稳定外贸政策，实施市场多元化战略，积极培育国际竞争新优势；深化财税、金融、价格、医药卫生、教育文化等领域改革，力争在健全体制机制方面不断取得新进展；坚定不移地贯彻执行房地产市场调控政策，坚决抑制投机投资性需求，切实防止房价反弹，增加普通商品房特别是中小套型住房供应，抓好保障性安居工程建设，满足居民合理的自住性住房需求；大力保障和改善民生，着力稳定和扩大就业，落实并完善社会保障政策，加强教育、文化、卫生等基本公共服务，创新社会管理，维护社会和谐稳定。

《中国廉政史鉴》出版 8 月 1 日，《中国廉政史鉴》由文化艺术出版社和国家图书馆出版社联合出版。

《中国廉政史鉴》全书分为思想理论卷、典章制度卷和历史人物卷，约 400 多万字，共 16 分册。思想理论卷荟萃了历史上重要政治家和思想家廉政思想的精华。典章制度卷对各个历史时期的廉政制度进行了比较系统的梳理。历史人物卷精选了从先秦到清代 300 多位著名历史人物的廉政事迹，并附有部分贪墨人物典型。这部书的出版，将对以史为鉴，资政育人，加强反腐倡廉建设，起到积极作用。

第五届北京（国际）藏学研讨会在京召开　8月2日—4日，第五届北京（国际）藏学研讨会在北京召开，来自21个国家和地区的267名藏学学者出席会议。

第五届北京（国际）藏学研讨会由中国藏学研究中心、中国西藏文化保护与发展协会、西藏社会科学院主办。本次会议以“西藏社会变迁与国际藏学发展趋势”为主题，与会学者通过大会交流和分组专题交流的形式，围绕“可持续发展与民生保障（社会与经济）”“历史”“文献、考古与艺术”“根敦群培研究”“宗教”“藏医药”等学科或专题展开研讨。

中国藏学研究中心总干事拉巴平措在开幕式上介绍说，自2008年第四届北京（国际）藏学研讨会以来，藏族社会和藏学研究有了新的发展变化，主要体现在藏学学科建设不断加强，学术研究成果不断涌现，藏学人才培养不断加强以及学术交流合作不断拓展。“藏学研究应该注重文化的创造性。我们要在研究藏文化形成发展规律的基础上，提出自己的概念、范畴和规律，形成藏学的理论体系。”

据悉，作为国际学术交流会议的北京（国际）藏学研讨会今后将每4年召开一次，以期成为国内外藏学界展示最新研究成果、增进交流与合作的平台。

会议期间，与会学者通过大会交流和分组专题交流的形式，围绕“可持续发展与民生保障（社会与经济）”“历史”“文献、考古与艺术”“根敦群培研究”“宗教”“梵文”“因明”“当代政治”“藏医药”“文化”“语言与信息技术”等学科或专题展开研讨。讨论中，许多专家学者发表了个人最新学术研究成果，不仅有论证严密的传统藏学基础研究著述，也有关注藏族社会现实问题、具有较强操作性的对策和建议。在藏学研究的热点、焦点问题上，专家学者们本着严谨认真的治学理念和科学务实的学术精神进行了对话交流，践行了本次会议“传承文化、服务社会”的理念。

研究思想　弘扬精神　8月6—7日，由全国毛泽东哲学思想研究会和喀什师范学院主办的第十九次全国毛泽东哲学思想学术研讨会在新疆喀什举行，来自中央党史研究室、中央文献研究室、中央党校、国防大学、北京大学、中国人民大学、湘潭大学、山东大学、曲阜师范大学等高校和科研机构的50余名专家学者围绕“毛泽东思想与中国特色社会主义理论体系”的会议主题进行了探讨。

与会者认为，毛泽东思想与中国特色社会主义理论体系之间是一脉相承的关系。中国特色社会主义理论体系与毛泽东思想不可分割，都是马克思主义中国化的重要理论成果，是我们党不断探索实践的理论总结，是时代精神的结晶。从中国特色社会主义的实践过程和理论逻辑看，毛泽东思想中关于社会主义革命和社会主义建设的理论是中国特色社会主义理论体系的出发点和基础。毛泽东哲学思想是中国特色社会主义理论体系形成和发展的哲学基础，毛泽东思想的活的灵魂同样是中国特色社会主义理论体系的活的灵魂。毛泽东同志关于社会主义建设一系列探索的科学成果，也是中国特色社会主义理论体系形成和发展的思想养料。

与会者认为，自20世纪20年代中国共产党登上历史舞台以来，中国共产党人的精神就影响和引领着中华民族的精神方向。新中国成立后，以毛泽东同志为代表的老一辈革命家的高尚情操和优秀品格更是成为中华民族的精神高地。它继承弘扬了民族精神，反映了时代的精神风貌，是对中华民族精神的继承、丰富和发展。

马克思主义理论研究和建设工程继续组织开展第二、三批国情考察 8月9日起，马克思主义理论研究和建设工程组织专家赴山东、广东、安徽、湖南开展2012年度第二、三批国情考察活动。

考察期间，专家们深入厂矿企业、乡镇社区、高等院校，同当地干部群众和专家学者进行座谈，深入了解党的十六大以来各地深入贯彻落实科学发展观、加快转变发展方式、推动经济社会又好又快发展的情况，了解各地推动哲学社会科学繁荣发展的情况，并广泛宣传马克思主义理论研究和建设工程的重大意义和重要成就，征求对深入实施工程的意见建议，同各地干部群众一起满怀信心地迎接党的十八大胜利召开。

通过实地调研考察，专家们亲眼目睹了各地繁荣发展、生机盎然的景象，亲身感受了干部群众抓机遇、求发展、谋振兴、干事业的精神风貌，明显感到党中央提出的科学发展观、构建社会主义和谐社会等一系列重大战略思想已经深入人心，转化为各级党政部门和人民群众的自觉行动，在实践中发挥了巨大的指导作用。专家们一致表示，通过调研考察，进一步深化了对深入贯彻落实科学发展观的认识，深化了对中国特色社会主义道路、理论体系和制度的认识，进一步坚定了中国特色社会主义理想信念。

实践是理论创新的源泉。现实生活对科学理论的热切渴盼，干部群众对理论的巨大需求，大大增强了理论工作者的责任感、使命感和自豪感。专家们表示，作为党的十六大以来中央组织实施的最重大、最基础、最具深远意义的思想理论建设工程，马克思主义理论研究和建设工程取得了丰硕成果，在推进党的思想理论建设、繁荣发展哲学社会科学方面发挥了龙头作用、基础作用和导向作用。今后一定要把这次调研考察活动的收获转化到课题研究和教材编写中去，更加积极、更加主动地做好工程工作，以高度的理论自觉自信，在学习借鉴人类文明成果的基础上，用中国的理论研究和话语体系解读中国实践、中国道路，不断概括出理论联系实际的、科学的、开放融通的新概念、新范畴、新表述，努力打造具有中国特色、中国风格、中国气派的哲学社会科学学术话语体系，不断推进马克思主义中国化、时代化、大众化，为中国特色社会主义提供坚实的学理支撑和理论指导。

海峡两岸司法实务研讨会在台北举行 8月15日，应台湾海峡两岸法学交流协会的邀请，以中国法官协会名誉副会长、最高人民法院副院长江必新为团长，福建省法官协会会长、福建省高级人民法院院长马新岚为副团长的大陆法官协会代表团一行41人赴台，并于16日在台北与台邀请方联合举办2012年海峡两岸司法实务研讨会。

在台期间，中国国民党荣誉主席连战会见了代表团；台湾立法主管机构负责人王金平会见并宴请了代表团；台湾法务主管部门负责人曾勇夫出席了研讨会开幕式并致辞。

此次研讨会继续秉持“立足司法实务，理论促进实践”的鲜明特色，围绕“民事诉讼与司法为民”、“两岸投资保障热点问题”和“两岸司法互助难点问题”等议题进行交流，两岸代表积极参与研讨，纷纷建言献策，共同努力为两岸同胞的合法权益谋福利，为两岸关系的和平发展求共识。

为发展马克思主义提供有益借鉴　8 月 16—17 日，“中央编译局国外马克思主义研究中心成立学术研讨会暨《新马克思主义评论》首发式”在北京举行，与会者围绕“新马克思主义的问题意识与马克思主义的时代化”这一主题进行了研讨。

与会者认为，国外马克思主义研究可以为我国马克思主义发展与创新提供思想资源。从上世纪 70 年代末 80 年代初至今，国外马克思主义研究在我国经历了从传播译介到研究阐释的发展历程。国外马克思主义的传播译介和研究阐释，对推动解放思想和理论创新起到了积极作用，拓展了我国马克思主义理论工作者的研究视野，促进了我国马克思主义理论研究。

与会者强调，在新形势下，国外马克思主义研究应自觉为坚持和发展马克思主义服务，为解决当代中国面临的重大理论和实际问题服务，为实现党和国家的发展战略服务。为此，需要进一步加强国外马克思主义理论学科建设，注重从宏观上考察和把握国外马克思主义发展的历史轨迹，突出问题意识和时代意识。一方面，加强国外马克思主义发展史研究，从新的理论视角梳理、评价国外马克思主义的主要人物和主要流派；另一方面，加强对国外马克思主义理论新动向、新趋势的研究，关注国外马克思主义对资本主义和社会主义的新问题作出的回应。

西藏近现代史学术研讨会召开　8 月 17 日，西藏近现代史学术研讨会在拉萨召开。会议就西藏近现代史若干问题进行研讨，从学术上进一步阐释西藏是中国领土不可分割的一部分的历史事实。

自治区政协副主席、自治区社科院院长白玛朗杰出席会议并讲话。他指出，和平解放以来，西藏的哲学社会科学研究从无到有、由弱到强，不断发展壮大，集中反映了西藏社会的伟大变迁，见证了西藏波澜壮阔的历史进程。特别是改革开放以来，西藏近现代藏学研究焕发出新的活力，为西藏改革、发展和稳定作出了积极贡献。研究西藏近现代史，相关专家学者必须深入学习马克思主义基本理论特别是民族宗教理论和政策，坚持辩证唯物主义和历史唯物主义观点，使西藏近现代史的研究工作始终沿着正确的政治方向健康发展；要坚持国家利益高于一切、中华民族利益高于一切的学术前提，促进经济发展、社会稳定，为党的新世纪新阶段奋斗目标的实现提供精神动力和理论支持；要尊重历史，坚持实事求是，让事实说话，真实地反映西藏历史的本来面目，绝不允许歪曲、篡改历史，进一步加深我们对西藏近现代史的认识，进一步加深对西藏社会发展规律的认识，进一步加深对西藏与祖国密不可分关系的认识。

提高理论武装工作信息化水平　8 月 18 日，解放军西安政治学院主办的“党的创新理论武装信息化专题研讨会”在陕西省西安市举行。与会者结合该院研发的“中国特色社会主义理论体系学习研究系统”，围绕党的创新理论武装工作信息化问题进行了研讨。

与会者认为，信息技术、网络技术的蓬勃发展给理论武装工作既开辟了新领域、新阵地，也提出了新的更高要求。在信息化时代，“一块黑板一支笔，一本教材讲到底”的传统理论武装工作方式已经难以适应广大党员、干部和部队官兵的需求。永葆理论武装工作的生机和活力，必须顺应时代潮流，深入研究新形势下理论武装工作的新特点、新规律，积极探索理论武装工作的新途径、新方法。

与会者提出，提高理论武装工作信息化水平，打造内容丰富权威、设计科学合理、操作方便快捷的理论武装工作平台，对于学习、研究中国特色社会主义理论体系具有重要意义。应充分发挥信息技术、新兴媒体的优势，构建多层次、全方位、立体化的网络学习系统，努力实现从信息聚集到问题聚集、从提供分类到提供引导、从供给导向向需求导向、从单向平台向互动平台的转变，不断增强理论武装工作的吸引力、感染力、说服力。

“中国特色社会主义理论体系学习研究系统”由总论、邓小平理论、“三个代表”重要思想、科学发展观和党的军事理论五个模块组成，设有理论渊源、重要文献、重大事件、热点聚焦、理论研究、专家解读、海外视角等栏目。截至目前，系统的信息资源总量达到200G，总条目28000多条，收录理论文章21100多篇。

提高认识、总结经验、把握规律、与时俱进，深入推进惩治和预防腐败体系建设 8月21日，贺国强出席贯彻落实《建立健全惩治和预防腐败体系2008—2012年工作规划》工作成果交流会并讲话。他强调，要认真学习贯彻胡锦涛总书记在省部级主要领导干部专题研讨班上的重要讲话精神，进一步深刻认识推进惩治和预防腐败体系建设的重大意义，认真总结近年来贯彻落实《工作规划》的成效和经验，不断把惩治和预防腐败体系建设推向前进，以反腐倡廉建设的新成效为党和国家事业发展提供有力保证。

贺国强指出，改革开放30多年来，我们党始终高度重视党风廉政建设和反腐败斗争，不断推进反腐倡廉理论和实践创新，走出了一条中国特色反腐倡廉道路。党的十六大以来，以胡锦涛同志为总书记的党中央从全局和战略高度出发，作出了建立健全惩治和预防腐败体系的重大决策。这是对改革开放以来我国反腐倡廉建设经验的科学总结，是以中国特色社会主义理论体系特别是科学发展观指导反腐倡廉建设的重要体现，是新形势下反腐倡廉建设的工作重点和重要抓手，是党和国家事业健康顺利发展的重要保证，标志着我们党对反腐倡廉建设规律的认识达到了新的高度。我们要从理论和实践的结合上进一步深刻认识惩治和预防腐败体系建设的重要地位和作用，坚定不移、坚持不懈地把这项工作抓紧抓好。

贺国强指出，党的十七大以来，在党中央坚强领导下，经过各方面共同努力，《工作规划》提出的各项任务基本完成，惩治和预防腐败体系建设呈现出科学谋划、系统治理、整体推进的良好局面，取得了新的重要进展和明显成效。实践证明，中央关于建立健全惩治和预防腐败体系的重大决策是完全正确的，各地区各部门各单位推进惩治和预防腐败体系建设的工作是有力有效的。回顾近年来推进惩治和预防腐败体系建设的实践，我们主要有5个方面的体会：一是必须坚持围绕中心、服务大局，把惩治和预防腐败体系建设与党和国家中心工作紧密结合起来，严明党的政治纪律，加强对中央重大决策部署落实情况的监督检查，找准工作切入点和着力点。二是必须坚持整体推进、系统治理，全面贯彻反腐倡廉战略方针，坚持标本兼治、惩防并举、堵疏结合，注重用系统的思维、统筹的观念、科学的方法推进惩治和预防腐败体系建设，把教育的说服力、制度的约束力、监督的制衡力、改革的推动力、纠风的矫正力、惩治的威慑力有机结合起来，增强工作整体效能。三是必须坚持突出重点、抓住关键，把解决反腐倡廉建设中人民群众反映强烈的突出问题作为推进惩治和预防腐败体系建设的重要任务，深入开展专项治理，既做到以重点带全面、逐步完善惩治和预防腐败体系，又不断以反腐倡廉建设实际成效取信于民。四是必须坚持解放思想、改革创新，及时总结推广各地区各部门各单位创造的新鲜经验，深入研究惩治和预防腐败体系建设的重大理论和实际问题，不断探索惩治和预防腐败的新思路新办法新举措。五是必须坚持加强领导、形成合力，认真贯彻落实党风廉政建设责任制，坚持和完善反腐败领导体制和工作机制，通过抓组织领导、抓任务落实、抓监督检查，增强惩治和预防腐败体系建设整体合力，推动惩治和预防腐败体系建设深入发展。

贺国强强调，惩治和预防腐败体系建设是一个动态开放、与时俱进的系统工程，也是一项长期的战略任务。党的十八大将对当前和今后一个时期党和国家事业发展作出全面部署，也将对以完善惩治和预防腐败体系为重点的反腐倡廉建设作出新的部署。我们要认真学习贯彻党的十八大精神，认真总结惩治和预防腐败体系建设工作经验，精心制定下一个5年工作规划，推进工作创新，狠抓工作落实，坚定不移把惩治和预防腐败体系建设推向前进。

破解城乡二元结构的生动实践　8月23日，中共四川省委宣传部主办的“四川省‘两化’互动、统筹城乡总体战略理论研讨会”在成都市举行。来自中国科学院、中国社科院、中央党校等单位以及四川省理论战线的专家学者围绕会议主题进行了研讨。与会者认为，四川省实施的新型工业化与新型城镇化“两化”互动、统筹城乡总体战略，与现代化建设规律具有内在一致性，与四川发展阶段性特征和人民群众新期待具有现实契合性，是科学发展观在四川的灵活运用与创新实践。

与会者探讨了“两化”互动、统筹城乡的路径及关键举措。首先，坚持统筹兼顾的根本方法，紧紧抓住构建现代产业体系、现代城镇体系、现代城乡形态、现代社会治理模式的关键问题，科学制定实施框架。其次，抓住主要矛盾，坚持把产业园区作为推动新型工业化的重要载体，把城市群作为推动新型城镇化的重要载体，把新农村综合体作为统筹城乡发展的重要载体。第三，充分发挥科学规划体系的引领作用，充分发挥市场配置资源的基础性作用，深化农村产权制度改革和户籍制度改革，构建城乡一体的公共服务体系和适应现代化发展要求的社会治理模式，促进各种生产要素在城乡间有序流动、优化组合。

抓党建工作落实要聚精会神一抓到底　8月24日，习近平主持召开中央党的建设工作领导小组会议，听取中央有关部门落实党的十七大和十七届四中全会关于党的建设重要举措情况的汇报，对迎接党的十八大继续抓好党的建设各项部署落实提出了明确要求。

党的十七大和十七届四中全会之后，中央党的建设工作领导小组分别制定中央有关部门贯彻实施党的十七大和十七届四中全会关于党的建设重要举措的分工方案，明确各项任务的牵头单位、参与单位和进度要求。领导小组于2010年8月和12月两次召开会议听取各牵头单位落实情况的汇报，2011年4月组织6个调研组分赴12个省区市对贯彻落实党的十七届四中全会精神进行调研督察，之后召开会议专门听取各调研组汇报，并对下一步落实工作作出了部署。

在会议上，中央纪委、中央办公厅、中央组织部、中央宣传部等14家牵头单位汇报了贯彻实施党的十七大和十七届四中全会关于党的建设重要举措分工方案的情况，习近平在听取汇报后作了重要讲话。他指出，抓落实是领导工作中一个极为重要的环节，是党的思想路线和群众路线的根本要求。党的十七大之后5年来，中央党的建设工作领导小组认真贯彻胡锦涛同志狠抓落实的要求，坚持定下来的事情抓紧去办，一步一步向前推进工作。各牵头单位和参与单位对落实分工方案高度重视、责任到位，确保每项任务有布置、有检查、有成果。在党中央正确领导下，落实分工方案的工作取得明显成效，有明确时间要求和成果形式的项目绝大部分已经完成，属于经常性抓落实的项目也都取得明显进展和成效。

习近平强调，当前党的建设形势总的很好，同时也面临不少新情况新问题。适应改革发展稳定对党的建设的新要求和人民群众对党的工作的新期待，各级党组织必须以更大的力度和更加扎实的作风进一步加强党的建设。中央党的建设工作领导小组各成员单位和中央有关部门要增强忧患意识、责任意识、大局意识，对贯彻落实中央关于党的建设重大决策部署要聚精会神、一抓到底。特别是对分工方案中尚未最后完成的任务，要抓紧制定落实措施，善始善终抓好相关工作，确保各项任务全面完成，以优异成绩迎接党的十八大胜利召开。

贺国强在会议上指出，此次会议是一次抓落实的会议，也是一次总结工作的会议。近年来，中央党的建设工作领导小组注重抓党的建设重大决策部署的落实，采取制定方案、分解任务、调研指导、听取汇报、适时总结的方式方法推进工作，很有成效，要坚持下去。他强调，党的十七大以来党中央始终坚持党要管党、从严治党，抓党的建设既有总体思路又有工作部署，既突出重点又整体推进，既注重传承又积极创新，既抓理论深化又抓工作落实，党建工作取得新的明显成效，既为改革开放和现代化建设提供了坚强保证，又为全面推进党的建设新的伟大工程丰富了内涵。要结合迎接党的十八大和学习贯彻党的十八大精神，把这些好经验好做法总结好运用好坚持好，使之在党的建设实践中长期发挥作用。

依靠人民群众发展社会主义民主政治　8月24日，由云南省委宣传部、人民日报社理论部、中央党校《学习时报》社主办，云南省委政策研究室、省委党史研究室、省委党校协办的“群众路线与中国特色社会主义民主政治建设理论研讨会”在云南省昆明市召开。与会者围绕如何推进党内民主与人民民主、促进决策科学化民主化、加强社会主义民主政治建设等理论和实际问题进行了研讨。

与会者认为，群众路线是我们党的根本工作路线，也是实现人民民主的根本工作路线。新中国的成立，使人民成为国家、社会和自己命运的主人，使中国实现了从几千年封建专制制度向人民民主制度的伟大跨越。人民民主的实质就是人民群众真正成为国家的主人，真正行使管理国家的权利，真正体现人民群众是历史的创造者。我们党从国情出发，从社会主义建设的实际出发，从保障最广大人民的根本利益出发，建立了人民民主专政的国体，确立了人民代表大会制度、中国共产党领导的多党合作和政治协商制度、民族区域自治制度以及基层群众自治制度，这些是贯彻群众路线、推动有序政治参与、实现人民当家作主真实、有效、科学的制度平台。党的群众工作已在实践中形成了完整的理论和方法，推动了我国社会主义民主政治制度日益完善。

与会者认为，群众路线是社会主义民主政治发展的重要动力。我们党的最大优势是密切联系群众，最大危险是脱离群众。坚持党的群众路线，密切联系群众，是我们党的性质、宗旨的必然要求。应继续加强群众观点、群众路线、群众利益、群众工作以及党的优良传统与作风的宣传教育，坚定理想信念，建立健全服务和联系群众制度，拓宽社情民意反映渠道，健全维护群众权益机制，加强党风廉政建设和反腐败斗争。坚持群众路线，有利于推动党内民主，并带动人民民主。正是由于我们党不断加强作风建设，密切党同人民群众的联系，坚决反对和惩治腐败行为，才增强了党领导社会主义民主政治建设的向心力和凝聚力。正是由于我们党把制度建设摆在社会主义民主政治建设的关键位置，着力推进党的制度创新与完善，才为社会主义民主政治建设提供了根本制度保证。应稳步推进社会主义民主政治建设，不断提高我们党依法执政、科学执政、民主执政水平，有序发展和扩大社会主义民主，尤其要搞好基层民主和党内民主，为公民平等享有经济、政治、文化和法律等权益提供制度保障，并不断强化对权力的制约和监督。

与会者认为，应积极发掘群众路线思想宝库，不断开拓中国特色社会主义民主政治建设新局面。深入开展群众路线与中国特色社会主义民主政治建设的基本理论研究，从理论上阐明群众路线和社会主义民主政治的基本内涵、思想观念、运行方式，阐明群众路线与社会主义民主政治之间的必然联系。努力完善社会主义民主政治制度，最大限度地维护和实现公民的合法权益，健全民主制度，丰富民主形式，拓宽民主渠道，坚持和完善社会主义民主政治制度。不断完善社会主义民主政治运行机制。深入研究社会主义民主政治运行机制的一般原理，研究社会主义民主政治的决策机制、参与机制，研究社会主义民主政治运行的动力等。贯彻党的群众路线，推进社会主义民主政治建设，关键是实现党的领导、人民当家作主、依法治国的有机统一。要坚持和完善人民代表大会制度、中国共产党领导的多党合作和政治协商制度、民族区域自治制度以及基层群众自治制度，从各个层次、各个领域扩大公民有序政治参与。

在实践中发展创新 8月26—27日，“马克思主义经济学发展与创新国际学术研讨会”在清华大学举行。研讨会由中国社会科学院、清华大学联合主办，中国社会科学院经济研究所《经济研究》杂志、清华大学社科学院政治经济学研究中心联合承办。

与会者指出，发展马克思主义经济学必须着力推进马克思主义经济学的中国化时代化大众化。应把马克思主义经济学的基本理论与中国实际更好地结合起来，努力完善和不断发展中国特色社会主义经济理论。中国经济学的发展必须以马克思主义为指导，立足中国，面向世界，充分反映我国的基本制度、发展道路、历史经验和核心价值，探索中国最广大人民根本利益的实现路径，在尊重传统的基础上与时俱进，建设具有中国特色、中国风格、中国气派的经济学理论和学术话语体系。

与会者指出，经济学研究应着重回答中国改革开放中的重大经济理论和现实问题，在中国特色社会主义实践的基础上不断发展和创新。公有制为主体、多种所有制经济共同发展的社会主义初级阶段基本经济制度，是推进马克思主义经济学中国化的重要内容，人的全面发展、社会的公平正义、全体人民的共同富裕，都要在生产资料公有制基础上实现。社会主义与市场经济相结合的理论，是我们党对马克思主义作出的历史性贡献，是中国特色社会主义经济理论的核心。应进一步深化对社会主义市场经济理论的研究，实现社会主义市场经济健康发展。

努力实现湖泊保护与区域发展协调共进 8月26日，中国人民对外友好协会、江西省外事侨务办公室、江西省九江市人民政府主办，江西省共青城市人民政府承办的首届中国（九江）“湖泊保护与区域发展论坛”，在共青城市举行。与会者围绕湖泊保护与区域发展，城市发展与新型工业化、城镇化发展，环境保护与低碳产业发展等问题进行了研讨和交流。

与会者认为，保护好湖泊资源是建设生态文明的重要内容。目前湖泊保护中存在的不少突出问题，与生产和消费方式不可持续、湖泊治理制度和法律不健全、资金支持不足、治理技术支撑不够等有密切联系。从根本上说，有效解决湖泊保护问题，应将其与城市建设和区域发展有机结合起来，积极建设现代化生态文明城市、推进产业低碳化，构建资源节约型、环境友好型产业体系，大力发展低碳经济、循环经济和绿色经济；大力弘扬生态文化，推动生态文明理念深入人心，提升人们支持、参与湖泊保护和建设生态文明城市的积极性，倡导爱护环境、崇尚自然、绿色消费的生活方式；建立健全统筹湖泊保护与区域发展的各项机制，充分发挥法律等在湖泊保护和管理中的作用。

会议发表了关于湖泊保护与区域发展的《共青城宣言》，呼吁世界各国和地区在信息共享、文化旅游和环境保护等领域建立长期、稳定的合作关系，共同推动世界名湖生态保护和可持续发展。

认真总结经验，巩固扩大司法体制改革成果，让人民享有更加充分的司法民主司法公正 8月27日，周永康在北京主持召开中央司法体制改革领导小组第五次全体会议暨司法体制机制改革第十二次专题汇报会。他强调，要认真总结党的十七大以来司法体制改革积累的宝贵经验，不断巩固扩大司法体制改革成果，让人民享有更加充分的司法民主、司法公正，为中国特色社会主义事业提供更加有力的司法保障。

周永康指出，回顾5年改革历程，我们探索积累了一些宝贵的经验做法。一是必须始终坚持党的领导和中国特色社会主义方向，全面把握党的事业至上、人民利益至上、宪法法律至上的要求，立足于我国社会主义司法制度的自我发展完善，注重顶层设计，搞好总体规划，确保司法体制改革始终沿着正确方向前进。二是必须始终坚持从我国国情出发，既借鉴其他国家的有益经验、又不盲目照抄照搬，既坚持与时俱进、又不超越现阶段实际提出过高要求，确保司法体制改革积极稳妥、实事求是、循序渐进地顺利进行。三是必须始终坚持执法为民，坚持群众路线，充分听取广大群众和社会各界的意见建议，充分尊重基层的首创精神，自觉接受群众监督和实践检验，使各项改革举措体现人民意愿、符合基层实际，确保取得人民满意的实效。四是必须始终坚持统筹协调、密切配合，充分发挥各方面积极性，既在中央领导下进行自上而下的体制性改革，又鼓励地方自下而上探索机制性改革，既注重发挥政法单位的主导作用和相互之间的协调配合，又积极争取各有关方面的大力支持，确保形成推进改革的强大合力。五是必须始终坚持依法推进，严格遵守宪法法律，凡是与现行法律法规冲突的改革举措，要在修改相关法律法规后再推动实施，确保社会主义法制的统一和权威。

周永康对下步工作提出四点要求。一要把改革成果惠及到广大群众，深入推进执法规范化建设，落实便民利民措施，扩大司法救助和法律援助范围，强化司法公开和司法民主，保证群众对司法工作的知情权、参与权、监督权。二要把各项改革措施落实到基层，转化为一线干警的自觉行动，进一步提高他们执法办案、保障人权、维护稳定、促进和谐的水平。三要把改革精神贯穿到各项工作，深入查找本部门本单位业务工作和队伍建设中存在的不适应、不符合、不完善问题，以改革创新的举措加以改进。四要广泛宣传司法体制改革成效，用事实说话、用典型说话、用数字说话、用群众的切身感受说话，让国内外充分感受到我国法治建设的发展进步。

以科学发展观为指导转变县域经济发展方式　8 月 28 日，中国区域经济学会、中国社会科学院工业经济研究所、中共惠州市委、惠州市人民政府联合主办的“第二届中国县域经济高峰论坛”，在广东省惠州市举行。与会者围绕“转变县域经济发展方式，促进区域经济科学发展”这一主题展开了研讨。

与会者指出，郡县治则天下安，县域强则国家富。县域经济在统筹城乡发展、促进区域协调发展中发挥着关键作用。当前，我国县域经济发展面临许多新挑战、呈现许多新特点：“小而全”的传统发展模式正在改变，立足县情做大做强主导产业，走特色化发展之路，已成为县域经济发展的鲜明特征；“村村点火、户户冒烟”、“先污染、后治理”的粗放式发展方式已不可持续，园区化承载、集群式推进，走绿色发展之路已成为县域经济发展的主要形态；自我封闭、画地为牢的僵化发展思路已明显滞后，适应经济全球化、区域一体化深入发展的潮流，主动参与国际国内产业分工和协作，走开放式发展之路已成为县域经济发展的大势所趋；城乡分割，依靠工农产品“剪刀差”推动城市经济、工业经济发展的做法已成为历史，加大统筹城乡发展力度，走城乡一体化发展之路，已成为县域经济发展的根本途径。

与会者提出，当前要进一步转变县域经济发展方式，必须深入贯彻落实科学发展观，坚持以科学发展为主题、以加快转变经济发展方式为主线，在稳中求进工作总基调指导下，不断拓宽发展空间，激发发展活力，提高发展质量。县域经济转变发展方式要有前瞻意识，在工业化、信息化、城镇化、农业现代化同步发展的新形势下确立好战略方向。要充分发挥比较优势，实行差异化战略，走特色化发展之路。发达地区的县域经济发展要强化规划引领，打造县域特色产业集群，并注重基本公共服务均等化。欠发达地区的县域经济发展要立足县情，科学开发、合理利用优势资源，走城乡统筹协调发展之路。

全国组织系统讲党性重品行作表率活动总结会议举行　8 月 29 日，全国组织系统讲党性、重品行、作表率活动总结会议在京举行。会前，习近平会见与会代表并讲话，向受到表彰的先进集体和先进个人表示热烈祝贺，向全国组织系统的全体同志致以诚挚问候。

习近平指出，讲党性、重品行、作表率是党的十七大对全体党员特别是领导干部提出的明确要求。党的十七大之后5年来，各级组织部门紧密结合自身职责带头落实中央这一要求，围绕建设模范部门、打造过硬队伍，持续深入地开展讲党性、重品行、作表率活动，取得显著成效。通过这一活动，进一步促进了组工干部党性的增强、作风的转变和能力素质的提高，有力推动了组织部门的各项工作。这次受到表彰的先进集体和先进个人，集中体现了组工干部对党忠诚、公道正派的政治品质，改革创新、求真务实的优良作风，甘为人梯、清正廉洁的精神境界。各级组织部门和广大组工干部都应当向受到表彰的优秀代表学习。

习近平强调，我们党集中了中国工人阶级和中国人民、中华民族的先进分子，集中了全国各个领域德才兼备的优秀人才，按照民主集中制原则建立了科学严密的组织体系，具有强大的组织动员力，这是巨大的组织优势。发挥这个优势，要靠各级党组织，靠广大党员和干部，最直接的则要靠各级组织部门和组织系统全体同志。党的十七大以来，全国组织系统为发挥党的组织优势作了大量工作，取得很大成绩。希望组织系统的同志们再接再厉，继续努力，坚持健全党的组织体系和完善党的组织方式，努力建设高素质的干部队伍和人才队伍，切实做好抓基层打基础的工作，为改革发展稳定提供坚强的组织保证。

习近平指出，组织系统讲党性、重品行、作表率活动虽然告一段落，但讲党性、重品行、作表率作为一个永恒主题，在组织系统要长期坚持下去。各级组织部门要认真总结开展这次活动的经验，在建立健全长效机制上下功夫，使讲党性、重品行、作表率的要求融入自身建设的全过程和各个方面，做到常态化、长效化。要深入学习贯彻胡锦涛同志在省部级主要领导干部专题研讨班上的重要讲话精神，进一步统一思想、奋发进取、扎实工作，以组织工作的优异成绩迎接党的十八大胜利召开。

深入推进反腐倡廉专项治理工作，着力解决人民群众反映强烈的突出问题　8月29日，贺国强出席反腐倡廉专项治理工作汇报会并讲话。他强调，要深入贯彻胡锦涛总书记关于以人为本、执政为民的要求，全面总结近年来开展反腐倡廉专项治理工作的成效和经验，进一步把解决反腐倡廉建设中人民群众反映强烈的突出问题工作引向深入，以党风廉政建设的新成效取信于民。

贺国强指出，2012年以来，中央纪委监察部指导和推动各地区各部门各单位继续开展了工程建设领域突出问题、庆典研讨会论坛过多过滥问题、公务用车问题3项专项治理，取得了新的进展和成效。在工程建设领域突出问题专项治理方面，集中整治了一批突出问题，严肃查处了一批违纪违法案件，从2009年以来全国共排查工程建设项目42.51万个，发现问题26.19万个；纪检监察机关查办违纪违法案件2.58万件，给予党纪政纪处分1.74万人，移送司法机关处理9200余人。与此同时，制定完善了一批法规制度，推进了工程建设领域市场体系和信用体系建设。在庆典、研讨会、论坛过多过滥问题专项治理方面，通过全面进行清理和着力规范管理，从去年以来全国共撤销各种庆典、研讨会、论坛活动项目2549个，节约财政资金12.2亿元，建立健全了一批管理办法和制度规定。在公务用车问题专项治理方面，通过严格清理纠正、加强规范管理、强化监督查处、推进改革试点，从去年以来共清理和处置全国党政机关违规公务用车19.96万辆，一般公务用车新编制数比车辆实有数减少4.4万余辆，中央和国家机关一般公务用车实有车辆减少35%。

贺国强指出，回顾近年来开展专项治理、解决反腐倡廉建设中人民群众反映强烈突出问题的工作实践，我们主要有以下5个方面的体会。一是关注社情民意，确定工作任务。二是突出工作重点，抓住关键环节。三是认真督查整改，严格执行纪律。四是强化成果应用，健全长效机制。五是加强组织领导，形成工作合力。

发挥金融优化配置资源的作用 当前，国际金融危机的影响仍在持续，国际国内经济形势复杂多变。在这种形势下，中国金融业如何在加快改革发展中更好地服务于经济社会发展？8月30—31日，中央党校中国马克思主义研究基金会在北京举办的“中国金融改革与发展研讨会”围绕相关问题进行了研讨。

与会者认为，由于国际金融危机和欧债危机的影响，我国出口面临较大下降压力，国际贸易摩擦加剧，贸易保护主义抬头，国际大宗商品市场价格波动风险增大，国际经济环境不确定性增多。在这种情况下，我国应更加重视扩大内需，增强经济增长的内生动力。从金融领域来看，应深化改革，充分发挥金融优化配置资源的作用，更好地服务实体经济发展。

与会者提出，金融改革发展应坚持服务实体经济发展、服务加快经济发展方式转变的方向，注意处理好直接融资与间接融资的关系、国有金融与民间金融的关系、生产金融与消费金融的关系、城市金融与农村金融的关系、商业金融与政策性金融的关系。当前，应着力支持中小微企业发展和创新，加快利率市场化改革，有序推进人民币国际化。资本市场不仅可以有效配置资源、分散风险，而且可以成为人们分享经济发展成果的重要途径。应加快资本市场改革发展，完善相关体制机制，增强投资者信心，充分发挥资本市场的作用。

新型城市化发展论坛举行 由国务院参事室、中国社会科学院、中共广州市委和中山大学共同主办的“2012广州论坛·新型城市化发展高峰论坛”8月31日在广州举行。中国科学院可持续发展战略组组长、首席科学家牛文元，新加坡国立大学东亚研究所所长郑永年等分别做了主题演讲。

与会者认为，应着眼于破解“增长停滞魔咒”和“中等收入陷阱”等世界性难题，对城市科学发展进行思考和探索。

本届论坛突出新型城市化发展这条主线，紧扣当前世界先进城市发展潮流，紧扣国家和广东省关于落实科学发展观、促进转型升级、发展民生幸福的战略部署，紧扣广州经济社会改革发展的客观实际，以开阔视野广纳全球智慧，为广州新型城市化发展开方把脉、建言献策。

领导干部既要“温故知新”，又要“学新知新” 9月1日，习近平出席中央党校2012年秋季学期开学典礼，围绕党校学员的学习作了讲话。

习近平指出，领导干部集中一段时间到党校学习，很有必要，很有好处。一是有利于补充和丰富知识。领导干部肩负领导责任，知识水平如何直接影响工作水平、领导水平和思想政治水平。当今时代，知识增长、更新很快，新知识新事物层出不穷。领导干部既要“温故知新”，又要“学新知新"，这样才能不断增强本领，才能保持思想活力和与时俱进，才能更好地胜任所肩负的领导工作。到党校进行系统学习，是补充和丰富知识的一种很好的机会与方式。二是有利于总结和提高。善于对思想和工作情况进行总结，对一个领导干部的进步和提高很重要。领导干部到党校学习，结合工作经历和通过读书学习回顾和总结自己以往的工作与生活，从中汲取经验与教训，坚持真理、修正错误，使自己的认识和工作立于新的起点，这对于增加领导工作中的战略智慧和主动权很有益处。三是有利于相互交流和学习。党校学员来自不同地方、不同部门和不同工作领域，来自四面八方、五湖四海，大家的知识积累、经验积累和个人经历、政治阅历也都不同，这为大家提供了一个相互交流、相互学习的良好环境。

习近平强调，领导干部进党校，最重要的是学习党的基本理论，提高理论素养。这是党校姓党的重要体现，也是党校同普通高等学校的主要区别。现在在干部特别是年轻干部中，最重要也是最需要注意并切实解决好的是理想信念问题和思想作风问题，最需要加强的是理论教育。各级领导干部都要坚持不懈地抓好理论学习，特别要认真学习邓小平理论、"三个代表"重要思想以及科学发展观，努力掌握马克思主义立场、观点、方法，增强坚持中国特色社会主义道路、理论体系、制度的自觉性坚定性。同时，要坚持不懈地学习党的优良传统和优良作风，牢固树立正确的世界观、权力观、事业观，养成宽阔的胸襟和眼界、高尚的思想情趣、艰苦朴素的生活作风，永做人民的忠实公仆。党校学员还要注意学习正确认识客观事物、做好领导工作所必须具有的辩证思维、战略思维、全局思维、创新思维等方面的知识和经验，学习历史的和现实的领导工作经验，努力提高领导水平和领导能力。

习近平指出，党校学习时间一般都比较短。要真正学有所得、学有所成，就必须下一番苦工夫。党校学员要安下心来，心无旁骛、专心致志地看书学习，深入进行研讨。要结合工作实际，脑子里经常装几个问题，反复思考，这对于培养和提高理论思维和战略思维能力很有好处。要按照实事求是的党校校训要求，坚持理论联系实际，坚持学以致用，提高运用党的基本理论解决实际问题的能力，不断拓宽领导工作思路，同时把学习理论同增强党性锻炼结合起来，自觉加强思想修养。通过在党校的学习，进一步把掌握的理论转化为牢固确立科学世界观和方法论的思想力量，把学到的知识和经验转化为丰富做好领导工作的智慧和能力的储备，把党对领导干部的党性要求转化为培养高尚品德和发扬优良作风的自觉性。

继承和丰富伟人战略思想　9月1—2日，中国中共文献研究会、四川省委宣传部主办，四川省广安市委、市政府等单位承办的"纪念邓小平同志提出'建设有中国特色的社会主义'30周年理论研讨会"在四川省广安市举行。与会者围绕会议主题进行了研讨，回顾总结了30年来中国特色社会主义理论研究和实践发展成果，研究探讨了新形势下坚持和发展中国特色社会主义的一些重大理论问题和实践问题。

与会者提出，建设社会主义现代化国家，实现中华民族伟大复兴，必须坚定不移走中国特色社会主义道路。改革开放以来，在中国特色社会主义伟大旗帜指引下，我国社会主义现代化建设取得了举世瞩目的伟大成就。今年7月23日，胡锦涛同志在省部级主要领导干部专题研讨班开班式上发表重要讲话指出，要高举中国特色社会主义伟大旗帜，沿着中国特色社会主义伟大道路奋勇前进。我们应深入学习胡锦涛同志重要讲话精神，深刻理解邓小平同志关于“建设有中国特色的社会主义”的一系列重要论述，高举中国特色社会主义伟大旗帜，坚持和拓展中国特色社会主义道路，坚持和丰富中国特色社会主义理论体系，坚持和完善中国特色社会主义制度，使中国特色社会主义不断焕发新的生机活力、不断取得新的成就。

规范行政程序　推进依法行政　9月2日，中国行政管理学会、中国行政法学研究会、山东省行政管理学会、山东省政府法制学会联合主办的“第二届东方行政论坛”，在山东省聊城市举行。此次论坛的主题为“行政程序与依法行政”，与会者围绕这一主题进行了研讨。

与会者认为，科学合理设定行政程序是推动政府依法行政的关键环节。目前，行政程序规范大都散见于各个层级的行政行为单行法律文件和各地区、各部门、各行业的行政程序规定中，缺乏统一性、配套性，有的出台、运行多年，已不适应经济社会发展需要。因此，应坚持合法、合理、必要以及精简、统一、效能的原则，认真梳理和重新进行程序设定，为制定全国统一的行政程序法奠定基础。

与会者指出，正确处理行政程序与行政效率的关系是规范政府行为、推动依法行政需要研究解决的重大问题。应严格按照依法行政的要求，正确处理行政程序与行政效率的关系，努力实现二者的有机统一。一方面，在科学公正合理的行政程序法规面前，行政效率必须服从行政程序；另一方面，对相关行政程序进行修改、规范或废止，代之以科学合理、简便高效的行政程序，避免由于行政环节过多、行政过程繁琐、行政程序不规范而导致行政效率低下。

与会者强调，加大程序执法监督问责力度是防止行政程序腐败的有效途径。应强化政府内部纪律监察制度和人大政协监督、社会舆论监督等行政程序执法监督，增强行政程序的合法性、合理性、公开性和公正性；定期检查和考核政府部门的行政执法行为，特别是重大行政决策是否严格按程序进行；加大对行政程序执法中出现问题的监督问责力度，认真查处有令不行、有禁不止、失职渎职等行为；深入推进政务公开，保障人们对行政程序的知情权、对行政效率的评判权、对依法行政的监督权；用好检查考核、监察监督和评议结果，奖优惩劣，激浊扬清。

人民政协理论研究工作座谈会开幕　9月4日，人民政协理论研究工作座谈会在北京开幕。这次会议的主要任务是，认真学习贯彻胡锦涛总书记在省部级主要领导干部专题研讨班上的重要讲话精神，深入总结十届全国政协以来人民政协理论创新的重要成果，积极探索人民政协理论研究工作的特点和规律，谋划部署进一步加强人民政协理论建设的重大举措，为丰富和发展人民政协理论、推进人民政协事业发展作出新的贡献。贾庆林出席开幕式并发表重要讲话。

贾庆林在讲话中全面回顾了人民政协事业在中国共产党创立的人民政协理论指引下不断发展的光辉历程，着重阐释了中国特色社会主义人民政协理论的基本框架和内涵，进一步明确了人民政协理论建设的方向和任务。他指出，人民政协是在毛泽东人民政协思想指导下创立的。毛泽东人民政协思想确立了人民政协的基础理论和基本政策，有力地指导了人民政协的创立和发展。中国特色社会主义人民政协理论包括以邓小平同志为核心的中国共产党第二代中央领导集体、以江泽民同志为核心的中国共产党第三代中央领导集体和以胡锦涛同志为总书记的中共中央关于人民政协的重要思想、观点和论述，是马克思列宁主义统一战线理论、政党理论、民主政治理论与中国具体实践相结合的重大理论成果，是对毛泽东人民政协思想的继承和发展，是中国特色社会主义理论体系的重要组成部分。这一理论系统回答了在新时期建设什么样的人民政协、怎样建设人民政协等战略性课题，科学阐明了新时期人民政协的地位作用、性质界定、主要职能和履职原则等重大理论政策问题，是指导人民政协事业发展的强大思想武器。

贾庆林说，十届全国政协以来，人民政协在中国特色社会主义人民政协理论指引下，努力用理论创新推动实践创新，各项工作取得长足发展，显示了理论创新对实践发展的巨大指导和推动作用。他强调，推进中国特色社会主义事业的伟大实践，实现人民政协事业的不断发展，需要继续大力加强人民政协理论建设。要始终坚持正确政治方向，加快推进人民政协理论建设工程，坚持以实际问题为中心开展研究，形成协调配合的长效工作机制，不断开创人民政协理论建设新局面，为人民政协事业的发展和社会主义民主政治建设作出应有的贡献。

第三届中美文化论坛在京开幕 9月6日，由中华人民共和国文化部和美国国家人文基金会共同主办的“跨文化双边对话：第三届中美文化论坛”在北京隆重开幕。文化部副部长赵少华和美国国家人文基金会主席詹姆斯·利奇出席了开幕式并致辞。9月6日至8日，论坛在北京和南京两地举办。来自中美两国的50余名专家、学者和艺术家围绕“文化的语境：文化与地域、文化与人类、文化与历史”的议题进行深入的对话和交流。

作为中美人文交流高层磋商机制文化领域的重点项目，“中美文化论坛”由中国文化部与美国国家人文基金会根据双方签署的合作谅解备忘录共同举办。其宗旨是为中美两国在文化领域建立一个公共性、学术性、互动性的定期对话机制，以推进两国文化关系的全面、持续和深入发展。

协调推进工业化城镇化农业现代化 有效释放我国内需巨大潜力 9月7日，李克强出席省部级领导干部推进城镇化建设研讨班学员座谈会并讲话。他强调，要按照科学发展观的要求，顺应我国现代化建设的规律，协调推进工业化、城镇化、农业现代化，发挥城镇化综合效应，释放内需巨大潜力，促进经济长期平稳较快发展与社会和谐进步。

座谈会上，国家行政学院介绍了研讨班举办概况，黑龙江、浙江、河南、云南等省及青岛市政府负责人作为学员代表，谈了本地城镇化情况和建议。在听取发言后，李克强说，积极稳妥推进城镇化是一个事关长远的大战略，要放在实现现代化和经济社会发展的大趋势中来思考。特别是在国际经济环境发生深刻变化、我国发展进入新阶段以及面临经济下行压力的形势下，研讨城镇化科学发展问题十分重要。

李克强指出，城镇化是现代化的应有之义和基本之策。从世界上看，已经实现现代化的高收入国家都是工业化国家，城镇化率很高，同时农业现代化也达到相当水平，因此，现代化的过程必然也是工业化、城镇化的过程。我国已进入工业化中期，但仍处于并将长期处于发展中阶段，而且作为一个13亿多人口的大国，中国要实现现代化在人类历史上没有先例可循，会面临许多难题和挑战。需要立足国情，借鉴经验，探索前进，走工业化、城镇化、农业现代化协调发展的路子。

李克强强调，城镇化是我们最大的内需潜力所在。我国城镇化率刚刚超过5%，按户籍人口计算仅为35%左右，不仅明显低于发达国家近80%的水平，也低于许多同等发展阶段国家的水平。差距也是潜力，在未来二三十年里，如果城镇化率的提高保持目前水平，每年将有1000多万人口转移到城市，这必然会带来劳动生产率和城市集聚效益的提高，带来城镇公共服务和基础设施投资的扩大，带来居民收入和消费的增加，为农业现代化创造条件，从而持续释放出巨大的内需潜能，这正是中国经济长期平稳较快发展的动力源泉所在。

李克强指出，城镇化是长期的历史任务，也是复杂的系统工程，有许多重大课题需要探讨。当前，我国发展不平衡的最大表现在城乡差距，同时城市内部也存在着二元结构的问题，甚至表现为城市中最突出的差距。比如，农民工融入城市面临就业、社会保障、住房等较多困难，城市和工矿还存在不少棚户区和困难户。这些问题如处理不好，就会阻滞工业化、城镇化的进程，甚至会落入所谓"中等收入陷阱"。近几年，我们大力实施保障性安居工程，其中50%是棚户区改造，并努力采取措施抑制房价过快上涨，这一方面可以惠民生、促发展，另一方面也是为了防止抬高城镇化门槛，使城镇化进程顺利推进，还有利于调节收入分配，促进社会公平正义与和谐。

李克强说，城镇化需要工业化来带动，也会给工业化提供支撑。要抓住世界科技与产业革命孕育新突破、全球结构调整的机遇，把发展城市经济与培育新兴产业、改造传统产业结合起来，构建创新转型的大平台，促进产业集聚发展。他强调，工业升级需要促进服务业加快发展，城镇化与服务业发展更是密切相关，企业生产和居民生活的相互联系，会形成大量的服务需求。要顺应这一趋势，做大做强服务业，推进产业融合，充分发挥服务业这个最大就业"容纳器"的作用，增强就业创业的活力。

李克强强调，推进城镇化，要始终绷紧粮食安全这根弦。我国作为一个人口大国，任何时候都要立足国内解决吃饭问题，这是治国安邦的头等大事，也是农业现代化的首要任务。没有农业和农村的稳定和发展，就不可能有城镇的发展和繁荣，也难以支撑实现工业化、城镇化。推进城镇化，必须尊重农民意愿；必须严格保护耕地，切实保障粮食安全，夯实"三农"这个现代化建设的根基。

李克强指出，推进城镇化需要统筹谋划布局。既要遵循经济规律，也要考虑全面推进现代化建设和空间均衡发展的要求，抓紧制定城镇化发展中长期规划，研究实行差别化政策，促进大中小城市和小城镇协调发展，特别是要提高中小城市集聚产业和人口的能力；在促进东部地区提升城镇化质量的同时，对中西部发展条件较好的地方，要研究加快培育新的城市群，形成新的增长极。

李克强强调，改革是经济社会发展的强大动力，协调推进工业化、城镇化和农业现代化必须依靠改革。推进城镇化，要努力在改革攻坚中破解深层次矛盾。围绕城镇化发展中面临的发展方式转变和结构调整、土地节约集约利用、户籍和社会管理、资源支撑和生态环保等问题，与时俱进，开拓进取，实现体制机制创新，正确处理好各方面的利益关系，为持续发挥城镇化效应提供有效的制度保障。

新型城镇化的核心是人的城镇化 9月8日，中国（海南）改革发展研究院主办的“新型城镇化：发展与转型研讨会”在北京举行，来自国家有关部门、单位和社科研究机构的专家学者围绕会议主题进行了研讨和交流。

与会者指出，新型城镇化是扩大内需的重要载体，是我国经济长期稳定增长的重要推动力；推进新型城镇化，是推动我国经济社会科学发展的必然选择。我国正处于城镇化快速发展时期。预计到2020年，我国城镇化率将达到60%左右。应顺应发展转型的大趋势，通过体制机制创新，加快推进新型城镇化，释放其扩内需、促发展的巨大潜力。

与会者认为，新型城镇化的“新”主要是相对于过去片面注重追求城市规模扩大、空间扩张的城镇化而言的。新型城镇化就是以现代化为目标，以人的城镇化为核心，以市场运作为主导，以内外需为牵引，以创新要素为驱动，以内涵增长为重点，以适度聚集为原则，三化互动，实现低成本、高收益，促进城乡经济、社会、环境全面协调可持续发展的城镇化。新型城镇化是一项系统工程，具有集中化、组织化、规模化、公共化、便利化、人性化六个特点。

与会者认为，新型城镇化的核心是人的城镇化。这就要求在推进新型城镇化的过程中，不仅注重改善人们的居住和生产环境，建立宜居、人性化的城镇，而且注重满足居民的多样化需求，使其有充分选择的空间。当前，首要的是解决农民工和农村人口市民化即人的城镇化问题，其次是不断提高城镇化的质量。

把提升传统优势与增创新优势结合起来 9月9日，中央党校国际战略研究中心和内蒙古自治区乌海市委、市政府联合主办的“科学发展与资源型城市转型高层研讨会”，在内蒙古自治区乌海市举行。与会者围绕会议主题进行了研讨。

与会者认为，推动城市转型是资源型城市实现科学发展的必由之路。由于历史和现实原因，许多资源型城市面临经济结构失衡、接续替代产业发展滞后、生态环境污染突出等问题。有效解决这些问题，必须增强忧患意识、树立科学理念，既统筹规划又超前谋划，推动城市发展由过于依赖资源、经济结构单一向寻求新的经济增长点、实现多元化发展转变。

与会者强调，资源型城市转型发展必须把提升传统优势与增创新优势结合起来。一方面，现有资源和产业优势是资源型城市转型发展的基本条件。资源型城市应正视自身资源禀赋、产业基础等比较优势，全面提升和系统改造传统产业，从资源开采、加工、转化等环节入手，推进资源产品深加工、精细化，提高资源开采利用率和资源产业的经济效益。另一方面，多元发展是资源型城市转型发展的根本出路。资源型城市应着力调整经济结构，着力推进自主创新，着力加强资源节约和环境保护，加快发展壮大接续替代产业，大力发展非资源和战略性新兴产业，加快发展金融、保险、物流、旅游等现代服务业。

与会者指出，资源型城市在转型中应探索适合自身的发展道路。近年来，乌海市针对煤炭资源优势日趋衰减的形势，实施经济转型与城市转型并举的发展战略，探索提升传统产业、培育新兴产业、延伸产业链的有效路径，着力实现从“一煤独大”向“多元支撑”、从“粗放生产”向“精深加工”、从“富裕城市”向“幸福城市”的转变，取得了一定成效。乌海市的做法和经验，可以为其他资源型城市转型发展提供借鉴。

第六届夏季达沃斯论坛在天津开幕 9月11日，世界经济论坛2012年新领军者年会（第六届夏季达沃斯论坛）在天津梅江会展中心开幕，温家宝出席开幕式并致辞。他强调，中国发展仍然处于重要战略机遇期，深入推进工业化、城镇化、信息化和农业现代化，将释放出巨大的发展潜力，中国经济这艘巨轮一定能够继续平稳快速前进，驶向更加光明的未来。

温家宝在致辞中回顾了十年来经济社会发展的历程。他说，这十年，中国经济运行的一个最突出特点，是经济增长速度快、波动幅度比较小；发展导向的一个根本性变化，是从“快字当头”转为“好字优先”；发展进程中最浓墨重彩的一笔，是坚持民生优先。这十年，中国践行可持续发展理念，把建设资源节约型、环境友好型社会确定为国家发展的重要战略；中国改革攻坚不断取得新突破，继续成为最鲜明的时代特征。2002年到2011年，国内生产总值年均增长10.7%，从世界第六位上升到第二位，人均国内生产总值由1000多美元提高到5432美元，对外贸易总额由世界第六位上升到第二位，外汇储备超过3万亿美元；产业结构优化升级，农业基础进一步巩固，区域发展协调性明显增强；各项社会事业全面发展，人民生活显著改善。

温家宝重点介绍了就业和社会保障、教育、医疗、扶贫等民生领域的重大进展。他说，十年来，城镇居民人均可支配收入和农村居民人均纯收入年均实际分别增长9.2%和8.1%，是新中国历史上增长最快的时期之一，近两年农村居民收入增幅超过城镇居民。中国亿万个家庭和他们生活所在的城镇与乡村，在这个过程中发生翻天覆地的变化，讲述了一个又一个通过努力奋斗改变自己生活与命运的动人故事。

温家宝还总结了近五年应对国际金融危机的做法和体会。他说，国际金融危机爆发后，我们把克服当前困难和促进长远发展结合起来，全面实施一揽子计划。正是因为当时的果断决策和科学应对，我们才避免了企业倒闭、工人失业、农民返乡，继续保持了中国经济发展的好势头，维护了社会和谐稳定，防止了现代化进程出现大的波折。这些年，社会财富不断增加，资产质量不断提高，抗风险能力不断增强。2009年至2011年底，我国城镇保障房开工建设2100多万套，基本建成1100万套；新增铁路营业里程1.35万公里，新增公路里程37.6万公里；城市轨道交通、农村电网线路等基础设施明显改善，完成了7000多座大中型和重点小型水库除险加固；解决了大量农村人口饮水安全问题；建成一大批基层医疗卫生教育文化服务设施；一个新的汶川拔地而起，灾区经济社会发展实现了整体性跨越。同时，较好地控制了财政金融风险。2011年财政赤字和国债余额占国内生产总值的比重分别为1.8%和15.28%，低于2002年的2.57%和16.07%；银行业金融机构不良贷款率从2003年底的15.2%下降到2011年底的1.8%；地方政府性债务规模总体稳定，风险总体可控。

展望世界经济前景，温家宝说，国际社会一定要进一步加强宏观经济政策协调，推进全球治理体系改革，坚决反对贸易投资保护主义，提升贸易投资自由化、便利化水平，共同推动世界经济尽快稳定复苏。希望各国企业家大力加强技术研发、产品创新，大力发展节能环保等绿色产业，创造新的市场需求，培育新的经济增长点，实现企业成长、行业壮大、经济发展和社会进步的多赢目标。

为期3天的本届论坛以“塑造未来经济”为主题，与会者围绕创造性应对当前挑战，认识科技领域新前沿等议题展开讨论。

全国政协召开专题协商会　围绕“加强和创新社会管理”问题建言献策　9月11日，全国政协在政协礼堂召开专题协商会，围绕“加强和创新社会管理”问题建言献策。贾庆林出席并讲话，周永康到会听取委员建议并讲话。

贾庆林在讲话中指出，协助党和政府做好社会管理工作、促进社会和谐，是人民政协职责所系、优势所在。长期以来，各级政协组织认真贯彻中央决策部署，紧紧围绕加强和创新社会管理的综合性、全局性、前瞻性问题，就改革流动人口管理体制、完善信访工作制度、发挥宗教界及社会组织在促进社会和谐中的作用等，深入调研考察，认真协商议政，为促进社会管理改革创新作出了应有贡献。广大政协委员积极践行社会责任，深入基层开展惠民活动，踊跃参与社会公益事业，真情服务老、少、边、贫地区经济社会发展，协助党和政府办成了一些让人民群众得实惠的好事实事，在服务社会管理的实践中展示了政协委员的良好形象。

贾庆林指出，当前，我国既处于发展的重要战略机遇期，也处于社会矛盾凸显期。在经济体制深刻变革、社会结构深刻变动、利益格局深刻调整、思想观念深刻变化的新形势下，社会管理领域还存在许多紧迫的重要问题，加强和创新社会管理的任务仍然艰巨而繁重。他强调，我们要深入学习贯彻胡锦涛总书记在省部级主要领导干部专题研讨班上的重要讲话精神，深刻认识加强和创新社会管理的重要性和紧迫性，牢牢把握最大限度激发社会活力、最大限度增加和谐因素、最大限度减少不和谐因素的总要求，充分发挥人民政协的优势和作用，找准人民政协推动社会建设和管理的着力点和切入点，积极协助党和政府解决影响社会和谐稳定的突出问题，要重点围绕加快推进以改善民生为重点的社会建设、加强基层社会管理服务、加强社会管理制度建设等问题，深入调查研究，多提针对性强、切实可行的对策建议，为建设中国特色社会主义社会管理体系作出新的更大贡献。

在认真听取委员们的发言后，周永康说，近年来，人民政协围绕加强和创新社会管理，发挥自身独特优势，深入开展调查研究，提出了一大批高质量的提案、建议，为提高我国社会管理科学化水平发挥了积极作用。

周永康指出，当前，加强和创新社会管理仍处于探索之中，必须付出长期艰苦努力。下一步，我们将围绕全面建成小康社会的总目标，正确认识和把握我国基本国情和人民群众的新期待新要求，正确认识和把握新形势下社会管理的规律特点，以改革创新的精神，加快建设中国特色社会主义社会管理体系，加快完善党委领导、政府负责、社会协同、公众参与的社会管理格局，全面提升社会管理科学化水平，确保人民安居乐业、社会安定有序、国家长治久安。主要工作考虑：一是进一步搞好统筹规划，对社会管理进行系统设计、整体推进；二是进一步保障改善民生，使社会管理成为服务群众、温暖人心、凝聚民心的事业；三是进一步激发社会活力，形成社会管理人人参与、和谐社会人人共享的良好局面；四是进一步创新体制机制，走出一条具有中国特色、时代特点的社会管理之路；五是进一步夯实基层基础，把各项公共服务和社会管理措施落实到城乡社区、基层单位、每家每户；六是进一步加强法治建设，更加善于运用法治思维和法律手段管理社会。

中国新闻社在北京举行成立60周年纪念大会　9月13日，中国新闻社成立60周年纪念大会在北京举行。温家宝为中国新闻社题词，李长春、李克强分别发来贺信，刘云山出席纪念大会并讲话，万钢出席大会。

温家宝为中国新闻社题词："传播中国声音，留下历史记忆"。李长春在贺信中向中国新闻社的全体同志表示热烈祝贺和亲切慰问，他指出，中国新闻社成立60年来，始终服务党和国家工作大局，以沟通世界、传递中国声音为使命，不断发展壮大，已经成为向海外华文媒体提供中国新闻和资讯的重要渠道，成为促进海峡两岸和全球华人新闻交流的纽带和桥梁。希望中国新闻社加快打造国际一流媒体，努力做到"中国立场、国际表达"，不断提高新闻信息的原创率、首发率、落地率，不断增强新闻宣传的针对性、时效性和吸引力、感染力，不断巩固和扩大在海外华人社会中的影响。李克强在贺信中指出，面对世界渴望更加全面深入准确认知中国的新形势，希望中国新闻社着力增强国际影响力，占领世界华文资讯制高点，开创国际传播新征程。

刘云山在讲话中指出，60年来，中国新闻社坚持不懈向海外介绍党和国家的方针政策，宣传我国改革开放和社会主义现代化建设的辉煌成就，展示当代中国人民的良好精神风貌，为营造于我有利国际舆论环境作出积极贡献，在对外宣传特别是侨务外宣中发挥了不可替代的重要作用。希望中国新闻社以建社60周年为新的起点，坚持正确舆论导向，把握自身定位、发挥自身优势，不断扩大在海外华侨华人和国际社会中的影响，为营造良好外部舆论环境作出新的更大贡献。要牢记责任使命，积极适应国际社会的信息需求和对华关切，更好地向人们展示当代中国的发展进步。要突出自身特色，坚持面向世界、面向各国华侨华人，更好地培育对外传播的独特优势。要不断改进创新，研究掌握对外传播规律，更好地增强新闻信息产品的吸引力和感染力。要增强合作意识，强化服务理念，更好地拓展我国对外传播的途径和渠道。

中国新闻社是在廖承志等党和国家领导人的亲切关怀和推动下，由中国新闻界和侨界知名人士发起，于1952年9月14日成立的。目前，中国新闻社有48个境内外分社和记者站，员工队伍2000余人，建立了24小时不间断的信息发布系统，拥有文字、图片、特稿、网络、期刊、供版、视频七大主干新闻产品体系，形成了覆盖海外大多数华文媒介的用户网络。

将绿色发展理念贯穿城市发展各领域　9月14—15日，中国社会科学院经济学部主办，中国社会科学院城市发展与环境研究所、北京市社会科学院承办的"2012中国经济论坛"在北京举行。本次论坛的主题是"城市转型与绿色发展"。

与会者指出，我国已进入初级城市型社会。2011年末，我国的城市化率达到51.27%，标志着我国已经结束以乡村型社会为主体的时代，开始进入以城市型社会为主体的时代。在这种情况下，如何改变以高消耗、高排放、高扩张、低效率为特征的传统粗放型城市发展模式，建立低消耗、低排放、高效率、和谐有序的新型城市发展模式，全面提高城市品质和城市化质量，走经济发展与生态环境保护相融合的绿色发展之路，是摆在我们面前的一个重大战略问题。我国现有的城市规划、建设、管理体制机制及方法手段等还不能完全适应城市发展的新要求。因此，采取有效措施推动我国城市向更高水平发展，具有重要意义。

与会者指出，应将绿色发展理念贯穿城市发展的各个领域。城市转型的本质是发展模式和发展方式的转变，绿色发展是对新形势下城市发展理念和路径的高度概括。加快推进城市绿色转型，促进城市绿色发展，是实现城市科学发展的关键。城市的转型发展需要全面树立“绿色繁荣”理念，大力推广绿色低碳技术，构建绿色经济尤其是现代绿色产业体系，推行绿色生活和消费方式，强化绿色管理、考核和技术支撑体系，同时完善相关配套政策措施，积极推动经济社会发展与生态环境保护的融合。

把加强纪检监察机关自身建设作为永恒主题 为推进反腐倡廉建设提供有力组织保证 9月18日，贺国强出席在北京市召开的纪检监察机关自身建设调研座谈会并讲话。他强调，要认真总结近年来纪检监察机关自身建设工作的成效和经验，把加强纪检监察机关自身建设作为一个永恒主题，进一步提高纪检监察干部队伍整体素质和工作水平，为深入推进党风廉政建设和反腐败斗争、推动党和国家事业顺利发展作出新的更大贡献。

在认真听取与会同志的发言后，贺国强指出，纪检监察机关作为党内监督和行政监察的专门机关，肩负着推进党风廉政建设和反腐败斗争的神圣职责。党和政府对纪检监察干部寄予厚望，社会也高看一眼。世情国情党情的深刻变化，党和国家事业发展特别是党风廉政建设和反腐败斗争的深入推进，不断对纪检监察机关提出新任务新要求，对纪检监察干部队伍提出新挑战新考验，对纪检监察机关自身建设提出新目标新课题。

贺国强强调，认真总结近年来的实践经验，进一步加强和改进纪检监察机关自身建设，要牢牢把握以下7个方面：一是必须坚持把以中国特色社会主义理论体系特别是科学发展观为指导、服务党和国家工作大局作为加强纪检监察机关自身建设的根本要求，始终保持理论上的清醒、政治上的坚定、行动上的自觉，坚决同以胡锦涛同志为总书记的党中央保持高度一致，确保纪检监察机关自身建设的正确方向。二是必须坚持把深入开展集中学习教育活动和主题实践活动作为加强纪检监察机关自身建设的重要载体，切实把“做党的忠诚卫士、当群众的贴心人”的庄严承诺和“四个对”的基本要求转化为广大纪检监察干部的自觉追求和实际行动。三是必须坚持把加强领导班子和干部队伍建设作为加强纪检监察机关自身建设的中心任务，坚持德才兼备、以德为先的用人标准选好配强纪检监察机关领导班子，以提高能力素质为重点加强纪检监察干部队伍建设。四是必须坚持把加强纪检监察组织建设作为加强纪检监察机关自身建设的基础工程，着力在健全机构设置、明确职责定位、发挥职能作用、整合工作力量上下功夫，形成基本覆盖、上下贯通、左右衔接的组织体系。五是必须坚持把严格要求、严格教育、严格管理、严格监督作为加强纪检监察机关自身建设的重要保障，督促广大纪检监察干部发扬优良作风，认真落实“五严守、五禁止”

纪律要求，牢固树立监督者更要带头接受监督的意识，自觉接受党组织、党员和人民群众的监督，接受社会和新闻舆论的监督。六是必须坚持把推进干部人事制度改革作为加强纪检监察机关自身建设的重要动力，坚持正确用人导向，扩大干部公开选拔和竞争上岗范围，加大干部轮岗交流和挂职锻炼力度，健全干部考核评价制度，严厉整治用人上的不正之风。七是必须坚持把推进工作方式方法创新作为加强纪检监察机关自身建设的重要途径，注重完善领导体制和工作机制，积极创新工作方式方法，充分发挥各方面积极性。

贺国强强调，加强自身建设是纪检监察机关的一个永恒主题，也是一项长期战略任务。各级纪检监察机关要紧紧围绕迎接筹备、服务保障和学习贯彻党的十八大这条主线，进一步增强政治意识，严守党的政治纪律，自觉维护改革发展稳定大局；忠实履行职责，扎实做好工作，确保全年各项任务优质高效圆满完成；加强内部管理，完善和落实各项规章制度，努力在纪检监察机关营造风清气正、团结和谐的工作环境；认真总结经验，推进改革创新，不断提高纪检监察机关自身建设科学化水平，以促进和保障反腐倡廉建设的新成绩迎接党的十八大胜利召开。

推动全球价值链研究 促进贸易投资自由化　9月19日，中国商务部与世界贸易组织、联合国贸发会议、经合组织联合举办的全球价值链国际研讨会在北京举行，王岐山出席开幕式并致辞。

王岐山说，伴随着经济全球化深入发展，跨国投资日益扩大，产业转移不断加快，深刻地改变了全球生产和贸易方式，促进了生产要素在世界范围内优化配置，有力地推动了国际贸易快速发展和全球经济增长。世界贸易组织提出“世界制造倡议”，开启了一个审视全球价值链的新角度。

王岐山指出，探索建立更加科学的国际贸易统计体系，无论从当前还是长远看，都具有重要意义。这有利于客观评估国际贸易的真实状况，准确反映各国在全球价值链中的分工、增值和获益情况，有利于加强各国宏观经济政策协调，共同反对各种形式的保护主义，促进贸易自由化。在各方共同努力下，全球价值链研究已经有了比较好的开端和基础。同时，这项开创性的研究不仅涉及测算方法、信息采集、数据处理等技术问题，还涉及财政、货币、产业、就业等宏观经济政策，面临着不少困难和挑战。希望各国政府和国际组织加强合作，积极支持国际贸易统计改革和完善，使之更加接近全球贸易的真实面貌。

王岐山强调，当今世界，各国经济相互依存，利益交融不断加深，谁也离不开谁。国际金融危机爆发以来，改革完善世界经济规则和标准，推动国际经济秩序朝着更加公正合理包容的方向发展，已成为国际社会的共识和行动。中国政府愿与各国政府和国际组织一道，坚定支持自由贸易，维护和加强多边贸易体制，加快全球经济治理改革，共同促进世界经济强劲、可持续、平衡增长。

全国政协文史工作座谈会在京召开　9月21日全国政协文史工作座谈会在北京召开。贾庆林会见与会代表并讲话。

贾庆林指出，人民政协文史资料工作是一项富有统战、政协特点的经常性、基础性工作。当前，我国文化事业发展面临前所未有的机遇。广大政协委员和文史工作者要认真学习贯彻中共十七届六中全会和胡锦涛总书记在省部级主要领导干部专题研讨班上的重要讲话精神，高举社会主义和爱国主义旗帜，继承和发扬优良传统，不断推动文史资料工作的理论创新和实践创新，切实提高文史资料工作科学化水平，努力开创文史资料工作新局面，以优异成绩迎接党的十八大胜利召开。他对做好人民政协文史资料工作提出三点要求：第一，要始终坚持统战和“亲历、亲见、亲闻”特色。第二，要始终坚持存真求实。第三，要始终坚持工作创新。

贾庆林还参观了当天投入使用的中国政协文史馆。他说，中国政协文史馆的建成使用，实现了广大政协委员的夙愿，在人民政协文史事业发展史上具有重要意义。要结合统一战线和人民政协的特点和优势，扎实做好文史资料征集、收藏、研究、利用等方面工作，切实把中国政协文史馆管理好、运用好、发展好，不断推进人民政协的文史工作迈上新台阶。要充分发挥政协文史馆作为展示窗口的重要作用，大力宣传我国的政党制度和人民政协的优势，不断丰富展示内容，创新展示手段；要充分发挥政协文史馆作为研究园地的重要作用，积极运用丰富的馆藏资源，大力开展各种形式的学术活动；要充分发挥政协文史馆作为交流平台的重要作用，坚持开门办馆，主动扩大与社会各界的交流与合作，加强与海内外同行的联系，推进中外文化交流，真正达到以史团结人、以史影响人、以史教育人的目的。要充分发挥政协智力密集和联系广泛的优势，建设一支高水平的文史工作人才队伍。

中国政协文史馆总建筑面积2.3万平方米，是集征集、馆藏、展示、交流等功能于一体的国家级文史馆。馆内陈列的“人民政协光辉历程展”和“人民政协文史资料展”，全方位展示了人民政协事业和文史资料工作的发展历程。

为建设资源节约型社会 提供有力的舆论支持 9月23—24日，由国土资源部与人民日报社联合主办的国土资源节约集约利用论坛，在人民大会堂举行。

此次论坛以“推进资源节约集约利用，促进经济社会科学发展”为主题。论坛由开幕式及主论坛、3个土地资源分论坛、1个矿产资源分论坛组成。土地资源分论坛主题分别是：“战略与发展”、“挑战与选择”和“经验与成就”；矿产资源分论坛主题为“先进技术方法与矿产资源综合利用”。论坛期间，国土资源部相关业务司局分别作“从规划制度看节约集约利用”、“节约集约用地的探索与成就”、“矿产资源节约和综合利用的探索和成就”等作主题报告。

本次论坛既是专家学者、国土资源管理者和节约集约一线实践工作者之间的一次探讨、交流，更是一次面向社会公众的广泛宣传和思想动员，论坛开创了历史先河，在国土资源管理事业史上将树起一座新的里程碑。

与会专家学者提出，节约集约利用资源，已经成为时代的命题，发展的命题。在贯彻落实节约优先战略旗帜的指引下，必须树立科学的资源观和资源管理观，坚定地走一条国土资源节约集约之路。这是科学发展的时代要求，是现实忧患的理性抉择，是走出困境、破解两难的根本出路。通过论坛交流、探讨，大家加深了对节约集约的战略认识，极大地凝聚了共识。大家认为，推进资源节约集约利用是国家资源战略的核心内容。推进资源节约集约是一项全社会系统工程。需要以节约集约为统领，坚定推进节约集约的信念，完善资源节约集约利用标准，提高资源利用效率，在节约中求发展、促增效，推进国土资源管理理念、管理职能和管理方式的重大转变。需要以转化基层经验为重点，推动改革创新，完善资源节约集约利用政策体系，加快国土资源管理新的制度供给；以探索“党委领导、政府负责、部门协同、公众参与、上下联动”的具体方式和有效路径，着力构建国土资源管理工作新格局。需要以广泛的社会动员，推动全社会价值观念、行为方式、消费模式等多方面的变革，凝聚节约集约利用资源的强大共识，探索资源节约集约利用的创新思路、先进经验和科学模式，促进资源节约集约经验的总结、交流和传播，引导全社会形成资源节约集约利用意识和行为导向，创造节约集约的良好舆论环境和社会氛围，提升全社会资源节约集约利用的整体水平。

提高党管人才工作水平 为党和国家事业发展集聚人才 9月26日中共中央办公厅颁布的《关于进一步加强党管人才工作的意见》(以下简称《意见》)，是新形势下加强党管人才工作的基础性文件，对更好实施人才强国战略具有重要的指导和促进作用。

近年来，各级组织部门把建立工作机构，配备工作力量，作为加强党管人才工作的重要基础性工作来抓。目前，全国31个省区市党委组织部全部建立人才工作机构，配备了专门力量。97.3%的地（市）和81.2%的县（市、区）党委组织部门建立了专门的人才工作机构，充实了工作力量，从中央到省、市、县，构建起了上下贯通的人才工作组织体系。随着人才工作迅速发展，人才工作力量不足的问题日益凸显，一定程度上影响着人才工作的质量和水平。按照《意见》要求，还没有建立人才工作机构的地（市）党委组织部门要抓紧建立，保证全覆盖。县（市）级党委组织部门也要根据实际加强人才工作机构建设，暂无条件设立专门机构的要安排专人负责人才工作。同时，党委政府有关职能部门也可根据实际需要建立人才工作机构。要加强人才工作队伍的教育培训，开展专题培训、学习考察、实践锻炼等活动，不断提高人才工作者知全局、懂人才、干实事、善服务的能力，以更好地适应新形势、新任务的要求。

开创海外中国学研究新局面 9月29日，“北京联合大学海外中国学研究中心成立大会暨学术研讨会”在北京举行。与会者以“海外中国学研究的发展前瞻”为主题，对相关问题进行了探讨。

与会者指出，海外中国学的发展主要受两个因素推动。一个因素是中美关系正常化进程的开启。中国进入联合国后，同世界上绝大多数国家建立起正常的外交关系，自此国外有一批历史学家和政治学家开始研究中国问题。另一个更根本的因素就是中国的发展。随着中国经济持续发展和影响力不断提升，海外大批学者开始加入中国问题研究。目前，海外中国学领域已形成一个颇具影响的学者群，有了代表性的学术刊物、学会组织。在海外中国学逐渐成为国际学术界“显学”的同时，“海外中国学研究”也成为我国自主创建的、成长最为迅速的学科之一。加强海外中国学研究，可以为我们深入认识中国自身问题提供一个多向度的观察视角和广阔开放的参照系，克服“只缘身在此山中”的局限。与会者认为，今后的海外中国学研究，应在做好学术研究的同时更好地发挥资政作用；应改进现有的方法和手段，利用多学科的优势以及新技术和新方法，深化对学科领域内的热点、难点问题研究。

马克思主义大众化的有益探索 10月10日，中国社会科学院世界社会主义研究中心与社会科学文献出版社在北京联合召开"'居安思危·世界社会主义小丛书'出版座谈会"，来自中央有关部委、社科研究机构的领导同志和专家学者出席会议。

与会者认为，该丛书既是普及科学社会主义知识的理论读物，又是严肃的学术著作，是马克思主义大众化的一次有益探索。作者力争在有限的篇幅内，以深刻独到的视角、通俗生动的语言描述事实真相，揭示事物本质与规律，使该丛书具有很强的吸引力、说服力。

与会者指出，这套丛书以反映当今国外社会主义理论与实践为主，兼及我国革命、建设和改革开放事业，涉及许多重大理论、重大题材和重大问题。例如，阐述了科学社会主义基本理论及重要思潮，介绍了国际共产主义运动中重大历史事件、重要人物和各主要国家共产党当今理论、实践及发展趋势等，回答了人们关心的相关问题。

该丛书由中国社会科学院世界社会主义研究中心组织院内外相关专家学者撰写而成。首辑共10本，包括《忧患百姓忧患党——毛泽东关于党不变质思想探寻》、《俄国十月社会主义革命》、《当代拉丁美洲的社会主义思潮与实践》、《西方世界中的社会主义思潮》、《新自由主义评析》、《历史虚无主义评析》、《"普世价值"评析》等。

始终坚持党的基本路线不动摇 10月10日，当代中国研究所、中华人民共和国国史学会、广西壮族自治区南宁市委市政府、广西地方志办公室等单位联合举办的"第十二届国史学术年会"在广西南宁市召开。本次年会的主题是"当代中国的历史发展与党在社会主义初级阶段的基本路线"。与会者围绕会议主题，从经济、政治、文化、社会和党的建设等方面，研究和总结了我国改革开放30多年的发展历程和宝贵经验。

与会者认为，当代中国的历史发展及未来走向，归结到一点就是中国特色社会主义。中国特色社会主义是当代中国发展进步的旗帜，也是全党全国各族人民团结奋斗的旗帜。我们只有始终高举这面伟大旗帜，才能战胜前进道路上的艰难险阻，实现社会主义现代化，实现中华民族伟大复兴。

与会者指出，根据邓小平同志在党的十二大开幕词中提出的"建设有中国特色的社会主义"的科学命题，党的十三大提出了党在社会主义初级阶段的基本路线，这一基本路线成为我们坚持和发展中国特色社会主义道路的根本依据。一是基本路线为中国特色社会主义道路确定了历史方位。这个历史方位就是中国正处于并将长期处于社会主义初级阶段。二是基本路线为中国特色社会主义道路确立了兴国之要。以经济建设为中心是兴国之要，是我们党和国家兴旺发达和长治久安的根本要求。三是基本路线为中国特色社会主义道路奠定了立国之本。四项基本原则是立国之本，是党和国家生存发展的政治基石。四是基本路线为中国特色社会主义道路指明了强国之路。改革开放是强国之路，是我们党和国家发展进步的动力源泉。五是基本路线为中国特色社会主义道路明确了奋斗目标。建设富强民主文明和谐的社会主义现代化国家，是我们始终不渝的奋斗目标。这五个方面相互联系，为坚持和发展中国特色社会主义指明了方向。在新形势下，我们要始终坚持党的基本路线不动摇，坚定不移地走中国特色社会主义道路。

马克思主义理论研究和建设工程取得重要阶段性成果 北京10月15日电，近日中宣部称，马克思主义理论研究和建设工程（以下简称工程）实施8年来，在党中央的高度重视和直接领导下，取得了重要阶段性成果，为推进党和国家事业发展作出了贡献。

中宣部常务副部长雒树刚在接受《人民日报》专访时指出，实施马克思主义理论研究和建设工程，是我们党从深入推进马克思主义中国化时代化大众化、坚持和发展中国特色社会主义的战略高度作出的一项重大决策，在推进党的思想理论建设、繁荣发展哲学社会科学方面发挥了龙头作用、基础作用和导向作用。

雒树刚说，目前工程基本完成了中央确定的阶段性任务，取得了多方面的成果，主要体现在：

第一，进一步高扬了马克思主义旗帜，向世人鲜明昭示了中国共产党坚持马克思主义指导地位，用发展着的马克思主义指导新的实践的决心和信念。

第二，形成了一大批重要理论成果，推出了10卷本《马克思恩格斯文集》和5卷本《列宁专题文集》，编写了《中国特色社会主义理论体系学习读本》、《科学发展观学习读本》、《社会主义核心价值体系学习读本》，推出了《理论热点面对面》等成为理论大众化的品牌读物，制作播出了《复兴之路》、《旗帜》等多部有深度、有影响的电视理论专题片。编写出版了涉及各主要学科领域的30多种重点骨干教材，初步形成了中国特色的哲学社会科学教材体系。

第三，创新了理论研究机制，实现了理论工作部门和实际工作部门、基础学科领域和应用学科领域的深度结合，集聚了雄厚的、可持续发展的智力资源。

第四，发现、培养和造就了一大批政治坚定、功底深厚、勇于创新、在国内外有广泛影响的马克思主义理论人才。中央有关部门联合举办哲学社会科学教学科研骨干研修班培训5000多人，全国各地研修班累计培训7万多人。中宣部、教育部举办高校思想政治理论课骨干教师研修班培训3000多人。

雒树刚说，8年来的实践证明，工程在推动理论创新发展、推动改革开放和现代化建设方面发挥了重要作用，不愧是党的十六大以来我国思想理论建设的标志性工程，是这一时期最重大、最基础、最具深远意义的思想理论建设工程。

《彭真传》《彭真年谱》出版座谈会举行 10月17日，在彭真诞辰110周年之际，《彭真传》《彭真年谱》出版座谈会在人民大会堂举行。

彭真长期担任党和国家的重要领导职务，为中国人民的解放事业，为我国的革命、建设和改革事业，建立了不朽的功绩。参加座谈会的同志讲述了彭真在新民主主义革命时期、社会主义革命和建设时期、改革开放和现代化建设新时期建立的卓越功勋，讲述了他在领导首都建设，领导全国人大工作和立法工作、政法工作等方面的杰出贡献。

《彭真传》《彭真年谱》近日已由中央文献出版社出版发行。《彭真传》共4卷，130余万字；《彭真年谱》共5卷，180余万字。两书依据历史文献和档案资料，并汲取有关的党史研究成果，客观、全面地反映了彭真革命的一生、战斗的一生、光辉的一生。

在创新中实现自我完善和发展　10月19日，北京大学中国特色社会主义理论体系研究中心主办的“《中国创新论》出版座谈会暨中国特色社会主义学术研讨会”在北京举行。《中国创新论》一书是北京大学哲学系王东教授承担的教育部人文社会科学重点研究基地重大课题研究成果，由光明日报出版社出版。

与会者认为，《中国创新论》从哲学视角回顾了近现代世界历史发展的历程，提出了“创新领先律”、“综合创新论”、“百年周期律”等观点，有助于人们更好地认识当代世界发展趋势，具有较强的时代性、现实性、理论性。该书上篇通过考察近500年来世界大国兴衰轨迹，认为历史和实践的发展充分证明：中国特色社会主义是当代中国发展进步的根本方向，改革开放是坚持和发展中国特色社会主义的必由之路；下篇提出了综合创新的观点，认为要走“古今中外，综合创新”的路径，坚持社会主义市场经济的改革方向，构建理论创新、制度创新、科技创新、文化创新的综合创新机制，不断推进社会主义制度的自我完善和发展。

深入研究民族地区马克思主义大众化　10月19—22日，西藏民族学院马克思主义学院和华东师范大学哲学系联合举办的“马克思主义理论在民族地区的实践学术研讨会”，在陕西省咸阳市举行。与会者围绕研究推进民族地区马克思主义大众化、加强民族地区高校马克思主义理论学科建设等问题进行了研讨。

与会者认为，推进民族地区马克思主义大众化是推进马克思主义大众化的重要环节，是维护民族地区改革发展稳定大局的重大课题和重要任务。民族地区应结合自身特点、文化传统和现实需要，深入研究探索马克思主义大众化的“民族形式”，从打造工作平台与载体、健全组织机制与管理制度、创新话语方式与传播方式等多个层面探寻马克思主义大众化的有效途径。当前，应把社会主义核心价值体系建设作为推进民族地区马克思主义大众化的中心工作，不断巩固全党全国各族人民团结奋斗的共同思想道德基础。

与会者强调，民族地区高校是推进民族地区马克思主义大众化的主体力量，应充分发挥自身优势，进一步加强马克思主义理论学科建设。具体来说就是，加强对马克思主义发展史和基本理论的研究，建立和发展具有民族地区特点的马克思主义学科特色专业；进一步加强思想政治理论课教师队伍建设，不断增强民族地区高校思想政治理论课教学的科学性和实效性；根据民族地区实际和大学生特点，深化马克思主义大众化的理论研究和实践探索。

符合国情的政党制度才是好的政党制度　10月20—21日，北京大学政党研究中心、中央社会主义学院政党制度研究中心、民进中央参政党建设理论研究中心、山东大学政党研究所联合主办的“第四届中国政党论坛”在山东省济南市举行。与会者围绕“政党制度与国家政治建设”这一主题，就世界政党政治的发展历程与基本经验、国外政党制度与国家政治发展、中国政党制度与国家政治建设等问题进行了研讨。

与会者指出，政党制度与国家政治建设是世界政党政治中的老问题、大问题，也是每一个国家在现代化进程中都不能回避的问题。一个国家采取什么样的政党制度，要以国情为依据。国情不同，政党制度的理论与实践也不可能相同，符合国情的政党制度才是好的政党制度。我国确立的中国共产党领导的多党合作和政治协商制度这一政党制度，是中国共产党把马克思主义政党学说和统一战线理论与中国具体实际相结合的伟大创造，是中国共产党与各民主党派和无党派人士一起建立起来的一种独具特色的新型政党制度。我国的政党制度在社会主义政党政治史上创立了崭新的政党政治关系、崭新的政党执政方式和崭新的民主实现机制，是被实践证明了的符合中国国情的政党制度。在新的历史条件下，我们要紧紧围绕坚持和发展中国特色社会主义这个主题，切实按照有利于促进经济社会科学发展、有利于发挥社会主义制度的特点和优势、有利于维护最广大人民的根本利益的原则要求，不断发展完善我国的政党制度。

人大常委会举行第二十九讲专题讲座 10月26日，十一届全国人大常委会在人民大会堂举行第二十九讲专题讲座，题目是《我国环境法律制度和环境保护若干问题》。吴邦国主持讲座。

主讲人环境保护部原总工程师、中国环境科学学会副理事长杨朝飞作了深入讲解。在介绍我国环境立法进展时，杨朝飞首先分析了我国环境保护法律制度建设取得的成就。他说，我国早在改革开放之初，就将环境立法纳入议事议程。截至目前，全国人大常委会制定了环境保护法律10件、资源保护法律20件。国务院颁布了环保行政法规25件。我国环境法律制度框架已经基本形成，各环境要素监管主要领域已得到基本覆盖。多年来，全国人大及其常委会高度重视环境立法工作，推动环境立法和督促落实各项环境法律法规，开展了多次执法调研和执法检查，有力地推动了我国的环境法制建设。尽管我国环保事业取得了长足进步，但是环境恶化的趋势尚未根本遏制，仍面临许多突出问题，资源与环境问题成为发展的最大制约瓶颈之一。

杨朝飞还就强化政府责任、严格追究污染者的环境责任、强化环境执法、发挥市场配置资源环境要素的基础性作用、建立严格的环境风险评估制度、推动信息公开与公众参与等方面提出了建议。

鲁迅文化基金会成立会议暨2012“鲁迅论坛”召开 10月26日，鲁迅文化基金会成立会议暨2012“鲁迅论坛”在北京召开，贾庆林出席会议并讲话。

贾庆林指出，鲁迅先生是伟大的文学家、思想家、革命家，是中国近现代文化战线、思想战线的伟大战士，是享誉中外、深受景仰的一代文化大师，是中国现代文化史上一座巍然屹立的丰碑。鲁迅不懈呼唤民族的觉醒，不懈向往社会的光明，不懈追求崇高的理想，为实现民族解放和社会解放作出了突出贡献。鲁迅是中华民族的骄傲，是我们当之无愧的“民族魂”。在鲁迅身上，集中体现了忧国忧民、不懈斗争的爱国主义精神；集中体现了首在立人、为民请命的以人为本精神；集中体现了博采众长、吐故纳新的勇于创新精神；集中体现了百折不挠、锲而不舍的“韧”的战斗精神。鲁迅精神在唤起中国人民的觉醒和团结奋斗、增强中华民族凝聚力、提高民族自信心方面发挥了巨大作用，是中华民族精神的结晶，成为中华民族不屈的筋骨和灵魂。

贾庆林表示，成立鲁迅文化基金会，充分表明我们对鲁迅的深切怀念和崇高敬仰，充分体现了对鲁迅遗留下来的思想文化瑰宝的无比珍视。基金会的成立，必将对继承鲁迅文化遗产、弘扬鲁迅思想精神，促进文化改革发展、加强中外文化交流，起到积极的推动作用。

贾庆林强调，当前，我国文化建设正站在新的历史起点上。党的十七届六中全会作出了深化文化体制改革、推动社会主义文化大发展大繁荣的决定，确立了建设社会主义文化强国的奋斗目标。党的十八大将对当前和今后一个时期党和国家事业发展作出全面部署，也将对推进文化改革发展提出明确要求。希望鲁迅文化基金会认真贯彻中央决策部署，坚持围绕中心、服务大局、广泛动员海内外资源，积极开展公益活动，全面提升工作效能，为促进社会主义文化繁荣发展、推进中国特色社会主义事业作出应有的贡献。基金会要牢记建会宗旨，大力弘扬和践行鲁迅精神；发挥优势作用，扎实推进文化改革发展；促进文化交流，切实提升中国文化的国际影响力；加强自身建设，不断提高基金会工作科学化水平。

以改革创新应对经济增速变化　10 月 27—28 日，“全国高校社会主义经济理论与实践研讨会第二十六次年会”在河南大学举行。与会者围绕我国新阶段经济增长速度变化带来的挑战、推进协同创新等问题进行了研讨和交流。

与会者指出，我国经济潜在增长率正在发生变化。从供给方面看，劳动力供给的下降将导致人口抚养比提高和国内储蓄率降低，资源供给紧张和价格提高也会降低经济增速。从需求方面看，国内收入差距拉大、消费率低等影响需求的问题尚未得到解决，世界经济低迷又导致外需不振。化解经济增速变化带来的冲击，关键是在改革中解决制约经济增长的结构性问题。应着力完善社会主义市场经济体制，加快转变经济发展方式，推进共享的城镇化，使发展成果更多更公平惠及全体人民，实现经济增长动力机制的转变。

与会者认为，加快转变经济发展方式的一个重要方面是从要素驱动型发展向创新驱动型发展转变，而这迫切需要加强协同创新。应建立产学研合作平台和机制，在产业创新、科学研究、人才培养等方面加强协同。同时，构建科学有效的管理体系，形成协同创新的人事管理制度，探索培养拔尖创新人才的新机制，建立以创新质量和对社会贡献为导向的评价机制等。

中共十七届七中全会在京举行　中国共产党第十七届中央委员会第七次全体会议，于 11 月 1—4 日在北京举行。会议决定，中国共产党第十八次全国代表大会于 2012 年 11 月 8 日在北京召开。

会议听取和讨论了胡锦涛受中央政治局委托作的工作报告。全会讨论并通过了党的十七届中央委员会向党的第十八次全国代表大会的报告，讨论并通过了《中国共产党章程（修正案）》，决定将这两份文件提请党的第十八次全国代表大会审议。习近平就党的十七届中央委员会向党的第十八次全国代表大会的报告讨论稿和《中国共产党章程（修正案）》讨论稿向全会作了说明。

全会充分肯定了党的十七届六中全会以来中央政治局的工作。一致认为，中央政治局高举中国特色社会主义伟大旗帜，全面贯彻党的十七大和十七届三中、四中、五中、六中全会精神，以邓小平理论和“三个代表”重要思想为指导，深入贯彻落实科学发展观，团结带领全党全军全国各族人民，坚持以科学发展为主题、以加快转变经济发展方式为主线，着力稳增长、控物价、调结构、惠民生、抓改革、促和谐，继续实施积极的财政政策和稳健的货币政策，保持宏观经济政策的连续性和稳定性，着力扩大国内需求，着力加强自主创新和节能减排，着力深化改革开放，着力保障和改善民生，全面推进社会主义经济建设、政治建设、文化建设、社会建设以及生态文明建设，全面推进党的建设新的伟大工程，各项事业取得了新的显著成绩，保持了经济平稳较快发展、社会和谐稳定，为召开党的第十八次全国代表大会创造了良好条件。

全会总结了党的十七大以来5年的工作。一致认为，这5年是不平凡的5年。面对复杂多变的国际环境和艰巨繁重的改革发展稳定任务，以胡锦涛同志为总书记的党中央带领全党，紧紧依靠全国各族人民，经受住各种困难和风险考验，全面推进了党和国家各项工作。经济平稳较快发展，改革开放取得重大进展，人民生活水平显著提高，民主法制建设迈出新步伐，文化建设迈上新台阶，社会建设取得新进步，国防和军队建设开创新局面，港澳台工作进一步加强，外交工作取得新成就，党的建设全面加强，坚持和发展了中国特色社会主义。

全会决定，增补范长龙、许其亮为中共中央军事委员会副主席。

全会按照党章规定，决定递补中央委员会候补委员王学军、王建平为中央委员会委员。

全会审议并通过了《中共中央纪律检查委员会关于薄熙来严重违纪问题的审查报告》、《中共中央纪律检查委员会关于刘志军严重违纪问题的审查报告》，确认中央政治局2012年9月28日作出的给予薄熙来开除党籍、2012年5月28日作出的给予刘志军开除党籍的处分。

全会全面分析了当前形势和任务，深入讨论了新形势下发展中国特色社会主义伟大事业、推进党的建设新的伟大工程的若干重大问题，为召开党的第十八次全国代表大会作了充分准备。

《求是》发表秋石系列文章 胡锦涛7月23日在省部级主要领导干部专题研讨班上发表重要讲话，从全局和战略的高度，科学分析了当前党和国家面临的形势，系统总结了党的十六大以来的基本实践和科学发展观的指导意义，提出了党和国家今后工作的总要求，对中国特色社会主义各项建设作出重大部署，对于统一全党思想、明确前进方向具有十分重大的意义。

为学习贯彻讲话精神，给迎接党的十八大胜利召开做好理论准备，《求是》杂志从第16期开始陆续发表五篇署名秋石的文章，分别是：《辉煌的成就和历史性进步——党的十六大以来的十年》(8月16日第16期)、《坚定不移走科学发展道路——党的十六大以来我国经济社会发展的鲜明主题》(9月16日第18期)、《坚持和发展中国特色社会主义——毫不动摇走党和人民在长期实践中开辟的正确道路》(10月1日第19期)、《奋力把改革开放推向前进》(10月16日第20期)和《我们的道路越走越宽广——信心百倍为全面建成小康社会而奋斗》(11月1日第21期)，引起读者广泛关注。

马克思主义中国化研究的新视角 11月1日，王刚撰著的《马克思主义中国化的起源语境研究——20世纪30年代前马克思主义在中国的传播及中国化》一书，由人民出版社出版。该书对马克思主义在中国的早期传播、中国的先进分子如何选择马克思主义等问题作了有益探索，是马克思主义中国化研究中一个视角新颖、观点独特的新成果。该书主要有以下两个特点。

较强的问题意识。作者在书中提出并深入思考了一系列关于马克思主义中国化起源的重要问题，这些都是马克思主义中国化研究亟待回答的重要理论问题。比如，马克思主义传入中国的种种前提条件中，是否孕育着后来马克思主义中国化过程中各种问题的基因？马克思主义早期从日本、西欧、苏俄和美国等不同路径传入中国，从内容来讲包含哪些差异，这些差异对此后的马克思主义中国化有何影响？马克思主义是作为改造中国社会的思想武器在中国传播和中国化的，它是如何进入中国的话语体系并确立其在中国的指导地位的？这些问题的提出和回答，无疑对深化马克思主义中国化的“本”、“源”研究具有重要意义。

较严密的逻辑性。该书无论在文章架构上，还是在行文论证上，都具有较严密的逻辑性。在文章架构方面，全书从“内”、“外”、“合”三个方面展现了马克思主义在中国早期传播及中国化的立体画面。在行文论证方面，坚持逻辑和历史、分析和综合相统一的方法，不仅说明了马克思主义中国化的起源语境“是什么”，而且揭示了马克思主义中国化的起源“怎样如此”、“何以如此”，“其内在和外在的依据在哪里”，令人信服地回答了一系列关于马克思主义中国化起源的基本理论问题。

中国教育改革发展丛书首发　由国家教育体制改革领导小组办公室组织编写的“中国教育改革发展丛书”11月5日在京首发，展示了近年来我国教育改革发展的成果和亮点，总结了教育改革发展的经验和做法，反映了对教育改革发展的思考和探索。

丛书分前沿报告、发展历程、典型经验、思想探索、高端咨询和国际评论等6个系列，计划出版100种左右，约3000万字，2014年出齐。目前，丛书第一辑19种图书已由人民教育出版社、高等教育出版社、语文出版社正式出版。

《党的十七大以来大事记》出版发行　11月6日，为迎接中国共产党第十八次全国代表大会胜利召开，由中共中央党史研究室编写的《党的十七大以来大事记》由人民出版社出版，即日起在全国新华书店公开发行。

不断丰富中国特色社会主义的理论特色　11月6日，北京大学中国特色社会主义理论体系研究中心、北京大学马克思主义哲学研究中心、21世纪哲学创新论坛在京联合举办了“十八大理论创新学术研讨会”。

与会者认为，不断丰富中国特色社会主义的理论特色，是坚持和发展马克思主义的必然要求，是不断深化对中国特色社会主义规律认识的必然要求。伟大实践孕育科学理论，科学理论又有力指导伟大实践。随着中国特色社会主义实践的不断发展，我们党理论创新的步伐不断加快。改革开放30多年来，我们党先后形成了邓小平理论、“三个代表”重要思想、科学发展观。不断丰富中国特色社会主义的理论特色，就是要继续丰富和发展中国特色社会主义理论体系，进一步深化对共产党执政规律、社会主义建设规律、人类社会发展规律的认识。

与会者强调，改革开放和社会主义现代化建设的伟大实践为中国特色社会主义提供了深厚实践基础，并赋予其鲜明实践品格。不断丰富中国特色社会主义的理论特色，要求我们从丰富多彩的实践中、从人民群众的伟大创造中汲取营养，在回答和解决实际问题中推动实践基础上的理论创新，始终保持中国特色社会主义的生机和活力。高校作为马克思主义理论的重要研究和传播基地，应针对当前经济社会发展中的热点难点问题加大研究力度、作出理论概括，为不断丰富中国特色社会主义的理论特色作贡献。

中国共产党第十八次全国代表大会在京召开 高举旗帜奋力开拓铸就辉煌业绩，领航中国信心满怀共创美好未来。举世瞩目的中国共产党第十八次全国代表大会 11 月 8 日上午在人民大会堂开幕。大会的主题是：高举中国特色社会主义伟大旗帜，以邓小平理论、“三个代表”重要思想、科学发展观为指导，解放思想，改革开放，凝聚力量，攻坚克难，坚定不移沿着中国特色社会主义道路前进，为全面建成小康社会而奋斗。

胡锦涛代表第十七届中央委员会向大会作了题为《坚定不移沿着中国特色社会主义道路前进，为全面建成小康社会而奋斗》的报告。

中国共产党第十八次全国代表大会在选举产生新一届中央委员会和中央纪律检查委员会，通过关于十七届中央委员会报告的决议、关于中央纪律检查委员会工作报告的决议、关于《中国共产党章程（修正案）》的决议后，14 日上午在人民大会堂胜利闭幕。

大会号召，全党全国各族人民高举中国特色社会主义伟大旗帜，更加紧密地团结在党中央周围，为全面建成小康社会而奋斗，不断夺取中国特色社会主义新胜利，共同创造中国人民和中华民族更加幸福美好的未来。

大会批准胡锦涛同志代表十七届中央委员会所作的报告。决议指出，报告描绘了全面建成小康社会、加快推进社会主义现代化的宏伟蓝图，为党和国家事业进一步发展指明了方向，是全党全国各族人民智慧的结晶，是我们党团结带领全国各族人民夺取中国特色社会主义新胜利的政治宣言和行动纲领，是马克思主义的纲领性文献。

紧紧围绕坚持和发展中国特色社会主义 深入学习宣传贯彻党的十八大精神 11 月 17 日，十八届中共中央政治局就深入学习贯彻党的十八大精神进行第一次集体学习。习近平在主持学习时强调，坚持和发展中国特色社会主义是贯穿党的十八大报告的一条主线。我们要紧紧抓住这条主线，把坚持和发展中国特色社会主义作为学习贯彻党的十八大精神的聚焦点、着力点、落脚点，把党的十八大精神学得更加深入、领会得更加透彻、贯彻得更加自觉。

李克强、张德江、俞正声、刘云山、王岐山、张高丽就深刻领会和贯彻落实党的十八大精神谈了体会。他们表示，党的十八大进一步向世人昭示了中国共产党高举中国特色社会主义伟大旗帜的坚定立场，进一步向全党全国发出了全面建成小康社会的动员令。全党全国要紧密团结在以习近平同志为总书记的党中央周围，做好学习宣传贯彻工作，增强对中国特色社会主义的道路自信、理论自信、制度自信，切实使党的十八大精神成为全面建成小康社会、夺取中国特色社会主义事业新胜利的强大思想武器。要继续抓住和用好我国发展的重要战略机遇期，冷静分析和妥善应对面临的挑战，切实抓好发展这个党执政兴国的第一要务，推动各项事业全面发展。要坚持党要管党、从严治党，全面加强党的建设，不断提高领导水平和执政水平，坚决反对各种消极腐败现象，始终紧紧依靠人民前进，把党的十八大提出的各项目标任务落到实处。中共中央政治局各位同志认真听取了他们的意见。

习近平在主持学习时发表了讲话。讲话全文以《紧紧围绕坚持和发展中国特色社会主义 学习宣传贯彻党的十八大精神》为题，于 12 月 1 日在《求是》杂志发表。

《中国共产党章程》单行本出版 11 月 18 日，中国共产党第十八次全国代表大会部分修改并通过的《中国共产党章程》单行本已由人民出版社出版，即日起在全国新华书店发行。

加大统筹城乡发展力度 11 月 18 日，北京市社会科学界联合会、北京市中国特色社会主义理论体系研究中心和《中国特色社会主义研究》杂志社联合举办“2012 首都论坛”。论坛主题为“城乡一体化与首都‘十二五’发展”。

与会者指出，城乡发展一体化是解决“三农”问题的根本途径。这就需要加大统筹城乡发展力度，增强农村发展活力，逐步缩小城乡差距，促进城乡共同繁荣。北京作为首都，有条件、有责任率先形成城乡经济社会发展一体化新格局。近年来，北京市在为统筹城乡协调发展布局谋篇的同时，坚持体制机制创新，不断加大工作力度，取得明显成效。今后，应加快完善城乡发展一体化体制机制，着力在城乡规划、基础设施、公共服务等方面推进一体化。

与会者强调，推动城乡发展一体化，应坚持工业反哺农业、城市支持农村和多予少取放活方针，加大强农惠农富农政策力度，让广大农民平等参与现代化进程、共同分享现代化成果；加快发展现代农业，增强农业综合生产能力，确保国家粮食安全和重要农产品有效供给；着力促进农民增收，保持农民收入持续较快增长；坚持和完善农村基本经营制度，壮大集体经济实力，发展农民专业合作和股份合作，培育新型经营主体，发展多种形式规模经营，构建集约化、专业化、组织化、社会化相结合的新型农业经营体系。

认真学习党章 严格遵守党章 11 月 19 日，新华社播发习近平的署名文章《认真学习党章严格遵守党章》。文章强调，刚刚闭幕的中国共产党第十八次全国代表大会，从继续推进党的理论创新、推进党和国家事业发展、推进党的建设新的伟大工程出发，对中国共产党章程进行修改，把我们党在推进中国特色社会主义伟大事业和党的建设新的伟大工程中取得的重大实践成果、理论成果、制度成果体现在党章中，实现了党章又一次与时俱进。

文章强调，党章是党的总章程，集中体现了党的性质和宗旨、党的理论和路线方针政策、党的重要主张，规定了党的重要制度和体制机制，是全党必须共同遵守的根本行为规范。没有规矩，不成方圆。党章就是党的根本大法，是全党必须遵循的总规矩。在各级党组织的全部活动中，都要坚持引导广大党员、干部特别是领导干部自觉学习党章、遵守党章、贯彻党章、维护党章，自觉加强党性修养，增强党的意识、宗旨意识、执政意识、大局意识、责任意识，切实做到为党分忧、为国尽责、为民奉献。

文章强调，党的十八大通过的党章修正案，把科学发展观同马克思列宁主义、毛泽东思想、邓小平理论、“三个代表”重要思想一道，确立为党的行动指南；在党章中完整表述了中国特色社会主义道路、中国特色社会主义理论体系、中国特色社会主义制度，全面揭示了中国特色社会主义的科学内涵；把生态文明建设纳入中国特色社会主义事业总体布局；把加强党的执政能力建设、先进性和纯洁性建设，整体推进党的思想建设、组织建设、作风建设、反腐倡廉建设、制度建设，全面提高党的建设科学化水平，建设学习型、服务型、创新型的马克思主义执政党等内容写入党章，并对党员义务、党的基层组织和党的干部的要求作了充实。通过这次修改，党章这个党的总章程更加完善，必将在推进党的事业和党的建设中更好发挥根本性规范和指导作用。

文章指出，认真学习党章、严格遵守党章，是学习贯彻党的十八大精神的重要内容。要把学习党章同学习党的十八大精神紧密结合起来，同学习中国特色社会主义理论体系紧密结合起来。

文章指出，认真学习党章、严格遵守党章，是加强党的建设的一项基础性经常性工作，也是全党同志的应尽义务和庄严责任，对强化全党党章意识，增强党的创造力、凝聚力、战斗力具有极为重要的作用。要以党的十八大党章修正案颁布为契机，在全党兴起学习党章、遵守党章的热潮。

文章要求，要全面掌握党章基本内容。党章对党的性质、宗旨、指导思想、奋斗纲领和重大方针政策作出了明确规定，对党员权利和义务作出了明确规定，对党的制度和各级党组织的行为规范作出了明确规定，对党的各级领导干部的基本条件作出了明确规定，对党的纪律作出了明确规定。

文章要求，要严格遵守党章各项规定。全党要牢固树立党章意识，真正把党章作为加强党性修养的根本标准，作为指导党的工作、党内活动、党的建设的根本依据，把党章各项规定落实到行动上、落实到各项事业中。

文章最后要求，党员领导干部要做学习党章、遵守党章的模范。各级领导干部要把学习党章作为必修课，走上新的领导岗位的同志要把学习党章作为第一课，带头遵守党章各项规定。凡是党章规定党员必须做到的，领导干部要首先做到；凡是党章规定党员不能做的，领导干部要带头不做。

开辟当代中国马克思主义发展新境界　11 月 19 日，国防大学科研部、国防大学中国特色社会主义理论体系研究中心与解放军报社在北京联合举办“学习宣传党的十八大精神理论座谈会”，来自军内外的理论工作者认真学习党的十八大报告并进行研讨交流。

与会者认为，党的十八大是在我国进入全面建成小康社会决定性阶段召开的一次十分重要的大会，是高举旗帜、谋划未来、继往开来的大会。当前，应把学习贯彻党的十八大精神作为首要政治任务，高举中国特色社会主义伟大旗帜，以邓小平理论、“三个代表”重要思想、科学发展观为指导，解放思想、改革开放、凝聚力量、攻坚克难，坚定不移沿着中国特色社会主义道路前进，为全面建成小康社会而奋斗。

与会者指出，党的十八大把科学发展观确立为党必须长期坚持的指导思想，具有重大现实意义和深远历史意义。科学发展观深刻揭示了新世纪新阶段我国经济社会发展的客观规律，以实现广大人民的根本利益为最高价值标准，实现了马克思主义真理观与价值观的有机统一，开辟了当代中国马克思主义发展新境界。要坚持把科学发展观作为一面旗帜举起来，用以统一意志、凝聚力量；坚持把科学发展观作为价值标准用起来，用以衡量利弊、检验得失；坚持把科学发展观作为指导原则立起来，用以谋划建设、促进发展。

与会者认为，党的十八大提出的全面建成小康社会的宏伟目标，充分体现了以人为本的核心立场。经济持续健康发展为改善人民生活、增进人民福祉提供物质基础；人民民主不断扩大为改善人民生活、增进人民福祉提供政治保障；文化软实力显著增强为改善人民生活、增进人民福祉提供精神动力；人民生活水平全面提高是改善人民生活、增进人民福祉的直接表现；资源节约型、环境友好型社会建设取得重大进展为改善人民生活、增进人民福祉提供良好生态环境。应把人民对美好生活的向往作为我们的奋斗目标，不断解放和发展社会生产力，努力解决人民群众的生产生活困难，坚定不移走共同富裕道路。

促进民营经济转型升级 11月23—24日，长三角（浙江）民营经济研究会台州分会、《经济社会体制比较》杂志社等单位联合主办的“2012中国民营经济创新论坛”在浙江省台州市举行。与会者围绕民营经济与区域竞争力、民营经济转型升级等问题进行了研讨。

与会者指出，民营经济是我国经济持续较快发展的重要驱动力。但目前民营经济发展面临的内外部约束加剧，迫切需要通过转型升级破解发展难题。例如，按传统路径发展空间越来越小、法人治理结构不完善、融资困难等问题的凸显，表明民营经济正处于发展的关键期，迫切需要加快转型升级。民营企业发展不宜一味追求做大，而应努力追求做强，不断提升市场竞争力。

与会者认为，加快民营经济转型升级，需要内外部因素同时努力、协调推进。从外部因素看，应加快放开民营经济准入限制，积极推进制造业与生产性服务业融合发展，加大对民营企业的金融支持力度；从内部因素看，民营企业应更新观念、转变发展方式、加快创新步伐、积极开展国际化经营，同时改善内部治理结构、控制财务风险，为长期稳定发展和转型升级奠定基础、拓展空间。

“九二共识”20周年 座谈会在京举行 11月26日，中共中央台湾工作办公室、国务院台湾事务办公室与海峡两岸关系协会在人民大会堂举行“九二共识”20周年座谈会。王毅、陈云林等分别在座谈会上讲话。

王毅表示，1992年两会达成各自以口头方式表述“海峡两岸均坚持一个中国原则”的共识，对于两岸建立基本互信、开展对话协商、改善和发展两岸关系，发挥了不可替代的重要作用。20年来，“九二共识”已经发展成为两岸关系和平发展政治基础的重要组成部分，得到两岸主流民意支持。王毅从四个方面阐明了“九二共识”的意义，强调“九二共识”的核心是坚持一个中国原则，精髓是求同存异，意义在于构建了两岸关系发展的政治基础，启示是要有正视问题、面向未来的政治勇气和智慧。“九二共识”之所以能够达成，关键在于双方做到了求坚持一个中国之同，存双方政治分歧之异。在两岸固有矛盾长期存在的情况下，处理复杂问题不可能一步到位。双方务实搁置争议，善于求同存异，进而积极聚同化异，就能在不断增进共识的过程中，逐步缩小和化解分歧，实现互利双赢。在两岸关系和平发展进程中，应当正视而不回避面临的各种问题，积极进取地思考破解难题之道，循序渐进地加以务实推进。凡是顺应两岸关系发展趋势、增进两岸同胞共同福祉、符合中华民族根本利益的事情，我们都愿与台湾各界有识之士一道，自觉承担起应尽的历史责任。两岸同胞完全有能力，有智慧克难前行，把两岸关系前途掌握在自己手中。

王毅强调，是否认同一个中国，事关两岸关系的性质与前途，事关大是大非。无论台湾政治情势发生什么变化，我们始终把坚持“九二共识”作为与台湾当局和各政党交往的基础和条件，核心在于认同大陆和台湾同属一个中国。做到了这一点，台湾任何政党与大陆交往都不会存在障碍。

陈云林表示，纵观“九二共识”达成20年来两会协商互动的曲折历程，特别是总结近4年来推动两岸关系和平发展的成功实践，我们倍加珍视反对“台独”、坚持“九二共识”作为两岸关系共同政治基础的重要意义，倍加重视坚持“九二共识”对推动两岸关系和平发展的重要作用。在两岸关系和平发展由开创期进入巩固深化新阶段的形势下，我们要更加重视坚持“九二共识”的基础作用，正确把握和运用“九二共识”的政治智慧，继续在“九二共识”基础上推进两岸协商。我们将继续按照先易后难、循序渐进的思路，尽快完成两岸经济合作框架协议（ECFA）后续商谈的各项目标。尽快实现两会互设综合性办事机构，更好地维护两岸同胞权益。两会还应当共同努力，争取在商签两岸科技、文化交流协议等方面寻求新的进展，不断以更多的协商成果造福两岸同胞，让更多的两岸民众共享两岸关系和平发展成果。

中央有关部门组成学习贯彻党的十八大精神中央宣讲团　11月27日上午，由中央宣传部、中央直属机关工委、中央国家机关工委、教育部、解放军总政治部、北京市委联合举办的中央宣讲团党的十八大精神首场报告会，在北京人民大会堂举行。中央宣讲团成员、中央党史研究室主任欧阳淞作了报告。

为推动兴起学习宣传贯彻党的十八大精神的热潮，根据中央要求，中宣部会同中央有关部门组成了学习贯彻党的十八大精神中央宣讲团。

据了解，参加这次宣讲活动的中央宣讲团成员有中央政法委秘书长、中央综治委副主任周本顺，中央党校常务副校长李景田，中央文献研究室主任冷溶，中央党史研究室主任欧阳淞，国家发展改革委主任张平，教育部部长袁贵仁，科技部党组书记、副部长王志刚，商务部部长陈德铭，新闻出版总署党组书记、副署长蒋建国，中国社会科学院党组副书记、常务副院长王伟光，广西壮族自治区党委书记郭声琨，江苏省委副书记、省长李学勇，中宣部副部长王晓晖，中央政策研究室副主任施芝鸿，中央政策研究室副主任潘盛洲，中央财经领导小组办公室副主任杨伟民，全国人大常委会副秘书长沈春耀，国务院法制办副主任袁曙宏，国务院研究室副主任宁吉　，国家发展改革委宏观经济研究院原常务副院长林兆木等20位同志。

中央宣讲团将于11月28日起赴全国各地宣讲。

中央主要新闻媒体掀起学习宣传贯彻十八大精神高潮　新华社北京11月27日电，党的十八大胜利闭幕以来，中央主要新闻媒体精心策划、集中报道，大力宣传党的十八大精神，宣传广大干部群众在学习贯彻党的十八大精神过程中取得的新成效新进展，深入解读党的十八大提出的重大理论观点、重大方针政策、重大工作部署，增强舆论引导能力，推出了一批有分量有深度的报道、综述、社论、评论和理论文章，迅速掀起了学习宣传贯彻十八大精神的高潮。

党的十八大闭幕后，人民日报在一版头条报道了中央政治局会议、政治局集体学习和中共中央印发《关于认真学习宣传贯彻党的十八大精神的通知》的消息，刊发习近平总书记在中央政治局第一次集体学习时的讲话和题为《认真学习党章　严格遵守党章》的署名文章和其他中央领导同志的署名文章。人民日报发挥政论特色，推出“学习贯彻党的十八大精神”系列的《向人民交上一份合格答卷》、《深刻把握我国发展进步的鲜明主题》、《深刻把握十年取得的历史性成就》等评论员文章,在“人民论坛”推出评论专栏“凝聚未来中国的力量”,推出《接过历史的接力棒》、《肩负起对人民的责任》、《全党必须警醒起来》等文章。此外，人民日报将对十八大精神的宣传融入动态新闻和深度报道等报道中,陆续推出了“学习宣传贯彻落实十八大精神”“十八大关键词”“十八大精神在基层”等专栏，相继刊发了《收入倍增怎样实现》、《深化金融改革　服务国计民生》、《建美丽中国　靠制度先行》，以及“协商民主在实践”、“全面提高党建科学化水平”等系列报道，受到舆论关注，得到读者好评。

截至目前，新华社共播发消息、综述、通讯、述评等文字稿件以及图片、音视频、新媒体等各类稿件近 400 篇，其中，自 11 月 16 日起连续播发《坚持高举伟大旗帜　奋力夺取新的胜利》、《坚持深化改革开放　凝聚力量攻坚克难》、《坚持以人为本　推动科学发展》、《坚持五位一体　把握总体布局》、《坚持从严治党　推进伟大工程》、《坚持团结奋斗　共创美好未来》、《坚持理论联系实际　务必抓紧落到实处》等 7 篇新华社评论员文章，引起媒体高度关注，平均采用超过百家。读者和媒体用户反映文章播发及时、理论性强、逻辑清晰、论述充足，是学习十八大精神的重要参考资料，有益于指导基层做好各项落实工作，实用性强。通讯《夺取中国特色社会主义新胜利的政治宣言和行动纲领——党的十八大报告诞生记》、《让光辉的旗帜高高飘扬——〈中国共产党党章（修正案）诞生记〉》也得到媒体广泛认可，稿件采用均超过 200 家。新华社还于 11 月 25 日开设“奋进中国　十八大精神在基层”多媒体栏目，组织多路记者小分队奔赴各地，并以文字、图片、音视频、新媒体等多种形式发稿。

光明日报精心设置各种专栏，让专家学者讲理论、领导干部说政策、基层群众谈体会，集中推出了一系列述评、系统辅导、专论文章、理论文章和新闻报道。其中，“学习贯彻党的十八大精神系列述评”专栏已推出《高举旗帜　继往开来》等 4 篇稿件,“学习贯彻十八大精神辅导”推出《取得新的历史性成就的十年》等 3 篇稿件，“学习贯彻十八大精神笔谈”和“焦点三人谈”等栏目也推出了《高校学习型党组织的认识与思考》、《创新驱动　创新至上》等稿件，详细解读十八大精神中的重大理论观点、战略思想、工作部署；“光明专论”推出针对党的十八大报告历史性理论贡献的重点稿件《一篇马克思主义的光辉文献——党的十八大报告的历史性理论贡献》，梳理脉络、阐述道理，有效帮助读者了解和把握十八大精神的丰富内涵和重大意义。

经济日报陆续开设了“学习宣传贯彻落实十八大精神”“学习宣传贯彻落实十八大精神　特

稿”“学习宣传贯彻落实十八大精神　专论”“学习贯彻十八大精神辅导文章”“十八大精神在基层”“基层心声”等栏目，以评论员文章、辅导文章、述评、访谈、图片、专版等形式，共刊发稿件70篇，并根据报纸特点，组织科技界、企业界、经济界人士畅谈学习十八大精神体会，连续在“学习贯彻十八大精神辅导文章”专栏刊发有关部门领导和专家学者撰写的经济领域文章，推出了《共创更加幸福美好的未来——经济界人士学习党的十八大精神》、《实现中华民族的伟大复兴——科技界人士学习党的十八大精神》等6个专版。

中央人民广播电台各频率自11月16日起推出多个专题专栏，聚焦各部委和各地贯彻落实十八大精神的新思路、新举措、新进展。其中，中国之声在《新闻和报纸摘要》、《全国新闻联播》、《新闻纵横》节目重点时段播发“凝心聚力新征途”“十八大报告解读”“基层心声”等栏目，组织“中国道路”“小城大事”等主题报道，开展“学习贯彻十八大”大型主题采访活动，通过“走转改”方式、一线生动事例和群众鲜活语言，反映基层党员干部群众对十八大精神的拥护。中国乡村之声向广大农民深入宣传党的十八大精神，在全天22次滚动播出的“三农信息”栏目集中报道全国农村和县乡政府贯彻党的十八大精神的做法和经验。

中央电视台新闻中心各频道创新内容和形式，继续发扬“走转改”精神，在《新闻联播》和新闻频道重点时段播出“代表回基层”专栏，报道基层代表回到岗位后宣传十八大精神、与群众共商发展大计的生动场面，推出“十八大热词”专栏，采用新颖的方式对“高质量就业”“百姓收入2+2”“纯洁性建设”等热词进行盘点，开设《我的小康》栏目，以“海采”形式为基础反映基层心声，报道当地在百姓关心的民生领域取得的成绩以及面临的难题，并请当地政府负责人谈将出台的措施和未来的打算，开设“中央宣讲团在各地”栏目，集纳各地、社会各界学习、贯彻、落实十八大精神的动态消息，报道好十八大精神宣讲团在各地的宣讲活动。12月，《焦点访谈》还将开设系列专题，深入分析、重点解读十八大报告的精神和十八大的成果意义。

中国国际广播电台发挥“外”字特点，做好社会各界学习十八大精神和中央组织系列活动的对外报道，推出系列评论和采访活动，全面解读十八大精神和十八大报告有关内容，截至11月26日共播发各类报道200多篇。国际台还发挥驻外记者站优势，报道中国在海外宣讲十八大精神的活动和中央有关部门对驻外使节的宣讲活动，播发《十八大宣讲团在悉尼宣讲十八大精神》、《中共友好代表团在巴基斯坦的十八大精神交流活动收获很大》、《向外国驻华使节解读十八大精神》等报道。此外，国际台还推出了“中东欧记者眼中的中国”“对话西亚非洲政要和媒体人”等采访活动，播发了《中东欧记者看浦东》、《中东欧记者体验中国基层社区生活》等报道。

解放军报在一版突出位置开设“十八大精神在军营”“在十八大精神引领下”“学习宣传贯彻党的十八大精神专论”专栏，刊发了《在学深悟透报告原文上下功夫》、《倾听基层官兵的新期盼》、《感悟科学发展观的时代魅力》、《当好信息化戍边“领头雁”》等一批注重将学习贯彻十八大精神与部队实际工作相结合的稿件，以及《伟大的政治宣言　科学的行动纲领》、《党的十八大报告新思想新观点新目标新举措释义》等5篇重头理论文章，在读者中引起较大反响。为充分反映官兵畅谈学习十八大精神的新感悟，解放军报还推出“学习贯彻十八大精神　我说新感受”专栏，记录官兵的亲身经历和典型事例，先后刊登了《宏伟蓝图为我指引新航路》、《“美丽中国”就在你我身边》

等体会文章。

立足实践推进理论创新 11 月 27 日，中共北京市委宣传部、北京市中国特色社会主义理论体系研究中心、北京市社会科学界联合会在北京共同举办“首都理论界学习贯彻党的十八大精神座谈会”。与会者一致认为，认真学习贯彻十八大精神，对于统一思想、凝聚力量，扎实推进首都各项工作，加快建设中国特色世界城市，具有极为重要的意义。

与会者指出，理论工作者应自觉把思想和行动统一到十八大精神上来。深刻领会十八大的主题，牢牢把握今后一个时期党和国家工作的根本遵循；深刻领会科学发展观的指导地位，牢牢把握深入贯彻落实科学发展观的实践要求；深刻领会中国特色社会主义的丰富内涵，牢牢把握夺取中国特色社会主义新胜利的基本要求；深刻领会全面建成小康社会和全面深化改革开放的总体目标，牢牢把握新阶段推进现代化建设的努力方向；深刻领会中国特色社会主义事业的总体布局，牢牢把握经济、政治、文化、社会、生态文明建设的重大部署；深刻领会全面提高党的建设科学化水平的时代课题，牢牢把握推进党的建设新的伟大工程的重点任务。

与会者认为，理论工作者应紧紧围绕十八大精神，深入研究阐释科学发展观的历史地位，深入研究阐释坚持和发展中国特色社会主义的丰富内涵，立足实践、把握规律，以更大的勇气和魄力推进理论创新。一是立足实践，及时总结人民群众贯彻落实科学发展观的伟大实践和伟大创造，及时作出新的理论概括，提出更多有深度、有见地、有影响的观点。二是着力回答重大理论和现实问题，获得新认识、形成新观点、得出新论断。三是积极构建中国特色、中国风格、中国气派的话语体系，充分发挥首都优势，不断提炼出新思想、新表述、新概括。

承前启后　继往开来　继续朝着中华民族伟大复兴目标奋勇前进 百年奋斗铸就历史辉煌，信心百倍推进复兴伟业。11 月 29 日，在全党全国上下认真学习贯彻党的十八大精神的热潮中，习近平和李克强、张德江、俞正声、刘云山、王岐山、张高丽等来到国家博物馆，参观《复兴之路》基本陈列，回顾近代以来中国人民为实现民族复兴走过的历史进程，号召全党同志承前启后、继往开来，把我们的党建设好，团结全体中华儿女把我们国家建设好，把我们民族发展好，继续朝着中华民族伟大复兴的目标奋勇前进。

在参观过程中，习近平发表了重要讲话。他表示，《复兴之路》这个展览，回顾了中华民族的昨天，展示了中华民族的今天，宣示了中华民族的明天，给人以深刻教育和启示。中华民族的昨天，可以说是“雄关漫道真如铁”。近代以后，中华民族遭受的苦难之重、付出的牺牲之大，在世界历史上都是罕见的。但是，中国人民从不屈服，不断奋起抗争，终于掌握了自己的命运，开始了建设自己国家的伟大进程，充分展示了以爱国主义为核心的伟大民族精神。中华民族的今天，正可谓“人间正道是沧桑”。改革开放以来，我们总结历史经验，不断艰辛探索，终于找到了实现中华民族伟大复兴的正确道路，取得了举世瞩目的成果。这条道路就是中国特色社会主义。中华民族的明天，可以说是“长风破浪会有时”。经过鸦片战争以来 170 多年的持续奋斗，中华民族伟大复兴展现出光明的前景。现在，我们比历史上任何时期都更接近中华民族伟大复兴的目标，比历史上任何时期都更有信心、有能力实现这个目标。

习近平强调，回首过去，全党同志必须牢记，落后就要挨打，发展才能自强。审视现在，全党同志必须牢记，道路决定命运，找到一条正确的道路多么不容易，我们必须坚定不移走下去。展望未来，全党同志必须牢记，要把蓝图变为现实，还有很长的路要走，需要我们付出长期艰苦的努力。

习近平指出，每个人都有理想和追求，都有自己的梦想。现在，大家都在讨论中国梦，我以为，实现中华民族伟大复兴，就是中华民族近代以来最伟大的梦想。这个梦想，凝聚了几代中国人的夙愿，体现了中华民族和中国人民的整体利益，是每一个中华儿女的共同期盼。历史告诉我们，每个人的前途命运都与国家和民族的前途命运紧密相连。国家好，民族好，大家才会好。实现中华民族伟大复兴是一项光荣而艰巨的事业，需要一代又一代中国人共同为之努力。空谈误国，实干兴邦。我们这一代共产党人一定要承前启后、继往开来，把我们的党建设好，团结全体中华儿女把我们国家建设好，把我们民族发展好，继续朝着中华民族伟大复兴的目标奋勇前进。

习近平最后强调，我坚信，到中国共产党成立100年时全面建成小康社会的目标一定能实现，到新中国成立100年时建成富强民主文明和谐的社会主义现代化国家的目标一定能实现，中华民族伟大复兴的梦想一定能实现。

《复兴之路》基本陈列共分中国沦为半殖民地半封建社会、探求救亡图存的道路、中国共产党肩负起民族独立和人民解放历史重任、建设社会主义新中国、走中国特色社会主义道路5个部分，通过1200多件（套）珍贵文物、870多张历史照片，回顾了1840年鸦片战争以来中国人民在屈辱苦难中奋起抗争，为实现民族复兴进行的种种探索，特别是中国共产党领导全国各族人民争取民族独立、人民解放和国家富强、人民幸福的光辉历程。

为推进党的理论创新作出新贡献　11月30日，中央党校在北京召开理论工作者学习贯彻党的十八大精神理论研讨会。与会的理论工作者分别从各自的专业角度，就中国特色社会主义道路、科学发展观、改革开放、加快健全基本公共服务体系、社会主义协商民主、建设社会主义文化强国、保障和改善民生、和平与发展的时代主题、党的纲领转化为实际行动等问题畅谈了学习十八大精神的认识和体会。

与会者认为，党的十八大报告提出了一系列新思想、新观点、新目标、新举措，要从理论上对十八大取得的重大理论创新成果和重大决策部署进行准确理解、完整阐释、广泛宣传和深入研究。如，中国特色社会主义道路是唯一能使中华民族实现伟大复兴的道路，是让广大人民群众真正得实惠的道路。十八大报告提出的“道路自信”源于对国情的认识，源于不断总结经验，源于探索实践创新，也源于人民的衷心拥护；十八大明确把科学发展观作为党的指导思想。科学发展观是当代中国发展实践乃至长远发展实践的理应遵循，是我们党引领当代中国发展进步的当然遵循；改革开放是中国特色社会主义的基本内涵，改革开放不仅仅是动力、手段、途径，而且已经成为中国特色社会主义道路、理论体系、制度的有机组成部分；等等。

与会者认为，党的十八大为党的理论研究与创新提供了广阔空间，对党校科研工作提出了新任务、新要求，也给党校科研工作提供了新机遇。要坚持正确的政治方向，明确任务，抓住机遇，全面学习好十八大精神，广泛宣传好十八大精神。要在深入研究党的十八大提出的重大理论与现实问题上很好地运用几支笔：能写专业学术著述的笔，能写理论宣传文章的笔，能写调研咨询报告的笔。要进一步坚持改革创新精神，努力多出高质量的教学、科研成果和工作成果，为推进党的理论创新和干部教育事业作出新的更大贡献。

推动信息化和工业化深度融合 11月30日，中央党校经济学教研部召开“深入学习党的十八大精神研讨会”。与会者就信息化和工业化深度融合等问题进行了研讨。

与会者指出，推动信息化和工业化深度融合，是党的十八大作出的一个重要战略部署。我国不能走西方国家先工业化、后信息化的老路。西方国家已经完成工业化，现在进入了信息化阶段，或称为后工业化时代。而我国工业化还没有完成，就迎来了信息化。因此，我们必须走出一条工业化和信息化并举的道路，通过工业化促进信息化，通过信息化带动工业化。

与会者认为，“两化”深度融合是“四化”同步发展的引擎。一是从发展阶段看，我国还是一个发展中国家，工业化尚未完成，需要继续完成工业化的任务。二是从世界总体发展进程看，信息化时代的来临要求我们必须打破原有的工业化模式，把信息化的先进成果和理念融合到工业化中，并逐步过渡到信息化。三是从经济发展史的内在逻辑看，城镇化和工业化是相伴而生的，我们必须在工业化和城镇化良性互动上下功夫。与城镇化良性互动的工业化，并不单指传统的工业化，也包括融合信息化的工业化。四是从农业现代化的实现途径看，有赖于工业化和信息化两方面的提升。农业现代化既包括农业的工业化，也包括农业的信息化。

“诺贝尔文学奖与重估当代文学价值”学术研讨会在上海举行 12月1日，由文学报社、文汇报文艺部联合主办的“诺贝尔文学奖与当代文学价值重估”学术研讨会在上海举行。

随着中国作家莫言获诺贝尔文学奖，学界人士认为有必要理性地评说当下中国文学生态和文学成就。近些年来，对当代文学进行质疑和否定的声音一直此起彼伏。是不是当代文学评价体系落后现实了？为什么文坛会出现“当下文学处于最好时期，而当下文学处于低谷”这样截然相反的结论？如何拯救评论和创作实践的关系？这些话题都借着对当代文学价值的重估，进入学术界的思考范围。

用中国话语体系解读中国发展 12月1—2日，中央编译局和中共河南省委宣传部联合主办，中央马克思主义理论研究和建设工程“马克思主义经典著作基本观点研究”课题组、中国马克思恩格斯研究会、河南大学、《马克思主义与现实》杂志社共同承办的“第九届全国马克思主义论坛”在河南省开封市举行。此次论坛的主题为“当代中国马克思主义理论与实践”。与会者围绕中国特色社会主义的成果、经验和意义等问题进行了研究和探讨。

与会者指出，我们党在改革开放伟大实践中不断探索和回答建设什么样的社会主义、怎样建设社会主义，建设什么样的党、怎样建设党，实现什么样的发展、怎样发展等重大理论和实际问题，开辟了中国特色社会主义道路，形成了中国特色社会主义理论体系，确立了中国特色社会主义制度。这是人类文明史上的伟大创举，也是中国对世界的历史性贡献。用中国话语体系解读中国特色社会主义理论和实践，努力打造具有中国特色、中国风格、中国气派的哲学社会科学话语体系，是当前理论界面临的重大课题。这就要求广大理论工作者进一步增强理论自觉和理论自信，坚持运用马克思主义的立场、观点和方法，准确把握当今世界发展大势，准确把握社会主义初级阶段基本国情，加强对重大理论和现实问题的研究阐释，努力对鲜活的实践经验作出理论总结和理论概括，不断提炼新概念、新范畴、新表述，不断增强马克思主义的创造力、说服力、感召力，为发展中国特色社会主义提供坚实理论支撑。

以协同创新驱动发展　12月2日，北京市社科联和北京市科协联合主办的"第十届北京自然科学界和社会科学界联席会议高峰论坛"在北京举行。与会者围绕论坛主题"文化创新、科技创新双轮驱动战略"进行了研讨。

与会者认为，党的十八大提出实施创新驱动发展战略，把科技创新摆在国家发展全局的核心位置；同时强调，要推动社会主义文化大发展大繁荣，促进文化和科技融合，发展新型文化业态。这为北京市进一步推动科技与文化融合，加快形成科技创新与文化创新双轮驱动发展指明了方向。目前，科技创新已渗透于经济发展的各个方面和环节，科技创新与文化创新在一定程度和范围形成了相互影响、相互促进的格局。二者双轮驱动、协同创新，不仅符合首都的发展定位，也有利于经济发展方式的加快转变。

为服务首都科技创新、文化创新双轮驱动发展格局，北京市社科联和北京市科协决定从今年起，在北京地区的高等院校、科研院所和北京市相关部门设立北京社会科学与自然科学协同创新研究基地。

加强对生态文明的哲学思考　12月3日，中央党校哲学教研部、中央党校社会发展研究中心和中国马克思主义研究基金会共同主办的"哲学与社会发展论坛（2012）"在北京举行。与会者围绕"中国特色社会主义道路与当代中国哲学发展——深入学习贯彻十八大精神"这一主题进行了研讨。

与会者认为，中国特色社会主义道路是新型现代化道路，解决发展道路上的问题离不开哲学探索和思考。作为时代精神的精华，哲学为寻求和探索中国特色社会主义道路作出了重要贡献；继续推进中国特色社会主义，使中国特色社会主义道路越走越宽广，需要进一步发挥哲学对于社会发展的引领作用。应增强理论自觉和理论自信，努力适应时代的新变化新要求，在服务社会主义现代化建设和中华民族伟大复兴的事业中不断繁荣发展哲学社会科学。

与会者强调，应加强对生态文明的哲学认识与研究，为推进生态文明建设作出应有贡献。建设生态文明是关系人民福祉和民族未来的长远大计，对实现我国经济社会科学发展具有重要意义。党的十八大报告关于生态文明建设的理论创新，需要哲学工作者在马克思主义哲学的理论框架内，对诸如经济发展的生态意义、城镇化模式的生态局限、城乡发展一体化的实现模式、人口与生态文明的关系等问题进行深入研究，作出新的哲学概括。

中共中央政治局审议关于改进工作作风、密切联系群众的有关规定 分析研究二〇一三年经济工作 中共中央政治局12月4日召开会议，审议中央政治局关于改进工作作风、密切联系群众的八项规定，分析研究2013年经济工作，习近平主持会议。

会议强调，领导干部特别是高级干部作风如何，对党风政风乃至整个社会风气具有重要影响。抓作风建设，首先要从中央政治局做起，要求别人做到的自己先要做到，要求别人不做的自己坚决不做，以良好党风带动政风民风，真正赢得群众信任和拥护。要下大决心改进作风，切实解决群众反映强烈的问题，始终保持同人民群众的血肉联系。

会议一致同意关于改进工作作风、密切联系群众的八项规定。规定要求，中央政治局全体同志要改进调查研究，到基层调研要深入了解真实情况，总结经验、研究问题、解决困难、指导工作，向群众学习、向实践学习，多同群众座谈，多同干部谈心，多商量讨论，多解剖典型，多到困难和矛盾集中、群众意见多的地方去，切忌走过场、搞形式主义；要轻车简从、减少陪同、简化接待，不张贴悬挂标语横幅，不安排群众迎送，不铺设迎宾地毯，不摆放花草，不安排宴请。要精简会议活动，切实改进会风，严格控制以中央名义召开的各类全国性会议和举行的重大活动，不开泛泛部署工作和提要求的会，未经中央批准一律不出席各类剪彩、奠基活动和庆祝会、纪念会、表彰会、博览会、研讨会及各类论坛；提高会议实效，开短会、讲短话，力戒空话、套话。要精简文件简报，切实改进文风，没有实质内容、可发可不发的文件、简报一律不发。要规范出访活动，从外交工作大局需要出发合理安排出访活动，严格控制出访随行人员，严格按照规定乘坐交通工具，一般不安排中资机构、华侨华人、留学生代表等到机场迎送。要改进警卫工作，坚持有利于联系群众的原则，减少交通管制，一般情况下不得封路、不清场闭馆。要改进新闻报道，中央政治局同志出席会议和活动应根据工作需要、新闻价值、社会效果决定是否报道，进一步压缩报道的数量、字数、时长。要严格文稿发表，除中央统一安排外，个人不公开出版著作、讲话单行本，不发贺信、贺电，不题词、题字。要厉行勤俭节约，严格遵守廉洁从政有关规定，严格执行住房、车辆配备等有关工作和生活待遇的规定。

会议强调，制定这方面的规定，指导思想就是从严要求，体现从严治党。改进工作作风、密切联系群众，关系党和人民事业成败。各级党政机关和领导干部要坚持以人为本、执政为民，带头改进工作作风，带头深入基层调查研究，带头密切联系群众，带头解决实际问题。各地区各部门要严格按照本规定，结合实际情况，制定贯彻落实办法，狠抓落实，切实抓出成效。各地区各部门要严格执行本规定，每年年底对执行情况进行专项检查，中央办公厅、国务院办公厅要定期督促检查，每年年底通报执行情况，并向中央政治局常委会议、中央政治局会议汇报执行情况，对违反规定的要进行处理。各级纪检监察机关要把监督执行本规定作为改进党风政风的一项经常性工作来抓。审计部门每年要对各地区各部门会议活动等经费使用情况进行审查。

会议强调，今年以来，面对世界经济复苏明显放缓和国内经济下行压力加大的严峻形势，在党中央、国务院正确领导下，各地区各部门坚持以科学发展为主题、以加快转变经济发展方式为主线，按照稳中求进的工作总基调，根据经济形势发展变化，加强和改善宏观调控，着力稳增长、调结构、抓改革、惠民生，我国经济趋于稳定，积极因素进一步增多，全年经济社会发展任务能够较好完成。我国仍处于可以大有作为的重要战略机遇期，明年经济社会发展具备很多有利条件和积极因素，同时经济发展面临的困难仍然较多，各种挑战不能低估。全党全国要切实增强忧患意识和紧迫感，充分估计困难和挑战，扎实做好各方面工作。

会议指出，明年是全面深入贯彻落实党的十八大精神的开局之年，是实施“十二五”规划承前启后的关键一年，是为全面建成小康社会奠定坚实基础的重要一年，做好经济工作意义十分重大。要深入学习和全面贯彻落实党的十八大精神，坚持以邓小平理论、“三个代表”重要思想、科学发展观为指导，紧紧围绕主题主线，以提高经济增长质量和效益为中心，稳中求进，开拓创新，扎实开局，进一步深化改革开放，进一步强化创新驱动，加强和改善宏观调控，积极扩大国内需求，加大经济结构战略性调整力度，着力保障和改善民生，增强经济发展的内生活力和动力，保持物价总水平基本稳定，实现经济持续健康发展和社会和谐稳定。

会议提出，要保持宏观经济政策的连续性和稳定性，着力提高针对性和有效性，适时适度进行预调微调，加强政策协调配合。要着力扩大国内需求，加快培育一批拉动力强的消费新增长点，促进投资稳定增长和结构优化，继续严格控制“两高”和产能过剩行业盲目扩张。要毫不放松抓好农业生产，落实和完善扶持政策，加大农业科技投入，鼓励发展新型农业生产经营模式，加强农田水利和防灾减灾能力建设。要加快推进产业转型升级，发挥自主创新对结构调整的带动作用，支持企业牵头实施产业目标明确的国家重大科技项目，推进产能过剩行业兼并重组、扶优汰劣，支持中小企业发展，发展生产性服务业，加强生态建设。要积极稳妥推进城镇化，增强城镇综合承载能力，提高土地节约集约利用水平，有序推进农业转移人口市民化。要深入实施区域发展总体战略，加快推进集中连片特殊困难地区发展，发展海洋经济。要不断提升对外开放水平，优化外贸结构，完善稳定出口政策，积极增加进口，抓住机遇推动企业走出去，支持内陆和沿边地区对外开放。要保持物价总水平基本稳定，促进重要商品市场供需平衡，进一步降低流通成本，规范市场价格和收费秩序。要扎实推进重点领域改革，扩大营业税改征增值税试点地区和行业范围，健全资源性产品价格形成机制，深化医药卫生体制改革，推进国有经济和农村改革，抓好科技、教育、文化、行政审批等领域改革。要大力保障和改善民生，健全城乡公共就业服务体系，稳步提高社会保障统筹层次和保障水平，发展教育、卫生、文化等社会事业，加强房地产市场调控和住房保障工作，强化社会服务和管理，维护社会和谐稳定。

恪守宪法原则弘扬宪法精神履行宪法使命　把全面贯彻实施宪法提高到一个新水平　首都各界12月4日下午在人民大会堂集会，隆重纪念中华人民共和国宪法公布施行30周年。习近平在大会上发表重要讲话。他强调指出，宪法与国家前途、人民命运息息相关。维护宪法权威，就是维护党和人民共同意志的权威。捍卫宪法尊严，就是捍卫党和人民共同意志的尊严。保证宪法实施，就是保证人民根本利益的实现。只要我们切实尊重和有效实施宪法，人民当家作主就有保证，党和国家事业就能顺利发展。我们要更加自觉地恪守宪法原则、弘扬宪法精神、履行宪法使命。

习近平发表讲话指出，历史总能给人以深刻启示。回顾我国宪法制度发展历程，我们愈加感到，我国宪法同党和人民进行的艰苦奋斗和创造的辉煌成就紧密相连，同党和人民开辟的前进道路和积累的宝贵经验紧密相连。我国宪法以国家根本法的形式，确立了中国特色社会主义道路、中国特色社会主义理论体系、中国特色社会主义制度的发展成果，反映了我国各族人民的共同意志和根本利益，成为历史新时期党和国家的中心工作、基本原则、重大方针、重要政策在国家法制上的最高体现。

习近平强调，在充分肯定成绩的同时，我们也要看到存在的不足，主要表现在：保证宪法实施的监督机制和具体制度还不健全，有法不依、执法不严、违法不究现象在一些地方和部门依然存在；关系人民群众切身利益的执法司法问题还比较突出；一些公职人员滥用职权、失职渎职、执法犯法甚至徇私枉法严重损害国家法制权威；公民包括一些领导干部的宪法意识还有待进一步提高。对这些问题，我们必须高度重视，切实加以解决。

习近平指出，全面贯彻实施宪法，是建设社会主义法治国家的首要任务和基础性工作。宪法是国家的根本法，是治国安邦的总章程，具有最高的法律地位、法律权威、法律效力，具有根本性、全局性、稳定性、长期性。任何组织或者个人，都不得有超越宪法和法律的特权。一切违反宪法和法律的行为，都必须予以追究。

习近平强调，宪法的生命在于实施，宪法的权威也在于实施。我们要坚持不懈抓好宪法实施工作，把全面贯彻实施宪法提高到一个新水平。一是要坚持正确政治方向，坚定不移走中国特色社会主义政治发展道路，坚持国家一切权力属于人民的宪法理念，发展更加广泛、更加充分、更加健全的人民民主，最广泛地动员和组织人民依照宪法和法律规定行使国家权力，共同建设，共同享有，共同发展，成为国家、社会和自己命运的主人。二是要落实依法治国基本方略，加快建设社会主义法治国家，以宪法为最高法律规范，维护社会主义法制的统一和尊严，全面推进科学立法、严格执法、公正司法、全民守法进程，维护社会公平正义。三是要坚持人民主体地位，切实保障公民享有权利和履行义务，宪法的根基在于人民发自内心的拥护，宪法的伟力在于人民出自真诚的信仰，只有保证公民在法律面前一律平等，尊重和保障人权，保证人民依法享有广泛的权利和自由，宪法才能深入人心，走入人民群众，宪法实施才能真正成为全体人民的自觉行动。要在全社会牢固树立宪法和法律的权威，让广大人民群众充分相信法律、自觉运用法律，使广大人民群众认识到宪法不仅是全体公民必须遵循的行为规范，而且是保障公民权利的法律武器。四是要坚持党的领导，更加注重改进党的领导方式和执政方式，依法治国首先是依宪治国，依法执政关键是依宪执政，党领导人民制定宪法和法律，党自身必须在宪法和法律范围内活动，真正做到党领导立法、保证执法、带头守法。要健全权力运行制约和监督体系，有权必有责，用权受监督，失职要问责，违法要追究，保证人民赋予的权力始终用来为人民谋利益。

习近平最后强调，要坚持依法治国、依法执政、依法行政共同推进，坚持法治国家、法治政府、法治社会一体建设，扎扎实实把党的十八大精神落实到各项工作中去，为全面建成小康社会、开创中国特色社会主义事业新局面而努力奋斗。

吴邦国在主持大会时指出，习近平同志发表了十分重要的讲话，对于我们全面贯彻党的十八大精神，坚持走中国特色社会主义政治发展道路，扩大社会主义民主，加快建设社会主义法治国家，发展社会主义政治文明，具有十分重要的指导意义。我们一定要认真学习、深刻领会，把讲话精神贯彻落实到党和国家各项工作中去。让我们紧密团结在以习近平同志为总书记的党中央周围，高举中国特色社会主义伟大旗帜，以邓小平理论、“三个代表”重要思想、科学发展观为指导，全面贯彻依法治国基本方略，为夺取全面建成小康社会新胜利而奋斗。

我国现行宪法是在1954年宪法的基础上，根据党的十一届三中全会确定的路线方针政策，总结新中国成立以来建设社会主义的长期实践经验，经过全民讨论、全面修改，于1982年12月4日由五届全国人大五次会议通过并公布施行的。

《南京大屠杀全史》出版 12月6日，在纪念侵华日军南京大屠杀遇难同胞75周年之际，南京大学出版社出版的《南京大屠杀全史》在京首发。

近十年来，南京大学民国史专家张宪文教授组织国内外约百位专家学者，遍访日、美、英、德等国和中国台湾地区的档案馆、图书馆，搜集了大量有关南京大屠杀的档案文献完成了72卷共约4000万字的《南京大屠杀史料集》。在此基础上，张宪文教授和他的团队编撰了这部110万字的《南京大屠杀全史》。

《南京大屠杀全史》立足历史事件本身，以平实理性的文字，客观真实再现了这一人类史上极为罕见的暴行真相。全书注意用日方自己的资料，如松井石根日记、陆军省军务局档案等建立南京大屠杀史的基本史实，同时使用了美、德等第三方资料，他们对事件的观察和记录更具客观性，从而使日本右翼的一些言论不攻自破。

这本全史将翻译成英文、日文出版发行，让世人了解南京大屠杀的真相。

以创造性的马克思主义哲学指导新的实践 12月8—9日，中国辩证唯物主义研究会、中共中央党校哲学教研部、中国社会科学院哲学研究所、北京大学哲学系和中共深圳市委党校联合主办的“马克思主义哲学与中国特色社会主义道路理论研讨会”在广东省深圳市召开。会议的主题是：深入学习贯彻党的十八大精神，运用马克思主义立场观点方法研究中国特色社会主义的重大理论问题和实践问题，增强坚持中国特色社会主义的理论自觉和实践自觉，丰富中国特色社会主义的实践特色、理论特色、民族特色、时代特色，推动马克思主义哲学的创新与发展。

与会者认为，解放思想、实事求是、与时俱进、求真务实，是科学发展观的精神实质，也是整个中国特色社会主义理论体系的精神实质。求真务实是理想与现实、真理原则与价值原则、认识活动与实践活动、检验标准与评价标准的统一。中国特色社会主义高扬了中国人民和中华民族的主体性，既坚持马克思主义基本原理又结合中国实际，既借鉴国外经验又立足中国国情，既不僵化封闭又不改旗易帜，走出了一条不同于传统社会主义的发展道路。只有坚持实践观点和实践标准，才能认识真理、检验真理，才能解放思想、开拓创新，才能攻坚克难、不断推进事业发展。

有学者指出，中国特色社会主义实践丰富和发展了马克思主义哲学，马克思主义哲学中国化的成果又有力地指导了中国特色社会主义实践。真正的哲学是时代精神的精华，无论内容还是形式都要与所处时代、与社会实践相互作用。在新形势下，应树立实践意识、群众意识、问题意识、创新意识，以实践为基础创新马克思主义哲学，以创造性的马克思主义哲学指导新的实践。

中国法学会立法学研究会年会举行 12月8—9日，中国法学会立法学研究会第三届学术年会在厦门大学举行。本次年会的主题是：讨论中国法学会立法学研究会“五年立法规划专家建议稿”；开展地方立法理论与实践研讨。

与会者认为，立法规划的提出不要拘泥于传统模式，要拓宽思路，要切实研究了解改革与社会生活需要突出解决的问题与矛盾，在确定立法项目的同时特别要注意立法的整体思路。

出席本次学术会议的各地嘉宾囊括了国内立法学界有影响力的研究者和部分实务部门的立法专家。与会者就立法规划建议、地方立法的经验以及立法的理念、思路和原则进行了讨论和交流。

深化改革是加快转变经济发展方式的关键 12月8日，西南财经大学、刘诗白奖励基金评奖委员会主办的“首届刘诗白经济学奖（2012）颁奖典礼”在北京举行。与会专家学者围绕深化改革、加快转变经济发展方式等问题进行了研讨交流。

与会者认为，当前，深化改革、完善有利于转方式的体制机制，最重要的是深化政府改革，加快转变政府职能，更大程度更广范围发挥市场在资源配置中的基础性作用。一是促使地方政府退出微观经济领域，改变一些地方为了追求短期政绩，不惜拼资源、拼环境搞经济扩张的状况；二是地方政府的经济调节职能主要是贯彻落实中央的宏观调控举措，营造良好创业创新环境，凡是市场能做的都应交给市场，最大限度减少行政审批；三是加快经济建设型财政向公共服务型财政转变，大幅增加财政支出用于民生事业的比例，促进服务型政府建设；四是深化价格特别是生产要素价格改革，形成有利于节能降耗和经济发展方式转变的经济利益倒逼机制；五是深化收入分配制度改革，增加居民收入，改善消费条件，改变经济增长过于依赖投资拉动的局面。

刘诗白奖励基金会设立刘诗白经济学奖，是为了向为中国经济学发展作出突出贡献的刘诗白教授致敬，更是为了鼓励更多经济学者潜心学术、勤勉奋发，创造更多优秀成果。黄锟的《中国农民工市民化制度分析》等五项成果获得首届刘诗白经济学奖。

为研究“三农”问题提供学术支撑 12月8日，浙江农林大学中国农民发展研究中心与浙江师范大学农村研究中心联合主办的“近现代（百年）中国名村变迁与农民发展学术研讨会”在浙江省杭州市举行。与会者围绕会议主题进行了研讨。

与会者认为，党的十八大报告指出，“解决好农业农村农民问题是全党工作重中之重”。“三农”问题的核心是农民问题。应尊重农民的主体地位和首创精神，充分调动广大农民的积极性、主动性和创造性，紧紧依靠农民推动农业农村改革发展。坚持在推动农业农村改革发展中提高农民素质、培养新型农民，以农民的全面发展有效解决“三农”问题。

与会者指出，近年来，随着“三农”问题成为社会关注的热点，不少学者通过乡村史研究将这一问题置于近现代历史进程中加以审视，探寻问题背后的历史渊源与深层原因，取得了一些体现时代要求和现实关怀的研究成果，为深入研究解决“三农”问题提供了有力的学术支撑。

坚定必胜信心 增强忧患意识 坚持稳中求进 推动经济持续健康发展 12月9日，正在广东考察工作的习近平在广州主持召开经济工作座谈会，就当前国内外经济形势、推动经济发展广泛听取广东省各方面的意见和建议。习近平强调，科学分析明年我国经济发展的内外部环境，既要正视面临的困难和挑战，又要看到具备的有利条件和积极因素，既要坚定必胜信心，又要增强忧患意识，按照稳中求进的工作总基调，扎实推动我国经济持续健康发展。

习近平在座谈会开始时表示，这次座谈会主要是听大家的意见和建议，为中央下一步安排经济工作做点准备。希望大家围绕如何判断当前世界经济发展走势、如何看待我国当前经济形势、如何科学确定明年经济工作的方针和部署发表看法。我们不定基调，事先也没有要求大家提交发言稿，就是希望大家解放思想、实事求是、畅所欲言。

座谈会上，广东省、东莞市、佛山市南海区、中山市小榄镇和广汽集团、美的集团、深圳研祥集团、东莞创科集团、广州白云电气集团、金发科技公司的负责人纷纷发言，结合本地本企业实际，举数据，摆事实，谈情况，提建议。他们就扩大内需、推动实施创新驱动战略、完善营业税改增值税政策、推进金融创新、支持企业扩大出口、扶持小微型企业、完善土地制度等谈了自己的看法。习近平与大家深入交流，座谈会气氛十分活跃。

习近平表示，对大家提出的问题，中央有关部门要进行认真研究，通过深化改革、完善市场经济体制机制、转变政府职能、加强法治等措施来解决。

在谈到当前经济形势时，习近平指出，面对错综复杂、快速变化的形势，我们要保持清醒头脑，既要充分肯定今年我国经济社会发展取得的成绩，看到我国经济社会发展基本面长期趋好的态势，也要看到国际国内各种不利因素的长期性、复杂性、曲折性，不回避矛盾，不掩盖问题，从坏处准备，争取最好的结果，牢牢把握主动权。

针对大家提出的关于做好经济工作的建议，习近平强调，加快推进经济结构战略性调整是大势所趋，刻不容缓。国际竞争历来就是时间和速度的竞争，谁动作快，谁就能抢占先机，掌控制高点和主动权；谁动作慢，谁就会丢失机会，被别人甩在后边。我们要继续大胆探索、扎实工作，坚定不移推进体制创新、科技创新，落实创新驱动发展战略，推动经济发展方式转变，推进经济结构战略性调整，为推动科学发展增添新动力。

抓住大有作为的重要战略机遇期 12月9日，中国（海南）改革发展研究院、学习出版社、海南出版社联合在京召开新书发布会，推出《国家发展战略研究丛书》。

“我国发展仍处于可以大有作为的重要战略机遇期”，是党的十八大报告对当前形势作出的重大战略判断。由中国（海南）改革发展研究院组织编写，学习出版社、海南出版社联合出版的《国家发展战略研究丛书》，以国家发展面临的全局性、长期性、趋势性问题为研究重点，从专家学者的视角探讨我国未来经济、政治、文化、社会、生态等多个领域发展的基本趋势、战略挑战、行动建议，对如何抓住和把握重要战略机遇期、将战略机遇最大限度地转化为发展成果，作出了较为深刻和前瞻的探索。这套丛书有以下几个鲜明特点：

站在国际经济格局变化的大背景下谋划发展战略。国际金融危机使世界经济格局发生变化，未来10年全球经济仍将在失衡中寻找新的平衡。围绕市场、资源、人才、技术、标准等的竞争更加激烈，气候变化以及能源资源安全、粮食安全等全球性问题更加突出。丛书着眼未来5—10年国际环境的深刻变化，从大国战略的高度分析我国未来发展面临的发展机遇与挑战，研究提出新阶段的发展战略，具有重要现实意义。

站在我国新阶段改革发展的大背景下谋划发展战略。未来10年，是我国改革发展具有历史性意义的关键时期。一是我国能否实现经济与社会协调发展，再保持10年左右7%—8%的中高速增长，并且社会转型不出大的问题；二是解决我国改革发展面临的突出矛盾和问题，关键是要在一些重要领域的改革上有所突破。丛书根据我国经济社会发展实际和新的阶段性特征，针对现阶段面临的突出矛盾，对我国改革发展中的重大问题进行了深入研究，提出了一系列事关全局的战略性问题和战略性判断，具有重要参考价值。

站在大国走向强国的大背景下谋划发展战略。30多年的改革开放，使我国综合国力、国际地位和国际影响力得到巨大提升。但应清醒地看到，我国软实力还存在明显不足，由大国跃升为强国还有较长的路要走。丛书注重将理论与实际相结合，努力把理论研究同重大决策需求结合起来，探讨创新与发展的战略新思路，具有较强实用性。

构建哲学社会科学现代传播体系　12月9日，中国社会科学院主办、中国社会科学网承办的“融合·创新·繁荣——社会科学网络传播国际论坛”在北京举行。与会者围绕互联网与传播创新、互联网传播对社会科学的影响以及信息化时代的技术创新等议题进行了研讨。

与会者认为，哲学社会科学的网络传播是一项创新事业。文化与信息技术融合发展，是推动哲学社会科学繁荣发展的重要途径。科学技术的每一次进步，都会给文化的发展模式、传播方式、表现形式带来深刻变革。随着网络化、数字化的深入发展，信息的发现、获取和传播正在发生深刻变化，特别是传播已经难以严格区分主体和客体的界限。我们必须高度重视网络传播，主动适应网络发展潮流，大力加强网络建设，积极掌握话语主动权，充分发挥正确导向作用。

与会者强调，我国哲学社会科学走向世界，既面临难得历史机遇，也肩负增强国家文化软实力的重要使命。应加强哲学社会科学的国际交流合作，把哲学社会科学的研究、传播和网络信息技术建设结合起来，实现文化科技的融合；加强网上思想文化阵地建设，加强网上舆论引导，唱响网上思想文化主旋律，建设思想意识形态主流网站；推动学术“走出去”，提高我国哲学社会科学的国际话语权和影响力。

首届中国小微企业发展论坛在京举行　12月9日，首届中国小微企业发展论坛在京举行。此次论坛由国务院发展研究中心指导、中国经济时报社主办。本届论坛主题为“2013：小微企业的挑战与机遇”。

党的十八大报告指出，要支持小微企业特别是科技型小微企业发展。今年几乎可以说是“小微企业年”。在严峻的宏观经济形势下，小微企业的艰难处境引起社会各界广泛关注，各级政府部门的相关扶持政策接连出台，银行等金融机构纷纷把小微企业列为工作重点，媒体对小微企业的报道深度及广度也是前所未有。

主办方表示，正是在这种背景下，特举办首届中国小微企业发展论坛，期望通过论坛这个平台，架起政府官员、企业家、学者之间的沟通桥梁，为政策的制定提供决策参考。

工业和信息化部总工程师朱宏任在论坛上表示，下一步政府扶持小微企业的工作重点有四项：一是着力优化小微企业发展环境，包括政策环境、市场环境和法律环境；二是着力发展服务，围绕小微企业的各类需求，以推进中小企业公共服务体系建设为重点，继续实施中小企业公共服务平台网络建设工程；三是建立一批创业基地，着力推动创业兴业；四是着力推动创新和集聚发展，提升中小企业创新能力。

论坛期间，小微企业代表向全国小微企业发布了“倡议书”。同时还举行了《中国小微企业生存报告 2012》一书的首发式及赠书活动。该书指出，2012 年上半年处在微利或亏损状态的小微企业数量增加，只有那些拥有独家产品或产品技术含量高的小微企业境况尚可。

发挥文化的凝聚作用　12 月 9—10 日，中国领导科学研究会、中共江苏省委党校、江苏省领导科学研究会、中共常州市委党校主办，常州市创意产业基地管委会、中科院科学与艺术融合技术研究中心承办的“学习贯彻党的十八大精神，坚持中国特色社会主义道路，提高领导文化发展能力理论研讨会”在江苏省常州市召开。

与会者认为，文化体现一个民族的精神积淀，反映一个政党的理想追求，关系党和国家事业的兴衰成败。社会主义先进文化是马克思主义政党思想精神上的旗帜，是中华民族走向全面复兴的基础。中国共产党作为有着崇高追求的马克思主义政党，要走在时代前列，就必须始终坚持社会主义先进文化前进方向，高扬进步的文化旗帜，把握文化发展主动权，充分发挥先进文化引领社会、教育人民、推动发展的重要作用。

与会者提出，加强和改进党对文化工作的领导，是推动文化改革发展、完成建设社会主义文化强国历史重任的根本保证。应从战略高度和全局出发，认真研究和切实把握文化发展规律，增强领导文化建设的本领；健全机制，调动全社会参与文化建设的积极性和创造性；建设宏大的文化人才队伍，为社会主义文化大发展大繁荣提供有力人才支撑。

加强理想信念教育　12 月 10—11 日，中央党校主办，中央党校科研部、四川省委党校承办的“全国党校系统学习贯彻党的十八大精神理论研讨会暨第九届科研评奖颁奖会”在四川省成都市举行。与会者围绕党校系统如何学习、研究、宣传、贯彻党的十八大精神进行了研讨。

与会者认为，牢牢把握十八大提出的关于党的建设总要求，不断提高党的领导水平和执政水平、提高拒腐防变和抵御风险能力，要求领导干部具有坚定的理想信念。当前，绝大多数领导干部的理想信念是坚定的，但也有个别领导干部理想信念动摇，丧失了为党和人民事业不懈奋斗的坚定意志和信心。因此，应进一步加强领导干部理想信念教育，使领导干部在党的基本理论、基本路线、基本纲领、基本经验等重大问题上头脑清醒、信念坚定，做共产主义远大理想和中国特色社会主义共同理想的坚定信仰者；使领导干部深刻认识到中国特色社会主义集中体现了最广大人民的根本利益和共同愿望，是当代中国发展进步的根本方向，从而在实践中坚持和拓展中国特色社会主义道路，坚持和丰富中国特色社会主义理论体系，坚持和完善中国特色社会主义制度。在推进党的建设过程中，应牢牢把握加强党的执政能力建设、先进性和纯洁性建设这条主线，坚持解放思想、改革创新，全面提高党的建设科学化水平，确保党始终成为中国特色社会主义事业的坚强领导核心。

第五届北京人权论坛闭幕　由中国人权研究会和中国人权发展基金会共同主办的第五届北京人权论坛12月13日下午在北京闭幕。中国人权研究会会长罗豪才出席了闭幕式。

这届论坛以“科技、环境与人权”为主题，来自联合国等国际组织和一些国家、地区以及中国的120多名代表相聚北京，进行了交流和讨论，既充分表达了对关系人类生存与发展重大问题的由衷关切，也反映了对进一步推动国际人权事业发展的良好愿望和热切期盼。

这届论坛不仅继续关注传统的人权话题，而且注重拓宽视野，紧扣时代主题，从更高层面研讨当前人权事业发展面临的新形势、新情况、新问题。通过对科技、环境、人权的发展现状及相互关系等重大问题的探讨，进一步深化了人权观念，提升了新的历史条件下人们对人权的认识水平，有助于为各国人权事业的发展注入新的活力，开辟新的途径。

与会专家学者认为，要更好地解决科技、环境与人权之间的矛盾，应当创造一个和平的国际环境，建设一个可持续发展的国际社会，并分享人类科技进步的共同成果。

自2008年以来，北京人权论坛已成功举办五届。在各参与国非政府组织和相关部门，以及有关国际组织的积极参与下，论坛影响越来越大，讨论的话题越来越深入，已成为瞭望、观察国际人权发展状况的窗口，成为各国人权组织、人权机构和专家学者开展对话和交流的重要平台，在凝聚共识、加强交流、推动合作等方面发挥着越来越重要的作用。

《中国经济体制改革报告2012》发布　12月14日，中国社会科学院经济学部、中国社会科学院财经战略研究院主办的中国社会科学院财经战略研究院重大成果《中国经济体制改革报告2012——建设成熟的社会主义市场经济体制》(陈佳贵主编,经济管理出版社出版,以下简称《报告》)新书发布会，在北京举行。《报告》是中国社会科学院经济学部在深入广东、安徽、浙江等地调研的基础上撰写而成的，对我国经济体制改革的成绩和经验作了总结，对深化经济体制改革的目标和主要任务作了分析。

《报告》指出，今后5到10年，我国深化经济体制改革的目标和主要任务是建设成熟的社会主义市场经济体制。成熟的社会主义市场经济体制，是能够自我调整、自我完善和自我演进的经济制度，其标志主要体现在：第一，社会主义基本经济制度定型，微观基础充满活力。公有制经济和个体私营经济等非公有制经济共同构成社会主义市场经济的基础。第二，现代市场体系形成，市场在资源配置中的基础性作用充分发挥。第三，建立完备的与发展社会主义市场经济相适应的法律体系，以法治为基础的市场经济制度形成。第四，政府与市场的边界清晰，服务型政府建成。第五，利益分配格局和社会福利制度充分体现社会公平和正义。第六，和谐社会建设取得重大进展。社会活力、社会组织和社会成员的创造力充分发挥。第七，改革和开放相互协调、相互促进的新格局形成。通过一套既坚持对外开放、又保护国家利益的平衡机制，确保对外开放在更高水平上推进。

中央经济工作会议在北京举行 12月15—16日中央经济工作会议在北京举行。习近平在会上发表重要讲话，分析国际国内经济形势，提出明年经济工作总体要求和主要任务。温家宝在讲话中总结今年经济工作，对明年经济工作作出部署。李克强主持会议并在会议结束时作了总结讲话。

会议指出，今年以来，面对日趋严峻的国际经济形势和国内改革发展稳定的繁重任务，党中央、国务院团结带领全党全国各族人民，坚持以科学发展为主题，以加快转变经济发展方式为主线，按照稳中求进的工作总基调，及时加强和改善宏观调控，把稳增长放在更加重要的位置，经济社会发展呈现稳中有进的良好态势。经济运行总体平稳，物价涨幅稳步回落，农业基础地位进一步稳固，社会大局保持稳定。转变经济发展方式有新进展，科技创新有新成绩，改革开放有新突破，改善民生有新成效。

会议强调，现在，我们站在了更高的起点上。综合判断，我国发展仍然具备难得的机遇和有利条件，经济社会发展基本面长期趋好，国内市场潜力巨大，社会生产力基础雄厚，科技创新能力增强，人力资源丰富，生产要素综合优势明显，社会主义市场经济体制机制不断完善。同时，也要清醒地看到，我国发展仍面临不少风险和挑战，不平衡、不协调、不可持续问题依然突出，经济增长下行压力和产能相对过剩的矛盾有所加剧，企业生产经营成本上升和创新能力不足的问题并存，金融领域存在潜在风险，经济发展和资源环境的矛盾仍然突出。必须保持清醒头脑，增强忧患意识，深入分析问题背后的原因，采取有效举措加以解决。

会议认为，明年国际经济形势依然错综复杂、充满变数，世界经济低速增长态势仍将延续，各种形式的保护主义明显抬头，潜在通胀和资产泡沫的压力加大，世界经济已由危机前的快速发展期进入深度转型调整期。

会议指出，从国际环境看，我国发展仍处于重要战略机遇期的基本判断没有变。同时，我国发展的重要战略机遇期在国际环境方面的内涵和条件发生很大变化。我们面临的机遇，不再是简单纳入全球分工体系、扩大出口、加快投资的传统机遇，而是倒逼我们扩大内需、提高创新能力、促进经济发展方式转变的新机遇。我们必须深刻理解、紧紧抓住、切实用好这样的新机遇，因势利导，顺势而为，努力在风云变幻的国际环境中谋求更大的国家利益。

会议强调，明年是全面贯彻落实十八大精神的开局之年，是实施“十二五”规划承前启后的关键一年，是为全面建成小康社会奠定坚实基础的重要一年。做好明年经济工作，要深入学习和全面贯彻落实党的十八大精神，坚持以邓小平理论、“三个代表”重要思想、科学发展观为指导，紧紧围绕主题主线，以提高经济增长质量和效益为中心，稳中求进，开拓创新，扎实开局，进一步深化改革开放，进一步强化创新驱动，加强和改善宏观调控，积极扩大国内需求，加大经济结构战略性调整力度，着力保障和改善民生，增强经济发展的内生活力和动力，保持物价总水平基本稳定，实现经济持续健康发展和社会和谐稳定。

会议认为，做好明年经济工作，要继续把握好稳中求进的工作总基调，立足全局，突出重点，扎扎实实开好局。会议提出了明年经济工作的主要任务。一、加强和改善宏观调控，促进经济持续健康发展；二、夯实农业基础，保障农产品供给；三、加快调整产业结构，提高产业整体素质；四、积极稳妥推进城镇化，着力提高城镇化质量；五、加强民生保障，提高人民生活水平；六、全面深化经济体制改革，坚定不移扩大开放。

会议强调，做好明年经济工作，必须加快调整经济结构、转变经济发展方式，使经济持续健康发展建立在扩大内需的基础上；必须毫不放松抓好“三农”工作，推动城乡一体化发展；必须坚持实施科教兴国战略，增强经济社会发展核心支撑能力；必须坚持把人民利益放在第一位，进一步做好保障和改善民生工作，使发展成果更多、更公平惠及全体人民；必须全面深化改革，坚决破除一切妨碍科学发展的思想观念和体制机制障碍；必须实施更加积极主动的开放战略，创建新的竞争优势，全面提升开放型经济水平。

会议强调，要重视跟踪分析和把握发展形势的新变化，更加注重经济增长质量和效益，正确理解和落实好宏观经济政策，在统筹兼顾中突出发展重点，以扎实的作风抓好工作落实。要努力做好元旦、春节期间的各项工作，切实帮助群众解决各类实际困难，抓好今冬明春农业生产，继续做好煤电油气运跟踪监测和协调，扎实做好春运工作，加强重点行业安全监管，让全国人民过上欢乐祥和的节日。

会议指出，做好明年经济工作，必须切实加强党对经济工作的领导。要履行党领导经济工作的职能，议大事、抓大事，把领导经济工作的立足点转到提高发展质量和效益、加快形成新的经济发展方式上来。要加强领导干部能力建设，提高领导经济工作科学化水平，围绕经济社会发展重大问题加强学习和调研，提高把握和运用市场经济规律、自然规律、社会发展规律能力，提高科学决策、民主决策能力，增强全球思维、战略思维能力，做到厚积薄发。要尽快健全有利于科学发展的目标体系、考核办法、奖惩机制。要转变作风、真抓实干，增强党和政府公信力。实干兴邦，空谈误国。要做到讲实话、干实事，敢作为、勇担当，言必信、行必果。要牢固树立艰苦奋斗、勤俭节约的思想，深入实际、深入基层、深入群众，力戒奢靡之风，坚决反对大手大脚、铺张浪费，以实际行动践行全心全意为人民服务的根本宗旨。

会议强调，要深入研究人口大规模流动、利益多样化、社会信息化、思想文化多元化形势下的社会管理规律，拓宽思路，完善体制机制，注重源头治理，加强思想政治工作，依靠社会力量，坚持依法办事和依法维权相结合，不断提高社会管理科学化水平，促进社会和谐稳定。

会议要求，面对复杂多变的形势和艰巨繁重的任务，全党全国各族人民要紧密团结在以习近平同志为总书记的党中央周围，凝聚力量，勇于实践，勇于开拓，攻坚克难，扎实做好明年经济工作，奋力夺取全面建成小康社会新胜利。

紧紧抓住用好重要战略机遇期 12 月 15 日，全国“三个代表”重要思想研究会、中国特色社会主义理论体系研究分会（筹）和中共山东省临沂市委联合主办，临沂市委党校承办的“中国特色社会主义与中国发展战略机遇期理论研讨会”在山东省临沂市召开。与会者围绕会议主题进行了研讨。

与会者认为，中国特色社会主义凝聚了几代中国人的艰辛探索，顺应了社会进步的时代潮流，是实现中华民族伟大复兴的人间正道。事实证明，中国特色社会主义不仅是展示中国共产党改革开放形象的旗帜，而且是带给中国人民幸福生活的旗帜。在今后的实践中，道路要拓宽、理论要发展、制度要完善，但首先要毫不动摇地坚持中国特色社会主义的根本方向，坚持道路自信、理论自信、制度自信。

与会者指出，战略机遇期主要是指国际国内各种因素综合作用形成的，能为一个国家或地区经济社会发展提供良好机会和境遇，并对其历史命运产生全局性、长远性、决定性影响的某一特定历史时期。我们党是一个具有敏锐机遇意识、善于发现和把握战略机遇的执政党。目前我国已进入全面建成小康社会的关键阶段。在新的历史起点上，我们面临的机遇和挑战都前所未有，但机遇大于挑战。从国际环境看，和平与发展仍然是时代主题，我国发展仍处于重要战略机遇期的基本判断没有变，但重要战略机遇期的内涵和条件发生了较大变化。只有积极应对，抓住用好机遇，才能战胜挑战，实现更好发展。

发展要重在提高质量效益　用改革红利释放内需潜力　12 月 19 日，李克强在北京主持召开经济社会发展和改革调研工作座谈会并讲话。

上海、安徽、河南、青海、新疆、河北等地政府负责人纷纷发言，谈了明年经济工作面临的矛盾困难和对国家政策的建议。李克强抓住发言中提到的城镇化、地方政府融资、现代农业发展、传统产业升级、欠发达地区发展等问题与大家深入讨论，对一些关乎全局、带有普遍性的问题，他当即布置在场的有关部门研究，并鼓励地方依法先行先试，探索和创造经验。

结合大家发言，李克强说，做好明年工作，关键是要把着力点放到加快转变经济发展方式上。着重提高发展质量和效益，一是速度要实实在在，不要盲目攀比，不要有水分；二是要能增加就业，有就业老百姓心里就安稳；三是收入要和增长同步，让群众获得好处；四是速度和效益相匹配，没有效益就不可持续；五是能源资源环境可支撑，在环境优化中实现发展。

李克强指出，面对世界经济低迷的趋势，中国作为大国要立足内需，城镇化就是最大的内需，要把这个潜力发挥出来，还要靠改革。推动城镇化，把农民工逐步转为城市市民，需要推进户籍制度改革；城镇基础设施和保障房建设，还要完善融资和管理机制；城镇化必须确保粮食安全，这关系到严格保护耕地和发展现代农业等问题，也要靠改革的办法来推动。把城镇化最大潜力和改革最大红利结合起来，形成叠加效应，中国经济就有长久持续的动力。

针对发言中提到的体制障碍，李克强说，改革要打破部门、行业利益和固有格局，抓住关键环节，做牵一发而动全身的事。要深化投融资体制改革，把制约民间投资的“弹簧门”卸掉、“玻璃门”打碎，对规划内投资项目也要减少审批、简化程序，降低交易成本。明年财税体制改革重点要扩大营改增试点范围，促进结构调整，同时正税清费，减轻不合理负担，培育地方主体税种，增强地方自主发展力量。改革既要有勇气推进，又要有智慧把握。

李克强最后说，谋划发展与改革，是为了让群众更多受益。要深入基层，了解基层有什么困难；走进群众，倾听群众有什么期盼。促发展不能自拉自唱，要让群众受惠；改革也不能只讲大道理，要弄清楚群众真正希望改什么、怎样改。今天开会既是向你们了解情况，也算是布置任务，希望大家加强调研，提交报告，反映真实问题。李克强现场提出了若干课题并说，有关部门也要认真研究，更有针对性地制定和实施好政策。

中央农村工作会议在京召开 12月22日，为期两天的中央农村工作会议在京闭幕。会议认真贯彻党的十八大精神，系统总结2012年和过去10年农业农村发展成就，深刻分析“三农”工作面临的新形势新挑战，重点研究加快发展现代农业、进一步增强农村发展活力，全面部署当前和今后一个时期的农业农村工作。

会议讨论了《中共中央、国务院关于加快发展现代农业进一步增强农村发展活力的若干意见（讨论稿）》。回良玉出席会议并讲话。

会议指出，2012年，全国上下认真贯彻中央决策部署，圆满完成了农业农村发展的各项目标任务，粮食产量实现“九连增”，农民增收实现“九连快”，农村民生有大改善，是党的十六大以来“三农”发展持续向好、快速推进喜人态势的承接和延续。10年间，我国农业农村发展克服多种困难和风险挑战，迎来了又一个“黄金期”。10年农村改革发展的伟大实践，开辟了农业农村发展历史新纪元，初步探索出一条中国特色农业现代化道路，为丰富和发展中国特色社会主义理论作出了重要贡献。

会议指出，要准确把握党的十八大关于“三农”发展的战略部署。当前，我国现代化建设中最薄弱的环节仍然是农业现代化滞后，经济社会体制中最突出的矛盾仍然是城乡二元体制障碍明显，全面建成小康社会进程中最严重的制约仍然是城乡发展和居民收入差距过大。

会议强调，要确保国家粮食安全和重要农产品有效供给。当前和今后一个时期，面对农业生产进入高成本、高风险、资源环境约束趋紧的新阶段，要不断加大农业投入力度，增强农业综合生产能力、防灾减灾能力和可持续发展能力；要不断理顺农产品价格，让农民种粮务农获得合理利润；要不断增加农业补贴，使之成为发展农业的有效政策工具。

会议强调，要积极创新农业生产经营体制机制。当前和今后一个时期，要按照党的十八大要求构建集约化、专业化、组织化、社会化相结合的新型农业经营体系。要“守住一条底线”，即充分保障农民土地承包经营权，不能限制或者强制农民流转承包土地。要“抓住两个关键”，即着力培养新型经营主体，既注重引导一般农户提高集约化、专业化水平，又扶持联户经营、专业大户、家庭农场；着力发展多种形式的新型农民合作组织和多元服务主体，通过提高组织化程度实现与市场的有效对接。

会议强调，要加大统筹城乡发展力度。当前和今后一个时期，要进一步加大力度，推动资源要素向农村配置，逐步缩小城乡发展差距，形成以工促农、以城带乡、工农互惠、城乡一体的新型工农关系。加快推进城乡基本公共服务均等化，促进城乡要素平等交换，有序推进农业转移人口市民化，维护好农民合法权益。

会议强调，要在“收入倍增”中着力促进农民增收。今后一段时间，农民收入至少应与城镇居民收入同步增长，并力争超过。要从战略上研究采取综合措施，营造有利环境条件，不断开辟就业门路、拓宽增收渠道。

会议指出，明年是全面贯彻落实党的十八大精神的开局之年，继续做好“三农”工作具有特殊重要意义。明年农业农村工作的目标任务是：“保供增收惠民生、改革创新添活力”，就是要确保粮食等重要农产品再获丰收，确保农民收入增长势头不减弱，继续改善农民生产生活条件，进一步消除制约农业发展的体制障碍，激发农村发展活力。

会议提出，明年要扎实做好以下工作：(一) 继续抓好农业生产，稳定发展粮食等重要农产品生产，加强以农田水利为重点的农业基础设施建设，强化农业科技支撑，发挥市场对农业生产的带动作用。(二) 继续发展农村公共事业，加强农村基础设施建设和农村社会事业发展。(三) 继续深化农村改革，积极创新农业生产经营体制，稳步推进集体产权制度改革，加快推进其他各项改革。(四) 继续加强和创新农村社会管理。强化以党组织为核心的农村基层组织建设，强化农村基层民主管理，强化农村社会公共安全保障。

会议强调，重中之重的战略思想不能动摇、强农惠农富农的政策力度不能减弱、农村改革发展的步伐不能放慢。要紧密团结在以习近平同志为总书记的党中央周围，举全党全国之力持之以恒强化农业、惠及农村、富裕农民，努力谱写农村改革发展新的篇章，奋力创造城乡共同繁荣新的辉煌。

总结基层经验 创新社会管理 12 月 22 日，中央编译局比较政治与经济研究中心、北京大学中国政府创新研究中心等单位举办的“第二届中国社会创新奖选拔暨颁奖大会”在北京举行，与会者结合基层社会管理的实际案例，对加强和创新社会管理进行了研讨。

与会者提出，按照科学发展观的要求，在创新管理中加强社会建设，是构建社会主义和谐社会的基本要求。把应该由社会发挥作用的交给社会，是改革的方向。党的十八大报告对社会建设作出新论述、提出新任务和新要求，为推进社会管理创新营造了有利氛围。落实这一要求，应更多通过社会的力量包括社会组织的力量办好社会的事情，推动社会体制改革，加强社会建设。

与会者认为，社会组织开展社会管理创新，有利于实现公民的有序参与，畅通民意表达渠道，充分体现公民的主体性，激发公民参与热情；有利于降低政府行政成本，提高公共服务质量，推动实现政府战略目标。

中国社会创新奖旨在发现、总结和推广各类社会组织的优秀创新项目，推动社会管理创新的理论研究，为完善社会管理、推进社会建设做出贡献。在入围中国社会创新奖的 24 个创新项目中，北京恩玖非营利组织发展研究中心的“基金会中心网”等 10 个项目获优胜奖。

坚持和发展中国共产党领导的多党合作 为实现中共十八大确定的目标任务而奋斗 12 月 24—25 日，习近平走访了各民主党派中央和全国工商联，同各民主党派中央和全国工商联的领导机构成员进行了座谈，并发表重要讲话。他强调，要坚定不移坚持和完善中国共产党领导的多党合作和政治协商制度，支持民主党派更好履行参政党职能，充分发挥自身优势，最大限度调动一切积极因素、凝聚一切积极力量，为实现中共十八大确定的奋斗目标和工作任务而奋斗。

各民主党派和全国工商联分别举行了全国代表大会，进行了换届。习近平代表中共中央，向各民主党派和全国工商联新一届领导班子成员表示衷心的祝贺，向各民主党派和全国工商联广大成员表示诚挚的问候。

在各民主党派中央机关，习近平等中共中央领导同志同各民主党派中央领导人进行了座谈。民革中央主席万鄂湘、民盟中央主席张宝文、民建中央主席陈昌智、民进中央主席严隽琪、农工民主党中央主席陈竺、致公党中央主席万钢、九三学社中央主席韩启德、台盟中央主席林文漪等分别介绍了各党派的主要情况和最近召开全国代表大会的情况，并就加强和改进新形势下多党合作、加强执政党和参政党作风建设、更好发挥参政党作用、完善民主监督、加快转变经济发展方式、实施创新驱动发展战略、增强中华民族凝聚力、保障和改善民生、加强扶贫工作、深化医药卫生体制改革、建设美丽中国等提出意见和建议。他们表示，一定要紧密团结在以习近平同志为总书记的中共中央周围，切实履行参政党职能，始终不渝同中国共产党亲密合作，为实现中共十八大确定的目标任务贡献力量。

习近平在讲话中深情回顾了同民主党派老一代领导人交往的情景，积极回应了各民主党派提出的意见和建议。他表示，长期以来，各民主党派作为中国共产党久经考验的亲密友党和社会主义参政党，始终同中国共产党风雨同舟、患难与共，紧密合作、团结奋斗，为民族独立、人民解放和国家富强、人民幸福，为坚持和发展中国特色社会主义作出了不懈努力。这充分体现了各民主党派的同志们对中华民族伟大复兴的责任感和使命感。

习近平强调，实现中华民族伟大复兴，需要全体中华儿女携手努力。中共中央将坚定不移坚持和完善中国共产党领导的多党合作和政治协商制度，坚定不移贯彻长期共存、互相监督、肝胆相照、荣辱与共的方针，加强同民主党派合作共事，支持民主党派更好履行参政议政、民主监督职能。各民主党派人才荟萃、各具优势。希望各民主党派弘扬优良传统，团结带领广大成员为全面建成小康社会、实现社会主义现代化、实现中华民族伟大复兴作出新的贡献。

在全国工商联的座谈会上，全国工商联主席王钦敏介绍了情况。习近平希望全国工商联新一届领导班子团结带领广大会员牢牢把握促进非公有制经济健康发展和非公有制经济人士健康成长的工作主题，引导非公有制经济人士做合格的中国特色社会主义事业建设者。

全国组织部长会议在京召开 12月26日，全国组织部长会议在京召开。刘云山出席会议并讲话，强调组织战线要充分认识党的十八大对党的建设和组织工作提出的新要求，坚持以邓小平理论、“三个代表”重要思想、科学发展观为指导，以推进党领导的伟大事业为中心，以加强党的执政能力建设、先进性和纯洁性建设为主线，扎扎实实做好各项工作，为实现党的十八大确定的目标任务提供坚强组织保证。

刘云山对党的十七大以来和2012年党的建设和组织工作给予充分肯定，对明年党的建设和组织工作提出要求。他指出，要切实加强理想信念教育，引导党员干部进一步坚定中国特色社会主义道路自信、理论自信、制度自信，以良好精神状态为实现伟大“中国梦”而奋斗。要突出抓好作风建设，引导党员干部按照为民务实清廉的要求，进一步密切党同人民群众的血肉联系。要认真贯彻从严治党方针和党管干部、党管人才原则，着力建设高素质的执政骨干队伍和人才队伍。要着力加强基层党建工作，进一步夯实党执政的组织基础和群众基础。要坚持继承传统与改革创新相统一，不断提高党的建设和组织工作科学化水平。

刘云山强调，选一个干部就是树一面旗帜。“用一贤人，则贤人毕进”。组织部门作为党管干部的重要职能部门，要全面考核干部的德、能、勤、绩、廉，真正把那些忠于党和人民、综合素养好、能力过得硬、群众信得过的干部选拔到领导岗位上来。要注重在各级领导班子中配备具备领导科学发展能力的干部，建立健全有利于科学发展的目标体系、考核办法、奖惩机制。要全面贯彻党的干部工作路线，公道正派地选人用人，坚决反对跑官要官，坚决纠正拉票贿选、买官卖官，切实匡正用人风气。在整治用人上的不正之风这个问题上，各级组织部门要有高度的政治觉悟、坚定的决心态度，发现一起查处一起，为做到党的十八大提出的干部清正、政府清廉、政治清明尽心尽力尽责。

赵乐际主持会议并作工作报告，强调各级组织部门要深入学习领会十八大精神，把握契机，抓住关键，遵循规律，推动组织工作在继承中创新、在创新中发展，集中精力抓好十八大精神学习培训，会同有关部门扎实开展党的群众路线教育实践活动，着力建设高素质执政骨干队伍，认真落实从严治党任务、严格管理监督干部，统筹推进各类人才队伍建设，积极推进组织制度创新，大力加强党的基层组织建设，切实抓好组织部门自身建设。

把思想和行动更好地 统一到十八大精神上来　12月27日，国防大学中国特色社会主义理论体系研究中心和人民出版社联合主办的“《深入贯彻党的十八大精神丛书》出版座谈会”在北京举行，与会者围绕会议主题进行了研讨。

与会者认为，当前我们的首要政治任务是认真学习宣传和全面贯彻落实党的十八大精神。紧跟党的创新理论发展步伐，及时学习、研究、传播党的创新理论，是理论工作者的重要使命。《深入贯彻党的十八大精神丛书》既全面系统地阐释党的十八大精神，又深入浅出、通俗易懂；既深入分析重大理论和实际问题，又深入分析人民群众关注的热点难点问题，便于理解掌握，有利于把人们的思想和行动更好地统一到党的十八大精神上来。

这套丛书包括《实现中华民族伟大复兴的政治宣言》、《实现中华民族伟大复兴的行动纲领》、《实现中华民族伟大复兴的安全保障》、《实现中华民族伟大复兴的领导核心》四册，由人民出版社出版。

《江泽民与社会主义市场经济体制的提出》出版发行　12月28日，在党的十四大确立社会主义市场经济体制20周年之际，江泽民就《江泽民与社会主义市场经济体制的提出——社会主义市场经济20年回顾》出版发行作出批示，要求“解放思想、集思广益、温故知新、谋划未来”。

这本书收入了江泽民1992年在中央党校省部级干部进修班和党的十四大上关于在我国建立社

会主义市场经济体制的论述，以及十四届三中全会通过的《中共中央关于建立社会主义市场经济体制若干问题的决定》。书中还收入了回顾1991年江泽民亲自主持召开11次座谈会，研讨社会主义市场经济问题的6篇文章。这本书的出版，有助于我们更好了解社会主义市场经济体制研究和酝酿过程，深刻领会江泽民关于社会主义市场经济的重要思想，推动社会主义市场经济体制进一步完善。该书由中央文献出版社出版发行。

深刻把握全面建成小康社会的新要求 12月28日，中国马克思主义研究基金会主办的“中国马克思主义论坛2012暨中国马克思主义研究基金会成立20周年纪念大会”在京举行。与会者围绕“科学发展观与全面建成小康社会”这一主题进行了研讨。

与会者强调，实现全面建成小康社会的宏伟目标，必须坚持以科学发展观为指导，深刻把握全面建成小康社会的新要求，准确判断重要战略机遇期内涵和条件的变化，抓住新机遇，迎接新挑战。应努力解决我国发展中的不平衡不协调不可持续问题，加快转变经济发展方式，加快破除城乡二元结构、推进城乡发展一体化，积极推进农业转移人口市民化、提高城镇化水平，逐步缩小收入差距、坚持走共同富裕之路；以更大的政治勇气和智慧，不失时机地深化重要领域改革，加快完善社会主义市场经济体制；加强顶层设计，深化政治体制改革，更有效地预防和惩治腐败；加快完善文化管理体制和文化生产经营机制，推动社会主义文化大发展大繁荣；深化社会体制改革，加快形成科学有效的社会管理体制；加强生态文明建设，推进生态文明的制度创新。

与会者认为，中国马克思主义研究基金会自1992年成立以来，努力发挥马克思主义研究事业的“助推器”作用、联系团结党校系统及全国理论工作者的纽带作用和中央党校“一流学府”的保障作用，为推进马克思主义研究和党校教育事业发展作出了积极贡献。